『교부들의 성경 주해』는 중세기 『성경 주해 선집』*catena* 양식에 따라 새롭게 만든 것으로, 성경 본문의 장절을 찾아보기 쉽습니다. 기도하거나 연구하거나 복음을 선포하는 데 귀중한 자료가 될 것입니다. 이 총서는 동방과 서방, 개신교와 가톨릭으로 갈라지기 전에 있었던 그리스도교의 풍부한 유산에 관심을 기울임으로써, 교파를 초월한 교회일치에 큰 도움이 될 것입니다.

에이버리 덜레스 추기경, 예수회, 포담 대학교 종교사회학 교수

종교개혁자들의 첫 외침은 "원천으로 돌아가자!"ad fontes였습니다. 『교부들의 성경 주해』는 오늘날 교회가 필요로 하는 성경의 지혜를 재발견할 수 있는 놀라운 도구입니다. 참신한 프로젝트 『교부들의 성경 주해』는 설교와 신학, 그리스도교 신심을 획기적으로 전환시킬 자료로 사용될 수 있습니다.

티모시 조지, 샘포드 대학교 신학대학 학장

오늘날 신자들은 자신이 성인들의 영적 공동체에 참여하는 줄 모르는 경우가 가끔 있습니다. 그 공동체는 먼 과거에로 거슬러 올라가고 하느님 나라가 임하시는 미래에까지 지속됩니다. 이 주해서는 그 공동체에 참여하는 이들이 자신을 돌아보도록 도와줍니다.

엘리자베스 아크테마이어, 유니언 신학대학 성서학과 설교학 명예교수

오늘날 사목자는 혼자가 아닙니다. 우리는 복음 전파에 전력을 다해 도전했던 첫 세대 설교가들이 아닙니다. 『교부들의 성경 주해』는 이러한 부르심을 받아 우리보다 앞서 힘겹게 증거했던 옛 동지들과 이야기 나눌 수 있게 해 줍니다. 이 총서는 말씀이신 분에 대해 설교하고 해석할 때 그들의 깊은 영적 통찰력과 격려와 지침을 받아들이도록 돕습니다. 어느 사목자의 장서에 이만큼 훌륭한 책을 꽂을 수 있겠습니까!

윌리엄 H. 윌리몬, 듀크 대학교 그리스도교 사목학 교수

교부들의 성경 주해

구약성경 VIII

# 시편 51-150편

ANCIENT CHRISTIAN COMMENTARY ON SCRIPTURE
OLD TESTAMENT VIII

# PSALMS 51-150

Edited by QUENTIN F. WESSELSCHMIDT

GENERAL EDITOR
THOMAS C. ODEN



Translated by LEE Hea-jeong


Published by arrangement with InterVarsity Press
P.O. Box 1400, Downers Grove, IL 60515-1426
USA

교부들의 성경 주해 · 구약성경 VIII
**시편 51–150편**

2021년 7월 20일 교회 인가
2021년 10월 7일 초판 1쇄

엮은이 · 퀜틴 F. 베셀슈미트
옮긴이 · 이혜정
펴낸이 · 박현동
펴낸곳 · 성 베네딕도회 왜관수도원 ⓒ 분도출판사
찍은곳 · 분도인쇄소

등록 · 1962년 5월 7일 라15호
04606 서울시 중구 장충단로 188 분도빌딩 102호(분도출판사 편집부)
39889 경북 칠곡군 왜관읍 관문로 61(분도인쇄소)
분도출판사 · 전화 02-2266-3605 · 팩스 02-2271-3605
분도인쇄소 · 전화 054-970-2400 · 팩스 054-971-0179
www.bundobook.co.kr

ISBN 978-89-419-2111-0 94230
ISBN 978-89-419-0850-0 (세트)

교부들의 성경 주해
구약성경 VIII

# 시편 51-150편

켄틴 F. 베셀슈미트 엮음
토머스 C. 오든 책임 편집

한국교부학연구회
이혜정 옮김

분도출판사

【일러두기】

1. 성경 본문은 2005년 한국 천주교 주교회의 성서위원회가 펴낸 『성경』을 사용했다. 교부들의 설교에서 성경 인용은 주로 암송과 기억에 의존한 바 컸고, 그들이 사용한 성경 판본 또한 우리말 『성경』의 번역 대본과 다른 그리스어나 라틴어 번역본이었으므로 일부 성경 인용 구절에 다소 차이가 있다.

2. 성경 본문에 나오는 지명 '유다'는 주해에서 로마제국의 지방명일 경우 '유대아'로, '유다인'은 '유대인'으로, '유다교'는 '유대교'로 표기했다. 교부 시대의 인명과 지명은 『교부학 인명 · 지명 용례집』(분도출판사 2008)을 따랐다.

3. 저서명은 한국교부학연구회 『교부 문헌 용례집』(수원가톨릭대학교 출판부 2014)에 근거했다.

# c · o · n · t · e · n · t · s

# 머리말

『교부들의 성경 주해』[1]는 고대 그리스도교 시대에 활동한 교부들의 성경 주해를 발췌한 총서로 모두 29권으로 이루어져 있다. 교부 시대는 로마의 클레멘스(재위 92년경~101년)부터 다마스쿠스의 요한(650년경~750년)에 이르기까지 그 해당 시기를 말한다. 따라서 이 총서는 신약성경이 마무리되는 시기부터 존자 베다를 포함하는 8세기 중엽까지, 7세기에 걸쳐 이루어진 성경 해석을 다루고 있다.

『교부들의 성경 주해』의 연구 방법은 컴퓨터 기술과 맥을 같이하며 발전되었다. 때문에 성경 주석사를 연구하는 데 발전적이고 장래성 있으며, 실제로 쓸모가 있고 신학적으로 통합적인 방법을 추구할 수 있는 모델로 알맞다. 따라서 총서 '머리말'은 이러한 접근법을 소개하고, 총서가 방법론적으로 제안하고 있는 연구 방법을 설명하고자 한다.

고대 그리스도교 시대에 쓰인 성경 주해서에 나오는 주요 본문을 사용하기 편리하게 다시 소개하는 일은 사실 성경학과 역사학에서 오랫동안 미루어 놓은 연구 과제였다. 이를 위해 역사가와 번역가, 디지털 전문가, 성경학자, 교부학자들이 고대 그리스도교 주석사에서 수백 년 만에 처음으로 모여 본문을 다시 정리하는 연구 과제에 공동으로 참여하였다. 이들은 고대 그리스도인들이 해석하고 깊이 묵상하고 논하며 명상하고 숙고한 성경 내용을, 창세기부터 요한 묵시록까지 한 구절 한 구절씩 정리하였다. 또한 이 총서에는 교부들이 성경으로 여긴 제2경전(외경)에 관한 교부들의 주해도 함께 실려 있다. 따라서 총서는 고대 그리스도교 저자들의 작품에서 정선한 내용을 현대어로 번역한, 방대한 성경 주해서라 하겠다.

『교부들의 성경 주해』는 세 가지 목표를 추구한다. 첫째, 그리스도교의 전형적인 성경 주석에 바탕을 두고, 오늘날 위기에 빠진 '설교'에 생명력을 불어넣어 이를 쇄신하는 데 이바지하고자 한다. 둘째, 고대 교회가 성경을 어떻게 해석하였는지 알고 싶어 하는 '평신도들'이 성경을 집중적으로 공부할 수 있도록 도움을 주고자 한다. 셋째, 고대 그리스도교 저자들의 성경 해석을 더 깊이 연구하도록 그리스도교의 역사학 · 성경학 · 교의신학 · 사목과 관련된 '학문'에 동기를 부여하고자 한다.

[1] 본디 제목은 『고대 그리스도교 성경 주해』(*The Ancient Christian Commentary on Scripture: ACCS*)다.

쪽마다 성경 본문 밑에는 고대 그리스도교 주석가들의 가장 좋은 주석이 실려 있다. 이러한 형식으로 배열한 까닭은 대개 인쇄술이 발명되고 나서 출판된 탈무드 본문과, 인쇄술이 발명되기 전에 나온 『표준 주해집』*glossa ordinaria*이 전통적으로 이러한 형태로 되어 있기 때문이다.[2]

그동안 소홀했던 그리스도교 성경 주해 본문들을 복구하다

그리스도교 각 교파는 이들 본문을 정확히 복구하여 연구해야 한다는 목소리를 한층 높이고 있다. 성경학계는 최근 계몽주의 이후 나타난 역사 · 문학적 연구 방법론에 지대한 관심을 보였지만, 대개는 이러한 갈망을 채워 주지도 못하고 도움도 주지 못하였다.

처음 막막하기만 했던 교부들의 성경 주해에 관해서 우리는 몇 년 동안 계획을 세우고 현 상황을 면밀히 검토하였다. 드디어 1993년 11월, 워싱턴 D.C.에 있는 드루 대학교의 주선으로 프로젝트에 대한 초석을 놓았다. 총서는 협의와 잇따른 토의 절차를 거쳐 세상에 나오게 되었다. 1994년에도 여러 차례 모임을 가지고 총서에 관해 폭넓은 의견을 나누었으며, 그 뒤 로마와 튀빙겐 · 옥스퍼드 · 케임브리지 · 아테네 · 알렉산드리아 · 이스탄불에서 활동하는, 성경 주석사에 길이 남을 세계적 석학들의 조언을 구하였다. 초기 협의 과정에 초석을 놓은 석학은 초대교회사와 해석학, 설교학, 성경 주석사, 조직신학, 사목신학 분야에서 활발히 저술 활동을 펼치고 있던 이들이었다. 프로젝트를 구상하는 과정에 처음부터 참여한, 세계적으로 뛰어난 대가들 가운데는 옥스퍼드의 헨리 채드윅Henry Chadwick 경과 칼리스토스 웨어Kallistos Ware 주교, 몬머스의 로언 윌리엄스Rowan Williams 주교, 일리의 스티븐 사이크스Stephen Sykes 주교로, 네 분 모두 옥스퍼드와 케임브리지 대학교에서 교부학 교수로 재직한 바 있다. 그리고 로마 아우구스티누스 교부학 연구소Patristic Institute of Rome의 안젤로 디 베라르디노 Angelo Di Berardino 교수와 바실 스투더Basil Studer 교수, 프린스턴 대학교의 칼프리드 프룈리히Karlfried Froehlich 교수와 브루스 메츠거Bruce M. Metzger 교수가 있다. 이들은 각 주해서 편집자를 선정하는 데 실질적으로 많은 도움을 주었다. 우리는 특별히 그리스 정교회 콘스탄티노플의 바르톨로메오스 Bartholomew 총대주교와 교황청 그리스도인일치촉진평의회Pontificio Consiglio per la Promozione dell'Unita dei Cristiani의 에드워드 이드리스 카시디Edward Idris Cassidy 추기경께 깊은 감사를 전한다. 그들은 드루 대학교가 주관하는 교부들의 성경 주해 프로젝트에 발전과 진척이 있기를 기원하며 축복이 담긴 글을 보내 주었고, 늘 애정 어린 눈으로 지켜보며 사려 깊은 조언을 해 주었기 때문이다.

---

[2] 탈무드를 공부한 학생들이라면 이런 형식을 쉽게 이해할 수 있을 것이다. 탈무드는, 성경 이후 쓰인 유대교 최초의 율법 규범서인 미쉬나(Mishnah)와, 미쉬나를 상세히 설명하는 게마라(Gemara)에 관해 라삐들이 논의하고 토론하며 주석한 내용을 모아 놓은 책이다. 탈무드는 그 자체로 존재 이유가 있으며 연구할 가치가 있다. 탈무드에서 토라와 관련된 모든 주제는 검토하고 분석할 필요가 있다. 탈무드가 계시된 성경에서 비롯한 유대교의 지혜를 담고 있는 거대한 보고(寶庫)이듯이, 교부들의 저서 또한 계시된 성경에서 비롯한 그리스도교의 지혜를 담은 보고다. 탈무드는 주로 교부들의 활동 시기에 생겨났으며, 종종 교부들이 사용한 방법과 유사한 해석 방법이 사용되었다. 후기 유대교 전통을 따르는 주석가들은 탈무드에 미쉬나 본문을 직접 인용한다. 가장 일찍 간행된 탈무드는 중세 때 나온 『표준 주해집』의 초기 필사본을 본보기로 하여 구성되었다. 『표준 주해집』은 성경 본문을 가운데 놓고 둘레에 교부들의 주해를 싣는 방식으로 되어 있었다. 『교부들의 성경 주해』 편집진은 이 총서가 『성경 주해 선집』*catena*과 『표준 주해집』의 초기 전통, 초기 그리스도교 성경 연구 방법을 받아들인 라삐들의 성경 주석 전통과 유사한 것은 물론 그 영향을 받았음을 기꺼이 인정한다.

우리는 이러한 실질적인 협의를 통해 다음과 같은 의견 일치를 보았다. 이 프로젝트는 성경 주석사에 큰 획을 그을 만큼 필요한 일이며 중요하기에 대단한 열의로 이에 참여해야 한다. 또한 프로젝트를 완수하는 날까지 귀한 시간을 아낌없이 내야 한다는 것이었다. 아울러 성경 주해서를 해마다 서너 권씩 출간하여 2010년 안에 완간한다는 계획도 세웠다.

총서는 호교서가 아니라, 고대 그리스도교 저자들이 성경 본문을 해석한 실용적인 설교와 신심을 북돋울 수 있는 내용을 담고 있는 지침서다. 우리는 고대 그리스도교의 해석가들이 사용한 칠십인역과 옛 라틴어 성경, 신약성경 본문에 대한 다양한 해석도 요약하여 실을 예정이다. 따라서 총서는 오늘의 시각에서 해석한 주해가 아니라 오히려 오늘날 주해를 있게 한, 앞선 고대 그리스도교의 해석가들이 해석한 내용을 담고 있는 주해다.

오늘날 학계에서는 고대 그리스도교 문헌을 번역하거나 새로 발견된 단편으로 일부 내용을 편집비평하여 비판본을 출간하는 데 상당한 노력을 기울이고 있으며, 그 성과도 대단하다. 이러한 성과물 가운데 영어권에서는 『교부들』*Fathers of the Church* (Catholic University of America Press)과 『고대 그리스도교 저술가』*Ancient Christian Writers* (Paulist), 『시토회 연구』*Cistercian Studies* (Cistercian Publications), 『교회의 성경』*The Church's Bible* (Eerdmans), 『교부들의 메시지』*Message of the Fathers of the Church* (Michael Glazier: Liturgical Press), 『문헌과 연구』*Texts and Studies* (Cambridge) 총서가 중요하다. 다른 언어권에서 출간된 주요 교부 문헌 편집본이나 번역서 총서와 데이터베이스로는 『그리스도교의 원천』*Sources Chrétiennes*과 『그리스도교 전집(그리스어 총서)』*Corpus Christianorum (Series Graeca)*, 『그리스도교 전집(라틴어 총서)』*Corpus Christianorum (Series Latina)*, 『동방 그리스도교 저술가 전집』*Corpus Scriptorum Christianorum Orientalium*, 『라틴 교회 저술가 전집』*Corpus Scriptorum Ecclesiasticorum Latinorum*, 『고대 그리스도교 문헌사를 위한 문헌과 연구』*Texte und Untersuchungen zur Geschichte der altchristlichen Literatur*, 『그리스 그리스도교 저술가 총서』*Die griechischen christlichen Schriftsteller*, 『동방 교부 총서』*Patrologia Orientalis*, 『시리아 교부 총서』*Patrologia Syriaca*, 『교부 성경 색인』*Biblioteca Patristica*, 『신앙의 아버지들』*Les Pères dans la foi*, 『교부 문헌 총서』*Collana di Testi Patristici*, 『초기 그리스도교 문헌』*Letture cristiane delle origini*, 『천년기 그리스도교 문헌』*Letture cristiane del primo millennio*, 『고대 그리스도교 문화』*Cultura cristiana antica*, 고대 라틴어 문헌의 데이터 뱅크인 Thesaurus Linguae Latinae (TLL), 고전 · 그리스도교 그리스어 문헌의 데이터 뱅크인 Thesaurus Linguae Graecae (TLG), 그리고 『그리스도교 전집(라틴어 총서)』*Corpus Christianorum (Series Latina)*을 디지털화한 Cetedoc 총서가 있다. 『교부들의 성경 주해』는 이처럼 여러 분야에서 탁월한 업적을 이룬 연구 결과를 토대로, 주로 오늘날 성직자들의 설교와 평신도의 영적 발전에 도움을 주고자 교부들이 성경에서 일구어 낸 지혜를 되찾는 데 초점을 맞추고 있다.

### 디지털 기술의 활용과 성과

각 주해서 편집자들은 드루 대학교 디지털 연구진의 도움을 받았다. 연구진은 그리스어와 라틴어로 되어 있는 교부 문헌 전집의 모든 컴퓨터 파일을 일일이 검색하여, 고대 그리스도교에서 이루어진 주해를 확인하였다. 편집자들은, 기원후 600년까지 그리스어로 쓰여 있는 모든 문헌을 전산 처리하여 데이터베이스로 만든 TLG와, 루뱅 가톨릭 대학교 '문헌 전산 처리 센터'가 『그리스도교 전집』 가운데 라틴어 본문을 데이터베이스로 만든 Cetedoc 판, 미뉴Migne의 『라틴 교부 모음집』*Patrologia Latina* 221권에 수록된 본문을 모두 CD롬에 담고 있는 채드윅–힐리Chadwyck-Healey가 만든 『라틴 교부 모음집』, 팩커드 인문 연구소Packard Humanities Institute가 펴낸 라틴어 문헌의 데이터베이스에 수록된 본문들을 검색하였다. 또한 『고대 교부들』*Early Church Fathers*의 주해도 CD롬에서 찾을 수 있으면 적극 활용하였다. 이 작업은 처음부터 드루 대학교와 미국 전산성경학회Electronic Bible Society가 공동으로 후원하여 이루어졌다.

이렇게 애쓴 덕분에 그리스어와 라틴어 본문 원자료를 많이 모을 수 있었다. 각 주해서 편집자들은 여기에서 유용한 자료만 가려내었다.[3] 프로젝트의 총괄 부서는 성경 본문의 각 구절이나 단락pericope에 관해 그리스어와 라틴어로 쓰여 있는 어구 주석gloss과 설명, 비평, 주해 등 실제 사용할 수 있는 정보를 각 주해서 편집자들에게[4] 제공하였다.[5] 사실, 많은 원자료 가운데 몇 퍼센트만 우리가 선정한 기준에 따라 사용할 수 있었다. 그러나 이렇게 엄격한 작업 기준을 따르는 것은 '성경 주해 선집'을 편찬하거나 일반인이 사용하는 개요집을 편집하는 이들에게는 당연히 요구되는 과정이다. 이러한 작업은 설명을 덧붙여야 하는 불필요한 자료를 배제함으로써, 짧고 간결한 표현들을 얻기 위함이다.

연구진은 이 데이터베이스에서 불리안Boolean의 정보 검색법에 따라 주요 낱말과 구를 검색하여, 그 구절에 해당하는 성경 구절의 그리스어와 라틴어 본문을 확인하였다. 옛 라틴어 역본이나 논란이 되고 있는 그리스어 본문들 가운데 이문이 있는 경우, 연구진은 암시나 유추와 같은 접근법으로 예상할 수 있는 모든 변수를 활용하여 주요 낱말을 검색하였다. 이 글을 쓰는 지금쯤이면 드루 대학교의 『교부들의 성경 주해』 연구진은 이처럼 복잡하고 엄청난 양의 컴퓨터 검색 기능 작업을 이미 얼추 마쳤으리라. 이는 컴퓨터 기술이 발전되지 않은 시대에는 상상조차 할 수 없는 작업이었다.

디지털 기술을 한껏 활용함으로써 우리는 예기치 않은 성과도 함께 거두었다. 이를테면, 데이터베이스에는 총서에 사용하지 않고도 남아 있는 자료들이 수두룩하다는 점이다. 또한 예전 같으면 '성경 주해 선집'에 들어 있지 않은 본문에 대해서는 주해를 확인하기 어려웠을 텐데, 지금은 데이터베이스로 쉽게 확인할 수 있다는 것이다. 그리고 인적 자원에 대한 비용을 절감하면서도 효율적으로 인력을 쓸 수 있으며, 앞으로 성경 주석사를 연구하는 데 토대가 될 풍부한 자료를 확보하게 되었다는 점

[3] 우리는 라틴어와 그리스어 데이터베이스를 검색하여, 고대 그리스도교 시대에 다른 언어로 성경을 주석한 모든 문헌을 찾아내어 이를 골고루 이용하고자 하였다. 그래서 콥트어와 시리아어, 아르메니아어 편집 전문가들에게 이들 문헌 가운데 오늘날 우리 시대와 가장 잘 어울리는 자료들을 선정해 주기를 청하였다. 그런 다음 이미 영어로 번역된 자료들이 있으면 각 주해서에서 활용하였다.

[4] 자기 나름대로 자료를 검색하겠다는 편집자들에게는 정보를 제공하지 않았다.

[5] 미뉴(Migne)나 그리스어와 라틴어로 출간된 다른 자료보다 TLG와 Cetedoc을 더 자주 참조했는데, 이유는 이렇다. ① 한곳에서 디지털로 본문을 더 쉽고 빠르게 찾아낼 수 있다. ② 개선된 비평본이란 점에서 더 확실한 본문이다. ③ 초보자나 전문가들은 앞으로 이들 디지털 본문을 더욱 폭넓게 사용할 수 있다. ④ 짧은 문장은 쉽게 다운로드 받는다. ⑤ 각 본문이 자리한 문맥에 관심 있는 독자들이 손쉽게 검색해 볼 수 있다.

이다. 이는 대부분 조엘 스캔드레트Joel Scandrett · 마이클 글러럽Michael Glerup · 조엘 엘로브스키Joel Elowsky 교수가 주축이 되어 이끈 유능한 대학원생들이 작업하였다. 디지털 검색과 저장 기술이 없었더라면 총서를 출간하는 데 수백 배의 노력을 기울여야 했을 것이다. 이러한 작업은 엄청난 인원의 연구원들이 세계 곳곳에 흩어져 있는 도서관에서 일일이 손으로 자료를 찾아내는 수고를 하지 않으면 이루어 낼 수 없기 때문이다.

앞으로 성경을 읽는 독자들도 새로운 형태의 컴퓨터 기술과 쌍방향으로 이루어지는 하이퍼텍스트 hypertext(특정 낱말이 다른 낱말이나 데이터베이스와 연결되어 사용자가 관련 문서를 넘나들며 검색이 가능한 텍스트 형식)를 활용하여, 고대 그리스도교 저자들이 사용한 상세한 개념이나 원문 · 주제 · 용어를 더 빨리 검색할 수 있을 것이다. 『교부들의 성경 주해』는 이러한 작업이 어떻게 이루어졌는지를 보여 주는 전형적인 본보기라 하겠다. 드루 대학교는 『교부들의 성경 주해』가 앞으로 발전 가능성이 매우 큰 연구 모델이 될 뿐 아니라, 뛰어난 연구 결과를 내리라고 기대한다. 우리는 이 총서를 책으로 출간하지만, 머지않아 대용량의 검색 기능과 기억장치를 갖춘 하이퍼텍스트 형식의 디지털 판으로 총서가 보완되기 바란다. 또한 연구 작업에 컴퓨터 기술을 적극 수용하고 발전시켜, 앞으로 역사학과 신학 연구에 필요한 과제를 수행하는 데 온 힘을 쏟고자 한다.

### 엄청난 자료가 빛을 보다

고대 그리스도교 저자들은 성경을 주해하는 동안 유익하거나 의미심장한 내용이 나오면 그냥 지나친 적이 없었다. 그들 대부분은 성경을 깊이 묵상하고 통찰하며 철저히 연구하였다. 본문과 본문을 비교하기도 하고, 때로는 성경의 많은 부분을 외우기까지 하였다. 총서에는 전통적으로 개신교에서 경전으로 인정하는 66권에 해당하는 모든 장章에 대해, 교부들이 의도적으로 다루었거나 아니면 특별한 이유에서 다루었던 주석과 설교나 강해도 수록되어 있다. 또한 유대 경전에는 없지만, 고대 그리스어 성경(칠십인역)에 있는 본문(외경 혹은 제2경전)을 주해한 내용도 함께 실려 있다. 이들 본문은 각 교파 전통에서 볼 때는 조금씩 다르지만, 로마 가톨릭 교회와 그리스 정교회에서는 정경으로 인정한 부분들이다.

교부들은 성경 가운데 더러, 특히 창세기와 시편, 아가, 이사야서, 마태오 복음서, 요한 복음서, 로마서의 모든 구절은 많이 주해하였지만, 고대 그리스도교 시대에는 그 밖의 다른 작품을 주해하는 데는 그다지 관심을 보이지 않았다. 따라서 우리는 교부들의 주해서에서만 자료를 검색할 게 아니라, 성경 본문과 관련이 있거나 아니면 본문을 암시하거나 유추하고 참조할 수 있는, 그들이 저술한 모든 문헌에서 자료를 찾아야 했다. 강해 · 설교 · 편지 · 시 · 찬가 · 수필 · 논문에도 진리를 깨우쳐 줄 수 있는 많은 내용이 담겨 있기에, 이런 내용을 임의적으로 '성경 주해 선집'에서 빼서는 안 되겠다. 그래서 오리게네스 · 알렉산드리아의 키릴루스 · 키루스의 테오도레투스 · 요한 크리소스토무스 · 히에로니무스 · 아우구스티누스 · 존자 베다와 같은 저자들이 쓴 주해서와, 다른 문학 유형의 작품들을 한 줄 한 줄 검색하여 간결하면서도 지혜가 번득이고 심금을 울리는 구절들을 찾아냈다. 이렇게 원전에서 찾아

낸 엄청난 자료를 토대로 각 주해서 편집자들은, 고대 그리스도교 저자들의 사상을 가장 잘 반영하고 분별력 있게 전해 주며 가장 뛰어난 내용을 담고 있는, 해당 구절에 대한 주해를 엄선하였다.

### 누구를 대상으로 하는가

우리는 먼저 성경 전문가는 아니어도 성경을 정기적으로 연구하고, 고대 그리스도교 저자들이 성경을 어떻게 이해하였는지 참으로 알고 싶어 하는 평신도 독자들을 대상으로, 그들이 손쉽게 읽을 수 있는 본문을 선정하고 배열하였다. 오늘날의 평신도는 문화적으로 매우 다른 배경 속에 살고 있지만, 고대 교회의 위대한 인물들이 성경 본문의 의미를 어떻게 이해하였는지 알고자 한다.

일차적으로는 평신도의 관심사에 눈높이를 맞추어야 하겠지만, 성경 주석사에서 지금까지 얼마 안 되는 자료와 요약본을 활용할 수 있었던 학자층이 요구하는 엄격한 기준도 결코 무시하지 않겠다. 세계 인구 가운데 반이 넘게 사용하는 여러 언어로 번역되고 있는 총서는, 본디 전 세계 공공 도서관이나 대학교, 비교 문화를 연구하거나 역사적인 데 관심을 쏟는 이들에게 도움이 되도록 기획되었다. 우리는 총서가 서양 문학사에서 주요 자료로 자리매김하리라 확신한다.

총서는 학계를 중심으로 교부학을 전문으로 연구하는 학자들을 대상으로 하기보다는, 평신도와 사목자, 학자 모두를 대상으로 하기에 그 독자층이 훨씬 더 넓다. 그렇기 때문에 본문 전승사를 연구하는 대학 교수, 또는 본문의 형태론이나 역사 비평적 논점과 이론에 관심을 보이는 이들만을 대상으로 하지 않는다. 이러한 문제는 전문가들에게는 아주 중요한 연구거리이겠지만, 『교부들의 성경 주해』 편집자들에게는 그다지 중요한 내용은 아니었다. 총서는 일차적으로는 사목자들을 대상으로 하지만, 보통은 성경 본문의 분명한 의미와 신학적 지혜, 도덕적 · 영적 의미를 초대교회가 어떻게 숙고하였는지 알고자 하는 수많은 평신도를 그 대상으로 삼는다.

총서가 어떻게 발전되어야 하는가 하는 문제를 두고 합리적인 여러 비전이 제시되었는데, 우리는 이들 비전이 실현 가능한 측면에서 얼마나 타당한지 신중히 검토하였다. 드루 대학교가 이끄는 이 프로젝트는 무엇보다도 성경에 어느 정도 기초 지식이 있는 평신도 독자층과, 더 넓게는 개신교와 가톨릭, 그리스 정교회의 사목자들이 실제 사용할 수 있는 주해서를 만들고자 하는 중요한 의도를 담고 있기에, 여러 대안을 신중히 고려해야 했다. 또한 우리가 추구하는 방법론에 대해 교부학계 전문가들이 비판한 내용을 기꺼이 받아들이지만, 그들도 이차적인 특별한 독자층으로 생각하였음을 밝혀 둔다. 총서가 평신도와 사목자에게 실제로 큰 도움이 된다면, 예전만 하더라도 쉽게 이용할 수 없었던 교부 문헌이 대학교나 신학대학에서 가르치는 성경과 해석학, 교회사, 역사신학, 설교학을 비롯한 여러 교과과정에 널리 활용되리라 생각된다.

탈무드와 미드라쉬가 권위 있는 문헌으로 오래도록 유대인들의 삶과 정신에 자양분을 주었듯이, 총서 또한 그리스도인들에게 그러한 역할을 충분히 해 줄 수 있으리라 여겨진다. 이 주해서는 가장 중요한 일차 자료로, 학교와 교회 도서관은 물론 사목자와 교사, 평신도도 성경 곁에 나란히 꽂아 놓아야 할 작품이다. 총서는 앞으로 몇 년 안에 완간되며, 예약 출판을 실시하여 독자들이 경제적이고 실용적으로 총서를 구입할 수 있도록 하려는 것이 우리의 의도이자 출판사의 약속이기도 하다.

오늘날 가톨릭과 개신교, 정교회의 평신도들 가운데는, 성경 연구의 판도를 바꾸어 놓고 때로는 그 의미마저 퇴색게 한 '역사 비평적 연구 방법'을 뛰어넘는, 그래서 더 깊은 토대가 될 수 있는 다른 어떤 것이 필요하다고 절감하고 있다. 곧, 성경을 설교하고 가르침을 전하는 데 생명력을 불어넣어야 할 그 무엇이 절실히 필요하다는 것이다.

오늘날 기도와 섬김(위기와 관련된 사목, 도시 사목과 학교 사목, 상담 사목, 피정 사목, 수도 단체, 빈민 사목, 사회복지 등)을 중심으로 종교 공동체가 쇄신해야 한다는 목소리가 커져 가고 있다. 이들 공동체에 속한 이들은 자신들의 정체성에 관해 묵상하고 영적인 토대를 마련하기 위해 성경 말씀과 교부들의 가르침에 깊은 관심을 보이고 있다. 따라서 이들 공동체는 이용하기 쉬우며, 학문적으로 근거가 확실하고 실제 사용하여 영적 성장에 밑거름이 될 수 있는 일차 자료를 찾고 있다.

'성경 주해 선집' 전통에 대한 때 이른 불신

사실, 우리는 '성경 주해 선집'과 『표준 주해집』이라는 고대 전통에 담겨 있는 정신과 문학 형태를 빌려 왔음을 기꺼이 인정한다. 이들 작품은 고대의 성경 주석가들이 성경 본문을 해석한, 생명력 넘치는 내용들을 모아 놓은 권위 있는 해석집이다. 우리는 이러한 전통 방식을 활용하되, 오늘날 독자 수준에 맞게 새로 고쳐 총서를 편집하였다.

이처럼 독특한 고전적 접근법이 수백 년 동안 사용되지 않고, 오히려 등한시되었다는 것은 안타까운 일이 아닐 수 없다. 그러니 이런 식의 주해서를 출간하는 일은 실로 오랜만에 있는 일이라 하겠다. '성경 주해 선집'과 같은 접근법은 근대 성경학자들의 비판으로 말미암아 19세기에 이르러서는 거의 자취를 감추었으며, 지금까지도 그 이전 상황으로 되돌아가지 못하고 있는 상태다. 얄궂게도 이 '성경 주해 선집'과 같은 접근법이 그리스도교 역사 가운데 예전 그 어느 세기보다도 더 조직적으로 감추어지고 무시된 때는 진보의 시대, 열린 시대라고 하는 20세기에 이르러서다. 시대사적 상황이나 출판 여건에도 불구하고, 오늘날 현대성이라는 교조적 편견(현대의 극단적 배타주의, 자연주의, 독자적 개인주의)에 사로잡힌 이들은 유감스럽게도 교부들의 문헌에 나오는 본문들을 설교에 전혀 사용하지 않는 경향이 있다.

19세기와 20세기에 이르러 성경 주석은, 이른바 '자연주의적 환원주의'라는 철학적 편견에 자주 사로잡혔다. 『교부들의 성경 주해』 프로젝트에 참여한 사람들은 대부분 수십 년 동안 문헌 비평과 역사 비평에 몸담아 온 이들이었기에, 성경 본문을 편협한 경험주의에서 우러나온 내용으로 설명하며 해석하려고 애를 썼다. 또한 지난 수십 년 동안 성경을 가르쳐 온 교사와 사목자들도 다양한 계층의 평신도와 그들의 서로 다른 학문적 배경에 맞추어 성경을 전해야 했기에, 험난한 바다를 헤쳐 오듯 힘겨운 시기를 보냈다. 설교가들은 이런 현대적 방법론을 터득하고 활용하려고 애썼지만, 대부분 뜻을 이루지 못하였다. 계몽주의 이후에 나온 이러한 비평적 해석 방법론이 지나친 사변으로 흐르고 영적 발전을 저해하며, 설교에 아무런 도움이 되지 않는다는 자각이 최근에 일기 시작하였기 때문이다.

다른 한편, 고대 성경 주석가들이 사용한 주제와 방법, 접근법은 성직자뿐 아니라 학문적 비평 방법론을 철저히 배운, 뛰어난 전문 지식을 갖춘 성경학자들에게도 매우 낯설었다. 지난 2세기 동안 성경을 주석하려는 다양한 노력을 기울였으면서도, 고대 그리스도교 성경 주석가에 대해서는 어쩌다 한 번, 아니면 편향적 시각에서 다루어지는 게 고작이었다. 오늘날 고대의 성경 주석을 경시하는 풍조는, 고대 교회의 권위 있는 수많은 성경 주해서가 아직 현대어로 번역되어 있지 않다는 점으로 보더라도 이를 충분히 뒷받침해 준다. 중국에서도 고대 불경이나 유교 경전의 주해서들이 번역되지 않았다.

현대 학자들이 교부 문헌을 의도적으로 무시하는 현상은 개신교뿐 아니라 가톨릭과 정교회에서도 폭넓게 나타난다. 가톨릭과 정교회 신자들이 교회 전통에서 특별한 지위를 인정받은 교부들은 극진히 공경하면서도, 그들의 저서를 거의 읽지 않는다는 점은 모순이 아닐 수 없다.

평신도들이 이전의 편견과 역사주의가 전제하는 내용에서 벗어나 교부들의 성경 주석에 새삼 매력을 느끼는 데는 두 가지 명백한 이유가 있다. 첫째, 이 총서가 고대 그리스도교 성경 주석과 성경 주석사에 관한 갈망을 채워 주기 때문이며, 어느 정도는 이러한 갈망이 너무나 오랫동안 채워지지 않은 것도 한몫하였다. 둘째, 계몽주의 시대 이후, 역사주의자들과 자연주의적 환원주의자들의 비평에 근거한 성경 주석 결과들이 실제로는 그리 유익하지 않았다는 부정적 평가가 점증했기 때문이다. 이 두 가지 고무적인 내용은 로마 가톨릭과 동방 정교회, 개신교의 평신도 독자들도 똑같이 느끼는 바다.

독자들은 『교부들의 성경 주해』 각 권 부록에 실려 있는, 연대순으로 정리한 교부들 목록과 약전略傳을 활용하여, 특정 성경 구절이 언제, 어떻게 해석되었는지 알 수 있다. 특정 성경 구절에 관한 다양한 해석을 사슬catenae처럼 이어 보면, 그동안 해당 본문을 어떻게 해석해 왔는지 그 역사를 한눈에 볼 수 있다. 이 유형은 동방과 서방 교부들의 성경 주석과 중세의 성경 주석에서 이어 내려왔으며, 개신교에서도 중요하게 쓰이고 있다.

### 교회일치 범위와 의도

그리스도교의 여러 교파는 공통적으로 교부들의 지혜를 배워야 할 필요가 있다고 인식하고 있다. 이 과제를 공정하고도 균형 있게 성취하기 위해서는 교파가 다른 그리스도교 공동체의 학자들이 서로 협력해야 하는데, 이는 교회일치를 이루기 위한 획기적인 시도다.

교부 문헌은 그리스도교의 공동 자산이기에, 총서는 그동안 서로 갈라져 있으면서 때로는 경쟁 교회라는 부정적인 인상을 심어 주고 멀리 떨어져 있던 그리스도인들을 공동의 정신으로 일치시키는 데 이바지할 수 있다. 모든 교파를 기꺼이 받아들이는 교부 문헌이라는 큰 우산 아래에서, 보수파 개신교는 동방 정교회와, 침례교는 로마 가톨릭과, 개혁교회는 아르미니우스 교파나 카리스마파 교회와, 성공회는 오순절 교회와, 고교회파는 저교회파와, 근대 이전의 전통주의자들은 근대 이후의 고전주의자들과 함께 모이고 있다.

교파가 서로 다른 그리스도인들이 어떻게 교부 문헌에서 영감을 얻고 공동의 신앙을 찾을 수 있는가? 이들 문헌과 이에 관한 연구가 어떻게 본질적으로 초교파적이고, 다양한 문화를 뛰어넘어 보편적

일 수 있는가? 이는 그리스도교의 모든 교파가 고대 성경 주석사에서만큼은 동일한 권리를 가지고 있기 때문이다. 이들 모든 교파는 자신들의 이성적 사고를 포기하지 않은 채, 모두에게 공동의 자산이 되는 문헌을 연구하고자 모일 수 있었다. 고대 문헌들은 잇따른 성경 주석사 전체 꼴을 잡는 데 결정적인 영향을 미쳤다. 개신교 신자들도 교부들의 유산을 당연히 물려받을 권리가 있다. 콥트인들만이 아타나시우스를 소유할 수 없고, 북아프리카인들만이 아우구스티누스를 전유할 수 없다. 교부들의 정신은 온 교회의 공동 자산이다. 정교회는 바실리우스에 대해 배타적 권리를 지닐 수 없으며, 로마 가톨릭도 대 그레고리우스를 독차지할 수 없다. 모든 그리스도인은 이 보화에 대하여 동등한 권리를 지니며, 그 보화의 가치를 깨닫고 그리스도의 몸 안에서 하나가 될 수 있는 가능성을 본다.

그리스도교의 여러 교파에서 이 프로젝트에 참여한 각 주해서 편집자들은 고대 그리스도교 문헌과 성경 주석사 분야에서 국제적으로 저명한 학자들이다. 동방 정교회 학자로는 영국 더럼 대학교의 앤드루 라우스Andrew Louth 교수와, 미국 매사추세츠 주 브루클린에 있는 성 십자가 신학교 — 그리스 정교회 — 의 조지 드래거스George Dragas 교수가 참여하였다. 로마 가톨릭 학자로는 로마 성 안셀모 대학교의 베네딕도 수도회 학자 마크 셰리단Mark Sheridan과, 뉴욕 포담 대학교의 예수회원 요셉 라인하트Joseph Leinhard, 미국 가톨릭 대학교의 시토회 신부 프랜시스 마틴Francis Martin, 로마 아우구스티누스 교부학 연구소에서 가르치고 있는 시애틀 태평양 대학교의 알베르토 페레이로Alberto Ferreiro 교수, 루마니아의 합동 동방 가톨릭 교파Eastern European (Romanian) Uniate Catholic tradition의 세베르 보이쿠Sever Voicu가 있다. 총서의 신약 부분은 마태오 복음서부터 시작되는데, 마태오 복음서는 가톨릭 교회에서 성경 주석사의 권위자요 저명한 교부학자인 로마 대학교의 만리오 시모네티Manlio Simonetti가 맡았다. 성공회 학자로는 마크 에드워즈Mark Edwards(옥스퍼드)와, 케니스 스티븐슨Kenneth Stevenson(영국 햄프셔 주 패어럼) 주교, 로버트 라이트J. Robert Wright(뉴욕), 앤더스 버그퀴스트Anders Bergquist(세인트 올번스), 피터 고데이Peter Gorday(애틀랜타), 제랄드 브레이Gerald Bray(영국 케임브리지 대학교 및 미국 앨라배마 주 버밍엄)가 있다. 루터교에서는 퀜틴 베셀슈미트Quentin Wesselschmidt(세인트루이스), 필립 크레이Philip Krey와 에릭 힌Eric Heen(필라델피아), 아서 저스트Arthur Just, 윌리엄 C. 웨인리치William C. Weinrich와 딘 웬데Dean O. Wenthe(모두 인디애나 주 포트웨인) 교수가 참여하였다. 개신교의 개혁교회와 침례교, 다른 복음주의 교회의 저명한 학자들로는 존 세일하머John Sailhamer와, 스티븐 A. 맥키니언Steven A. McKinion(노스캐롤라이나 주, 웨이크포리스트), 크레이그 블레이징Craig Blaising과 카르멘 하딘Carmen Hardin(켄터키 주 루이빌), 크리스토퍼 홀Christopher Hall(펜실베이니아 주 세인트 데이비스), 리곤 던칸 3세J. Ligon Duncan III(미시시피 주 잭슨), 토머스 매컬로Thomas McCullough(켄터키 주 댄빌), 존 프랭크John R. Franke(펜실베이니아 주 하트필드), 마크 엘리어트Mark Elliot(리버풀 호프 대학교) 교수가 있다.

편집진을 이처럼 국제적으로 편성한 것은 이 프로젝트가 교회일치 차원을 어느 정도 반영한 것이라 하겠다. 그들은 고대 그리스도교 성경 주석에서 일치된 전통을 가장 잘 반영하는 구절을 공정하게 뽑을 수 있는 적임자였을 뿐 아니라, 일치된 전통이 담겨 있는 중요한 표현들을 빠뜨리지 않겠다는 조건에서 선정되었다. 이들은 동방교회와 서방교회를 막론하고 가능한 한 고대 교회에서 가장 폭넓게 받아들여진 주해들을 찾았다.

그렇다고 해서 교부들의 견해가 늘 일치했다는 뜻은 아니다. 교회일치와 관련된 가르침을 대놓고 부인하지 않는 한, 정통신앙이라는 테두리 안에서 선정된 이들 본문은 해당 본문이나 개념에 있어 상당한 견해차가 있는데, 이는 저자가 속한 다양한 사회 환경과 배경을 강하게 반영하고 있다는 뜻이다.

드루 대학교는 프로젝트의 각 주해서 편집자들을 위임하는 데 매우 엄격한 기준을 적용하였다. 이 기준에 따라 우리는 성경학계와 교부학계에서 저명하며, 성경 주석사에도 조예가 깊은 세계적인 학자들을 찾고자 하였다. 우리의 노력은 뜻한 바를 이루었다. 총서 편집진이 그리스도교 각 교파의 학자들로 구성되었다는 사실은, 전 세계 독자층의 호응을 얻을 수 있을 뿐 아니라 그리스도교의 주요 교파가 일치하는 데도 중요한 교량 역할을 할 것이다.

편집진은 총서를 편찬하는 내내 일관성 있게 수준을 높이고 문학적으로도 뛰어난 작품이 나오도록 애썼다. 이런 성격의 프로젝트가 대부분 그러하듯이, 편집진이 애쓴 보람으로 편집 방향과 절차는 점차 정교해지고 뚜렷해졌으며, 이는 편집 과정에 다시 반영되었다.

### 신학적 사고의 존중

『교부들의 성경 주해』는 하느님을 흠숭하는 공동체를 위한 것이므로, 편집진은 교회일치 차원에서 각 교파가 모두 받아들일 수 있는 주제를 편집의 중요한 구성 요소로 삼았다. 곧, 역사 안에서 드러나는 계시, 삼위일체, 역사를 통해 보여 주시는 하느님의 섭리, 그리스도교의 복음 선포, '신앙과 사랑의 규칙'regula fidei et caritatis, 성령으로 말미암아 회개하는 내용 등이다. 이 주해서는, 하느님을 흠숭하는 그리스도교 공동체가 공동으로 지니고 있는, 바로 이러한 내용을 다루고 있다.

세대를 뛰어넘는 이들 신앙 공동체는, 교회일치를 강조한 초대교회 교부들이 성령의 이끄심으로 험난한 역사 속에서도 성경을 해석하고, 그리스도교 진리를 전했다는 사실에 그 의미를 둔다. 따라서 교부 문헌에는 신자 공동체의 정신 안에 깃들어 있는 교회일치에 관한 내용이 계속적으로 담겨 있다. 이러한 교회일치에 관한 내용은 후대보다는 교부 시대에 더욱 두드러지게 나타났다. 그러므로 현대가 가정하는 선입견으로 교부 시대의 문헌을 판단한다면, 우리는 거룩한 책에 담겨 있는 내용을 올바로 파악하지 못할 것이다.

이처럼 많은 내용을 다루어야 하는 프로젝트에서는 목표를 명확히 설정하는 것이 중요하다. 그래야만 원칙을 바로 세워 나가는 데 도움이 되며, 어떤 접근법을 우선적으로 다루어야 하는지 결정할 수 있기 때문이다. 목표를 설정해야만 복잡한 상황에서 생길 수 있는 긴장을 풀 수 있다. 목표는 앞서 언급한 세 가지 내용으로 요약된다. 세 가지 목표 가운데 어느 하나라도 중간에 바꾼다면 총서 전체의 특성은 눈에 띄게 바뀌게 될 것이다. 우리는 이 작업이 학계에서 통용되는 비평을 갖춘 학술 연구라고 생각하며, 인간 앞에서coram hominibus뿐 아니라 근본적으로 하느님 앞에서coram Deo 행해져야 하는 소명으로 여긴다. 놀라운 사실은 우리가 추진하는 작업이 본디 의도한 바를 훨씬 넘어, 중국어를 비롯한 세계 주요 언어로 번역되고 있다는 점이다.

이러한 노력은, 성경이 역사 · 철학 · 과학 · 사회학적 시각이나 방법으로 이해할 수 없으며, 신학적으로 이해해야 한다는 데 바탕을 둔다. 성경을 신학적으로 이해하려면, 계시와 사도직 · 경전 · 견해가 일치된 내용 등, 교파를 초월하여 서로 숙고한 오래된 전통을 진지하게 받아들여야 한다. 여기서는 현대가 가정하는 선입견에서가 아니라, 고대 그리스도교 사상을 가장 잘 설명해 주는 전제 요소로, 신학 · 그리스도론 · 삼위일체와 같은 논증을 우선적으로 인정해야 한다. 이러한 접근법은 신학과 비평적 연구 방법론을 서로 겨루게 하려는 것이 아니다. 오히려 비평적 연구 방법론을 통합하여 무엇보다 중요한 설교 · 신학 · 사목이 서로 어울려 맡은 바 책임을 다하게 하는 데 그 목적이 있다. 그러니 이러한 노력은 오늘날 관념론에 빠져 이론만을 내세우는 것과는 사뭇 다르다 하겠다.

### 왜 복음주의자들은 점차 교부들의 성경 주석에 이끌리는가

더러 놀랄 수도 있겠지만, 요즈음 세계 독자들 가운데 교부들의 성경 주석을 가장 많이 읽는 이들로 복음주의자들을 꼽을 수 있다. 이들은 교회의 역사적 전승을 무시한 채 오로지 신앙부흥 운동에만 열을 올렸는데, 이제 새롭게 눈을 뜨고 있다. 이 교파는 성경을 비판적으로 연구한다는 점에서는 시대에 뒤떨어지고, 성경을 해석학적 반성 없이 이해한다고 흔히 알려져 왔다. 그런데 이제 침례교와 오순절 교회파의 평신도들이 성령의 역사를 재발견하게 된 것이다. 이러한 사실 자체가 성령이 하신 일이라고 할 수 있을지도 모른다. 이 교파에 속한 사람들도 신앙이 성숙해지면서, 지금까지 경건주의나 역사 비평적 전통에서 얻을 수 있었던 것보다 그 이상의 성경 해석이 필요하다는 것을 깨닫게 된 것이다.

경건주의와 계몽주의는 교부들의 성경 주석과 고전적 해석 방법을 업신여겼다. 설교와 성경 주석에 생명력을 불어넣으려면, 슈바이처 이래 꽃피운 역사 비평의 편향된 시각과 경건주의에 물든 개인적 간증 수준을 과감히 넘어서야 한다.

필자는 한동안 『크리스천 투데이』*Christianity Today*의 선임 편집자를 거쳐 편집 주간으로 일해 오면서, 급변하는, 그래서 흥분되기까지 한 신학 동향을 몸으로 느낄 수 있었다. 정통 자유주의 신학에 속하는 신학자로서, 필자는 이 시기에 필자와는 매우 다른 견해를 가진 복음주의 독자들이 무엇에 민감하게 반응하고, 무엇을 필요로 하며 갈망하는지 알게 되었다. 마치 대학에서 세미나를 통해 배우는 것과 같았다.

그런데 왜 지금에서야 복음주의 지도자와 평신도들이 교부들의 지혜가 필요하다고 느꼈는가? 왜 세계 복음주의자들이 고대의 성경 주석에 점차 매력을 느끼게 되었는가? 신앙부흥 운동이라는 개신교 전통의 유산을 물려받은 사람들이 이렇게 한순간에 밑바닥부터 바뀐 이유를 무엇으로 설명할 수 있겠는가? 완전한 답변은 아니지만, 복음주의교파 사람들은 루터와 칼뱅, 웨슬리 시대 때부터 교부들의 저서를 접할 기회가 거의 없었기 때문이다. 사실, 루터나 칼뱅, 웨슬리는 교부들의 사상을 잘 알고 있었던 터였다.

『교부들의 성경 주해』는 고대 그리스도교 성경 주석가들의 목소리를 생생하게 전하는 데 그 목적이 있다. 따라서 오늘날의 일방적인 비평적 방법론에는 그다지 신경 쓰지 않을 생각이다. 그리고 지난 2

세기 동안 평신도와 교사, 사목자들이 대하기 어려웠던 새로운 문헌을 제공할 것이다. 하지만 이 주해서는 오늘날 폭넓게 연구해 온 역사 비평의 성과를 회피하지 않으며, 고대 그리스도교의 교회일치 전통 안에 담겨 있는, 여러 나라 언어로 쓰여 있는 문헌을 다양한 문화와 세대를 뛰어넘어 오늘날 독자들에게 소개하고자 한다. 그러니 총서는, 깨어 있고 열려 있으며 의욕에 불타고 의지가 확고한 독자들을 대상으로 한다 하겠다.

지금이야말로 이러한 노력을 기울일 때다. 요즈음 복음주의 개신교 신자들 가운데 점차 많은 이가, 종교개혁 이후 정교회와 가톨릭 교회가 오랫동안 분열로 치달을 수밖에 없었던 문제점들에 대해 다시금 서로 대화의 여지를 마련하고 일치의 장을 넓히고 있기 때문이다.

교부들의 성경 주석 연구는 수백 년 동안 개신교와 가톨릭 교회를 괴롭혀 온 여러 주제, 곧 의화와 사도적 권위 · 그리스도론 · 성화 · 종말론에 관하여 더 깊은 대화를 할 수 있는 물꼬를 터 주게 될 것이다. 그리스도교의 각 교파가 종교개혁 이전에 쓰인 문헌들에서 모든 그리스도인이 향유할 수 있는 공동의 신앙을 찾을 수 있기 때문이다. 더욱이 이 분야는 개신교 신자들이 마음 놓고 따를 수 있는 성경의 권위와 해석을 다룬다.

성경 주석사를 재발견하여 설교를 쇄신하는 데 쓸 자료로 삼고자 하는 염원은 이제 복음주의자들의 가슴속에 아로새겨졌다. 이 총서는 설교에 생명력을 불어넣어 이를 쇄신하는 데 도움 되는 자료를 제공하기 위한 것이다.

### 선정 과정

원자료는 다음의 세 단계를 거쳐 선정되었다.

제1단계: 현존하는 그리스어 및 라틴어 주해서 재검토. 각 주해서 편집자들은 자신이 맡은 성경 각 구절에 대한 주해와 강해나 설교를 한 줄 한 줄 검토하였다. 자료는 대부분 영어로 번역되어 있지 않았고, 일부 자료는 현대어로 번역되지도 않았다.

제2단계: 디지털로 검색한 결과를 재검토. 각 주해서 편집자들은 그리스어와 라틴어 데이터베이스에서 디지털로 검색한 결과를 재검토하였다. 본문이 속해 있는 문맥의 내용을 파악하기 위해서, 보통은 원자료의 디지털 인용문 앞뒤로 나오는 구절을 열 줄씩 다운로드하여 인쇄하였다. 그러고 나서 필요한 경우, 특히 디지털로 검색한 결과가 그리 많지 않을 때는『교부 성경 색인』*Biblia Patristica*을 참조하였다. 그런 다음, 각 주해서 편집자들은 디지털 자료와 출간된 본문에서 선정될 가능성이 높은 자료를 따로 모아 놓았다.

제3단계: 선정. 각 주해서 편집자들은, 디스크에 저장이 되어 있든 종이로 인쇄되어 있든, 그리스어와 라틴어 디지털 데이터베이스, 현존하는 주해서, 그리고 이미 영어로 번역된 자료 등에서 모은 성경 각 구절의 주해 가운데, 정해진 기준에 따라 교부들의 가장 좋은 주해와 해설을 선정하였다. 이렇게 선정한 까닭은 얼마 안 되는 문장이나 문단이라도, 신자 공동체의 정신이 가장 잘 반영되어 있는 교부들의 주해를 따로 모아 놓기 위해서다.

선정 방법

자료를 어떻게 선정하였는지 그 방법을 정확하게 밝히는 것이 독자들에게 도움이 되리라 생각한다. 우리는 다른 이들에게 특정 성경 구절에 대해 우리와 비슷한 절차를 거쳐 그 결과가 어떻게 나오는지 비교해 주기를 청하였다.[6] 이들이 우리가 선정한 본문을 재검토하고 더 나은 대안을 제시해 준다면 기꺼이 받아들이겠다. 우리는 무의식적으로라도 어느 한쪽으로 치우쳐 본문을 선정하지 않기를 원하였다. 혹시 이 의도와 어긋나는 것이 있다면 지적해 주기 바란다.

『교부들의 성경 주해』 편집자들과 간행자, 번역자, 연구진은 전체 프로젝트를 짜임새 있게 만들고자 주해를 선정하는 합의안을 공동으로 미리 정하였다. 다음은 주해를 선정하는 데 지켜야 하는 내용이다.

선정 원칙은 관련자 상호 간에 합의된 사항이다. 이는 편집자들이 방대한 교부 문헌 가운데 선택의 여지가 있고 지혜 가득한 내용이 담겨 있으며, 의미 있는 성경 주해를 선정하는 데 지침이 되고자 하는 것이다.

1. 우리는 사용 가능한 주해가 엄청 들어 있는, 방대한 데이터베이스에서 오늘의 상황과도 관련이 있고 그 의미를 이해할 수 있으며, 서로 다른 문화는 물론 실생활에도 쉽게 적용할 수 있는 구절을 선호한다.

2. 각 주해서 편집자들은 수사학적 효과가 뚜렷하고 자명하며 설득력이 있는, 그래서 어떠한 설명도 덧붙일 필요가 없는 교부들의 글을 찾고자 한다. 편집자의 주된 임무는 가장 적확한 주해를 찾아내어 그것을 정확하게 번역하도록 도와주는 것이다.

대개는 깊은 감명을 주고 기억하거나 인용하기가 쉬우며 (흔히 한두 문장이나 한 문단으로 되어 있는) 금언처럼 짧은 글을 선정한다. 길고 이해하기 어려운 설교나 강해, 상세한 논문 같은 내용은 되도록 택하지 않는다. 많은 경우, 이야기체로 쓰여 감흥을 불러일으키거나 교화적인 내용은 포함한다. 이러한 기준은 탈무드와 미드라쉬를 비롯한 유대교 라삐들의 해석 전통과 맥을 같이한다. 그러나 경우에 따라서는 중요한 내용을 담고 있는 상세한 주해 또는 장문의 강해나 설교도 선정한다.

3. 우리는 어느 시대, 어느 문화를 막론하고 신자 공동체의 정신을 가장 잘 반영하는 주해를 선정한다. 단순히 사변적으로 뛰어나거나 너무나 새로운 내용을 전해 주기보다는 모두 공감할 수 있는 내용에 더 중점을 둔다. 주석가는 독창적으로 사상을 전개하고 해석할 수 있지만, 주해는 사도 전통의 가르침과 교회의 신앙과 일치해야 한다. 개인적인 차원에서 새로운 것을 내세우다 보면, 하느님을 흠숭하는 공동체가 이미 알고 있는 것을 아직 학문적으로 체계화하지 못하여, 일치된 견해를 중시하는 전통과도 어긋나게 된다.

[6] 현재 특정 성경 구절의 주석사에 관한 박사 학위논문 몇 편이 준비되고 있다. 이 논문들이 새로운 학문적 방법론으로 발전되어, 앞으로 성경과 교부 문헌 연구가 역사주의나 자연주의적 환원주의 방법이 아니라 본문을 분석하고 또 본문과 본문 사이에 어떤 관련성이 있는지 분석하며, 어떤 내용이 서로 일치하는지 평가하고, 해석사를 더욱 깊이 연구하는 방향에서 이루어졌으면 한다.

그러므로 우리는 해당 성경 본문을 다르게 해석하기보다는 교회일치 관점에서 주석의 주된 흐름을 올바로 반영하는 본문 해석에 더 관심을 둔다. 교회일치 정신이 몸에 배어 있는 정교회와 개신교, 가톨릭 계통의 각 주해서 편집자들은 공정하고 전문가다운 판단력으로 가장 중도적인 주해를 선정한다. 가령 교회 신앙이라는 전통의 길에서 벗어나지 않은, 오리게네스와 테르툴리아누스의 주해는 포함시켜도, 고대 교회의 일치 정신과 크게 다르거나 지나치게 자의적으로 주해한 내용은 배제한다.

4. 일치된 견해를 펼치는 교부들 가운데는 사회적 위치와 언어, 국적 때문에 상대적으로 무시된 경우가 있다. 하지만 이들의 작품 내용이 고대 성경 주석의 주된 흐름과 맞는 경우에는 이들의 글도 선정 대상에 포함시킨다. 시리아어와 콥트어, 아르메니아어 전문가들을 찾은 까닭도 바로 이 때문이다.

5. 불쾌하고 조잡하거나 품위 없고 불합리한 우의寓意(allegory)적 주석이나[7] 인종차별에 관한 내용을 담고 있는 주석은 가려냈다. 그런데 선택한 본문이 어느 정도 이러한 논쟁거리와 관련 있다 싶으면 본문의 문맥과 저자의 의도를 더 잘 이해할 수 있도록 각주를 달았다.

6. 우리는 동방교회와 서방교회, 아프리카 교회의 문헌을 골고루 사용하려고 노력하였다. 그래서 의도적으로 알렉산드리아 · 안티오키아 · 로마 · 시리아 · 콥트 · 아르메니아 교회가 해석한 내용도 함께 다루려고 애썼다. 특히, 고대 그리스도교의 다양한 저자들의 견해를 반영함으로써, 논리적으로 옳고 다양하며 신뢰할 수 있는 성경 주석과 교훈적인 본문 해석을 제시하고자 한다.

7. 특히 여성의 의견도 가능한 한 다루려고 하였다.[8] 예를 들면 마크리나[9] · 에우독시아 · 에게리아 · 팔토니아 베티티아 프로바의 글, 「사막 여수도승의 금언집」*Sayings of the Desert Mothers*, 그 밖의 다른 여성들이 남긴 고대 그리스도교 성경 주해도 선정 대상에 포함시키고자 하였다.

8. 고대 그리스도교 저자들의 성경 주해를 직접 대하기 위하여, 우리는 교부들에 대한 현대 주석가들의 견해나 의견이 아니라 교부들의 주해 자체를 전하는 데 중점을 두었다. 고대 그리스도교의 매우 다양한 사회 환경에서, 당시 가장 뛰어난 성경 해석가들이 깨달은 가장 깊은 주석을 오늘날 독자들이 만날 수 있도록 도움을 주고자 한 것이다.

본문이 어떻게 변형되고 전승되어 왔는가를 비평적으로 검토하거나, 본문을 문화 · 사회적 배경과 관련시켜 폭넓게 설명하는 데 목적이 있지 않다. 물론 이렇게 살펴보는 일도 본문을 이해하는 데는 쓸모 있을 수 있다. 그렇지만 가능하면 설명을 덧붙이지 않고, 고대 그리스도교 저자들의 주해를 가장

---

[7] 우의적 해석 방법을 담고 있는 본문을 제외시키지 않았지만, 본문을 설명하는 참뜻과 전형적 요소에 관해서는 공정히, 그리고 올바르게 판단해야 한다. 고대 그리스도교 성경 주석은 우의적 해석으로 가득 차 거의 쓸모없다고 말하는 사람들도 있다. 이런 생각은 편견에 지나지 않는다. 우리가 세운 기준에 따라 선정한 문헌을 살펴보니, 우의적 해석을 담고 있는 내용이 사실 얼마 되지 않아 우리도 적잖이 놀랐다. 정확히 계산해 보니, 우의적 해석을 담고 있는 문헌은 전체의 5퍼센트도 안 되었다. 따라서 우의적 해석은 보통, 고대 그리스도교, 특히 알렉산드리아학파의 저자들과 구약성경 본문을 해석한 저자들이 사용한 주석 방식으로 인정되지만, 우리가 생각하듯 주된 주석 방식은 아니었다.

[8] 테르툴리아누스와 니사의 그레고리우스, 나지안주스의 그레고리우스, 히에로니무스, 요한 크리소스토무스, 팔라디우스, 아우구스티누스, 시리아인 에프렘, 게론티우스, 놀라의 파울리누스가 쓴 편지와 전기, 신학 · 자서전적 저술과 (이집트의 마리아의 생애와 타이스, 펠라기아의 생애를 쓴) 수많은 익명의 저자들이 전하는 여성에 관한 내용들이다.

[9] 남동생 니사의 그레고리우스가 그녀를 대변한다.

잘 이해할 수 있게 제시하는 데 목적이 있다. 이 프로젝트가 교부들의 성경 주해를 오늘날의 관점에서 재조명한 것이라고 생각한다면 이보다 더 큰 오산은 없을 것이다.

9. 실제 설교에 도움이 되고, 하느님을 흠숭하는 공동체가 본문의 분명한 의미와 저자의 의도, 영적 의미를 올바로 이해할 수 있는 주해를 의도적으로 찾아 모았다. 성경의 특정 본문에 대해 고대 그리스도교의 신앙 공동체가 깊이 성찰한 글을, 성경을 읽는 이들이나 가르치는 이들도 쉽게 접함으로써 도움을 받았으면 한다.

모든 고대 그리스도교 저자들이 성경 본문에 대하여 기록한 글을 하나도 빼놓지 않고 모두 모으려 했다면, 그 수량과 비용은 차고 넘쳐 났을 것이다. 이 어마어마한 자료 가운데 저자의 의도를 가장 잘 반영하고 설득력 있는 주해만을 신중히 추려 내어 이를 가장 정확한 영어로 번역하려고 하였다.

앞에서 말한 편집 지침을 제대로 수행하기 위하여, 각 주해서 편집자들은 설교가 어떤 것인지 잘 알고 성경 주석사에 박학한 교부학자들과, 고전 그리스어와 라틴어 문헌에 능통한 성경학자들로 구성하였다. 우리는 평신도와 사목자들이 무엇을 필요로 하는지 잘 알고 교부 문헌에 대하여 전반적인 지식을 갖추어, 오늘날 설교가 어떤 문제점을 안고 있는지 직관적으로 이해하는 사람들을 편집자로 선정하고자 하였다. 편집진이 국제적이고 여러 교파 사람들로 구성되어 있는 점은, 이 프로젝트와 독자의 범위가 그만큼 국제적이고 세계적이라는 것을 말해 준다. 따라서 이 총서가 그리스도교 주요 교파 모두를 아우를 수 있다고 확신한다.

### 『교부들의 성경 주해』의 유형

총서를 주해서라고 부르는 데는 그만한 이유가 있다. '주해'를 한마디로 정의하자면, "성경과 같은 주요 저서를 예증하거나 설명하는 일련의 풀이"다.[10] 주해commentary는 라틴어 콤멘타리우스commentarius에서 유래한 말로, 어떤 주제나 글, 또는 일련의 사건에 대한 '간단한 소견'이나 '메모'memoranda를 뜻한다. 신학적 의미로 말하자면, 성경의 일부 구절을 설명하고 분석하거나 해석하는 작업이다. 고대에서 주해서는, 예컨대 1세기에 율리우스 히기누스가 베르길리우스의 작품을 주해하였듯이, 이전에 쓰인 어떤 작품을 설명하는 책으로 통하였다. 히에로니무스는 예전에도 많은 이가 세속 문헌을 주해하였다고 언급한다.

주해는 서문 다음에 온다. 서문에서는 누가, 왜, 언제, 누구를 위해 이 글을 썼는지 등에 관한 내용이 제시된다. 주해는 본문에 쓰인 문법이나 어휘와 관련된 문제를 다루기도 한다. 또한 저자의 사상이나 저술 동기를 간략히 기술하며, 사회 · 문화적으로 작품에 미친 영향이나 문헌학에서 올 수 있는 뉘앙스를 다루기도 한다. 요컨대, 주해는 고전 문헌의 어느 부분을 택하여 그 본문이 의미하는 바를 독자들에게 분명히 밝혀 주거나, 더 정확하게는 저자의 의도를 올바로 이해시키는 풀이라 하겠다.

서방의 주해 문학 유형은 초기 그리스도교의 성경 주해사와 맥을 같이하며 구체적인 꼴을 갖추었

[10] *Funk & Wagnalls New "Standard" Dictionary of the English Language* (New York: Funk and Wagnalls, 1947).

다. 이 역사는 오리게네스와 힐라리우스를 비롯하여 요한 크리소스토무스와 알렉산드리아의 키릴루스를 거쳐 토마스 아퀴나스와 리라의 니콜라스에 이르기까지 이어진다. 그리스도교 성경 주해가 기존의 문학 유형을 이어받아 이를 그리스도교 문헌에 맞게끔 새로운 형태로 바꾸었다고 단순히 추론하는 것은 조심해야 한다. 오히려 서방에서 주해라고 하는 문학 유형 — 특히 성경 주해 — 은 그 원형이라 할 수 있는 교부들의 주해서를 본뜬 것이며, 이들 주해서가 주해의 유형이라는 모든 서구 사상에 상당한 영향을 주었다고 말하는 것이 더 정확한 표현이다. 지난 2세기, 근대 역사 비평 방법론이 도입된 이래, 일부 학자들은 주해의 정의를 더 엄격히 규정하며 역사주의적 관점에만 온 신경을 썼다. 곧, 문헌학 · 문법적 검토, 저자, 집필 연도와 배경, 사회 · 정치 · 경제적 상황, 문학 요소로서 유형 분석, 본문의 구조와 기능, 본문비평과 확실한 출처 등을 고려하였다. 따라서 『교부들의 성경 주해』 편집진은 고전적 의미에서 이 작업을 주해로 부르는 것을 호교적이라고 생각하지 않는다.

주해서를 읽는 오늘날의 명민한 독자들은 자신들이 매우 완고한 사고방식에 젖어 있다는 것을 잘 알고 있다. 그들은, 본문을 해석하는 데 해석자가 절대적으로 영향을 미친다는 사실과, 따라서 고대의 본문은 현대 해석자의 능력(가치, 가정, 경향, 관념론적 편견)에 좌우된다는 사실 또한 잘 알고 있다. 이러한 사고방식은 뒤에 나온 비판적 문헌이 앞서 나온 비판적 문헌보다 더 가치 있다고 여기는 현대의 쇼비니즘, 곧 배타적 맹신주의에 근거하고 있다. 이러한 편견은 성경 본문을 주로, 아니면 때로 현대성에 꿰맞추는 역사 비평이라는 렌즈를 통해서만 보려는 경향으로 나타난다.

우리도 이러한 견해를 충분히 고려하고 각 주해서 편집자들도 오늘날의 성경 비평을 철저히 알고 있는 터이지만, 『교부들의 성경 주해』 편집진은 그리스도교 경전이 교회의 거룩한 본문으로 존중되어야 한다는 생각을 기꺼이 받아들인다. 거룩한 본문에 대한 생각 자체가 오늘날 성경에 대해 생각하는 것보다 덜 중요할 리가 없다. 성경을 읽고 설교하는 일은 교회 생활에서 매우 중요하다. 『교부들의 성경 주해』가 바라는 바는 고대 교회의 성경 해석을 재발견함으로써, 교회 생활에 새로운 활력을 불어넣는 데 조금이나마 기여하고자 하는 것이다.

### 고대의 저자가 오늘날 생각하는 방식을 따라야 한다고 여기는 이들에게 주는 정중한 경고

누군가 오늘날 표현으로 주해는 이러이러하다고 정의하며 역사 비평 방법만이 정확한 주해라고 내세운다면, 고대 그리스도교 성경 주석가들은 당연히 늘 시대에 뒤지고 별스러우며 전근대적이고, 따라서 사회와는 동떨어진 인물로, 어느 경우에는 우스꽝스럽거나 비열하기까지 하고, 편파적이고 부당하며, 남을 억압하는 사람으로까지 보일 것이다. 그러므로 해석학적으로 공정을 기하기 위해서 독자들은 오늘날 성경에 대한 확실한 주해라고 생각하는 것들을 고대의 성경 주석가들에게 강요해서는 안 된다. 고대 그리스도교 저자들은 먼 훗날 생겨난, 오늘날 우리가 생각하는 방법들을 말한 적도 없거니와 알 수도 없으며, 때로는 눈속임으로까지 여겨 끝없이 이론을 제기할 수도 있다.

총서는 각각의 성경 본문을 놓고 고대의 주석과 현대의 주석 가운데 어느 주석이 좋은가를 따지려는 것이 아니다. 오히려 총서는 고대 해석가들의 주해를 가능한 한 있는 그대로 보여 주고자 한다. 그러니 여기서 고대와 현대의 주석 방법에 대해서는 논하지 않겠다. 그러나 이러한 토론 자체도 고대의 주석을 폭넓게 연구해야만 가능한 일이다. 사실 지금까지 성경학자들은 고대의 주석을 읽어 볼 기회가 별로 없었다. 이러한 공백을 메우려 하는 것이 총서의 목적이기도 하다.

교부 시대 성경 주석의 목적은 성경에 계시된 진리를 겸허하게 찾는 것이었다. 따라서 성경에서 가르치는 진리를 실천하려는 준비가 되어 있지 않은 이들에게는 성경 풀이를 가르치지 않은 경우가 많았다. 이 점이 현대의 성경 주석과 완전히 다르다. 현대 학자들은 성경을 주석할 때 성경의 진리를 계시로 보지 않으며, 계시된 진리를 개인적으로 꼭 지켜야 할 절대적인 윤리 규범으로 여기지도 않는다. 하느님의 말씀으로 진지하게 받아들이지 않는다는 말이다. 그러면 우리가 지금 다루려는 교부들은 이를 어떻게 생각했는가? 계시된 진리를 실천할 준비가 되어 있지 않은 사람은 본문의 의미를 제대로 이해할 수 없다고 여겼다. 고대 교회의 사람들은 보통 본문의 말씀을 귀 기울여 듣고 그대로 실천하는 것이 본문을 이해하는 길이라 생각하였다.

교부들의 전형적인 성경 주석 방법은 오늘날 생각하는 주해 방법과 종종 일치하지 않는다. 오늘날 학자들은 본문과 관련이 있는 성경 구절을 꼬리에 꼬리를 물듯이 성경의 다른 부분에서 참된 뜻을 찾아야 하는 방법을 받아들이지 않는다. 이들은 관련 구절을 찾아내는 것을 당치 않은 본문 검증이라고 여겨 무시해 버렸다. 그러나 '성경은 성경에서 가장 잘 설명된다'scripturam ex scriptura explicandum esse는 점을 근거로 본문과 본문을 비교하는 일은 고대 그리스도교 저자들에게 매우 중요한 성경 해석 방법이었다. 이들은 본문의 의미가 명확히 전달되지 않는 성경 구절은 의미가 명확히 전달되는 다른 성경 구절로 해석하는, 곧 신앙을 유추하는 성경 구절로 성경 전체의 증언과 관련시켜 본문을 해석하였다.

독자들은, 우리가 지금 근본주의라고 부르는 해석 방법을 전혀 몰랐던 고대 그리스도교 저자들에게 20세기 근본주의fundamentalism적 해석을 억지로 강요해서는 안 된다. 또한 교부들을 오늘날의 의미에서 고지식한 근본주의자들이었다고 여기는 것은 경솔한 판단이다. 교부들은 오늘날의 자연주의적 환원주의를 거스르는 이들이 아니기 때문에, 그들의 주석은 근본주의적 해석이 아니다. 그들은 본문을 글자 그대로 이해하는 문자적 또는 단순한 의미로 성경을 해석하는 데 늘 반대하였다. 오히려 영적·윤리적 의미와 예형론적豫型論的 의미를 찾으려 하였다. 이와 달리 오늘날 근본주의는 역사주의에 반발하여 떨어져 나온 방어적 소산물이다. 따라서 그 특성이 고대의 예형론적 사고보다는 오늘날의 역사주의와 더 비슷하다. 역설적이지만 자유주의자들과 근본주의자들 모두의 성경 주석은 고대 그리스도교 성경 주석과 유사하기보다는, 둘 사이에 유사한 점이 더 많다. 왜냐하면 자유주의와 근본주의는 둘 다 계몽주의의 산물인 합리주의·역사주의라는 이론에 근거하고 있기 때문이다.

성경의 각 본문은 다른 본문으로, 그리고 계시 역사 전체로 그 뜻을 밝힐 수 있다는 것이 고대 그리스도교 성경 주석의 일반 원칙이었다. 따라서 교부들은 해당 본문의 뜻을 밝히기 위해 이와 관련된 여러 다른 본문을 비교하였다. 현대의 성경 주석이 한 본문에만 집중하여 그 뜻을 밝히지만, 고대의 성경 주석은 본문을 유추하여 다른 본문들과 끊임없이 관련시켰다. 또한 라삐 전통처럼 예형론적 논증을 집중적으로 사용하였다.

신약성경을 쓴 신앙 공동체에 널리 퍼져 있었던 교회론 · 성사 · 교의론적 해석뿐 아니라 신학 · 도덕적 해석을 무시하고 신약성경을 읽으려 한다면, 오늘날 그 당시 공동체와 눈높이를 맞추려는 많은 이에게는 무척이나 무모한 시도가 아닐 수 없다. 우리가 육화와 부활을 배제한 채 신약성경의 뜻을 이해하려 한다면, 그 노력의 결과는 정도를 벗어나고 왜곡되지 않을 수 없다. 교부들이 주석한 일부 성경 구절을 편향적인 시각에서 읽는 사람은, 교부들의 주석에 놀라 이렇게 해석해도 되는가 싶어 내팽개칠 수밖에 없다. 교부들의 성경 주석은 현대의 주석 규범과 역사주의적 주해와도 맞지 않으며, 비평적 연구 방법의 모델도 분명 아니기 때문이다.

### 여성 혐오주의와 반유대주의

반유대주의와 여성 혐오주의에 관한 문제는 신중히 접근해야 한다. 교부들을 반유대주의자이거나 여성 혐오주의자 아니면 두 주장을 모두 옹호하는 이들이라고 싸잡아 말하는 사람들이 더러 있기 때문이다. 이에 관한 논의는 다른 사람들이 더 상세히 다루어 주기 바라면서, 필자는 고대 그리스도교 저자들을 짧게나마 조심스럽게 변론하고자 한다. 필자는 얼마 안 되는 지면에서 이 문제를 변론한다는 자체가 얼마나 무모하고 위험한 일인지 잘 알고 있다. 독자들 가운데 더러는 이 문제가 걸림돌이 되어 교회일치를 추구하는 교부들의 가르침마저 외면하기도 하였다. 따라서 이 문제는 신중히 논의될 필요가 있다.

이 문제에 관해서는 격렬한 논쟁이 일어날 수 있지만, 필자는 고대 그리스도교 저자들이 오늘날의 특정 인종을 차별하는 반유대주의를 염두에 두지 않았다고 확신한다. 교부들은 인종을 증오하는 관점에서 논거를 댄 것이 아니라, 예수 그리스도에게서 완성된 하느님과 인간이 맺은 계약의 역사 안에서 하느님께서 선택하신 백성인 유대인이란 신분에 준하여 논거를 댄 것이었다. 또한 여성들에 관한 교부들의 논거는 오늘날 기준에서 볼 때, 여성들을 부당하게 대하여 의도하지 않은 결과를 초래한 경우도 있지만, 교부들은 사도적 가르침에 따라 여성들의 역할을 이해하려고 하였다.

이렇게 변론하였다고 해서 반유대주의와 여성 혐오주의 역사에서 그리스도인들의 역할과 관련하여 뒤얽혀 있는 모든 도덕적 문제가 해결되는 것은 아니다. 반유대주의와 여성 혐오주의는 지속적이고 공정한 연구와 해명을 필요로 한다. 요한 크리소스토무스나 순교자 유스티누스가 반유대주의자인가 아닌가 하는 문제는, 반유대주의라는 용어가 인종을 의미하는 것인가 아니면 종교적 · 예형론적 의미를 지니는가 하는 문제에 달려 있다. 필자 생각으로는 오늘날 독자에게 반유대주의로 보이는 교부들의 글은 대부분 예형론적 의미를 담고 있으며, 또한 '신앙의 유추'라는 성경 해석 방법에 바탕을 둔다. 이러한 접근법은 교부들이 각 본문을 계시사라는 전체 흐름에서 평가하고 유대인과 이방인의 차이를 그리스도론적으로 해석한 것이지 단순히 유전학과 인종이란 문제에서 해석한 것은 아니다.

복음서에 위협 요소로 자주 등장하는 유대화에 대해 교부들이 매우 혹독하게 비판할 때도, 오늘날 반유대주의자들이 생각하듯이, 그들은 유대인을 인종적으로나 유전학적으로 열등한 민족이라고 여기지 않았다. 교부들은, 바오로가 여성들이 가르치는 것에 대해 혹평한 구절을 주해할 때도 여성에 대해 대개는 아무런 반감도 보이지 않았다. 오히려 여성들을 '남성의 영광'이라고까지 예찬하였다.

얽히고설킨 이 문제에 관하여 로즈마리 래드포드 류터Rosemary Radford Ruether와 데이비드 포드David C. Ford의 글을 비교해 보기 바란다.[11] 류터는 처음부터 끝까지 동등함justice이라는 오늘의 판단 기준에서 고대 그리스도교 저자들의 잘못을 지적하였다. 이와 달리 포드는 고대 그리스도교 저자들을 당시의 역사적 배경과 한계 상황, 성경 해석, 더 깊은 의도라는 관점에서 이해하려 하였다. 두 학자의 접근 방법은 독자들에게 많은 것을 시사하지만, 포드의 접근 방법이 교부들의 의도를 좀 더 공정하게 평가한 듯하다.

### 펠라기우스에 관한 주의 사항

펠라기우스의 주해도 선정 기준에 맞으면 포함시켰다. 우리가 합의한 기준을 철저히 따른다면, 이에 관해서는 몇 가지 설명이 필요하다.

펠라기우스의 문헌은 격렬한 논쟁거리가 될 만한 여러 요소를 담고 있다. 펠라기우스는 5세기 초에 활동한 이단자다. 그러나 그의 주해들은 후대에 정통신앙의 학자들에 의해 철저하게 수정되어 다시 편집되었으며, 그 뒤 다른 저자의 이름으로 전해져 널리 읽혔다. 그러니 펠라기우스 전집에서 어떤 본문을 받아들여야 하는지 난감할 수밖에 없다.

1934년까지 남아 있던 펠라기우스의 문헌이라고는 바오로 서간을 주해한 변조된 본문과 아우구스티누스가 인용한 단편뿐이었다. 1934년 이후 펠라기우스의 작품들은 많이 연구되고 검토되었다. 그의 문헌은 후대의 편집자들에 의해 너무 많이 수정되어, 지금 남아 있는 문헌을 인용하는 것조차 의미가 없을 정도다. 그러나 그의 작품에는 5세기에 바오로 서간을 어떻게 주해하였는지를 보여 주는 중요한 자료가 담겨 있다. 따라서 그의 작품을 무조건 무시해서는 안 된다. 필자는, 5세기에 활동한 펠라기우스를 너무 쉽게 '펠라기우스주의 이단'이라는 후대의 고정관념으로 동일시하는 것은 현명하지 않다고 여긴다.[12]

오늘날 우리가 읽고 있는 바오로 서간을 주해한 펠라기우스의 본문은 히에로니무스의 전집에 보존되어 있으며, 6세기에 프리마시우스나 카시오도루스 또는 두 사람 모두 재편집한 것으로 생각된다. 이 주해는 여러 차례 교정되고 편집되어, 오늘날 현존하는 것은 후기 교부들의 표준이 되는 사상과 성경 주석과 많이 일치한다고 볼 수 있다. 물론 그리스도교의 모든 교파가 하나같이 '펠라기우스주의'라고 혹평하는 내용은 예외다.

펠라기우스의 원문은 어떤 점에서는 분명히 이단과 관련이 있는 내용을 담고 있다. 그러나 현존하

---

[11] Rosemary Radford Ruether, *Gregory of Nazianzus: Rhetor and Philosopher* (Oxford: Clarendon Press, 1969); Rosemary Radford Ruether, ed., *Religion and Sexism: Images of Woman in the Jewish and Christian Traditions* (New York: Simon and Schuster, 1974): David C. Ford, "Men and Women in the Early Church: The Full Views of St. John Chrysostom" (So. Canaan, Penn.: St. Tikhon's Orthodox Theological Seminary, 1995). John Meyendorff와 Stephen B. Clark, Paul K. Jewett가 공동으로 연구한 내용을 참조하라.

[12] Adalbert Hamman, Supplementum to PL 1: 1959, cols. 1101-1570 참조.

는 문헌은, 아우구스티누스의 견해와 서로 다른 점이 있기는 하지만 주로 일반적인 내용을 다룬다. 따라서 이 자료를 '펠라기우스'의 것이 아닌 '위-펠라기우스'와 '익명'으로 인용할 수 있다. 그러나 총서에서는 오늘날 참고문헌을 인용하는 방식 그대로 따른다.

### 주해서의 서문과 둘러보기, 구조

각 주해서 편집자들은 서문에서 주로 누가 성경을 썼는가 하는 교부들의 견해와 성경의 중요성, 교부 주해의 유용성이나 희소성, 교부들마다 견해를 달리하는 논쟁점, 각 주해서를 편집하는 데 특별히 다루어야 할 문제를 상세히 논한다. 그리고 주해서의 전체 구조도 설명한다. 이는 일반 독자들이 찾고자 하는 성경 본문에 관한 교부 주해의 특징과 의미를 이해하며, 주해서를 사용하는 방법을 익히도록 하는 데도 도움을 줄 것이다.

둘러보기에서는 주해를 한 주요 교부들이 누구인지 알려 주며, 해당 성경 구절의 중요하고 핵심적인 논거가 무엇인지 독자들에게 간략히 소개한다. 다시 말하자면, 교부들이 주해한 내용을 논리적으로 간추려 나열해 놓은 것이다. 교부들의 주해 출처가 다양하고 시대가 다르지만, 해당 구절에 관한 교부들의 주해를 합리적으로 일목요연하게 정리하는 것이 이상적인 둘러보기의 역할이라 할 수 있을 것이다. 둘러보기의 구조는 성경 본문의 특성에 따라 주해서마다 조금씩 다를 수 있다.

각 주해에 표제를 단 이유는 독자들을 그 주제로 빨리 이끌기 위해서다. 독자들은 표제와 둘러보기를 대충 훑어보기만 해도 주해의 내용이 무엇인지 한눈에 파악할 수 있을 것이다. 보통 주해 안에 들어 있는 문구를 표제로 정했음을 밝혀 둔다. 아니면 관련 성경 구절을 표제로 실어 본문의 의미를 이해하는 데 도움을 주고자 하였다.

고대 그리스도교 저자의 생애를 다룬 전기에 관한 정보는 다양한 참고서와 사전, 백과사전 등에서 쉽게 찾아볼 수 있으므로, 『교부들의 성경 주해』에서는 이러한 수고를 되풀이하지 않겠다. 그러나 각 주해서 부록에는 인용된 저자들이 연대순으로 간략히 정리되어 있다. 아울러 가나다순으로 저자 약전略傳도 함께 실었다. 약전에서는 저자의 교직과 활동 지역, 저술 활동, 신학적 경향 등에 관해서 대략적인 정보만 제시하였다.

성경 각 구절을 선정하고 번역하는 데는 나름대로 특수성이 있다. 검색하고 평가하여 재검토한 본문 자료의 분량은 주해서마다 매우 다르다. 교부들이 본문에 대해 통찰한 깊이도, 문화적으로 배경이 서로 달라 이해하기 힘든 내용도, 그리고 검토 자료가 오늘날 상황과 얼마나 관련이 있는지 하는 의미 또한 제각각이다. 각 주해서 편집자가 이렇게 다양한 본문에 대한 해석을 합리적이고 일목요연하게 정리하는 일은 결코 쉽지만은 않았다.

성경 본문의 의미가 모호하여 독자들이 혼란을 일으킬 수 있을 때는 각주를 달아 내용을 보충하였다. 교부 문헌 번역서와 비평본도 각주에서 제시한다.

우리는 독자들이 둘러보기와 표제, 각주로 이어지는 연결 고리를 통해 본문에서 본문으로 쉽게 넘나들기 바란다. 이것이 편집의 주된 목표다. 각주는 교부들의 주해 본문에 비하여 10퍼센트 이하로 제한하였다. 각주에서 사용된 약어는 주해서마다 그 목록을 실어 놓았다. 편집상의 연결 고리는 전체 성경마다 일률적으로 되어 있는 게 아니라 각 주해서의 특색에 따라 형태를 달리하였다.

학제 간 연구 방법의 상호 보완성

『교부들의 성경 주해』는 학제 간 연구 방법을 활용하였다. 다양하지만 서로 관련이 있는 연구 방법들을 함께 사용한 것이다. 각 방법은 의당 고유한 전문 분야에서 연구한다. 주요 연구 방법은 이렇다.

본문비평. 수사본으로 전해진 어느 문헌도 오자가 없다거나 원문과 다른 문장이 없는 경우는 거의 없다. 우리는 자주 재필사된 고대 문헌을 다루기 때문에, 고대 본문 연구에 필요한 모든 방법을 이용해야 한다. 가장 믿을 만한 연구 방법으로 본문비평을 많이 사용하였다. 이 방법은 성경 연구와 교부 문헌 연구에서도 활용된다. 이들 분야에서 본문비평 작업은 현존하는 여러 자료 가운데 가장 권위 있고 확실한 사본을 가려내는 것이기 때문에, 그 중요성은 이루 다 말할 수 없다. 그리스어로 쓰여 있는 모든 문헌을 데이터베이스로 처리한 TLG와, 『그리스도교 전집(라틴어 총서)』의 본문을 담은 Cetedoc 총서의 데이터베이스를 만드는 데 사용한 비평 분석 방법이 기꺼이 활용되었다.

성경 본문과 관련하여 데이터베이스 연구진과 총서의 각 주해서 편집자들은 종종 특정 주해에 어떤 이문異文이 사용되었는지 파악해야 하는 문제에 부닥쳤다. 고대 주석가들이 어느 번역본을, 아니면 어떻게 전승된 성경 본문을 사용했는지는 언제나 분명하지 않다. 독자들이 본문의 출처에 관심을 둘 수도 있기에 이를 각주에서 설명하였다.

사회 · 역사적 상황 설명. 각 주해서 편집자들은 고대의 본문에서 발췌한 주해에 담겨 있는 역사 · 사회 · 경제 · 정치적 상황을 이해하려고 하였다. 이러한 이해가 전제되어야만 주해의 의미와 저자의 의도를 분명히 파악할 수 있고, 어느 주해가 성경 본문에 가장 적절한지 알 수 있다. 그러나 이러한 상황을 장황하게 논하거나 관련된 참고 사항을 나열하는 것이 우리의 주된 과제는 아니다. 또한 본문의 사회적 상황이나 특정 낱말의 문헌학적 역사와 본문의 사회적 기능도, 그것들이 아무리 흥미나 관심을 불러일으켜도, 우리의 주된 관심사는 아니다. 따라서 이러한 문제들은 각 주해서 편집자들이 필요하다고 판단할 경우 각주에서 간략히 다룰 것이다.

교부 문헌에 관한 적절한 상황을 설명하는 것이 때로는 유익하고 필요한 경우도 있겠지만, 우리의 주된 목적은 각 교부 문헌의 상세한 사회 · 역사적 상황을 설명하는 것이 아니다. 이러한 상황을 설명해야 한다면 총서의 권수는 지금보다 열 배는 더 늘어날지도 모르겠다. 상황을 조금만 설명해도 되는 본문이 있는가 하면, 상세히 설명해야 하는 본문도 있다. 다른 한편으로, 어느 본문은 내용이 이해하기 쉽고 간단명료하거나 금언적이기까지 하여 굳이 장황하게 상황 설명을 하지 않아도 된다. 이런 내용이야말로 우리가 찾고자 하고, 총서에서 다루고자 하는 본문이다. 우리는 오늘날 독자들의 이해를 돕기 위해 복잡하게 설명을 많이 해야 하는 본문에는 눈길조차 주지 않았다. 특히, 명백하게 공격적인 본문(반유대주의적이거나 도덕적으로 모순되며 눈에 거슬릴 만큼 극단적으로 배타주의적인 본문 등)과 본디 모호하거나 오늘날 독자에게 너무나 낯선 본문은 제외시켰다.

성경 주석. 사회 · 역사적 상황을 설명하는 것이 『교부들의 성경 주해』의 둘째 목적이라면, 성경 본문에 대한 교부들의 의미 깊은 주석이야말로 첫째 목적이다. 각 주해서 편집자들은 교부들이 성경 본문에서 깨달은 의미를 명확히 설명하며, 상세히 논하고 해설한 글들을 찾고자 하였다. 고대 주석가들이 주해한 성경 본문 내용을 오늘의 관점에서 거슬리지 않는 표현으로 또는 너무 탈신화하여 객관적으로 해설하려는 것이 결코 아니다. 우리의 목적은 고대 주석가들의 고유한 생각을 그대로 전해 주는 주해를 총서에 싣는 것이다.

성경 주석exegesis이라는 용어는 총서에서 현대적 의미보다는 고전적 의미로 사용되는 경우가 더 많다. 고전적 의미로, 주석은 본문의 의미, 출전, 다른 본문과의 관계를 설명하고 해석하며 주해하는 모든 것을 아우른다. 성경 주석은 본문을 설명하기 위해 이용할 수 있는 모든 언어학 · 역사 · 문화적 또는 신학적 자료를 사용하여 본문을 상세히 읽는 것을 일컫는다. 이는 해석가들이 본문에 대해 자신의 개인 생각이나 견해를 강요한다는 뜻으로 쓰이는 '주관적 해석'eisegesis과는 다르다.

교부들은 본문의 정확한 어법과 문법 구조, 그리고 각 부분들과의 상호 연관성을 명확히 밝히고 확인하는, 본문의 내적 주석*intra*textual exegesis을 적극적으로 활용하였다. 아울러 본문에 쓰여 있는 지리 · 역사 · 문화적 상황을 파악하는, 본문의 외적 주석*extra*textual exegesis도 사용하였다. 그들은 본문과 다른 본문을 비교하며 본문의 의미를 파악하는, 본문의 상호 주석*inter*textual exegesis도 매우 잘 활용하였다. 이는 고대 교회에서 가장 중요한 주석 방법 가운데 하나다.

해석학. 우리는 고대 그리스도교 저자들이 자신들의 해석 과정을 어떻게 서술했는지 파악하려고 애썼다. 이러한 해석학적 자기 분석은 오리게네스와 테르툴리아누스, 히에로니무스, 아우구스티누스, 레렝스의 빈켄티우스의 작품에 많이 나온다.[13] 각 주해서 편집자 대부분은 오늘날 해석학적 방법과 문학적 방법에 대한 비판적 논의가 이루어지고 있음을 잘 알고 있다. 그렇지만 이 문제를 직접 다루는 것이 『교부들의 성경 주해』의 목적이 아님을 밝혀 둔다. 오히려 교부들이 성경을 어떻게 해석했는지 알려 주는 해석학적 지표들을 드러내는 일에 주력할 것이다. 이는 주로 교부들이 어떤 용어를 썼는지 보면 알 수 있다.

설교학. 고대 그리스도교 설교에 담겨 있는 지혜에 비추어 오늘날의 설교를 쇄신하는 것이 『교부들의 성경 주해』의 실질적인 목표 가운데 하나다. 이러한 목표를 염두에 두었기 때문에, 총서에 수록된 가장 뛰어나고 감동적인 주해 가운데 상당수가 교부들이 흔히 내는 주해서보다는 교부들의 설교에서 발췌되었다. 고대 교회의 설교가들 가운데 가장 저명한 이들이 설교 활동을 활발히 펼쳤다는 것은 그리 놀라운 일은 아니다. 설교학에 관한 방법을 가장 모범적으로 보여 준 교부로는 대 그레고리우스와 대 레오, 아우구스티누스, 예루살렘의 키릴루스, 요한 크리소스토무스, 페트루스 크리솔로구스, 아를의 카이사리우스가 있다.

---

[13] 프로젝트 가운데 우리가 관심을 보인 이 분야는 결국 『교부들의 성경 주해』 별책으로 빛을 보게 되었다. 이 책은 바로 『교부들의 성경 주해』 부편집인 크리스토퍼 홀(Christopher A. Hall, Eastern College) 교수가 집필한 *Reading Scripture with the Church Fathers* (Downers Grove, Ill.: InterVarsity Press, 1998)다.

사목적 배려. 『교부들의 성경 주해』는 고대 교회의 성직자들이 신자들에게 펼친 사목적 배려에 관한 전통을 독자들로 하여금 새롭게 일깨우고자 하는 데 그 목적이 있다. 위대한 교부들 가운데 사목적 지혜가 뛰어나고 성경과 사목을 잘 접목시킨 뛰어난 교부로는 나지안주스의 그레고리우스와 요한 크리소스토무스, 아우구스티누스, 대 그레고리우스가 있다. 총서의 편집자들은 현대의 심리요법과 사회학, 자연주의적 환원주의라는 근거에 물들지 않은 채 이러한 불후의 사목적 지혜를 있는 그대로 전해 줄 것이다.

번역 이론. 총서의 각 주해서에는 고대 그리스도교 저자들의 글이 영어로 번역되어 있는데, 이는 가장 잘 보존된 원전에서 번역된 것이다. 번역이 과연 제대로 되었느냐 하는 문제는 언제나 비판의 여지가 있다. 번역은 본디 논란의 대상이 되게 마련이다. 우리는 '내용의 동등성'dynamic equivalence[14]이라는 이론에 따라 번역하려 애썼다. 의역에 빠지지 않고, 또한 융통성 없이 글자 그대로 번역하지 않으며 원뜻을 제대로 살리는, 중용적이며 문학적으로 번역하려 하였다. 오늘날 독자들이 고대 언어의 생생한 뉘앙스와 힘을 쉽게 느낄 수 있는 표현을 찾으려고 끊임없이 노력하였다. 가능하면 오늘날 언론계에 종사하는 이들이 통상적으로 사용하는 은유와 용어를 선택하였다.

### 성과

방대한 고대 그리스도교 성경 주해서를 출간하기로 계획한 것은 지난 500년 만에 처음 있는 일이다. 앞으로 그리스도교의 탈무드나 교부들의 성경 주해서를 발간하려면 우리가 구성한 이 총서의 체계를 많이 따르거나 주요 부분을 어느 정도 참고하지 않으면 안 될 것이다.

이 계획을 완성하기 위하여 최고의 능력과 명성을 겸비한 개신교 · 가톨릭 · 정교회의 학자들과 편집자들, 번역가들로 이루어진 국제적인 조직이 구축되었다.

이들 학자와 편집자, 출판인, 컴퓨터 기술자, 번역가들로 환상적인 조직을 갖추었다는 것은 경이에 찬 새로움이며, 그 자체가 교회일치를 향한 새로운 첫걸음이라고 할 수 있다. 이들은 서로 힘을 합하여 프로젝트의 기본 패턴과 방향을 정하고, 필요에 따라 이를 점차 수정하고 바로잡아 나갔다. 이는 성경 주석사 연구와 디지털 검색 기술을 통합시키는 데 학제 간 실험 연구의 모델을 제시한 셈이다.

---

[14] '내용의 동등성' 이론은 유진 니다(Eugene A. Nida) 등의 저서에서 가장 완전하게 전개되었다. Eugene A. Nida, *Toward a Science of Translating* (Leiden: Brill, 1964); Eugene A. Nida and Jan de Waard, *From One Language to Another: Functional Equivalence in Bible Translating* (Nashville, Tenn.: Nelson, 1986). 내용의 동등성 이론의 의도는 '영어를 의사소통 수단으로 사용하는 사람들이 널리 받아들인 낱말이나 형태로 원문의 의미를 분명하고 정확하게 옮기는 데 있다'. 이는 저자의 '의도와 메시지를 보통 사람들이 쓰는 일상 언어를 전하는, 표준 영어로 제시하는 것이다'. 이 이론은 '오늘날 독자들이 원문의 내용을 최대한 잘 이해하게 하는 데' 목표가 있다. "자연스럽고 명확하며 간단하고 모호하지 않은 언어를 사용하도록 최대한 노력을 기울이는 것이다. 따라서 원어에 나오는 품사며 문장 구조, 어순, 문법 등을 영어로 그대로 옮기지 않도록 하였다. 충실한 번역은 원문의 문화 · 역사적 특징을 충실하게 나타내는 것이지 본문을 오늘날 상황에 맞게 고치는 것이 아니다"[Preface, *Good News Bible: The Bible in Today's English Version* (New York: American Bible Society, 1976)]. 이 이론은 의역을 지향하지 않으며, 문학 번역과 문자 번역이라는 두 길 중간쯤에서 번역하는 것이다. 편집자들 모두 번역 작업을 완전히 동일한 관점에서 보지는 않았지만, 내용의 동등성 이론을 일반적 지침으로 삼았다. 이야말로 이 주해서가 지향하는 바다.

이 글을 쓰고 있는 지금 총서의 실질적인 성과물은 거의 반쯤 완성되었고, 프로젝트를 완수하기로 계획했던 햇수도 반이나 지나갔다. 프로젝트의 기본 틀이 확정되어 있기에 별다른 변경 사항은 없으리라 생각된다. 앞으로 출간될 각 주해서 편집자들과 탈고 계약도 맺었다. 이처럼 영어판 『교부들의 성경 주해』는 계획대로 잘 진행되어 제때 완성될 것이다. 우리는 국제적인 전문 인력을 늘리고 보강하여 영어 외 다른 언어로 번역하기에 이르렀다. 이미 스페인어와 중국어 · 아랍어 · 러시아어 · 이탈리아어 번역판은 출간되기 시작했고, 독일어판은 준비 중에 있으며, 그 밖의 다른 언어로 번역하는 문제도 검토 중에 있다.

드루 대학교는 이 프로젝트의 학문적 후원자로서 아낌없는 협조와 지원을 해 주었다. 이 명문 대학교는 이전에도 여러 국제적인 대형 출판 프로젝트를 지원하였으며, 출판된 작품들 가운데 100년 이상 계속 인쇄되고 있는 책들도 여럿 있다. 오늘날 세계에서 가장 널리 사용되고 있는 『성경 용어 색인』*Bible Concordance*과 성경 어휘 대조 방식은 드루 대학교의 제임스 스트롱James Strong 교수가 만든 것이다. 드루 대학교의 스트롱 교수가 1880년대에 용어 색인 작업을 한 연구실은 필자가 수년 동안 사용한 사무실이었다. 우연의 일치인지 몰라도 이 총서는 바로 이곳에서 구상되었다. 오늘날 『스트롱의 성경 용어 색인 완결판』*Strong's Exhaustive Concordance of the Bible*은 첫 출간 이래 100년 이상 영어권 세계에서 가장 좋은 사목 도서관들에 소장되어 있다. 마찬가지로 뉴욕 타임스의 아르노 출판사는 드루 대학교의 존 매클린톡John M'Clintock 교수와 제임스 스트롱 교수가 공동으로 집필한 대전집 『신학과 성경 주석 백과사전』*Theological and Exegetical Encyclopedia*을 지금도 계속 출간 중이다. 그리스도교 고전의 주요 중국어판도 50년 전 드루 대학교에서 발간되었는데, 지금도 출간 중이다. 드루 대학교는 장기간에 걸쳐 이루어지는 국제적 학술 프로젝트를 시작할 수 있도록 많은 학자와 장소, 도서관, 산학 협동 지원, 부대설비 등 다양한 분야에서 도움을 주었다.

이 프로젝트를 헌신적으로 지원해 준 후원자들은 이름을 밝히는 대신 뒤에서 묵묵히 도와준 이들로 남아 있기를 바랐다. 그들은 총서가 어떠한 의미를 지녀야 하고 어떻게 발전해 가야 하는지, 남다른 전문 지식을 갖춘 협력자로서 부단한 조언을 아끼지 않았다. 뿐만 아니라 오랜 세월 이 프로젝트에 막대한 비용을 대 주는 등 물심양면으로 기꺼운 도움을 준 고마운 분들이다. 이처럼 총서는 은인들의 지속적이고 아낌없는 후원 속에서 행운을 누릴 수 있었으며, 하느님께서 베푸시는 은총도 함께 받았음을 밝히는 바다.

토머스 C. 오든<br>『교부들의 성경 주해』 책임 편집인<br>드루 대학교 신학부 교수

# 일러두기

총서는 몇 가지 특징적인 내용으로 구성되었다. 아래 내용은 독자들이 이 책을 제대로 이해하는 데 도움을 주고자 쓰였다.

## 성경 단락

성경 본문은 단락이나 구절로 이루어지는데, 보통은 여러 절로 되어 있다. 성경 본문 표제는 성경 단락 앞에 나온다. 예를 들어, 시편 51-150편 주해의 첫 단락에는 “51,1-11 용서와 영적 정화를 위한 기도”라는 성경 본문 표제가 언급된다. 표제 아래에는『성경』에서 인용한 성경 구절이 두 단 형식으로 뒤따른다. 성경 구절은 독자들의 편의를 돕기 위해서 제시하는 것이지만, 중세 교부들의 주해서와 비교하려는 의도도 들어 있다. 당시 주해서는 성경 본문을 가운데 놓고 둘레에 교부들의 주해를 실었다.

## 둘러보기

성경 본문 각 단락에 이어 그 본문과 관련하여 교부들이 주해한 내용을 둘러보기 형식으로 싣는다. 둘러보기는 성경 본문의 특성에 따라 주해서마다 다양한 형식으로 나타난다. 둘러보기는 뒤이어 나오는 교부들의 주해를 요약하여 알리는 역할을 한다. 교부들의 주해 출처가 다양하고 시대가 다르지만, 둘러보기는 교부들의 주해가 합리적이며 일정한 주제로 흘러가도록 이끈다. 따라서 요약한 내용은 연대순도 아니며 성경 구절 순서대로 나열하지도 않았다. 오히려 해당 성경 본문 단락에 관한 교부들의 주해를 포괄적으로 열거한 것이라 하겠다.

성경 주해가들은 일정한 주제만을 형식적으로 표현하지 않았다. 오히려 다양한 주제가 그럴듯하고 받아들일 만한 형태로 흘러가도록 두는 편이었다. 따라서 오늘날 독자들은 여러 시대와 장소를 반영하는, 다양한 성경 주석의 전승이 계속 흘러가는 것을 어렴풋이나마 알 수 있다.

### 주해 본문

교부들의 주해 내용이 다양하고 많기에, 본문의 의미를 이해하는 데 도움을 주고자 주해 본문 표제를 실었다. 표제는 두 가지로 나뉜다. 하나는, 표제가 성경 구절인 경우이다. 다른 하나는, 교부들이 주해한 내용 가운데 가장 중요한 내용을 요약한 경우이다. 이 경우 중요한 구나 개념을 원용하거나 은유적으로 표현했다. 이러한 특징은 오늘날 독자들이 교부들의 주해 가운데 가장 핵심이 되는 내용을 파악하기 위한 가교 역할을 한다.

### 교부 주해 본문 확인

해당 교부 주해 본문에는 맨 먼저 표제가 나오고, 교부들의 주해를 우리말로 옮긴 내용이 이어진다. 해당 주해 본문 저자의 이름, 작품명과 출처는 주해 본문 맨 끝에 수록된다. 해당 주해 본문 출처는 권, 장, 절로 세분하거나, 아니면 권, 절로만 표시한다. 출처를 표시한 내용이 영어 번역본과 다른 번역본에서 사뭇 다를 경우, 대괄호([ ]) 안에 서로 다른 내용을 적는다. 이문異文에 따라 성경 표현이나 장, 절에 차이가 더러 있기도 하다.

### 각주

이 주해서에 인용된 교부 문헌을 좀 더 깊이 공부하고 싶은 독자는 각주를 통해 아주 유용한 정보를 얻을 수 있다. 각주 번호는 독자들이 보기 쉽게 교부 주해 본문 오른쪽 단 맨 밑에 모아 놓았다. 독자는 영어 번역본과 인용된 교부 문헌의 원어 편집본에 관한 정보를 알아낼 수 있다. 번역본과 편집본은 약어로 표시하였다(보통 권과 쪽). 선정한 교부 주해 본문이 문제가 있거나 매우 모호한 경우, 『교부들의 성경 주해』 편집진은 가능한 한 가장 좋은 본문 전승을 반영하고자 하였다.

교부 주해 본문 가운데 영어로 옮겨지지 않은 원어 본문이 있을 때는 새로 옮겼다. 그러나 이미 영어로 옮겨져 현재 사용되고 있는 영어 번역본이더라도, 필요한 경우에는 문체를 다시 바꾸어 썼다. 별표 하나(*)는 예전에 쓰던 영어 번역본을 독자들이 읽기 쉽도록 고쳤거나 오늘날 사용하는 영어로 새로 옮겼음을 나타낸다. 별표 둘(**)은 새로 옮겼거나 번역본의 내용을 상당히 고쳤음을 나타낸다. 『교부들의 성경 주해』 편집진은 철자를 맞춤법에 따라 고치고, 다양한 형식으로 쓰인 문법을 통일하였다. 그래서 편집진이 고친 영어 참조문에는 이전에 나온 영어 번역본에 다양하게 쓰인 이상한 철자는 없는 셈이다. 필요 이상으로 많은 접속사는 읽기 쉽게 더러 빼기도 하였다.

컴퓨터 데이터베이스를 사용하는 독자들의 편의를 위해서, 디지털 데이터베이스로 만든 그리스어 문헌의 데이터 뱅크인 TLG(Thesaurus Linguae Graecae)나 라틴어 문헌의 데이터 뱅크인 Cetedoc은 부록 601-611쪽을 참조하기 바란다.

# 약어

AC Augustine. *Confessions*. Translated by R.S. Pine-Coffin. Harmondsworth, Middlesex, England: Penguin, 1961. Reprint, New York: Penguin, 1986.

ACW Ancient Christian Writers: The Works of the Fathers in Translation. Mahwah, N.J.: Paulist Press, 1946~.

*AF* J.B. Lightfoot and J.R. Harmer, trans. *The Apostolic Fathers*. Edited by M.W. Holmes. 2nd ed. Grand Rapids, Mich.: Baker, 1989.

*AHSIS* Dana Miller, ed. *The Ascetical Homilies of Saint Isaac the Syrian*. Boston, Mass.: Holy Transfiguration Monastery, 1984.

ANCL The Ante-Nicene Christian Library: Translations of the Writings of the Fathers down to A.D. 325. Alexander Roberts and James Donaldson, eds. Edinburgh: T & T Clark, 1867~1897.

ANF A. Roberts and J. Donaldson, eds. Ante-Nicene Fathers. 10 vols. Buffalo, N.Y.: Christian Literature, 1885~1896. Reprint, Grand Rapids, Mich.: Eerdmans, 1951~1956. Reprint, Peabody, Mass.: Hendrickson, 1994.

AOV Ambrose. *On Virginity*. Translated by Daniel Callam, CSB. Toronto: Peregrina Publishing Co., 1996.

ARL St. Athanasius. *The Resurrection Letters*. Paraphrased and introduced by Jack N. Sparks. Nashville: Thomas Nelson, 1979.

CCL Corpus Christianorum. Series Latina. Turnhout, Belgium: Brepols, 1953~.

*CG* Augustine. *The City of God*. Translated by Henry S. Bettenson with an introduction by David Knowles. Harmondsworth, Middlesex, England: Penguin, 1972. Reprint, with an introduction by John O'Meara, 1984.

CS Cistercian Studies. Kalamazoo, Mich.: Cistercian Publications, 1973~.

CSEL Corpus Scriptorum Ecclesiasticorum Latinorum. Vienna, 1866~.

*ECH* Paul L. Maier, trans. *Eusebius, the Church History: A New Translation with Commentary.* Grand Rapids, Mich.: Kregel Publications, 1999.

*ECTD* C. McCarthy, trans. and ed. *Saint Ephrem's Commentary on Tatian's Diatessaron: An English Translation of Chester Beatty Syriac MS 709*. Journal of Semitic Studies Supplement 2. Oxford: Oxford University Press, 1993.

FC Fathers of the Church: A New Translation. Washington, D.C.: Catholic University of America Press, 1947~.

*FGFR* F.W. Norris. *Faith Gives Fullness to Reasoning: The Five Theological Orations of Gregory Nazianzen*. Leiden and New York: E.J. Brill, 1990.

*GNSR* Gregory of Nyssa. *On the Soul and the Resurrection*. Translated by Catharine P. Roth. Crestwood, N.Y.: St. Vladimir's Seminary Press, 1993.

LCC J. Baillie et al., eds. The Library of Christian Classics. 26 vols. Philadelphia: Westminster, 1953~1966.

LCL Loeb Classical Library. Cambridge, Mass.: Harvard University Press; London: Heinemann, 1912~.

MFC Message of the Fathers of the Church. Edited by Thomas Halton. Collegeville, Minn.: Liturgical Press, 1983~.

*MOT* R.E. Heine, ed. *The Montanist Oracles and Testimonia*. North American Patristic Society Monograph Series 14. Macon, Ga.: Mercer University Press, 1989.

NPNF P. Schaff et al., eds. A Select Library of the Nicene and Post-Nicene Fathers of the Christian Church. 2 series (14 vols. each). Buffalo, N.Y.: Christian Literature, 1887~1894. Reprint, Grand Rapids, Mich.: Eerdmans, 1952~1956. Reprint, Peabody, Mass.: Hendrickson, 1994.

*OHS* Basil of Caesarea. *On the Holy Spirit*. Translated by David Anderson. Crestwood, N.Y.: St. Vladimir's Seminary Press, 1980.

*OSW* *Origen: An Exhortation to Martyrdom, Prayer and Selected Writings*. Translated by Rowan A. Greer with preface by Hans Urs von Balthasar. The Classics of Western Spirituality: New York: Paulist Press, 1979.

*OUC* St. Cyril of Alexandria. *On the Unity of Christ*. Translated by John A. McGuckin. Crestwood, N.Y.: St. Vladimir's Seminary Press, 1995.

*PDCW* *Pseudo-Dionysius: The Complete Works*. Translated by Colm Luibheid. The Classics of Western Spirituality New York: Paulist Press, 1987.

PG J.-P. Migne, ed. Patrologiae cursus completus. Series Graeca. 166 vols. Paris: Migne, 1857~1886.

*PHF* A. Isho, comp., 7th century. *The Paradise, or Garden of the Holy Fathers, being histories of the anchorites, recluses, monks, coenobites and ascetic fathers of the deserts of Egypt between A.D. CCL and CCCC circiter*. 2 vols. London: Chatto & Windus, 1907.

PL J.-P. Migne, ed. Patrologiae cursus completus. Series Latina. 221 vols. Paris: Migne, 1844~1864.

*POG* Eusebius. *The Proof of the Gospel*. 2 vols. Translated by W.J. Ferrar. London: SPCK, 1920. Reprint, Grand Rapids, Mich.: Baker, 1981.

TTH G. Clark, M. Gibson and M. Whitby, eds. Translated Texts for Historians. Liverpool: Liverpool University Press, 1985~.

*WSA* J.E. Rotelle, ed. *The Works of St. Augustine: A Translation for the Twenty-First Century*. Hyde Park, N.Y.: New City Press, 1995.

# 시편 51-150편 주해 서문

시편은 교회의 삶에서 언제나 중요한 역할을 해 왔고 오늘날에도 그러하다. 시편은 성경의 책들 가운데에서도 가장 널리 알려지고 가장 많이 인용되는 책이라 해도 지나친 말이 아니다. 마르틴 루터가 시편 제46편을 염두에 두고 작사 작곡했다는 「내 주는 강한 성이요」A Mighty Fortress is our God의 경우처럼, 시편은 많은 찬송가의 가사가 되기도 했다. 시편은 교회의 일상생활에 스며들어 있다고 할 만큼 그리스도인이 자주 읊는 일상 기도문들의 구절이 되었다. 시편 제118편 1절, "주님을 찬송하여라, 좋으신 분이시다. 그분의 자애는 영원하다" 같은 말씀을 예로 들 수 있겠다. 그런가 하면 시편 제23편을 비롯해 많은 시편이 병에 걸렸거나 가족을 잃은 슬픔 또는 근심에 찬 많은 그리스도인에게 위로와 희망을 주어 왔다. 시편은 성가집에서나 예배 때의 입당송과 화답송의 형태로 교회 전례에서도 빼놓을 수 없는 구성 요소로 남아 있다. 시편이 누구에게나 와닿는 말씀으로 여겨지는 현상을 조해너 맨리는 다음과 같이 간명하게 요약한다.

"예언서가 가르쳐 주는 것이 있고 역사가들이 가르쳐 주는 것이 있으며 율법서가 가르쳐 주는 것이 있다. 그리고 잠언에서 볼 수 있는 충고의 형태는 또 다르다. 그러나 시편은 모든 이에게 유익한 것을 담고 있다. 장차 닥칠 일들을 예고하는가 하면 역사를 떠올려 주고, 삶을 위한 법들의 뼈대를 세워 주며, 이루어져야 할 일을 제시한다. 간단히 말해, 시편은 누구나 사용할 수 있으며 각자에게 적합한 것을 신중하게 발견할 수 있는 좋은 가르침들의 보고寶庫다. 시편은 영혼의 오래된 상처들을 완전히 낫게 하며, 최근에 상처 입은 이들은 회복할 수 있게 해 준다. 병에 걸린 이들은 치료해 주고 무탈한 이들은 그 상태를 유지할 수 있게 해 준다. 대체로 시편은 인간이 사는 동안 영혼을 미묘하게 지배하는 정욕들을 최대한 씻어 내며, 건전한 생각을 자아내는 다정함과 규율 있는 설득력으로 그렇게 한다."[1]

호러스 D. 허멜은 이렇게 말한다. "현대의 생활에서건 교회의 역사에서건 … 공적인 예배에서건 개인적인 예배에서건 시편집의 중요성은 굳이 강조할 필요조차 없는 일이다."[2]

[1] Johanna Manley, ed. *Grace for Grace: The Psalter and the Holy Fathers* [Menlo Park, C.A.: Monastery Books, 1992 (repr. 1996)], 1.

[2] Horace D. Hummel, *The Word Becoming Flesh: An Introduction to the Origin, Purpose, and Meaning of the Old Testament* (St. Louis: Concordia Publishing House, 1979), 404.

그리스도교에서 시편을 애용하는 전통은 공생활의 숱한 중요한 순간들에 시편을 즐겨 인용한 예수 그리스도에게로 거슬러 올라간다. “복음서에서 보는 예수의 삶과 가르침에서 시편은 구약성경의 어느 책보다 많이 인용된다”[3]는 리 M. 맥도널드의 지적은 옳다. 마태오 복음 4장 6절에 나오는 광야에서의 두 번째 유혹에 대한 대답으로 예수는 시편 91,11-12를 인용한다. 십자가에서 “저의 하느님, 저의 하느님, 어찌하여 저를 버리셨습니까?”(마태 27,46; 마르 15,34) 하고 부르짖은 말은 시편 22,2를 읊은 것이고, “제 영을 아버지 손에 맡깁니다”(루카 23,46)라는 말은 시편 31,6을 읊은 것이다. 십자가 위의 예수에게 신 포도주를 준 일은 시편 69,21의 예언이 이루어진 것이었다. 예수의 성전 정화 사건을 전하는 요한 복음 2장 17절의 기록에서는 시편 69,10이 인용된다.

E. 얼 엘리스는 이렇게 지적한다. “예수와 신약성경의 저자들은 그들의 가르침에서 구약성경에 두드러진 위치를 부여하고 있다. 유대교의 다른 집단들과 마찬가지로 그들은 모세오경과 이사야서, 시편 같은 성경의 일부 책들에서 집중적으로 인용하며, 신약성경의 몇몇 책들은 구약을 특별히 많이 인용한다.”[4] H.B. 스웨트에 따르면, 신약성경에서 시편은 마흔 번 인용된다.[5]

초기 교회 교부들 사이에서 시편은 무척 잘 알려져 있었으며 매우 자주 인용되었다.[6] 조해너 맨리는 이렇게 말한다. “지혜롭기 이를 데 없는 교부들은 하나같이 위대한 예언자 다윗에게 엄청난 경의와 존경을 보인다. 그들의 저작은 이사야서 같은 예언서들과 시편 구절들 인용으로 뒤덮여 있다시피 하다.”[7] 히에로니무스는 수도생활에 관심이 많은 로마의 귀족 여성 파울라에게 성경의 다른 책들보다 먼저 시편집을 공부함으로써 성경 연구를 시작하라고 조언했다.[8] 교부들의 작품을 읽으며 그들이 인용한 성경 구절들에 특별히 주의를 기울여 보면, 마치 속사포를 쏘듯 인용이 많으면서 또 얼마나 자연스러운지 놀라게 된다.

초기 교회는 시편이 여러 가지 면에서 유용함을 발견했다. 시편들은 찬미가로 또 독서의 하나로 사용되며 교회의 전례를 풍요롭게 했다. 많은 시편의 예언적 성격은 교회의 가르침이 참되다는 사실을 입증하는 데 도움이 되었으며, 하느님 아들의 본질과 본성, 인류의 구원자로서의 예수 그리스도의 메시아적 역할과 관련한 가르침에서는 더욱 그러했다. 구약성경 전체는 물론이지만 시편은 장차 신약성경 정경이 된 작품들에 담긴 가르침들의 정당성을 입증하는 데도 자주 이용되었다. 구약성경의 다른 책들과 더불어 시편집은 새로이 나타나는 이단들에 대하여 정통 그리스도교의 가르침을 옹호하는

[3] Lee M. McDonald, *The Formation of the Christian Biblical Canon*. Revised and Expanded Edition (Peabody, Mass: Hendrickson Publishers, 1995), 100.

[4] E. Earle Ellis, *The Old Testament in Early Christianity: Canon and Interpretation in the Light of Modern Research* (Grand Rapids: Baker Book House, 1991), 77.

[5] 앞의 책, 53 참조.

[6] Graham W. Woolfenden은 “The Use of the Psalter by Early Monastic Communities” in *Studia Patristica*, ed. Elizabeth A. Livingstone, vol.26 (Leuven: Peeters Press, 1993), 89에서 사도 교부들의 시편 사용법은 모두 같지는 않으며, 로마의 클레멘스는 폴리카르푸스나 바르나바, 이그나티우스보다 시편을 더 자주 인용한다고 지적한다. 시편을 광범위하게 인용한 것은 순교자 유스티누스나 알렉산드리아의 클레멘스 같은 호교론자들이었으며 시편 주해서를 쓴 오리게네스는 더 본격적으로 인용한다.

[7] Manley, *Grace for Grace*, iii.

[8] 히에로니무스 『서간집』 107,12를 보라.

데 이용되었다. 초기 그리스도인들은 불경한 삶의 방식을 옹호하며 그렇게 사는, 그들에게 적대적이기 일쑤인 세상에서 살았기 때문에 시편들은 그리스도인의 도덕성을 지지하고 격려하는 용도로도 자주 사용되었다. 존 F. 브루그는 "시편은 성경의 찬가집이며 … 또한 성경의 기도서다"[9]라는 말로 시편이 이중의 용도로 사용되었음을 지적한다. 같은 견지에서 이렇게도 말한다. "[마르틴] 루터는 시편은 크게 다섯 종류로 나눌 수 있다고 한 바 있는데, (1) 그리스도에 관하여 이야기하는 메시아 관련 시편들, (2) 교의의 근거가 되는 가르침 시편들, (3) 위로 시편들, (4) 기도와 청원 시편들, (5) 감사 시편들이 그것이다."[10]

전례 용도로 사용된 시편들과 관련해서는 멀리 소少 플리니우스로까지 거슬러 올라갈 수 있다. 그는 비티니아 속주의 총독으로 임명되었을 때 속주의 그리스도인들에 대한 박해를 어떤 식으로 처리해야 할지 묻고자 트라야누스 황제에게 편지를 쓴 바 있는데, 이 편지에서 그는 그리스도인들의 예배에 대해 간략하게 묘사하고 있다. 그가 관찰한 이들 전례의 한 가지 특징은 그리스도인들이 주간 첫날에 모여서 "번갈아 노래하는"(carmen … dicere secum invicem) 관습이었다.[11] 플리니우스가 그리스도교에 대해 잘 알지 못했음을 고려할 때, 그가 말한 '카르멘'은 시편에서 가려 뽑은 구절들을 가리킬 가능성이 매우 크다.

3세기 초의 교부 테르툴리아누스도 시편이 전례에 사용되었음을 알려 준다. 『옥스퍼드 그리스도교 예배의 역사』에는 테르툴리아누스의 다음과 같은 증언이 실려 있다. "[테르툴리아누스는] '아가페'에서 이와 비슷한 관례가 행해졌음을 묘사해 준다. '손을 씻고 등불을 켜는 예식 후에 각 사람은 중앙으로 나와 성경 구절이든 자기가 지은 것(de proprio ingenio)이든 하느님을 찬양하는 노래를 부르도록 권고받는다.'"[12] 4세기 들어 교회가 성장하면서 시편은 더욱 폭넓게 전례에 사용되었다. "콘스탄티누스 황제의 칙령으로 훨씬 더 큰 규모의 회중이 만날 수 있게 되었고 그 결과 전례의 차례와 내용 면에서 변화를 가져왔다. 또한 사막과 (특히) 도시에서 수도생활을 하는 사람들이 늘어나면서 성경의 시편들을 읊고 노래하는 것을 새로이 강조하게 되었으며 이는 성찬 전례의 고정된 측면이 되었다."[13] 그러나 4세기 후반과 5세기 초에, 성찬 예식의 시편 낭송을 성경 독서 가운데 하나로 해야 하지 않는가 하는 문제 제기가 있었다. 아타나시우스는 시편을 새로운 양식의 선율로 노래하는 것을 금지한 반면 암브로시우스는 그러한 방식을 권장했고, 아우구스티누스는 명확한 견해를 밝히지는 않고 시편을 노래하는 것을 마지못해 받아들였다.[14]

이 시기에 수도 공동체들의 예배나 밤샘기도에서 시편이 무척 중요했다는 명확한 증거가 있다. 4세기 말엽 중동 지방의 종교 생활과 예식에 관하여 서방의 수녀 에게리아는 이런 기록을 남겼다. "이때

---

[9] John F. Brug, *A Commentary on Psalms 1-72* (Milwaukee: Northwestern Publishing House, 2005), 12.

[10] 앞의 책, 16.

[11] 『서간집』 10(『트라야누스 황제에게 보낸 편지』 96).

[12] Geoffrey Wainwright and Karen B. Westerfield Tucker, eds. *The Oxford History of Christian Worship* (Oxford/New York: Oxford University Press, 2005), 770. 테르툴리아누스의 글은 그의 작품 『호교론』 39,17-18 인용이다. 이 본문에서 "성경 구절"은 시편을 가리키는 것이 확실하다.

[13] Wainwright and Tucker, *Oxford History of Christian Worship*, 770.

[14] 앞의 책, 775 참조.

[이른 새벽닭이 울기 전]부터 동이 틀 때까지 그들[수도승들과 동정녀들]은 찬미가를 부르고 시편과 후렴을 번갈아 가며 바치며 찬미가와 찬미가 사이에 기도를 바칩니다."[15] 그런가 하면 5세기 초엽의 교부 요한 카시아누스는 이집트의 사막 사부들에 관하여 다음과 같이 묘사한다. "그들이 평일 예식과 기도를 올리려 할 때 그들 가운데에서 한 사람이 일어나 주님께 시편을 노래하였습니다. 그들이 모두 앉아서(이집트에서는 지금까지도 이렇게 합니다) 가사에 마음을 집중하는 가운데 그는 기도 사이사이 열한 편의 시편을 구절구절 또박또박 노래하였고 열두 번째 노래를 끝내자 '할렐루야' 답창이 이어졌습니다. 그러고는 그는 모든 사람의 눈앞에서 금세 사라졌고 그로써 그들의 예식이 단번에 끝났습니다."[16]

그런데 시편 사용에서 더욱 중요한 것은 교회의 가르침에 이용되었다는 점이다. 리 M. 맥도널드는 지적한다. "신약성경의 신학이 예수를 메시아로 단언하는 교회의 주장과 그리스도인의 행실에 관한 교회의 가르침을 뒷받침해 준다고 여겨지는 구약성경 인용 본문들에 굳게 바탕하고 있다는 것은 의심할 바 없는 사실이다. 이 점은 논쟁의 여지가 없다."[17] 그는 또 말한다. "그리스도인들은 구약성경을 그리스도교의 믿음을 명료히 밝히고 확인하는 용도로 매우 선별적으로 이용했다. … 그리스도인 공동체가 첫 백 년간 구약성경을 사용한 가장 흔한 용도는 무엇보다 예언서로서였다."[18] 시편 제22편과 제69편은 그리스도의 고난에 대해 아주 자세하게 묘사한다. 시편 118,22는 그가 이스라엘의 지도자들에게 배척당하리라는 것을 예고하며, 시편 22,8에는 그가 수난 중에 조롱과 야유를 당하는 것이 예언되어 있다. 시편 41,10과 55,12-14는 그가 벗(유다)에게 배반당하는 것에 대해 이야기한다. 사람들이 예수에게 식초를 주어 마시게 한 일은 시편 69,21에, 사람들이 제비를 뽑아 그의 옷을 나누어 가지는 일은 시편 22,18에 예언되어 있었다. 그가 죽은 이들 가운데에서 부활하는 사건은 시편 16,10에, 그가 사제요 임금으로서 영원히 다스린다는 것은 시편 제110편에 예고되어 있었다.[19] 구약성경의 이런 예언들은 예수가 약속된 메시아라는 주장을 확인해 주었다. "메시아 시편들은 그리스도에 대한 매우 가치 있는 증언들이다. 네 복음서와 이사야서를 제외하면, 그리스도가 지상에 살며 우리의 구원자로서의 일을 수행하는 동안 그가 한 말과 행위, 그의 감정에 관하여 메시아 시편들만큼 자세히 알려 주는 자료가 없다."[20]

교부들의 저작에서 드러나는 증거들을 볼 때, 처음의 사도 시대와 그 이후의 시대에 구전 선포로 전해지던 것들을 교회가 자신의 가르침으로 확정할 때에 구약성경 정경들 가운데에서 시편이 매우 중요한 역할을 했음은 의심의 여지가 없다. 교회를 위해 처음 쓰인 성경은 구약성경이었다. 그러나 신약성경이 쓰이고 유포되고 정경의 권위를 가졌다고 인정되는 과정에서 교회는 본래 사도들의 전통에 토대를 두고 있었지만 점차 신약성경에 의거하게 된 자신의 가르침들을 확증하기 위하여 구약성경으로 돌아갔다. 그럴 수밖에 없었던 것이 교리의 발전과 신약성경의 공인은 연속적인 사건이 아니라 동시

[15] 에게리아 『에게리아의 순례기』 24. James F. White, *Documents of Christian Worship: Descriptive and Interpretative Sources* (Louisville: Westminster/John Knox Press, 1992), 85에서 인용.

[16] 요한 카시아누스 『규정집』 2,3.5-6(NPNF 2,11,205.207), White, *Documents of Christian Worship*, 88-89에서 인용.

[17] McDonald, *Formation*, 101.

[18] 앞의 책, 119-120.

[19] Brug, *Commentary*, 20-21.

[20] 앞의 책, 20.

에 일어난 발전이었기 때문이다. 이 과정에서 시편이 결정적인 역할을 한 것은 분명하다.

초기 교회는 또한 구약성경과 신약성경의 일치를 강조할 필요가 있다고 인식했다. 영지주의자들과 마르키온파가 구약성경은 악하지는 않을지 몰라도 열등한 신적 존재가 쓴 것이며 구약성경의 내용은 신약성경의 내용과 양립할 수 없다고 주장하던 2세기에 이 필요성은 더욱 커졌다.[21] 마르키온이 자기 나름으로 새 성경의 정경(루카 복음의 요약본과 사목 서간 세 편을 뺀 바오로 서간 열 편)을 정해 놓았기 때문에 초기 교회는 신약성경과 구약성경 전체의 관계성을 보여 줄 필요가 있다고 여겼다. 그것을 보여 줄 수 있는 두 가지 방식은 구약과 신약 메시지의 유사성을 지적하는 것과 신약성경의 저자들이 구약성경을 폭넓게 인용하고 있음을 입증하는 것이었다. 그렇게 한다면 두 성경의 저자가 서로 다른 신적 존재들이 아니라 한 분 하느님이심을 입증하는 것이 될 터였다.

이와 밀접한 관계에 있는 또 다른 사항은 교회가 삼위일체론이나 그리스도론, 인간학적 이단들을 반박해야 할 필요성이었다. 시편은 이런 이단들을 반박하는 데 두드러진 역할을 했다. 눈에 보이는 물질세계는 불완전한 신 또는 '아이온'[생명(력) 또는 영적 존재]인 데미우르고스에 의해 창조되었다는 영지주의자들의 믿음에 대한 반론으로 초기 교부들은 세상은 한 분이며 참된 삼위일체 하느님에 의해 창조되었다고 강조했다. 그리고 육화한 그리스도의 인간 본성을 인정하지 않는 영지주의자들과 그리스도 가현설假現說 주장자들의 견해를 반박하기 위해 교회는 그리스도가 죄만 제외하고 우리와 똑같은 인간 본성을 지녔음을 명백하게 단언하는 인용문들을 내세웠다. 시편 제22편과 제69편처럼 고난받는 메시아에 관해 이야기하는 시편들은 매우 유용한 해결책이었다.

종속론과 양태론, 아리우스주의, 성령신성부인론자들이라고도 불리는 마케도니우스파 같은, 삼위일체론과 관련한 이단들이 등장했을 때는 시편을 비롯한 구약성경에서도 한 분 하느님 안의 세 위격에 관한 증언들을 제시할 필요가 있었다. 시편은 예언으로 간주되었고 다윗은 구약의 위대한 예언자 가운데 하나로 여겨진 까닭에, 시편은 예수 그리스도에 관한 신약성경 가르침의 진실성, 특히 그의 삶에 관한 사실들이나 그의 메시지의 참됨을 입증하는 중요한 전거로 사용되었다. 베르트랑 드 마저리는 푸아티에의 힐라리우스에 관하여 다음의 두 가지 논평을 제시한 바 있다. "… 그[힐라리우스]는 교회의 다른 교부들과 마찬가지로, 구약성경 전체 — 그중에서도 특히 시편 — 는 대부분 그리스도에 관하여 이야기하고 있으며"[22] "예를 들어, 시편들을 세심히 숙고할 때 항상 그 본문에 담긴 예언적 의미를 찾고 바오로 서간의 시각(로마 2,16 참조)에 비추어 그 구절들을 연구한 힐라리우스는 거기에서 그리스도의 행위들과 수난에 관한 예시를 발견하곤 하였다."[23] 베르트랑은 히에로니무스에 관해서는 이렇게 말한다. "히에로니무스의 구약성경 주해서들, 특히 시편 주해를 세심하게 읽는 독자라면 누구나 그의 주석 작품들이 보여 주는 접근 방식이 본질적으로 그리스도 중심적임을 알게 된다."[24]

---

[21] David S. Dockery, *Biblical Interpretation Then and Now: Contemporary Hermeneutics in the Light of the Early Church* (Grand Rapids: Baker, 1992), 45.

[22] Bertrand de Margerie, SJ, *An Introduction to the History of Exegesis,* 3 vols. (Petersham, MA: Saint Bede's Publications, 1995), 2,54.

[23] 앞의 책, 2,54.

[24] 앞의 책, 2,125.

아폴리나리스주의, 네스토리우스주의, 에우티케스주의, 단성론 같은 이단적 그리스도론을 반박하기 위해 그들은 그리스도의 신적 본성과 인간 본성만 아니라 한 위격 안에서 이 두 본성의 관계에 대해서도 지지해 주는 시편 구절들을 인용했다. 물론 이 논쟁들과 관련하여 명확한 진술로 보이지 않는 시편 구절들도 있었다. 그러나 아들과 아버지의 동등성, 아들이 영원 이전에 아버지에게서 탄생함, 아들과 아버지의 다른 점과 아들의 육화에 대해 이야기하는 듯한 구절들을 충분히 인용할 수 있었다.

5세기 초 펠라기우스 이단이 등장하자 교부들은 원죄의 존재, 곧 원죄는 에덴동산에서 아담과 하와로부터 시작되었으며 그들의 후손인 모든 인류는 그들에게서 이 죄를 물려받았다는 사실을 입증하는 데에 엄청나게 많은 글을 써야 했다. 그들은 시편 전체에서 이 이단을 반박하기에 충분한 증언들을 발견했다. 초기 교부들은 시편들, 특히 시편 제51편은 원죄의 실재성에 대하여 명확하게 증언하고 있으며, 신자들이 영원한 생명을 상속받기 위해서는 실제 자신이 저지른 죄들과 더불어 원죄를 용서받아야 한다고 확신했다. 초기 교회에 뚜렷한 율법주의 경향이 있었던 것은 사실이지만, 하느님의 은총에 대한, 그리고 하느님이 우리 구원의 원천임을 증빙해 주는 명확한 시편 구절들을 제시할 수 있었다.

교회의 삶에서 기도는 언제나 중요한 부분을 차지해 왔다. 앞에서 지적했듯이, 존 F. 브루그는 시편을 성경 가운데 기도의 책이라 보며, 마르틴 루터는 기도와 청원을 시편의 한 유형이라고 생각했다. 초기 교부들도 이와 다르지 않은 시각을 보여 주었는데, 그들은 시편에서 무수한 기도의 본보기들과, 기도는 언제 하는 것이 가장 좋은지, 얼마나 자주 해야 하며, 기도할 때의 마음가짐은 어때야 하는지 등 기도 지침들을 발견했으며, 하느님께서는 당신 백성의 기도를 들어주신다는 확신을 얻었다.

시편의 흔한 용도 또 한 가지는 시편집에서 도덕적 명령들을 찾아내는 것이었다. 훈계를 담은 글들에서 시작하여 이후의 호교론적 작품과 논쟁적 작품에 이르기까지 초기 그리스도교 작품들에서 그리스도인의 윤리는 언제나 매우 중요한 주제였다. 이는 많은 교부 작품들이 율법주의적 경향을 띠고 있기 때문이기도 하지만, 세속주의에 젖고 많은 종교가 판치는 세상에서 하느님 보시기에 참으로 기꺼운 삶을 살기가 어렵기 때문이기도 했다. 시편은 사람들에게 그들의 자비로우신 하느님을 본받아 자비롭게 행동하고 교만과 복수하려는 욕망을 경계하며, 역경을 당했을 때 인내심을 발휘하고 곤궁한 이들을 돕는 데 관대함을 보이라고 권고할 때 자주 인용되었다. 초기 교부 시대의 저자들은 시편에서, 어째서 악인들은 이 세상에서 번영을 누리는 반면 의인들은 고통을 당하고 생존하는 데 필요한 것들조차 누리지 못할 때가 많은가 하는, 영원히 답을 얻지 못하는 물음에 대답하려 하는 곤혹스러움을 발견했다. 이 난감한 문제에 답하려는 시도에서 그들은 사람들에게 물질적인 소유에 신뢰를 두지 말라고 강하게 훈계하며, 불경한 자들은 지금 번영을 누리는 것처럼 보여도 결국엔 믿음 없음과 사악함 때문에 벌을 받게 되어 있다는 사실을 자신의 독자들에게 떠올려 주었다. 시편집은 하느님은 죄가 벌 받지 않고 넘어가게 두시지 않는, 비록 이승에서는 아닐지라도 심판 날과 저승에서는 반드시 심판하시는 하느님이라고 단언한다.

초기 그리스도교 저작에 인용된 시편 구절들을 살펴보면서 우리는 시편이 초기 교회의 삶에서 차지한 두드러진 위치에 놀란다. 시편은 거짓된 가르침을 반박할 수 있는 자료를 제공해 주었고 도덕적 지침들의 샘이었으며 환난을 겪는 이들에게는 위로의 원천이었고 영원한 생명에 대한 그리스도인의 희망의 견고한 토대였다. 교부 문헌을 읽는 이들은 교의의 특정 요점을 지지하는 데에 시편을 비롯한 구약성경의 무수한 구절들이 사용된 방식에 놀란다. 책도 그리 많지 않고 현대식 참고 자료들이 전혀 없는 상태에서 그들은 자신의 기억력에 의지해야 했다. 고대 세계에서는 오늘날에 비해서 기억력을 기르는 데 훨씬 많은 노력을 쏟았다. 그레이엄 W. 울펀든은 수도 공동체들에서 시편집이 묵상 자료의 원천으로서 성경의 다른 책들보다 훨씬 우월한 지위를 누린 이유에 대해 묻고는, 압바 필리몬이 '어째서 성경의 다른 책들보다 시편을 선호하느냐?'는 물음에 한 대답을 인용한다. "하느님께서 다윗 예언자의 영혼에 새겨 주신 것처럼 나의 가엾은 영혼에 시편의 힘을 깊게 새겨 주셨습니다. 나는 시편들이 제공하는 통찰력의 달콤함과 떨어져서는 살 수 없습니다. 시편들은 성경 전체를 아우릅니다."[25] 시편집이 성경 전체를 응축시켜 놓은 것이라는 시각 덕분에 시편 외우기를 강조하는 경향이 생겨났는지도 모른다. 우리는 이미 앞에서 히에로니무스가 파울라에게 권고한 일에 대해 이야기한 바 있다. 울펀든은 이렇게 덧붙인다.

"파코미우스는 '적어도 신약성경과 시편집만큼은' 배울 것을 요구했다. 5세기 말엽의 『동방 교회 수도 규칙서』*Regular Orientalis*는 일 중이든 여행 중이든 기도와 성가 영창을 할 것을 권고했는데, 책이 많지 않던 세상에서 그렇게 하자면 그 구절들을 암기할 필요가 있었다. 이 규칙서는 수도생활 지원자들이 주님의 기도와 더불어 가능한 한 많은 시편들에 대해 배울 것을 권고했다. 거룩한 독서(Lectio Divina)에 관한 베네딕도의 관심도 시편 암송과 관계가 있었던 듯하며, 적어도 787년 제2차 니케아 공의회 당시 주교들은 시편집을 암기하고 있었던 것으로 여겨진다."[26]

대 바실리우스는 시편 제1편에 관해 주석하면서 시편의 유익함을 성경 나머지 책들의 유익함과 비교하며 이렇게 말한다. "시편집은 그 모든 것[성경의 나머지 모든 책들]을 포괄한다. 시편은 장차 일어날 일을 예고해 주며 역사를 기념한다. 삶에 필요한 법규들을 제정해 주고, 현실 문제들에 조언을 해 주며, 좋은 가르침의 보고寶庫로서, 각 개인에게 적합한 것을 주의 깊게 탐색함으로써 전반적으로 모든 분야에서 도움을 준다."[27]

21세기의 그리스도인들도 시편집을 영감과 위로, 지침의 위대한 원천이요 영원한 구원에 이르게 하는 교의적 진실의 진정한 샘으로 여긴다. 이 책의 발췌문들이 독자들의 영적 삶을 풍요롭게 해 주기를 기대한다.

퀜틴 F. 베셀슈미트

[25] Woolfenden, "Use of the Psalter", 91.

[26] 앞의 책, 92.

[27] 앞의 책, 92에서 인용.

P · s · a · l · m · s · 51-150

# 시편 51-150 편

## 51,1-11 용서와 영적 정화를 위한 기도

1 [지휘자에게. 시편. 다윗.
2 그가 밧 세바와 정을 통한 뒤
예언자 나탄이 그에게 왔을 때]
3 하느님, 당신 자애에 따라
저를 불쌍히 여기소서.
당신의 크신 자비에 따라
저의 죄악을 지워 주소서.
4 저의 죄에서 저를 말끔히 씻으시고
저의 잘못에서 저를 깨끗이 하소서.
5 저의 죄악을 제가 알고 있으며
저의 잘못이 늘 제 앞에 있습니다.
6 당신께, 오로지 당신께 잘못을 저지르고
당신 눈에 악한 짓을 제가 하였기에
판결을 내리시더라도 당신께서는 의로우시고
심판을 내리시더라도
당신께서는 결백하시리이다.
7 정녕 저는 죄 중에 태어났고
허물 중에 제 어머니가 저를 배었습니다.
8 그러나 당신께서는
가슴속의 진실을 기뻐하시고
남모르게 지혜를 제게 가르치십니다.
9 우슬초로 제 죄를 없애 주소서.
제가 깨끗해지리이다.
저를 씻어 주소서. 눈보다 더 희어지리이다.
10 기쁨과 즐거움을 제가 맛보게 해 주소서.①
당신께서 부수셨던 뼈들이 기뻐 뛰리이다.
11 저의 허물에서 당신 얼굴을 가리시고
저의 모든 죄를 지워 주소서.

① 시리아어 본문은 '기쁨과 즐거움으로 저를 채워 주소서', 히브리어 본문은 '… 듣게 해 주소서'다.

둘러보기

참회하는 신자들은 하느님께 자비를 얻으므로 그들도 다른 사람들에게 자비로워야 한다. 그러한 자비는 그리스도인의 기본 덕목이다(요한 크리소스토무스). 금욕적 수도생활에서 규칙적이고 잦은 기도는 일상생활의 가장 큰 특징이며, 기도들 가운데에서 "주님, 자비를 베푸소서"보다 더 중요한 기도는 없다(『사부들의 금언집』). 고백과 참회로 이루어지는 회개가 용서보다 앞서 이루어져야 한다(풀겐티우스). 다윗 임금은 간음이라는 중죄를 저지른 다음 살인이라는 더 위중한 죄를 짓기에 이르렀다. 죄가 클수록 용서를 얻기 위해서는 하느님의 더 큰 자비가 필요하다(히에로니무스). 수덕가의 마음속에 자신이 죄 많음을 절감하는 강한 인식이 있어야 죄의 근원인 교만과 자만을 방지할 수 있다(파코미우스). 사람들은 하느님께서 그들의 인성은 그대로 지켜 주시면서 죄 많은 결함은 고쳐 주시기를 바란다(아우구스티누스). 하느님을 거스르는 죄는 돌아온 탕아가 고백하였듯이 죽어 마땅한 죄이지만, 참회하는 이는 그 죄도 용서받는다(암브로시우스).

아담의 죄가 죽음까지 포함하는 그 모든 결과와 더불어 모든 인류에게 전해지므로, 갓 태어난 아기조차 하느님의 은총과 불사의 은사를 받기 위해서는 세례를 받아야 한다(아우구스티누스). 아기들이 잉태될 때부터 죄를 지니고 있음을 성경의 많은 구절이 분명하게 단언한다(오리게네스). 이단자들과 철학자들은 언제나 인간의 죄 많음이라는 실상을 좋게 포장하여 인간 본성을 더 긍정적으로 보이게 하려고 끊임없이 시도해 왔지만, 성경의 증언은 인간 본성은 잉태되는 순간부터 순전한 악의 상태에 있다는 것을 분명하게 시사한다. 죄에 끌리는 이 성향을 볼 때, 죄 없는 인간은 없는 것이 확실하다. 우리 모두가 죽는 것은 우리 모두가 아담의 범죄 안에서 생을 이어 가기 때문이다(히에로니무스). 하느님께서는 우리 죄를 사하심으로써 우리에게 의로움의 흰옷을 주신다(암브로시우스). 다윗은 원죄가 실재함을 증언한다. 하느님과 마찬가지로 우리가 죄를 미워할 때 우리는 하느님의 발자취를 따르는 것이며, 죄에 대한 적대감은 우리로 하여금 하느님께서 우리 죄를 눈감아 주시고 용서해 주십사고 기도하게 이끈다(아우구스티누스).

하느님께서는 이제 더 이상 산 짐승을 잡아 바치는 피의 희생 제사를 바라지 않으신다. 산 제물 대신 겸손한 마음에서 우러나오는 찬미를 바쳐야 한다(아우구스티누스). 그러한 통회에는 보상이 있다. 우리의 영원한 구속救贖이 그것이다(『바르나바의 편지』). 용서는 충심에서 우러나는 변화를 낳는다. 예를 들어, 용서받은 이는 더 이상 복수하고자 하지 않는다. 마음의 심오한 변화는 새로운 단계의 공동생활로 나타난다(요한 크리소스토무스). 아무리 큰 죄라도 사람이 그 때문에 참으로 슬퍼했다면 그 죄는 그를 교회에서 갈라놓지 못한다(아우구스티누스). 하느님께서 우리에게 요구하시는 유일한 제물은 우리가 통회하는 마음을 갖고서 그리스도 안에서 새 피조물이 되는 것이다(나지안주스의 그레고리우스).

### 51,3-6 하느님의 자비와 용서를 얻기 위한 기도

#### 하느님의 자비를 본받다

사랑하는 여러분, 우리가 구원받게 한 자비를 찬양합시다. 자비를 사랑합시다. 부유한 것보다 자비를 더 좋아합시다. 재산이 있든 없든, 자비로운 영혼을 지닙시다. 그리스도인을 말해 주는 것 가운데 자비보다 더 특징적인 것은 없습니다. 믿지 않는 이들을 포함하여 모든 사람이 우리가 자비를 베푸는 것을 보고 가장 놀랍니다. 우리 자신도 이 자비를 필요로 할 때가 많으니 하느님께 이렇게 말씀드리십시오. "당신의 크신 자비에 따라 저를 불쌍히 여기소서." 우리 자신이 먼저 시작합시다. 그런데 우리가 먼저 시작하는 것이 아닙니다. 하느님께서 이미 우리에게 당신 자비를 보여 주셨기 때문입니다. 하지만 두 번째이면 어떻습니까? 우리도 따릅시다. 사람들도 자비로운 이에게는 그가 무수한 죄를 저질렀어도 자비를 베푸는데, 하느님은 훨씬 더 자비로우신 분이십니다.

• 요한 크리소스토무스 『히브리서 강해』 32,3.[1]

#### "주님, 저를 불쌍히 여기소서"라는 말은 믿을 만한 기도다

'기도하는 사람들'이라는 뜻으로 '기도파'(에우키테스파)라 불리는 수도승 몇이 알렉산드리아 제9지역으로 압바 루키우스를 찾아온 일이 있었습니다. 노老 사부께서는 그들에게 "손으로는 무슨 일을 하시오?" 하고 물으셨습니다. 그러자 그들은 "저희는 손을 쓰는 일은 하지 않습니다. 저희는 쉬지 않고 기도하라는 바오로 사도의 명령대로 삽니다" 하고 대답했습니다. 그러자 노인은 그들에게 "당신들은 먹지도 않나요?" 하고 물었고, 그들은 "물론 먹지요" 하고 대답했습니다. 노인은 그들에게 "그러면 그대들이 음식을 먹는 동안에는 누가 그대들을 위해 기도해 줍니까?" 하고 물었습니다. 그리고 "당신들은 잠을 자지

[1] PG 63,224.

않습니까?"라고도 물었습니다. 그들은 "자지요" 하고 대답했습니다. 노인은 "당신들이 자는 동안에는 누가 그대들을 위해 기도해 줍니까?" 하고 물었습니다. 그들은 아무 대답도 하지 못했습니다. 그러자 노인은 그들에게 이렇게 말했습니다. "형제들이여, 미안합니다만 당신들은 스스로 말하는 대로 살지 않고 있소. 내가 비록 손으로 일하지만 어떻게 그침 없이 기도하는지 알려 주겠소. 하느님의 도움으로 나는 앉아서 종려나무 잎을 얼마간 모아 엮으면서 이렇게 말합니다. '하느님, 당신 자애에 따라 저를 불쌍히 여기소서. 당신의 크신 자비에 따라 저의 죄악을 지워 주소서.'" 그러고는 그들에게 말했습니다. "이것이 기도입니까, 기도가 아닙니까?" 그들이 말했습니다. "기도입니다."

• 『사부들의 금언집』 12,9.[2]

하느님께서는 뉘우치고 참회하는 죄인들을 용서하신다

거룩한 다윗은 마침내 하느님의 자비를 얻는 데 성공했습니다. 겸손하게 통회하는 마음을 갖게 된 그는 자신이 악을 저질렀음을 인정함으로써 악을 단죄했고 자신이 빠졌던 육욕의 악행에 대한 징벌을 마다하지 않음으로써 속죄했기 때문입니다. 그가 자기가 저지른 잘못의 원인을 벌하지 않았더라면, 틀림없이 그는 벌을 받았을 것입니다. 참회의 마음이 끓어오른 그는, [하느님께] 단죄를 받음으로써 그 형벌을 받아들여야 하는 일이 일어날까 두려워하며 자신의 범죄를 고백했습니다. 속죄를 하면서 그는 주님께서 눈감아 주시기 바라는 일이 무엇인지 고백하며 스스로를 벌하였습니다. 마침내 그는 이렇게 말합니다. "하느님, 당신 자애에 따라 저를 불쌍히 여기소서. 당신의 크신 자비에 따라 저의 죄악을 지워 주소서. 저의 죄에서 저를 말끔히 씻으시고 저의 잘못에서 저를 깨끗이 하소서." 이어서 그는 이렇게 덧붙입니다. "저의 죄악을 제가 알고 있으며 저의 잘못이 늘 제 앞에 있습니다." 그는 자신의 죄를 인정하였습니다. 죄를 지음으로써 죄를 더 키우려는 것이 아니라 회개함으로써 죄를 씻으려는 것입니다. 참된 회개는 비난받아 마땅한 향락이 가져온 죄의 지배를 제거합니다. 다윗은 온 마음으로 회개하며 괴로워했기에 곧바로 구원받았고, 그리하여 예언서의 이 말씀이 다윗에게서 이루어졌습니다. "너희가 회개하고 괴로워한다면 구원을 받으리라"(이사 30,15).

• 루스페의 풀겐티우스

『죄의 용서에 관해 에우티미우스에게』 1,12,3.[3]

큰 죄는 큰 자비를 필요로 한다

시편 제51편은 죄인의 철저한 참회를 보여 줍니다. 다윗은 히타이트 사람 우리야의 아내 밧세바와 함께 잤는데, 나탄 예언자에게서 꾸짖음을 듣자 "내가 죄를 지었소" 하고 말했습니다. 그는 곧바로 "주님께서 당신의 죄를 없애셨습니다"(2사무 12,13)라는 말을 들을 만했습니다. 간음을 저지른 데 더해 살인까지 저지른 그가 눈물을 흘리며 "하느님, 당신 자애에 따라 저를 불쌍히 여기소서. 당신의 크신 자비에 따라 저의 죄악을 지워 주소서. 저의 죄에서 저를 말끔히 씻으시고 저의 잘못에서 저를 깨끗이 하소서" 하고 말했기 때문입니다. 그런 큰 죄에는 크나큰 자비가 필요하기에 그는 이렇게 덧붙입니다. "저의 잘못에서 저를 깨끗이 하소서. 저의 잘못이 늘 제 앞에 있습니다. 당신께, 오로지 당신께 잘못을 저지르고 — 임금은 아무도 두려워하지 않기에 이렇게 말하는 것입니다 — 당신 눈에 악한 짓을

[2] LCC 12,142-43*.

[3] FC 95,125.

제가 하였기에 판결을 내리시더라도 당신께서는 의로우시고 심판을 내리시더라도 당신께서는 결백하시리이다"(시편 51,4-6). "하느님께서 모든 것을 죄 안에 감금하신 것은, 모든 사람에게 자비를 베푸시려는 것입니다"(로마 11,32). 다윗은 참으로 많은 진전을 이루었기에, 조금 전까지는 참회하는 죄인이던 이가 승리자가 되어 이렇게 말할 수 있었습니다. "제가 불의한 이들에게 당신의 길을 가르쳐 죄인들이 당신께 돌아오리이다"(시편 51,15). '고백과 아름다움이 하느님 앞에 있기에'(시편 96,6 참조), 자기 죄를 고백하며 "제 상처는 냄새 피우며 썩어 갑니다"(시편 38,6)라고 말하는 이는 그의 더러운 상처를 건강한 상태로 바꾸어 놓습니다. 그러나 "자기 죄를 감추는 자는 성공하지 못한다"(잠언 28,13)고 쓰여 있습니다.

• 히에로니무스 『서간집』 122,3.[4]

### 자기 죄를 알면 자만하지 않게 된다

거룩한 사부 파코미우스가 자기 수도원으로 가는 길에 암논이라 불리는 광야 가까이 가게 되었는데, 마귀 떼가 그를 둘러쌌습니다. 오른쪽과 왼쪽에서 튀어나오는가 하면 더러는 그의 뒤를 따르고 더러는 그의 앞에서 뛰어다니며 "하느님의 축복을 받은 이를 보라" 하고 말했습니다. 그에게 자만심의 씨앗을 심으려는 행동이었습니다. 그러나 그는 마귀들의 잔꾀를 알고 있었습니다. 마귀들이 점점 큰 소리로 외칠 때마다 그는 더 큰 소리로 자기 죄를 고백하며 하느님께 외쳤습니다. 그렇게 하여 마귀들의 잔꾀가 수포로 돌아가게 하면서 그는 마귀들에게 큰 소리로 말했습니다. "이 사악한 자들아! 너희는 나를 자만으로 끌어들일 수 없다. 나는 나의 잘못을 알고 있으며, 그것들로 인한 영원한 징벌을 두고 끝없이 눈물 흘려야 하기 때문이다. 그러니 내게는 너희의 거짓투성이 말도 음험한 속임수도 필요 없다. 나는 너희의 칭찬에도 넘어가지 않는다. 나는 너희의 사악한 마음의 간계를 알고 있기 때문이다." 거룩한 파코미우스가 이렇게 이야기했지만 부끄러움을 모르는 마귀들의 행동은 달라지지 않았습니다. 그것들은 이 복된 사람이 그의 수도원에 거의 이를 때까지 그를 따라왔습니다.

• 파코미우스 『역대기』 8,14.[5]

### 인간 본성을 구하고 죄라는 결함을 고쳐라

주님에 대해 노래할 때 우리는 그분께서 우리 죄들에서 얼굴을 돌리시고 우리의 모든 악행을 지워 주시기를 청했습니다. 그런데 형제 여러분, 바로 그 시편에서 우리는 다음의 말씀도 듣는다는 점에도 주목하시면 좋겠습니다. "저의 죄악을 제가 알고 있으며 저의 잘못이 늘 제 앞에 있습니다." 그는 다른 시편 어딘가에서는 하느님께 "당신 얼굴을 제게서 돌리지 마소서"(시편 27,9)라고 하는데, 여기서는 우리가 방금 들었듯이 "당신 얼굴을 저의 죄들에서 돌리소서"라고 합니다. 그러니까 인간[6]과 죄인이 한 사람이기에, 이 인간은 "당신 얼굴을 제게서 돌리지 마소서"라고 하는 반면 죄인은 "저의 허물에서 당신 얼굴을 가리시고"라고 하는 것입니다. 그러니까 결국 이런 말입니다. '당신께서 하신 일에서는 얼굴을 돌리지 마시고 제가 한 일에서는 당신 얼굴을 돌리십시오. 당신의 눈이 그 두 가지를 구별하여 보시기를 바랍니다. 그렇지 않으면 결함 때문에 본성이 죽어 버릴지도 모릅니다. 당신께서도 무엇을 행하셨고 저도 무엇을 행했습니다.

[4] CSEL 56,1,63-64. [5] CS 46,35-36.

[6] 여기서 아우구스티누스는 의롭고 의로움을 인정받은 신자인 '인간'과 여전히 죄를 짓는 사람을 구별한다. 그리스도인 각자는 "성인이며" 동시에 "죄인"이라고 한 마르틴 루터의 정의와 통한다 하겠다.

당신께서 이루신 것은 본성이라 불리고, 제가 행한 것은 결함이라 불립니다. 결함이 고쳐져 본성이 보존되게 해 주소서.'

• 아우구스티누스 『설교집』 19,1.[7]

우리가 알지 못하는 죄

누가 죄를 이해할 수 있겠습니까? 주님, 제가 알지 못하는 죄들에서 저를 깨끗이 해 주소서. 세 번째 단락의 문이 어떻게 활짝 열리는지 보십시오.[8] 예언자는 이 단락에서 자신의 모든 죄가 깨끗하게 씻겨 자신의 입에서 나오는 말이 주님 보시기에 기꺼운 것이 되게 해 주시기를 간청합니다. 인간의 잘못은 세 가지 길, 곧 생각과 말과 행위로 저질러지지만, 그는 죄들이라는 이 한량없이 넓은 바다를 간단히 하나의 영역으로 상정하고서 그것들은 두 가지 원천에서 솟아 나온다고 증언합니다. 숨겨진 죄들은 '원죄'라고 부르며, 이 죄는 우리가 그 안에서 잉태되고 태어나며 그로 인하여 남몰래 갈망하며 죄를 짓게 하는 죄입니다. 우리가 이웃의 재산을 탐내거나 원수에게 복수하려 하는 것, 다른 사람들보다 더 높은 지위에 오르고 싶어 하는 것, 더 맛 좋은 음식을 먹으려 하는 것, 우리 안에서 싹터서 슬그머니 자라기에 실제로 실현이 되기 전에는 많은 사람 눈에 보이지 않는 그런 비슷한 죄들을 짓는 것, 이런 것이 원죄입니다. 그 죄들이 누구의 눈에도 다 보이는 명백한 것이 된다면 — 솔로몬은 음탕한 욕망에 굴복하지 말라고 경고합니다(잠언 4,14 참조) — 그래도 우리는 우리가 전혀 모르는, 그 근원이 무엇인지 그것이 어떤 속임수를 우리에게 썼는지 우리가 도무지 알 수 없는 많은 죄들이 있음을 깨달아야 합니다. 그러므로 "누가 죄를 이해할 수 있겠습니까?"라는 구절에서 우리는 추가적으로 이것도 모든 죄로 풀이해야 합니다. 시편 저자는 시편 제51편에서 "저의 죄 늘 제 앞에 있습니다"라고 하였고 또 다른 곳에서는 "저의 죄 당신께 인정하였습니다"(시편 32,5)라고 하는데, 어떻게 죄인이 자기가 고백하지 않고 못 배긴 죄들을 이해하지 못할 수 있는 것일까요? 그러나 여기에 "모든"이라는 말을 덧붙인다면, 이 반론은 명백히 그 토대를 잃어버립니다.

• 카시오도루스 『시편 해설』 18,13.[9]

죄는 하느님을 거스르는 범죄다

[방탕한 아들]은 "제가 하늘과 아버지께 죄를 지었습니다"(루카 15,18)라고 합니다. 그는 분명히 죽어 마땅한 죄를 고백합니다.[10] 이는 참회하는 이는 용서에서 배제되지 않음을 가르치는 말씀입니다. 하늘을 거슬러 죄지은 이는 하늘 나라를 거슬러 죄를 지었거나 자기 자신의 영혼을 거슬러 죄를 지은 것이고, 그것은 죽어 마땅한 죄이며 하느님을 거슬러 죄를 지은 것입니다. 오직 그분께서만 이런 말씀을 들으십니다. "저는 오로지 당신께 죄를 지었고 당신 눈에 악한 짓을 하였습니다."

• 암브로시우스 『참회론』 2,3,17.[11]

51,7-11 원죄를 인정

인간은 잉태되는 순간부터 죄인이다

"저는 오로지 당신께 잘못을 저지르고 당신 눈에 악한 짓을 제가 하였기에 판결을 내리시더

---

[7] *WSA* 3,1,378.

[8] 시편 19,13을 염두에 두고 하는 말이다. 카시오도루스가 이 시편을 구분한 데 따르면 이 절부터 세 번째 단락이 시작된다.

[9] ACW 51,201-2*.

[10] 용서해 주시겠다는 하느님의 뜻을 거부하고 따라서 하느님의 은총을 받는 수단인 교회의 성사를 받지 않는 이가 저지른 죄를 말한다.

[11] NPNF 2,10,347*.

라도 당신께서는 의로우시고 심판을 내리시더라도 당신께서는 결백하시리이다." 시편 저자가 이렇게 말하는 것은 이 매우 특별한 결백함 때문입니다.[12] 그는 당신[예수 그리스도] 안에서는 악의 그림자조차 발견할 수 없었던 것입니다. 아, 인간이여, 어째서 그분께서 네 안에서는 그것을 발견하실 수 있었던 것이냐? 말씀이 이렇게 이어지니 말입니다. "정녕 저는 죄 중에 태어났고 허물 중에 제 어머니가 저를 배었습니다." 이렇게 말하는 이는 다윗입니다. 다윗이 어떻게 태어났는지 알아보십시오. 그는 간음을 통해서가 아니라 합법적인 부부에게서 태어났다는 것을 여러분은 알게 될 것입니다. 그러면 "허물 중에 [제 어머니가] 저를 배었습니다"라는 그의 말은 무슨 뜻일까요? 남자와 여자의 결합으로 태어나는 모든 사람에게 전이되는 어떤 상태, 곧 죽음의 전이라고 할 수 있는 것이 존재한다는 의미로밖에 이해할 수 없습니다.

• 아우구스티누스 『설교집』 170,4.[13]

### 유아들도 자기 죄에 대한 제물을 바칠 필요가 있다

켈수스[14]는 그들이 말하는 '생성'이라는 것이 어느 정도까지 잘못된 것인지 분명하게 말하고 있지 않습니다. 또한 그는 자신의 의견을 분명하게 설명하고 있지도 않아서, 우리는 그의 견해와 우리의 가르침을 비교해 볼 수도 없고 그의 견해에 대해서 판단을 내릴 수도 없는 상태입니다. 그러나 우리의 예언자들은 오히려 그들이 부정적으로 말하는 '생성의 영역 또는 분야'에 대해서 의미 깊은 말을 한 바 있습니다. 그들은 새로 태어난 사람은 순결하지 않기 때문에, 새로 태어난 생명은 속죄를 위해서 제물을 바쳐야 한다고 말합니다. 그래서 그들은 "저는 허물 중에 태어났고 죄 중에 제 어머니가 저를 배었습니다"라고 말합니다. '그들은 어미 배에서부터 변절하고 어미 품에서부터 거짓말하며 빗나간다'(시편 58,4 참조)라고도 합니다.

• 오리게네스 『켈수스 반박』 7,50.[15]

### 갓난아기에게도 죄가 있다

야고보 서간에 따르면 "우리는 모두 많은 실수를 저지릅니다"(야고 3,2). "아무도 죄에서 깨끗하지 않다. 지상에서 산 날이 단 하루라도 마찬가지"(욥 14,4-5 칠십인역)입니다. 감히 누가 "내 마음은 깨끗하다", 자랑할 수 있으며 자기는 죄에서 깨끗하다고 확신할 수 있습니까? 우리는 아담의 죄과罪科와 꼭 닮은 죄과를 지닌 자들입니다. 그래서 다윗은 "정녕 저는 죄 중에 태어났고 허물 중에 제 어머니가 저를 배었습니다"라고 하고, 복된 욥은 "내가 의롭다 하여도 내 입이 악을 말하고, 내가 완전하다 하여도 유죄로 판결을 받을 것이네"(욥 9,20)라고 하는가 하면 "제가 잿물로 제 몸을 씻고 제 손을 그렇게 깨끗이 한다 해도 당신께서는 저를 시궁창에 빠뜨리시어 제 옷마저 저를 역겨워할 것입니다"(욥 9,30-31)라고도 하는 것입니다.

• 히에로니무스 『요비니아누스 반박』 2,2.[16]

### 죄 없는 사람은 없다

내가 여기에서 성인들의 삶에 대해 읊어 줄

[12] 아우구스티누스는 예수 그리스도의 무죄함에 관해 이야기하고 있다. 이 무죄함은 유일무이한 것인데, 예수는 아담과 하와의 타락 이후 인간 본성을 지녔으면서 죄가 없는 유일한 인간이었기 때문이다.

[13] *WSA* 3,5,241.

[14] 이교인으로 플라톤학파였는데, 기원후 180년경 그리스도교에 대한 가장 강력한 공격으로 평가되는 작품을 썼다. 그로부터 50여 년 후 오리게네스가 『켈수스 반박』을 내놓을 때까지 이 작품에 대한 반론이 나오지 못했다.

[15] ANCL 23,472.

[16] NPNF 2,6,388.

필요도, 가장 깨끗한 피부에도 사마귀나 점이 있다는 사실을 되새겨 줄 필요도 없다 생각합니다. 사실 우리의 많은 저술가들이 지혜롭지 못하게 그런 해법을 택하곤 합니다. 그러나 성경의 몇 말씀이면 이단자들과 철학자들을 한꺼번에 입 다물게 할 수 있습니다. 바오로 사도가 뭐라고 합니까? "하느님께서 모든 사람을 불순종 안에 가두신 것은, 모든 사람에게 자비를 베푸시려는 것입니다"(로마 11,32)라고 합니다. 또 다른 곳에서는 "모든 사람이 죄를 지어 하느님의 영광을 잃었습니다"(로마 3,23)라고도 합니다. 거룩하신 지혜의 입이 되어 말하는 '설교자'도 거리낌 없이 이렇게 단언합니다. "죄를 짓지 않고 선만을 행하는 의로운 인간이란 이 세상에 없다"(코헬 7,20). 그 외에 이런 말씀들도 있습니다. "당신 백성도 당신께 죄를 지었을 때 — 죄짓지 않은 사람이 아무도 없기 때문입니다"(1열왕 8,46), "나는 내 마음을 깨끗이 하였다고 누가 말할 수 있으랴?"(잠언 20,9), "아무도 죄에서 깨끗하지 않다. 지상에서 산 날이 단 하루라도 마찬가지"(욥 14,4-5 칠십인역). 다윗도 비슷한 말을 합니다. "정녕 저는 죄 중에 태어났고 허물 중에 제 어머니가 저를 배었습니다." 또 다른 시편에서는 "아무도 당신 앞에서 의로울 수 없습니다"(시편 143,2)라고 하지요. 이 마지막 구절을 그들은 숭배하는 마음이라는 주제에서 바라보며, 하느님과 비교할 때 인간은 아무도 완전하지 못하다는 의미로 해석하려 듭니다. 그러나 성경은 '당신과 비교하여 살아 있는 이는 아무도 의롭지 않습니다'라고 하지 않고, "아무도 당신 앞에서 의로울 수 없습니다"라고 하였습니다. 여기서 "당신 앞에서"는 사람들 눈에 거룩해 보이는 이들도 하느님의 더 충만한 지식 안에서 볼 때 결코 거룩하지 않다는 뜻입니다. "사람들은 눈에 들어오는 대로 보지만 주님은 마음을 본다"(1사무 16,7)고 쓰여 있기 때문입니다. 그러나 모든 것을 보시며 "마음 속에 숨겨진 것도 아시는"(시편 44,22; 참조: 히브 4,13) 하느님 앞에서는 아무도 의롭지 않습니다. 그러니 이 이단자들[17]은 인간의 존귀함에 무엇을 더 더하는 대신 하느님의 힘에서 명백히 그것을 치워 버리는 것입니다. 나는 같은 의미를 담고 있는 많은 성경 구절을 제시할 수 있습니다만, 그랬다가는 이 글이 편지가 아니라 두꺼운 책이 되고 말 것입니다.

• 히에로니무스 『서간집』 133,2.[18]

흰옷을 입는 것

그 때문에 흰 겉옷[19]이 여러분에게 주어졌습니다. 여러분이 죄의 덮개를 벗고 순결함의 깨끗한 너울을 쓴다는 표시로 주어지는 것이지요. 이에 관하여 예언자는 이렇게 말한 바 있습니다. "우슬초로 저의 죄를 없애 주소서. 제가 깨끗해지리이다. 저를 씻어 주소서. 눈보다 더 희어지리다"(시편 51,9). 세례를 받는 이는 율법에 따라 또 복음에 따라 정결하게 된다고 여겨지기 때문입니다. 율법에 따라 깨끗해진다고 하는 이유는 모세가 우슬초 한 묶음으로 어린양의 피를 뿌렸기 때문이고(탈출 12,22 참조), 복음에 따라 깨끗해진다고 하는 이유는, 그리스도께서 복음서에서 당신 부활의 영광을 보여 주실 때 그분의 옷이 눈처럼 하얗다고 쓰여 있기 때문입니다. 그러니 죄를 용서받는 이는 눈보다 더 희게 됩니다. 그래서 하느님께서는 이사야 예언자를 통하여 이렇게 말

[17] 원죄를 부정하며, 사람은 선을 행함으로써 스스로 구원을 얻을 능력이 있다고 믿은 펠라기우스파를 가리킨다.

[18] NPNF 2,6,273*.

[19] 초기 교회에서는 예비신자들이 세례를 받으면 흰 겉옷을 주는 관습이 있었다.

씀하셨습니다. "너희의 죄가 진홍빛 같아도 나는 눈같이 희게 하리라"(이사 1,18).

• 암브로시우스 『신비론』 7,34.[20]

합니다. "저의 죄악을 제가 알고 있으며 저의 죄가 늘 제 앞에 있습니다"(시편 51,5).

• 아우구스티누스 『설교집』 278,12.[21]

### 뉘우침은 용서로 이끈다

사람이 회개하면 과거의 모든 죄가 용서됩니다. 그러나 이승 삶의 나머지 시기에도 필경 치명적인 위중한 죄들이 있으며, 사람은 더없이 간절하고 겸손한 마음이 되어 영으로 애절하게 통회하며 참회의 괴로움을 겪어야만 그런 죄들에서 놓여날 수 있습니다(시편 51,19 참조). 이 죄들은 교회의 열쇠들을 통하여 용서됩니다(마태 16,19; 18,18 참조). 여러분이 여러분 자신을 심판하기 시작한다면, 여러분이 여러분 자신에 대해 못마땅하게 느끼기 시작한다면 하느님께서 오셔서 자비를 베풀어 주실 것입니다. 여러분이 스스로 벌을 주려 한다면, 그분께서 여러분의 형벌을 면해 주실 것입니다. 사실, 올바로 회개하고 참회하는 모든 이는 자기 자신을 벌주고 있는 것입니다. 그들은 자기 자신에게 엄격해야 합니다. 그래야 하느님께서 그들을 관대하게 대해 주십니다. "당신 얼굴을 저의 죄에서 돌리시고 저의 모든 죄악을 없애 주소서." 다윗은 이렇게 말했습니다. 그런데 그렇게 되려면 어떤 조건을 충족해야 합니까? 같은 시편에서 다윗은 이렇게 말

### 신심 깊은 이는 죄를 미워한다

하느님께서는 죄인들의 말에는 귀를 기울이시지 않습니다. 그[세리]가 자기 가슴을 쳤을 때 그는 자기 죄를 벌하고 있는 것이었습니다. 자기 죄를 벌하고 있었을 때 그는 심판관이신 하느님과 협력하고 있는 것이었습니다. 아시다시피 하느님께서는 죄를 미워하십니다. 여러분도 죄를 미워한다면, 여러분은 하느님과 함께하기 시작하는 것이며, 그러면 여러분은 그분께 "저의 허물에서 당신 얼굴을 가리소서"라고 말할 수 있습니다. "당신 얼굴을 가리소서." 무엇으로부터 가리라는 것입니까? 나의 허물들에서지요. 그러나 "당신 얼굴을 제게서 감추지 마시고"(시편 27,9 참조)라고도 합니다. '허물에서 얼굴을 가린다'는 것은 무슨 뜻입니까? 보지 말라는 것입니다. '죄들은 보지 마소서. 죄는 눈감아 주시고 그리하여 저를 용서해 주소서'라는 뜻입니다.

• 아우구스티누스 『설교집』 136A,2.[22]

---

[20] NPNF 2,10,321*.

[21] *WSA* 3,8,56.

[22] *WSA* 3,4,360.

## 51,12-21 깨끗한 마음

12 하느님, 깨끗한 마음을 제게 만들어 주시고
굳건한① 영을 제 안에 새롭게 하소서.
13 당신 면전에서 저를 내치지 마시고
당신의 거룩한 영을 제게서 거두지 마소서.
14 당신 구원의 기쁨을 제게 돌려주시고
순종의 영으로 저를 받쳐 주소서.
15 제가 악인들에게 당신의 길을 가르쳐
죄인들이 당신께 돌아오리이다.⤴

16 죽음의 형벌②에서 저를 구하소서,
하느님, 제 구원의 하느님.
제 혀가 당신의 의로움에 환호하오리다.
17 주님, 제 입술을 열어 주소서.
제 입이 당신의 찬양을 널리 전하오리다.
18 당신께서는 제사를 즐기지 않으시기에
제가 번제를 드려도 당신 마음에 들지
않으시리이다.
19 하느님께 맞갖은③ 제물은 부서진 영.
부서지고 꺾인 마음을
하느님, 당신께서는 업신여기지
않으십니다.
20 당신의 호의로 시온에 선을 베푸시어
예루살렘의 성을 쌓아 주소서.
21 그때에 당신께서 의로운 희생 제물을,
번제와 전번제를 즐기시리이다.
그때에 사람들이 당신 제단 위에서
수소들을 봉헌하리이다.

① 또는 '새롭고 올바른'.
② 또는 '사람을 죽이는 죄벌'.
③ 또는 '하느님께 제가 바치는'.

둘러보기

참회하는 죄인의 영이 정화되는 것은 하느님께서 하시는 일로, 성령의 성화 작용이다(히폴리투스). 죄로 타락한 인간은 너무나 더러워진 상태이기에 그 얼룩을 깨끗이 하는 것은 엄청나게 어려운 일이다(나지안주스의 그레고리우스, 요한 크리소스토무스). 죄는 선을 행하는 인간 본성의 능력을 무력화하는 까닭에, 일단 구속救贖과 성화가 일어나면 우리가 행하는 선은 무엇이든 하느님의 선에 참여함으로써 이루어지는 것이고 성령의 선물이다(아우구스티누스, 베다). 다윗이 간구하는 "올바른 영"은 성령으로 이해해야 한다(바실리우스). 하느님께서는 인간을 지켜보실 때, 그 사람의 죄들을 용서하시거나 아니면 그 죄들 때문에 그를 벌하신다(카시오도루스). 믿는 이의 깨끗한 마음과 삶 안에는 오직 그리스도만을 위한 자리가 있을 뿐 그리스도와 사탄, 둘 다를 위한 자리는 없다(히에로니무스). 다윗은 모두에게 알려진 인물이요 이스라엘의 지도자로서 다른 이들에게 참된 회개의 본보기이자 그 의미를 가르치는 교사가 되겠다고 약속한다(칼리스투스). 사도들은 다윗이 시편집에서 명령한 영적 덕의 본보기들이 되었다(아우구스티누스). 성령의 힘으로 선을 행하려면 먼저 깨끗한 마음이 되어야 한다(베다).

51,12-16 하느님만이 죄의 얼룩을 없애실 수 있다

새로 나게 하시는 성령

이는 한처음에 "물 위를 감돌고 있었"(창세 1,2)던 영입니다. 세상은 그 영에 의해 움직입니다. 그 영에 의해 창조계가 이루어지고 만물이 생명체가 됩니다. 그 영은 예언자들 안에서 힘차게 작용했고(사도 28,25 참조) 그리스도 위로 날아 내려오셨습니다(마태 3,16 참조). 불꽃 모양 혀의 형상으로 사도들에게 주어진 영도 이 영입니다(사도 2,3 참조). 다윗이 "하느님, 깨끗한 마음을 제게 만들어 주시고 올바른 영을 제 안에 새롭게 하소서"라며 간구한 것도 이 영입니다. 이 영에 대해 가브리엘 대천사도 동정녀께 이렇게 말했습니다. "성령께서 너에게 내려오시고 지극히 높으신 분의 힘이 너를 덮을 것이다"(루카 1,35). 베

드로는 이 영을 입고서 "당신은 살아 계신 하느님의 아드님 그리스도이십니다"(마태 16,16)라는 복된 말을 하였습니다. 이 영으로 교회의 반석이 세워졌습니다(마태 16,18 참조). 여러분을 위하여, 곧 그분께서 하느님의 아드님이심을 여러분에게 보여 주기 위하여 보내어진 "보호자"(요한 15,26)가 이 영입니다.

• 히폴리투스『거룩한 신현에 관한 설교』9.[1]

### 온몸이 정화될 필요가 있다

앞서 한 이야기에 덧붙여, 지식의 자리인 머리를 정화한 사람은 그리스도를 자신의 머리로 여기며 굳게 그분께 매달리는 것이 좋습니다. 온몸이 하나로 결합되고(콜로 2,19 참조) 화해를 이루는 것은 그분을 통해 가능해지는 일입니다(시편 2,12 참조). 그리고 우리 안에서 생겨나 더 나은 부분을 이기려고 하는 죄를 떨쳐 버리려고 애쓰십시오. 어깨를 정화하는 것도 바람직한 일입니다. 그래야 그 누구도 쉽게 지지 못하는 그리스도의 십자가를 질 수 있게 됩니다. 손과 발을 성화하는 것도 좋은 일입니다. 손이 [정화되어] 모든 거룩한 장소에서 손을 들어 그리스도의 가르침을 쥘 수 있게 되면 주님께서 노하실 일을 만드는 일이 생기지 않으며, 예언자들의 손에 말씀이 주어졌을 때처럼 말씀을 살아 냄으로써 말씀을 믿게 됩니다. 그리고 발을 [정화해야] 하는 이유는 [정화된] 발은 피를 흘리는 일이나 악에 성급하게 뛰어들지 않고 복음과 높은 데에서 부르는 소리로 서둘러 달려가, 그들을 씻겨 깨끗하게 하시는 그리스도를 받아들이게 하기 때문입니다. 배가 깨끗해져 말씀의 양식을 담아 소화시킬 수 있는 사람은 누구나 사람을 파멸로 가게 하는 밥과 고기를 신으로 여기는 일이 없습니다. 오히려 그는 주님의 말씀을 그 한가운데에서 받아들이고 이스라엘의 실패를 깊이 슬퍼하기 위하여 배의 크기를 가능한 한 줄입니다. 나는 가슴과 내장에도 관심을 기울일 필요가 있다고 생각합니다. 자기 안에 깨끗한 마음을 만들어 주시고 그의 가장 깊숙한 곳 — 이는 그의 정신과 감정, 생각을 가리키는 말이라고 확신합니다 — 에서 바른 영을 새롭게 해 주시기를 청하는 다윗의 말을 읽고 나는 이를 확신하게 되었습니다.

• 나지안주스의 그레고리우스 『거룩한 세례』(연설 40) 39.[2]

### 죄의 얼룩을 없애는 것은 어려운 일이다

죄로 더럽혀지는 것보다는 더러운 진흙을 뒤집어쓰는 편이 낫습니다. 진흙으로 더러워지면 금세 씻어 버리고 진창에 빠진 적이 전혀 없는 사람처럼 될 수 있습니다. 그러나 죄의 깊은 구덩이에 빠진 사람은 물로 씻을 수 있는 오물이 묻은 것이 아니기에 오랜 시간 엄격하게 참회하고 눈물과 비탄 속에 탄식을 쏟아야 합니다. 우리가 절친한 친구를 잃었을 때보다 더 격하게 슬퍼해야 합니다. 앞의 더러움은 밖에서 와서 우리에게 붙어 우리가 재빨리 털어 낼 수 있지만, 이 더러움은 안에서 생겨나는 것이기에 씻어 내어 깨끗해지기가 훨씬 어렵기 때문입니다. "마음에서 나쁜 생각들, 간음, 불륜, 도둑질, 거짓 증언, 중상이 나온다"(마태 15,19)[라고 쓰여 있습니다]. 그래서 예언자도 "하느님, 깨끗한 마음을 제게 만들어 주시고"라고 한 것입니다. 또 다른 예언자는 "예루살렘아, 네 마음에서 악을 깨끗이 씻어 내어라"(예레 4,14)라고 하였습니다. (여기서 보듯이, 이는 우리와 하느님이 함께 [이루는 일]입니다.) 또 "행복하여라, 마음이 깨끗한 사람

[1] ANF 5,237*.

[2] PG 36,413-16.

들! 그들은 하느님을 볼 것이다"(마태 5,8)라는 말씀도 있습니다.

• 요한 크리소스토무스『히브리서 강해』12,7.[3]

### 하느님의 은총으로 선하게 된다

하느님께서 우리의 삶을 다스리실 때에, 곧 우리를 단지 인간으로가 아니라 — 이것은 하느님께서 이미 행하셨습니다 — 선한 인간으로 조성하시고 창조하셔서 우리가 그리스도 예수님 안에서 새로운 피조물이 되도록 하실 때에 — 이 일을 하느님께서 은총으로 지금 행하시고 계십니다 — 우리는 진정으로 자유롭게 됩니다(참조: 갈라 6,15; 2코린 5,17). 그러므로 "하느님, 깨끗한 마음을 제게 만들어 주소서"라고 기도해야 합니다. 그렇다고 해서 이 말이 하느님께서 우리의 자연 본성을 지닌 인간의 마음을 아직 창조하시지 않았다는 뜻은 아닙니다.

• 아우구스티누스『믿음 희망 사랑의 길잡이』9,31.[4]

### 마음의 손님방

[예수님께서] 당신 제자들에게 성령의 은총을 보내 주시겠다고 약속하시고 실로 그것을 보내 주셨음을 상기합시다. 그리고 우리가 유혹하는 생각들 때문에, 구속의 날을 위하여 우리가 그 안에서 인장을 받은 분인 하느님의 성령을 슬프게 하는 일이 없도록(에페 4,30 참조) 결코 방심하지 않도록 조심합시다. "가르침을 주는 거룩한 영은 거짓을 피해 가고 미련한 생각을 꺼려 떠나가 버리며 불의가 다가옴을 수치스러워한다"(지혜 1,5)고 쓰여 있기 때문입니다. 시편 저자는 성령을 받고 싶은 욕망에 타오를 때에, 마치 미리 아는 지혜를 지닌 듯, 먼저 그분을 맞아들일 수 있는 깨끗한 마음이라는 손님방을 [갖추게 되기를] 그리하여 그 위대한 손님께서 그 방에 드시기를 몹시 바랐습니다. "하느님, 깨끗한 마음을 제게 만들어 주시고 곧은 영을 제 안에 새롭게 하소서." 그는 자기 안에 먼저 깨끗한 마음이 만들어지기를, 그리고 그의 가장 깊은 속에 곧은 영이 새롭게 되기를 간구하였는데, 더러운 마음 안에는 곧은 영이 자리할 수 없다는 것을 알았기 때문입니다.

• 존자 베다『복음서 강해』2,11.[5]

### 선한 모든 것은 영의 선물이다

이성적 피조물이 선해질 수 있는 존재로 인정되는 것은 하느님의 선에 참여함으로써만 가능합니다. 그래서 주님께서도 '하늘에 계신 아버지께서는 당신께 청하는 이들에게 당신의 선하신 영을 주실 것'(루카 11,13 참조)이라는 약속으로 이에 대해 증언하십니다. 이는 악한 이들도 성령의 선물을 받음으로써 선해질 수 있다는 사실을 말해 줍니다. 아버지께서 당신의 선한 영을 청하는 이들에게 주실 것이라고 주님께서 확약하신 이유는 우리가 믿음과 희망, 사랑, 또 그 외에 어떤 거룩한 것들을 갖고자 욕망하든지 간에 그것들은 오직 성령의 선물로만 주어지기 때문입니다. 그래서 이사야서에서는 같은 영이 '지혜와 슬기의 영, 경륜과 용맹의 영, 지식과 경건의 영, 주님을 경외함의 영'(이사 11,2-3 참조)으로 표현되며 또 다른 곳에서는 사랑과 평화의 영(2코린 13,11 참조), "은총과 자비를 구하는 영"(즈카 12,10)으로 표현됩니다. 우리가 참으로 가지고 있는 어떤 선, 우리가 잘하는 모든 것, 그것은 우리가 이 성령의 넉넉한 베풂으로 받은 것이 분명합니다. 이를 잘 알았던 예언자는 깨끗한 마음

---

[3] NPNF 1,14,426*.

[4] LCC 7,357*.

[5] CS 111,106.

을 구하며 "주님, 깨끗한 마음을 제게 만들어 주시고"라고 한 다음 곧바로 "굳건한 영을 제 안에 새롭게 하소서"라고 덧붙였습니다. 선에서 진전하고 싶은 강한 갈망으로 "주님, 당신께 의지했나이다. 당신의 뜻을 따르도록 저를 가르치소서"(시편 143,9-10)라고 말한 그는 자신이 그것을 확실하게 얻을 수 있는 방법에 대해서도 이야기합니다. "당신의 선하신 영이 저를 바른길로 인도하게 하소서"(시편 143,10).

• 존자 베다 『복음서 강해』 2,14.[6]

### 성령의 칭호

이제 우리가 성령에 대해 공통적으로 가지고 있는 개념들을 검토해 봅시다. 성경에서 우리가 파악한 사실들과 글로 기록되지 않은, 교부들에게서 전해 내려온 내용도 포함해서 살펴보고자 합니다. 무엇보다, 성령의 이름들을 듣고도 영혼에 기운이 북돋지 않을 수 있는 이가 있습니까? 그 지고한 본성에 대해 묵상하고자 생각이 들어 올려지지 않는 이가 있습니까? 그분은 "하느님의 영"(마태 12,28 등), "아버지에게서 나오시는 진리의 영"(요한 15,26), 바른 영, 굳건한 영으로 불립니다. 그분의 가장 우선적이며 가장 적합한 칭호는 '성령'입니다. 보이지 않으며 순수하게 비물질적인, 영적인 존재에게 각별히 어울리는 이름이지요.

• 대 바실리우스 『성령론』 9,22.[7]

### 용서하시는 하느님의 눈길

"주님께서는 하늘에서 살피시며"(시편 33,13ㄱ)라는 표현은 우리를 가엾이 여기시는 주님의 은총을 의미합니다. [시편 저자가] '주님께서 죄들을 바라보신다'고 하지 않고 "모든 사람들을 바라보신다"(시편 33,13ㄴ)고 한 것에 주목하십시오. 주님께서 잘못들을 바라보실 때는 벌하시지만, 사람을 바라보실 때는 용서하십니다. 그래서 시편 저자는 제51편에서는 "저의 허물에서 당신 얼굴을 가리시고"(시편 51,11)라고 하고 또 다른 곳에서는 "당신 얼굴을 제게서 감추지 마소서"(시편 27,9; 102,2)라고 합니다.

• 카시오도루스 『시편 해설』 32,13.[8]

### 인간의 마음에 그리스도와 악마가 함께 있을 수 없다

"'나는 그분을 안다' 하면서 그분의 계명을 지키지 않는 자는 거짓말쟁이고, 그에게는 진리가 없습니다. 그러나 누구든지 그분의 말씀을 지키면, 그 사람 안에서는 참으로 하느님 사랑이 완성됩니다. 그것으로 우리가 그분 안에 있음을 알게 됩니다. 그분 안에 머무른다고 말하는 사람은 자기도 그리스도께서 살아가신 것처럼 그렇게 살아가야 합니다"(1요한 2,4-6). 여러분, 누구든지 하느님에게서 난 사람은 죄를 짓지 않는다고 제가 말씀드리는 이유는, 여러분은 죄를 지어서는 안 되며, 여러분이 죄짓지 않는 한 여러분은 하느님께서 주신 탄생[9] 안에 머문다는 것을 알아야 하기 때문입니다. 참으로, 그 탄생 안에 머물러 있는 이는 죄를 지을 수 없습니다. "빛이 어떻게 어둠과 사귈 수 있겠습니까? 그리스도께서 어떻게 벨리아르와 화합하실 수 있겠습니까?"(2코린 6,14-15). 낮이 밤과 구별되듯 의로움은 불의와, 죄는 선행과, 그리스도는 '그리스도의 적'과 섞일 수 없습니다. 우리가 우리 마음 안에 그리스도께서 머무실 자리를 내어 드린다면, 우리는

[6] CS 111,132-33*.

[7] *OHS* 42*.

[8] ACW 51,320*.

[9] 여기서 히에로니무스가 말하는 것은 예수가 요한 3,3에서 이야기한, 성령으로 말미암는 새로 남을 뜻하는 것이 분명하다.

거기에서 악마를 내쫓습니다. 우리가 죄를 지어 죄의 문을 통해 악마가 들어온다면, 그리스도께서는 곧바로 떠나실 것입니다. 그래서 다윗은 죄를 지은 뒤, "당신 구원의 기쁨을 제게 돌려 주소서"(시편 51,14)라고 합니다. 그가 죄를 지음으로써 잃어버린 기쁨을 돌려 주십사는 말입니다.

• 히에로니무스『요비니아누스 반박』2,2.[10]

회개를 통해 회복되다

배교한 주님의 사제들은 진심으로 회개하는 모습을 보였더라도 그들의 영예로운 직무에 종사하며 주님의 일을 수행할 수 없다고 생각하는 사람들은 잘못 생각하는 것입니다. 이 사제들은 그 뒤로 선한 삶을 살며 사제 직무를 올바로 수행하는데도 그들은 이를 인정하지 않습니다. 이렇게 주장하는 이들은 오류에 빠져 있는 것이며 교회에 맡겨진 열쇠의 힘에 이의를 제기하고 그에 반대하는 것으로 보이기도 합니다. "너희가 무엇이든지 땅에서 풀면 하늘에서도 풀릴 것이다"(마태 18,18)라고 쓰여 있습니다. 간단히 말해, 이러한 견해는 주님의 견해가 아니거나, 아니면 참일 것입니다. 그게 어느 쪽이 되었든, 우리는 주님의 사제들을 비롯하여 믿는 이들은 그들의 잘못에 대해 적절한 참회의 고행을 거친 뒤라면 영예로운 그들의 자리로 돌아갈 수 있다고 믿습니다. 주님께서 당신의 예언자를 통하여 이렇게 말씀하시기 때문입니다. "사람들은 쓰러지면 다시 일어서지 않느냐? 누구나 빗나가면 다시 돌아오지 않느냐?"(예레 8,4). 주님께서는 또 다른 곳에서는 이렇게 말씀하십니다. "나는 악인의 죽음을 기뻐하지 않는다. 오히려 악인이 자기 길을 버리고 돌아서서 사는 것을 기뻐한다"(에제 33,11; 참조: 에제 18,32). 다윗 예언자는 회개할 때에 "당신 구원의 기쁨을 제게 돌려주시고 당신의 자유로운 영으로 저를 받쳐 주소서"라고 하였습니다. 실로 그는 회개 후에 다른 사람들에게도 그렇게 가르치고 하느님께 제물을 바침으로써 거룩한 교회의 교사들에게 본보기를 세워 주었습니다. 그들이 잘못을 저질렀고 그 뒤 하느님께 올바른 회개를 보였다면, 그들도 이처럼 두 가지 일을 다 할 수 있음을 보여 준 것입니다. "제가 악인들에게 당신의 길을 가르쳐 죄인들이 당신께 돌아오리이다"라는 말에 그 가르침이 담겨 있습니다. 그리고 그가 바친 제물은 그의 이 말에 나타나 있습니다. "하느님께 맞갖은 제물은 부서진 영"(시편 51,19). 회개로 자신의 잘못이 씻긴 것을 본 이 예언자는 가르침으로써 그리고 하느님께 제물을 바침으로써 다른 이들의 잘못도 치유할 수 있음을 믿어 의심치 않았습니다. 이처럼, 눈물 흘림은 마음의 감정(passionem)을 움직입니다. 속죄의 고행이 성실히 치러지고 나면 마음의 분노가 가라앉습니다. 이웃을 용서하지 않는 사람이 어떻게 자기는 자비를 입을 것이라고 생각할 수 있는지요? 잘못이 많으면 자비도 더 많아지게 합시다. "주님께는 자애가 있고 풍요로운 구원이 있으니"(시편 130,7)까요.

• 로마의 칼리스투스
『갈리아의 모든 주교에게 보낸 편지』2,6.[11]

사도들이 본보기로 보여 준 교훈

그러니 민족들의 머리인 로마는 이 세상에 태어나는 모든 이를 비추시는 분의 빛을 받는(요한 1,9 참조) 민족들의 이 두 빛[12]을 가지고 있습니다

[10] NPNF 2,6,387-88*. [11] ANF 8,617-18*.

[12] 아우구스티누스는 지금 베드로와 바오로, 이 두 사람을 가리켜 말하고 있다. 그는 이 둘이 다 로마에서 순교했다고 믿었으며, 세례자 요한이 그리스도를 사람들을 비추는 참빛으로 묘사한 요한 1,9에 근거해, 이분에 대해 증언한 그들을 빛에 비유한다.

— 한 빛은 하느님께서 그 안에서 더없이 비참하고 비천한 이들을 들어 높이신 빛이고, 다른 하나는 저주받아 마땅한 사악함을 그분께서 그 안에서 치유하신 빛입니다. 우리는 앞의 빛으로는 교만해지지 않는 법을 배우고, 뒤의 빛으로는 절망하지 않는 것을 배웁시다. 이 위대한 본보기들이 얼마나 알기 쉽게 우리 앞에 세워져 있습니까! 얼마나 유익한 본보기입니까! 우리는 언제나 그것을 기념하고 찬미함으로써 그 "참빛"(요한 1,9)을 찬양합시다. 그러니 우리 가운데 그 누구도 세상에서 높은 지위에 있다고 자기가 잘난 줄 알지 맙시다. 베드로는 어부였습니다. 우리 가운데 그 누구도 자기 자신의 죄악에 생각이 미쳐 하느님의 자비에서 달아나서는 안 될 것입니다. 바오로는 박해자였습니다. 앞의 사람은 "주님께서 가난한 이들의 피신처가 되어 주셨네"(시편 9,10 불가타)라고 말하며, 뒤의 사람은 "제가 악인들에게 당신의 길을 가르쳐 죄인들이 당신께 돌아오리이다" 하고 말합니다.

• 아우구스티누스 『설교집』 381,1.[13]

## 51,17-21 사면받고 용서받은 이는 하느님 마음에 드는 참된 예배를 하게 된다

### 뉘우치는 마음이라는 제물

그때에 다윗은 이렇게 말했습니다. "당신께서는 제사를 즐기지 않으시기에 제가 번제를 드려도 당신 마음에 들지 않으시리이다." [그러나] 그때에도 여전히 하느님께 바쳐지던 제물이 이제는 더 이상 바쳐지지 않습니다. 그러니까 이 말을 했을 때 그는 예언을 하고 있었던 것입니다. 그는 당시에 행해지던 관습을 거부하고 미래의 예배를 예견하고 있었습니다. 그의 말인즉, '당신들은 번제를 올리는 것에서 기쁨을 찾지 않게 될 것입니다. 여러분[회중]이 번제물을 올리는 것에서 기쁨을 찾기를 중단한다면, 여러분에게는 아무런 제물도 없습니까? 천만에요'라는 뜻입니다. "하느님께 맞갖은 제물은 뉘우치는 영. 뉘우치는 겸손한 마음을 하느님께서는 업신여기지 않으십니다." 그러니까 여러분에게는 바칠 것이 남아 있습니다. 양 떼를 둘러보지 마십시오. 향을 구하기 위해 배를 지어 머나먼 지방으로 가지도 마십시오. 하느님께 맞갖은 것을 여러분의 마음 안에서 찾아보십시오. 마음이 부서져야 합니다. 여러분이 그것을 부순다면, 그것은 파괴될 것인데 왜 무서워합니까? 답은 바로 여기에 있습니다. "하느님, 깨끗한 마음을 제게 만들어 주소서"(시편 51,12). 깨끗한 마음이 만들어지도록 깨끗하지 않은 마음을 부수어 버립시다.

• 아우구스티누스 『설교집』 19,3.[14]

### 구원에 마음 쓰다

그래서 다윗은 우리에게 "하느님께 맞갖은 제물은 부서진 마음"이라고 말합니다. "주님의 마음에 드는 향기는 조물주를 찬양하는 마음"[15]입니다. 그러니 형제 여러분, 우리는 악한 자가 우리 한가운데에 오류가 숨어 들어오게 하여 우리를 우리의 생명에서 멀리 던져 버리게 하는 일이 없도록 우리 구원에 세심히 마음을 써야 합니다.

• 『바르나바의 편지』 2,10.[16]

### 뉘우치는 마음은 복수하려 들지 않는다

마음의 겸손함에는 다른 것들도 추가되어야 합니다. 그 마음이 복된 다윗이 "뉘우치고 부서

[13] *WSA* 3,10,373.

[14] *WSA* 3,1,380*.

[15] 출처가 알려지지 않은 인용이다. 예루살렘 사본(Codex Hierosolymitanus)에 들어 있는 주에 따르면, 이 구절은 지금은 소실된 『아담 묵시록』에서 인용한 것이라고 한다.

[16] *AF* 277-79*.

진 마음을 하느님께서는 업신여기지 않으실 것입니다"라고 말한 것과 같은 마음이라면 그렇습니다. 부서진 것은 일어서려고 하지 않으며 치려고도 하지 않습니다. 가혹한 대접을 받을 준비가 되어 있으며 스스로 일어서지 않습니다. 그런 것이 뉘우치는 마음입니다. 그런 마음은 모욕을 받더라도, 악의 유혹을 받더라도 가만히 있으며 복수하려 들지 않습니다.

• 요한 크리소스토무스 『히브리서 강해』 9,8.[17]

하느님께서는 겸손을 어여삐 여기신다

그런데 사람은 하느님께 호의를 어떻게 얻습니까? 겸손한 마음 말고 다른 길이 있습니까? 야고보는 "하느님께서는 교만한 자들을 대적하시고 겸손한 이들에게는 은총을 베푸신다"(야고 4,6)고 합니다. 그리고 "하느님께 맞갖은 제물은 부서진 영. 부서지고 꺾인 마음을 하느님께서는 업신여기지 않으십니다". 사람들도 겸손을 이다지 좋게 여긴다면 하느님께서는 얼마나 더 그러시겠습니까? 그래서 다른 민족들도 은총을 입었고, 유대인들은 '하느님의 의로움에 복종하지 않았다'(로마 10,3 참조)는 이유로 어떤 식으로든 은총에서 떨려 나지 않았습니다. 제가 지금 말씀드리는 겸손한 사람은 모든 사람 눈에 들고 마음에 들며 늘 평화 속에 살고 그의 안에는 누구와 싸우려는 마음이 없습니다. 당신이 그를 모욕해도, 욕을 해도, 무슨 말을 하건, 그는 온화한 표정으로 가만히 있을 것입니다. 그는 모든 사람에게 더없이 평화롭게 대할 것이기에 아무도 그것을 제대로 묘사할 수 없을 정도입니다. 네, 하느님도 그렇습니다. 하느님의 계명들은 인간들과 평화를 유지하게끔 되어 있습니다. 그리고 우리가 서로 평화를 유지함으로써 우리의 삶 전체가 순조롭게 이어집니다.

• 요한 크리소스토무스 『코린토 1서 강해』 1,4.[18]

자기 자신에게 내는 마땅한 화

그래서 이 젊은이는 기근이 닥친 지역에서 이미 자기 마음을 부수었습니다. 곧, 자기 마음으로 돌아와 자기 가슴을 쳤습니다. 그는 전에는 교만 속에 자기 마음을 던져 두었습니다. 이제는 분노 속에 자기 마음으로 돌아왔습니다. 그는 자기 자신에게 화가 났고, 자기 자신이 아니라 자기의 잘못을 벌줄 태세가 되어 있었습니다. 그는 돌아왔습니다. 그는 아버지의 정당한 반응을 받아들일 준비가 되어 있었습니다. "화를 내어라. 죄짓지 마라"(시편 4,4)라는 말씀에 따라 그는 화가 나서 말했습니다. 아시다시피, 본디 회개는 자기 자신에게 화가 난 것입니다. 자기가 화가 났기 때문에 자기 자신을 벌하는 것임을 볼 때 그렇습니다. 진심으로 뉘우치는, 진심으로 후회하는 참회자들이 보이는 모든 행동들이 여기에서 나옵니다. 머리를 쥐어뜯는 것, 삼베옷을 입는 것, 가슴을 치는 것, 다 여기서 나옵니다. 분명 이 모든 것은 자기 자신한테 화가 나서 자신에게 잔인하게 대하는 것입니다. 손이 겉에서 행하는 것을 양심은 내적으로 행합니다. 그것은 자신의 생각 안에서 자기 자신에게 채찍질을 하고, 자기 자신을 때리며, 실로 더 진실하게 이야기하자면, 자기 자신을 죽입니다. 자기 자신을 죽임으로써 그것은 자기를 [하느님께 제물로] 바칩니다. "하느님께 맞갖은 제물은 부서진 영. 뉘우치는 겸손한 마음을 하느님께서는 업신여기지 않으십니다." 그래서 이 젊은이는 자기 가슴을 치고 두드리며 자신을 낮춤으로써 자기 마음을 죽

[17] NPNF 1,14,412*.

[18] NPNF 1,12,4*.

였습니다.

• 아우구스티누스『설교집』 112A,5.[19]

#### 죄 때문에 슬퍼하는 것은 회개의 척도이다

우리가 저지른 죄들이 아무리 위중하다고 하더라도, 거룩한 교회 안에서는 각각 자기가 지은 죄만큼 참으로 회개하는 이들의 용서를 결코 하찮게 여겨서는 안 됩니다. 죄인이 그리스도의 몸에서 잘려 나갈 만큼 중대한 범죄를 저질렀다고 하더라도, 회개의 행동에서는 그 시간의 길이가 슬픔의 정도와 같다고 보아서는 안 됩니다. "뉘우치는 겸손한 마음을 하느님께서는 업신여기지 않으십니다"(시편 51,19).

• 아우구스티누스『믿음 희망 사랑의 길잡이』 17,65.[20]

#### 뉘우치는 마음과 찬양 제물

참되며 첫째가는 지혜에 대해 나는 아직 언급하지 않았습니다. 우리의 훌륭하신 농부이며 목자이신 분[21]께서는 그 지혜에서 단연 뛰어나신 분이지요. 첫째가는 지혜는 찬양받을 자격이 있는 삶으로서, 그런 지혜를 지닌 이는 하느님을 위하여 자신을 순결하게 지키거나, 참으로 순결하시며 참으로 빛나시는 분을 위하여 정화된 이입니다. 하느님께서는 우리가 당신께 바칠 유일한 제물로 정화를 요구하십니다. 곧, 성경이 즐겨 이렇게 부르는 것들이지요. "뉘우치는 마음"(시편 51,19), "찬양 제물"(시편 50,23), "그리스도 안에서 새로운 피조물"(2코린 5,17), "새 인간"(에페 4,24).

• 나지안주스의 그레고리우스
『침묵하시는 성부』(연설 16) 2.[22]

---

19 *WSA* 3,4,156*.

20 LCC 7,377*.

21 그레고리우스의 아버지를 가리키는 말이다. (주교였던) 그는 나지안주스의 신자들에게 닥친 재앙에 너무나 놀란 나머지 교회로 몰려든 사람들에게 연설도 할 수 없을 정도였다고 한다.

22 NPNF 2,7,247*.

### 52,1-11 그 무엇도 두려워하지 않고 하느님을 신뢰하다

1 [지휘자에게. 마스킬. 다윗.
2 에돔 사람 도엑이 사울에게 와서
"다윗이 아히멜렉의 집에 들어갔습니다"
하고 알렸을 때]
3 하느님의 자애가 한결같은데①
권세가야, 너는 어찌하여 악을 자랑하느냐?
4 거짓을 일삼는 자야
너는 파멸을 꾸미고
네 혀는 날카로운 칼과 같구나.
5 너는 선보다 악을,
의로움을 말하기보다
속임수를 더 사랑하는구나. 셀라
6 거짓을 꾸미는 혀야
너는 온갖 멸망의 언사를 사랑하는구나.
7 그러니 하느님께서는 너를
영영 허물어뜨리시며
너를 천막에서 잡아채고 끌어내시어
생명의 땅에서 너를 없애 버리시리라. 셀라
8 의인들이 보고 두려워하며
그를 비웃으리라.
9 보라
하느님을 제 피신처로 삼지 않고
자기의 큰 재산만을 믿으며
악행으로 제가 강하다고 여기던② 사람!⤴

10 그러나 나는 하느님 집에 있는
푸른 올리브 나무 같아라.
영영세세
나는 하느님의 자애에 의지하네.

11 제가 당신을 영원히 찬송하니
당신께서 행하셨기 때문입니다.
당신께 충실한 이들 앞에서
좋으신 당신 이름에 희망을 둡니다.③

① 히브리어 본문; 수정 본문은 '하느님의 자애가 한결같은데'가 없고 '권세가야, 너는 어찌하여 신심 깊은 이들을 거슬러 악행을 자랑하느냐?'다.
② 시리아어, 타르굼 본문; 히브리어 본문은 '사악함을 키우는', 수정 본문은 '자신의 부에서 피신처를 찾는'이다.
③ 히브리어 본문; 수정 본문은 '이름을 선포합니다'다.

둘러보기

바벨탑이 무너지며 일어난 언어의 혼란은 악을 행하려는 인류의 일치된 노력을 끝장냈다. 그러나 오순절에 성령께서 언어적 일치와 사람들 사이의 화합을 회복시키기 시작하셨다(나지안주스의 그레고리우스). 자신을 올리브 나무에 비유한 다윗의 말은 자신을 의롭고 성덕 있는 사람으로 묘사한 것이다. 나무들은 그 종류에 따라 분별과 지식, 공정 등 여러 가지 덕을 상징한다(오리게네스). 야생 올리브 나무 가지를 질 좋고 잘 자란 나무에 접붙인다는 것은 예비신자가 죄의 삶과 더러움으로부터 의로움과 순결함의 삶으로 옮겨 감을 나타낸다(예루살렘의 키릴루스).

52,6 거짓을 꾸미는 혀는 위험하다

언어들의 새로운 일치가 시작된 오순절

한 언어를 쓰던 사람들이 사악하고 불경한 마음 — 이런 자들은 지금도 있지요 — 에서 탑을 쌓고 있었을 때(창세 11,7 참조) 언어의 혼란은 유익을 가져다주었습니다. 그러나 언어의 혼란으로 그들의 지향의 일치는 깨졌고 그들이 계획한 사업은 무너졌습니다. 더욱 찬미받을 것은 [오순절에] 일어난 기적과 같은 언어의 일치입니다. 한 성령에게서 많은 사람들에게 쏟아진 그것은 그들을 다시 화합하게 만들었습니다. 그리고 다양한 은사들이 있습니다. 모든 은사가 다 찬양할 만하지만, 무엇이 가장 좋은 것인지 식별할 수 있게 해 주는 또 다른 은사가 필요합니다. [언어의] 이러한 분열은 숭고하다고 표현할 수 있는데, 이에 대해 다윗은 "주님, 사악한 이들의 말을 엉클어 버리소서. 그들의 말을 혼란에 빠뜨리소서"(시편 55,10)라고 한 바 있습니다. 왜 그랬을까요? "거짓을 꾸미는 혀야, 너는 온갖 해로운 말을 사랑하는구나." 이것이 답입니다. 여기서 그는 지금 신성을 갈라놓는 오늘날의 혀들[1]을 강하게 고발하고 있습니다.

• 나지안주스의 그레고리우스 『성령강림절』(연설 41) 16.[2]

52,10 푸른 올리브 나무 같아라

의롭고 거룩한 사람을 상징하는 올리브 나무

나무들이 앞에서 말한 개별적인 덕들의 이름으로 불리는 성경의 예를 듣고 싶습니까? 지극히 지혜로운 솔로몬이 지혜에 대하여 한 증언을 들려 드리겠습니다. "지혜는 붙잡는 모든 이에게 생명의 나무"(잠언 3,18). "지혜는 생명의 나무"

[1] 아리우스파와 마케도니우스파 같은 이단들을 가리킨다.

[2] NPNF 2,7,384-85*.

라면, 틀림없이 분별의 나무, 지식의 나무, 정의의 나무도 있을 것입니다. 논리적으로, 모든 덕들 가운데 오직 지혜만 "생명의 나무"라 불릴 자격이 있고 다른 덕들은 비슷한 이름을 얻지 못했다고는 쓰여 있지 않습니다. 그래서 "들의 나무는 열매를 낼 것이다"(레위 26,4)라고 쓰여 있습니다. 저는 복된 다윗이 자신에 대해 이처럼 이해했기에 다음과 같이 말했다고 생각합니다. "그러나 나는 하느님 집에 있는 열매를 많이 맺은 올리브 나무 같아라"(칠십인역 본문). 그의 이 말은 올리브 나무가 의롭고 거룩한 사람을 나타낸다는 것을 분명하게 보여 줍니다.

• 오리게네스 『레위기 강해』 16,4,3.[3]

좋은 열매를 맺다

여러분은 썩어 없어질 무기가 아니라 영적 무기로 무장하고 있습니다. 여러분이 심은 낙원은 영혼의 낙원이며, 거기서 여러분은 지금까지 지니지 못했던 이름을 지어 받을 것입니다(창세 2,19 참조). 지금까지 여러분은 예비신자였습니다. 그러나 이제 신자로 불릴 것입니다. 이제 여러분은 낙원의 올리브 나무들 가운데에 옮겨 심깁니다. 야생 올리브 나무 가지가 좋은 올리브 나무에 접붙여진다고 하겠습니다(로마 11,17-24 참조). 여러분은 죄에서 의로움으로, 더러움에서 깨끗함으로 넘어갑니다. 여러분은 거룩한 '포도나무'의 일부가 됩니다. 여러분이 '포도나무'에 붙어 있으면 열매를 많이 맺는 가지로 자랄 것입니다. 그러나 그 안에 머무르지 않으면 밖에 던져져 불에 타 버리고 말 것입니다(요한 15,1-8 참조). 그런 일이 일어나지 않도록 합시다. 복음서에 나오는 열매 맺지 못한 무화과나무에게 일어난 일이 우리에게 일어나지 않게 합시다(마르 11,13-14.20-21 참조). 이 시대에 예수님께서 오셔서 열매 맺지 못하는 이들에게 저주의 말을 하시는 일이 없게 합시다. 오히려 여러분 모두가 "나는 하느님 집에 있는 푸른 올리브 나무 같아라. 영영세세 나는 하느님의 자애에 의지하네"라고 말하기를 기원합니다. 실제 들에서 보는 올리브 나무가 아니라 영적이며 영광스러운 올리브 나무가 되시라는 말입니다. 심고 물 주시는 분은 하느님이시지만 열매를 맺는 것은 여러분의 몫입니다. 선물을 주시는 것은 하느님이시고, 그것을 받아 영원히 간직하는 것은 여러분의 일입니다. 선물이 거저 주어진다고 그것을 가볍게 여기지 마십시오. 경건하게 받아서 주의 깊게 지키십시오.

• 예루살렘의 키릴루스 『예비신자 교리교육』 1,4.[4]

[3] FC 83,268-69*.

[4] LCC 4,80*.

## 53,1-7 악한 사람들의 어리석음

1 [지휘자에게. 알 마할랏. 마스킬. 다윗]
2 어리석은 자, 마음속으로
'하느님은 없다' 말하네.
모두 타락하여 불의를 일삼고
착한 일 하는 이가 없구나.
3 하느님께서는 하늘에서
사람들을 굽어 살피신다,
그 누가 깨달음 있어
하느님을 찾는지 보시려고.
4 모두 빗나가⤴

온통 썩어 버려
착한 일 하는 이가 없구나.
하나도 없구나.
5 어찌하여 깨닫지 못하는가?
나쁜 짓 하는 자들
내 백성을 빵 먹듯 집어삼키는 저들
하느님을 부르지 않는 저들.
6 거기에서, 겁낼 것이 없던 그곳에서
그들은 겁에 질려 소스라치리니
너를 포위한 자들①의 뼈를
하느님께서 흩으시겠기 때문이다.
네가 그들에게 창피를 주리니②
하느님께서 그들을 물리치시겠기 때문이다.
7 아, 시온에서 이스라엘의 구원이
베풀어졌으면!
하느님께서 당신 백성의 운명을 되돌리실 때
야곱이 기뻐하고 이스라엘이 즐거워하리라.

① 히브리어 본문; 수정 본문은 '불경한 자들'이다.
② 히브리어 본문; 그리스어 본문은 '그들은 창피를 당할 것이니'다.

둘러보기

불신의 죄보다 더 분별없고 어리석은 죄는 없다(살비아누스). 두 성경이 다 그 본보기들을 보여주는 교만은 사람으로 하여금 자기 자신을 만족시키려 들게 만들며 그 결과 그는 하느님을 기쁘게 하지 못하는 존재가 된다(놀라의 파울리누스). 하느님을 믿지 않는 마음의 뿌리는 인간을 하느님 위에 두려 하는 인간의 교만이다. 교만은 덕에 대한 보상을 얻을 모든 기회를 잃게 만든다(마르티누스).

53,2 어리석은 자들만 하느님이 없다 한다

불신앙의 죄

그런 사람들[1]에게는 예언자의 이 말이 딱 들어맞습니다. "어리석은 자, 마음속으로 '하느님은 없다' 말하네." 하느님은 아무것도 보지 못한다고 말하는 자들은 그분을 눈 없는 존재로 보는 것과 다름없으며 그분의 실체를 부인하기까지 합니다. 그분께서 보시지 못한다고 말하는 것은 그분이 존재하지 않으신다는 말이기 때문입니다. 범죄는 이성과 결합할 수 없기 때문에 이성에 기반한 악행이란 없지만, 이보다 더 분별없고 어리석은 죄는 없다고 나는 믿습니다. 하느님이 우주의 창조주이심은 부인하지 않으면서 그분의 다스림을 부인하는 이보다 더 정신 나간 사람이 있습니까? 하느님께서 세상을 창조하시고서 당신께서 창조하신 것을 소홀히 하신다는 생각을 어떻게 할 수 있는 것입니까? 이는 실로, 그분께서 당신께서 만드신 것을 소홀히 하시려고 고심하여 만물을 창조하셨다는 말과 같습니다!

• 사제 살비아누스 『하느님의 다스림』 4,9.[2]

53,6 교만이라는 병

교만한 자들을 흩으신다

아마도 그분께서는 복음서에서 "나는 의인들

[1] 하느님이 고모라 사람들에게 내린 것과 같은 심판은 지나쳤으며 그런 심판을 받을 만큼 큰 죄를 지은 인간은 아무도 없다고 주장하는 사람들을 말한다. 그러나 그리스도는 복음을 거부하는 이들은 더 심한 벌을 받게 되리라고 한다(마태 11,23-24 참조).

[2] FC 3,105*.

이 아니라 죄인들을 부르러 왔다"(마태 9,13)고 하실 때 자기 민족의 거룩함과 율법의 문자를 자랑하는(로마 2,23 참조) 이들을 "의인들"이라고 부르신 것과 같은 식으로 이 시편에서 그들을 충실한 이들이라고 부르시는 것 같습니다. 그들은 이런 말씀을 들었습니다. "우리는 아브라함을 조상으로 모시고 있다고 자랑하지 마라. 하느님께서는 이 돌들로도 아브라함의 자녀들을 만드실 수 있다"(마태 3,9; 루카 3,8). 마치 하느님께서 모르고 계셔서 알려 드리기나 하는 듯이 자신의 선행을 성전에서 줄줄이 꿰던, 기도를 하는 것이 아니라 자신의 선행에 대한 보상을 요구하던 바리사이(루카 18,10-14 참조)가 보여 주는 것이 바로 이런 유형입니다. 그러나 이러한 행태는 하느님 보시기에 불쾌한 것입니다. 그는 자신의 정의로 세운 것을 교만으로 허물어뜨렸기 때문입니다. 그는 조용히 그렇게 한 것이 아니라 한껏 큰 목소리로 그렇게 떠들었습니다. 그리고 그는 하느님의 귀에 말씀드린 것이 아님이 분명한데, 그는 사람들이 그의 말을 듣기 바랐기 때문입니다. 그러므로 그는 하느님을 기쁘게 한 것이 아니었습니다. 스스로 과하게 뿌듯해했기 때문입니다. "하느님께서는 자기 자신을 자랑스럽게 여기는 이들의 뼈를 흩으시고 그들에게 창피를 주셨습니다." 시편 저자는 "하느님께서 그들을 멸시하셨기 때문"이라고 말합니다. 그러나 그분은 "부서지고 꺾인 마음을 업신여기지 않으시는"(시편 51,17) 분입니다.

• 놀라의 파울리누스 『서간집』 121.[3]

교만이라는 병

그런 사람은 자신의 선행에 대한 보상을 받지 못할 뿐 아니라 영원한 형벌을 받을 수 있는 죄의 상태에 물들게 됩니다. 왜냐하면 선행은 자비로우신 하느님을 위한 일이어야 하는데, 그는 자신이 칭찬을 받기 위한 일로 변질시키기 때문입니다. 사람들의 칭찬과 호의, 하느님으로부터 받을 상이나 벌을 염두에 두지 않고, 오직 순수한 마음으로 하느님에 대한 사랑 때문에 선행을 하는 사람을 찾기는 어려울 것입니다. 우리는 하느님보다 사람을 우선시하고, 하느님의 영광보다는 인간의 영광을 우선시하기 때문입니다. 이러한 인간의 잘못을 생각할 때 우리는 비난받아 마땅합니다. 이 교만함에서 비롯된 병은 심각합니다. 그것은 모든 면에서 해롭고 예상치 못할 때 상처를 입히기도 합니다.[4] 어떤 사람들은 자신이 선하기 때문에 스스로를 자랑하지만, 어떤 사람들은 자신이 악하기 때문에 자랑하기도 합니다. 그러나 자신의 선함을 자랑하는 이들에게 성경은 이렇게 경고합니다. "자기 자신에게 흡족해하는 자들의 뼈를 하느님께서 흩으시겠기 때문이다."[5] 자신의 악함을 자랑하는 이들에게 성경은 이렇게 경고합니다. '악인은 자기 영혼의 욕망으로 칭찬받고 불의를 행하는 사람이 복을 받을 것 같겠지만, 이것은 주님을 업신여기는 것이다'(시편 10,3 참조). 바오로 사도도 이렇게 말합니다. "그들은 자기네 배를 하느님으로, 자기네 수치를 영광으로 삼으며 이 세상 것만 생각합니다"(필리 3,19).

• 브라가의 마르티누스 『허영심을 몰아냄』 4.[6]

---

[3] FC 18,318-19*.
[4] 요한 카시아누스 『규정집』 11,10,3 참조.
[5] 요한 카시아누스 『규정집』 11,12에 인용된 시편 53,6.
[6] FC 62,38-39*.

## 54,1-9 원수들에게서 구해 주시기를 청하는 기도

1 [지휘자에게. 현악기와 더불어.
마스킬. 다윗.
2 지프인들이 사울에게 와서 "다윗이 우리 가
운데에 숨어 있습니다" 하고 아뢰었을 때]
3 하느님, 당신의 이름으로 저를 구하시고
당신의 권능으로 제 권리를 되찾아 주소서.
4 하느님, 제 기도를 들으시고
제 입의 말씀에 귀 기울이소서.
5 이방인들①이 저를 거슬러 일어나고
포악한 자들이 제 생명을 노리기 때문이니
그들은 하느님을 자기 눈앞에
모시지도 않습니다. 셀라
6 보라, 하느님은 나를 도우시는 분,
주님은 내 생명을 받쳐 주시는 분이시다.②
7 저의 적에게 악이 되돌아가게 하소서.
당신의 진실로 그들을 멸망시키소서.
8 제가 기꺼이 당신께 제물을 바치오리다.
주님, 당신의 좋으신 이름을 찬송하오리다.
9 당신의 그 이름이 저를 구원하시어
제 눈이 원수들을
내려다보겠기 때문입니다.

① 또는 '거만한 자들'.
② 그리스어, 시리아어, 히에로니무스 본문; 히브리어 본문은 '주님은 내 생명을 받쳐 주는 이들과 함께하신다'다.

### 둘러보기

고통과 원수들의 공격에서 구원되기를 기도하는 다윗은 겟세마니에서 탄원하는 구원자의 예형으로, 또 완전한 기도의 본보기이신 그리스도의 원형으로 볼 수 있다(힐라리우스). 이승 삶에서는 하느님께서 의인들과 불의한 이들을 심판하시지만, 최후의 심판 때에 의인들은 악인들과 같은 운명을 맞지 않을 것이다(아우구스티누스). 그리스도의 입이 되어 말하는 다윗은 하느님께서 우리의 기도를 들어주시리라고 확신시켜 준다(힐라리우스). 기도는 제물로 볼 수 있으며, 제물은 자발적이고 지속적인 것이어야 한다(요한 카시아누스). 하느님께서는 새로 남의 세례와 성령의 은사를 통하여 당신의 충실한 백성들에게 강요에 의해서가 아니라 기꺼이 당신을 섬기는 자유를 주셨다(발레리아누스).

### 54,3-4 구원과 심판을 위한 기도의 본보기와 의미

**다윗은 겟세마니에서 기도하시는 그리스도의 예형이다**

다윗 예언자의 고난은 … 우리의 하느님이신 주 예수 그리스도께서 겪으신 수난의 예형입니다. 그래서 다윗의 기도는 육이 되신 말씀이신 그리스도의 기도와 어떤 의미에서 부합합니다. 그리스도께서는 인간으로서 인간 조건에서 기인하는 모든 것을 겪으셨으며 모든 말씀을 인간적인 방식으로 하셨습니다. 인간의 나약함을 짊어지신 그분께서는 인간의 죄를 받아 지시고 인간에게나 어울리는 겸손한 태도로 하느님께 기도하셨습니다. 이 해석을 우리는 선뜻 받아들이지 못하고 마지못해 받아들이지만, 이 구절의 의미와 설득력을 생각하면 필요한 해석입니다. 그러면 이 시편의 모든 것은 다윗이 그리스도의 입이 되어 발설한 것이라는 사실에 의심의 여지가 없습니다. 그분께서는 "하느님, 당신의 이름으로 저를 구하소서"라고 하십니다. 이처럼, 하느님의 외아들이시며 당신께서 영원 이전부터 영광을 누리셨다고 언명하신 분께서 당신 예언자의 말을 사용하시어 비천한 육체의 존재로서 기도하십니다. 다윗은 하느님의 이름으로 구원받기를 청합니다. 그 이름은 그분께서 불리신 이름이며 그 안에서 나신 이름입니다. [다윗이 그렇게 청한 이유는] 그분의 예전 본성과 본질에 마땅히 속했던 것이 육체 안에 태어나신 당신을 구할 수 있기 때문이었습니다.

• 푸아티에의 힐라리우스『시편 주해』54,4.[1]

### 하느님 심판의 의미

그리스도께서 "산 이들과 죽은 이들을 심판"(1베드 4,5; 참조: 2티모 4,1)하실 것이라는 언명은 두 가지로 해석할 수 있습니다. 한 가지는, "산 이들"을 아직 죽지 않았고 그리스도께서 오실 때에 육신으로 살아 있을 이들로 보는 것입니다. 그러면 "죽은 이들"은 이미 몸을 떠났거나 그리스도의 재림 전에 육체를 떠날 자들을 의미합니다. 다른 해석은, "산 이"는 '의로운 이'를 의미하며, "죽은 이"는 '불의한 자'를 의미한다고 보는 것입니다. 불의한 자들만 아니라 의로운 이들도 모두 심판을 받을 것이기 때문입니다. "악을 저지른 자들은 부활하여 심판을 받을 것이다"(요한 5,29)라는 말씀에서처럼 때로는 하느님의 심판이 악한 자들에게 내려집니다. 그리고 "하느님, 당신의 이름으로 저를 구하시고 당신의 권능으로 저를 심판하소서"(시편 54,3)라는 말씀에서처럼 때로는 하느님의 심판이 선한 이들에게 내려집니다. 실로, 하느님의 심판에 의하여 선한 이들과 악한 자들이 구별되며, 이러한 심판의 목적은 선한 이들이 악으로부터 완전히 벗어나고 악행자들과 함께 멸망당하지 않고 하느님의 오른쪽에 따로 세워지기 위해서입니다(마태 25,32-33 참조). 이러한 까닭에 시편 저자는 "하느님, 저를 심판하소서"라고 부르짖었고, 마치 자기 말을 설명하는 것처럼, "충실치 못한 백성을 거슬러 제 소송을 이끌어 주소서"(시편 43,1)라고 하였습니다.

• 아우구스티누스『믿음 희망 사랑의 길잡이』14,55.[2]

### 다윗은 그리스도께서 바치시는 완전한 기도를 예시한다

"하느님, 제 기도를 들으시고 제 입의 말씀에 귀 기울이소서." 예언자가 하려는 말은 간단히 말해 '하느님, 제 말을 들어 주소서'입니다. 그러나 그는 어떻게 기도해야 하는지 아시는 유일하신 분의 입이 되어 말하고 있기 때문에, 우리는 하느님께서 우리의 기도를 들어 주시리라는 것을 거듭, 끊임없이 확인받고 있습니다. "우리는 올바른 방식으로 기도할 줄 모르지만"(로마 8,26)이라는 바오로 사도의 말은 아무도 자신이 어떻게 기도해야 하는지 모른다는 사실을 가르쳐 줍니다. 그러므로 나약함 안에 있는 인간존재는 자신의 기도가 들어져야 한다고 요구할 권리가 없습니다. 다른 민족들의 교사조차 주님께서 기도의 본보기를 보여 주신 후에도 기도의 참된 목적과 의향을 알지 못했기 때문입니다. 이 시편에서 우리가 보는 것은 아버지를 아시는 유일한 분이며 밤새도록 기도하실 수 있는 유일한 분이고 — 복음서는 주님께서 밤새도록 기도하셨다고 알려 줍니다(루카 6,12 참조) — 우리가 기도에 사용하는 단순한 말들 안에서 가장 깊은 신비들의 참된 표상을 말의 거울 안에서 우리에게 보여 주신 주님의 완전한 확신입니다. 그래서 자신의 기도가 들어져야 한다고 요구하며 이것은 당신의 완전한

[1] NPNF 2,9,244*.

[2] LCC 7,371*.

확신에 따른 특권임을 우리에게 가르쳐 주기 위해, 다윗은 "제 입의 말씀에 귀 기울이소서"라고 덧붙입니다. 그런데 제 입에서 나오는 말이 반드시 들어질 것을 바랄 수 있을 정도의 확신을 가진 인간이 과연 있을 수 있습니까? 예를 들어, 우리는 분노에 휩싸일 때, 미움 때문에 중상하려 할 때, 아첨으로 아양 부리려 할 때, 이득에 대한 희망이나 수치에 대한 두려움 때문에 거짓말을 하려 하거나 손해를 입고 분개하는 마음 때문에 상대를 모욕하려 할 때 감정과 마음의 본능을 말로 표현합니다. 순수하고 인내가 뛰어나 이런 인간적 결함에 평생 한 번도 굴복하지 않은 사람이 과연 한 사람이라도 있었습니까? 이를 자신 있게 바랄 수 있는 유일한 사람은 죄를 짓지 않은 사람, 입에는 어떠한 거짓도 없으며, 때리는 자들에게 자기 등을 내주고, 뺨을 때리는 이에게서 뺨을 돌리지 않은 분, 조롱과 침 뱉음을 피하지 않은 분, 그 모든 일을 명하신 분의 뜻에 한순간도 저항하지 않고 늘 기쁘게 순종하신 분뿐입니다.

• 푸아티에의 힐라리우스 『시편 주해』 54,6.[3]

### 54,8 기도는 하느님께 자발적으로 바치는 제물

#### 하느님 찬양은 자발적이고 지속적이어야 한다

우리가 하루에 몇 차례 정해진 시각에 소집하는 소리를 듣고 바치도록 되어 있는 성무일도[4]를 이 사람들[이집트의 수도승들]은 하루 종일, 일을 하는 동안에도 끊임없이 자발적으로 바칩니다. 그들은 각자 독방에서 홀로 온종일 노동을 하면서 시편을 비롯한 성경 구절들에 대한 묵상을 한시도 쉬지 않으며 거기에 더해 매 순간마다 간원과 기도를 하기에, 우리가 시간을 정해 놓고 하는 성무일도를 온종일 하는 셈입니다. 그래서 저녁과 밤에 모여 기도하는 것을 제외하면, 성체를 모시기 위하여 제3시에 모이는 토요일과 일요일 말고는 공동의 전례를 거행하지 않습니다. 정해진 시간에 바치는 것보다는 쉬지 않고 바치는 성무일도가 더 훌륭합니다. 그리고 교회법에 따라 의무로 거행하는 의식보다는 자발적인 예배가 더 좋은 것입니다. 그래서 다윗이 자랑스럽게 이렇게 말하는 것입니다. "주님, 제 입의 찬미 제물이 당신 마음에 들게 하소서"(시편 119,108).

• 요한 카시아누스 『규정집』 3,2.[5]

#### 하느님 섬김은 강제적이 아니라 자발적이어야 한다

예언자의 목소리를 들으십시오. "주님, 제가 기꺼이 당신께 제물을 바치오리다." 강제로 부과된 예배를 바치는 것과 자발적인 예배가 얼마나 다른지 배우십시오. 자기 자신의 태만함 때문에 스스로 종살이의 고통을 겪고 있음을 깨닫는 사람은 후회 없이 지나가는 날이 하루도 없습니다. 종교적 약속을 하였기 때문에 자기 주님께 순종하고 그리하여 특별히 갈망하지 않고도 은총을 얻는 사람은 스스로 손해를 쌓는 것입니다. 예언자가 이렇게 말하기 때문입니다. "주님의 일을 소홀히 하는 자는 저주를 받으리라"(예레 48,10). 여러분 각자가 우리 그리스도께서 생명을 주시는 씻음[세례]의 새로 남을 통하여, 그리고 성령을 통하여 당신의 충실한 백성들에게 주신 자유라는 놀라운 선물에 대해 깊이 생각한다면, 하느님은 건성으로 예배할 분이 아님을 모두가 깨달을 것입니다. 우리는 날마다 하느님께 우리가 바칠 수 있는 영예와 선물을 바치지만, 결코 그분께 빚진 것을 모두 갚지는 못합니다.

• 시미에의 발레리아누스 『강해집』 3,3.[6]

---

[3] NPNF 2,9,244-45*.

[4] '시간 전례'라고도 하며, 기도와 찬미가로 나날이 하느님께 올리는 전례라고 해서 '성무일도'라고 한다.

[5] ACW 58,59.

[6] FC 17,318-19*.

## 55,1-24 음모를 꾸미는 자들에게 맞서 도와주시기를 청하는 기도

1 [지휘자에게. 현악기와 더불어.
마스킬. 다윗]
2 하느님, 제 기도에 귀 기울이소서.
저의 간청을 외면하지 마소서.
3 제게 주의를 기울이시어 응답해 주소서.
제가 절망 속에 헤매며 신음하니
4 원수의 고함 소리 때문이며
악인의 억압 때문입니다.
그들이 저에게 환난을 들씌우며①
저를 모질게 공격합니다.
5 제 마음이 속에서 뒤틀리고
죽음의 공포가 제 위로 떨어집니다.
6 두려움과 떨림이 저를 덮치고
전율이 저를 휘감습니다.
7 제가 생각합니다.
'아, 내가 비둘기처럼 날개를 지녔다면
날아가 쉬련마는.
8 정녕 멀리 달아나
광야에 머물련마는. 셀라
9 폭풍의 세찬 바람 피하여
은신처로 서둘러 가련마는.'
10 주님, 엉클어 버리소서.②
그들의 말을 갈라 버리소서.
성안의 폭력과 분쟁을
제가 봅니다.
11 그들은 낮이고 밤이고
성벽 위를 돌고 있습니다.
그 안에 환난과 재앙이,
12 그 안에 파멸이 있으며
억압과 사기가
그 광장을 떠나지 않습니다.
13 원수가 저를 모욕한 것이 아닙니다.
그랬다면 제가 참았을 것입니다.
저를 미워하는 자가
제 위에서 거드름을 피운 것이 아닙니다.
그랬다면 제가 그를 피해 숨었을 것입니다.
14 그러나 그것은 너, 내 동배
내 벗이며 내 동무인 너.
15 정답게 어울리던 우리
하느님의 집에서
떠들썩한 군중 속을 함께 거닐던 우리.
16 파멸이③ 그들 위로 내려라!
그들은 산 채로 저승으로 내려가리니
그들 곳간에,
그들 속에 악만 있기 때문이다.④
17 그러나 내가 하느님께 부르짖으면
주님께서 나를 구하여 주시리라.
18 저녁에도 아침에도 한낮에도
나는 탄식하며 신음하네.
그러면 그분께서 내 목소리 들으시고
19 나를 거슬러 일어난 싸움에서
나를 평화로 이끌어 구하시리니
많은 사람들이 나를 대적하여
늘어섰기 때문이네.
20 먼 옛날부터 좌정하여 계신 분
하느님께서 들으시어
그들에게 응답하시리라. 셀라
그들은 회개하지 않고⑤
하느님을 경외하지 않네.
21 그는 친구들에게 손을 대어
자기의 계약을 파기하네.
22 그의 입은 버터보다 부드러우나⤴

↱마음에는 싸움만이 도사리고
그의 말은 기름보다 매끄러우나
실은 빼어 든 칼이라네.
23 네 근심을[⑥] 주님께 맡겨라.
그분께서 너를 붙들어 주시리라.
의인이 흔들림을
결코 내버려 두지 않으시리라.
24 하느님, 당신께서는 저들을
깊은 구렁 속으로 빠져들게 하시리이다.
피에 주린 자와 사기 치는 자들
그들은 일생의 반도 채우지 못하지만
저는 당신을 신뢰합니다.

① 수정 본문; 히브리어 본문은 '그들은 나를 비틀거리게 하며'다.
② 히브리어 본문; 타르굼 본문은 '그들의 계획을 엉클어 버리소서'다.
③ 또는 '황폐가'.
④ 히브리어 본문; 수정 본문은 '그들이 공포 속에 무덤으로 들어가게 하소서'다.
⑤ 또는 '율법을 지키지 않고'.
⑥ 또는 '그가 너에게 준 것을'.

둘러보기

그리스도인들은 이승에서 박해와 환난으로 지치고 두려움에 떨며, 그리스도와 어서 함께 있게 되어 그분 품에서 영원한 위안을 얻기를 갈망한다(아우구스티누스). 고독 속에 머무는 마음과 그러한 장소는 세상에서 도피하는 데 도움이 되기는 하지만, 확실한 도피는 하느님의 은총을 통해 그리스도 안에서만 가능하다(암브로시우스, 베다). 원수가 확실한 자로 말미암은 고통은 견딜 만하나 친구로 말미암은 해를 입으면 견디기 힘들다. 친구가 참된 가르침을 왜곡할 때는 더욱 그렇다(바실리우스, 암브로시우스). 이 세상에서 사람들은 덕스러운 삶을 살거나 비도덕적인 삶을 살다가 죽음에 이르면 그에 따라 응보를 받을 수 있지만, 가장 위대한 삶은 영원의 세계에서 사는 삶이고 가장 좋은 죽음은 이 세상에서 영원한 생명으로 건너가는 것이다(암브로시우스).

사악함을 회개하기를 거부하면 계속 사악하게 사는 벌을 받으며 그 끝은 영원한 단죄이다(풀겐티우스). 유다가 예수를 배반한 일 같은 신약의 사건들이 구약성경에서 예언되었음을 알면 예비신자들의 신앙이 확고해진다(루피누스). 이단자들은 교회가 자신의 가르침들을 규정하고 더 잘 이해하게 되는 계기가 되었다(대 그레고리우스). 역경을 당했을 때 도와주시겠다는 하느님의 약속은 사람으로 하여금 자신의 짐을 인내롭게 견딜 수 있게 한다(바실리우스). 그 누구도 이승에서 다른 사람들보다 유복하지 못했다고 해서 절망해서는 안 된다. 하느님께서는 실로 모든 이를 떠받쳐 주시기 때문이다(바실리우스, 요한 크리소스토무스). 위험이 가득한 세상에서 자기는 하느님의 은총과 도움이 필요 없다고 생각할 만큼 교만하거나 어리석은 사람이 있어서는 안 된다(대 레오, 풀겐티우스). 가장 어리석은 자들만이 이 세상을 살아가는 데 필요한 것을 하느님 없이도 자기가 다 구할 수 있다고 믿는다(이사악).

55,6-9 세상의 문제들에서 벗어날 수 있기를

이 세상 삶에 지치다

박해와 환난이 너무 심해서 그[바오로]는 삶에 지쳤습니다. 여러분이 시편 독서에서 들었듯이, 두려움과 떨림이 그에게 다가오고 어둠이 그를 뒤덮습니다. 그것은 그리스도의 몸의 목소리, 그리스도의 지체들의 목소리입니다. 여러분은 그것이 여러분 자신의 목소리라는 것을 알고 싶습니까? 그러면 그리스도의 지체들 가운데 하나가 되어 이 시편의 말씀을 들으십시오. "두려움과 떨림이 제게 다가오고 어둠이 저를 뒤덮습니다. 제가 생각합니다. '아, 내가 비둘기처럼 날개를 지녔다면 날아가 쉬련만.'" 이것은 "우리는 너무나 힘겹게 짓눌린 나머지 살아날 가망도 없다고 여겼습니다"(2코린 1,8)라는 바오로 사도의 탄식과 비슷하지 않습니까? 그는 육신이 타락으로 말미암아 몹시 지친 것과 같은 상태입니다. 그래서 그는 그리스도께로 날아갈 수 있기를 몹시 갈망했지만 많고 많은 환난이 그가 그리 가는 것을 방해했습니다. 네, 그는 삶에 지쳤습니다. 이승의 삶에 지친 것이지요. 그러나 영원한 삶에서는 지치는 일이란 결코 없습니다. 그래서 그는 이렇게 말합니다. "사실 나에게는 삶이 곧 그리스도이며 죽는 것이 이득입니다"(필리 1,21).

• 아우구스티누스 『설교집』 13,5.[1]

### 세상의 악에서 달아나다

그리스도의 손으로 들어 올려지기를 바라는 사람은 먼저 그 자신이 날아오르십시오. 먼저 자신의 날개를 지니십시오. 세상에서 달아나는 사람에게는 날개가 있기 때문입니다. 만일 그에게 그 자신의 날개가 없다면 — 그리고 날 수 있는 어떤 사람만이 날개를 가지고 있어서 — 그에게는 날개가 없다면, 날개를 가지고 있는 사람에게서 날개를 얻으라고 하십시오. 세상에서 달아나는 사람은 이렇게 해서 날게 됩니다. "보라, 나는 멀리 달아나 광야에 머물렀네"(시편 54,8 칠십인역). 이렇게 다윗은 "광야의 까마귀처럼 폐허의 부엉이처럼"(시편 102,7-8) 날아갔습니다. 이 표현을 그리스도께 적용해 보면, 그분께서는 당신 육체의 수난 안에서 날아가셨습니다. 뭇 민족 사람들을 당신 날개의 그늘 아래 두어 보호할 수 있게(시편 17,8) 하시기 위해서였습니다. 그분께서는 신성으로부터 날아가셨습니다. 그분은 육체 안에 머무르셨고 광야에 사셨습니다. 버림받은 여인의 자식들이 혼인한 여인의 자식들보다 더 많아지게 하시기 위해서였습니다(참조: 이사 54,1; 갈라 4,27). 그러니 우리도 다시 일어날 수 있도록 그리스도의 몸이 되는 길을 따릅시다. 주검이 있는 곳에 독수리들이 모여들기 때문입니다(마태 24,28 참조).

• 암브로시우스 『세상 도피』 5,30.[2]

### 정신의 고독은 세속적인 욕망에서 벗어나게 한다

그러나 예형론적으로 보면, [세례자] 요한이 세상의 유혹물들에서 멀리 떨어져 산 광야는, 홀로 은거자로 살든 무리와 섞여 살든 언제나 온 마음과 정신으로 현세의 욕망들을 거부하는 성인들의 삶을 나타냅니다. 그들은 마음속 깊은 곳에서 오직 하느님께만 매달리며 그분께 희망을 두는 데서 기쁨을 찾습니다. 하느님께서 더없이 어여삐 여기시는 이 마음의 고독은 예언자가 성령의 은총에 힘 입어 도달할 수 있기를 바란 곳이었습니다. 그는 그 마음을 이렇게 표현했습니다. "아, 내가 비둘기처럼 날개를 지녔다면 날아가 쉬련마는." 그리고 주님의 도움으로 이 [고독을] 얻자마자 감사를 드립니다. 그리고 일반적인 세속적 욕망들에 얽혀 듦이 역겹다는 듯이 이렇게 말합니다. "보라, 나 멀리 달아나 고독 속에 머물게 되었네"(시편 54,8 칠십인역).

• 존자 베다 『복음서 강해』 1,1.[3]

---

[1] FC 11,346-47.
[2] FC 65,304-5*.
[3] CS 110,2-3.

55,13-16 우리는 많은 부류의 원수에 에워싸여 있다

친구의 욕설은 더욱 견디기 힘들다

여러분과의 일치에 대한 우리의 희망을 특별히 더 키워 주는 것은 정통 교의에 대한 여러분 주교님들[4]의 태도에 관한 보고입니다. 곧, 여러분 마음의 굳건함은 엄청나게 많은 서적에도 치밀한 궤변에도 넘어가지 않았고, 사도들의 가르침에 어긋나는 신생 교리를 알아보고 그것들이 불러온 해에 대해 입 다물고 있지 않기로 한 사실 말입니다. 참으로, 우리는 주님의 평화에 매달리는 모든 이들 가운데에서 크나큰 슬픔을 목격하였습니다. 라오디케아의 아폴리나리스[5]가 꾸며 낸 여러 가지 새로운 교리 때문이었지요. 그는 처음에 우리 무리에 속한 듯 보였다는 점에서 너무나 우리를 아프게 했습니다. 사실, "원수가 저를 모욕한 것이었다면 저는 틀림없이 참았을 것입니다"라고 쓰여 있듯이, 원수가 확실한 자로 인한 고통은 설사 고통이 지독하더라도 괴롭힘을 당하는 이가 어떻게든 견뎌 낼 수 있습니다. 그러나 같은 마음을 지녔고 가까운 친구인 이로부터 상처를 입는 것은 가장 견디기 힘들고 그런 데는 어떤 위안도 없습니다. 진리를 옹호하는 우리의 동료이기를 기대한 이가 구원받고 있는 이들의 정신을 나쁜 길로 이끎으로써 그리고 그들을 올바른 교의에서 멀리 끌어냄으로써 곳곳에서 [구원을] 방해하고 있는 것을 우리는 알게 되었습니다.

• 대 바실리우스 『서간집』 265.[6]

친구의 배반보다 나쁜 일은 없다

그러므로 하느님의 뜻을 행하는 이는 친구이며 이 이름으로 부를 만합니다. 그분과 한마음인 이도 그분의 친구입니다. 친구들은 한마음이기 때문입니다. 우정을 해치는 이보다 미운 사람은 없습니다. 그런 까닭에 주님께서는 이 배반자의 변절에서 이것이 가장 나쁜 점이라 여기셨습니다. 곧, 유다는 감사를 느끼지 않았고 우정의 식탁에 악의라는 독을 섞었습니다. 그래서 그는 이렇게 말합니다. "그러나 그것은 너, 내 동배 내 벗이며 내 동무인 너. 정답게 어울리던 우리." 이는 '그 일을 견딜 수 없는 것은 너에게 은혜를 베푼 이를 네가 공격했기 때문이다'라는 뜻입니다. "원수가 저를 모욕하였다면 제가 참았을 것입니다. 저를 미워하는 자를 피해 숨었을 것입니다." 원수는 피할 수 있습니다. 그러나 친구가 음모를 꾸미면 피할 수가 없습니다. 우리가 믿고 계획을 털어놓을 수 없는 이는 경계합시다. 그러나 이미 우리가 믿고 있는 이는 경계를 할 수가 없습니다. 그래서 그 죄의 모든 몹쓸 점을 실증하기라도 하듯, 그는 '나의 종인 너, 나의 사자인 너'라고 하지 않고 '나와 한마음인 사람인 너'라고 하였습니다. '너는 나를 배반한 것이 아니라 너 자신을 배반한 것이다. 너는 너 자신과 한마음인 사람을 배반했기 때문이다'라는 뜻입니다.

• 암브로시우스 『성직자의 의무』 3,136.[7]

사는 것과 죽는 것을 이해하는 다른 방식

그러니 평상적인 용법에 따른 이해는 일단 제쳐 놓고, '생명 안에서 산다'와 '죽음 안에서 죽는다', 그리고 '죽음 안에서 산다'와 '생명 안에서 죽는다'라는 말의 의미에 대해 생각해 봅시다. 성경의 이해에 따라 나는, '생명 안에서 산다'는

[4] 아폴리나리스 논쟁 때 팔레스티나로 귀양 간 이집트인 주교 세 사람, 곧 에울로기우스, 알렉산더, 하르포크라티온을 가리킨다.

[5] 그리스도론과 관련해 이단 논쟁을 불러일으킨 첫 인물로서, 그리스도의 인간 본성은 인간의 이성적 영혼은 지니지 않았다고 주장했다. 그는 381년 열린 두 번째 보편 공의회(제1차 콘스탄티노플 공의회)에서 단죄받았다.

[6] FC 28,245-46.

[7] NPNF 2,10,89*.

생명의 자연적 기능이 결합된 경험을 가리킨다고 보며, 그리고 거기에 참여함으로써 복된 삶의 은총이 어우러진 놀랍도록 행복한 삶을 나타낸다고 믿습니다. '생명 안에서 산다'는 것은 '덕 안에서 사는 것'을 의미합니다. 복된 삶에 참여하는 삶을 우리의 이 육신으로 사는 삶 안에 가져오는 것입니다. 반면에, '죽음 안에서 죽는다'는 것은 죽음의 순간에 육체가 해체되는 것, 곧 육이 생명을 이어 가는 통례적인 기능을 잃고 영혼은 영원한 생명에 참여할 수 없게 되는 것이 아니고 무엇이겠습니까? 한편 '생명 안에서 죽는' 사람도 있습니다. 육체로는 살아 있지만, 그 자신의 행실 때문에 죽어 있는 사람이지요. 이들은 예언자가 "그들은 산 채로 저승으로 내려가리니"라고 말한 사람들이며, 바오로 사도가 "[그는] 살아 있어도 죽은 몸입니다"(1티모 5,6)라고 말한 사람들입니다. 그런데 네 번째 부류가 남아 있습니다. 살기 위해 자신의 생명을 버린 거룩한 순교자들처럼 '죽음 안에서 사는' 이들입니다. 육은 죽지만 선한 것은 살아남습니다. 그러니 죽음에 참여하는 이들로서 살겠다는 생각은 꿈에서라도 하지 마십시오. 오히려 우리는 죽음에 맞서 생명을 나누는 이들이 되어야 합니다. 성인은 우리가 사는 이 삶에 참여하는 이가 되기를 원치 않습니다. "나의 바람은 이 세상을 떠나 그리스도와 함께 있는 것입니다"(필리 1,23)라는 말이 이를 보여 줍니다. 또 다른 이는 이를 훨씬 더 절실하게 표현하였습니다. "아, 내 신세여, 나그네살이가 길어지고 케다르의 천막들 사이에서 지내야 했으니"(시편 119,5 불가타).

시편 저자가 슬퍼한 것은 그 자신이 바라는 것은 영원한 삶에 참여하는 것인데 이승 삶의 덧없음으로 인한 한계 속에 있다는 사실 때문이었습니다. 그러니까 … 이렇게 말할 수 있을 것 같습니다. '생명 안에 사는' 것이 좋지만 '생명을 위하여 사는 것'에도 확정되지 않은 이득이 있다고. '생명을 위하여 사는' 것은 육체의 삶과 그 모든 수고를 영원한 생명을 위하여 감당해 가는 것이라고 말할 수 있습니다. '생명을 위하여 산다'는 말을 또 다른 의미로 이해할 수도 있습니다. 누구나, 나아가 신심 싶은 사람일지라도 우리가 육체 안에서 사는 이 삶을 소망할 수 있습니다. 선한 행실을 통하여 성숙한 노년에까지 이를 수 있도록 덕성스럽게 살아야 한다고 생각하는 이를 예로 들 수 있겠습니다. 건강이 좋지 않지만 그럼에도 삶은 즐거운 것이라고 생각하는 많은 사람이 이 부류에 듭니다.

• 암브로시우스 『낙원』 9,44.[8]

### 55,20–24 네 근심을 주님께 맡겨라

**벌은 뉘우치지 않은 것에 대한 응보다**

지극히 거룩한 다윗은 이승 삶을 사는 동안 악에서 선으로 바뀌기를 거부하는 비참하고 불행한 사람들의 완고함을 비난하면서, 하느님의 응징으로 내릴 벌을 예고합니다. "그들은 회개하지 않고 하느님을 경외하지 않네." 변화를 거부하면서 자기 삶의 종말에 죄에 대한 용서를 받게 될 것이라고 헛되이 마음속으로 기약하는 이들이 없도록, 그는 "그분께서 응징하시려고 당신 손을 뻗으시네"(21절, 불가타)라고 덧붙입니다. 이 응보는 사악한 사람이 의로운 심판에 의해 그의 잘못에 필연적으로 따르는 응보를 받으면서, 사악함 속에 계속 머무르도록 허용될 때 시작됩니다. 그 완결은 이 똑같은 죄악들 때문에 그가 영원한 불에 의해 고문을 받게 될 때입니다. 정의의 빛을 빼앗긴 사악한 인간이 육의 눈멂이 아

[8] FC 42,322-23*.

니라 마음의 눈멂으로 인하여 미리 심판받아 어둠 속에서 헤매도록 허락되는 이 응보를 작은 일로 여겨서는 안 됩니다. 그 눈먼 사람이 빛을 지각할 수 없을 뿐만 아니라 눈멂으로 인한 어둠을 키우는 것을 즐거워하며 추구한다면, 이 역시 응보를 쌓는 것입니다.

• 루스페의 풀겐티우스
『죄의 용서에 관해 에우티미우스에게』 2,13,1.[9]

### 예언이 이루어지다

여러분이 지루해하지 않는다면, 예언에 관한 복음서의 구체적인 언급들에 대해 최대한 간략하게 지적하고 싶습니다. 믿음의 기본 요소들에 대해 배우는 이들이 이 증언들을 마음에 새기게 하여, 자기가 믿는 것들에 관하여 의심이 들어 놀라는 일이 없게 하려는 것입니다. 복음서에서 우리는 그리스도의 벗이요 동료 가운데 하나인 유다가 그들이 함께한 마지막 식사 때 그분을 배반했다는 기록을 봅니다. 이 일이 시편에 어떻게 예고되어 있는지 보여 드리겠습니다. "제 빵을 먹던 그마저 발꿈치를 치켜들며 저에게 대듭니다"(시편 41,9). 또 이런 구절도 있습니다. '제 친구들과 이웃들이 저를 거슬러 모여들었습니다'(시편 35,15 참조). "그의 말은 기름보다 매끄러우나 실은 빼어 든 칼이라네"라는 말씀도 있습니다. '그의 말이 매끄럽다'는 것은 무슨 뜻입니까? "유다가 예수님께 다가가 '스승님, 안녕하십니까?' 하고 나서 그분께 입을 맞추었다"(마태 26,49). 이처럼 입맞춤이라는 부드러운 아양을 통해 그는 배반이라는 저주받아 마땅한 독침을 꽂았습니다. 그에 대한 주님의 반응은 이랬습니다. "유다야, 너는 입맞춤으로 사람의 아들을 팔아넘기느냐?"(루카 22,48). 반역자의 탐욕이 그분을 은화 서른 냥으로 값 매긴 것을 잘 보십시오.

• 아퀼레이아의 루피누스 『사도신경 해설』 20.[10]

### 교회는 이단과 싸우며 강해진다

그뿐 아니라, 전능하신 하느님의 크나큰 호의에 기인하는 또 한 가지 사실이 있습니다. 거룩한 교회의 교의에서 갈라져 나가는 이들 사이에는 일치가 없다는 것입니다. '어느 나라든지 서로 갈라서면 서 있지 못하기 때문입니다'(루카 11,17 참조). 거룩한 교회는 이단자들의 질문 공세를 받을 때면 언제나 그 가르침에서 더 철저히 갖추어집니다. 그리하여 시편 저자가 이단자들에게 하느님에 관해 한 말이 이루어집니다. "그분의 얼굴에 나타난 분노로 그들은 갈라지고, 그분의 가슴이 가까이 오네"(시편 54,22 불가타). 그들이 그들의 사악한 오류 안에서 분열하는 동안 하느님께서는 당신 마음을 우리 가까이로 가져오십니다. 반박을 통해 배우며 우리는 그분을 더욱 속속들이 이해하게 되기 때문입니다.

• 대 그레고리우스 『서간집』 8,2.[11]

### 역경에 처했을 때 도와주시겠다는 하느님의 약속

인간 생명의 판관께서 보편 교회를 모아들이실 때, 임금님의 오심을 알리는 나팔 소리가 무덤들에 대고 크게 울려 퍼지며 그들에게 맡겨진 육신들을 [내어놓으라고] 요구할 때 그들 모두는 욥 주위에 서게 될 것입니다. 그러면 지금은 죽은 듯 보이는 이들이 온 세상을 만드신 분 앞에 산 이들보다 재빨리 자리를 잡을 것입니다. 이런 이유로 나는 주님께서 욥에게 그의 다른 부의 곱절을 몫으로 할당하시고 그가 이전과 똑같은 수의 자녀를 갖게 됨에 흡족해하리라 판단하셨다

[9] FC 95,167*.
[10] NPNF 2,3,551*.
[11] NPNF 2,12,232.

고 생각합니다.

의로운 욥이 그의 인내를 통하여 얼마나 많은 축복을 거두었는지 보십니까? 그러니 여러분도 마귀의 배반으로 일어난 어제의 불로 여러분이 어떤 해를 입었든 그것을 인내롭게 견뎌 내고, 여러분이 입은 재난 때문에 비탄하는 마음을 더욱 용기 있는 생각으로 가라앉혀야 하겠습니다. 성경에 “네 근심을 주님께 맡겨라. 그분께서 너를 붙들어 주시리라”고 하지 않았습니까?

• 대 바실리우스 『세상사에 초연함』 21.[12]

### 짐이 지나치게 무겁더라도 낙담하지 마라

그러나 그대의 힘에 부치는 짐 때문에 한탄하지 마십시오. 그대가 이 책임을 홀로 지도록 운명으로 정해져 있다면, 이 짐은 그저 무거운 것이 아니라 전혀 감당할 수 없는 것일 겁니다. 그러나 그대가 그것을 지도록 돕는 이가 주님이시라면, ‘그대의 근심을 주님께 맡기십시오’. 그러면 그분께서 몸소 그것을 짊어지실 것입니다. 다만, 그대에게 모든 일 중에서도 한 가지를 경계하라고 강조하고 싶습니다. 곧, 사악한 관습에 따라 다른 이들에게 쓸려 넘어가지 말고, 하느님께서 그대에게 주신 지혜를 통하여, 과거에 습득했던 나쁜 습관을 좋은 습관으로 바꾸라는 것입니다. 그리스도께서 그대를 보내신 것은 다른 이들을 따르라는 것이 아니라 구원받는 이들을 그대가 인도하라는 것이었습니다.

• 대 바실리우스 『서간집』 161.[13]

### 하느님께서는 모든 이를 도와주신다

이것을 마음에 품고 우리 각자가 우리 자신에게 적절한 성경의 치료제를 쓰도록 합시다. 이 문제들이 모든 이에게 공개적으로 제기된 이유는 선의의 사람들은 그들을 위협하는 병에 적절한 치료법을 사용하여 재빨리 다시 건강해질 수 있기 때문입니다. 물론 그가 이 치료법의 치유 과정을 거부하지 않고 오히려 감사하는 마음의 증거를 보여야 한다는 조건이 따르겠지요. 사실, 영혼의 병이든 육체의 병이든 인간을 괴롭히는 병 가운데 이 원천으로부터 치유에 이를 수 없는 병은 없습니다. 어째서 그렇냐고요? 걱정과 일의 압박으로 짓눌려 낙담에 빠져 있는 이가 이 원천으로 오면 그 순간, 영감 받은 저자의 이 말을 듣습니다. “내 영혼아, 어찌하여 비탄에 잠기며 어찌하여 나를 괴롭히느냐? 하느님께 바라라. 나 그분을 찬송하게 되리라, 나의 하느님, 나의 안색의 구원이신 분을”(시편 41,6 칠십인역, 불가타). 여기에서 충분한 격려를 받은 그는 모든 유약함을 벗어 던지고 떠나갑니다.

마찬가지로, 가난으로 고생하며 숨이 막힐 지경에 이른 어떤 사람은 돈이 넘치며 저 잘난 줄 알고 젠 체하는 사람을 보고 낙담합니다. 이제 이 가난한 사람이 앞에 나온 이 영감 받은 저자의 말을 듣습니다. “네 근심을 주님께 맡겨라. 그분께서 너를 붙들어 주시리라.” 이런 말씀도 듣습니다. “누가 부자가 된다 하여도, 제집의 사치가 늘어난다 하여도 불안해하지 마라. 죽을 때 그 모든 것을 가지고 갈 수 없기 때문이다”(시편 49,17-18). 또 어떤 사람도 비참한 지경에 이르렀습니다. 음모와 중상을 당하며 어디에서도 인간적 도움을 얻을 수 없어 삶을 이어 나가기 힘들다 느낍니다. 그러나 이 사람도 이 복된 저자의 가르침을 받습니다. 그런 말할 수 없는 어려움 속에서 인간의 수단에 의지하지 말라는 가르침이지요. 그의 말을 들어 봅시다. ‘저는 기도하며 그들을 기억하는데 그들은 저를 중상합니다’(시

[12] FC 9,505*.

[13] FC 13,320-21*.

편 109,4-5 참조). 그가 어떤 원천에서 도움을 얻는지 보십니까? 다른 사람들은 음모와 중상과 책략을 꾸미지만 나는 난공불락의 성벽, 흔들리지 않는 닻, 파도가 위협할 수 없는 항구를 피난처로 삼는다고 그는 말합니다. 그것은 바로, 나의 모든 어려움을 가볍고 쉬운 것으로 만들어 주는 기도에 의지한다는 뜻입니다.

• 요한 크리소스토무스 『창세기 강해』 29,2.[14]

### 누구에게나 하느님의 도움이 필요하다

그러므로 인간의 순명은 하느님의 은총과 상관없이 있을 수 없으며, 선한 것이 될 수 있기 위해서는 없어서는 안 되는 선善이 있습니다. 계명을 지킬 때에 불가능하거나 어려운 점이 있으면 자기 안에 머물러 있지 말고 명령하시는 분에게 달려가야 합니다. 왜냐하면 "네 근심을 주님께 맡겨라. 그분 친히 너를 붙들어 주시리라"라고 한 예언자의 말씀대로, 계명을 주시는 분은 이를 이행할 원의를 일으켜 주시고 또한 도움을 주시기 때문입니다. 자기는 상처받은 일도 없고 무죄하기 때문에 아무런 쇄신도 필요 없다고 감히 장담할 정도로 뻔뻔스럽고 교만한 자가 혹시라도 있단 말입니까? 그런 생각은 전적으로 잘못된 것입니다. 현세의 유혹들 가운데 살고 있으면서도 자기는 전혀 상처받지 않았고 안전하다고 생각하는 사람은 그 지나친 망상 때문에 점점 노쇠해 갑니다. 모두가 위험으로 가득 차 있고 함정으로 가득 차 있습니다. 욕망이 충동질하고, 유혹이 음모를 꾸미며, 이득이 아첨하고, 손실이 위협하고, 비방하는 자들의 혀가 쓰라림을 안겨 줍니다. 그리고 칭찬하는 이들의 입은 늘 진실하지는 않습니다. 한쪽에서는 증오가 난무하는가 하면, 다른 쪽에서는 거짓된 존경으로 속이고 있으니, 거짓말쟁이를 멀리하기보다는 불화를 일으키는 자를 피하기가 더 쉬울 정도입니다.

• 대 레오 『설교집』 43,1.[15]

### 은총은 하느님께서 거저 주시는 선물이다

그대는 선행을 하려는 열망이 있고 인간의 칭찬을 경멸합니다. 그럴 때에도 그대가 행하는 선이 하느님의 은총 덕분이 아니라 그대의 힘에서 나온 듯 생각하지 않도록 조심하십시오. 그대가 하느님의 자애가 거저 주신 선물을 받지 않았다면, 그대 안에는 선의를 품거나 선행을 하는 능력이 있을 수 없음을 확실히 아십시오. 의지를 품는 것도 선한 의지를 행하는 것도 그대 안에서 일하시는 하느님이심을 알라는 말입니다. 그러니 두려움과 떨림 속에 그대의 구원을 위해 애쓰십시오. 하느님께서 그대를 들어 높여 주시도록 그분 면전에서 겸손하십시오. 그분께 선의의 시작을 청하십시오. 그분께 선행의 결과를 청하십시오. 참을성 있게 버티는 은사를 그분께 구하십시오. 그분의 도움이 그쳐도 그대가 선한 의지를 품고 선을 행할 수 있다고 결코 생각하지 마십시오. 그대의 눈이 헛된 것들을 보는 일이 없도록 그대의 눈을 돌려 놓아 주십사고 그분께 청하십시오. 그대가 걸어야 하는 길을 보여 주십사고 그분께 청하십시오. 그대의 발걸음이 그분 말씀을 따르고 어떤 사악함도 그대를 다스리지 못하도록 인도해 주십사고 간청하십시오. 그대의 손이 하는 일이 그대를 위한 것이 되도록 방향 잡아 주십사고 그분께 기도하십시오. "네 마음 굳세고 꿋꿋해져라. 주님께 바라라"(시편 27,14).

• 루스페의 풀겐티우스 『서간집』 2,36.[16]

[14] FC 82,199-200.
[15] FC 93,186; 『교부 문헌 총서』 9,155-157.
[16] FC 95,309.

생활 필수품에 관해 주님께 의지하다

여러분이 사는 데 필요한 것을 하느님께서 마련해 주신다고 믿는다면, 왜 세속의 일과 여러분의 육에 필요한 것들 때문에 걱정하고 근심합니까? 여러분이 살아가는 데 필요한 것들을 하느님께서 마련해 주신다는 것을 믿지 않는다면, 그리고 그런 이유 때문에 그분과 상관없이 생필품을 마련하느라 수고하고 있다면, 여러분은 온 세상에서 가장 비참한 사람입니다. 그런 사람이 구태여 왜 살아 있으며 살아가려 하는 것입니까? 여러분의 근심을 주님께 맡기십시오. 그분께서 보살펴 주실 것입니다. 그러면 여러분은 여러분에게 닥치는 어떤 끔찍한 일에도 낙담할 일이 없습니다(잠언 3,25 참조).

• 니네베의 이사악 『수덕에 관한 강해』 5.[17]

[17] *AHSIS* 45.

56,1-14 두려운 일이 닥쳤을 때 하느님의 자비를 믿어라

1 [지휘자에게. 알 요낫 엘렘 르호킴. 다윗.
믹탐. 필리스티아 사람들이 그를 갓에서
붙잡았을 때]
2 하느님, 저에게 자비를 베푸소서.
사람들이 저를 짓밟고
온종일 몰아치며 억누릅니다.
3 저의 적들이 온종일 짓밟습니다.
정녕 저를 몰아치는 자들이 많기도 합니다,
지고하신 분이시여!
4 제가 무서워 떠는 날
저는 당신께 의지합니다.
5 하느님 안에서
내가 그분의 말씀을 찬양하고
하느님께 의지하여 두려워하지 않으니
살덩이가 나에게 무엇을 할 수 있으랴?
6 그들은 온종일 제 말에 트집을 잡으며
그들의 모든 생각은
저를 해치려는 것뿐입니다.
7 함께 모여 엿봅니다.
저의 목숨을 노리면서
그들이 제 발자국을 살핍니다.
8 이런 죄악에도
그들에게 구원이 있겠습니까?①
하느님, 진노로 저 무리를 쓰러뜨리소서.
9 저는 뜨내기, 당신께서 적어 두셨습니다.
제 눈물을 당신 부대에 담으소서.
당신 책에 적혀 있지 않습니까?
10 그때, 제가 부르짖는 그날
제 원수들이 뒤로 물러가리이다.
하느님께서 제 편이심을 저는 압니다.②
11 하느님 안에서 나는 말씀을 찬양하네.
주님 안에서 내가 말씀을 찬양하네.
12 하느님께 의지하여 두려워하지 않으니
사람이 나에게 무엇을 할 수 있으랴?
13 하느님, 제가 당신께 드린
서원들이 있으니
감사의 제사로 당신께 채워 드리오리다.
14 당신께서 제 목숨을 죽음에서 건지시어
제 발이 넘어지지 않게 해 주셨으니
하느님 앞에서,⤴

생명의 빛 속에서 걸어가도록 하십입니다.

① 히브리어 본문; 바로잡은 본문은 '그들의 범죄를 응징하소서'다.
② 또는 '제 원수들이 뒤로 물러가리라는 것을 저는 압니다. 하느님께서 제 편이시기 때문입니다'.

둘러보기

하느님께서 주신 규범에 따라 사는 사람들과 인간의 규범에 따라 사는 사람은 큰 차이가 있다(아우구스티누스). 교회는 끊임없이 악마의 공격을 받으며, 악마는 교회를 무너뜨리기 위해 교활한 농간을 부리는 데 지치는 일이 없다(카시오도루스). 헛되고 불확실하며 파란만장한 이승의 삶을 사는 우리는 하느님께서 당신의 자비로 예수 그리스도 안에서 우리를 구원하신다는 것을 안다(히에로니무스). 하느님께서 어떤 사람을 그의 원수들에게서 구원하시는 것은 인간의 공로 때문이 아니라 그리스도 덕분에 은총을 통해 주어진 의로움 때문이다(아우구스티누스). 우리는 하느님께서 당신 말씀을 선포하는 이들을 통하여 우리 마음과 정신 안에서 이루신 일에 감사하며 그분을 찬미한다(아우구스티누스).

56,2-3 하느님 백성의 적

인간의 규범에 따라 사는 이들에게 짓밟히다

우리가 방금 주님께 노래한 이 시편에 담긴 뜻은 무엇입니까? "하느님, 저에게 자비를 베푸소서. 사람들이 저를 짓밟습니다." 여기서 "사람들"은 인간의 척도만을 따라 사는 이들을 말합니다. 네, 하느님께서 주신 규범에 따라 사는 이들은 이런 말씀을 듣습니다. "너희는 신이며 모두 지극히 높으신 분의 아들이다"(시편 82,6). 하느님의 자녀가 되라는 부름을 받았지만 인간으로만 남기로 선택한 이들, 곧 인간의 규범들만 따라 살기로 한 버림받은 사람들에 대해 성경은 이렇게 말합니다. "너희는 사람들처럼 죽으리라. 여느 대관들처럼 쓰러지리라"(시편 82,7). 우리 인간들은 죽도록 예정된 이들이라는 사실을 생각할 때 우리는 으스대지 말고 자기 자리를 깨달아야 마땅합니다. 내일이면 죽을 벌레가 자랑할 것이 무엇입니까?

• 아우구스티누스 『설교집』 97,2.[1]

사탄은 교회의 지칠 줄 모르는 적이다

"주님, 저에게 자비를 베푸소서. 사람들이 저를 짓밟습니다. 온종일 몰아치며 괴롭힙니다." 동정을 잃는 일 없이 신자들을 낳는 동정 어머니 교회는 원수의 괴롭힘을 당하지 않게 해 달라고 하늘의 신랑에게 애원합니다. 교회는 이 세상의 재앙들에 여전히 둘러싸여 있기 때문입니다. 위 구절에서 "짓밟습니다"는 표제에 나온 포도 확의 비유를 되살려 보여 줍니다.[2] 포도가 많이 짓밟힐수록 더 많은 포도즙이 나오기 때문입니다. 여기서 "사람들"은 악마를 나타냅니다. 주님께서는 복음서에서 그자에 대해 이렇게 말씀하셨습니다. "가라지를 뿌린 원수는 악마다"(마태 13,39). 그다음에 일어나는 일은 [그자가] '온종일 저를 몰아치며 괴롭히는' 것입니다. 거룩한 교회

[1] *WSA* 3,4,36-37*.

[2] 표제의 "다윗. 필리스티아 사람들이 그를 갓에서 붙잡았을 때"에서 도성 이름인 "갓"은 '포도 확'을 의미한다(ACW 52,30).

는 지금 자신이 이 세상에서 당하는 일을 묘사하고 있습니다. 우리는 교회가 한시도 쉴 틈 없이 악마와의 싸움을 견뎌 내고 있음을 압니다. 바오로 사도가 말한 대로입니다. “우리의 전투 상대는 인간이 아니라, 이 어두운 세계의 권세와 권력들입니다”(에페 6,12). 이 싸움은 비밀리에 치러지는 것이기에 숨 막히는 전쟁이며, 더 강한 상대와 벌이는 것이기에 힘든 싸움입니다. 우리 눈에 보이지 않는 그물을 던지는 원수와 싸우는 것이 얼마나 힘듭니까! 게다가 우리의 원수는 지칠 줄도 모르고 싸움에 지고 나서도 떠날 줄을 모릅니다. 거룩한 은총 덕분에 우리가 그자를 이기면, 그자는 더욱 포악해져서 돌아옵니다. 지금 우리는 빛이 들어오지 않는 숲과 물고기가 없는 연못에 대해 말하는 것처럼 반용법反用法[3]을 써서 비유적으로 전쟁에 대해 이야기하고 있습니다. 그러니 믿는 이들은 아무도 자신이 악마의 끊임없는 간계에 시달리고 있다고 불평하지 마십시오. 그리스도에게 속하기를 바란다면 우리는 이승 삶에서 늘 악마의 적의를 견뎌 내야 하기 때문입니다.

• 카시오도루스 『시편 해설』 55,2.[4]

### 56,8 인간의 공로 이전에 하느님의 은총이 있다

**폭풍우를 벗어날 수 있는 피신처는 하느님의 권능이다**

하느님께서는 우리가 살 날들을 짧게 정하셨고 그분 앞에서 우리의 실체는 아무것도 아닙니다. 없는 것과 마찬가지입니다. 모든 것이 덧없고, 육체 안에서 살아가든 덕들 안에서 살아가든, 살아 있는 모든 이가 그러합니다(시편 39,6 참조). 만물이 덧없습니다. 동요와 불확실성이 그의 상태입니다. 그는 두려워하지 않지만 좋은 날씨에 폭풍우를 만납니다. 영예로운 지위에 있을 때 그는 이해하지 못했습니다. 그는 지각없는 짐승에 비유되며 그들과 비슷하게 창조되었습니다(시편 49,21 참조). “당신께서는 거저 그들을 구원하실 것입니다”(불가타 본문). (이는 분명 자신의 공로가 아니라 하느님의 자비로 구원받는 의인들에게 해당하는 말입니다.) 그리고 “당신께는 저의 죄악들이 숨겨져 있지 않습니다”(시편 69,6). 이 말들은 그리스도께서 하신 말씀입니다. 죄를 지은 적 없고 입에는 어떠한 거짓도 없는 분께서 우리의 죄를 짊어지시고 우리를 위해 고난을 받으셨습니다. 그렇다면 우리는 얼마나 더 솔직히 우리의 잘못을 고백해야 마땅합니까? 그는 자신이 지은 죄를 생각하며 “내 영혼은 위로도 마다하네”(시편 77,3)라고 합니다. 그분의 자비로 자신이 구원받게 되리라는 것을 안 그는 “제가 하느님을 기억하고 기뻐하였나이다”(시편 76,4 칠십인역) 하고 말합니다. “밤새 마음속으로 묵상하고 제 영혼을 청소하였습니다. 그러고 나서 ‘나는 이제 시작하였네. 이것은 지극히 높으신 분의 오른팔이 일으킨 변화로다’ 생각하였습니다”(시편 77,7.11 칠십인역). 이것은 잠자는 중에 묵상하며 양심의 고통을 느끼는 의로운 사람이 마지막에 하는 말입니다. “나는 이제 시작하였네.” 이는 참회[5]를 시작했다는 뜻이거나 지식의 문지방을 넘어갔다는 뜻입니다. 이렇듯 선에서 더 나은 것으로의 변화는 나 자신의 힘이 이루는 일이 아니라 능하신 하느님의 힘이 이루는 일입니다.

• 히에로니무스 『펠라기우스파 반박 대화』 2,19.[6]

---

[3] 어떤 단어를 통상적으로 받아들여지는 의미와 정반대되는 뜻으로 사용하는 비유법이다. Lewis and Short, *Latin Dictionary*의 ‘Diomedes’와 ‘Charisius’ 항목 참조.

[4] ACW 52,31*.

[5] 초기 교회에서 참회는 죄의 고백에 이어 선행의 실천이나 영적 단련을 거친 뒤 죄의 사면을 받는 과정으로 이루어졌다.

[6] FC 53,325-26*.

#### 우리는 공로가 아니라 은총으로 구원을 받는다

"그분께서는 우리의 죄 때문에 넘겨지셨지만, 우리를 의롭게 하시려고 되살아나셨습니다"(로마 4,25). 여러분의 할례, 여러분이 의롭게 되는 것은 여러분에게서 비롯하는 일이 아닙니다. "여러분은 믿음을 통하여 은총으로 구원을 받았습니다. 이는 여러분에게서 나온 것이 아니라 하느님의 선물입니다"(에페 2,8-9). 혹시라도 '나는 자격이 있어. 그래서 내가 구원을 받은 거야' 같은 말을 하는 사람이 있을까 봐 말씀드립니다. 여러분이 자격이 있어서 구원받았다고 생각하지 마십시오. 여러분의 자격은 그것을 받아야 생기는 것입니다. 여러분의 공로나 자격보다 은총이 먼저 왔습니다. 공로에서 은총이 생겨나는 것이 아니라 은총에서 공로가 생겨납니다. 은총이 공로로부터 온다면, 여러분은 은총을 '그라티스' gratis, 곧 '거저' 받은 것이 아니라 [공로로] 은총을 산 것입니다. 시편 저자는 "당신께서는 거저 그들을 구원하실 것입니다"라고 말합니다. "당신께서는 거저 그들을 구원하실 것입니다"가 무슨 뜻입니까? 당신께서는 그들에게서 그들을 구원하실 이유를 하나도 찾을 수 없으십니다. 그런데도 그들을 구원하십니다. 당신은 거저 주시고, 거저 구원하십니다. 당신께서는 당신의 선물에 공로가 따르도록 모든 공로에 앞서 행하십니다. 확실히, 당신은 거저 주시고 거저 구원하십니다. 구원할 이유는 하나도 없고 단죄할 이유는 많은데도 구원하시기에 그렇습니다.

• 아우구스티누스 『설교집』 169,3.[7]

### 56,11 하느님의 말씀을 찬양하네

#### 우리는 주님께서 행하시는 일 때문에 그분을 찬양한다

우리는 성경 독서를 낭송으로 들었습니다. 이것이 제가 설교하도록 주어진 자료입니다. 그것을 제가 해석해야 하는데, 제가 가진 지혜가 뭐라도 있다면, "우리 자신과 우리의 말이 그 손안에 있는 분"(지혜 7,16 참조)의 도움을 받아 그 지혜를 씨 뿌려야 하는 것입니다. 그런데 또 다른 곳에 쓰여 있는 이 말씀도 뜻이 없지 않습니다. "하느님 안에서 나는 말씀을 찬양하네. 주님 안에서 내가 말씀을 찬양하네." 주님 안에서 찬양받는 것은 주님께서 주시는 것입니다. 그러니까 나는 몹시 연약하지만 그럼에도 불구하고 나는 그분의 도구입니다. 나는 내가 파악할 수 있는 것을 파악합니다. 나는 내가 파악한 것을 기꺼이 나눕니다. 내가 그리 잘 전달하지 못했더라도 그분께서 여러분 마음 안에서 그것을 훌륭하게 만들어 주시기 바랍니다. 내가 여러분의 귀에 애써 전달하더라도, 그분께서 여러분 마음 안에서 모든 일을 해 주시지 않는다면 그것은 아무 가치도 없는 것이지 않겠습니까?

• 아우구스티누스 『설교집』 48,1.[8]

[7] *WSA* 3,5,223-24.

[8] *WSA* 3,2,327*.

## 57,1-12 구원을 청하는 기도

1 [지휘자에게. 알 타스헷. 다윗. 믹탐.
그가 사울을 피하여 동굴로 도망쳤을 때]
2 자비를 베푸소서, 하느님,
저에게 자비를 베푸소서.
제 영혼이 당신께 피신합니다.
재앙이 지나갈 그때까지
당신 날개 그늘로 제가 피신합니다.
3 나는 하느님께,
지극히 높으신 분께 부르짖네.
나를 위하시는 하느님께.
4 하늘에서 보내시어 나를 구하시고
나를 짓밟는 자를 부끄럽게 하시리라. 셀라
하느님께서 당신 자애와
당신 진실을 보내시리라.
5 저는 사자들 가운데에,
사람을 집어삼키려는 것들 가운데에
누워 있습니다.①
그들의 이빨은 창과 화살,
그들의 혀는 날카로운 칼입니다.
6 하느님, 하늘 높이 일어나소서.
당신의 영광 온 땅 위에 떨치소서.
7 그들이 제 걸음마다 그물을 쳐 놓아
제 영혼이 꺾였습니다.
그들이 제 앞에 구덩이를 파 놓았으나
그들 자신이 그 가운데로 빠져들었습니다.
셀라
8 제 마음 든든합니다, 하느님.
제 마음 든든합니다.
제가 노래하며 찬미합니다.
9 깨어나라, 나의 영혼아.
깨어나라, 수금아, 비파야.
나는 새벽을 깨우리라.
10 주님, 제가 백성들 가운데에서
당신을 찬송하고
겨레들 가운데에서 당신을 노래하리니
11 당신의 자애가 하늘까지,
당신의 진실이 구름까지 닿도록
크기 때문입니다.
12 하느님, 하늘 높이 일어나소서.
당신의 영광 온 땅 위에 떨치소서.

① 바로잡은 본문; 히브리어 본문은 '성난 사자들 가운데에 누워 있습니다'다.

둘러보기

죄 때문에 우리는 늘 용서가 필요한 삶을 살기에 나날이 하느님의 자비를 청하며 기도해야 한다. 하늘에서는 피난처가 필요 없으며 그럼에도 우리는 보호받을 것이다. 혀로 지은 죄는 손으로 지은 죄만큼 무겁다(아우구스티누스). 혀는 악하게 사용될 수 있으며, 혀를 잘못 놀렸다가 파멸을 불러올 수 있다(아타나시우스). 혀를 비롯한 몸의 지체들은 선하게 사용될 수도 있고 악하게 사용될 수도 있다(요한 크리소스토무스). 하느님께서는 당신께서 우리를 의롭다고 판단해 주시리라는 확신을 주심으로써 우리의 영적 원수들의 공격에서 우리를 보호해 주신다(루피누스). 우리가 다른 이들이 악을 행하도록 부추긴다면 우리도 그들과 똑같이 죄 있다(아우구스티누스).

하느님께서 우리 눈을 열어 주시지 않는 한

우리는 하느님 말씀의 진실을 알 수 없다. 우리의 예배 안에서 높이 일어나시는 것은 아버지가 아니라 아들이다(아우구스티누스). 시편 저자는 당신 아들을 세상에 보내시겠다는 하느님의 약속이 이루어지는 것을 미리 보았다(베다). 사탄은 사람들이 한시적이고 세속적인 것들에 눈 돌리도록 만듦으로써 잘못된 길로 이끈다(아우구스티누스). 하느님께서는 믿음이 악의 시험을 받는 이들의 의지를 굳건하게 하시어 그들은 순교도 마다 않는다(카이사리우스).

### 57,2-5 하느님의 자비와 올바른 품행이 필요하다

#### 누구나, 매우 거룩한 이들도 기도할 필요가 있다

그러니 지금 우리가 부르고 있는 노래를 그분께 크게 외칩시다. "자비를 베푸소서, 하느님, 저에게 자비를 베푸소서." 어째서 그분께서 그러셔야 합니까? "제 영혼이 당신을 신뢰하기 때문입니다"(시편 56,2 불가타). 그는 '이것이 당신께서 제 청을 들어 주시도록 제가 바치는 제물'이라고 말합니다. "제 영혼이 당신을 신뢰하기 때문입니다. 누가 주님을 믿고서 부끄러운 일을 당한 적 있습니까?"(집회 2,10). 매우 훌륭한 성인들도 유혹에 넘어갈 수 있고, 우리가 하느님 안에서 아무리 많은 진전을 이루어 냈다 해도 우리는 여전히 용서가 필요한 상태에서 살아갑니다. 주 예수님께서 기도하는 법을 가르치신 것이 양 떼의 숫양들이 아니고 어린양들이었습니까? 그분의 제자들, 우리의 사도들, 바로 양 떼의 지도자들이었습니다. 그들이 낳은 자녀가 우리지요. 그들에 대해 이렇게 쓰여 있습니다. "[하느님의 아들들아,] 숫양의 아들들을 주님께 드려라"(시편 28,1 불가타). 그렇습니다. 그분께서는 기도하는 법을 이 숫양들에게 가르치셨습니다. "저희의 잘못을 용서하시고"(마태 6,12)라 말하라고 하셨지요. 이것이 나날이 드려야 하는 기도라면, 우리는 용서가 필요한 상태에서 살아가는 것입니다. 우리는 세례 때에 모든 죄를 용서받았습니다. 그러고도 우리는 또 용서가 필요한 상태에서 살아갑니다. 우리의 희망이 하느님 안에서 자라고 우리가 모든 탐욕에 제동을 걸 수 있게 하는 그분의 도우심으로 강하게 된다면 우리는 진보합니다. 계속 싸웁시다. 그분은 우리의 고투를 아십니다. 그분은 언제는 관찰자가 되고 언제는 조력자가 되어야 하는지 잘 아십니다.

• 아우구스티누스 『설교집』 77A,1.[1]

#### 이 세상에서 자비를 베풀어라

여러분이 나쁜 곳에서 좋은 것을 행하지 않는 한 여러분은 나쁜 곳에서 좋은 곳으로 옮겨 갈 수 없을 것입니다. 그 다른 쪽은 어떤 곳입니까? 배고픈 사람이 아무도 없는 곳입니다. 그러니 배고픈 사람이 아무도 없는 좋은 곳에 살고 싶다면, 이 세상에서 여러분의 "양식을 굶주린 이와 함께 나누십시오"(이사 58,7). 그 복된 곳에서는 아무도 타지 사람이 아니고 모두가 자기 본향에서 사는 이들입니다. 그러니 좋은 곳에 있고 싶다면, 여기 이 나쁜 곳에서 아무 데도 갈 데가 없는 타지 사람을 보거든 그를 여러분의 집에 맞아들이십시오. 여러분이 이주 노동자일 수 없는 그곳에 들어가기 위해, 나쁜 장소에서 손님 환대의 덕을 보이십시오. 그 좋은 곳에서는 옷이 필요한 사람이 아무도 없습니다. 그곳에는 추위도 없고 더위도 없습니다. 집이 무슨 필요가 있으며 옷이 무슨 필요가 있습니까? 그곳에 집 같은 건 없을 것입니다. 그러나 충분한 보호를 받을 것입니다. 아니, 사실 그곳에도 숙소가 있습니다. 이

[1] *WSA* 3,3,327.

것이지요. "저는 당신 날개 그늘 아래에 있고 싶습니다." 그러니 이 나쁜 곳에서 의지할 이 아무도 없는 사람에게 피난처를 제공해 주십시오. 그러면 그 좋은 곳에서 피난처를 얻을 것입니다. 지붕의 이엉 갈 일이라고는 없는 피난처를 여러분은 누릴 수 있습니다. 네, 그곳에는 비가 오지 않지만 대신 사철 마르지 않는 진리의 샘이 있습니다. 그러나 이 [샘]에서 생기는 비는 여러분을 축축하게 만들지 않고 오히려 기분 좋게 합니다. 이 비는 생명의 샘 그 자체입니다. "주님, 당신께는 생명의 샘이 있나이다"(시편 36,10). 이 말은 무슨 뜻입니까? "말씀은 하느님과 함께 계셨다"(요한 1,1)라는 뜻입니다.

• 아우구스티누스 『설교집』 217,5.[2]

### 악은 쌍날칼보다 날카롭다

한 가지는 확실히 장담할 수 있습니다. 타락은 타락하는 이들을 구원하지 못한다는 것입니다. 오히려 정반대로, 그것은 그들을 거슬러 작용하며 그들을 무너뜨리고 파멸을 불러옵니다. 이 예언이 경고하는 이들은 참으로 불행합니다! 그들이 추구하는 악은 쌍날칼보다 날카로우며, 그것은 그것에 손을 대는 이들부터 살해할 것이기 때문입니다. 시편 저자가 지적한 대로, "그들의 이빨은 창과 화살, 그들의 혀는 날카로운 칼입니다".

• 아타나시우스 『축일 서간집』 9.[3]

### 혀는 죄의 무기도 될 수 있고 정의의 무기도 될 수 있다

그러니 모든 불안과 쓸데없는 걱정을 내던지고 우리 자신에게로 되돌아갑시다. 그리고 덕이라는 장식물로 우리 육체와 영혼을 꾸밉시다. 우리의 지체들을 죄의 도구가 아니라 의로움의 도구로 만듭시다.

가장 먼저, 빈정대는 말, 악의에 찬 말, 수치스러운 말을 내뱉는 습관을 내다버림으로써 우리의 혀가 성령의 은총의 일꾼이 되도록 단련시킵시다. 우리의 지체 하나하나를 사악함이 아니라 의로움의 도구로 만드는 것은 우리에게 달려 있기 때문입니다. 혀를 죄의 도구로 만든 사람들과 의로움의 도구로 만든 사람들에 대해 들어 봅시다! "그들의 혀는 날카로운 칼입니다." 그러나 자기 혀에 대해 이렇게 말하는 사람도 있습니다. "제 혀는 능숙한 서기의 붓입니다"(시편 45,2). 앞의 사람들은 파멸을 불렀고, 뒤의 사람은 하느님의 법을 기록했습니다. 그러니까 혀의 본성에 따라서가 아니라 혀의 주인이 내린 선택에 따라 하나는 칼이었고, 하나는 붓이었습니다. 본성에서는 앞의 혀와 뒤의 혀가 같지만 사용법은 같지 않았습니다.

• 요한 크리소스토무스
『(입상에 관해) 안티오키아 신자들에게 행한 강해』 4,10-11.[4]

### 거짓으로 꾸며 낸 고발에 대처하는 방법

우리의 벗이요 좋은 형제인 이가 저명한 원로 의원 팜마키우스에게 동방에서 보내온 문서의 사본을 그대가 내게 보내 주어 읽어 보았습니다. 그것을 읽고 나니 예언자의 이 말씀이 떠오릅니다. "사람의 아들들, 그들의 이빨은 창과 화살, 그들의 혀는 날카로운 칼입니다." 사람들이 혀로 서로에게 입히는 이 상처들은 그것을 낫게 해 줄 의사도 찾기가 힘듭니다. 그래서 저는 하늘의 의사이신 예수님께 의지했고, 그분께서는 복음의 약상자에서 탁월한 효력을 지닌 해독제를 꺼내 주셨습니다. 그분은 내가 장차 그분의 손에서 받

---

[2] *WSA* 3,6,180*.
[3] ARL 151-52.
[4] NPNF 1,9,369.

게 될 의로운 심판에 대한 확신으로 나의 격렬한 슬픔을 가라앉혀 주셨습니다. 우리 주님께서 내게 주신 약은 바로 이 말씀이었습니다. "사람들이 너희를 박해하고, 너희를 거슬러 거짓으로 온갖 사악한 말을 하면, 너희는 행복하다! 기뻐하고 즐거워하여라. 너희가 하늘에서 받을 상이 크다. 사실 너희에 앞서 예언자들도 그렇게 박해를 받았다"(마태 5,10-12). 이 약으로 저는 만족했으며, 그 문제에 관한 한 나는 앞으로 입을 굳게 다물기로 결심했습니다. 이렇게 생각했기 때문이지요. "사람들이 집주인을 베엘제불이라고 불렀다면, 그 집 식구들에게야 얼마나 더 심하게 하겠느냐?"(마태 10,25). 자격은 없지만 그대와 나 같은 사람들 말입니다. 그리고 그분께서 '그는 사람을 속이는 자, 저자는 사람들을 속인다'는 말씀을 들으셨음을 생각할 때, 내가 이단자라는 소리를 듣거나 나의 판단이 느리고 제대로 보지 못한다는 이유로 나를 두더지라 부르더라도 분개해서는 안 될 것입니다. 나의 주님이시며 만물의 하느님이신 그리스도께서 "먹보요 술꾼이며 세리와 죄인들의 친구"(마태 11,19)라 불리셨습니다. 그런데 내가 사치 속에 사는 육적인 인간이라고 불린다고 해서 어떻게 화낼 수 있겠습니까?[5]

• 아퀼레이아의 루피누스 『히에로니무스 반박 변론』 1,1.[6]

### 불경한 목소리들이 "그를 십자가에 못 박으시오!" 하고 외쳤다

그런데 여러분[7]의 앞서의 모든 행위들 이후에 여러분이 "그자를 십자가에 못 박으시오! 십자가에 못 박으시오!" 하고 외치기도 했다면, 예언자가 여러분에게 외치는 이 말씀도 들어 보십시오. "사람의 아들들, 그들의 이빨은 창과 화살, 그들의 혀는 날카로운 칼입니다." 사람을 사형에 처하는 것은 율법에 어긋난다고 말하는 여러분이 어떤 무기로, 어떤 화살로, 어떤 칼로 의로운 사람을 사형에 처했는지 보십시오. 대사제들은 그들이 직접 오지 않고 다른 사람들을 보내어 예수님을 체포했지만, 루카 복음사가는 그 사건을 이렇게 기록합니다. "예수님께서는 당신을 잡으러 온 수석 사제들과 성전 경비대장들과 원로들에게 이르셨다. '너희는 강도라도 잡을 듯이 칼과 몽둥이를 들고 나왔단 말이냐?"(루카 21,52). 그러니까 수석 사제들은 몸으로는 아니지만 예수님을 잡으라고 그들이 보낸 사람들 안에서 [온 것이니], 명령을 내리는 그들의 권한 안에서 그들 자신이 왔다는 뜻으로 해석할 수밖에 없지 않습니까? 그러니 그분을 십자가에 못 박으라는 불경한 소리를 외친 모든 이는 그들 자신이 그분을 죽인 것입니다. 직접 손으로 죽이지는 않았지만 그 벌 받을 범죄를 저지른 이를 통하여 죽였습니다. 그가 그 일을 저지르도록 외침으로 몰아댄 것이 그들이기 때문입니다.

• 아우구스티누스 『요한 복음 강해』 114,4.[8]

### 우리는 남이 죄를 짓도록 부추김으로써 죄를 짓는다

형제 여러분, 어떤 종류의 살해였는지 보십시오.[9▸] 악마는 칼로 무장하지도, 무기를 허리에 차지도 않았지만 살인자로 불립니다. 그자는 인

[5] 이 편지는 히에로니무스가 팜마키우스에게 보낸 편지(『서간집』 84) — 본문에서 "문서"로 언급되는 — 에 대한 답으로 루피누스의 벗이며 그리스도교로 개종한 아프로니아누스에게 보낸 편지다. 히에로니무스의 편지와 루피누스의 응답은 4세기의 오리게네스 논쟁 — 특히 루피누스가 번역한 오리게네스의 『원리론』을 두고 벌어진 — 을 두고 오갔다. 히에로니무스는 루피누스가 오리게네스의 작품 내용을 좀 더 정통신앙에 맞도록 바꾸었다고 비난했다.

[6] NPNF 2,3,435*.

[7] 예수에게 사형을 선고하라고 본시오 빌라도에게 요구한 유대인들을 가리킨다.

[8] FC 92,18-19*.

류에게 와서 악한 말을 심었고 인류를 살해했습니다. 그러니 형제가 악을 행하도록 여러분이 부추겼다면 살인자가 아니라고 생각하지 마십시오. 형제가 악을 행하도록 여러분이 꼬드겼다면, 여러분은 그를 죽인 것입니다. 이 시편의 말씀을 듣고, 그것이 살해라는 것을 아십시오. "사람의 아들들, 그들의 이빨은 무기와 화살, 그들의 혀는 날카로운 칼입니다."

• 아우구스티누스『요한 복음 강해』42,11,2.[10]

### 57,6 하느님께서 일어나신다

#### 하느님께서 우리가 당신의 진실한 말씀에 눈뜨게 하신다

마찬가지로 나도 가톨릭교회에 관한 진실을 알게 되었습니다. 교회가 온 세상으로 퍼져 나가고 있고 성경 말씀이 사방에서 제 귀에 들려왔던 것입니다. 그리고 나의 친척들이 그에 반대하며 내어놓은 배반자들에 대한 거짓 고발들이 나를 귀머거리가 되게 했습니다.[11] 나는 나 자신을 바오로 사도의 공로와 비교하는 것이 아니라 그의 죄들과 비교합니다. 나는 그분처럼 선하다고 여겨질 만하지는 않았지만, 바로잡음으로 치료되기 전에도 악인은 아니었습니다. 그는 그가 읽는 책들에서 신앙을 알아보지 못했었고, 나는 신부를 알아보지 못했습니다. 바오로 사도에게 그리스도의 영광에 대하여 기록된 것을 계시해 주신 분, "하느님, 하늘 높이 일어나소서"라는 말을 들으신 분이 바로 교회가 퍼져 나감에 대해, "당신의 영광 온 땅 위에 떨치소서"에 대해 나에게 계시해 주신 분입니다. 이 두 본문의 증거는 볼 수 있는 이들에게는 명백히 드러나 있지만 눈먼 이들에게는 숨겨져 있습니다. 그의 눈을 열어 준 것은 그리스도의 세례였고 나의 눈을 열어 준 것은 그리스도의 평화였습니다. 그는 성수로 씻김으로써 새로워졌고 내 경우에 수없이 많은 나의 죄를 덮어 준 것은 자애였습니다.

• 아우구스티누스『설교집』360.[12]

#### 그리스도께서 하늘 높이 일어나신다

그 시편[13]을 떠올려 보십시오. "하느님, 하늘 높이 일어나소서"(시편 57,6.12). 이 말씀은 누구에게 올리는 것입니까? 아버지 하느님께 드리는 말씀은 아닐 것입니다. 그분께서는 한 번도 낮아지신 적이 없으니까요. 어머니의 태에 안기셨던 분, 그 어머니 안에서 잉태되셨던 분, 구유에 뉘이셨던 분, 아기가 되어 육의 본성에 따라 어머니 젖을 빠셨던 분, 어머니께 들어 올려지시며 세상을 들어 올리시는 분, 시메온 노인이 알아보고 위대한 분으로 찬미를 바친 아기였던 분, 젖먹이 때 과부 한나가 보고 전능하신 분임을 알아보았던 분, 우리를 위해 굶주리셨고 우리를 위해 목마르셨으며 우리를 위해 지치도록 길 위에 계셨던 분 — 여러분은 빵이 굶주리고 샘이 목마르며 길이 지친다는 말을 들어 본 적 있습니까? — 우리 때문에 이 모든 일을 견디신 분, 주무시기는 하지만 '이스라엘을 지키시느라 졸지도 않으시는'(시편 121,4 참조) 분, 그리고 마침내 유다가 팔아넘기고 유대인들이 샀지만 그들 손에 들어가지 않으신 분, 체포당하고 묶이고 매질당하고,

---

◀9 앞 단락에서 다룬 요한 8,44 해석의 연장선에서, 아우구스티누스는 지금 종교 지도자들이 예수를 죽이려는 음모를 꾸미도록 만든 자도, 아담과 하와를 유혹에 빠뜨려 죄를 짓게 만든 것도 사탄이라고 이야기하고 있다.

10 FC 88,157.

11 참된 신앙으로 돌아가자는 도나투스 이단에 관한 이 짧은 설교에서 아우구스티누스는 자신의 회개 이전과 이후의 삶을 대비시키며, 자신은 회개 전에는 이교인들인 친척들의 반(反)그리스도교적인 시각과 비난에 영향을 받았다고 고백한다.

12 *WSA* 3,10,222-23.

13 성경 낭독 후에 방금 답창으로 부른 시편을 가리킨다. 아우구스티누스가 인용하는 구절은 이 시편의 후렴구다.

가시관을 쓰시고, 나무에 달리시고, 창으로 찔리시고, 돌아가시어 묻히신 분, 그분께 올리는 말입니다, "하느님, 하늘 높이 일어나소서"는.

• 아우구스티누스 『설교집』 262,4.[14]

### 우리는 기도로 응답한다

아모스도 [그리스도께서] 취하신 인성의 영광에 대해 이야기합니다. "하늘로 올라가는 길을 지으시고 땅 위에 당신 약속을 세우신 분"(아모 9,6 불가타). 그분께서는 당신께서 그 안에서 하늘로 올라가실 수 있는 인간의 육체와 영혼을 창조하셨을 때, "하늘로 올라가는 길을 지으신" 것입니다. 그분께서는 당신께서 약속하신 대로 위에서 성령을 보내심으로써 믿음의 선물로 땅의 끝까지 채우셨을 때, "땅 위에 당신 약속을 세우신" 것입니다. 시편 저자는 이 약속의 선물이 오리라는 것을 영 안에서 미리 보고 그것이 어서 오기를 바라며 "하느님, 하늘 높이 일어나소서. 당신의 영광 온 땅 위에 떨치소서"라고 합니다. 분명 여기서 그가 뜻하는 것은 우리 구원자께서 죽게 되어 있는 육을 취하시고 죽음의 왕국을 무너뜨리시기 전에는 '하느님께서 유다에서만 널리 알려지셨고 이스라엘에서 위대한 이름으로 통했다'(시편 76,1 참조)는 사실입니다. 그러나 하느님이시며 인간이신 그분께서 죽은 이들 가운데에서 되살아나시어 하늘 높은 곳으로 뚫고 올라가셨을 때, 그분 이름의 영광이 선포되고 온 세상이 믿게 되었습니다.

• 존자 베다 『복음서 강해』 2,15.[15]

## 57,7-9 위험 한가운데에서도 충실한

### 사탄의 무리는 우리 영혼을 파괴하려 한다

바오로 사도가 우리에게 하는 이 말을 우리는 들었습니다. "우리는 여러분이 하느님과 화해하기를 권고하는 그리스도의 사절입니다"(2코린 5,20). 그동안 우리가 원수가 아니었다면, 사도가 우리에게 화해하라고 권고했을 리 없겠지요. 그러니까 온 세상이 구원자께는 원수, 포획자에게는 친구였습니다. 하느님에게는 원수, 악마에게는 친구였다는 말입니다. 그리고 인류 전체가 이 여자처럼[16] 허리가 굽어 땅만 보고 살았습니다. 이 원수들에 대해 벌써 알아차린 사람이 있습니다. 그는 그들을 거슬러 하느님께 이렇게 외칩니다. "그들이 제 영혼을 꺾었습니다"(시편 56,7 불가타). 악마와 그의 부하들은 남자와 여자들의 영혼을 꺾어 땅을 보게 합니다. 다시 말해, 그들이 덧없는 현세의 것들에 이끌리게 하여 "저 위에 있는 것"(콜로 3,1)을 추구하지 못하게 막습니다.

• 아우구스티누스 『설교집』 162B.[17]

### 확고한 마음이 곧 강한 의지다

우리 주 예수 그리스도께서는 당신의 증인들, 곧 순교자들에게 위대한 확신을 주셨습니다. 그들은 인간적 나약함 때문에, 그분을 고백하다가 죽게 된다면 죽음 후에 썩어 없어질지 모른다고 걱정하였습니다. 그분께서는 그들에게 이 말씀으로 [확신을] 주셨습니다. "너희는 머리카락 하나도 잃지 않을 것이다"(루카 21,18). 머리카락 하나도 잃지 않을 여러분인데 죽어 없어질까 걱정입니까? 여러분 삶에서 하나도 중요하지 않은 것조차 이렇게 보호받는다면 여러분의 영혼은 얼마나 더 확실하게 보호받겠습니까? 잘려도 여러분이 느끼지 못하는 머리카락 하나도 없어지지 않는데 여러분이 모든 것을 느끼게 해 주는

---

[14] *WSA* 3,7,217.

[15] CS 111,143-44.

[16] 등이 굽어 똑바로 설 수 없었던 여자(루카 13,11-17). 예수가 손을 얹어 고쳐 주었다.

[17] *WSA* 3,5,167.

영혼이 없어지겠습니까? 그분께서 그들이 많은 어려움을 겪을 것이라고 예고하신 것은 당신의 예고로 사람들을 더 강하게 만들고자 하신 것이 분명합니다. 그러자 그들은 그분께 "제 마음 든든합니다"라고 합니다. "제 마음 든든하다"는 것이 무슨 뜻입니까? 내 의지가 확고할 것이라는 뜻 아니겠습니까? 순교자들은 죽음을 맞을 때 의지가 확고했습니다. 그러나 그들의 의지를 확고하게 한 것은 주님이었습니다(잠언 8,35 참조). 그들이 미래에 닥칠 힘들고 어려운 재앙들에 대해 생각하자 그분께서는 "너희는 인내로써 생명을 얻어라"(루카 21,19)라고 덧붙이십니다. "인내로써"라고 했습니다. 인내는 강한 의지가 있어야만 가능한 것입니다. "인내로써." 그런데 우리의 것은 어디에서 옵니까? 우리가 소유한 것과 우리에게 주어진 것 모두 우리의 것입니다. 우리의 것이 아니라면 우리에게 주어지지 않았을 것이기 때문입니다. 어떤 이에게 무엇을 준다고 할 때, 그것이 여러분이 그것을 주는 이에게 속하게 되지 않는다면 그것을 어떻게 줍니까? 그것을 고백하는 말이 있습니다. '내 영혼은 오직 하느님을 향해 말없이 기다리니 그분에게서 나의 인내가 오기 때문이네'(시편 62,1 참조). 그분께서 우리에게 "인내로써"라고 하십니다. 우리도 그분께 "그분에게서 나의 희망이 오느니!"(시편 62,6)라고 말씀드립시다. 그분께서 그것을 여러분에게 주심으로써 그것을 여러분의 것으로 만드셨습니다. 배은망덕하게 그것을 자기 힘으로 얻었다고 생각하지 마십시오.

• 아를의 카이사리우스 『설교집』 226,1.[18]

[18] FC 66,156-57*.

## 58,1-12 정의를 청하는 기도

1 [지휘자에게. 알 타스헷. 다윗. 믹탐]
2 오, 신들아,① 너희가 진실로 정의를 말하며
올바르게 사람들을 심판하느냐?
3 너희는 오히려 마음속으로 불의를 지어내고
너희 손의 폭력을 땅 위에 퍼뜨리는구나.
4 악인들은 어미 배에서부터 변절하고
거짓말쟁이들은 어미 품에서부터 빗나간다.
5 그들은 뱀과 같은 독을 지녔다.
제 귀를 틀어막아 귀먹은 독사처럼.
6 능숙하게 주문을 외우는 주술사의 목소리를,
요술사의 목소리를 듣지 않으려는 독사처럼.
7 하느님, 그들 입안의 이를 부수소서.
주님, 사자들의 이빨을 부러뜨리소서.
8 흘러내리는 물처럼 그들은 사라지고
그들이 화살을 당긴다 해도
무디어지게 하소서.②
9 녹아내리는 달팽이처럼,
햇빛을 못 보는,
유산된 태아처럼 되게 하소서.
10 가시나무 불이 너희 솥을
뜨겁게 하기도 전에
주님께서는 날로든 태워서든
그 안의 것을 없애 버리시리라.
11 의인은 복수를 보며 기뻐하고
악인의 피에 자기 발을 씻으리라.
12 그리하여 사람들이 말하리라.⤴

"과연 의인에게는 결실이 있구나.
과연 세상에는 심판하시는 하느님께서
계시는구나."

① 또는 '힘 센 지배자들아'.
② 그리스어 본문; 히브리어 본문은 뜻이 불확실하다; 바로잡은 본문은 '그들이 풀처럼 밟혀 시들어 버리게 하소서'다.

둘러보기

심판과 단죄를 분명하게 구별해야 한다. 그리스도인들은 정해진 경계 안에서 공정하게 한다면 다른 사람들을 판단할 권리가 있지만, 영원한 단죄를 선고할 권리는 하느님께만 있다(아우구스티누스).

인간은 잉태되는 순간부터 죄가 있으므로 육이 아니라 영의 할례를 받을 필요가 있다. 하느님께서 악의 세력을 무찌르실 것이다(히에로니무스). 그리스도의 원수들은 그분의 신성에 관한 증언들을 배척한다(아우구스티누스). 모든 인간에게 영향을 미치는 죄는 사탄의 간교함과 거짓이 낳은 결과다(암브로시우스). 죄는 영혼 깊은 곳에 영향을 미쳐 악성 질병이 되었다. 우리는 그것을 숨기려 하거나 변명하려 애쓴다(나지안주스의 그레고리우스). 하느님께서 악을 벌하시겠다는 위협을 계속하시는 것은 사람들이 당신을 두려워하고 하느님 보시기에 기꺼운 삶을 살도록 유도하시는 것이다(요한 크리소스토무스). 하느님께서 사악한 자들에게 격노를 터뜨리시는 것은 사람들이 회개하고 당신께서 그들에게 베푸신 위대한 자비에 대하여 감사드리도록 이끄시려는 것이다(아우구스티누스).

58,2 사람들을 올바르게 심판하라

**다른 이들을 판단할 때 신중하라**

그리스도께서는 "내가 내 아버지에게서 들은 것을 너희에게 모두 알려 주었다"(요한 15,15)고 하셨는데, 이것은 당신께서 성령을 통하여 확실히 이루실 것을 마치 이미 이루신 것처럼 말씀하신 것 아닙니까? 그러므로 우리는 '그리스도를 믿는 이는 심판받지 않을 것이다'라는 말을 들을 때면 '그는 단죄받지 않을 것이다'라는 뜻으로 이해해야 할 것입니다. 바오로 사도의 다음 말에는 '단죄하였다'라는 말 대신에 '심판하였다'라는 말이 사용됩니다. "가려 먹는 사람은 아무 것이나 먹는 사람을 심판해서는 안 됩니다"(로마 14,3). 이는 '그를 나쁘게 생각하지 마라'라는 뜻입니다. 주님께서는 "남을 심판하지 마라. 그래야 너희도 심판받지 않는다"(마태 7,1)고 하십니다. 그분께서는 우리에게서 심판하는 권한을 뺏지 않으십니다. 예언자도 다음과 같이 말하기 때문입니다. "사람의 아들들아, 너희가 진실로 정의를 사랑하면, 올바르게 심판하여라." 또 주님께서는 "겉모습을 보고 판단하지 말고 올바로 판단하여라"(요한 7,24)라고 하십니다. 그러나 심판을 금지하시는 그 구절에서는 목적을 우리에게 숨기고 있는 사람이나 장차 어떻게 변할지 우리가 모르는 사람을 단죄하지 말라고 경고하십니다. 따라서 '그는 심판을 받지 않을 것이다'(참조: 요한 3,18; 5,24)라는 말씀은 '그는 단죄를 받지 않을 것'이라는 뜻입니다. 그리고 "믿지 않는 자는 이미 심판을 받았다"(요한 3,18)는 말씀은 그러한 사람은 믿지 않는 이들에게 무슨 일이 예정되어 있는지 아시는 하느님의 예지 안에서 이미 단죄를 받았다는 뜻입니다.

• 아우구스티누스 『그리스도인의 투쟁』 27,29.[1]

## 58,4-10 원죄

### 모든 이가 죄인이며 하느님의 자비를 필요로 한다

아티쿠스:[2] 그들이 의로운 사람들이라는 당신의 말을 인정합니다. 그러나 그들에게 죄가 없다는 당신의 말에는 결코 동의할 수 없습니다. 내 소견은 인간은 허물이 없을 수 있다는 것인데, 그리스 말로 '카키아'*kakia*[사악함]라고 하는 것 말입니다. 그러나 인간이 '아나마르테토스'*anamartētos*[잘못이 없는]라는 말, 다시 말해 '죄가 없다'(sine peccato)라는 말은 받아들일 수 없습니다. 이 덕은 오직 하느님께만 어울리는 것이기 때문입니다. 그리고 모든 피조물은 죄에 종속되어 있으며, "주님의 자애가 땅에 가득하네"(시편 33,5)라는 성경 말씀대로, 하느님의 자비를 필요로 합니다. 내가 성인들이 실수로 저지르게 된 아주 사소한 잘못들을 말하는 것이 아니라는 것을 보여 주기 위해, 개인들이 아니라 모든 사람에게 일반적으로 해당하는 증언들을 제시하겠습니다. 시편 제31편에 이렇게 쓰여 있습니다. "'주님께 저의 죄를 고백합니다.' 그러자 당신께서 제 마음의 사악함을 용서하여 주셨습니다"(시편 32,5). 그리고 곧바로 이렇게 이어집니다. "그 때문에(그러니까 '이 불경이나 사악함 때문에'라는 말입니다. 이 구절에서는 이 두 단어가 다 들어맞습니다) 거룩한 이들은 모두 때 맞추어 당신께 기도드립니다"(시편 32,6). [그런데] 거룩한 사람이라면, 그가 불경에 대해 용서를 청할 일이 무엇이 있습니까? 그 사람에게 불의가 있다면, 어째서 그런 이가 거룩한 이로 불리는 것입니까? 다음 구절에 쓰여 있는 의미에서 그렇게 말한 것이 분명합니다. "의인은 일곱 번 쓰러져도 일어난다"(잠언 24,16). 그리고 이런 말씀도 있습니다. "의인은 말할 때 먼저 자기 자신부터 나무라고 시작한다"(잠언 18,17). 그리고 또 다른 곳에는 이렇게 쓰여 있습니다. "악인들은 어미 배에서부터 변절하고 어미 품에서부터 빗나간다. 그들은 거짓을 말하며 …." 그들은 장차 오실 분의 표상인 아담의 죄를 닮은 것 안에서 태어나는 바로 그 순간, 또는 그리스도께서 동정녀에게서 태어나신 순간에 죄 있는 존재인 인간이 되었습니다. 그에 관하여 이렇게 쓰여 있습니다. '태를 열고 나온 이는 모두 주님께 거룩하다고 불릴 것이다'(참조: 루카 2,23; 탈출 13,2; 34,19).

• 히에로니무스 『펠라기우스파 반박 대화』 2,4.[3]

### 하느님께서 악의 세력을 패배시키실 것이다

이 본보기들[4]에서 배운 나는 나의 말에 대들며 물어 대는 이들에게 똑같이 대들며 물고 싶지도 비슷한 식으로 대꾸하고 싶지도 않았습니다. 그보다 나는 주문으로 광인의 격노를 뽑아내고 독이 밴 가슴을 단 한 번에 들여다보는 해독제를 쏟아붓는 방법을 택했습니다. 그러나 나는 나의 노력이 헛된 것이 되어 우리가 잘 아는 다윗의

---

[1] FC 2,344*.

[2] 이 작품은 신심 깊은 신자이며 아우구스티누스의 신학을 지지하는 아티쿠스와 펠라기우스 이단 신봉자인 크리토불루스 사이의 대화 형식으로 이루어져 있다.

[3] FC 53,298-99.

[4] 히에로니무스가 이 글 앞부분에서 잠언 25-30장을 다루며 인용한 구절들(잠언 25,18; 26,2.4-5 등)을 가리킨다.

노래를 부르며 이 말씀으로 나 자신을 위로하지 않을 수 없게 될까 봐 두렵습니다. "죄인들은 무리에서 떨어져 나가고 어미 태에서부터 빗나간다. 그들은 거짓을 말하였다. 그들의 광기는 뱀의 광기와 같다. 제 귀를 틀어막아 귀먹은 독사처럼, 능숙하게 주문을 외우는 주술사의 목소리를, 요술사의 목소리를 듣지 않으려는 독사처럼. 하느님께서 그들 입안의 이를 부수시리라. 주님께서 사자들의 이빨을 부러뜨리시리라. 흘러내리는 물처럼 그들은 사라지리라. 그분께서 그들이 당긴 활을 굽어지게 하신다. 녹아내리는 밀랍처럼, 그들은 사라지리라. 불이 그들 위로 떨어지고 그들은 해를 보지 못하네." 또 이런 말씀도 있습니다. "의인은 악인이 받는 복수를 보며 기뻐하고 죄인의 피에 자기 손을 씻으리라"(시편 58,11). 그리하여 사람들은 말할 것입니다. "과연 의인들에게는 결실이 있구나. 과연 세상에는 심판하시는 하느님께서 계시는구나"(시편 58,12).

• 히에로니무스 『루피누스 반박』 3,43.[5]

### 제 귀를 틀어막는 귀먹은 뱀 같은 사람

하늘이 열렸고 스테파노는 순교자들의 우두머리를 보았습니다. 그는 예수님께서 아버지의 오른쪽에 서 계신 것을 보았습니다. 그가 입 다물고 있지 않도록, 그는 보았습니다. 그의 박해자들로 말하면, 그들을 볼 수 없었습니다. 그러나 시샘은 할 수 있었습니다. 그들이 보지 못한 이유는 그들이 시샘했기 때문입니다.[6] 스테파노로 말할 것 같으면, 그는 자신이 본 것에 대해 입 다물고 있지 않았습니다. 자신이 본 분에게 가 닿기 위해서였지요. 그는 말하였습니다. "보십시오, 나는 하늘이 열려 있고 사람의 아들이 옥좌에 앉으신 분의 오른쪽에 서 계신 것이 보입니다"(사도 7,55). 그들은 신께 대한 불경한 소리를 들었다는 듯이 즉시 귀를 막았습니다. 시편에서 이들의 모습을 볼 수 있습니다. "제 귀를 틀어막아 귀먹은 독사처럼. 요술사의 목소리와 현인의 입에서 나온 주문을 듣지 않으려는 독사처럼"(시편 58,5-6). 뱀이 주술사의 주문을 외우면 몸뚱이가 터지거나 자기 굴을 떠나야 되는 것을 피하기 위해 한쪽 귀는 땅바닥에 대고 다른 한쪽 귀는 자기 꼬리로 막는 것과 같습니다. 그렇지만 결국 요술사는 뱀이 굴에서 나오도록 만들지요. 스테파노를 박해하는 자들도 이처럼 여전히 자기 굴 속에서 쉿쉿 거리고 있었습니다. 그러나 그들의 가슴은 끓어오르고 있었습니다. 그들은 아직 터지지는 않았습니다. 그들은 귀를 막고 있었습니다. 그들이 지금 터지게 하십시오. 그들이 자기 실체를 드러내 보이게 합시다. 그들이 돌을 집어 들고 뛰쳐나가게 합시다. 그들은 뛰쳐나갔고 그를 돌로 쳐 죽였습니다.

• 아우구스티누스 『설교집』 316,2.[7]

### 사탄의 간계

앞 구절(창세 3,14)은 뱀의 본성을 묘사하는 것처럼 보이지만, 그보다는 악의 그릇 모두를, 그리고 배로 땅을 기며 몸속에 독을 숨기고서 가슴속에서 그것을 음미하는 사악한 모든 뱀을 묘사하고 있습니다. 그는[8] 생각에서는 교활하고 속임수를 저지르며 거짓 모습으로 자기를 감춥니다. 그자는 언제나 움직이며 생각을 통해 자기 독을 휘저으면서 배로 땅바닥을 기어 다닙니다. 그의 배는 마음의 묘판苗板이지요. 이런 의미에서 다

---

[5] FC 53,219-20*.

[6] 번역이 불가능한 말놀이 문장이다: Non illi videbant, sed invidebant; et ideo non videbant, quia invidebant.

[7] *WSA* 3,9,138*.

[8] 사탄을 나타내는 뱀을 가리킨다.

윗의 다음 말은 옳습니다. "죄인들은 어미 태에서부터 변절하고 어미 품에서부터 빗나간다. 그들은 거짓을 말하며 그들의 광기는 뱀과 제 귀를 틀어막아 귀먹은 독사와 같다. 주술사의 목소리를, 현인이 불러낸 요술사의 목소리를 듣지 않으려는 독사와 같다."[9] 이런 이유에서, 우리가 예언서에서 읽는 이 말씀도 들어맞습니다. "내 마음, 내 마음이 아프구나!"(예레 4,19). 결백함이 있어야 할 곳에 사악함이 깃들어 있기 때문입니다. 우리 안에서 특별히 더 잔잔해야 할 부분이 더 아픈 고통을 겪고 있습니다. 악의 발가락이 그것을 짓밟고 악의 발톱이 그것을 찌르며, 영원히 계속될 후손을 낳을 씨가 존재하는 곳에서 악행이 자라나면서 그것을 흔들어 대기 때문입니다.

• 암브로시우스 『세상 도피』 7,42.[10]

주술사의 목소리

우리는 우리의 죄를 곪는 악성 질병인 것처럼 우리 영혼 저 깊숙한 곳에 집어넣어 감춥니다. 사람들 눈에 안 보이게 하면 하느님의 막강한 눈과 처벌을 피할 수 있을 것처럼 생각합니다. 그렇지 않으면 변명을 늘어놓으며 자기 잘못을 옹호하거나 귀를 꼭 닫음으로써 자기 죄를 합리화합니다. 자기 귀를 틀어막는 뱀처럼, 우리는 요술사의 목소리를 듣지 않으려 고집 피우며 영적 질병을 치유하는 지혜의 약으로 치료받기를 거부합니다.

• 나지안주스의 그레고리우스 『도피 변론』(연설 2) 20.[11]

## 58,11–12 하느님의 자비와 심판

### 벌을 내리시겠다는 하느님의 위협은 헛된 위협이 아니다

하느님의 선하심에 관한 또 다른 사례를 듣고 싶으십니까? 이 점[12]만이 아니라, 선한 이들이 나쁘게 변하는 것을 허락하지 않으신다는 점도 [하느님의 선의를 말해 줍니다]. 그들이 똑같은 결말을 맞도록 예정되어 있다면 그들 모두가 악하게 될 것이기 때문입니다. 그런데 이 점 역시 선한 이들에게 큰 위로가 됩니다. 예언자의 이 말을 들어 보십시오. "의인은 불경한 이에게 내린 복수를 보고 기뻐하고 죄인들의 피에 자기 손을 씻으리라." [의인은] 그것 자체 때문에 기뻐하는 것이 아니라, 자기도 같은 일을 겪게 될까 두려워 더욱 깨끗한 삶을 살 것입니다. 그렇다면 이것은 하느님께서 훌륭히 보살피신다는 표시입니다. 네, 여러분은 이렇게 말하겠지요. 그분께서는 위협만 하시고 벌도 주시지는 마셔야 한다고. 그러나 그분께서 벌주신다면, 그리고 여러분이 여전히 그것은 위협일 뿐이라 말하며 그것 때문에 나태해진다면, 그것이 실제로 위협일 뿐이라면, 여러분은 더 게을러지지 않겠습니까? 니네베 사람들은 [요나가 전한 말이] 위협임을 알았더라면 회개하지 않았을 것입니다. 그러나 그들이 회개했기에, 그 위협이 말로만 그치는 것이 되도록 만들었습니다. 여러분은 그것이 위협만이기 바라십니까? 여러분 마음대로 할 수 있습니다. 더 훌륭한 사람이 되십시오. 그러면 그것은 위협에 그칩니다. 그러나 절대 이런 일이 있어서는 안 되지만, 여러분이 그 위협을 무시한다면, 여러분은 그 일을 실제로 겪게 될 것입니다. 대홍수 이전에 살았던 사람들이 그 위협을 두려워했더라면 그들은 대홍수를 겪지 않았을 것입니다. 우리가 그 위협을 두려워한다면 그것이 현실이 되는 경험을 하지 않게 될 것입니다. 절대 그런 일이 있

[9] 이 인용의 뒷부분은 암브로시우스가 칠십인역의 "para sophou"(현인에게서)를 번역한 표현이다.

[10] FC 65,312-13*.

[11] NPNF 2,7,209*.

[12] 바로 앞에서 요한 크리소스토무스는 악행을 한 사람들을 벌주는 것은 선의의 표시이고 벌주지 않고 지나가는 것은 잔인함이라고 설명하였다.

어서는 안 되겠지요. 자비로우신 하느님께서 올바른 정신을 갖게 된 우리 모두가 그 이루 말할 수 없는 축복들을 누리게 해 주시기를 바랍니다.

• 요한 크리소스토무스 『필레몬서 강해』 3.[13]

하느님께서 악인에게 내리시는 벌에서 교훈을 얻는다

파멸이 어울리는 그릇들에게는 하느님께서 인내로 그들을 관용하시다가 때가 되어 그들을 멸하시어 당신께서 자비를 베푸시는 이들을 위한 구원의 도구로 사용하심은 하나도 좋을 것이 없습니다. 그러나 하느님께서 그 구원을 위해서 이 수단을 사용하는 이들에게는 득이 있습니다. "의인은 악인의 피에 자기 손을 씻으리라"고 쓰여 있듯이, 의인은 죄인들이 심판받는 것을 보고 하느님을 두려워함으로 악행들로 더러워지는 일이 없을 것입니다. 하느님께서 "진노의 그릇들"(로마 9,22)을 참아 주심으로써 당신의 진노를 보이시는 것은 다른 이들에게 유익한 본보기를 세워 주시는 것인 한편 "영광을 받도록 미리 마련하신 자비의 그릇들에게 당신의 풍성한 영광을 알리려"(로마 9,23)는 것이기도 합니다. 믿지 않는 자들의 마음을 완고하게 하심은 두 가지를 알려 줍니다. 사람은 하느님을 두려워하며 경건한 마음으로 그분께로 돌아서야 한다는 것과, 어떤 사람들에게 부과하신 벌로 당신께서 다른 이들에게 주신 선물의 위대함을 보여 주시는 하느님께 그분의 자비에 대해서 감사를 드려야 한다는 것입니다. 그분께서 앞의 사람들에게 주시는 벌이 정당하지 않다면, 그것은 당신께서 벌주시지 않는 이들에게 선물이 되지 않습니다. 그러나 그 벌은 정당하고 심판하시는 하느님께는 불의함이 없으니, 그분께 감사를 드려야 마땅한 이들은 누구입니까? 당신께서 받고자 하시면 아무도 그것이 응당 갚아야 하는 빚임을 부인할 수 없는 그 빚을 하느님께서 면제해 주시니 말입니다.

• 아우구스티누스 『심플리키아누스에게』 2,18.[14]

[13] NPNF 1,13,557*.

[14] LCC 6,401.

### 59,1-18 원수들에게서 구해 주십사는 기도

1 [지휘자에게. 알 타스헷. 믹탐. 다윗.
사울이 사람들을 보내어 다윗을 죽이려고
집을 감시할 때]
2 저의 하느님,
제 원수들에게서 저를 구하소서.
제 적들에게서 저를 보호하소서.
3 나쁜 짓 하는 자들에게서 저를 구하시고
피에 주린 자들에게서 저를 구원하소서.
4 보소서, 그들이 제 목숨을 엿보며
힘센 자들이 저를 공격합니다.
주님, 저에게는 잘못이 없고 죄가 없는데도,
5 제 탓이 없는데도
그들은 달려와 늘어섰습니다.
깨어나 오시어 저를 보소서.
6 당신은 주 만군의 하느님,
이스라엘의 하느님.
일어나시어 민족들을 모두 벌하소서.
사악한 변절자 그 누구에게도
동정을 베풀지 마소서. 셀라
7 그들은 저녁이면 돌아와⤴

개처럼 짖어 대며
성안을 돌아다닙니다.
8 보소서, 그들은 입으로 거품을 내뿜고
입술에는 칼을 물고서① 말합니다.
"대관절 누가 듣는단 말이냐?"
9 그러나 주님, 당신께서는 그들을 비웃으시며
민족들을 모두 냉소하십니다.
10 저의 힘이시여, 당신만을 바랍니다.
하느님, 당신께서 저의 성채이시기
때문입니다.
11 나의 자애로우신 하느님께서
나에게 마주 오시리라.
하느님께서 내가 적대자들을
내려다보게 하시리라.
12 제 백성이 잊지 않도록
그들을 죽이지 마소서.
저희의 방패이신 주님
당신 힘으로 그들을 흩어 버리고
쓰러뜨리소서.
13 그들 입술에서 나온 말은
그들 입이 저지른 죄니
자기들의 교만에 걸려들게 하소서.
저주와 거짓말을 늘어놓았으니
14 그들을 진노로 없애소서,
하나도 남김없이 없애소서.
하느님께서 야곱을 다스리심이
세상 끝까지 알려지리이다. 셀라
15 그들은 저녁이면 돌아와
개처럼 짖어 대며
성안을 돌아다닙니다.
16 먹을 것을 찾아 이리저리 쏘다니다
배를 채우지 못하면 거기서 밤을 새웁니다.
17 그러나 저는 당신의 힘을 노래하오리다.
아침에 당신의 자애에 환호하오리다.
당신께서 저에게 성채가,
제 곤경의 날에 피신처가 되어 주셨습니다.
18 하느님, 당신은 저의 성채,
저의 자애로우신 하느님이시니
저의 힘이시여, 당신께 노래하오리다.

① 히브리어 본문; 바로잡은 본문에는 '칼을 물고서'가 없다.

둘러보기

칼을 비롯한 무기에 관한 언급은 구약의 요셉과 마리아, 제자들과 순교자들이 겪는 환난과 고통을 상징한다.

시편 저자가 언명하고 신약성경이 확인해 주듯이, 인간은 생각과 행위 모두에서 하느님의 힘에 의지해야만 한다. 사악한 자들의 경우 자선도 용서를 가져다주지 못한다. 하느님만이 우리가 참된 자선가가 될 수 있게 하신다. 우리가 선에 마음이 내키고 그에 대한 의지를 품도록 움직이는 것은 하느님의 자비다(아우구스티누스). 우리는 그렇지 않은 척하지만, 자력으로는 선에 대한 의지를 품지도 그것을 행하지도 못한다(카시오도루스). 믿음과 우리의 모든 선행은 하느님에게서 온다(카시오도루스). 결과적으로, 하늘 자체도 우리가 아니라 하느님께서 하신 일에 기반하는 선물이다(베다). 하느님께서는 거짓 그리스도를 믿는 이들을 영원한 벌로 위협하셨다(테르툴리아누스). 하느님께서 유대인들이 신앙을 버렸을 때도 눈감아 주신 것은 그들이 율법과 성경을 지킴으로써 교회의 씨앗을 제공하게 하시려는 것이었다(아우구스티누스).

59,8 하느님 백성의 시련

박해자의 꿰찌르는 칼

나는 시메온이 주님의 동정 어머니께 한, '칼이 당신의 영혼을 꿰찌를 것입니다'(루카 2,35ㄱ 참조)라는 말에 대해 어떻게 생각하는지 다른 편지에 쓴 바 있고, 언젠가 그 복사본을 당신[1]에게 보내기도 했습니다. 시메온의 다음 말, "많은 사람의 마음속 생각이 드러날 것입니다"(루카 2,35ㄴ)라는 구절은 주님의 수난으로 유대인들의 음모와 제자들의 나약함이 환히 드러났다는 뜻으로 이해해야 한다고 생각합니다. "칼"은 시련을 나타낸다고 볼 수 있습니다. 이 시련으로 말미암아 어머니 마리아의 마음이 슬픔의 감정으로 상처 입었다는 점에서 그렇습니다. 박해자들의 입술에 그 칼이 들어 있었는데, 그에 대해 시편은 "그들은 입술에는 칼을 물고서 말합니다"라고 합니다.[2] 그들은 "그들의 이빨이 무기와 화살, 혀가 날카로운 칼"(시편 57,5)인 사람들의 아들들입니다. 요셉의 영혼을 꿰뚫었던 "쇠사슬"은 제가 생각할 때 극심한 시련을 표현한 말입니다(창세 40-41장 참조). 그래서 이렇게 쓰여 있습니다. "사람들이 족쇄를 그의 발에 채우고 쇠사슬을 그의 목에 감았다. 마침내 그의 말이 들어맞아"(시편 105,18-19ㄱ). 그러니까 그는 그의 예고가 이루어질 때까지 그렇게 오랜 시간을 극심한 시련 속에 있었던 것입니다. 비로소 그는 시편에서 벗어나 그때부터 매우 존경받는 지위에 있게 되었습니다. 그러나 그의 말이 들어맞았다고 해서, 곧 그가 예고한 일이 이루어졌다고 해서 인간 지혜에 공을 돌리는 일이 없도록, 성경은 성경의 방식으로 하느님께 영광을 돌리며 이렇게 말합니다. "주님 말씀이 그를 증명해 주시니"(시편 105,19ㄴ).

• 아우구스티누스 『서간집』 149.[3]

59,10-11 하느님의 은총이 필요하다

우리만으로는 안 된다

그러므로 사람은 진실되게 그리고 자유의지의 온 힘을 담아 이렇게 말하는 것이 옳습니다. "저의 힘이시여, 당신만을 바랍니다." 그 힘을 주시는 분의 도움 없이도 자기가 그것을 지킬 수 있다고 생각하는 사람은 저 먼 고장으로 떠나 방탕하게 살며 자기가 가진 것을 탕진하기 때문입니다. 그러나 힘들고 비참한 종살이로 지친 그는 제정신이 돌아와 '나는 일어나 아버지에게 가야지'(루카 15,18 참조) 하고 말합니다. 그러나 지극히 자비로우신 아버지께서 비밀히 그에게 속삭여 주시지 않으셨더라면 그에게 이 선한 생각이 어떻게 떠올랐겠습니까? 이를 잘 알았던 신약의 일꾼(에페 3,7 참조)은 그래서 이렇게 말합니다. "우리가 무슨 자격이 있어서 스스로 무엇인가 해냈다고 여긴다는 말이 아닙니다. 우리의 자격은 하느님에게서 옵니다"(2코린 3,5). 따라서 시편 저자가 "저의 힘이시여, 당신만을 바랍니다"라고 했을 때, 그는 그 힘을 자기가 지키고 있는 것이 아니라는 것을, "주님께서 성읍을 지켜 주지 않으시면 그것을 지키는 그들의 파수가 헛되리라"(시편 127,1)는 것을, "이스라엘을 지키시는 분께서는 졸지도 않으시고 잠들지도 않으신다"(시편 121,4)는 것을 되새기며, 자신이 그 힘을 지

[1] 아우구스티누스의 지인으로 이 편지의 수신인인 놀라의 파울리누스를 말한다.

[2] 아우구스티누스는 이 구절을 혀를 칼로 이해하는 시편 57,5와 연관 지어 해석하고 있다.

[3] FC 20,264-65*.

킬 수 있는 이유, 아니, 그 힘을 지켜 주시는 분에 대해 말합니다. "하느님, 당신께서 저의 보호자이시기 때문입니다"(10절, 불가타).

• 아우구스티누스 『서간집』 186.[4]

### 자선도 악행을 지워 주지는 못한다

돈이든 뭐든 나는 내가 맺은 열매들을 자선으로 베푸니 마음대로 악행과 악덕을 자행해도 처벌받지 않는 권리를 산다고 믿는 사람들은 아무리 많은 자선을 베풀더라도 그렇게 스스로를 속이지 마십시오. 그런 이들은 그처럼 큰 사악함을 행할 뿐만 아니라, 처벌받지만 않는다면 영원토록 그렇게 살고 싶어 할 만큼 사악함을 사랑하기 때문입니다. "그러나 죄악을 사랑하는 자는 자신의 영혼을 미워한다"(시편 10,6 불가타)고 하였습니다. 그리고 자신의 영혼을 미워하는 자는 누구든 자신의 영혼에 자비롭지 않고 잔인합니다. 세상의 방식을 따라 자신의 영혼을 사랑하는 이는 하느님의 방식에 따라서는 그것을 미워하는 것이기 때문입니다. 그러므로 그의 모든 것을 깨끗이 해 줄 자선(루카 11,41 참조)을 자신의 영혼에게 선물하고 싶다면, 세상의 방식을 따라서는 자신의 영혼을 미워하고 하느님의 방식을 따라 자신의 영혼을 사랑해야 할 것입니다. 그러나 필요한 것이 아무것도 없으신 하느님으로부터 받지 않는 한, 아무도 자선을 베풀지 못합니다. 그래서 "하느님의 자비가 내 앞에 가리라"(시편 58,11 불가타)고 쓰여 있습니다.

• 아우구스티누스 『믿음 희망 사랑의 길잡이』 20,77.[5]

### 하느님의 자비가 인간의 선의보다 선행한다

인간의 선한 의지는 하느님께서 주시는 다른 많은 은사들보다 앞서지만 모든 은사들보다 앞서지는 않습니다. 선한 의지보다 앞선 은사들 중의 하나는 바로 자비 자체입니다! 그래서 우리는 거룩한 책에서 "하느님의 자비가 내 앞에 가리라"(시편 58,11 불가타), 그리고 "주님의 자애가 저를 따르리니"(시편 23,6)라는 말씀을 읽습니다. 하느님의 자비는 인간이 의지를 품기 전에 인간이 그러한 의지에 마음이 이끌리게끔 하시어 그의 의지 작용을 일으킵니다. 하느님의 자비는 인간의 의지가 좌절되지 않도록 인간의 의지를 뒤따르기도 합니다. 그렇지 않다면, 그러니까 하느님께서 지금도 그들과 그들의 의지 안에서 활동하고 계시지 않다면, 우리가 왜 지금 경건하게 살려는 의지가 없는 게 확실한 원수들을 위해서 기도하라는(마태 5,44 참조) 훈계를 듣겠습니까? 또 우리가 의지하는 것이 우리가 의지하는 것을 우리에게 주시는 하느님을 통하여 일어나는 것이 아니라면, 왜 우리가 받으려면 먼저 구하라는 훈계를 듣겠습니까? 그러므로 원수들을 위한 우리의 기도는 하느님의 자비가 우리 앞에 가는 것처럼 그들 앞에서도 가기를 바라는 기도입니다. 우리는 우리 자신을 위해서는 하느님의 자비가 우리를 뒤따르기를 기도합니다.

• 아우구스티누스 『믿음 희망 사랑의 길잡이』 9,32.[6]

### 하느님의 자비는 악인의 단죄로 입증된다

'하느님의 계획에 따라 부르심을 받은 이들, 하느님께서 미리 뽑으신 이들, 당신의 아드님과 같은 모상이 되도록 미리 정하신 이들'(로마 8,28-29 참조)이 자기 욕망에 몸을 내맡겨 멸망에 떨어진다는 것은 상상도 하지 마십시오. 그런 일은 "멸망하게 되어 있는 진노의 그릇들"(로마 9,22)이 겪는 일이며, 하느님께서는 그런 자들의 파멸을

[4] FC 30,194-95*. [5] FC 2,435*.
[6] LCC 7,359*.

통하여 "자비의 그릇들에게 당신의 풍성한 영광을 알리려고"(로마 9,23) 하시기 때문입니다. 이것이 시편 저자가 "나의 하느님, 그분의 자비가 내 앞에 가리라"라고 한 다음 "하느님께서 내가 적대자들을 내려다보게 하시리라"라고 덧붙이는 이유입니다. 그러므로 악인들에게 그런 일이 일어나는 것은 성경에 쓰여 있는 대로, '하느님께서 그들이 마음의 욕망으로 더럽혀지도록 내버려 두셨기'(로마 1,24 참조) 때문입니다. 그러나 하느님의 성령께서 다스리시는 [구원이] 예정된 이들에게는 이런 일이 일어나지 않습니다. 그들의 부르짖음은 헛되이 사라지지 않기 때문입니다. "주님, 악인의 탐욕을 채워 주지 마시고 그의 음모가 이루어지지 못하게 하소서"(시편 140,9). 성경에 쓰여 있듯이, 그들이 경계하며 기도한 것도 바로 이런 욕망이었습니다. "식욕과 색욕이 저를 지배하지 말게 하시고 부끄러움을 모르는 욕정에 저를 넘기지 마소서"(집회 23,6). 하느님께서는 당신께서 다스리시는 이들에게는 이 은혜를 베푸시지만 자기 스스로 다스릴 수 있다고 생각하는 이들과 주제넘은 뻔뻔함과 완고함으로 그분을 자신의 안내자로 모실 생각이 전혀 없는 이들에게는 베푸시지 않습니다.

• 아우구스티누스 『펠라기우스 행적』 7.[7]

우리는 하느님의 은총 없이는 어떤 선도 행할 수 없다

펠라기우스파의 두 번째 사악함도 있습니다. 그들은 인간이 자유의지라는 힘을 지니고 있다고 보기에 하느님의 은총 없이 자기들 스스로 선을 꾀하거나 행할 수 있다고 생각합니다. 그런 것이 가능하다면 예언자가 왜 "주님의 자비가 내 앞에 가리라"고 말하겠습니까? 주님의 자비가 그대를 앞서 예비하였다는 말을 들으면, 그대는 그대가 궁리해 낸 어떠한 일에서도 그대가 먼저가 아니었다고 이해하십시오. 예언자는 또 다른 시편에서도 이렇게 말합니다. "주님께서 집을 지어 주지 않으시면 그 짓는 이들의 수고가 헛되리라"(시편 127,1). 그는 "주님께서는 사람의 발걸음을 굳건히 하시며 그의 길을 마음에 들어 하시리라"(시편 37,23), "주님께서는 쓰러진 이들을 일으키시고 주님께서는 붙잡힌 이들을 풀어 주시며 주님께서는 눈먼 이들의 눈을 열어 주신다"(시편 146,7-8)고도 합니다. 그대는 아무런 공로도 짓지 않았는데 주님께서 앞서가시고, 지으시며, 인도하시고, 들어 올리시며, 풀어 주시고, 깨우쳐 주신다고 들으니, 그대 자신이 시작하였다고 보이는 것이 무엇이 있습니까? 있다면 그대가 교만 때문에 단죄받아 마땅한 것뿐 아닙니까? … 그런데도 그대는 사람들이 스스로 선한 의향의 첫걸음을 내디디며 그 이후에 신성의 도움을 얻는다고, 따라서 우리가 그분의 호의를 유발하는 것이지 그분이 원인이 아니라는 (신성모독적인) 믿음 아래 앞에 예로 든 구절과 또 그와 비슷한 구절들을 지극히 왜곡되게 해석합니다.

• 카시오도루스 『시편 해설』 50,7.[8]

믿음도 선행도 다 하느님 덕분이다

선행에서 비틀거리는 일이 없도록 우리는 언제나 "너희는 나 없이 아무것도 하지 못한다"(요한 15,5)고 하시는 분의 도움에 의지해야 합니다. 그래서 믿음과 선행의 시작은 주님께서 우리에게 주시는 것이라는 사실을 표현하기 위하여 시편 저자는 참으로 옳게 이렇게 말합니다. "나의 하느님, 그분의 자비가 내 앞에 가리니." 또 우리가 하는 선한 일은 그분의 도움으로 이루어져야 한다는 것을 가르치기 위해 그는 이렇게 말합

[7] FC 86,117-18*.

[8] ACW 51,499*.

니다. "저의 한평생 모든 날에 당신의 자애가 저를 따르나이다"(시편 23,6). 선행에 대한 상으로 주어지는 영원한 생명은 거저 주어지는 것임을 보여 주기 위해 그는 "자애와 자비로 관을 씌워 주시는 분"(시편 103,4)이라고 말합니다. 실로 그분께서는 우리가 수행하도록 당신께서 자비롭게 허락해 주신 선행들에 대해 하늘의 복됨이라는 보상으로 우리에게 되갚아 주실 때 우리에게 자애와 자비로 관을 씌워 주십니다.

• 존자 베다 『복음서 강해』 1,2.[9]

59,12 하느님의 자비와 심판의 이유

**그리스도를 거부하는 자들에게 내리는 하느님의 응보**

이와 마찬가지로, "너희가 마다하고 거스르면 칼날에 먹히리라"(이사 1,20)고 칼을 들먹이는 조건적인 위협은 "칼"이 그리스도임을 입증해 줍니다. 그들은 그분에 대한 반항 때문에 파멸했기 때문입니다. 시편 제59편에서 그는 아버지께 그들을 흩어 버리시라고 요구합니다. "당신 힘으로 그들을 흩어 버리고 쓰러뜨리소서." 그분께서는 이사야를 시켜서 그들이 불로 파멸하리라는 예언을 하게 하시며 이런 말씀으로 끝맺습니다. "이것이 너희가 내 손에서 받아야 할 바이니 너희는 슬픔 속에 드러누워야 하리라"(이사 50,11). 그러나 그들이 이 응보를, 당신 때문에 그들이 이 고통을 겪게 된다고 예언하신 분 때문이 아니라 다른 신[10]의 그리스도 때문에 겪는다면, 이 모든 말은 의미 없는 것일 겁니다. 그대는 창조주의 권세들과 권력들에 의해, 말하자면 적대 세력들에 의해 십자가로 내몰린 것은 다른 신[11]의 그리스도라고 주장하지만, 나는 이렇게 말하지 않을 수 없습니다. 그분이 얼마나 명백히 창조주의 옹호를 받았는지 보라고. 그분의 경우 두 가지 예언이 다 이루어졌습니다. "그는 악인들과 함께 묻히고"라는 말씀대로, 그분의 시신을 도둑맞았다고 우겨 대는 자들이 있었고, "그는 죽어서 부자들과 함께 묻혔다"(이사 53,9)라는 말씀대로, 유다의 배반과 그분의 시신을 누가 옮겨 갔다는 군사들의 거짓 보고에 돈으로 보상해 준 이들이 있었습니다.

• 테르툴리아누스 『마르키온 반박』 3,23.[12]

**그리스도 교회에 관한 예언**

시샘과 교만 때문에 의로운 동생을 죽인 카인처럼 그들[13]은 아무도 그들을 죽이지 못하도록 표시를 달고 있었습니다. 실로 이 사실은 그리스도께서 당신의 인간 본성에 따라 말씀하시는 시편 제59편에 명확하게 나와 있습니다. "나의 하느님께서 나의 적들에 관해 나에게 계시하셨다. 하느님께서 내가 적대자들을 내려다보게 하시리라. 제 백성이 잊지 않도록 그들을 죽이지 마소서." 참 기이하게도, 그리스도께서 어떻게 예고되신 분이신지에 관한 증거가 그리스도 신앙의 적들인 이 백성을 통하여 다른 민족들에게 제공되었습니다. 아마도 그것은 그 예언들이 얼마나 분명하게 이루어졌는지를 본 다른 민족들이 성경이 그리스도인들에 의해 집성되었다고 생각하는 일이 없게 하시려는 것이었던 듯합니다. 실현된 사실들로 그들이 인식하는 일들이 그리스도에 관한 예고로 크게 낭독되었기 때문입니다. 그래서 거룩한 책들은 유대인들에 의해 전해 내려왔고, 이처럼 하느님께서는 우리의 적들과 관련하여 당신께서 그들을 죽이지 않으셨다는 것을,

[9] CS 110,12*.

[10] 구약의 하느님을 가리킨다. 마르키온은 구약성경에 계시된 하느님과 신약성경에 계시된 하느님은 다르다고 믿었다.

[11] 주 10 참조.

[12] ANF 3,341-42*.

[13] 유대인들을 말한다.

다시 말해, 그들이 당신의 법을 잊지 않도록 하기 위하여 그들을 지상에서 절멸시켜 버리시지 않았다는 것을 우리에게 분명히 알려 주십니다. 비록 겉으로만 그렇게 했을 뿐이지만 어쨌든 그들은 그 법을 간직해 왔고, 그리하여 자신들에게는 심판을 불러오고 우리에게는 증거를 제공해 주었습니다.

• 아우구스티누스 『설교집』 201,3.[14]

[14] FC 38,70-71*.

## 60,1-14 하느님의 도움을 청하는 국가적 기도

1 [지휘자에게. 알 수산 애둣. 믹탐. 다윗.
교훈을 위하여.
2 그가 아람 나하라임과 초바의 아람인과
전쟁할 당시 요압이 돌아와 '소금 골짜기'
에서 에돔족 만 이천 명을 쳤을 때]
3 하느님, 당신께서 저희를 버리시고
저희를 부수셨습니다.
당신께서 분노를 터뜨리셨습니다.
저희를 회복시켜 주소서.
4 당신께서 땅을 뒤흔드시어
갈라놓으셨습니다.
그 갈라진 틈들을 메워 주소서. 흔들립니다.
5 당신 백성에게 고생을 겪게 하시고
저희에게 어지럼 이는 술을
마시게 하셨습니다.
6 당신을 경외하는 이들에게 깃발을 올리시어
활① 앞에서 지레 도망치게 하셨습니다. 셀라
7 당신의 사랑받는 이들이 구원되도록
당신의 오른팔로 도우시고
저희에게 응답하소서.
8 하느님께서 당신 성소에서② 말씀하셨다.
"나는 기뻐하며 스켐을 나누고
수콧 골짜기를 측량하리라.
9 길앗도 내 것, 므나쎄도 내 것
에프라임은 내 머리의 투구
유다는 내 왕홀
10 모압은 내 대야.
에돔 위에 내 신발을 던지고
필리스티아 위로
승리의 환성을 올리노라."
11 누가 나를 견고한 성읍으로 데려가리오?
누가 나를 에돔까지 이끌어 주리오?
12 하느님, 당신께서 저희를
버리지 않으셨습니까?
하느님, 당신께서는
저희 군대와 함께 출전하지 않으십니다.
13 저희를 적에게서 구원하소서.
사람의 구원은 헛됩니다.
14 하느님과 함께 우리가 큰일을 이루리라.
그분께서 우리 원수들을 짓밟으시리라.

① 그리스어, 시리아어, 히에로니무스 본문; 히브리어 본문은 '진리'다.
② 또는 '당신의 거룩함을 걸고'.

둘러보기

우리는 하느님의 사랑을 한번 맛보고 나면 더 많은 사랑만을 갈구한다. 하늘의 보상을 갈망할 때는 더욱 그렇다(카이사리우스). 우리는 하느님께서 우리가 견디게 하시는 역경을 통해서만 하느님의 축복을 알아볼 수 있다. 육에 따른 성조들의 후손이신 그리스도께서는 세례의 씻음을 통해 죄를 용서해 주시며 그로써 참회자들에게 안전을 주신다. 하느님께서 우리를 버리시는 것은 우리의 사악함이 너무나도 크기 때문이며, 그런데도 자비로우신 그분께서는 당신 아드님의 희생을 통하여 우리를 속량해 주신다(바실리우스). 하느님께서는 모든 이가 그리스도께 복종하게 만드신다(테오도레투스).

하느님께서 인간을 물리치시는 것은 인간의 죄 때문이다. 그러나 그분께서는 당신의 자비 때문에 다시 그들을 받아 주신다(바실리우스). 사람은 스스로 자신을 구원할 수 없는 까닭에 세례를 통해 오는 하느님의 구원이 필요하다. 하느님께서는 이승에서 우리가 해서는 안 되는 몇 가지 것들을 정하심으로써 영원을 위해 우리를 훈육하신다. 어떤 것들은 이승에서 좋아 보일지 모르나 실상은 헛되고 덧없다(아우구스티누스). 우리 구원의 원천이신 그리스도께서는 하느님이심이 틀림없다. 구원이 인간에게서 올 수는 없기 때문이다(마리우스 빅토리누스). 우리는 신의 어떤 속성들을 삼위일체의 특정 위격에게 돌리기는 하지만, 신실한 이들이 선을 행할 수 있게 하시는 하느님은 삼위일체 하느님이시다(풀겐티우스).

## 60,5-10 구원의 기쁨과 안전

### 늘 구원을 갈망하다

사람은 죄 많은 과거를 버리면 그 순간 하느님의 사랑이 담긴 잔과 함께 새로운 존귀함을 얻게 됩니다. 그 잔에 대해 이렇게 쓰여 있습니다. '당신의 술잔이 저를 취하게 합니다. 잔이 가득 찼나이다!'(시편 23,5 참조). 다시 말하지만, 그 잔으로 취하면 마음은 영적 지혜의 힘을 통해 거룩한 것들의 달콤함을 맛봅니다. 그러면 그들은 "맛보고 눈여겨보아라, 주님께서 얼마나 좋으신지!"(시편 34,9)라는 말씀을 들을 자격이 생길 것입니다. 그는 "맛보아라"라고 하는데, 하느님의 사랑은 영혼을 새롭게 해 줄 수는 있지만, 믿음이나 그것이 추구하는 열망의 크기와 상관없이 그 갈망을 없애 주지는 못하기 때문입니다. 그것은 먼저 입술 끝으로 맛을 보고 나면 갈증을 점점 더 키웁니다. 그래서 그분께서는 당신에 대해 "나를 먹는 이들은 더욱 배고프고 나를 마시는 이들은 더욱 목마르리라"(집회 24,21)고 하십니다.

그 달콤함 때문에 그것은 그 자체로 욕구를 불러일으키지만 아무리 많이 맛보아도 물리지 않습니다. 술을 잘 마시는 이들이 취하고 나면 더욱더 목말라하는 것처럼, 신중하며 죄를 깊이 뉘우치는 경건하고 순결한 영혼도 그렇습니다. 그래서 이런 영혼은 미래 삶에 대한 희망을 생각하고 하늘의 것들에 대한 목마름을 느끼기 시작하면 시편 저자처럼 "당신께서 저희에게 어지럼 이는 술을 마시게 하셨습니다"라고 말하게 됩니다. 그 영혼은 어떻게 하면 자기가 채워지는지 알지만 어떻게 하면 만족할 수 있게 되는지는 모릅니다. 그래서 자기 능력껏 그것을 마시면 마실수록 그의 열망은 그것을 더욱더 모자라게 느낍니다. 그러면 그 영혼은 예언자와 함께 자신의 갈망을 이렇게 표현합니다. "제 영혼이 당신 구원을 기다리다 지칩니다"(시편 119,81). 또 이렇게도 말합니다. "제 몸과 마음이 스러질지라도 제 마음의 반석은 영원히 하느님이십니다"(시편 73,26), "주님의 앞뜰을 그리워하며 이 몸은 여위어 갑니다"(시편 84,3).

• 아를의 카이사리우스『설교집』167,1.[1]

슬픔의 술

그러므로 "하느님, 당신께서 저희를 버리셨습니다". 당신께서는 자기 죄만큼 당신에게서 멀어져 간 이들을 버리셨습니다. 당신께서는 우리의 나약함 때문에 우리에게 선을 행하시고자 우리의 사악함이 모여 쌓인 것을 부수셨습니다. 당신께서 노하신 것은 우리가 "본디 진노의 자식들"(에페 2,3)로서 아무런 희망도 없이 이 세상에서 하느님 없이 살고 있었기 때문입니다. 당신께서는 우리에게 자비를 베푸시어 "우리 죄를 위한 속죄 제물로 당신의 외아드님을 보내셨습니다"(로마 3,25; 1요한 4,10). 그분의 피로 우리가 구속救贖되게 하시려는 것이었습니다. "당신께서 저희에게 슬픔의 술을 마시게" 하지 않으셨더라면 저희는 저희가 이런 호의를 입고 있는 줄 몰랐을 것입니다. 여기서 시편 저자가 말하는 "술"은 완고한 마음을 바른 의식에 이르게 하는 말씀을 뜻합니다.

• 대 바실리우스『시편 강해』20,3.[2]

안전은 세례와 하느님 사랑을 통해 온다

"길앗도 내 것, 므나쎄도 내 것." 길앗은 므나쎄의 손자입니다. 이것은 그리스도의 육에 따른 조상인 성조들의 계승은 하느님으로부터 온다는 것을 보여 주려는 말입니다. "에프라임은 내 머리의 투구, 유다는 나의 왕홀." 그는 나누어진 부분들을 합의에 따라 한데 결합시킬 것입니다. "모압은 내 희망의 대야." 어떤 해석자는 "씻는 단지"라고 읽기도 하고, "안전함의 그릇"이라고도 합니다. 이는 주님의 교회에 들어오는 것이 금지된 파문당한 사람을 말합니다. 모압인과 암몬인들은 삼대까지, 십 세대 뒤까지, 영원한 시간이 올 때까지 하느님의 교회에 들어올 수 없기 때문입니다(느헤 13,1 참조). 그럼에도 불구하고, 세례는 죄 사함의 힘을 지니고 있고 빚진 이들에게 안전을 제공하므로, 그는 세례를 통한 구원과 하느님에 대한 사랑을 보여 주며 "모압은 씻는 대야" 또는 "안전함의 그릇"이라고 말합니다. 그리하여 모든 "낯선 이들이" 그리스도의 멍에 아래 절하며 "복속하게" 되었습니다. 그분께서 에돔 위에 신발을 던지신 것은 이 때문입니다. 신성의 신발은 하느님을 담고 있는 육입니다. 그분께서는 이 육을 통해 인간에게 다가오십니다. 예언자는 이런 희망을 품고, 주님께서 오실 복된 시간을 선언합니다. "누가 나를 견고한 성읍으로 데려가리오?" 그는 교회를 성읍이라고 말하는 것 같습니다. 실로 그것은 법에 일치하여 다스려지는 공동체이기 때문입니다. 그리고 믿음이 둘러싸고 있기에 이 성읍은 "견고"합니다. 한 해석자는 여기에서 "사방으로 견고한 성읍으로"라는 매우 분명한 번역을 내놓았습니다. 그러면 사람들 가운데에 살아 계시는 하느님을, 이 굉장한 광경을 내가 보도록 장차 누가 허락할 것입니까? 주님의 말씀은 이러합니다. "많은 예언자와 의인이 너희가 보는 것을 보고자 갈망하였지만 보지 못하였다"(마태 13,17).

• 대 바실리우스『시편 강해』20,4.[3]

하느님의 '신발'은 그리스도의 육이다

모든 낯선 이들이 몸을 숙여 그리스도의 멍에 아래 놓였습니다. 곧, 그분께서 "에돔 위에 당신의 신발을 던지신" 것입니다. 신성의 신발은 하

[1] FC 47,403-4*.

[2] FC 46,337*.

[3] FC 46,338-39*.

느님을 담아, 그로써 그분께서 인간들 가운데에 오시게 된 육입니다.

• 키루스의 테오도레투스 『에라니스테스』 1.[4]

60,13–14 도움과 구원은 하느님에게서 온다

하느님의 도우심

그러니 하느님의 교회가 영접받고 우리가 방금 한 그 말을 하도록 배우게 합시다. "저희를 곤경에서 구하소서. 사람의 구원은 헛됩니다." 아마도 이 시편의 의미는 우리가 나약함을 핑계 대는 것을 전혀 인정하지 않는 것 같습니다. 그렇다면 죄 때문에 거부당했다가 하느님의 호의 덕분에 다시 받아들여진 이들에게는 이렇게 말하는 것이 적절합니다. "하느님, 당신께서는 저희를 버리셨고 멸망에 떨어지게 하셨습니다. 당신께서는 분노하셨고 저희에게 자비를 베푸셨습니다.

• 대 바실리우스 『시편 강해』 20,1.[5]

구원의 원천이신 하느님

앞에서 말씀드렸듯이, 이렇게 피조물이 창조주께, 등잔이 해에게 세례를 베풀었습니다. 세례자 요한은 이렇게 함으로써 자기 자신을 내세운 것이 아니라 스스로 굴복했습니다. 그를 찾아오신 분께 이렇게 말한 것을 보면 알 수 있습니다. "제가 선생님께 세례를 받아야 할 터인데 선생님께서 저에게 오시다니요?"(마태 3,14). 위대한 고백, 등잔의 건전하고 겸손한 고백이었습니다. 등잔이 해에 대항해 자신을 내세웠더라면, 교만의 바람이 곧 등불을 꺼 버렸을 것입니다. 이것이 주님께서 내다보신 것이고 당신의 세례로 가르치신 것입니다. 이처럼 위대하신 분께서 그처럼 작은 이에게 세례 받기를 원하셨습니다. 이것을 한마디로 설명하면, 구원자께서 구원이 필요한 이에게 세례를 받으신 것입니다. 요한은 위대한 인물이었지만 아마도 자신의 건강치 못한 어떤 점에 생각이 미쳤을 것입니다. 그렇지 않다면 그가 왜 "제가 선생님께 세례를 받아야 할 터인데"라고 했겠습니까? 분명 주님의 세례는 구원을 의미합니다. "주님께만 구원이 있"(시편 3,9)으며 "사람의 구원은 헛"되기 때문입니다. 그러므로 그에게 치료가 필요한 것이 전혀 없었다면 그가 왜 "제가 선생님께 세례를 받아야 할 터인데"라고 했겠습니까? 그러나 주님의 겸손 안에는 놀라운 치료약이 들어 있습니다. 한 사람은 세례를 베풀었고 한 사람은 치유를 행했습니다.

• 아우구스티누스 『설교집』 292,4.[6]

영원을 준비하다

그들이 가장 먼저 해야 할 일은 자신의 마음을 점검하여 자신이 과연 믿음 안에서 청하고 있는지 확인하는 것입니다. 믿음을 지니고 청하는 이는 누구나 그에게 유익한 것을 받으며 때로는 그의 유익을 위하여 받지 못하기도 합니다. 그분께서 육체를 치료하시지 않을 때, 그분은 영혼을 치료하기 원하십니다. 그러니 그분을 신뢰하고 믿으십시오. 그분은 여러분을 영원한 나라로 부르신 분이시기 때문에, 그분께서 바라시는 것은 무엇이든 여러분에게 이익이 되는 것입니다. 여러분이 엄청나게 중요한 것인 듯 갈망하는 이것은 결국 무엇입니까? 그분께서 여러분에게 약속하신 것은 영원한 생명입니다. 천사들과 함께 다스리게 되리라고 그분께서 여러분에게 약속하셨습니다. 끝없는 휴식을 그분께서 여러분에게 약속하셨습니다. 그것에 견주어서, 그분께서 지금

[4] NPNF 2,3,179*.

[5] FC 46,333-34*.

[6] *WSA* 3,8,140*.

여기에서 주시지 않는 것은 무엇입니까? "사람의 건강은 헛되다"는 것은 사실 아닙니까? 실로 치유받은 이들도 결국엔 모두 죽는다는 것은 확실한 사실 아닙니까? 그러나 그분께서 우리에게 약속하신 그 다른 삶이 오면, 그 삶은 단연코 끝이 없습니다. 그분께서는 지금 여기에서 여러분에게 어떤 것을 주지 않으심으로써 여러분을 그 삶을 위해 채비해 주시는 것입니다. 준비시키시는 것입니다. 단련시키시는 것입니다.

• 아우구스티누스 『설교집』 61A,5.[7]

그리스도는 하느님이시다

인간에 지나지 않는 사람이 자신에 대해 그렇게 말하겠습니까?(요한 6,57-58 참조). 사람이 그렇게 말한다면 그것은 불경을 저지르는 것이고, "하느님께서는 죄인들의 말을 들어 주지 않으신다"(요한 9,31)고 쓰여 있습니다. 그러나 실로 그리스도께서는 하느님께서 당신의 말을 들어 주신다고 말씀하셨습니다. 그러므로 그분은 죄인도, 단지 인간에 지나지 않는 분도 아니십니다. 또한 "인간에게 바라는 것은 헛되다"고 하며 '우리는 하느님께 희망을 둔다'(시편 20,8 참조)고 쓰여 있습니다.

그러므로 그리스도는 하느님이십니다. 다른 실체가 아니십니다. '아버지께서는 살아 계시며 나는 아버지로 말미암아 살아 있다'(요한 6,57 참조), "나는 생명의 빵이다. 이 빵을 먹는 사람은 영원히 살 것이다"(요한 6,35.58). 이 모든 말씀은 한 실체를 나타냅니다. 예수님께서 당신께서 하늘에서 내려오셨음을 밝히시며 이렇게 말씀하신 이유입니다. "사람의 아들이 전에 있던 곳으로 올라가는 것을 너희가 보게 되면 어떻게 하겠느냐?"(요한 6,62).

• 마리우스 빅토리누스 『아리우스 반박』 2,1,B,7.[8]

우리가 이룬 것은 무엇이나

주님의 영은, "진리를 실천하는 이는", 그가 한 일이 명백히 성령 안에서 행해진 것으로 보인다고 하지 않고 "하느님 안에서 이루어졌음"(요한 3,21)을 드러낸다고 말합니다. 이를 우리는 '아버지 안에서만, 또는 아들 안에서만, 또는 성령 안에서만 이루어졌다'고 하지 않습니다. 우리는 인간이 실천한 진리는 한 분 하느님이신 거룩한 삼위일체 안에서 이루어졌다고 고백합니다. 복된 다윗은 믿는 이들이 실천하는 것을 가능하게 하는 힘이 그분임을 이런 말로 알려 줍니다. "하느님과 함께 우리가 큰일을 이루리라. 그분께서 우리 원수들을 짓밟으시리라." 그분이 바로 복된 사도가 이렇게 말한 한 분 하느님이십니다. "만물이 그분에게서 나와, 그분을 통하여 그분을 향하여 나아갑니다. 그분께 영원토록 영광이 있기를 빕니다"(로마 11,36).

• 루스페의 풀겐티우스 『빅토르에게 보낸 아리우스파 파스티디오수스의 설교 반박』 3,3.[9]

[7] *WSA* 3,3,152.

[8] FC 69,98.

[9] FC 95,396.

## 61,1-9 다시 하느님 앞에 갈 수 있기를 청하는 기도

1 [지휘자에게. 현악기로. 다윗]
2 하느님, 제 부르짖음을 들으소서.
제 기도를 귀여겨들어 주소서.
3 땅끝에서
기진한 마음으로
당신을 부릅니다.
저로서는 못 오를 바위 위로
저를 이끌어 주소서.
4 당신께서는 저에게 피신처,
원수 앞에서 굳건한 탑이 되셨습니다.
5 저는 당신의 천막 안에 길이 머물고
당신의 날개 그늘에 피신하고 싶습니다.
셀라
6 하느님, 당신께서 저의 서원들을 들으시어
당신 이름 경외하는 이들의 재산을
제게 주셨습니다.
7 임금의 날들에 날들을 보태시어
그의 햇수 여러 세대와 같게 하소서.
8 하느님 앞에서 그를 영원히 왕좌에 앉히시고
자애와 진실을 그에게 나누어 주시어
그를 수호하게 하소서.
9 그리하여 저는 당신 이름을 언제나 노래하오리다.
저의 서원들을 나날이 채우오리다.

### 둘러보기

교회는 지옥의 문들과 유혹, 이단들에게 공격을 받지만 언제나 이겨 낼 것이다(베다). 교회는 반석 위에 세워졌지만, 어느 한 장소에만 있는 것이 아니라 모든 곳에 있다. 그래서 어디에서 도움을 청하며 부르짖건 하느님께서는 모두 들으신다. 참된 그리스도인은 살아 계신 하느님을 신뢰하며, 그가 그리스도 신앙을 지키는 데 필요할 경우 기꺼이 세상을 포기하고 세속의 모든 재산을 내던진다(아우구스티누스).

### 61,3–4 확고한 믿음

#### 교회는 바위처럼 견고하게 서 있다

우리는 이 유혹의 홍수가 세 가지 방식으로 교회를 공격하는 점에 주목해야 합니다. "사람은 저마다 자기 욕망에 사로잡혀 꼬임에 넘어가는 바람에 유혹을 받는 것"(야고 1,14)이거나, 또는 거짓 형제들의 그릇된 행태 때문에 기진맥진하게 되거나 또는 [교회] 바깥의 사람들이 내놓고 쳐 놓은 덫들로 공격을 받습니다. 다른 곳에서 주님께서는 이런 유혹들을 "저승의 문들"이라고 표현하십니다. 이는 맞는 말인데, 유혹이 이기면 그것은 우리를 영원한 파멸로 끌고 가기 때문입니다. 주님께서는 이렇게 말씀하십니다. "내가 이 반석 위에 내 교회를 세울 터인즉, 저승의 문들[1]도 그것을 이기지 못할 것이다"(마태 16,18). 악마의 문들이 그것을 치겠지만, 그들은 그리스도의 교회를 무너뜨리지 못합니다. 불신앙의 홍수가 교회에 밀어닥치지만, 그것은 믿음의 집의 토대를 허물지 못합니다. [교회는] 도움을 주시는 분께 진실한 마음으로 이렇게 말할 수 있기 때문입니다. "제 마음이 고뇌에 차 있을

[1] 글자 그대로 옮긴 번역. 『성경』은 이를 '저승의 세력'으로 옮겼다 — 역자 주.

때, 당신께서 저를 바위 위에 올려 주셨습니다”(시편 60,3 불가타). 교회는 외부 세력에게 정복당하지 않습니다. 고난을 통하여 그리고 순교의 관을 얻음으로써 교회는 교회를 박해하는 믿지 않는 자들의 잔인함을 이겨 내기 때문입니다. 교회는 거짓 형제들에 의해 더럽혀지지 않습니다. 교회는 올바로 믿음으로써 이단들의 교리를 반박하며, 신중하고 의롭고 경건하게 삶으로써 일부 가톨릭 신자들의 옳지 않은 본보기를 피하기 때문입니다(티토 2,12 참조). 교회는 개인적인 탐욕이라는 연기로 눈이 가려지지 않습니다. 교회는 주님의 자애라는 뜨거움만이 안에서 불타고 있기 때문입니다.

• 존자 베다 『복음서 강해』 2,25.[2]

교회가 괴로워하며 부르짖다

주님께서 말씀하시듯이, 그 교회[3]는 반석 위에 세워졌습니다. “내가 이 반석 위에 내 교회를 세울 터인즉”(마태 16,18)이라고 하셨습니다. 그러나 그들[4]은 모래 위에 세웁니다. 주님께서는 이들에 대해서도 말씀하셨는데, “나의 이 말을 듣고 실행하지 않는 자는 모두 자기 집을 모래 위에 지은 어리석은 사람과 같다”(마태 7,26)고 하셨습니다. 그러나 반석 위에 있는 교회가 지상의 한곳에만 있고 저 끝 경계까지 뻗어 나가 있지 않다고 생각하는 사람이 혹시 있다면, 지상에서 순례하는 동안 재앙들 한가운데에서 신음하는 교회의 목소리를 시편에서 들어 보십시오. “땅끝에서 당신을 불렀더니, 제 마음이 기진했을 때 당신께서 저를 바위 위로 끌어 올려 주셨습니다. 당신은 저의 희망, 원수 앞에서 굳건한 탑이 되셨습니다”(시편 60,3-4 불가타). 교회가 땅끝에서 부르짖는 것을 보십시오. … 그것이 바위 위로 들어 올려지는 것을 보십시오.

• 아우구스티누스 『페틸리아누스 서간 반박』 2,109-246.[5]

무슨 일이 있어도 그리스도께 매달려라

이 의무와 삶의 조건은 자기 재산을 팔아 가난한 사람들에게 나누어 주고, 세속의 모든 짐을 벗고 자유로워진 어깨로 그리스도의 가벼운 멍에를 지라는 건전한 충고(마태 11,30 참조)를 훌륭히 받아들인 사람들[6]에게만 해당하는 것이 아닙니다. 이는 그들보다 약한 영혼들도 따라야 하는 것입니다. 앞의 사람들만큼 영광스러운 완덕에 이를 능력은 없지만 그럼에도 불구하고 ‘그리스도를 버려야 한다거나 모든 재산을 빼앗긴다’는 말을 들을 때 자신이 그리스도인임을 기억하는 이들 말입니다. 그런 이는 오히려 “원수 앞에서 굳건한 탑”이신 분께 매달립니다. 그는 믿음으로 그 탑을 세울 때에 그 탑을 완성할 만한 비용이 있는지 따져 보았습니다(루카 14,28 참조). 그는 말로만이 아니라 이 세상을 포기할 의향을 가지고서 믿음을 받아들였습니다. 물건을 샀지만 그것을 가지고 있지 않은 사람처럼, 이 세상을 이용하지만 이용하지 않는 이처럼 산다면(1코린 7,30-31 참조), 그는 안전하지 못한 재물이 아니라 살아 계신 하느님께 희망을 두는 사람입니다(1티모 6,17 참조).

• 아우구스티누스 『서간집』 157.[7]

[2] CS 111,261.

[3] 참된 교회, 정통 교회를 말한다.

[4] 도나투스파를 말한다. 디오클레티아누스 황제의 박해(303~311년) 이후 북아프리카에서 생겨난 분파로, 박해 시기에 믿음을 부인한 적 있는 이는 누구든 다시 교회에 받아들여서는 안 된다고 고집했다.

[5] NPNF 1,4,595*.

[6] 박해 시기에 세속의 재산을 지키기 위하여 배교하느니 신자로 남아 모든 재산을 몰수당하는 길을 선택한 이들을 가리킨다.

[7] FC 20,347*.

## 62,1-13 하느님에 대한 무조건적인 신뢰

1 [지휘자에게. 여두툰의 가락으로.
시편. 다윗]
2 내 영혼은 오직 하느님을 향해
말없이 기다리니
그분에게서 나의 구원이 오기 때문이네.
3 그분만이 내 바위, 내 구원, 내 성채.
나는 결코 흔들리지 않으리라.
4 너희 모두는 언제까지나
한 사람에게 달려들어
그를 무너뜨리려 하느냐?
기우는 벽,
넘어지는 담처럼.
5 진정 그들은 높은 곳에서
그를 떨어뜨리려 꾀하며
거짓을 좋아하는구나.
그들은 입으로 축복하지만
속으로는 저주하는구나. 셀라
6 내 영혼아, 오직 하느님을 향해
말없이 기다려라,
그분에게서 나의 희망이 오느니!
7 그분만이 내 바위, 내 구원, 내 성채.
나는 흔들리지 않으리라.
8 내 도움과 내 영광이 하느님께 있으며
내 견고한 바위와 피신처가
하느님 안에 있네.
9 백성아, 늘 그분을 신뢰하여라.
그분 앞에 너희 마음 쏟아 놓아라.
하느님께서 우리의 피신처이시다. 셀라
10 진정 사람이란 숨결일 따름①
인간이란 거짓일 따름.②
그들을 모두 저울판 위에 올려놓아도
숨결보다 가볍다.
11 너희는 강압에 의지하지 말고
강탈에 헛된 희망 두지 마라.
재산이 는다 하여
거기에 마음 두지 마라.
12 하느님께서 한 번 말씀하신 바
내가 들은 것은 이 두 가지.
능력이 하느님께 있다는 것.
13 그리고 주님, 당신께는 자애가 있습니다.
당신께서는 각자에게
그 행실대로 갚으십니다.

① 칠십인역은 '그러나 사람의 아들들은 헛되고'다.
② 칠십인역은 '사람의 아들들은 거짓말쟁이'다.

### 둘러보기

하느님만이 우리에게 인내를 주실 수 있다. 우리 힘으로 인내를 갖출 수 있다고 생각하는 것은 거만이다(아우구스티누스). 하느님의 아드님께서는 우리가 크고 작은 죄로 혼란에 빠질 때 우리 영혼을 차분히 가라앉혀 주신다. 죄로 더러워진 영혼은 곧 쓰러지고 말 기울어진 울타리와 같다. 그러나 영혼이 또다시 쓰러지지 않도록 하느님께서 불사不死를 주신다. 악한 행위를 덕성스러운 행위로 풀이하고 이해하는 사람들은 스스로 영원한 단죄를 부른다(바실리우스).

순교자들처럼 덕, 그중에서도 특히 인내의 덕

을 기르는 사람들은 자기 자신이 아니라 하느님과 그분의 은총을 찬미해야 한다. 하느님께 선물을 받기 위해서는 선물을 주시는 분이 그분이심을 인정해야 한다. 우리가 그것을 인정하지 않으면 그분께서는 당신께서 주신 것을 도로 가져가실 것이다(아우구스티누스). 모든 영광은 하느님의 것이므로 하느님께서는 우리가 이승 삶에서 이룬 것으로 보이는 어떠한 성취에 대해서도 우리 자신을 찬양하는 것을 금하신다(바실리우스). 하느님께서는 삶에 필요한 다양한 것들을 우리에게 선물로 주신다. 그러므로 우리는 우리 자신이 아니라 그분을 신뢰해야 한다(아우구스티누스). 하느님께서는 우리가 번민하고 영적 투쟁을 하는 모든 때에 우리를 도우실 것이다(파코미우스). 하느님의 은총을 받으려면 악한 욕정을 내쫓아야 한다.

본성적으로 우리는 거짓말하고 속이지만, 하느님께서는 우리가 생명과 죽음, 선과 악의 무게를 재고 무엇이 최선인지 알 수 있는 내면의 저울을 주셨다. 속된 쾌락과 허영을 이용해 사람들을 하느님에게서 멀어지게 하는 교활한 사탄의 유혹을 피하라(바실리우스). 세속적 부와 성공은 사람을 속이며 실재가 아니다. 참된 부를 지닌 이들은 그리스도인이다. 세속의 보물을 모으고 쌓는 것은 어리석고 헛되다. 죽을 때 가져갈 수도 없고 우리 자녀가 그것을 탕진할지도 모른다. 부와 쾌락, 특히 올바르지 못한 방법으로 쌓은 부와 쾌락은 사악한 것이므로 우리는 세속의 소유는 우리의 신체를 지탱하는 데 필요한 만큼만 추구해야 한다(아우구스티누스). 세상의 부가 주는 기쁨은 덧없으며, 다른 이들의 희생을 바탕으로 부를 쌓는 사람들은 벌을 받을 것이다(풀겐티우스). 하느님께서는 사람들을 심판하실 때 그들의 행실에 따라 보상하신다. 그러나 죄 많은 인류에게 다행스럽게도 하느님은 심판에 자비로우시다(바실리우스).

## 62,2-5 하느님은 우리 힘의 원천이시며 우리를 보호해 주시는 분

### 하느님을 신뢰해야 한다

누가 그에게[1] 그런 인내를 주었습니까? 누구입니까? 시편이 우리에게 말하도록 합시다. 거기에서 우리는 읽을 수 있고, 거기에서 우리는 노래할 수 있습니다. "나의 영혼은 하느님만 따를 것이니 나의 인내가 그분에게서 오기 때문입니다." 성 빈켄티우스가 그 자신의 힘으로 이런 일들을 할 수 있었다고 생각하는 사람은 아주 크게 잘못 생각하는 것입니다. 자기 힘으로 이런 일을 할 수 있다고 자신하는 사람들은 인내로 이겨 냈다고 보일지는 모르나 실상은 교만에 정복당한 자들입니다.

• 아우구스티누스 『설교집』 274.[2]

### 죄로 말미암아 마음이 혼란한 사람들을 도우신다

"그분께서 나의 하느님, 나의 구원자, 나의 보호자이시니, 나는 더 이상 흔들리지 않으리." 하느님에게서 오신 아드님은 우리 하느님이십니다. 나약한 우리를 붙들어 주시며 유혹이 우리 영혼 안에서 일으키는 혼란을 바로잡아 주시는 그분은 인류의 구원자이시기도 합니다. "나는 더 이상 흔들리지 않으리." 그는 인간답게 자신의 혼란을 고백합니다. "더 이상"이라고 한 것은, 인간 영혼 안에 유혹으로 인한 혼란이 전혀 없을 수는 없기 때문입니다. 이따금 작은 죄들을

[1] 에스파냐 사라고사의 부제로서 디오클레티아누스 황제의 박해 때인 303년 발렌시아에서 순교한 성 빈켄티우스를 가리킨다. 이 본문은 그의 생일에 아우구스티누스가 한 설교다.

[2] *WSA* 3,8,23-24.

저지르는 우리는 어느 면에서 약간 어지러운 상태입니다. 부드러운 바람에 흔들리는 나뭇잎처럼 이리저리 흔들립니다. 그러나 우리의 악덕들이 더 많아지고 더 커질 때, 우리 죄가 커지는 것과 비례해 마음의 혼란도 커지기 쉽습니다.

• 대 바실리우스 『시편 강해』 21,2.[3]

### 사탄의 집요한 공격

"너희 모두는 언제까지나 한 사람에게 달려들어 그를 무너뜨리려 하느냐? 기우는 벽, 넘어지는 담처럼"(시편 62,4). 그 설교는 또다시 악마의 타락한 심부름꾼들을 향해, 사정없이 올가미를 놓는 행태를 꾸짖습니다. '그렇다. 사람들은 연약한 짐승들이다. 그러나 너희는 달려들어, 첫 번째 공격에서 만족하지 못하면 두 번, 세 번, 영혼이 기울어진 담이나 쓰러지려는 울타리처럼 너희 옆에서 기진할 때까지 공격을 해 댄다.'

여러분, 담이란 곧바로 서 있는 동안은 흔들리지 않지만, 어디가 약해져서 기울어지면 언젠가는 넘어지게 되어 있습니다. 무거운 몸체가 거기에 덧대어지면 담은 기울어진 뒤에도 바로 섭니다. 그러나 여러 부분들로 이루어진 담들은 그중 한 부분에 압력이 가해지면 더 이상 바로 서 있지 못합니다. 그러니까 그 설교는 인간의 복합적인 본성은 두 번째 타락을 도모하는 음모에 취약할 수밖에 없다는 것입니다. "여러분은 하느님의 경작지이며 하느님의 건물입니다"(1코린 3,9)라고 쓰여 있습니다. 원수는 이 건물을 망가뜨렸습니다. '장인'匠人이 그 건물의 깨진 틈들을 보수했습니다. 이처럼 죄 때문에 타락이 불가피했습니다. 그러나 불사를 가져온 부활은 위대했습니다.

• 대 바실리우스 『시편 강해』 21,3.[4]

### 악을 선으로 잘못 보는 위험

"그들은 나의 값을 떨어뜨리려 거품을 물고 달려드는구나. 그들은 입으로 축복하지만 속으로는 저주하는구나"(시편 62,5). [인류가 속량되는] 값은 그리스도의 피입니다. "너희는 내가 값을 치르고 샀다. 사람들의 종이 되지 마라." 그래서 사탄의 군사들은 [그분께서 치르신] 그 값이 우리에게 소용없는 것이 되게 하려고, 자유롭게 풀려난 이들이 다시 종으로 돌아가게 하려는 계획을 세웠습니다. "거품을 물고 달려드는구나." 이는 마귀들이 열심히 공략하고 있음을 말합니다. 그들은 우리의 파멸을 갈구하며 우리에게 달려들기 때문입니다. "그들은 입으로는 축복하지만 속으로는 저주하는구나."

악행을 보고도 아무렇지도 않아 하고 꾀 있는 사람을 매력적이라고 말하며, 입이 거친 사람을 정치가 같다고 합니다. 빈정대며 성을 잘 내는 사람들에 대해서는 함부로 대하면 안 되는 사람이라 하고, 인색하고 이기적인 사람들에 대해서는 검소하다고 칭찬하며, 낭비하는 사람들에 대해서는 활수한 사람이라 하고, 간음하는 추잡한 사람들에 대해서는 즐거움과 안락을 추구하는 사람이라 합니다. 한마디로, 그들은 모든 악에 그와 비슷해 보이는 덕의 이름을 갖다 붙입니다. 그런 사람들은 입으로는 축복하지만 속으로는 저주합니다. 좋은 단어들을 사용해 그들의 삶에 온갖 저주를 부르기 때문입니다. 그들이 보고도 눈감은 일들이 심판 날에 그들에게 유죄 선고를 불러올 것입니다.

• 대 바실리우스 『시편 강해』 21,3.[5]

---

[3] FC 46,343.

[4] FC 46,344*.

[5] FC 46,344-45*.

### 62,6-9 하느님은 우리의 피신처이시며 모든 영광을 받아 마땅하신 분이시다

#### 하느님께서 보여 주신 인내의 덕을 찬양하라

고통을 감내한 거룩한 순교자들의 용기를 찬탄하고 또 찬탄합시다. 그러나 하느님의 은총을 찬양하는 방식으로 그들에게 감탄합시다. 사실 그들도 그들 자신이 찬양받는 것이 아니라 다음 말씀이 가리키는 분 안에서 칭찬을 듣고 싶어 했습니다. "내 영혼이 주님 안에서 칭찬을 들으리라"(시편 33,3 칠십인역, 불가타). 이 말씀을 이해하는 이들은 교만하지 않습니다. 그들은 수줍게 청하고 기쁘게 받습니다. 그들은 끝까지 참고 견디며, 자기들이 받은 것을 더 이상 잃어버리지 않습니다. 그들은 교만하지 않기 때문에 온유합니다. 그래서 "내 영혼이 주님 안에서 칭찬을 들으리라"는 말 다음에 "마음이 온유한 이들은 듣고 기뻐하여라"(시편 33,3 칠십인역, 불가타 참조)라는 말이 이어지는 것입니다. 우리가 노래해 온 "내 영혼이 하느님께 복종하리니, 그분에게서 나의 인내가 오기 때문이다"라는 말씀이 진실이라면, 유약한 육이 있을 곳은 어디입니까? 구더기와 부패가 있을 곳은 어디입니까? 순교자들이 그들에게 가해진 그 모든 고난을 견뎌 내기 위해 지녔던 덕은 인내라고 불립니다.

• 아우구스티누스 『설교집』 283,1.[6]

#### 하느님은 선물을 주시는 분

순교자는 감사할 줄 모르는 믿지 않는 아첨꾼들에게 등을 돌리라고 합시다. 더없이 넉넉하고 풍성하게 주시는 분에게 그의 얼굴을 돌리고 자신의 순교를 자신이 가진 것 중에서 하느님께 바치는 무엇으로 여기지 않고, 그 덕을 하느님께 돌리라고 합시다. 그가 이렇게 말하게 합시다. "내 영혼이 주님 안에서 칭찬을 들으리라. 온유한 이들은 듣고서 기뻐하여라"(시편 33,3 칠십인역, 불가타). 그리고 여러분이 그에게 "'그대의 영혼이 주님 안에서 칭찬을 들으리라'라니 무슨 말이오? 그대 자신이 찬양받는 것이 아니란 말이오?" 하고 물으면 그는 "내 영혼이 하느님께 속해 있지 않소? 나의 인내는 그분에게서 옵니다" 하고 대답합니다. 그러니 그것[7]이 어째서 내 것이오? 나는 내 무릎을 벌려 기쁘게 그것을 받았소. 그것은 그분에게서 오고 그것은 내 것이오. 그분에게서 오는 것이며 내 것이기도 하오. 그것이 그분에게서 오기에 더욱 안전하게 내 것이오. 내 것이지만 나 자신에게서 비롯하는 것이 아니오. 확실하게 나의 선물로 소유하기 위하여 나는 그것을 주신 분이 하느님이심을 인정한다오. 내가 그것을 주신 분이 하느님이심을 인정하지 않는다면 하느님께서 당신의 좋은 것을 가져가시며, 그러면 나의 선택을 통하여, 나의 자유의지를 통하여, 내게는 나의 나쁜 것만 남을 테기 때문이오.

• 아우구스티누스 『설교집』 284,3.[8]

#### 우리를 도와주시는 하느님께 희망을 두다

그러니 "하느님께서 주시지 않는 한 아무도 성적 결합을 삼갈 수 없다". 여러분은 그런 쾌락에서 여러분을 지키는 선물을 지니고 있습니다. '그것이 누구의 선물인지 아는 것 자체가 지혜이며, 하느님께서 주시지 않으시면 아무도 금욕을 지킬 수 없기 때문'(지혜 8,21 참조)입니다. 여러분은 고통을 견디게 하는 도움이라는 선물을 지니고 있습니다. 그래서 그는 "그분에게서 나의 인내가 오느니!"라고 합니다. 그러니 모든 회중은

[6] *WSA* 3,8,83.

[7] 하느님의 선물로 여겨지는 순교.

[8] *WSA* 3,8,89*.

그분께 희망을 두십시오. 여러분의 힘을 믿지 말고 그분께 희망을 두십시오. 여러분의 나쁜 것들을 그분께 고백하십시오. 그분에게서 여러분의 좋은 것들이 오기를 희망하십시오. 그분의 도움이 없다면 여러분은 아무리 자부심에 넘칠지라도 아무것도 아닌 존재가 될 것입니다. 그러니 겸손해질 수 있도록 "그분 앞에 여러분의 마음을 쏟아 놓으십시오". 여러분 자신에게 매달리는 나쁜 상태에 머무르지 않도록 "내 도움은 하느님께 있다"고 말하십시오.

• 아우구스티누스 『설교집』 283,3.[9]

하느님께 모든 영광을 바쳐라

"나의 구원과 나의 영광이 하느님께 있으며 그분은 나를 도우시는 하느님, 나의 희망은 하느님께 있네." 삶의 고상한 것들에서 의기양양 기뻐하지 않고 하느님을 자신의 영광으로 여기는 이는 복됩니다. 그런 이는 그리스도를 자신의 자랑으로 여기는 이, 사도를 따라서 "그러나 나는 그리스도의 십자가 외에는 어떠한 것도 자랑하고 싶지 않습니다"(갈라 6,14)라고 말하는 이입니다. 육체를 자랑으로 여기는 이가 많습니다. 운동경기에 많은 시간을 들이거나 한창 나이에 정력을 뽐내는 이들입니다. 전쟁에서 공훈을 세운 많은 이는 자신과 같은 종족을 살해하는 것을 용기라고 여깁니다. 사실, 장군들과 도시들이 전쟁에서 얻은 보상과 전리품들은 살육의 규모에 따른 것입니다. 또 어떤 이들은 도시의 성벽을 세웠다고 찬양받고, 어떤 이들은 수로와 거대한 체육관을 세웠다고 찬양받습니다. 사나운 짐승과의 싸움에 자신의 부를 쏟아붓는 사람, 사람들의 속 빈 말을 듣고 크게 기뻐하는 사람은 그 칭찬에 우쭐하며 자신이 대단한 존재나 되는 듯 생각하지만, 그는 자신의 수치를 영광으로 삼는 사람입니다(필리 3,19 참조). 그는 자신의 죄가 그 도시의 눈에 뜨이는 장소의 평판에 새겨진 것을 보여 주기까지 합니다. 또 어떤 사람은 많은 재산 때문에 칭송받고, 또 어떤 이는 말솜씨로 누구든 누르는 뛰어난 웅변가라서, 또는 세상의 지혜에 도통해서 [칭송받습니다]. 이 모든 이들의 영광을 안쓰럽게 여기며 하느님을 자신의 영광으로 만드는 이들이 행복하다고 보는 것이 바람직합니다. 어떤 사람이 자기가 임금의 하인이며 임금이 몹시 아껴 주므로 대단한 인물이라 생각한다면, 위대하신 '임금님'의 종이며 그분께서 당신 바로 곁으로 불러 주신 여러분은 얼마나 더 크게 기뻐해야 하겠습니까? 여러분은 약속하신 성령을 받고 그분의 승인으로 인장을 받아 하느님의 자녀임이 드러난 이들이니 말입니다.

• 대 바실리우스 『시편 강해』 21,4.[10]

하느님을 철저히 신뢰하라

그대가 하느님을 그대의 도움이라 믿으면, 그대가 고통을 당할 때 그분께서 도움이 되어 주십니다. "하느님께 나아가는 사람은 그분께서 계시다는 것과 그분께서 당신을 찾는 이들에게 상을 주신다는 것을 믿어야 합니다"(히브 11,6)라고 쓰여 있기 때문입니다. 이 말씀은 우리를 위하여, 곧 우리가 하느님을 믿으며 단식과 기도를 비롯한 종교적 행위들을 통하여 크고 작은 전투를 해 나가도록 기록되었습니다. 하느님께서는 그대의 단식의 결과로 입안에서 말라 버린 침조차 잊어버리지 않으십니다. 오히려 그대의 고통의 때에 모든 것이 그대에게 되돌려질 것입니다. 모든 일에서 겸손하기만 하십시오. 그대가 속속들이 아는 일일지라도 말을 삼가십시오. 남들 모

[9] *WSA* 3,8,84-85*.

[10] FC 46,345-46.

르게 욕하는 습관을 들이지 마십시오. 오히려 그와 반대로 모든 시련을 기쁘게 견디십시오. 시련의 결과로 영예가 주어진다는 것을 안다면, 여러분은 시련에서 벗어나게 해 달라고 기도하지 않을 것입니다. 편안히 살다가 포로로 끌려가는 것보다는 눈물 흘리고 한숨지으며 기도하다가 구원받는 편이 낫기 때문입니다. 오, 인간이여, 바빌론[11]에서 무엇을 하고 있는가? "네가 어찌하여 남의 나라에서 늙어 가느냐?"(바룩 3,10). 여러분이 시험을 받아들이지 않아서, 하느님과 여러분의 관계가 바르지 않아서 그렇습니다. 그러니 형제여, 긴장을 풀어서는 안 됩니다.

• 파코미우스『교리교육』16.[12]

하느님의 은총과 악한 욕정은 공존할 수 없다

시편 저자는 충심으로 하느님을 신뢰하는 마음의 유용성을 잘 알았기에 사람들에게 자신과 같은 열정을 지니라고 초대합니다. "너희 모든 백성아, 그분을 신뢰하여라. 그분 앞에 너희 마음 쏟아 놓아라." 우리 영혼 속에 들어앉아 있는 악한 욕정들을 내쫓지 않고는 하느님의 은총을 받아들일 수 없습니다. 병의 원인이 된 물질을 — 무절제한 이들이 나쁜 것을 계속 먹어서 생기는 일이지요 — 게워 내게 하여 몸에서 그것을 다 없애기 전에는 치료약을 주지 않는 의사들을 나는 알고 있습니다. 악취가 나는 액체가 담겼던 그릇을 먼저 씻지 않고는 거기에 향료를 담아서는 안 됩니다. 이와 마찬가지로, 속에 들어 있는 것을 쏟아 버려야 다른 것을 담을 수 있습니다.

• 대 바실리우스『시편 강해』21,4.[13]

62,10-11 세상의 부에 속지 마라

부를 신뢰하지 마라

"그러나 사람의 아들들은 어리석다." 시편 저자는 모두가 다 그의 가르침을 따르지도, 하느님께 신뢰를 두지도 않으며 삶의 어리석은 것들 안에 희망을 둔다는 것을 알고 있었습니다. 그래서 그는 "사람의 아들들은 허영심에 차 있으며 사람의 아들들은 거짓말쟁이"[14]라고 합니다. 왜 허영심에 차 있다고 합니까? 그들이 거짓말쟁이이기 때문입니다. 그들의 거짓이 각별히 어디에서 입증됩니까? "거짓에 이용하는 저울판 위"에 서라고 그는 말합니다. 그는 어떤 저울을 말하는 것일까요? 모든 사람이 다 저울을 이용해 무게를 재지는 않지 않습니까? 모든 사람이 다 양모 장수이거나 푸주한은 아니지 않습니까? 또 금이나 은을 거래하거나, 상인들이 저울이나 추로 무게를 재 교환하곤 하는 물질들을 다루지는 않지 않습니까? 일할 때 저울을 전혀 필요로 하지 않는 장인이 많습니다. 선원들 또는 정의의 법정이나 다스리는 직무에 종사하는 사람 중에도 거짓을 일삼는 이가 많지만 그들은 저울을 사용해 속이지는 않습니다. 그렇다면 시편 저자의 말은 무슨 뜻일까요? 우리 각자 안에 우리의 창조주께서 심어 놓으신 일종의 저울 같은 것이 있으며, 그것으로 우리는 사태의 본질을 판단할 수 있다는 것입니다. "보아라, 내가 오늘 너희 앞에 생명과 죽음, 선과 악의 저울을 내놓는다"(신명 30,15). '이것들은 서로 반대되는 본성이니, 너희 자신의 법정에서 이것들을 양쪽 저울에 놓고 달아 보아라. 어느 것이 너희에게 더 이익인지 정확하게 무게를 재어 보아라. 일시적인 쾌락을 선택하여 그것을 통해 영원한 죽음을 받든가, 덕을 실천하며 고통을 선택하여 그것을 이용해 영원한 기쁨

[11] 포로로 사는 귀양지, 하느님에 대한 신뢰를 시험받는 장소라는 의미로 이승을 표현한 말이다.

[12] CS 47,18-19.

[13] FC 46,346-47.

[14] 바실리우스는 칠십인역 본문을 가지고 주해하고 있다(FC 46,346-47).

을 얻든가 하여라'라는 것입니다.

• 대 바실리우스 『시편 강해』 21,4.[15]

### 부는 덫이다

이처럼 사람은 덫에 빠지기 전에는 그것이 위험한 덫이라는 것을 알아보지 못합니다. 마찬가지로, 처음부터 우리에게 적대적인 사탄은 생명의 길 주변에 무성하게 자라나 강도 떼의 몸을 숨겨 주는 세상의 쾌락이라는 그림자 속으로 숨어 들어와 우리를 낚을 음모를 꾸밉니다. 거기 몰래 숨어서 우리를 파멸시킬 그물을 펼칩니다. 그래서 우리가 우리 앞에 놓인 생명의 길을 안전하게 걸어가 상처나 수치 같은 것은 하나도 없는 우리의 육체와 영혼을 그리스도께 바치려면, 우리는 언제 어디서나 영혼의 눈을 활짝 뜨고서 쾌락을 제공하는 모든 것을 의심의 눈초리로 보아야 합니다. 그런 것들에 우리의 생각이 머무는 것을 허락지 말고 주저 없이 지나쳐야 합니다. 우리 앞에 금이 떨어져 있어 원하는 사람은 누구든지 주워 갈 수 있을 것 같더라도 그렇습니다. 성경은 "재산이 는다 하여 거기에 마음을 두지 마라"라고 합니다. 땅에서 온갖 맛난 것들이 솟고 호화로워 보이는 거처들이 주어지더라도 우리는 눈길을 주지 말아야 합니다. "우리는 하늘의 시민"이며 "그곳에서 구세주로 오실 주 예수 그리스도를 고대"(필리 3,20)하기 때문입니다. 나팔 소리가 춤으로 떠들썩한 모임, 술잔치, 음식잔치를 알리며 즐겁게 놀라고 우리를 불러 대도 눈길을 주지 말아야 합니다. 성경이 이렇게 말하기 때문입니다. "허무로다, 허무! 모든 것이 허무로다!"(코헬 1,2).

• 대 바실리우스 『세상사에 초연함』 21.[16]

### 세속적 성공에 마음을 두지 마라

조금 더 들어 주십시오. 내가 여러분께 하고 싶은 말은, 세속의 성공을 좋아하지 말라는 것입니다. 여러분 중에 이미 세상에서 성공한 사람이 있겠지만, 그런 이는 거기에 희망을 두지 마십시오. 그것은 부실한 것이고, 믿을 바가 못 되며, 실제로 가질 것이 못 됩니다. 이미 그것을 가지고 있더라도 그것을 사랑하지 마십시오. 거기에 의지하지 마십시오. 그러면 그것이 함정이 되지 않을 것입니다. 바오로 사도는 '현세에서 부자로 사는 이들에게 [선행으로] 부자가 되라고 지시하라'(1티모 6,17-18 참조)고 말합니다. 그런데 현세에서 부자로 사는 이들이 그리스도인입니다. 신자들입니다. 그들에게 지시하십시오. 뭐라고 지시합니까? '오만해지지 말고, 또 안전하지 못한 재물에 희망을 두지 말라'(1티모 6,17-18 참조)고 지시하십시오. 시편도 말합니다. "재산이 는다 하여 거기에 마음을 두지 마라." 아무 힘 들이지 않아도 얼마든지 물을 길을 수 있는 샘처럼, 거기에서 길어 낸 것은 금방 사라집니다. 그 물이 흐른다면 말이지요. 그것은 어디로 흐릅니까? 그것은 흘러가 홍수가 됩니다. 여러분의 마음을 거기에 두지 마십시오. 그것이 여러분의 마음을 쓸어 갑니다.

• 아우구스티누스 『설교집』 25A,2.[17]

### 부를 기뻐하지 마라

그러니까 위로가 올 때까지 밤이나 낮이나 기도를 계속하려면, 여러분이 세속의 부를 아무리 많이 누리고 있다 해도 외로운 사람이라는 것을 기억하십시오. 바오로 사도는 이 은사[18]가 아무 과부에게나 다 주어졌다고 하지 않았습니다.

[15] FC 46,347*.
[16] FC 9,488*.
[17] *WSA* 3,2,90*.

"무의탁 과부, 곧 의지할 데 없이 홀로 된 여자는 하느님께 희망을 걸고 밤낮으로 끊임없이 간구와 기도를 드립니다"(1티모 5,5). 그러나 이어지는 말을 주의 깊게 들으십시오. "그러나 자기 욕심대로 사는 과부는 살아 있어도 죽은 몸입니다"(1티모 5,6). 사람은 자기가 사랑하는 것, 가장 중요하게 여기고 추구하는 것, 그것이 있으면 행복하다고 여기는 것들 안에서 사는 법이기 때문입니다. 그래서 성경은 부에 대해 이렇게 말합니다. "부가 는다 하여 거기에 마음을 두지 마라." 저는 즐거움에 대해 이렇게 말하겠습니다. 즐거움이 는다 하여 거기에 마음을 두지 마십시오. 그것들이 당신에게 모자라지 않는다는 사실에, 그것들이 그대가 흡족할 만큼 풍성하다는 사실에, 말하자면 그것들이 세상의 행복의 풍요로운 원천에서 흘러나온다는 사실에 너무 의지하지 마십시오. 그대는 이 모든 것을 속으로 경멸하고 거부해야 합니다. 그대의 신체 건강을 유지하는 데 필요한 것 이상을 가지려 하지 마십시오. 이승 삶에 필요한 활동들을 하자면 "이 죽을 몸이 죽지 않는 것을 입을"(1코린 15,54) 때까지는 건강을 하찮게 여기면 안 됩니다. 그리고 그런 건강은, 육적인 나약함 때문에 실패하면 타락하게 만드는 쾌락들로는 기운이 얻어지지 않는, 참되고 완전하며 끝이 없는 건강입니다. 이런 건강은 하늘의 힘으로만 유지되고 영원한 불멸로만 다시 젊어집니다. 바오로 사도는 이렇게 말합니다. "욕망을 채우려고 육신을 돌보는 일을 하지 마십시오"(로마 13,14). 육신에 대한 우리의 걱정은 구원이라는 절박한 문제에 비추어 보아야 하는 것이기 때문입니다. 역시 바오로 사도가 말하듯이, "아무도 자기 몸을 미워하지 않습니다"(에페 5,29). 이것이 그가 지나치게 심하게 육체의 고행을 하는 티모테오를 꾸짖으며 "그대의 위장이나 잦은 병을 생각하여 포도주도 좀 마시십시오"(1티모 5,23)라고 권고한 이유일 것입니다.

• 아우구스티누스 『서간집』 130.[19]

현세의 부는 덧없다

현세의 것들에서 행복을 찾고자 하는 이들에게 시편 저자는 이렇게 말합니다. "사람들아, 언제까지 내 명예를 짓밟고 헛된 것을 사랑하며 거짓을 찾아다니려 하느냐?"(시편 4,2). 또 다른 곳에서는 이렇게 말합니다. "너희는 강압에 의지하지 말고 강탈에 헛된 희망 두지 마라. 재산이 는다 하여 거기에 마음 두지 마라." 복된 야고보는 그런 사람을 꾸짖기를 그치지 않으며 이렇게 말합니다. "자, 이제, 부자들이여! 그대들에게 닥쳐오는 재난을 생각하여 소리 높여 우십시오. 그대들의 재물은 썩었고 그대들의 옷은 좀먹었습니다. 그대들의 금과 은은 녹슬었으며, 그 녹이 그대들을 고발하는 증거가 되고 불처럼 그대들의 살을 삼켜 버릴 것입니다. 그대들은 이 마지막 때에도 재물을 쌓기만 하였습니다. 보십시오, 그대들의 밭에서 곡식을 벤 일꾼들에게 주지 않고 가로챈 품삯이 소리를 지르고 있습니다. 곡식을 거두어들인 일꾼들의 아우성이 만군의 주님 귀에 들어갔습니다. 그대들은 이 세상에서 사치와 쾌락을 누렸고, 살육의 날에도 마음을 기름지게 하였습니다"(야고 5,1-5). 그는 이런 사람들에게 웃음과 기쁨을 슬픔과 근심으로 바꾸라고 명령합니다. "죄인들이여, 손을 깨끗이 하십시오. 두 마음을 품은 자들이여, 마음을 정결하게 하십시오. 탄식하고 슬퍼하며 우십시오. 여러분

[18] 이 편지의 수신인인 부유한 과부 프로바가 기도에 관한 가르침을 얻으려는 생각이 들게 한 욕구와 외로움을 가리킨다.

[19] FC 18,381-82*.

의 웃음을 슬픔으로 바꾸고 기쁨을 근심으로 바꾸십시오. 그러면 그분께서 여러분을 높여 주실 것입니다”(야고 4,8-10).

• 루스페의 풀겐티우스 『서간집』 7,19.[20]

#### 하느님께서는 심판에도 자비에도 능력이 있으시다

그런 다음 그는 지금까지 나온 모든 말에 대한 결의를 표명합니다. 자기가 생각해 낸 말이 아니고 그가 하느님께 들은 말씀입니다. “하느님께서 한 번 말씀하신 바, 내가 들은 것은 이 두 가지”(시편 62,12). 발설된 말씀이 믿기 힘들다고, 곧 하느님께서 한 번 말씀하셨고 예언자가 두 가지를 들었다는 말에 아무도 혼란스러워하지 마십시오. 어떤 사람이 한 번 말했어도 그때에 말한 내용이 여러 가지일 수 있기 때문입니다. 사실, 어떤 사람이 다른 사람을 만났을 때 그는 많은 일들을 논의합니다. 그의 말을 들은 사람은 ‘그랑 한 번 얘기한 적 있는데, 그가 많은 것에 대해 이야기했지’라고 말할 수 있습니다. 지금 이 구절이 바로 그런 경우입니다. 내게 하느님의 현시가 한 번 일어났는데, 그분께서 두 가지 일에 대해 말씀하신 것입니다. 시편 저자는 ‘하느님께서 한 가지를 말씀하셨지만 나는 이 두 가지를 들었네’라고 하지 않았습니다. 그가 그렇게 말했다면, 이 진술은 불일치하는 것처럼 보일 것입니다. 그가 들은 두 가지는 무엇입니까? “능력이 하느님께 있다는 것. 그리고 주님, 당신께는 자애가 있습니다”(시편 62,12-13), 이 두 가지입니다. 하느님은 심판에서 강력하시고 또한 자비로우시다고 그는 말합니다. 그러니 죄악에 몸담지 말고 그대 자신을 부에 넘기지 마십시오. 헛된 것을 선택하지 마십시오. 그대 영혼의 타락한 법정을 짊어지고 다니지 마십시오. 우리 주님께서는 막강하신 분이심을 알아서 그분의 힘을 두려워하고 그분의 자비를 얻지 못하리라 낙담하지 마십시오. 우리가 나쁜 짓을 하지 않기 위해서 두려움은 좋은 것입니다. 그리고 한 번 죄에 빠진 사람이 낙담해서 자신을 내던지지 않도록 하기 위해서는 자비에 대한 희망이 좋은 것입니다. 능력이 하느님께 있고 자비가 그분에게서 오기 때문입니다.

• 대 바실리우스 『시편 강해』 21,5.[21]

#### 재산을 쌓아 두는 어리석음

저도 그것[22]을 알고 있습니다. 그리고 그 때문에 슬프고요. 여러분은 마음이 불안합니다. 그런데 절대 틀릴 수 없는 분께서 우리에게 말씀하십니다, 여러분이 쓸데없이 걱정하는 것이라고. 네, 여러분은 보물을 쌓고 있습니다. 여러분이 모든 거래에서 성공적이라고 우리가 인정하는데도, 여러분의 손실에 대해 우리가 아무 말 하지 않아도, 이윤이 날 가능성이 있는 거래에 수반하는 큰 위험과 죽음에 — 육체적 죽음을 말하는 것이 아닙니다. 제 말은, 나쁜 의도 때문에 죽음에 이르기도 한다는 것입니다. 이윤이 늘어나도록 하기 위해 진실성이 죽을 때가 이런 경우입니다 — 대해 우리가 아무 말 하지 않아도 여러분은 겉으로 멋지게 치장한 모습이 되기 위해 속은 헐벗어 가고 있습니다. 네, 우리가 그런 사실들을 무시하고 또 다른 사실들에 대해서도 아무런 언급을 하지 않는다고 가정해 봅시다. 우리가 그대의 불운은 무시하고 그대가 성공한 일들만 본다고 칩시다. 그 경우 그대는 보물들을 쌓고 있고, 이윤이 사방에서 쏟아져 들어오며, 그대의 돈궤에서는 샘처럼 돈이 넘쳐흐르고, 어디에 필

---

[20] FC 95,363-64.

[21] FC 46,349-50*.

[22] 아우구스티누스의 설교를 듣고 있는 사람들이 나날이 경험하는 일상생활의 문제들과 걱정들.

요한 일이 있으면 넉넉히 채워 줍니다. 그렇지만 그대는 이 말씀을 들어 보지 못했습니까? "재산이 는다 하여 거기에 마음 두지 마라."

그렇습니다. 그대는 부유해지고 있습니다. 그러니 얻는 것 없이 마음이 불편한 것은 아닙니다. 그런데 그대는 내게 "내가 왜 헛되이 걱정하는 것이오? 나는 내 돈궤를 가득 채우고 있으며 나의 곳간은 내가 모으는 보물들을 다 쌓아 놓을 수가 없을 지경이오. 그런데 어째서 내가 헛된 걱정을 한다는 것이오?" 하고 묻습니다. 그대는 보물들을 쌓고는 있지만 누구를 위해서 그것을 모으고 있는지 모르기 때문입니다. 혹시 그대가 그것을 안다면, 내게 좀 알려 주십시오. 나는 당신의 대답을 듣고 싶습니다. 그대가 헛되이 불안해하는 것이 아니라면, 누구를 위해 보물들을 모으고 있는지 나에게 말해 보십시오. "나 자신을 위해서요"라고 그대는 대답합니다. 그대가 죽어야만 하는데도 감히 그런 말을 하는 것입니까? "내 자식들을 위해서요"라고 그대는 대답합니다. 그들 역시 죽어야만 하는데 감히 그런 말을 하는 것입니까? "자식들을 위해 보물을 모아 두는 것은 부모의 신성한 의무요!" 아닙니다! 사람은 죽지 않을 수 없으므로, 죽지 않을 수 없는 그들을 위해 보물을 모아 두는 것은 참으로 덧없는 일입니다. 그대 자신을 위해서 모으는 것이라면, 죽을 때 남기고 가야 하는 보물들을 무엇 때문에 모으는 것입니까? 그대의 자녀들과 관련해서도 마찬가지입니다. 그들이 당신의 대를 잇겠지만 그들 역시 영원히 살지는 못합니다. 자녀가 어떤 인물이냐는 물음은 삼가겠습니다. 탐욕이 모은 것을 방탕이 마구 써 버리는 법입니다. 그대가 수고해서 모은 것을 다른 누가 허술한 삶으로 탕진합니다. 그러나 지금 그 얘기는 빼지요. 어쩌면 그대의 자녀는 방종하지 않고 올곧을 것입니다. 어쩌면 그들은 그대가 남긴 것을 지키고 그대가 지킨 것을 더 늘리며 그대가 모은 것을 낭비하지 않을 것입니다. 그대의 자녀가 이렇게 한다면, 이 면에서 그들이 아버지인 그대를 본받는다면, 그들도 역시 그대처럼 헛일을 하는 것입니다. 나는 그대에게 한 말을 그들에게도 하겠습니다. 그대의 아들에게 나는 묻겠습니다, 누구를 위해서 모으느냐고. 그에게 나는 또 이렇게 말하겠습니다. "너는 보물들을 쌓고 있지만 누구를 위해서 모으는지 모르고 있다." 그대가 몰랐듯이 그도 모르고 있습니다. 그에게 허영이 남아 있다 하더라도, 그래서 진리가 그에게서 힘을 잃은 것입니까?

• 아우구스티누스 『설교집』 60,3.[23]

[23] FC 11,261-63*.

## 63,1-12 하느님을 그리워하는 시편

1 [시편. 다윗. 그가 유다 광야에 있을 때]
2 하느님, 당신은 저의 하느님,
저는 당신을 찾습니다.
제 영혼이 당신을 목말라합니다.
물기 없이 마르고 메마른 땅에서
이 몸이 당신을 애타게 그립니다.
3 당신의 권능과 영광을 보려고
이렇듯 성소에서 당신을 바라봅니다.
4 당신의 자애가 생명보다 낫기에
제 입술이 당신을 찬미합니다.⤴

⁵ 이렇듯 제 한평생 당신을 찬미하고
당신 이름 부르며
저의 두 손 들어 올리오리다.
⁶ 제 영혼이 비계와 기름을 먹은 듯 배불러
환호하는 입술로
제 입이 당신을 찬양합니다.
⁷ 제가 잠자리에서 당신을 생각하고
야경 때에도 당신을 두고 묵상합니다.
⁸ 정녕 당신께서 제게 도움이 되셨으니
당신 날개 그늘 아래서 제가 환호합니다.
⁹ 제 영혼이 당신께 매달리면
당신 오른손이 저를 붙들어 주십니다.
¹⁰ 그러나 내 목숨을 노리는 저들은 멸망으로,
땅속 깊은 곳으로 들어가리라.
¹¹ 칼날에 내맡겨져
여우들의 몫이나 되리라.
¹² 그러나 임금은 하느님 안에서 기뻐하고
하느님을 두고 맹세하는 이들은
모두 자랑스러워하리라.
정녕 거짓을 말하는 입은 틀어막히리라.

둘러보기

그리스도께서는 금욕으로 황무지가 된 육체들 안에, 그리고 세상의 쾌락이라고는 없는 삶 속에 머무르실 것이다(막시무스). 우리가 하느님께 바치는 희생과 예배는 우리가 바칠 수 있는 최상이요 최고의 것이어야 한다(암브로시우스). 우리는 마음을 산란하게 하는 나날의 걱정을 벗어나 차분하고 편안한 밤에 하느님을 가장 잘 떠올리며 그분에 대해 묵상할 수 있다(요한 크리소스토무스). 자기도 자기가 있는 곳이 어디인지도 잊고 오직 하느님 생각만 하며 바치는 기도가 진정한 기도다(필록세누스).

63,2-5 하느님과의 친밀한 관계

그리스도께서 우리 안에 머무르시게 하려면

그렇게 하심으로써[1] 하느님께서는 우리에게 단식의 형식을 제시하셨습니다. 이는 광야에서 머무는 동안, 다시 말해, 단식 기간에, 우리가 호화로운 음식, 쾌락, 그리고 하와가 우리와 결합하는 일이 생겨 그 매력적인 말솜씨로 우리가 순결 계율을 깨뜨리게 만드는 일이 없게 여자를 멀리할 수 있도록 하신 것입니다. 그 사십 일[2] 동안에 단식하며 정결을 지키는 사람은 광야에 사는 것처럼 보입니다. 그리스도인의 몸이 음식으로 차 있거나 음료로 활기에 차 있는 대신 단식으로 몸을 돌보지 않아 메마르고 황량한 상태일 때 어떤 의미에서 광야라고 할 수 있습니다. 육이 금욕으로 수척해지고 목마름으로 창백해지며 물질을 경멸하여 외양을 꾸미지 않아 지저분해질 때 우리 몸은 광야라고 나는 말하겠습니다. 그러면 그리스도 주님께서는 우리의 땅이 배고픔으로 황량하고 목마름으로 갈라진 것을 발견하시고 우리 몸이라는 광야에 오셔서 머무르십니다. 다윗 예언자는 이를 이렇게 표현했습니다. "물기 없이 마르고 메마른 땅에서 이 몸이 당신을 애타게 그립니다. 당신의 권능과 영광을 보려고 이렇듯 성소에서 당신을 바라봅니다." 우리는 우리의 몸이라는 땅이 세상의 쾌락이 결여되고 악마적인 욕정이 얼씬거릴 수 없는 상태가 되

[1] 그리스도가 광야에서 사십 일 동안 단식한 일을 가리킨다(마태 4,1-2 참조).

[2] 사순 시기를 말한다.

고 음탕한 욕망으로 축축한 상태와는 거리가 먼 것이 되기 전에는 그분 앞에 나타날 수 없기 때문입니다. 그렇게 되고 나면 우리의 몸이라는 광야에 머무르고 계시는 구원자께서 그곳에서 악마의 모든 도당을 정복하시고, 이 세상에 대한 생각에서 안전하고 안정된 상태가 된 그 몸을 당신의 거처로 삼으십니다. 그러면 우리는 고독 속에 있듯 우리 자신 안에서 하늘과 땅을 보게 됩니다. 말하자면, 우리는 하늘 나라의 주님이시며 이 세상 부활의 영도자이신 분 말고는 다른 어떤 것에 대해서도 생각하지 않게 됩니다.

• 토리노의 막시무스 『설교집』 50A,4.[3]

### 63,6-10 하느님과 관계를 맺을 자격

#### 너의 가장 좋은 것을 하느님께 드려라

이제 비옥함 또는 풍부함의 특성이 무엇인지 우리의 주의를 거기에 돌려 봅시다. 다윗은 이에 대해 "제 영혼이 비계와 기름을 먹은 듯 배불러"라며 아주 알기 쉽게 표현합니다. 이전에 그는 "[주님께서] 네가 바친 번제물을 비계로 만들어 주시기를 빕니다"(시편 19,4 칠십인역, 불가타)라고 한 바 있습니다. 이 말은 제물은 기름지거나 영양이 풍부한 것이어야 하며 그래서 윤기가 흐르고, 믿음과 헌신 그리고 하느님의 말씀의 풍부한 영양이 담긴 자양물로 무거워야 한다는 뜻입니다. 우리는 공들여 잔뜩 치장된 것들을 가리킬 때나 마르고 야위지 않은 질 좋은 제물을 가리켜 말할 때 흔히 '기름지다'거나 '살지다'고 합니다. 그러므로 우리가 제물을 '기름지다'고 말할 때 우리는 그것이 '최상'의 것으로 여겨지기 바랍니다. 성경의 예언적 구절에서도 이에 관한 증거를 찾아볼 수 있는데, 좋은 암소들을 풍작인 해들에 비유하는 구절이 그것입니다(창세 41,26 참조).

• 암브로시우스 『카인과 아벨』 2,5,17.[4]

#### 하느님을 늘 기억하여라

우리는 왜 사악함에 대하여 잊어버립니까? 우리가 좋은 것들을 기억하기 때문입니다. 우리가 하느님을 기억하기 때문입니다. 우리가 늘 하느님을 기억한다면, 우리는 그것들을 함께 기억할 수 없습니다. [그래서 시편 저자는 이렇게 말합니다.] "제가 잠자리에서 당신을 생각하고 야경 때에도 당신을 두고 묵상합니다." 이렇듯 우리는 하느님을 늘 기억해야 하며, 특히, 차분히 생각할 때, 그 기억으로 자신을 단죄할 수 있을 때, 기억 속에 [그분의 일들을] 간직하고 있을 때 더욱 그래야 합니다. 사실 낮 동안에는 우리가 기억을 하더라도 다른 일들이나 걱정거리가 침입해 그 생각들을 쫓아 버립니다. 그러나 영혼이 평온하게 쉬는 때이며 영혼이 하늘의 고요한 창공 아래 있는 때인 밤에는 지속적으로 기억할 수 있습니다. "네가 마음속으로 말하는 것들을 잠자리에서 슬퍼하여라"(시편 4,5 칠십인역)라고 그는 말합니다. 이것들을 낮에도 내내 기억하는 것이 실로 옳습니다. 여러분이 이승 삶의 일들 가운데에서 아무리 온갖 걱정으로 가득 차 있고 마음이 산란하더라도, 적어도 잠자리에서는 하느님을 기억하십시오. 이른 새벽에는 그분에 대해 묵상하십시오.

• 요한 크리소스토무스 『히브리서 강해』 14,9.[5]

#### 올바른 기도의 요소

오, 하느님의 제자여, 하느님께 맞갖은 순수한 기도는 이런저런 단어들이 합쳐져 발설되는 것이 아닙니다. 하느님께 맞갖은 기도는 이러해야 합니다. 온 세상으로부터 자기 마음 안으로

[3] ACW 50,123*.
[4] FC 42,418-19.
[5] NPNF 1,14,437.

모아서 다른 어느 것과도 비밀리에 묶여 있지 않도록 하는 것, 기도하는 동안에는 전적으로 하느님의 뜻에 맡기고 자기 자신과 자기가 있는 곳을 포함하여 물질적인 것은 모두 잊어버리는 것입니다. 기도하는 동안에는 하느님의 영 안에 완전히 삼켜져 내적으로도 외적으로도 하느님을 옷 입어야 하며, 하느님에 대한 사랑으로 불타오르고 그분에 대한 생각에 완전히 파묻혀야 하며, 그분의 모든 것 안에서 그분에 대한 놀라운 회상으로 채워진 생각의 움직임들로 완전히 뒤섞여야 합니다. "제 영혼이 당신을 찾아 나갔다"는 다윗의 말대로 그것은 영혼이 자신이 사랑하는 분을 찾아 나간 것입니다.

• 마부그의 필록세누스 『기도에 관한 발췌』.[6]

[6] CS 101,129.

## 64,1-11 보호를 바라는 기도

1 [지휘자에게. 시편. 다윗]
2 하느님, 비탄 속에서 부르짖는
제 소리를 들으소서.
원수에 대한 두려움에서
제 생명을 지켜 주소서.
3 악한 자들의 음모에서,
나쁜 짓 하는 자들의 폭동에서
저를 숨겨 주소서.
4 그들은 칼처럼 혀를 벼리고
독한 말을 화살처럼 시위에 메겨
5 무죄한 이를 숨어서 쏘려 합니다.
느닷없이 그를 쏘고서는
두려워하지도 않습니다.
6 그들은 악한 일을 단단히 꾸며 내어
덫을 놓자 모의하고서는
누가 자기들을 보랴고 말해 댑니다.
7 불의한 것을 생각해 내고는 말합니다.①
"우리는 준비가 다 됐다. 계획이 세워졌다."
사람의 속과 마음은
헤아리기 어렵습니다.
8 그러나 하느님께서 그들을 화살로 쏘시리니
그들은 순식간에 상처를 입으리라.
9 그분께서 그들을
자기네 혀로 망하게 하시리니②
그들을 보는 이마다 머리를 흔들리라.
10 이에 모든 사람이 두려워하여
하느님께서 하신 일을 전하며
그분의 업적을 깨달으리라.
11 의인은 주님 안에서 기뻐하며
그분께 피신하고
마음 바른 이들은 모두 자랑스러워하리라.

① 히브리어 본문; 바로잡은 본문은 "'누가 우리 범죄를 알아채겠느냐?'고 말합니다"다.
② 바로잡은 본문; 히브리어 본문은 '그들의 혀가 그들을 거슬러 파멸을 불러올 것이니'다.

둘러보기

좋은 두려움이 있고 나쁜 두려움이 있다. 주님에 대한 두려움은 우리가 영적 원수들과 싸울 때 힘이 되어 주는 거룩하고 좋은 두려움이다(바실리우스). 이승 삶에서 우리는 믿음으로 하느님 안에서 즐거워한다. 그러나 하느님을 있는 그대로 보게 될 때 우리의 기쁨은 드디어 완전하게 실현될 것이다(아우구스티누스).

### 64,3 원수에 대한 두려움

#### 하느님을 신뢰하면 두려움이 사라진다

우리의 영적 아버지께서 가르치려 하시는 것이 무엇입니까? "[아이들아, 와서 내 말을 들어라.] 너희에게 주님 경외함을 가르쳐 주마"(시편 34,12). 그는 앞에서 주님을 경외하라고 우리에게 지시할 때, "그분을 경외하는 이들에게는 아쉬움이 없어라"(시편 34,10)라는 말로 그 두려움에서 오는 이익도 보여 주었습니다. 지금도 그들은 우리에게 하느님 경외에 관한 가르침을 전해 줍니다. 그런데 건강해지기 위해서 필요하다고 하는 그것은 모든 사람, 각 개인의 힘 안에 있습니다. 그러나 건강을 어떻게 얻어야 하는지 말하는 것은 의술을 아는 이만이 할 수 있는 일입니다. 두려움이 모두 좋고 구원받는 느낌을 주는 것은 아닙니다. 예언자가 다음과 같이 말하며 자기 영혼에 생겨나지 않게 해 달라고 기도한 정반대의 두려움이 있습니다. "원수에 대한 두려움에서 제 생명을 지켜 주소서." 원수에 대한 두려움은 우리를 죽음 앞에서 비겁하게 만들며 지위 높은 사람 앞에서 위축되게 합니다. 사실, 이런 사람이 어떻게 순교의 때에 죄짓기를 거부하며 죽음을 마다하지 않을 수 있으며 우리를 위하여 돌아가시고 되살아나신 주님께 진 빚을 갚을 수 있겠습니까? 마귀들에게 쉽게 겁먹는 사람도 마음속에 원수에 대한 두려움이 있습니다. 대체로 그런 두려움은 불신에서 생겨나는 감정으로 보입니다. 강력한 도움이 가까이 있다고 믿는 사람이라면 그를 혼란에 빠뜨리려 하는 자들에게 결코 겁먹지 않기 때문입니다.

• 대 바실리우스 『시편 강해』 16,8.[1]

### 64,11 주님 안에서 기뻐하다

#### 의인은 주님 안에서 기뻐한다

"의인은 주님 안에서 기뻐하며 그분께 피신하고 마음 바른 이들은 모두 자랑스러워하리라." 우리는 분명 목소리와 마음으로 이렇게 노래했습니다. 그리스도인의 양심과 혀는 하느님께 이렇게 말씀드립니다. 의인은 세상이 아니라 주님 안에서 기뻐합니다. 성경은 또 다른 곳에서는 이렇게 말합니다. "의인에게는 빛이, 마음 바른 이들에게는 기쁨이 뿌려진다"(시편 97,11). 여러분은 기쁨이 어디에서 발견되느냐고 물을 것입니다. 여기 답이 있습니다. "의인은 주님 안에서 기뻐하리라." 또 이런 말씀도 있습니다. "주님 안에서 즐거워하여라. 그분께서 네 마음이 청하는 바를 주시리라"(시편 37,4). 무엇이 보입니까? 우리에게 무엇이 주어지고 있습니까? 우리는 어떤 말씀을 듣고 있습니까? 주님 안에서 즐거워하라는 것입니다. 그런데 여러분은 여러분이 보지 못하는 것 안에서 즐거워할 수 있습니까? 아니면, 우리는 진정 주님을 봅니까? 우리는 이에 대해 틀림없는 약속을 받았습니다. 그러나 지금은, '우리가 주님에게서 떠나 이 몸 안에 사는 동안에는 우리는 믿음으로 살아갑니다'(2코린 5,6-7 참조). 눈에 보이는 것이 아니라 믿음으로 살아간다는 말입니다. 언제 그것이 눈에 보이게 됩니까? 요한이 말하는 이것이 이루어질 때입니다. "사랑하는 여러분, 이제 우리는 하느님의 자녀입니다. 우리가 어떻게 될지는 아직 드러나지 않았지만, 그분께서 나타나시면 우리도 그분처럼 되리라는

[1] FC 46,262.

것을 알고 있습니다. 그분을 있는 그대로 뵙게 될 것이기 때문입니다"(1요한 3,2). 더 이상 희망의 젖을 먹지 않고 단단한 음식인 실재가 우리에게 주어질 그때에는 실로 놀라운 완전한 즐거움이 있을 것이며 기쁨이 충만해질 것입니다.

• 아우구스티누스『설교집』21,1.[2]

[2] *WSA* 3,2,29.

## 65,1-14 하느님의 큰 선하심을 찬양하라

1 [지휘자에게. 시편. 다윗. 노래]
2 하느님, 시온에서
당신을 찬양함이 마땅합니다.
당신께 서원이 채워집니다,
3 기도를 들어 주시는 분 당신께.
당신께로 모든 사람이 모여 오니
4 죄악 때문입니다.
저희의 죄가 저희에게는① 너무나 무겁지만
당신께서는 그것을 용서하여 주십니다.
5 행복합니다, 당신께서 뽑아
가까이 오도록 하신 이!
그는 당신의 뜰 안에 머물리이다.
저희도 당신 집의 좋은 것을,
거룩한 당신 궁전의 좋은 것을 누리리이다.
6 저희 구원의 하느님
당신께서는 정의의 놀라운 행적으로
저희에게 응답하십니다.
당신은 세상 모든 끝과
머나먼 바다의 희망이십니다.
7 당신은 권능으로 허리에 띠 두르시어
산들을 당신 힘으로 세우신 분.
8 바다의 노호를,
그 파도의 노호를,
민족들의 소요를 가라앉히시는 분.
9 땅끝에 사는 이들이
당신 표징들을 보고 놀라워하리이다.
당신께서 동녘과 서녘 끝을
환호하게 하십니다.
10 당신께서는 땅을 찾아오셔서
물로 넘치게 하시어
더없이 풍요롭게 하십니다.
하느님의 개울은 물로 가득하고
당신께서는 곡식을 장만하십니다.
정녕 당신께서 이렇게 마련해 주십니다.
11 그 고랑에 물을 대시고 두둑을 고르시며
비로 부드럽게 하시어
새싹들에게 강복하십니다.
12 당신의 선하심으로 한 해를 꾸미시어
당신께서 가시는 길마다
기름이 방울져 흐릅니다.
13 사막의 풀밭에도 방울져 흐르고
언덕들은 기쁨으로 띠 두릅니다.
14 목장들은 양 떼로 옷 입고
골짜기들은 곡식으로 뒤덮여
저들이 환성을 올리며 노래합니다.

① 그리스어 본문; 히브리어 본문은 '저에게는'이다.

둘러보기

하느님께서는 당신을 믿는 충실한 이들을 하늘의 당신께로 모으신다. 이 세상의 고역과 더러움에서 벗어나 새 삶을 살게 된 그들은 그곳에서 그분께 찬미의 노래를 부를 것이다. 하느님의 선하심과 경건한 덕을 지닌 사람은 삶에서 어떤 상황에 처하더라도 만족하며 행복해한다(암브로시우스).

우리가 가뭄과 식량 부족을 겪는 것은 우리 죄 때문에 하느님께서 심판하시러 지상에 오시기 때문이다(나지안주스의 그레고리우스). 하느님께서는 당신 백성을 지금은 해(年)의 순환을 통해서 그리고 하늘에서는 영원히 축복하신다(베다).

## 65,2-5 하느님께서 뽑으신 이가 누리는 큰 행복

### 하느님께서 당신 백성을 당신께로 모으시리라

영혼은 이승 삶의 뒤틀림과 지상 육체의 더러움을 떠나야만 합니다. 비록 성인들만이 거기에 이를 수 있지만, 영혼은 하늘의 모임으로 서둘러 가야 합니다. 그곳에서 영혼은 하느님께 찬미 노래를 부를 것입니다. 예언자[1]에게서 배운 교훈에서 우리는 하느님께 그 노래들이 수금 반주에 곁들여 불린다는 것을 들었습니다(묵시 14,2 참조). "전능하신 주 하느님, 주님께서 하신 일은 크고도 놀랍습니다. 민족들의 임금님, 주님의 길은 의롭고 참되십니다. 주님, 주님을 경외하지 않을 자 누구이며 주님의 이름을 찬양하지 않을 자 누구입니까? 정녕 주님 홀로 거룩하십니다. 모든 민족들이 와서 주님 앞에 경배할 것입니다"(묵시 15,3-4). 그리고 영혼은 당신의 혼인 잔치를 볼 것입니다. 오, 주 예수님, 그때에 신부는 땅에서 하늘의 거처로 인도될 것이며, 모두가 한소리로 기쁘게 노래하는 가운데 더 이상 세상에 종속되지 않고 성령과 혼인한 "모든 사람이 당신께로 모여와" 아마포와 장미, 백합과 화환으로 장식된 혼인 방을 보게 될 것입니다. 그 혼인 잔치는 누구를 위해 그렇게 장식됩니까? 고백자들의 보라색 줄무늬[매질 자국]와 순교자들의 피, 동정녀들의 백합, 사제들의 화관으로 장식되니 말입니다.

• 암브로시우스 『형 사티루스의 죽음』 2,132.[2]

### 하느님의 축복이 늘 우리와 함께 있다

선을 지니고 있으며 덕이 늘 그의 동료요 협력자인 사람에게 결핍된 것이 실로 무엇이겠습니까? 인생의 갖가지 역할에서 그가 지극히 강하지 않은 것이 무엇이 있겠습니까? 어떤 가난에 처했더라도 그는 부유하지 않겠습니까? 어떤 비천한 지위에 있어도 그는 고귀하지 않겠습니까? 어떠한 여가를 즐긴다 해도 그는 부지런하지 않겠습니까? 어떤 병약한 몸이라 해도 그는 강하지 않겠습니까? 어떤 고요한 잠을 자는 중이라도 그는 활기 있지 않겠습니까? 그가 잠자고 있는 중에도 그의 덕은 그를 버리지 않습니다. 어떤 고독 속에 있더라도 그는 군중 안에 있는 것 아니겠습니까? 행복한 삶이 그를 에워싸고 은총이 그를 옷처럼 감으며 영광의 의복이 그를 빛나게 합니다. 그는 여가 중에 있을 때도 일할 때보다 덜 행복하지 않으며 잘 때도 깨어 있을 때와 똑같이 영광이 가득합니다. 그는 잠자고 있을 때도 깨어 있을 때와 똑같이 안전하고 안정되어 있기 때문입니다. 그러니 그가 언제 휴가를 즐기는 것처럼 보일 수 있겠습니까? 그의 마음은 언제나 일하고 있습니다. 그가 언제 혼자 있는 것처럼 보일 수 있겠습니까? 그는 시편 저자가 "그는 당신 집의 좋은 것을 누리리이다"라고 한 그 "좋은 것"과 늘 함께 있습니다. 그런 이라

[1] 복음사가 요한을 가리킨다.

[2] FC 22,258.

면 언제 낙담한 것처럼 보일 수 있겠습니까? "그는 하늘의 시민입니다"(필리 3,20). 그런 이가 언제 잘생겨 보이지 않을 수 있겠습니까? 그는 아름다움과 유일한 선의 모상을 따라 사니 말입니다. 그는 지체들에서는 약할지라도 영에서는 강합니다.

• 암브로시우스 『야곱과 행복한 삶』 8,39.[3]

## 65,10-12 하느님의 풍요로운 축복

### 악의 목적

우리는 악의 목적이 무엇인지나 알아 둡시다. 곡식이 왜 말라 죽으며 우리의 양 떼가 왜 번성하지 못하고 땅의 과실들이 부실하며, 들판이 비계가 아니라 수치로 가득 찹니까? 왜 골짜기들이 곡식이 그득하지 못하여 탄식하고 산들은 이제부터 의인들에게 보여 줄 것과 달리 헐벗고 수치스럽게 되어 길보아[4]의 저주(2사무 1,21 참조)를 받게 되었습니까? 온 땅이 아무런 아름다움으로 장식되지 않은 태초의 상태가 되었습니다. "당신께서는 땅을 찾아오셔서 물이 넘치게 하시어 풍요롭게 하십니다." 그러나 그 방문은 악을 위한 것이 되었고 그때 주어진 물은 파괴적인 것이 되었습니다.

• 나지안주스의 그레고리우스
『침묵하시는 성부』(연설 16) 17.[5]

### 하느님께서는 일 년 내내 우리를 선의로 축복하신다

가슴에 걸쳐진 네 줄에 각기 세 가지 돌[6]이 달려 있는 것은 한 해의 순환에 해당합니다. 한 해는 네 계절로, 각 계절은 석 달로 이루어지지요. 성경에는 한 해 전체를 우리가 영원한 보상을 얻기 위해 노력하는 우리 구원의 때로 나타냅니다. 구원자께서 증언하시듯이, 그분은 이사야의 예언대로 주님의 은혜의 해와 보상의 날을 선포하도록 파견되셨습니다(참조: 이사 61,2; 루카 4,19). 시편 저자도 이 은혜의 해에 관하여 그분께 노래합니다. "당신의 선하심으로 한 해를 꾸미시어 당신께서 가시는 길마다 기름이 방울져 흐릅니다." 현세에서는 그분께서 그들에게 바른 신앙과 행실이라는 선을 주시고, 보상의 날에는 영원한 축복의 화관을 주실 것입니다.

• 존자 베다 『성막과 제구』 3,6.[7]

---

[3] FC 65,144-45.

[4] 길보아는 이스라엘이 필리스티아인들에게 패배하여 사울과 그의 세 아들이 죽은 곳이다.

[5] NPNF 2,7,253*.

[6] 아론은 가슴에 열두 개의 보석을 달고 있었는데, 그것은 거룩한 삼위일체에 대한 믿음이 세상 모든 곳의 인간들에게 선포되는 때가 오리라는 것을 나타내는 것이었다. 이렇듯 열두 개의 돌이 세 개씩 네 무리로 배열되어 있었다.

[7] TTH 18,129-30*.

## 66,1-20 기도에 응답해 주시는 하느님을 찬양하는 시편

1 [지휘자에게. 노래. 시편]
온 세상아, 하느님께 환호하여라.
2 그 이름의 영광을 노래하여라.
영광과 찬양을 드려라.
3 하느님께 아뢰어라.
"당신께서 하신 일들 얼마나 경외롭습니까!
당신의 크신 능력에
원수들도 당신께 굽실거립니다.⤴

4 온 세상이 당신 앞에 엎드려
당신께 노래하게 하소서.
당신 이름을 노래하게 하소서." 셀라
5 너희는 와서 보아라, 하느님의 업적을.
사람들에게 이루신 그 행적 경외로워라.
6 바다를 마른땅으로 바꾸시어
맨발로 건너갔다네.
거기서 우리는 그분 안에서 기뻐하네.
7 그분께서 당신 권능으로 영원히 다스리시며
그분의 두 눈은 민족들을 바라보시니
반항자들은 대들지 마라. 셀라
8 백성들아, 우리 하느님을 찬미하여라.
그분을 찬양하는 소리 울려 퍼지게 하여라.
9 그분께서 우리 영혼에 생명을 주시고
우리 발이 흔들리지 않게 하셨다.
10 하느님, 당신께서 저희를 시험하시고
은을 단련하듯 저희를 단련하셨습니다.
11 저희를 그물에 걸려들게 하시고
무거운 짐을 저희 허리에 지우셨습니다.
12 사람들이 저희 머리 위를 밟고 가게 하시어
저희는 불과 물을 지나야 했습니다.
그러나 당신께서는 저희를
넓은① 곳으로 이끌어 내셨습니다.
13 저는 번제물을 가지고 당신 집으로 들어가
당신께 저의 서원을 채우오리다.
14 곤경 중에 제 입술이 말씀드리고
제 입이 아뢰었던 것을 채우오리다.
15 숫양을 태우는 향연과 더불어
기름진 번제물을 당신께 봉헌하오리다.
소와 염소들을 바치오리다. 셀라
16 하느님을 경외하는 모든 이들아
와서 들어라. 그분께서 내게 하신 일을
내가 들려주리라.
17 그분께 내가 입을 열어 부르짖었지만
내 입술 밑에는 이미 찬미 노래가 있었네.
18 만일 내 마음속에 죄악이 들어 있었다면
주님께서 들어 주지 않으셨으리라.
19 그러나 정녕 하느님께서는 들으셨네.
내 기도 소리를 새겨들으셨네.
20 내 기도를 물리치지 않으시고
내게서 당신 자애를 거두지 않으신
하느님께서는 찬미받으소서.

① 바로잡은 본문; 히브리어 본문은 '풍요로운'이다.

둘러보기

하느님의 말씀을 제대로 이해하려면 표현 기법과 용법을 알아야 한다(아우구스티누스). 하느님께서 홍해를 가르시고 파라오와 그의 군사들을 죽게 하심으로써 이스라엘을 구하셨듯이, 그분께서는 그리스도를 믿는 백성을 구하시고 사탄을 파멸시키신다(테오도레투스). 유혹은 어떤 사람들은 압도하고 파멸시키지만 하느님께서 구원을 내리시는 이들은 영적으로 단련시킨다(예루살렘의 키릴루스). 하느님께서는 우리가 유혹을 경험하도록 허락하시지만 우리를 거기에서 구해 주신다(아타나시우스). 하느님의 법을 지키는 데 세심히 주의해야 한다. 그 법을 지키는 데 실패하면 큰 보상을 잃을 뿐 아니라 징벌을 불러오기 때문이다(바실리우스). 하느님께 한 맹세는 강제로 한 것일지라도 반드시 제때에 지켜야 한다(풀겐티우스).

66,4-6 언어와 상징적 표현의 이해

### 표현법

앞에서 인용한 여기[1]에서도 다른 민족들의 사도는 이런 악들[2] 때문에 믿지 않는 자녀들에게 하느님의 진노가 내린다고 말합니다. 그러나 "여러분도 전에 이러한 것들에 빠져 지낼 때에는 그렇게 살아갔습니다"(콜로 3,7)라는 그의 말은 그들이 이제는 그렇게 살지 않는다는 것을 잘 보여 줍니다. 실로 그들은 그것들에 대해 죽었습니다. 그들의 생명이 이제 그리스도와 함께 하느님 안에 숨겨져 있었기 때문입니다. 사실, 제가 조금 전에 지적했듯이, 악들은 악들 속에 살지 않는 이들 안에 살고 있었습니다. 마찬가지로, 어떤 사람들의 지체들 안에 살고 있던 악덕들은 실로 그들의 지체들이라고 불렸습니다. 장소의 이름으로 그 안에 담겨 있는 것들을 나타내는 표현법에 따라 그런 것이지요. 광장에 있는 사람들이 말하고 있다는 것을 광장 전체가 말한다고 표현하는 것과 같은 경우입니다. 바로 이 표현법에 따라, 시편은 "온 세상아, 하느님께 환호하여라" 라고 노래합니다. 땅 위에 사는 모든 사람들에게 하는 말이지요.

• 아우구스티누스 『절제』 14,30.[3]

### 물을 통한 구원

그런 다음 [심마쿠스[4]는] 옛적에 행해진 일을 요약해 줍니다. "그분께서 바다를 마른땅으로 바꾸시고 그들은 맨발로 강을 건너가리라." 시제가 바뀌었습니다. 그는 과거를 미래처럼 이야기했습니다. 반면에 다른 이들은 그 시제를 그대로 유지합니다. "그분께서 바다를 마른땅으로 바꾸셨고 그들은 맨발로 강을 건너갔다"고 합니다. 그는 이분은 우리에게도 구원을 주실 하느님, 옛적에 바다와 강을 가르셨고, 우리 선조들에게 아무런 위험 없이 건너라고 명령하셨고, 민족들에게 그들이 새로 남의 씻음을 통해 새로 지어질 때 그들이 이루는 '건넘'을 주시는 분이라고 말하고 있습니다. 다시 말해, 위대한 모세의 손을 통해 그때에 홍해를 가르셨듯이, … 지금도 사제들의 손을 통하여 그분께서는 그리스도를 믿는 사람들을 새롭게 하시며 동시에 상징적으로 파라오와 그의 병거들을, 곧 악마와 그의 욕망들을 물에 가라앉히십니다. (입교한 이들은 내 말이 무슨 뜻인지 알 것입니다.)

• 키루스의 테오도레투스 『시편 주해』 66,4.[5]

66,10-12 유혹에서 구출되다

### 구출에 감사하다

"주님, 저희를 유혹에 빠지지 않게 하시고." 그러면 주님께서 우리에게 기도하라고 가르치시는 것이 이것입니까? 우리가 아무런 유혹도 당하지 않게 해 달라고 청하라는 것입니까? 그러면 어째서 다른 곳에는 "유혹을 당하지 않은 사람은 증명되지 않은 사람이다"[6]라고 쓰여 있는 것입니까? 그리고 "나의 형제 여러분, 갖가지 시련에 빠지게 되면 그것을 다시없는 기쁨으로 여기십시오"(야고 1,2)라는 말씀도 있습니다. 그런데 혹시, 유혹으로 들어가는 것이 곧 유혹에 압도되는 것을 의미합니까? 유혹은 건너기 힘든 겨울의 급류와 같습니다. 그래서 유혹에 압도당하지 않는 사람들은 그것을 건넘으로써 자신이 헤엄을 잘 치는 사람이며 급류에 전혀 쓸려 가지

---

[1] 콜로새서 인용문(콜로 3,1-2.6)을 가리킨다.

[2] 정결하지 못한 삶, 욕정, 탐욕 등.

[3] FC 16,229*.

[4] 기원후 3세기에 구약성경을 그리스어로 번역한 인물이다.

[5] FC 101,372-73.

[6] 테르툴리아누스 『세례론』 20.

않는다는 것을 보여 줍니다. 반면에 그렇지 못한 자들은 그 물에 들어가 잠기고 맙니다. 예를 들어, 돈에 대한 사랑이라는 유혹 속으로 들어간 유다는 그 물을 헤쳐 나오지 못하고 거기에 압도되어 육체와 영이 다 질식했습니다. 베드로는 주님을 부인하는 유혹 속으로 들어갔습니다. 그러나 거기에 들어간 그는 그에 압도되지 않고 용감하게 헤엄쳐 나와 유혹으로부터 구출되었습니다. 상처를 입지 않은 성인들의 무리가 유혹에서 구출된 것에 감사를 드리는, 또 다른 곳의 말씀을 들어 보십시오. "하느님, 당신께서 저희를 시험하시고 은을 단련하듯 저희를 불로 단련하셨습니다. 저희를 그물에 걸려들게 하시고 괴로움을 저희 허리에 지우셨습니다. 사람들이 저희 머리 위를 밟고 가게 하시어 저희는 불과 물을 지나야 했습니다. 그러나 당신께서는 저희를 안식의 장소로 이끌어 내셨습니다." 그들이 관통당하지 않고 헤쳐 나온 것에 대해 대담하게 말하고 있는 것을 보십시오. "그러나 당신께서는 저희를 안식의 장소로 이끌어 내셨습니다." 그들이 안식의 장소로 왔다는 것은 유혹에서 구출되었다는 뜻입니다.

• 예루살렘의 키릴루스 『신비 교리교육』 23,17.[7]

곤경에 처했을 때 하느님께서 도와주신다

그 입구는 "좁고 또 비좁"지만, 일단 안에 들어가면 그 어느 곳보다 넓은, 끝이 안 보이는 너른 공간이 보입니다. 우리는 목격자들과 상속자들에게서 이에 대해 들은 바 있습니다. 그들은 자신들의 시련과 재난에 대해 "당신께서 저희 앞에 시련을 펼쳐 놓으셨습니다"라고 합니다. 그런 다음 이렇게 덧붙입니다. "그러나 당신께서는 저희를 넓은 곳으로 이끌어 내셨습니다." 그리고 '당신께서 저희를 곤경에서 끌어내셨다'(시편 4,1 참조)고도 합니다.

• 아타나시우스 『축일 서간집』 9.[8]

## 66,13-14 하느님께 우리의 의무를 다하다

하느님의 법을 지키지 않으면

하느님의 심판이 [제가 앞에서 말한][9] 방식대로 일어난다는 사실을 믿으려면 구약성경의 증거도 필요하다고 여러분이 말씀하신다면, 모세가 이렇게 말합니다. "너희는 마음을 다하고 목숨을 다하고 힘을 다하여 주 너희 하느님을 사랑해야 한다"(신명 6,5), "네 이웃을 너 자신처럼 사랑해야 한다"(레위 19,18; 마태 19,19). 주님께서는 여기에 이렇게 덧붙이십니다. "온 율법과 예언서의 정신이 이 두 계명에 달려 있다"(마태 22,40). 사도도 이렇게 증언합니다. "그러므로 사랑은 율법의 완성입니다"(로마 13,10). 게다가, 이 명령들을 지키지 않고, 거기에 따르는 의로움의 행위를 실천하지 않는 이들은 모세가 다음과 같이 선언하듯이 징벌을 면할 수 없습니다. "이 율법의 말씀들을 존중하여 실천하지 않는 자는 저주를 받는다"(신명 27,26). 그리고 다윗은 "만일 내 마음속에 죄악이 들어 있었다면 주님께서 들어 주지 않으셨으리라"(시편 66,18)고 합니다. 그는 또 다른 곳에서도 이렇게 말합니다. "겁낼 것이 없던 그곳에서 그들은 겁에 질려 소스라치리니 너를 포위한 자들의 뼈를 하느님께서 흩으시겠기 때문이다"(시편 53,6). 그러므로 우리가 앞서 논의한 상세한 사항들과 관련하여 계명을 부적절하게 수행하여 그처럼 크나크고 더없이 복된 보상

[7] NPNF 2,7,155-56*. [8] ARL 147.

[9] 대 바실리우스는 지금 사랑이 그리스도인의 모든 행위의 동기가 되어야 한다고 가르치는 1코린 13,1-3에 대해 이야기하고 있다. 질문 8은 '명령에 따라 수행한 행위가, 그 수행 양식이 하느님의 지시에 일치하지 않을 경우 하느님께 맞갖은 것인가?' 하는 것이다.

을 놓치는 것은 물론 그처럼 무서운 위협의 대상이 되지 않으려면, 매우 성실하게 잠시도 소홀하지 않아야 합니다.

• 대 바실리우스 『세례론』 2,8.[10]

### 하느님께 행한 서원은 지켜야 한다

우리는 주님께서 주신 대로의 혼인의 본성에 대하여 이야기하고 있으므로, 이는, 그러니까 그대가 사전에 경건한 마음으로 의도한 것은 매우 세심히 검토해야 합니다. 하느님께서 부여하신 것들을 사용하는 것은 인간에게 금지되어 있지 않으므로 인간은 자신이 하느님께 서원한 것을 지킬 필요 없다고 결론지어서는 안 됩니다. 이렇게 쓰여 있습니다. "당신께 저의 서원을 채우오리다. 제 입술이 말씀드린 것." 그리고 약속을 회피하는 자유를 얻거나 또는 자신은 자신의 의지가 아니라 환난 때문에 서원한 것이라고 말하며 자신은 그 서원에서 자유롭다고 생각하기 위하여 환난을 핑계 대려는 이가 아무도 없도록, 복된 다윗은 환난 속에 한 것이더라도 합법적으로 약속한 모든 것은 반드시 하느님께 돌려드려야 함을 가르치며 하느님께 이렇게 말씀드립니다. "당신께 저의 서원을 채우오리다. 제 입술이 말씀드린 것을 채우오리다." 그러고는 곧바로 이렇게 덧붙입니다. "제가 곤경 중에 있을 때 제 입이 약속한 것을 채우오리다"(시편 66,14). 그런데 신명기에도 이렇게 쓰여 있습니다. "너희는 주 너희 하느님께 서원을 할 경우, 그것을 미루지 말고 채워야 한다. 그렇지 않으면 주 너희 하느님께서 반드시 그것을 너희에게 요구하실 것이고, 너희에게는 죄가 될 것이다. 아예 서원하지 않으면 죄가 될 일도 없다. 너희 입으로 주 너희 하느님께 스스로 서원한 대로, 너희 입에서 나온 것을 명심하여 실천해야 한다"(신명 23,22-24). 솔로몬도 말합니다. "네가 하느님께 서원을 하면 지체하지 말고 그것을 채워라. … 네가 서원한 바를 채워라. 서원을 하고 채우지 않는 것보다 서원을 하지 않는 것이 낫다"(코헬 5,3-4).

• 루스페의 풀겐티우스 『서간집』 1,11.[11]

[10] FC 9,416-17*.

[11] FC 95,284-85.

## 67,1-8 하느님의 강복을 기원하는 공동 기도

1 [지휘자에게. 현악기와 더불어. 시편. 노래]
2 하느님께서는 우리에게 자비를 베푸시고
강복하시리라.
당신 얼굴을 우리에게 비추시리라. 셀라
3 그리하여 세상에 당신의 길이,
만민에게 당신의 구원이 알려지게 하소서.
4 하느님, 민족들이 당신을 찬송하게 하소서.
민족들이 모두 당신을 찬송하게 하소서.
5 겨레들이 기뻐하고 환호하리니
당신께서 민족들을 올바로 심판하시고
세상의 겨레들을 이끄시기 때문입니다. 셀라
6 하느님, 민족들이 당신을 찬송하게 하소서.
민족들이 모두 당신을 찬송하게 하소서.
7 땅이 제 소출을 내주었으니
하느님, 우리 하느님께서
우리에게 강복하셨네.
8 하느님께서는 우리에게 강복하시리라.
세상 모든 끝이 그분을 경외하리라.

둘러보기

육화 이전의 그리스도께서 당신이 영원한 구원의 유일한 길이라고 선언하신다(아우구스티누스). 밭에 뿌려진 밀알은 돌아가시고 되살아나시어 구원받은 영혼을 풍성하게 거두신 그리스도의 구원 활동과 닮았다(히에로니무스).

67,2-3 영원한 구원에 이르는 길

**그리스도는 구원에 이르는 유일한 길이다**

다시 말합니다만, 바로 이것이 신앙인들을 해방하는 보편적인 길입니다. 충직한 아브라함은 그에 관해 이런 하느님의 신탁을 받았습니다. "세상 모든 민족들이 너의 후손을 통하여 복을 받을 것이다"(창세 22,18). 그런데 아브라함은 태생으로는 칼데아인이었으나 이 약속을 받기 위해 자기 땅과 자기 친척과 자기 아버지의 집을 떠나라는 명령을 받았습니다. 그에게서 천사들을 통하여 중개자의 손을 거쳐 후손이 나오게 되어 있었기(갈라 3,19 참조) 때문이며, 그 중개자에게 영혼을 해방하는 보편적인 길, 다시 말해, 모든 민족들에게 주어진 길이 있기 때문입니다. 그리하여 아브라함은 칼데아 미신으로부터 해방된 첫 사람이 되어 유일한 참하느님을 숭배하고 따라갔으며 자기에게 약속을 주신 분을 충실하게 믿었습니다. 바로 이것이 보편적인 길이요 이 길에 관해서 거룩한 예언자는 다음과 같이 말합니다. "하느님께서 우리에게 자비를 베푸시고 강복하소서. 당신 얼굴을 우리에게 비추소서. 그리하여 세상에 당신의 길이, 만민에게 당신의 구원이 알려지게 하소서." 그리하여 먼 훗날 아브라함의 후손에게서 육을 취하신 구원자께서는 당신에 관하여 "나는 길이요 진리요 생명이다"(요한 14,6)라고 하십니다.

• 아우구스티누스 『신국론』 10,32.[1]

67,7 하느님께서 땅과 땅에 사는 이들에게 강복하셨다

**풍성한 수확**

"땅이 제 소출을 내주었으니." 여기서 "땅"은 우리 땅에서 난, 우리의 씨에서 난, 이 흙에서 난, 이 진흙에서 난, 아담에게서 난, 거룩한 마리아입니다. "너는 먼지이니 먼지로 돌아가리라"(창세 3,19). 이 땅이 소출을 내었습니다. 땅은 에덴 동산에서 잃어버린 것을 아들 안에서 찾았습니다. "땅이 제 소출을 내주었으니." 먼저 그것은 꽃을 내주었습니다. 아가에서 그것은 "나는 들에 핀 꽃, 골짜기의 나리꽃이랍니다"(아가 2,1)라고 합니다. 이 꽃은 우리가 먹을 수 있도록, 우리가 그 살을 먹을 수 있도록 열매가 되었습니다. 이 열매가 무엇인지 알고 싶습니까? 동정녀에게서 나신 동정, 여종에게서 나신 주님, 사람에게서 나신 하느님, 어머니에게서 나신 아들, 땅에서 난 소출입니다. 그 열매가 하는 말을 들어 보십시오. "밀알 하나가 땅에 떨어져 죽지 않으면 많은 열매를 맺을 수 없다"(요한 12,24). "땅이 제 소출을 내어 주었으니." 땅은 밀알을 내주었습니다. 밀알 하나가 땅에 떨어져 죽었기 때문에 많은 열매를 맺었습니다. 열매는 밀알의 머리 안에서 많은 수로 늘어납니다. 하나가 떨어졌기에 그 하나가 많은 수와 함께 되살아났습니다. 밀알 하나가 땅에 떨어져 그로써 풍요로운 수확을 얻었습니다.

• 히에로니무스 『시편 강해집』 6.[2]

[1] *CG* 422-23.

[2] FC 48,47*.

## 68,1-17 행렬 전례

1 [지휘자에게. 다윗. 시편. 노래]
2 하느님께서 일어나시니
그분의 적들이 흩어지고
원수들이 그 앞에서 도망친다.
3 연기가 흩날리듯 그들은 흩날려 가고
초가 불 앞에서 녹아내리듯
악인들이 하느님 앞에서 멸망해 간다.
4 그러나 의인들은 기뻐하며 뛰리라.
하느님 앞에서 기쁨 속에 즐거워하리라.
5 너희는 하느님께 노래하여라.
그 이름에 찬미 노래 불러라.
구름 타고① 달리시는 분께
길을 닦아 드려라.
그 이름 주님이시다.
그분 앞에서 기뻐 춤추어라.
6 고아들의 아버지, 과부들의 보호자
하느님께서는
당신의 거룩한 거처에 계시다.
7 하느님은 외로운 이들에게
집을 마련해 주시고
사로잡힌 이들을 행복으로
이끌어 내시는 분이시다.
그러나 반항자들은 불모지에 머무른다.
8 하느님, 당신께서 당신 백성에
앞서 나아가실 제
당신께서 사막을 행진하실 제, 셀라
9 땅이 뒤흔들리고
하늘마저 물이 되어 쏟아졌습니다.
하느님 앞에서,
시나이의 그분
하느님, 이스라엘의 하느님 앞에서.
10 하느님, 당신께서는 넉넉한 비를 뿌리시어
메마른 당신 상속의 땅을
일으켜 세우십니다.
11 당신의 무리가 그 위에 살고 있으니
하느님, 당신께서 가련한 이를 위하여
호의로 마련하신 것입니다.
12 주님께서 말씀을 내리시니
기쁜 소식 전하는 이들이 대군을 이루네.
13 군대를 이끈 임금들이
도망가는구나, 도망가는구나.
규중 여인도 전리품을 나누네.
14 너희는 가축우리 사이에서 쉬고 싶으냐?
비둘기의 날개는 은으로,
그 깃들은 푸른 빛이 도는
금으로 뒤덮였네.
15 전능하신 분께서 거기에서
임금들을 흩으실 제
찰몬에는 눈이 왔다네.
16 바산의 산은 드높은 산이요
바산의 산은 여러 봉우리 거느린
산이라네.
17 여러 봉우리 거느린 산들아
하느님께서 기꺼이 거처하시기로 하신
그 산을 어찌하여 흘겨보느냐?
정녕 주님께서 거기에 영원히 머무시리라.

① 또는 '사막을'.

둘러보기

죄인들은 연기가 공중으로 흩어지고 초가 열에 녹듯이 하느님 면전에서 죽어 없어질 것이다(카시오도루스). 하느님께서 시편에서 약속하셨듯이, 복음의 원수들은 실패할 것이며 진리를 선포하는 이들은 바른 정신을 지닌 사람들의 찬탄을 받게 될 것이다(다마스쿠스의 요한). 고아와 과부, 곤궁한 이들을 돕는 사람은 보상을 받을 것이다. 참지혜에 대한 그의 사랑은 깊어질 것이며 그는 하느님을 찬양하게 될 것이다(요한 크리소스토무스). 이미 시편에서부터 성령께서는 하느님께서 교회의 지체들이 한마음이 되게 하실 것이라고 예고하신다(키프리아누스). 동물의 왕국에서 생물들이 보여 주는 행동은 하느님께서 사람들이 조화롭게 서로 존중하며 살기를 얼마나 원하시는지 보여 주는 본보기다(바실리우스). 개인의 기도도 좋지만, 회중의 예배에서 하느님의 말씀을 낭독으로 듣고 바치는 공동 기도가 더 좋은 것이다(니케타스).

하느님께서 나타나실 때 땅이 흔들리고 하늘에서 이슬이 떨어지는 것은 그리스도의 십자가 처형 때 지진이 일어난 것과 땅에 하느님의 은총이 비처럼 내림을 예시한다(테오도레투스). 이교인 그리스인 저술가들의 작품은 성경이 증언하는 하느님의 힘에 관한 진실을 메아리로 보여 준다(알렉산드리아의 클레멘스). 성경은 하느님께서 당신 백성을 깨끗이 하시고 그들이 예언을 할 수 있도록 보내 주시는 은혜로운 비다(암브로시우스). 하느님께서는 광야에서 만나를 비처럼 내려 주셨듯이 시나이산에서 모세 율법을 비처럼 내려 주셨다(히에로니무스). 하느님께서는 우리에게 많은 비처럼 당신 은총을 내려 주신다(아우구스티누스). 복음 선포는 유창한 말이나 아름다운 언변이 아니라 하느님에게서 힘을 얻는다. 그리스도인과 이교인이 하느님에 관한 같은 진리를 선포했더라도 효과적인 것은 성경의 가르침뿐이다. 그리스도교의 가르침은 하느님에게서 힘을 받기 때문이다(오리게네스).

68,3-7 하느님의 백성이 살아가야 하는 방식

**죄인들은 연기나 초와 같다**

"연기가 흩날리듯 그들은 흩날려 가고 초가 불 앞에서 녹아내리듯 죄인들이 하느님 앞에서 멸망해 간다." 이 두 절에는 죄인들의 징벌이 두 가지 표상으로 예고되어 있습니다. 연기는 멸망하는 이 세상의 화염에서 피어오르는 거무스름하고 탁한 물질입니다. 연기는 높이 올라감에 따라 텅 빈 대기 속에서 점점 옅어집니다. 죄인들도 이와 같습니다. 그들은 그들의 사악함이라는 불에서 연기를 머금은 행위들을 만들어 내며, 그 행위들은 교만한 행동들을 통해 점점 더 높은 곳으로 올라가지만 스스로 자기를 들어 올리는 자화자찬을 통해 결국 연기처럼 사라지기 때문입니다. 죄인들에 대한 두 번째 비유가 이어집니다. 초는 밀랍으로 만들어져 부드럽고 말랑한데, 그래서 불의 열기에 녹으면 그 실체가 완전히 사라져 버립니다. 이 표상은 악인들에게 어울리는데, 하느님의 심판 때에 죄인들은 불 가까이에서 녹아 버리는 무른 밀랍처럼 그분 앞에서 사라지기 때문입니다. 시편 저자가 영속적인 불에 고통을 받게 될 이들이 지금 여기에서 그들의 실제 모습이 파멸한다고 말하지 않는 점에 주목하십시오. 대신 그는 그들이 하느님 앞에서 죽어 없어질 것이라고 합니다. 반대로 생각하는 이들[1]이

[1] 카시오도루스는 심판 때에 유죄 선고를 받는 타락한 천사들과 사람들이 결국에는 구원받을 것이라는 오리게네스의 견해[『원리론』 1,6(PL 11,169); 『여호수아기 강해』 1(PG 21,334)]를 염두에 두고 말하는 듯하다.

있기는 하지만, 그들은 결코 그분의 은총과 은혜를 얻지 못할 테기 때문입니다. 이 구절에 종류가 다른 두 가지 사이에서 유사점을 찾아내는 '비유'라는 표현법이 사용된 것에도 주목하십시오(참조: 시편 1,3; 5,10; 17,8). 죄인들을 연기와 초에 비유했습니다.

• 카시오도루스 『시편 해설』 67,3.[2]

### 복음은 사라지지 않을 것이다

당신[3]과 같은 우상 숭배자들을 두고 예언자에 의해 이 말씀이 내렸습니다. 아주아주 짧은 동안 여러분의 장소는 발견되지 않을 테지만, "연기가 사라지듯, 그리고 초가 불 앞에서 녹아내리듯 너희는 실패하고 말 것이다". 그런데 복음의 거룩한 지혜를 언급하시는 듯이 주님께서는 "하늘과 땅은 사라질지라도 내 말은 사라지지 않을 것이다"(마태 24,35)라고 하십니다. 시편 저자는 또 이런 말도 합니다. "주님, 당신께서는 한처음에 땅의 토대를 세우셨습니다. 하늘도 당신 손의 작품입니다. 그것들은 사라져 가도 당신께서는 그대로 계십니다. 그것들은 다 옷처럼 닳아 없어집니다. 당신께서 그것들을 옷가지처럼 바꾸시니 그것들은 지나가 버립니다. 그러나 당신은 언제나 같으신 분, 당신의 햇수는 끝이 없습니다" (시편 102,26-28). 그리고 장차 오실 그리스도의 거룩한 선포자들, 그들의 그물로 거짓의 깊은 곳에서부터 모든 사람들을 잡아 올린 세상의 지혜로운 어부들, 당신들이 당신들의 사악함과 죄의 굴레 속에서 중상하는 그 어부들은 표징과 이적들을 행했으며 다채로운 힘들이 세상의 해처럼 빛나며, 눈먼 이들이 보게 하고 귀먹은 이들이 듣게 하고 다리저는 이들이 걷게 하고 죽은 이들에게 생명을 주었습니다. 그들의 그림자만 스쳐도 사람들의 모든 병이 치유되었습니다. 이 어부들은 당신들이 신들처럼 두려워하는 악마들을 사람들의 몸에서 쫓아냈을 뿐 아니라 십자가 표시로 세상 자체를 쫓아냈습니다. 그로써 그들은 모든 요술을 쓸모없는 것으로 만들고 마법을 무력하게 했습니다. 그리스도의 힘으로 인간의 모든 질병을 치료하고 온 창조계를 새롭게 함으로써 올바른 정신을 지닌 모든 이에 의해 합당히 진리의 선포자들로 찬양받습니다.

• 다마스쿠스의 요한 『바를람과 요사팟의 생애』 32,295-96.[4]

### 짓밟힌 이들에 대한 사랑

제 말이 무슨 뜻입니까? 여러분은 세상에서 보기에 건강하고 부자고 명성을 누리는 이들에게 눈길을 주는 대신 고생하는 사람들, 몹시 힘든 상황에 처한 이들, 감옥에 있는 이들, 철저히 버려져 아무런 위로도 받지 못하는 이들을 가까이하고 싶다고 한 번이라도 생각한 적 있습니까? 이런 이들을 가까이 하는 데에 높은 가치를 두십시오. 그들에게서 여러분은 많은 이익을 얻을 것이며 참지혜를 사랑하는 더 나은 사람이 될 것이고 모든 일을 하느님의 영광을 위해 하게 될 것이기 때문입니다. 누구를 방문해야겠다면, 명성과 유명세를 누리는 이들 대신 고아와 과부, 궁핍한 이들에게 이 영예를 베푸십시오. 하느님께서는 "나는 고아들의 아버지, 과부들의 보호자"(시편 68,6)라 하셨고, "고아의 권리를 되찾아 주고 과부를 두둔해 주어라. 주님께서 말씀하신다. '오너라, 우리 시비를 가려 보자'"(이사 1,17-18)라고도 하셨습니다.

• 요한 크리소스토무스 『예비신자 교리교육』 6,12.[5]

[2] ACW 52,122-23.
[3] 마법사 테우다스를 가리킨다.
[4] LCL 34,493.495*.
[5] ACW 31,97-98*.

### 교회 안에서 일치

하느님의 일치, 주님의 옷, 그리스도의 교회가 나누어질 수 있다고 생각하거나 감히 갈라놓으려고 하는 사람만큼 사악하고 불충하며 불목의 광기로 미쳐 버린 자가 어디 있겠습니까? 주님께서는 복음에서 이에 대해 경고하시며 이렇게 가르치십니다. "그들도 마침내 한 목자 아래 한 양 떼가 될 것이다"(요한 10,16). 한곳에 많은 목자가 있거나 여러 양 떼가 있을 수 있다고 생각하는 사람이 있습니까? 바오로 사도도 이 일치에 대해 다음과 같이 강한 어조로 우리에게 권고합니다. "형제 여러분, 나는 우리 주 예수 그리스도의 이름으로 여러분에게 권고합니다. 모두 합심하여 여러분 가운데에 분열이 일어나지 않게 하십시오. 오히려 같은 생각과 같은 뜻으로 하나가 되십시오"(1코린 1,10). 또 "사랑으로 서로 참아 주며, 성령께서 평화의 끈으로 이루어 주신 일치를 보존하도록 애쓰십시오"(에페 4,2-3)라고도 합니다. 여러분은 교회로부터 멀리 떨어져 나가서 자신을 위한 다른 자리와 거처를 만들어 살 수 있다고 생각합니까? 교회를 예표하는 라합이 들은 말씀을 생각해 보십시오. "그대의 아버지와 어머니, 형제들, 그리고 그대 아버지의 온 집안을 그대의 집에 모여 있게 하시오. 누구든지 그대의 집에서 문 밖으로 나가는 자는 자기 탓으로 죽을 것이오"(여호 2,18-19). 이와 마찬가지로, 이집트 탈출 때 파스카 성사는 그리스도를 예표하는 살해된 양을 한 집에서 먹어야 한다는 것이 유일한 법 아니었습니까? 하느님께서 말씀하시기를, "어느 집이든지 한 집에서 먹어야 한다. 고기를 집 밖으로 가지고 나가면 안 된다"(탈출 12,46)고 하셨습니다. 따라서 그리스도의 살과 주님께 거룩한 것은 바깥으로 가져 나가서는 안 되며 믿는 이들에게는 하나인 교회 외에 다른 집이 있을 수 없습니다. 성령께서는 시편에서 이 집, 이 일치의 거처를 지적하시면서, '하느님께서는 한마음인 사람들을 당신 집에 살게 하신다'고 하십니다. 하느님의 집인 그리스도의 교회 안에는 한마음인 사람들이 성실함과 일치를 지키며 살고 있습니다.

• 키프리아누스 『가톨릭 교회의 일치』 8.[6]

### 일치와 상호 존중

그러한 품성을 지닌 자들을 주님께서는 '양의 옷차림을 한 게걸든 이리'(마태 7,15 참조)라고 말씀하십니다. 쉽게 변하는 마음과 변덕을 멀리하고 진리와 성실과 소박함을 추구하십시오. 뱀은 꾀가 뛰어나고 그 때문에 땅을 기는 저주를 받았습니다. 의로운 사람은 야곱처럼 거짓이 없습니다(창세 25,27 참조). 그래서 "주님께서는 외로운 이들을 집에 살게 하십니다".[7] 팔을 드넓게 뻗고 있는 이 거대한 바다(창세 1,20-21 참조)[8]에는 "수없이 많은 동물들이, 크고 작은 생물들이 우글거립니다"(시편 104,25). 그럼에도 불구하고 그것들 안에는 어떤 지혜와 정돈된 질서가 있습니다. 우리는 물고기에게서 흠을 찾을 수 없으며 그들에게도 본받을 만한 점들이 있습니다. 온갖 종류의 물고기들이 저마다 자기 종에게 적합한 장소를 할당받아 다른 종의 영역을 침범하지 않고 자기들 영역 안에 머무르고 있는 것은 또 어떻습니까? 측량사나 누가 그들에게 거처를 배분한 것도 아니었습니다. 그들이 담으로 둘러싸여 있거나 경계선으로 나뉘어 있는 것도 아닙니다. 그저 각 종에게 유용한 것이 자연스럽고 뚜렷하게 자

[6] FC 36,102-3*.

[7] 대 바실리우스는 칠십인역 본문("하느님은 같은 태도를 지닌 이들을 집에 살게 해 주신다")을 따르고 있다.

[8] 대 바실리우스가 명시적으로 밝히지는 않았지만, 아마도 지중해를 가리키는 듯하다.

리 잡힌 것입니다. 이 만灣은 어떤 종류 물고기들이 살아갈 수 있는 자양분을 제공해 주고, 이 곳에서 번성하는 것들이 다른 곳에서는 찾아보기 힘듭니다. 날카로운 봉우리들을 품은 산이 그들을 갈라놓은 것도 아닙니다. 그들이 건널 수 없게 강이 막아 버린 것도 아닙니다. 그러나 어떤 자연의 법이 있어 각 종에게 공정하고 평등하게 각기 필요로 하는 것에 따라 서식 장소를 할당해 줍니다.

• 대 바실리우스 『육일 창조에 관한 강해』 7,3.[9]

### 하느님의 집에 사는 이들은 복되다

명백하게, 기도 시간은 우리 모두가 기도하고 있는 때입니다. 물론 여러분은 언제든 또 원하는 만큼 자주 개인적으로 기도해도 됩니다. 그러나 기도한다는 핑계로 수업을 빼먹지는 마십시오. 여러분은 원하는 때면 언제든 언제나 기도할 수 있습니다만 수업을 언제나 들을 수 있는 것은 아닙니다. 거룩한 가르침을 들어서 얻는 것이 별로 없으리라고 생각하지 마십시오. 우리 정신이 최근에 [성경] 독서를 양식으로 받아먹어서 최근에 들은 거룩한 일들에 대한 생각 가운데에서 돌아다닐 수 있을 때 기도가 향상되는 것이 사실입니다. 주님의 말씀은 마르타의 동생 마리아가 언니 생각은 안 하고 예수님의 발치에 앉아 하느님의 말씀에 열심히 귀 기울인 것을 두고 마리아가 더 좋은 몫을 택했음을 우리에게 확인시켜 줍니다(루카 10,42 참조). 그렇다면 봉사자가 맑은 목소리로 사자使者처럼 모두에게 경고할 때면, 기도를 하는 중이든, 무릎을 꿇고 있는 중이든, 찬미가를 부르는 중이든, 가르침을 듣고 있는 중이든 모두가 같이 행동해야 한다는 것을 의아해할 필요가 없습니다. 하느님께서는 "같은 태도를 지닌 사람들을"[10] 사랑하시며, 앞에서도 말했듯이, "그들을 당신 집에 살게 하십니다". 그리고 시편은 이 집에 사는 이들을 복되다고 말합니다. 그들은 영원무궁히 하느님을 찬양하게 될 것이기 때문입니다.

• 레메시아나의 니케타스
『시편 송독의 유익 또는 찬가의 유익』 14.[11]

## 68,8-14 하느님의 힘과 그분의 말씀

### 땅의 흔들림과 하늘의 이슬

"하느님, 당신께서 당신 백성에 앞서 나아가실 제, 당신께서 사막을 행진하실 제, 땅이 뒤흔들리고 하늘마저 물이 되어 쏟아졌습니다." 심마쿠스[12]는 이를 이렇게 옮겼습니다. "오, 하느님, 당신께서 당신 백성 앞에서 가시며 사람이 살지 않는 땅을 통과하실 제, 땅이 뒤흔들리고 하늘에서 물이 떨어졌습니다." 아직 빛줄기를 느껴 보지 못한, 사람이 살지 않는 그 불모의 땅을 통과하실 제, 당신께서는 땅을 휘젓고 흔드셨으며 하늘에서는 은총의 비를 내려 주셨습니다. 그런데 한 가지 사례는 십자가 처형 때에 일어났습니다. 그때에 땅이 흔들리고 바위들이 갈라졌습니다(마태 27,51 참조). 만물의 창조주께서 십자가에 매달리신 것을 목격하고 그 충격에 온 땅이 혼란에 빠졌습니다. 뒤의 사례는 그분께서 하늘로 돌아가신 후에 일어났습니다. 그때에 성령의 은총이 이슬방울들처럼 사도들 위에 내렸습니다. 그런 다음 그는 누가 이 모든 일을 하시는지 유대인들에게 더 명확히 가르치기 위하여 이렇게 덧붙입니다. "시나이의 그분, 하느님, 이스라엘의 하느님 앞에서." 시나이산에서 우리 선

[9] FC 46,110-11*.
[10] 앞의 주 7 참조.
[11] FC 7,76.
[12] 구약성경을 그리스어로 번역한 3세기의 저술가.

조들에게 나타나셨던 분이 [그리스도의] 수난 때에 우리의 어리석음을 반박하기 위하여 땅을 뒤흔드시고 성령의 선물을 주신 분이라고 그는 말하고 있습니다.

• 키루스의 테오도레투스 『시편 주해』 68,6.[13]

이방인들도 하느님의 권능을 인정한다

비극 작가 아이스킬로스[14]도 하느님의 힘을 이야기하며 그분을 가장 높으신 분이라고 부르기를 주저하지 않습니다.

신을 필멸의 존재들과 구별하여라.
너처럼 육체를 지닌 존재라 생각 마라.
그분은 그런 존재가 아니심을 너는 안다.
그분은 불로 나타났다가
무서운 힘으로 나타났다가
물이었다가 어느새 어둠으로 나타난다.
짐승들 안에서 흐릿하게 그림자로 드러나시고
바람 속에, 구름 속에,
번개 속에, 천둥 속에, 빗속에 드러나신다.
바다와 바위들이 그분께 시중들고
모든 샘과 홍수와 강물이 시중들며
산들이 떨고, 땅이 떨며
깊고 깊은 바다의 심연과
높이 솟은 봉우리들이 떤다.
지배자의 무시무시한 눈이 그것들을 바라보면.
지극히 높으신 하느님의 영광은
전능하시도다.[15]

이는 "하느님 면전에서 땅이 뒤흔들리고"라는 구절을 부연 설명한 것 같지 않습니까?

• 알렉산드리아의 클레멘스 『양탄자』 5,14.[16]

정화하고 새롭게 하는 성령의 힘

다마수스는 정화하지 않았고, 베드로도 정화하지 않았으며, 암브로시우스도 정화하지 않았고, 그레고리우스도 정화하지 않았습니다. 우리의 일은 사목이고 성사는 당신의 일이기 때문입니다. 인간의 힘은 신적인 것을 줄 수 없습니다. 오, 주님, 당신께서 예언자들을 시켜 말씀하셨듯이, 그것은 당신의 선물이며 아버지의 선물입니다. "나는 모든 사람에게 내 영을 부어 주리라. 그리하여 너희 아들딸들은 예언을 하리라"(요엘 3,1). 이것이 하늘에서 내린 이슬입니다. 이것이 그 은혜로운 비입니다. 그래서 우리는 성경에서 이런 말씀을 읽습니다. "당신 상속의 땅을 위하여 은혜로운 비를 뿌리시어 …." 성령은 우리가 성경에서 읽듯이, 어떤 낯선 힘이나 법에 종속된 존재가 아니라 모든 것을 당신 자신의 뜻과 결정에 따라 각자에게 분배하시는 자주적인 조정자이시기 때문입니다.

• 암브로시우스 『성령론』 1,18.[17]

모세 율법을 상징하는 "넉넉한 비"

"하느님, 당신께서 당신 백성에 앞서 나아가실 제." 이 내용은 역사적 사실과 일치합니다. 이스라엘이 이집트에서 나올 때 하느님께서 앞장을 서셨습니다(탈출 13,21 참조). "당신께서 사막을 행진하실 제." 하느님께서는 사막에서 지체하지 않으시고 곧장 통과하셨습니다. "땅이 뒤흔들리고 하늘마저 물이 되어 쏟아졌습니다. 시나이의 하느님 앞에서." '하늘이 물이 되어 쏟아

[13] FC 102,382-83.

[14] 그리스의 대표적인 비극 작가 가운데 하나(기원전 525/4~456).

[15] 『단편』 239(464) 위작(LCL 14b 506-7).

[16] ANF 2,474.

[17] NPNF 2,10,96*.

졌다'는 것은 하늘에서 만나가 내렸다는 뜻입니다. "시나이"는 유혹을 나타냅니다. 그러므로 하느님께서는 유혹받고 유혹을 이기는 이들 안에 계십니다. 그러나 육욕을 채우려 하는 이들 안에는 하느님께서 계시지 않습니다. "하느님, 당신께서는 당신 상속의 땅에 넉넉한 비를 뿌리십니다." 아는 모세를 통해 주어진 율법을 가리킵니다. "당신께서는 메마른 땅을 일으켜 세우십니다." 율법은 메말라 있었습니다. "나는 율법을 폐지하러 온 것이 아니라 오히려 완성하러 왔다"(마태 5,17)고 말씀하신 주님 외에는 그 누구도 율법을 완수할 수 없었기 때문입니다.

• 히에로니무스 『시편 강해집』 7.[18]

하느님께서는 우리에게 당신 은총을 아낌없이 주신다

먼저 우리는 절망 때문에 하느님께 다가가려는 마음을 품지 못하는 일이 없도록, 하느님께서 우리를 얼마나 사랑하시는지 아는 것이 중요했습니다. 또한 우리 자신이 아주 잘난 줄 알고 교만해져서 하느님으로부터 더욱 멀리 튀어 나가 우리 자신의 무게 때문에 더욱더 아래로 가라앉는 일이 없도록, 하느님께서 사랑하시는 우리가 어떤 백성인지 보여 주실 필요가 있었습니다. 그래서 하느님께서는 우리가 당신의 힘 안에서 진보할 수 있는 방식으로 우리를 다루셨습니다. 곧, 사랑의 힘이 겸손이라는 약함 안에서 완성되도록 하셨습니다. 이것이 바로 이 시편 말씀의 뜻입니다. "하느님, 당신 상속의 땅을 위해 거저 내리는 비를 따로 떼어 두셨으니, 그것이 쇠약해졌기 때문이었나이다. 그러나 당신께서는 그렇게 해서 그것을 완전하게 만드셨나이다." 여기서 말하는 "거저 내리는 비"는 곧 은총입니다. 그것은 공로를 보고 갚아 주신 것이 아니라 거저 베풀어 주신 것이며 그래서 은총이라 부릅니다. 또 우리가 그것을 받기에 합당해서 주신 것이 아니라 당신께서 주고 싶으셔서 주셨습니다. 이 사실을 인정한다면 우리는 우리 자신에게 의지하지 않을 것입니다. 자기 자신에게 의지하는 것은 곧 우리가 쇠약해짐을 의미합니다. 그러나 그분께서 우리를 완전하게 만드실 것이니, 그분께서 바오로 사도에게 말씀하신 대로입니다. "너는 내 은총을 넉넉히 받았다. 나의 힘은 약한 데에서 완전히 드러난다"(2코린 12,9). 그러니까 우리는 하느님께서 우리를 얼마나 사랑하시는지, 또 그분께서 사랑하시는 백성은 어떤 사람인지, 우리가 어떤 경우에 낙담했고, 어떤 상황에서 교만해졌는지 알 필요가 있었습니다.

• 아우구스티누스 『삼위일체론』 4,1,2.[19]

큰 힘으로 하느님의 말씀을 선포하다

성경은 사도들의 복음 선포와 우리 구원자의 복음 선포에 대해 증언합니다. 다윗은 한편으로는 사도들에 대해서, 그리고 아마도 복음사가들에 대해서도 이야기합니다. "주님께서 그들에게 큰 힘으로 기쁜 소식을 전하는 말씀을 내리시니, 권세들의 임금[20]은 사랑받는 이들의 [임금]." 또 한편으로 그는 사람에게 확신을 주는 것은 잘 지은 말이나 입에서 나오는 소리, 유려한 말솜씨가 아니라 신적인 힘을 보여 주는 것이라는 사실도 가르치고 있습니다. … 시몬과 클레오파스는 "길에서 그분께서 우리에게 성경을 풀이해 주실 때 속에서 우리 마음이 타오르지 않았던가!"(루카 24,32)라며 이 힘에 대해 증언합니다. 그리고 말하는 이들에게 하느님께서 채워 주시는 힘의 양은 저마다 다른데, 그렇게 볼 때 사도들은 "주님

[18] FC 48,52*.

[19] *WSA* 1,5,153-54.

[20] *ho Basileus tēn dynameōn.* 오리게네스는 칠십인역 본문으로 주해하고 있다.

께서 그들에게 큰 힘으로 기쁜 소식을 전하는 말씀을 내리시니"라는 다윗의 말대로 큰 힘을 지녔었습니다.

• 오리게네스『요한 복음 주해』1,48,50.[21]

하느님께서 주신 힘으로 선포하다

우리가 위와 같이 말하는 것은 플라톤을 비난하려는 것이 아닙니다. 왜냐하면 부유한 계층 사람들은 플라톤에게서 또 다른 도움을 받고 있다고 강조하기 때문입니다. 단지 우리는 다음과 같이 말하는 사람들의 마음을 알려 주기 위해 그렇게 말하는 것입니다. '내가 하는 말과 선포하는 것의 핵심은 진리를 설득하는 기술에 달려 있지 않고 오히려 성령과 성령의 힘이 지시하는 것에 달려 있습니다. 그래서 우리의 신앙은 인간의 지혜가 아닌 하느님께서 주시는 힘에 의존하고 있습니다.' 하느님의 말씀은 분명히 다음과 같이 말하고 있습니다. 비록 말 자체가 진리이고 설득력이 아주 높더라도 말하는 사람이 하느님께서 주시는 힘을 받지 못한다면, 또한 비록 그 말투가 우아하더라도 말하는 사람의 말을 힘 있게 만드는, 하느님께서 역사하시는 언어에 의존하고 있지 않다면, 그 말은 인간의 영혼을 파고들어 감동시킬 수 없습니다. 예언자는 시편 제68편에서 다음과 같이 말하고 있습니다. "주님께서는 말씀을 전하는 이들에게 말씀과 큰 능력을 함께 주시리니." 그리스 사람들이나 그리스도 신앙을 고백하는 사람들이나 똑같은 가르침을 가지고 있다고 하더라도, 그들이 인간의 영혼을 구원하기 위한, 또한 그러한 것을 지향하기 위한 능력을 똑같이 가진 것은 아닙니다. 예수의 제자들은 그리스철학의 기준으로 본다면 배우지 못한 이들이었지만 '말씀'께서 원하시는 대로 지구상의 여러 민족들에게 복음을 들고 선교하러 다니며 복음을 듣는 사람들에게 그들 각자가 원하는 만큼 영향을 미쳤습니다. 그리하여 그들은 복음을 기꺼이 받아들이고자 하는 마음만큼 도덕적으로도 진보하게 되었습니다.

• 오리게네스『켈수스 반박』6,2.[22]

[21] FC 80,44.

[22] ANF 4,573-74*.

68,18-36 시나이에서 시온으로

18 하느님의 수레는
수만 수천.
주님께서 오신다,
시나이에서 성소로.①
19 주 하느님으로 좌정하시려고
당신께서는 포로들을 거느리시고
높은 데로 오르셨으며
사람들에게서, 심지어 반항자들에게서도
예물을 받으셨습니다.
20 주님께서는 나날이 찬미받으소서.
우리 위하여 짐을 지시는 하느님은
우리의 구원이시다. 셀라
21 하느님은 우리에게
구원을 베푸시는 하느님.
주 하느님께는
죽음에서 벗어나는 길이 있네.⤴

22 그러나 하느님께서는 부수시리라,
당신 원수들의 머리를,
죄 속에 걸어가는 자의
더부룩한 정수리를.
23 주님께서 말씀하셨네.
"바산에서 데려오리라.
바다 깊은 곳에서 데려오리라.
24 네가 피에다
발을 씻고②
네 개들의 혀도
원수들에게서 제 몫을 차지하게
하려는 것이다."
25 하느님, 사람들이 당신의 행렬을
보았습니다,③
저의 하느님이시며 저의 임금이신
당신께서 성소로 드시는 행렬을.
26 가인들이 앞서가고 악사들이 뒤따르며
그 가운데에서는 처녀들이
손북을 치는구나.
27 축제의 모임에서 하느님을 찬미하여라.
이스라엘의 원천에서 주님을 찬미하여라.
28 거기에는 작지만 그들의 지배자인
벤야민이,
유다의 으뜸들이 무리 지어 있고
즈불룬의 으뜸들과 납탈리의 으뜸들이
있네.
29 하느님, 당신의 권능을 베푸소서.
하느님, 당신의 권능을 드러내 보이소서,
우리 위하여 이루신 당신의 권능을.
30 예루살렘에 있는 당신의 궁궐을 위하여
임금들이 당신께 조공을 가져오게 하소서.
31 꾸짖으소서, 갈대밭의 맹수를
수소들의 무리를
백성들의 송아지들도 함께.
은덩이를 짓밟으시는 분께서
전쟁을 좋아하는 백성들을
흩어 버리시네.④
32 이집트에서 우두머리들이 오고
에티오피아는 서둘러 하느님께
선물을 가져오네.
33 세상의 나라들아
하느님께 노래하여라.
주님께 찬미 노래 불러라. 셀라
34 하늘을, 태초의 하늘을 타고 달리시는
분께.
보라, 그분께서 소리를 높이시니
우렁찬 소리라네.
35 하느님께 권능을 드려라.
이스라엘 위에는 그분의 존엄이 있고
그분의 권능은 구름 위에 있네.
36 하느님께서는 당신 성소에서
경외로우시다.⑤
이스라엘의 하느님께서 백성에게
권능과 힘을 주시네.
하느님께서는 찬미받으소서.

① 바로잡은 본문; 히브리어 본문은 '주님께서 그것들 가운데에 계신다, 시나이에서처럼, 성소 안에 [계신다]'다.
② 그리스어, 시리아어 본문; 히브리어 본문은 '담그고'다.
③ 또는 '행렬이 보입니다'.
④ 31절의 히브리어 본문은 뜻이 불명확하다.
⑤ 그리스어 본문; 히브리어 본문은 '하느님, 당신 성소에서 나오시는 당신은 경외로우십니다'다.

둘러보기

하느님의 수레인 세상은 하느님께서 세우신 자연적이며 변치 않는 법들이라는 고삐로 제어되고 다스려진다(노바티아누스). 하느님께서 먼저 우리에게 성령을 주시어 우리가 성령을 통해 하느님의 은총을 받게 하신다(암브로시우스). 시편 저자와 바오로 사도는 하느님께서 인류에게 다양한 선물들을 주시며 그중 하나가 성령이라는 사실에 의견을 같이한다. 육화하신 그리스도께서도 경험하셨듯이, 참된 행복은 지상에서 사는 이승에서는 발견할 수 없다. 행복은 죽는 순간에 시작되며 하늘에서만 경험할 수 있다(아우구스티누스). 그리스도는 사탄에게 포로로 잡혀 종살이하는 우리를 구하시어 자유의 포로가 되게 하신다는 점에서 남의 먹이를 자주 빼앗는 독수리와 같으시다(막시무스).

악을 행하는 자들은 하느님의 심판을 피하지 못할 것이다. 이단자들은 특히 그러할 텐데, 그들은 자신이 저지른 신성모독에 대한 응당한 처벌을 받을 것이다(카시오도루스). 하느님께서는 교만하게 거드름 피움으로써 당신의 원수가 된 자들을 타도하실 것이다. 하느님께서는 당신의 자비와 은총으로 우리 원수들을 주인을 섬기는 착한 개처럼 만드실 것이다(아우구스티누스). 그리스도의 육화를 예고한 것은 구약의 예언자들이었다. 모세 율법에 따라 살던 구약 시대의 이스라엘은 이해력이 아직 완전히 발달하지 못한 채로 형식적 예배만 올리던 백성이었다(에우세비우스). 사도들은 샘이라 불리는데, 그들이 복음이라는 아름다운 소식과 제단에서 바쳐지는 성사의 잔으로 온 땅을 물로 적시기 때문이다(막시무스).

하느님께서 가능하게 해 주시지 않는 한 우리는 선을 행할 수 없다(풀겐티우스). 에티오피아 내시의 회개는 시편 저자의 예언이 명백하게 실현된 사건이다(베다). 그리스도인들은 동쪽을 향해 서서 예배를 올리는 경우가 많은데, 시편 저자가 말하듯이 그리스도께서는 동쪽 하늘로 올라가셨으며 에덴 동산이 동쪽에 있었기 때문이다(다마스쿠스의 요한).

## 68,18-21 하느님의 다양한 선물

### 자연의 법칙이라는 고삐

다윗에 따르면, 이것은[1] 하느님의 수레입니다. 그는 "하느님의 수레는 수만 수천"이라고 합니다. 셀 수 없이 무한히 많다는 뜻이지요. 만인에게 주어진 자연법칙이라는 굴레 아래에서 어떤 것들은 마치 고삐로 당겨지듯 제어되고, 또 어떤 것들은 달려 나가라는 듯이 고삐가 느슨해지는 것처럼 적극적인 행동을 권고받습니다. 하느님의 수레인 이 세상과 그 안에 있는 모든 것은 천사들과 별들의 인도를 받습니다(시편 104,2-4 참조). 그것들의 움직임은 다양하지만 — 그러나 변치 않는 법칙에 매여 있지요 — 우리는 그것들이 그들에게 배당된 시간에 따라 자신의 목적지로 인도받는 것을 봅니다. 그러니 우리는 바오로 사도와 함께 창조주와 그분의 작품들에 감탄하며 이렇게 외쳐 마땅할 것입니다. "오! 하느님의 풍요와 지혜와 지식은 정녕 깊습니다. 그분의 판단은 얼마나 헤아리기 어렵고 그분의 길은 얼마나 알아내기 어렵습니까?"(로마 11,33).

• 노바티아누스 『삼위일체론』 8,10-11.[2]

### 성령은 하느님의 많은 선물들 가운데 하나다

다른 기록들[3]도 루카의 서술과 비슷하다는 점

---

[1] 에제키엘서 1장 15절 이하와 10장 9절에 나오는 바퀴 표상 참조.

[2] FC 67,41.

[3] 다른 복음서들의 기록을 말한다.

에 우리는 주목합니다. "하늘에 계신 너희 아버지께서야 당신께 청하는 이들에게 좋은 것들을 얼마나 더 많이 주시겠느냐?"(마태 7,11). 이 "좋은 것들"은 주 예수님께서 십자가에 못 박히신 뒤 세력을 잃은 죽음의 전리품들을 가지고 하늘로 돌아가신 뒤 그곳에서 보내 주신 성령의 은총입니다. 이렇게 쓰여 있습니다. "그분께서는 포로들을 거느리시고 높은 데로 오르셨으며 백성에게 좋은 선물들을 주셨습니다." '아들'이 주어졌으므로 여기서 [시편 저자가] "선물들"이라고 표현한 것은 매우 적절합니다. 그 '아들'에 관하여 이렇게 쓰여 있지요. "우리에게 한 아이가 태어났고 우리에게 한 아들이 주어졌습니다"(이사 9,5). 성령의 은총도 이렇게 주어졌습니다. 그런데 내가 왜 성령 역시 우리에게 주어졌다고 말하기를 망설여야 합니까? "우리가 받은 성령을 통하여 하느님의 사랑이 우리 마음에 부어졌기 때문입니다"(로마 5,5)라고 쓰여 있는데 말입니다. 포로 신세인 마음은 그분을 받아들일 수 없는 것이 확실한 까닭에 주 예수님께서는 하느님 은총의 선물을 쏟아부어 주시기 위하여 우리의 애착이 해방되도록 먼저 포로 신세를 포로로 삼으셨습니다.

• 암브로시우스 『성령론』 1,5,66.[4]

하느님께서는 당신 백성에게 많은 선물을 주신다

바오로 사도도 "그리스도께서 나누어 주시는 은혜의 양에 따라, 우리는 저마다 은총을 받았습니다"(에페 4,7)라며 성령이 그리스도의 선물임을 보여 주었고 뒤이어 이런 말도 하였습니다. "그분께서는 높은 데로 오르시어 포로들을 사로잡으시고 사람들에게 선물들을 주셨다"(에페 4,8). 주 예수님께서 죽은 이들 가운데에서 부활하시어 하늘에 오르신 다음에 성령을 주셨고 성령으로 가득 찬 사람들이 뭇 민족의 언어로 말하였다는 사실은 아주 잘 알려져 있습니다(사도 2,1-4 참조). '선물' 대신에 '선물들'이라고 [복수가] 사용되었다고 해서 이상하게 여길 것은 없습니다. 그것은 시편에서 인용한 증언이기 때문입니다. 시편을 보면 이 구절이 이렇게 나옵니다. "당신께서는 포로들을 거느리시고 높은 데로 오르셨으며 사람들에게서 예물을 받으셨습니다." 대부분의 성서 사본들 특히 그리스어 사본들에 이렇게 나오고 히브리어에서 그렇게 번역한 것입니다. 그래서 사도도 [시편을 지은] 예언자와 같이 '선물'이라고 하지 않고 "선물들"이라고 하였습니다. 그리고 예언자는 "사람들에게서 선물들을 받으셨다"라고 했지만, 사도는 "사람들에게 선물들을 주셨다"라고 하는 편이 더 낫다고 여겼습니다. 그래서 이 두 말마디, 곧 한 마디는 예언자의 말이고 한 마디는 사도의 말인데, 두 말마디 다에 하느님 말씀의 권위가 있으므로, 우리는 이 두 말씀 모두에서 극히 충만한 의미를 알아들을 수 있습니다.

• 아우구스티누스 『삼위일체론』 15,5,34.[5]

참행복은 죽음 후에 시작된다

[다윗은] 옛 계약에 따라 하느님께 기대하는 바가 있었는데, 거기엔 장차 일어날 일들에 대한 표징이 담겨 있다는 것을 깨닫지 못하였습니다. 그래서 그는 이승에서 하느님으로부터 행운을 받으리라 기대하며, 하느님께서 하늘에서 당신 백성에게 주시려고 준비하고 계신 것을 이 땅에서 찾고 있었습니다. 행복은 이곳에서 찾아지는 것이 아니건만 그는 이곳에서 행복하기를 원했습니다. 아시겠지만, 행복은 물론 좋고 훌륭

[4] NPNF 2,10,102*.

[5] *WSA* 1,5,422*.

한 것입니다. 그러나 행복에게는 어울리는 영역이 있습니다. 그리스도께서는 그 행복의 영역에서 오셨고, 그분께서도 이곳에서는 행복을 발견하지 못하셨습니다. 그분은 조롱받고 욕먹고 체포당했으며 매질당하고 묶이고 맞으셨으며 침 뱉음을 당하시고 가시나무 관을 쓰셨으며 나무에 매달리셨습니다. 그리고 마침내, "주님께도 죽음의 출발이 있네". 시편에 이렇게 쓰여 있습니다(암시를 알아들은 이들은 박수를 쳤습니다). "주님께도 죽음의 출발이 있네." 그러니 종인 여러분, 주님께도 죽음이 출발인데, 여러분은 왜 이곳에서 행복을 찾습니까?

• 아우구스티누스『설교집』19,4.[6]

### 사탄의 포로가 그리스도의 포로가 되다

독수리가 자주 먹이를 낚아채고 걸핏하면 다른 존재의 것을 빼앗는 사실에 대해 우리가 무엇을 어떻게 할 수 있겠습니까? 이 문제에서는 구원자께서도 그리 다르지 않으십니다. 그분께서 지하 세계의 아가리 안에 포로로 잡혀 있던 인간을 데리고 나와 하늘로 데려가신 것, 다른 주권자 곧 악마의 힘에 종살이하던 이를 구해서 높은 곳의 종으로 데려가신 것은 말하자면, 먹이를 채가신 것입니다. 예언자는 그것을 이렇게 말합니다. "그분께서는 포로들을 거느리시고 높은 데로 오르셨으며 백성에게 선물들을 주셨습니다." 이 구절은, 악마에게 사로잡혀 포로생활을 하던 인간을 주님께서 구하시어 당신의 포로로 삼으시고 그를 높은 하늘로 데려가신 것이라고 이해해야 합니다. 두 경우 다 포로생활이라는 같은 말로 표현되지만 이 둘은 같지 않습니다. 악마의 포로는 종이 되는 반면 그리스도의 포로가 된 사람은 다시 자유의 몸이 됩니다.

• 토리노의 막시무스『설교집』56,2.[7]

## 68,22-28 하느님의 권능과 그분의 말씀

### 이단자들은 벌 받을 것이다

"하느님께서는 부수시리라, 당신 원수들의 머리를, 자기들 죄 속에서 숱 많은 머리를 헤치고 다니는 이들의 [머리를]."[8] 고집 센 자들의 악행이 벌 받지 않고 넘어가리라는 믿음을 반박하기 위해 그는 "하느님께서 당신 원수들의 머리를 부수시리라"고, 그러니 너희는 믿음 없고 고집 센 이들에게도 응징이 따르리라는 것을 알라고 말합니다. "[하느님의] 원수들의 머리"란 유대계 분리파의 핵심 세력을 가리키지만 이단을 가르치는 교사들도 가리키는 것이 확실합니다. 유대인들은 육으로 계신 그리스도를 박해하였지만 이단의 교사들은 그분을 거슬러 그분의 신성에 대해 더욱 잔인하게 날뜁니다. 이 표현조차 신성모독인 것처럼 느껴지는군요. 다음 구절인 "숱 많은 머리를 헤치고 다니는 이들"이란, 거짓 주장들의 조잡한 세부 사항까지 열심히 찾는, 그래서 사람들 머리의 머리털까지 헤치며 자세히 조사하는 것처럼 보이는 자들을 말합니다. 이는 그들의 어리석은 질문들이 궤변임을 말해 줍니다. 그들은 장차 유익할 것은 묵살하고 밉살스러운 논증으로 중요하지도 않은 것을 조사합니다. 시편 저자는 그들의 연구가 헛된 것임을 입증하기 위하여 "자기들 죄 속에서"라고 덧붙였습니다. 그들의 경우, 죄로 이끈 묵상은 어리석은 것이었습니다. 그 무리에는 마니교도, 프리스킬리아누스파, 도나투스파, 몬타누스파처럼 진창 같은 교의들의 역겨운 냄새를 풍기는 자들이 속해 있습니다.[9▸]

• 카시오도루스『시편 해설』67,22.[10▸]

---

[6] *WSA* 3,1,381. [7] ACW 50,136*.
[8] 카시오도루스는 칠십인역 본문으로 주해하고 있다.

### 교만한 이는 패배할 것이다

당신은 시편 제67편(칠십인역)의 이 말씀이 무슨 뜻이냐고 물었습니다. "그러나 하느님께서는 부수시리라, 당신 원수들의 머리를, 죄 속에 걸어가는 자의 덥수룩한 정수리를." 제가 보기에 이것은 하느님께서 지나치게 압도적인 자, 자기 죄 안에서 너무 높이 올라간 당신 원수들의 머리를 부수시리라는 단순한 의미로 생각됩니다. [시편 저자는] 과장법을 써서 교만을 마치 머리의 머리털 위를 활보하고 뛰는 듯 너무 높게 솟구쳐 오르고 세차게 돌진하는 것으로 묘사합니다.

• 아우구스티누스 『서간집』 149.[11]

### 개들의 혀

이 시편은 "네 개들의 혀도 원수들에게서 같은 것을 차지하게 [하려는 것이다]"[12]라고도 하는데, 개를 항상 악한 의미로 이해해서는 안 됩니다. 개가 언제나 악한 의미라면 예언자가 "짖지도 못하고 꿈꾸기를 좋아하는 개들"(이사 56,10)이라며 탓하지 않았을 것입니다. 이 개들이 짖을 줄 알고 경계하기를 좋아한다면 분명 칭찬받을 만한 개들일 것입니다. 그리고 분명 그 삼백 명[13]이 — 십자가 글자의 의미를 따라[14] 지극히 성스러운 수이지요 — 승리를 하도록 선발된 것은 그들이 단지 개처럼 물을 핥아 먹기 때문이 아니며 이는 분명 어떤 신비를 나타내는 것이었습니다. 훌륭한 개들은 자기 집과 자기 주인, 자기들의 양 떼, 자기들 목자를 지키기 위하여 경계하고 짖습니다. 그리고 교회가 바치는 이 찬사들에서도, 이 예언으로부터 선택이 이루어질 때, 여기서 언급되는 것은 개들의 이빨이 아니라 혀입니다. "네 개들의 혀가 원수들에게서", 이는 그대의 원수들이어서 그대를 보고 격렬히 짖어 대던 자들이 그대의 개들이 되어 그대를 위해 짖게 될 수 있다는 뜻입니다. [시편 저자는] 거기에 "같은 것을 [차지하게]"라는 말을 덧붙였는데, 그 일은 그들에 의해서가 아니라 '같은 분에 의해서' 곧 그분의 자비와 은총에 의해서 이루어졌다는 것을 알리려고 덧붙인 말입니다.

• 아우구스티누스 『서간집』 149.[15]

### 육화에 관한 예언

여기에서 "납탈리의 으뜸들"이 나타내는 것은 바로 사도들이라고 생각합니다. 마태오 복음의 내용에 따르면 구원자 우리 주님께서 거기에서 그들을 부르셨기 때문입니다. 성경은 하느님의 말씀께서 인간들에게로 오시어 육화하신 몸으로 이곳에 사시리라고 예언하고 있습니다. "하느님, 사람들이 당신의 [장엄한] 행렬을 보았습니다. …"(시편 68,25). 옛 시대의 예언자들은 그분의 현현을 예고하는 고지자와 같았으며, 선포와 성가를 가지고, 처녀들이 손북을 치는 가운데 시편의 음악과 합창, 온갖 종류의 영적 악기들을 가지고, 그분보다 먼저 왔습니다. 영감 받은 예언자들은 사방에서 유대인 회당들 속으로 들

◂9 마니교도는 페르시아에서 생겨난 극단적인 이원론적 영지주의 종파다. 프리스킬리아누스파는 에스파냐와 프랑스에서 생겨난 영지주의 마니교도 분파로서, 부도덕한 제례를 거행했다고 한다. 도나투스파는 디오클레티아누스 황제의 박해가 낳은 열교인데, 이들은 배교를 하느니 차라리 자발적으로 순교해야 한다고 주장했다. 몬타누스파는 엄격한 도덕적 행실과 세상 종말에 대비해 준비하고 있어야 한다고 강조한 2세기의 이단이다. 이러한 태도는 초기 교회에서 신(新)오순절파로 불리기도 했다.

◂10 ACW 52,132-33.

11 FC 20,246-47*.

12 여기서 아우구스티누스는 칠십인역 본문을 문자대로 옮기고 있다.

13 미디안족을 쫓아내러 기드온과 함께 출정한 군사 삼백 명을 말한다(판관 7,5-7 참조).

14 C는 100을 나타내는 글자이며, 'crux'(십자가)라는 단어의 첫 글자이기도 하므로 CCC(100·100·100)는 더없이 성스러운 수이다.

15 FC 20,247*.

어가 그리스도의 오심을 예고했고 성령의 영감을 받아 그들은 우리 구원자의 사도들에게 "모임에서, 이스라엘의 원천에서 주 하느님을 찬미하여라"(시편 68,27) 하고 말했습니다. "이스라엘의 원천"은 이스라엘에게 전달된 말씀일 것입니다. 그들[영감 받은 예언자들]이 가장 먼저 하느님의 신탁들을 믿었기 때문입니다. 우리는 거기에서 물을 길어 그리스도의 교회들에 줄 필요가 있습니다. "처녀들이 손북을 치는구나"라는 말로 시편 저자는 과거에 더 외적인 것이었던 모세 율법에 따라 사는 영혼들을 나타냅니다. 그들을 "처녀들"이라고 말한 것은 그들이 아직 어리고 정신이 성숙하게 발달하지 못해서이고, "손북을 친다"고 한 것은 그들이 외적인 예배에 마음을 쏟기 때문입니다.

• 카이사리아의 에우세비우스『복음의 논증』9,9.[16]

#### 사도들은 이스라엘의 샘이다

마라를 떠난 이스라엘 자손들은 샘이 열두 개가 있는 곳에 왔습니다(민수 33,9 참조). 예언자는 이렇게 말합니다. "이스라엘의 샘에서 주님을 찬미하여라." 이분은 그리스도 주님이십니다. 이분은 사도들의 입과 제자들의 가르침으로만 찬미받으시는 분이 아닙니다. 사도들은 장차 샘으로 불립니다. 그들은 지극히 깨끗한 샘들처럼 가르침의 은총으로 가득 차 있습니다. 쓰디쓴 율법 이후에 그들 안의 풍부한 지혜로부터 그들은 성사라는 다디단 잔을 길어 올립니다. 그 샘의 물이 달다면 그것들 가운데에서 [자라는] 종려나무가 내어 주는 양식이 더 단 것은 놀랄 일이 아닙니다. 그렇다면 사도들은 온 세상의 표면을 그들의 가르침이라는 시내로 적시며 지쳐 있는 민족들 앞에 거룩한 신비라는 음료를 내어놓는 샘들입니다. 사도들 다음 등급으로 주님께서 인류의 구원을 위해 파견하신 일흔 제자들을 나는 사도들이라는 샘들 근처에 자라는 일흔 그루 종려나무들이라고 부르겠습니다. 루카 복음사가는 그들이 둘씩 짝을 지어 파견되었으며(루카 10,1 참조), 그들은 종려나무들처럼 사람들을 치료하고 나서 기뻐하며 돌아와서는 주님께 마귀들마저 그들에게 복종했다고 자랑하였다고 기록하였습니다(루카 10,17 참조). 그러니 종려나무 [가지]로 상을 받고 자신들이 악마를 이겼음을 보여 준 그들이 종려나무에 비유되는 것은 당연합니다.

• 토리노의 막시무스『설교집』68,4.[17]

### 68,29-34 덕행과 찬양

#### 하느님께서는 우리가 선을 뜻하고 행할 수 있게 해 주신다

그래서 우리는 선을 뜻하는 것도 그것을 행하는 능력도 하느님에게서 온다는 것을 압니다. 다윗도 똑같이 생각했는데, 그는 이런 말로 하느님의 관대한 명령에 의해 선한 의지라는 은총이 주어짐을 보여 줍니다. "주님께서는 우리의 길이 마음에 드실 때 우리의 발걸음을 굳건히 하신다"(시편 37,23 참조). 우리 안에 하느님에게서 오지 않은 선한 행실이란 없으며, 그 일을 하신 분은 하느님이심을 우리는 이런 말로 증언합니다. "하느님, 당신의 권능을 드러내 보이소서. 우리를 위하여 이루신 당신의 권능을." 또 다른 곳에서는 이렇게 말합니다. "하느님과 함께 우리가 큰일을 이루리라"(시편 60,14). "큰일"은 곧 덕의 행실입니다. 그래서 여기에서 [시편 저자]는 덕의 행실을 '덕'으로 표현합니다. 요한이 의로움의 행실을 위하여 의로움을 행하는 것에 대해 이야기한 것과 같습니다. 요한은 "의로운 일을 실천하는 이는 의로운 사람"(1요한 3,7)이라고 말합

[16] *POG* 2,172.

[17] ACW 50,167-68.

니다. 바오로 사도도 우리가 하느님의 뜻을 행하기를 바라며 이렇게 말합니다. "영원한 계약의 피로, 양들의 위대한 목자이신 우리 주 예수님을 죽은 이들 가운데에서 끌어올리신 평화의 하느님께서 여러분에게 온갖 좋은 것을 마련해 주시어 여러분이 당신의 뜻을 이루게 해 주시기를 빕니다"(히브 13,20-21).

• 루스페의 풀겐티우스『모니무스에게』1,9,1.[18]

### 이방인들에게 복음이 선포되다

"일어나 남쪽으로 가거라"(사도 8,26). 이 사람[19]을 남쪽에서 찾고 발견하여 그가 깨끗이 씻긴 것은 잘된 일이었습니다. 가슴속에서 신심이 불타오르던 그는 이방인들 가운데의 맏물로 하느님께 봉헌될 자격이 있었습니다. 이 사람 안에서 시편 저자의 바로 이 말, "에티오피아는 하느님께 손을 뻗으리라"(시편 67,32 칠십인역)라는 말이 실현되었습니다.

• 존자 베다『사도행전 해설』8,26A.[20]

### 하느님의 선하심을 찬양하여라

하느님은 영적 빛이시며(1요한 1,5 참조) 그리스도는 성경에서 "의로움의 태양"과 '동쪽'(루카 1,78 참조)[21]으로 불리시므로 그분을 예배하는 데는 동쪽이 제격입니다. 모든 아름다운 것들은 선한 모든 것이 그의 선함을 받는 하느님께 봉헌되는 것이 마땅하기 때문입니다. 거룩한 다윗도 "세상의 나라들아, 하느님께 노래하여라. 주님께 찬미노래 불러라. 그분은 동쪽에서 하늘들의 하늘로 오르시네"(시편 67,33 칠십인역)라고 합니다. 또한 성경은 "주님께서는 동쪽에 있는 에덴에 동산 하나를 꾸미시어, 당신께서 빚으신 사람을 거기에 두셨다"(창세 2,8)고 하며, 그가 명령을 어기자 주님께서 그를 내쫓으시고 "기쁨의 동산의 반대쪽에 살게 하셨다"(창세 3,24 칠십인역)고 합니다. 기쁨의 동산 반대쪽은 곧 서쪽입니다. 이렇듯 우리가 하느님을 섬길 때에는 우리의 옛적 본향을 그리며 동쪽을 바라봅니다. 모세의 천막에는 휘장과 속죄판이 동쪽에 있었고(레위 16,17 참조), 다른 지파들보다 명예롭게 여겨지는 유다 지파는 그들의 천막을 동쪽에 세웠으며(참조: 민수 2,3; 에제 44,1-2) 그 유명한 솔로몬의 성전에서 주님의 문은 동쪽에 있었습니다. 실제로 주님께서 십자가에 못 박히셨을 때, 그분께서는 서쪽을 바라보셨습니다. 그래서 우리는 그분 쪽을 바라보며 예배를 올립니다. 그리고 주님께서는 하늘로 올라가실 때에 동쪽에서 올라가셨습니다. 그래서 사도들은 그쪽으로 그분께 경배했고, 그분께서는 그들이 그분께서 하늘로 오르시는 것을 본(사도 1,11 참조) 것과 똑같은 식으로 그쪽에서 오실 것입니다. 주님께서는 "동쪽에서 친 번개가 서쪽까지 비추듯 사람의 아들도 그렇게 올 것이다"(마태 24,27)라고 말씀하신 바 있습니다. 그래서 우리는 그분을 기다리는 동안 동쪽을 향해서 그분께 예배를 드립니다. 게다가 이것은 사도들의 구두 전승이기도 한데, 그들은 글로 쓰이지 않은 많은 것을 우리에게 전해 주었습니다.

• 다마스쿠스의 요한『신앙 해설』4,12.[22]

[18] FC 95,198-99*.

[19] 에티오피아 내시를 말한다(사도 8,27 참조).

[20] CS 117,81.

[21] "별이 우리를 찾아오시어" 대신에 "동틀 녘이 찾아오시어"로 되어 있는 사본에 착안한 해설인 듯하다.

[22] FC 37,353-54.

## 69,1-20 자비를 간청하는 시편

1 [지휘자에게. 나리꽃 가락으로. 다윗]
2 하느님, 저를 구하소서.
목까지 물이 들어찼습니다.
3 깊은 수렁 속에 빠져
발 디딜 데가 없습니다.
물속 깊은 곳으로 빠져
물살이 저를 짓칩니다.
4 소리 지르느라 지치고
저의 목도 쉬었습니다.
저의 하느님을 고대하느라
제 두 눈마저 흐려졌습니다.
5 저를 까닭 없이 미워하는 자들이
제 머리카락보다 더 많습니다.
저를 파멸시키려는 자들,
음흉한 제 원수들이 힘도 셉니다.
제가 빼앗지도 않았는데
물어내라 합니다.
6 하느님, 당신께서는 저의 어리석음을 아시며
당신께는 저의 죄악들이
숨겨져 있지 않습니다.
7 주 만군의 주님
당신께 바라는 이들이
저 때문에 부끄러워하지 않게 하소서.
이스라엘의 하느님
당신을 찾는 이들이
저 때문에 수치를 당하지 않게 하소서.
8 당신 때문에 제가 모욕을 당하고
수치가 제 얼굴을 뒤덮고 있기 때문입니다.
9 저는 제 형제들에게 남이 되었고
제 어머니의 소생들에게
이방인이 되었습니다.
10 당신 집에 대한 열정이 저를 불태우고
당신을 모욕하는 자들의 모욕이 제 위로
떨어졌기 때문입니다.
11 제가 단식하며 눈물을 흘린 것이①
저에게는 우셋거리가 되었습니다.
12 자루옷을 의복으로 삼은 제가
저들에게는 조롱거리가 되었습니다.
13 성문 가에 앉은 자들은 저를 헐뜯어 대고
주정꾼들은 조롱의 노래들을 부릅니다.
14 그러나 주님, 당신 마음에 드시는 때에
저의 기도가 당신께 다다르게 하소서.
하느님, 당신의 크신 자애로,
당신 구원의 진실로 제게 응답하소서.
15 진창에서 저를 구출하소서,
제가 빠져들지 않도록.
제 원수들에게서,
물속 깊은 데에서 제가 구출되게 하소서.
16 물살이 저를 짓치지 못하고
깊은 물이 저를 집어삼키지 못하며
심연이 저를 삼켜
그 입을 다물지 못하게 하소서.
17 주님, 당신의 자애가 너그러우시니
저에게 응답하소서.
당신의 크신 자비에 따라
저를 돌아보소서.
18 당신 종에게서 얼굴을 감추지 마소서.
제가 곤경 속에 있으니
어서 저에게 응답하소서.
19 제게 가까이 오시어 저를 구해 내소서.
제 원수들을 보시고 저를 구원하소서.
20 당신께서는 제가 당하는 모욕을, ⤴

제가 당하는 창피와 수치를 아십니다.
저의 적들이 모두 당신 앞에 있습니다.

① 히브리어 본문; 그리스어, 시리아어 본문은 '제가 단식으로 제 영혼을 겸손하게 한 것이'다.

둘러보기

우리는 하느님의 보호를 포괄적인 것으로 이해하는 경우가 많지만, 하느님께서는 일상생활의 구체적인 국면과 상황에서 우리를 도우신다(히에로니무스). 그리스도께서는 수난이라는 모욕을 자발적으로 택하셨고 죽음에 이르기까지 순종하셨다(아우구스티누스). 죽음을 당할 아무런 까닭이 없는 그리스도께서 죽음을 택하셨다. 그것이 당신 아버지의 뜻이고 당신에 관한 예언들을 이루는 길이었기 때문이다(테르툴리아누스, 아우구스티누스). 시편 저자는 그리스도의 수난에 관해 예고하였다. 그리스도께서는 우리의 잘못들 때문에도 돌아가셨으며, 그 잘못들을 하느님께서 다 알고 계셨다(아우구스티누스). 그리스도의 수난은 사악한 인간들은 수치를 쌓고 있으며 선하고 신심 깊은 사람들을 학대한다는 사실을 보여 주는 명백한 본보기다(카시오도루스).

그리스도께서 시편을 인용하신 것은 그리스도야말로 두 성경의 실제 저자시라는 증거다(오리게네스). 믿음은 겉으로 드러나는 행동으로 결정되는 것이 아니라 아버지께 우리를 옹호해 주시는 그리스도를 얼마나 진실되게 신뢰하느냐의 문제다(암브로시우스). 그리스도인이라면 누구나 아버지의 집에 대한 뜨거운 열정을 지녀야 한다. 그런 열정이 있을 때 그들은 사악함을 고치는 노력을 하며 자신의 집보다 하느님의 집을 더 좋아하게 된다. 그들이 영원한 구원을 받는 곳은 하느님의 집이기 때문이다(아우구스티누스). 하느님을 알기를 거부하고 믿음 없이 살며 회개하지 않은 이들은 바닥을 알 수 없는 저승의 불타는 심연에서 영원한 징벌을 받는다(카이사리우스).

69,2-4 고난과 구출

구조를 청하는 기도

첫 번째 여정[1]에서 우리는 닷새 낮과 밤을 [음식 없이] 사막을 헤매다가 굶주림과 갈증으로 하마터면 죽을 뻔했습니다. 두 번째 여정은 바위투성이 황량한 지역이어서 발이 돌에 찔리는 고통에 넋이 나갈 정도였습니다. 세 번째 여정 때는 허리 깊이가 넘는 진창에 몇 번이나 빠졌습니다. [우리를] 도와줄 이가 아무도 없어 우리는 복된 다윗의 말을 외쳤습니다. "하느님, 저를 구하소서. 제 영혼까지 물이 들어찼나이다. 깊은 수렁 속에 빠져 발 디딜 데가 없습니다. 진창에서 저를 구출하소서, 잠기지 않도록"(시편 69,2-3.15). 네 번째 여정 때는 나일강이 범람하는 때여서 큰 물이 우리를 덮쳤습니다. 우리는 물을 가르며 걸었는데, [우리가 타고 있던 짐승들의] 콧구멍이 물에 잠기려 할 정도였습니다. 우리는 큰 소리로 외쳤습니다. "물살이 저를 짓치지 못하고 깊은 물이 저를 집어삼키지 못하며 심연이 저를 삼켜 그 입을 다물지 못하게 하소서"(시편 69,16).

• 히에로니무스 『수도승 이야기』 20.[2]

[1] 이 단락에서 히에로니무스는 일행과 함께 이집트의 수도 공동체들을 둘러보는 동안 겪은 숱한 위험과 어려움에 대해 이야기하고 있다.

그리스도의 자발적 죽음에 관한 예언

앞서, [그리스도께서] 육 안에서 우리에게 겸손의 본보기를 보여 주실 때에 그분의 수난과 관련하여 바다의 파도가 그분을 거슬러 세차게 몰아친다고 쓰여 있으며, 그분께서는 우리를 위하여 거기에 자발적으로 당신을 내주심으로써 다음 예언을 이루셨습니다. "물속 깊은 곳으로 빠져 물살이 저를 짓칩니다." 이처럼 그분께서는 거짓 증언들과 "십자가에 못 박으시오!"(마태 27,22)라는 군중의 잔인한 고함소리에 대고 뭐라 하지 않으셨습니다. 그분은 당신의 권능을 사용하여 격노하는 마음들을 억누르시지도 성난 폭도의 입을 막지도 않으셨습니다. 다만 인내로이 그 모든 것을 견디셨습니다. 그들은 자기들 하고 싶은 대로 그분께 온갖 짓을 다 했지만 "그분께서는 죽음에 이르기까지, 십자가 죽음에 이르기까지 순종하셨습니다"(필리 2,8).

• 아우구스티누스 『설교집』 75,7.[3]

69,5-8 그리스도의 수난과 죽음이 예고되다

그리스도의 십자가 수난에 관한 예언

그리스도께서는 거짓을 말하지 않으시고 다만 의로움과 겸손만을 보여 주셨습니다. 그분께서 그런 죽음[십자가 처형]을 당하신 것은 그분께서 하신 어떤 일 때문이 아니라, 예언자들이 예고한 일들이 당신들을 통하여 당신께 일어나게 하기 위해서였습니다. 그리스도의 영은 이미 그 일을 시편에서 예고하였습니다. "그들은 제게 선을 악으로 갚았습니다"(시편 35,12), "제가 빼앗지도 않았는데 물어내라 합니다"(시편 69,5), "그들은 제 손과 발을 꿰찔렀습니다"(시편 22,17), "그들은 저에게 쓸개즙을 마시게 하고 목말라할 때 초를 마시게 하였습니다"(시편 69,22), "그들은 제 옷을 놓고서는 제비를 뽑습니다"(시편 22,19) 같은 말씀이 그것입니다. 당신들이 그분께 저지른 또 다른 일들도 이미 예고되어 있었습니다. 그분께서 인내롭게 그 모든 일을 참고 당하신 것은 그분께서 저지른 어떤 일 때문이 아니라 예언자들이 예고한 성경 말씀들이 이루어지게 하시려는 것이었습니다(참조: 마태 26,56; 27,34-35; 요한 19,23.24.28.32-37).

• 테르툴리아누스 『유대인 반박』 10.[4]

그리스도의 죽음은 아담의 죄에 대한 대가였다

마치 누가 예수께 "당신이 사형에 마땅한 죄를 짓지 않았다면 대체 왜 죽으려는 것이오?" 하고 물어서 대답하시는 듯이, 그분께서는 이렇게 말씀하셨습니다. "내가 아버지를 사랑한다는 것과 아버지께서 명령하신 대로 내가 한다는 것을 세상이 알아야 한다. 일어나 가자"(요한 14,31). 어디로 말입니까? 죽어 마땅한 죄를 전혀 지은 바 없으신 분께서 당신을 죽음에 내주시려는 곳입니다. 아버지께서 그가 죽어야 한다고 명령하셨고, "제가 빼앗지도 않았는데 물어내라 합니다"라는 말씀은 그분에 관한 예언이었습니다. 그분은 죽어야 할 잘못이 하나도 없는데도 우리를 죽음의 형벌에서 구하기 위하여 죽음을 맞으시려는 분이었습니다. 아담은 [금지된 열매를 따려고] 그 나무에 손을 뻗어 죄를 지었습니다. 그는 [신이 아닌 존재는] 누구도 나누어 받을 수 없는 신성이라는 이름을 차지할 수 있다는 주제넘은 생각을 했습니다. '하느님의 아드님'께서는 도둑질을 통해서가 아니라 본성에 따라 신성을 받으셨습니다(필리 2,6 참조).

• 아우구스티누스 『요한 복음 강해』 79,2.[5]

---

[2] *PHF* 1,375*.

[3] *WSA* 3,3,306-7.

[4] CSEL 70,301-2.

[5] PL 35,1838-39.

### 하느님께서는 우리가 지은 죄를 아신다

시편 제68편(칠십인역)은 표제에 "장차 완전히 바뀔 것들을 두고"라는 설명이 들어 있기도 합니다. 이 시편은 우리 주 예수 그리스도의 수난을 노래합니다. 그분은 당신 지체들, 곧 당신의 성실한 이들이 한 어떤 말들까지 짊어지셨습니다. 그분 자신은 아무런 죄도 짓지 않았는데 우리의 죄를 지셨기 때문입니다. 그래서 시편은 "당신께는 저의 죄악들이 숨겨져 있지 않습니다"라고 합니다. 이 시편에는 우리가 복음서에서 과거에 일어났다고 읽는 일들이 예고되어 있습니다. "그들은 저에게 음식으로 쓸개즙을 주고 목말라할 때 초를 마시게 하였습니다"(시편 69,22; 참조: 마태 27,34.48; 마르 15,23; 요한 19,29). 그러므로 시편의 표제에서 장차 바뀌리라고 예고한 옛날의 사건들이 그분 안에서 바뀌었습니다.

• 아우구스티누스 『유대인 반박』 5,6.[6]

### 악인들에게 능욕당하다

다음 구절을 봅시다. "[제가 단식하며 눈물 흘린 것이] 저에게는 우셋거리가 되었습니다." 선한 사람들은 악인들에게 언제나 비난의 대상입니다. 선한 사람들은 악인들의 범죄를 용인하지 않으려 하기 때문입니다. 그들은 조심스레 악인들에게서 물러나며 악인들과는 절대 계약을 맺지 않습니다. 구원자 주님께서 광분한 군중으로부터 당하신 모욕, 매질, 침 뱉음은 그분께서 우셋거리가 되었음을 말해 줍니다.

• 카시오도루스 『시편 해설』 68,11.[7]

## 69,10–16 하느님에 대한 열정과 믿음, 그리고 영원한 단죄

### 그리스도께서 시편을 인용하시다

그런데 우리는 시편 제68편(칠십인역)에 나오는 "당신 집에 대한 열정이 저를 불태우고"라는 진술과 조금 뒤에 나오는 "그들은 저에게 음식으로 쓸개를 주고 목말라할 때 초를 마시게 하였습니다"(시편 69,22)라는 진술이 둘 다 복음서들에 기록되어 있으며, 복음서에서 이 말을 하는 이는 그리스도라는 것, 따라서 화자話者가 바뀌지 않았음을 보여 준다는 사실을 알아야 합니다.

• 오리게네스 『요한 복음 주해』 10,222.[8]

### 하느님께 간청하다

"나에게 '주님, 주님!' 한다고 모두 하늘 나라에 들어가는 것이 아니다"(마태 7,21)라고 성경은 말합니다. 그러므로 존엄하신 황제[9]시여, 믿음은 단지 행위의 문제가 되어서는 안 됩니다. "당신 집에 대한 열정이 저를 불태운다"고 쓰여 있기 때문입니다. 그러니 우리가 아버지께 청하는 것은 무엇이든지 그분의 이름으로 얻을 수 있도록(참조: 요한 15,16; 루카 11,9-10; 마태 7,7-8; 마르 11,24) 성실한 정신과 경건한 마음으로 우리 주 예수님을 부릅시다. 예수님은 하느님이심을 믿읍시다. 아버지의 뜻은 아들을 통하여 간청받으시는 것이고 아들의 뜻은 아버지께서 간청받으시는 것이기 때문입니다(참조: 요한 16,23-24; 14,13).

• 암브로시우스 『신앙론』 1,2,12.[10]

### 하느님 집에 대한 열정

"그러자 제자들은 '당신 집에 대한 열정이 저를 집어삼킬 것입니다'라고 성경에 기록된 말씀이 생각났다"(요한 2,17). 하느님 집에 대한 열정

---

[6] FC 27,397*.
[7] ACW 52,148*.
[8] FC 80,304.
[9] 로마 황제 그라티아누스를 말한다.
[10] NPNF 2,10,203*.

이 주님으로 하여금 그 사람들을 성전에서 쫓아 내게 하였습니다. 형제 여러분, 그리스도의 지체들인 우리 그리스도인 각자가 하느님 집에 대한 열정으로 불타오릅시다. 하느님 집에 대한 열정으로 불타는 이는 어떤 사람입니까? 사악한 일들을 보면 언제나 그것을 바로잡으려 노력하는 사람, 사악한 자들이 개선되기 바라는 사람, 입 다물고 조용히 있지 않는 사람입니다. 그는 상황을 개선시킬 수 없으면 고통스러워합니다. 슬퍼합니다. 곡식은 다른 어떤 곳이 아니라 타작마당에서 탈곡됩니다. 곡식은 곳간에 들어갈 수 있도록 쭉정이들이 분리될 때까지 쭉정이들을 참고 견딥니다. 여러분이 곡식이라면, 곳간 앞에 있는 타작마당 아닌 곳에서 도리깨질당하는 일이 없도록 하십시오. 그랬다가는 곳간에 들어가기 전에 새들에게 쪼아 먹힙니다. 하늘의 새들, 저 높은 곳의 권세들이 타작마당에서 뭐라도 잡아채려고 지키고 있으며 그들은 타작마당 바깥으로 떨려 나온 것만을 낚아채기 때문입니다. 그러니 하느님 집에 대한 열정이 여러분을 불태우게 하십시오. 여러분이 그 지체인 하느님의 집에 대한 열정으로 모든 그리스도인이 저마다 불타오르게 하십시오.

• 아우구스티누스 『요한 복음 강해』 10,9,1.[11]

### 믿지 않는 영혼들의 영원한 운명

이런 이유로, 그곳의 꺼지지 않는 불은 이승 삶에서 치유하는 참회와 유익한 회개가 치료할 수 없었던 모든 것을 태워 버려야 합니다. 지옥의 불타는 구덩이가 열릴 것이며, 그 안으로 내려감이 있을 것이나 돌아올 방편은 없을 것입니다. 믿음의 옷이 벗겨진 채 이 세상에서 죽은 영혼들은 영원히 그곳에 묻힐 것이며 영원히 아무도 찾아오지 않을 저 바깥 어둠 속으로 던져질 운명입니다. 다시 말합니다만, 그들은 불행히 저 바깥 어둠 속으로 쫓겨날 것입니다. 아니, 더욱 불행히 그 속에 갇힐 것이라고 해야겠군요. 이 구덩이와 관련해 예언자는 이렇게 말합니다. "심연이 저를 삼키지도, 저를 집어삼킨 구덩이가 그 입을 다물지도 못하게 하소서." 그가 "구덩이가 그 입을 다물지 못하게 하소서"라고 한 것은 그 구덩이는 죄인을 입에 넣으면 윗부분은 닫히고 아래는 열려서 저 깊은 곳으로 떨어지기 때문입니다. 위에서 문이 닫히면 숨 쉴 공간이라고는 없게 될 것이며, 공기 한 방울도 남지 않게 될 것입니다. 자연의 세계에 작별을 고하는 이들은 그곳으로 던져질 것입니다. 그들은 하느님을 알기를 거부했기 때문에 더 이상 하느님께 알려진 이들이 아니며, 생명에 대해서 죽었기 때문에 그들은 끝없는 죽음을 살게 될 것입니다. 지금 자신의 부를 지혜롭게 쓰고 살아가는 데 필요한 것들로 만족하고 자기 소유물을 관대하게 베풀며 순수함을 유지하고 다른 이들에게 잔인하게 굴지 않는 행복한 영혼들은 이 지옥의 불타는 밤에서 스스로를 구하는 이들입니다. 이 징벌은 영원히 파멸할 이들을 붙들 것입니다. 그들이 세례의 은총을 잃어버리고 회개로 그것을 되찾지 않았기 때문입니다. 그들에게는 다음 말씀이 주어졌습니다. "[그분께서] 쭉정이는 꺼지지 않는 불에 태워 버리실 것이다"(마태 3,12).

• 아를의 카이사리우스 『설교집』 167,5.[12]

[11] FC 78,220.

[12] FC 47,406-7.

## 69,21-37 골고타를 예시하는 시편

21 모욕이 제 마음을 바수어
저는 절망에 빠졌습니다.
동정을 바랐건만 허사였고
위로해 줄 이들을 바랐건만
찾지 못하였습니다.
22 그들은 저에게 음식으로 독을 주고
목말라할 때 초를 마시게 하였습니다.
23 그들의 식탁이 그들 앞에서 덫이 되고
태평스러운 그들에게
올가미가 되게 하소서.
24 그들의 눈은 어두워져 보지 못하고
그들의 허리는 늘 휘청거리게 하소서.
25 그들 위에 당신의 분노를 쏟아부으소서.
당신 진노의 불길이
그들에게 미치게 하소서.
26 그들이 사는 곳은 황폐해지고
그들의 천막에는 사는 이가 없게 하소서.
27 그들은 당신께서 때리신 이들을 뒤쫓고
당신께서 치신 이들의 상처를
헤아립니다.①
28 그들의 죄에다 죄를 더하소서.
그들이 당신 구원에 들지 못하게 하소서.
29 그들이 생명의 책에서 지워지고
의인들과 함께 기록되지 않게 하소서.
30 저는 가련하고 고통 중에 있습니다.
하느님, 저를 도우시어 보호하소서.
31 나는 하느님의 이름을 노래로 찬양하리라.
송가로 그분을 칭송하리라.
32 이것이 주님께는 더 좋다네, 수소들보다
뿔 달리고 굽 갈라진 황소들보다.
33 가난한 이들이 이를 보고 즐거워하리라.
하느님을 찾는 이들아,
너희 마음 기운 차려라.
34 주님께서는 불쌍한 이들의 소리를
들어 주시고
사로잡힌 당신 백성을 멸시하지 않으신다.
35 주님을 찬양하여라, 하늘과 땅아
물과 그 안에서 움직이는 모든 것들아.
36 하느님께서는 시온을 구하시고
유다의 성읍들을 세우신다.
그들이② 거기에 머물며 그곳을 차지하고
37 그분 종들의 후손이 그 땅을 상속하여
그분 이름을 사랑하는 이들이
그곳에서 살아가리라.

① 히브리어 본문; 그리스어, 시리아어 본문은 '또다시 괴롭힙니다'다.
② 히브리어 본문; 시리아어 본문은 '그분의 종들이'다.

둘러보기

우리가 이 삶에서 얼마나 많은 악을 만나든 또 우리의 희망이 어느 정도로 시험을 받든, 우리는 하느님께 도움을 받는다(바실리우스). 이 세상에서는 아무도 비참과 고통에서 벗어날 수 없으므로 누구나 어려움에 처한 사람들에게 마음 쓰며 동정해야 한다(아우구스티누스). 다윗이 이야기하는 목마름의 고통은 자신의 경험이 아니라 그리스도께서 겪으실 목마름에 관한 말이며, 그의 이 말은 그리스도께서 십자가에서 하신 말씀

가운데 한 가지를 예고한 것이다. 성경 저자들은 비유를 비롯하여 다양한 표현법을 사용했다. 그러나 그리스도께서 십자가에서 하신 여섯 번째 말씀에 대한 다윗의 예언을 비롯하여 성경의 많은 부분은 문자적으로 해석해야 한다(테르툴리아누스). 그리스도에 관한 구약성경의 예언들을 그분의 고통과 죽음, 부활의 견지에서 해석하는 사람들은 그분이 진정 누구신지 알아본다(아우구스티누스). 다윗은 그리스도께서 당신의 수난 중에 성경에 기록된 것보다 더 많은 고통을 받으신다고 말했다(아프라하트). 구약성경의 예언자들은 그리스도께서 십자가에서 하시는 말씀에 대해 예고하였다. 이는 그분이 약속된 메시아이시라는 증거다. 그리스도를 믿기를 거부하는 많은 유대인들은 그들 자신의 예언자들이 예고한 그들 민족의 배반을 실행하고 있을 뿐이었다. 하느님의 약속들을 믿고 그리스도께 희망을 두는 참이스라엘만이 그들이 어떤 인종이든 하느님으로부터 하늘의 상속 재산을 받을 것이다(아우구스티누스). 그리스도께서 십자가에서 겪으신 많은 고통은 자발적으로 견디신 것이다(대 레오). 하느님께서는 은총으로 어떤 사람들은 구원을 받도록 선택하셨다. 또 어떤 이들은 믿음을 거부하였기에 그분의 심판 아래 놓인다(아우구스티누스). 포도송이와 가나안에서 그것을 가지고 온 두 사람은 성찬의 포도주와, 그리스도를 거부한 유대인과 받아들인 다른 민족들을 예시한다(카이사리우스). 예수를 배반한 유다가 지옥에 넘겨지고 그의 자리에 마티아가 선출된 것은 이미 시편에 예고된 일이다(베다). 성직자가 공적인 죄를 지었음이 드러날 경우 그것은 교회의 추문이 되며 아무런 잘못도 저지르지 않은 다른 많은 사람들의 평판을 더럽힌다(아우구스티누스). 정경 성경이 한 권의 책이듯, 구원받는 이들의 이름이 적힌 생명의 책도 한 권이다(오리게네스). 인류의 불쌍하고 슬픈 상태란 아담의 타락으로 인해 인간 조건이 철저히 더럽혀져서 죄짓는 것에 저항을 할 수 없게 되었고 다른 존재, 곧 예수 그리스도께 구원의 희망을 품어야만 한다는 사실이다(아우구스티누스).

하느님께는 필요한 것이 아무것도 없기에, 그분께서 당신 백성에게 요구하시는 것은 다만 고백과 통회다(로마의 클레멘스). 그리스도께서 십자가에서 돌아가신 것은 그것이 우리 구원을 위하여 당신 아드님을 내주신 아버지의 뜻이었기 때문이다(페트루스 크리솔로구스). 하느님께서는 본성상 인류에게 숨겨져 계시지만, 당신을 찾는 이들은 당신을 발견할 수 있게 해 주셨다(아우구스티누스). 자연의 놀라운 아름다움은 우리에게 하느님에 관하여 가르쳐 줄 뿐 아니라 감사하는 마음을 가지라고 요구한다(대 레오).

69,21-30 수난에 관한 예언

**우리는 주님께 대한 희망을 포기하지 않는다**

거룩하신 하느님께서 당신께 희망을 두는 이들에게 모든 고난에서 벗어나는 방편을 약속하셨으므로, 우리는 재앙의 바다 한가운데에 떨어져 악한 영들이 우리를 거슬러 불러일으킨 세찬 파도의 공격을 받더라도 우리에게 힘을 주시는 그리스도 안에서 참고 견디며, 교회에 대한 열정의 크기가 조금도 줄어들지 않을뿐더러 파도가 높게 몰아칠 때에도 파멸이 온다고 생각하지 않습니다. 우리는 고래 배 속에 들어간 이가 자기 생명을 포기하지 않고 주님을 외쳐 불렀기에 다시 안전으로 돌아갈 자격이 있다고 여겨진 사실을 알기에, 여전히 힘닿는 한 성실한 노력을 고수합니다. 그래서 우리는 최악의 재앙을 만났을 때도 주님께 희망을 두기를 그만두지 않으며 온 방향에 그분의 도움이 있음을 봅니다. 우리는 지금 여러분, 이 시련의 시기에 우리를 도와주지 않을까 자주 기대해 왔던 지극히 경애하는 형제들에게도 도움을 구합니다.[1] 우리의 희망이 좌절되었을 때 우리는 이 말씀을 떠올렸습니다. "동정을 바랐건만 허사였고 위로해 줄 이들을 바랐건만 찾지 못하였습니다." 우리의 고난은 인간이 거주하는 세계의 한계에 도달한 것처럼 느껴질 정도입니다. 한 지체가 고통을 겪으면 모든 지체가 함께 고통을 겪는다면(1코린 12,26 참조), 여러분도 자비심을 발휘하여 오랫동안 고난을 겪어 온 우리를 동정하는 것이 지당할 것입니다. 사는 곳이 가까워서가 아니라 영의 일치가 호의를 낳는 법이며, 여러분의 사랑으로 우리는 그 호의를 누리고 있다 믿습니다.

• 대 바실리우스 『서간집』 242.[2]

무감각한 사람들은 혐오스럽다

사도 역시 몰인정한 사람들을 꾸짖고 몹시 싫어하였습니다(로마 1,31 참조). 거룩한 시편도 그런 사람들을 비난하면서, "위로해 줄 이들을 바랐건만 찾지 못하였습니다"라고 합니다. 우리가 이 비참한 땅에 사는 동안 아무런 아픔을 느끼지 않는다는 것은 필시 이 속세의 문학가들 가운데 하나가 말했듯이, "매우 비싼 값을 치러야 얻을 수 있는 행운이고, 그 값은 정신의 지독한 냉혹함과 육체의 지독한 무감각"[3]입니다.

• 아우구스티누스 『신국론』 14,9.[4]

그리스도의 수난과 십자가 처형에 관한 예언

다시 한번, 그리스도께서 이미 오셨다는 것을, 예언서들에 [예고된 것처럼] 오셔서 고난받으시고 이미 하늘에 다시 받아들여지셨으며, 예언에 예고된 대로 그곳으로부터 오시리라는 것을 보여 줍시다. 다니엘서에서 우리는 그분께서 오신 뒤 그 도성 자체가 파괴되어야 한다는 말씀을 읽으며, 실제로 그 일이 일어났다는 것을 압니다. 성경은 "도성과 성소는 그 지도자와 함께 동시에 파괴되리라"(다니 9,26)고 합니다. [그 지도자]는 "베들레헴에서" 오실 분, "유다" 지파에서 나실 분이 틀림없습니다. 그 "지도자"가 고난을 겪어야만 할 그때에 '그 도성은 함께 파괴되어야만' 하는 것이 명백합니다. 성경 예언서에 "나는 반항하는 백성에게 온종일 팔을 벌리고 있었다. 그들은 자기네 멋대로 죄를 지으면서 좋지 않은 길을 걷는 자들이다"(이사 65,2; 로마 10,21)라고 [예고]되어 있기 때문입니다. 그리고 시편에서 다윗은 이렇게 말합니다. "그들이 제 손과 발을 묶었습니다. 제 뼈는 낱낱이 셀 수 있게 되었는데 그들은 저를 보며 좋아라 합니다. 그들은 제가 목말라할 때 초를 마시게 하였습니다"(시편 22,16-17; 69,22). 다윗 자신이 이런 일들을 겪은 것이 아니라 장차 십자가에 못 박히실 그리스도에 관하여 정확히 말한 것으로 보입니다.

• 테르툴리아누스 『유대인 반박』 12.[5]

그리스도께서는 십자가 위에서 실제로 목이 마르셨다

이런 종류의 모든 잡소리[6]에 반박하기 위하여, 예언자들의 모든 예고는 비유라고 주장하는 그들[7]이 내세우는 예비 개념을 단번에 무너뜨리고자 합니다. 그들의 말이 사실이라면, 그 비유적 표현들을 낳은 진실이 선언되지 않은 만큼 그

[1] 이 서간은 로마 황제 발렌스 치하 동방에서 아리우스파 이단에 의해 정통신앙의 그리스도인들이 박해를 당하던 때인 376년 서방교회에 보낸 편지다.

[2] FC 28,182*. [3] 키케로 『투스쿨룸 대화』 3,6,12.

[4] *CG* 564*. [5] ANF 3,169*.

[6] 영혼은 물질세계를 떠날 때 부활한다는 이단적 견해를 가리킨다.

[7] 육의 부활을 부인하는 영지주의 이단자들을 가리킨다.

비유[적 표현] 자체가 식별될 수 없었을 것입니다. 그리고 실로 모두가 비유라면, 그것들이 비유하는 것은 어디 있습니까? 당신의 얼굴이 존재하지 않는다면 어떻게 당신 얼굴에 거울을 갖다 댈 수 있습니까? 그러나 모든 것이 비유가 아니고 문자적 진술들도 있으며, 모든 것이 그림자가 아니고 실물도 있습니다. 그래서 우리에게는 주님에 관한 대낮보다 명확한 예언들이 있습니다. 동정녀께서 잉태하신 것은 비유가 아니었고 그분께서 임마누엘, 곧 우리와 함께 계신 하느님(참조: 이사 7,14; 마태 1,23)이신 예수님을 낳으셨습니다. 그분께서 다마스쿠스의 권력과 사마리아의 전리품을 차지하셨다(이사 8,4 참조)는 말이 비유라 치더라도 그분께서 "당신 백성의 원로들과 고관들과 함께 재판을 여신다"(이사 3,13)는 것은 문자적 진술입니다. 빌라도라는 인물 안에서 "민족들이 술렁거렸고" 이스라엘 민족 안에서 "겨레들이 헛일을 꾸몄으며" 헤로데 안에서 "세상의 임금들"이 그리고 한나스와 카야파 안에서 "군주들이" 함께 "그분의 기름부음받은이를 거슬러" 들고 일어났습니다(시편 2,1-2 참조). 또한 그분은 "도살장에 끌려가는 양처럼" 그리고 "털 깎는 사람", 곧 헤로데 "앞에 잠자코 서 있는 양처럼 자기 입을 열지 않"(이사 53,7)으셨습니다. 그분은 "매질하는 이들에게서 등을 돌리지 않았고 때리는 이들에게 뺨을 내맡겼으며 모욕과 수치를 받지 않으려고 얼굴을 돌리지 않"(이사 50,6 칠십인역)으셨습니다. 그분은 "무법자들 가운데 하나로 헤아려"(이사 53,12)지셨습니다. '그들은 그분의 손과 발을 꿰뚫었고'(시편 22,17 참조), '그분의 옷을 두고 제비를 뽑았으며'(시편 22,19 참조), 그분께 '쓸개즙을 주고 초를 마시게 하였고'(시편 69,22 참조), '머리를 흔들며 조롱하였습니다'(시편 22,7-8 참조). 그분은 배반자에 의해 "은 서른 세켈로 값 매겨지셨습니다(즈카 11,12 참조). 여기서 이사야가 우리에게 어떤 비유를 보여 줍니까? 다윗은 어떤 비유적 용법을 보여 줍니까? 예레미야는 어떤 비유를 하고 있습니까? 그분의 놀라운 행위들에 대해서까지도 그들은 우화 같은 언어를 사용합니다. 그리고, 눈먼 이들의 눈이 열리지 않았습니까? 벙어리가 다시 말을 할 수 있게 되지 않았습니까?(이사 35,5-6 참조). 맥 풀린 손과 꺾인 무릎이 건강해지고 다리를 절던 이가 수사슴처럼 뛰게 되지 않았습니까?(이사 35,3 참조). 주님께서 고쳐 주신 신체의 질병들에 관한 비유에 따라, 우리는 예언의 이러한 진술들에 영적 의미를 부여하는 일에 분명 익숙합니다. 그러나 그 일들은 문자적으로도 모두 이루어졌고 따라서 예언자들이 두 가지 의미를 다 예고하였음을 알 수 있습니다. 비록 그들의 무척 많은 말들은 티로의 성읍들과 민족들의 몰락에 관한 말처럼 순수하고 단순한 의미로만 받아들여질 수 있고 어떤 우의적 모호성도 들어 있지 않지만 말입니다. … 누가 이 모든 사건들에 관해 해석할 때 문자적 진실을 받아들이는 대신 형이상학적 해석을 첨가하는 것을 더 좋아하겠습니까? 이 말씀들에는 이 말씀들이 실재 안에서 봉독되듯 실재가 담겨 있습니다. 따라서 우리는 예언서의 기록들 일부에는 때때로 비유적 표현법이 들어 있기는 하지만 이 표현법이 전체에 다 사용되지는 않았다는 것을 발견합니다.

• 테르툴리아누스 『죽은 이들의 부활』 20.[8]

**십자가 위에서 예수님께서는 당신의 목마르심에 관한 예언을 실현하셨다**

그런 다음 [복음사가는] 이렇게 진술합니다.

[8] ANF 3,559-60*.

"그 뒤에 이미 모든 일이 다 이루어졌음을 아신 예수님께서는 성경 말씀이 이루어지게 하시려고 '목마르다' 하고 말씀하셨다. 거기에는 신 포도주가 가득 담긴 그릇이 놓여 있었다. 그래서 사람들이 신 포도주를 듬뿍 적신 해면을 우슬초 가지에 꽂아 예수님의 입에 갖다 대었다. 예수님께서는 신 포도주를 드신 다음에 말씀하셨다. '다 이루어졌다.' 이어서 고개를 숙이시며 숨을 거두셨다"(요한 19,28-30). 그분께서 겪으신 이 일을 그분처럼 정확하게 수행할 수 있는 사람이 누가 있겠습니까? 그 사람, "하느님과 사람 사이의 중개자"(1티모 2,5), 그에 관하여 "그는 사람이니 누가 그를 알 수 있으리오?"(예레 17,9 칠십인역)라는 예언이 예고되었다고 우리가 읽는 사람 [외에는 없습니다]. 그들을 통하여 이 일들이 일어난 사람들은 그 사람이 하느님[이심]을 알고 있었습니다. 하느님으로서 숨겨져 계시던 분께서 인간으로서 모습을 드러내셨습니다. 드러나신 분께서 이 일들을 겪으셨으며, 같은 분이신 감추어져 계신 분께서 이 모든 일들을 조직하셨습니다. 그래서 그분께서는 이분께서 초를 마시고 숨을 거두시기 전에 이루어져야 했던 모든 일이 완성되는 것을 보셨습니다. 그것은 성경에 예고된 이 일, "목말라할 때 초를 마시게 하였습니다"라는 말씀 또한 이루어지도록, 그분께서는 마치 '내가 이 일을 함으로써 너희의 기대는 어긋났다. 너 자신을 달라'고 말씀하시는 것처럼 "목마르다"고 하셨습니다. 실로 유대인들이 바로 성조들과 예언자들이라는 포도주가 상해서 변한 초였고, 그 초는 말하자면 이 세상의 불의로 그릇 가득 차 있었습니다. 동굴처럼 어둡고 구불구불한 은신처들에서 거짓을 해면처럼 듬뿍 빨아들인 자들이었습니다. 그런데 그들은 초에 듬뿍 적신 해면을 우슬초 가지에 꽂았는데, 우슬초는 초라한 향초로서 가슴을 씻는 것입니다. 따라서 우리는 그것을 그들이 둘러싸고 자기들이 이겼다고 생각한 그리스도의 비천함으로 받아들입니다. 이와 관련하여 시편에 이런 말씀이 있습니다. "히솝으로 제게 뿌려 주소서. 제가 깨끗해지리이다"(시편 51,9). 우리는 그리스도의 비천함으로 깨끗해지기 때문입니다. "그분께서 당신 자신을 낮추시어 십자가 죽음에 이르기까지 순종"(필리 2,8)하지 않으셨더라면, 그분의 피가 죄의 용서를 위하여, 다시 말해, 우리의 정화를 위하여 쏟아부어지는 일은 일어나지 않았을 것입니다.

• 아우구스티누스 『요한 복음 강해』 119,4.[9]

**그리스도께서는 성경에 기록된 것보다 더 많은 고통을 겪으셨다**

더 나아가 다윗은 그분의 수난에 관해서도 말했습니다. "그들은 저에게 음식으로 쓸개즙을 주고 목말라할 때 초를 마시게 하였습니다." 같은 시편에서 그는 이런 말도 합니다. "그들은 당신께서 치신 이들을 박해하고 살해당한 이의 고난에 고난을 보태었습니다"(시편 69,27 참조). 그들이 저주하고 욕하며, 성경에 그분에 관하여 기록된 것보다 훨씬 많은 고통을 그분께 보탰기 때문입니다. 성경은 그 모든 것을 다 드러낼 수 없었는데, 그들의 욕이 증오에 차 있었기 때문입니다. 그렇지만 그가 굴욕을 당하고 괴롭힘을 당하는 것은 주님께서 바라시는 바였습니다(이사 53,10 참조). 그분께서 살해당하신 것은 우리의 죄악 때문이었으며(이사 53,5 참조), 우리의 죄 때문에 그분은 굴욕을 당하시고 당신 자신이 죄가 되셨습니다(2코린 5,21 참조).

• 아프라하트 『논증』 17,10.[10]

---

[9] FC 92,47-48*.

[10] NPNF 2,13,391*.

### 십자가 위에서 하신 말씀에 관한 예언

그들[유대인들]이 이해하려 하지 않으리라는 것을 같은 예언자들이 미리 선포한 바 있습니다. 다른 일들이 이루어져야 할 필요가 있었고, 하느님의 공정하며 숨겨진 명령에 의해 그들의 공과에 따라 응당한 징벌이 따를 필요가 있었기 때문입니다. 실로, 그들이 십자가에 못 박은 분, 쓸개즙과 초를 마시게 한 분께서는 — 십자가에 매달려 계셨음에도 불구하고 — 당신께서 어둠에서 빛으로 데려가시고자 하시는 이들을 위하여 아버지께 다음과 같이 말씀드리셨습니다. "아버지, 저들을 용서해 주십시오. 저들은 자기들이 무슨 일을 하는지 모릅니다"(루카 23,34). 그러나 숨겨진 더 많은 이유들로 인하여 당신께서 버리실 이들에 대해서는 오래전에 예언자를 통하여 말씀하셨습니다. "그들은 저에게 음식으로 쓸개즙을 주고 목말라할 때 초를 마시게 하였습니다. 그들의 식탁이 그들 앞에서 덫이 되고 응징이요 걸려 넘어지게 하는 돌이 되게 하소서. 그들의 눈은 어두워져 보지 못하고 그들의 허리는 늘 굽어 있게 하소서." 그래서 그들은 여기저기 사방을 헤맵니다. 그들의 어두워진 눈은 우리가 옳다는 지극히 뚜렷한 증거입니다. 이 사람들이 거부당할 때에 우리의 논점이 옳음이 이들을 통하여 확인됩니다.

• 아우구스티누스 『보이지 않는 사물에 대한 믿음』 6,9.[11]

### 이스라엘에서 많은 사람이 그리스도를 받아들이기를 거부하였다

유대인들은 그분을 살해하고 말았고, 성경 말씀대로 그분께서 돌아가시고 부활하셨어도 한사코 그분을 믿기를 거부한 유대인들은 결국 로마인들의 손에 더없이 비참한 황폐를 겪었으며, 이미 이민족이 다스리고 있던 자기네 왕국에서도 뿌리째 뽑혀[12] 온 세상에 흩어지게 되었습니다. 그래서 어디든지 그들이 없는 곳이 없습니다.

이처럼 그리스도에 관한 예언 중에 우리가 꾸며낸 것이 아무것도 없음을 그들의 성서 자체가 우리에게 유리하게 증언합니다. 그렇지만 그들 가운데 상당수는 그분의 수난 이전에도 그리고 특히 부활 후에 진지하게 숙고하고서 그분을 믿게 되었으니, 그런 사람들에 대해서는 이러한 예고 말씀이 있습니다. "이스라엘 자손들의 수효가 바다의 모래와 같을지라도 남은 자들만 구원을 받을 것이다"(이사 10,22). 나머지는 눈이 멀었고 그런 사람들에 대해서도 예고된 말씀이 따로 있습니다. "그들의 식탁이 그들 앞에서 덫이 되고 응징이요 걸려 넘어지게 하는 돌이 되게 하소서. 그들의 눈은 어두워져 보지 못하고 그들의 허리는 늘 굽어 있게 하소서." 그러니까 유대인들이 우리의 성경을 믿지 않을 때, 그들이 맹목적으로 읽는 그들의 성서 말씀이 우리 성경에서 엄연히 실현되고 있음을 볼 수 있습니다.

• 아우구스티누스 『신국론』 18,46.[13]

### 참된 이스라엘

살아 계신 '빵'께 음식으로 쓸개즙과 초를 줌으로써 그들 자신이 쓸개즙과 같은 쓰디쓴 사람들이 되었습니다. 그들은 시편의 이 예언들을 달리 어떻게 볼까요? "그들의 눈은 어두워져 보지 못하게 하소서"라고 되어 있고, 그들에 관하여 "그들의 허리는 늘 굽어 있게 하소서"[14]라고 예고되어 있는데, 어떻게 그들이 마음을 들어 올리기 위하여 올곧게 된단 말입니까? 그러나 이 예언들은 모든 유대인에 관한 말씀이 아닙니다. 이

---

[11] FC 4,465-66*.

[12] 기원후 70년.

[13] *CG* 827-28.

[14] 아우구스티누스는 칠십인역 본문으로 주해하고 있다.

예고에 해당하는 이들에게만 적용되는 말씀입니다. 이 예언들 때문에 그때에 그리스도를 믿은 이들과 오늘에 이르기까지 그리스도를 믿은 이들, 그리고 지금부터 세상 종말 때까지 그리스도를 믿게 될 이들, 그러니까 장차 얼굴과 얼굴을 맞대고 주님을 뵙게 될 참된 이스라엘에게는 이 고발이 해당하지 않습니다. "이스라엘 자손이라고 다 이스라엘 백성이 아닙니다. 아브라함의 후손이라고 다 그의 자녀가 아닙니다. '이사악을 통하여 후손들이 너의 이름을 물려받을 것이다' 라고 하였습니다. 이는 육의 자녀가 곧 하느님의 자녀가 되는 것이 아니고, 약속의 자녀라야 그분의 후손으로 여겨진다는 뜻입니다"(로마 9,6-8). 그들은 영적 시온과 유다의 성읍들, 곧 사도의 이 말에 나오는 교회들에 속합니다. "나는 유다에 있는 그리스도의 여러 교회에 얼굴이 알려지지 않았습니다"(갈라 1,22). 같은 시편 조금 뒤에는 이런 말씀이 나옵니다. "하느님께서는 시온을 구하시고 유다의 성읍들을 세우신다. 그들이 거기에 머물며 그곳을 차지하고 그분 종들의 후손이 그 땅을 상속하여 그분 이름을 사랑하는 이들이 그곳에서 살아가리라"(시편 69,36-37). 유대인들은 이 말씀을 들으면 자연적 의미로 받아들여서, 하늘에 계신 우리의 영원한 어머니가 아니라 그 자녀와 함께 종살이하고 있는 지상의 예루살렘을 떠올립니다.

• 아우구스티누스 『유대인 반박』 5,6.[15]

### 그리스도의 자발적 수난

여러분은 참으로 아주 많은 곳에서 여러분의 혐오스러운 범죄의 사악함과 그리스도의 자발적인 고난에 관련된 것들을 읽었습니다. 주님께서는 이사야 예언자를 통하여 이렇게 말씀하셨습니다. "나는 매질하는 이들에게 내 등을, 때리는 이들에게 내 뺨을 내맡겼고, 침 뱉음과 모욕을 당하지 않으려고 얼굴을 가리지도 않았다"(이사 50,6). 그분께서는 다윗을 통해서는 "그들은 저의 음식에 쓸개즙을 섞었고 목말라할 때에 초를 마시게 하였습니다"라고 하십니다. 그리고 또 다른 때에는 다윗을 통해 이렇게 말씀하십니다. "많은 개들이 저를 에워싸고 악당의 무리가 저를 둘러쌌습니다. 그들은 제 손과 발을 꿰뚫었고 저의 모든 뼈를 세었습니다. 그들은 저를 주의 깊게 지켜보고 저를 조사했습니다. 제 옷을 저희끼리 나누어 가지고 제 속옷을 놓고서는 제비를 뽑습니다"(시편 22,16-18). 여러분이 저지른 범죄와 같은 종류만이 예고되고 십자가에 못 박히신 분의 권능은 예고되지 않은 것처럼 보인다면, 여러분은 주님께서 십자가에서 내려오셨다는 말씀을 읽지 않은 것이 분명합니다. 그런데 여러분은 읽었습니다. '주님께서 나무[십자가]에서 다스리셨다'(시편 96,10 이문)는 것을.

• 대 레오 『설교집』 55,2.[16]

### 하느님의 은총으로 구원이 예정된 이들

"많은 이가 진리의 말씀을 듣지만, 더러는 믿고 더러는 그것을 믿지 않습니다. 그래서 앞의 사람들은 믿기로 의지를 품지만 뒤의 사람들은 의지를 품지 않습니다." 이것을 모르는 사람이 누가 있습니까? 이 사실을 부인할 자가 누가 있습니까? 그러나 어떤 사람들 안에서는 하느님에 의해 의지가 준비되고 어떤 사람들 안에서는 그렇지 않기에, 실로 우리는 그분의 자비에서 오는 것과 그분의 심판에서 오는 것을 구별해야 합니다. "이스라엘 백성이 찾던 것을 그는 얻지 못하고 선택된 이들만 그것을 얻었습니다. 나머지

[15] FC 27,397-98*.

[16] FC 93,238.

사람들은 마음이 완고해졌습니다. 성경에 쓰여 있듯이, '하느님께서는 그들에게 사람을 마비시키는 영을, 보지 못하는 눈을, 듣지 못하는 귀를 주시어 오늘날까지 이르게 하셨다.' 다윗도 이렇게 말합니다. '그들 식탁이 그들에게 올가미와 덫이 되고 걸림돌과 응보가 되게 하소서. 그들의 눈은 어두워져 보지 못하고 그들의 등은 늘 굽어 있게 하소서'"(로마 11,9-10; 참조: 이사 6,9-10; 시편 69,23-24). 자비와 심판을 잘 보십시오. 하느님의 정의를 얻은 선민들에게는 자비, 그러나 마음이 완고해진 이들에게는 심판입니다. 앞의 사람들은 의지를 품었기에 믿었고, 반면에 뒤의 사람들은 의지를 품지 않았기에 믿지 않았습니다. 그러므로 자비와 심판은 그들 자신의 의지에 따라 온 것입니다. 분명 이 선택은 결코 그 사람의 공로를 통해서가 아니라 은총을 통해 옵니다. 바오로 사도가 앞에서 말했듯이, "이와 같이 지금 이 시대에도 은총으로 선택된 남은 자들이 있습니다. 이렇게 은총으로 되는 것이라면 더 이상 사람의 행위로 되는 것이 아닙니다. 그렇지 않으면 더 이상 은총일 수가 없습니다"(로마 11,5-6). 그러므로 선택된 이들이 그들이 얻은 것을 얻은 것은 은총을 통해서이며, 그것이 그들에게 보상으로 주어지도록 그들이 먼저 바쳐야 했던 것은 아무것도 없었습니다. 하느님께서는 거저 그들을 구원하셨습니다. 마음이 완고해진 그 다른 이들의 경우에는, 성경에 똑똑하게 쓰여 있듯, 응보입니다. "주님의 길은 모두 자애와 진실"(시편 25,10)이라고 합니다. 그러나 그분의 길은 참으로 헤아리기 어렵습니다(로마 11,33 참조). 거저 해방시켜 주시는 그분의 자비와 공정하게 심판하시는 그분의 진실, 두 가지 다 헤아리기 어렵습니다.

• 아우구스티누스 『성도들의 예정』 6,11.[17]

예시

두 사람의 어깨에 걸친 나무에 매여 약속의 땅에서 온 포도송이도 그리스도의 예시입니다. 그것이 나무에 매달려 그 두 사람의 봉사로 옮겨지게 되었듯이, 약속의 땅에서 오듯 동정녀의 육에서 오신 그리스도께서는 두 계약 사이에 계셨고, 유대인과 이방인들, 두 백성 사이에 계셨으며 십자가의 나무에 매달리셨습니다. 그 포도송이들의 무게를 지고 걸었던 그 두 남자 중 첫 사람은 유대 백성을 나타내는데, 그들에 관하여 이렇게 쓰여 있습니다. "그들의 눈은 어두워져 보지 못하고 그들의 허리는 늘 굽어 있게 하소서." 그러나 그다음에 온 남자는 우리 백성, 곧 그리스도를 믿으며 그분을 눈앞에 모시고 사는 이방인들을 예시합니다. 종이 주인을 따르고 제자가 스승을 따르듯이 그들은 언제나 그분을 따르고자 합니다. 주님께서는 복음서에서 "누구든지 나를 따라오려면, 자신을 버리고 제 십자가를 지고 나를 따라야 한다"(마태 16,24)고 하십니다. 더 나아가, 이 포도송이는 우리의 구원을 위한 십자가의 무게에 짓눌려 짜인 그분의 피로 만들어진 포도주를 쏟아부어 주었으며 교회에게 그분 수난의 잔을 마시라고 그것을 주었습니다. 그래서 교회가 탄생할 때 사도들은 "새 포도주에 취했군"(사도 2,13)이라는 말을 들었습니다.

• 아를의 카이사리우스 『설교집』 106,3.[18]

유다와 마티아에 관한 예언

"그들이 사는 곳은 황폐해지고 그들의 천막에는 사는 이가 없게 하시며 그의 직책은 남이 넘겨받게 하소서"(시편 69,26; 109,8). 복된 베드로 사도는 이 구절들에 대해 아주 명확하고 알기 쉽

[17] FC 86,231-32.

[18] FC 47,127.

게 해석한 바 있습니다. 유다는 표리부동한 행실에 응당한 징벌을 받았습니다. 그에게 어울리는 장소(불타는 지옥)로 가면서 그는 때 이른 불경한 죽음으로 인간적 삶의 방식이 영위되는 거처를 떠났습니다. 한편, 마티아가 복음 선포 활동에서 [유다의] 자리를 받아들임으로써 지극히 거룩한 사도단의 완전함과 충만함이 회복되었습니다(사도 1,26 참조).

• 존자 베다 『사도행전 해설』 1,20.[19]

### 죄악에 떨어짐으로써 교회를 슬프게 하지 마라

교회에 그러한 일들[20]이 일어날 때면 언제나 성도들과 신자들이 크게 슬퍼하는 것이 확실합니다. 이 모든 일을 예고한 이와 불의가 만연하더라도 냉담해지지 말고 끝까지 견뎌 내어 구원받으라고 권고한 이에게서 위로를 찾읍시다. 자기 안에 그리스도께서 보여 주신 사랑의 작디작은 불꽃이라도 있다면 말입니다. "누가 약해지면 나도 약해지지 않겠습니까? 누가 다른 사람 때문에 죄를 지으면 나도 분개하지 않겠습니까?"(2코린 11,29). 그러니 잘못된 의심에 빠져들거나 다른 사람들의 죄에 끌려들어가 저의 괴로움을 더 크게 만들지 마십시오. 제발 부탁드리건대, 제가 여러분을 두고 "그들은 저의 상처에 괴로움을 더합니다"라고 말하지 않게 해 주십시오. 우리의 이 슬픔에서 기쁨을 느끼는 자들, 오래전 그리스도의 육체의 입이 되어 시편 저자가 이렇게 예고한 이들에 대해서는 우리가 오히려 견뎌 내기가 그리 어렵지 않습니다. "성문 가에 앉은 자들은 저를 헐뜯어 대고 주정꾼들은 조롱의 노래를 부릅니다"(시편 69,13). 사실 우리는 이들을 위해서 기도할 줄도 알게 되었고 그들의 안녕을 바랍니다. 그런데 그들은 무슨 다른 목적이 있어 거기에 앉아 있는 것입니까? 그들의 목표가 무엇이겠습니까? 일부 주교나 사제, 남녀 수도자가 변절했을 때, 모두가 그와 같다고 믿고 단언하고 주장하려는 것 아니겠습니까? 그것을 입증할 수도 없는데 말입니다. 그런데도 혼인한 여자가 간통녀로 드러났을 때 그들은 자기 아내를 쫓아내거나 어머니를 고발하지 않습니다. 그런데 성스러운 소명을 응낙하는 이의 경우 그에 관한 잘못된 비난이 소문으로 돌거나 어떤 사실이 글로 출판되었을 경우, 그들은 그것을 낚아채어 주무른 뒤 주변에 퍼뜨려 모든 사람이 그것을 믿게 만듭니다. 그러므로 자신의 사악한 혀를 위하여 우리의 슬픔에서 달콤함을 취하는 이들은, 우리가 반대 의미로 사용하는 것일 수도 있지만, 부자의 대문 앞에 누워서 굴욕적인 일들을 힘들게 참아 내다 마침내 아브라함 곁으로 간 거지의 종기를 핥던 개들에 비유할 만합니다.

• 아우구스티누스 『서간집』 78.[21]

### 성경은 한 권의 책이다

거룩한 작품들은 한 권의 책인 반면 그렇지 못한 책들은 많음을 입증하는 것이 가능하다면, 거기에 더해 우리는 살아 있는 이들의 경우엔 한 권의 책이 있으며, "그들이 생명의 책에서 지워지고 의인들과 함께 기록되지 않게 하소서"(시편 69,29)라고 쓰여 있듯이, 거기에서 마땅히 지워져야 하는 이들이 있다는 점에도 주목해야 합니다. [반면에] 심판을 받도록 예정되어 있는 이들의 경우엔 책이 여러 권입니다. 다니엘이 이렇게 말하기 때문입니다. "법정이 열리고 책들이 펴졌다"(다니 7,10). 모세도 하느님의 책이 하나임을

[19] CS 117,19.

[20] 결백한 사람을 중상하거나 그의 평판을 더럽히는 일을 가리킨다.

[21] FC 12,380-81.

증언합니다. "백성의 죄를 부디 용서해 주시기 바랍니다. 그렇게 하시지 않으려거든, 당신께서 기록하신 책에서 제발 저를 지워 주십시오"(탈출 32,32).

• 오리게네스 『요한 복음 주해』 5,7.[22]

### 아담의 타락이 인류를 타락시켰다

그대[23]가 내게 보낸 편지들 가운데 한 편에서 우리의 본성이 창조되었을 때의 상태로 남아 있지 않고 인류의 아버지에 의해 타락했다는 사실을 몹시 슬퍼한 그 대목만큼 진실한 고백으로 가득 차 있고 생산적인 것이 또 있겠습니까? 그대는 편지에서 "나는 가련하고 슬픔 속에 있다"고 하였습니다. 내 안에 두 번째 아담보다 첫 번째 아담을 더 많이 지니고 있기에 아직도 육적인 표상의 더러움 속에서 굳어 있는 나는 여전히 육의 감각들과 세속적 행위에 눈길을 돌린다고. 속된 타락이 내가 나의 거룩한 모습을 부인하고 있음을 증명하는데 내가 감히 어떻게 나 자신의 모습을 그리겠냐고. 나는 나의 모습을 칠하기가 부끄러우며, 나는 내가 아닌 것을 감히 그리지 못한다고. 그런데 나는 내가 미워하는 것을 행하며 내가 사랑하는 것을 행하고자 노력하기에는 너무 게으르니, 나처럼 비참한 자가 '불의를 미워하고 덕을 사랑하는'(시편 45,7 참조) 것이 내게 무슨 유익이 되겠냐고. 나는 나 자신과 내면의 싸움을 벌이느라 속이 온통 찢어진 상태라고. "육이 욕망하는 것은 성령을 거스르고, 성령께서 바라시는 것은 육을 거스르며"(갈라 5,17) '죄의 법 아래에 있는 내 지체 안에 있는 법이 내 이성의 법과 대결하고 있다고'(로마 7,23 참조). 십자가의 나무가 아니라 그 증오스러운 나무의 유독한 맛을 빨아들인 나는 불행하다고! 자신의 타락으로 온 인류를 파멸시킨 조상 아담으로부터 전해져 내려오는 조상 전래의 독이 내 안에서 굳었다고 …[24] 자신의 비참함을 괴로워하면서 자신의 육신이 구속되기를 기대하며, 아직 실제로 이루어지지는 않았지만 자신이 희망으로 구원을 받았음(로마 8,23-24 참조)을 알고 있는 그대는 이 외에도 다른 많은 것에 관해 이야기하였습니다.

• 아우구스티누스 『서간집』 186.[25]

## 69,31-33 하느님을 만난 사람들의 적절한 반응

### 뉘우치는 마음은 하느님께 바치는 제물

형제 여러분, 만유의 주님께는 필요한 것이 아무것도 없습니다. 주님께서는 누구에게든 당신을 고백하는 것 말고는 그 어떤 것도 요구하지 않으십니다. 그분의 마음에 들었던 다윗이 이렇게 말하기 때문입니다. "나는 주님께 고백하리라. 이것이 주님께는 더 좋다네, 뿔 달리고 굽 갈라진 어린 수소보다. 가난한 이들이 이를 보고 기뻐하리라." 또 이렇게도 말합니다. "하느님께 찬양 제물을 바치고 지극히 높으신 분에게 네 서원을 채워 드려라. 그리고 불행의 날에 나를 불러라. 나 너를 구하여 주고 너는 나를 공경하리라"(시편 50,14-15). "하느님께 맞갖은 제물은 뉘우치는 영"(시편 51,19)이기 때문입니다.

• 로마의 클레멘스 『코린토 신자들에게 보낸 첫째 편지 = 클레멘스의 첫째 편지』 52.[26]

### 그리스도의 죽음은 성부의 뜻이었다

아버지는 작은아들을 위해 살진 송아지를 잡아 주었습니다(루카 15,30 참조). 이에 대해 다윗은 "이것이 주님께는 더 좋다네, 뿔 달리고 발굽 갈

---

[22] FC 80,164-65.

[23] 이 편지의 수신인인 놀라의 파울리누스를 가리킨다.

[24] 놀라의 파울리누스 『서간집』 30,2.

[25] FC 30,219-20.

[26] FC 1,49*.

라진 어린 송아지보다"라고 하였습니다. 그 송아지는 아버지의 이 명령에 따라 살해되었습니다. 하느님의 아드님이신 그리스도 하느님께서는 당신 아버지의 명령 없이는 살해될 수 있는 분이 아니셨기 때문입니다. 사도의 말을 들어 보십시오. "하느님께서는 당신의 친아드님마저 아끼지 않으시고 우리 모두를 위하여 내어 주셨습니다"(로마 8,32). 그분은 우리의 양식이 되기 위하여 날마다 거듭거듭 희생으로 바쳐지는 그 송아지이십니다.

• 페트루스 크리솔로구스 『설교집』 5.[27]

### 하느님을 끊임없이 찾아라

주님의 도움을 받아, 마음의 눈을 돌립시다. 하느님을 찾읍시다. 거룩한 찬가는 "하느님을 찾아라. 네 영혼이 살리라"(시편 68,32 칠십인역)고 합니다. 발견되셔야 할 그분을 찾읍시다. 발견되신 그분을 찾읍시다. 그분은 우리가 당신을 찾고 발견하도록 하기 위해 숨겨져 계셨습니다. 그분은 헤아릴 수 없는 분이셔서, 발견되시고 나서도 우리는 계속 그분을 찾습니다. 그런 까닭에 또 다른 곳에는 "언제나 그 얼굴을 찾아라"(시편 105,4)라고 쓰여 있습니다. 그분께서는 당신을 찾는 이가 수용할 수 있는 최대한으로 채워 주시어, 당신을 발견하는 이가 더욱 큰 그릇이 되게 하십니다. 이렇게 그분께서 그의 능력을 키워 주시기 시작하면 그는 가득 채워지기 위해 또다시 찾습니다.

• 아우구스티누스 『요한 복음 강해』 63,1,1.[28]

### 본성이 하느님께서 계심을 증언한다

사랑하는 여러분, 실로 언제나 "주님의 자애가 땅에 가득하며"(시편 33,5) 만물의 본성 자체가 신자들 각자에게 하느님 공경을 가르치는 교사입니다. 사실 "하늘과 땅과 바다와 그 안에 있는 모든 것"(참조: 시편 69,35; 146,6; 사도 14,15)이 창조주의 선하심과 권능을 드러내고 있으며, 그분을 섬기는 자연계 요소들의 놀라운 아름다움은 이성적인 피조물들[인 우리]에게 마땅히 하느님께 감사를 드리라고 요구합니다(로마 1,20-21 참조).

• 대 레오 『설교집』 44,1.[29]

[27] FC 17,50*.
[28] FC 90,42.
[29] FC 93,190.

## 70,1-6 하느님의 도우심을 청하는 다급한 기도

1 [지휘자에게. 다윗. 기념으로]
2 하느님, 어서 저를 구하소서.
주님, 어서 저를 도우소서.
3 제 목숨을 노리는 자들은
부끄러워하며 수치를 당하고
제 불행을 즐기는 자들은
뒤로 물러나 치욕을 느끼게 하소서.
4 "옳거니!" 하며 놀려 대는 자들은
부끄러워 되돌아가게 하소서.
5 그러나 당신을 찾는 이들은
모두 당신 안에서 기뻐하고 즐거워하리이다.
당신 구원을 사랑하는 이들은
언제나 아뢰게 하소서.
"하느님께서는 위대하시다."
6 저는 가련하고 불쌍하니
하느님, 어서 제게 오소서.

저의 도움, 저의 구원은 당신이시니
주님, 지체하지 마소서.

둘러보기

성경의 어떤 구절들은 그 뜻이 참으로 깊고 적용성도 참으로 넓어서 기도처럼 거듭 외우면 마음이 통일되고 유혹에 저항하는 데 도움이 된다(요한 카시아누스). 사탄에게 성공적으로 저항한 사람들을 유혹하여 그 성공이 자신이 거둔 것이라 생각하게 만들려는 사탄의 지극히 교활한 노력은 자신의 삶에서 성공을 하느님의 힘 덕분으로 돌릴 때에만 성공적으로 물리칠 수 있다(아우구스티누스). 그리스도인들은 기쁠 때나 괴로울 때나 하느님을 신뢰해야만 한다. 삶의 어떤 상황에서도 하느님의 구원을 기대할 수 있기 때문이다(파코미우스).

70,2 하느님의 도우심을 청하는 기도

묵상의 힘

그러므로 하느님을 늘 의식하는 상태를 유지하기 위하여 그대는 다음과 같은 신심의 문구를 늘 입에 달고 살아야 할 것입니다.[1] "하느님, 어서 저를 구하소서. 주님, 어서 저를 도우소서."

과연 이 구절은 아무 이유 없이 모든 성경 말씀 가운데서 뽑힌 것이 아닙니다. 이 구절은 인간 본성이 느낄 수 있는 모든 감정에 적용되며 또한 대단히 정확하고 정밀하게 모든 조건과 모든 공격에 대해 적절하고 만족스럽게 적용될 수 있기 때문입니다. 여기에는 온갖 위기를 맞아 하느님의 도우심을 비는 기원이 포함되어 있고, 겸손하고 경건한 고백이 포함되어 있으며, 근심과 나쁜 것을 끊임없이 경계하는 두려움이 포함되어 있습니다. 또한 자기 자신이 약하다는 생각과, 응답이 있으리라는 신뢰와, 즉각적이고 더없이 기꺼운 도움이 오리라는 확신이 포함되어 있습니다. 자기 보호자를 끊임없이 부르는 사람은 그분이 언제나 가까이 계심을 확신합니다. 이 기도에는 타오르는 사랑과 애덕이 들어 있으며, 계략을 알아채는 예리함과 원수들에 대한 두려움이 들어 있습니다. 밤이나 낮이나 원수들에게 에워싸여 있음을 보는 이는 자기 보호자의 도움 없이는 자기가 거기서 벗어날 수 없음을 고백합니다. 이 구절은 마귀들의 공격으로 고생하는 모든 이에게는 난공불락의 성벽이며, 꿰뚫을 수 없는 갑옷이자 매우 튼튼한 방패입니다. 그것은 권태나 불안에 빠진 사람들이나 슬픔과 갖가지 생각들로 풀이 죽어 있는 사람들이 구원의 치료제를 포기하는 것을 허락하지 않습니다. 오히려 우리가 도움을 비는 그분께서 우리의 고생을 지켜보시며 당신께 탄원하는 이에게서 멀리 계시지 않음을 보여 줍니다. [이 구절은] 영적 성공과 마음의 기쁨을 체험할 때 의기양양하거나 자만해서는 안 된다고 경고하며, 우리의 행복한 상태는 우리의 보호자이신 하느님 없이는 지속될 수 없음을 증언합니다. 그래서 이 문구는 하느님께 언제나 우리를 도와주심은 물론 신속히 도와주십사고 탄원하는 것입니다.

이 구절은 우리가 어떠한 상태에 처해 있든

[1] 요한 카시아누스는 쉼 없는 기도의 유익에 관해 그 자신이 이집트의 독수도승인 압바 이사악에게 들은 말을 인용하고 있다.

우리 모두에게 필요하고 유익합니다. 언제나 또 무슨 일에나 하느님의 도움을 바라는 사람은 어렵고 슬픈 일을 당할 때만이 아니라 순조롭고 기쁜 때에도 자기에게는 하느님의 도우심이 똑같이 필요하다고 고백합니다. 인간은 약하기에 어떤 경우에도 하느님의 도움 없이 지낼 수 없음을 알고서 어렵고 슬플 때에는 구출해 주십사 하는 것이요, 순조롭고 기쁜 때에는 계속 그럴 수 있게 해 주십사고 기원하는 것입니다.

• 요한 카시아누스 『담화집』 10,9,2-5.[2]

### 70,4–6 유혹과 고통의 때

#### 사탄의 듣기 좋은 말에 귀 막아라

잘 극복하는 것은 악마의 모든 간계를 이겨내는 것입니다. 악마는 유혹의 미끼를 던지고 자제에 패배하고 맙니다. 악마는 고통과 고뇌를 가하고 인내에 패배당합니다. 그자는 오류를 슬쩍 던지고 지혜에게 지고 맙니다. 모든 술수가 허사로 돌아가면 그자는 최후의 수단으로 영혼에게 이렇게 말합니다. "잘했다, 참 잘했다. 너는 진짜 많은 것을 할 수 있구나! 네가 참으로 씩씩하게 싸웠다! 누구를 너와 비교할 수 있겠느냐? 너는 참으로 장하게 이겨 냈다!" 그러면 거룩한 영혼은 "나에게 '잘했다, 참 잘했다!' 하고 말하는 자들은 혼돈과 수치에 떨어지게 하소서" 하고 대답해야 합니다. 그러니 여러분이 진정 승리하는 때는 여러분이 이렇게 말하는 때가 아니겠습니까? "내 영혼이 주님을 찬양하리니 온유한 이들은 듣고서 기뻐하여라"(시편 34,3).

• 아우구스티누스 『설교집』 274.[3]

#### 구원은 고난 중에 온다

지금이 주님을 위해 행동할 때입니다. 우리의 구원은 고통 속에 있을 때에 이루어지기 때문입니다. "하느님의 구원을 사랑하는 이들은" 그분의 발자국을 알 수 있으며(시편 77,19 참조) "'하느님께서는 위대하시다'라고 언제나 말한다"면, 그리고 그들이 '나의 희망은 언제나 당신께 있다'고 말할 수 있다면, 그런 이들이 기쁠 때에만 주님을 믿고 고난의 때에는 믿지 않겠습니까?

성경에 "너희 입으로 한 말을 지켜라"(민수 32,24)라고 쓰여 있습니다. "너희는 주님께 기도할 경우 [약속한 것을] 미루지 말아야 한다. 주님께서 그것을 너희에게 요구하실 것이고, [그것을 미룰 경우] 너희에게는 죄가 될 것이다"(신명 23,22)라고도 쓰여 있습니다. 그대가 "당신은 언제나 저의 희망이십니다"(시편 70,1 칠십인역)라고 말한다면, 그대는 고난의 때에 확신을 잃지 않을 것이며, 구원은 그때에 옵니다.

• 파코미우스 『서간집』 3,11.[4]

[2] ACW 57,379-80*.
[3] *WSA* 3,8,24.
[4] CS 47,3,57-58.

### 71,1-24 노년에 하느님의 도우심을 청하는 기도

[1] 주님, 제가 당신께 피신하니
영원히 수치를 당하지 않게 하소서.
[2] 당신의 의로움으로 저를 구출하소서,
저를 구원하소서.
저에게 당신의 귀를 기울이소서,
저를 구하소서.
[3] 이 몸 보호할 반석 되시고
저를 구할 산성 되소서.① ⤴

↱당신은 저의 바위, 저의 성곽이십니다.
4 저의 하느님, 저를 구원하소서,
악인의 손에서
불의한 자와 폭력을 일삼는 자의
손아귀에서.
5 주 하느님, 당신만이 저의 희망이시고
제 어릴 때부터 저의 신뢰이십니다.
6 저는 태중에서부터 당신께 의지해 왔고
제 어머니 배 속에서부터
당신은 저의 보호자시니
저의 찬양이 언제나 당신께 향합니다.
7 많은 사람들에게 저는 기적과 같았으며
당신은 저의 굳센 피신처이셨습니다.
8 저의 입은 온종일 당신 찬양으로,
당신 영광의 찬미로 가득 찼습니다.
9 저를 내던지지 마소서, 다 늙어 버린 이때에.
저의 기운 다한 지금 저를 버리지 마소서.
10 제 원수들이 저를 헐뜯고
제 목숨 노리는 자들이 함께 모의합니다.
11 "하느님께서 그자를 버리셨다.
구해 줄 사람 없으니
너희는 쫓아가 붙잡아라" 합니다.
12 하느님, 제게서 멀리 계시지 마소서.
저의 하느님, 어서 저를 도우소서.
13 저를 적대하는 자들이
부끄러워하며 사라지게 하소서.
저의 불행을 꾀하는 자들이
모욕과 수치로 뒤덮이게 하소서.
14 그러나 저는 언제나 희망을 가지고
그 모든 찬양에 찬양을 더하오리다.
15 저의 입은 당신의 의로움을,
당신 구원의 행적을 온종일 이야기하리니
저로서는 그 수를 이루 다 헤아리지
못하기 때문입니다.
16 저는 주 하느님의 위업을 칭송하며 들어가
오로지 당신의 의로움만을 기리렵니다.
17 하느님, 당신께서는 제 어릴 때부터
저를 가르쳐 오셨고
저는 이제껏 당신의 기적들을
전하여 왔습니다.
18 늙어 백발이 될 때까지
하느님, 저를 버리지 마소서.
제가 당신 팔의 능력을,
당신의 위력을 앞으로 올 모든 세대에
전할 때까지.
19 하느님, 당신의 의로움은
하늘까지 닿습니다.
위대한 일들을 하신 당신
하느님, 누가 당신과 같겠습니까?
20 당신께서는 저에게 많은 곤경과
불행을 겪게 하셨지만
저를 다시 살리셨습니다.
땅속 깊은 물에서
저를 다시 끌어 올리셨습니다.
21 저의 명성을 더해 주시고
저를 다시 위로해 주소서.
22 저의 하느님, 저 또한 수금으로
당신의 진실을 찬송하오리다.
비파 타며 당신께 노래하오리다,
이스라엘의 거룩하신 분이시여!
23 제가 당신께 노래할 때
제 입술이 기뻐 뛰고
당신께서 구하신 제 영혼도 그러하리이다.
24 저의 혀도 온종일
당신의 의로움을 이야기하리니
저의 불행을 꾀하던 자들이↱

↱부끄러워 얼굴을 붉혔기 때문입니다.

① 그리스어 본문. 시편 31,3과 비교하라; 히브리어 본문은 '제가 거듭 피신할 수 있는 막강한 거처가 되어 주소서. 당신께서는 저를 구하라 명령 내리셨습니다'다.

둘러보기

우리는 우리가 무엇을 잘해서 하느님의 자비를 입는 것이 아니다. 하느님께서 먼저 우리를 도와주시려는 뜻을 품으시는 것이 틀림없다(카시오도루스). 요한은 산들, 곧 그보다 못한 영혼들에게 지혜를 나누어 주는, 영적 축복인 뛰어난 영혼들 가운데 하나였다. 박해를 당할 때 그리스도인들은 고난을 인내롭게 참고 견디며 원수들에게서 구출되기를 기도해야 한다. 인내심을 지니고 고난을 견뎌 내는 그리스도인은 순교자들의 육신처럼 그리스도의 피로 속량된 것은 이승에서는 파괴된 것처럼 보일지라도 결코 썩어 사라지지 않는다는 것을 안다(아우구스티누스).

상거래나 재산 소유 그 자체가 믿는 이들을 타락시키는 것이 아니다. 사악한 방식으로 거래하거나 옳지 못한 방식으로 이득을 얻을 때 악이 되는 것이다(카시오도루스).

시편들은 신성을 지닌 세 위격의 상호 소통에 대해 증언함으로써 세 위격의 신성과 차이에 대해 알려 준다(테르툴리아누스).

71,2-3 당신의 의로움으로 저를 구출하소서

하느님의 은총은 우리를 구원하고자 한다

"당신의 의로움으로 저를 구출하소서, 저를 구하소서. 저에게 당신의 귀를 귀울이소서, 저를 구출하소서." [시편 저자가] "당신의 의로움으로"라고 한 것은 하느님의 자비를 구하는 것입니다. 청원하는 이[의 잘못]을 눈감아 주는 것이 하느님의 의로움이 하는 역할이고 하느님의 공정함은 자신의 행위를 스스로 단죄하는 사람을 용서하며 기뻐하기 때문입니다. [시편 저자는] '다가오는 위험에서 저를 구출하소서, 악마의 힘에서 저를 구해 주소서'라고 하는데, 악마와 함께 영원히 단죄받는 일이 없기 바라는 것입니다. 그는 [하느님께] "기울이소서"라고 하는데, 이는 자신이 겸손하게 엎드려 있음을 고백하는 말입니다. 하느님의 은총이 우리를 구출하는 일에 기울지 않으면 우리는 우리 자신의 공로로는 우리가 갈구하는 자비를 얻을 수 없습니다. 주님께서 죄인들에게 와닿으시려고 당신을 굽히시지 않는 한, 아무도 자신의 공로로는 주님께 가닿을 수 없습니다.

• 카시오도루스『시편 해설』70,2.[1]

더 큰 영혼과 더 작은 영혼

사랑하는 형제 여러분, 이 요한은 "산들은 당신의 백성을 위하여 평화를 얻게 하시고, 언덕들은 정의를 얻게 하소서"라는 말씀이 가리키는 "산들" 가운데 하나입니다. 여기서 "산들"은 성숙한 이들을 가리킵니다. "언덕"들은 미성숙한 이들을 가리키지요. 그런데 산들이 평화를 얻는 것은 언덕들이 정의를 얻을 수 있게 하기 위해서입니다. 언덕들이 얻는 정의는 무엇입니까? 믿음입니다. '의로운 이는 믿음으로 산다'(참조: 하

[1] ACW 52,167*.

바 2,4; 로마 1,17; 갈라 3,11; 히브 10,38)고 하기 때문입니다. 그러나 "산들"로 불리는 성숙한 이들이 지혜라는 빛의 비추임을 받아, 작은 이들이 파악할 수 있는 것을 전달해 주지 않는다면 미성숙한 이들은 믿음을 얻을 수 없습니다. 그러니까 언덕들은 산들이 평화를 받기 때문에 믿음으로 살 수 있는 것입니다. 이 산들을 통해 교회는 "평화가 너희와 함께!"라는 말씀을 들었습니다. 교회에게 평화를 알리는 산들은 거짓된 태도가 아니라 성실히 평화를 알리기 위하여, 그들이 평화를 받은 분과 자신들을 떼어 놓지 않았습니다(요한 20,19 참조).

• 아우구스티누스 『요한 복음 강해』 1,2.[2]

71,4-5 인내는 주님에게서 온다

인내로 견디는 고난

우리는 순교자가 더없이 끔찍한 고통을 인내롭게 견디는 것을 보았습니다. 그러나 그의 인내는 하느님에게서 오기에, 그의 영혼은 자신을 하느님께 바치고 있는 것이었습니다. 나약한 인간이 인내의 부족으로 실패하거나 그리스도를 부인하여 원수들을 기뻐하게 만드는 일이 없도록, 그는 누구에게 이렇게 말해야 하는지 알고 있었습니다. "저의 하느님, 저를 구하소서, 죄인들의 손에서, 범법자와 악인들의 손에서. 당신께서 저의 인내이십니다." 이 말씀을 노래한 이는 그리스도인들이 원수의 손에서 구출되기 위해서는 이런 식으로 청해야 한다고 알려 줍니다. 아무런 고통을 겪지 않음으로써가 아니라 자신이 당하는 고통을 완전한 인내로 견디라고 가르칩니다. "저를 구하소서, 죄인들의 손에서, 범법자와 악인들의 손에서." 그런데 그가 어떤 식으로 구해지기를 바라는지 여러분이 묻는다면, 이어지는 말씀을 들으십시오. "당신께서 저의 인내이십니다." 이처럼 경건한 고백이 있는 곳, 그래서 자랑하려는 이는 누구나 주님 안에서 자랑할 때(1코린 1,31 참조), 그런 곳 어디에서나 여러분은 영광스러운 수난을 발견할 것입니다.

• 아우구스티누스 『설교집』 277A,2.[3]

그리스도께서 순교자들에게 고난을 견딜 인내심을 주신다

우리는 신앙의 눈으로 놀라운 광경을 목격해 왔습니다. 거룩한 순교자 빈켄티우스[4]가 모든 곳에서 승리하는 것을. 그는 말에서 승리를 거두었고, 그가 견딘 고통에서 승리했으며, 신앙 고백에서 승리하는 모습을 보여 주었고, 시련에서 승리하였으며 불에 타는 가운데 승리하였고, 파도에 휩쓸렸을 때에 승리하였습니다. 승리하시는 그리스도께 바치는 공물과 같은 그의 육은 배에서 바다로 던져질 때에 소리 없이 '우리는 던져져도 멸망하지 않는다'(2코린 4,9 참조)고 말하였습니다. 이 군사에게 그러한 인내를 주실 수 있는 분이 그를 위하여 먼저 피를 흘리신 분 아니고 누구겠습니까? 시편이 이렇게 말하는 분 말입니다. "주님, 당신이 저의 인내이시기에 제 어릴 때부터 저의 희망이십니다." 큰 경기에서 큰 영광을 얻는 법입니다. 인간의 영광이나 세속의 영광이 아니라 거룩하고 영원한 영광 말입니다. 믿음은 전투를 행하는 것입니다. 믿음이 전투 중일 때는 아무도 육을 던져 버릴 수 없습니다. 육이 난도질당하고 조각조각 찢기더라도, 그리스도의 피로 속량된 어느 누가 멸망할 수 있겠습니까? 힘 있는 사람은 자기 금을 주고 산 것을 잃어버리는 일이 없습니다. 그리스도께서 당신 피

---

[2] FC 78,42-43.

[3] *WSA* 3,8,48.

[4] 아우구스티누스의 이 설교는 303년에 에스파냐의 발렌시아에서 순교한 사라고사의 부제 빈켄티우스의 생일에 행한 것이다.

로 사신 것을 잃어버리실 수 있겠습니까?

• 아우구스티누스 『설교집』 274.[5]

71,15 세상의 일에 의롭다

부 자체가 악한 것이 아니다

"저는 세상일을 잘 몰라서." 이 구절은 신중하게 분석하지 않으면 오해를 낳기 쉬운 문장입니다. 사업에 종사하는 모든 사람이 모조리 단죄를 받아야 한다면, 다른 직업에 종사하는 것으로 알려진 사람들도 이 징벌을 피할 수 없습니다. 사업이라는 것은 자기가 산 것을 산 가격보다 비싼 값에 파는 것 아닙니까? 교부들의 삶에 관한 글에 보면 계시를 경험한 어떤 사업가가 지극히 성덕 높은 유명한 파프누티우스를 샀다는 이야기도 있고[6] 오늘날에도 우리는 하느님의 교회에서 믿음이 더없이 확실한 이들이 상품들을 취급하는 사람인 경우를 봅니다. 단죄받는 것은 떳떳한 재산이 아니라 몹시 사악한 행위입니다. 우리는 성경에서 부자는 하늘 나라에 들어가지 못한다는 말씀을 읽습니다(루카 16,19-31 참조). 그러나 아브라함, 이사악, 요셉 같은 성조들과 욥 같은 이들은 큰 부를 지니고 있었습니다. 그러니 저주받은 이로 헤아려지는 사업가들은 주님의 정의에 대해 아무런 생각이 없는 이들입니다. 돈에 대한 제어되지 않는 욕망으로 타락한 이들과 자기 상품을 정당한 가격에 팔지 않고 부정직하게 터무니없는 값에 파는 이들입니다. 주님께서는 이러한 사람들을 성전에서 내쫓으시며, "내 아버지의 집을 장사하는 집과 강도의 소굴로 만들지 마라"(요한 2,16; 마르 11,17; 마태 21,13)라고 하셨습니다. 따라서 내가 보기에 이 구절은 이런 뜻으로 이해해야 할 것 같습니다. '저의 입은 당신의 의로움을 선포하였습니다. 저는 악한 행위로 더러워진 세상일을 알지 못하기 때문입니다.'

• 카시오도루스 『시편 해설』 70,15.[7]

71,18 신성의 위격들끼리 나누는 대화

그리스도께서 성부께 말씀하시다

이제 아버지에 관한 아들의 말씀을 들으십시오. "주님의 영이 내 위에 내리셨다. 주님께서 나에게 기름을 부으시어 가난한 이들에게 기쁜 소식을 전하도록 하셨다"(이사 61,1; 루카 4,18). 그분은 시편에서도 자신에 관하여 아버지께 비슷한 말을 하십니다. "저를 버리지 마소서, 제가 당신 팔의 능력을, 당신의 위력을 앞으로 올 모든 세대에 전할 때까지." 그리고 또 다른 시편에서도 "주님, 저를 괴롭히는 자들이 어찌 이리 많습니까?"(시편 3,1)라며 같은 요지의 말을 하십니다. 그리스도에 관해 예언하는 모든 시편은 아버지께 드리는 아들의 말씀입니다. 곧, 하느님께 [말씀드리는] 그리스도를 나타냅니다. 성령께서 삼인칭의 시각에서 아버지와 아들에 대하여 말씀하시는 구절들에도 주목하십시오. "주님께서 내 주군께 하신 말씀. '내 오른쪽에 앉아라, 내가 너의 원수들을 네 발판으로 삼을 때까지'"(시편 110,1). 이사야서에도 비슷한 말씀이 있습니다. "주님께서 당신의 기름부음받은이인 주군께 말씀하시니"(이사 45,1).

• 테르툴리아누스 『프락세아스 반박』 11.[8]

---

[5] *WSA* 3,8,23*.

[6] 『수도승 이야기』 16(PL 24,438 이하). 파프누티우스는 사막의 은수자 안토니우스의 제자 가운데 하나였던 이집트의 수도승이었다. 니케아 공의회에서 그는 305~313년 사이의 박해 때에 훼손당한 신체를 공개해 사람들에게 큰 충격을 주었다고 한다.

[7] ACW 52,173-74*.

[8] ANF 3,606*. 테르툴리아누스의 이 작품은 양태론적 단원론 주창자들에 대한 반론으로 쓴 글이다. 이들은 하느님은 세 위격으로 존재한다는 삼위일체 신학에 반대하며 신성은 작용이나 역할에서만 구별된다고 주장하였다.

## 72,1-20 임금을 위한 기도

1 [솔로몬]
하느님, 당신의 공정을 임금에게,
당신의 정의를 왕자에게 베푸소서.
2 그가 당신의 백성을 정의로,
당신의 가련한 이들을
공정으로 통치하게 하소서.
3 산들은 백성에게 평화를,
언덕들은 정의를 가져오게 하소서.
4 그가 백성 가운데
가련한 이들의 권리를 보살피고
불쌍한 이들에게 도움을 베풀며
폭행하는 자를 쳐부수게 하소서.
5 세세 대대로
해처럼 달처럼
살게 하소서.①
6 그가 풀밭 위의 비처럼,
땅을 적시는 소나기처럼 내려오게 하소서.
7 그의 시대에 정의가,
큰 평화가 꽃피게 하소서,
저 달이 다할 그때까지.
8 그가 바다에서 바다까지,
강에서 땅끝까지 다스리게 하소서.
9 적들은② 그 앞에 엎드리고
그의 원수들은 먼지를 핥게 하소서.
10 타르시스와 섬나라 임금들이
예물을 가져오고
세바와 스바의 임금들이
조공을 바치게 하소서.
11 모든 임금들이 그에게 경배하고
모든 민족들이 그를 섬기게 하소서.
12 그는 하소연하는 불쌍한 이를,
도와줄 사람 없는
가련한 이를 구원합니다.
13 그는 약한 이와 불쌍한 이에게
동정을 베풀고
불쌍한 이들의 목숨을 살려 줍니다.
14 그가 억압과 폭행에서
그들의 목숨을 구하리니
그들의 피가 그의 눈에는
소중하기 때문입니다.
15 그가 오래도록 살아
사람들이 그에게 세바의 황금을 바치고
그를 위하여 늘 기도하며
나날이 그를 축복하게 하소서.
16 땅에 곡식이 풍성하여
산봉우리 위에까지 넘치고
그 열매 레바논 같게 하소서.
사람들은 성읍마다
밭의 풀처럼 피어나게 하소서.
17 그의 이름이 영원하며
해가 비치는 한 그의 이름도
솟아오르게 하소서.
모든 민족들이 그를 통하여 복을 받고
그를 칭송하게 하소서.
18 주 하느님, 이스라엘의 하느님께서는
찬미받으시리라,
그분 홀로 기적들을 일으키신다.
19 그분의 영광스러우신 이름은
영원히 찬미받으시리라.
그분의 영광은 온 누리에 가득하리라.

↱아멘, 아멘!

20 이사이의 아들 다윗의 기도는
여기에서 끝난다.

① 그리스어 본문; 히브리어 본문은 '그들이 당신을 두려워하게 하소서'다.
② 바로잡은 본문; 히브리어 본문은 '광야에 사는 이들이'다.

둘러보기

이 시편은 홀로 영원히 다스리시며 영원 이전부터 계셨고 그분의 정의가 세상 끝날 때까지 계속될 그리스도께 적용되는 말씀이다(유스티누스, 오리게네스, 에우세비우스). 성경은 요점을 강조하기 위해 때때로 과장법을 쓰는데, 솔로몬이 다스리던 나라의 규모를 이야기하는 구절들이 그 예다(테오도루스). 예언이 비에 비유되는데, 비는 생기를 돋우며 심신에 생기가 없을 때 불신이 자라기 때문이다. 그리스도께서는 이 세상에 오시어 성령을 주심으로써 가뭄을 끝내셨다(암브로시우스). 베들레헴에서 태어난 뒤 자기 양 떼를 돌볼 '평화의 왕자'는 그리스도에 대한 예언이다(에우세비우스). 다윗은 비범하되 조용히 이루어진 그리스도의 잉태와 탄생에 관하여 예언하였다(막시무스).

구약성경도 신약성경도 참된 교회가 온 세상으로 퍼져 나갈 것이라고 선언한다. 온 세상을 통치하는 이에 관한 예언은 오직 그리스도에게만 적용된다. 그분의 통치는 그분께서 요르단강에서 세례를 받으실 때에 시작되었다. 그리스도의 정체가 알려지고 그분의 다스림이 시작되는 것은 세례자 요한이 그분의 신분에 대하여 고백하며 그분께 세례를 주었을 때였다. 그리스도 교회가 퍼져 나가는 것은 그리스도께서 지상의 모든 임금들을 제압하시고 그들이 기쁘게 복속하게 하셨다는 증거다. 합법적인 정부에 의지하는 것이 이단자들에게 의지하는 것보다 더 영예롭기는 하지만, 가장 중요한 것은 하느님을 신뢰하고 그분께 희망을 두는 것이다(아우구스티누스). 그리스도는 아버지와 마찬가지로 하느님이시므로 온 세상은 그분을 섬겨야 한다(풀겐티우스).

믿는 이들은 이 세상에서 고난받을 때도 즐거워할 수 있다. 하느님께서 그들의 원수들을 쳐부수셨고 압제자들로부터 그들을 구하셨으며 그들의 과거 원수들을 당신께 복속시키셨기 때문이다(오리게네스). 동방 박사들이 선물로 가져온 황금은 동방의 나라들이 임금들의 임금께 복속함을 상징한다(테르툴리아누스).

그리스도는 모든 피조물이 복속하는 하느님이시다(유스티누스). 다윗은 그리스도께서 영원히 존재하심을, 따라서 그분의 신성을 증언한다. 이는 인간의 정신으로는 파악할 수 없는 사실이며 예언으로 선포된다(힐라리우스). 그리스도께서는 영원 이전부터 존재하셨으므로, 들어 올려진 것은 그분의 신성이 아니라 그분의 인간 본성이다(아타나시우스). 우리가 영적으로 포로에서 자유인으로, 죄 많은 존재에서 의롭고 거룩한 이로, 상속권을 박탈당한 이에서 하느님의 상속자로 변하게 하는 것은 하느님의 힘이다(요한 크리소스토무스). 하느님께서는 당신 자신의 힘으로 기적들을 일으키신다. 사람들이 기적을 행할 때에는 하느님의 도움이 필요하다(아우구스티누스). 일부 신심 깊은 사람들은 하느님께서 기꺼워하시는 훌륭한 행동을 할 만큼 큰 축복을 받으며, 인간의 언변으로는 그것을 이루 다 묘사하지 못한다(브라울리오).

### 72,1-4 교회에 내리는 그리스도와 성도들의 축복

#### 그리스도는 임금이시다

나는 당신[1]이 성경을 모른다는 또 다른 증거로, 성령께서 다윗에게 맡기신 시편 말씀을 제시하고자 합니다. 당신들은 그 말씀이 당신들의 임금 솔로몬에 관한 것이라고 생각하지만, 그건 잘못된 생각이고 실상 이는 그리스도에 관한 말씀입니다. 당신이 잘못 생각하는 한 가지 이유는 같은 용어들을 잘못 이해하기 때문입니다. 예를 들어, 하느님의 법을 '흠 없는 법'(시편 19,8 참조)이라고 말할 때, 하느님께서 새 법과 새 계약을 세우시겠다고 약속하셨음에도 불구하고 당신은 그 "법"은 모세 이후에 올 법을 말하는 것이라 생각하지 않고 모세 율법 자체를 가리키는 말로 이해합니다. 그리고 당신은 솔로몬이 임금이었다는 이유로 "당신의 공정을 임금에게 베푸소서"라는 시편 말씀이 솔로몬에 관한 말이라고 주장합니다. 그러나 이 말씀은 이것이 영원하신 임금님, 곧 그리스도에 관한 말이라고 분명하게 선포하고 있습니다. 나는 그리스도께서 임금님으로, 사제로, 하느님으로, 주님으로, 천사로, 인간으로, 지도자로, 돌로, 하느님에게서 나신 아들로, 먼저 고난을 겪으신 뒤 하늘에 오르시는 분으로, 그리고 영광스러운 모습으로 지상으로 돌아오시어 영원한 나라를 차지하시는 분으로 묘사된다는 것을 성경 전체를 가지고 입증할 수 있습니다.

• 순교자 유스티누스 『유대인 트리폰과의 대화』 34.[2]

#### 그리스도에 관한 예언

나는 이 사실[3]에 대한 근거로 시편 제71편(칠십인역)을 제시하겠습니다. 이렇게 말하는 시편이지요. "하느님, 당신의 공정을 임금에게, 당신의 정의를 왕자에게 베푸소서. 그가 당신의 백성을 정의로, 당신의 가련한 이들을 공정으로 통치하게 하소서." 솔로몬이 지었다고 하는 이 시편은 그리스도에 관한 예언이 확실합니다.

• 오리게네스 『요한 복음 주해』 1,193.[4]

#### 다윗의 자손이신 그리스도께서 영원히 통치하시리라

이 시편은 솔로몬이라는 표제가 붙어 있으므로 첫 구절은 그에 관해 말하고 있는 것이 틀림없습니다. 그 나머지는 모두 솔로몬의 아들, 그의 뒤를 이어 이스라엘의 임금이었던 르하브암이 아니라, 육에 따른 솔로몬의 자손이며 하느님의 그리스도이신 분에 관한 것입니다. 성경을 잘 아는 사람이라면 누구든지 이 시편이 말하는 내용들을 솔로몬이나 그의 후계자들과 연결 짓는 것이 불가능하다는 데 의견을 같이할 것입니다. 그것들은 그리스도에 관하여 알려 주고 있습니다. 이 시편 전체에 담겨 있는 무게를 어떻게 솔로몬이나 그의 아들 르하브암에게 적용할 수 있습니까? 예를 들어, "그가 바다에서 바다까지, 강에서 땅끝까지 다스리게 하소서"나 "그가 해처럼 달처럼 영원히 살게 하소서" 같은 구절들을 말입니다. 맨 처음에 나오는 "하느님, 당신의 공정을 임금에게 베푸소서"라는 구절은 언뜻 보

---

[1] 순교자 유스티누스가 이 대화로 그리스도교로 개종시키려 하는 유대인 트리폰을 가리킨다.

[2] FC 6,197-98*.

[3] 오리게네스는 바로 앞에서, 우리는 그리스도의 신적 본성에 관한 성경의 증거들을 볼 때 그분께서 임금의 본성을 지니셨음을 안다고 단언했다.

[4] FC 80,72.

면 솔로몬에게 적용되는 말로 보입니다. 거기에 덧붙은 "당신의 정의를 왕자에게 베푸소서"라는 구절은 '솔로몬의 아들'에게 적용되는 말입니다. 그러나 솔로몬의 뒤를 이어 나라를 다스린 그의 맏아들(이 아들은 사악한 임금으로서 유대 민족을 십칠 년 동안만 다스렸으므로) 르하브암이나 그의 후계자 그 누구에게 해당하는 말이 아니라 오로지 다윗의 자손, 따라서 다윗의 아들이자 솔로몬의 아들로 불릴 수 있는 이만 여기에 해당합니다. 그가 바로 우리 주님이시며 구원자이신 예수 그리스도이십니다. 그분의 나라와 그 나라의 어좌는 해처럼 오래 서 있을 것이기 때문입니다. 그리고 사람들 중에 그분만이 하느님의 말씀으로서 달과 세상 창조 이전부터 계셨으며 그분만이 하늘로부터 온 땅에 이슬처럼 내려오셨습니다. 우리가 조금 전에 인용했듯이, 그분은 온 인간들 위로 일어나셨으며 그분의 정의는 달이 사라질 때라고 불리는, 삶의 종말 때까지도 남아 있으리라고 쓰여 있습니다. 그리고 우리 구원자의 힘은 그 활동을 강에서 시작하여 동쪽 바다에서부터 서쪽 바다까지 최고의 지위를 누립니다. 활동을 강에서 시작한다 함은 세례성사를 뜻하거나 그분께서 인류에게 은혜를 베푸시고자 처음 모습을 드러내신 요르단강으로부터 시작되었다는 뜻입니다. 그때부터 그분의 나라는 온 세상으로 퍼져 나가며 커졌습니다.

• 카이사리아의 에우세비우스 『복음의 논증』 7,3.[5]

## 72,5-7 그리스도와 성령에 관한 예언

### 과장법을 써서 말한다

하느님의 판단에 의해 이 직무에 할당된 즈루빠벨의 나라를 통해 사람들에게 약속된 것들에 관하여(즈카 4,6-10 참조) 예언자가 "너희 임금께서 의로운 이로, 구원하시는 이로 오신다"(즈카 9,9)고 말하는 것은 조금도 이상하지 않습니다. 이는 그분께서 그들과 함께 계시며 그분은 이런 일들을 하도록 하느님에 의해 임금으로 선택되셨음을 보여 주려는 말입니다. 그래서 그는 사람들과 관련하여 바로 그런 일들이 그분을 통하여 이어서 일어났다고 말합니다. 이것이면 지극히 정확한 가르침으로 충분하다고 받아들입시다. 예언자는 즈루빠벨에 관하여 이야기하면서 그분에 관하여 현재의 일들을 예언하고 있습니다. 그리고 예언자로서 장차 일어날 일들에 관한 어떤 환시도 보고서 이렇게 덧붙입니다.

"그분의 통치는 바다에서 바다까지, 강에서 땅끝까지 이르리라"(즈카 9,10).

그분께서 많은 원수들을 쳐부수시고 유대인들의 거처로 내어 주셨던 많은 땅을 점령하시리라는 것도 과장법을 사용한 표현임이 분명합니다. 복된 다윗이 지은 시편 제71편(칠십인역)도 비슷합니다. 기도의 형식인 이 시편은 솔로몬 치세의 번영을 묘사하며 이렇게 말합니다. "세세대대로 해처럼 달처럼 그가 오래 살게 하소서. 그가 바다에서 바다까지, 강에서 땅끝까지 다스리게 하소서." 과장법을 사용한 표현이라는 것이 확실하지 않습니까?

• 몹수에스티아의 테오도루스
『소예언서 주해』(즈카르야서) 9,10-12.[6]

### 하늘에서 내리는 이슬 같은 성령

주님께서 "내가 구름에게 명령하여 포도밭에 비를 내리지 못하게 하리라"(이사 5,6)라고 하시며, 땅을 비옥하게 하는 비와 같은 예언을 끊으셨으니 그들이 불신이라는 가뭄을 겪는 것도 이상한 일이 아닙니다. 다윗도 말했듯이, 건강하

[5] *POG* 2,89-90*.
[6] MFC 9,170-71.

게 만드는 유익한 은총의 비가 있기 때문입니다. "그가 양털을 적시는 비처럼 땅을 적시는 물방울처럼 내려오게 하소서"(시편 71,6 칠십인역). 성경은 구원자께서 오실 때에 온 땅에 이 비가 내려 거룩한 성령이라는 이슬로 세상을 적시리라고 우리에게 약속하였습니다. 그런데 주님께서 이미 오셨고 비가 왔습니다. 주님께서는 거룩한 물방울과 함께 오셨고 그래서 전에는 목말랐던 우리가 이제는 그 거룩한 영 안에서 내적인 음료를 마십니다.

• 암브로시우스 『성령론』 1,8.[7]

평화의 왕자에 관한 예언

그리스도에 관하여 이야기하는 시편들에 담긴 신탁, "그의 시대에 정의와 평화가 꽃피리라"는 말씀은 이와[8] 일치합니다. 내가 이에 앞서 인용한 예언에서 그분이 "평화의 군왕"이라 불리는 것은 이 때문이라고 나는 생각합니다. 우리가 지금 다루고 있는 예언자가 이 시편의 시작 부분에서 주님께서 하늘로부터 오실 것이며 예언의 주인공은 베들레헴에서 태어나신 '뒤에야' 자신의 양 떼에게 풀을 뜯게 하시리라고 말하는 사실에 여러분의 주의를 기울이라고 권고하고 싶습니다. 앞에서 제가 인용한 그 복음사가는 구원자 우리 주님의 경우가 바로 이러하다는 증거를 제공해 줍니다.

• 카이사리아의 에우세비우스 『복음의 논증』 7,2.[9]

조용히 육화하신 그리스도

그러니까 오늘, 주님께서 육에 따라 태어나셨습니다. 조용히 비밀스럽게 나시어 세상은 그분의 탄생에 관하여 전혀 알지 못했습니다. 세상이 알지 못한 것은 그분께서 자연의 질서 바깥에서 잉태되셨고 아버지를 알지 못한 채로 태어나셨기 때문입니다. 요셉은 자기가 낳지 않은 그를 아들로 인정하였고 마리아는 성적 결합으로 잉태하지 않은 아기를 낳았습니다. 주님은 이렇게 태어나셨기에, 그분의 미래의 탄생을 어렴풋하게나마 알아채거나 믿거나 인지하는 이가 없었습니다. 그들은 그 뒤에 일어난 일도 좀처럼 믿지 않았는데 어떻게 이런 일이 가능하리라고 믿었겠습니까? 구원자께서 이처럼 감추어진 모습으로 비밀리에 동정녀 안으로 내려오시리라는 것을 예언자 다윗은 일찌감치 예언하였습니다. "그는 양털을 적시는 비처럼 내려오리라." 양털에 내리는 비처럼 소리 없이 조용하게 일어나는 일이 무엇입니까? 그 소리는 누구의 귀에도 들리지 않으며 어느 누구의 몸에도 축축한 물방울을 뿌리지 않습니다. 그것은 어느 누구의 평화로움도 깨지 않으며 어느 특정한 한 방향만 젖지 않고 그 단단한 부드러움으로 감싸 안으며 내리는 소나기를 전부 빨아들입니다. 자기 운명 때문에 저항하는 것처럼 보이는 것이 그것의 섬세함 때문에 열립니다.

• 토리노의 막시무스 『설교집』 97,3.[10]

72,8-11 하느님께서 세상을 다스리신다

하느님께서 땅을 다스리신다

그러나 성경의 증언들은 모두가 한목소리로 교회 — 도나투스파[11]는 이를 인정하지 않습니다만 — 가 실로 온 세상에 퍼져 나갔다고 선포

---

[7] NPNF 2,10,94.

[8] 로마제국에 의해 거의 온 세계에 평화가 유지되는 것과 그들이 수립한 정부를 가리킨다.

[9] *POG* 2,81.

[10] ACW 50,261*.

[11] 도나투스파는 디오클레티아누스 황제의 박해(303~311년) 후에 북아프리카에서 생겨난 분파로, 박해 동안에 믿음을 부인한 적 있는 이는 절대 교회에 다시 받아들여서는 안 된다고 주장했다.

합니다. 하느님의 율법은 "세상의 모든 민족들이 너의 후손을 통하여 복을 받을 것이다"(창세 22,18; 26,4)라고 합니다. 하느님께서는 예언자를 통하여 "해 뜨는 곳에서 해 지는 곳까지, 내 이름이 민족들 가운데에서 드높기에, 곳곳에서 내 이름에 향과 정결한 제물이 바쳐진다"(말라 1,11)고 말씀하셨습니다. 하느님께서는 시편에서는 "그가 바다에서 바다까지, 강에서 땅끝까지 다스릴 것이다"라고 하십니다. 하느님께서 사도를 통해서는 "[복음이] 온 세상에서 열매를 맺으며 자라고 있다"(콜로 1,6)고 하셨습니다.

• 아우구스티누스 『서간집』 185,5.[12]

### 솔로몬은 그리스도의 희미한 예시다

솔로몬에게도 장차 일어날 사건들의 표상이 몇 가지 있긴 했습니다. 그가 성전을 건축했다는 점에서나, 자기 이름대로['솔로몬'은 라틴어로 '파키피쿠스'(평화를 이루는 사람)를 의미합니다][13] 평화를 달성했다는 점에서나, 적어도 왕위 초기에는 놀라울 만큼 칭송받은 인물이었다는 점에서 그렇습니다. 하지만 그 사람 역시 자기의 인물상으로 미래의 그림자가 되어 그리스도 주님을 예고하기는 하지만 사람들에게 그리스도의 인물상을 보여 주지는 못했습니다. 아무튼 솔로몬이라는 인물에 대해서는 이러저런 얘기가 기록되었고, 그 기록들은 어쩌면 그리스도에 관해 뭔가 예언하는 것처럼 보이기도 합니다. 왜냐하면 성경은 역사적 사실에서도 예언을 끄집어내기 때문에 솔로몬에 대해서도 미래사에 관한 예표를 그려 내고 있습니다. 그가 어떻게 통치했는지 서술하는 거룩한 역사서 외에도 시편 제71편(칠십인역)에는 표제에 그의 이름이 붙어 있는데, 그 한 사람에게 해당하는 내용은 아니며, 그리스도 주님에 대해 아주 노골적으로 명료한 예언적 내용들이 무척 많이 들어 있습니다. 이런 점에서 솔로몬에게서는 어떤 인물이 예시되었고 그리스도에게서는 진리 그 자체가 현시되었던 것입니다. 솔로몬의 왕권이 어느 경계에까지 미쳤는지는 잘 알려진 사실이지만, 다른 부분은 묵과하더라도 저 시편에 "그가 바다에서 바다까지, 강에서 땅끝까지 다스리게 하소서"(시편 72,8)라는 구절이 나오는데, 이것이 그리스도에게서 성취되고 있음을 우리가 목격하는 중입니다. 그리스도께서는 강에서부터 통치를 시작하셨는데, 그분께서 요한에게 세례 받으신 곳이 강이었고, 그분을 알아본 요한의 고백에 제자들도 그분을 알아보기 시작했기 때문입니다. 그리하여 제자들은 그분을 '스승님'이라고 부르는 데서 그치지 않고 '주님'이라고도 부르기에 이르렀습니다.

• 아우구스티누스 『신국론』 17,8.[14]

### 그리스도의 지배는 그분의 세례 때부터 시작되었다

어디서입니까? 요르단강에서지요. 그곳이 그리스도의 가르침이 시작된 곳입니다. 그곳이 장차 올 그리스도의 세례가 우리에게 권고된 곳입니다. 그 이전에 행해지던 종류의 세례가 그곳에서 받아들여졌고, "주님의 길을 마련하여라. 그분의 길을 곧게 내어라"(마르 1,3)라는 말씀대로, 길을 준비하는 이[15]가 그곳에 있었기 때문입니다. 주님께 세례를 받는 이들이 자기들이 받는 것의 가치를 알게 하시고자, 주님께서는 종에게 세례를 받기 원하셨습니다. 그래서 예언이 지극히 합당히 그분보다 먼저 선점한 바로 그곳에서 시작하셨습니다. "그분의 통치는 바다에서 바다

[12] FC 30,145*.

[13] 히브리어로 '평화'가 '샬롬'(*shalom*)인 데 따른, 널리 알려진 어원적 해석이다.

[14] *CG* 735,36.

[15] 세례자 요한을 말한다.

까지, 강에서 드넓은 온 세상 끝까지 이르리라." 그리스도께서 다스림을 시작하신 바로 그 강에서 요한은 그리스도를 보았고, 그분을 알아보았고, 그분에 대해 증언하였습니다.

• 아우구스티누스 『설교집』 288,2.[16]

### 모든 민족들이 그리스도를 섬기리라

나는 그대가 주님의 일흔 제자가 주님을 떠나는 사악하고 불경한 선택을 했다고 기록하는 복음서 구절에 자주 주의를 환기시킨다고 들었습니다. 주님 곁에 남아 있는 열두 제자에게 주님께서는 "너희도 떠나고 싶으냐?"(요한 6,67) 하고 말씀하셨습니다. 그대는 그때는 교회가 어린 싹을 겨우 틔우기 시작하는 때였으며, "땅의 모든 임금들이 그에게 경배하고 모든 민족들이 그를 섬기리라"는 예언은 아직 이루어지지 않은 때라는 것을 잊고 있습니다. 물론, [예언이] 더욱 완전히 실현될수록 사람들을 선으로 초대할 뿐만 아니라 선을 행하도록 강제하는 교회의 권한은 더욱 커집니다. 이것이 주님께서 그 사건으로 전달하고 싶어 하셨던 뜻입니다. 충만한 힘을 가지고 계시면서도 그분께서는 그 대신 겸손을 권하신 것입니다. 주님께서는 혼인 잔치의 비유로 이를 한층 명료하게 보여 주셨습니다. 초대한 손님들이 오지 않자 종은 이런 지시를 받습니다. "'어서 고을의 한길과 골목으로 나가 가난한 이들과 장애인들과 눈먼 이들과 다리저는 이들을 이리로 데려오너라.' 얼마 뒤에 종이 '주인님, 분부하신 대로 하였습니다만 아직도 자리가 남았습니다' 하자, 주인이 다시 종에게 일렀다. '큰길과 울타리 쪽으로 나가 어떻게 해서라도 사람들을 들어오게 하여, 내 집이 가득 차게 하여라'"(루카 14,21-23).[17]

• 아우구스티누스 『서간집』 173.[18]

### 그리스도가 바로 '평화의 군왕'이시다

이것과 또 여기에 인용하기에는 너무나 긴 그와 유사한 예언들은[19] 분명 묻는 이의 마음에 깊은 인상을 남길 것입니다. 그는 땅의 이 임금들이 이제 그리스도에 의하여 바람직하게 진압되었으며 모든 민족들이 그분을 섬기는 것을 볼 것입니다. 그는 또한 아주 오래전에 이를 예고한 시편 말씀도 들을 것입니다. "땅의 모든 임금들이 그에게 절하고 모든 민족들이 그를 섬기리라." 그리고 그가 이 시편 전체를 읽는다면, 상징적으로 표제에 솔로몬이 언급되기는 하지만, 그리스도야말로 평화의 임금이심을 발견하게 될 것입니다. '솔로몬'은 평화롭다는 뜻이기 때문입니다. 그리고 그는 이 시편의 많은 내용이 그리스도에게 해당하며 실제 솔로몬 임금과는 아무런 관련이 없다는 것을 발견할 것입니다.

• 아우구스티누스 『마니교도 파우스투스 반박』 13,7.[20]

### 하느님께 의지하라

'떠돌이들'(Circumcellions)[21]이라고도 하는 불가지론파(Agonistici)에게 의지하느니 황제들에게

[16] *WSA* 3,8,111.

[17] 아우구스티누스는 사람들이 그리스도교를 받아들이도록 강요하는 것을 합리적인 논증으로 정당화하는 데 이 구절을 이용했다. 사람들이 그리스도 신앙을 모르는 채로 영원한 파멸로 떨어지도록 두는 것보다는 강제로 신자로 만드는 것이 낫다는 논지다. 아우구스티누스는 400년 이후 광신적 도나투스파의 비타협적인 태도와 루카 14,23의 "어떻게 해서라도 들어오게 하여라"라는 명령어에 대한 잘못된 해석, 그리고 정부가 종교적 잘못을 벌하지 않는다면 살인 같은 범죄들도 벌할 권한이 없다는 이론을 접하고는 이단자와 분파들에 대한 초기의 복음적 접근 방식을 버렸다.

[18] FC 30,80*.

[19] 시편 제2편 7-8절의 예언을 가리킨다.

[20] NPNF 1,4,202*.

[21] 도나투스파 가운데 유목하며 약탈하는 무리였다. 베르베르족이 주축인 극단주의 그리스도교파이며 '사방으로 돌아다닌다'는 뜻의 이름이다.

의지하는 편이, 폭동에 의지하는 것보다는 법에 의지하는 편이 훨씬 영예롭지만, 우리는 "사람에게 의지하는 자는 저주를 받으리라"(예레 17,5)는 말씀을 떠올리며 어떠한 인간의 권력에도 의지하지 않습니다. 그러니 우리가 의지하는 분을 알고 싶다면, 예언자가 이런 말로 예고한 분을 생각하십시오. "땅의 모든 임금들이 그에게 경배하고 모든 민족들이 그를 섬기리라." 이것이 우리가 주님께서 약속하시고 또 약속대로 주신 교회의 이 힘을 사용하는 이유입니다.

• 아우구스티누스 『서간집』 105.[22]

#### 성부와 그리스도는 한 분 하느님이시다

그러니 그들[아리우스파]은 신앙의 진리를 지키고 율법과 복음서의 계명들에 저항하는 이들로 판단되지 않으려거든 아버지와 아들이 두 명의 주 하느님이 아니라 한 분 주 하느님이시라 말하라고 하십시오. 그렇게 해야 그들은 "너희는 주 너희 하느님을 흠숭하고 그분만 섬겨야 한다"(신명 6,13)라는 본문을 제대로 이해하고 그 명령을 실행할 수 있게 될 테기 때문입니다. 또한 아버지를 하느님으로 흠숭하는 이가 아들을 하느님으로 흠숭하지 않는 것도 잘못된 일입니다. 실로 아들에 관하여 신명기에 이렇게 쓰여 있기 때문입니다. "오 하늘아, 그분의 백성에게 환호하여라. 너희 모든 신들아, 그분을 흠숭하여라"(신명 32,43 참조). 그분에 관하여 복된 다윗도 시편에서 이렇게 말합니다. "모든 임금들이 그 앞에 엎드리고 모든 민족들이 그를 섬기게 하소서."

• 루스페의 풀겐티우스 『서간집』 8,3,8.[23]

### 72,12 압제자들에게서 구원해 주신다

#### 하느님께서 가난하고 가련한 이를 도와주신다

그래서 우리는 세상에서 고난을 당할 때 밝은 기운을 내라고 배웁니다. 기운을 내야 하는 이유는 세상은 정복되었고, 그것을 정복하신 분께 당연히 복속되었기 때문입니다. 그래서 과거의 지배자들에게서 풀려난 모든 민족들이 그분을 섬깁니다. 그분께서 당신의 수난을 통하여 "힘 있는 자들에게서 가난한 이들을, 도와줄 이 없는 가련한 이들을 구원"하신 까닭입니다.

• 오리게네스 『요한 복음 주해』 6,286.[24]

### 72,15 교회를 위한 선물과 기도

#### 동방 박사들의 선물

잘 알려진 사실인 동방의 부, 말하자면 힘과, 주로 금과 향료로 이루어진 자원 외에, 창조주께서 금을 다른 민족들의 부로 만드신다는 것은 분명한 사실입니다. 그래서 그분께서는 즈카르야를 시켜 "유다도 예루살렘에서 싸울 것이다. 그리고 주변 모든 민족들의 재물, 곧 금과 은이 모일 것이다"(즈카 14,14)라고 하십니다. 거기다, 금이라는 선물을 자랑스러워하며 다윗도 "사람들이 그에게 아라비아의 황금을 바치고" 또한 "아라비아와 사바의 임금들이 그에게 선물을 바치리라"(시편 72,10)고 합니다. 동방에서는 마구스[박사]들을 임금들로 여겼으며, 다마스쿠스는 [로마가] 시리아를 나누어 시로페니키아에 속하도록 만들기 전인 고대에는 아라비아에 속한다고 여겨졌기 때문입니다. 그러니까 그리스도께서는 황금과 향료를 선물로 받으셨을 때 동방의 부를 받으신 것입니다. 마구스들이 바로 사마리아에서 거둔 전리품인 셈입니다. 마기들은 그분을 발견하였고 자기들이 가져온 선물로 그분께 경의를 표했습니다. 그들은 무릎을 꿇고서 자신들의

[22] FC 18,200.

[23] FC 95,370-71.

[24] FC 80,246.

하느님이요 신께 하듯 그분께 경배하였습니다. 그들을 그 길로 인도하며 이끈 별의 증언을 통해 그들은 사마리아, 곧 우상 숭배라는 전리품이 되었습니다. 그들이 그리스도를 믿었기에 그리 되었음은 쉽게 알아볼 수 있습니다. 그분은[25] 우상 숭배를 "사마리아"라는 이름으로 지칭하였습니다. 그 도성이 우상 숭배로 수치스러운 이름을 얻었었기 때문입니다. 그 도성은 예로보암 임금 때에 우상 숭배 때문에 하느님을 배반했습니다. 창조주께서 [당신의 책에서] 장소의 이름을 그곳에서 저질러진 죄에 대한 비유로 사용하신 예는 쉽게 볼 수 있습니다. 그래서 그분께서는 유대인들의 지배 계층을 "소돔의 지도자들"로, 이 민족 자체를 "고모라의 백성들"(이사 1,10)이라고 부르십니다.

• 테르툴리아누스 『마르키온 반박』 3,13.[26]

72,17-19 하느님의 영원한 본성과 권능

그리스도를 통해 축복받는다

그들은 조용히 있었고 나는 이어서 또 말했습니다. "친구 여러분, 성경이 다윗을 통하여 그리스도에 관하여 이야기하는데, '그의 후손 안에서'가 아니라 '그 안에서' 민족들이 복을 받을 것이라고 하지 않습니까. 이것이 그 말씀입니다. '그의 이름이 영원하며 해가 비치는 한 그의 이름도 솟아오르게 하소서. 모든 민족들이 그를 통하여 복을 받고 그를 칭송하게 하소서.' 그런데 모든 민족이 그리스도 안에서 복을 받고 모든 민족 출신인 우리가 그분을 믿는다면, 그렇다면 그분은 그리스도이시고, 그분을 통하여 복을 받는 이들은 우리입니다. 하느님께서 한때는 [다른 민족들이] 해를 섬기는 것을 허락하셨다고 쓰여 있습니다만(신명 4,19 참조), 여러분은 해를 믿었기 때문에 죽임을 당했다는 사람을 결코 발견할 수 없습니다. 그러나 여러분은 예수님의 이름 때문에 고난을 겪었거나 지금 겪는 이들을, 예수님에 대한 신앙을 부인하느니 온갖 종류의 고문을 견디는 이들을 모든 민족들 가운데에서 발견할 수 있습니다. 진리요 지혜인 그분의 말씀은 해의 힘보다 밝고 더욱 뜨겁게 타오르며 마음과 속의 가장 깊은 곳까지 뚫고 들어가기 때문입니다. 즈카르야는 '동쪽이 그의 이름'(즈카 6,12 불가타)이라고 단언하며, '그들이 지파마다 따로 곡할 것이다'(즈카 12,12 참조)라고도 합니다."

• 순교자 유스티누스 『유대인 트리폰과의 대화』 121.[27]

그리스도께서는 영원 이전부터 계셨다

그런데 하늘이 생기기 전부터 계시는 분, 당신들[28] 말에 따르면 시간이 생기기 전부터도 계시는 분께서는 시대들이 있기 전부터 계십니다. 그분은 시대들 이전은 물론이요 지금까지 존재했던 모든 세대들 이전부터 계십니다. 당신들은 왜 지상적이고 편협한, 사라지고 말 것들을 가지고 거룩하고 무한한 것들에 경계를 지웁니까? 바오로 사도는 그리스도 안에서 시대들의 영원함 말고는 아무것도 알지 못했습니다. 지혜서는 그는[29] 어떤 것 뒤가 아니라 모든 것에 앞서 있다고 말합니다. 당신들은 시간의 기간들이 해와 달을 기준으로 결정되었다고 생각합니까? 그러나 다윗은 그리스도께서는 해가 있기 이전부터 계신다고 지적하며 "그의 이름은 해가 생기기 전부터 계속되었으니"(시편 71,17 불가타)라고 말합니다. 그리고 여러분이 하느님의 일들이 세상의 기

[25] 그리스도.
[26] ANF 3,332*.
[27] FC 6,335*.
[28] 아들은 아버지에게 종속된 존재라고 가르치는 아리우스파 이단자들.
[29] '지혜' 또는 '하느님의 아드님'.

원과 함께 시작되었다고 결론을 내리는 일이 없도록, 다윗은 "달이 있기 이전에 숱한 세대를 통하여 그는 계속 있어 왔다"(시편 71,5 불가타)고 합니다. 여기서 시간의 기간들은 예언의 영을 받을 자격이 있는 뛰어난 사람들 사이에서 조금도 중요하게 여겨지지 않으며, 인간의 정신은 영원한 해(年)들을 초월하는 탄생 이전에는 시대들 속으로 도달하는 기회를 부여받지 못했습니다. 믿음이 하느님을 경외하는 가르침의 경계 안에 남아 있도록 합시다. 주 예수 그리스도는 외아들이신 하느님이시며, 그분은 우리가 완전한 탄생을 고백하도록 하기 위해 태어나셨으며, 우리가 그분의 신성을 받들어 모실 때 그분은 영원하심을 우리 믿음이 잊지 않도록 합시다.

• 푸아티에의 힐라리우스 『삼위일체론』 12,34.[30]

그리스도의 인성이 들어 올려지다

다윗이 시편 제71편(칠십인역)에서 말하듯이 '그의 이름이 해보다 앞서 달보다 앞서 세세 대대로 남아 있다'(시편 72,17.5 참조)면, 그분은 지금 그것을 받으시기 전부터 늘 가지고 계셨던 것을 어떻게 받으신 것입니까? 그리고, 들어 올려지시기 전에 이미 지극히 높으신 분이신데 어떻게 들어 올려지시는 것입니까? 또, 지금 그것을 받으시기 전에 늘 경배받으셨는데 어떻게 경배받으시는 권한을 받으신 것입니까? 이것은 모호한 말이 아니라 거룩한 신비입니다. "한처음에 말씀이 계셨다. 말씀은 하느님과 함께 계셨는데 말씀은 하느님이셨다." 그러나 그 뒤에 우리를 위해 "말씀은 육이 되셨습니다"(요한 1,1.14). 그리고 문제의 표현인 '높이 들어 올려지시다'라는 말은 '말씀'의 본질이 들어 올려졌음을 나타내는 말이 아닙니다. 그분은 언제나 존재해 오셨고 '하느님과 같은 [하느님]'(필리 2,6 참조)이시기 때문입니다. '높이 들어 올려짐'은 인간 본성이 들어 올려졌음을 말합니다.

• 아타나시우스 『아리우스파 반박 연설』 1,11,41.[31]

영적 변모

우리 다시 외칩시다. 만사를 행하시며 변모시키시는 분, "홀로 기적들을 일으키시는 하느님께서는 찬미받으시리라"고. 어제 이전에 여러분은 포로였습니다. 그러나 이제 여러분은 자유인이고 교회의 구성원입니다. 얼마 전까지 여러분은 여러분의 죄라는 부끄러움 속에 살았지만, 이제는 자유와 정의 안에 살고 있습니다. 여러분은 자유인일 뿐 아니라 거룩합니다. 거룩할 뿐 아니라 의롭습니다. 의로울 뿐 아니라 자녀이기도 합니다. 자녀일 뿐 아니라 상속자입니다. 상속자일 뿐 아니라 그리스도의 형제입니다. 그리스도의 형제일 뿐 아니라 공동상속자입니다. 공동상속자일 뿐 아니라 지체들입니다. 지체들일 뿐 아니라 성전입니다. 성전일 뿐 아니라 성령의 도구들입니다.

• 요한 크리소스토무스 『예비신자 교리교육』 3,5.[32]

하느님 홀로 기적들을 일으키신다

그러니 눈먼 이들은 그리스도께 달려가 밝은 시력을 되찾으라고 합시다. 누가 뭐래도 그리스도는 가장 악질의 사람들 사이에서도 세상의 빛이십니다. 거룩한 기적들이 일어났습니다. 그러나 인간이 생겨난 이래, 성경이 "그분 홀로 기적들을 일으키신다"고 한 분 말고는 아무도 기적을 일으키지 못했습니다. 성경은 왜 "그분 홀로 기적들을 일으키신다"고 할까요? 하느님께서는 기적들을 행하고자 원하실 때 인간의 도움이 전혀

[30] FC 25,524*.
[31] NPNF 2,4,330*.
[32] ACW 31,57*.

필요하지 않으시기 때문입니다. 그러나 사람이 기적을 일으킬 때는 하느님이 필요합니다. 그분, 그리스도께서는 홀로 기적들을 일으키셨습니다. 어째서 그렇습니까? 아드님은 삼위일체이신 아버지와 성령과 함께 하느님이시기 때문입니다. 물론, "홀로 기적들을 일으키시는" 한 분 하느님이시지요.

• 아우구스티누스 『설교집』 136B,3.[33]

## 우리 안에 있는 그리스도의 힘으로

"다른 그 누구도 하지 못한 일들을 내가 그들 가운데에서 하지 않았으면"(요한 15,24)이라는 그리스도의 말씀에(그러나 아버지와 성령께서 이 일들을 하셨더라도, 삼위일체는 전체가 하나의 실체이므로 다른 누가 [그 일들을] 한 것이 아닙니다) 더 깊은 주의를 기울이는 사람이라면 누구나, 하느님의 사람인 어떤 이가 그런 일을 했다면 그것은 그분 자신이 하신 일임을 발견할 것입니다. 실로, 그분은 당신 자신 안에서 당신 스스로 모든 일을 하실 수 있지만, 그분 없이는 아무도 그 어떤 일도 할 수 없기 때문입니다. 그리스도와 아버지와 성령은 세 신이 아니라 한 분 하느님이시며, 그분에 대해 이렇게 쓰여 있습니다. "주 하느님, 이스라엘의 하느님께서는 찬미받으시리라. 그분 홀로 기적들을 일으키신다." 그러므로 그분께서 그들 안에서 행하신 일들은 어떤 개인이 행한 것이 아닙니다. 무엇이든 다른 존재가 이루었다면, 그것들 가운데 어느 하나도 그가 행한 것이 아닙니다. 그러나 그분께서는 이 일들을 그들의 행위를 통해서가 아니라 당신 자신이 하셨습니다.

• 아우구스티누스 『요한 복음 강해』 91,4,2.[34]

## 인간의 언어로 불충분하다

사도들의 적통이며 지극히 올곧은 인간인 사제 아이밀리아누스[35]가 우리 시대와 아주 가까운 시대에 행한 놀라운 행위와 기적들은 너무나도 새로워서 그들은 우리에게 그 이야기를 해 달라고 몹시 졸라 댑니다. 그런데 그 일들은 한편으로 너무나 광범위해서 하나하나 이야기하기가 겁납니다. 세상의 것들에 매여 있는 사람의 펜이 거룩한 인간의 행동들을 어찌 그에 맞갖게 묘사할 수 있겠습니까? 과거의 시대들과 비교할 때 가장 밝은 별처럼 빛나는 사람, 현재와 비교하면 아무도 본받을 수 없을 만큼 덕행에서 우뚝한 사람을 말입니다. 내 생각에는, 툴리우스의 샘들[36]에서 능변의 물길이 넘쳐흐르고 다양한 생각들이 풍부한 단어들을 마련해 준다고 해도, "홀로 놀라운 일들을 행하시는" 그리스도께서 그가 세상을 업신여기기 시작한 때부터 그가 자기 육신과 세상을 떠날 때까지 그를 통하여 행하셨고 지금도 행하고 계시는 그 모든 은총의 일들을 드러낼 수는 없을 것입니다.

• 사라고사의 브라울리오 『아이밀리아누스의 생애』 4.[37]

---

[33] *WSA* 3,4,364*.

[34] FC 90,167-68.

[35] 아이밀리아누스는 그리스도교로 개종한 에스파냐의 목자였는데, 잠시 사제로 활동한 기간을 제외하고는 내내 소수의 제자들과 함께 금욕 은수자로 살았다.

[36] 이름 높은 고대 라틴 저술가 가운데 하나인 마르쿠스 툴리우스 키케로(기원전 106~43년)를 가리킨다.

[37] FC 63,117.

## 73,1-14 노년에 도움을 청하는 기도

1 [시편. 아삽]
정녕 하느님은 좋으신 분이시다,
올바른 이에게!
하느님은 좋으신 분이시다,
마음이 깨끗한 이들에게!①
2 그러나 나는 하마터면 발이 미끄러지고
걸음을 헛디딜 뻔하였으니
3 내가 어리석은 자들을 시새우고
악인들의 평안함을 보았기 때문이네.
4 그들에게 아픔이라고는 없으며
그들의 몸은 건강하고 기름졌네.
5 인간의 괴로움이 그들에게는 없으며
다른 사람들처럼 고통을 당하지도 않네.
6 그래서 교만이 그들의 목걸이며
폭행이 옷처럼 그들을 덮었네.
7 그들의 눈은 비계로 불거져 나오고
그들의 마음에서는 온갖 환상이 흘러나오네.
8 그들은 비웃으며 심술궂게 이야기하고
거만하게 을러대며 이야기하네.
9 하늘을 향해 자기네 입을 열어젖히고
그들의 혀는 땅을 휩쓸고 다니네.
10 그래서 내 백성이 그들에게 몸을 돌려
저들의 말을 물 마시듯 들이켜네.②
11 그들은 말하네.
"하느님이 어찌 알 리 있으며
지극히 높으신 분이라고
어찌 알아채리오?"
12 보라, 바로 이들이 악인들!
언제까지나 걱정 없이 재산을 늘려 가네.
13 정녕 나는 헛되이 마음을 깨끗이 보존하고
결백으로 내 두 손을 씻었단 말인가?
14 날마다 고통이나 당하고
아침마다 징벌이나 받으려고?

① 또는 '정녕 하느님은 이스라엘에게 좋으신 분이시다, 마음이 깨끗한 이들에게'.
② 히브리어 본문; 바로잡은 본문은 '백성이 돌아서서 그들을 칭찬하고 그들에게 잘못이 없다고 생각하네'다.

### 둘러보기

올바른 사람은 어떤 상황에 있건, 하느님은 언제나 좋으신 분이며 고난을 겪은 사람만이 미래의 보상에 대한 희망을 가질 수 있음을 안다(암브로시우스). 악인들이 왜 번영을 누리는지를 의로운 이들이 이해하려면 노력이 필요하며, 일들이 어떻게 끝나는지 그가 이해할 때에야 비로소 완전하게 알게 된다(아우구스티누스). 유다는 믿음을 잃고 은총에서 떨어져 버린 이의 본보기다. 하느님께서는 회개하며 믿음과 하느님의 계명들에 대해 이해하고 열정을 지닌 이들이 타락하지 않게 지켜 주실 것이다(파코미우스, 암브로시우스). 삶의 모든 영역에 하느님의 섭리가 미침을 확신하는 위대한 믿음의 사람들도 사악한 자들이 의로운 이들을 누르고 일시적 성공을 누리는 것을 보면 당혹스럽고 마음이 불편하다(대 레오).

믿는 이들은 라자로나 욥, 다윗처럼 이승에서 심한 고난을 겪는 경우가 많은데, 그것은 그들이 다음 생에서 하느님의 자녀로 받아들여지게 되려는 것이다. 하느님께서는 그리스도에 대한 우리의 지식이나 인간 지혜의 한계 안에서 하느님의 일들을 이해하려는 노력을 제한하려 드는 이는 누구든지 단죄하신다(암브로시우스). 파라오처럼 대담하고 큰 죄를 지어 하느님께서 그들의 마음이 성령에 대하여 완고해지도록 두시어 구원이 더 이상 가능하지 않게 되는 사람들이 있다(카이사리우스). 교만은 불경과 사악함, 덕의 상실로 이끈다. 반면에 적절한 양식을 섭취한 영혼은 덕에서 부유하게 된다. 신성모독에 떨어지는 것은 자각하에 이루어지는 일이다(암브로시우스). 이단자들처럼 헛되고 수치스러우며 더럽고 불경한 말을 내뱉는 사람들은 할례 받지 않은 더러운 입술을 지닌 자들이다. 하느님의 말씀을 교의적으로 충실하게 말하는 이들은 할례 받은 깨끗한 입술을 지녔다(오리게네스). 하느님께서는 방탕한 아들처럼 죄의 삶으로 빠져든 이들이 하느님께 돌아와 미래의 구원을 얻을 기회를 열어 두신다(암브로시우스).

죄인들이 세속적 풍요를 누린다는 사실 때문에 우리가 하느님의 전지하심과 섭리를 부인해서는 안 된다(암브로시우스, 아우구스티누스). 하느님의 진리의 빛은 잘못된 믿음을 바로잡아 주며 우리가 하느님의 자녀로서 삶에 대해 올바르게 이해하도록 인도한다(암브로시우스).

## 73,1-3 악인들이 누리는 일시적인 평안함

### 마음이 올바른 이에게 하느님은 좋으신 분이시다

"하느님은 이스라엘에게 좋으신 분이시다, 마음이 올바른 이들에게!" 이 시편은 첫머리에서부터 도덕적 성장과 완전함이라는 주제가 뚜렷이 드러납니다. 실로, 선은 자기 자신의 성공에서 나오는 것이 아니라 하느님의 계획이라는 저 높은 것과 하늘의 신비라는 저 깊은 것의 덕을 입은 것임을 아는 이만이 하느님은 좋으신 분이라고 진정으로 선언할 수 있습니다. 그것[1]은 지금 드러나는 상황들이 아니라 장차 올 것들의 이로운 점으로 재어지는 것이기 때문입니다. 그래서 의로운 사람에게 하느님은 언제나 좋으신 분이십니다. 육체적 고통으로 괴로움을 당하든 모진 형벌로 기진맥진하든, 그는 언제나 "우리가 하느님에게서 좋은 것을 받는다면, 나쁜 것도 받아들여야 하지 않겠소?"(욥 2,10) 하고 말합니다. 그는 자신이 여기에서 응징당하는 것을 기뻐합니다. 그래야 미래에 위로를 받을 수 있기 때문이지요. 그는 이승에서 좋은 것들을 받은 이는 이미 자신의 보상을 받은 것임을 압니다(마태 6,2 참조). 힘든 싸움을 치르지 않았거나 갖가지 시험이라는 전투로 단련을 거치지 않은 사람은 미래에 보상을 받으리라는 희망을 품을 수 없게 됩니다.

• 암브로시우스 『욥과 다윗의 탄원』 3,2,3.[2]

### 죄인들의 평안함을 시샘하다

발이 흔들리던 시편 저자가 자기 자신을 탓한 것은 이런 식이었습니다. 그가 하느님을 탓할 마음을 품기 시작했고 이미 그렇게 하는 지경에 이르렀기 때문입니다. 그러나 그는 그럴 지경에 이르긴 했지만 아직 완전히 발을 들이지는 않았습니다. 그는 하느님께서 아신다는 사실을 부인하지 않았습니다(시편 73,11 참조). 그러나 자신의 발이 흔들리는 것처럼 비틀거렸습니다. 비틀거린다는 것은 무엇입니까? 의심하는 것입니다. 그런데 그가 올바른 마음을 가지고 있지 못하다고 자기 자신을 탓하면서 뭐라고 말했습니까? "나는 하마터면 발이 미끄러지고 걸음을 헛디딜 뻔하였으니 내가 죄인들의 평안함을 보고 죄인들을 시새웠기 때문이네. 악인들이 부유한 것을 보고 그들을 시새웠기 때문이네(시편 73,3 참조). 나는 정의에서 손해를 보았다고 말하였네. 정녕 나

---

[1] 도덕적 완전함.

[2] FC 65,369-70*.

는 헛되이 마음을 의롭게 하고 결백으로 내 두 손을 씻었단 말인가?(시편 73,13 참조). 의혹을 품고 있는 동안 나는 이렇게 깨닫기 시작하였네."

그는 "나는 이렇게 깨닫기 시작하였네. 내 앞에는 내가 겪어야 할 수고가 놓여 있네"라고 합니다. 이 문제를 해결하기 위한 큰 수고, 그것은 실로 힘든 노고입니다. 저 사람에게는 모든 일이 잘 풀려 나가는데 그는 악인입니다. 이 사람에게는 모든 일이 나쁘게만 풀리는데 그는 선한 사람입니다. 그리고 그 두 사람 위에는 똑같이 심판관 하느님께서 계십니다. 그러니까 의로우신 심판관께서 나쁜 사람들에게는 좋은 것들을 주시고 선한 사람들에게는 나쁜 것을 주고 계십니다. "내 앞에는 내가 겪어야 할 수고가 놓여 있네." 그런데 그 수고는 얼마나 오래 거기 놓여 있을까요? "내가 마침내 하느님의 성소에 들어가 마지막 일들을 깨달을 때까지"(시편 73,17 참조)입니다. 그러니 여러분이 마지막 일들에 대하여 이해하게 된다면, 질문하는 수고는 이제 완전히 끝나고 여러분은 발견의 평온한 안식을 누리게 될 것입니다.

• 아우구스티누스 『설교집』 301,7.[3]

### 우리는 하느님의 은총으로 믿음 안에 굳건히 머무른다

누가 혹시 "어떤 이가 이것들[심연들] 앞에서 속임을 당하거나 낚아채인다면, 그는 이미 잃은 자이고 회개할 기회가 더 이상 없습니다"라고 말한다면, 나는 그에게 회개하며 믿음과 하느님의 계명들에 대해 올바로 이해하고 그에 대한 열정을 지니고 있는 사람은 설령 소홀함으로 인하여 자칫 타락할 위기에 놓이더라도 주님께서 그가 완전히 잃은 자가 되도록 놓아두시지 않는다고 말하겠습니다. "나는 걸음을 헛디딜 뻔하였으니"라고 쓰여 있습니다. 그분께서는 그에게 병이나 슬픔 또는 자기 잘못으로 인한 부끄러움 같은 응징을 통하여, 그가 [자신의 소홀함]을 자각하고 [목적지에] 도착할 때까지 한 발걸음도 너비가 네 큐빗[4]에 지나지 않는 길 바깥으로 나가지 않고 좁은 길 가운데를 걷게 하심으로써 당신의 은총을 보여 주십니다. 이 길에서 빗나가는 이는 유다와 같은 자입니다. "돈주머니를 맡고 있던"(요한 12,6) 그는 주님께 큰 은혜를 받고 위대한 표징들을 — 죽은 이가 되살아나는 것까지 — 보았으면서도 은총을 깨닫지 못했습니다. 그런 까닭에 그는 돈과 배반에 대한 사랑 때문에 완전히 잃은 자가 되었습니다. 그러나 선한 이들은 자유의지를 가진 인간들로서 어떤 연유로인지 적절한 행동을 소홀히 했더라도 그래도 '은처럼 불로 단련되어'(시편 66,10 참조) 녹을 없애 버린 이들입니다. 그래서 복된 다윗은 "저는 당신의 크신 자비에 힘입어 당신 집으로 들어가리다"(시편 5,8)라고 합니다. 그가 이렇게 말한다면, 비참한 인간들인 우리는 뭐라 말해야 하겠습니까!

• 『파코미우스의 생애』 141.[5]

### 죄인들의 거짓 평화를 시새우지 마라

실로, 이어지는 구절에서 다윗은 자기 경험을 묘사합니다. "나는 하마터면 발이 미끄러지고 걸음을 헛디딜 뻔하였으니 내가 죄인들을 시새우고 죄인들의 평안함을 보았기 때문이네." 그가 육체의 발이나 물리적인 발걸음을 말하는 것이 아니라 마음의 올바름과 그가 또 다른 구절

[3] *WSA* 3,8,286-87.

[4] 너비가 네 큐빗이라는 것은 아주 좁은 길이라는 뜻이다. 앞 단락에서 파코미우스는 바닥을 알 수 없는 심연 위에 이 너비의 아주 좁은 길이 걸쳐져 있는 실례를 들었다. 이쪽(육의 사악한 욕정)으로도 저쪽(마음의 교만함)으로도 조금이라도 벗어나서는 안 되는 길이다.

[5] CS 45,398-99.

에서 이야기하는 발길에 대해 이야기한다는 것은 분명합니다. "거만한 발길이 제게 닿지 않게, 죄인들의 손이 저를 움직이지 않게 하소서"(시편 36,12). 그러므로 우리는 언제나 주님께서 우리 영의 발걸음을 인도해 주시기를 청해야 합니다. 주님께서 그렇게 해 주시지 않으면 그 발길이 넘어지고 오류의 진구렁에 미끄러져서 굳건하게 서 있을 수가 없습니다. 또한 다윗이 넘어진 이유는 그가 죄인들의 평안을 흉내 냈기 때문입니다. 그러나 우리는, 바오로 사도도 "좋은 뜻으로 열성을 기울여 주는 것은 언제나 좋은 일입니다"(갈라 4,18)라고 말한 바 있듯, 수치로 가득한 것이 아니라 선한 것을 흉내 내야만 합니다.

• 암브로시우스 『욥과 다윗의 탄원』 3,3,5.[6]

### 사악함의 외견상의 성공

그러나 신앙을 지닌 모든 이들의 마음은 하느님의 섭리가 이 세상 어디에나 또 어느 때나 미치고 있다는 사실과, 세속 일의 성공은 [아무 권능도 없는] 별들의 능력에 달려 있는 것이 아니라 모든 것이 지존한 임금[이신 하느님]의 가장 공정하고 가장 인자한 뜻에 따라 안배된다는 사실을 의심하지 않습니다. 왜냐하면 기록된 대로 "주님의 길은 모두 자애와 진실"(시편 25,10)이기 때문입니다. 그렇지만 어떤 일이 우리의 원의대로 진척되지 않고, 인간의 그릇된 판단 때문에 사악한 자의 주장이 의로운 사람의 주장을 완전히 압도하는 것을 보게 되면, 관대한 마음을 지닌 사람이라도 흔들리게 되고, 부당한 트집을 잡는 불평에 떨어지는 일이 잦습니다. 사실 지극히 이름 높은 예언자 다윗도 이런 빗나감 때문에 위험에 떨어질 뻔했다며, "나는 하마터면 발이 미끄러지고 걸음을 헛디딜 뻔하였으니 내가 거만한 자들을 시새우고 죄인들의 번영을 보았기 때문이네"(시편 73,2-3)라고 고백하였습니다.

• 대 레오 『설교집』 43,2.[7]

## 73,4-9 악인의 일시적 성공

### 믿음은 채찍질로 강해진다

우리는 자주색 옷과 고운 아마포 옷을 입은 부자를 보았습니다(루카 16,19-24 참조). 이 세상에서 그는 상에 기대어 날마다 진수성찬을 즐겼습니다. 반면에 가난한 라자로는 부자의 상에서 떨어지는 것이라도 먹기를 바랐습니다. 부자는 지옥에서 고통을 겪을 때 비스듬히 기대어 쉴 수 없었습니다. 힘들게 고개를 든 그의 눈에 아브라함이 보였습니다. 그의 몸 전체가 보이는 것도 아니었습니다. 부자는 아브라함에게 라자로를 보내어 그 손가락 끝에 물을 찍어 자기 혀를 식히게 해 주십사고 청했습니다. 이처럼 "그의 죽음에는 안식이 없고 그가 고난을 당할 때에는 힘 되는 것이 없"(시편 72,4 불가타)습니다. 채찍질은 죽음 이후에는 아무런 소용이 없기 때문입니다. 그래서 다윗은 육체 안에 살아 있을 때에 채찍질을 당할 준비가 되어 있었습니다. 주님께서 그를 이미 벌하신 이로 맞아 주시기를 바랐던 것입니다. 거룩한 욥에 대해서도 다시 생각해 보시라고 권합니다. 그는 온몸이 종기투성이가 된 채 온몸으로 고난을 겪으며 온통 아픔뿐이었습니다. 그는 상처에서 나온 썩은 진물이 흙을 적실 지경이었습니다(욥 2,7-8 참조). 이 육신 안에서는 쉴 수 없었던 그는 죽음이 평안이라고 생각했습니다. 그래서 자신의 처지를 생각하며 "죽음은 사람에게 휴식이네"(욥 3,23 칠십인역)라고 하였습니다. 그러므로 그는 자신의 고난 안에서 변하지 않았고 자신의 말이라는 진구렁 안에서 비틀거

[6] FC 65,372*.

[7] FC 93,187; 『교부 문헌 총서』 9,157-59.

리지도 않았습니다. 성경이 증언하듯이, "이 모든 일을 당하고도 욥은 제 입술로 죄를 짓지 않았"(욥 2,10)기 때문입니다. 오히려 그는 자신의 고난에서 힘을 발견하였고 그것을 통하여 그리스도 안에서 강해졌습니다. 이처럼 욥도 다윗도 이승에서 응징을 당했기에 고난을 당하는 중에도 힘을 잃지 않았습니다. "아버지는 아들로 인정하는 이를 매질"(잠언 3,12 칠십인역)하기 때문입니다. 그러나 이승에서 응징당하지 않는 이들은 저곳에서 아들로 받아들여지지 않습니다. "인간의 괴로움이 그들에게는 없으며 다른 사람들처럼 고통을 당하지도 않"는 것은 그들이 그곳에서 악마와 함께 영원히 벌 받게 되려는 것입니다.

• 암브로시우스『욥과 다윗의 탄원』3,3,8-9.[8]

그리스도에 관해 제대로 알지 못할 때의 위험

그러므로 우리는 그러한 견해를 가진 역겨운 사람들을 성령께서는 단죄하신다는 것을 알아야 합니다. 성령께서 하느님의 아들은 시간의 기간과 해(年)들을 경험하지 않는다고 말하는 아리우스파 말고 누구를 특정해서 단죄하신 적 있습니까? 하느님께서 잘 알고 계시지 않는 것이란 없습니다. 그런데 그리스도께서 하느님이시고 나아가 지고하신 하느님이시라면 그분은 만물 위에 계시는 하느님이십니다. 복된 다윗이 하느님의 아드님의 지식에 한계가 있다고 생각하는 사람들에게 얼마나 격노했는지 잘 보십시오. "그들은 인간들에게 흔한 고통을 함께하지 않고 다른 사람들처럼 역병에 걸리지도 않네. 그들은 교만을 걸치고 불의와 불경을 옷처럼 입고 있네. 그들의 죄악은 그들의 비계만큼 많으니 그들 마음의 상태대로 가네." 의심할 바 없이, 그는 거룩한 것들이 '마음의 상태'에 의해 결정되어야 한다고 믿는 이들을 비난하고 있습니다. 하느님께서는 [세속의] 상태나 질서에 종속되어 있지 않으시기 때문입니다. 이런 상태나 질서는 인간존재와 이어지는 인간 세대들에게만 특수한 것입니다. 그러나 그러한 것들이 언제나 정해진 계획대로 일어나는 것이 아니라 숨겨진 비밀스러운 신비에 따라 일어날 때가 더 많다는 것을 우리는 압니다.

"그들은 하느님을 거슬러 죄스럽고 사악하게 생각하고 말하며 하늘을 향해 입을 열어젖힌다"고 그는 말합니다. 여기서 보듯이 그는, 신성모독의 불경한 말을 하며 하늘의 비밀들을 인간 본성의 양식에 따라 조정할 권리가 자기네들한테 있다고 주장하는 자들을 비난하고 있습니다.

• 암브로시우스『신앙론』5,16,189-91.[9]

하느님을 거스르는 완고한 마음을 지닌 사람들

왜 하느님께서는 파라오의 목숨을 살려 주심으로써 그의 마음이 완고해지도록 하셨으며 왜 그를 응징하지 않으셨냐고 말하는 사람도 있을 것입니다. 이에 대해 나는 자신 있게 이렇게 대답합니다. 하느님께서는 많은 경우에 응징을 하지 않으셨는데, 파라오가 너무나 많은 죄를 저질러 그 자신의 삶을 바로잡도록 아들로서 질책을 받을 자격조차 없어서 원수로서 마음이 완고해지도록 버려두셨기 때문이라고. 그런 위중한 죄가 이미 앞서 있었고 그가 사악하고도 대담하게 이미 너무나 자주 하느님을 업신여겼기에, 성령께서 그러한 사람들을 두고 하신 말씀이 그의 안에서 이루어졌습니다. "인간의 괴로움이 그들에게는 없으며 다른 사람들처럼 고통을 당하지도 않네. 그래서 교만이 그들의 목걸이며 폭행이 옷처럼 그들을 덮었네. 그들의 우둔함에서 불의가

[8] FC 65,373-74.

[9] CSEL 78,287-88.

흘러나오네." 사람이 주님께 응징을 받아 바로 서게 될 자격이 없을 때 그가 어떻게 완고해지는지 보십시오. 나아가, 하느님의 자비가 완고해지도록 두지 않는 이들에 관해서는 어떻게 쓰여 있습니까? "주님께서는 아들로 인정하시는 모든 이를 채찍질하신다"(히브 12,6), 또 "내가 사랑하는 사람들을 나는 책망도 하고 징계도 한다"(묵시 3,19), "주님께서는 사랑하시는 이를 꾸짖으신다"(잠언 3,12)고 쓰여 있기도 합니다. 이렇게 마음이 완고해지는 것에 관하여 예언자도 사람들의 입이 되어 주님께 이렇게 외칩니다. "어찌하여 저희 마음이 굳어져 당신을 경외할 줄 모르게 만드십니까?"(이사 63,17). 이는 분명 '당신께서는 우리가 당신께 돌아서지 못하게 우리 마음을 버려두셨다'는 뜻입니다.

• 아를의 카이사리우스 『설교집』 101.3.[10]

### 믿음과 인내라는 덮개

"그래서 교만이 그들을 사로잡고 죄악과 악함이 그들을 옷처럼 덮었네." 죄악은 나쁜 옷 역할을 충분히 합니다. 만약 누가 그것으로 우리를 덮으려고 한다면 우리는 그것을 치워 버려야 합니다. 그렇게 하지 않으면 그분께서 우리를 심판하려 드실지 모릅니다. 그리고 우리가 받은 영적 겉옷을 누가 빼앗아 가려고 한다면, 불의의 겉옷을 벗어 버리고, 다윗이 덕의 옷을 잃지 않으려 단식하며 걸쳤던 믿음과 인내라는 덮개를 덮읍시다. 단식은 그 자체가 덮개입니다. 실로, 거룩한 요셉이 성실한 단식으로 자신을 덮지 않았더라면 그는 방탕한 간음녀에 의해 발가벗겨졌을 것입니다(창세 39,12 참조). 아담이 그런 단식으로 자신을 덮기로 선택했었더라면, 벌거벗게 되는 일이 없었을 것입니다. 그러나 그는 하늘의 금지에도 불구하고 선악에 관한 지식의 나무에서 열매를 따 먹어 무절제의 음식을 취함으로써 그에게 부과된 단식을 깨뜨렸기에, 자신이 벌거벗었다는 사실을 알게 되었습니다(창세 3,6-11 참조). 단식을 했더라면, 그는 믿음의 옷을 지켰을 것이고 아무것도 걸치지 않은 자신을 보는 일이 없었을 것입니다. 그러니 우리는 불의와 사악함의 옷을 입지 맙시다. 그러지 않았다가는 "그가 저주를 겉옷처럼 입었으니"(시편 109,18)라는 말씀이 우리를 두고 나온 말이 될 것입니다. 아담은 나쁜 옷을 입게 되었습니다. 그는 몸을 가릴 나뭇잎을 찾는 동안 저주를 선고받았습니다. 유대인들은 스스로 저주를 옷으로 입었습니다. 그들에 관하여 이렇게 쓰여 있기 때문입니다. "그들의 불의는 비계로 불거져 나오고 그것이 그들 마음도 그렇게 만들어 버렸네." 여기서 "비계"는 '살지다' 곧 '부유하다'는 말에서 나온 단어입니다. 선한 것들을 먹고 살며 덕으로 채워진 영혼이 성경 말씀대로 '비계와 풍요로'(시편 63,5 참조) 가득 차 있듯, 비계에서 나오는 죄악도 마르고 가난한 것으로 상징되지 않고 악으로 가득 차 있다고 표현됩니다. 사실, 그들은 우연히 실수로 오류에 떨어진 것이 아니라 계획과 의도 아래 신성모독을 저지른 것입니다.

• 암브로시우스 『욥과 다윗의 탄원』 3,4,10-11.[11]

### 깨끗한 입술과 할례 받지 않은 입술

이제 입술의 할례로 옵시다. 어리석은 말이나 음란한 말을 그만두지 못하는 사람, 선한 사람들을 헐뜯는 사람, 이웃을 중상하는 사람, 언쟁을 부추기는 사람, 그릇된 고발을 조장하는 사람, 거짓을 말하여 형제들이 서로 척지게 하는 사람, 헛소리, 부적절한 말, 속된 말, 부끄러움을 모르

[10] FC 47,100*.

[11] FC 65,374-75.

는 말, 더러운 말, 해가 되는 말, 터무니없는 말, 불경한 말, 그 외에도 그리스도인에게 어울리지 않는 말을 하는 이들은 입술에 할례를 받지 못한 이들이라 하겠습니다(탈출 6,30 참조). 그러나 자기 입을 제어하여 이 모든 것들을 멀리하며 "분별 있게 말하는"(시편 111,5 칠십인역) 이, 장광설을 자제하며 자기 혀를 다스리고 말을 마땅한 경계 안에 두는 이라면, 그런 사람은 입술에 할례를 받은 사람이라는 말을 들을 만합니다. 그러나 이단자들처럼 "높은 곳에 대고 불경한 말을 내뱉고 하늘을 향해 혀를 뻗어 놀리는" 자들은 입술에 할례를 받지 못했으며 입술이 더러운 이들이라 불릴 것입니다. 그러나 언제나 하느님의 말씀을 말하며 복음과 사도들의 규범으로 뒷받침된 건전한 교의를 전하는 이는 할례 받은 깨끗한 [입술의 소유자]입니다. 그러므로 입술의 할례도 이런 식으로 하느님의 교회에서 주어집니다.

• 오리게네스 『창세기 강해』 3,5.[12]

하느님 백성이 사악함을 버리고 되돌아오다

"그들은 하늘을 향해 자기네 입을 열어젖히고 그들의 혀는 땅을 휩쓸고 다니네." '하늘을 향해 입을 열어젖힌다'는 말이 무슨 뜻인지를 우리는 그 두 형제 가운데 동생에게서 배웁니다. 그는 자기 아버지에게 돌아와 이렇게 말했지요. "아버지, 제가 하늘과 아버지께 죄를 지었습니다"(루카 15,18). 그러나 탄생의 어떤 불가피성으로 인하여 자기들에게 죄를 짓는 자유가 주어졌다고 믿는 이들은 하늘을 향해 입을 열어젖힙니다. 그런 사람들은 인간의 삶은 말하자면 별들의 운행에 따라 결정된다고 믿기에 하늘도 땅도 무서운 줄을 모릅니다. 그들은 섭리도 좋은 성품도 중요한 줄을 모릅니다. 그런 그들이 앞에 말한 두 젊은이 가운데 하나처럼 되돌아왔더라도 주님께서는 그들에게 치료책을 주셨을 것입니다! 그런데도 그들은 치유받기를 원하지 않지만, 마음의 눈멂으로 인하여 내쫓겼던 이스라엘이 교회의 충만함을 통하여 돌아올 수 있도록 주님께서는 [그들이] 돌아올 가능성을 열어 두십니다. 그리하여 주님께서 당신의 영적 은혜로 그들을 채워 주시게 되었을 때, 그들은 그들의 삶의 날들을 헛되이 보내지 않고 선행과 믿음으로 채우게 될 것입니다. 그들이 어떻게 돌아오게 되는지 이 말씀에서 배우십시오. "이스라엘의 일부가 마음이 완고해진 상태는 다른 민족들의 수가 다 찰 때까지 이어지고 그다음에는 온 이스라엘이 구원을 받게 되리라는 것입니다"(로마 11,25-26). 그러나 그 신비가 이루어지는 것, 곧 하느님께서 만물을 불순종에 넘기시는 것(로마 11,32 참조), 그들을 꾸짖고 유죄 선고를 내리시는 것은 마땅합니다. [양쪽이 다툴 때, 한 쪽이 힘이 세면 '그가 상대방을 넘겼다'(1사무 26,8 참조)고 표현하기 때문입니다.] 그리하여 그분의 자비에 의해 사람들은 실로 상속자들 가운데로 돌아가고 세상은 하느님에게 복종하게 되는 것입니다. 과거에 그들은 그들의 사악함으로 인하여 망상에 빠져 그릇된 길에서 헤매게 되었고, 하느님께서는 감추어진 것들을 미리부터 다 알고 계시다는 사실을 믿으려 들지 않았습니다. 그러나 언젠가는 그들이 구원될 수 있도록 주님께서는 그들에게 미래의 구원이라는 가능성을 열어 두시고는 "그래서 내 백성이 여기로 되돌아오리라"(시편 72,10 칠십인역, 불가타)고 말씀하셨습니다. "여기"가 어디입니까? '나에게로, 나의 공정과 정의로, 나에 대한 예배로' 되돌아온다는 뜻입니다. "그리고 그들은 충만한 날들을 누리게 될 것이다"(시편 72,10 칠십

[12] FC 71,97*.

인역, 불가타). 이것을 여러분은 '믿은 사람들은 확실히 구원받는다. 이에 따라, 믿지 않은 이들은 구원받지 못하지만, 그럼에도 불구하고 하느님의 특별한 호의로 사람들에게 구원이 주어진다'는 뜻으로 이해하십시오.

• 암브로시우스 『욥과 다윗의 탄원』 3,5,12-13.[13]

### 73,10-14 하느님은 모든 것을 아신다

#### 죄인들이 누리는 일시적인 번영의 실체를 보라

그러므로 죄 속에 있는 자들은 "하느님이 어찌 알 리 있으며 지극히 높으신 분이라고 어찌 알아채리오?" 하고 말했습니다. 실로 그들은 하느님께서 모르신다고 생각했습니다. 죄인들이 세상에서 번영을 누리기 때문이었습니다. 성경은 그런 인간들이 하는 말을 들려줍니다. "보시오, 이들은 죄인들인데 세상에는 부를 누리는 죄인들이 널렸소." 복음서에서는 이런 상황을 더욱 분명하게 그려 보여 줍니다. 바리사이 시몬은 죄 많은 여자가 그의 집에 와서 그리스도의 발에 기름을 붓는 것을 보고는 속으로 이렇게 말합니다. "이 사람이 예언자라면, 자기에게 손을 대는 여자가 누구이며 어떤 사람인지, 곧 죄인인 줄 알 터인데"(루카 7,39). 그러나 하느님의 인내는 진리에 대해 편견이 없는 반면 그분의 예지와 섭리는 죄 속에 있는 이가 세속적인 번영과 성공을 누린다는 바로 그 사실로 인하여 더욱 분명하게 입증됩니다. 이것을 보면서 더 강한 이는 비웃지만 부주의한 이는 마음이 흔들려 그릇된 길로 빠집니다.

• 암브로시우스 『욥과 다윗의 탄원』 3,5,14.[14]

#### 세속적인 성공을 추구하는 데 따르는 위험

여기, 많은 말로 다 표현되어 있습니다. 보십시오. 이들은 죄인들인데 부자가 되었고 언제나 번영을 누립니다. "정녕 나는 헛되이 마음을 깨끗이 보존하고 결백으로 내 두 손을 씻었단 말인가? 날마다 고통이나 당하라고?" 나는 하느님을 섬깁니다. 저들은 하느님을 모독합니다. 그들은 행운을 누리고 나는 불행 속에 있습니다. 정의는 어디 있는 것입니까? 이것이 내 발이 비틀거리는 까닭이고 나의 걸음이 헛디딜 뻔한 까닭이고, 파멸이 다가오는 까닭입니다. 그래, 그가 얼마나 위험한 처지에 빠졌는지 제발 잘 좀 보아라. 그는 이렇게 덧붙입니다. "나는 말하였네. '하느님이 어찌 알 리 있으며 지극히 높으신 분이라고 어찌 알아채리오?'" 그가 세속의 행운이 꽤나 대단한 것인 것처럼 하느님을 버리고 그것을 추구함으로써 얼마나 위험한 처지에 빠졌나 잘 보시오.

• 아우구스티누스 『설교집』 19,4.[15]

[13] FC 65,375-77*.

[14] FC 65,377*.

[15] *WSA* 3,1,381.

### 73,15-28 악인의 운명

15 "나도 그렇게 말하리라" 생각하였지만
그것은 당신 아들들의 모임을 배신하는 것.
16 깊이 생각하여 이를 알아들으려 하였으나
그것은 제 눈에 괴로움뿐이었습니다.
17 그러나 마침내 하느님의 성전에 들어가
그들의 종말을 깨달았습니다.↗

18 정녕 당신께서는 그들을
미끄러운 길에 세우시고
그들을 멸망으로 떨어지게 하셨습니다.
19 그들이 얼마나 순식간에 멸망해 버리는지!
그들은 없어지고 공포로 사라져 갑니다.
20 잠에서 깨어났을 때의 덧없는 꿈처럼
주님께서는 일어나실 때
그들의 모습을 업신여기십니다.
21 그렇건만 제 마음이 쓰라리고
제 속이 북받쳤을 때
22 저는 멍텅구리, 알아듣지 못하였습니다.
저는 당신 앞에 한 마리 짐승이었습니다.
23 그러나 저는 늘 당신과 함께 있어
당신께서 제 오른손을 붙들어 주셨습니다.
24 당신의 뜻에 따라 저를 이끄시다가
훗날 저를 영광①으로 받아들이시리이다.
25 저를 위하여 누가 하늘에 계십니까?
당신과 함께라면
이 세상에서 바랄 것이 없습니다.
26 제 몸과 제 마음이 스러질지라도
제 마음의 반석,
제 몫은 영원히 하느님이십니다.
27 이제 보소서, 당신에게서 멀어진 자들은
멸망합니다.
당신을 배신한 자를 당신께서는
없애 버리십니다.
28 그러나 저는, 하느님께 가까이 있음이
저에게는 좋습니다.
저는 주 하느님을 제 피신처로 삼아
당신의 모든 업적을 알리렵니다.

① 또는 '영예'.

둘러보기

하느님께서 악인들에게 부를 나누어 주시는 것은 공로에 대한 보상이 아니다. 가난이 죄에 대한 징벌이 아니듯이, 악인들의 부는 우연히 그렇게 된 것이다(암브로시우스). 어째서 지상에서 악인들이 번영을 누리고 의인들은 고난을 겪는지에 대한 의문은 하느님께서 다음 생에서 그들의 운명을 거꾸로 만드신다는 것을 깨달으면 풀린다(아우구스티누스). 하느님께서 어떤 사람들에게 큰 성공과 부를 주시는 것은 그들이 죄를 짓지 않아도 되게 하시려는 것이다. 그들의 불평은 잠재워지고 그들의 걱정거리는 늘어난다. 자신의 죄악 때문에 파멸하는 사악한 자들은 죽을 때에 자신이 모은 좋은 것들을 모두 두고 떠나며, 아침이면 사라지는 꿈처럼 아무것도 소유하지 못할 것이다. 의인들은 하느님의 모습을 지니고서 하느님의 도성으로 들어갈 것이다. 그러나 사악한 자들은 멸망할 것이다(암브로시우스).

우리가 언쟁 중에 침묵을 지키며 반박하지 않을 때 우리는 짐바리 짐승의 덕을 갖추게 된다(파스카시우스). 오른쪽에 하느님께서 계시게 된다는 것은 이 삶에서 하느님의 인도와 도움을 받는다는 뜻이다(암브로시우스). 하늘에 갔을 때 우리는 이승 삶에서 지상의 쾌락에 과도하게 끌렸던 것을 슬퍼하게 될 것이다(히에로니무스). 세상적인 것들과 죄짓게 하는 유혹물들을 떠날 때 우리는 하느님 가까이 간다. 그런 것들이 모두 끝나야 영원한 것들이 시작될 수 있다(암브로시우스). 성직자들에게 하느님은 그들 삶의 몫이요 소유물이다. 그들은 서로 섬기는 것으로 족하게 여기며 부와 비싼 소유물을 얻고 싶어 하지 않는다(히에로니무스).

영적으로 멸망하는 사람이 멸망하는 이유는 그들이 하느님을 버렸고 그들의 불의가 그들을 하느님과 멀어지게 하도록 두었기 때문이다(요한 크리소스토무스, 풀겐티우스). 하느님의 심판을 두려워하는 사람들은 그리스도께 매달리며, 틀림없이 그들에게 보상해 주실 그분께 희망을 둔다(암브로시우스, 아우구스티누스). 하느님께 매달리기 위해서는 하느님의 뜻에 순종하며 세상을 아무것도 아닌 것으로 볼 필요가 있다. 세상적인 것들에 대한 사랑에서 우리 자신을 떼어 놓아야 우리의 창조주께 매달릴 수 있다. 구약성경과 신약성경은 똑같이 그 무엇도 우리를 하느님에게서 갈라놓아서는 안 되며 일치를 이루는 끈은 사랑이라고 말한다. 철학 학파들은 육의 쾌락에서 또는 덕성스러운 영혼을 갖추는 데서 행복을 찾았지만, 성경은 사람이 하느님과 가까울 때 행복이 온다고 말한다(아우구스티누스). 우리는 인간의 칭찬을 듣기 위해서가 아니라 하느님 사랑을 위하여 모든 일을 해야 한다(카이사리우스). 세례는 우리의 모든 죄를 사해 주며 죄에서 깨끗한 상태가 되어야 하느님께 매달릴 수 있다(대 그레고리우스).

### 73,15-20 악인들의 최종 운명

#### 악인에게도 우연히 부富가 주어질 수 있다

그래서 나는 마음속으로 이렇게 생각했습니다. "정녕 나는 헛되이 마음을 깨끗이 보존했다고 말하리라." 그러나 하느님의 목소리가 내게 대답하였습니다. "내가 너의 후손들에게 준 것을 보아라." 이는 이런 뜻입니다. '너, 아담의 자손아, 너는 성경에서 내가 네 후손들에게 준 것을, 그리고 사악한 자들의 부는 어떤 공로 때문이 아니라 우연히 주어진 것임을 본다. 가난이 죄에 대한 징벌이 아니듯이 … 그 두 경우 다 보물을 얻은 것은 덕에 대한 보상이 아니다. 그런 것들은 무차별적으로 오는 것들이다. 강과 같은 삶의 흐름에 얹혀 굴러오는 것이다.'

• 암브로시우스 『욥과 다윗의 탄원』 3,6,17.[1]

#### 영원한 세상에서는 현세에서와 상황이 뒤바뀐다

시편 저자는 나중에야 깨달았기 때문에 같은 시편에서 "깊이 생각하여 이를 알아들으려 하였으나"라고 한 다음 "그것은 괴로운 일이었습니다" 하고 덧붙입니다. 악인들이 왜 온갖 행운을 다 누리는지 이해하기가 몹시 힘든 일이었는데, "그러다 마침내 하느님의 성전에 들어가 그들의 종말을 깨달았습니다"라고 합니다. 지금 얼마 동안 행운을 누리는 악인들에게는 종말에 영원한 징벌이 기다리고 있다는 것입니다. 이것을 깨닫자 그는 마음이 올바르게 되고 모든 일에 대해, 곧 훌륭한 사람들이 겪는 노고에 대해서도 악인들의 행운에 대해서도 하느님을 찬미하기 시작합니다. 하느님은 종말의 응징에서 정의로우시며, 그분께서 지금 어떤 이들에게 세속의 행운을 주시지만 종말엔 그들에게 영원한 불행을 준비해 두고 계시다는 것, 그리고 훌륭한 인품을 지닌 어떤 사람들을 현세에서 험한 운명에 처하게 하시지만 다음 생에서는 영원한 행운을 그들을 위해 마련해 놓으셨다는 것을 알게 되었기 때문입니다. 그는 매일 호화로운 만찬을 즐기던 부자와 종기투성이로 부자의 집 문간에 누워서 부자의 상에서 떨어지는 부스러기로 배를 채우기를 갈망했던 가난한 사람처럼 그들의 자리가 뒤바뀌게 되어 있다고 합니다. 이 두 사람이 다 죽었을 때, 앞의 사람은 저승에서 고통에 시달리

[1] FC 65,379.

기 시작했고, 뒤의 사람은 아브라함 곁에서 안식을 누렸습니다. 부자는 그것이 불공평하다고 생각하고는 라자로의 가운데 손가락에서 떨어지는 물방울로 목을 축이기를 원할 때(자리가 뒤바뀐 지금 그는 그의 상에서 떨어지는 부스러기를 못내 갈망하던 남자의 손가락에서 떨어지는 물방울을 갈망합니다) 아브라함의 입을 통해 올곧으신 하느님의 판결을 들었습니다. 아브라함은 이렇게 말하였습니다. "얘야, 너는 살아 있는 동안에 좋은 것들을 받았고 라자로는 나쁜 것들을 받았음을 기억하여라. 그래서 그는 이제 여기에서 위로를 받고 너는 고초를 겪는 것이다"(루카 16,25).

• 아우구스티누스 『설교집』 15A,2.[2]

세속의 행운은 불경에 대한 변명이 되지 못한다

그렇다면 세상의 일들은 우연히 일어난다는 것이 참된 지식의 첫 번째 관찰입니다.[3] 두 번째 전제는 "그들이 핑계를 대지 못하도록 당신께서 그들 앞에" 큰 성공과 세속적 이득과 막대한 부를 놓아 주셨다는 것입니다. 만약 그렇게 하지 않으셨다면 그들은 자신들이 곤궁해서, 고통이나 슬픔이 커서 신심 깊은 삶을 살 수 없었으며 가난 때문에 도둑질을 하고 약탈하지 않을 수 없었다고 핑계를 댈 것입니다. 그들이 부로 넉넉함을 누리고 영예로운 높은 지위에 앉게 된 것은 삶의 평온이나 기쁨을 즐기라는 것이 아니라 불평을 차단하고 걱정거리가 쌓이게 되려는 것입니다.

• 암브로시우스 『욥과 다윗의 탄원』 3,7,21.[4]

악인들은 그들의 죄악 때문에 멸망한다

그래서 뒤의 사람들[5]에 관하여 다윗은 이렇게도 말합니다. "그들은 자기들의 죄악 때문에, 잠에서 깨어났을 때의 덧없는 꿈처럼, 멸망하여 덧없이 사라져 갑니다." 이 말은 '악인들은 존재하지 않게 되며, 사람이 잠에서 깨어났을 때 꿈이 사라지듯 사라진다'는 뜻입니다. 그들은 어둠 속에 있으며 어둠 속에서 살았기 때문입니다(시편 82,5 참조). 그들이 쌓은 좋은 것들은 흔적도 남지 않습니다. 그들은 꿈을 보는 사람과 같습니다. 꿈을 꾸는 사람은 밤에 꿈을 꾸는데, 밤은 어둠입니다. 어둠의 자녀들에게는 "의로움의 태양"(말라 3,20)과 덕의 광휘가 없습니다. 그들은 언제나 잠만 자며 지키고 깨어 있지 않기 때문입니다. 그런 이들에 관하여 딱 맞는 말씀이 있습니다. "그들은 잠에 떨어져 가진 것을 모두 빼앗겼습니다"(시편 76,6). 실로, 그들의 영혼이 육체와 분리될 때, 그리고 말하자면 그들이 육체의 잠에서 풀려날 때, 그들은 아무것도 발견하지 못하고, 아무것도 소유하지 못하며, 자기들이 소유했다고 생각한 것들이 모두 사라지고 없을 것입니다. 분별없고 어리석은 사람은 지금은 부가 넘쳐흐를지 모르지만 자신의 부를 낯선 이들에게 남기게 될 것입니다. 그리고 그의 집안의 영광은 그를 따라 저승으로 내려가지 못할 것입니다(시편 49,17 참조).

• 암브로시우스 『욥과 다윗의 탄원』 3,8,23.[6]

선인들은 하늘의 예루살렘에 살게 될 것이다

뒤에 일어난 사건들도 그러한 사람의 모습은 발견되지 않고 사라진다는 것을 보여 줍니다. 주님의 도성, 곧 저 위에 있는 예루살렘에서 그

[2] *WSA* 3,1,332*.

[3] 암브로시우스는 악인들이 왜 번영을 누리는가 하는 문제를 다루는 중이다. 그는 그들이 부를 얻는 것은 무슨 자격이 있어서가 아니라 우연히 그렇게 된 것이며 가난은 죄에 대한 벌이 아니라고 한다.

[4] FC 65,380-81.

[5] 하느님을 믿지 않는 사람들.

[6] FC 65,382.

의 모습은 발견되지 않기 때문입니다(시편 73,20 참조). 주님께서는 '보라, 예루살렘아, 나는 너의 성벽을 칠하였다'(이사 49,16 참조)라고 말씀하시며 우리를 가르치시듯이, 우리를 당신과 비슷한 모습으로 그리셨습니다. 우리가 훌륭하게 행동한다면 그 거룩한 모습이 우리 안에 계속 남아 있습니다. 그릇된 처신을 하는 사람 안에서는 그 모습이 파괴됩니다. 하늘에서 내려오신 분의 모습은 파괴되고 그의 안에는 속된 모습이 있게 됩니다. 그래서 바오로 사도도 이렇게 말합니다. "우리가 흙으로 된 그 사람의 모습을 지녔듯이, 하늘에 속한 그분의 모습도 지니게 될 것입니다"(1코린 15,49). 그러므로 하느님의 도성에서는 선의 모습들이 계속해서 빛납니다. 그러나 어떤 이가 더 위중한 죄들로 돌아서고는 참회를 하지 않는다면 그의 모습은 파괴되거나 아담이 낙원에서 쫓겨나 배제되었듯이 쫓겨납니다. 그러나 거룩하고 영예롭게 처신한 사람은 누구나 그분의 모습을 지니고 하느님의 도성에 들어가며(묵시 3,12 참조) 하느님의 도성에서 빛납니다. "주님, 당신은 당신의 도성에서 그들의 모습을 아무것도 아닌 것으로 만드실 것입니다." 어둠의 행실을 옷처럼 입은 자들은 빛 속에서 빛날 수 없기 때문입니다.

• 암브로시우스 『욥과 다윗의 탄원』 3,8,24.[7]

73,21-26 하느님은 저의 반석, 저의 몫

말다툼을 피하다

피메니우스 원장이 수도원에 앉아 있던 네스테론 원장에게 물었습니다. "형제여, 그대는 수도원에서 언쟁이 있을 때마다 아무 말도 하지 않고 중개자가 되어 개입도 하지 않는데, 그러한 덕을 어디서 얻었습니까?" 네스테론 원장은 말하고 싶지 않았지만, 노인의 물음에 답하지 않을 수 없어 이렇게 말했습니다. "용서하십시오, 신부님. 처음에 이곳에 들어왔을 때 저는 속으로 이렇게 생각했지요. '자, 너와 이 당나귀는 똑같다. 당나귀가 아무 통고도 없이 두드려 맞고 채찍질을 당해도 아무런 대꾸도 하지 않듯이, 너도 그래야 한다. 시편이 이렇게 말하기 때문이다. '저는 당신 앞에 한 마리 짐바리 짐승입니다. 그러나 저는 늘 당신과 함께 있습니다.'""

• 두미움의 파스카시우스
『그리스 교부들의 질문과 답변』 42,3.[8]

하느님께서 네 오른쪽에 계시게 하라

그런 까닭에 다윗은 마치 그분께서 찾아오시어 만나 뵌 것처럼 이렇게 말합니다. "당신께서 제 오른손을 붙들어 주셨습니다. 당신의 뜻에 따라 저를 이끄시다가 훗날 저를 영광으로 받아들이셨습니다." 이것이 우리에게 전해진 본문입니다. 그리고 이것은 그리스어 본문과도 일치합니다. 그리스어 본문은 '에크라테사스 테스 케이로스'*ekratēsas tēs cheiros*, 곧 '당신께서 손을 붙들어 주셨다', '테스 덱시아스 무'*tēs dexias mou*, 곧 '나의 오른손을'입니다. 사람은 하느님께서 당신의 손으로 그의 오른손을 붙드실 때 좋은 인도를 받습니다. 그런 사람은 "주님께서 제 오른쪽에 계시니 저는 흔들리지 않으리이다"(시편 16,8) 하고 말합니다. 아담이 주님을 자기 오른쪽에 모시기로 선택했더라면 그는 뱀에게 속지 않았을 것입니다. 그러나 그가 하느님의 명령을 잊고 뱀의 뜻을 이루었기에, 악마가 그의 손을 붙잡고 선악을 알게 하는 나무로 데려가 금지된 열매를 따게 만들었습니다. 그의 안에서, 모든 사람에게 사전에 심판이 내려졌습니다. 그리고 적수가 모든

[7] FC 65,382-83.

[8] FC 62,163*.

사람의 오른쪽에 서게 되었습니다. 유다에게 내려진 저주의 원형도 여기에서 왔습니다. "악마가 그의 오른쪽에 서게 하소서"(시편 109,6). 이것이 심한 저주라면, 이 혹독한 저주의 끈을 푸는 그 축복은 몹시 중요합니다. 그래서 인간의 목적과 조건을 취하신 주 예수님께서는 우리가 즈카르야서에서 읽듯이 사탄을 당신 오른쪽에 세우셨습니다(즈카 3,1 참조). 그러니까 아담의 상속 재산이 서 있는 곳에 그리스도께서 서신 것입니다. 훌륭한 운동선수처럼 그분께서는 사탄이 당신 오른쪽에 서는 것을 허락하셨습니다. 그를 쫓아내며 "사탄아, 물러가라"(마태 4,10) 하고 말할 수 있으려는 것이었습니다. 결국 적수는 자기 자리에서 쫓겨나 떠나갔습니다. 악마가 여러분의 오른쪽에 서지 못하도록 그리스도께서는 "나를 따라라"(마태 19,21)라고 하십니다. 그러니까 다윗은 하늘에서 내려오시어 우리를 적수의 힘으로부터 자유롭게 해 주신 주님의 오심을 미리 보고서 "주님께서 제 오른쪽에 계시어 제가 흔들리지 않게 해 주십니다"라고 한 것입니다. 그러나 악마를 오른쪽에 두고 있는 사람은 흔들렸습니다. 그렇다면 다윗은 "당신께서 제 오른손을 붙들어 주셨습니다"라고 말한 데서도 옳았습니다. 전에는 내가 비틀거리고 발걸음이 불안했는데 이제는 믿음직한 곳에 굳건히 설 수 있게 되었고, 이제 나는 죄를 지을 수 없다는 뜻이니까요. 사도는 또 이를 얼마나 정확하게 표현했는지요! 그가 곤란에 처한 것을 보신 주님께서 당신 오른손을 뻗으시어, 그가 휘청거리지 않고 두려움 없이 씩씩하게 걸을 수 있게 하셨습니다(마태 14,30-31 참조). 그리하여 목숨을 건진 베드로가 뭐라고 말했겠습니까? 참으로 예언적인 이 말을 하지 않았겠습니까? "당신께서 제 오른손을 붙들어 주셨습니다. 당신의 뜻에 따라 저를 이끄시다가 훗날 저를 영광으로 받아들이시리이다." "오른손"이란 작용하는 영혼의 힘 아니고 무엇이겠습니까? 그리고 그것이 주님의 뜻에 따라 인도된다면, 그것은 아무것도 욕망하지 않으며 아무것도 필요로 하지 않습니다. 그것은 이 세상의 어떤 도움도 보조도 필요로 하지 않습니다.

• 암브로시우스 『욥과 다윗의 탄원』 3,10,27.[9]

### 그리스도만 소유하라

그래서 그 거룩한 사람은 이렇게 말합니다. "하늘에서 무엇이 저를 기다립니까? 당신과 함께라면 이 세상에서 바랄 것이 없습니다." 이 말은 이런 뜻입니다: 당신이 저의 몫입니다. 당신은 저의 모든 것이 되기에 충분합니다. 저는 당신을 제 몫으로 차지하는 것 말고는 아무것도 구하지 않습니다. 저는 이방인들처럼 하늘의 어떤 피조물에게 저를 복속시키지 않았으며 부유함도 이 세상의 쾌락도 욕망한 적 없습니다. 당신께서 저를 지켜 주시니 저는 아무것도 부족하지 않으며, 천체들 가운데에서 또 다른 것을 찾지도 않습니다. 사도가 말했듯이, 저는 아무것도 가지지 않았지만 모든 것을 소유하고 있습니다(2코린 6,10 참조). 제게는 그리스도가 계시기 때문입니다. 높은 곳에 계신 아버지께서 그분을 "아끼지 않으시고 우리 모두를 위하여 내어 주셨습니다. 그런 분께서 어찌 그 아드님과 함께 모든 것을 우리에게 베풀어 주지 않으시겠습니까?"(로마 8,32). 만물이 그리스도 안에 있으며 만물이 그분을 통하여 창조되었고 만물은 그분 안에서 존속합니다(콜로 1,16-17 참조). 그러므로 그분 안에서 만물을 소유한 저는 어떠한 다른 보상도 구하지 않습니다. 그분이야말로 모든 보상이시기 때문

[9] FC 65,385-86.

입니다. 그래서 그리스도께서는 완전하게 된 이에게 "제 십자가를 지고 나를 따라야 한다"(마르 8,34; 마태 16,24; 루카 9,23; 참조: 마태 10,38)고 말씀하셨습니다. 그분을 따르는 이는 보상에 의해 완전함으로 인도되는 것이 아니라 완전함에 의해 보상을 받을 자격을 갖춘 완전한 이가 됩니다. 그리스도를 본받는 이들은 희망에 의해 선하게 되는 것이 아니라 덕에 대한 사랑 때문에 선하게 되는 까닭입니다. 그리스도는 보상에 대한 욕망 때문이 아니라 본성에 따라 선하신 분입니다. 그러므로 그분께서는 당신의 수난으로 영광을 크게 하시고 싶어서가 아니라 선을 행하는 것이 기쁘셨기 때문에 고난을 겪으신 것입니다. 이처럼 그분을 본받고 싶어 하는 이는 자기 자신에게 이로운 것이 아니라 다른 이들에게 이로운 것을 행합니다. 따라서 그는 자기 자신을 위해서는 실패하지만 다른 이들을 위해서는 덕의 성장을 통하여 강하게 됩니다.

• 암브로시우스 『욥과 다윗의 탄원』 3,11,28.[10]

### 이 세상에서 가난을 영원한 행복과 바꾼다

주님께 매달리고 주 하느님께 우리의 희망을 두는 것이 우리에게 좋습니다. 이렇게 현재의 가난을 하늘 나라와 바꿀 때 우리는 이렇게 외칠 수 있습니다. "제게 하늘에 당신 말고 누가 있습니까? 땅에서 제가 바라는 것은 당신 말고는 없습니다." 우리가 그런 복됨을 하늘에서 발견할 수 있다면, 여기 땅에서 초라하고 덧없는 쾌락을 좇은 것을 슬퍼하는 것이 당연합니다.

• 히에로니무스 『서간집』 43,3.[11]

### 속된 것들이 스러져야 한다

시편 저자는 "제 마음의 하느님, 제 몸과 제 마음이 스러졌습니다"라고 하는데, 맞는 말입니다. 실로, 속된 것들이 스러지지 않는 한 영속하는 것들이 올 수 없습니다. 이처럼 육은 육적인 것들이 죽음에 처해질 때 스러집니다. 그리고 자신의 육신으로 예수 그리스도의 죽음을 증언하는 이들(2코린 4,10 참조) 역시, 그들 안에서 약동하는 그리스도의 죽음(2코린 4,12 참조)을 위하여 역시 스러집니다. 그럼으로써 죄짓게 하는 모든 매혹적인 것들이 죽습니다. 여기에서 추론할 수 있는 것이, 마음에서 나오는 악한 생각이 죽음에 처해질 때 인간의 마음은 스러진다는 것입니다. 이처럼 망각이 모든 속된 것들을 감추기도 합니다. 그리고 깨끗한 마음이라는 축복을 받고 하느님을 뵐 자격이 있는 이들에게는 그들 마음의 하느님께서 오시어(마태 4,8 참조) 그들이 당신 가까이 가고 스스로 멀어지지 않게 됩니다. 가까이 계시는 하느님께서는 당신 가까이 다가가는 이들을 쫓아내지 않으시며(참조: 요한 6,37; 야고 4,8), 그분께서는 모든 사람을 위하여 죽음의 원인이 아니라 구원의 원인이 되고 싶어 하시기 때문입니다. 실로, 그분께서는 스스로 그분의 눈에서 멀어지기로 결정한 이들 말고는 아무도 물리치지 않으십니다.

• 암브로시우스 『욥과 다윗의 탄원』 3,11,29.[12]

### 성직자가 세속에서 누릴 몫

그리스도의 교회에서 봉사하는 성직자는 무엇보다 먼저 자기 직책의 이름이 의미하는 바가 무엇인지를 알아야 합니다. 그 이름의 뜻을 알았으면, 자기가 불리는 그 이름대로 되고자 애써야 합니다. 그리스어 '클레로스'κλῆρος는 '몫' 또는 '상속 재산'을 의미합니다. 성직자들이 이 이름으로 불리는 것은 그들이 주님의 몫이기 때문이거

[10] FC 65,386-87.
[11] NPNF 2,6,58.
[12] FC 65,387-88*.

나 또는 주님이 그들의 몫이기 때문입니다. 그러니 그 자신이 주님의 몫이거나 또는 주님을 자신의 몫으로 소유하고 있는 그는, 주님을 소유하며 그분의 소유인 이로서 처신해야 합니다. 주님을 소유하고 있으며 예언자와 함께 "제 몫은 주님이십니다"(시편 16,5 참조)라고 말하는 이는 주님 말고는 그 무엇에도 매달리지 않습니다. 그가 만약 주님 말고 다른 어떤 것에 매달린다면, 주님은 더 이상 그의 몫이 아니실 것입니다. 예를 들어, 그가 금이나 은이나 토지나 값비싼 상감 세공 가구에 집착한다고 생각해 봅시다. 주님께서는 이러한 소유물들과 함께 그의 몫이 되어 주시지는 않으실 것입니다. 만일 내가 주님의 몫이며 그분의 상속 재산을 받게 되어 있는 혈통이라면(참조: 시편 16,5-6; 신명 32,9), 나는 나머지 지파들과 같은 몫을 받지 못합니다. 사제들과 레위인들처럼 나는 십일조로 먹고살며(민수 18,24 참조) 제단 일을 맡아 보면서 제단 제물을 나누어 받습니다(1코린 9,13 참조). "먹을 것과 입을 것이 있다면 그것으로 만족하고"(1티모 6,8), 십자가를 따르는 이로서 나는 십자가의 가난을 따릅니다. 그러므로 나는 당신에게 당부하며 또다시 거듭 권면합니다.[13] 당신의 군대 경험에 근거해 사제의 직무를 수행하려 하지 마십시오.[14] 그리스도를 섬기는 일을 통해 세상의 이익을 추구하지 마십시오. 그래야 당신이 처음 사제가 되었을 때보다 나중에 형편이 피더라도 사람들에게서 '저들의 몫은 아무런 수입도 받지 못하는 것인데'(예레 12,13 칠십인역 참조)라는 수치스러운 말을 듣지 않을 것입니다. 가난한 사람들과 나그네들을 그대의 식탁에 맞아들여 그들과 함께 그리스도께서 그대의 손님이 되게 하십시오. 사업에 몰두하며, 본디 가난했는데 부자가 되거나 이름 없는 존재였다가 높은 지위에 오르는 성직자는 마치 역병을 대하듯 피하십시오. "나쁜 교제는 좋은 관습을 망칩니다"(1코린 15,33). 당신은 금을 경멸하는데 그는 그것을 사랑합니다. 당신은 부를 물리치는데 그는 열정적으로 그것을 추구합니다. 당신은 침묵과 온유함과 은둔을 사랑하는데 그는 광장과 거리와 약국에서 떠들며 오만하게 행동하는 것을 좋아합니다. 이렇게 서로 성품이 다른데 어떤 감정적 일치가 있을 수 있겠습니까?

• 히에로니무스 『서간집』 52,5.[15]

### 73,27-28 하느님은 제 피신처

**우리가 먼저 하느님을 버리지 않는 한 하느님께서는 우리를 버리지 않으신다**

실로, 하느님께서 우리를 버리시면, 우리는 악마에게 넘겨집니다. 악마에게 넘겨지면, 우리는 수없이 많은 끔찍한 일들을 겪게 됩니다. 그러니까 거룩한 저자는 듣는 이들에게 겁을 주기 위해 '그분께서 냉정해지셨다', '그분께서 포기하셨다' 같은 말을 하는 것입니다. 그가 진정 말하고자 하는 뜻에 귀를 기울이십시오. 그 말의 참뜻은 그분께서는 우리가 스스로 버려지기를 바라지 않는 한 우리를 포기하시지도 버리시지도 않는다는 것입니다. "너희 죄악이 너희와 나 사이를 갈라놓지 않았느냐?"(이사 59,2)[고 쓰여 있지 않습니까?] 또 "당신에게서 멀어진 자들은 멸망합니다"[라고 쓰여 있지 않습니까?] 더구나 호세아는 이렇게 선언하였습니다. "네가 하느님의 법을 잊었으니 나도 너를 잊으리라"(호세 4,6). 그리고 그분께서는 복음서에서 이렇게 말씀하셨

---

[13] 베르길리우스 『아이네이스』 3,436 참조.

[14] 히에로니무스의 이 편지는 네포티아누스에게 쓴 것인데, 네포티아누스는 본디 군인이었으나 성직자가 되기 위해 제대하고, 역시 군인이었다가 성직자가 된 삼촌이 주교로 있는 알티눔에서 사제가 되었다.

[15] NPNF 2,6,91*.

습니다. "내가 몇 번이나 너의 자녀들을 모으려고 하였던가? 그러나 너희는 마다하였다"(마태 23,37; 루카 13,34). 이사야도 또 다른 곳에서 이렇게 말했습니다. "내가 왔을 때 왜 아무도 없었느냐? 내가 불렀을 때 왜 아무도 대답하지 않았느냐?"(이사 50,2).

• 요한 크리소스토무스 『요한 복음 강해』 68.[16]

### 교만은 하느님을 저버리게 한다

그러므로 인간은 그로 하여금 하느님을 버리게 한 것 안에서 죄를 짓기 시작합니다. "인간 교만의 시작은 주님을 버리는 것"이라고 쓰여 있기 때문입니다. 또 다른 곳에는 "당신에게서 멀어진 자들은 멸망합니다. 당신을 배신한 자를 당신께서는 없애 버리십니다"라고 쓰여 있습니다. 그러므로 하느님을 거짓으로 대하며 그분에게서 멀어진 자들은 실로 하느님에게서 오는 것이 아닌 악한 의지로 말미암아 죄를 지어 멸망합니다. 하느님께서는 당신께 고유한 정당한 판결로 그들을 없애 버리십니다. 하느님은 그들이 자신들의 죄악을 통하여 멸망하지 않는 한 그들을 당신의 판단으로 없애 버리시는 분이 아니기 때문입니다. 그래서 이렇게 쓰여 있습니다. "그들이 얼마나 순식간에 멸망해 버리는지! 그들은 없어지고 공포로 사라져 갑니다"(시편 73,19).

• 루스페의 풀겐티우스 『모니무스에게』 1,19,2.[17]

### 주님께 매달리는 것이 좋다

[시편 저자]는 이렇게 말합니다. "보소서, 당신에게서 멀어진 자들을 당신께서는 없애 버리십니다." 각 사람은 자신의 행실로 당신의 자비와 결합하거나 멀어집니다. 발각될까 봐 두려운 일들을 행하는 사람은 하느님에게서 달아납니다. 담에 둘러싸여 있거나 어둠에 감싸여 있는 사람이 하느님께서 자신을 보지 못하시리라 생각하는 것과 같습니다(집회 23,18 참조). 그렇지만 그분께서는 보시며, "당신을 배신한 자를 당신께서는 없애 버리십니다"라고 쓰여 있습니다. … 그러므로 하느님께 매달리지 않고 헛된 우상들을 섬기는 데 몰두하는 이는 누구든지 사악한 신성모독을 행함으로써 주님에게서 스스로 멀어집니다. 주님에게서 멀어진 자는 누구든지 멸망합니다. 그래서 하느님의 심판을 몹시 두려워하는 신심 깊은 사람은 언제나 그리스도께 매달리고 그분께 희망을 두며 주님을 찬미할 수 있기를 원합니다. 이제와 항상 영원무궁히 주님께 영예와 영광이 있나이다.

• 암브로시우스 『욥과 다윗의 탄원』 3,11,30-31.[18]

### 주님을 단단히 붙잡는 것이 좋다

사랑이 있는 이는 하느님을 뵙니다. "하느님은 사랑"(1요한 4,16)이시며, 사랑으로 더욱더 깨끗이 씻겨 그분의 면전에서 변치 않는 실체를 보는 이는 언제나 기뻐하기 때문입니다. 그는 천사들과 어울려서 영원한 행복을 누리게 될 것입니다. 그러나 언젠가 본향에서 기뻐할 수 있도록 지금은 달려야 합니다.

• 아우구스티누스 『요한 서간 강해』 9,10.[19]

### 영적 상승

참된 자애의 질서를 지키고 싶다면 정의롭게 행동하고 자비를 사랑하며 방종을 멀리하십시오. 주님의 가르침에 따라 친구만 아니라 원수도 사랑하십시오(참조: 마태 5,44; 루카 6,27). 온 마음으로 이 규범들을 따르고자 노력하면 여러분은 이 덕들을 계단 삼아 올라가 하느님을 온 마음과

---

[16] FC 41,241*.
[17] FC 95,212-13.
[18] CSEL 32,2,266-67.
[19] FC 92,260*.

온 힘을 다해 사랑할 자격이 있는 이가 될 수 있을 것입니다. 그리고 완전함이라는 이 행복한 상태에 도달하면 여러분은 이 세상의 모든 욕망은 그저 똥에 지나지 않는다는 것을 깨닫고 예언자와 함께 이렇게 말할 수 있게 될 것입니다. "그러나 저는, 하느님께 매달림이 저에게는 좋습니다."

• 아우구스티누스 『설교집』 368,5.[20]

보상을 받고자 하느님을 사랑해서는 안 된다

우리는 보상을 염두에 두고 하느님을 사랑하는 태도를 경계해야 합니다. 사실, 보상을 받기 위해 하느님을 사랑한다면 무슨 의미가 있습니까? 그런 여러분에게 하느님께서 어떤 보상을 주시겠습니까? 그 무엇을 주시더라도 그것은 그분에게는 못 미칩니다. 여러분은 이유 없이 자유롭게 그분을 섬기고 있지 않습니다. 그분에게서 무엇인가를 받기 위해 [사랑하지요]. 자유롭게 그분을 섬기십시오. 그러면 하느님을 받게 됩니다. 하느님은 여러분이 당신을 누리도록 당신을 준비해 놓고 계십니다. 여러분이 그분께서 만드신 것들을 사랑한다면, 그것들을 만드신 그분은 어떤 분이시겠습니까? 세상이 아름답다면, 세상을 만든 건축가는 어떤 이이겠습니까? 그러니 피조물에 대한 사랑을 버리고 창조주께 매달리십시오. "그러나 저는, 하느님께 매달림이 저에게는 좋습니다"라는 시편 말씀을 여러분 입으로 말할 수 있도록 [피조물에 대한 사랑을 버리십시오].

• 아우구스티누스 『설교집』 385,5.[21]

최고의 선은 하느님을 단단히 붙잡는 것이다

그대[22]가 지닌 덕들이 받은 것이라는 사실을 깨달았다면, 그리고 그대에게 그것을 주신 분께 고마운 마음을 가지고 있다면, 세속의 직무를 행할 때에도 그분을 섬기는 데 그 마음을 쓰십시오. 그대가 사랑으로 다스리든 두려움을 가지게 해 다스리든, 그대의 신심 깊은 생활의 본보기와 그들의 복지에 대한 그대의 열정으로 사람들을 일깨워 그대의 권위에 복종하게 만들고 그리하여 그들이 하느님을 섬기도록 이끈다면, 그대가 그들의 더 확실한 안전을 위해 일하면서 그들이 그들의 행복이 되실 분께 이르게 되는 것만을 목표로 삼는다면 그대의 덕들은 참된 덕이 될 것이며, 그 덕들은 그대에게 많은 것을 베풀어 주시는 그분의 도우심으로 더욱 커지고 결국엔 완전하게 되어 틀림없이 그대는 진정 행복한 삶인 영원에 이르게 될 것입니다. 그 삶에서는 더 이상 분별의 덕으로 선과 악을 구별할 필요가 없을 것입니다. 그곳에는 악이라는 것이 아예 없기 때문입니다. 적수들을 인내심으로 참아 주어야 할 일도 없습니다. 그곳에는 적수라는 것이 아예 없고 우리가 사랑하는 것들만 있을 테기 때문입니다. 우리의 정욕을 억제할 극기도 필요 없습니다. 그곳에는 정욕을 불러일으키는 유혹물들이 없기 때문입니다. 우리에게 넘치는 것으로 가난한 이들을 도움으로써 정의를 실천할 일도 없습니다. 그곳에서는 가난한 이도 곤궁한 이도 발견할 수 없기 때문입니다. 그곳에는 한 가지 덕만 있을 것이며, 그것은 덕에 대한 보상과 같을 것입니다. 거룩한 책의 저자가 자신이 사랑하는 대상이라고 이야기한 바로 그것이지요. "그러나 저는, 하느님께 가까이 있음이 저에게는 좋습니다." 이것이 곧 완전하고 영원한 지혜가 될 것이며, 진정으로 행복한 삶이 될 것입니다. 그것에 도달하는 것이 곧 영원하며 궁극적인 선에 도달

[20] *WSA* 3,10,302.

[21] *WSA* 3,10,388-89*.

[22] 도나투스파에 대항해 로마제국의 법을 집행할 의무를 부여받은 아프리카의 주교 대리 마케도니우스에게 보낸 편지다.

하는 것이며, 영원히 하느님 가까이에 있는 것이 우리의 모든 선의 총합이기 때문입니다. 이것을 분별이라 부릅시다. 그것은 결코 없어질 수 없는 선에 더없이 조심스럽게 매달릴 것이기 때문입니다. 이것을 용기라 부릅시다. 그것은 자기가 결코 떨어져 나갈 수 없는 그 선에 굳세게 매달릴 것이기 때문입니다. 이것을 절제라 부릅시다. 그것은 그 안에 타락 같은 것은 결코 없는 그 선에 지극히 순정하게 매달릴 것이기 때문입니다. 이것을 정의라 부릅시다. 그것은 그것이 마땅히 복속하는 그 선에 지극히 올곧게 매달릴 것이기 때문입니다.

• 아우구스티누스 『서간집』 155.[23]

그 무엇도 우리를 하느님에게서 떼어 놓게 두어서는 안 된다

약속드렸듯이, 제가 신약성경에서 인용한 구절들과 유사한 구약성경 구절들을 제시한 다음 이 덕들[24]에 따라 사는 삶의 양식을 하나하나 간략하게 설명하겠습니다. 사실, 우리를 갈라놓는 것이 아무것도 없도록 우리가 하느님과 결합되어야 한다고 말하는 이가 바오로 한 사람뿐이겠습니까? 예언자도 같은 뜻의 말을 간단하지만 아주 적확하게 표현하지 않았습니까, "저는, 하느님께 매달림이 저에게는 좋습니다"라고? "매달림"이라는 말이 바오로 사도가 사랑에 관해 길게 말한 모든 것을 표현하고 있지 않습니까? 그리고 "좋습니다"라는 말은 "하느님을 사랑하는 이들에게는 모든 것이 함께 작용하여 선을 이룬다"(로마 8,28)는 사도의 말을 가리키지 않습니까? 예언자는 이렇게 한 문장과 두 단어로 사랑의 힘과 열매를 설명해 줍니다.

• 아우구스티누스 『가톨릭교회의 관습과 마니교도의 관습』 16,26.[25]

유일한 참행복은 하느님 가까이 있는 것이다

이 세상의 철학자들 가운데 유일한 행복은 육에 따라 사는 것이라고 생각한 이들이 있었습니다. 이들은 인간의 선이 육체의 쾌락에 있다고 보았습니다. 이들은 그렇게 가르치며 그 학파를 창시한 에피쿠로스라는 자의 이름을 따서 에피쿠로스학파라 불렸습니다. 그러나 자신들은 육체를 경멸하며 최고의 미덕은 자기 자신의 덕에 있다고 믿고서 행복에 대한 모든 희망을 영혼에 둔다고 주장하는 잘난 척하는 이들이 등장했습니다. 확실히 여러분의 종교적 감정은 여러분 안에서 시편의 말씀을 알아보았습니다. 거룩한 시편이 '자기의 덕이 많음을 자랑하는 이들'(시편 49,7 참조)을 어떻게 조롱하는지 여러분은 압니다. 깨달았습니다. 알아보았습니다. 앞서 말한 철학자들은 스토아학파라고 불립니다. 에피쿠로스학파는 육체를 따라 살았고 스토아학파는 영혼에 따라 살았습니다. 이 두 학파 다 하느님에 따라 살지 않았습니다.

이것이 바오로 사도가 이 철학 학파들이 열정적으로 연구와 논쟁을 하고 있던 아테네에 왔을 때에 관한 사도행전의 기록에 — 여러분이 활발하고 민첩한 기억력으로 제가 이야기하려는 뜻을 저보다 먼저 간파하고 있는 걸 보니 아주 기쁩니다 — "에피쿠로스학파와 스토아학파의 몇몇 철학자도 그와 대담을 나누었다"(사도 17,18)고 쓰여 있는 이유입니다. 육체에 따라 사는 사람들이 그와 대담을 나누었고, 영혼에 따라 사는 사람들이 그와 대담을 나누었습니다. 하느님을 따라 사는 그는 이 두 부류와 대담을 나누었

[23] FC 20,313-14*.

[24] 사추덕(四樞德)인 지덕(예지/분별), 의덕(정의), 용덕(용기), 절덕(절제)를 말한다.

[25] NPNF 1,4,49*.

습니다. 에피쿠로스학파들은 "나에게는 육체를 즐기는 것이 선입니다"라고 하였습니다. 스토아학파는 "나에게는 내 정신을 즐기는 것이 선입니다"라고 하였습니다. 바오로 사도는 "그러나 나에게는, 하느님께 가까이 있음이 선입니다"라고 하였습니다. 에피쿠로스학파는 "자기 육체로 쾌락을 즐기는 이는 행복하다"고 하였고, 스토아학파는 "그게 아니라 자기 정신의 덕을 누리는 이가 행복하다"고 하였습니다. 바오로 사도는 "행복하여라, 주님의 이름에 희망을 두는 이!"(시편 146,5 참조)라고 하였습니다.

에피쿠로스학파는 영 잘못 생각했습니다. 자기 육체로 쾌락을 즐기는 사람이 복되다는 것은 한마디로 사실이 아니기 때문입니다. 스토아학파도 마찬가지로 잘못 생각했습니다. 그들의 말은 틀렸습니다. 자기 정신의 덕을 누리는 사람이 복되다는 것은 완전히 틀린 말입니다. 그래서 [시편 저자는] "행복하여라, 주님의 이름에 희망을 두는 이"라고 말합니다. 앞의 저 두 부류는 헛말이나 떠드는 떠버리요 거짓말쟁이라 [그는 이렇게 덧붙입니다]. "[행복하여라,] 헛된 말들과 어리석은 거짓말들에 돌아서지 않는 사람!"(시편 40,5).

• 아우구스티누스 『설교집』 156,7.[26]

모든 것을 하느님 사랑을 위해서 하라

[율법을] 이행하는 하나의 행동만큼 좁고 유한한 것이 무엇이 있습니까? 그러니 여러분이 무엇을 하든 그리스도에 대한 사랑으로 행하십시오. 그대의 행위의 의도와 목적이 그분을 향하게 하십시오. 인간의 칭찬을 듣고자 하는 일은 결코 없게, 모든 것을 하느님에 대한 사랑과 영원한 생명에 대한 바람에서 하십시오. 그러면 여러분은 모든 완전함의 종착역을 보게 될 것이며, 그곳에 도달하면 여러분은 아무것도 더 원치 않게 될 것입니다. 시편 낭독 시간에 "끝에 관하여. 다윗의 시편"(시편 4,1 칠십인역, 불가타)이라는 말씀을 들으면 당연히 그리스도에 관한 말씀으로 알아들어야 합니다. 사도가 이렇게 말하기 때문입니다. "그리스도는 율법의 끝이십니다. 믿는 이는 누구나 의로움을 얻게 하려는 것입니다"(로마 10,4). 여러분이 다른 무엇을 만나게 되었다면 그것을 지나쳐 끝까지 가십시오. "끝"이 무엇입니까? "저는, 하느님께 가까이 있음이 저에게는 좋습니다." 하느님께 매달리셨습니까? 여행을 끝내셨으면 여러분은 참된 본향에 머무르게 될 것입니다.

• 아를의 카이사리우스 『설교집』 137,1.[27]

죄를 씻어 낸 영혼만 하느님께 매달릴 수 있다

세례 때에 죄는 표면적으로만 씻길 뿐이라고 말하는 사람이 있다면, 그런 가르침보다 믿음에 더 어긋나는 것이 무엇이 있겠습니까? 그런 가르침은 믿음의 성사 자체를 망쳐 버리려는 시도입니다. 누가 뭐래도 영혼은 세례로 하늘의 깨끗함과 묶이며, 이제 모든 죄가 사해진 영혼은 예언자가 "하느님께 가까이 있음이 저에게는 좋습니다"라고 말하는 분께 전적으로 매달릴 수 있게 됩니다. 홍해를 건넘은 분명 거룩한 세례의 표상입니다. 뒤에 남겨진 원수들은 죽었지만 다른 이들은 광야 앞에 서게 되었습니다. 이처럼, 거룩한 세례라는 목욕을 한 모든 이에게는 그들이 과거에 저지른 모든 죄가 용서되었습니다. 뒤에 남겨진 죄들이 이집트의 원수들처럼 죽었기 때문입니다. 그러나 광야에서 우리는 다른 원수들을 발견합니다. 우리가 약속의 땅에 도달하기 전 이

[26] *WSA* 3,5,101*.

[27] FC 47,270*.

승의 삶을 사는 동안 많은 유혹이 우리를 성가시게 하며 산 이들의 땅으로 나아가고 있는 우리의 길을 가로막으려 설치기 때문입니다. 그러니 세례 때에 죄가 모두 사라진 건 아니라고 말하는 이가 있다면, 그더러 이집트인들이 실제로는 홍해에서 죽지 않았다고 말하라 하십시오. 그러나 그가 이집트인들이 실제로 죽었다고 인정한다면, 그는 세례 때에 죄가 완전하게 없어진다는 것을 인정해야 합니다. 우리의 죄 사함은 진리의 그림자가 아니라 진리 자체가 작용한 일이기 때문입니다. 주님께서는 복음서에서 '목욕을 한 이는 온몸이 깨끗하니 씻을 필요가 없다'(요한 13,10 참조)고 하셨습니다. 세례 때에 죄가 완전히 씻기지 않았다면, 그가 어떻게 온몸이 깨끗할 수 있습니까? 그에게 죄가 남아 있다면 온몸이 깨끗하다고 말할 수 없습니다. 그러나 '목욕을 한 이는 온몸이 깨끗하다'는 진리의 말씀을 아무도 부인할 수 없습니다. 그렇다면 몸소 그를 속량해 주신 분께서 그의 온몸이 깨끗하다고 선언하신 이에게는 죄의 전염력이라 할 것조차도 남아 있지 않습니다.

• 대 그레고리우스 『서간집』 11,45.[28]

[28] NPNF 2,13,66*.

## 74,1-23 원수들을 처단하시기를 청하는 기도

1 [마스킬. 아삽]
하느님, 어찌하여 마냥 버려두십니까?
어찌하여 당신 목장의 양 떼에게
분노를 태우십니까?
2 기억하소서, 당신께서 애초부터 마련하시어
당신 소유의 지파로 구원하신 무리를
당신 거처로 삼으신 시온산을!
3 당신 발걸음을 들어 옮기소서,
이 영원한 폐허로!
성전에서 원수가
모든 것을 파괴하였습니다.
4 당신 적들이 당신의 성소 한가운데에서
소리소리 지르고
자기네 깃발을 성소의 표지로 세웠습니다.
5 마치 나무 숲에서
도끼를 휘두르는 자와 같았습니다.①
6 그렇게 그들은 그 모든 장식들을
도끼와 망치로 때려 부수었습니다.
7 당신의 성전을 불로 태우고
당신 이름의 거처를
땅에다 뒤엎어 더럽히며
8 마음속으로 말하였습니다.
'전부 없애 버리자.
하느님의 성소들을 이 땅에서 모두
불살라 버리자!'
9 이제 저희의 표지는 볼 수 없고
예언자도 더 이상 없으며
언제까지일지 아는 이도 저희 가운데에는
없습니다.
10 하느님, 언제까지나 적이 깔보아도
됩니까?
원수가 당신 이름을 끊임없이
업신여겨도 됩니까?
11 어찌하여 당신 손을 사리십니까?⤴

↱어찌하여 당신 오른팔을
품에 넣고 계십니까?②
12 그러나 하느님은 예로부터 저의 임금님
세상 한가운데에서 구원을 이루시는 분!
13 당신께서는 바다를 당신 힘으로
뒤흔드시고
물 위에서 용들의 머리를 부수셨습니다.
14 레비아탄의 머리들을 깨뜨리시어
바다의 상어들에게③ 먹이로 주셨습니다.
15 샘과 개울을 터뜨리시고
물 많은 강들을 말리셨습니다.
16 낮도 당신의 것, 밤도 당신의 것.
당신께서 빛과 해를 세우셨습니다.
17 당신께서는 땅의 경계를 모두 정하시고
여름과 겨울을 만드셨습니다.
18 주님, 이를 생각하소서. 적이 깔봅니다.
어리석은 백성이
당신 이름을 업신여깁니다.
19 당신 비둘기의 목숨을
들짐승에게 내주지 마소서.
당신의 가련한 이들의 생명을
끝내 잊지 마소서.
20 당신의④ 계약을 돌아보소서!
나라의 구석구석이 폭행의 소굴로
가득 찼습니다.
21 억눌린 이가 수치를 느끼며
돌아가지 말게 하시고
가련한 이와 불쌍한 이가
당신 이름을 찬양하게 하소서.
22 일어나소서, 하느님. 당신의 소송을
친히 이끄소서.
생각하소서, 어리석은 자가 날마다
당신을 깔보고 있음을.
23 당신 적들의 외침을,
점점 커지는 항거자들의 아우성을
잊지 마소서.

① 바로잡은 본문; 히브리어 본문은 뜻이 불명확하다.
② 바로잡은 본문; 히브리어 본문은 '당신 오른손을 품에서 치워 버리셨습니까?'다.
③ 히브리어 본문은 '백성들에게'다.
④ 그리스어, 시리아어 본문; 히브리어 본문은 정관사가 붙은 '계약'이다.

둘러보기

영원 이전부터 계신 그리스도께서 지상에 머무르시는 동안 인류의 구원을 이루셨다(아우구스티누스). 그리스도는 영원 속에서 또 시간 안에서 임금님이시다. 그분께서는 생명을 주는 가르침을 통하여 우리의 구원을 이루셨다. 구약성경에 기록된 기적 이야기들은 그리스도께서 행하셨다고 신약성경이 전하는 기적들을 설명하는 데 도움이 된다. 예를 들어, 홍해가 갈라짐은 거룩한 세례의 정화하는 힘을 설명해 준다. 교만은 하느님께서 가장 싫어하시는 죄다. 교만의 죄로 인하여 사탄이 반란을 일으켰고 에덴 동산에서 아담이 타락했기 때문이다(카시오도루스).

74,12 세상 한가운데에서

**그리스도의 구속 활동이 이루어진 배경**

"그러나 하느님은 예로부터 우리의 임금님, 세상 한가운데에서 구원을 이루시는 분!"이라는 시편 구절도 같은 해석 방식[1]을 적용해 이해할 수 있습니다. 여기서 '우리의 하느님'은 시대들이 생기기 이전부터 계셔 오신(시대들을 만드신 분이 그분이시니까요) 주 예수님을 의미합니다. 그 분께서는 "세상 한가운데서 구원을 이루셨습니다". 말씀께서 육이 되시어 인간의 육체 속에 거하시는 동안에 [우리의 구원을 이룩하신] 까닭입니다.

• 아우구스티누스 『신국론』 17,4.[2]

### 그리스도께서는 이미 영원 이전부터 임금님이셨다

"그러나 하느님은 예로부터 우리 임금님, 세상 한가운데에서 구원을 이루시는 분." 앞에서 표제에서 선언된 아삽의 깨달음이 구원자 주님께서 오시리라고 예고하는 예언의 영과 함께 두 번째 부분으로 이어집니다. 이에 대한 증거를 제시하기 위하여 그는 주님께서 하늘과 땅에서 행하신 모든 기적을 열거합니다. 그는 그분의 육화를 이야기할 생각이기 때문에, 그분께서 세상의 토대를 놓으시기 이전부터 이미 임금님이셨다고 증언합니다. 그럼으로써 그분께서 시간 속의 한 지배자에 지나지 않는다고 믿는 사람이 아무도 없게 합니다. 그분께서도 복음서에서 이렇게 말씀하십니다. "[내가 임금이라고 네가 말하고 있다.] 나는 진리를 증언하려고 태어났으며 진리를 증언하려고 이 세상에 왔다"(요한 18,37). '사이쿨라'saecula(시대들)가 이 단어로 불리는 것은 계절들이 돌고 돌아서 원래의 자기로(in se) 돌아오기 때문입니다. 다음 구절은 "세상 한가운데에서 구원을 이루시는 분"입니다. 이 구절은 그분께서 사람들이 보는 앞에서 행하신 기적들과 관련한 말로 이해할 수도 있지만, 그분께서 생명을 주는 당신의 가르침으로 이루신 영혼들의 구원을 가리키는 말로 이해하는 쪽이 더 낫습니다.

• 카시오도루스 『시편 해설』 73,12.[3]

### 홍해를 건넘은 그리스도인의 세례를 예표한다

"당신께서는 바다를 당신 힘으로 단단하게 하시고 물에서 용들의 머리를 부수셨습니다"(시편 73,13 불가타). [시편 저자는] 자신이 앞에서 한 말, 곧 (우리를 위해 고난받으시고, 죽으심으로써 죽음을 무찌르시고, 포로들에게는 자유를, 저주받은 이들에게는 보상을 주신) 구원자 주님께서는 시대들이 생기기 이전부터 임금님이셨다는 것을 증명하기 위해 그분께서 유대인들 사이에서 행하신 과거의 기적들을 열거합니다. 그분께서 홍해의 깊은 물을 단단하게 하시어 양쪽으로 갈라진 물이 움직이지 않게 되자 배가 다니던 깊은 곳의 바닥이 길이 되었습니다. 다음 구절, "물에서 용들의 머리를 부수셨습니다". 그는 앞서 말한 기적의 신비를 적절하게 설명하고 있습니다.

• 카시오도루스 『시편 해설』 73,13.[4]

## 74,23 적들의 외침

### 교만의 죄

"당신을 미워하는 자들의 교만이 계속해서 당신께 기어오르라 하십시오." 우리가 보기에 이 말은 로마인들에게 딱 들어맞습니다. 이들에 대해 그가 앞에서 이렇게 말했었지요. "당신 적들이 당신의 성소 한가운데에 자기네 깃발을 성소의 표지로 세웠습니다"(시편 74,4). 그는 전능하신 재판관께서 예루살렘의 적들에게 몹시 분개하시도록 자극하고 있습니다. 교만은 주님께서 각별

---

[1] 아우구스티누스는 육체적 행위가 이루어지지 않았더라도 생각만으로도 죄를 저지를 수 있다고 주장해 왔다. 같은 논리로 여기서는, 하느님께서 당신 아드님의 육화 이전에 영원의 세계에서 이미 우리의 구원을 이루셨다고 주장하고 있다.

[2] *CG* 722-23. [3] ACW 52,217*.

[4] ACW 52,218*.

히 싫어하시는 악덕입니다. 천사들이 타락한 것도, 첫 번째 인간이 복된 상태를 잃어버린 것도 교만 때문이었습니다(참조: 창세 3,1-7; 1티모 3,6).

이 더없이 간악한 악덕이 맨 나중에 놓인 것이 얼마나 신중한 배치인지 잘 보십시오. [저자는] 기억의 경계 안에 보관될 수 있는 것으로 결론을 내리고자 합니다. 이것은 순결한 마음으로 주님께 전념하는 이들의 소박하고 사려 깊은 탄식입니다. 삶의 거룩한 규칙들로 순종을 보여 주는 이들은 그들이 겪는 불행이 아무리 혹독해도 유혹에 넘어가지 않습니다.

• 카시오도루스 『시편 해설』 73,23.[5]

[5] ACW 52,223*.

## 75,1-11 찬송 시편

1 [지휘자에게. 알 타스헷. 시편. 아삽. 노래]
2 저희가 당신을 찬송합니다,
하느님, 찬송합니다.
당신 이름을 부르는 이들이
당신의 기적들을 이야기합니다.①
3 "내가 정한 때가 오면
나는 올바르게 심판하리라.
4 땅이며 그 모든 주민이 뒤흔들려도
내가 세운 그 기둥들은 굳건히 서 있다.
셀라
5 거만한 자들에게 내가 말하였다.
'거만하게 굴지 마라.'
악인들에게 내가 말하였다.
'뿔을 쳐들지 마라.'"
6 너희 뿔을 높이 쳐들지 마라.
고개를 치켜들고 무례하게 말하지 마라.
7 해 뜨는 데서도 해 지는 데서도 아니요
산속 광야에서도 오는 게 아니니.
8 오직 하느님만이 심판자,
어떤 이는 낮추시고 어떤 이는 높이신다.
9 실상 주님의 손에 잔이 들려 있으니
향료 가득한 거품 이는 술이라네.
그 잔에서 따르시니
그들은 찌꺼기까지 핥아 마시리라.
세상의 모든 악인들이 마셔야 하리라.
10 그러나 나는 끝없이 기뻐 춤추며②
야곱의 하느님께 노래하리라.
11 "내가 악인들의 뿔을 모두 꺾으리니
의인의 뿔은 드높여지리라."

① 그리스어 본문; 히브리어 본문은 '당신의 이름이 가까이 있다고 당신의 기적들이 선언하기 때문입니다'다.
② 그리스어 본문; 히브리어 본문은 '선포하며'다.

### 둘러보기

하느님께서 우리를 단죄하시는 것은 우리가 행하는 행동이 악하기 때문이다. 그러나 은혜롭게도 그분께서는 당신께서 처음에 선하게 그리고 당신의 모습대로 지으신 사람들을 기꺼이 구원하고자 하신다. 우리가 겸손한 고백으로 우리 마음에서 사악함을 씻기도 전에 하느님을 부른다면 그분을 모욕하는 것이다(아우구스티누스). 기도를 드리기 전에 고백으로 마음을 깨끗이 하는 것을 자주 하면 좋다(카시오도루스). 우리가 선을 우리에게 돌리고 악을 하느님 탓으로 돌릴 때 하느님께 죄받을 짓을 하는 것이다. 하느님께서는 사람들의 두 종류, 곧 겸손한 이들과 교만한 자들 — 한쪽은 고백하며 참회하는 이고, 다른 한쪽은 뻔뻔한 죄인 — 을 알아보시며 그에 따라 심판하신다(아우구스티누스). 구원의 잔은 신약과 구약의 관계와 유대인과 이방인을 구원하시려는 하느님의 바람을 상징하는 잘 섞인 술로 가득 차 있다(카시오도루스).

### 75,2 하느님께서는 죄를 자비롭게 기꺼이 용서하신다

#### 하느님께서 인간의 행동에서 어떤 선도 찾아내지 못하시다

방금 우리는 이렇게 노래 불렀습니다. "저희가 당신께 고백합니다,[1] 하느님, 저희가 당신께 고백하며 당신 이름을 부릅니다." 하느님께 고백한다는 것이 거만하게 자신의 공로를 내세우지 않고 하느님 앞에서 겸손한 자세를 취하는 것 아니고 무엇이겠습니까? 사도가 말하듯이, "우리는 은총으로 구원을 받았습니다. 이는 인간의 행위에서 나오는 것이 아니니 아무도 자기 자랑을 할 수 없습니다"(에페 2,8-9). 우리에게는 그분께서 저 위에서 내려다보시고 마음에 드셔서 "이 사람들이 선한 삶을 살고 있으니 우리가 내려가서 이들을 도와주자"고 말씀하실 만한 선재先在하는 선한 삶이 전혀 없었습니다. 그분께서 보시기에 우리의 삶은 하나도 흡족하지 않았습니다. 우리가 하는 짓들이 하나같이 못마땅하셨습니다. 그러나 당신께서 우리 안에 만드신 것에는 그렇지 않았습니다. 그래서 그분께서는 우리가 만든 것들을 단죄하실 것이며 당신께서 만드신 것은 구원하실 것입니다. 그분께서는 인간의 악행들은 단죄하시고 인간은 구원하실 것입니다.

• 아우구스티누스 『설교집』 23A,1.[2]

#### 고백으로 마음을 깨끗하게 하다

그래서 그분께서는 우리에게 겸손의 길을 주셨습니다. 우리가 그 길을 잘 따라간다면, 우리는 주님께 고백하게 될 것이며 응당 이렇게 찬송할 것입니다. "저희가 당신께 고백합니다, 하느님, 저희가 당신께 고백하며 당신 이름을 부릅니다." 그분께 고백하지 않고서 그분을 부르는 것은 사실 염치없는 짓입니다. 여러분이 부르는 분의 거처를 준비하려면, 그러니까 그분을 불러 모시려면 먼저 고백하십시오. 사실 여러분의 마음은 사악함으로 가득 차 있습니다. 그러나 고백은 여러분의 안을 잔뜩 어질러 놓은 더러움을 쓸어 내 버리고, 여러분이 부르는 분이 들어오시도록 집안을 깨끗하게 합니다. 고백하기도 전에 그분을 부르는 이는 그분을 청함으로써 의도적으로 그분을 모욕하는 것입니다. 어떤 거룩한 사람을 집에 초대할 때면 여러분은 그의 눈에 거슬리는 것이 없도록 먼저 집을 깨끗이 청소합니다. 그런데 고백으로 내면의 죄악을 모두 쓸어 내 버리지도 않고 어찌 감히 하느님의 이름을 사악함으로 가득한 여러분의 마음 안으로 불러들인단 말입니까?

• 아우구스티누스 『설교집』 23A,4.[3]

#### 먼저 고백하고 그다음에 기도하라

"저희가 당신께 고백합니다, 하느님, 당신께 고백하며 당신 이름을 부릅니다. 저는 당신의 기적들을 모두 이야기하겠나이다." 이 한 절에 성

[1] 여기서 아우구스티누스는 성경 본문의 "찬송합니다"를 "고백합니다"로 바꾸어 인용하고 있다. 그가 설명하다시피, 고백은 겸손에서 나오는 행동이기 때문이다.

[2] *WSA* 3,2,68.

[3] *WSA* 3,2,70*.

스러운 신심의 규칙이 올바른 순서로 설명되어 있습니다. 그리스도 주님을 믿게 되어 있던 유대 민족과 표제에서 끝까지 타락하지 말라고 경고하는 이들은 크나큰 신심을 보이며 찬송할 것을 서약합니다. 우리가 자주 말했듯이, 고백은 많은 이의 하나 된 목소리가 무엇인가를 선포하는 것입니다. 한 사람이 고백을 했다고 하더라도, 그는 믿음 안에서 그보다 먼저 고백한 이들과 또 그보다 나중에 고백하는 이들과 결합된다고 여겨집니다. "당신께 고백합니다"라는 구절이 반복됩니다. 이 반복은 약속의 변치 않는 본성을 증언합니다. 반복법은 아무 때나 사용되는 것이 아니라 확고한 결정을 암시하는 경우에만 사용되기 때문입니다. "제 마음 든든합니다, 하느님. 제 마음 든든합니다"(시편 57,8) 같은 구절이 예입니다. ["고백합니다"]라는 말에 "당신께"라는 말이 덧붙여진 것은 다른 존재들에 대한 숭배를 배제하는 것입니다. 참된 신심은 지극히 당연하게 창조주를 숭배하는 것입니다. 또, 우리가 한 번이라도 지상의 재판관에게 범죄를 고백한다면 죽음이 따를 경우가 많지만, 하느님께 자주 고백할 경우 죽음의 위험이 아니라 구원이 온다는 점에 대해서도 깊이 생각해 보십시오. [이 시편은] 표현의 흐름도 참 훌륭합니다. 화자는 먼저, 자신이 고백하고 있다고, 곧 자기 죄를 두고 탄식한다고 말합니다. 그러고 나서는 자신이 주님의 이름을 부르고 있다고 합니다. 우리도 먼저 고백함으로써 그분의 선물로 우리 마음을 깨끗이 한 다음 주님의 이름을 부르며 도움을 청하는 것이 옳습니다. 그분께서 당신의 사람이라고 아시는 이들 말고 누구에게 오시겠습니까? 그분께 헌신하지 않는 이가 그분을 부른다는 것은 용서가 아니라 심판을 청하는 것처럼 보입니다. 그러니 우리는 확신을 가지고 그분의 관대함을 청할 수 있도록 청을 올리기 전에 이런 식으로 준비해야 합니다.

• 카시오도루스 『시편 해설』 74,2.[4]

### 75,6 하느님께 무례하게 말하지 마라

#### 하느님께서는 선을 행하시고 우리는 악을 행한다

여러분이 이렇게 말한다면,[5] 여러분은 쓸데없는 찬양을 하는 것이 아닙니다. "저는 아뢰었습니다. '주님, 저에게 자비를 베푸소서. 저를 고쳐 주소서. 당신께 죄를 지었습니다'"(시편 41,5). 여러분이 저지르는 악에 대해서는 하느님을 탓하고 선은 자신의 공으로 돌린다면, 그것은 하느님께 무례하게 말하는 것입니다. 이 문제에 관해 시편이 뭐라고 하는지 잘 들으십시오. "너희 뿔을 높이 쳐들지 마라. 고개를 치켜들고 하느님께 무례하게 말하지 마라." 여러분이 하느님께 말로 저지르는 죄악은, 모든 선은 여러분 자신의 공으로 돌리고 모든 나쁜 것은 그분 탓으로 돌리고 싶어 한다는 것입니다. 교만의 뿔을 높이 쳐듦으로써 여러분은 하느님께 무례하게 말하고 있습니다. 겸손할 때 여러분은 올바르게 말합니다. 여러분이 겸손한 마음일 때 하는 바른말은 무엇입니까? [이런 말입니다.] "저는 아뢰었습니다. '주님, 저에게 자비를 베푸소서. 저를 고쳐 주소서. 당신께 죄를 지었습니다'"(시편 41,5).

• 아우구스티누스 『설교집』 16B,2.[6]

---

[4] ACW 52,225*.

[5] 아우구스티누스는 앞에서 자기가 저지르는 악에 대해서는 하느님 탓을 하고 자신의 선행은 자기 공으로 돌리는 사람들의 생각을 비난했다.

[6] *WSA* 3,1,363.

75,7-10 하느님만이 심판자이시다

하느님께서는 교만한 자들은 낮추시고 겸손한 이들은 높이신다

이처럼 이 시편은 "너희 뿔을 높이 쳐들지 마라. 고개를 치켜들고 하느님께 무례하게 말하지 마라"라고 한 다음 곧바로 이어서 이렇게 말합니다. "해 뜨는 데서도 해 지는 데서도 아니요 산속 광야에서도 오는 게 아니니. 오직 하느님만이 심판자, 어떤 이는 낮추시고 어떤 이는 높이신다." 그는 두 백성을 봅니다. 두 종류의 사람들이죠. 어떤 두 종류입니까? 교만으로 가득 찬 사람들이 한 종류요, 고백하는 사람들이 다른 한 종류입니다. 바른말을 하는 사람들이 한 종류요, 그릇된 말을 하는 이들이 다른 한 종류입니다. 바른말을 하는 이는 어떤 이입니까? "저는 죄를 지었습니다"라고 말하는 이입니다. 그릇된 말을 하는 이는 어떤 이입니까? "내가 죄를 지은 것이 아니라, 내 운수가 나빴기 때문이오. 내 운명이 죄를 지은 것이오"라고 말하는 이입니다. 이처럼 여러분은 바른말을 하는 사람과 그릇된 말을 하는 사람, 겸손한 사람과 교만한 사람, 이런 두 종류의 사람을 보니, 이 시편의 다음 말씀이 이렇게 이어지는 것에 놀라지 마십시오. "오직 하느님만이 심판자, 어떤 이는 낮추시고 어떤 이는 높이신다."

• 아우구스티누스 『설교집』 16B,3.[7]

잘 섞인 포도주가 든 잔

주님의 잔은 "잘 섞인 포도주가 가득"(시편 74,9 칠십인역, 불가타)합니다. 그래서 계속 마셔도 결코 비지 않습니다. 여기서 '섞였다'는 것은 새 계약과 옛 계약을 말합니다. 이 둘이 합쳐진 결과물은 영혼들에게 최고의 건강을 선사하는 음료입니다. 실로 유대인들에게는 술이 있었습니다. 그러나 그것은 섞이지 않았습니다. 그들이 새 계약의 영양분을 도무지 인정하려 들지 않았기 때문입니다. 마찬가지로, 마니교도[8]들도 '섞인' 술을 마시지 않았습니다. 그들은 새 계약은 일부 받아들였지만 옛 율법의 신비들은 성급하게 거부했기 때문입니다. [시편 저자는] "[그분께서] 그 잔에서 [이 잔으로] 따르시니"라고 덧붙입니다. 이 말로 그가 지적하는 것은 유대인 공동체와 이방 민족 공동체입니다. [주님께서] 믿지 않는 유대인들의 입에서 그것을 취하여 개종한 이방인들을 위한 음료로 따라 주시기 때문입니다. 그것은 유익이 될 것을 어떻게 주셔야 할지 늘 아시는 분에게서 구원의 잔을 얻게 하는 복되고 순수한 음료였습니다. 이런 표현 방식은 거룩한 책들에 고유한 것인데, 세속적 작품들에서는 거의 찾아볼 수 없습니다.

• 카시오도루스 『시편 해설』 74,9.[9]

[7] *WSA* 3,1,364*.

[8] 극단적 영지주의 이원론을 신봉하는 마니교 추종자들인 이단 집단.

[9] ACW 52,229*.

## 76,1-13 예루살렘을 지켜 주시는 하느님을 찬양하는 시편

1 [지휘자에게. 현악기와 더불어. 시편. 아삽. 노래]
2 하느님께서 유다에 널리 알려지셨네.
이스라엘에 그 이름 위대하시네.
3 살렘에 그분의 초막이,
시온에 그분의 거처가 마련되었네.

↱[4] 거기에서 불화살들을,
방패와 칼과 전쟁 무기를
그분께서 들부수셨네. 셀라
[5] 당신은 영광스러우신 분
전리품의 산들①보다도 뛰어나신 분!
[6] 심장이 강한 자들도 가진 것 빼앗긴 채
잠에 떨어졌습니다.
역전의 용사들도 모두
손을 놀릴 수 없었습니다.
[7] 야곱의 하느님, 당신의 호령에
수레도 말도 까무러쳤습니다.
[8] 당신은 경외로우신 분
당신께서 진노하실 때
누가 당신 앞에 서 있겠습니까?
[9] 당신께서 하늘로부터 심판을 선포하시니
땅이 놀라 숨을 죽였습니다,
[10] 세상의 가난한 이들을 모두 구하시려
하느님께서 심판하러 일어나실 때. 셀라
[11] 사람의 분노마저 당신을 찬송하고
그 분노의 나머지로 당신께서는
띠 두르십니다.
[12] 주 너희 하느님께 서원하고 채워 드려라,
그분 주위에 있는 모든 이들아.
두려움이신 그분께 예물을 바쳐라.
[13] 그분은 제후들의 얼을 꺾으시는 분,
세상 임금들에게 경외로우신 분이시다.

① 히브리어 본문; 그리스어 본문은 '영원한 산들'이다.

둘러보기

죽음이라는 피할 수 없는 잔인한 현실은 신자들의 경우 천국과 그곳에서 경험하게 될 영광과 하느님을 직접 뵙게 되리라는 확신으로 견딜 만한 것이 된다(히에로니무스). 우리는 하느님께서 믿는 이들에게 영원한 산들로부터 주시듯 성경에서 주시는 빛과 진리에 기뻐한다(나지안주스의 그레고리우스). 예언자들과 사도들은 참된 가르침을 선포하는 지혜를 받았다. 그래서 그들은 이단자들처럼 사라지지 않는다(카시오도루스). 믿지 않는 이들에게 이승의 삶은 꿈과 같다. 이곳에서 그가 소유한 것은 그가 영원의 세계에서 깨어났을 때 보면 사라지고 없다(아우구스티누스). 중죄인들은 하느님께서 하늘에서 던지시는 창과 같은 심판에 의해 영원한 상처를 입고 파멸할 것이다. 하느님께서는 사악한 자들에게 심판을 내리실 때는 징벌의 엄격함을 나타내기 위하여 서 계시지만, 잘 처신한 이들에게는 상을 내리신다(카시오도루스). 세상의 온갖 잔인하고 사악한 일들 가운데에서도 우리는 이승이 아니라 저승을 소중히 여기는 이들의 본보기를 보고 위로를 얻을 수 있다(테오도레투스).

76,3 죽음 앞에서의 위로

믿는 이들의 영혼은 하늘로 간다

이처럼 죽음이라는 잔인하고 냉정한 현실과 마주쳐야 할 때 우리는 지금 이승에 없어 우리가 애도하는 이들을 곧 다시 보게 되리라는 사실에서 위안을 얻습니다. 그들의 종말은 죽음이 아니라 잠든 상태라 불리기 때문입니다. 그래서 복된 사도도 우리가 잠든 사람들 때문에 슬퍼하는 것을 금했습니다(1테살 4,13 참조). 지금 잠들었다고 우리가 알고 있는 이들이 나중에 잠에서 깨어날 것이며 깨어난 그들은 또다시 성도들과 또 천사들과 함께 이렇게 노래하리라는 것을 믿으라고 하였지요. "지극히 높은 곳에서는 하느님께 영광, 땅에서는 선의를 지닌 백성에게 평화!"(루카 2,14 불가타). 죄라는 것이 없는 하늘에는 영광과 영원히 계속되는 찬미, 지칠 줄 모르는 노래가 있습니다. 그러나 난동이 수시로 일어나며 전쟁과 불화가 지배하는 땅에서 평화는 기도로 얻을 수밖에 없으며, 모든 사람들 사이에서가 아니라 "하느님 우리 아버지와 주 예수 그리스도에게서 은총과 평화가 여러분에게 내리기를 빕니다"(로마 1,7)라는 사도의 인사에 주의를 기울이는 선의의 사람들 사이에서만 발견됩니다. "평화 안에 그분의 초막이, 시온에 그분의 거처가 있네." 곧, 파수 탑에, 가르침들과 덕들이라는 높은 곳에, 믿는 이들의 영혼 안에 [그분의 거처가] 있기 때문입니다. 이 사람[1]의 천사는 날마다 하느님의 얼굴을 뵈오며 하느님의 영광을 맨 얼굴로 바라봅니다.

• 히에로니무스 『서간집』 75,1.[2]

76,5-6 의인에게 내리는 축복

하느님께서 당신의 빛을 의인들과 함께 나누신다

나는 여러분에게 '빛이 비추임'[3]에 대해 다시 상기시켜 드리고자 하며 그와 관계 있는 거룩한 성경 말씀을 자주 일러 드리고자 합니다. 그것들을 기억할 때 나 자신이 더욱 행복하게 될 것이기 때문입니다. (사실, 빛을 맛본 이들에게 빛보다 더 감미로운 것이 무엇이 있겠습니까?) 나는 나의 말로 여러분이 감탄하게 만들겠습니다. "의인에게는 빛이, 마음 바른 이들에게는 즐거운 기쁨이 뿌려진다"(시편 97,11), "의인들의 빛은 영원하다"(잠언 13,9). 그리고 하느님께서는 "당신은 영원한 산들에서 불가사의하게 빛나십니다"라는 말을 들으십니다. 나는 선을 행하려는 우리의 노력을 돕는 천사들을 생각합니다. 여러분은 다윗의 이 말을 들었습니다. "주님은 나의 빛, 나의 구원. 나 누구를 두려워하랴?"(시편 27,1). 이제 그는 하느님의 빛이 그에게 비추어졌다는 점에서(시편 4,7 참조), 곧 빛이 비추어졌다는 표시가 그에게 찍혀 눈에 보이게 되었다는 점에서 자신이 거기에 한몫을 차지하게 된 데 대해 감사를 드리며, 자신에게 빛이요 진리이신 분을 보내 주시기를 청합니다(시편 43,3 참조).

• 나지안주스의 그레고리우스 『거룩한 세례』(연설 40) 36.[4]

진실한 설교자들은 영원한 언덕들이다

"당신은 영원한 언덕들로부터 놀라운 빛을 비추십니다"(시편 75,5 칠십인역, 불가타). [저자는] 이제 두 번째 단락으로 넘어가며, 주님의 갖가지 기적들에 대해 설명하기 시작합니다. 우리가 이 비추임의 원천이 무엇인지 묻지 않도록 그는 "영원한 언덕들로부터"라는 말을 덧붙입니다. 실로 영원히 버티고 선 언덕들인 설교자들을 가리키는 말입니다. 그들은 숭고함에서 언제까지나 변치 않으며 영속적이기 때문입니다. 지상의 산들은 덧없으며 생명이 없습니다. 그러나 주님의 은사로 설교자들은 언제나 지혜롭고 자신들이 언제까지라도 변치 않으리란 것을 압니다. 시편 저자는 진리의 순서를 참으로 잘 기술하였습니다. 그는 주님께서 영원한 언덕들을 통하여 빛을 비

[1] 히스파니아 바이티카의 부자 루키니우스를 가리키는 것으로 보인다. 그는 아내 테오도라와 함께 고행 수도생활을 실천했으며 금욕 서원을 했다고 한다. 히에로니무스는 루키니우스가 죽었을 때 그의 아내 테오도라를 위로하기 위해 이 편지를 썼다.

[2] NPNF 2,6,155*.

[3] '빛이 비추임'(*phōtismos*)은 세례를 가리키는 가장 오랜 역사를 가진 이름들 가운데 하나로, 여기에는 예비신자가 받는 교육도 포함된다.

[4] NPNF 2,7,373*.

추신다고 했는데, 주님께서 예언자들과 사도들에게 주신 것이 거룩한 선포를 통해 온 세상으로 퍼져 나갔기 때문입니다. [시편 저자가] “영원한”이라는 형용사를 붙임으로써 참된 선포자들과 거짓 [선포자인] 이단자들을 구별했다는 사실을 기억에 담아 두십시오. 이단자들은 결코 ‘영원하다’고 불릴 수 없는 자들입니다. 그들은 왜곡된 교리를 가르치고 나서는 곧 자신들의 신념과 함께 씻겨 버리게 되어 있기 때문입니다.

• 카시오도루스 『시편 해설』 75,5.[5]

### 불경한 자들이 누리는 복은 짧다

이승의 삶은 꿈속의 삶입니다. 이 부는 말하자면 우리의 꿈속에서 흘러넘치는 부입니다. 가난한 자들 중에 가장 가난한 자인 부자여, 시편 말씀을 들으십시오. “부자인 모든 사람이 가진 것 모두 빼앗긴 채 잠에 떨어졌습니다.” 때로는 거지도 땅바닥에 누워 추워 떨면서도 잠들어서는 막대한 부를 얻는 꿈을 꿀 것입니다. 자는 중에 몹시 즐거워하며 교만해져서는 누더기를 걸친 자신의 늙은 아버지를 알아보려 하지 않습니다. 잠이 깰 때까지 그는 부자입니다. 그러니까 그는 잠이 들었을 때 사실도 현실도 아닌 것을 발견하고 즐거워합니다. 깨어나면 그는 부인할 수 없는 사실과 현실을 발견하고 슬퍼합니다. 그러니까 죽었을 때의 그 부자는 꿈속에서 막대한 재산을 보고 나서 깨어났을 때의 그 가난한 사람과 같습니다. “자색 옷과 고운 아마포 옷을 입은”(루카 16,19) 사람 이야기가 있습니다. 이름이 나와 있지 않고, 이름까지 알 필요도 없는 어떤 부자인데, 그는 자기 집 문간에 누워 있는 가난한 사람을 업신여겼습니다. 복음서가 증언하듯이, 그는 자색 옷과 고운 아마포 옷을 입었으며 날마다 호화스러운 잔치를 벌였습니다. 그가 죽어 묻혔습니다. 그런데 깨어나서 보니 자기가 불길 속에 있습니다. 그러니까 부자는 가진 것 다 빼앗긴 채 잠에 떨어진 것입니다. 자기 손으로 선이라고는 행한 바가 없었기 때문입니다.

• 아우구스티누스 『설교집』 345,1.[6]

## 76,9–10 심판하시는 하느님

### 하느님의 심판

“하느님께서 하늘로부터 심판을 던지시니 땅이 놀라 숨을 죽였습니다.” 이 구절은 그 판결의 막강한 힘을 묘사하고 있습니다. 심판은 가장 힘세고 정확한 손이 던진 창처럼 권능의 저 꼭대기에서 내려옵니다. 지상의 창은 일시적인 상처를 입히지만 심판은 사악한 자에게 영원한 상처를 입힐 것입니다. 다음 구절은 이렇습니다. “땅이 놀라 숨을 죽였습니다.” 여러 번 말씀드렸듯이, 여기서 땅은 하느님 심판의 권위에 의해 단죄받을 가장 무거운 죄들을 지은 가장 오만한 자들을 나타냅니다. 그들은 “영원한 불 속으로 들어가라”(마태 25,41)는 말을 들으면 놀라 떨 것입니다. 영원한 저주에 떨어지면 숨을 죽일 것입니다. 그러나 숨죽인 그들에게 안식은 없습니다. 그들은 악행을 그만두지만 고통 속에서 안식하지 못합니다. 영원히 타는 불길 속에서 심한 고문을 받을 것이기 때문입니다.

• 카시오도루스 『시편 해설』 75,9.[7]

### 하느님께서 심판하러 일어나셨다

“세상의 온순한 이들을 모두 구하시려 하느님께서 심판하러 일어나실 때.” 이 구절은 앞 구절과 연관시켜 들어야 합니다. 시편 저자는 이렇게 말합니다. “땅이 놀라 숨을 죽였습니다, 세상

[5] ACW 52,233-34*.

[6] *WSA* 3,10,59.

[7] ACW 52,235.

의 온순한 이들을 모두 구하시려 하느님께서 일어나실 때." "심판하려 일어나실 때"라는 표현은 참으로 훌륭한데, 그리스도께서는 심판 때에 전혀 분노하지 않으시며 만물에게 판결을 선포하실 것이면서도, 땅에서 재판받으실 때 침묵 속에 모든 것을 견디셨기 때문입니다. "일어난다"라는 단어는 지상의 재판관들이 취하는 관례적 태도를 받아들인 표현입니다. 그들은 가혹한 선고를 내릴 때는 피고인이 저지른 범죄를 처벌할 때 격노한 모습을 보이기 위해 일어선다고 합니다. 여러분이 심판은 사악한 자들을 단죄하기 위해서만 이루어진다고 생각하지 않도록, [시편 저자는] "세상의 온유한 이들을 모두 구하시려"라고 덧붙입니다. "세상의 온유한 이들"이란 세속적인 악덕에 빠져 욕망으로 이글거리지 않고, 앞에서도 말했듯이 자제하는 처신과 마음의 평정을 보여 주는 이들입니다. 그들은 주님의 은사를 통하여 약속된 보상을 받을 때 구원받습니다.

• 카시오도루스 『시편 해설』 75,10.[8]

하느님께서는 악한 자들과 그들의 그릇된 가르침을 심판하신다

모든 사람이 이 잔인함을 본받는다면,[9] 나의 생애에 다른 어느 것도 남아 있지 않았을 것입니다. 궁핍 속에 시들어 가며, 죽고 나면 무덤에 묻히는 대신 개와 들짐승들의 먹이가 되었을 것입니다. 그러나 나는 이 현세에 대해서는 전혀 미련을 두지 않고 영원히 지속될 축복을 누리게 되기를 기다리는 이들에게서 힘을 얻었습니다. 그들 덕에 많은 면에서 위로를 받았습니다. 그러나 사랑 많으신 주님께서 "하늘로부터 심판을 선포하시니 땅이 놀라 숨을 죽였습니다, 하느님께서 심판하러 일어나실 때". 그때에 사악한 자들은 파멸할 것입니다. 새로 나타난 이단의 거짓말은 배척되었으며, 거룩한 복음서들의 진리는 공적으로 선포되었습니다. 그리하여 나는 복된 다윗과 함께 이렇게 외칩니다. "주 하느님께서는 찬미받으시리라. 그분 홀로 기적들을 일으키신다. 그분의 영광스러우신 이름은 영원히 찬미받으시리라. 그분의 영광은 온 누리에 가득하리라. 아멘, 아멘!"(시편 72,18-19).

• 키루스의 테오도레투스 『서간집』 134.[10]

[8] ACW 52,235-36*.

[9] 재산을 비롯하여 살아가는 데 필요한 모든 것을 빼앗기고 귀양에 처해진 사람들을 위로하며 지지해 주지 못하는 것을 말한다.

[10] NPNF 2,3,305*.

## 77,1-21 고난에 처했을 때 위안이 되는 생각

1 [지휘자에게. 여두툰에 따라. 아삽. 시편]
2 내게 귀를 기울이시라고
나 소리 높여 하느님께,
나 소리 높여 하느님께 부르짖네.
3 곤경의 날에 내가 주님을 찾네.
밤에도 내 손을 벌리지만 지칠 줄 모르고
내 영혼은 위로도 마다하네.
4 하느님을 생각하니 한숨만 나오고
생각을 거듭할수록 내 얼이 아뜩해지네.
셀라
5 당신께서 제 눈꺼풀을 붙잡으시니
불안하여 말도 채 못합니다.
6 저는 그 먼 옛날을 회상하고
아득히 먼 시절을 생각합니다.⤴

7 밤새 마음속으로 되새기고① 묵상하며
정신을 가다듬어 헤아려 봅니다.②
8 "주님께서 영원히 버리시어
더 이상 호의를 베풀지 않으시려나?
9 당신 자애를 거두시고
당신 말씀을 영영 그쳐 버리셨나?
10 하느님께서 불쌍히 여기심을 잊으셨나?
분노로 당신 자비를 거두셨나?" 셀라
11 제가 말합니다. "이것이 나의 아픔이네.
지극히 높으신 분의 오른팔이
변해 버리신 것이!"
12 저는 주님의 업적을 생각합니다.
예전의 당신 기적을 생각합니다.
13 당신의 모든 행적을 되새기고
당신께서 하신 일들을 묵상합니다.
14 하느님, 당신의 길은 거룩합니다.
하느님처럼 위대한 신이
누가 또 있습니까?
15 당신은 기적을 일으키시는 하느님
백성들 사이에 당신 권능을
드러내셨습니다.
16 당신 팔로 당신 백성을 구원하셨습니다,
야곱과 요셉의 자손들을. 셀라
17 하느님, 물들이 당신을 보았습니다.
물들이 당신을 보고 요동치며
해심마저 떨었습니다.
18 비구름은 물을 퍼붓고
먹구름은 소리를 지르며
당신의 화살들도 흩날렸습니다.
19 회오리바람 속에 당신의 천둥소리 나고
번개가 누리를 비추자
땅이 떨며 뒤흔들렸습니다.
20 당신의 길이 바다를,
당신의 행로가 큰 물을 가로질렀지만
당신의 발자국들은 보이지 않았습니다.
21 당신께서는 모세와 아론의 손으로
당신 백성을 양 떼처럼 이끄셨습니다.

① 그리스어, 시리아어 본문; 히브리어 본문은 '나의 노래를 떠올리고'다.
② 히브리어 본문; 그리스어, 시리아어, 히에로니무스 본문은 '나의 영을 탐색합니다'다.

둘러보기

불신은 우리가 실감할 수 있는 경험적인 방식으로 하느님을 찾도록 자극하는 마음이 어둠에 덮여 있는 상태다(아우구스티누스). 하느님과 함께 믿음 안으로 피신할 때 우리는 세상과 죄를 버리며 영적으로 하느님 앞에 있다(암브로시우스). 이 세상에서 우리는 하느님께는 기쁨이 이웃에게는 유익이 될 선행을 하려고 노력해야 한다(카이사리우스). 모든 날이 하느님에 관한 생각으로 시작되도록 우리는 아침 일찍 기도해야 한다. 그런 다음에야 그날 할 일을 시작할 준비가 된 것이다(바실리우스).

영원은 하느님께서 계시는 영역을 묘사하는 말이며 시간은 창조된 존재들에게 해당하는 것이다(위-디오니시우스). 하느님께서는 사악함에 격노하시는 가운데에서도 선한 이들에게는 물론 악한 이들에게도 계속 자비를 보여 주신다. 믿지 않는 자들이 영원한 저주라는 실재를 부인하는 것은 자연스럽지만 그들이 틀렸다는 것이 영원의 세계에서 입증될 것이다(아우구스티누스). "하느님의 오른손"은 하느님의 권능을 나타내는 표현으로, 아버지 하느님의 일을 하시며 하느님을 우리에게 드러내 보이시려고 인간 본성을 취하신 그리스도를 가리킨다(니사의 그레고리우스). 때때로 인간 중개자를 통하여 사람들의 마음을 이단 사상에서 정통신앙으로, 죄악에서 무구함으로, 하느님에게서 멀어진 상태에서 그분의 나라를 상속받을 자격을 지닌 이로 바꾸어 놓는 것은 하느님이시다(대 레오, 대 그레고리우스).

다윗은 우리에게 하느님의 명령에 따라 모아들이고 두려워하고 달아날 줄 아는 자연계의 요소들을 본받으라고 촉구한다(암브로시우스). 그리스도의 신적 본성이 아버지의 본성과 같음을 부인하는 이단자들은 인간과 자연계의 증언에 논박당한다(에프렘).

### 77,3-4 하느님께 손을 벌리다

#### 곤경에 처했을 때 하느님이 우리의 피난처다

여러분이 오늘 가장 마지막에 들은 독서에서 토마스가 뭐라고 했습니까? "나는 그분을 내 손으로 만져 보지 않고는 결코 믿지 못하겠소." 그리고 주님께서는 토마스에게 이렇게 말씀하십니다. "자, 네 손을 뻗어 내 옆구리에 넣어 보아라. 그리고 의심을 버리고 믿어라!"(요한 20,27). 이 말씀의 뜻은 이렇습니다. "내가 너의 눈에 나 자신을 보여 주는 것으로 충분치 않다고 네가 생각한다면 나는 나 자신을 너의 손에 내준다. 아마도 너는 시편에서 '곤경의 날에 내가 주님을 찾네. 밤에도 그분 앞에서 내 손을 벌리네'라고 노래한 이들 가운데 하나인 모양이다." 그는 어째서 손으로 찾습니까? 그가 밤에 찾고 있었기 때문입니다. 밤에 찾는다는 것은 무슨 뜻입니까? 그의 마음속에 불신이라는 어둠이 자리 잡고 있었다는 뜻입니다.

• 아우구스티누스『설교집』375C,2.[1]

#### 하느님을 피난처로 삼다

우리 여기서 달아납시다. 여러분은 육체 속에 갇혀 있지만 영 안으로 달아날 수 있습니다. 여러분의 영혼이 그분께 밀착되어 있고 여러분이 삶에서 그분을 따라 걷는다면, 여러분이 겉으로만이 아니라 믿음 안에서 그분의 길을 따르며 그분 안에서 피난처를 찾는다면, 여러분은 여기에 있으면서 동시에 주님 앞에도 있을 수 있습니다. 그분은 피난처이시며 권능이시기에 다윗은 그분께 이렇게 말합니다. "피난처를 찾아 당신께로 피신하였더니 과연 제 생각이 맞았습니다"(시편 76,3 불가타). 하느님은 피난처이시기에, 게다가 그분은 하늘에, 그것도 하늘들 위에 계시므로 우리는 이곳에서 그리로, 고된 수고에서 벗어난 안식과 평화가 있는 그곳, 우리가 위대한 안식일을 맞아 잔치를 즐길 수 있는 그곳으로 달아나야만 합니다. 그래서 모세는 "안식년에 땅에서 나오는 것이 너희에게 양식이 될 것이다"(레위 25,6)라고 하였던 것입니다. 그것은 즐거움과 평온함이 가득한 잔치, 하느님 안에서 쉬며, 즐거워하시는 그분을 바라볼 수 있는 잔치입니다. 우리는 하느님께로 피신하였습니다. [그런데] 다시 세상으로 돌아갈 것입니까? 우리는 죄에 대해 죽었습니다. [그런데] 다시 죄를 좇을 것입니까? 우리는 세상과 세상에 대한 사용을 끊었습니다. [그런데] 다시 그 진창에 빠져야겠습니까?

• 암브로시우스『세상 도피』8,45.[2]

#### 하느님을 기쁘게 하는 선행

시편 저자가 하는 말에도 주목하십시오. 그는

[1] *WSA* 3,10,340.

[2] FC 65,315-16.

"곤경의 날에 내가 주님을 찾네"라고 한 다음 "내 손을 벌린다"고 덧붙이며, 거기에다 "밤에도"와 "그분 앞에서"라는 말까지 덧붙입니다. "곤경"이란 무엇입니까? 손을 벌린다는 것은 무슨 뜻이며, 하느님 앞에서 그렇게 한다는 것은 또 무슨 뜻입니까? 괴로움을 당하는 것이 곤경이고 선행을 할 때에 [우리는] 손을 벌립니다. 밤에 찾는 행동은 진리가 아직 빛을 비추지 않은 이 세상에서 하는 행동입니다. 이 세상은 필경 종말을 맞을 것이고 [심판 때에] 그리스도를 만나게 될 것입니다. 그리스도께서 오실 때 그분은 모든 사람의 마음 속에서 빛나는 해와 같을 것입니다. 시편 저자가 "그분 앞에서"라는 말을 덧붙인 이유는 무엇일까요? 손을 벌리는 사람은 선행을 행합니다. 그렇지만 사람들에게 잘 보이려고 이렇게 선행을 하는 사람은 하느님 앞에서는 그렇게 하지 않습니다. 다시 말해, 사람들이 아니라 그분을 기쁘게 하기 위하여 선행을 하는 것이 아닙니다. 이어서 참으로 마땅히, "제 생각이 맞았습니다"라는 말이 이어집니다. 하느님을 이런 식으로 찾은 사람은 아마도 "제 생각이 맞았습니다"라고 말할 것입니다. 그는 자신이 찾던 것을 발견했습니다. 그래서 우리에게 이렇게 말합니다. "청하여라, 찾아라, 두드려라"(마태 7,7).

• 아를의 카이사리우스 『둘째 설교집』 3.[3]

### 하느님에 대한 생각으로 하루를 시작하라

아침 일찍 기도를 바칩니다. 이는 영혼과 정신의 첫 움직임을 하느님께 바치고, "하느님을 떠올리고 나는 기뻤네"(시편 76,4 칠십인역, 불가타)라고 쓰여 있듯이 우리가 하느님에 대한 생각으로 활기와 용기를 얻기 전에는 다른 어떤 것에 대해서도 생각하는 일이 없게 하기 위한 것이며, "당신께 기도드립니다. 주님, 아침에 제 목소리를 들어 주시겠기에 아침부터 당신께 청을 올리고 애틋이 기다립니다"(시편 5,3-4)라는 말씀을 이행하기 전에는 육체가 다른 임무들로 바빠지는 일이 없도록 하려는 것입니다.

• 대 바실리우스 『대 수덕집』(긴 규칙서) 37.[4]

## 77,6–11 사람들을 변화시키는 힘을 지니신 하느님

### 시간과 영원의 본성

성경에서 시간과 영원의 본성이 어떻게 나타나는지 분명하게 알 필요가 있다고 생각합니다. 어떤 것을 영원하다고 묘사할 때 성경이 언제나 그것들은 결코 창조되지 않은 것이며 영속하고 썩지 않으며 불멸이고 불변하며 바뀔 수 없다고 암시하지는 않습니다. 지금 떠오르는, 그에 해당하는 본문을 예로 들자면, "너 영원한 문들아, 일어서라"(시편 23,7 칠십인역, 불가타)가 있습니다. 실제로, '영원하다'라는 말이 아주 오래된 것이나 지상의 시간 전부를 가리키는 말로 쓰이는 경우가 많습니다. 영원성의 특징이 아주 오래되고 변하지 않으며 존재의 척도이기 때문입니다. [이와 대조적으로] 시간은 예를 들어 탄생이나 죽음, 다양성처럼 분명하게 드러난 변화의 과정과 관계가 있습니다. 그래서 신학은 시간에 묶여 있는 우리는 마침내 우리가 썩지 않고 불변하는 영원성을 얻을 때 영원성의 한몫을 나누어 받도록 되어 있다고 가르칩니다(1코린 15,53 참조). 그런데 성경은 때로는 한시적 영원성과 영원한 시간의 훌륭함에 대해 이야기합니다. 그러나 물론, 엄밀히 얘기하자면, 성경이 논하고 암시하는 것은, 영원은 존재의 본향이고 반면에 시간은 존재하게 된 사물들의 본향이라는 것입니다. 그러므

[3] FC 66,226-27*. "[청하여라,] 너희에게 주실 것이다"라는 복음서 본문에 대한 카이사리우스의 설교다.

[4] FC 9,309.

로 영원하다고 일컬어지는 사물들이 영원 이전부터 계셔 오신 하느님과 똑같이 영원하다고 상상해서는 안 됩니다. 안 되지요. 여기서는 성경의 거룩한 말씀을 신중하게 따라서 '영원'과 '한 시적'이라는 말들을 그에 어울리는 뜻으로 받아들이는 편이 더 낫습니다. 그리고 우리는 영원성도 부분적으로 한시성도 부분적으로 나누어 가지는 것들은 존재하는 것들과 존재하게 될 것들 사이에 있다고 보아야 할 것입니다. 영원성과 시간을 하느님의 속성으로 볼 수도 있는데, "연로하신 분"(다니 7,9)으로 불리시는 그분은 모든 시간과 영원의 원인이시기 때문입니다. 또한 그분은 시간 이전에 그리고 시간을 넘어서 계시며 시간과 계절이 지닌 다양성의 원천이십니다. 또는 그분은 영원한 시대들에 선행先行하신다고 말할 수도 있는데, 그분은 영원 이전에 그리고 영원 위에 계시며 "그분의 나라는 영원무궁한 나라"(시편 145,13)이기 때문입니다.

• 위-디오니시우스 『신명론』 10,3.[5]

### 하느님은 자비와 심판의 하느님이시다

그러므로 그 누구도 "하느님께서 불쌍히 여기심을 잊으셨나? 분노로 당신 자비를 거두셨나?"라고 노래하는 시편을 하느님의 선고가 선한 사람들에 대해서는 참이고 악한 사람들에 대해서는 거짓이거나, 그렇지 않으면 선한 사람들과 악한 천사들에게는 참이고 악한 사람들에 대해서는 거짓이라는 의미로 이해해서는 안 됩니다. 이 시편이 말하는 바는 "자비의 그릇들"(로마 9,23)과 "약속의 자녀"(갈라 4,28)들에게 해당합니다. 시편을 노래한 저 예언자도 이들 가운데 한 사람이었지요. 그는 "선한 이에게나 악한 이에게나 당신의 해가 떠오르게 하시니 하느님께서 불쌍히 여기심을 잊으셨나?"라고 하고서는 곧바로 이렇게 덧붙입니다. "제가 말합니다. '이제 저는 시작했나이다. 지극히 높으신 하느님의 오른손이 변하였구나'"(시편 76,11 칠십인역, 불가타). 시편 저자는 여기서 분명히 "하느님께서 분노로 당신 자비를 거두셨나?"라는 말을 해설했습니다. 사멸하는 인생이야말로 하느님 분노의 일부이며, "사람이란 한낱 덧없는 생명이고 그의 날들은 지나가는 그림자와 같습니다"(시편 144,4). 그러나 이처럼 분노를 보이시는 중에도 하느님께서는 자비를 베푸는 일을 잊지 않으십니다. 그분은 선한 사람들에게나 악한 사람들에게나 당신의 해가 떠오르게 하시며 의로운 이들에게나 불의한 이들에게나 비를 내려 주시는 점에서 그렇습니다(마태 5,45 참조). 그러니까 하느님께서는 분노 때문에 자비를 거두시는 일이 없습니다. 특히 이 시편이 "이제 저는 시작했나이다. 이것은 지극히 높으신 하느님의 오른손이 변한 것이로다"라고 한 데서 이 점이 드러납니다. 차라리 하느님의 분노의 발현이라고 할 고생스럽기 이를 데 없는 현생에서 하느님께서는 (물론 썩어 가는 이 비참한 상황 속에서 그분의 분노가 계속되기는 하지만) "자비의 그릇들"을 더 좋게 변화시키십니다. 분노하시는 중에도 당신의 자비를 거두지는 않으시는 까닭입니다.

• 아우구스티누스 『신국론』 21,24.[6]

### 하느님께서는 자비롭고자 하신다

일부 사람들이 — 실은 매우 많은 이들이 — 단지 인간적인 감정에 굴복하여, 저주받은 자들이 받는 영원한 벌과 그들의 끝없이 이어지는 불행이라는 개념을 개탄하는 것은 참으로 헛된 일입니다. 그들은 그러한 일들이 일어나리라는 것

[5] *PDCW* 120,21.

[6] *CG* 1004.

을 믿지 않습니다. 성경 말씀을 인정하지 않아서가 아닙니다. 그들은 인간적인 감정에 굴복하여, 가혹하게 보이는 것을 그 정도는 아닐 거라고 상상하며, 그러한 구절들은 문자적인 진리를 표현하기보다는 사람들을 겁주려는 것이라 생각하고 그 점을 강조합니다. 그들은 "하느님께서는 자비를 베푸시는 것을 잊지 않으실 것이며, 분노하시는 중에도 자비를 거두시지 않으실 것"이라고 말합니다. 사실, 이 말은 거룩한 시편에도 나옵니다. 그러나 이 본문은 "자비의 그릇들"(로마 9,23)이라고 불리는 이들, 곧 자기 자신의 공로가 아니라 하느님의 자비 덕분에 비참함을 벗어나게 된 이들에게 해당하는 말로 이해해야 하는 것이 명백합니다. 만약 그들이 이 본문은 모든 사람들에게 적용된다고 가정한다면, 그렇더라도, "이렇게 하여 그들은 영원한 벌을 받는 곳으로 간다"(마태 25,46)는 말씀이 가리키는 자들에게 끝이 있을 수 있다고 그들이 가정할 수 있는 근거는 없습니다. 만약 그들에게 끝이 있다면, "의인들은 영원한 생명을 누리는 곳으로 갈 것이다"라는 말씀이 가리키는 이들의 행복에도 또한 끝이 있다는 뜻이 될 수 있기 때문입니다.

• 아우구스티누스 『믿음 희망 사랑의 길잡이』 29,112.[7]

"하느님의 오른손이 변해 버리셨다"라는 말의 의미

이 점들에 관해서는 충분한 반론이 제시되었습니다. 그리고 에우노미우스[8]가 "그리스도께서 당신 자신을 비우셨다"는 우리 교의[9]를 중상한 발언에 대해서는 위에서 말한 내용에서 충분히 논의되었습니다. 그가 우리 교의에 그 자신의 신성모독적 발언을 보탰다는 것이 밝혀졌습니다. 변할 수 없는 [신적] 본성이 창조되었으며 죽을 운명[인 인간 본성]을 입었다고 믿는 사람은 비슷한 것에서 비슷한 것으로의 전이에 대해 말하는 이가 아니라 신적 본성은 그보다 낮은 것[인간 본성]으로 변하지 않는다고 믿는 이입니다. 만약 그들의 교리가 단언하듯 그분께서 창조된 존재이고 인간도 창조되었다면, 그 교의의 경이로움은 사라지고 그 주장되는 내용에서 놀라운 것은 아무것도 없습니다. 창조된 본성이 그 본성의 양태로 발현된 것이기 때문입니다. 그러나 "지극히 높으신 분의 오른손이 변했다"는 — 아버지의 "오른손"을 우리는 만물을 만드신 하느님의 권능, 곧 주님(부분이 전체에 의존하듯 그분에게 의존하고 있다는 의미가 아니라 실로 그분에게서 비롯했지만 개별적 존재로서 묵상의 대상이 되시는 분)이라고 이해합니다 — 예언에서 배운 우리는 '그 오른손은 당신이 오른손이신 분과 그 본성의 개념에 있어서 달라지지도 않으며 육에 적응한 것 말고는 그 안에 어떠한 변화도 있었다고 말할 수 없다'고 말합니다. 진실로, 하느님의 오른손은 하느님 자신이기 때문입니다. 그분께서 육의 모습으로 나타나셨고 명료한 눈들에 의해 바로 그 육을 통하여 보이셨습니다. 하느님의 오른손께서는 실제와 생각에서 아버지의 일을 하시는 동안 당신을 감싼 육의 너울이라는 면에서 우리 눈에 보이는 모습에서는 관상의 대상이신 본성에 따른 당신과 달라지기는 하셨습니다. 그래서 그분께서는 변화한 모습만 바라보던 필립보에게 이렇게 말

[7] LCC 7,406.

[8] 에우노미우스는 카파도키아 지방 키지쿠스의 주교였다(재위 360~364년). 그의 추종자들은 에우노미우스파로 불렸는데, 신적 본질의 개략적인 이해가 가능하며 아들과 아버지는 완전히 다르고 아들은 아버지에게 종속되어 있다는 극단적인 비유사파 교리를 가르쳤으며 극단적 아리우스파로 분류되기도 한다.

[9] 여기서 니사의 그레고리우스는 육화하신 그리스도께서 육화가 가능하도록 낮아지신 상태에 계시는(잉태되신 때부터 묻히실 때까지의 지상 생활 기간) 동안 당신의 거룩한 권능들 또는 속성들을 비우셨다, 내려놓으셨다는 견해에 대해 이야기하고 있다.

씀하십니다. "변화한 것을 통하여 변할 수 없는 것을 보아라. 네가 이것을 본다면 너는 네가 보고자 하는 아버지를 뵌 것이다. 나를 — 변화의 상태로 나타난 이가 아니라 아버지 안에 있는 나를 — 본 이는 내가 그 안에 있는 아버지를 본 것이다. 똑같은 신성의 특성이 그 둘 다 안에 있기 때문이다"(요한 14,9-10 참조). 그러니까 우리가 죽지 않고 창조되지 않았으며 고통을 느끼지 않는 본성이 고통을 느끼는 피조물의 본성을 지니게 되었다고 믿으며 "변화"란 그것을 의미한다고 이해한다면, 우리가 그분께서 "육화하시기 위하여 당신의 거룩한 권능들을 내려놓으셨다"고 말하는 것에 대해, 우리의 교의들에 대해 자기들 나름의 평가를 내어놓는 자들이 무슨 근거로 비난할 수 있는 것입니까? 창조되지 않은 본성의 오른손이 창조되었다고 말하는 것은 에우노미우스와 그의 견해를 받아들이는 자들만 하는 짓입니다. 진리를 보는 눈을 지닌 사람은 지극히 높으신 분의 오른팔을 그가 보는 지극히 높으신 분의 모습으로 — '남'의 방식으로 아버지에게서 비롯하신 사실을 가지고 그분의 영원성에 차등을 두지 않고, 창조되지 않으신 분에게서 나온 창조되지 않으신 분, 선에서 나온 선, 영원하신 분에게서 나온 영원하신 분으로 — 알아볼 것입니다. 이처럼, 우리를 비난하는 자는 결국에는 자기에게 되돌아갈 헛소리를 지껄이고 있습니다.

• 니사의 그레고리우스 『에우노미우스 반박』 6,3.[10]

## 회심의 신비

이 신비를 누가 머리로 다 깨달을 수 있겠으며, 이 은총을 누가 말로 다 표현할 수 있겠습니까? 사악이 무죄로, 옛것이 새것으로 되돌아왔습니다. 낯선 이들이 자녀가 되었으며, 외부인들이 상속자가 되었습니다. 불경한 자들이 의인이 되고, 인색한 자들이 너그러운 사람이 되고, 음란한 자가 정숙한 사람이 되며, 흙으로 된 사람이 하늘의 사람이 되기 시작하였습니다(1코린 15,49 참조). 이러한 변화가 "지극히 높으신 분의 오른팔"에 의해서가 아니면 어디서 오겠습니까? "악마가 한 일을 없애 버리시려고 하느님의 아드님께서 나타나셨던 것입니다"(1요한 3,8)라는 말씀대로, 하느님께서 인간에게 내려오심으로써 인간이 하느님께로 올라갈 수 있도록 그분께서 당신을 우리와, 우리를 당신과 결합시키셨습니다.

• 대 레오 『설교집』 27,2,2.[11]

## 하느님께서 백성의 마음을 바꾸시다

지극히 훌륭한 아들[12]이여, 그대가 이룬 일과 그대의 삶에 대해 내가 얼마나 기뻐하는지 말로 다 표현하지 못하겠습니다. 우리 시대의 새로운 기적의 힘에 대해서 듣자, 곧 임금인 그대를 통해 고트족이 모두 아리우스 이단의 오류에서 벗어나 흔들리지 않는 올바른 신앙으로 돌아왔다는 소식을 듣자, 예언자와 함께 "이는 지극히 높으신 분의 오른팔이 일으키신 변화일세!"라고 외치고 싶습니다. 이 위대한 업적에 대해 듣는다면 돌로 만들어진 가슴일지라도 부드러워져서 전능하신 하느님을 찬양하고 임금님을 사랑하는 마음이 들지 않겠습니까? 나와 의논하고 하던 그대를 통해 나의 자녀들[13]에게 일어난 일들에 대해 이야기하는 것은 내가 자주 누리는 기쁨이며

---

[10] NPNF 2,5,185-86*.

[11] FC 93,112; 『교부 문헌 총서』 4,115.

[12] 대 그레고리우스가 에스파냐 서고트족의 임금 레카레두스에게 쓴 편지다. 아리우스 분파에 속했던 레카레두스는 587년 자신은 정통 그리스도교 신자라고 선언하였고, 589년 톨레도 공의회에서 정통 그리스도교를 에스파냐 교회의 신앙으로 받아들였다.

[13] 이 서간 뒷부분에서 언급되는 사제 프로비누스 같은 성직자들을 가리킨다.

또한 나는 자주 그들과 함께 이 일들에 대해 감탄합니다. 또한 이 일들은 무엇보다 나 자신을 돌아보게 만듭니다. 임금들은 하늘의 나라가 거둘 이익을 위하여 영혼들을 모으느라 애쓰고 있는 데 반해 나는 활기 없이 무익한 일이나 하고 있기 때문입니다.

• 대 그레고리우스 『서간집』 9,122.[14]

## 77,17–21 하느님께서 당신을 드러내시다

### 자연이 하느님께 복종하다

이것은 물이 복종한 유일한 예가 아닙니다. 다른 곳에서 우리는 이런 말씀도 보기 때문입니다. "하느님, 물들이 당신을 보았습니다. 물들이 당신을 보고 요동치며 떨었습니다." 물에 대해 여기에 묘사된 내용은 진리와 닮은 점이 없지 않습니다. 예언자는 다른 곳에서도 "바다가 보고 달아났으며 요르단이 뒤로 돌아섰네"(시편 114,3)라며 같은 식으로 이야기하기 때문입니다. 히브리인들이 바다를 건널 때 실제로 바다가 달아난 사실을 모르는 이가 누가 있습니까? 그 물이 갈라졌을 때 백성들은 그 길을 건넜습니다. 그들은 발밑의 흙을 보고서 바다가 달아났으며 물들이 사라졌다고 믿었던 것입니다. 그래서 그 이집트인은 자기가 본 것을 믿고서 그리로 들어갔지만 달아났던 물이 그에게 되돌아왔습니다. 그렇다면 물들은 언제 모이고 어떻게 두려워하며 어떻게 달아나야 하는지 아는 것입니다. 하느님께서 명하시는 대로 하는 것입니다. 우리는 이 물들을 본받읍시다. 우리가 주님의 한 회중, 한 교회임을 압시다.

• 암브로시우스 『육일 창조』 3,1,2.[15]

### 인간과 자연이 그리스도의 신성을 증언하다

'우리 주님께서 오시어 시몬과 함께 배에 오르시자 바람이 그쳤다'(마태 14,25.32 참조)고 합니다. 그러므로 [주님의] 탄생에 대해 다른 소리를 하는 아리우스파[16]들도 그 배에 타고 있던 이들의 말로 물리쳐야 할 자들입니다. "그러자 배 안에 있던 사람들이 그분께 엎드려 절하며, '스승님은 참으로 하느님의 아드님이십니다' 하고 말하였다"(마태 14,33). 바로 이분이 다음 말씀이 가리키는 분이십니다. "물들이 당신을 보고 요동치며 해심마저 떨었습니다. 당신의 행로가 큰 물을 가로질렀지만 당신의 발자국들은 보이지 않았습니다." 그러니까 그들은 이 말씀이 가리키는 분은 실로 하느님의 아드님이심을 자신들의 말로 고백한 것입니다.

• 시리아인 에프렘
『타티아누스의 네 복음서 발췌 합본 주해』 12,9.[17]

---

[14] NPNF 2,13,35*.

[15] FC 42,67-68*.

[16] 아리우스가 창시한 이단으로, 그리스도는 아버지 하느님에게 종속된 존재라고 가르쳤다.

[17] *ECTD* 194.

## 78,1-72 교훈 시편

1 [마스킬. 아삽]
내 백성아, 나의 가르침을 들어라.
내 입이 하는 말에 너희 귀를 기울여라.
2 내가 입을 열어 격언을,
예로부터 내려오는 금언들을 말하리라.
3 우리가 들어서 아는 것을
우리 조상들이 우리에게 들려준 것을.
4 우리가 그 자손들에게 숨기지 않고
미래의 세대에게 들려주려 한다.
주님의 영광스러운 행적과 권능을
그분께서 일으키신 기적들을.
5 그분께서 야곱에 법을 정하시고
이스라엘에 가르침을 세우셨으니
우리 조상들에게 명령하신 것으로서
이를 그 자손들에게 알리려 하심이다.
6 미래의 세대,
장차 태어날 자손들이 알아듣고서
그들도 일어나
제 자손들에게 들려주게 하시려는 것이다.
7 이들이 하느님께 신뢰를 두고
하느님의 업적을 잊지 않으며
그분의 계명을 지키어
8 고집 부리고 반항하는 세대였던
그들의 조상들처럼 되지 말라 하심이다.
그 세대는 마음을 확고히 하지 않고
그들의 정신은 하느님께 신실하지 않았다.
9 에프라임의 자손들, 활로 무장한 그들이
전투의 날에 등을 돌렸다.
10 그들은 하느님의 계약을 지키지 않고
그분의 가르침에 따라 걷기를 마다하였다.
11 그리고 잊어버렸다, 그분의 위업을
그들에게 보여 주신 기적들을.
12 그분께서는 그들의 조상들 앞에서
이적을 일으키셨다,
이집트 땅 초안 평야에서.
13 바다를 가르시어 그들을 건너가게 하시고
물을 둑처럼 세우셨다.
14 낮에는 구름으로,
밤이면 불빛으로 그들을 인도하셨다.
15 사막에서 바위들을 쪼개시어
심연에서처럼 흡족히 물을 마시게 하셨다.
16 돌덩이에서 시내들이 솟게 하시어
강처럼 물이 흘러내리게 하셨다.
17 그러나 그들은 끊임없이 그분께 죄를 짓고
사막에서 지극히 높으신 분께 반항하였다.
18 마음속으로 하느님을 시험하며
제 욕심대로 먹을 것을 요구하였다.
19 하느님을 거슬러 말하였다.
"하느님이신들 광야에다
상을 차려 내실 수 있으랴?
20 보라, 바위를 치시니
물이 흐르고
시냇물이 넘쳐흘렀지만
빵까지 주실 수 있으랴?
당신 백성에게 고기를
장만해 주실 수 있으랴?"
21 이에 주님께서 들으시고 격노하시니
야곱을 거슬러 불길이 타오르고
이스라엘을 거슬러 분노가 솟아올랐다.
22 그들이 하느님을 믿지 않고⤴

↱그분의 도우심에
의지하지 않았기 때문이다.
23 그러나 그분께서는
위의 구름에 명령하시고
하늘의 문들을 여시어
24 그들 위에 만나를 비처럼 내려 먹게 하시고
하늘의 곡식을 그들에게 주셨다.
25 천사들의 빵을 사람이 먹었다.
그들에게 음식을 배부르도록 보내셨다.
26 하늘에서 샛바람을 일으키시고
당신 힘으로 마파람을 몰아오시어
27 그들 위에 고기를 먼지처럼,
날짐승을 바다의 모래처럼 내리셨다.
28 당신의 진영 한가운데에,
당신의 거처 둘레에 떨어지게 하시어
29 그들이 실컷 먹고 배불렀으니
그들의 욕심을 채워 주신 것이다.
30 그러나 그들은 입에 먹을 것이
들어 있는데도
욕심을 멀리하지 않았다.
31 하느님의 분노가 그들을 거슬러 치솟아
그들 가운데 건장한 사나이들을 죽이시고
이스라엘의 젊은이들을 거꾸러뜨리셨다.
32 이 모든 것을 보고도 그들은
여전히 죄를 짓고
그분의 기적들을 믿지 않았다.
33 이에 그분께서는 그들의 날수를 단숨에,
그들의 햇수를 공포 속에
스러지게 하셨다.
34 그들을 죽이실 제야 그들은 그분을 찾고
돌이켜 하느님을 찾아
35 하느님께서 그들의 바위이심을,
지극히 높으신 하느님께서
그들의 구원자이심을 기억하였다.
36 그러나 그들은 입으로 그분을 속이고
혀로 그분께 거짓말하였다.
37 그들은 그분께 마음을 확고히 하지 않고
그분 계약에 신실하지 않았다.
38 그러나 그분께서는 자비하시어
죄를 용서하시고 그들을
멸망시키지 않으셨다.
당신 분노를 거듭 돌이키시고
당신 진노를 결코 터뜨리지 않으셨다.
39 그들이 한낱 살덩어리임을,
가면 돌아오지 못하는 바람임을
기억하셨다.
40 그들이 광야에서 몇 번이나
그분께 반항하였고
황야에서 몇 번이나 그분을 괴롭혔던가!
41 그들은 끊임없이 하느님을 시험하고
이스라엘의 거룩하신 분을 슬프게 하였다.
42 그들은 기억하지 않았다, 그분의 손을
자기들을 적에게서 구하신 그날을
43 이집트에서 일으키신 그분의 표징들을
초안 평야에서 당신의 이적들을
일으키신 그날을.
44 저들의 강을 피로 바꾸시니
저들이 그 시내에서
물을 마시지 못하였다.
45 등에 떼를 보내시어
저들을 뜯어 먹게 하시고
개구리 떼를 보내시어
저들을 망하게 하셨다.
46 저들의 수확을 메뚜기 떼에게,
저들의 소출을 누리 떼에게 내주셨다.
47 우박으로 저들의 포도나무를,↲

서리로 저들의 돌무화과나무를 죽이셨다.
48 저들의 가축을 우박에게,
저들의 양 떼를 번개에게 넘기셨다.
49 저들에게 당신 분노의 열기를,
격분과 격노와 환난을,
재앙의 천사 무리를 보내셨다.
50 당신 분노의 길을 닦으시어
저들의 목숨을 죽음에서 구하지 않으시고
저들의 생명을 흑사병에게 넘기셨다.
51 이집트의 모든 맏아들을,
함의 천막 속 저들 정력의 첫 소생을
치셨다.
52 당신 백성을 양 떼처럼 이끌어 내시어
광야에서 그들을 가축 떼처럼 인도하셨다.
53 안전하게 이끄시니
그들은 무서워하지 않았고
그들의 적들은 바다가 뒤덮어 버렸다.
54 그들을 당신의 거룩한 영토로,
당신 오른팔이 마련하신 이 산으로
데려오셨다.
55 그들 앞에서 민족들을 쫓아내시어
그 땅을 제비 뽑아 상속 재산으로
나누어 주시고
이스라엘의 지파들을 그 천막에
살게 하셨다.
56 그러나 그들은
지극히 높으신 하느님을 시험하고
그분께 반항하며
그분의 법을 지키지 않았다.
57 그들의 조상들처럼 배신하고 배반하여
뒤틀린 활처럼 되어 버렸다.
58 자기네 산당으로 그분을 언짢으시게 하고
자기네 우상으로 그분을
진노하시게 하였다.
59 하느님께서는 들으시고 격노하시어
이스라엘을 아주 버리시고
60 실로의 거처를,
사람들 사이에 치셨던 그 장막을
내버리셨다.
61 당신의 힘을 적에게 사로잡히게 하시고
당신의 영광을 적의 손에 내주셨다.
62 당신 백성을 칼에 넘기시고
당신 소유에게 격노하셨다.
63 그들의 젊은이들은 불이 삼켜 버리고
처녀들에게는 사랑 노래 들리지 않았다.
64 그들의 사제들은 칼에 쓰러지고
과부들은 곡을 하지도 못하였다.
65 그러나 주님께서는 잠자던 사람처럼,
술로 달아오른 용사처럼 깨어나셨다.
66 당신 적들을 물리치시고
그들에게 영원한 수치를 안겨 주셨다.
67 그러나 요셉의 천막을 버리시고
에프라임 지파를 뽑지 않으셨다.
68 오히려 유다 지파를,
당신께서 사랑하시는 시온산을 뽑으셨다.
69 당신 성전을 드높은 하늘처럼,
영원히 굳게 세우신 땅처럼 지으셨다.
70 당신 종 다윗을 뽑으시고
그를 양 우리에서 이끌어 내셨다.
71 어미 양을 치던 그를 데려오시어
당신의 백성 야곱을,
당신의 소유 이스라엘을
양처럼 돌보게 하시니
72 그가 온전한 마음으로 그들을 돌보고
슬기로운 손으로 그들을 이끌었다.

둘러보기

위대한 믿음의 백성의 행적을 차례대로 꼽는 것은 우리에게 예수 그리스도에 대한 믿음과 신실한 삶의 본보기들을 제시해 준다(파코미우스). 하느님께서는 악인들이 사악함을 버리고 하느님께 돌아와 충실해지기를 바라시며 그들에게 심판을 내리신다(알렉산드리아의 클레멘스).

다윗은 그리스도의 육은 이스라엘이 광야에서 먹은 만나와 같다고 한다. 그것은 본성으로는 지상의 것이지만 천상의 양식이었다(테르툴리아누스). 그리스도께서는 우리의 만나로 하늘에서 내려오셨을 때, 우리가 다시 태어나 영원히 살 수 있도록 우리의 고통을 짊어지셨다. 인류는 육화하신 '말씀'을 통하여 한처음에 하느님과 함께 계셨던 '말씀'께로 온다(아우구스티누스).

하느님께서는 위선자들의 거짓말과 속임수로 부당하게 고통을 겪는 의로운 이들을 도우러 오시겠다고 약속하신다(로마의 클레멘스). 성령의 신성과 성령께서 아버지와 또 아들과 본성에서 동일하심은 성령께서 하느님의 백성을 인도하시고 지도하시는 거룩한 활동으로 입증된다(바실리우스). 하느님께서는 당신 종들을 부당하게 비난하는 자들을 벌하실 것이다(테오도레투스).

78,3 모범적인 삶

우리 조상들이 보여 준 믿음의 본보기와 가르침

성경, 특히 복음서에서 배운 파코미우스는 마귀들이 일으킨 숱한 유혹을 견뎌 냈습니다. 성경은 성도들의 투쟁을 상세하게 기술하지 않습니다. 성경은 간결한 말을 사용하여 우리에게 영원한 생명으로 가는 길을 보여 주기 때문입니다. 예를 들면, 우리 조상 아브라함에게 주어진 율법은 "너는 내 앞에서 살아가며 흠 없는 이가 되어라"(창세 17,1)라는 딱 한 구절로 요약됩니다. 그러나 우리는 젖먹이와 같아서, 성경에 쓰여 있듯이, 부모가 빵을 부수어 줄 때 참된 물도 주어야 합니다(참조: 애가 4,4; 이사 33,16). 그러므로 "우리가 들어서 아는 것을, 우리 조상들이 우리에게 들려준 것을 다음 세대에 숨기지 않아야" 합니다. 우리는 시편의 이 말들은 하느님께서 모세와 그의 뒤를 이은 이들을 위하여 이루신 표징과 징조에 관한 것임을 배워서 알기 때문입니다. 그리고 그것들이 보여 준 은혜의 본보기를 따라 우리도 우리 시대의 부모들 안에서 그들의 자녀들과 그들을 본받는 이들을 알아봅니다. 그리하여 우리에게 그리고 세상 끝 날까지 "앞으로 올 모든 세대에"(시편 71,18) "예수 그리스도께서는 어제도 오늘도 또 영원히 같은 분"(히브 13,8)이시라는 것이 알려질 것입니다.

• 『파코미우스의 생애』 17.[1]

78,7-8 피난처이자 자비의 원천이신 하느님

하느님께서 사악함을 심판하시는 이유

그러나 하느님의 의로움은 '네가 의로운 이로 내게 오면 나는 너를 정당하게 대해 주겠다. 네가 불충하게 산다면 나도 그에 맞게 너를 대하겠다. 만군의 주님이 말한다'(시편 18,25-26 참조)라고 외칩니다. 그분께서는 완고한 죄인들의 불충한 처신을 벌하실 것임을 암시하고 계십니다. '예수'라는 이름의 '이오타'(ι)[2]는 본성에 따라 그분의 것인 의로움을 나타냅니다. 순종하는 마음으로 믿는 이들에 대한 그분의 선의는 흔들림 없이 확고합니다. 주님께서는 "내가 불렀건만 너희는 들으려 하지 않고 나의 충고를 저버리고 나의 훈계에 귀 기울이지 않았다"(잠언 1,24-25)고 말씀하

[1] CS 45,308.

[2] 그리스어로 '예수'(*Ιησους*)라는 이름의 첫 글자가 '이오타'(ι)다.

십니다. 주님의 훈계는 매우 유익합니다. 주님께서는 다윗을 통하여 이 백성은 "불의하고 반항하는 세대, 마음을 똑바로 하지 않고 영으로 하느님을 신뢰하지 않는 세대. 그들은 하느님의 계약을 지키지 않고 그분의 가르침에 따라 걷기를 마다하였다"(시편 78,8.10)라고도 하십니다. 이것이 그분께서 실망하신 이유이고 선한 삶을 살기로 선택하고 싶어 하지 않는 이들을 심판하시기 위하여 재판관으로 오시는 이유입니다. 따라서 그분께서는 죽음을 향해 가는 그들의 행진을 막으시려는 의도로 그들을 매우 엄하게 대하십니다. 어쨌든, 그분께서는 다윗을 통하여 당신께서 이렇게 위협하시는 이유를 명확하게 밝히셨습니다. "이 모든 것을 보고도 그들은 그분의 기적들을 믿지 않았다. 그분께서 그들을 죽이실 제야 그들은 그분을 찾고 돌이켜 하느님께로 갔다. 그들은 하느님께서 그들을 돕는 분이심을, 지극히 높으신 하느님께서 그들의 구원자이심을 기억하였다"(시편 78,32-35). 이런 식으로, 그분께서는 그들이 인류에 대한 당신의 사랑을 하찮게 여긴 뒤에 두려움 때문에 회개하였다는 것을 아셨습니다. 통상적으로, 선한 것을 중하게 여기지 않는 사람들은 정의에 대한 두려움 때문에 친절하게 행동하며 인간을 사랑해야 한다는 것을 기억합니다.

• 알렉산드리아의 클레멘스 『교육자』 1,9.[3]

## 78,24-25 천사들의 빵

### 그리스도께서 하늘에서 내려오는 만나가 되셨다

이 기적들을 일으키신 분께로 돌아갑시다. 그분 자신이 하늘에서 내려온 빵이십니다. 그 빵은 양식이 되어 주며 결코 줄어들지 않습니다. 우리가 먹을 수는 있지만 다 먹어 치울 수는 없는 빵입니다. 이 빵은 만나로 상징되기도 했습니다. 그에 대해 이렇게 쓰여 있지요. "그분께서 하늘의 빵을 그들에게 주셨다. 천사들의 빵을 사람이 먹었다." 하늘의 빵이 그리스도 아니고 무엇이겠습니까? 그런데 사람들이 천사들의 빵을 먹게 하기 위하여 천사들의 주님께서 인간이 되셨습니다. 그분께서 이렇게 되지 않으셨더라면, 우리는 그분의 육을 지닐 수 없었을 테고, 우리가 그분의 육을 지니지 못했다면 제단의 빵을 먹을 수 없을 것이기 때문입니다.

• 아우구스티누스 『설교집』 130,2.[4]

### 천사들의 빵을 사람들이 먹었다

이분[5]이 여러분이 가는 곳입니다. 이분은 여러분이 가는 길이기도 합니다. 여러분은 어떤 하나를 통해 다른 것으로 가지 않습니다. 여러분은 어떤 다른 것을 통해 그리스도에게 가지 않습니다. 여러분은 그리스도를 통해 그리스도께로 갑니다. 어떻게 그리스도를 통해 그리스도께 가냐고요? 인간이신 그리스도를 통해 하느님이신 그리스도께로, 육이 되신 말씀을 통하여 한처음에 하느님과 함께 계셨던 하느님이신 말씀께로, 사람들이 먹었던 것으로부터 천사들이 날마다 먹는 것으로 가는 것입니다. 그래서 이렇게 쓰여 있습니다. "그분께서 하늘의 빵을 그들에게 주셨다. 천사들의 빵을 사람이 먹었다." 천사들의 빵이 누구입니까? "한처음에 말씀이 계셨다. 말씀은 하느님과 함께 계셨는데 말씀은 하느님이셨다"(요한 1,1). [이 말씀이 가리키는 분이십니다.] 사람들이 어떻게 천사들의 빵을 먹었습니까? "말씀이 육/사람이 되시어 우리 가운데 사"

[3] PG 8,352-53.

[4] *WSA* 3,4,311*.

[5] "나는 길이요 진리요 생명이다. 나를 통하지 않고서는 아무도 아버지께 갈 수 없다"(요한 14,6)고 하신 예수 그리스도를 가리킨다.

(요한 1,14)[신 덕분입니다].

• 아우구스티누스 『요한 복음 강해』 13,4,2.[6]

78,36–37 혀로 거짓말하다

위선자들은 입으로만 축복한다

그러니 우리는 위선으로 평화를 바라는 자들이 아닌, 양심적으로 평화에 헌신하는 이들을 따릅시다. 성경에 이렇게 쓰여 있기 때문입니다. "이 백성이 입술로는 나를 공경하지만 그 마음은 내게서 멀리 떠나 있다"(이사 29,13; 마르 7,6). 또 "그들은 입으로 축복하지만 속으로는 저주하는구나"(시편 62,5)라는 말씀도 있고, "그들은 입으로는 그분을 사랑한다 하면서, 혀로는 그분께 거짓말하였다. 그들의 마음은 그분께 솔직하지 않았고, 그분 계약에 신실하지 않았다", 그러니 "의인을 거슬러 파렴치하게 지껄이는 거짓된 입술들 잠잠하게 하소서"(시편 31,19)라고 쓰여 있기도 합니다. 또 이런 말씀도 있습니다. "주님께서는 간사한 모든 입술과 허황된 것을 말하는 혀를 잘라 버리시리라. 그들은 '혀로 우리가 힘을 떨치고 입술이 우리에게 있는데 누가 우리의 주인이랴?'라고 하는구나. '가련한 이들에 대한 핍박과 가난한 이들의 신음 때문에 이제 내가 일어서리라.' 주님께서 이르신다. '나 그를 안전한 곳에 두리라. 그를 위하여 과감하게 행동하리라'"(시편 12,4-6).

• 로마의 클레멘스 『코린토 신자들에게 보낸 첫째 편지 = 클레멘스의 첫째 편지』 15.[7]

78,47–66 하느님의 정의

하느님께서 당신 백성을 양 떼처럼 이끄신다

성령께서는 주님의 권위를 가지고 말씀하십니다. "성령께서 그[베드로]에게 이르셨다. '일어나 내려가서 주저하지 말고 그들과 함께 가거라. 내가 그들을 보냈다'"(사도 10,20). 이 말이 신분이 낮은 아랫사람의 말입니까? "내가 일을 맡기려고 바르나바와 사울을 불렀으니, 나를 위하여 그 일을 하게 그 사람들을 따로 세워라"(사도 13,2). 종이 이런 명령을 내립니까? 이사야는 "주 하느님과 그분의 영께서 나를 보내셨다"(이사 48,16), "영이 주님에게서 내려와 그들을 이끄셨다"(이사 63,14)고 말합니다. 성령의 이런 '이끄심'이 낮은 이가 하는 심부름이라고 저를 설득할 생각은 하지 마십시오. 성경은 그것이 하느님께서 하신 일이라고 증언합니다. 그래서 "[그분께서는] 당신 백성을 양 떼처럼 이끌어 내시어 인도하셨다"(시편 78,52), "요셉을 양 떼처럼 이끄시는 분"(시편 80,1), "[그분께서] 그들을 안전하게 이끄시니 그들은 무서워하지 않았다"(시편 78,53)고 쓰여 있습니다. 그러니 여러분은 "보호자께서 내가 너희에게 말한 모든 것을 기억하게 해 주시고 너희를 모든 진리 안으로 이끌어 주실 것이다"(요한 14,26; 16,13)라는 말씀을 들으면 그 의미를 두고 쓸데없는 소리 하지 마십시오.

• 대 바실리우스 『성령론』 19,49.[8]

하느님께서 당신 적들을 깨우시고 벌하신다

복된 다윗은 몇 가지 잘못을 저질렀습니다. 모든 것을 지혜롭게 지시하시는 하느님께서는 장차 태어날 이들의 유익을 위하여 그의 잘못들이 기록되게끔 하셨습니다. 그러나 살인자, 존속살해자, 불경하고 한마디로 악독한 압살롬이 자기 아버지를 거슬러 무모한 전쟁을 일으킨 것은 다윗의 잘못 때문이 아니었습니다. 압살롬이 지극히 불의한 싸움을 시작한 이유는 통치권이 탐

[6] FC 79,48*.

[7] LCC 1,50.

[8] *OHS* 78*.

이 나서였습니다. 그러나 거룩한 다윗은 이 사건이 일어나려 할 때 자신이 과거에 저지른 잘못을 떠올리기 시작했습니다. 나 역시도 내가 많은 잘못을 저질렀음을 의식하고 있습니다. 그러나 교의에 관한 사도들의 가르침은 고스란히 깨끗이 지켜 왔습니다. 인간의 법과 하느님의 법 모두를 짓밟고 내가 없는 자리에서 나를 단죄한 자들은 내가 저지른 잘못 때문에 나에게 선고를 내린 것이 아닙니다. 내가 남몰래 저지른 행위들을 그들은 모르기 때문입니다. 그러나 그들은 나를 거슬러 거짓 증인들과 당치도 않은 죄목들을 꾸며 냈습니다. 아니, 나를 거슬렀다기보다 사도들의 가르침들을 내놓고 공격하며, 내가 그 가르침들을 따른다는 이유로 나의 권리를 박탈했습니다.[9] "그러나 주님께서는 잠자던 사람처럼 깨어나셨다. 당신 적들을 물리치시고 그들에게 영원한 수치를 안겨 주셨다"(시편 78,65-66). 그분께서는 가짜 가르침과 겉치레 가르침들을 바람에 흩어 버리셨으며 당신께서 거룩한 복음서들 안에서 우리에게 전해 주신 가르침들이 자유롭게 전해지게 하셨습니다. 나로서는 이것이면 최고의 기쁨입니다. 나는 나의 모든 시간을 힘든 일에 쏟아부었던 도시가 전혀 그립지 않습니다. 내가 바라는 것은 복음서들의 진리가 서는 것을 보는 것뿐입니다. 이제 주님께서 이 갈망을 채워 주셨습니다. 그래서 나는 매우 기쁘고 행복하며 우리의 관대하신 주님께 찬미가를 부릅니다. 그대도 나와 함께 기뻐하면 좋겠습니다. 나뭇잎 색을 따라 몸 색깔을 바꾸는 카멜레온처럼 시시각각 이랬다 저랬다 말을 바꾸는 사람들이 주님의 자애로 힘을 받아 바위 위에 서고 그분의 자비로 진리에 최고의 경의를 바치게 되도록 우리가 함께 찬미하며 성심으로 기도드립시다.

• 키루스의 테오도레투스 『서간집』 137.[10]

[9] 정통신앙파와 네스토리우스파, 에우티케스파/단성론 이단들과의 논쟁에 휘말리게 된 테오도레투스는 말썽분자요 참견쟁이로 평가되어 테오도시우스 2세 황제의 칙령에 의해 자기 교구 밖으로 나오면 안 된다는 명령을 받았다. 그는 449년에는 에페소에서 열린 이단적 "강도" 공의회에서 단죄를 받아 구금되었다가, 그 자신의 말로 네스토리우스를 단죄하라는 압력에 굴복하고서야 451년 칼케돈 공의회에서 면죄받았다. 그가 키루스에서 다시 자신의 일을 계속했는지, 은퇴하여 니케르테 수도원에서 은둔 생활을 했는지는 알려져 있지 않다.

[10] NPNF 2,3,306-7*. 이 편지는 요한 수도원장에게 보낸 편지인데, 칼케돈 공의회에 참석한 이들 중에 이 이름으로 불린 수도원장이 있었지만, 이 편지의 수신인과 그가 같은 인물이라는 증거는 없다.

## 79,1-13 용서와 도움, 원수인 이민족들에 대한 심판을 청하는 기도

1 [시편. 아삽]
하느님, 민족들이 당신 소유의 땅으로
쳐들어와
당신의 거룩한 궁전을 더럽히고
예루살렘을 폐허로 만들었습니다.
2 당신 종들의 주검을
하늘의 새들에게 먹이로 내주고
당신께 충실한 이들의 살을
들짐승들에게 주었습니다.
3 그들의 피를 물처럼
예루살렘 주변에 쏟아부었건만
묻어 줄 사람 아무도 없습니다.
4 저희는 이웃들에게 우셋거리가 되고
주위 사람들에게 비웃음과 놀림감이⤴

되었습니다.
5 주님, 언제까지나 마냥 진노하시렵니까?
언제까지나 당신의 격정을
불처럼 태우시렵니까?
6 당신의 분노를 쏟아부으소서,
당신을 알지 못하는 민족들에게
당신 이름을 받들어 부르지 않는
나라들 위에.
7 그들이 야곱을 집어삼키고
그 사는 곳을 부수었습니다.
8 선조들의 죄를 저희에게 돌리지 마소서.
당신 자비가 어서 저희에게 미치게 하소서.
저희가 이토록 불쌍하게 되었습니다.
9 당신 이름의 영광을 위하여
저희를 도우소서, 저희 구원의 하느님.
당신 이름을 위하여
저희를 구하시고 저희 잘못을 용서하소서.
10 "저들의 하느님이 어디 있느냐?"
민족들이 이렇게 말해서야
어찌 되겠습니까?
당신 종들이 흘린 피의 복수가
저희 눈앞에서 민족들에게
드러나게 하소서.
11 포로들의 탄식이 당신께 이르게 하소서.
죽음에 놓인 이들을 당신 팔의 힘으로
보호하소서.
12 저희 이웃들의 품에다
일곱 배로 갚으소서,
주님, 저들이 당신께 드린 그 모욕을.
13 그러나 저희는 당신의 백성
당신 목장의 양 떼.
저희는 끝없이 당신을 찬송하고
대대로 당신에 대한 찬양을 전하오리다.

둘러보기

대살육의 시기에 묻히지 못한 그리스도인들의 시체는 희생자들의 비참한 처지보다는 가해자들의 잔인함에 대한 증언이다(아우구스티누스). 하느님께서는 죄를 보고 분노하시지만, 당신께서 응징하는 이들에게 여전히 신실하시며 관대하시다.

성경은 하느님을 사람처럼 묘사하는데, 그것은 사실과는 다르지만 우리가 하느님의 행위를 이해하는 데는 도움이 된다(나지안주스의 그레고리우스). 우리는 하느님의 동정을 받을 자격이 없는데도 하느님께서는 우리를 가엾이 여기셨고 그리스도 안에서 우리를 구원하신다. 하느님께서 현세의 재앙으로 원수를 응징하심은 참하느님이 실제로 존재하신다는 사실을 입증해 준다(아우구스티누스).

79,1-4 하느님의 보호

**믿는 이들의 묻히지 못한 시체**

"그 대대적인 학살의 와중에는 시체들이 묻히지도 못했습니다."[1] 그러나 경건한 신앙은 이런 일조차 두려워하지 않습니다. 우리는 시체를 뜯어 먹는 짐승들이 육체가 부활하는 데 지장을 주지 않을 것이며, 그들의 머리카락 한 올도 잃지 않으리라는 것을 압니다. 원수들이 살해당한 사

[1] 409년 서고트족의 임금 알라리크의 지휘 아래 로마가 약탈당할 때 학살당하여 묻히지도 못한 모든 사람을 가리켜 하는 말이다.

람들의 시신에 무슨 짓을 하든 그것이 죽은 이들의 미래의 생명에 무슨 해코지를 할 수 있다면 진리이신 분께서 "육신은 죽여도 영혼은 죽이지 못하는 자들을 두려워하지 마라"(마태 10,28)라고 말씀하시지 않았을 것입니다. 누가 만일 '육신을 죽이는 자들을 두려워하지 마라'라는 말을 육체가 죽음을 당하기 전에, 육신을 죽일까 두려워하지 말라는 뜻으로 알아듣지 않고, 육신이 죽임을 당한 이후에, 살해당한 육신을 묻지도 못하도록 하지 않을까 두려워하라는 뜻으로 알아듣는다면 얼마나 어처구니없습니까! 그렇다면, 사람들이 시체에 대해 그런 일을 저지를 수 있다면, "육신은 죽여도 그 이상 아무것도 못하는 자들을 두려워하지 마라"(루카 12,4)라는 그리스도의 말씀이 거짓이 되고 맙니다. 진리께서 거짓말을 하셨을 수도 있다는 생각은 꿈에도 하지 마십시오. 누가 사람을 죽일 때에 무엇을 한다고 말하는 것은 육체가 죽임을 당할 때에 감각이 살아 있기 때문입니다. 그러나 죽인 다음에는 그들은 아무것도 할 수 없습니다. 죽은 육신은 아무 감각도 느끼지 못하기 때문입니다.

너무나 많은 그리스도인의 시체가 흙에 덮이지 못했습니다. 그렇지만 누구도 그 어느 하나를 하늘과 땅으로부터 떼어 놓지는 못했습니다. 당신께서 창조하신 것을 어디에서 다시 살리셔야 할지 아시는 분께서 온 우주를 채우고 계시는 까닭입니다. 시편은 이렇게 말합니다. "[민족들이] 당신 종들의 주검을 하늘의 새들에게 먹이로 내주고 당신께 충실한 이들의 살을 들짐승들에게 주었습니다. 그들의 피를 물처럼 예루살렘 주변에 쏟아부었건만 묻어 줄 사람 아무도 없습니다." 하지만 이 말은 저런 짓을 당한 사람들의 불행을 드러내려는 것이라기보다 저런 짓을 저지른 사람들의 잔학성을 강조하려는 말입니다. 그들이 겪은 고통이 사람들이 보기에 가혹하고 끔찍해 보이지만, "당신께 성실한 이들의 죽음이 주님의 눈에는 소중하다"(시편 116,15) 하였습니다.

결국 저 모든 것, 다시 말해, 버젓한 장례, 적절한 매장, 화려한 장의 행렬 같은 것은 죽은 이들에게 도움이 되는 것이라기보다는 산 사람들을 위한 위안입니다. 만에 하나라도 불경스러운 사람에게 성대한 매장이 조금이라도 도움이 된다면, 신심 깊은 사람에게 초라한 매장이나 아예 매장조차 되지 못하는 처지는 장애가 될 수도 있습니다. 그런데 성경에 나오는 자주색 옷을 입고 살던 저 부자에게는 집안 식구들이 사람들 보기에 거창한 장례식을 치러 주었지만, 종기투성이의 저 가난뱅이에게는 시중드는 천사들이 주님의 면전에서 더 훌륭한 장례를 치러 주었으며, 그들은 그를 대리석 무덤으로 메고 간 것이 아니라 아브라함의 곁으로 데려갔습니다(루카 16,22-31 참조).

• 아우구스티누스 『신국론』 1,12.[2]

### 하느님께서는 죄에 분노하신다

당신께서 하늘을 닫으시면 누가 그것을 열겠습니까? 당신께서 당신의 격류를 풀어 놓으신다면 누가 그것을 제지하겠습니까? 어떤 이들은 가난하게 만들고 어떤 이들은 부자로 만드시는 것, 어떤 이들은 살아 있게 하시고 어떤 이들은 죽임을 당하게 하시는 것, 어떤 이들은 병으로 치시고 어떤 이들은 고쳐 주시는 것이 당신 눈에는 쉬운 일입니다. 당신께서 당신 뜻에 따라 하시는 모든 일은 완전한 일입니다. 당신께서 분노하셨고 우리가 죄를 지었다고, 누군가 오래전

[2] *CG* 21-22*.

에 고백하였습니다. 이제 저희가 거꾸로 말할 때입니다. "저희는 죄를 지었으며 당신께서는 분노하셨습니다"라고. 그래서 "저희는 이웃들에게 비난거리가 되었습니다". 당신께서는 저희에게서 당신 얼굴을 돌리셨고 저희는 수치로 가득 차게 되었습니다. 그러나 주님, 머무소서. 중지하소서, 주님. 용서하소서, 주님. 다른 사람들의 시련에서 저희가 지혜를 배울 수 있사오니, 저희의 죄악 때문에 저희를 영원히 버리시지도, 저희가 받는 응징이 남들에게 경고가 되게 두지도 마소서.

• 나지안주스의 그레고리우스
『침묵하시는 성부』(연설 16) 12.[3]

79,5-10 하느님께서는 당신 백성을 기억하시고 동정하신다

하느님의 행위는 이따금 인간적 행위로 표현된다

성경에서 언급되는 어떤 일들은 사실적 표현이 아닙니다. 어떤 실제 사건들은 언급되지 않으며, 사실이 아닌 일들은 전혀 언급되지 않습니다. 어떤 것들은 실제 사실이며 언급됩니다. 제가 증거를 대기 바라십니까? 저는 증거를 제시할 준비가 되어 있습니다. 성경에 따르면, 하느님께서는 "주무시고"(시편 44,24) "깨어나시며"(예레 31,26), "화내시고" "거니시며"(창세 3,8), "커룹들 위에 좌정"(이사 37,16; 시편 80,2)하십니다. 여러분은 하느님께서 감정에 사로잡히셨다는 말을 한 번이라도 들어 보았습니까? 하느님께서 육체를 지닌 존재라는 말을 한 번이라도 들어 보았습니까? 이것은 실제적인 사실이 아니라 상징 또는 표상이나 표현입니다. 우리는 우리 자신의 경험에 바탕한 개념들로 하느님의 여러 면면을 표현합니다. 하느님께서 당신만 아시는 이유로 인하여 우리에게 마음을 쓰지 않으시는 듯 우리에게서 멀리 계실 때, 우리는 하느님께서 '주무신다'고 표현합니다. 사람들이 잠을 잘 때 이처럼 아무런 활동을 하지 않기 때문입니다. 또 하느님의 태도가 변하여 우리에게 갑자기 좋은 것을 베풀어 주시면, 그럴 때 우리는 하느님께서 '깨어나셨다'고 표현합니다. 깨어남은 잠이 끝난 것이고, 이는 어떤 이에게서 얼굴을 돌린 상태가 끝나고 그를 바라보는 것과 같기 때문입니다. 그리고 하느님께서 벌하실 때, 우리는 그분께서 '화가 나셨다'고 말합니다. 우리 인간들이 화가 났을 때 벌을 주기 때문입니다. 하느님께서 이곳저곳, 여러 곳에서 행위하시는 것을 두고는 하느님께서 '거니신다'고 표현합니다. 걷는다는 것은 한 장소에서 다른 장소로 이동하는 것이기 때문입니다. 하느님께서 거룩한 권세들 사이에서 안식하시는 것, 말하자면 그들을 당신께서 즐겨 찾는 곳으로 삼으시는 것을 우리는 '좌정하신다', '어좌에 앉으신다'고 표현합니다. 이것 역시 인간적 표현입니다. 실상 하느님께서는 어느 곳에서도 성도들 사이에 앉아 계신 것처럼 쉬지 않으시기 때문입니다. 그분의 날랜 움직임은 '날아감'(시편 18,11 참조)으로 묘사되며, 주의 깊게 우리를 돌보심은 그분의 "얼굴"(시편 4,7)로, 그분께서 주시고 베푸심은 그분의 "손"(시편 145,16)이라고 표현됩니다. 한마디로, 하느님의 모든 역할과 활동을 우리는 육체적인 행위를 나타내는 단어들을 통해 이해합니다.

• 나지안주스의 그레고리우스 『성령』(연설 31) 22.[4]

하느님께서는 우리가 잘한 것이 있어서가 아니라 당신이 자비로운 분이시기에 우리를 가엾이 여기신다

잘 보십시오. "한처음에 말씀이 계셨다"(요한

[3] NPNF 2,7,251*.

[4] *FGFR* 290-91.

1,1). 말씀은 언젠가 어떤 시점에 생겨난 것이 아닙니다. 한처음부터 계셨습니다. "한처음에 하느님께서 하늘과 땅을 창조하셨다"(창세 1,1)라고 쓰여 있는 창조계와 다릅니다. 한처음에 계셨던 말씀으로 말할 것 같으면, 말씀이 계시지 않았던 때는 없습니다. 그래서 이렇게 쓰여 있습니다. "한처음에 말씀이 계셨다. 말씀은 하느님과 함께 계셨는데 말씀은 하느님이셨다. 모든 것이 그분을 통하여 생겨났고 그분 없이 생겨난 것은 하나도 없다. 그분 안에 생명이 있었다"(요한 1,1-4). 이 말씀께서 우리에게 오셨습니다. 누구에게 오셨다고요? 자격 있는 자들인 우리요? 천만에요! 자격도 없는 우리에게 오셨습니다. 결국 "그리스도께서는 불경한 자들을 위하여" 그리고 자격 없는 자들을 위하여 "돌아가셨습니다"(로마 5,6). 당신 자신은 훌륭한 분이신데 말입니다. 우리는 그분의 동정을 받을 자격이 없었지만 그분은 우리를 가엾이 여길 만큼 훌륭한 분이셨고 그래서 "주님, 당신의 자비로 저희를 구하소서" 같은 말을 들으십니다. 우리가 쌓은 공적이 있어서가 아니라 "당신의 자비로 저희를 구하소서, 주님. 당신의 이름을 위하여 저희 죄를 관대히 보아 주소서". 우리가 무슨 공로가 있어서가 아닙니다. 우리가 지은 죄의 공과 때문이 아니라 "당신 이름을 위하여" 이렇게 해 주시기를 바란다는 뜻이 명확히 나와 있습니다. 우리가 지은 죄의 공과란 물론 상이 아니라 응징입니다. 그래서 "당신 이름을 위하여"라고 하는 것입니다.

• 아우구스티누스 『설교집』 293,5.[5]

하느님께서는 모든 곳에 계신다

그럼에도 저들은 그들[6]의 정직함을 헐뜯고, 하느님의 종들에게 현세의 재앙이 닥치면 "네 하느님은 어디 계시느냐?"(시편 42,4; 참조: 시편 79,10)고 묻습니다. 그들이 같은 재앙을 당할 때에 그럼 너희가 섬기는 신들은 어디 있는지 말해 보라고 하십시오. 그들이 그 신들을 섬기는 — 또는 섬겨야 한다고 주장하는 — 것은 온갖 재앙을 피하려는 것 아닙니까?

저들의 힐문에 그리스도인들은 이렇게 답합니다: 나의 하느님은 어디에나 계시며, 모든 곳에 온전하게 계시고, 그분께는 어떠한 한계도 없으며, 그분은 모습을 드러내시지 않은 채로 어디든 계실 수 있으며 움직임 없이 어디든 떠나실 수 있다. 내가 역경으로 힘들 때, 그것은 그분께서 나의 그릇을 시험하시는 것이거나 나의 잘못을 벌하시는 것이다. 그리고 그분께서는 현세의 고통을 충실하게 견딘 나를 위해 영원한 상을 마련해 놓으셨다. 그런데 내가 왜 당신들 같은 사람들과 당신들 신에 대해 이야기할 필요가 있는가? 내가 나의 하느님에 관해 당신들과 논할 필요는 더더욱 없다. 나의 하느님은 "모든 신들 위에 경외로우신 분이시다. 민족들의 신들은 모두 헛것이어도 주님께서는 하늘을 만드시었네"(시편 96,4-5).

• 아우구스티누스 『신국론』 1,29.[7]

[5] *WSA* 3,8,152.

[6] 그리스도인들을 말한다.

[7] *CG* 41.

## 80,1-20 다시 일으켜 주시기를 청하는 기도

1 [지휘자에게. 나리꽃 가락으로. 증언.
아삽. 시편]
2 이스라엘의 목자시여, 귀를 기울이소서,
요셉을 양 떼처럼 이끄시는 분이시여.
커룹들 위에 좌정하신 분이시여
광채와 함께 나타나소서,
3 에프라임과 벤야민과 므나쎄 앞으로!
당신의 권능을 깨우시어
저희를 도우러 오소서.
4 하느님, 저희를 다시 일으켜 주소서.
당신 얼굴을 비추소서.
저희가 구원되리이다.
5 주 만군의 하느님
당신 백성의 기도에도 아랑곳없이
언제까지나 노여워하시렵니까?
6 당신께서는 그들에게 눈물의 빵을 먹이시고
눈물을 가득히 마시게 하셨습니다.
7 당신께서 저희를 이웃들의
싸움 거리로 만드시어
원수들이 저희를 비웃습니다.
8 만군의 하느님, 저희를 다시 일으켜 주소서.
당신 얼굴을 비추소서.
저희가 구원되리이다.
9 당신께서는 이집트에서
포도나무 하나를 뽑아 오시어
민족들을 쫓아내시고 그것을 심으셨습니다.
10 당신께서 자리를 마련하시니
뿌리를 내려
땅을 채웠습니다.
11 산들이 그 그늘로 덮이고
드높은 향백나무들이
그 가지들로 덮였습니다.
12 그 줄기들은 바다까지,
그 햇순들은 강까지 뻗었습니다.
13 어찌하여 당신께서는
그 울타리들을 부수시어
길 가는 사람마다
그것을 잡아 꺾게 하셨습니까?
14 숲에서 나온 멧돼지가 먹어 치우고
들짐승이 뜯어 먹습니다.
15 만군의 하느님, 제발 돌아오소서.
하늘에서 굽어 살피시고
이 포도나무를 찾아오소서,
16 당신 오른손이 심으신 나뭇가지를
당신 위해 키우신 아들을.①
17 그 가지는 불에 타고 꺾였습니다.
그들은 당신 얼굴의 질책으로
멸망해 갑니다.
18 당신 오른쪽에 있는 사람 위에,
당신 위해 키우신 인간의 아들 위에
당신의 손을 얹어 주소서.
19 저희가 당신에게서 떠나가지 않으오리다.
저희를 살려 주소서.
저희가 당신 이름을 받들어 부르오리다.
20 주 만군의 하느님,
저희를 다시 일으켜 주소서.
당신 얼굴을 비추소서.
저희가 구원되리이다.

① 히브리어 본문; 그리스어 본문에는 16ㄴ절이 없다.

## 둘러보기

주님의 기도의 청원들은 이미 시편에 그 원형들이 있다. 모든 기도는 이와 조화를 이루는 것이어야 한다. 우리의 영혼은 무에서 생겨났다가 다시 소멸해 버리는 이 세상 것들이 아니라 영원하신 하느님께 이끌려야 한다(아우구스티누스). 우리는 저지른 죄에 합당한 징벌을 견딤으로써가 아니라 회개로 죄에서 깨끗해진다(카이사리우스). 사람들이 그리스도 신앙으로 돌아서는 것은 하느님의 은총과 자비의 결과이며, 그것은 그들이 그분을 찾을 마음이 들도록 굴욕을 통해 온다(아우구스티누스).

"들짐승"은 평판 좋은 사람들을 중상하는 개인적 원수들을 상징한다(히에로니무스).

하느님께서는 당신께서 이스라엘에게 하신 약속을 잊지 않으시지만, 하느님의 새 포도밭을 이루는 것은 사도들과 날로 늘어나는 이민족들이다. 사람이 신앙에 이르는 것도 신앙을 계속 지키는 것도 하느님께서 가능하게 해 주시는 일이다(아우구스티누스).

## 80,2-4 영원한 통치자이며 구원자

### 영적으로 기도하라[1]

우리가 어떤 말을 하든, 탄원자가 청원을 시작할 때 자신의 어떤 단어를 사용해서 열렬함을 표현하든, 또 나중에 그것을 강조하기 위해 어떤 말을 덧붙이든 우리가 올바르게 제대로 기도한다면 주님의 이 기도에서 발견되지 않는 것은 어떤 것도 말씀 올리지 않습니다. 누구든 기도할 때 복음서에 나오는 이 기도에 부합하지 않는 말을 하는 이는, 설령 그의 기도가 금지된 종류의 것이 아니라 하더라도 육적인 것입니다. 그리고 나는 그것이 금지된 것이라 불리지 않아도 되는지 모르겠습니다. 성령으로 다시 태어난(요한 3,5 참조) 이들은 오직 영적으로만 기도해야 하기 때문입니다. 예컨대 누가 "그들이 보는 앞에서 저희를 통하여 당신의 거룩함을 드러내셨듯이 저희 앞에서 모든 백성을 통하여 당신의 거룩함을 드러내소서"(집회 36,4), "당신 예언자들의 신실함이 드러나게 하소서"(집회 36,18 불가타)라고 말한다면, 이것이 "아버지의 이름을 거룩히 드러내시며"라는 말 아니고 무엇입니까? 또 "주 만군의 하느님, 저희를 다시 일으켜 주소서. 당신 얼굴을 비추소서. 저희가 구원되리이다"(시편 80,8)라고 누가 말한다면, 이 말은 "아버지의 나라가 오게 하시며"라는 뜻 아니고 무엇입니까? 그가 "당신 말씀으로 제 발걸음을 굳건히 하시고 어떠한 불의도 저를 다스리지 못하게 하소서"(시편 119,133)라고 말한다면, "아버지의 뜻이 하늘에서와 같이 땅에서도 이루어지게 하소서"라는 뜻 아니고 무엇입니까? "저를 가난하게도 부유하게도 하지 마소서"(잠언 30,8)라고 한다면, "오늘 저희에게 일용할 양식을 주시고"라는 뜻 아니겠습니까? "주님, 다윗과 그의 더없는 온순함을 기억하소서"(시편 132,1)라고 하거나 "주님, 만일 제가 그런 짓을 했다면, 만일 제 손에 불의가 있다면, 만일 저에게 되갚은 이들에게 악을 저질렀다면"(시편 7,4-5)이라고 말한다면, "저희에게 잘못한 이를 저희도 용서하였듯이 저희를 용서하시고"라는 뜻 아닙니까? "식욕과 색욕이 저를 지배하지 말게 하소서"(집회 23,6)라고 말한다면, "저희를 유혹에 빠지지 않게 하시고"라고 말한 것 아니겠습니까? "하느님, 제 원수들에게서 저를 구하시고, 제게 항의해 들고 일어나는 이들에게서

[1] 아우구스티누스의 이 편지는 412년 로마의 귀족 여성 프로바에게 쓴 것인데, 야만족이 이탈리아를 침략해 왔을 때 아프리카로 피신한 프로바가 하느님께 드리는 기도에 관하여 조언을 부탁한 데 대한 답이다.

저를 지켜 주소서"(시편 59,2-3)라고 말한다면, "저희를 악에서 구하소서"라고 말한 것 아닙니까? 그대가 거룩한 기도문들을 모두 살펴본다면, 내 생각에, 주님의 기도에 담겨 있지 않은 내용은 하나도 발견하지 못할 것입니다. 그러니 우리가 기도할 때에, 같은 내용을 다른 단어들을 사용하여 표현하는 것은 허용되지만, 다른 내용으로 기도하는 것은 허용되지 않아야 할 것입니다.

• 아우구스티누스 『서간집』 130.[2]

### 이 세상에서 소멸하지 않는 것들을 사랑하라

"만군의 하느님, 저희를 다시 일으켜 주소서. 당신 얼굴을 비추소서. 저희가 구원되리이다"(시편 80,8). 사람의 영혼이 어느 쪽으로 향하든 당신 아닌 딴 곳을 본다면, 슬픔을 만나기 때문입니다. 영혼이 비록 아름다운 것들에 매달리더라도, 그 아름다움이 당신 밖에 있고 또 자기 바깥에 있는 것이라면, 그것은 다만 슬픔에 매달리는 것입니다.

당신에게서 오는 것이 아니라면, 그 아름다운 사물들이란 도무지 존재하는 것이 아닐 것입니다. 아름다운 것들도 태양처럼 떴다가 집니다. 생성하고 소멸합니다. 생성은 마치 존재하기를 시작하는 것과 같고, 완성에 이르려고 성장하며, 완성에 이르면 노쇠하여 결국 소멸합니다. 물론 모든 것이 노쇠할 때까지 성장하지는 못하지만, 모든 것은 결국 소멸합니다. 그러므로 생성의 시기에는 존재의 진로를 따라가고, 정점에 오르려고 빨리 성장할수록 존재의 소멸점을 향해서도 그만큼 서둘러 가는 셈입니다. 이것이 사물의 법칙입니다. 당신께서 사물들에게 그런 법칙을 주신 까닭은, 저것들이 전체의 부분들이고 무릇 모든 부분들이 동시에 존재하지 못하기 때문입니다. 소멸하고 계승하면서 모든 부분들이 전체로서 작용하고 전체의 부분들이 됩니다. 보십시오, 음성 기호로 이루어지는 저희 언어도 그렇게 작용합니다. 한 단어가 거기에 속한 음절들이 발음된 다음 다른 단어가 따라오도록 비켜 주지 않는다면, 문장이 성립하지 못할 것입니다. 만물의 창조주 하느님, 이 모든 것을 두고 제 영혼이 당신을 찬미하게 하시되, 그것들에게 우리가 느끼는 사랑이 육체의 감각기관을 통하여 나의 영혼이 그것들에게 풀처럼 들러붙지 않게 해 주십시오. 그것들은 그것들에게 정해진 곳을 향하여 가게 마련이고 가는 곳이란 존재의 종말이며, 영혼이 그것들을 사랑하여 함께 있고자 하고 그것들 안에서 안식을 찾는다면, 영혼은 영혼을 파괴할 수 있는 욕망들로 인하여 갈기갈기 찢깁니다. 하지만 그런 것들 안에는 안주할 만한 '어디'라고 할 것이 없으니, 그것들은 영속하는 것이 아니기 때문입니다. 그것들은 우리 육체의 감관이 미치지 못하는 곳으로 달아납니다. 설령 그것들이 우리 눈앞에 있다고 할지라도 실로, 누가 그것들을 움켜잡을 수 있겠습니까? 육체 감각은 사뭇 느린데, 피와 살의 감각이기 때문입니다. 그 본성 자체에 따른 한계입니다. 육체의 감각은 그것이 지어진 본디의 목적에는 충분하지만, 정해진 시점에서 정해진 종점을 향해 내달리는 사물의 진행을 멈추지는 못합니다. 그러한 모든 것이 "여기서부터 저기까지다"(욥 38,11 참조)라는 당신의 말씀에 의해 창조됩니다.

• 아우구스티누스 『고백록』 4,10.[3]

## 80,6-8 하느님의 벌과, 자비를 청하는 인간의 외침

### 하느님의 벌은 백성의 죄에 상응한다

형제 여러분, 구약성경에서 하느님의 정의는

[2] FC 18,392-94.

[3] AC 80-81.

하루치 죄를 지우기 위해선 일 년간 벌을 받아야 한다고 명령한다고 하였지요. 다시 말해, 백성이 광야에서 사십 년간 고통을 받은 것은 사십 일 동안 [신앙에] 태만했기 때문입니다. 당신의 피로 우리를 속량하신 그리스도의 은총을 받고 나서도 우리가 여전히 그저 작은 죄만이 아니라 어쩌면 위중한 잘못까지 저지르기를 즐긴다면 우리에게 어떤 일이 일어나겠습니까? 그래서 제가 자주 조언드리는데, 자신이 위중한 죄를 저질렀다는 것을 아는 사람은 아직 시간이 있을 때 그리고 자신이 할 수 있는 동안 회개라는 치료제에 의지해야 합니다. 실로, 이승에서의 회개와 효과적으로 수행한 참회는 이런 종류의 상처를 신속히 치료해 줍니다. 회개는 과거의 상처를 치유해 줄 뿐 아니라 영혼이 죄를 통해 또다시 상처 입지 않도록 지켜 주기 때문입니다. 몇 가지 더 말씀드리겠습니다. 예를 들어, 내가 죄인인데 한 번 잘못을 저질렀을 경우에 두 번이나 세 번, 또는 더 자주 죄를 저질렀을 때와 같은 벌을 받겠습니까? 아니지요. 벌의 총량은 죄의 방식과 수, 그 크기에 따릅니다. 하느님께서는 우리에게 "눈물의 빵을 먹이시고 눈물을 마시게" 하시는데, 그것을 "가득히 마시게" 하시기 때문입니다. 그때엔 모든 사람이 이런저런 죄를 지음으로써 이승 삶에서 추구한 대로 거두게 될 것입니다.

• 아를의 카이사리우스 『설교집』 108,4.[4]

회개를 위한 기도

회개는 그 자체가 그분의 은총에서 비롯합니다. 그래서 우리는 그분께 "만군의 하느님, 저희를 바꾸어 주소서"라고 말씀드립니다. 아마도 이는 교만하고 사악한 의지를 품고서 자기들의 정의를 세우고 싶어 하는 사람들이 눈이 멀게 되도록 버려지게 하려는 천상의 치료제, 곧 자비에서 비롯한 행위를 말한다고 이해해야 할 것입니다. 아마도 그들은 걸려 넘어지게 하는 돌에 걸려 넘어져 얼굴이 수치로 가득해지도록 눈이 멀게 되는 것 같습니다. 또한, 겸손해진 그들이 교만한 자들의 마음이 부풀어 오르게 하는 자기들의 정의가 아니라 불경한 자들을 의롭게 만드시는 하느님의 정의와 주님의 이름을 찾게 하려는 것일 겁니다. 이것은 그리스도를 믿게 된 뒤 자신의 과거 잘못들 때문에 회한으로 가슴 아파하는 많은 이들에게 이로움을 가져다주었습니다. 이를 위하여 그분께서는 몸소 이렇게 기도하기까지 하셨습니다. "아버지, 저들을 용서해 주십시오. 저들은 자기들이 무슨 일을 하는지 모릅니다"(루카 23,34). 그들의 무지에 대해 사도도 이렇게 말하였습니다. "나는 그들에 관하여 증언할 수 있습니다. 그들은 하느님을 위한 열성을 지니고 있다는 것입니다"(로마 10,2ㄱ). 그런 다음 그는 이렇게 덧붙입니다. "그러나 그것은 깨달음에 바탕을 두지 않은 열성입니다. 하느님에게서 오는 의로움을 알지 못한 채 자기의 의로움을 내세우려고 힘을 쓰면서, 하느님의 의로움에 복종하지 않았기 때문입니다"(로마 10,2ㄴ-3).

• 아우구스티누스 『요한 복음 강해』 53,11.[5]

80,9-14 하느님의 백성과 그들의 고난

근거 없는 고발로 고통을 당한다

결백함이 비난의 대상이 된다면, 과연 인간 삶이 어디 한 곳 안전할 수 있겠습니까?[6] 나는 자는 동안 원수가 와서 나의 밀 가운데에 가라지

[4] FC 47,138*.

[5] FC 88,298*.

[6] 히에로니무스는 그가 칠십인역이 아니라 히브리어 성경을 라틴어로 번역하려는 성급한 젊은이다운 충동을 느낀 것을 후회하는 편지를 썼다는 주장에 대해 대답하고 있다. 그가 그런 편지를 썼다는 주장은 그의 평판을 저해하려는 시도였다.

를 덧뿌리고 간 집주인과 같습니다(마태 13,25 참조). "숲에서 나온 멧돼지가 제 포도밭을 파헤치고 이상한 들짐승이 제 포도를 먹어 치웁니다"(시편 79,14 칠십인역, 불가타). 나는 아무 소리 않고 있는데, 제 것도 아닌 편지가 저를 욕 먹이고 있습니다. 내가 저질렀다는 그 범죄에 대해 나는 아는 바 전혀 없는데도 온 세상에 그 범죄를 고백하도록 강요받고 있습니다. "아, 불행한 이 몸! 어머니, 어쩌자고 날 낳으셨나요? 온 세상을 상대로 시비와 말다툼을 벌이고 있는 이 사람을"(예레 15,10).

• 히에로니무스 『루피누스 반박』 2,24.[7]

80,16-20 하느님께서는 당신 백성을 버려두지 않으신다

상황이 바뀔 것이다

시편 제79편(칠십인역)은 비슷한 표제를 달고 있습니다. "변할 것들에 관하여"(시편 79,1 칠십인역)라고 되어 있지요. 이 시편에는 무엇보다 이런 말씀이 들어 있습니다. "하늘에서 굽어 살피시고 이 포도나무를 찾아오소서. 당신 오른손이 심으신 나뭇가지를 당신께서 몸소 확증해 주신 사람의 아들 위에서 완전하게 하소서"(시편 79,15-16 칠십인역). 이 포도나무는 '이집트에서 뽑아 오신'(시편 80,9 참조) 포도나무입니다. 그리스도께서는 다른 나무는 심지 않으셨습니다. 그분께서는 당신의 오심으로 이 포도나무를 더 나은 포도나무로 바꾸어 놓으셨습니다. 그래서 우리는 복음서에서 이런 말씀을 봅니다. "[포도밭 주인은] 그렇게 악한 자들은 가차 없이 없애 버리고, 제때에 소출을 바치는 다른 소작인들에게 포도밭을 내줄 것입니다"(마태 21,41). 복음서는 '그는 지금 있는 것을 뽑아 버리고 다른 나무를 심을 것'이라고 하지 않고 '이 포도밭을 다른 소작인에게 내줄 것'이라고 합니다. 하느님의 도성과 약속의 자녀들의 회중은 죽을 운명의 존재들의 죽음과 세대 계승을 통하여 같은 성도들의 공동체로 채워져야 하며, 세상 종말 때에 모든 사람은 합당히 불사不死를 얻게 될 것입니다. 또 다른 시편에는 이러한 사상이 푸른 올리브 나무의 표상을 빌려 다른 식으로 표현되어 있습니다. "그러나 나는 하느님 집에 있는 푸른 올리브 나무 같아라. 영영세세 나는 하느님의 자애에 의지하네"(시편 52,10). 성조들과 예언자들이라는 뿌리가 죽은 것은, 믿지 않는 자들과 거만한 자들이 잘려 나가고 그래서 나뭇가지들이 부실하게 되어 다른 민족들이라는 야생 올리브 나무 가지가 접붙여진 까닭이 아닙니다. 이사야는 이렇게 말합니다. "이스라엘아, 네 백성이 설사 바다의 모래 같다 하여도, 그들 가운데 남은 자만 구원받을 것이다"(이사 10,22). 그러나 시편이 "당신께서 몸소 확증해 주신 사람의 아들"이라고 말하는 분, 그리고 또다시 "당신께서 몸소 확증해 주신 사람의 아들에게 당신 손을 얹어 주소서. 저희가 당신에게서 떠나가지 않으오리다"라고 거듭 말하는 분을 통하여 [구원받을 것입니다]. 이 '사람의 아들' 그리스도 예수님을 통하여, 그리고 그분의 남은 이들, 곧 그리스도를 하느님으로 믿은 이스라엘의 많은 이들과 사도들에 의해 그 거룩한 포도밭이 완성되어 가고 있습니다. 이처럼, "장차 바뀔 일들에 관하여"라는 이 시편의 표제가 옛 예식의 지나감과 새 예식의 수립을 통해 이루어졌습니다.

• 아우구스티누스 『유대인 반박』 6,7.[8]

하느님의 예정과 보호

하느님께서는 이 은총을 그에게 넣어 주셨습

[7] NPNF 2,3,515*.

[8] FC 27,399-400*.

니다. 그분은 이 말씀이 가리키는 분입니다. "만물을 당신의 결정과 뜻대로 이루시는 분의 의향에 따라 미리 정해진 우리도 그리스도 안에서 한몫을 얻게 되었습니다"(에페 1,11). 따라서 그분께서는 우리가 당신께 다가가도록 만드시는 것처럼 우리가 당신을 떠나지 않게도 하십니다. 그래서 예언자는 그분께 "당신의 손을 당신 오른쪽의 사람에게 그리고 당신께서 몸소 확증해 주신 사람의 아들에게 얹어 주소서. 저희가 당신에게서 떠나가지 않으오리다"라고 하였습니다. 이 사람은 분명 그 안에서 우리가 하느님을 떠나게 된 첫 번째 아담이 아니라, 하느님께서 손을 얹으시어 우리가 하느님을 떠나지 않게 하는 두 번째 아담임이 확실합니다. 그리스도는 당신의 몸이며 당신의 충만함인 교회로 인하여 모든 지체와 함께 완전하시기 때문입니다(에페 1,23 참조). 그래서 하느님의 손이 그분에게 얹히면 우리는 하느님을 떠나가지 않고, 그러면 하느님의 일("하느님의 손"이 의미하는 것은 바로 이것입니다)이 실로 우리에게 미치게 됩니다. "미리 정해진" 우리는 "만물을 당신의 결정과 뜻대로 이루시는 분의 의향에 따라 그리스도 안에서 한몫을 얻게 되었"기 때문입니다. 그러므로 우리가 하느님을 떠나지 않는 것은 우리 자신이 하는 일이 아니라 하느님의 손이 하시는 일입니다. 이렇게 단언하신 분이 그분의 손이라고 나는 말하겠습니다. "나는 그들의 마음속에 나에 대한 경외심을 심어 주어, 그들이 나에게서 돌아서는 일이 없게 하겠다"(예레 32,40).

• 아우구스티누스 『항구함의 은사』 7,14.[9]

[9] FC 86,281-82*.

## 81,1-17 축제 때 부르는 노래

1 [지휘자에게. 기팃에 맞추어. 아삽.]
2 환호하여라, 우리의 힘이신 하느님께!
환성을 올려라, 야곱의 하느님께!
3 노랫소리 울리며 손북을 쳐라.
수금과 더불어 고운 가락 내는 비파를 타라.
4 나팔을 불어라, 초승에
보름에, 우리의 축제 날에.
5 이것이 이스라엘의 규정이고
야곱의 하느님의 법규라네.
6 이집트 땅을 거슬러① 그분께서 나아가실 제
요셉에게 법으로 세우셨네.
전에는 모르던 말씀을 나는 들었네.
7 "내가 그의 어깨에서 짐을 풀어 주고
그의 손에서 광주리를 내려 주었다.
8 곤경 속에서 네가 부르짖자
나 너를 구하였고
천둥 구름 속에서 너에게 대답하였으며
므리바의 샘에서 너를 시험하였노라. 셀라
9 들어라 내 백성아, 나 네게 증언하노라.
이스라엘아, 부디 내 말을 들어라.
10 너에게 다른 신이 있어서는 아니 된다.
너는 낯선 신을 경배해서는 아니 된다.
11 내가 주님, 너희의 하느님이다.
너를 이집트 땅에서 끌어 올린 이다.
네 입을 한껏 벌려라, 내가 채워 주리라.
12 그러나 내 백성은 말을 듣지 않았고
이스라엘은 나를 따르려 하지 않았다.
13 그래서 내가 고집 센 그들의 마음을⤴

↱내버려 두어
그들은 제멋대로 걸어갔다.
14 내 백성이 내 말을 듣기만 한다면
이스라엘이 내 길을 걷기만 한다면
15 나 그들의 원수들을 당장 꺾으련마는
그들의 적들에게 내 손을 돌리련마는.
16 그들이 주님을 미워하는 자들의
아첨을 받고
이것이 그들의 영원한 운명이 되련마는.
17 나 그들에게② 기름진 참밀을 먹게 하고
바위의 꿀로 그들을② 배부르게 하련마는."

① 또는 '이집트 땅 위로'.
② 바로잡은 본문은 '너희에게'와 '너희를'이다; 히브리어 본문은 '그는 그에게'와 '나는 너희를'이다.

둘러보기

예배 때의 나팔 소리는 사람들에게 하느님께서 시나이산에 나타나심과 이스라엘을 이집트에서 구해 내신 위대한 행위를 떠올려 준다(테오도레투스). 고대의 세속 저자들은 음악의 힘뿐 아니라 구약성경의 기적 같은 사건들에 대해서도 증언해 준다(카시오도루스).

삼위의 두 번째 위격을 하느님과 피조물 사이의 중간적 존재로서 종속적인 위치에 있다고 주장하는 이단들은 두 번째 신을 만들어 냈다는 점에서 첫 번째 계명을 위반하고 있다. 낮아져 비워진 상태의 그리스도는 또 다른 신이 된 것이 아니라 아버지와 동일본질인 한 분 하느님으로 남아 계셨다(예루살렘의 키릴루스). 하느님을 버리고 그리스도를 부인하며 그릇된 교의를 가르치는 사람들은 스스로 영원한 징벌을 부른다(테오도레투스). 하느님께서는 가나안에서 당신 은총의 풍성함을 보여 주시기 위해 이스라엘에게 기름진 참밀을 먹이셨으며, 그리스도께서는 부활하신 후 복음의 달콤함을 보여 주시기 위해 꿀을 드셨다(히에로니무스).

81,4–5 나팔 소리

나팔의 의미

"나팔을 불어라, 초승에, 조짐이 좋은 축제 날에. 이것이 이스라엘의 규정이고 야곱의 하느님의 법규라네." 하느님께서는 사제들에게 나팔을 사용하라고 명하셨습니다. 그것은 백성들에게 산에서 사용된 나팔을 떠올려 주었습니다. [성경은] 만유의 하느님께서 시나이산에서 말씀하실 때 나팔 소리가 크게 울려 퍼졌다고 말합니다(탈출 19,16 참조). 그래서 사제들이 나팔을 불면, 그 소리는 백성들에게 그[하느님의] 현현을 떠올려 주었습니다. 결과적으로, 돌아오도록 허락되고 하느님의 도움을 누린 이들에게 나팔을 비롯한 악기들을 사용하도록 명령한 것은 옳았습니다.

• 키루스의 테오도레투스 『시편 주해』 81,3.[1]

음악의 힘

"나팔을 불어라, 초승에, 너희의 중요한 축제 날에." … 주님께 찬미가를 바치고 거룩한 날을 악기 연주로 기리라는 명령을 준수해야 합니다. 그 악기들이 서로 잘 어우러져 듣기 좋은 가락과

[1] FC 102,51-2.

고른 화음을 내듯이, 우리의 모든 행위도 주님을 향하며 가장 듣기 좋은 음조로 그분의 귀에 바쳐질 수 있습니다. 음악 훈련은 엄청난 힘과 즐거움을 가져오는 지식을 합체시킵니다. 세속 문학을 가르치는 교사들은 모든 유용한 것을 주시는 하느님의 관대하심 덕분에, 자연 세계에서는 감추어져 있다고 여겨지던 것들을 이론적 텍스트들을 통해 알아볼 수 있게 되었습니다.[2] 이 훈련의 첫 번째 부분은 화음, 음률학, 운율학으로 나뉩니다. [악기 훈련의] 두 번째 부분은 타악기, 현악기, 관악기입니다. 세 번째 부분은 여섯 가지 화음으로 구성되고, 네 번째 부분은 열다섯 가지의 음조입니다. 이 더없이 아름다운 훈련의 덕은 오래전에 이런 식으로 구분되어 전해져 왔습니다. 우리는 세속 문학에서 이 수단[3]에 의해 많은 기적이 일어났다는 이야기를 읽습니다. 그러나 우리는 이 멋진 것들에 대해 딱히 더 말할 필요가 없습니다. 우리는 다윗이 비파를 아름답게 연주하자 사울에게서 악령이 물러갔다는 이야기를 읽습니다(1사무 16,23 참조). 거룩한 독서는 뿔 나팔 소리에 예리코의 성벽이 단번에 무너졌다고 증언합니다(여호 6,20 참조). 그런즉 주님의 명령에 따라 또는 그분의 허락하에 음악 소리가 엄청난 힘을 발휘한다는 것은 의심의 여지가 없습니다.

• 카시오도루스 『시편 해설』 80,4.[4]

### 81,10 그리스도는 둘째가는 하느님이 아니다

#### 너에게는 나 말고 다른 신이 있어서는 아니 된다

그러면 자신의 거룩하고 특별한 지위에서 내던져지고 창조계의 영역에서 배제되었다는 이분은 누구입니까?[5] 이런 것은 도무지 상상할 수도 없고, 창조자와 피조물 사이에 어떤 식별할 만한 장소 또는 어떤 존재는 있을 수 없습니다. 그들은 그분을 신성의 어좌로부터 밀어냈지만, 그들의 가르침에서 그분을 아들이며 하느님으로 부르고 그분을 경배해야 한다고 말하기에 이르렀습니다. 율법서가 "주 너의 하느님께 경배하고 그분만을 섬겨라"(마태 4,10; 신명 6,13)라고 분명하게 선언하며 하느님께서 다윗을 통하여 이스라엘 사람들에게 "너에게 다른 신이 있어서는 아니 된다. 너는 낯선 신을 경배해서는 아니 된다" 하고 말씀하셨는데도 불구하고 말입니다.

• 알렉산드리아의 키릴루스 『서간집』 1,13.[6]

#### 그리스도께서는 낮아지신 동안에도 여전히 하느님으로 남아 계셨다

아버지 하느님의 모습으로 존재하시는 분, 아버지 자신의 인장(히브 1,3 참조)이신 분, 당신을 낳으신 분과 모든 면에서 동등하신 분, 당신 자신을 비우신 분은 다름 아닌 말씀이신 하느님이십니다. 그런데 이 '비움'은 무엇입니까? 그분께서 종의 모습으로, 당신께서 취하신 육 안에서 사신 것입니다. 모든 피조물 위에 계시기에 당신 본성에 따라서는 우리와 같지 않으신 분께서 우리와 같은 모습이 되신 것입니다. 그분께서는 이런 식으로, 당신 자신을 인간의 한계 안에 속하게 하심으로써 당신 자신을 낮추셨습니다. 그분께서 하늘에 계신 아버지 하느님께 "아버지, 세상이 생기기 전에 제가 아버지와 함께 누리던 그 영광으로 저를 영광스럽게 해 주십시오"(요한

---

[2] 참조: 카시오도루스 『규정집』 2,5; 아우구스티누스 『음악』; 보에티우스 『음악 교수법』.

[3] 악기 연주를 말한다. OCD에 영국의 고전학자 위닝턴-잉그램이 쓴 "음악" 항목은 고대의 음악 이론에 관한 훌륭한 요약이다("Music" in the OCD).

[4] ACW 52,294-95.

[5] 알렉산드리아의 키릴루스는 하느님의 아들은 하느님과 인간 사이의 중간적 존재라고 생각하는 아리우스 이단을 이야기하고 있다.

[6] FC 76,18.

17,5)라고 말씀드린 것도 이런 까닭입니다. 적어도 그분께서 본성에 따른 참된 아드님과 구별되는 다른 아들이라면, 그들이 세상이 있기 이전부터 영광을 누리셨다고 말씀하시는 분께서 이 시대의 종말에 태어난 다윗의 후손이라고 말하리라고 나는 생각하지 않습니다. 네, 분명 이것은 신성에 어울리는 말입니다. 그분께서는 아버지의 경우와 마찬가지로 당신의 본질적 존재 안에서 초월적인 신적 지위를 확실하게 누리시는 동시에 인간의 한계 안에서 우리와 같아질 필요가 있었습니다. 네, 있었습니다. 그들[7] 말대로 사람이 '말씀'과의 결합에 의해 신이 되고 아버지의 존귀함을 나누도록 하느님과 함께 어좌에 앉는다고 한다면, '너희는 다른 신을 들여와서는 안 된다'라는 말이 어떻게 참일 수 있습니까?

• 알렉산드리아의 키릴루스 『그리스도는 한 분이시다』.[8]

## 81,14-17 하느님께 불성실한 자들에 대한 하느님의 심판

### 불경과 그릇된 가르침에 대한 벌

"내 백성이 내 말을 듣기만 한다면 이스라엘이 내 길을 걷기만 한다면 나 그들의 원수를 당장 꺾으련마는, 그들의 적들에게 내 손을 돌리련마는." 그들이 나의 조언을 듣고 나의 명령을 따랐더라면 나는 그들의 적들을 쉽게 쳐부수었을 것이다. "당장"이라는 말에는 '쉽게' 한다는 뜻이 들어 있습니다. 다시 말해, 아무런 힘도 들이지 않고 순식간에 그들을 파멸시킬 수 있었을 것이라는 뜻입니다. "주님의 적들은 그분께 성실치 않았네."[9] 아퀼라는 … 이 구절을 "주님을 증오하는 그들은 그분을 부인할 것이다"로 옮겼습니다. 그리스도 주님을 부인함으로써 그들은 그들 자신에게 증오를 불러왔습니다. 그리고 그분과 현재의 계약에 대해 성실하지 않음으로써 그들 자신을 주님의 원수로 만들었습니다. [성경은] 율법이 주어지자 백성이 "주 하느님께서 하신 모든 말씀을 듣고 실행하겠습니다"(탈출 24,3)라고 대답했다고 기록합니다. 그들은 약속은 이렇게 했지만, 그들의 말은 정반대였습니다. 그들은 그들의 주님께서 나타나시어 그들의 불경에 대한 형벌, 곧 영원한 파멸을 받으시자 그분을 십자가에 못 박았습니다. 이는 그들에게만 해당하는 말이 아니라, 아리우스와 에우노미우스, 네스토리우스,[10] 그리고 열성적으로 그들의 가르침을 따르는 이들에게도 들어맞습니다.

• 키루스의 테오도레투스 『시편 주해』 81,8.[11]

### 밀과 꿀을 먹게 하시다

"그분께서는 그들에게 밀의 기름[12]을 먹게 하시고." 그분께서는 그들을 약속의 땅으로 인도하셨습니다. 그분께서는 그들에게 광야에서 주신 만나가 아니라 땅에 떨어졌다가 다시 살아난 밀을 먹이셨습니다. "그분께서는 그들에게 밀의 기름을 먹게 하시고." 이 말에서 여러분은 "기름진 참밀"이라는 성경 말씀에 담긴 신비를 꿰뚫어 보아야 합니다. 밀에 기름이 있습니까? 밀에 내장도 있습니까? 예언자는 영적 은총의 충만함과 풍요로움을 보여 주고 싶어서 그것을 "기름"이라고 표현한 것입니다. "그분께서는 바위의 꿀로 그들을 배부르게 하실 것이네." 그분은 밀이

---

[7] 네스토리우스 이단자들을 가리킨다.

[8] *OUC* 86. 이 작품은 알렉산드리아의 키릴루스가 네스토리우스파를 다룬 마지막 작품이라 여겨진다.

[9] 키루스의 테오도레투스는 구약성경을 그리스어로 번역한 심마쿠스 본문과 아퀼라 본문을 비교하면서 이 구절은 심마쿠스의 번역을 인용했다. 오리게네스도 『육중 역본』에 이들의 번역문을 수록했다.

[10] 3세기와 4세기에 교회에 의해 단죄 선고를 받은, 그리스도론과 관련한 3대 이단이다.

[11] FC 102,54-5*.

[12] "밀의 기름"은 대개 "기름진 참밀"로 번역된다.

시고 또한 광야에서 이스라엘 백성의 목마름을 채워 주신 바위이시기도 합니다(1코린 10,4 참조). 그분은 그들의 목마름을 물이 아니라 꿀로 영적으로 채워 주셨습니다. 그들이 입에서 꿀맛이 나는 양식을 믿고 받아들이게 하시려는 것이었습니다. "당신의 약속들은 제 혀에 얼마나 감미롭습니까! 그 말씀 제 입에 꿀보다도 답니다"(시편 119,103). 마지막으로, 이것이 우리 주님께서 부활하신 뒤 벌집을 드시고 바위에서 난 꿀로 허기를 채우신 이유입니다. 이제 여러분께 새로운 사실을 말씀드리겠습니다. '바위'께서는 우리에게 꿀과 달콤함을 주시기 위해 꿀을 드셨습니다.[13] 율법 아래서 몰약, 곧 쓴맛을 마셨던 이들이 이제는 복음의 꿀을 먹게 하시려는 뜻이었습니다(참조: 1코린 10,3-4; 탈출 16,31).

• 히에로니무스『시편 강해집』13.[14]

[13] 루카 24,42-43에 "예수께서 물고기 한 토막과 벌집을 드셨다"고 되어 있는 성경 사본들이 있다.

[14] FC 48,100-101*.

## 82,1-8 불의한 통치자와 판관들에 대한 심판

1 [시편. 아삽]
하느님께서 신들의 모임에서 일어서시어
그 신들 가운데에서 심판하신다.
2 "너희는 언제까지 불의하게 심판하며
악인들의 편을 들려느냐? 셀라
3 약한 이와 고아의 권리를 되찾아 주고
불쌍한 이와 가련한 이에게
정의를 베풀어라.
4 약한 이와 불쌍한 이를 도와주고
악인들의 손에서 구해 내어라."
5 그들은 알지 못하고 깨닫지 못하며
어둠 속을 걷고 있으니
세상의 기초들이 모두 흔들린다.
6 "내가 이르건대 너희는 신이며
모두 지극히 높으신 분의 아들이다.
7 그러나 너희는 사람들처럼 죽으리라.
여느 대관들처럼 쓰러지리라."①
8 일어나소서, 하느님, 세상을 심판하소서.
당신께서는 모든 민족들을 차지하고
계십니다.

① 또는 '대관들이여, 너희는 한 사람처럼 쓰러지리라'.

### 둘러보기

초월적 신성의 이름으로 불리기에 합당한 인간은 없다. 그러나 지극히 신심 깊게 사는 이들은 거룩하다고 불릴 만하다(위-디오니시우스). 하느님께서는 당신의 영원한 나라에서 구원받은 이들을 다스리시며 그들에게 합당한 영예와 천상의 거처를 배당해 주실 것이다(나지안주스의 그레고리우스). 죄는 영적 어둠 속에서 하느님의 일들에 무지한 채로 산 결과다(오리게네스). 성령께서는 "인간은 신"이라는 성경 말씀이 무슨 뜻인지 우리가 이해할 수 있게 해 주신다(예루살렘의 키릴루스). 구약 시대의 이스라엘에게 하느님은 아버지가 아니라 주인이었다. 그들은 걸핏하면 그분을 얕보고 그분의 율법에 불순종했기 때문이다(아우구스티누스). 성경은 ‘신’이라는 칭호를 네 가지 의미로 사용하는데, 그중 둘은 본성에 따른 하느님과 관련된 것이고, [둘은] 하느님께 받아들여짐으로써 그분의 자녀가 되어 “신”이라 불리는 신자들을 가리킨다(풀겐티우스). ‘신’이라는 칭호는 거룩한 삼위의 위격들에게만 적합한 이름이지만, 신자들도 본성에 따라서가 아니라 하느님의 은총에 의해 ‘자녀’로 또 ‘신’으로 불린다(카시오도루스). 그리스도께서는 당신을 받아들이는 사람들이 하느님의 자녀가 될 수 있게 하시려고 육화하셨다(테오도레투스).

하느님께서는 의인들이 고난과 모욕을 겪도록 허락하심으로써 그들을 시험하시지만 그들을 위해 미래의 보물을 마련해 놓으신다(나지안주스의 그레고리우스). 우리는 오직 그리스도께서 우리를 위해 돌아가셨기 때문에 하느님께서 우리에게 주시는 상속 재산을 받는 공동상속자가 될 수 있다. 상속 재산은 [그 재산의] 본디 주인이 죽은 뒤에야 주어지기 때문이다(히에로니무스).

## 82,1–7 “신”으로 불리는 사람들

### 거룩한 사람들은 “신”이라 불린다

하느님의 말씀이 우리보다 우월한 천상의 존재들(참조: 시편 95,3; 창세 32,28-30)만 아니라 우리 가운데에서 하느님에 대한 사랑이 특별히 뛰어난 거룩한 이들을 “신”이라고 부르는 것도 여러분은 보게 될 것입니다(참조: 탈출 4,16; 7,1; 시편 46,5; 요한 10,34). 감추어져 있는 신성은 초월적인 것입니다. 그것은 모든 것 저 위에 있습니다. 그 무엇도 그런 이름으로 불릴 권리가 없습니다. 그러나 하느님과 결합되기 위하여 그분께 돌아와 거룩한 일들로 깨우침을 받으려 애쓰며 하느님을 본받기 위해 있는 힘껏 노력하는 지적이며 분별 있는 모든 이는 “신”이라 불릴 만합니다.

• 위-디오니시우스 『천상 위계』 12,3.[1]

### 속량된 이들은 ‘신’으로 여겨진다

어떤 의미에서 그분께서는 그분을 기꺼이 받아들이는 이들이나 받아들이지 않는 이들이나 그 모두를 전능하신 임금으로서 지배하신다고 말합니다. 그러나 또 다른 의미에서는 그분께서는 우리 안에 당신께 순종하려는 마음을 불러일으키시며 당신의 통치권을 기꺼이 인정하는 우리를 당신의 다스림 아래 두십니다. 앞의 의미에서 생각할 때, 그분의 나라는 끝이 없이 영원할 것입니다. 그러나 두 번째 의미에서 생각할 때는, 그 지배받음의 끝이 언제냐는 문제가 제기됩니다. 그분께서 우리를 당신의 종으로 받아들이시는 때, 우리가 구원의 상태에 들어가는 때[이겠지요]. 사실, 우리가 이미 복종하는데 우리 안에 순종하는 마음을 불러일으킬 필요가 무엇이 있겠습니까? 그 후에 그분께서는 세상을 심판하시고 구원받은 이들과 멸망에 떨어지는 이들을 나누어 놓기 위해 일어나십니다. 그 뒤에 그분께서는 신들 곧 구원받은 이들 한가운데에 하느님으로서 서시어 각 사람에게 합당한 영예와 거처를 분류하고 결정하실 것입니다.

• 나지안주스의 그레고리우스 『성자』(연설 30) 4.[2]

### 어둠 속을 걷는 사람

어둠 속을 걷는다는 것은 비난받을 만한 행위를 의미하고, 자기 형제를 미워한다는 것은 지식이라고 불릴 만한 것에서 멀어짐을 뜻합니다. 그러나 거룩한 일들에 대해 무지한 이는 바로 그 무지로 인하여 또한 어둠 속을 걷기 때문에 다윗은 “그들은 알지 못하고 깨닫지 못하며 어둠 속

[1] *PDCW* 176*.

[2] NPNF 2,7,311*.

을 걷고 있다"고 합니다.

• 오리게네스 『요한 복음 주해』 2,161.[3]

### 인간들을 "신"이라 부르는 경우

예수님께서 여러분에게 얼마나 큰 존귀함을 주셨는지 잘 보고 깨달으시기 바랍니다. 여러분은 예비신자 곧 입문자로 불렸습니다. 입문자란 무엇인가를 주입받는 사람을 뜻하지요.[4] 여러분은 어떤 희망에 대해 들었습니다. 그러나 그 내용이 무엇인지는 몰랐습니다. 여러분은 아무것도 이해하지 못한 채로 신비들에 대해 들었습니다. 여러분은 성경 말씀을 들었지만 그 깊이는 전혀 헤아리지 못했습니다. 그것은 더 이상 주입되지 않고 속삭여집니다. 내재하시는 성령께서 여러분의 마음을 하느님을 위한 거처로 만들고 계시기 때문입니다. 앞으로 여러분은 신비에 관한 성경 말씀을 들으면 전혀 알지 못했던 것들을 이해하게 될 것입니다. 여러분이 지금 받고 있는 것을 하찮은 것으로 여기지 마십시오. 비참한 인간에 지나지 않는 여러분이 '신'이라는 칭호를 받습니다. 바오로의 말을 들어 보십시오. "하느님은 성실하신 분이십니다"(1코린 1,9). 또 다른 성경 말씀을 들어 보십시오. "하느님은 성실하시고 의로우신 분이십니다"(1요한 1,9). 하느님의 입이 되어 이야기하는 시편 저자의 이 말은 '신'이라는 칭호가 인간에게 주어질 것임을 내다보고 한 말처럼 보입니다. "내가 이르건대 너희는 신이며 모두 지극히 높으신 분의 자녀다." 그런데 그 칭호가 성실한 것일 때 그 목적이 성실치 못한 것이 아님을 보십시오. 여러분은 경기에 참가했습니다. 꾸준히 경주를 치르십시오. 여러분에게 또다시 이런 기회는 오지 않을 것입니다. 여러분의 혼인날이 다가오고 있었다면, 여러분은 잔치를 준비하면서 다른 모든 일은 가볍게 여기지 않겠습니까? 그렇다면 하늘의 신랑에게 여러분의 영혼을 봉헌하려 하는 지금, 여러분은 영의 일들에서 충실하기 위해서 육체의 관심사는 우연에 맡겨 버리지 않겠습니까?

• 예루살렘의 키릴루스 『교리교육 서론』 6.[5]

### 주인이신 하느님과 아버지이신 하느님

어떤 청원이든 청원을 할 때엔 먼저 상대방의 호의를 얻고 그다음에 우리가 바라는 것을 이야기해야 합니다. 우리는 보통 우리가 청원하는 상대를 찬양함으로써 호의를 얻으려 합니다. 그리고 그 찬양은 대개 기도 첫머리에 놓입니다. 지금의 예에서 보면, 주님께서는 가장 먼저 이렇게 말하라고 지시하십니다. "하늘에 계신 저희 아버지." 하느님에 대한 찬양은 여러 방식의 말로 표현되어 왔습니다. 성경 여기저기 곳곳에 흩어져 있는 찬미의 방식을 읽는 사람은 누구나 이 점을 알아볼 수 있을 것입니다. 그런데 이스라엘 백성이 하느님께 기도할 때 아버지에게 말하듯 하라거나 "저희 아버지"라고 말하라는 가르침을 받았다는 내용은 어디에서도 볼 수 없습니다. 그들에게 그분은 말하자면 주인이었습니다. 그들이 종이었기 때문입니다. 다시 말해, 그들은 아직까지 육에 따라 살고 있었습니다. 나는 지금 그들이 지키라고 명령받은 율법의 계명을 받았을 때를 말하는 것입니다. 예언자들은 이스라엘인들이 그분의 계명에서 떨어져 나가지 않았더

---

[3] FC 80,137-38.

[4] '카테케인'(*katēchein*)은 '(소리가) 울리게 하다'라는 뜻이다. 따라서 '입문자'(*catechumen*)는 글자 뜻 그대로 풀이하면, '어떤 요소들이 그의 안에 주입되도록 하고 있는 자'라는 뜻이다. 키릴루스는 '포티조메노이'(*photizomenoi*, '빛을 받은, 깨우침을 받은 자들')의 지위를 높이기 위해 이 점을 다소 지나치게 강조하고 있다.

[5] LCC 4,68-69*.

라면 우리의 주님이신 이분께서 그들에게도 아버지가 되어 주셨을 수도 있었음을 자주 지적합니다. 예를 들면, 이런 표현들이 있습니다. "내가 자녀들을 기르고 키웠더니 그들은 도리어 나를 거역하였다"(이사 1,2), "내가 이르건대 너희는 신이며 모두 지극히 높으신 분의 아들이다", "내가 주인이라면 나에 대한 두려움은 어디 있느냐? 내가 아버지라면 나에 대한 공경은 어디 있느냐?"(말라 1,6). 하느님을 아버지로 모시게 될 — "그분께서는 그들에게 하느님의 자녀가 되는 권한을 주셨다"(요한 1,12)라는 복음 말씀에 따라 — 그리스도인들이 생겨나게 될 것이라는 사실을 가리키는 예언 말씀들을 논외로 치더라도, 그들이 죄를 지음으로써 자녀가 되기를 거부한 사실에 대해 질책당하는 많은 표현들이 있습니다. 바오로 사도는 "상속자가 어린아이일 때에는 종과 다를 것이 없습니다"(갈라 4,1)라고 하지만, 그는 우리가 "아빠, 아버지!"(로마 8,15)라고 외치는 덕분에 [하느님의] 자녀가 되는 영을 받았다고 우리에게 되새겨 줍니다.

• 아우구스티누스 『주님의 산상 설교』 2,4,15.[6]

### 은총으로 신이 된 신자들

성경에서 '신'이라는 명칭은 언뜻 떠오르는 것만 해도 크게 네 가지로 사용됩니다. 하느님은, [그분의 거룩한] 본성의 진실에 따라, 거룩한 삼위는 일체이며 참되고 변하지 않으시며 "이제 너희는 보아라! 나, 바로 내가 그다. 나 말고는 하느님이 없다"(신명 32,39)고 말씀하신 하느님이라고 언명되기 때문입니다. 그분을 두고 다윗은 "정녕 주님 말고 그 누가 하느님이며 우리 하느님 말고 그 누가 반석이 되어 주겠는가?"(시편 18,32)라고 하였습니다. 이분이 바로 본성에 따라 홀로 하느님이신, 유일무이하신 그 하느님이십니다. 이 하느님과 달리 어떤 존재들은 본성에 따라서 그 이름을 지니지는 않았지만 은총의 선물로 '신'이라는 칭호를 받았습니다. 그런 '신'들에 관하여 한 분이신 참하느님께서는 모세에게 이렇게 말씀하셨습니다. "보아라, 나는 너를 파라오에게 하느님처럼 되게 하였다"(탈출 7,1). 다음 말씀을 들은 이들도 그런 사람들에 속합니다. "내가 이르건대 너희는 신이며 모두 지극히 높으신 분의 자녀다." 그러니까 이 '신'들은 하느님의 자녀가 되도록 '신'이 되는 은총을 받은 것입니다. 복음사가는 "그분께서는 당신을 받아들인 이들, 당신의 이름을 믿는 이들에게 하느님의 자녀가 되는 권한을 주셨다. 이들은 혈통이나 인간의 선택이나 결정에서 난 것이 아니라 하느님에게서 난 사람들이다"(요한 1,12-13)라고 말합니다. "내가 이르건대 너희는 신이며 모두 지극히 높으신 분의 자녀다"라는 말씀도 이들에게 주어진 말씀입니다.

• 루스페의 풀겐티우스 『서간집』 12,9.[7]

### '자녀'도 '신'도 은총으로 받은 명칭이다

"신들의 신, 주 하느님께서 말씀하시며 해 뜨는 데서 해 지는 데까지 땅을 부르시네"(시편 50,1). 모든 불신의 타락한 본성이 제거되게 한 주님의 육화가 중요치 않은 일이라고 믿는 사람이 아무도 없도록 그분의 권능이 미리 예고되었습니다. '신'이란 신심 깊은 삶의 태도로 인하여 하늘의 위엄 높으신 분의 은총을 받는 이들에게 주어지는 칭호입니다. 또 다른 시편은 그분의 이런 말씀을 담고 있습니다. "내가 이르건대 너희는 신이며 모두 지극히 높으신 분의 자녀다." 이들은 '자녀'로 또 '신'들로 불리는데, 이 두 칭호

[6] FC 11,122-3*.

[7] FC 95,482*.

는 다 본성이 아니라 은총으로 주어진 것입니다. "신들의 신"은 그리스도 주님이십니다. 그분은 아버지와 성령과 함께 참으로 "신들의 신"이라 불리십니다. 그렇지만 이 칭호는 신성에 전적으로 들어맞는 것은 아닌데, 우리가 앞에서도 말했듯이, 인간의 언어는 신성의 신비를 이 이상은 표현하지 못하기 때문입니다.

• 카시오도루스 『시편 해설』 49,1.[8]

하느님의 자녀가 되다

"내가 이르건대 너희는 신이며, 모두 지극히 높으신 분의 자녀다. 그러나 너희는 사람처럼 죽으리라." 그분의 이 말씀은, 자녀 되는 은총을 받아들이지 않고 하느님 말씀의 순수한 나심인 육화를 모욕하며 인간이 하느님의 지위로 올라가는 가능성을 부인하고 그들을 위하여 육이 되신 하느님의 말씀께 감사하지 않는 이들에게 하시는 말씀입니다. 말씀께서 사람이 되신 것은 인간이 말씀을 받아들이고 자녀가 되는 은총을 받아들여 하느님의 자녀가 되게 하시려는 뜻이었습니다.

• 키루스의 테오도레투스 『에라니스테스』 1.[9]

82,8 신실한 이들의 고난은 일시적이다

하느님께서 세상을 심판하시리라

의로운 이들이 사악한 자들의 손에 넘겨진 일이 많았습니다(욥 9,24 참조). 이는 악인들이 영예롭게 되려는 것이 아니라 의로운 이들이 시험을 받는 것이었습니다. 쓰여 있듯이, 악인들은 끔찍스러운 죽음에 이르지만(욥 9,23 참조), 어쨌든 지금은 신실한 이들이 조롱거리가 되고 하느님의 선의와 다음 생에서 그들 각자에게 준비되어 있는 엄청난 보물들은 감추어져 있습니다. 그분께서 세상을 심판하시기 위하여 일어나시어 의도와 행실들을 모으시고 당신께서 감추어 두셨던 것들을 드러내실 그때에는 실로 말과 행위와 생각이 하느님의 공정한 저울에 놓일 것입니다. 이에 관해서는 욥의 고난과 그의 말을 듣고 믿으십시오. 그는 참되고 흠 없으며 의롭고 하느님을 두려워하는 인간이었으며 그 외에도 그가 시험받은 온갖 다른 자질들을 갖추고 있었지만 그럼에도 불구하고 그를 자기 힘 아래 두고 싶어 애걸한 자[10]의 손에 놀라지 않을 수 없는 재앙을 연이어 당했습니다. 역사를 보면, 자주 고난을 겪은 이들이 많고 어떤 이들은 심하게 고통을 당했지만, 욥만큼 심한 재앙을 연이어 겪은 이는 없었습니다.

• 나지안주스의 그레고리우스
『아타나시우스 찬사』(연설 21) 17.[11]

상속자이며 공동상속자

"당신께서는 모든 민족들을 상속받으실 것입니다." 당신께서는 모든 민족들을 가엾이 여기시기에 저희는 당신께서 심판관이 되시기를 기도합니다. 시편 저자가 '당신께서는 모든 민족들을 차지하실 것입니다'라고 하지 않고 "당신께서는 모든 민족들을 상속받으실 것입니다"(불가타 본문)라고 한 의도는 무엇이겠습니까? 상속이 있었다는 것은 그 전에 죽음이 있었다는 의미입니다. 그래서 우리는 상속자, 공동상속자로 불립니다. 바오로 사도는 그리스도께서 우리를 위해 돌아가셨기에 우리는 그리스도의 상속자이고, 그리스도께서 우리와 함께 다스리실 것이므로 우리는 공동상속자라고 말한 바 있습니다.

• 히에로니무스 『시편 강해집』 14.[12]

[8] ACW 51,480*.
[9] NPNF 2,3,177*.
[10] 사탄. 그리스도의 유혹 이야기 참조(마태 4,1-11).
[11] NPNF 2,7,274*.
[12] FC 48,109.

### 83,1-19 적들의 멸망을 바라는 기도

1 [노래. 시편. 아삽]
2 하느님, 잠잠히 계시지 마소서.
말없이 가만히 계시지 마소서, 하느님.
3 보소서, 당신의 적들이 소란을 피우고
당신을 미워하는 자들이
머리를 치켜듭니다.
4 당신의 백성을 거슬러 음모를 꾸미고
당신께 보호받는 이들을 거슬러
모의합니다.
5 그들은 말합니다.
"자, 저들 민족을 없애 버려
이스라엘의 이름이 다시는 기억되지
못하게 하자!"
6 그들은 한마음으로 흉계를 꾸미고
당신을 거슬러 동맹을 맺습니다.
7 에돔의 천막들과 이스마엘인들
모압과 하가르인들
8 그발과 암몬과 아말렉
필리스티아와 티로의 주민들도 함께.
9 아시리아까지 그들과 합세하여
롯의 자손들에게 팔을 뻗쳐 거듭니다. 셀라
10 미디안에게 하신 것처럼 그들에게 하소서.
키손 천에서 시스라와 야빈에게
하신 것처럼.
11 이들은 엔 도르에서 전멸하여
땅의 거름이 되었습니다.
12 그들의 수령들을 오렙과 즈엡처럼,
그들의 제후들을 제바와 찰문나처럼
만드소서.
13 그들은 말합니다. "하느님의 목장들을
우리가 차지하자."
14 저의 하느님, 그들을 방랑초①처럼,
바람 앞의 지푸라기처럼 만드소서.
15 숲을 태우는 불처럼,
산들을 사르는 불길처럼 만드소서.
16 그렇게 당신의 태풍으로
그들을 뒤쫓으시고
당신의 폭풍으로 그들을 놀라게 하소서.
17 주님, 그들의 얼굴을 수치로 가득
채우시어
그들이 당신의 이름을 찾게 하소서.
18 그들이 내내 부끄러워하고 놀라
얼굴을 붉히며 멸망해 가게 하소서.
19 그래서 당신의 이름 주님이심을
당신 홀로 온 세상에
지극히 높으신 분이심을
그들이 깨닫게 하소서.

① 또는 '휘날리는 먼지'.

둘러보기

하느님께서 사람들에게 분노하시는 것은 그들의 죄를 뿌리 뽑기 위해서이고, 죄를 뿌리 뽑으신 뒤에 그들을 가엾이 여기시는 것은 그들을 치유하고 구원하시기 위해서다(아우구스티누스). 다윗의 탄식에 나오는 "원수들"로 불려 마땅한 이단적이고 간악한 자들이 교회에서 가장 높은 직책들을 차지하는 경우가 많다(테오도레투스). 성경을 올바로 해석하기 위해서는, 예를 들어 다윗이 사용한 '그노메'와 같은 단어들의 의미와 미묘한 차이에 대한 폭넓은 이해가 필요하다(다마스쿠스의 요한). 선행을 하도록 격려하지 않고 권유를 소홀히 하면 악행에 이끌리는 사람이 많다(나지안주스의 그레고리우스). 악의를 버리지 못하고 품고 있는 이들을 위해 기도해야 한다. 그들은 앞뒤로 구르는 수레바퀴 같아서 결코 죄 많은 삶을 벗어나 선 안에 안정되게 서 있지 못한다(히에로니무스).

### 83,2-5 교회 안의 타락

#### 분노와 동정

그러니 그들은 입 다물라고 하십시오. 진짜 헤라클레스는 믿는 이들이 "하느님, 누가 당신 같나이까? 잠잠히 계시지 마소서. 조용히 계시지 마소서, 하느님" 하고 말하는 하느님이심을 이제 그들은 보라고 하십시오. 제가 하려던 것은 "조용히 계시지 마소서"라는 말이 사람들을 혼내라는 뜻이 아니라 오류를 뿌리 뽑는다는 뜻임을 보여 드리는 것이었습니다. 그분께서는 조용히 계시지 않습니다. 분노하시지요. 그러나 그분은 하느님이십니다. 그래서 동정하시기도 합니다. 그분은 분노하시고 또 동정하십니다. 그분은 분노하시고 치십니다. 동정하시고 치유하십니다. 그분은 분노하시고 죽음에 이르게 하십니다. 그분은 동정하시고 생명으로 데려오십니다. 그분은 한 사람 안에서 이렇게 하십니다. 어떤 사람들은 죽음에 이르게 하시고 다른 사람들은 생명으로 데려오시는 것이 아니라, 같은 사람들에게 분노하시고 또한 온유하게 대해 주십니다. 그분은 오류에 대해서 분노하시고, 나쁜 습관이 바로잡힌 이들에게는 온유하십니다. "나는 치기도 하고 고쳐 주기도 한다. 나는 죽이기도 하고 살리기도 한다"(신명 32,39). 그분께서는 나중에 바오로가 된 사울도 낮추셨다가 들어 올리셨습니다. 믿지 않는 이는 낮추셨고 믿는 이는 들어 올리셨습니다. 박해자는 낮추셨고 설교자는 들어 올리셨습니다.

• 아우구스티누스 『설교집』 24,7.[1]

#### 하느님의 적들

레온티우스[2]는 그것[3]을 알고는, 그들을 막으려 하는 것은 안전하지 않다고 생각했습니다. 신자들이 이 훌륭한 사람들에게 매우 우호적인 것을 보았기 때문입니다. 그는 예의 바른 태도로 그들에게 교회에서 이 예배 행위[교창]를 실행할 것을 요청했습니다. 그들은 그의 사악한 의도를 정확히 파악하고 있었습니다. 그렇지만 그들은 그의 요청을 따르기 시작했고 즉시 합창단을 교회로 소집하여 좋으신 주님께 찬미 노래를 바치라고 권했습니다. 그러나 그 무엇도 레온티우스가 그의 사악함을 고치도록 분발시킬 수 없었습니다.[4] 그는 온건함의 가면을 쓰고서는 스테파누스와 플라키두스[5]의 불법적인 행위를 숨겼습니다. 사제들과 부제들의 타락한 신앙을 수용한 사람들을, 그들이 수치스러운 부정행위들을 하였는데도, 그는 명부에 올렸습니다.[6] 다른 사람들은 사도들의

---

[1] *WSA* 3,2,77.

[2] 스스로 고자가 되어 자신이 아리우스 이단과 같은 견해를 가지고 있음을 숨기려 한 안티오키아의 주교. 이전에 그는 사제직에서 면직된 적 있었다. 325년의 니케아 공의회의 법규 1조는 신체의 일부가 절단된 사람은 서품을 받고 성직자가 되는 것을 금지했다.

[3] 정통신앙파의 평신도 두 사람, 플라비아누스와 디오도루스가 안티오키아 교회에 시편을 교창으로 부르는 방식을 도입한 것을 말한다.

[4] 아리우스파의 견해를 가지고 있다는 사실을 숨겼음을 말한다.

[5] 레온티우스의 전임자였던 안티오키아의 주교들로서 타락한 성직자들이었다고 한다.

[6] 그런 사람들을 사제나 봉사자로 서품했다는 뜻.

가르침을 굳건히 고수하며 온갖 덕으로 아름다움을 더한 반면 그는 눈에 띄지 않는 채로 남아 있었습니다. 그러다가 성직자들 가운데 이단에 물든 이들이 다수가 되었고 반면에 평신도들은 신앙의 수호자들이었습니다. 전문 교사들마저도 그들의 신성모독을 까발릴 용기가 부족했습니다. 진실로 플라키두스와 스테파누스, 레온티우스가 안티오키아에서 저지른 불경하고 불법적인 행위들은 너무도 많아서 그들에 관한 일만으로 역사책을 써야 할 정도이며 다윗의 한탄을 들어 마땅할 만큼 끔찍하였습니다. 아마도 이 말은 그들을 두고 한 말이라 할 것입니다. "당신의 적들이 소란을 피우고 당신을 미워하는 자들이 머리를 치켜듭니다. 당신의 백성을 거슬러 음모를 꾸미고 당신께 보호받는 이들을 거슬러 모의합니다. 그들은 말합니다. '자, 저들 민족을 없애 버려 이스라엘의 이름이 다시는 기억되지 못하게 하자!'"

• 키루스의 테오도레투스 『교회사』 2,19.[7]

'그노메'가 뜻하는 것

거기에 더해, '의견'이라고 옮겨지는 '그노메' *gnōmē*라는 단어가 많은 방식으로 또 많은 의미로 사용되고 있다는 것도 알아야 합니다. 이 단어는 때로는 '충고'를 의미하는데, 거룩한 사도의 다음 말이 그 예입니다. "미혼자들에 관해서는 내가 주님의 명령을 받은 바가 없습니다. 그러나 나는 의견을 내놓습니다"(1코린 7,25). 또 때로는 '계획'이라는 뜻으로 사용되기도 하는데, 예언자 다윗의 다음 말이 그 예입니다. "[그들은] 당신의 백성을 거슬러 사악한 계획을 꾸미고 …." 이 단어는 때로는 다니엘의 다음 말에서처럼 '판결'을 뜻하기도 합니다. "어찌 이토록 가혹한 어명을 내리셨습니까?"(다니 2,15). 그리고 때로는 '믿음'이나 '의견', '의향'의 의미로 사용되기도 합니다. 간단히 말해, 이 단어는 스물여덟 가지 의미를 가지고 있습니다.

• 다마스쿠스의 요한 『신앙 해설』 3,14.[8]

83,14 바람 앞의 지푸라기

대부분의 사람들은 악에 끌리는 경향이 있다

그의 이 말은 무슨 뜻입니까?[9] 내가 생각하기로는, 선은 푸른 나무에 불이 붙기 힘든 것처럼 아주 힘들게 인간 본성에 뿌리박게 된다는 것입니다. 반면에 대부분의 사람들은 그루터기가 건조해서 바람에 불똥만 튀어도 쉽게 불이 붙어 타버리는 것처럼 쉽게 악에 발을 들입니다. 사람은 약간의 격려로 선에 이끌리는 경우보다 아주 약간의 부추김만 있으면 재빨리 완전하게 악에 몸담는 경우가 더 많습니다.

• 나지안주스의 그레고리우스 『도피 변론』(연설 2) 12.[10]

그들을 바퀴처럼 만드소서

"하느님, 그들을 바퀴처럼 만드소서"(불가타 본문). 예언자의 자비로운 마음을 보십시오. 그는 그들에게 나쁜 일이 일어나기를 기도하지 않고 그들을 위해 기도합니다. 그가 뭐라고 합니까? '만물의 하느님이신 저의 하느님, 저 자신의 하느님, 오, 저의 하느님, 그들을 바퀴처럼 만드소서. 자신들의 토대를 악의 안에 세운 그들, 그들에게 토대가 전혀 없게 하시고, 그들이 앞뒤로 계속 굴러 결코 그들의 악의 안에 멈추어 자리 잡는 일이 없게 하소서'라고 합니다.

• 히에로니무스 『시편 강해집』 15.[11]

---

7 NPNF 2,3,85-6*.

8 FC 37,303*.

9 나지안주스의 그레고리우스가 바로 앞 단락에서 인용한 하까이 예언자의 말(하까 2,11-13)을 가리킨다.

10 NPNF 2,7,207*.

11 FC 48,116.

## 84,1-13 주님의 집을 그리워하다

1 [지휘자에게. 기팃에 맞추어.
코라의 자손들. 시편]
2 만군의 주님
당신의 거처가 얼마나 사랑스럽습니까!
3 주님의 앞뜰을 그리워하며
이 몸은 여위어 갑니다.
살아 계신 하느님을 향하여
제 마음과 제 몸이 환성을 지릅니다.
4 만군의 주님
저의 임금님, 저의 하느님
당신 제단 곁에
참새도 집을 마련하고
제비도 제 둥지가 있어
그곳에 새끼들을 칩니다.
5 행복합니다, 당신의 집에 사는 이들!
그들은 늘 당신을 찬양하리니. 셀라
6 행복합니다, 마음속으로 순례의 길을
생각할 때
당신께 힘을 얻는 사람들!
7 그들은 바카 계곡을 지나며
샘물을 솟게 하고
봄비는 축복으로 덮어 줍니다.
8 그들은 더욱더 힘차게 나아가
시온의 하느님 앞에 나섭니다.
9 주 만군의 하느님, 제 기도를 들으소서.
야곱의 하느님, 귀를 기울여 주소서. 셀라
10 하느님, 저희의 방패를 보소서.
당신의 기름부음받은이의 얼굴을
굽어보소서.
11 정녕 당신 앞뜰에서 지내는 하루가
다른 천 날보다 더 좋습니다.
저의 하느님 집 문간에 서 있기가
악인의 천막 안에 살기보다 더 좋습니다.
12 정녕 주 하느님은 태양이고 방패이시며
주님께서는 은총과 영광을 베푸십니다.
흠 없이 살아가는 이들에게
복을 거절하지 않으십니다.
13 만군의 주님
당신을 신뢰하는 사람은
행복합니다!

둘러보기

지치도록 하늘을 난 뒤 쉴 둥지가 있는 새들처럼, 힘든 삶에 지친 사람들에게는 육체와 영혼의 둥지, 곧 영원한 안식의 장소가 필요하다(히에로니무스). 구원받은 이들이 영원한 보상을 받으면 그들은 하느님 면전에서 행복하게 살며 영원히 그분을 찬미하는 노래를 부를 것이다(풀겐티우스).

교회는 아버지와 아들과 그리고 마침내 성령의 신성을 깨달음으로써 점차적으로 삼위일체에 대하여 이해하게 되었다(나지안주스의 그레고리우스). 하느님께서는 우리를 온갖 종류의 싸움을 해야 하는 삶이라는 경기장에 놓아두셨다. 우리가 경기를 치르며 강해지고 마침내 하늘에서 승리자의 화관을 얻는 축복을 받게 하시려는 뜻이다(히에로니무스).

## 84,4–5 안식처요 거처

### 쉴 곳이 필요하다

"참새도 집을 마련하고 멧비둘기도 제 둥지가 있어 그곳에 새끼들을 칩니다." 일단은 단순한 해석으로 만족합시다. 이 절이 암시하고 있는 모든 것에 주목하십시오. '오, 주님, 저는 당신의 영원한 거처를 갈망합니다. 저의 영혼은 주님의 앞뜰을 그리워하며 여위어 갑니다. 저는 거처할 장소를, 제 영혼과 육체의 둥지를 갈망합니다. 아무런 제약 없이 이리저리 날아다니는 새들도 한참 날아다닌 뒤엔 쉴 곳이, 둥지가 있습니다. 제 육체와 영혼에게는 더더욱 안식처가 필요하지 않겠습니까?'

• 히에로니무스 『시편 강해집』 16.[1]

### 우리가 영원한 거처에서 누릴 행복

마음속으로 우리는 천상의 거처가 우리를 받아들이도록 이 세상의 삶으로부터, 우리가 육체 안에서 재빨리 이주하려고 하는 그 삶으로부터 이주합시다. [천상의 그 거처]에 대하여 사도는, 우리에게는 하느님에게서 오는 영원한 거처가, 사람의 손이 짓지 않은 집이 하늘에 있다고 말합니다. 이 거처에 대하여 이렇게 쓰여 있습니다. "행복합니다, 당신의 집에 사는 이들! 그들은 늘 당신을 찬양하리니." 그곳에는 영원한 거처가 있듯이 영원한 찬미가 있습니다. 그곳에 사는 이들은 늘 하느님을 찬양합니다. 언제나 하느님에 대하여 그리고 하느님 안에서 크게 기뻐하기 때문입니다. 그리고 찬미하는 이들에게는 거룩한 거처의 영원한 달콤함이 있듯, 그곳에 사는 이들에게는 찬미를 바치는 영원한 달콤함이 그들 몫으로 남아 있습니다.

• 루스페의 풀겐티우스 『서간집』 10,56.[2]

## 84,6–8 더욱더 힘차게 나아가다

### 영광에서 영광으로 나아가다

구약[성경]은 성부에 대해서는 드러나게 선포했고 성자에 대해서는 다소 모호하게 선포하였습니다. 신약[성경]은 성자를 명백하게 선포했고 성령의 신성을 암시했습니다. 이제 성령께서 우리 가운데에 거하시며 당신 자신을 우리에게 더 분명하게 보여 주고 계십니다. 성부의 신성이 아직 받아들여지지 않은 상황에서 다짜고짜 성자를 선포하는 것은 안전하지 않았고, 성자의 신성이 아직 받아들여지지 않은 상태에서 우리에게 성령에 관한 짐을 지우는 것(조금 불손한 표현이긴 합니다만) 역시 편하고 자연스러운 처사가 아니었습니다. 힘에 부치게 많은 음식을 먹은 사람이나 아직 너무 약한 눈으로 해를 바라보는 경우 그 능력 안에 있는 것조차 잃어버릴 위험이 있습니다. 모름지기 조금씩 조금씩 사실을 추가로 알려 주어야 하는 법입니다. 다윗이 말하듯이, 영광에서 영광으로 오르며 앞으로 나아가며(참조: 시편 84,8; 2코린 3,18) 더 많은 깨우침을 받은 이들에게 삼위일체의 빛은 찬란하게 빛을 발할 것입니다. [성령께서] 점차 제자들 속에 거하시게 되었고, 당신을 받아들이는 그들의 능력에 따라 당신 자신을 그들에게 나누어 주시며, 복음이 선포되기 시작할 때, 수난과 승천 등을 거치며 능력을 완전하게 하시고, 그들 위에 숨결로 내리시고 불꽃 모양의 혀로 나타나신 것은 그런 이유 때문이었다고 나는 생각합니다.

• 나지안주스의 그레고리우스 『성령』(연설 31) 26.[3]

### 하느님께서 축복하실 것이다

"율법을 주신 분께서 축복을 내리시리라"(시편

[1] FC 48,121. [2] FC 95,471-72.
[3] NPNF 2,7,326*.

83,8 불가타). 어떤 사람들은 이렇게 물을 것입니다. "왜 하느님께서는 눈물의 계곡을 경기 장소로 — 싸움을 벌일 장소로 — 정하셨습니까? 왜 우리를 그곳에 경기자들로 놓아두신 것입니까? 왜 그분께서는 우리가 싸우기를 바라십니까?" 시편 저자가 답해 줍니다. '그분께서는 우리가 승리하면 화관을 상으로 주시려고 이 장소를 우리의 경기장으로 삼기로 하신 것입니다.' "율법을 주신 분께서 축복을 내리시리라." 우리가 참가하는 이 경기의 주최자,[4] 율법을 주신 이분은 오직 우리에게 축복을 내리시려고 우리가 싸우기를 바라셨습니다. 생각해 보십시오, 승리가 무엇을 의미하는지! 이 경기 주관자가 내리는 축복은 무엇입니까? "그들은 더욱더 힘차게 나아가 …"(시편 84,8). 그들은 저곳에서 화관을 받기 위해 이곳에서 승리합니다. 용기 있는 사람이 이곳에서 힘의 증거를 보이면 그곳에서 그는 더욱더 강해집니다. "그들은 더욱더 힘차게 나아갑니다." 그러니까 우리가 이곳에서 강하지 않으면 그곳에서 더 큰 힘을 지닐 수 없습니다. 시편 저자는 그들이 나약하다가 강해진다고 하지 않고 더욱더 힘차게 나아간다고 했습니다. 그곳에서 불굴의 용기를 지닌 사람이 되고 싶습니까? 그러면 먼저 여기서 용기 있는 사람이 되십시오. 그곳에서 화관을 쓰고 싶습니까? 여기서 싸우십시오.

• 히에로니무스 『시편 강해집』 16.[5]

[4] 참조: 『서간집』 71,2; 『요비니아누스 반박』 1,12.
[5] FC 48,123-24.

## 85,1-14 다시 하느님의 자비를 받기 원하는 공동체의 기도

1 [지휘자에게. 코라의 자손들. 시편]
2 주님, 당신께서는 당신 땅을
어여삐 여기시어
야곱의 운명을 되돌리셨습니다.
3 당신 백성의 죄를 용서하시고
그들의 모든 잘못을 덮어 주셨습니다. 셀라
4 당신의 격분을 말끔히 거두시고
당신 분노의 열기를 돌리셨습니다.
5 저희 구원의 하느님,
저희를 다시 일으키소서.
저희에 대한 노여움을 푸소서.
6 끝끝내 저희에게 진노하시렵니까?
당신 분노를 대대로 뻗치시렵니까?
7 저희를 다시 살리시어
당신 백성이 당신 안에서
기뻐하게 하지 않으시렵니까?
8 주님, 저희에게 당신 자애를 보이시고
저희에게 당신 구원을 베푸소서.
9 하느님께서 무엇을 말씀하시는지
나는 듣고자 하네.
주님께서는 당신 백성에게,
당신께 충실한 이들에게
진정 평화를 말씀하신다.
그들은 다시 우매함으로 돌아가지
않으리라.①
10 정녕 그분을 경외하는 이들에게는
구원이 가까우니
우리 땅에 영광이 머무르리라.
11 자애와 진실이 서로 만나고
정의와 평화가 입 맞추리라.⤴

12 진실이 땅에서 돋아나고
정의가 하늘에서 굽어보리라.
13 주님께서도 복을 베푸시어
우리 땅이 그 열매를 내어 주리라.
14 정의가 그분 앞을 걸어가고
그분께서는 그 길 위에 걸음을
내디디시리라.

① 히브리어 본문; 그리스어 본문에는 이 문장이 없고 '진정 평화를 말씀하신다' 앞에 '마음으로 당신께 돌아선 이들에게'가 더 들어 있다.

둘러보기

하느님께서 우리를 가엾이 여기시어 우리 구원자의 활동을 통해 우리를 생명으로 회복시켜 주실 때까지는 우리는 죽은 자들이다(히에로니무스). 하느님의 의지에 반하여 일어나는 일은 아무것도 없으므로 우리는 그분께서 모든 죄스러운 유혹에서 우리를 지켜 주시어 우리가 그분의 구원을 얻게 해 주십사고 마땅히 기도할 수 있다(아우구스티누스).

85,5-7 하느님의 뜻과 선물

저희에게 생명을 주소서

"저희 구원들[1]의 하느님, 저희를 다시 일으키소서." 시편 저자는 왜 '저희 구원'이라고 하지 않고 "저희 구원들"이라고 했을까요? 우리가 단 한 번 죄를 지었다면 한 번의 구원만 필요했을 것입니다. 그러나 우리는 여러 번 죄를 지었고 그래서 많은 구원이 필요합니다. "하느님, 저희에게 다시 생명을 주지 않으시렵니까?" 주님께서 우리를 생명으로 다시 일으키실 때까지는 우리는 죽은 자들입니다. "주님, 저희에게 당신의 자애를 보이시고 저희에게 당신 구원을 베푸소서." 구원자께서 내려오심은 하느님 자비의 활동입니다. 사람들 대부분이 아프지 않았더라면 그분께서 의사로 오실 일이 없었을 것입니다. 너무나 많은 사람이 아팠기 때문에 그분께서 의사로서 오셨습니다. 우리에게 동정이 필요했기에 그분께서 구원자로서 오셨습니다.

• 히에로니무스『시편 강해집』17.[2]

하느님께서 우리를 소생시키실 것이다

그러나 [이 해석에 반대하는 자는 또 이렇게 말할 것입니다.] "각 사람이 하느님을 버리고 응당 하느님께 버림받는 것은 그 자신의 의지에 따른 것이오." 이 말을 누가 부인하겠습니까? 우리가 유혹에 빠지지 않게 해 주시기를 청하는 이유는 이런 일이 일어나지 않기를 바라는 것입니다. 우리의 기도가 들어진다면, 실로 이런 일은 일어나지 않습니다. 하느님께서 그런 일이 일어나는 것을 허락하지 않으시기 때문입니다. 하느님께서 직접 하시거나 일어나도록 허용하시는 일 말고는 어떤 일도 일어나지 않습니다. 그러므로 그분께서는 의지들을 악에서 선으로 바꾸는 능력과 의지가 타락으로 기울려 할 때에 그것을 되돌리고 또한 그 발걸음을 당신께 흡족한 방향으로 인도하시는 능력을 지니고 계십니다. 우리가 그분께 "하느님, 저희를 되돌리시어 생명으로 데려가소서"(시편 84,7 불가타) 하고 말씀드리는 것은

[1] 칠십인역은 '구원'이 복수형으로 되어 있다.
[2] FC 48,129*.

헛된 일이 아닙니다. "제 발이 흔들리지 않게 하소서"(시편 66,9) 하고 말씀드리는 것은 쓸데없는 일이 아닙니다. "주님, 제가 욕망 때문에 사악한 자들에게 넘어가게 두지 마소서"(시편 139,9 칠십인역, 불가타)라고 말씀드리는 것은 헛된 일이 아닙니다. 더 많은 구절들이 떠오르시겠지만 인용을 계속할 수는 없으니 마지막으로 한 말씀만 더 인용하지요. "저희를 유혹에 빠지지 않게 하소서." 유혹에 빠지지 않는 이는 누구든 그 자신의 사악한 의지라는 유혹에 빠지지 않는 것이 분명합니다. 그리고 자기 자신의 사악한 의지라는 유혹에 빠지지 않는 이는 어떠한 유혹에도 빠지지 않는 것이 확실합니다.

• 아우구스티누스 『항구함의 은사』 6,12.[3]

믿음은 하느님의 선물이다

그러나 우리는 왜 이 잘못을 저지르지 않도록 이 말씀을 새겨듣지 않습니까? "누가 그분께 먼저 드린 적이 있어 그분의 보답을 받을 일이 있겠습니까? 과연 만물이 그분에게서 나와, 그분을 통하여 그분을 향하여 나아갑니다"(로마 11,35-36). 그러니까 우리 믿음의 그야말로 시작점, 그것이 그분 아니면 어디입니까? 이것을 제외한 다른 모든 것들은 그분에게서 오는 것이 아니라 "만물이 그분에게서 나와 그분을 통하여 그분을 향하여" 가는 것입니다. 그런데 이미 믿기 시작한 사람이 그가 믿는 분에게서 아무런 것[공로]도 얻지 않는다고 누가 말하겠습니까? 그것으로부터 다른 거룩한 선물들이 이미 공로를 지닌 이에게 보상으로 추가로 주어지는 것입니다. 그래서 펠라기우스는 자신에 대한 비판이 제기되자 단죄받지 않으려고 하느님의 은총은 우리의 공로에 따라 주어진다는 자신의 주장을 스스로 규탄했습니다. 그러니 이 비난받아 마땅한 견해를 모든 면에서 피하고 싶은 사람은 누구나 사도의 이 참된 발언을 이해하도록 하십시오. "여러분은 그리스도를 위하는 특권을, 곧 그리스도를 믿을 뿐만 아니라 그분을 위하여 고난까지 겪는 특권을 받았습니다"(필리 1,29). 그는 이 두 가지가 다 하느님의 선물임을 보여 줍니다. 이 두 가지가 다 주어진 것이라는 겁니다. 사도는 '그리스도를 더 충분히 그리고 완전하게 믿을 뿐만 아니라'라고 하지 않고 "그리스도를 믿을 뿐만 아니라"라고 하였습니다. 또한 그 자신이 더 충실해지기 위해서 자비를 받았다고 하지 않고 간단히 '주님의 자비를 입어 믿을 만한 사람이 되었다'(1코린 7,25 참조)라고만 합니다. 자기 믿음의 시작을 자신이 하느님께 먼저 드리고 하느님께서 그것을 키워서 그에게 돌려주신 것이 아니라 하느님에 의해 자신이 믿게 되었으며 자신을 사도로 만드신 것도 그분임을 알고 있었기 때문입니다. 그의 믿음의 시작은 성경에 기록되어 있으며(사도 9,1-9 참조) 그 이야기는 널리 알려져 있습니다. 우리 교회들에서 거룩한 날에 그 기록을 읽기 때문입니다.[4] 거기서 보듯, 그는 그가 심한 적대감을 보이며 박해하고 있던 그 신앙을 몹시 혐오했었습니다. 그러다 더 강력한 은총에 의해 갑자기 그 신앙으로 돌아서고 그분에 의해 개종했습니다. 그렇게 하시는 그분께 예언자는 "마음을 돌리시어 저희를 생명으로 데려가소서"(시편 84,7 불가타)라고 하였습니다. 이처럼, 믿기를 거부하던 이에서 기꺼이 믿는 이로 바뀌었을 뿐 아니라 박해자에서 자신이 박해했던 신앙을 지키기 위해 박해를 겪기까지 하는 이로 바뀌었습니다. 그리스도께서 그에게 당신을 믿는 것만 아니라 당신을 위해 고난을 겪는 것도 주셨기 때문입니다.

[3] FC 86,279-80.

[4] 부활 주일과 그 직후에는 사도행전이 봉독되었다.

• 아우구스티누스『성도들의 예정』2,4.[5]

믿지 않는 이들을 위한 기도

"왜 그분께서는 모든 이를 가르치시지 않느냐?"고 그들은 말합니다. 그분께서 가르치시지 않는 이들은 기꺼이 배우려 하지 않는 이들이라고 우리가 대답하면, 그들은 "그러면 '하느님, 마음을 돌리시어 저희를 생명으로 데려가소서'라는 말씀은 그러면 무엇이오?"라고 대꾸할 것입니다. 아니면, 하느님께서 기꺼이 믿고자 하지 않는 사람들이 믿을 마음이 생기도록 만드시지 않는다면, 교회는 왜 주님의 계명에 따라 박해자들을 위해서 기도하는 것입니까?(마태 5,44 참조). 이와 관련하여 복된 키프리아누스도 우리가 "아버지의 뜻이 하늘에서와 같이 땅에서도 이루어지게 하소서"(마태 6,10)라고 말할 때, 이미 믿는 이들은 어떤 의미에서 "하늘"에 있는 것처럼, 믿지 않는 이들은 같은 이유에서 아직 "땅"에 있는 것이라고 이해하기 바랐습니다.[6] 그렇다면 믿고자 하지 않는 이들을 위하여 우리가 기도하는 이유는 하느님께서 그들의 의지가 발동하도록 그들 안에서 활동하실 것이기 때문 아니겠습니까?(필리 2,13 참조). 바오로 사도의 다음 말은 분명 유대인들을 두고 한 말입니다. "형제 여러분, 내 마음의 선의, 그리고 내가 하느님께 바치는 기도는 그들이 구원을 받게 하려는 것입니다"(로마 10,1). 믿지 않는 이들을 위하여 그가 기도하는 것은 그들이 믿게 되기를 바라는 것 아니고 무엇이겠습니까? 다른 어떤 방법으로도 그들은 구원을 얻지 못하기 때문입니다. 그렇다면 기도하는 이들의 믿음이 하느님의 은총보다 선행한다면, 믿음에 들기 바라며 우리가 기도하는 이들의 믿음이 하느님의 은총보다 선행하는 것입니까? 그럴 수는 없지요. 이것이 바로 그들을 위하여 추구되는 것이기 때문입니다. 믿지 않는 이들에게, 다시 말해, 믿음이 없는 이들에게 믿음 자체가 주어지기를 [기원하는 것입니다]. 그러므로 복음이 선포되면 어떤 이들은 믿고 어떤 이들은 믿지 않습니다. 그러나 믿는 이들은 바깥으로부터 설교자의 목소리를 들을 때 아버지로부터 듣고 안에서 배우는 반면, 믿지 않는 이들은 바깥에서 들리는 말은 들으나 안으로는 듣지 않고 배우지도 않습니다. 말하자면, 앞의 사람들에게는 믿는 마음이 주어지고, 뒤의 사람들에게는 주어지지 않는 것입니다.

• 아우구스티누스『성도들의 예정』8,15.[7]

85,13 하느님께서 복을 베푸신다

땅은 그 열매를 내어 주리라

우리는 이리들이었습니다. "우리도 본디 다른 사람들과 마찬가지로 진노의 자녀들이었습니다"(에페 2,3). 그러나 양들이 죽자 우리를 양들로 변화시켰습니다. "보라, 세상의 죄를 없애시는 하느님의 어린양이시다"(요한 1,29). 이 사람이나 저 사람의 죄가 아니라 "세상의" 죄를 없애시는 분이십니다. 그러니 형제 여러분, 우리가 무엇이든, 그렇게 된 공을 우리에게 돌리지 맙시다. 우리가 지금의 우리인 것은 그분께 대한 믿음 덕분입니다. 무엇이든 우리의 공으로 돌리지 맙시다. 그랬다가는 우리가 받은 것을 잃을지도 모릅니다. 우리가 받은 그 모든 것에 대해 그분께 영광을 돌리고 영예를 돌립시다. 그러면 그분께서 당신께서 뿌리신 씨에 물을 주실 것입니다. 그분께서 아무것도 뿌리지 않으셨더라면 우리의 땅이 어떻게 되었겠습니까? 그분께서는 비도 내려 주십니다. 그분께서는 당신께서 씨 뿌리신 것을 나

[5] FC 86,220-21*.
[6]『주님의 기도』18.
[7] FC 86,236-37*.

몰라라 하지 않으십니다. "주님께서는 복을 베푸시어 우리 땅이 그 열매를 내어 주리라"고 쓰여 있습니다.

• 아우구스티누스 『설교집』 26,15.[8]

[8] *WSA* 3,2,101-2.

## 86,1-17 적의 공격을 당하여 하느님께 도움을 청하는 기도

1 [기도. 다윗]
주님, 귀를 기울이시어 제게 응답하소서.
가련하고 불쌍한 이 몸입니다.
2 제 영혼을 지켜 주소서.
당신께 충실한 이 몸입니다.
당신은 저의 하느님
당신을 신뢰하는 이 종을 구해 주소서.
3 당신께 온종일 부르짖으니
주님, 저에게 자비를 베푸소서.
4 당신께 제 영혼을 들어 올리니
주님, 당신 종의 영혼을 기쁘게 하소서.
5 주님, 당신은 어지시고 기꺼이 용서하시는 분
당신을 부르는 모든 이에게 자애가 크십니다.
6 주님, 제 기도에 귀를 기울이시고
제 애원하는 소리를 귀여겨들으소서.
7 당신께서 제게 응답해 주시리니
곤경의 날 제가 당신께 부르짖습니다.
8 주님, 신들 가운데 당신 같은 이 없습니다.
당신의 업적 같은 것이 없습니다.
9 주님, 당신께서 만드신 모든 민족들이 와서
당신 앞에 엎드려
당신 이름에 영광을 드리리이다.
10 당신은 위대하시며 기적을 일으키시는
분이시니
당신 홀로 하느님이십니다.
11 주님, 제게 당신의 길을 가르치소서.
제가 당신의 진실 안에 걸으오리다.
당신 이름을 경외하도록
제 마음을 모아 주소서.
12 주 저의 하느님, 제 마음 다하여
당신을 찬송하며
영원토록 당신 이름에 영광을 드리렵니다.
13 저에 대한 당신의 자애가 크시고
제 영혼을 깊은 저승에서 건져 주셨기
때문입니다.
14 하느님, 오만한 자들이 저를 거슬러
일어나고
포악한 자들의 무리가 제 목숨을 노립니다.
그들은 당신을 자기들 앞에 모시지
않습니다.
15 그러나 주님, 당신은 자비하시고
너그러우신 하느님
분노에 더디시고 자애와 진실이
충만하십니다.
16 저를 돌아보시어 자비를 베푸소서.
당신의 힘을 당신 종에게 주시고
당신 여종의 아들을 구하소서.
17 저에게 어지심의 표징을 보이소서.
저를 미워하는 자들이 이를 보고
부끄러워하리니
주님, 당신께서 저를 도우시고
위로하시기 때문입니다.

둘러보기

하느님을 거룩하고 경외로우신 분으로 생각하여야 한다. 우리가 그분을 거룩하신 분으로만 안다면, 우리는 그분을 어려워하지 않게 될 것이고, 그분을 무서우신 분으로만 안다면 그분에 대한 두려움이 우리를 절망에 빠지게 할 것이다(카시오도루스). 자연법칙에 어긋나는 정욕으로 병든 영혼을 치유할 수 있는 유일한 치료제는 하느님의 '말씀'이시다(알렉산드리아의 클레멘스).

86,2-3 영혼을 고치는 의사

하느님께서는 거룩하고 경외로우시다

그들[사도들과 복음사가들]은 "그[분의] 이름은 거룩하고 경외로우시다"(시편 111,9)라고 덧붙였습니다. "거룩하다"는 것은 육화를 가리킵니다. "제 영혼을 지켜 주소서. 저는 거룩하기 때문입니다"(시편 85,2 불가타)라는 그분의 말씀이 이를 알려 줍니다. "경외롭다"는 것은 고귀한 신성의 전능함을 가리킵니다. 그래서 또 다른 시편은 이렇게 노래합니다. "당신은 경외로우신 분, 누가 당신께 저항하리이까?"(시편 75,8 불가타). 이 두 형용사에는 우리가 우리의 보호자를 사랑하고 우리의 심판관을 두려워하게 만들려는 목적이 담겨 있습니다. 이 둘이 적절히 결합되어 있을 때, 우리는 그분에 대한 사랑만 있어서 그분을 어려워하지 않게 되거나 그분에 대한 두려움만 알아서 절망에 빠지는 일이 없게 됩니다.

• 카시오도루스 『시편 해설』 110,9.[1]

병든 영혼을 위한 약

그러므로 '말씀'은 자연법칙에 어긋나는 우리 영혼의 정욕을 당신의 조언으로 치유하시는 우리의 교육자이십니다. 치유 기술은 엄밀히 말하면 육체의 병을 고쳐 주는 것으로, 인간의 지혜를 통하여 배우는 기술입니다. 그러나 인간의 병에 대한 유일하고 참되며 신적인 치유자, 아픈 영혼의 거룩한 위로자는 아버지의 '말씀'이십니다. 성경은 이렇게 말합니다. "저의 하느님, 당신을 신뢰하는 이 종을 구해 주소서. 당신께 온종일 부르짖으니 주님, 저에게 자비를 베푸소서." 데모크리토스는 "치유자는 자신의 기술로 육체의 병고를 낫게 한다. 그러나 질병의 영을 없애는 것은 지혜다"라고 말한 바 있습니다. 그러나 작은 이들의 좋은 교육자인 '지혜', 인간을 창조하신 하느님의 '말씀'께서는 온 창조계에 관심을 가지고 계시며, 온전한 인간의 의사로서 육체와 영혼을 다 치유하십니다.

• 알렉산드리아의 클레멘스 『교육자』 1,2,6.[2]

[1] ACW 53,130*.
[2] FC 23,7-8*.

87,1-7 하느님의 성읍인 시온 찬양

1 [코라의 자손들. 시편. 노래]
거룩한 산 위에 세워진 그 터전,
2 주님께서 야곱의 모든 거처보다
시온의 성문들을 사랑하시니
3 하느님의 도성아
너를 두고 영광스러운 일들이
일컬어지는구나. 셀라
4 나는 라합과 바빌론도 나를 아는 자들로
셈한다.
보라, 필리스티아와 티로도⤴

에티오피아와 함께
"이자는 거기에서 태어났다" 일컬어진다.
5 시온에 대해서는 이렇게 말하는구나.
"이 사람도 저 사람도 이곳에서 태어났으며
지극히 높으신 분께서 몸소 이를 굳게 세우셨다."
6 주님께서 백성들을 기록하며 헤아리신다.
"이자는 거기에서 태어났노라." 셀라
7 노래하는 이들도 춤추는 이들도
말하는구나.
"나의 모든 샘이 네 안에 있네."

둘러보기

하느님의 종들을 죽이고 싶어 하는 이 세상이지만 그래도 믿음의 인도를 받아 하느님의 사자들을 보호하려는 라합과 같은 사람들이 있다(히에로니무스). 사람이 아무리 큰 죄를 지었다 해도, 하느님께서 라합과 바빌론에 보여 주신 자비가 증명하듯, 회개만 한다면 용서와 구원이 있다(예루살렘의 키릴루스).

87,3-4 모든 죄는 용서받을 수 있다

이방인들을 부르시다

"나는 라합과 바빌론도 나를 아는 자들로 셈한다." 시편 저자가 "너를 두고 영광스러운 일이 일컬어지는구나"라고 하였고, 우리는 이 도성을 민족들 가운데에서 모여든 교회로 이해합니다. 이 시편은 이제 이방인들을 부르심에 대해 이야기합니다. "나는 라합과 바빌론도 나를 아는 자들로 셈한다." 죄인은 마음 편히 먹으십시오. 주님께서는 라합을 잊지 않으셨습니다. 그러니까 죄인이 주님께 돌아오기만 하면 불안을 버려도 된다는 말입니다. 그러나 그렇게 하지 않을 경우, 감정 없는 안전함 속에 치유와 평화는 없습니다. "나는 라합을 아는 자로 셈한다." 라합은 예수님의 첩보원들을 자기 집에 묵게 해 준 창녀였습니다. 그는 예리코에 살았는데, 여호수아가 정탐꾼 두 명을 그리로 보냈습니다. 이렛날에 무너진 예리코는 이 세상의 예형이며, 그래서 그 도성은 비밀 요원들을 살해하게 되어 있었습니다. 이처럼 예리코는 정탐꾼들을 살해할 작정이었으므로 창녀 라합 혼자 그들을 맞아들여 아래층이 아니라 위층, 곧 옥상 — 숭고한 신앙 안 — 에 재워 주었습니다. 그녀는 그들을 아마 줄기 속에 숨겨 주었습니다(여호 2장 참조).

• 히에로니무스 『시편 강해집』 18.[1]

하느님의 자비에 관한 증언

이제 회개로 구원받은 다른 사람들 이야기를 해 봅시다. 아마 여자들 가운데에서도 어떤 이는 이렇게 말할 것입니다. "저는 불륜과 간음을 저질렀습니다. 저는 온갖 무절제한 짓으로 내 육체를 더럽혔습니다. 이런 저도 구원을 받을 수 있을까요?" 여인이여, 라합을 보고 그대도 구원을 추구하십시오. 내놓고 공개적으로 불륜을 저지르던 그 여자가 회개로 구원받았다면, 은총의 선물을 받기 전에 불륜을 저지른 여자는 회개와 단식으로 구원받지 않겠습니까? 라합이 어떻게 구원받았는지 잘 보십시오. 그녀는 다만 이렇게 말했을 뿐입니다. "주 당신들의 하느님만이 위로는 하늘에서, 아래로는 땅에서 하느님이십니다"(여호 2,11). 그 여자는 "당신들의 하느님"이라고

[1] FC 48,137-38.

말했습니다. 그분을 방탕한 생활을 한 자신의 하느님이라고 감히 부를 수 없었기 때문이지요. 이 여인이 구원받았다는 증거를 원하십니까? 시편에 기록되어 있습니다. "나는 라합과 바빌론도 나를 아는 자들로 셈한다." 아, 자애로우신 하느님께서는 성경에 나오는 창녀들에게까지 마음을 쓰십니다. 그분께서는 '나는 라합과 바빌론을 생각할 것이다'라고 하지 않으시고, 나는 그들도 "나를 아는 자들로 셈한다"고 하셨습니다. 회개로 얻는 구원은 남자와 여자, 모두에게 열려 있습니다.

• 예루살렘의 키릴루스 『예비신자 교리교육』 2,9.[2]

[2] FC 61,100-101.

## 88,1-19 죽음의 문턱에 이른 사람의 기도

[1] [노래. 시편. 코라의 자손들. 지휘자에게.
알 마할랏 르안놋.
마스킬. 제라 사람 헤만]
[2] 주님, 제 구원의 하느님①
낮 동안 당신께 부르짖고
밤에도 당신 앞에 서 있습니다.
[3] 제 기도가 당신 앞까지 이르게 하소서.
제 울부짖음에 당신의 귀를 기울이소서.
[4] 제 영혼은 불행으로 가득 차고
제 목숨은 저승에 다다랐습니다.
[5] 저는 구렁으로 내려가는 이들과 함께
헤아려지고
기운이 다한 사람처럼 되었습니다.
[6] 저는 죽은 이들 사이에 버려져
마치 무덤에 누워 있는
살해된 자들과 같습니다.
당신께서 더 이상 기억하지 않으시어
당신의 손길에서 떨어져 나간 저들처럼
되었습니다.
[7] 당신께서 저를 깊은 구렁 속에,
어둡고 깊숙한 곳에 집어넣으셨습니다.
[8] 당신의 분노로 저를 내리누르시고
당신의 그 모든 파도로 저를 짓누르십니다.
셀라
[9] 당신께서 벗들을 제게서 멀어지게 하시고
저를 그들의 혐오 거리로 만드셨으니
저는 갇힌 몸, 나갈 수도 없습니다.
[10] 제 눈은 고통으로 흐려졌습니다.
주님, 저는 온종일 당신을 부르며
당신께 제 두 손을 펴 듭니다.
[11] 죽은 이들에게 당신께서 기적을
이루시겠습니까?
그림자들이 당신을 찬송하러
일어서겠습니까? 셀라
[12] 무덤에서 당신의 자애가,
멸망의 나라에서 당신의 성실이
일컬어지겠습니까?
[13] 어둠에서 당신의 기적이,
망각의 나라에서 당신의 의로움이
알려지겠습니까?
[14] 그러나 주님, 저는 당신께 부르짖습니다.
아침에 저의 기도가
당신께 다다르게 하소서.
[15] 주님, 어찌하여 저를 버리십니까?
어찌하여 당신 얼굴을 제게서 감추십니까?
[16] 어려서부터 저는 가련하고 죽어 가는 몸⤴

↱당신에 대한 무서움을 짊어진 채
어쩔 줄 몰라② 합니다.
17 당신의 진노가 저를 휩쓸어 지나가고
당신에 대한 공포가 저를 부서뜨립니다.
18 그들이 날마다 물처럼 저를 에워싸고
저를 빙 둘러 가두었습니다.
19 당신께서 벗과 이웃을
제게서 멀어지게 하시어
어둠만이 저의 벗이 되었습니다.

① 히브리어 본문; 바로잡은 본문에는 '구원의'가 없다.
② 히브리어 본문의 단어는 뜻이 불분명하다.

둘러보기

그리스도께서는 당신의 수난과 부활을 이미 시편 저자의 말을 통해 예고하셨다(예루살렘의 키릴루스). 그리스도께서는 세상을 구속救贖하는 데에 인간의 도움이 전혀 필요하지 않으셨다(암브로시우스). 다윗의 이 시편은 그리스도의 매장과 부활에 대한 예고였다(요한 크리소스토무스).

88,2 그리스도에 관한 예언

**밤낮으로 저는 도움을 청하며 부르짖었나이다**

시편 제87편(칠십인역)의 말씀도 그리스도께서 예언자들 안에서 말씀하시는 추가적인 증언으로 이해하십시오. 그때에 말씀하셨던 분께서 나중에 우리 가운데에 오셨으니 말입니다. "주님, 제 구원의 하느님, 저는 낮 동안 당신께 부르짖고 밤에도 당신 앞에 서 있습니다." 그리고 그 뒤에 이어지는 "저는 죽은 이들 사이에 버려진, 아무도 도와줄 이 없는 사람같이 되었습니다"(시편 88,6)라는 구절도 마찬가지입니다. 그는 '나는 아무도 도와줄 이 없는 사람이 되었다'고 하지 않고 "도와줄 이 없는 사람같이 되었다"고 합니다. 그분께서는 무력해서가 아니라 당신께서 그것을 원하셨기에 십자가에 못 박히신 까닭입니다. 그분의 죽음은 자신의 뜻과 상관없는 나약함 때문이 아니었습니다. "저는 구렁으로 내려가는 이들과 함께 헤아려집니다"(시편 88,5). 그는 무엇을 보고 그렇게 말합니까? "당신께서 벗들을 제게서 멀어지게 하시고"(시편 88,9)가 근거입니다. (그래서 제자들이 달아났던 것이지요.) "죽은 이들에게 당신께서 기적을 이루시겠습니까?"(시편 88,11). 그런 다음엔 "아침에 저의 기도가 당신께 다다르게 하소서"(시편 88,14)라고 합니다. 이 구절들이 수난과 부활의 실제 상황을 어떻게 드러내는지 보십시오.

• 예루살렘의 키릴루스 『예비신자 교리교육』 14,8.[1]

88,6-7 죽은 이들 가운데 버려진 사람처럼

**저는 도와줄 이 없는 사람처럼 되었습니다**

마리아도 그리스도의 어머니가 되기에 충분했습니다. 사도들이 달아났을 때에도 마리아는 십자가 아래에 서서 경건한 눈으로 아들의 상처를 바라보았습니다. 그녀는 자기 자식의 죽음이 아니라 세상의 구원을 기다리고 있었기 때문입니다. 또는 아마도 그 "고귀한 방"은 자기 아들의 죽음이 세상의 속량이 되리라는 것을 알았을 것이며 아들이 자신의 죽음을 통해 자신을 보편

[1] FC 64,36-37*.

적인 선을 위해 내어 주리라고 생각했을 것입니다. 그런데 예수님께서는 만인을 구원하시는 일에 아무의 도움도 필요 없었습니다. 그분은 어떤 조력자도 없이 모든 이를 구원하셨기 때문입니다. 그래서 그는 이렇게 말합니다. "저는 죽은 이들 사이에 버려진, 아무도 도와줄 이 없는 사람같이 되었습니다." 실로 그분께서는 당신 어머니의 헌신적인 애정을 받으셨지만 그 누구의 도움도 구하지 않으셨습니다.

• 암브로시우스 『서간집』 59.[2]

그리스도의 매장과 부활에 관한 예언

이어서 다윗은 다음 말로 그리스도께서 매장되시리라는 것을 분명하게 알려 줍니다. "당신께서 저를 깊은 구렁 속에, 어둡고 깊숙한 곳에 집어넣으셨습니다." 다윗은 그분 수의에 사용된 향료에 대해서도 알려 줍니다. 여인들이 몰약과 침향과 계피를 가져온 일을 예언자가 뭐라고 했는지 들어 보십시오. "몰약과 침향과 계피로 당신 옷들이 모두 향기로우며 … 제왕의 딸들이 당신의 사랑을 받는 여인들 사이에 있으며"(시편 45,9-10). 그가 그리스도께서 다시 살아나실 것을 예고한 것도 보십시오. "당신께서는 제 영혼을 저승에 버려두지 않으시고 당신의 거룩한 이는 썩음을 아니 겪게 하십니다"(시편 15,10 칠십인역, 불가타). 이사야는 같은 내용을 다른 식으로 표현했는데, 그는 '주님께서는 그의 상처를 닦아 주시고 그에게 빛을 보여 주시며 많은 이를 잘 섬긴 의로운 이를 인정하여 주고자 하신다'(이사 53,10-11 참조)고 하였습니다.

• 요한 크리소스토무스 『그리스도의 신성에 관해 유대인과 이교인 반박』 4,12.[3]

[2] FC 26,362*.

[3] FC 73,207.

89,1-53 다윗 왕조의 회복을 청하는 기도

1 [마스킬. 제라 사람 에탄]
2 저는 주님의 자애를 영원히 노래하오리다.①
제 입으로 당신의 성실을
대대로 전하오리다.
3 정녕 제가 아룁니다.
"주님께서는 자애를 영원히 세우시고
성실을 하늘에 굳건히 하셨습니다."
4 "나는 내가 뽑은 이와 계약을 맺고
나의 종 다윗에게 맹세하였노라.
5 영원토록 네 후손을 굳건히 하고
대대로 이어질 네 왕좌를 세우노라." 셀라
6 주님, 하늘은 당신의 기적을,
거룩한 이들의 모임은 당신의 성실을
찬송합니다.
7 정녕 구름 위에서 누가 주님과 견줄 수
있으며
신들② 가운데 누가 주님과
비슷하겠습니까?
8 거룩한 이들의 모임에서
더없이 경외로우신 하느님
당신 주위에③ 두려움을 일으키시는 분
9 주 만군의 하느님
누가 당신같이 능하겠습니까, 주님!
당신의 성실이 당신 주위에 가득합니다.⤴

10 당신께서는 오만한 바다를 다스리시고
파도가 솟구칠 때 그것을 잠잠케
하십니다.
11 당신께서는 라합을 죽은 몸뚱이처럼
짓밟으시고
당신의 그 힘찬 팔로 당신 원수들을
흩으셨습니다.
12 하늘도 당신의 것, 땅도 당신의 것
누리와 그 안에 가득 찬 것도 당신께서
지으셨습니다.
13 북녘과 남녘을 당신께서 만드시니
타보르와 헤르몬이 당신 이름에
환호합니다.
14 당신께서는 힘센 팔을 지니셨고
당신 손은 굳세시며 당신 오른팔은
우뚝하십니다.
15 정의와 공정이 당신 어좌의 바탕
자애와 진실이 당신 앞에 서서 갑니다.
16 행복합니다, 축제의 환호를 아는 백성!
주님, 그들은 당신 얼굴의 빛 속을
걷습니다.
17 그들은 날마다 당신 이름으로 기뻐하고
당신 정의로 일어섭니다.④
18 정녕 당신은 그들 힘의 영광이시며
당신 호의로 저희의 뿔을 쳐들어
주십니다.
19 저희의 방패는 주님의 것
저희의 임금은
이스라엘의 거룩하신 분의 것.
20 예전에 당신께서 발현하여 말씀하시고
당신께 충실한 이들에게 선언하셨습니다.
"내가 영웅에게 왕관을 씌우고⑤
백성 가운데에서 뽑힌 이를
들어 높였노라.
21 나의 종 다윗을 찾아내어
그에게 나의 거룩한 기름을 부었노라.
22 내 손이 그를 붙잡아 주고
내 팔도 그를 굳세게 하리니
23 어떤 원수도 그를 덮치지 못하고
어떤 악한도 그를 누르지 못하리라.
24 내가 그의 면전에서 그의 적들을 짓부수고
그를 미워하는 자들을 때려 부수리라.
25 나의 성실과 자애가 그와 함께 있어
나의 이름으로 그의 뿔이 쳐들리리라.
26 내가 그의 손을 바다 위에,
그의 팔을 강 위에 놓으리라.
27 그는 나를 불러 '당신은 저의 아버지
저의 하느님, 제 구원의 바위이십니다'
하리라.
28 나도 그를 맏아들로,
세상 임금들 가운데 으뜸으로 세우리라.
29 내가 영원토록 그에게 내 자애를 보존하여
그와 맺은 내 계약이 변함없으리라.
30 내가 그의 후손들을 길이길이,
그의 왕좌를 하늘의 날수만큼
이어지게 하리라.
31 그의 자손들이 내 가르침을 저버리거나
내 법규를 따라 걷지 않는다면
32 내 규범을 더럽히고
내 계명을 지키지 않는다면
33 나는 채찍으로 그들의 죄악을,
매로 그들의 잘못을 벌하리라.
34 그러나 그에 대한
내 자애를 깨뜨리지 않고
내 성실을 거두지 않으리라.
35 내 계약을 더럽히지 않고

↱내 입술에서 나간 바를 바꾸지 않으리라.
36 나의 거룩함을 걸고
이 하나를 맹세하였노라.
나는 결코 다윗을 속이지 않으리라.
37 그의 후손들은 영원히 존속하고
그의 왕좌는 태양같이 내 앞에 있으리라.
38 구름 사이에 자리 잡은 충실한 증인으로
영원히 지속되는 달과 같으리라." 셀라
39 그러나 당신께서는 버리고
물리치셨습니다.
당신의 기름부음받은이에게
진노하셨습니다.
40 당신 종과 맺으신 계약을 파기하시고
그의 왕관을 땅바닥에 내던져
더럽히셨으며
41 그의 성벽들을 모두 헐어 버리시고
그의 성채들을 폐허로 만드셨습니다.
42 길 가는 사람마다 그를 약탈하여
그는 이웃들에게 우셋거리가 되었습니다.
43 당신께서 그의 적들의 오른팔을 높이시고
그의 원수들을 모두 기쁘게 하셨습니다.
44 정녕 당신께서 그의 칼을 적 앞에서
되돌리시고
전투 중에 그를 일으켜 세우지
않으셨습니다.
45 그의 영광에 끝을 내시고
그의 왕좌를 땅바닥에 내던지셨으며
46 그의 젊은 날들을 짧게 하시고
그를 수치로 덮으셨습니다.
47 주님, 언제까지나 영영 숨어 계시렵니까?
언제까지나 당신의 진노를
불태우시렵니까?
48 기억하소서, 제 인생이
얼마나 덧없는지를⑥
당신께서 모든 사람을
얼마나 헛되이 창조하셨는지를.
49 누가 영원히 살아 죽음을
아니 보겠습니까?
누가 저승의 손에서 자기 영혼을
빼내겠습니까? 셀라
50 주님, 그 옛날 당신의 자애가
어디 있습니까?
당신의 성실을 걸고 다윗에게 맹세하신
그 자애가.
51 주님, 기억하소서, 당신 종들이 당하는
모욕을
수많은 백성을⑦ 모두 제 품에 품어야 함을.
52 주님, 당신 원수들이 업신여깁니다.
당신 기름부음받은이의 발자국을
업신여깁니다.
53 주님께서는 영원히 찬미받으소서.
아멘, 아멘!

① 히브리어 본문; 그리스어 본문은 '주님, 저는 당신의 자애를 노래하오리다'다.
② 또는 '신들의 아들들'.
③ 히브리어 본문; 그리스어, 시리아어 본문은 '위대하시며 당신 주위에'다.
④ 히브리어 본문; 바로잡은 본문은 '당신의 정의를 찬양합니다'다.
⑤ 바로잡은 본문; 히브리어 본문은 '영웅에게 도움을 주고'다.
⑥ 히브리어 본문; 바로잡은 본문에는 '제/나의'가 없다.
⑦ 히브리어 본문; 바로잡은 본문은 '백성의 모욕을'이다.

둘러보기

하느님께서는 당신 백성의 죄악을 벌하시지만 미래에 자비를 베푸시겠다는 확실한 약속을 하셨기에 찬미받으셔야 한다(테오도레투스). 하느님께서는 죄인들에게는 그들을 덕으로 인도하시기 위하여 자비로우시며, 의인들에게는 그들의 열정이 소홀해지는 일이 없도록 겁을 주신다(요한 크리소스토무스). 우리는 우리의 죄 때문에 응당한 벌을 받는 것이므로 하느님께서 약속하시는 자비를 간청해야 한다(키프리아누스). 우리가 우리 죄 때문에 받는 징벌은 은혜로운 응징이다. 그러므로 우리는 치료책에 대한 희망을 잃지 않는다(암브로시우스). 은혜로우시고 자비로우신 하느님께서는 사람들이 회개하여 멸망하지 않기 바라신다(키프리아누스). 하느님의 자비를 간구하는 다윗의 외침은 그리스도의 섭리를 생각하고 나온 말이다(아우구스티누스).

## 89,2-5 하느님의 약속을 생각하며 하느님을 찬양하다

### 하느님의 틀림없는 약속을 찬양하다

정통신앙인:[1] 예언자가 이 시편 첫머리에서 하느님을 어떻게 찬양하는지 들으십시오. 그는 예언자의 눈으로 그분 백성이 미래에 저지를 죄악과 그 결과로 포로 신세가 될 것을 내다보았습니다. 그렇지만 그는 자신의 주님께서 하신 틀림없는 약속을 두고 그분을 찬양합니다. "저는 주님의 자애를 영원히 노래하오리다. 제 입으로 당신의 성실을 대대로 전하오리다. 정녕 제가 아룁니다. '주님께서는 자애를 영원히 세우시고 성실을 하늘에 굳건히 하셨습니다.'"

이 말로 예언자는 그 약속이 하느님의 자애로 인한 것이며 그 약속은 틀림없는 것임을 가르칩니다. 그런 다음 그는 하느님께서 약속하신 것에 대해 하느님을 화자로 내세워 이야기합니다. ("나는 내가 뽑은 이와 계약을 맺었다"고 합니다.) 그분께서 말씀하시는 "내가 뽑은 이"는 성조들을 가리킵니다. 그런 다음 "나는 나의 종 다윗에게 맹세하였노라"고 하면서 맹세의 내용에 대해 이야기합니다. "영원토록 네 후손을 굳건히 하고 대대로 이어질 네 왕좌를 세우노라"가 그것입니다.

• 키루스의 테오도레투스 『에라니스테스』 1.[2]

## 89,8 경외로우신 하느님

### 죄인에게 자비로우시고 의인에게 두려움을 일으키시는 하느님

의인에 대한 이 엄격함이여! 죄인에 대한 이 넘치는 용서여! 그분께서는 당신은 바뀌지 않으면서도 의인들을 감독하고 죄인들을 용서하시기 위해 당신의 넉넉한 선함을 유익하게 나눌 갖가지 방도를 찾으십니다. 어떻게 하시는지 들어 보십시오. 만약 그분께서 계속해서 죄를 짓는 죄인에게 겁을 주시면 죄인은 절망에 떨어져 희망을 잃어버리게 됩니다. 만약 의인에게 복을 내리시면 의인은 이미 스스로 복되다고 생각하기에 덕이 약해지고 열의가 줄어듭니다. 이런 까닭에 그분께서는 죄인에게는 자비로우시고 의인에게는 겁을 주십니다. 그래서 "주님은 당신 주위에 두려움을 일으키시는 분"이시고 "주님은 온 세상 모두에게 좋으신 분"(시편 145,9)이십니다. 다윗은 "주님은 당신 주위에 두려움을 일으키시는 분"이라고 하는데, 여기서 그들이 거룩한 이들 아니고 누구겠습니까? 그래서 다윗은 "거룩한 이들의 모임에서 더없이 경외로우신 하느님, 당신

---

[1] 이단적 견해를 대변하는 에라니스테스와의 대화에서 정통신앙을 옹호하는 이의 이름으로, 이름의 뜻이 '정통신앙을 믿는 이'다.

[2] NPNF 2,3,169*.

주위에 두려움을 일으키시는 분"이라고 말합니다. 그분께서는 넘어진 사람을 보시면 사랑의 손길을 내미십니다. 꼿꼿이 서 있는 사람을 보시면 겁을 주십니다. 이는 의로움과 정의로운 판결을 드러냅니다. 그분께서는 의인은 두려움으로 세우시고, 죄인은 자애로 일으키십니다.

• 요한 크리소스토무스『참회에 관한 설교』7,5.[3]

89,32-35 하느님의 자비

죄에 대한 벌

우리가 이런 일들을 겪는 것은 우리의 잘못 때문이며, 하느님의 심판이 우리에게 다음과 같이 경고하였듯이 우리가 그런 일을 당해 마땅하기 때문입니다. "그들이 내 가르침을 저버리거나 내 법규를 따라 걷지 않는다면, 내 규범을 더럽히고 내 계명을 지키지 않는다면, 나는 채찍으로 그들의 죄악을, 매로 그들의 잘못을 벌하리라." 그러므로 선행으로 하느님을 기쁘게 하지도, 우리 죄 때문에 그분을 흡족하게 해 드리지도 못하는 우리이기에 매와 채찍을 맞는 것입니다. 우리 마음 깊은 곳에서 그리고 온 정신을 다해 하느님의 자비를 청하십시다. 그분께서 앞의 말씀에 다음 말씀을 덧붙이셨기에 하는 말입니다. "그러나 그들에 대한 내 자애를 거두지 않으리라." 청하고 받읍시다. 그리고 우리 죄가 몹시 무거워 우리가 받는 것이 미루어지고 늦어지더라도, 우리는 두드립시다. 두드리는 이에게 문은 열리기 때문입니다(참조: 마태 2,7; 루카 11,10). 그러나 우리의 기도와 신음과 눈물이 문을 두드릴 경우에 해당하는 말입니다. 그러니 우리는 많은 시간 한마음으로 열심히 기도를 바쳐야 합니다.

• 키프리아누스『서간집』11,2.[4]

죄에 대한 치유책이 없다고 생각하여 절망하지 마라

[영혼[5]에게] 타작마당에서 모든 곡식 단에 상처를 입히도록 리바니우스의 송아지처럼 뿔과 발굽이 주어진 데는 이유가 없지 않습니다(미카 4,13 참조). 곡식 단이 상처를 입고 밀짚이 까불리지 않으면 그 안에 든 알곡이 밖으로 나와 분리될 수 없기 때문입니다. 덕에서 앞으로 나아가려는 영혼은 수확 때에 그 열매를 보여 줄 수 있도록 먼저 자기 안의 불필요한 정욕을 때리고 흔들어 털어 버려야 합니다. 질 좋은 씨앗을 얼마나 많은 잡초가 숨 막히게 합니까! 먼저 이 잡초들을 뿌리 뽑아야 합니다. 그래야 잡초들이 영혼의 풍성한 수확을 방해하지 못할 것입니다.[6]

영혼을 주의 깊게 감시하는 이는 [영혼이] 쾌락을 좇아 그 즐거움에 푹 빠지는 것을 막기 위해 영혼을 어떻게 제어하고 그것의 욕망을 잘라 내야 할지 압니다. 아들의 영혼이 구원의 가르침에 복종하도록 매를 아끼지 않는 아버지의 훈육 방법은 유익합니다(잠언 13,24 참조). "나는 매로 그들의 잘못을 벌하리라"는 성경 말씀처럼 그는 매로 벌합니다. 그러므로 매로 이스라엘의 영혼의 뺨을 때리시는 분께서는 주님의 징벌에 의해 인내로 단련받는 이를 가르치십니다. 매질로 바로잡음을 받는 이는 아무도 희망을 잃을 필요가 없습니다. 사랑받는 아들이 매질을 당하기 때문입니다. 아무도 치료책이 없다고 생각하여 절망해서는 안 됩니다.

• 암브로시우스『서간집』45.[7]

---

[3] FC 96,90*. [4] FC 51,29-30*.

[5] 죄로 괴로워하는 영혼.

[6] 암브로시우스는 다시 죄짓는 삶으로 돌아가 죄의 무거움에 짓눌리는 약한 그리스도인들(의 영혼)의 회복, 곧 그들을 예전 상태로 되돌려야 할 필요성에 대하여 이야기하고 있다.

[7] FC 26,233-34.

의로움을 추구하라는 훈계

주님께서는 참회하는 이에게 용서를 약속하지 않으셨다면 회개하라고 권하지 않으셨을 것입니다. 복음서에서 주님께서는 이렇게 말씀하십니다. "내가 너희에게 말한다. 이와 같이 하늘에서는, 회개할 필요가 없는 의인 아흔아홉보다 회개하는 죄인 한 사람 때문에 더 기뻐할 것이다"(루카 15,7). "하느님께서는 죽음을 만들지 않으셨고 산 이들의 멸망을 기뻐하지 않으신다"(지혜 1,13)고 쓰여 있는 만큼, 아무도 멸망하기를 바라지 않으시는 분께서는 죄인들이 회개하여 참회의 고행을 통해 생명으로 돌아오기 바라시는 것이 분명합니다.[8] 요엘 예언자는 이렇게 외칩니다. "주님의 말씀이다. 이제라도 단식하고 울고 슬퍼하면서 마음을 다하여 나에게 돌아오너라. 옷이 아니라 너희 마음을 찢어라. 주 너희 하느님에게 돌아오너라. 그는 너그럽고 자비로운 이, 분노에 더디고 자애가 큰 이, 재앙을 내리다가도 후회하는 이다"(요엘 2,12-13). 우리는 시편에서도, 잘못한 이를 바로잡고 그가 바른길로 돌아오면 구원하시기 위하여 위협하시고 눈감아 주시는 동시에 벌주시는 하느님의 질책과 자비에 관해 읽습니다. "나는 채찍으로 그들의 죄악을, 매로 그들의 잘못을 벌하리라. 그러나 그에 대한 내 자애를 거두지 않으리라."

• 키프리아누스 『서간집』 55,22.[9]

## 89,51-53 자비를 청하는 부르짖음

주님, 그 옛날 당신의 자비가 어디 있습니까?

이 시편의 나머지 부분은 다음과 같습니다. "주님, 그 옛날 당신의 자비가 어디 있습니까? 당신의 성실을 걸고 다윗에게 맹세하신 그 자비가. 주님, 기억하소서, 당신 종들이 당하는 모욕을, 수많은 백성을 모두 제 품에 품어야 함을. 주님, 당신 원수들이 비난합니다. 당신 기름부음받은이의 변한 모습을 비아냥거립니다." 이 호소는 다윗에게 내린 약속이 자신들에게 이루어지기를 원했던 저 이스라엘 사람들의 입장에서 나온 말일까요? 그렇지 않으면 혈통으로는 이스라엘 사람들이 아니지만 영적으로는 이스라엘 사람들이라고 할 그리스도 신자들의 입장에서 나온 말일까요? 이 대목은 에탄이라는 사람이 살았던 시대에 발설되거나 기록된 것인데, 이 시편이 그의 이름을 제목으로 달고 있습니다. 그때는 다윗이 왕위에 있던 시대였습니다. 따라서 "주님, 그 옛날 당신의 자비가 어디 있습니까? 당신의 성실을 걸고 다윗에게 맹세하신 그 자비가"라는 말은 이 예언이 먼 훗날에 등장할 사람들의 처지가 되어 바로 그 사람들의 시각에서 발설하는 말일 수밖에 없습니다. 그러면 그가 살던 시대, 곧 다윗 왕에게 저런 약속이 내렸던 시대가 "그 옛날"이라고 할 만한 오랜 옛날이 됩니다.

• 아우구스티누스 『신국론』 17,12.[10]

---

[8] 키프리아누스는 배교나 살인, 간음 같은 위중한 죄를 저지른 사람들은 죄를 고백하고 응당한 속죄 행위를 한 다음 교회의 사면을 받는 세 단계의 참회 고행을 해야, 다시 교회의 합당한 구성원으로 돌아올 수 있다고 믿었다.

[9] FC 51,147-48*.

[10] *CG* 740-41.

## 90,1-17 하느님의 연민을 청하는 기도

1 [기도. 하느님의 사람 모세]
주님, 당신께서는 대대로
저희에게 안식처①가 되셨습니다.
2 산들이 생기기 전에
땅이며 누리가 나기 전에
영원에서 영원까지
당신은 하느님이십니다.
3 당신께서는 인간을 먼지로 돌아가게 하시며
말씀하십니다. "사람들아, 돌아가라."
4 정녕 천 년도 당신 눈에는
지나간 어제 같고
야경의 한때와도 같습니다.
5 당신께서 그들을 쓸어 내시면
그들은 아침잠과도 같고
사라져 가는 풀과도 같습니다.
6 아침에 돋아났다 사라져 갑니다.
저녁에 시들어 말라 버립니다.
7 정녕 저희는 당신의 진노로 스러져 가고
당신의 분노로 소스라칩니다.
8 당신께서는 저희의 잘못을 당신 앞에,
저희의 감추어진 죄를
당신 얼굴의 빛 앞에 드러내십니다.
9 정녕 저희의 모든 날이
당신의 노여움으로 없어져 가니
저희의 세월을 한숨처럼 보냅니다.②
10 저희의 햇수는 칠십 년
근력이 좋으면 팔십 년.
그 가운데 자랑거리라 해도③
고생과 고통이며
어느새 지나쳐 버리니,
저희는 나는 듯 사라집니다.
11 누가 당신 진노의 위력을,
누가 당신 노여움의 위세를 알겠습니까?
12 저희의 날수를 셀 줄 알도록 가르치소서.
저희가 슬기로운 마음을 얻으리이다.
13 돌아오소서, 주님, 언제까지리이까?
당신 종들에게 자비를 베푸소서.
14 아침에 당신의 자애로 저희를 배불리소서.
저희의 모든 날에
기뻐하고 즐거워하리이다.
15 저희를 내리누르신 그 날수만큼,
저희가 불행을 겪었던 그 햇수만큼
저희를 기쁘게 하소서.
16 당신께서 하신 일이 당신 종들에게,
당신의 영광이 그 자손들 위에
드러나게 하소서.
17 주 저희 하느님의 어지심을
저희 위에 내리소서.
저희 손이 하는 일이 저희에게 잘되게
하소서.
저희 손이 하는 일이 잘되게 하소서.

① '거처'로 되어 있는 본문들도 있다.
② 시리아어 본문; 그리스어 본문은 '저희의 세월은 거미줄과 같습니다', 히브리어 본문은 '저희의 세월은 그렇게 끝납니다'다.
③ 히브리어 본문; 바로잡은 본문은 '그러나 그 기간은'이다.

둘러보기

살면서 역경을 만날 때면 언제나, 무엇보다 먼저 하느님의 도움을 청해야 한다(바실리우스). 하느님에게서 안식처를 찾는다는 것은 우리의 마음을 우리 자신, 곧 자만심이 아니라 부활하신 주님께로 들어 올리는 것이다(아우구스티누스). 그리스도께서 아버지 하느님과 함께 영원하시다는 증언은 성경에 많이 기록되어 있으며 다윗의 시편도 그중 하나다(아타나시우스). 우리에게 불사가 약속된 것은 우리의 현세 삶, 특히 육의 쉽게 변하는 본성 때문이다(아우구스티누스).

인간은 아무리 애써도 하느님께 자기 죄를 감출 수 없다(히에로니무스). 모든 인간은 원죄 때문에 하느님의 진노 아래 놓였으며, 중개자요 하느님과 화해를 이루어 줄 분으로 그리스도가 필요하다(아우구스티누스). 이승에서는 아무도 불행을 피할 수 없으며, 하느님께서는 우리의 불행을 구원에 필요한 단련으로 이용하신다(디오니시우스). 우리가 칠십 년을 살건 팔십 년을 살건, 이승의 삶은 영원한 삶에 비하면 짧으며, 이곳에서의 우리의 고난은 하늘의 약속에 비추어 보면 하찮은 것일 따름이다(아타나시우스). 우리의 죄는 가장 위중한 죄도 용서받으며, 하느님께서는 죄인이 수명을 다하도록 살게 두시기도 하는데, 그의 영혼이 고백과 참회로 은혜를 얻을 수 있게 하시려는 것이다(팔라디우스).

하느님의 "오른손"은 우리를 구원하기 위하여 인간 본성을 취하심으로써 인간에게 하느님을 알린, 그분의 아들 예수 그리스도이시다(히에로니무스). 정신이 바른 사람이라면 그리스도께서 영원하심을 의심할 수 없다(아타나시우스).

90,1-2 영원하신 하느님

하느님은 의인의 참된 피신처이시다

그러므로 "하느님은 우리의 피신처요 힘"(시편 46,2)이십니다. "나에게 힘을 주시는 [그리스도] 안에서 나는 모든 것을 할 수 있습니다"(필리 4,13)라고 말할 수 있는 이에게 하느님은 힘이십니다. "하느님은 우리의 피신처"이며 "주님, 당신께서는 저희의 피신처이셨습니다"라고 말하는 것은 많은 이에게 특권입니다. 그러나 예언자와 같은 감정을 느끼며 이렇게 말하는 것은 소수만이 누리는 특권입니다. 인간의 관심사에 감탄하지 않고 오로지 하느님만 의지하며 그분을 들이마시고 모든 희망과 신뢰를 그분께 두는 이는 드물기 때문입니다. 그리고 우리가 역경을 당해 하느님 대신 다른 온갖 것에 의지할 때마다 우리의 행위는 우리에게 유죄를 선고합니다. 아이가 아픕니까? 그러면 여러분은 순진무구한 아이의 목에 미신이 권하는 표시를 해 줄 사람이나 마법사를 구하려 수소문합니다. 또는 그를 구할 수 있는 분은 제쳐 두고 결국 의사나 약사에게 갑니다. 심기를 불편하게 하는 꿈을 꾸면 해몽해 주는 사람을 찾아가고, 원수가 두려울 때는 약삭빠르게 보호자를 구해 놓습니다. 간단히 말해, 여러분은 이 모든 일에서 모순되게 행동합니다. 말로는 하느님께서 여러분의 피신처라면서 행동으로는 쓸모없고 헛된 것들에서 도움을 얻으려 합니다. 훌륭한 무장 병력을 거느리고 있는 장군이 억압받는 지역을 언제든 도울 준비가 되어 있는 것처럼, 하느님께서는 교활한 악마와 싸움을 벌이고 있는 모든 이에게 조력자요 동맹이 되어 주시며, 시중드는 영들을 보내시어 곤경에 처한 이들을 안전히 지켜 주십니다.

• 대 바실리우스 『시편 강해』 18,2.[1]

[1] FC 46,299-300*.

우리의 희망은 그리스도의 부활 안에 있다

주님의 부활은 우리가 희망하게 하며, 주님의 승천은 우리가 찬양하게 합니다. 오늘 우리는 주님의 승천 축일을 지내고 있습니다. 주님의 승천을 제대로, 믿음을 가지고 헌신하는 마음으로, 하느님을 두려워하는 사람들처럼 공손한 태도로 기리고 싶다면, 우리는 우리 마음을 들어 올려 그분과 함께 하늘로 올라가야 합니다. 그러나 올라갈 때에 우리는 우리 자신을 넘어서서는 안 됩니다. 네, 우리 마음을 들어 올리되 주님께 들어 올려야 합니다. 아시다시피, 주님께 마음을 들어 올리지 않는 것은 교만 때문입니다. 주님께 마음을 들어 올리는 것을 '주님을 피신처로 삼는다'고 합니다. 그래서 우리는 하늘로 올라가신 분께 "주님, 당신께서는 저희에게 피신처가 되셨습니다"라고 말합니다.

그분께서는 우리에게 희망을 주시기 위해 되살아나셨습니다. 되살아나는 것은 먼저 죽는 것입니다. 그러므로 그것[그리스도의 부활]은 죽을 때의 절망과 우리의 삶 전체가 죽음으로 끝난다는 생각에서 우리를 구원하려는 것이었습니다. 그러니까 우리는 영혼에 관하여 염려하고 있었는데 그분께서 되살아나심으로써 우리에게 육에 대해서까지 확신을 주셨습니다. 그분께서 하늘로 올라가셨습니다. 누가 올라갔습니까? 하늘에서 내려오신 분입니다(요한 3,13 참조). 그분께서 내려오신 것은 여러분을 치유하기 위해서였습니다. 그분께서 올라가신 것은 여러분을 들어 올리기 위해서였습니다. 여러분 스스로 자기를 들어 올리면 여러분은 떨어질 것입니다. 그러니 여러분의 마음을 주님께 들어 올리십시오. 그분을 피신처로 삼으라는 말입니다. 여러분의 마음을 들어 올리지만 주님께 들어올리지 않는 것은 교만입니다. 그러니 부활하시는 그분께는 "주님, 당신이 저의 희망이십니다" 하고 말씀드리고, 하늘로 올라가시는 그분께는 "저는 지극히 높으신 분을 저의 안식처로 삼았습니다"(시편 91,9 참조) 하고 말씀드리십시다. 우리가 교만한 태도를 버리도록 우리를 위하여 당신 자신을 낮추신 그분을 보면서 우리 마음을 그분께로 들어 올린다면, 어떻게 교만할 수 있겠습니까?

• 아우구스티누스 『설교집』 261,1.[2]

영원에서 영원까지 하느님이신 분

위의 내용으로 볼 때, 성경이 아들의 영원성을 언명한다는 것은 명백합니다. 그에 따를 때, 그분께서 "전에는 존재하지 않았다", "없었던 때가 있었다"[3]라는 아리우스파의 상투어들이 같은 성경에서 피조물을 이야기할 때 쓰는 말이라는 것 또한 명백합니다. 예를 들어, 모세는 세상의 생겨남에 관해 서술하면서 "땅에는 아직 들의 덤불이 하나도 없고, 아직 들풀 한 포기도 돋아나지 않았다. 주 하느님께서 땅에 비를 내리지 않으셨고, 흙을 일굴 사람도 아직 없었기 때문이다"(창세 2,5)라고 말합니다. 신명기에서는 "지극히 높으신 분께서 민족들에게 그들의 상속 재산을 나누어 주셨다"(신명 32,8)고 말합니다. 그리고 주님께서는 "너희가 나를 사랑한다면 내가 아버지께 가는 것을 기뻐할 것이다. 아버지께서 나보다 위대하신 분이시기 때문이다. 나는 일이 일어나기 전에 너희에게 미리 말하였다. 일이 일어날 때에 너희가 믿게 하려는 것이다"(요한 14,28-29)라고 하셨습니다. 그리고 창조에 관하여 솔로몬의 입을 빌려 이렇게 말씀하십니다. "나는 한처음 세상이 시작되기 전에 영원에서부터 모습이

---

[2] *WSA* 3,7,208*.

[3] 하느님의 아들은 영원 이전부터 존재하지는 않았다고 주장하는 아리우스 이단의 핵심 구호들이다.

갖추어졌다. 심연이 생기기 전에, 물 많은 샘들이 생기기 전에 나는 태어났다. 산들이 자리 잡기 전에, 언덕들이 생기기 전에 나는 태어났다"(잠언 8,23-25). 또 "나는 아브라함이 태어나기 전부터 있었다"(요한 8,58)고도 하십니다. 예레미야에 관해서는 "모태에서 너를 빚기 전에 나는 너를 알았다"(예레 1,5)고 하십니다. 그리고 다윗은 시편에서 "산들이 생기기 전에 땅이며 누리가 나기 전에 영원에서 영원까지 당신은 하느님이십니다"라고 합니다. 다니엘서에는 이렇게 쓰여 있습니다.[4] "수산나가 크게 소리 지르며 말하였다. '아, 영원하신 하느님! 당신께서는 감추어진 것을 아시고 무슨 일이든 일어나기 전에 미리 다 아십니다'"(다니 13,42). 이처럼 "한때는 없었다", "존재하기 전에", "때에" 같은 말들은 기원이 있는 창조된 존재, 무에서 생겨났지만 '말씀'께 낯선 것들에게 속하는 말입니다.

• 아타나시우스 『아리우스파 반박 연설』 1,4,13.[5]

### 90,5-6 삶은 풀과도 같다

#### 삶이 덧없으므로 새로운 삶이 필요하다

세상에 있는 것은 무엇이든 사라집니다. 지나갑니다. 지금 이 삶이 시편 저자가 이렇게 말한 것 아니고 무엇입니까? "아침이면 사람은 풀처럼 자라납니다. 아침에 돋아났다 사라져 갑니다. 저녁이면 그것은 쓰러질 것입니다. 시들어 말라 버립니다." "모든 인간은 풀"(이사 40,6)이라는 말은 바로 이런 뜻입니다. 이것이 우리에게 그리스도가, 새로운 생명이, 영원한 희망이, 불사라는 위로가 약속된 까닭이며, 이것들은 주님의 육 안에서 이미 우리에게 주어졌습니다. 지금 불사가 된 그 육은 애초에 우리에게서 취해진 것이었으며, 그것은 그분께서 그분 안에서 이루신 것을 우리에게 보여 주었습니다. 그분께서 육을 지니셨던 것은 우리 때문이었습니다. 그분 자신만 두고 말할 것 같으면, "한처음에 말씀이 계셨다. 말씀은 하느님과 함께 계셨는데 말씀은 하느님이셨다"(요한 1,1)라고 쓰여 있습니다. 살과 피를 찾아보십시오. '말씀' 안 어디에서 그것을 찾을 수 있습니까? 그분께서는 실제로 진심으로 우리와 함께 고통을 겪고 우리를 구원하고자 하셨기에 몸소 "종의 모습"(필리 2,7)을 취하시고 이리로 내려오셨습니다. 사실 그분은 내내 이곳에 계셨고 한시도 안 계신 적이 없었지만 분명하게 모습을 보이시려고 그리하신 것입니다. 인간을 만드신 분께서 인간으로 만들어지기를 바라셨습니다. 실상 당신께서 당신 어머니를 창조하셨지만, 어머니에게서 창조되기를 바라셨습니다. 그분께서는 십자가에 오르셨습니다. 그분께서는 죽으셨고, 우리가 이미 알고 있는 것, 곧 태어남과 죽음을 우리에게 보여 주셨습니다. 우리가 너무나도 잘 알고 자주 접하는, 그 오랜 역사를 지닌 우리의 그 경험을 당신의 낮아지심 안에서 모두 겪으셨습니다.

• 아우구스티누스 『설교집』 359,9.[6]

### 90,8 하느님께서는 우리의 모든 죄를 아신다

#### 하느님께 죄를 숨길 수 없다

"당신께서는 저희의 잘못을 당신 앞에 드러내십니다." 당신 눈을 벗어날 수 있는 것은 아무것도 없습니다. 밤은 우리의 죄들을 숨기지 못하며 어둠도 그것들을 가리지 못합니다. 모든 것이 당신 앞에 훤히 드러나 있습니다. "저희의 삶을 당신 얼굴의 빛 앞에 드러내십니다." 이 구절의 의

[4] 칠십인역과 불가타에는 "수산나 이야기"가 다니엘서의 추가 부분으로 덧붙어 있다.

[5] NPNF 2,4,313-14*.

[6] *WSA* 3,10,206-7.

미는 히브리어 본문에 훨씬 잘 드러나 있는데, 이렇습니다. "저희의 감추어진 죄를 당신 얼굴의 빛 앞에 드러내십니다." 우리가 무엇을 하든, 우리가 몰래 한다고 생각하는 그 무엇이든, 당신 눈앞에 훤히 드러나 있습니다. "저희의 모든 날이 없어져 가니"(시편 90,9). 우리의 삶은 빠른 속도로 서둘러 가고 있으며, 우리가 전혀 예상하지 못한 때에 슬그머니 사라져 버리고 그러면 우리는 죽습니다. 우리는 죽음에 대해 이렇게 말하면서도 그 사실을 마음에 두지 않습니다. "저희는 저희의 날들은 거미처럼 써 버렸습니다"(시편 89,9 칠십인역 참조). 저자의 이 말을 곰곰이 생각해 보십시오. 거미가 실을 짜 내며 좌로 우로 앞으로 뒤로 왔다 갔다 하면서 종일 거미줄을 엮는 노고는 대단하지만 그 결과물은 아무것도 아닌 것처럼 인간의 삶도 똑같습니다. 우리는 재물을 추구하고 재산을 모으고 자식들을 낳습니다. 애써 일하고, 높고 힘 있는 자리에 올라갑니다. 우리는 온갖 일을 다 합니다. 그러면서도 우리가 거미줄을 엮는 거미들인 것을 깨닫지 못합니다.

• 히에로니무스 『시편 강해집』 19.[7]

## 90,9–10 삶은 고생과 고통으로 가득하다

### 모든 사람은 진노의 자녀였다

인류는 응당한 단죄를 받게 되어 있었으며 모든 인간은 진노의 자녀들이었습니다. 그 진노에 대하여 다음과 같이 기록되어 있습니다. "저희의 모든 날이 없어져 가고 당신의 노여움으로 여위어 가니 저희의 세월을 한숨처럼 보냅니다." 욥도 이 진노에 관하여 말하는데, "사람이란 여인에게서 난 몸, 수명은 짧고 진노만 가득합니다"(욥 14,1 칠십인역)라고 합니다. 요한도 이 진노에 관하여 "아드님을 믿는 이는 영원한 생명을 얻는다. 그러나 아드님에게 순종하지 않는 자는 생명을 보지 못할 뿐만 아니라 하느님의 진노가 그 사람 위에 머무르게 된다"(요한 3,36)고 하십니다. 예수님께서는 '장차 진노가 내릴 것이다'라고 하지 않으시고 '진노가 그 사람 위에 머무른다'고 하십니다. 모든 사람이 그러한 상태로 태어나기 때문입니다. 그래서 바오로 사도는 "우리도 본디 다른 사람들과 마찬가지로 진노를 살 수밖에 없었습니다"(에페 2,3)라고 말합니다. 사람들이 원죄로 말미암아 이 진노 아래 놓여 있었기 때문에 — 원죄에 더해 더 위중한 죄들을 숱하게 저질러 죄가 더욱 무겁고 파괴적인 상태가 되었지요 — 중개자가 필요했습니다. 다시 말해, 유일무이한 제물을 바침으로써 이 진노를 누그러뜨릴 조정자가 필요했습니다. 율법서와 예언서에 기록된 모든 제물은 이 제물의 예시였습니다.

• 아우구스티누스 『믿음 희망 사랑의 길잡이』 10,33.[8]

### 고생과 고통으로 가득한 삶

어떤 사람도 불행을 전혀 겪지 않고 남아 있기란 명백히 불가능하다는 것은 일반적으로 맞는 말입니다. 그래서 '온 세상은 악의 지배 아래 놓여 있다'(1요한 5,19 참조)고 하고, '인간의 삶은 대부분 고생과 고통'이라고 합니다. 그러나 여러분은 '유혹을 당하는 것과 유혹에 빠지는 것이 무슨 차이가 있느냐?'고 물을지도 모르겠습니다. 어떤 사람이 악에 굴복한다면 — 그가 악에 저항하고 하느님께서 당신의 방패로 그를 지켜 주시지 않으면 그는 정복당하고 말 것입니다 — 그는 유혹에 빠진 것입니다. 그는 그 안에 있고 포로가 된 자처럼 유혹의 힘 아래 눌려 있습니다. 그러나 그가 거기에 저항하고 견디어 낸다면, 그는 실로 유혹을 당하지만 거기에 빠지지

[7] FC 48,149-50.

[8] FC 2,398*.

는 않은 것입니다. 이처럼 예수님께서 영의 인도로 광야에 나가신 것은 실로 유혹에 빠지게 되려는 것이 아니라 다만 악마의 유혹을 받게 되려는 것이었습니다(마태 4,1 참조). 아브라함도 유혹에 넘어가지 않았습니다. 하느님께서 그를 유혹으로 인도하지도 않으셨습니다. 다만 그를 시험하셨을 뿐입니다. 결코 그가 유혹에 빠지도록 몰지 않으셨습니다. 또한 주님께서도 제자들을 시험하셨습니다. 이처럼 그 사악한 자는 우리를 유혹할 때에 우리를 매혹적인 것들로 이끕니다. 매혹적인 악한 것들을 제 손으로 주물러 대는 것입니다. 그러나 하느님께서는 시험하실 때면, 악에 마음이 끌리지 않는 이로서 시험 과제를 제시하십니다. '하느님께서는 악의 유혹을 받으실 분이 아니시기'(야고 1,13 참조) 때문입니다. 그래서 악마는 힘으로 우리를 몰아대며 파멸로 이끌지만, 하느님께서는 우리 손을 잡고 이끄시며 우리의 구원을 위하여 우리를 단련시키십니다.

• 알렉산드리아의 디오니시우스 『단편집』 2.[9]

칠십 년은 영원한 삶에 비교하면 짧다

먼저 모두가 공통으로 기울여야 할 노력은, 우리가 이미 시작한 길에서 망설이거나 그 길이 고되다고 용기를 잃어서는 안 된다는 것입니다. '우리는 오래전부터 금욕 수행을 해 왔다'고 말하지 마십시오. 오히려 날마다 새로 시작하는 것처럼 우리의 열정을 키웁시다. 사람의 일생은 장차 올 시대와 비교하면 매우 짧습니다. 이곳에서의 우리의 모든 시간은 영원한 삶 앞에서는 아무것도 아닙니다. 세상에 있는 모든 것은 그 값에 따라 팔리고 동등한 가치를 지닌 다른 것들과 교환되지만, 영원한 생명에 대한 약속은(1티모 4,8 참조) 그 가치에 비해 매우 저렴하게 살 수 있습니다. 이렇게 쓰여 있습니다. "저희 햇수는 칠십 년, 근력이 좋으면 팔십 년. 대부분은 고생과 고통이네." 따라서 만일 우리가 팔십 년 또는 백 년을 줄곧 금욕 수행으로 보낸다면, 우리는 그 백 년만큼만 다스리는 것이 아닙니다. 우리는 백 년이 아니라 세세에 영원히 다스리게 될 것입니다. 우리는 지상에서 싸우지만 우리의 상속 재산을 지상에서 받지 않고 약속된 것을 하늘에서 받을 것입니다. 그리고 썩고 마는 이 육체를 내려놓으면, 썩지 않는 육체를 받을 것입니다(1코린 15,42 참조).

• 아타나시우스 『안토니우스의 생애』 16,3-8.[10]

슬퍼하며 참회로 보낸 시간이 가져다주는 유익

그들은 스케티스에 살았던 압바 아폴로에 대하여, 그는 본디 무뚝뚝하고 거친 목동이었는데 [언젠가] 밭에서 임신한 여자를 보고는 악마의 마수에 걸려들어, "이 여자의 태 안에 있는 아기의 상태를 알고 싶소"라고 말한 다음 그 여자의 배를 갈라 그 안에 든 아기를 보았다고 합니다. 그는 곧바로 참회하며 자기 마음을 씻었고, 회개 후에 스케티스로 가서 사제들에게 자신이 한 짓을 고백했다고 합니다. 그는 그들이 "저희의 햇수는 칠십 년, 근력이 좋으면 팔십 년"이라는 시편 구절을 노래하는 것을 듣고는 그 노인들에게 이렇게 말했습니다. "제 나이 사십인데, 저는 그동안 한 번도 기도하지 않았습니다. 이제 사십 년을 더 산다면, 저는 하느님께 제 죄를 용서해 주십사고 한시도 쉬지 않고 기도할 것입니다." 그때부터 그는 자기가 말한 대로 했습니다. 손으로 하는 일은 전혀 하지 않고 언제나 하느님께 "저의 주님, 저는 사람답게 죄를 지었습니다. 당신께서는 하느님답게 저를 용서해 주십시오" 하고 탄원하

[9] ANF 6,116*.

[10] CS 202,97.99.

였습니다. 그는 시편을 외우는 대신 밤에도 낮에도 이 기도를 바쳤습니다. 그와 함께 거주하던 한 형제가 언젠가 그가 이렇게 기도드리는 것을 들었는데, 이제 그는 그렇게 말하며 울고 있었습니다. 그는 마음 깊은 곳에서부터 신음하며 슬픔이 가득한 한숨을 쉬었습니다. "오, 저의 주님, 제가 당신을 괴롭혀 드렸습니다. 저를 불쌍히 여겨 주십시오. 그리고 저를 용서하시어 제가 조금이나마 쉴 수 있게 해 주십시오." 그때 그에게 어떤 목소리가 들려왔습니다. "너의 죄는 사해졌다. 여인을 살해한 죄도 용서받았다. 그러나 아기를 살해한 죄는 아직 용서되지 않았다." 한 사부는 "아기를 살해한 죄도 용서되었으나 하느님께서는 그가 계속 일하도록 두셨다. 그것이 그의 영혼에 유익할 테기 때문이다"라고 말하였습니다.

• 헬레노폴리스의 팔라디우스
『라우수스에게 바친 수도승 이야기』 2,38.[11]

## 90,12 슬기로운 마음

### 하느님의 오른손

"저희가 슬기로운 마음을 얻도록 당신의 족쇄 묶인 오른손을 드러내 보여 주십시오." 어떤 수사본들에는 "숙련된"이라고 되어 있고, 어떤 수사본들에는 "족쇄 묶인"으로 되어 있습니다. "숙련된"이 의미하는 바와 "족쇄 묶인"이 의미하는 바가 다릅니다. 그러면 "당신의 오른손을 드러내 보여 주십시오"라는 말은 무슨 뜻입니까? 하느님, 어째서 당신께서는 당신의 오른손을 그렇게 오래도록 붙들어 놓고 계십니까? 또 다른 시편은 이렇게 말합니다. "어찌하여 당신 손을 사리십니까? 어찌하여 당신 오른손을 품에 넣고 계십니까?"(시편 74,11). 그 의미는 이렇습니다: 우리는 병들어 엎어져 있습니다. 우리는 우리 죄 때문에 마비된 상태입니다. 당신 오른손을 보내시어 저희를 일으켜 주십시오. 당신께서는 왜 그렇게 오랫동안 당신의 오른손을 겉옷 아래 넣고 계십니까? 당신의 마음은 아름다운 것들이 넘쳐 흐릅니다(시편 45,1 참조). 당신의 오른손을 보내시어 저희를 풀어 주십시오. 오랫동안 숨겨져 있는 신비를 저희에게 알려 주십시오. "당신의 오른손을 드러내 보여 주십시오." 아리우스, 그대는 무엇을 훔치고 있는가?[12] 시편 저자는 "당신의 오른손을 만드십시오"라고 하지 않았습니다. 하느님께 오른손이 없었던 적은 한시도 없었으니까요. 그래서 그가 뭐라고 했습니까? 당신께서 늘 품에 넣고 계시는[13] 당신의 오른손을 저희에게 드러내 보여 달라고 했습니다. 우리는 그분께서 그분의 신성 안에 계시는 것을 알 수 없기 때문에 그분께서 우리의 인성을 취하시고, 그리하여 우리는 그분을 알게 됩니다.

• 히에로니무스 『시편 강해집』 19.[14]

## 90,17 하느님의 어지심

### 영원하신 하느님

이렇게, 이사야는 "영원하신 하느님, 땅끝까지 창조하신 분이시다"(이사 40,28)라고 말하였고, 수산나는 "영원하신 하느님!"(다니 13,42)이라고 하였으며, 바룩은 "나는 영원하신 분께 한평생 부르짖으리라"(바룩 4,20)라고 한 다음 조금 뒤에 "나는 영원하신 분께서 너희를 구원하시기를 바랐다. 거룩하신 분에게서 나에게 기쁨이 왔다"(바룩 4,22)라고 하였으며, 사도는 히브리 신자들에게 쓴 편지에서 "[아드님은] 하느님 영광의 광

[11] *PHF* 1,270*.

[12] 히에로니무스는 하느님의 오른손인 아들이 늘 존재하지는 않았다는 아리우스의 이단적 신념을 암시하고 있다.

[13] 아들은 언제나 하느님의 마음 안에, 그 존재의 핵심에 계셔 왔다는 뜻이다.

[14] FC 48,153*.

채이시며 하느님 본질의 모상"(히브 1,3)이라고 하고, 다윗도 시편 제90편에서 "주 저희 하느님의 광채를 저희에게 비추소서"(시편 89,17 칠십인역)라고 하며 또 "당신 빛으로 저희는 빛을 봅니다"(시편 36,10)라고 하는데, 아드님의 영원성을 의심할 만큼 지각없는 사람은 대체 누굽니까? 인류가 언제 그 광채의 밝음 없이 빛을 보았습니까? 어떻게 "아들이 존재하지 않은 때가 있었다"거나, "나기 전에 그는 존재하지 않았다"[15]고 말할 수 있습니까?

• 아타나시우스『아리우스파 반박 연설』1,4,12.[16]

---

[15] 아리우스파의 성자 종속론이 주창하는 핵심 주장들이다.

[16] NPNF 2,4,313*.

## 91,1-16 구원받아 안전하게 되는 이

[1] 지극히 높으신 분의 보호 속에 사는 이,
전능하신 분의 그늘에 머무는 이는
[2] 주님께 아뢰어라.
"나의 피신처, 나의 산성이신
나의 하느님, 나 그분을 신뢰하네."
[3] 그분께서 새잡이의 그물에서
위험한 흑사병에서
너를 구하여 주시리라.
[4] 당신 깃으로 너를 덮으시어
네가 그분 날개 밑으로 피신하리라.
그분의 진실은 큰 방패와 갑옷이라네.
[5] 너는 무서워하지 않으리라, 밤의 공포도
낮에 날아드는 화살도
[6] 어둠 속에 돌아다니는 흑사병도
한낮에 창궐하는 괴질도.
[7] 네 곁에서 천 명이,
네 오른쪽에서 만 명이 쓰러져도
너에게는 닥쳐오지 않으리라.
[8] 오히려 네 눈으로 바라보리라.
악인들이 벌 받음을 너는 보리라.
[9] 이는 네가 주님을 너의 피신처로,
지극히 높으신 분을 너의 안식처로
삼았기 때문이다.①
[10] 너에게는 불행이 닥치지 않고
재앙도 네 천막에는 다가오지 않으리라.
[11] 그분께서 당신 천사들에게 명령하시어
네 모든 길에서 너를 지키게 하시리라.
[12] 행여 네 발이 돌에 차일세라
그들이 손으로 너를 받쳐 주리라.
[13] 너는 사자와 독사 위를 거닐고
힘센 사자와 용을 짓밟으리라.
[14] "그가 나를 따르기에 나 그를 구하여 주고
그가 내 이름을 알기에 나 그를
들어 높이리라.
[15] 그가 나를 부르면 나 그에게 대답하고
환난 가운데 내가 그와 함께 있으며
그를 해방하여 영예롭게 하리라.
[16] 내가 그를 오래 살게 하여 흡족케 하고
내 구원을 그에게 보여 주리라."

① 바로잡은 본문; 히브리어 본문은 '주님, 저의 피신처인 당신께서 지극히 높으신 분을 당신의 거처로 삼으셨기 때문입니다'다.

둘러보기

하느님 곁에서 떠나지 않는 사람은 하느님의 도움과 지지를 받는다(니사의 그레고리우스). 다윗이 말하는 "피신처"는 그리스도이시다. 그분은 사람이 되심으로써 우리의 피신처가 되셨다(아우구스티누스). 하느님만이 속임수의 고수 사탄이 쳐 놓은 덫에서 우리를 구하실 수 있으며, 우리는 죄짓기를 끝내고 은총의 상태에 들어야만 평화를 찾을 수 있다(히에로니무스). 하느님의 계명들을 지키는 의롭고 슬기로운 사람은 어떠한 원수도 두려워할 일이 없다(오리게네스). 많은 사람이 목숨을 잃는 재앙들이 있으므로, 많은 영혼이 영원히 파멸하리라고 믿는 것도 무리가 아니다. 신심 깊은 사람들이 겪는 육체의 고난은 특정한 죄들에 대한 징벌이 아니라 그들을 사랑하시는 하느님께서 그들을 단련시키시는 것이다(히에로니무스).

사탄은 광야에서 자기가 성경 말씀을 인용하며 그리스도께서 하느님의 아드님이심을 인정하면, 진리를 파괴하고 그리스도를 유혹에 빠뜨릴 수 있다고 착각했다(테르툴리아누스, 아우구스티누스). 믿는 이들은 그들을 파멸시키려 하는 마귀들이 아니라 하느님만을 섬겨야 한다(오리게네스). 믿는 이들은 하느님 대신 마귀들을 섬겨서는 안 된다. 마귀들은 그리스도께 이미 정복된 권세들이기 때문이다(테르툴리아누스). 우리는 믿음이 부족하기 때문에 타락에 빠지며 그것을 사나운 짐승들보다 더 두려워해야 한다. 성경을 보면 사나운 짐승들도 믿음 깊은 사람들은 해치지 않았다(바실리우스). 아직 힘을 잃지 않은 사탄을 경계할 것이며 듣기 좋은 아첨을 할 때는 더욱 경계해야 한다(아우구스티누스). 죄는 하느님께서 사랑 깊으신 의사로서 우리가 그것들에게 잡아먹히지 않도록 발아래 짓밟으시는 들짐승과 같다(카이사리우스).

91,1-6 하느님은 우리를 도우시는 분

지극히 높으신 분의 보호 속에 산다

이 말씀[1]을 듣고 이해한 위대한 다윗은 그에게 말하였습니다. "지극히 높으신 분의 보호 속에 사는 이, 그분께서 당신 어깨로 너를 가려 주시리라." 이 말은 하느님 뒤에 있게 된다는 뜻입니다(어깨는 등 쪽에 있으니까요). 다윗은 그 자신에 관해서는 "제 영혼이 당신께 매달리면 당신 오른손이 저를 붙들어 주십니다"(시편 63,8)라고 말합니다. 여러분은 시편이 역사적 사실을 얼마나 정확히 반영하는지 보고 계십니다. 한 시편에서는 하느님 뒤에서 벗어나지 않는 사람에게 오른손은 도움이라고 하고, 또 한 시편에서는 거룩한 목소리 위에 서 있는 바위 안에서 기다리며 그 뒤를 따를 수 있기를 기도하는 사람을 그 손이 쓰다듬는다고 말하고 있으니 말입니다.

• 니사의 그레고리우스 『모세의 생애』 250.[2]

그리스도께서 우리의 피신처가 되셨다

"때가 차자 하느님께서 당신의 아드님을 보내시어 여인으로부터 만들어져 율법 아래 놓이게 하셨습니다"(갈라 4,4).[3] 사람들은 "여인으로부터 만들어져"라는 표현에 당혹스러워합니다. 우리가 그분께서는 동정녀에게서 태어나셨다고 고백하기 때문이지요. 우리가 그분께서 만들어지셨다고 고백하는 것은 '인성'에 대해서만 이야기하는 것입니다. 하느님은 어디까지나 '만드시는' 분이십니다. 그분은 존재하게 되기 위하여 만들

[1] 만물을 지으신 하느님께서 우리에게 당신을 따르라고 초대하시며 명령하신다는 사실을 말한다.

[2] *MFC* 9,159.

[3] 본문을 문자적으로 해석한 해설이다.

어지실 수 없는 분이십니다. 그러나 그분께서는 어떤 이를 위하여 어떤 것으로 만들어지십니다. 어떤 것이 되신다고 표현할 수도 있겠습니다. 그래서 "주님, 당신께서 저희 피신처가 되셨습니다[만들어지셨습니다]"(시편 90,1), "주님께서 저를 돕는 분이 되셨습니다[돕는 분으로 만들어지셨습니다]"(시편 29,11 칠십인역, 불가타)라고 쓰여 있습니다. 그분은 결코 만들어지신 분이 아니심에도 불구하고 얼마나 많은 것이 되셨는지요! 언제나 창조주이신 주 예수 그리스도께서는 피조물이 되기 위하여 사람이 되셨습니다. 하느님으로 남아 계시면서 사람이 되셨습니다. 당신이시기를 그만두기 위해서가 아니라 당신이 아닌 존재가 되기 위하여 그렇게 하셨습니다.

• 아우구스티누스 『설교집』 49A.[4]

### 사냥꾼인 사탄의 덫

"주님께 아뢰어라. '나의 피신처, 나의 산성이신 나의 하느님.'" 나는 원수들에게 둘러싸여 있습니다. 당신은 저의 피신처입니다. "'나 그분을 신뢰하리라.' 그분께서 사냥꾼의 덫에서 너를 구하여 주시리라." 시편 저자가 '나는 그분을 신뢰한다'고 하지 않고 "그분을 신뢰하리라"고 한 것에 주목하십시오. 우리가 계속 죄 안에 사는 한, 분명 우리는 하느님을 신뢰하는 이가 아닙니다. 우리가 죄짓기를 그만두고 나야 비로소 우리는 확신을 가지고 희망할 수 있습니다. "그분께서 너를 사냥꾼의 덫에서 구하여 주시리라." 이 세상에는 우리의 영혼을 낚으려고 덫을 놓으며 돌아다니는 사냥꾼이 많습니다. 거인 니므롯은 "주님 앞에도 알려진 용맹한 사냥꾼"(창세 10,9)이었습니다. 에사우도 사냥꾼이었습니다. 그가 죄인이었기 때문입니다. 성경 전체를 살펴보아도 성실한 종이 사냥꾼인 경우는 단 한 사례도 발견할 수 없습니다. 그러나 성실한 어부들은 있습니다.

"그분께서 사냥꾼의 덫에서 너를 구하여 주시리라." "우리는 사냥꾼의 그물에서 새처럼 벗어났네. 그물은 찢어지고 우리는 벗어났네"(시편 124,7). 찢어진 이 그물은 무엇입니까? 바오로 사도는 "하느님께서 머지않아 사탄을 짓부수어 우리 발아래 놓으실 것"(로마 16,20)이라고 합니다. 그러면서 그것은 여러분이 "정신을 차려 악마의 올가미에서 벗어날 수 있"(2티모 2,26)게 하려는 것이라고 합니다. 이처럼 악마는 우리의 영혼을 현혹시켜 파멸로 이끌려 애를 쓰는 사냥꾼입니다. 악마는 온갖 종류의 올가미와 속임수를 자유자재로 쓰는 대가입니다. 탐욕은 그자가 파 놓은 함정이고, 비방은 그자의 올가미이며, 불륜은 그자가 던져 놓은 미끼입니다. "[그분께서] 파괴적인 말에서 [너를 구하여 주시리라]." 우리가 은총의 상태에 있는 동안에는 우리의 영혼은 평화롭습니다. 그러나 일단 죄를 가지고 놀기 시작하면 우리의 영혼은 편하지 못한 상태가 되며 파도에 이리저리 흔들리는 배처럼 됩니다.

• 히에로니무스 『시편 강해집』 20.[5]

### 하느님을 경외하는 이는 위험을 두려워하지 않는다

그는 의롭고 슬기로운 사람에 관하여 이런 말들을 하였는데,[6] 다음의 말은 축복의 말이었습니다. "너희가 누워 자더라도 너희는 아무런 위협도 받지 않을 것이다"(레위 26,6). 내가 의롭게 되면 아무도 나를 겁주지 못하기 때문입니다. 내가 하느님을 두려워한다면, 다른 어떤 것도 나는 두렵지 않습니다. "의인은 사자처럼 당당하다"(잠

---

[4] *WSA* 3,2,342*. [5] FC 48,156-57.

[6] 솔로몬이 잠언 3,24-25에서 한 말을 가리킨다.

언 28,1)고 하였습니다. 그래서 그는 사자 곧 악마도, 용 곧 사탄도, 그의 부하들도 두려워하지 않습니다(묵시 12,7 참조). 그러나 다윗에 따르면, 그는 "나는 무서워하지 않으리라, 밤의 공포도 낮에 날아드는 화살도 어둠 속에 돌아다니는 흑사병도 한낮의 마귀도"라고 합니다. 그리고 "주님은 나의 빛, 나의 구원. 나 누구를 두려워하랴? 주님은 내 생명의 요새. 나 누구를 무서워하랴?"(시편 27,1)라고도 합니다. 또 "나를 거슬러 군대가 진을 친다 하여도 내 마음은 두려워하지 않으리다"(시편 27,3)라고도 합니다. 여러분이 보는 이것은 하느님의 계명들을 지키며 하느님께서 주시는 자유를 확신하는 영혼의 확고부동함과 힘입니다.

• 오리게네스『레위기 강해』16,6,1.[7]

많은 이가 파멸할 것이다

"한낮의 마귀도 너를 공격하지 않고." 이 구절은 그리스어 본문에 뜻이 더 명확히 표현되어 있습니다. '심프토시스'*Symptosis*란 어떤 기이한 일이 예상치 못하게 일어나는 것을 뜻하고, '심프토마'*Symptoma*는 많은 사람이 동시에 죽임을 당하는 재앙을 가리킵니다. 이제 이 문장의 뜻을 아시겠지요? 많은 사람이 유혹을 당했지만 그럼에도 불구하고 은총의 상태에 있는 여러분은 유혹을 벗어날 수 있을 것입니다. 여러분 가운데 [생각이] 단순한 사람들도 제 말 뜻을 이해할 수 있도록 예를 제시하겠습니다. 수도승인 여러분이 홀로 도시에 갔는데 이리저리 거니는 중에 경기장에서 함성이 들립니다. 그때 누가 여러분을 부르며 "와서 보시오, 경기가 열리는 중이오" 하고 말합니다. 여러분은 자제심을 발휘하며 "허락을 받지 못했소. 나는 갈 수 없소"라고 합니다. 그 사람이 엄청나게 많은 이가 거기 모여 있다며 여러분에게 "이만 명이 저기 모여 있는데, 저들은 다 멸망하고 당신 혼자 구원을 받는다는 말이오?"라고 합니다. '심프토마'는 악마가 벌이는 짓이라는 것을 여러분은 알아야 합니다. 제 말은 많은 사람이 파멸에 떨어져 멸망한다는 것을 여러분이 알아야 한다는 것입니다.

• 히에로니무스『시편 강해집』20.[8]

91,10 불행이 유익을 가져오기도 한다

하느님께서 의로운 이가 고통을 당하도록 두시는 데는 뜻이 있다

당신께 간절히 드릴 말씀이 있어 편지를 씁니다.[9] 당신께 닥친 육체의 고통을 죄 때문이라고 생각하지 마십시오. 사도들이 태어날 때부터 눈먼 사람을 보고 구원자 우리 주님께 물었습니다. "누가 죄를 지었기에 저이가 눈먼 사람으로 태어났습니까? 이 사람입니까, 그의 부모입니까?"라고 하였지요. 그들은 "이 사람이 죄를 지은 것도 아니고 그 부모가 죄를 지은 것도 아니다. 하느님의 일이 이 사람에게서 드러나려고 그리된 것이다"(요한 9,2-3)라는 말씀을 들었습니다. 우리는 이교인과 유대인과 이단자들과 또 각종 견해를 신봉하는 많은 사람들이 욕정의 진창에서 뒹굴고 핏물에 몸을 적시며 잔인함에서는 이리들을, 탐욕에서는 매들을 넘어서는데도 '재앙이 그들 천막에는 다가오지 않는' 것을 보지 않습니까? 그들은 다른 사람들과는 달리 재앙을 당하지 않습니다. 그래서 하느님께 거만하게 굴고 하늘에다 대고 얼굴을 들어 올립니다. 반면에 거룩

[7] FC 83,272*.

[8] FC 48,159.

[9] 히에로니무스가 판노니아에 살던 맹인 카스트루티우스에게 쓴 편지다. 카스트루티우스는 히에로니무스를 만나기 위하여 베들레헴으로 길을 떠났으나 도중에 친지들의 설득으로 집으로 돌아갔는데, 히에로니무스는 자신을 찾아오려 한 그에게 고마움을 전하고 눈이 먼 그를 위로하기 위해 이 편지를 썼다.

한 사람들이 병고와 비참과 결핍에 시달리는 것을 우리는 압니다. 그들은 어쩌면 이렇게 말하고 싶을지 모릅니다. "정녕 나는 헛되이 마음을 깨끗이 보존하고 결백으로 내 두 손을 씻었단 말인가?"(시편 73,13). 그러나 그들은 그렇게 생각하는 자신을 곧바로 꾸짖으며 "'나도 그렇게 말하리라' 생각하였지만 그것은 당신 아들들의 모임을 배신하는 것"(시편 73,15)이라고 말합니다. 그대의 눈이 먼 것이 죄 때문이며 의사들이 고치는 경우가 많은 [시력을 잃는 것 같은] 질병이 하느님께서 노하셨다는 증거라 생각한다면, 완전히 눈이 멀어서 자기가 마음에 두었던 이가 아닌 다른 이에게 축복을 내리게 된 이사악(창세 27장 참조)을 죄인이라 생각하는 셈입니다. 눈이 흐려져서 에프라임과 므나쎄를 분간할 수 없었던 야곱(창세 48,10 참조)에게 죄가 있다고 말하는 셈입니다. 그는 내적인 눈과 예언의 영을 통해 먼 미래와 자신의 혈통에서 태어나실 그리스도를 볼 수 있었던 사람이었는데 말입니다(창세 49,10 참조). 요시야 임금보다 성덕 높은 임금은 없었습니다. 그런데도 그는 이집트인의 칼에 살해당했습니다(2열왕 23,29 참조). 베드로와 바오로보다 고결한 성인이 있었습니까? 그러나 그들의 피가 네로의 칼날을 적셨습니다. 사람들에 관해서는 더 말할 것도 없고, 하느님의 아드님께서 십자가의 수치를 당하지 않으셨던가요? 그런데도 이 세상의 행복과 즐거움을 누리는 사람들이 부럽습니까? 하느님께서 죄인들에게 가장 뜨겁게 분노하실 때는 그분께서 전혀 분노를 드러내지 않으실 때입니다. 그래서 그분께서는 에제키엘서에서 예루살렘에게 이렇게 말씀하십니다. "내 질투가 너에게서 사그라질 것이다. 마음이 가라앉아 내가 다시는 분노를 터뜨리지 않을 것이다"(에제 16,42). "주님께서는 사랑하시는 이를 훈육하시고 아들로 인정하시는 모든 이를 채찍질하신다"(히브 12,6)고 하였습니다. 아버지가 아들을 사랑하지 않으면 가르치지 않습니다. 스승은 제자에게서 약속의 표징이 보일 때만 그를 바로잡습니다. 의사가 환자를 보살피기를 그만둔다는 것은 치료를 포기했다는 표시입니다. 그대는 이렇게 말하십시오. "살아 있는 동안에 라자로가 나쁜 것들을 받았듯이(루카 16,25), 이제 나는 나를 위해 미래의 영광이 마련되도록 기꺼이 고통을 겪겠노라." '괴로움은 두 번 다시 일어나지 않을 것'(나훔 1,9 참조)이기 때문입니다. 그의 세대에서 거룩하고 흠 없으며 의로운 사람이던 욥도 참으로 지독한 고난을 겪었습니다. 왜 그런 일을 당했어야 하는지, 그의 이름이 붙은 책이 설명해 줍니다.

• 히에로니무스 『서간집』 68,1.[10]

### 91,11-13 하느님 백성을 위협하는 짐승들과 악마들은 하느님의 지배 아래 있다

#### 그리스도의 신성을 증언한 사탄

악마는 여러 가지 방식으로 진리에 맞서고 저항했습니다. 프락세아스[11]의 목적은 진리를 파괴하는 것이었는데, 그가 진리를 옹호하는 결과를 가져온 경우가 종종 있었습니다. 그는 세상에는 전능하신 창조주인 오직 한 분의 주님이 계시다고 주장합니다. 이 단일성 교의로 이단을 만들어 내려는 것이지요. 그는 아버지께서 몸소 동정녀에게 내려오셨고, 그에게서 태어나셨으며, 몸소 고난을 겪으셨고, 실로 그분이 바로 예수 그리스도이시라고 말합니다. 여기서 그 늙은 뱀은 자기 자신에게서 떨어져 나갔습니다. 왜냐하면, 요

[10] NPNF 2,6,140-1*.

[11] 프락세아스는 사벨리우스주의, 곧 성부와 성자와 성령이 신성 안에서 개별적인 위격으로 존재하는 것이 아니라 하나의 신적 존재가 세 가지 다른 양태 또는 드러난 방식이라고 보는 양태론을 주장했다.

한에게 세례를 받으신 그리스도를 유혹할 때에, 그자는 그분을 "하느님의 아들"로 인정하며 접근했기 때문입니다. 확실히 그는 하느님께 아들이 있다는 사실을 암시했습니다. 성경의 증언을 보아도 그렇습니다. 유혹을 시작하며 그는 이렇게 말합니다. "당신이 하느님의 아들이라면 이 돌들에게 빵이 되라고 해 보시오"(마태 4,3). "당신이 하느님의 아들이라면 밑으로 몸을 던져 보시오. 성경에 이렇게 기록되어 있지 않소? '그분께서는 너를 위해 당신 천사들에게 명령하시리라.'" — 이는 분명 성부를 가리키는 말입니다 — "'행여 네 발이 돌에 차일세라 그들이 손으로 너를 받쳐 주리라'"(마태 4,6). 어쩌면 그는 복음서들이 거짓말이라고 비난한 것인지도 모르겠습니다. 실상은 "마태오도 꺼져라, 루카도 꺼져라!"라고 말한 것이지요.

• 테르툴리아누스 『프락세아스 반박』 1.[12]

이단자들은 그리스도의 말씀이 아니라 사탄의 말을 듣는다

도나투스주의자[13]들은 거짓 그리스도인들이 아닙니다. 그들은 그냥 한마디로 그리스도인이 아닙니다. 그들은 악마가 넌지시 알려 준 것에 귀 기울이고 그리스도께서 악마에게 하신 대답에는 귀 기울이지 않기 때문입니다. 단적으로, 우리의 스승이요 구원자이신 주님께서 악마의 이런저런 암시에 뭐라고 말씀하셨습니까? "사탄아, 물러가라. 성경에 기록되어 있다. 주 너의 하느님을 시험하지 마라"(마태 4,10.7; 신명 6,16)라고 하셨습니다. 실제로 악마는 성경에 나오는 구절로 암시를 했고, 주님께서는 성경 말씀으로 대꾸하셨습니다. 악마는 주님께 이렇게 말했습니다. "성경에 기록되어 있듯이, 그분께서는 너를 위해 당신 천사들에게 명령하시리라. 행여 네 발이 돌에 차일세라 그들이 손으로 너를 받쳐 주리라." "밑으로 몸을 던져 보시오. 당신이 하느님의 아들이라면 천사들이 당신을 받쳐 줄 텐데 무엇이 두렵소?" 주님께서는 실로 아래로 몸을 던지실 수도 있었고 그러고서도 몸이 죽지 않게 하실 수 있었습니다. 그러나 그때에 악마가 그리스도께 권유한 일은 그리스도께서 미래의 그리스도인들에게 가르치실 종류의 것이 아니었습니다. 이것이 바로 악마가 도나투스주의자들에게 부추기는 짓입니다. "몸을 던져 보시오. 천사들이 받쳐 줄 것이오. 그런 식으로 죽으면 당신들은 징벌을 받는 대신 곧바로 화관을 얻을 것이오." 그들이 그리스도의 말씀에 귀 기울이고 악마에 대한 신뢰를 거둔다면, 그들은 그리스도인일 것입니다. 처음엔 그들을 교회의 평화에서 떨어져 나가게 하고 나중엔 그들에게 절벽에서 뛰어내리는 자들[14]을 준 것이 바로 악마입니다.

• 아우구스티누스 『설교집』 313E,4.[15]

아무것도 신자들을 해치지 못한다

그[16]의 다음 발언은 "하느님께서는 이 열등한 권세들에게 그들의 능력에 맞는 서로 다른 분야의 일을 배당하지 않으셨습니까?"라는 것이었습니다. 그러나 이것은 매우 심오한 지식이 요구되는 질문입니다. 우리는 만물을 다스리시는 하느님의 말씀께서 나라에서 사형집행인들이나 잔혹하지만 필요한 공무를 수행할 사람을 임명하

[12] ANF 3,597*.

[13] 3세기에 생겨나 한동안 계속된 이단으로, 교회의 순수성을 강조하며, 성사의 유효성은 성사를 집전하는 성직자의 완전무결함에 달려 있다고 주장했다.

[14] 도나투스파들 가운데 일부는 실제로 악마의 제안을 받아들여 절벽에서 몸을 던졌다고 한다.

[15] *WSA* 3,9,111*.

[16] 켈수스는 2세기 이교인 플라톤철학자로 『참된 말씀』이라는 작품을 썼는데, 초기 교회 시대에 그리스도 신앙을 가장 문학적이며 효과적으로 공박한 작품으로 꼽힌다.

듯이 사악한 마귀들에게 특정한 직무를 맡기셨는지, 또는 황량한 곳에 떼 지어 사는 강도들이 대개 자기들 중에서 우두머리를 뽑듯이, 주둔하는 군대처럼 지상의 이곳저곳에 흩어져 있는 마귀들이 인간의 영혼을 함부로 다루고 약탈하려고 자기들의 우두머리를 뽑았는지, 그것부터 확인해야 합니다. 이것을 충분히 설명하고 그리스도인들이 지극히 높으신 하느님과, 피조물 가운데 맏이이시며 하느님의 말씀이시고 하느님이신 분 외에는 그 어느 것에게도 경의를 표하기를 거부하는 자세가 옳음을 입증하기 위해서는 다음과 같은 성경 말씀들을 인용 제시해야 합니다. "나보다 먼저 온 자들은 모두 도둑이며 강도다. 그래서 양들은 그들의 말을 듣지 않았다"(요한 10,8), "도둑은 다만 훔치고 죽이고 멸망시키려고 올 뿐이다"(요한 10,10). 비슷한 구절들은 또 있습니다. "보라, 내가 너희에게 뱀과 전갈을 밟고 원수의 모든 힘을 억누르는 권한을 주었다. 이제 아무것도 너희를 해치지 못할 것이다"(루카 10,19), "너는 사자와 독사 위를 거닐고 힘센 사자와 용을 짓밟으리라". 그러나 켈수스는 이런 것들에 관하여 하나도 알지 못합니다. 알았다면 다음과 같은 식으로 말하지는 않았을 것입니다. "우주 안에서 일어나는 모든 일은, 하느님의 행위이든 천사나 마귀 또는 영웅들의 행위이든, 지극히 높으신 하느님의 법의 통제를 받지 않소? 이것들은 그들의 능력에 따라 개별적으로 다양한 임무를 부여받은 것이 아니오? 그러므로 하느님을 섬기는 이는 하느님께서 그러한 능력을 할당하신 다른 존재도 섬기는 것이 옳지 않소?" 그자는 이렇게 말한 다음 "[그런데] 그들은 '한 사람이 많은 주인을 섬길 수 없다'(마태 6,24; 루카 16,13)고 한다"라고 덧붙입니다.

• 오리게네스『켈수스 반박』7,70.[17]

### 그리스도께서 사탄을 무찌르실 것이다

시편 제90편(칠십인역)에서 이야기하듯이, 창조주께서는 당신의 그리스도에게 가장 먼저 이 힘[18]을 주셨습니다. "너는 사자와 독사 위를 거닐고 힘센 사자와 뱀을 짓밟으리라." 이사야도 이렇게 말합니다. "그날에 주님께서는 날카롭고 크고 세찬 당신의 칼로"(칼은 곧 그분의 그리스도이지요) "도망치는 뱀 레비아탄을, 구불거리는 뱀 레비아탄을 벌하시리라"(이사 27,1). 그러나 이 예언자가 "그 길은 깨끗하고 거룩한 길이라 불리리라. 불결한 것이 그곳을 지나지 못하리라. 거기에는 불결한 어떤 길도 없으리라. 흩어진 이들이 그곳을 지나가고 거기에서 잘못하지 않으리라. 거기에는 사자도 없고 맹수도 들어서지 못하리라. 그런 것들을 볼 수 없으리라"(이사 35,8-9)라고 말할 때, 그가 가리키는 것은 믿음의 길입니다. 우리는 이 길을 통해 하느님께 가닿습니다. 그리고 이 믿음의 길에서는 어떠한 해로운 짐승도 꼼짝 못한다고 그분께서는 약속하십니다.

• 테르툴리아누스『마르키온 반박』4,24.[19]

### 우리가 믿음이 있는지 사나운 짐승들이 증명해 준다

사나운 짐승들이 우리 믿음을 증명해 줍니다. 그대는 주님을 신뢰했습니까? "너는 독사와 바실리스크 위를 거닐고 사자와 용을 짓밟으리라." 그대는 믿음 덕분에 뱀과 전갈 위를 거니는 능력을 지녔습니다. 그대는 바오로 사도가 땔감을 모을 때 그의 팔에 달라붙은 독사가 그가 믿음이 가득한 사람인 것을 알고 해치지 않은 것을 알지 않습니까? 그대가 설령 이를 믿지 못하겠

[17] ANF 4,639*.

[18] 독을 지닌 짐승들을 짓밟고 그들의 굴에 손을 집어넣어도 해를 입지 않는 능력.

[19] ANF 3,388*.

다 하더라도, 사나운 짐승보다는 그대의 믿음 없음을 더 두려워하십시오. 믿음 없음으로 인하여 그대는 모든 형태의 타락의 손쉬운 먹이가 되었습니다.

• 대 바실리우스 『육일 창조에 관한 강해』 9,6.[20]

### 사자와 뱀을 짓밟다

그리스도께서 들으신 말씀이 무엇입니까? "너는 사자와 뱀을 짓밟으리라"였습니다. 사자는 내놓고 위협적이기 때문이고, 뱀은 몰래 속이기 때문입니다. 뱀은 아담이 낙원에서 쫓겨나게 만들었습니다. 베드로가 말해 주듯이, 뱀은 사자와 마찬가지로 교회를 박해했습니다. "여러분의 적대자 악마가 으르렁거리는 사자처럼 누구를 삼킬까 하고 찾아 돌아다닙니다"(1베드 5,8). 악마가 격노하지 않은 모습으로 여러분에게 나타나는 일이 없도록 하십시오. 악마가 듣기 좋은 소리를 할 때는 더욱 두려워해야 합니다.

• 아우구스티누스 『요한 복음 강해』 10,1,2.[21]

### 하느님께서는 우리가 참회하도록 우리를 보호하신다

사랑하는 여러분, 하지만 우리는 [하느님께서] 참으로 오랫동안 참아 주고 계시다는 것을 알고 안심해서는 안 됩니다. 세상에서 그런 큰 일이 일어나는데 그분께서 여전히 그들을 응징하지 않으신다는 사실은 인내를 말해 주는 것이지, 그분께서 못 보시고 지나치셨다는 뜻이 아닙니다. 하느님께서 당신의 힘을 잃으신 것이 아니라 우리가 회개하도록 살려 두시는 것입니다. 하지만 여러분이 마음을 고쳐먹기를 거부하여 그분께서 여러분이 마음을 고쳐먹기를 더 오래 기다리면 기다리실수록, 그분의 징벌은 더욱 가혹해질 것입니다. 하느님께서는 실로 칼을 쥐고 계시며, 죄를 내려치고자 하십니다. 반면에 우리는 죄를 사랑하기 때문에 우리 죄를 변호합니다. "너는 사자와 독사 위를 거닐고 힘센 사자와 뱀을 짓밟으리라." 자기 죄를 고발해야 할 우리가 이렇듯 그 죄를 옹호하는 자들이 됩니다. 사랑하는 여러분, 참으로 하느님께서는 죄인을 죽이고 싶어 하지 않으십니다. 다만 그의 죄를 죽이고 싶어 하시지요. 그분께서는 훌륭한 의사처럼, 아픈 사람이 아니라 병을 치시고 싶어 하십니다. 그러나 더 절망적인 것은 우리가 의사를 업신여기고 우리 병을 사랑할 때가 많다는 사실입니다. 우리는 자기 죄를 사랑하고 하느님을 대수롭지 않게 생각합니다. 죄는 실로 뱀과 같고 용과 같습니다. 그러나 주님에 관하여 이렇게 쓰여 있습니다. "너는 사자와 독사 위를 거닐고 힘센 사자와 뱀을 짓밟으리라." 반면에 우리는 우리 죄들을 사자처럼 용처럼 껴안습니다. 그러나 죄를 벌하시고 죄인을 구원하고 싶어 하시는 우리 하느님께서는 날마다 인류에게 외치십니다. "너희 죄를 떨쳐 버려라. 너희에게서 떨어지면 죄는 죽을 것이다. 너희가 죄를 던져 버리기를 거부하면, 너희는 죄와 함께 파멸할 것이다. 죄는 반드시 벌 받게 되어 있기 때문이다. 나는 죄를 죽이고 싶지, 죄인은 치고 싶지 않다."

• 아를의 카이사리우스 『설교집』 17,4.[22]

---

[20] FC 46,146*.

[21] FC 78,211*.

[22] FC 31,92*.

## 92,1-16 하느님의 의로운 다스림을 찬미하는 노래

1 [시편. 노래. 안식일]
2 주님을 찬송함이 좋기도 합니다,
지극히 높으신 분이시여, 당신 이름에
찬미 노래 부름이 좋기도 합니다.
3 아침에는 당신의 자애를,
밤에는 당신의 성실을 알림이
좋기도 합니다,
4 십현금과 수금에 맞추어
비파 가락에 맞추어.
5 주님, 당신께서 하신 일로
저를 기쁘게 하셨으니
당신 손의 업적에 제가 환호합니다.
6 주님, 당신의 업적은 얼마나 위대하며
당신의 생각들은 얼마나 깊습니까!
7 미욱한 사람은 알지 못하고
미련한 자는 이를 깨닫지 못합니다.
8 악인들이 풀처럼 돋아나고
나쁜 짓 하는 자들이 모두 피어날지라도
영영 멸망하기 위함입니다.
9 그러나 주님, 당신께서는 영원히
높이 계십니다.
10 주님, 정녕 당신의 원수들이,
정녕 당신의 원수들이 사라집니다.
나쁜 짓 하는 자들이 모두 흩어집니다.
11 당신께서는 저의 뿔을 들소의 뿔처럼
치켜들어 주시고
신선한 향유를 저에게① 부어 주셨습니다.
12 제 눈은 적들을 내려다보고
제 귀는 저를 대적하던 악한들의 소식을
즐거이 듣습니다.
13 의인은 야자나무처럼 돋아나고
레바논의 향백나무처럼 자라리라.
14 주님의 집에 심겨
우리 하느님의 앞뜰에서 돋아나리라.
15 늙어서도 열매 맺으며
수액이 많고 싱싱하리니
16 주님께서 올곧으심을 알리기 위함이라네.
나의 반석이신 그분께는 불의가 없다네.

① 히브리어 본문의 단어는 뜻이 불명확하다.

둘러보기

하느님께 찬미의 노래를 부르기 전에 먼저 그분께 우리 죄를 고백해야 한다. 그분은 죄를 용서해 주실 수 있는 분이시다(히에로니무스). 그리스도를 일각수에 비유하곤 하는데, 그리스도는 우리 구원의 뿔이시며 하나인 신적 권능을 나누어 지니신 분이시기 때문이다(바실리우스). 의인의 마음은 야자나무에 비유되는데, 야자나무가 키 크고 곧으며 속이 달고 희기 때문이다(사막 사부들). 교회에 속한 듯 보이지만 마음으로 하느님을 경애하지 않는 사람은 참된 교회의 구성원이 아니다(바실리우스).

### 92,2 찬미 노래 부름이 좋다

#### 고백과 찬양

"주님께 고백함이 좋기도 합니다. 지극히 높으신 분이시여, 당신 이름에 찬미 노래 부름이 좋기도 합니다." 시편 저자는 노래를 부른 다음 고백하는 것이 좋다고 말하지 않았습니다. 순서를 잘 보십시오. '고백함이 좋다, 찬미 노래 부름이 좋다'고 하였습니다. '먼저 회개하고 눈물로 죄를 씻어 내라. 그런 다음 주님께 노래 불러라' 하였습니다. "주님께 고백함이 좋기도 합니다." 사람들에게가 아니라 하느님께 고백하는 것입니다. 너를 치유해 주실 수 있는 분께 너의 죄를 고백하라는 말입니다. "지극히 높으신 분이시여, 당신 이름에 찬미 노래 부름이 좋기도 합니다."

• 히에로니무스 『시편 강해집』 21.[1]

92,11 그리스도의 힘

**그분의 뿔이 치켜들어진다**

탈출기에 나오는 송아지를 기억하십시오. 사람들이 우상 숭배에 빠져 송아지 상을 만들자 모세가 그것을 가루로 만든 다음 [물에 타] 사람들에게 마시게 하였지요(탈출 32,30 참조). 이 송아지 상이 당한 꼴과 비슷하게 그분께서는 레바논 전체(시편 36,35 칠십인역 참조)와 그 땅에서 횡행하는 우상 숭배를 철저하게 파괴하실 것입니다. "일각수들이 사랑하는 아들처럼"(시편 28,6 칠십인역). 우리의 속죄를 위해 당신 자신을 하느님께 바치는 제물이요 헌주로 내어 주실 때마다 당신의 생명을 세상을 위해 내어 주시는 외아들은 '양'으로 또 '하느님의 어린양'으로도 불립니다. "보라, 하느님의 어린양이시다"(요한 1,36)라고 쓰여 있습니다. 그리고 "그는 도살장에 끌려가는 어린양처럼"(이사 53,7)이라고도 쓰여 있습니다. 그러나 인류를 공격하는 잔인하고 야만적인 힘을 응징하고 전복시킬 필요가 있을 때, 그분께서는 '일각수들의 아들'로 불리실 것입니다. 욥기에서 우리가 배웠듯이, 일각수는 힘에서 누구도 이길 수 없고 인간에게 결코 정복되지 않는 짐승이기 때문입니다. "너는 밧줄로 일각수를 고랑에다 맬 수 없고, 그 짐승은 네 여물통에서 먹지 않을 것이다"(욥 39,10 칠십인역). 이 예언의 이 부분에는 자유로운 인간처럼 행동하며 인간에게 굴복하지 않는 짐승에 관하여 많은 이야기가 담겨 있습니다. 성경은 일각수를 두 가지 방식으로 비유합니다. 어떤 경우엔 칭찬하는 의미로 쓰고, 어떤 경우에는 비난하는 의미로 쓰지요. "저의 생명을 칼에서 구하소서. … 일각수들의 뿔에서 저를 살려 내소서"(시편 22,21-22). 시편 저자가 이렇게 말한 것은 수난의 때에 그를 거슬러 반란을 일으킨, 싸우기 좋아하는 백성들에 대한 불만을 토로한 것입니다. 그는 또 이렇게 말합니다. "당신께서 저의 뿔을 일각수의 뿔처럼 세우시리라." 이 짐승은 공격을 격퇴하는 데 기민한 특성 때문에 저급한 것들을 나타내는 말로 자주 쓰이는 듯하며, 한편으로는 그것의 곧추선 긴 뿔과 자유로운 행동 때문에 더 훌륭한 것들을 비유하는 표상으로 사용되기도 합니다. "그분께서 당신 백성 위하여 뿔을 세우셨으니"(시편 148,14), "그의 뿔은 영광 속에 치켜들리리라"(시편 112,9)라는 말씀들에서 보듯, 성경의 많은 곳에서 대체로 "뿔"은 '영광'의 의미로 사용되며, 또한 "뿔"은 "저의 구원자, 제 구원의 뿔"(시편 18,2) 같은 말씀에서 보듯 '권능'의 의미로 자주 사용되므로, 그리스도는 하느님의 권능이십니다. 따라서 그분은 하나의 뿔, 곧 아버지와 함께 같은 하나의 권능을 지니셨다는 의미로 지상의 일각수로 불리십니다.

• 대 바실리우스 『시편 강해』 13,5.[2]

92,13-14 신자들의 마음

**야자나무처럼 돋아나다**

사부께서는 "성경에 '의인은 야자나무처럼 돋

[1] FC 48,165*.

[2] FC 46,204-5*.

아나리라'라고 쓰여 있다"는 말씀을 자주 하셨습니다. 이 말씀은 영혼은 아름다운 행동을 통해 높이와 바른 자세와 아름다움을 얻게 된다는 것을 알려 줍니다. 그런데 야자나무에서 찾아볼 수 있는 또 한 가지 특성이 있습니다. 일하기에 (또는 일하도록 움직여지기에) 더없이 적절한 단일하고 하얀 속대이지요. 의인에게서는 이런 것이 발견되는 것이 틀림없습니다. 의인의 마음은 한결같고 단순하기에 하느님만을 바라보는 데 익숙해져 있는 것이 틀림없기 때문입니다. 또한 야자나무는 그것이 본성적으로 가지고 있는 불 때문에 속대가 하얀데, 의인이 바치는 모든 봉헌도 그의 마음 안에 있습니다. 속이 비어 있는 특성과 잎들의 우듬지가 평평한 것은 중상하는 자에 대해 의인의 영혼이 날카롭게 서 있음을 [상징합니다].

• 사막 사부들 『사부들의 금언집』 186.[3]

믿는 이는 하느님의 앞뜰에서 돋아난다

그러므로 이 거룩한 정원 바깥에서 하느님께 흠숭을 바치는 것은 옳지 않으며 오직 안에서만 바쳐야 합니다. 바깥에 있는 이들이나 바깥에 있는 자들에게 매혹당한 이들은 주님의 앞뜰에 자리할 권리를 가져서는 안 되기 때문입니다. 기도하는 자세를 취하고는 있지만 주님의 앞뜰에 있지 않은 이가 많습니다. 헛된 갈망에서 오는 생각들로 마음이 다른 데 가 있고 산란하기 때문입니다. 더 고상한 의미로 이 "앞뜰"을 '거룩한 삶의 방식'으로 해석할 수도 있습니다. 그러므로 주님의 집에서도 이곳, 곧 살아 계신 하느님의 교회에 심겨 있는 이들은 "하느님의 앞뜰에서 돋아날" 것입니다. 그러나 자기 배를 하느님으로 섬기며 영광이나 돈 등 다른 무엇을 더 중히 여기는 자는 겉으로는 회중의 자격을 지닌 듯 보이더라도 주님을 흠숭하지도 않으며 거룩한 앞뜰에 있지도 않습니다.

• 대 바실리우스 『시편 강해』 13,3.[4]

[3] *PHF* 2,195*.

[4] FC 46,198*.

## 93,1-5 하느님의 영원한 통치를 찬미하는 시편

1 주님은 임금이시다. 존엄을 차려입으셨다.
주님께서 차려입으시고
권능으로 띠 두르시니
정녕 누리가 굳게 세워져 흔들리지 않는다.
2 당신의 어좌는 예로부터 굳게 세워져 있고
당신께서는 영원으로부터 계십니다.
3 주님, 강물들이 높입니다,
강물들이 목소리를 높입니다,
강물들이 부딪치는 소리를 높입니다.
4 큰 물의 소리보다,
바다의 파도①보다 엄위하십니다.
높은 데에 계시는 주님께서는
엄위하십니다.
5 당신의 법은 실로 참되며
당신의 집에는 거룩함이 어울립니다.
주님, 길이길이 그러하리이다.

① 히브리어 본문은 '거대한 파도'.

둘러보기

그리스도께서 하느님의 오른쪽에 앉아 다스리심은 그분의 육화와 그분 권능의 영원함이라는 관점에서 보아야만 이해할 수 있다(루피누스).

93,2 하느님의 어좌는 굳게 세워져 있다

**하느님의 어좌는 영원부터 굳게 세워져 있다**

아버지의 오른쪽에 앉는다는 것은 육화와 관련된 신비입니다. 육을 입지 않은 영적인 본성에는 해당하지 않는 말이기 때문입니다. 또한 드높은 하늘의 어좌가 신적 본성이 아니라 인간의 본성을 추구한다는 것 역시 그러합니다. 그래서 그분에 관해 이렇게 쓰여 있습니다. "하느님, 당신의 어좌는 예로부터 굳게 세워져 있고 당신께서는 영원으로부터 계십니다." 여기에서 보듯, 주 예수님께서 장차 앉으실 어좌는 영원으로부터 준비되어 있었습니다. 그래서 "예수님의 이름 앞에 하늘과 땅 위와 땅 아래에 있는 자들이 다 무릎을 꿇고 예수님은 주님이시라고 모두 고백하며 하느님 아버지께 영광을 드리게 하셨습니다"(필리 2,10-11)라고 쓰여 있으며, 이분에 대해 다윗도 이렇게 말하였지요. "주님께서 내 주군께 하신 말씀. 내 오른쪽에 앉아라. 내가 너의 원수들을 네 발판으로 삼을 때까지"(시편 110,1). 이 말씀과 관련하여 주님께서는 복음서에서 바리사이들에게 이렇게 말씀하셨습니다. "이렇게 다윗이 그분을 주님이라고 부르는데, 그분이 어떻게 다윗의 자손이 되느냐?"(마태 22,43-45). 이 말씀으로 [그리스도 예수님께서는] 당신께서 성령에 따라서는 주님이시고 육에 따라서는 다윗의 자손임을 보여 주셨습니다. 또한 주님께서는 다른 곳에서 이렇게 말씀하시기도 하였습니다. "진실로 나는 너희에게 말한다. 이제부터 너희는 사람의 아들이 전능하신 하느님의 오른쪽에 앉아 있는 것을 볼 것이다"(마태 26,64; 루카 22,69). 그래서 베드로 사도는 그리스도를 '하늘에 오르시어 하느님 오른쪽에 앉아 계신 분'(1베드 3,22 참조)이라고 합니다.

• 아퀼레이아의 루피누스 『사도신경 해설』 32.[1]

[1] NPNF 2,3,555-56*.

94,1-23 하느님께서 악인을 응징하시기를 청하는 기도

1 보복하시는 하느님, 주님
보복하시는 하느님, 나타나소서.
2 세상의 심판자시여, 일어나소서.
거만한 자들에게 그 행실대로 갚으소서.
3 주님, 언제까지나 악인들이,
언제까지나 악인들이 기뻐 뛰리이까?
4 나쁜 짓 하는 자들이 모두 지껄여 대고
뻔뻔스레 말하며 뽐냅니다.
5 주님, 그들이 당신 백성을 짓밟고
당신 소유를 억누릅니다.
6 과부와 이방인을 살해하고
고아들을 학살합니다.
7 그들은 말합니다. "주님은 보지 않는다.
야곱의 하느님은 깨닫지 못한다."
8 백성 가운데 미욱한 자들아, 깨달아라.
미련한 자들아, 언제 알아들으려느냐?
9 귀를 심으신 분께서 듣지 못하신단 말이냐?
눈을 빚으신 분께서⤴

보지 못하신단 말이냐?
10 민족들을 징계하시는 분께서
벌하지 않으신단 말이냐?
사람들을 가르치시는 분께
지식이 없단 말이냐?
11 주님께서는 알고 계시다,
사람들의 생각을,
그들은 입김일 뿐임을.
12 주님, 행복합니다,
당신께서 징계하시고
당신 법으로 가르치시는 사람!
13 악인이 떨어질 구덩이가 파질 때까지
불행의 날에도 그에게 평온을 주시기
위함입니다.
14 정녕 주님께서는 당신 백성을 물리치지
않으시고
당신 소유를 저버리지 않으신다.
15 정녕 재판이 정의로 돌아오리니
마음 바른 이들이 모두 이를 따르리라.
16 누가 나를 위하여 악한을 거슬러
일어서리오?
누가 나를 위하여 나쁜 짓 하는 자들에게
맞서리오?
17 주님께서 내게 도움을 주지 않으셨다면
자칫 내 영혼은 침묵의 땅속에
드러누웠으리라.
18 "내 다리가 휘청거린다" 생각하였을 제
주님, 당신의 자애가
저를 받쳐 주었습니다.
19 제 속에 수많은 걱정들이 쌓여 갈 제
당신의 위로가 제 영혼을
기쁘게 하였습니다.
20 법규를 거슬러 재앙을 빚어내는
파멸의 권좌가
당신과 어울릴 수 있겠습니까?
21 그들은 의로운 이의 목숨을 빼으려
달려들고
무죄한 이를 단죄하여 피 흘리게 합니다.
22 그러나 주님께서는 나에게 산성이 되시고
나의 하느님께서는 내 피신처인
반석이 되셨다.
23 그분께서는 그들의 죄악에 따라
되갚으시고
그들의 악함으로 멸망시키시리라.
주 우리 하느님께서
그들을 멸망시키시리라.

둘러보기

하느님의 백성은 현세에서 죄인들이 성공을 누리는 것을 보고 시샘하거나 당황해서는 안 된다. 그것은 잠시 누리는 것이기 때문이다(암브로시우스). 하느님께서 계심을 부인하는 자들은 그리 많지 않지만, 세속의 일에도 그분의 섭리가 미친다는 사실을 부인하는 자들은 많다.

하느님께서는 백성들에게 성경이 말하는 것과 그들이 믿음으로 받아들이는 것을 이해할 수 있도록 자유의지와 육체의 감각들을 주신다. 현세를 사는 사람들이 어떠한지 하느님께서 알지도 보지도 못하신다는 잘못된 추정이 사람들을 내놓고 죄짓게 이끈다. 자기가 보는 것만을 믿는 데 익숙한 사람들은 우리의 경험을 넘어서는 기적과 하느님의 말씀을 믿기 힘들다. 이 세상에서 인간에게 주어진 힘은 크며 사회의 선을 위하여 사용될 수 있지만, 하느님의 힘과 정의에 비하면 아무것도 아니다.

자기 혼자 힘으로 선을 행할 수 있고 하느님의 은총 없이 자유의지를 올바로 행사할 수 있다고 믿는 것은 인간의 자만심에서 비롯하는 어리석음이다. 하느님은 우리의 삶을 무력하게 바라보기만 하시는 분이 아니라 우리의 나날의 싸움에 개입하시는 분이시다. 특히나 우리가 그분을 부를 때는 더욱 그렇다.

하느님께서는 우리에게 번영과 역경을 내리신다. 번영은 우리가 역경에 무너지지 않도록 평형추로 주시는 것이고, 역경은 우리가 번영으로 마음이 해이해져 믿음이 약해지지 않도록 내리시는 것이다. 이승 삶에서 성령께서 우리를 지탱해주시지 않는다면 우리는 사탄에게 굴복하고 말 것이다. 이승 삶에 슬픔이 없을 수는 없지만, 당신의 약속을 지키시는 분이신 하느님께서 우리에게 힘을 주신다(아우구스티누스). 하느님의 율법은 매우 힘든 것을 요구한다. 하늘로 가는 길은 쉽지 않기 때문이다(히에로니무스). 하느님께서는 자주 우리에게 고통과 시련을 허락하시지만 당신의 자비로 우리를 치유하신다(아우구스티누스).

### 94,3 현세의 번영은 덧없다

#### 죄인들의 영광은 잠시 잠깐 누리는 것이다

우리는 거룩한 욥의 기도를 살펴보았습니다. 이제 우리가 시편에서 읽는 기도를 살펴봅시다. 다윗은 세상일의 덧없음에 관해 여러 곳에서 말한 바 있습니다. 그는 이 세상에서 흔히들 좋다고 하는 것들이 헛되다고 자주 단언했는데, 특히 시편 제38편이 대표적입니다. 그는 거기서 이렇게 말합니다. "사람은 모두 한낱 입김으로 서 있을 뿐. 인간은 한낱 그림자로 지나가는데 부질없이 소란만 피우며 쌓아 둡니다. 누가 그것들을 거두어 갈지 알지도 못합니다"(시편 39,6-7). 또 "주님, 언제까지나 악인들이, 언제까지나 악인들이 기뻐 뛰리이까?"라고도 합니다. 이승에서 그들이 영광의 그림자를 누리고 있기 때문이지요. 하지만 그들은 이승을 떠나면 위로의 은혜를 받지 못할 것입니다. 다윗은 시편 제72편(칠십인역)에서 같은 이야기를 합니다. "아삽"(시편 73,1)이라는 제목을 달고 있는 이 시편에서 그는 자신이 엄청난 고통을 당하고 있을 때 하마터면 미끄러질 뻔했다고 고백합니다. 마음에 의로움을 간직하고 있는 그 자신은 역경과 시련을 겪고 있는 반면, 죄인들은 이 세상에서 많은 재산을 소유한 부자로 살며 번영과 풍요를 누리는 것을 보았기 때문입니다. 처음에 그는 위중한 잘못을 저질렀지만 나중에 주님의 응징으로 자신의 잘못을 깨닫고 바로잡았으며 하느님의 지식이라는 선물로 참된 굴복의 길을 배웠습니다.

• 암브로시우스 『욥과 다윗의 탄원』 3,1,1.[1]

### 94,7 하느님께서는 전지하시며 당신 뜻에 따라 이끄신다

#### 하느님은 존재하시며 우주를 다스리신다

그런데 신적인 힘은 없다거나 있어도 인간사와는 관계없다고 믿는 불신자들의 또 다른 부류를 상대로 충실한 헌신과 관련된 주제에 관해서 논증할 필요가 있는지 나는 모르겠습니다. 사실 지금 시대에 자기 마음속으로라도 감히 "하느님은 없다"(시편 14,1)고 말할 만큼 어리석은 사람은 찾아보기 힘듭니다. 그러나 "주님은 보지 않는다"라고 말하는 바보들은 여전히 있습니다. 그분의 섭리가 세상일에는 미치지 않는다고 생각하는 자들이지요. 그래서 하느님 나라에 관한 묘사와 더불어 두 분께서[2] 읽으셨으면 하고 바라는 그 책들에서 저는, 하느님께서 뜻하신다면 그리

[1] FC 65,368*.

[2] 이 편지의 수신인인 두 수도승, 페트루스와 아브라함을 말한다.

고 그분께서 뜻하시는 이들을 위하여, 하느님께서 존재하신다는 믿음뿐 아니라 — 이 믿음은 본성에 너무나 뚜렷이 새겨져 있어 어떠한 불경도 그 믿음을 뜯어내지 못하지요 — 그분께서 인간을 다스리는 것에서부터 의인들에게 거룩한 천사들의 공동체에 들어가는 복됨을 상으로 내리시고 사악한 자들은 악한 천사들의 운명에 처하시는 것에 이르기까지 인간의 일들을 관장하신다는 믿음을 증명하고자 합니다.

• 아우구스티누스『서간집』184A.[3]

94,8-11 하느님께서는 모든 것을 보고 들으신다

하느님의 은총과 자유의지

그러니 위대한 사도께서 무시무시하게 묘사하는 그 일을 부디 조심하고 피하십시오. 그리고 이해하지 못하겠다고 느껴지면, 거룩하게 계시된 진리, 곧 인간에게는 자유의지가 있으며 동시에 하느님으로부터 오는 은총이 있다는 믿음을 곧바로 떠올리십시오. 그리고 그대가 신앙으로 믿는 것을 지혜롭게 이해도 할 수 있기를 기도하십시오. 실로, 우리에게 자유의지가 있는 것은 우리가 지혜롭게 이해할 수 있게 하려는 것입니다. 우리의 이해력과 지혜가 자유의지에 의해 통제되는 것이 아니라면, 성경 말씀이 우리에게 이렇게 명령하였을 리가 없습니다. "백성 가운데 미욱한 자들아, 깨달아라. 미련한 자들아, 언제 알아들으려느냐?" 이로 볼 때, 우리가 깨닫고 지혜롭게 되라는 말씀과 명령을 듣는다는 그 사실 자체가 자유의지 없이는 존재할 수 없는 우리의 순종이 요구된다는 증거입니다. 그런데 그것, 곧 우리가 깨닫고 지혜롭게 되는 것이 하느님의 은총 없이 우리의 자유의지만으로 가능한 일이라면, 우리는 하느님께 "저를 깨우치소서. 당신의 명령을 알리이다"(시편 119,125)라고 말해서는 안 될 것입니다. 그리고 복음서에 이렇게 쓰여 있지도 않을 것입니다. "그때에 그분께서는 그들의 마음을 여시어 성경을 깨닫게 해 주셨다"(루카 24,45). 또 야고보 사도가 이렇게 말하지도 않았을 것입니다. "그러나 여러분 가운데 누구든지 지혜가 모자라면 하느님께 청하십시오. 하느님은 모든 사람에게 너그럽게 베푸시고 나무라지 않으시는 분이십니다. 그러면 받을 것입니다"(야고 1,5).

• 아우구스티누스『서간집』214.[4]

하느님께서는 모든 것을 아신다

성경에 몹시도 해박한 그 사람[5]은 "백성 가운데 미욱한 자들아, 깨달아라. 미련한 자들아, 언제 알아들으려느냐? 귀를 심으신 분께서 듣지 못하신단 말이냐? 눈을 빚으신 분께서 생각하지 못하신단 말이냐?"라는 시편 말씀을 주해하며 무엇보다 이렇게 말했습니다. "이 구절은 무엇보다 하느님은 우리와 똑같은 지체들을 지니셨다고 말하는, 하느님을 사람의 모습으로 연상하는 자들을 공박하고 있습니다. 예를 들어, 하느님께는 눈이 있다, 주님의 눈은 모든 것을 본다(잠언 15,3 참조), 주님의 손이 만물을 만들었다(이사 64,8 참조)고 합니다. 그리고 "아담은 주님께서 동산에서 거니시는 소리를 들었다"(창세 3,8)고 쓰여 있습니다. 그런 자들은 이 표현들을 글자 그대로 받아들여서는 하느님의 훌륭함을 우리 인간의 불완전한 수준으로 낮추어 생각합니다. 그러나 나는 말합니다, 하느님은 온통 눈이시고 온통 손이시며 온통 발이시라고. 그분께서 온통 눈이신 것은 만물을 보시기 때문이고, 온통 손이신

[3] FC 30,140-41*.

[4] FC 32,61-2*.

[5] 히에로니무스를 가리킨다.

것은 그분께서 만물을 생겨나게 하셨기 때문이며, 그분께서 온통 발이신 것은 그분은 어디에나 계시기 때문입니다. 그래서 "귀를 심으신 분께서 듣지 못하신단 말이냐?"라고 쓰여 있는 것입니다. 성경은 "심으신 분께서 귀가 없으시단 말이냐?"라고 하지 않습니다. "눈을 빚으신 분께서 눈이 없으시단 말이냐?"라고 하지도 않습니다. 뭐라고 합니까? "귀를 심으신 분께서 듣지 못하신단 말이냐? 눈을 빚으신 분께서 생각하지 못하신단 말이냐?" 그분께서 지체들을 결합시키셨고, 그것들에 기능을 주셨습니다.[6]

• 아우구스티누스 『서간집』 148.[7]

하느님께서는 보고 들으신다

우리가 지으려고 애쓰는 건물의 가장 높은 꼭대기는 무엇입니까? 그 건물의 꼭대기는 얼마나 높이 올라갑니까? 솔직하게 말씀드리지요. 하느님을 볼 수 있는 곳까지입니다. 하느님을 본다는 것이 얼마나 높은 것인지, 얼마나 위대한 일인지 여러분은 알 수 있습니다. 여러분 가운데 이것을 갈망하는 이는 누구든 내가 지금 하는 말을, 여러분이 지금 듣고 있는 말을 이해하게 될 것입니다. 우리는 하느님을 보게 되리라는 약속을 받았습니다. 참하느님, 최고의 하느님을 말입니다. 보시는 분을 보게 되는 것, 그것은 굉장한 일입니다(창세 16,13 참조).[8]

가짜 신들을 섬기는 자들은 쉽사리 그 신들을 봅니다. 그러나 그들이 보는 신들은 눈이 있으나 보지 못하는 신들입니다. 그러나 우리는 살아계시며 보시는 하느님을 뵙게 되리라는 약속을 받았으며, 따라서 우리가 뵙기를 갈망해야 하는 하느님은 성경이 이렇게 말하는 하느님입니다. "귀를 심으신 분께서 듣지 못하신단 말이냐? 눈을 빚으신 분께서 보지 못하신단 말이냐?" 여러분에게 듣는 기능을 하는 것을 주신 분께서 듣지 못하시겠습니까? 여러분에게 볼 수 있는 수단을 만들어 주신 분께서 보지 못하시겠습니까?

이 시편에서 [저자는] 이러한 내용을 다음의 간략한 말로 시작합니다. "백성 가운데 미욱한 자들아, 깨달아라. 미련한 자들아, 언제 알아들으려느냐?" 하느님께서 알아채시지 못하리라고 생각하는 것, 이것이 많은 사람들이 잘못을 저지르는 이유입니다. 물론 그들이 하느님께서 보실 능력이 없다고 믿기는 힘듭니다. 그러나 그분께서 보시고자 하지 않으신다고 그들은 추정하지요. "어리석은 자 마음속으로 '하느님은 없다' 말하네"(시편 14,1; 53,2). 여러분은 이 성경 말씀 그대로 행동할 만큼 불경한 사람은 발견하기 힘들 것입니다. 이런 말도 안 되는 생각을 하는 사람은 드뭅니다. 신심이 지극히 돈독한 사람이 많지 않듯이 철저히 불경한 사람도 많지 않습니다. 그러나 지금 제가 이야기하려는 것은 군중이 이렇게 말한다는 것입니다. "생각해 보라고, 하느님께서 내가 우리 집에서 어떤 짓을 하는지 굳이 알고자 하시겠냐고. 내가 잠자리에서 무슨 짓을 하는지 하느님께서 신경을 쓰시겠냐고!" 그러면 이렇게 말하는 사람은 누구입니까? "백성 가운데 미욱한 자들아, 깨달아라. 미련한 자들아, 언제 알아들으려느냐?" 인간인 여러분은 자기 집에서 일어나는 모든 일을 알려면, 여러분의 종들이 말하고 행동하는 것이 다 여러분 귀에 들어오도록 하려면 엄청나게 많은 수고를 해야 합니다. 그런데 아무런 힘도 들이지 않고 여러분을 창조

[6] 위-히에로니무스 『시편 성무일도』 93(PL 26,1108) 참조.

[7] FC 20,234-35*.

[8] 광야로 쫓겨난 하가르에게 있어, 하느님께서 그를 보심은 하가르 자신이 그분을 본 것만큼 중요한 의미를 지닌다.

하신 하느님께서 여러분에게 주의를 기울이시는 것이 그분께 조금이라도 힘든 일일 것 같습니까? 여러분의 눈을 만드신 분께서 당신의 눈길을 여러분에게 돌리지 않으시겠습니까? 여러분은 존재하지 않았었는데 그분께서 여러분을 창조하여 존재하게 하셨습니다. 그래서 이제 여러분이 존재하는데, 존재하지 않는 것들을 마치 이미 존재하고 있는 것들처럼 부르신 분께서 여러분에게 신경 쓰지 않으시겠습니까?

• 아우구스티누스 『설교집』 69,3.[9]

하느님께서는 모든 것을 아신다

그 위대한 역할을 하였다고 제가 여러분에게 말씀드렸던 이 베드로에게 주님께서는 부활 이후에 이렇게 물으십니다. 우리가 방금 독서에서 들었듯이, 그분께서는 그에게 이렇게 말씀하셨습니다. "요한의 아들 시몬아, — 네, 베드로는 본디 시몬으로 불렸습니다. 그리고 그는 요한의 아들이었습니다 — 요한의 아들 시몬아, 너는 [이것들보다] 나를 사랑하느냐?" 묻는 분이 누구입니까? 모든 것을 알고 계신 분입니다. 그분이, 알지 못하는 이 사람, "지식을 전해 준" 이 사람과 같습니까? 주님께서는 [베드로의 마음을] 알고 싶으신 것이 아니었습니다. 베드로가 고백하기를 바라신 것입니다.

• 아우구스티누스 『설교집』 229P,2.[10]

사람들의 생각은 입김일 뿐이다

사람들은 이 자명한 진리를 논박합니다. 사실, 인간의 것들을 즐기면서 하느님을 거슬러 하느님에 관해 떠드는 단순한 사람들에게서 여러분이 다른 무엇을 기대할 수 있겠습니까? 제 말은, 그분은 하느님이시고 그들은 그저 인간에 지나지 않는다는 뜻입니다. 그러나 "주님께서는 알고 계시다, 사람들의 생각을, 그들은 입김일 뿐임을"(시편 94,11)이라고 쓰여 있습니다. 속되고 물질주의적인 사람들의 경우에, 그들이 지키는 습관이 그들의 이해력을 지배합니다. 그들은 그들이 보는 데 익숙한 것들은 믿을 수 있지만, 보지 못하는 것들은 믿지 못합니다. 하느님께서는 우리에게 익숙한 것들을 넘어서는 기적들을 행하십니다. 그분은 하느님이시기 때문입니다. 사실 존재하지 않았던 너무나도 많은 사람들이 날마다 태어나는 것은 존재하던 몇 사람이 죽었다가 되살아난 것보다 더 위대한 기적입니다. 그런데 이런 기적을 [사람들은] 중요하게 여기지도 인식하지도 않습니다. 너무도 흔한 일이기에 흥미를 잃고 무시합니다. 그리스도께서 되살아나셨습니다. 그 일은 완성되었고 완결되었습니다. 그분은 십자가에 매달렸던 육체였고 육이었습니다. 그분은 당신 영혼을 내주셨고 무덤에 안장되셨습니다. 그분께서 그 안에 사신 것을 생각할 때, 그분은 그 육을 살아 있는 것으로 보여 주셨습니다. 우리는 왜 놀랍니까? 우리는 왜 믿지 않습니까? 그 일을 하신 것은 하느님이십니다. 그 일을 일으키신 분에 대해 숙고해 보십시오. 그리하여 어떠한 의심도 떨쳐 버리십시오.

• 아우구스티누스 『설교집』 242,1.[11]

94,12-15 하느님께서는 신의가 두터우시다

하느님께서는 당신 백성을 물리치지 않으신다

사실, 사멸할 자들의 힘이 크면 얼마나 크겠습니까? 그러니 [인간이] 사멸할 자들로 머무는 동안은 정의를 준수하여야 할 것입니다. 그들이 불사하는 존재가 되었을 때, 그들에게는 힘이 주

[9] *WSA* 3,3,236*.

[10] *WSA* 3,6,327-28.

[11] *WSA* 3,7,78-79.

어질 것입니다. 이와 비교할 때, 지상에서 세력가라고 불리는 사람들의 힘은 결국 '우스꽝스러울 정도로 약한' 것에 지나지 않음이 드러날뿐더러, 악인들이 대단히 득세하는 것처럼 보이는 곳에도 결국 그곳에 "악인이 떨어질 구덩이가 파질" 따름입니다. 의인은 이렇게 노래합니다. "주님, 행복합니다, 당신께서 징계하시고 당신 법으로 가르치시는 사람! 죄인이 떨어질 구덩이가 파질 때까지 불행의 날에도 그에게 평온을 주시기 위함입니다. 정녕 주님께서는 당신 백성을 물리치지 않으시고 당신 소유를 버리지 않으십니다. 정의가 재판으로 돌아오리니 마음 바른 이들이 모두 이를 따르리라"(시편 94,12-15). 하느님 백성의 힘이 미루어지는 동안 그 백성이 아무리 비천하고 연약한 모습을 하고서 아무리 가혹하고 부당한 일들을 겪을지라도, 지금은 경건한 자들의 약함이 간직하고 있는 정의가 재판으로 돌아오기까지, 다시 말해서, 그 백성이 재판하는 권한을 쥐기까지, "정녕 주님께서는 당신 백성을 물리치지 않으시고 당신 소유를 버리지 않으"십니다. 그 권한은 종말에 의인들이 차지하도록 마련되어 있습니다. 그때가 되면 본래의 질서대로 힘이 의로움을 뒤따를 것입니다.

• 아우구스티누스『삼위일체론』13,13,17.[12]

주님께서는 당신 백성을 저버리지 않으신다

현세의 사악함을 견디고 있는 지체들에게 성령께서 시편에서 뭐라고 이야기하고 계십니까? "주님께서는 당신 백성을 저버리지 않으신다." 실제로 그분의 백성은 자격 없는 자들 가운데에서, 사악한 자들 가운데에서, 신성모독하는 자들과 불평하는 자들과 중상하는 자들, 박해하는 자들 가운데에서, 그리고 때로는 살인자들 가운데에서 고생하고 있습니다. 실로 큰 수고를 하고 있지요. 그러나 "정의가 심판으로 돌아오기까지 주님께서는 당신 백성을 물리치지 않으시고 당신 소유를 저버리지 않으신다"라고 쓰여 있습니다. 성도들이 지금 소유하고 있는 "정의"가 "심판으로 돌아올 때"는 '그들에게 약속된 것이 이루어질 때'라는 뜻입니다. 곧, '너희가 열두 옥좌에 앉아 이스라엘의 열두 지파를 심판할'(참조: 마태 19,28; 루카 22,30) 때입니다. 이 사도는 의로움을 지니고 있었습니다. 그러나 "여러분은 우리가 천사들을 심판하리라는 것을 모릅니까?"(1코린 6,3)라는 말씀이 가리키는 심판은 아직 그의 소유가 아니었습니다.

• 아우구스티누스『요한 복음 강해』28,6,2.[13]

94,17–19 하느님의 도움이 없으면 사람들은 멸망한다

우리를 도와주시는 하느님

그런데 사람들은 에둘러서 거짓을 말하는 것에는 왜 두려움을 느끼지 않을까요? 우리는 자유의지가 하느님의 은총으로 치유된다는 것은 부정하지 않습니다만, 하느님께서 나날이 주시는 은총을 통해 우리가 진보한다고 믿으며 은총의 도움을 신뢰합니다. 사람들은 "나는 내 힘으로 선행을 할 수 있어" 하고 말합니다. 사람들이 선행을 하기만 한다면야! 불쌍한 자들의 헛소리라니! 그들은 죄를 짓지 않겠다고 날마다 선언합니다. 그러면서 제 양심은 돌아보지 않고 자기한테 독립적인 자유의지가 있다고 믿습니다. 그러나 자유의지는 은총 없이는 치유되지 않습니다. 그래서 이런 말씀이 있는 것이지요. "저에게 자비를 베푸소서. 저를 고쳐 주소서. 당신께 죄를 지었습니다"(시편 41,5). 자기 자신의 자유의지 — 하느님 은총의 도움을 받는 한에만 존재가 인정

[12] FC 45,393*.

[13] FC 88,7*.

되는 — 를 자랑하는 자들은 죽음이 집어삼켜졌을 때, 우리의 썩는 몸이 썩지 않는 것을 입고 이 죽는 몸이 죽지 않는 것을 입었을 때(1코린 15,53-54 참조) 그 자유의지에 대해 뭐라고 자랑할까요? 보십시오, 그들의 상처가 곪고 있는데 그들은 교만한 마음으로 치료제를 찾습니다. 그들은 의로운 사람과 함께 "주님께서 내게 도움을 주지 않으셨다면 내 영혼은 저승에 누웠으리라"라고 말하지 않습니다. 성도들과 함께 "주님께서 성읍을 지켜 주지 않으시면 그 지키는 이의 파수가 헛되리라"(시편 127,1)라고 말하지 않습니다.

• 아우구스티누스 『서간집』 216.[14]

하느님께서 우리를 도우러 오신다

경기를 주선한 사람은 경기자들을 돕습니다. 하느님께서는 경기장에 올라간 여러분을 군중이 전차 경기를 관람하는 것과 같은 방식으로 지켜보시는 분이 아닙니다. 군중은 어떻게 소리 질러야 하는지는 알지만 어떻게 도와야 하는지는 모릅니다. 하느님께서는 경기장에서 싸우는 여러분을 경기 주최자가 운동선수를 지켜보고 승리자에게 줄 화관을 준비하는 것과 같은 방식으로 지켜보지 않으십니다. 경기 주최자는 경기장에서 힘들게 싸우는 사람에게 어떻게 힘을 주어야 하는지 알지 못하며 힘을 주려야 줄 수도 없습니다. 누가 뭐래도 그는 하느님이 아니라 사람이니까요. 어쩌면 거기 앉아서 경기를 지켜보는 그는 직접 싸우는 이보다 더 녹초가 될지도 모릅니다. 그런데 하느님께서는 당신의 선수들을 지켜보실 때, 그들이 당신을 부르면 도와주십니다. 시편의 다음 말씀은 그분의 선수들의 목소리입니다. "'내 다리가 휘청거린다' 생각하였을 제 주님, 당신의 자애가 저를 받쳐 주었습니다." 그러니 형제자매 여러분, 이런 데 더딘 사람이 되지 맙시다. 청하고, 찾고, 두드립시다. "청하는 이는 받고, 찾는 이는 얻고, 문을 두드리는 이에게는 열릴 것"(루카 11,10)이라 하였습니다.

• 아우구스티누스 『설교집』 343,10.[15]

하느님은 언제나 우리를 돕는 분이시다

어쨌든 여러분은 여러분이 모든 면에서 또는 지금 당장 강해질 것이라고도 … 절망함으로써 완전히 실패하게 될 것이라고도 생각해서는 안 됩니다. 결국, 하느님의 종 모세의 품 안에서 실패와 힘이 번갈아 이루어진 것처럼 어쩌면 여러분도 그렇습니다. 여러분은 때로는 시련과 유혹에서 실패하지만 그것들에 완전히 굴복하지는 않습니다. 모세는 지쳐서 쳐들었던 손이 조금 처졌지만 완전히 내리지는 않았습니다(탈출 17,11-13 참조). "'내 다리가 휘청거린다' 생각하였을 제 주님, 당신의 자애가 저를 받쳐 주었습니다." 그러니 두려워하지 마십시오. 여러분을 해방시키기 위하여 이집트에 계셨던 분께서 여러분을 돕기 위해 여러분의 여행길에 함께하고 계십니다. 두려워하지 말고 길을 나서십시오. 확신을 지니고 걱정은 바람에 날려 버리십시오. 그분은 때로는 당신 팔을 내리시고 때로는 팔을 쳐드십니다. 어찌 되었든, 아말렉은 패배했습니다. 그들은 전쟁을 걸어올 수는 있었지만 이길 수는 없었습니다.

• 아우구스티누스 『설교집』 352,6.[16]

주님을 신뢰하라

이 강론을 우리가 시작한 것에서 끝내기 위하여, 같이 기도드리며 우리의 모든 신뢰를 하느님께 둡시다. 그분께서 우리에게 명령하시는 대로 살며, 이승 삶에서 우리가 걸려 넘어지고 휘청거

[14] FC 32,72*.
[15] *WSA* 3,10,47.
[16] *WSA* 3,10,145.

릴 때면, 제자들이 그분께 "저희에게 믿음을 더하여 주십시오"(루카 17,5) 하고 청하였듯이, 우리도 그분을 부릅시다. 베드로도 확신에 차 있었지만 휘청거렸습니다. 하지만 [하느님께서는] 그를 모른 척하지 않으셨습니다. 그가 물에 빠져 죽도록 두지 않으시고 도움의 손을 내밀어 그가 바로 서게 해 주셨습니다. 그런데 그가 신뢰를 둔 것은 무엇이었습니까? 그 자신이 아니었습니다. 주님께 신뢰를 두었지요. 어째서 그렇습니까? "주님, 주님이시거든 저더러 물 위를 걸어오라고 명령하십시오." '당신이 주님이시면 명령만 하시면 그대로 이루어질 것임을 저는 압니다'라는 뜻이지요. 그러자 그분께서 "오너라" 하고 말씀하셨습니다. 베드로는 그분의 명령에 따라 배에서 내렸습니다. 그러나 두려움이 커져 베드로는 "주님, 저를 구해 주십시오" 하고 소리를 질렀습니다. 그러자 주님께서는 손을 내밀어 그를 붙잡으시고, "이 믿음이 약한 자야, 왜 의심하였느냐?"(마태 14,28.30-31) 하고 말씀하셨습니다. 베드로를 부르신 것도, 베드로가 비틀거리고 휘청거릴 때 그를 구해 주신 것도 예수님이셨습니다. 이 사건은 시편의 이 말씀이 실현된 것이었습니다. "'내 다리가 휘청거린다' 생각하였을 제 주님, 당신의 자애가 저를 받쳐 주었습니다."

• 아우구스티누스 『설교집』 80,6.[17]

### 94,19 하느님께서는 걱정에 사로잡힌 영혼들을 위로하신다

#### 하느님의 섭리로 우리의 역경과 번영은 균형을 이룬다

바로 그래서 불경스러운 도성의 군주인 악마는 이 세상에서 나그넷길을 가는 하느님의 도성에 대항해서 제 수단을 모조리 동원하지만, 결국은 이 도성에 어떠한 해를 끼치는 일도 허용되어 있지 않습니다. 하느님의 도성에서는 이런 일이 번영 속에서는 위로가 되어 역경 중에도 꺾이지 않게 되고, 역경 속에서는 단련이 되어 번영 중에 부패하는 일이 없게 됩니다. 이처럼 신적 섭리로 보살핌을 받아 번영과 역경 양편이 서로 제어하는 역할을 하게 됩니다. 그러면 시편의 다음 목소리도 다름 아닌 교회의 입에서 나온 소리임을 우리는 깨달을 수 있습니다. "제 속에 수많은 슬픔이 쌓여 갈 제 당신의 위로가 제 영혼을 기쁘게 하였습니다"(시편 94,19). 그리고 "희망 속에 기뻐하고 환난 중에 인내"(로마 12,12)하라는 사도의 말도 여기서 우러난 것입니다.

• 아우구스티누스 『신국론』 18,51.[18]

#### 징계로 제어하시고 위로로 격려하시다

이것이 그리스도를 따라 살아가는 사람이 자신의 사악한 욕정과 싸울 때 자신의 육에 대하여 행동하는 방식입니다. 그는 치유받기 위하여 그 욕정을 억제하지만, 자신의 육이 아직 치유되지 않았는데도 그 욕정을 그대로 간직합니다. 그런데 그는 그의 육의 선한 본성을 소중히 아끼며 기릅니다. "아무도 자기 몸을 미워하지 않"(에페 5,29)기 때문입니다. 우리가 더 못한 것들을 더 훌륭한 것들과 비교하는 한에 있어서는, 그리스도께서도 교회를 이런 식으로 대하십니다. 교회가 전혀 벌 받는 일이 없어서 마구 해이해지는 일이 없도록 징계로 제어하시는 한편, 교회가 자신의 나약함에 굴복하는 일이 없도록 위로로 격려해 주십니다. 이에 관하여 우리에게는 "우리가 자신을 잘 분별하면 심판을 받지 않을 것입니다. 그러나 주님께서 우리를 심판하셔도, 그것은 우리가 이 세상과 함께 단죄받지 않도록 우리를 교육하시는 것입니다"(1코린 11,31-32)라는 사도의

[17] *WSA* 3,3,354.

[18] *CG* 834.

말도 있고, "제 속에 수많은 슬픔들이 쌓여 갈 제 당신의 위로가 제 영혼을 기쁘게 하였습니다"라는 시편 말씀도 있습니다. 우리는 우리의 육이 어떠한 저항도 없이 완전하게 건강한 상태가 되기를 희망해야 합니다. 그럴 때에만 그리스도의 교회는 어떠한 두려움도 느끼지 않는 확실한 안전을 누리게 될 테기 때문입니다.

• 아우구스티누스 『절제』 11,25.[19]

### 하느님의 위로자께서 우리를 박해자들에게서 구해 주신다

사랑하는 여러분, 앞에서도 말씀드렸듯이, 악마는 언제나 우리를 거슬러 날뛰거나 몰래 숨어서 우리를 습격할 기회를 기다립니다. 그러므로 우리는 우리의 마음을 주님께 붙박아 둠으로써 늘 준비되어 있어야 합니다. 우리를 괴롭히는 시련과 환난 속에서 용기를 주십사고 있는 힘을 다해 주님께 간청해야 합니다. 우리 자신으로만 보면, 우리는 어린아이들에 지나지 않기 때문입니다. 우리 자신에 관하여 우리는 무엇이라고 말해야 합니까? 우리는 사도 바오로의 서간을 읽으며 거기서 그 답을 들었습니다. 그는 이렇게 말합니다. "그리스도의 고난이 우리에게 넘치듯이, 그리스도를 통하여 내리는 위로도 우리에게 넘칩니다"(2코린 1,5). 시편에는 이렇게 표현되어 있습니다. "제 속에 수많은 슬픔들이 쌓여 갈 제 주님, 당신의 격려가 제 영혼을 기쁘게 하였습니다." 시편 저자는 이런 식으로 표현하고 바오로 사도는 저런 식으로 표현하지만, 두 사람이 우리에게 알려 주는 것은 똑같습니다. 위로자께서 우리와 함께 계시지 않으면, 우리는 박해자에게 굴복하게 된다는 것이지요.

• 아우구스티누스 『설교집』 13,5.[20]

### 하느님께서는 약속하신 것을 주신다

제가 여러분에게 이 말씀을 얼마나 여러 번 드렸는지 기억하시고,[21] 우리가 이승에서 모든 시련에서 벗어나 행복해야 한다는 생각을 버립시다. 마치 하느님께서 당신께서 약속하신 것을 우리에게 주지 않으시는 것처럼 우리의 세속적 일들이라는 바다에서 하느님을 거슬러 불경하게 불평하지 맙시다. 그분께서는 우리에게 이승에서 필요한 것을 약속하셨지만, 슬퍼하는 이들에 대한 위로와 복된 이들이 누리는 기쁨은 서로 다른 것이기 때문입니다. 시편 저자는 이렇게 말합니다. "제 속에 수많은 걱정들이 쌓여 갈 제 당신의 위로가 제 영혼을 기쁘게 하였습니다." 그러니 씩씩함을 잃어버리지 않도록, 우리의 시련에 대해 투덜거리지 맙시다. "희망 속에 기뻐하고 환난 중에 인내하십시오"(로마 12,12)라고 쓰여 있습니다. 새 생명은 믿음으로 시작하고 희망으로 유지되며, 그러면 "승리가 죽음을 삼켜 버렸다"(1코린 15,54)고 말할 수 있는 때가 올 것입니다. 그때엔 원수인 죽음이 마침내 파멸할 것이며(1코린 15,26 참조) 우리는 변화하여 천사들처럼 될 것입니다. 바오로 사도는 "우리 모두가 되살아나겠지만 모두가 변화하는 것은 아닙니다"(1코린 15,51)라고 합니다.[22] 그리고 주님께서는 '[사람]들은 하느님의 천사들과 같아질 것이다'(루카 20,36 참조)라고 하셨습니다. 지금은 우리가 믿음으로 두려움을 억누르고 있지만 그때에는 [하느님을] 뵘으로써 사랑 안에서 두려움을 극복할 것입니다. "우리가 이 몸 안에 살고 주님에게서 떠나 있는 동안에는 보이는 것이 아니라 믿음으로

[19] FC 16,222*.

[20] FC 11,345-46*.

[21] 앞 단락에서 아우구스티누스는 우리가 이승에서 자주 만나는 역경들에 대해 이야기하며, 우리는 다음 생에서 얻을 위안을 인내롭게 기다려야 한다고 강조했다.

[22] 불가타 본문 번역이다.

살아가기 때문입니다"(2코린 5,6-7).

• 아우구스티누스 『서간집』 55.[23]

94,20 하느님께서 죄를 지은 이들에게 분노를 보이시는 것은 자비다

하느님의 법을 지키려면 노력이 필요하다

"당신의 법규 때문에 수고하는 이."[24] 잠자고 있는 동안에는 아무도 화관을 받지 못하며, 하늘 나라를 차지했다고 안심할 수 있는 이는 아무도 없습니다. 배가 잔뜩 불러 있는 자가 단식에 대하여 설교할 수는 없는 노릇입니다.[25] 이제 여러분은 "당신의 법규 때문에 수고하는 이"라는 구절의 의미를 파악했을 것입니다. 주님의 모든 명령은 우리의 수고를 요구합니다. 노력과 수고 없이 우리는 하늘 나라를 차지할 수 없습니다. 이유가 무엇인지 알고 싶습니까? "네가 완전한 사람이 되려거든, 가서 너의 재산을 팔아 가난한 이들에게 주어라. 그리고 와서 나를 따라라"(마태 19,21). 다시 말해, 하늘 나라에 도달하고 싶은 사람은 밤이나 낮이나 기도해야 합니다. 깨어 지켜야 합니다. 단식해야 합니다. 깃털이나 비단 침구가 아니라 골풀로 엮은 침상에서 자야 합니다. 참회는 안락이나 사치와는 거리가 멉니다. [참회하는 이는] "저는 재를 빵처럼 먹고 마실 것에 제 눈물을 섞습니다"(시편 102,10)[라고 말합니다].

• 히에로니무스 『시편 강해집』 22.[26]

고난의 교훈

하지만 저는 가엾게도 갈수록 몸이 달아 당신을 저버린 채로 덧없는 제 충동을 따랐을 뿐입니다. 당신께서 세우신 적법한 한계를 모조리 어겨 당신의 채찍을 피하지 못하였습니다. 죽을 인간 어느 누가 피할 수 있겠습니까? 당신께서는 늘 제 곁에서 자비와 노기를 동시에 보이시며, 무법한 저의 온갖 쾌락에다 쓰디쓴 고통을 뿌리심으로써 제가 고통이 따르지 않는 다른 쾌락들을 찾아 나서게 이끄셨습니다. 주님, 당신은 제가 그것들을 다른 그 어디도 아닌 당신에게서 찾아내기 바라셨습니다. 당신께서는 고통을 주심으로써 우리를 가르치시고, 우리를 고쳐 주시려고 우리를 치시며(신명 32,39 참조), 우리가 당신 없이 죽는 일이 없게 하시려고 우리를 죽이시는 것입니다.

• 아우구스티누스 『고백록』 2,2.[27]

---

[23] FC 12,281-82*.

[24] 히에로니무스 『서간집』 133,7 참조. 이 강론 앞부분에서 히에로니무스는 하느님의 뜻에 복종하려면, 곧 굶주리는 이들에게 먹을 것을 주거나 목마른 이들에게 마실 것을 주는 것, 또는 자신의 죄를 회개하는 데에는 노력이 필요하다고 강조한 바 있다.

[25] 히에로니무스 『서간집』 52,7 참조.

[26] FC 48,180-81.

[27] AC 44.

95,1-11 주님께 경배드리세

[1] 와서 주님께 환호하세.
우리 구원의 바위 앞에서 환성 올리세.
[2] 감사드리며 그분 앞으로 나아가세.
노래하며 그분께 환성 올리세.
[3] 주님은 위대하신 하느님
모든 신들 위에 위대하신 임금님.
[4] 땅 깊은 곳들도 그분 손안에 있고
산봉우리들도 그분 것이네.↗

⁵ 바다도 그분 것, 몸소 만드시었네.
마른땅도 그분 손수 빚으시었네.
6 들어가 몸을 굽혀 경배드리세.
우리를 만드신 주님 앞에 무릎 꿇으세.
7 그분은 우리의 하느님
우리는 그분 목장의 백성
그분 손수 이끄시는 양 떼로세.
아, 오늘 너희가 그분의 소리에
귀를 기울인다면!
8 "너희는 마음을 완고하게 하지 마라,
므리바에서처럼
광야에서, 마싸의 그날처럼.
9 거기에서 너희 조상들은 내가 한 일을
보고서도
나를 시험하고 나를 떠보았다.
10 사십 년 동안 그 세대에 진저리가 나서
나는 말하였노라.
'마음이 빗나간 백성이다.
그들은 내 길을 깨닫지 못하였다.'
11 그리하여 나는 분노하며 맹세하였노라.
'그들은 내 안식처에 들지 못하리라.'"

둘러보기

세상을 당신 손에 쥔 그리스도께서 우리를 위해 견디신 일을 생각해 본다면, 필요할 경우 우리는 생명을 걸고 기꺼이 그분을 받들어야 한다(히에로니무스). 생식의 자연법칙이 하느님 없이 이루어지는 것처럼 보일지라도, 모든 인간은 하느님에 의해 창조된다. 우리 자신을 하느님 위에 올려놓으려 애쓰는 대신 우리는 그분을 섬겨야 한다. 그분만이 치유하시고 구원하시고 우리를 재창조하실 수 있기 때문이다(아우구스티누스).

한동안 죄를 더 짓기 위해 회개를 미룬다면, 참회하여 용서받기 전에 죽을지 모르는 위험이 있다(풀겐티우스). 이스라엘은 사십 년 동안 광야를 떠도는 동안 하느님에게서 멀어지고 그분을 거스르는 죄를 지었다. 그러나 하느님께서는 여전히 그들과 함께 계시며 그들에게 축복하셨다(요한 크리소스토무스). 하느님께서는 신실한 이들에게는 영원한 안식의 보상을 내리시지만 사악한 자들에게는 그러한 보상을 내리시지 않을 것이다(암브로시우스).

95,4-5 세상은 하느님의 것

우리는 어떻게 하느님의 은혜를 갚을 수 있겠는가

우리의 구원을 위하여 하느님의 아드님께서 사람의 아들이 되셨습니다. 그분께서는 아홉 달을 태 안에서 기다리시며 더할 수 없이 역겨운 상태를 거치시고는 피로 뒤덮인 채 나오셨고, 누더기에 감싸인 채 품에 안기셨습니다. '세상을 당신 손안에 쥐신 분'께서 조그만 구유에 담기십니다. 그분께서 당신 부모의 가난함에 만족하며 무명의 존재로 사신 삼십 년에 대해서는 말하지 않겠습니다. 그분은 채찍을 맞으실 때 평온을 유지하시며, 십자가에 못 박히실 때는 처형자들을 위해 기도하십니다. "나 무엇으로 주님께 갚으리오? 내게 베푸신 그 모든 은혜를. 구원의 잔을 들고서 주님의 이름을 받들어 부르네. 당신께 성실한 이들의 죽음이 주님의 눈에는 소중하네"(시편 116,12-13.15). 우리가 그분에게 해 드릴 수 있는 유일하게 마땅한 보답은 피에 대해 피를 바치는 것입니다. 우리가 그리스도의 피로 구원을 받았으니 우리 구원자를 위하여 기꺼이 우리의 목숨을 바치는 것입니다. 먼저 경기에 참가하지 않고 화관을 받은 성인이 어디 있습니까? 의로운 아벨은 살해당합니다. 아브라함은 아내를 잃을 위험에 처합니다. 제가 과도하게 긴 책을 써서는 안 될 일이니 당신 스스로 찾아보십시오. 모든 거룩한 사람들은 역경을 겪었다는 것을 당신은 발견하게 될 것입니다. 솔로몬만이 호화롭게 살았습니다. 그리고 아마도 그것이 그가 타락한 이유일 것입니다. "주님께서는 사랑하시는 이를 훈육하시고 아들로 인정하시는 모든 이를 채찍질하신다"(히브 12,6)고 하기 때문입니다. 무엇이 최상입니까? 짧은 시간 동안 싸우고, 울타리를 쌓을 말뚝들을 지고 가고, 무기를 들고, 무거운 방패 아래서 실신하여서 이후로 영원히 승리자의 기쁨을 누리는 것입니까? 아니면, 단 한 시간을 견디지 못해서 영원히 종이 되는 것입니까?(마태 26,40 참조).

• 히에로니무스 『서간집』 22,39.[1]

### 95,6 몸을 굽혀 하느님께 경배드리세

#### 하느님께서는 우리를 만드셨고 보호하신다

나는 이것[2]이 성령께서 다음 시편 구절을 우리에게 떠올려 주시며 가장 주목하신 점이라고 생각하지는 않습니다. "우리를 만드신 주님 앞에서 눈물 흘리세"(시편 94,6 칠십인역, 불가타). 시편은 다른 곳에서는 이렇게 말합니다. "그분께서 우리를 만드셨으니 우리는 그분의 것"(시편 100,3). 앞에서도 말씀드렸듯이, 이는 어느 그리스도인도 의심하지 않는 사실입니다. 하느님은 모든 인간이 유래한 첫 번째 인간을 창조하셨기 때문만이 아니라, 오늘날에도 각 사람을 창조하시기 때문입니다. 그분께서는 당신께 충실한 이들 가운데 하나에게 이렇게 말씀하신 바 있습니다. "모태에서 너를 빚기 전에 나는 너를 알았다"(예레 1,5). 그러니까 그분께서는 맨 처음엔 다른 사람들 없이 사람들을 창조하셨고 지금은 사람들로부터 사람들을 창조하십니다. 그렇지만 사람들 없이 사람들[을 창조하는 것]이건 사람들로부터 사람들[을 창조하는 것]이건, 우리를 만드신 것은 그분이시지 우리 자신이 아닙니다(시편 100,3 참조).

그러니 단순하면서도 가장 먼저 떠오르는, 그러면서도 진실된 이 구절의 의미는 당연히 이것입니다. "형제들이여, 그분께 경배드리세. 주님 앞에 엎드려 우리를 만드신 그분께 큰 소리로 외치세." 우리를 만드신 그분께서는 이제 와서 우리를 버리지 않으십니다. 결국 우리를 저버리시려고 우리를 짓는 수고를 하신 것이 아닙니다. "우리를 만드신 주님 앞에서 경배드리세"라고 하는 것은 우리가 그분께서 우리를 만드셨을 때 그분께 경배하지 않았기 때문입니다. 그럼에도 그분께서는 우리를 만드셨습니다. 그러니 우리가 당신을 경배하기 전에 우리를 만드신 분께서 우리가 당신을 경배할 때에 우리를 버리시겠습니까? 자신의 기도를 그분께서 들으시는지 의심하는 사람에게 성경은 이런 말로 그를 안심시켜 줍니다. "우리를 만드신 주님 앞에서 큰 소리로 외치세." 그분께서는 당신께서 만드신 이들의 말에 당연히 귀 기울이십니다. 그분께서 당신께서 만드신 이들을 보살피지 않으실 리 없습니다.

• 아우구스티누스 『설교집』 26,1.[3]

#### 하느님 앞에 몸을 굽히세

절망하지 마십시오. 당신은 아픕니다. 그분께

[1] NPNF 2,6,40*.

[2] 하느님께서 당신 모습대로 인간을 창조하셨다는, 지각 있는 인간이라면 결코 의심하지 않을 사실을 가리킨다.

[3] *WSA* 3,2,93-94.

다가가 치유받으십시오.[4] 당신은 눈멀었습니다. 그분께 다가가 빛을 받으십시오(시편 34,6 참조). 여러분 가운데 건강한 이들은 건강에 대해 그분께 감사를 드리십시오. 여러분 가운데 아픈 이들은 그분께 달려가 치유받으십시오. 여러분 모두, 이렇게 말하십시오. "그분 앞에서 몸을 굽혀 경배드리세. 우리를 만드신 주님 앞에서 눈물 흘리세." 그분은 우리 인간을 만드시고 구원하셨습니다. 우리 인간을 만드신 것이 그분이고 우리가 우리 자신을 구원했다면, 우리가 그분이 하신 것보다 더 훌륭한 일을 했다는 뜻이 됩니다. 구원받은 인간이 구원받지 않은 인간보다 훌륭한 존재이니까요. 그러니까 하느님이 여러분을 인간으로 만드셨고, 여러분 스스로 훌륭한 인간이 되었다면, 여러분이 만든 것이 더 훌륭합니다. 여러분 자신을 하느님보다 높이 들어 올리지 마십시오. 하느님께 복종하십시오. 그분께 경배하고 그분 앞에 엎드리며, 당신을 만드신 분께 고백하십시오. 창조하시는 분만이 재창조도 할 수 있습니다. 여러분을 새롭게 만들 수 있는 이는 애초에 여러분을 만드신 분밖에 없습니다.

• 아우구스티누스 『설교집』 176,5.[5]

### 95,7-8 너희는 마음을 완고하게 하지 마라

#### 회개를 미룰 때의 위험

실로 아무도 미래에 하느님의 자비를 입으리라 기대하고서 자신의 죄 안에서 더 오랜 시간을 지체해서는 안 됩니다. 미래에 건강을 얻으리라는 희망 때문에 아픈 육체 속에서 더 오래 살고 싶어 하는 사람은 아무도 없습니다. 죄와 악덕을 버리기를 거부하고 하느님의 용서를 스스로 약속하는 이들에게는 하느님의 급작스러운 분노가 미리 닥치는 경우가 많습니다. 그러면 그들에게는 회개를 위한 시간도, 용서의 축복도 주어지지 않습니다. 그래서 성경은 우리 모두에게 자비롭게 경고합니다. "주님께 돌아가기를 미루지 말고 하루하루 늦추려 하지 마라. 정녕 주님의 분노가 갑자기 들이닥쳐 너는 징벌의 날에 완전히 망하리라"(집회 5,7). 복된 다윗도 이렇게 말합니다. "아, 오늘 너희가 그분의 소리에 귀를 기울인다면! 너희는 마음을 완고하게 하지 마라." 복된 바오로 사도도 우리가 죄 안에서 계속 살면 안 된다며 이렇게 말합니다. "형제 여러분, 여러분 가운데에는 믿지 않는 악한 마음을 품고서 살아 계신 하느님을 저버리는 사람이 없도록 조심하십시오. '오늘'이라는 말이 들리는 한 여러분은 날마다 서로 격려하여, 죄의 속임수에 넘어가 완고해지는 사람이 하나도 없도록 하십시오"(히브 3,12-13).

• 루스페의 풀겐티우스
『신앙에 관해 페트루스에게』 3,40.[6]

### 95,10-11 마음이 빗나간 백성이 받는 벌

#### 이스라엘이 자비를 누린 사십 년

예언자가 하느님의 입이 되어 여러분에게 이렇게 말하지 않습니까? "사십 년 동안 그 세대에 진저리가 나서 나는 말하였노라. '마음이 빗나간 백성이다.'"[7] 그런데 그런 백성인데도 하느님께서는 어째서 여러분에게서 돌아서지 않으신 것입니까? 여러분이 자기 자식들을 죽이고, 우상 숭배를 저지르고, 온갖 거만한 짓을 하고, 감사라고는 모르는 배은망덕을 저질렀는데도 하느님께서 위대한 모세를 여러분 가운데에 예언자로

[4] 아우구스티누스는 앞 단락에서 예수 그리스도를 '유능한 의사'로 묘사하였다.

[5] *WSA* 3,5,275*.

[6] FC 95,85*.

[7] 이스라엘 민족이 시나이광야에서 사십 년을 헤매는 동안 저지른 배교, 우상 숭배 같은 죄들을 지적하는 말이다.

세워 주시어 그가 놀랍고 기적 같은 일을 일으키도록 허락하신 이유가 무엇입니까? 어떤 인간에게도 일어난 적 없는 일이 여러분에게 일어났습니다. 지붕 대신 구름이 머리 위에서 여러분을 가려 주었고, 등불 대신 기둥이 여러분을 인도했으며, 여러분의 원수들이 스스로 물러났고, 전투의 함성을 지르기 시작하자마자 도성들이 함락되었습니다. 여러분에게는 무기도 필요 없었고, 전열을 정비할 필요도 없었으며, 전투를 하지 않아도 되었습니다. 여러분은 나팔만 불면 되었습니다. 그 소리에 성벽들이 저절로 무너져 내렸습니다. 그리고 여러분에게는 예언자가 이렇게 말한 신기하고 놀라운 양식도 주어졌습니다. "[하느님께서는] 하늘의 곡식을 그들에게 주셨다. 천사들의 빵을 사람이 먹었다. 그들에게 음식을 배부르도록 보내셨다"(시편 78,24-25).

• 요한 크리소스토무스 『유대인 반박』 6,2,7.[8]

악인들은 하느님의 안식처에 들지 못하리라

사람들이여, 여러분에게 주어진 그리스도의 은총을 보십시오. 땅에서 여러분은 괴롭힘을 당하지만, 여러분은 하늘에 소유물을 두고 있습니다. 여러분의 소유물이 있는 그곳에 여러분의 마음도 가 있게 하십시오. 이것은 의로운 이들에게는 마땅히 주어지고 자격 없는 이들에게는 결코 주어지지 않을 안식입니다. 그래서 주님께서는 이렇게 말씀하십니다. "나는 분노하여 맹세하였노라. '그들은 내 안식처에 들지 못하리라.'" 주님의 길을 깨닫지 못한 이들은 주님의 안식처에 들어가지 못할 것이기 때문입니다. 그러나 훌륭히 잘 싸워 경기를 끝낸 이들은 "너는 이제 안식을 취하여라"라는 말씀을 듣습니다. 세상의 것들을 지나쳐 세상 위에 있는 천상 신비들에 참여하여 쉬는 것은 복된 안식입니다. 이것이 예언자가 "내가 비둘기처럼 날개를 지녔다면 날아가 쉬련마는"(시편 55,7) 하고 말하며 서둘러 도달하고 싶어 한 안식입니다. 거룩한 이는 자신의 안식이 하늘에 있다는 것을 알며, 자신의 영혼은 그리로 눈을 돌려야 한다고 말합니다. 이것이 위대한 안식일의 안식입니다. 그 안식 안에 있는 성도들은 모두가 세상의 감각적인 것들 위에 있으며, 그들은 심오하여 눈에 보이지 않는 신비에 온 마음을 기울이며 하느님께 꼭 붙어 있습니다. 이것이 하느님께서 당신의 세상을 짓는 모든 일을 그치시고 쉬신 그 안식일의 안식입니다.

• 암브로시우스 『테오도시우스의 죽음』 29.[9]

[8] FC 68,153.

[9] FC 22,320*.

### 96,1-13 하느님을 찬양하라고 만물을 부르는 노래

1 주님께 노래하여라, 새로운 노래를.
주님께 노래하여라, 온 세상아.
2 주님께 노래하여라, 그 이름을 찬미하여라.
나날이 선포하여라, 그분의 구원을.
3 전하여라, 겨레들에게 그분의 영광을
모든 민족들에게 그분의 기적들을.
4 주님은 위대하시고 드높이 찬양받으실 분
모든 신들 위에 경외로우신 분이시다.
5 민족들의 신들은 모두 헛것이어도
주님께서는 하늘을 만드셨네.
6 엄위와 존귀가 그분 앞에,
권능과 영화가 그분 성소에 있네.⤴

7 주님께 드려라, 뭇 민족의 가문들아.
주님께 드려라, 영광과 권능을.
8 주님께 드려라, 그 이름의 영광을.
제물을 들고 그분 앞뜰로 들어가라.
9 거룩한 차림을 하고 주님께 경배하여라.
온 세상아, 그분 앞에서 무서워 떨어라.
10 겨레들에게 말하여라.
"주님은 임금이시다.
정녕 누리는 굳게 세워져 흔들리지 않고
그분께서는 민족들을
올바르게 심판하신다."
11 하늘은 기뻐하고 땅은 즐거워하며
바다와 그 안에 가득 찬 것들은 소리쳐라.
12 들과 거기 있는 것들도 모두 기뻐 뛰고
숲의 나무들도 모두 환호하여라.
13 주님 앞에서 환호하여라.
그분께서 오신다, 세상을 다스리러
그분께서 오신다.
그분께서 누리를 의롭게,
민족들을 성실하게 다스리시리라.

둘러보기

시편 저자가 장차 오시리라고 예고한 그리스도께서 모든 백성에게 구원을 가져오시고 의로움 안에서 세상을 심판하실 것이다(에우세비우스). 신자들은 하느님께서 짓고 계시는 새 건물인 교회의 구성원들이며, 그들은 영원한 생명으로 부활하여 봉헌될 때에 주님께 새 노래를 불러 바칠 것이다. 교회는 노래하고 믿고 희망하고 사랑하며 그리스도를 자기 마음속에 품고 있는 사람들로 이루어져 있다. 이단자들은 참된 교회에서 떨어져 나가 사랑의 원수들이 되었으므로 교회의 전례 생활에서 배제된다. 성전 재건은 교회의 탄생을 예고하며, 특히 하느님께서 세례 받은 사람들의 삶 안에 당신 성령의 성전을 세우심을 예고한다(아우구스티누스). 성령은 사람들이 구원의 신비를 이해하고 그에 대해 하느님을 찬양할 수 있게 해 준다(유스티누스). 아담의 죄는 모든 인간을 악마의 종이 되게 만들었으며 그로 인해 구원자가 필요하게 되었다(아우구스티누스). 동정녀에게서 나신 그리스도께서는 시간이 존재하기 전부터 계셨으며 영원한 구원의 날이 도래했음을 알리신다(베다). "날에게서 나신 날"이라는 표현은 그리스도께서 아버지에게서 나심을 예고한다(아우구스티누스).

참된 하느님이 아닌 존재를 '신'이라는 단어로 표현할 때에는 반드시 '그들의'나 '이교인들의'라는 수식어를 붙여서 사용해야 한다(테르툴리아누스). 이교인들이 신으로 섬기는 마귀들은 하느님에게서 떨어져 나간 존재들이며 따라서 참된 신자들은 이것들을 섬겨서는 안 된다(오리게네스). 성경은 이교인들이 섬기는 신적 존재들을 가리킬 때 '신'이라는 단어를 사용하지만, 거룩함이나 영원 같은 개념은 참된 하느님에게만 국한해서 사용한다(바실리우스). 하느님께서는 당신 말고는 아무에게도, 이교의 신들은 물론이고 하늘의 정령들에게도 제물을 바치는 것을 금하신다(아우구스티누스). 하느님께서는 유대인들에게만 아니라 이방인들에게도 당신을 섬기고 제물을 바치라고 명하신다(에우세비우스). 다윗은 그리스도께서 십자가에 못 박히시리라는 것을 예언했는데, 메시아가 나무 위에서 다스리실 것이라는 다윗의 말이 그것이다(유스티누스, 테르툴리아누스).

우리는 자연을 의인화시켜 이야기하지만, 자연은 무생물이다(다마스쿠스의 요한).

## 96,1-3 주님께 노래하여라, 새로운 노래를

### 새로운 노래가 이방인들에게 주어질 것이다

시편 제95편(칠십인역)에서 또다시 주님의 오심이 예고됩니다. 그리고 그분께서 오실 때, 새로운 계약을 의미하는 새 노래가 유대인들에 의해서가 아니라 온 땅에서 불릴 것이라고 합니다. 이제 기쁜 소식은 더 이상 이스라엘을 위한 것이 아니라 모든 민족들을 위한 것이 될 것입니다. 장차 오실 주님이 그들의 임금님이 되시리라고 여기서 말하고 있기 때문입니다. 이분이 말씀이신 하느님 아니고 누구겠습니까? 의로움 안에서 세상을, 진리 안에서 인류를 심판하실 분이시며, 세상의 모든 사람들이 당신의 부르심을, 그리고 결과적으로 하느님의 구원을 받을 자격이 있다고 여기시는 분 말입니다.

• 카이사리아의 에우세비우스 『복음의 논증』 6,5.[1]

### 믿는 이들이 봉헌될 때

[교회에 의해] 태어남으로써 얼마나 많은 이들이 합류했습니까? 얼마나 많은 지체들이 머리에 달라붙었고 지금도 붙어 있습니까?[2] 이들은 세례를 받았고 앞으로 다른 이들이 또 세례를 받을 것이며, 우리 뒤에는 다른 이들이 또 뒤따를 것입니다. 그러다 세상 종말 때에 돌들이 기초에, 곧 살아 있는 돌들, 거룩한 돌들에 결합될 것이고 그리하여 세상 종말 때에 그 교회로부터 건물 전체가 지어질 것입니다. 그 집이 지어지는 동안, 지금 새 노래를 부르고 있는 이 교회로부터 실로 [그 일이 이루어질 것입니다]. 이것이 바로 "포로 생활 이후에 집이 다시 지어질 때"라는 시편 구절이 의미하는 바입니다.[3] 그러면서 이 시편은 뭐라고 합니까? "주님께 노래하여라, 새로운 노래를. 주님께 노래하여라, 온 세상아"라고 하지요. 이 얼마나 위대한 집입니까! 그 집은 언제 봉헌됩니까? 종말 때에요? 그 기초는 이미 봉헌되었습니다. 그분께서 하늘로 올라가시어 이제 다시는 돌아가시지 않으니까요. 우리도 다시 살아나서 다시는 죽지 않게 될 때, 곧 우리 역시 봉헌될 때에 [그 건물은 완성됩니다].

• 아우구스티누스 『설교집』 116,7.[4]

### 온 세상이 새로운 노래를 부를 때

문이 우리를 집 안으로 인도하듯이, 시편의 제목은 우리의 이해를 인도합니다. 이번 시편의 표제는 "포로 생활 이후에 집이 지어질 때"입니다. 어떤 집이냐고 물으십니까? 이 시편이 곧바로 알려줍니다. "주님께 노래하여라, 새로운 노래를. 주님께 노래하여라, 온 세상아." 네, 이것이 그 집입니다. 온 세상이 새 노래를 할 때, 그 세상은 하느님의 집입니다. 그 집은 노래하는 행위로 지어지고, 그 기초들은 믿고 있으며, 그것은 희망으로 세워지고, 사랑으로 완성됩니다. 그래서 그 집은 지금 지어지고 있지만 완성되어 봉헌되는 것은 세상 종말 때입니다. 그러니 살아 있는 돌들은 모여 와서 새 노래를 부르라고 하십시오. 모두 한데 모여와 서로 아름답게 엮이고 짜여 하느님의 성전이라는 천을 완성하라 하십시오. 자신들의 구원자를 알아보고 그분을 자기 안의 주인으로 맞아들이라 하십시오.

• 아우구스티누스 『설교집』 27,1.[5]

---

[1] *POG* 2,6*.

[2] 비로 앞에서 아우구스티누스는 "순교자들의 피로부터 자색옷을 입은 신부가 주님께 태어나게 하십니다"라고 말했는데, 이는 순교자들의 피가 교회의 씨앗이라고 한 테르툴리아누스의 해석(『호교론』 50,13)을 염두에 둔 발언이다.

[3] 시편 제96편은 사람들이 방금 노래한 시편 구절에 대한 답창으로 간주되어 왔다. "집이 다시 지어질 때"는 칠십인역 시편 제95편의 제목이고, 따라서 아우구스티누스가 사용한 라틴어 성경 시편 제95편의 제목이기도 하다.

[4] *WSA* 3,4,207.

### 이단자들은 주님께 새 노래를 부를 자격이 없다

재세례를 시행하는 도나투스파[6]들은 자신들이 새 노래에 속해 있다 생각해서는 안 됩니다. 하느님께서 온 땅에 생겨나기 바라신 교회로부터 스스로 갈라져 나간 그들의 말할 수 없는 불경을 생각할 때, 그들은 새 노래를 부를 자격이 없습니다. 이 예언자는 또 다른 곳에서 이렇게 말합니다. "주님께 노래하여라, 새로운 노래를. 주님께 노래하여라, 온 세상아." 그러므로 온 세상과 더불어 노래하기를 거부하고 그 늙은이[7]에게서 떨어져 나오지 않는 이는 누구나 새 노래를 부를 수 없으며 열 가닥짜리 수금을 연주할 수 없습니다. 그자는, 하느님과 이웃 사랑을 이야기하는 십계명의 핵심이며 율법의 완성인 자애의 원수이기 때문입니다.

• 아우구스티누스 『설교집』 33,5.[8]

### 예루살렘에 재건된 성전은 그리스도교의 교회를 예시한다

그렇다면 세례 받은 이들은 그들 안에서, 다시 말해, 처음엔 지어지고 종말에 봉헌될 하느님의 성전 안에서 할 일이 있습니다. 그 성전은 이 시편의 제목이 알려 주듯, 유배 이후에 지어집니다. 그들을 포로로 잡아갔던 원수가 쫓겨난 뒤이지요. 시편들의 순서를 보면 주목할 만한 점이 있습니다. 집의 봉헌에 관한 시편이 집을 짓는 것에 관한 시편보다 번호가 먼저입니다. 봉헌 시편이 먼저 옵니다. 시편 저자가 그 집의 설계자가 다음과 같이 말씀하신 집에 관해 노래하고 있기 때문입니다. "이 성전을 허물어라. 그러면 내가 사흘 안에 다시 세우겠다"(요한 2,19). 유배 이후에 집이 지어질 때를 이야기하는 뒤의 시편은 교회를 예고하였습니다. 더 나아가 이 시편의 표제는 이렇습니다. "주님께 노래하여라, 새로운 노래를. 주님께 노래하여라, 온 세상아." 세례 받은 사람은 이미 완벽하다고 생각하는 어리석은 사람은 없어야 할 것입니다. "하느님의 성전은 거룩하기 때문입니다. 여러분이 바로 하느님의 성전입니다"(1코린 3,17), 또는 "여러분이 하느님의 성전이고 하느님의 영께서 여러분 안에 계시다는 사실을 여러분은 모릅니까?"(1코린 3,16) 같은 말씀이 있다는 이유만으로 그렇게 [자기가 거룩하다고] 믿어서는 안 됩니다.

• 아우구스티누스 『율리아누스 반박』 6,14,42.[9]

### 구원을 가져오신 주님을 찬양하고 찬미하여라

트리폰[10]은 이렇게 말하였습니다. "그대(유스티누스)는 우리의 요청에 우리를 위하여 그 구절들을 인용하였소. 그러나 그대가 방금 제시한 다윗의 시편은 하늘과 땅을 창조하신 아버지의 시각에서 발설된 말씀으로 보이오. 그런데 그대는 그것이 고통을 겪은 이, 메시아라고 입증하려고 그대가 안달이 나 있는 그 사람을 가리키는 노래라고 우기고 있소."

나(유스티누스)는 이렇게 항변하였습니다. "성령께서 이 시편에서 발설하신 말씀을 내가 다시 읊어 드릴 테니, 그대는 내가 악의로 말하지 않았으며 진리의 측면에서 그대가 속은 것도 아님을 깨닫기 바랍니다." 나아가 여러분 자신도 홀로 잘 생각해 본다면 이처럼 성령의 다른 많은

[5] *WSA* 3,2,104.

[6] 성직자들의 순수성을 주창한 4세기의 이단으로, 배교했거나 도나투스파가 아닌 성직자들한테 세례 받은 이들은 다시 세례 받아야 한다고 주장했다.

[7] 아담을 가리킨다(1코린 15,47 참조).

[8] *WSA* 3,2,156-57.

[9] FC 35,349*.

[10] 순교자 유스티누스가 유대교 신앙을 반박하고 그리스도 신앙의 진리를 옹호하는 논증의 상대자인 유대인 친구의 이름이다. 유스티누스는 유대교의 교사들이 시편 96,10에서 "나무 위에서"라는 구절을 비롯하여 성경 여러 곳에서 중요한 구절을 빼놓았다고 주장했다.

말씀들의 의미를 파악할 수 있게 될 것입니다. "주님께 노래하여라, 그 이름 찬미하여라. 나날이 선포하여라, 그분의 구원을. 전하여라, 모든 민족들에게 그분의 기적들을." 성령께서는 이 말씀들로 이 구원의 신비[인간 구원의 방편이었던 그리스도의 수난]를 아는 지구의 모든 거주자들에게 만물의 아버지를 노래하며 쉼 없이 찬미하라고 명령하십니다. 그들은 그분께서 우리가 두려워하며 동시에 찬미해야 할 분이시며 하늘과 땅의 창조주이심을 알고 있기에 당연히 그리해야 합니다. 인류를 속량하신 그리스도께서는 십자가에서 돌아가신 뒤, 온 세상을 다스릴 자격이 있다고 그분[아버지]께 인정받으셨습니다. 또한 …[11] "[이스라엘] 백성은 저 땅으로 들어가, 거기에서 … 그들은 나를 저버리고 내가 그날에 그들과 맺은 계약을 깨뜨릴 것이다. 나는 그들을 저버리고, 그들에게서 내 얼굴을 감추어 버릴 것이다. 그러면 그들은 남의 먹이가 되고 많은 재앙과 고난이 그들을 덮칠 것이다. 그날에 그들은, '주 나의 하느님께서 우리 가운데에 계시지 않기 때문에 이 재앙들이 우리를 덮친 것이 아닌가?' 하고 말할 것이다. 그러나 그들이 다른 신들에게 돌아서서 저지른 모든 악행 때문에, 나는 그날 나의 얼굴을 기어이 감추어 버리겠다"(신명 31,16-18).

• 순교자 유스티누스 『유대인 트리폰과의 대화』 74.[12]

### 인간은 죄로 말미암아 포로가 되었다

우리는 그 집이 무엇인지에 대하여 이야기하였습니다. 이제 그것이 어떤 "유배"[13] 뒤에 일어난 일인지에 대해 이야기해야 합니다. 이 시편은 이에 대해서도[14] 알려 줍니다. 조금 더 읽어 봅시다. "주님께 노래하여라, 새로운 노래를. 주님께 노래하여라, 온 세상아. 주님께 노래하여라, 그 이름을 찬미하여라. 나날이 선포하여라, 그분 구원의 기쁜 소식을. 선포하여라, 민족들에게 그분의 기적들을, 모든 겨레에게 그분의 영광을. 민족들의 모든 신들은 악마이기에." 네, 역시 이것입니다. 그 집이 포로가 되었던 것은 바로 이것 아래에서였습니다. 첫 번째 인간의 첫 번째 잘못으로 인하여 죄의 족쇄를 차고 태어나는 모든 인류는 그들을 정복한 악마의 소유물이었습니다. 그런데 사실 우리가 포로가 아니었더라면 우리에겐 구원자가 필요하지도 않았을 것입니다.

• 아우구스티누스 『설교집』 27,2.[15]

### 예고된 그리스도의 탄생

"오늘 너희를 위하여 다윗 고을에서 구원자가 태어나셨으니, 주 그리스도이시다"(루카 2,11). [천사가] "오늘밤 [구원자가] 태어나셨다"고 하지 않고 "오늘 태어나셨다"고 한 것은 적절한 말이었습니다. 그분께서는 밤에 깨어 지키던 이들에게 천상 빛과 함께 나타나시어 '날', 곧 시편이 이렇게 예고한 분께서 태어나셨다는 기쁜 소식을 전해 주셨기 때문입니다. "선포하여라, 그분의 구원을, 날에서 난 날." 여기서 "날에서 난 날"은 하느님의 구원, 곧 주 예수님입니다. 시간 안에서 동정녀 어머니에게서 인간의 모습으로 다윗의 고을에 나타나신 그분은 시간 이전에 빛에서 나신 빛으로서, 참하느님에게서 나신 참하느님으로서, 어떠한 공간적 한계에도 제한되지 않는 분으로 스스로 나셨기 때문입니다. 그런즉 죽음의 그늘 아래 사는 이들에게 생명의 빛이

---

[11] 이 부분의 본문 일부가 소실되었는데, 어느 정도 분량인지 확실치 않다.

[12] FC 6,266-67*. [13] 바빌론 유배를 말한다.

[14] 앞에서 아우구스티누스는 이스라엘 백성이 유배에서 돌아온 뒤 세운 두 번째 성전에 주의를 돌리며, 하느님의 집은 노래로 지어진다고 말한 바 있다.

[15] *WSA* 3,2,104.

떠오른 까닭에 그 떠오름을 알리는 말씀이 "오늘 너희를 위하여 다윗 고을에서 구원자가 태어나셨다"(루카 2,11)는 것입니다. 그러므로 우리는 언제나 이 말씀을 새기며, 눈멂 속에 지내던 오랜 밤이 지나갔으며 영원한 구원의 날이 가까이 왔다는 사실을 기억하고 "어둠의 행실을 벗어 버리고"(로마 13,12) 빛의 자녀답게 살아갑시다. [바오로] 사도가 또 말하듯이, '빛의 열매는 모든 정의와 거룩함 안에 있기'(에페 5,8-9 참조) 때문입니다.

• 존자 베다 『복음서 강해』 1,6.[16]

그리스도가 '영원한 날'이시다

그래서 우리는 시편 저자의 목소리를 들으면 하늘의 나팔 소리를 듣는 듯이[17] 자연스레 마음이 뛰지 않습니까? 그는 이렇게 말합니다. "주님께 노래하여라, 새로운 노래를. 주님께 노래하여라, 온 세상아. 주님께 노래하여라, 그 이름을 찬미하여라." 그러니 우리는 오늘 육화하신 "날에게서 나신 날"을 알아보고 그분을 선포합시다. "날"은 영원한 '날'이신 아버지에게서 나신 아드님, 하느님에게서 나신 하느님, 빛에게서 나신 빛이십니다. 그분은 시편 저자가 또 다른 곳에서 다음과 같이 말한 우리의 구원이십니다. "하느님께서는 우리에게 자비를 베푸시고 강복하소서. 당신 얼굴을 우리에게 비추소서. 그리하여 세상에 당신의 길이, 만민에게 당신의 구원이 알려지게 하소서"(시편 67,1-2). 그는 "세상에"라는 구절에 표현된 의미를 "만민에게"로 넓혔고, "당신의 길"이 뜻하는 바를 "당신의 구원"이라는 표현으로 또 한 번 나타냅니다. 우리가 "나는 길이다"(요한 14,6)라는 주님 말씀을 떠올리게 만드는 구절이지요. 아주 최근에, 이 복음 구절이 봉독될 때, 우리는 삼중 축복을 받아 마땅한 노인 시메온이 그가 그리스도 주님을 뵙기 전에는, 그가 아기 그리스도를 품에 안고 그 위대하신 작은 분을 알아보고서는 "주님, 이제야 말씀하신 대로 당신 종을 평화로이 떠나게 해 주셨습니다. 제 눈이 당신의 구원을 본 것입니다"(루카 2,29-30)라고 말하게 되기 전에는 죽음을 맛보지 않으리라는 하느님의 약속을 받는 이야기를 들었습니다. 그러니 기쁘게 그분의 구원을, 영원한 '날'에게서 나신 이 '날'을 알립시다. "이방인들에게 그분의 영광을, 모든 겨레에게 그분의 기적을" 선포합시다. 그분은 구유에 누워 계시지만 그 손에는 세상을 쥐고 계십니다. 여인의 젖을 먹고 자라시지만 천사들을 먹이시는 분이십니다. 포대기에 감싸여 계시지만 불사의 옷을 입고 계십니다. 양육되고 계시지만 흠숭받으십니다. 여관에서 쉴 곳을 구하지는 못하셨지만 신자들의 가슴속에 당신의 성전을 세우셨습니다. 나약함이 강함이 되도록 힘이 나약함을 취한 것입니다. 그러니 우리는 그분의 인간적 탄생을 업신여기는 대신 오히려 경탄합시다. 우리는 거기에서, 그처럼 고귀하신 분께서 우리를 위하여 취하신 비천함을 배웁시다. 그리하여 우리가 그분의 영원한 날에 도달할 수 있도록 우리의 사랑을 불붙입시다.

• 아우구스티누스 『설교집』 190,3.[18]

96,5 모든 신들 위에 계신 하느님

'신들'이라는 단어로 표현할 때에는 반드시 수식어를 붙여서 사용해야 한다

네, 성경이 "다른 신들의 이름을 불러서는 안 된다. 그것을 입 밖에 내어 들리게 해서는 안 된다"(탈출 23,13)라고 말하는 것은 사실입니다. 이

[16] CS 110,61.

[17] 아우구스티누스는 이 설교를 수태고지 축일에 행했다.

[18] FC 38,26-27*.

말씀의 뜻은 우리가 그들을 '신'들로 불러서는 안 된다는 것입니다. 왜냐하면 율법의 첫 부분에서 "너는 주 너의 하느님의 이름을 부당하게 불러서는 안 된다", 곧 '신'이라는 이름을 우상에게 붙여서는 안 된다고 말하기 때문입니다. 따라서 누구든지 우상을 하느님의 이름으로 부르며 높이는 자는 우상 숭배에 빠진 것입니다. 만일 내가 '신'들을 언급해야만 하는 경우가 있다면, 나는 그들을 진정한 신으로 부른 것이 아님을 보여 줄 수 있도록 어떤 수식어를 덧붙여야만 합니다. 성경은 "신들"이라는 말을 사용하지만 "그들의"나 "이교인의"라는 말을 덧붙입니다. 예를 들어, 다윗은 "신들"이라는 단어를 사용할 때에 "민족들의 신들은 모두 헛것"이라고 말합니다.

• 테르툴리아누스 『우상 숭배』 20.[19]

#### 마귀들을 섬겨서는 안 된다

사악한 마귀들에 대해 이야기하는 것은 우리만이 아닙니다. 거의 모든 사람이 마귀의 존재를 인정하지요. 따라서 모든 이가 지극히 높으신 분의 율법을 지킨다는 것은 사실이 아닙니다. 부주의해서건 타락이나 악덕 때문이건 또는 올바른 것이 무엇인지 몰라서건 거룩한 법에서 떨어져 나간 모든 이는 하느님의 법을 지키는 대신 성경이 "죄의 법"(로마 7,25; 8,2)이라고 부르는 것을 따릅니다. 마귀들이 존재한다고 믿는 사람들 대부분은 이 마귀들 가운데 일부는 사악하고 그들은 하느님의 법을 지키지 않고 그것을 거스른다고 생각합니다. 그런데 우리의 믿음에 따르면, 마귀들은 모두 처음에는 마귀가 아니었는데 참된 길에서 떨어져 나감으로써 마귀가 되었습니다. 하느님으로부터 떨어져 나갔기 때문에 "마귀"라는 이름을 얻은 것입니다. 그러므로 하느님을 섬기는 이들은 마귀를 섬겨서는 안 됩니다. 어떤 일이 생기지 않도록 방지하려거나 아니면 갖가지 다른 목적 때문에 부적을 써서 마귀를 불러내는 사람들의 행태를 잘 생각해 보면 마귀들의 참된 본성을 알 수 있습니다. 이것이 주문을 외거나 마법을 사용하여 마귀들을 불러내서는 그것들을 시켜 자기들이 바라는 것을 이루게 하려는 자들이 채택하는 수단이기 때문입니다. 그러므로 마귀를 섬기는 모든 행위는 지극히 높으신 하느님을 섬기는 우리에게는 맞지 않습니다. 마귀를 섬기는 것은 신이라고 하는 것들을 섬기는 것입니다. "이교인들의 신들은 모두 마귀들"이기 때문입니다. 성전이건 조상이건 이른바 거룩한 장소들의 가장 이름 높은 것을 봉헌할 때에도 마법에서 사용되는 기이한 주문을 왼다는 사실에서도 이 점이 드러납니다. 마법을 행하며 마귀들을 열렬히 섬기는 자들이 그런 행동을 하지요. 그래서 우리는 죽음을 피하듯 마귀 숭배를 피하기로 확고히 마음먹었습니다. 그리스인들이 신전에서, 제단이나 형상들 앞에서 신들에게 바친다며 하는 예배는 실은 마귀들에게 바치는 것이라고 우리는 믿습니다.

• 오리게네스 『켈수스 반박』 7,69.[20]

#### 민족들의 신들은 모두 헛것이다

그러나 그들의 추론에 따라 그가[21] 아버지와 아들과 함께 '신성'을 공유한다고 볼 수 없을 만큼 몹시 중요하지 않은 존재라면, 하느님께 적용되는 다른 용어들도 그에게 쓸 수 없습니다. 이 용어들을 이 세 존재 각각 안에서 관찰되는 중요성에 따라 고찰해 볼 때, 그 가운데 '하느님'이라는 칭호에 맞갖지 않은 분은 아무도 없을 것입니

[19] LCC 5,106*.

[20] ANF 4,638-89.

[21] 성령을 가리킨다. 대 바실리우스는 이 편지에서 성령의 완전한 신성을 인정하지 않는 이들을 논박하고 있다.

다. 이에 대한 한 가지 증거는 이분들보다 못한 많은 존재들 역시 이 이름으로 불린다는 것입니다. 게다가 성경도 이 애매한 용어를 곧잘 사용합니다. 우상들을 "신"이라고 표현할 때처럼 앞뒤가 맞지 않는 경우도 있습니다. "하늘과 땅을 만들지 않은 저 신들은 땅에서 그리고 하늘 아래에서 사라질 것이다"(예레 10,11 참조). 또 이렇게 말하기도 합니다. "민족들의 신들은 모두 헛것이다." 그리고 사울의 요청으로 마법을 사용하여 영혼들을 불러낸 마녀는 자기가 신들을 보았다고 말했습니다(1사무 28,13 참조). 그리고 성경에 점쟁이며 예언자라고 묘사되는 발라암도 요술을 통해 마귀들에게서 지시를 받아 내곤 했는데, 성경은 그에게 하느님의 말씀이 내린 이야기를 전합니다(민수 22,20 참조). 성경의 비슷한 많은 구절들을 고려할 때, 이 이름은 하느님께 어울리는 다른 칭호들보다 우월한 것이 아니라고 주장할 수 있습니다. 앞에서도 말했듯이, 이 용어가 모호한 의미로 부조리한 경우에도 사용된 사례를 찾아볼 수 있기 때문입니다. 그러나 거룩함이나 영원, 의로움, 선 같은 이름들은 그에 맞갖지 않은 것들에게는 어디에서도 사용되지 않는다는 것을 우리는 성경을 통해 배웁니다. 그러므로 거룩한 본성에만 한정되어 경건하게 사용되는 이름들을 성령께서 성부와 성자와 함께 공유하신다는 것을 그들이 부정하지 않는다면, 악령들과 우상들을 가리킬 때도 모호하게 사용되는 이 호칭 한 가지에서만 성령이 성부 성자와 공통의 지위를 누리지 않으신다고 증명하려 애쓸 필요가 있습니까?

• 대 바실리우스 『서간집』 189.[22]

하느님께만 제물을 바쳐라

그런데 히브리인들의 현자들이 숭배한 저 하느님께서는 하늘의 거룩한 천사들과 하느님의 권능들에게 제물을 바치는 것마저 엄금하십니다. 우리는 이 사멸하는 나그넷길을 가면서 저 천사들을 천상 도성의 더없이 행복한 시민들로 여기며 공경하고 사랑합니다. 하느님은 당신의 히브리 백성에게 준 율법에서 엄중한 위협을 가하면서 이렇게 말씀하십니다. "다른 신들에게 제사를 드리는 자는 처형되어야 한다"(탈출 22,19). 다만 제사를 드리지 말라는 이 계명이 포르피리오스[23]가 "시시한 신들" 또는 "작은 신들"이라고 일컬은, 아주 사악한 정령들이나 지상적 영들만을 대상으로 삼는다고 생각하는 사람은 없어야 합니다. (성경은 이런 존재들도 "신들"이라고 부르는데, '히브리인들의 신들'이라는 뜻이 아니고 '이방인들의 신들'이라는 뜻입니다.) 칠십인역의 번역자들은 이를 더욱 확실하게 표현합니다. "민족들의 신들은 모두 마귀들이다"(시편 96,5). 또 저런 마귀들에게는 금지되어 있지만 천상 존재들이라면 전부에게 바치든 일부에게 바치든 제사를 바치는 것이 허용되어 있으리라고 생각하는 사람도 없어야 합니다. 그런 뜻에서 "주님께만 제물을 드려라"라는 구절을 덧붙인 것입니다. 오직 주님께만 드려야 한다는 뜻이지, "태양인 주님께"라는 말로 알아듣는 사람이 제발 없기를 바랍니다. 자칫 태양을 주님이라고 믿고서 그에게 제사를 드려야 한다고 여기는 사람도 없어야 합니다. 그리스어 성경을 보면 이를 쉽게 알아볼 수 있습니다.

• 아우구스티누스 『신국론』 19,23.[24]

---

[22] FC 28,29-30*.

[23] 포르피리오스(234~305년)는 신플라톤학파 철학자로서 그리스도교를 맹렬히 비판했다.

[24] *CG* 888-89.

96,7-8 주님께 드려라, 영광과 권능을

하느님께 드려라, 영광과 존귀를

그들이[25] 자기들은 사제의 역할을 하며 하느님께 바치는 예배를 주관하도록 선택받았다고 말한다면, 말씀께서는 당신을 섬기는 일에서 이방인들에게도 똑같은 몫을 주시겠다고 약속하셨다는 사실을 입증할 수 있습니다. 그분께서 이렇게 말씀하셨기 때문입니다. "주님께 드려라, 뭇 민족의 가문들아. 주님께 드려라, 영광과 존귀를. 제물을 들고 그분 앞뜰로 들어가라." 이 말씀에 더해, 이사야가 받은 신탁도 제시할 만합니다. "이집트 땅에 주님을 위한 제단 하나가 세워지고 … 이집트인들은 주님을 알게 될 것이다. 그들은 제사를 바치며 주님께 기도를 드리고 제물을 바칠 것이다"(이사 19,19-21 참조). 여기에서 여러분은 예루살렘에서 멀리 떨어진 이집트에 주님을 위한 제단이 세워질 것이며 이집트인들이 그곳에서 주님께 제사를 바치며 기도를 드리고 제물을 봉헌하게 되리라는 사실을 깨달을 것입니다. 네, 이집트에서만이 아니라 참된 예루살렘 — 그것이 무엇인지는 따로 따져 보아야 할 문제입니다만 — 안에서, 실로 어떤 민족보다 미신에 빠져 있던 이집트인들을 포함하여 모든 민족이 마음의 축제로서 초막절을 지내도록 초대받습니다.

• 카이사리아의 에우세비우스 『복음의 논증』 2,3.[26]

96,10 주님께서 다스리신다

주님께서 나무에서 다스리셨다

게다가 다윗의 시편 제96편에서 그들은[27] "나무 위에서"라는 짧은 구절을 빠뜨렸습니다.[28] 그들은 "주님께서 나무 위에서 다스리셨다"라는 구절을 "겨레들에게 말하여라. 주님께서 다스리셨다"로 바꾸었습니다. 그런데 십자가에 못 박히신 분 말고는 당신들 민족 가운데 어느 누구도 하느님으로서 또 임금으로서 이방인들을 다스렸다고 일컬어지는 이는 없습니다. (같은 시편에서 성령께서 증언하시듯이) 그분은 당신의 부활로 죽음에서 벗어나시어, 당신은 이방인들의 신들과 같지 않다는 것을 보여 주셨습니다. 그것들은 헛것에 지나지 않는 우상들일 뿐이기 때문입니다.

• 순교자 유스티누스 『유대인 트리폰과의 대화』 73.[29]

그리스도의 다스림을 상징하는 나무

당신들이 "주님께서 나무 위에서 다스리셨다"는 다윗의 말을 읽을 때 그 의미가 무엇이라고 생각하는지 나는 알고 싶습니다. 아마도 당신들은 이 존재가 십자가 위에서의 수난으로 죽음을 이기신 그리스도가 아니라 유대인들의 어떤 아둔한 임금이라 생각하겠지요. 아담으로부터 그리스도에 이르기까지 죽음이 지배했습니다. 그런데 그리스도께서 당신의 십자가라는 나무 위에서 돌아가심으로써 죽음의 왕국을 닫아 버리셨으니 나무 위에서 다스리셨다고 말하면 왜 안 된단 말입니까? 이사야도 "우리에게 한 아이가 태어났습니다"(이사 9,5)라고 말한 바 있습니다. 이것이 하느님의 아드님에 관한 말이 아니라면, 이 말씀이 특기할 말씀인 이유가 무엇입니까? "우리에게 한 아이가 주어졌습니다. 왕권이 그의 어깨에 놓이고 …"(이사 9,5). 자기 왕국의 상징을 머리의 왕관이나 손의 왕홀, 또는 임금의

[25] 예레미야나 아모스, 미카, 즈카르야, 말라키, 이사야 등, 저자가 바로 앞에서 인용한 구약성경의 예언자들을 말한다.

[26] *POG* 1,73*.

[27] 유대교의 교사들을 말한다.

[28] 유스티누스는 유대교의 교사들이 시편 제96편 10절을 옮기며 이 구절을 빼놓았다고 주장했다.

[29] FC 6,264*.

의복으로가 아니라 자기 어깨에 지니는 임금이 누가 있습니까? 그러나 새 시대의 유일한 새 임금 예수 그리스도께서는 당신의 새로운 영광의 힘과 뛰어남을, 그리고 십자가까지 당신 어깨에 지셨습니다. 그리하여 우리가 전에 받은 예언에 따라, 그분께서 주님으로서 나무 위에서 다스리게 되시려는 것이었습니다.

• 테르툴리아누스 『마르키온 반박』 3,19.[30]

### 96,11-13 하느님과 피조물의 관계

**만물은 모두 환호하고 기뻐하여라**

나아가, 하늘이나 천체들이 생명체라고 주장하는 사람이 있어서는 안 될 것입니다. 그것들은 무생물이며 감각이 없는 것들이기 때문입니다. 성경이 "하늘은 기뻐하고 땅은 즐거워하라"고 말하고 있긴 하지만, 사실 이 말은 하늘의 천사들과 땅의 사람들에게 즐거워하라고 이르는 말입니다. 물론 성경은 무생물을 의인화시켜 표현하고 마치 그것들이 살아 있는 존재인 것처럼 이야기하기도 합니다. 예를 들어, "바다가 보고 달아났으며 요르단이 뒤로 돌아섰네. … 바다야, 무엇이 너를 괴롭혀 도망치느냐? 요르단아, 어찌 뒤로 돌아서느냐? … 산들아, 언덕들아, 너희가 껑충껑충 뛰다니?"(시편 114,3.5-6) 같은 표현들이 있습니다. "도성들이 한데 모였다" 같은 것도 우리들의 관습적인 표현입니다. 집들이 아니라 집에 거주하는 자들이 모였다는 뜻이지요. "하늘은 하느님의 영광을 이야기하고"(시편 19,1)라는 표현도 하늘이 우리 귀에 들리는 소리로 이야기했다는 뜻이 아니라 하늘의 위대함을 통하여 창조주의 힘을 드러냈다는 뜻이며, 우리가 하늘의 아름다움에 대해 이야기할 때면 그것들을 만드신 분을 최고의 장인으로 여기며 찬양한다는 뜻입니다.

• 다마스쿠스의 요한 『신앙 해설』 2,6.[31]

[30] ANF 3,337*.

[31] FC 37,214*.

## 97,1-12 하느님의 의로운 통치를 찬양하는 시편

1 주님은 임금이시다. 땅은 즐거워하고
수많은 섬들도 기뻐하여라.
2 구름과 먹구름이 그분을 둘러싸고
정의와 공정이 그분 어좌의 바탕이라네.
3 불길이 그분을 앞서가며
주위의 그분 적들을 사르는구나.
4 그분의 번개가 누리를 비추니
땅이 보고 무서워 떠는구나.
5 주님 앞에서 산들이 밀초처럼 녹아내리네,
주님 앞에서 온 땅이.
6 하늘은 그분의 의로움을 알리고
모든 백성은 그분의 영광을 보네.
7 우상을 섬기는 자들은 누구나
부끄러워하리라,
헛것으로 으쓱대는 자들은 누구나.
모든 신들이 그분께 경배하네.
8 시온이 듣고 기뻐하며
유다의 딸들이 즐거워하니
주님, 당신의 법규 때문입니다.
9 주님, 당신은 온 땅 위에 지극히 높으신
분이시며
모든 신들 위에 지극히 높으시기⤴

↱때문입니다.
10 주님을 사랑하는 이들아,
악을 미워하여라.①
그분께서 당신께 충실한 이들의 목숨을
지키시고
악인들의 손에서 그들을 구출해 주신다.
11 의인에게는 빛이,
마음 바른 이들에게는 기쁨이 뿌려진다.②
12 의인들아, 주님 안에서 기뻐하여라.
거룩하신 그 이름을 찬송하여라.

① 히브리어 본문; 바로잡은 본문은 '주님은 악을 미워하는 이들을 사랑하신다'다.
② 히브리어 본문; 그리스어, 시리아어 본문과 히에로니무스 본문은 '떠오른다'다.

둘러보기

하느님께서 땅에게 위협하시거나 좋은 것들을 약속하실 때, 그것은 땅을 괴롭게 만드는 인간들을 향한 위협이고 약속이다. 사악함에 대한 하느님의 응징의 수단으로 성경에 자주 등장하는, 땅에 불을 내리시겠다는 그리스도의 약속은 하느님의 원수들을 불태워 버릴 불에 대한 다윗의 말로 이미 예고되었다(테르툴리아누스).

하느님을 믿는 이들은 이승의 고난과 역경을 기뻐한다. 그들은 이승의 삶이 아니라 장차 올 삶에 속한 이들이기 때문이다(히에로니무스). 하느님을 사랑한다는 것은 그분의 명령을 따르고 자기 자신을 거룩히 지키며 오직 하느님의 일들과 거룩한 일들만을 생각하고 모든 악을 피하는 것이다. 사람들에 대한 참사랑은 그들 안에 계시는 하느님을 사랑하는 것이며, 그 외에 다른 사람이나 사물을 사랑하는 것은 악이다(아우구스티누스).

97,1-3 정의와 공정

성도들의 육은 기뻐하여라

땅이 기쁨이든 손상이든 겪어야만 한다면, 그것은 한마디로 사람들 때문입니다. 그들이 거주하는 장소에 일어나는 사건들을 통하여 기쁨이나 슬픔을 겪게 되는 것입니다. 땅이 고통을 겪어야 하더라도, 그로써 그들이 벌을 치르는 것이지요. 그러므로 하느님께서 땅을 위협하실 때에 그분께서는 육[의 인간들]을 위협하시는 것이라고 나는 말하고 싶습니다. 그분께서 땅에게 약속을 하실 때도 마찬가지로 그것은 육에게 약속하시는 것이라고 나는 이해하겠습니다. 예를 들어, 하느님 나라의 즐거움에 관한 말인 "주님은 임금이시다. 땅은 즐거워하여라"라는 다윗의 말에서도 [땅은] 성도들의 육을 의미합니다.

• 테르툴리아누스 『죽은 이들의 부활』 26.[1]

하느님께서는 믿는 이들을 구원하시고 죄인들을 단죄하신다

그렇지만 하느님께서 받아들이신 이들과 믿는 이들이 장차 구원받게 되어 있다면, 하느님께서 물리치신 이들과 믿지 않는 이들은 그와 정반대되는 결과에 떨어지게 되어 있습니다. 구원을 잃어버리기까지 하겠지요. 여기 심판이 벌어집니다. 이들을 심판하실 분은 창조주이십니다. "적게든 많게든 자신의 종들을 채찍으로 때리고" 자신이 그들에게 맡긴 것에 대해 셈을 헤아릴 이가 응징의 하느님 아니고 다른 누구일 수 있는지 나는 알지 못하겠습니다. 내가 복종해야 할 분이 보상을 내리는 분 아니고 누구겠습니까? 여러분의 그리스도는 "나는 세상에 불을 보

[1] ANF 3,564*.

내러 왔다"(루카 12,49)고 선포합니다. 지옥을 마음에 두고 계시지 않는 주님, 그 지극히 자비로우신 분께서는 오래지 않아 당신 제자들이 무례한 마음에 불을 내리시라는 요구를 하지 못하도록 제어하셨습니다. 반면에 그분께서는 소돔과 고모라를 불 폭풍으로 태워 버렸습니다. 그분에 대해 시편은 이렇게 노래합니다. "불길이 그분을 앞서가며 주위의 그분 적들을 사르는구나." 그분은 호세아를 시켜서는 "나는 유다의 성읍들에 불을 보내리라"(호세 8,14)라고 위협하셨고, 이사야를 통해서는 "내 분노의 불길이 당겨졌다"[2] 라고 하였습니다. 그분은 거짓말하실 수 없는 분이십니다. 이분이 불타는 덤불에서도 말씀하신 분이 아니라면, 당신들이 이 불을 어떤 불로 이해해야 한다고 떠들건 아무런 의미가 없습니다.

• 테르툴리아누스 『마르키온 반박』 4,29.[3]

### 97,8-9 시온이 듣고 기뻐하다

#### 하느님의 모든 판단들에 즐거워하십시오

그러나 당신은 "나는 곱게 자라서 손으로 하는 노동은 못합니다. 내가 늙도록 살다가 병이 들면 누가 나를 가엾이 여겨 주겠습니까?"[4] 하고 말하겠지요. 예수님께서 제자들에게 하시는 말씀을 들으십시오. "무엇을 먹을까, 무엇을 입을까 걱정하지 마라. 목숨이 음식보다 소중하고 몸이 옷보다 소중하지 않으냐? 하늘의 새들을 눈여겨보아라. 그것들은 씨를 뿌리지도 않고 거두지도 않을 뿐만 아니라 곳간에 모아들이지도 않는다. 그러나 하늘의 너희 아버지께서는 그것들을 먹여 주신다"(마태 6,25-26). 자기 옷이 허름해 보인다면 눈앞의 백합을 보십시오. 배고파 힘들면 가난하고 주린 자들은 행복하다는 말씀을 떠올리십시오. 고통으로 괴롭다면, '약함을 기뻐한다'(2코린 12,10 참조)는 말씀과 "하느님께서 내 몸에 가시를 주셨습니다. 그것은 사탄의 하수인으로, 나를 줄곧 찔러 대 내가 자만하지 못하게 하시려는 것이었습니다"(2코린 12,7)라는 말씀을 읽으십시오. 하느님의 모든 판단들에 즐거워하십시오. 시편 저자가 이렇게 말하지 않았습니까? "유다의 딸들이 즐거워하니 주님, 당신의 판단들 때문입니다." 다음 말씀이 그대의 입술에서 떠나는 일이 없도록 하십시오. "알몸으로 어머니 배에서 나온 이 몸, 알몸으로 그리 돌아가리라"(욥 1,21). "우리는 이 세상에 아무것도 가지고 오지 않았으며 이 세상에서 아무것도 가지고 갈 수 없습니다"(1티모 6,7).

• 히에로니무스 『서간집』 22,31.[5]

### 97,10 주님께서는 악을 미워하는 이들을 사랑하신다

#### 주님을 사랑하고 악을 미워하여라

나는 하느님을 사랑하고 이웃을 사랑하라는 구절의 의미를 탐색해 보지 않고 넘어갈 수 없습니다. 하느님을 사랑하는 사람은 다음과 같이 행동합니다. 모든 면에서 그분의 명령을 따릅니다. 그분의 법과 가르침을 지킵니다. "나, 주 너희 하느님이 거룩하니 너희도 거룩한 사람이 되어라"(레위 19,2)라고 쓰여 있듯이, 하느님께서 거룩하시므로 그 자신도 거룩해지려 노력합니다. "주님을 사랑하는 이들아, 악을 미워하여라"라는 예언자의 지시를 이행합니다. 하느님은 오직 거룩함과 정의, 신심을 사랑하시는 분이시기에, 그는 하느님과 관계있는 거룩한 일들만을 생각합니다. 그는 하느님께서 사랑하신다고 여겨지

[2] 예레 15,14 인용일 가능성이 높지만 이사 30,27.30도 참조.

[3] ANF 3,399*.

[4] 이 편지의 수신인인 부유한 과부 에우스토키움이 이렇게 말할 것이라는 뜻이다.

[5] NPNF 2,6,36*.

는 것만을 행합니다.

• 아우구스티누스 『그리스도인의 삶』 9.[6]

### 선을 사랑하고 악을 미워하여라

우리는 사랑합시다. 아무런 숨은 뜻 없이 마음껏 사랑합시다. 결국 우리가 사랑하는 것은 하느님입니다. 우리는 하느님보다 더 좋은 것을 발견할 수 없습니다. 그분을 위하여, 그리고 그분 안에 있는 우리 자신과 서로를 위하여, 그러나 역시 그분을 위하여 그분을 사랑합시다. 하느님께서 여러분의 친구 안에 계시기 때문이든 하느님께서 그 친구 안에 계시도록 하기 위해서든, 여러분이 여러분의 친구 안에서 하느님을 사랑할 때에 비로소 여러분은 그 친구를 진정으로 사랑하는 것입니다. 그것이 참다운 사랑이고 존중입니다. 우리가 어떤 다른 이유로 우리 자신을 사랑한다면, 실상 그것은 사랑하는 것이라기보다 미워하는 것입니다. "불의를 사랑하는 자는 누구나"(시편 11,5) 무엇을 미워한다고 쓰여 있습니까? 옆집 남자를 미워하든, 이웃집 여자를 미워하든 정작 소름 끼치는 것은 그 자신입니다. "불의를 사랑하는 자는 자신의 영혼을 미워하기"(시편 10,5 칠십인역) 때문입니다. 불의를 사랑한다는 것은 자기 자신의 영혼을 사랑하는 것입니다. "주님을 사랑하는 이들아, 불의를 미워하여라." 하느님은 선하시고 그대가 사랑하는 것은 악이며, 그대가 악할 때 그대는 그대 자신을 사랑합니다. 여러분이 하느님께서 미워하시는 것을 여전히 사랑한다면, 여러분이 어떻게 하느님을 사랑할 수 있겠습니까?

• 아우구스티누스 『설교집』 336,2.[7]

[6] FC 16,24*.

[7] *WSA* 3,9,267*.

## 98,1-9 하느님의 의로운 통치를 찬양하라고 부르다

1 [시편]
주님께 노래하여라, 새로운 노래를.
그분께서 기적들을 일으키셨다.
그분의 오른손이, 그분의 거룩한 팔이
승리를 가져오셨다.
2 주님께서 민족들의 눈앞에
당신의 구원을 알리셨다.
당신의 정의를 드러내 보이셨다.
3 이스라엘 집안을 위하여
당신의 자애와 성실을 기억하셨다.
우리 하느님의 구원을
세상 끝들이 모두 보았다.
4 주님께 환성 올려라, 온 세상아.
즐거워하며 환호하여라, 찬미 노래 불러라.
5 비파와 함께 주님께 찬미 노래 불러라,
비파와 노랫가락과 함께.
6 나팔과 뿔 나팔 소리와 함께
임금이신 주님 앞에서 환성 올려라.
7 바다와 그 안에 가득 찬 것들,
누리와 그 안에 사는 것들은 소리쳐라.
8 강들은 손뼉 치고
산들도 함께 환호하여라.
9 주님 앞에서 환호하여라.
세상을 다스리러 그분께서 오신다.
그분께서 누리를 의롭게,
백성들을 올바르게 다스리시리라.

둘러보기

교회는 박해와 고난이 끝날 때 하느님의 선하심을 찬미해야 한다(에우세비우스). 무시무시하고 겁나는 율법의 하느님께서 당신께 즐거운 찬미 노래를 하도록 우리를 부르시고 명령하시는 온화한 목자 하느님이 되신다(페트루스 크리솔로구스). 하느님께서는 우리의 목소리로만이 아니라 우리의 감정과 선행들로도 찬미받으신다(카시오도루스). 하느님은 오직 한 분만 계시므로 유대인들을 심판하실 분도 이방인들을 심판하실 분도 같은 하느님이시다(에우세비우스).

98,1-4 주님께 노래하여라

새로운 노래를 불러라

이제 나는 나의 기도와 함께 『교회사』 책에 제10권을 보태어 나의 지극히 거룩한 파울리누스,[1] 그대에게 헌정하며 그대를 이 책 전체의 봉인이라 지칭합니다. 교회의 회복을 축하하는 의미로 [교회의 역사에 대한] 완전한 기록을 거룩한 성령께 대한 순종 안에서 완전한 수[2][의 책으]로 바치는 것은 참으로 적절한 일입니다. 거룩한 성령께서는 우리에게 이렇게 촉구하십니다.

주님께 노래하여라, 새로운 노래를.
그분께서 기적들을 일으키셨다.
그분의 오른손이, 그분의 거룩한 팔이
구원을 가져오셨다.
주님께서 민족들의 눈앞에
당신의 구원을 알리셨다.
당신의 정의를 드러내 보이셨다.

그러니 이제 제가 새로운 노래를 부르게 해 주십시오. 그 무자비하고 소름 끼치는 광경들과 이야기들이 있은 뒤에, 앞 시대의 많은 의로운 사람들과 하느님의 순교자들이 보고자 했으나 보지 못했고 듣고자 했으나 듣지 못했던 일들을 이제 내가 보고 경축하는 특권을 누리게 되었으니 말입니다. 그러나 그들은 하늘의 훨씬 더 좋은 것들에게로 서둘러 떠나 거룩한 행복의 낙원으로 들어갔습니다. 반면에 저는 비록 현재의 상황이 저한테는 과하도록 좋은 것이긴 하지만, 그분께서 내려 주신 은총의 엄청남에 놀라고 또 놀랐으며, 다음과 같이 선포하는 예언의 참됨을 확인하며 그분께 나의 절대적인 경외와 경배를 바칩니다.

와서 보아라, 주님의 업적을
세상에 놀라운 일을 이루신 그분의 업적을!
그분께서 세상 끝까지 전쟁을 그치게 하시고
활을 꺾고 창을 부러뜨리시며
방패들을 불에 살라 버리시리라(시편 46,9-10).

이 모든 말씀이 확실하게 이루어졌음을 기뻐하며, 이제 저의 진술을 시작하겠습니다.

• 카이사리아의 에우세비우스 『교회사』 10,1.[3]

주님께 즐겁게 노래하여라

"주님께 즐겁게 노래하여라, 온 세상아." 이 엄청난 기쁨에 대해 이해하면 무엇이 확실해집니까? 하느님께서 그처럼 위대하고 무섭고 경외로운 계명들을 주신 뒤에 이제 세상에게 기쁨의 환성을 지르라고 초대하시는 것은 무슨 까닭입니까? "주님께 즐겁게 노래하여라, 온 세상아."

[1] 카이사리아의 에우세비우스에게 교회의 역사를 쓰라고 권고한 티루스의 주교다. 그는 나중에 자신의 고향인 안티오키아의 주교가 되었다.

[2] 숫자 10 이후에는 앞에 나온 숫자들의 조합이 나올 뿐 새로운 숫자가 나오지는 않는다는 점에서 10을 완전한 수라고 했다.

[3] *ECH* 345-46.

이것이 본문입니다.

다음의 이유 말고 무슨 이유가 있겠습니까? 이 경외로우신 하느님께서는 나중에 몸시도 온화한 목자의 역할을 선택하셨습니다. 그분께서는 자비로운 목자로 행동하시며, 헤매는 사람들, 빗나간 민족들, 멀리 사방으로 흩어진 부족들을 뿔뿔이 흩어진 양들을 한 무리로 모으듯 한데 모으시려고 그러한 존재가 되셨습니다. 네, 더 나아가 그분께서는 육을 먹고 피를 마시고 짐승들의 광포함을 겪은 뒤 쇠약해져 가던 미개한 민족들을 회복시켜 젖과 풀을 먹는 이들로 돌려놓기 원하셨습니다. 간단히 말해, 그분께서는 그들을 참으로 온순한 양들로 다시 돌려놓고자 하셨습니다.

그분께서는 "주님께 노래하여라, 온 세상아" 하고 말씀하십니다. 그리고 이 명령으로 온 땅에 당신의 목자적 지배가 시작됨을 알리십니다. 울려 퍼지는 나팔 소리가 군사들을 전쟁에 나서게 하듯, 이 듣기 좋은 환호 소리는 양들을 풀밭으로 부릅니다. 시끄러운 싸움 소리를 목자의 상냥함으로 가라앉히는 것은, 그리하여 그런 부드러운 은총이 타고난 난폭함 때문에 오래전부터 파멸해 가던 민족들을 구원하는 것은 얼마나 적절한 일인지요.

• 페트루스 크리솔로구스 『설교집』 6.[4]

노래 불러라, 환호하여라, 찬미 노래 불러라

"노래 불러라, 환호하여라, 찬미 노래 불러라." 이 말들은 비슷해 보이지만 서로 차이가 있습니다. '노래 부른다'(cantare)는 것은 소리 내어 주님을 찬미함으로써 더없이 열렬한 그리스도인의 목소리를 봉헌하는 것입니다. '환호하다'(exultare)는 몹시 격렬한 감정을 담아 자신의 소망을 언명하는 것입니다. '찬미 노래를 부른다'(psallere)는 것은 아름다운 말로 주님의 명령을 이행하는 것입니다. 그분께서는 여러 가지 방식으로 이 행위를 수행하라고 촉구하시는데, 우리는 다양한 덕목들을 통하여 그 길들 안에서 즐거워해야 하기 때문입니다.

• 카시오도루스 『시편 해설』 97,4.[5]

98,9 하느님께서 세상을 심판하시리라

주님의 오심

주님의 오심이 민족들이 큰 은혜를 받는 원인이 되리라고 여기에 예언되어 있습니다. 우리 주님께서 나타나심으로써 그들이 실제로 은혜를 입었다는 것은 이미 입증되었지요. 그때부터 새 계약의 새 노래가 사람들 사이에서 불리었으며, 그분께서 일으키신 놀라운 일들이 복음 기록을 통하여 사람들에게 읽히고 알려졌습니다. 주님께서 죽은 이들 가운데에서 부활하심으로써 모든 민족들에게 부활 또한 드러났으며, 하느님은 유대인들만의 하느님이 아니라 다른 민족들의 하느님이시기도 하다는 사실이 참된 의로움을 통하여 확실하게 입증되었습니다. 거룩한 사도의 말대로, "정녕 하느님은 한 분이십니다. 그분께서는 할례 받은 이들도 믿음으로 심판하시고, 할례 받지 않은 이들도 믿음을 통하여 심판하실 것입니다"(로마 3,30). 그리고 "그분께서 세상을 심판하시기 위하여 오신다"(시편 97,9 칠십인역, 불가타)는 말씀은 아마도 그분의 재림을 이야기한다고 하겠습니다.

• 카이사리아의 에우세비우스 『복음의 논증』 6,6.[6]

---

[4] FC 17,52-53*.
[5] ACW 52,433.
[6] *POG* 2,6-7*.

## 99,1-9 시온에서 위대하신 주 하느님을 찬양하는 찬미가

1 주님은 임금이시다. 백성들이 떠는구나.
커룹들 위에 좌정하시니
땅이 흔들리는구나.
2 주님께서는 시온에서 위대하시고
모든 백성들 위에 드높으시다.
3 당신의 거룩하고 경외로우신 이름을
그들은 찬송하리니
그 이름 거룩하십니다.
4 임금의 권능은① 공정을 사랑함이니
당신께서 공의를 굳히셨습니다.
야곱에 공정과 정의를
당신께서 베푸셨습니다.
5 주 우리 하느님을 높이 받들어라.
그분의 발판 앞에 엎드려라.
그분께서는 거룩하시다.
6 모세와 아론은 그분 사제들 가운데에,
사무엘은 그분 이름을 부르는 이들
가운데에 있네.
그들이 주님께 부르짖자
그들에게 친히 응답하셨네.
7 구름 기둥 안에서 그들에게 말씀하시자
그들은 그분의 법과 그분께서 내리신
명령을 지켰네.
8 주 저희 하느님, 당신께서는 그들에게
응답하셨습니다.
당신은 그들에게 용서하시는 하느님.
그러나 그들의 악행은 응징하셨습니다.
9 주 우리 하느님을 높이 받들어라.
그분의 거룩한 산을 향하여 엎드려라.
주 우리 하느님께서는 거룩하시다.

① 히브리어 본문; 바로잡은 본문은 '강력한 임금은'이다.

둘러보기

천사들도 인간들과 마찬가지로 하느님께 경배한다(암브로시우스).

99,5 주님을 높이 받들어라

주님의 천사들은 모두 주님께 경배하여라

사도들은 그분께 경배하였습니다. 그리고 믿음을 증언한 이들은 믿음의 권한을 받았습니다. 천사들도 하느님께 경배하였습니다. 그래서 이렇게 쓰여 있습니다. "하느님의 천사들은 모두 그에게 경배하여라"(히브 1,6).

그런데 그들은 하느님의 신성에만 경배하는 것이 아니라 그분의 발판에도 경배하기에 이렇게 쓰여 있습니다. "그분의 발판은 거룩하니 그 발판에 경배하여라"(시편 98,5 불가타). 또, 그리스도 안에서 그분 육화의 신비들 — 그 안에서 우리는 그분 신성의 명확한 흔적들과 거룩한 '말씀'의 어떤 특별한 방식들을 보지요 — 도 경배받아야 한다는 것을 그들이 인정하지 않는다면, 그분께서 당신 육체의 영광 안에서 되살아나셨을 때에 사도들도 그분께 경배했다는 기록을 그들은 읽어 보아야 할 것입니다.

• 암브로시우스 『성령론』 3,11,75-76.[1]

[1] NPNF 2,10,145-46*.

## 100,1-5 하느님을 찬미하라고 부르는 소리

1 [감사를 위한 시편]
온 세상아,① 주님께 환성 올려라.
2 기뻐하며 주님을 섬겨라.
환호하며 그분 앞으로 나아가라.
3 너희는 알아라, 주님께서 하느님이심을.
그분께서 우리를 만드셨으니
우리는 그분의 것,②
그분의 백성, 그분 목장의 양 떼이어라.
4 감사드리며 그분 문으로 들어가라.
찬양드리며 그분 앞뜰로 들어가라.
그분을 찬송하며 그 이름을 찬미하여라.
5 주님께서는 선하시고
그분의 자애는 영원하며
그분의 성실은 대대에 이르신다.

① 히브리어 본문 가운데는 '땅아'로 된 것들도 있다.
② '우리는 우리 자신의 것이 아니라 그분의 것'으로 옮길 수도 있다.

### 둘러보기

하느님은 사랑이 깊으신 주님이시므로 우리는 기쁘게 그분을 섬기고 경배한다(테오도레투스). 하느님께서는 인간과 존재하는 모든 것을 창조하셨다(아우구스티누스). 기쁘게 섬긴다는 것은 그 어느 것보다 하느님을 더 사랑하는 것이며 다른 사람들을 사랑하고 참된 겸손 안에서 덕성스러운 삶을 사는 것이다(카시오도루스). 하느님께서는 우리를 창조하시고 우리에게 많은 복을 내리셨을 뿐 아니라, 자비롭게 영원한 생명이라는 화관을 거저 씌워 주실 것이다(베다).

### 100,2 기뻐하며 주님을 섬겨라

#### 하느님은 사랑 깊으신 주님이시다

"기뻐하며 주님을 섬겨라." 구원자이신 우리 하느님의 다스림은 악마의 가혹한 폭정 같은 것과는 거리가 멀기 때문입니다. 그분은 사랑으로 온화하게 다스리십니다.

• 키루스의 테오도레투스 『시편 주해』 100,1.[1]

### 100,3 하느님께서 우리를 만드셨다

#### 하느님께서 만물을 만드셨다

그러면 무엇이 나의 하느님입니까? 땅에게 나의 하느님에 관해 묻자 땅이 대답했습니다. "나는 아니다. 오히려 그분이 나를 만드셨다." 그 안에 있는 모든 것도 같은 고백을 하였습니다. 제가 바다와 심연, 생혼生魂이 있는 길짐승들에게 물었으나 "우리는 너의 하느님이 아니다. 우리 위에서 찾아라" 하고 대답했습니다. 산들바람에게 제가 물었더니 대기권 전체가 그 안에 사는 주민들과 이구동성으로 말했습니다. "아낙시메네스[2]가 틀렸다. 나는 하느님이 아니다." 하늘과 태양, 달, 별들에게 물었습니다. 그랬더니 "우리도 네가 찾는 하느님이 아니다"라고 했습니다. 내 위에 있는 모든 것, 감각의 문을 통해 인지될 수 있는 모든 것들에게 "내 하느님에 관

[1] FC 102,144.

[2] 밀레토스의 아낙시메네스(기원전 530년경 왕성히 활동)는 그리스의 초기 철학자들 가운데 하나로, 공기는 신과 유사한 것이며 만물의 첫 번째 근원이라고 가르쳤다.

해서 내게 말해 다오. 너희가 하느님이 아니라면 그분에 관해서 뭔가 얘기해 다오"라고 했더니 그것들이 큰 소리로 외쳐 대는 것이었습니다. "그분이 우리를 만드셨다." 나는 단지 그것들을 바라봄으로써 물었고, 그것들이 갖춘 아름다움이 곧 그들의 대답이었습니다.

• 아우구스티누스 『고백록』 10,6.[3]

### 기뻐하며 주님을 섬겨라

"기뻐하며 주님을 섬겨라. 환호하며 그분 앞으로 나아가라." … 이 기쁨은 바로 바오로 사도가 '교만하지 않으며 무례하지 않고 자기 이익을 추구하지 않는다'(1코린 13,4-8 참조)고 한 사랑입니다. 이 특출한 덕에 관해서는 이 외에도 훌륭한 묘사들이 많이 있지요. 그러므로 기뻐하며 주님을 섬기는 이들은 그 무엇보다 그분을 사랑하며 서로에게 형제적 사랑을 보여 주는 이들입니다. 이것은 참으로 자발적인 섬김입니다! 모든 형태의 지배를 넘어서는 섬김입니다! 이런 섬김에 몸 바치는 종들에게는 주권의 영광으로는 누릴 수 없는 기쁨이 주어집니다. "환호하며 그분 앞으로 나아가라." 위대하신 심판관 앞에서 환호하며 나아가는 것은 훨씬 더 어렵고 훨씬 더 영광스러운 일입니다. 그 자리에 섰을 때 우리는 겸손의 즐거움을 나타내 보일 필요성에 대한 도덕적 인식을 지닐 것을 요구받습니다. 그분은 교만한 모든 사람들에게 가혹하시다고 알려져 있기 때문입니다.

• 카시오도루스 『시편 해설』 99,2.[4]

### 하느님께서는 우리가 거룩하게 되도록 만드셨고 백성에게 은혜를 베푸셨다

우리는 그들의[5] 증언에서 '우리를 만든 것은 우리 자신이 아니라 하느님'이시라는 것을, 우리를 인간으로, 나아가 거룩하게 되도록 만드셨을 뿐 아니라 인간을 축복하셨다는 것을 배웁니다. 그분 은총의 선물을 통해 우리가 언제나 순수하고 지치지 않는 마음으로 그분을 열렬히 추구한다면, 그분께서는 우리 조상들에게 하신 약속에 따라 우리의 모든 죄악에 자비를 베푸실 것입니다. 좋은 것들로 우리의 소망을 만족시켜 주실 것이며, 우리가 자기 스스로 행한 의로움의 행실에 대한 보상으로서가 아니라 당신의 연민과 자애로 우리에게 영원한 생명의 화관을 씌워 주실 것입니다. 하느님은 살아 계시며 모든 세대를 통하여 성령과 하나 되어 다스리시기 때문입니다.

• 존자 베다 『복음서 강해』 2,19.[6]

---

[3] AC 212. [4] ACW 52,444*.
[5] 성경의 저자들 같은, 그리스도 신앙 선조들을 말한다.
[6] CS 111,200.

## 101,1-8 의롭게 다스리겠다는 임금의 맹세

1 [다윗. 시편]
자애와 공정을 제가 노래하오리다.
주님, 당신께 찬미 노래 부르오리다.
2 흠 없는 길에 뜻을 두리니
언제 저에게 오시렵니까?
저의 집 안에서
온전한 마음으로 걷고
3 불의한 일을
저의 눈앞에 두지 않으오리다.
죄짓는 일을 제가 미워하여 ⤴

그런 것 저에게 붙어 있지 않으리이다.
4 그릇된 마음 제게서 멀리 떨어지고
악한 것을 제가 알지 않으리이다.
5 자기 이웃을 몰래 헐뜯는 자
그런 자를 저는 없애고
거만한 눈과 오만한 마음
그런 것을 저는 참지 않으오리다.
6 저의 눈은 나라 안의 진실된 이들 위에
머물러
그들이 제 곁에 살고
흠 없는 길을 걷는 이
그런 이가 저에게 시중을 들리이다.
7 사기를 하는 자
저의 집 안에 살지 못하고
거짓을 말하는 자
저의 눈앞에 서지 못하리이다.
8 나라의 모든 악인들을
아침마다 없애리니
나쁜 짓 하는 자들을 모두
주님의 성읍에서 잘라 내기 위함입니다.

둘러보기

자비로우신 하느님께서는 복음을 통하여 우리를 당신의 천상 잔치에 초대하시며 우리의 의지가 그에 응하고자 결심하게 만드시지만, 초대를 거부하는 이들에게는 심판을 내리신다. 하느님 보시기에는 모든 사람이 본성적으로 악하지만, 그분께서는 죄를 용서하심으로써 그들 가운데 일부는 선하게 만드신다. 우리의 죄가 얼마나 크고 많든지 간에, 하느님은 첫째로는 자비의 하느님이시며 심판의 하느님은 그다음이다. 그분께서는 우리의 죄를 용서하실 것이며 우리에게 약속된 보상을 내리실 것이지만, 우리가 다른 사람들에 대해 똑같은 자비를 보이리라고 기대하지는 않으신다(아우구스티누스). 인간에 대한 하느님의 조처에서 심판과 자비는 결코 따로 존재하지 않는다(카시오도루스). 마음이 순수한 이들은 그들을 학대하고 욕하는 이들에게 인내하며 참아 낼 줄 안다(아우구스티누스). 믿는 이는 겉과 속이 다르지 않다. 그는 겉으로 드러나는 행위와 홀로 있을 때 하는 행동이 똑같이 순수하다(테오도레투스). 사람들을 대하는 우리의 처신이 근거 없는 의심과 중상에 지나지 않는 것들에 바탕해 있다면 우리는 위중한 죄를 짓는 것이다. 하느님께서는 그 같은 행동을 분명하게 금지하신다(아타나시우스, 요한 크리소스토무스).

우리의 육체적 본성이 필요로 하고 욕망하는 것들을 만족시켜도 되지만, 지나치게 또는 허영을 위해 채워서는 안 된다(포이멘). 선하고 의로운 이들이 불법적으로 박해를 받아 왔지만, 하느님의 원수인 사악한 자들에 대하여 선하고 의로운 이들이 정당하고 공정하게 시행한 박해도 있다(아우구스티누스). 우리에게 거룩한 지침과 생각을 제시해 주는 시편들은 신심 깊은 이들에게는 악에 저항할 수 있게 해 주는 무기다(카이사리우스). 시편 제101편 8절 같은 구절들은 영적 해석을 보여 줌으로써 엄격한 문자적 해석의 위험성에 대한 풍부한 증거를 제공해 준다(오리게네스).

101,1–4 자애와 공정

자비와 공정

실상, 주님께서 복음서에서 말씀하신 그 준비되어 있는 잔치에는 오직 초대받은 이들만 갈 수 있었으나 초대받은 이 모두가 다 그 초대를 받아들이지는 않았습니다(루카 14,16-24 참조). 따라서 잔치에 온 이들은 초대를 받았기에 온 것이니 그것을 자기 공이라 여겨선 안 되며, 잔치에 오지 않은 이들도 그 탓을 남한테 돌릴 수 없으며 오직 자기 자신한테만 돌려야 합니다. 초대를 받고서도 자신의 자유의지로 오지 않았기 때문입니다. 이처럼, 공로가 있기 전에 부르심이 의지를 좌우합니다. 그러므로 초대를 받은 어떤 이가 잔치에 참석한 것은 공이지만, 초대를 받은 것에 대한 공을 주장할 수는 없습니다. 초대를 받았으나 오지 않은 이의 경우엔, 그가 받은 초대가 보상받을 자격을 주지 않듯이, 초대를 받고도 그것에 소홀했던 것은 합당한 징벌을 받을 토대가 됩니다. 그래서 이런 말씀이 있습니다. "자비와 공정을 제가 노래하오리다, 주님." 부르심은 자비이고, 오고자 하지 않은 이들이 누리는 복됨은 공정입니다.

• 아우구스티누스 『여든세 가지 다양한 질문』 68,5.[1]

### 그리스도께서는 먼저 구원하기 위해 오셨다

그리스도께서 오신 것은 첫째로는 구원하시기 위해서입니다. 구원받기를 마다하는 이들에게는 벌을 내리고, 믿음으로써 구원을 업신여기지 않은 이들을 생명으로 인도하는 심판은 그다음 일입니다. 이처럼 우리 주 예수 그리스도의 첫 번째 섭리는 심판이 아니라 치유와 관계있습니다. 그분께서 무엇보다 심판관으로 먼저 오셨더라면, 그분은 의로움의 보상을 내릴 이를 한 사람도 발견하지 못하셨을 것입니다. 그런즉 모두가 죄인이며 죄의 죽음에서 자유로운 이는 아무도 없다는 것을 그분께서 보셨기에, 당신의 자비를 먼저 베푸시고 심판은 나중에 보여 주셔야 했습니다. "자애와 공정을 제가 노래하오리다, 주님." '공정과 자애'라고 하지 않습니다. 공정이 먼저 왔다면 자비는 없었을 테기 때문입니다. 그러나 자비가 먼저 왔고 공정이 나중에 왔습니다.

• 아우구스티누스 『요한 복음 강해』 36,4,3.[2]

### 하느님의 자비는

그러므로 타락한 천사들과 사람들은 영원한 벌을 받지만, 성도들은 은총으로 그들에게 부여된 선에 대하여 더 많은 지식을 얻게 될 것입니다. 그리하여 성도들은 바로 그 사실들을 통하여 이 시편 말씀의 의미를 더 분명하게 깨달을 것입니다. "당신의 자애와 공정을 제가 노래하오리다, 주님." 누구든 자유롭게 되는 것은 오직 공로와 관계없이 주어지는 자비 덕분이며, 누구라도 정당한 심판을 통해서만 단죄받기 때문입니다. 그때에는 지금 어둠 속에 있는 것이 명확하게 드러날 것입니다. 두 아이가 있는데 그중에서 한 명은 하느님의 자비에 의하여 선택되고 다른 한 명은 하느님의 심판을 통하여 버려졌다고 할 때에(선택받은 이는 자비가 그를 돕지 않았더라면 자신이 심판으로 받았을 몫이 어떠한 것이었을지 압니다) 두 아이의 조건이 똑같았는데 어째서 이 아이 대신 다른 아이가 선택되지 않은 것입니까? 또 어째서 믿지도 아니할 사람들 앞에서는 기적들이 행해진 반면에, 기적을 보았더라면 참회했을 어떤 사람들 앞에서는 왜 기적이 행해지지 아니한 것입니까? 주님께서는 단호히 이렇게 말씀하십니다. "불행하여라, 너 코라진아! 불행하여라, 너 벳사이다야! 너희에게 일어난 기적들이 티로와 시돈에서 일어났더라면, 그들은 벌써 자루옷을 입고 재를 뒤집어쓰고 회개하였을 것이다"(마태 11,21). 분명, 하느님께서 그들의 구원을 뜻하셨더라면 그들이 구원받을 수도 있었지만, 하느님께서 그들의 구원을 뜻하지 않으셨다고 하여 그

[1] FC 70,164-65.

[2] FC 88,84.

것이 불의한 행동은 아니었습니다.

• 아우구스티누스 『믿음 희망 사랑의 길잡이』 24,94-95.[3]

### 믿는 이들이 지은 죄의 용서

'그리스도께서는 사악한 자들을 위해 돌아가셨다'(로마 5,6 참조)고 하는데, 그러면 그분께서 보시기에 선한 사람은 누구였습니까? 그분께서는 모든 나무가 나쁜 나무인 것을 발견하셨지만, 당신의 이름을 믿는 이들에게 "그분께서는 하느님의 자녀가 되는 권한을 주셨"(요한 1,12)습니다. 그러므로 지금 선한 사람(좋은 나무)은 누구든지 나쁜 나무였다가 선하게 된 것입니다. 주님께서 오셨을 때 나쁜 나무들을 모조리 뿌리 뽑고자 하셨더라면, 어떤 나무가 뿌리 뽑히지 않고 남았겠습니까? 그러나 그분께서는 나중에 공정의 섭리를 펼치기 위해 처음엔 자비를 펼치시러 오셨습니다. 그분은 시편 저자가 이렇게 이야기하는 주님이시기 때문입니다. "자애와 공정을 제가 노래하오리다, 주님." 그래서 그분께서는 믿는 이들에게 죄를 사하여 주셨습니다. 그 죄들에 관하여는 옛 법령들에 따른 셈도 헤아리지 않으셨습니다(콜로 2,14 참조). 죄를 용서하심으로써 나무들을 좋은 나무들로 만드셨습니다. 도끼를 내려치기를 미루셨습니다. 위협을 중지하셨습니다.

• 아우구스티누스 『설교집』 72,2.[4]

### 자비와 공정을 베풀어야 받는다

분명한 것은, 용서한 사람들은 용서를 받아야 하고, 그것은 그것을 주는 사람들에게 주어져야 한다는 것입니다. 하느님 안에는 심판하시는 분을 위한 자비와 자비를 보여 주시는 분을 위한 심판, 이 두 가지가 다 있어야 하는 것이 당연합니다. 우리가 그분께 "주님, 당신께 자비와 공정을 제가 노래하오리다" 하고 말씀드리는 것은 그런 까닭입니다. 자기 자신은 의롭다 생각하며 자기는 마치 안전한 것처럼 자비로운 심판을 받으리라 기대하는 사람은 누구든지 더없이 공정한 분노를 불러일으킵니다. 그 분노에 대해 시편 저자는 두려워하며 "당신의 종과 함께 법정으로 들지 마소서"(시편 143,2)라고 한 바 있습니다. 그래서 하느님께서는 빗나간 백성들에게 "어찌하여 너희는 나에게 따지려 드느냐?"(예레 2,29)라고 하십니다. 의로운 임금이 어좌에 앉았을 때, 그 누가 자신은 순결한 마음을 가졌다 자랑하고 그 누가 자신은 죄 없다고 자랑하겠습니까?(잠언 20,8-9 참조). "자비는 심판을 이긴다"(야고 2,13)고 하였습니다. 그렇지 않다면 우리에게 무슨 희망이 있겠습니까? 그러나 이 자비는 신실한 마음으로 "저희가 용서하오니 저희를 용서해 주십시오" 하고 말하며 군소리 않고 줌으로써 자비를 베푼 사람들만 받습니다. "하느님께서는 기쁘게 주는 이를 사랑하시기 때문입니다"(2코린 9,7). 마지막으로, 이전의 선고가 극도의 두려움을 불러일으킨 이들을 위로하기 위하여, 야고보 사도는 앞에서 인용한 구절에 이어지는 단락에서 자비가 하는 일들에 대해서 이야기합니다. 그는 이 세상에 살면서 우리가 저지르지 않을 수 없는 일상적인 죄들조차도 나날의 치유제에 의해 속죄된다고 지적합니다. 이 치유제들 없이는, 한 가지 점에서 위반했거나 많은 점에서 위반함으로써 모든 것에 대해 죄가 있게 된 사람 — "우리는 모두 많은 실수를 저지르기에"(야고 3,2) 그렇습니다 — 은 조금씩 조금씩 쌓여 늘어난 엄청나게 많은 죄를 끌고서 위대하신 재판관께서 앉아 계신 심판석으로 가게 될 것이며, 그 자신이 베푼 적 없는 자비를 그곳에서 얻지 못할 것입니

[3] FC 2,447*.

[4] FC 11,287-88.

다. 용서하고 줌으로써 그는 그 자신의 빚을 탕감받고 그에게 약속되었던 보상을 받을 자격을 지니게 됩니다.

• 아우구스티누스 『서간집』 167,20.[5]

자비와 공정은 연결되어 있다

"자비와 공정을 제가 노래하오리다. 주님, 당신께 찬미 노래 부르오리다." 땅에서 축복받은 거룩한 무리가 모든 것을 포괄하는 짧은 도입부를 노래하였습니다. 주님의 권능은 언제나 가엾이 여기시거나 심판하시기 때문입니다. 그러나 그분의 자비가 심판 없이 발견되는 적도, 그분의 심판이 자비 없이 발견되는 적도 없습니다. 이 둘이 서로 긴밀히 연결되어 있습니다. 그분의 행위가 모든 덕으로 가득 차 있다고 여겨지지 않는 경우는 단 한 번도 없습니다. 시편 저자는 여기에서는 자비와 심판을 이야기하고, 또 다른 곳에서는 이 둘 대신 "정의와 평화"(시편 85,11), "자비와 진실"(시편 85,11), 또는 "정의와 공정이 당신 어좌의 바탕"(시편 89,15)이라고 이야기하며, 하느님은 충실하시며 공정하신 분임을 어디에서나 보여 줍니다. 이런 식의 표현이 성경의 독특한 면인 것은 확실합니다. 당신의 오심이라는 영광스러운 사건에 관하여 이야기할 때도 그분께서는 제일 먼저 자비를 언급합니다. "와라, 내 아버지께 복을 받은 이들아 …"(마태 25,34)라고 하시지요. 그러나 이것은 공평성 없는 일이 아닙니다. 그분께서는 당신의 약속을 성실한 이들에게 내리시기 때문입니다. 그러나 심판에 관한 말씀이 이어집니다. 사악한 자들에게 이렇게 말씀하셨지요. "저주받은 자들아, 나에게서 떠나 영원한 불 속으로 들어가라"(마태 25,41). 이것도 사랑이 없는 행동은 아닙니다. 그분은 오래 인내하신 뒤에야 응징하신다고 알려져 있기 때문입니다. 그러니 여러분은 이 두 개념이 서로 조화될 수 있으며 각기 제자리에서 빛을 발한다는 것을 볼 수 있을 것입니다. 따라서 자신의 구원에 대하여 사악하게 절망하는 죄인들은 자비의 주님의 말씀을 귀담아들어야 하고, 자신의 사악함이 벌 받지 않고 지나갈 것이라고 생각하는 거만한 자들은 심판관이신 그분의 모습을 마음에 새겨야 합니다. 그러니까 이 노래는 그 전체를 짧지만 충분하게 설명하고 있습니다. 이 두 단어 안에 주님의 일과 전체 교회를 세우신 일 모두가 똑똑하게 담겨 있기 때문입니다.

• 카시오도루스 『시편 해설』 100,1.[6]

침묵해야 할 때

"나는 벙어리 되어 말없이 잠자코 있었네"(시편 39,3). 그는 이렇게 했습니다. "나는 벙어리가 되었다." 이는 그[악인]가 말하는 것을 귀담아듣지 않았다는 뜻입니다. 이러한 영혼은 어떠한 진전을 보여 줍니까? 그는 자신의 형제가 그를 제대로 알지 못하는 것과 자신의 양심이 가벼운 사실을 내적으로 기뻐하는 한편 외적으로는 개처럼 짖어 대는 행동을 삼갑니다! 얼마나 훌륭한 영혼입니까! 얼마나 근심 걱정 없이 편안하며 즐겁습니까! 이런 이는 하느님께 "저는 당신 집 안에서 온전한 마음으로 걸으오리다"라고 말합니다. 떠들썩한 소음이 문을 두드리고 있었지만 집 안은 안전하고 안정되어 있었습니다. "저는 벙어리가 되어 저 자신을 낮춥니다", 곧 나는 교만하게 그를 거슬러 일어서지 않았습니다. 그리고 나는 나 자신을 낮추며 "잠자코 있었네". 사실, 그때는 무어라 떠들 때가 아니었습니다. 지금은 침묵을 지킬 때입니다. 그자가 침착을 되찾으면

[5] FC 30,48-49*.

[6] ACW 52,447-48*.

그때에 이야기하십시오. 그러면 그도 이해할 것입니다.

• 아우구스티누스 『설교집』 16A,8.[7]

### 온전한 마음

"저는 저의 집 안에서 온전한 마음으로 걸었습니다." 나는 줄곧 단순한 삶을 살았으며 이중적인 행동을 하지도 않았습니다. 집에서의 행동과 밖에서의 행동을 달리하지 않았습니다. 저의 사적인 태도는 공적인 태도와 똑같았습니다.

• 키루스의 테오도레투스 『시편 주해』 101,3.[8]

## 101,5-6 죄지은 사람들과 진실된 사람들의 운명은 다르다

### 하느님께서는 중상자들을 없애시리라

이제벨은 지극히 신심 깊은 나봇을 없는 말로 고발하여 그에게 해를 입힐 수 있었습니다(1열왕 21,1-16 참조). 사악한 변절자 아합은 이 여자의 말을 곧이곧대로 믿었습니다. 하지만 여러분 모두가 본받아야 하고 그럴 수 있기를 모두가 기도하는 지극히 거룩한 다윗은 그런 사람들을 좋게 보지 않았지요. 오히려 미친 개처럼 여기며 경원시하고 피했습니다. 그는 "자기 이웃을 몰래 헐뜯는 자, 그런 자를 저는 없애겠습니다" 하고 말했습니다. 그는 "너희는 거짓 증언을 퍼뜨려서는 안 된다"(탈출 23,1)라는 명령을 따르는 사람이었기 때문입니다. 그리고 여러분이 보는 이 사람들의 보고는 거짓입니다. 여러분은 솔로몬처럼 주님께 "허위와 거짓말을 제게서 멀리하여 주십시오"(잠언 30,8) 하고 청하였습니다. (그리고 여러분은 여러분의 그 청이 받아들여졌다고 믿어야 합니다.)

• 아타나시우스 『콘스탄티우스 황제에게 보낸 변론』 20.[9]

### 중상을 귀담아듣지 마라

여러분께 간곡히 부탁드립니다. 우리 이웃을 판단하는 일을 절대 피합시다. 여러분은 사법적 권한을 전혀 가지지 못했는데도 아무 증거도 없이 단지 의심과 중상에 지나지 않는 것을 근거로 행동하는 죄를 지었습니다. 사실, 복된 다윗도 바로 이런 이유로 "자기 이웃을 몰래 헐뜯는 자, 그런 자를 저는 없애고"라고 부르짖었던 것입니다. 비범한 덕의 경지를 알아보시겠지요? 그는 들려오는 헛소문을 즐기지 않았을 뿐 아니라, 자기 형제를 중상하는 사람의 말을 귀담아듣지 않았습니다. 그러니 우리도 자기 잘못을 줄이기 원한다면 무엇보다 이것을 경계해야 합니다. 형제들을 비난하거나 형제들을 중상하려 안달 난 이들을 부추기는 대신, 영감을 받은 저자가 권고하였듯이 그런 이들을 저지하고 철저히 물리쳐야 합니다. 사실 저는 영감 받은 저자 모세의 "너희는 헛소문을 퍼뜨려서는 안 된다"(탈출 23,1)는 말 또한 같은 뜻이라 여깁니다.

• 요한 크리소스토무스 『창세기 강해』 42,14.[10]

### 육체적 만족과 교만을 피하라

사부[포이멘]께서는 "수도승이 두 가지를 미워하면 세상으로부터 자유로울 수 있다. 미워해야 할 그 두 가지는 육체와 허영을 만족시키는 것이다"라고도 하셨습니다.

그분께서는 또 이런 말씀도 하셨습니다. "분노는 사람에게 자연스러운 것이다. 그것은 그의 본성이다. 하지만 그것은 사악한 욕정을 잘라 버리는 데 사용되어야 한다. 배고픔은 사람에게 자연스러운 것이다. 그러나 '눈은 높은 것에 가 있고 마음은 탐욕스러운 자와는 함께 먹지 않았습

[7] *WSA* 3,1,353.
[8] FC 102,146-47.
[9] NPNF 2,4,246*.
[10] FC 82,425-26.

니다'(시편 131,1 참조)라는 복된 다윗의 말이 가르치듯, 그것은 육체에 필요한 것을 채워 주는 데 사용되어야지 [먹고 싶은] 욕구를 [채우는 데] 사용되어서는 안 된다. 잠도 인간에게 자연스러운 것이나 넘치도록 즐겨서는 아니 되는 것이다."

• 포이멘 『사부들의 금언집』 2,479-80.[11]

### 선한 이가 하는 박해도 있다

박해가 언제나 칭찬받을 만한 것이라면, 주님께서 "의로움 때문에"(마태 5,10)라는 수식어를 덧붙이지 않고 "행복하여라, 박해를 받는 사람들!"이라고만 하셔도 충분했을 것입니다. 마찬가지로, 박해를 하는 것이 언제나 비난받을 만한 일이라면, 성경에 "자기 이웃을 헐뜯는 자, 그런 자를 저는 참지 않으오리다"라고 쓰여 있지 않을 것입니다. 그렇다면 박해를 겪는 이가 불의하고 박해하는 이가 의로울 때도 있다는 말이 됩니다. 악인들은 선한 이들을 언제나 박해를 해 왔고 선한 이들도 언제나 악인들을 박해해 온 것은 확실합니다. 악인들은 부당하게 해를 입히려고 박해했고, 선한 이들은 징벌을 통해 악인들을 바로잡으려고 박해한 것입니다. 악인들은 한계를 두지 않고 박해했고, 선한 이들은 한계를 세워 놓고 그 안에서 박해했습니다. 악인들은 정욕의 노예가 되어 박해했고, 선한 이들은 사랑에서 박해했습니다. 사람을 죽이는 자는 자신이 희생자를 어떤 방식으로 도륙 내는지 개의치 않습니다. 그러나 치유하려는 이는 자신이 대상을 어떻게 베는지 세심히 관찰하며 벱니다. 그는 대상을 건강하게 만드는 것이 목적이고, 악인은 대상을 파멸시키는 것이 목적입니다. 불경한 사람들은 예언자들을 죽였습니다(참조: 탈출 32,25-28; 1열왕 18,4). 유대인들은 그리스도를 채찍질했고, 그리스도께서는 유대인들을 응징하셨습니다. 사람들은 사도들을 공권력에게 내주었고(참조: 사도 16,22-24; 21,33-34), 사도들은 사람들을 사탄의 힘에 넘겼습니다(1코린 5,5 참조). 이 모든 사례들을 살펴볼 때에, 이들 가운데 진리 때문에 그렇게 행동한 이는 누구고 죄 때문에 그렇게 행동한 이는 누구인지 드러나지 않습니까? 해를 입히고자 한 이는 누구고 상대를 회개시키고자 한 이는 누구인지 드러나지 않습니까?

• 아우구스티누스 『서간집』 93.[12]

## 101,7-8 악인은 하느님 면전에 서지 못한다

### 시편은 죄를 짓지 않게 하는 무기다

형제 여러분, 우리가 시편의 말씀을 자주 찾아 읽는다면, 속된 생각들로 다가가려는 마음을 닫게 됩니다. 영적 노래가 우세하게 되면 육적인 생각들은 떠납니다. 시편은 하느님 종들의 무기입니다. 시편을 잊지 않는 이는 원수를 두려워하지 않습니다. 우리 주님께서는 이 적수에 대해 "여러분의 적대자는 악마"(1베드 5,8)라고 하셨습니다. 악마는 어떻게 하면 우리를 죽일 수 있을까 하며 해로운 생각들을 주입합니다. 그러나 우리가 자주 큰 소리로 시편을 읽는다면 우리에겐 바른 생각들이 있습니다. 악마는 "교만해라"라고 합니다. 저는 시편에서 우리 주님의 말씀을 읽어 드립니다. "교만한 자는 저의 집 안에 살지 못하리이다." 주님께서는 또 다른 곳에서는 "하느님께서는 교만한 자들을 대적하신다"(야고 4,6)고 하셨고, 솔로몬을 통해서는 "교만한 사람은 아무것도 깨닫지 못할 뿐만 아니라 논쟁에 병적인 열정을 쏟는다"(1티모 6,4 참조)고 하십니다.[13]

---

[11] *PHF* 2,250*.

[12] FC 18,64*.

[13] 아를의 카이사리우스의 말과 달리 솔로몬의 글에 이런 구절은 나오지 않는다.

그자[악마]는 그것이 낙원에 있는 하느님 종들 안에 자리 잡고 있음을 알았다면 교만을 부추기지 않았을 것입니다. 악마가 특별히 수도승들에게 교만을 부추기는 이유가 바로 이것입니다. 자기가 쫓겨난 자리에서 나중에 그들도 쫓겨나게 하려는 것이지요. 그가 교만하지 않았더라면 하늘에서도 특별히 높은 그 자리를 지켰을 것입니다. 그자는 싸움을 부추기고 미움을 불러일으키며 직접 나서서 사람들을 선동합니다. 그러나 여러분은 진실한 시편 저자처럼 이렇게 말함으로써 그자에게 저항해야 합니다. "주님, 제 입에 파수꾼을 세우시고 제 마음이 악한 일에 기울지 않게 하소서"(시편 141,3-4).

• 아를의 카이사리우스 『설교집』 238,2.[14]

어떤 본문은 문자적으로만 해석하면 뜻이 통하지 않는다

"너희가 많은 민족들을 다스리기는 하여도 아무도 너희를 다스리지 못할 것이다"(신명 15,6)라는 율법서의 말씀이 단순히 그들에게[15] 주어진 지배권에 대한 약속일 뿐이라면, 그리고 이 말씀에 그 이상의 깊은 뜻이 담겨 있지 않다면, 이 백성이 율법의 약속들을 업신여길 더 확실한 바탕이 있는 것이 확실합니다. 켈수스[16]는 단어를 바꾸긴 했지만 또 다른 구절을 제시합니다. 온 땅이 히브리 민족으로 가득 차게 되리라는 구절이지요. 역사의 증언에 따르면, 실로 이 약속은 예수님께서 오신 뒤 실제로 이루어졌습니다. 비록 축복의 결과라기보다는 하느님의 분노의 결과라고 할 수 있겠지만 말입니다. 유대인들에게 주어진, 그들이 원수들을 칼로 베어 죽일 것이라는 약속으로 말할 것 같으면, 이 본문의 뜻을 세심히 따져 보는 사람이라면 누구나 이 본문은 문자적으로는 해석할 수 없다는 사실을 깨달을 것입니다. 지금으로서는 시편에서 무엇보다 이렇게 말하는 의로운 사람의 태도를 언급하는 것으로 충분합니다. "나는 나라의 모든 악인들을 아침마다 없애리니 나쁜 짓 하는 자들을 모두 주님의 성읍에서 잘라 내기 위함입니다." 그러니 화자의 말과 정신을 바탕으로 판단하십시오. 스스로 시편을 읽는 독자로서 이 시편의 앞 대목에서, 고결한 생각과 목적을 이야기한 다음 이어지는 대목에서 자기 말의 문자적 해석에 따라 하루 중 다른 때가 아닌 아침에 지상에서 모든 죄인을 없애 버려 그 가운데 한 사람도 남겨 놓지 않으리라고, 또 악행을 한 모든 자는 예루살렘에서 베어 버리겠다고 말하는 것이 있을 법한 일인지 [판단하십시오]. 율법서에는 이와 유사한 표현들이 많습니다. "우리는 [시혼의 모든 성읍들에] 생존자를 하나도 남기지 않았다"(신명 2,34) 같은 구절이 그 옙니다.

• 오리게네스 『켈수스 반박』 7,19.[17]

[14] FC 66,221-22*.

[15] 이스라엘 백성.

[16] 기원후 180년경 학술적으로 그리스도교를 반박하는 책 『참된 말씀』을 쓴 이교인 철학자다. 오랫동안 그리스도교 쪽의 반론이 나오지 못했는데, 50여 년 후 오리게네스가 이 작품을 반박하는 『켈수스 반박』을 썼다.

[17] ANCL 23,442-43*.

## 102,1-18 곤경에 처했을 때 바치는 기도

1 [낙담하여 주님 앞에 근심을 쏟아붓는
가련한 이의 기도]
2 주님, 제 기도를 들으소서.
제 부르짖음이 당신께 다다르게 하소서.
3 제 곤경의 날에
당신 얼굴을 제게서 감추지 마소서.
제게 당신의 귀를 기울이소서.
제가 부르짖는 날 어서 대답하소서.
4 저의 세월 연기 속에 스러져 가고
저의 뼈들은 불덩이처럼 달아올랐습니다.
5 음식을 먹는 것도 저는 잊어
제 마음 풀처럼 베어져 메말라 가고
6 탄식 소리로
제 뼈가 살가죽에 붙었습니다.
7 저는 광야의 까마귀①와 같아지고
폐허의 부엉이처럼 되었습니다.
8 저는 잠 못 이루어
지붕 위의 외로운 새처럼 되었습니다.
9 온종일 원수들이 저를 모욕하고
미친 듯 제게 날뛰는 자들이
저를 저주합니다.
10 저는 재를 빵처럼 먹고
마실 것에 제 눈물을 섞으니
11 당신의 분노와 진노 때문이며
당신께서 저를 들어 내던지신 까닭입니다.
12 저의 세월 기울어 가는 그림자 같고
저는 풀처럼 메말라 갑니다.
13 그러나 주님, 당신께서는
영원히 좌정하여 계시고
당신에 대한 기억은 대대에 이릅니다.
14 당신께서는 일어나시어
시온을 가엾이 여기시리니
그에게 자비를 베푸실 때며
정하신 시간이 되었기 때문입니다.
15 정녕 당신의 종들은
시온의 돌들을 좋아하고
그 흙을 가여워합니다.
16 민족들이 주님의 이름을,
세상 모든 임금들이 당신의 영광을
경외하리이다.
17 주님께서 시온을 세우시고
당신 영광 속에 나타나시어
18 헐벗은 이들의 기도에 몸을 돌리시고
그들의 기도를 업신여기지 않으시리라.

① 히브리어 본문의 단어는 뜻이 명확하지 않다.

둘러보기

음식으로 자기 신체에 영양을 공급하는 것을 게을리하는 사람은 허약해지듯, 하느님 말씀으로 자기 영혼을 살찌게 하지 못하는 사람은 영적으로 허약해진다(테오도레투스). 다윗 임금은 진심으로 회개하고 자신의 죄를 용서받은 뒤에도 여전히 양심의 가책을 느끼는 인간의 본보기다(예루살렘의 키릴루스). 참된 회개란 열정적인 기도와 많은 눈물이 따르는 회개다(요한 크리소스토무스). 진심으로 참회하는 이는 자기 죄를 고백할 뿐 아니라 자신의 죄 많은 삶을 바로잡고 더욱 신실해지려 노력한다(밀라노의 파울리누스). 때가 되면 하느님께서 당신의 자비를 보여 주신다. 가장 자비로운 때는 사탄을 물리치기 위해 그리스도께서 오시어 당신 피를 쏟으신 때다(아우구스티누스).

102,5-10 뉘우침과 회개

영혼을 위한 양식

"음식을 먹는 것도 저는 잊어 … 탄식 소리로 제 뼈가 살가죽에 붙었습니다." 저는 어떤 음식을 보아도 식욕을 느끼지 못하며 예전의 건강을 완전히 잃어버렸습니다. 절망에 빠져 사는 저는 뼈와 살가죽뿐입니다. 하느님의 말씀은 우리 영혼의 양식입니다. 빵이 육체에 자양분이 되듯, 하늘에서 내려온 말씀은 영혼의 실체에 [자양분이 됩니다]. 그리스도께서는 사도들에게 이런 말씀으로 그 기도를[1] 알려 주셨습니다. "오늘 저희에게 일용할 양식을 주소서"(마태 6,11). 그러니 먹기를, 곧 힘쓰기를[주님께서 사도들에게 하신 "너희는 썩어 없어질 양식을 얻으려고 힘쓰지 말고, 길이 남아 영원한 생명을 누리는 양식을 얻으려고 힘써라"(요한 6,27)라는 말씀에서 분명히 드러나듯, 영적 빵을 먹는 것이 곧 힘쓰는 것입니다] 잊어버린 사람은 누구나 그 마음이 풀처럼 시들어 말라 버린 자입니다. 풀은 어떻게 해서 시들고 말라 버립니까? 그 위에 비가 내리지 않으면 그렇게 됩니다. 마음이 말씀의 결핍으로 고통을 겪다가 시들고 말라 버리면 덕의 꽃도 이제 더 이상 피어날 힘이 없어집니다.

• 키루스의 테오도레투스 『시편 주해』 102,3.[2]

참된 참회의 행위

우리가 보았듯이, 그때에 예언자가 다윗을 위로했습니다. 그러나 이 복된 인간은 "주님께서 임금님의 죄를 용서하셨다"(2사무 12,13)는 더없이 기꺼운 보증의 말을 들었으면서도, 그리고 그 자신 임금이었으면서도 참회를 그만두지 않았습니다. 실제로 그는 임금의 자색 옷 대신 자루옷을 입고서 금박 입힌 어좌 대신 맨발로 재 속에 앉았습니다. 재 속에 앉아 있기만 한 것이 아니라 재를 먹었습니다. 그의 이 말대로입니다. "저는 재를 빵처럼 먹고, 마실 것에 제 눈물을 섞었습니다." 욕정이 담겼던 그의 눈은, 그가 이렇게 말하듯이, 눈물로 씻겼습니다. "저는 밤마다 잠자리를 적시며 눈물로 제 침상을 물들입니다"(시편 6,7). 그는 신하들이 음식을 드시라고 강권해도 듣지 않고 이레를 온전히 단식했습니다. 임금이 이런 식으로 고백해야 옳다고 여겼는데, 일개 개인인 여러분은 어떤 식으로 고백해야 하겠습니까? 또 다윗 임금은 압살롬이 반역을 일으켜 피신을 떠났을 때 그의 앞에 놓인 많은 길 가운데 올리브 고개를 통해 가는 길을 택했습니다. 그곳에서 하늘로 올라가실 구원자를 그의 마음 속에 불러내는 것과 같은 행동이었지요. 시므이가 저주를 퍼부었을 때도 다윗 임금은 "내버려 두시오"라고 하였습니다. 용서하는 이에게 용서가 주어진다는 것을 그는 알았기 때문입니다(2사무 15,30-16,10 참조).

• 예루살렘의 키릴루스 『예비신자 교리교육』 2,12.[3]

열정적인 기도와 많은 눈물

마음이 겸손해진 뒤에도 열정적인 기도와 많은 눈물이 필요합니다. 낮이나 밤이나 눈물을 흘려야 하지요. 그래서 그는 이렇게 말합니다. "저는 탄식으로 기진하고 밤마다 울음으로 잠자리를 적시며 눈물로 제 침상을 물들입니다"(시편 6,7).

• 요한 크리소스토무스 『히브리서 강해』 9,8.[4]

[1] 주님의 기도.
[2] FC 102,150*.
[3] LCC 4,88*.
[4] NPNF 1,14,412*.

고백과 참회

실로, 참회하는 이에게 고백만으로는 충분하지 않습니다. 행동을 바로잡는 것이 따라야 합니다. 참회자가 회개가 필요한 행위를 더 이상 하지 않는 결과가 따라야 하는 것입니다. 그는 예언자로부터 “주님께서 임금님의 죄를 용서하셨다”(2사무 12,13)는 말을 듣고는 자기 죄를 바로잡는 일에 더욱 겸손해져서 “재를 빵처럼 먹고 마실 것에 눈물을 섞은” 거룩한 다윗 임금처럼 겸손해져야 합니다.

• 밀라노의 파울리누스 『암브로시우스의 생애』 9,39.[5]

102,14-15 하느님께서 자비를 베풀기로 정하신 시간

하느님께서 시온에 자비를 베푸셨다

그런데 여러분은 시편에서 예루살렘에 관해 어떤 말씀을 들었습니까? “정녕 당신의 종들은 시온의 돌들을 좋아하고 그 흙을 가여워합니다.” 시편은 또 이렇게도 말하지요. “당신께서는 일어나시어 시온을 가엾이 여기시리니 그에게 자비를 베푸실 시간이 되었기 때문입니다.” 하느님께서 자비를 베푸실 시간이 왔을 때, 어린양께서 오셨습니다. 어떤 어린양이기에 이리들이 무서워합니까? 어떤 어린양이기에 살해당했는데도 사자를 죽입니까? 악마는 사자로 불려 왔는데, 집어삼킬 사람을 찾아서 돌아다니는 그 사자(1베드 5,8 참조)를 어린양의 피가 정복했습니다. 그리스도인들이 보여 주는 광경을 잘 보십시오!

• 아우구스티누스 『요한 복음 강해』 7,6,3.[6]

[5] FC 15,57*.

[6] FC 78,159*.

## 102,19-29 창조주와 피조물

19 오는 세대를 위하여 이것이 글로 쓰여져
다시 창조될 백성이 주님을 찬양하리라.
20 주님께서 드높은 당신 성소에서
내려다보시고
하늘에서 땅을 굽어보시리니
21 포로의 신음을 들으시고
죽음에 붙여진 이들을
풀어 주시기 위함이며
22 시온에서 주님의 이름을,
예루살렘에서 그 찬양을 전하기 위함이네,
23 백성들과 나라들이 함께
주님을 섬기러 모여들 때에.
24 그분께서 내 힘을 도중에 꺾으시고
내 세월을 짧게 하시어
25 내가 아뢰었네. “저의 하느님
제 생의 한가운데에서
저를 잡아채지 마소서.
당신의 햇수는 대대로 이어집니다.
26 예전에 당신께서는 땅을 세우셨습니다.
하늘도 당신 손의 작품입니다.
27 그것들은 사라져 가도
당신께서는 그대로 계십니다.
그것들은 다 옷처럼 닳아 없어집니다.
당신께서 그것들을 옷가지처럼 바꾸시니
그것들은 지나가 버립니다.
28 그러나 당신은 언제나 같으신 분
당신의 햇수는 끝이 없습니다.
29 당신 종들의 자손은 편안히 살아가고
그들의 후손은 당신 앞에 굳게
서 있으리이다.”

둘러보기

하느님께서는 각 사람에게 세상에서 살아갈 기간을 정해 주시지만 그 끝이 언제인지는 알려 주지 않으신다(아타나시우스). 사악한 자들은 때 이른 죽음을 맞기도 하지만, 하느님께서 의인들에게는 그들이 천수를 다 누리고 의로움의 화관으로서 영생을 누릴 것이라고 약속하신다(오리게네스, 아타나시우스). 어떤 인간도 하느님의 창조에 대해 온전히 이해하거나 자기 삶의 길이를 알 수 없다(디오니시우스).

하늘의 광채는 하느님의 영광을 드러내며, 인간은 선행으로 그분의 영광을 드러낸다. 이 두 가지 다 하느님께서 창조하셨다. 그러나 첫 번째 것은 사라져 없어지지만 두 번째 것은 그리스도의 활동을 통해 불사하게 될 것이다(암브로시우스). 하느님께서는 단순히 당신 모습을 드러내시거나 가까이 다가오셔서 세상을 만드신 것이 아니라 당신 손으로 직접 만드셨다. 창조계의 질서가 최후에 해체되는 것에 관한 예언들은 문자적으로 이해해야지 영적으로 이해해서는 안 된다(테르툴리아누스). 이 세상이 사라질 것이라는 다윗의 증언이 참임은 신약성경에 담긴 그리스도의 말씀에서도 확인된다(암브로시우스). 새 하늘과 새 땅의 창조가 새 옷을 바느질하는 표상을 이용하여 예언적으로 묘사된다(암브로시우스, 예루살렘의 키릴루스). 세상 종말에 관한 성경의 모든 예언 가운데에서 시편 제102편은 그것을 가장 명확한 말로 묘사한다(아우구스티누스).

삼위일체 하느님은 본성에 따라 영원하시며 변하지 않으신다(풀겐티우스). 우리 인간 본성은 부활을 통해 더 나은 것, 곧 영적이며 썩지 않는 육체로 변화할 것이다(바실리우스). 세상 창조는 아버지의 업적인 만큼 아들의 업적이기도 하다. 아들이 아버지에게서 나셨다는 것은 아들이 아버지보다 열등한 존재라는 뜻이 아니다(요한 크리소스토무스). 그리스도의 신성은 그분의 육화로 달라지지 않았다. 그리스도께서 인성을 취하심으로써 그분의 신성이 보다 못한 것으로 변화한 것이 아니라 그분의 인성이 더 나은 것으로 변했다(아우구스티누스). 하늘과 땅은 사라질 테지만 하느님께서는 그대로 남아 계실 것이다(아타나시우스). 변하는 인간을 변치 않으시는 하느님께서 창조하셨다. 그분께서 변치 않으시는 분이라는 것은 성경이 증언해 준다(아우구스티누스). 하느님은 당신 본성에 반대되는 것은 결코 하실 수 없는 분이시다. 그러나 그리스도 안에서 인간적인 것은 그분의 인성에만 해당하는 것으로 이해해야 한다(테오도레투스).

### 102,24-25 오래 살기를 바라는 기도

#### 짧은 인생

성경에 쓰여 있으니만큼 이 사실은 명백한 일입니다. 즉, 성도들 각 사람에게는 정해진 시간이 주어져 있으며 아무도 그 시간의 끝이 언제인지 모른다는 사실을 다윗의 말은 똑똑히 보여 줍니다. “제 생이 얼마나 짧은지 알려 주소서.” 그는 자기가 알지 못하는 것을 알고 싶어 합니다. 그래서 자기가 앞으로도 한참 살리라 생각했던 부자는 이런 말씀을 들었습니다. “어리석은 자야, 오늘 밤에 네 목숨을 되찾아 갈 것이다. 그러면 네가 마련해 둔 것은 누구 차지가 되겠느냐?”(루카 12,20). 그리고 설교자는 성령 안에서 확신을 지니고서 이렇게 말합니다. “사실 인간은 자기의 때를 모른다”(코헬 9,12). 성조 이사악 또한 자기 아들 에사우에게 이렇게 말했습니다. “네가 보다시피, 나는 이제 늙어서 언제 죽을지 모르겠구나”(창세 27,2).

• 아타나시우스 『자신의 도피에 관한 변론』 15.[1]

이 세상에서 데려가다

"내가 결국에는 그곳에서 너를 다시 데리고 오겠다"(창세 46,4 칠십인역)는 말씀 역시 이 성인 안에서 이루어졌습니다. "결국"이라는 것은 일들의 완성이요 덕들의 극점으로 여겨지기 때문입니다. 실로 이런 이유로 또 다른 성인은 "제 생의 한가운데에서 저를 데려가지 마소서"라고 하였습니다. 성경은 위대한 성조 아브라함에 관해서도 증언하고 있는데, "아브라함은 한껏 살다가 숨을 거두었다"(창세 25,8)라고 합니다. 그러므로 "내가 결국에는 그곳에서 너를 다시 데리고 오겠다"라는 말씀은 그분께서 이렇게 말씀하신 것과 다름없습니다. "'너는 훌륭히 싸웠고 달릴 길을 다 달렸으며 믿음을 지켰으니'(2티모 4,7 참조), 내가 너를 이 세상으로부터 미래의 축복으로, 영원한 생명이라는 완성으로, '주님께서 당신을 사랑하는 모든 이에게 시대의 끝에 주시는 의로움의 화관'(참조: 2티모 4,8; 야고 1,12)으로 너를 데려가겠다."

• 오리게네스 『창세기 강해』 15,6.[2]

오래 살게 해 주시기를 청하는 기도

각 사람에게 할당된 시간이 얼마인지, 그것이 어떤 식으로 할당되어 있는지 하는 것은 모두에게 숨겨져 있어 아무도 알지 못하지만, 봄의 때가 있고 여름의 때가 있으며 가을의 때와 겨울의 때가 있듯이, 죽을 때와 살 때가 있다고 쓰여 있습니다. 그래서 노아의 시대에 살던 세대들의 시간은 짧게 끊겼고 그들의 햇수는 단축되었습니다. 만물의 시간이 가까이 다가왔기 때문이었습니다. 그러나 히즈키야에게는 햇수가 열다섯 해 더해졌습니다. 하느님께서 당신을 성심으로 섬기는 이들에게 "나는 너희의 수명을 채워 주겠다"(탈출 23,26)고 약속하시듯이, 아브라함은 "한껏 살다가"(창세 25,8) 죽었고, 다윗은 절박하게 하느님께 "제 생의 한가운데서 저를 잡아채지 마소서" 하고 애원했습니다. 그리고 욥의 친구 엘리파즈는 이 진실을 확신하고서 이렇게 말합니다. "자네는 제철이 되어 곡식 단이 쌓이듯 수명을 다하고 무덤에 들어갈 것이네"(욥 5,26). 솔로몬은 그의 말이 옳음을 확인해 주며 '악인들의 수명은 때 이르게 짧아진다'(잠언 10,27 참조)고 말합니다. 그래서 그는 집회서에서 "너는 너무 악하게 되지 말고 바보가 되지 마라. 어찌하여 네 시간이 되기 전에 죽으려 하느냐?"(코헬 7,17)고 충고합니다.

• 아타나시우스 『자신의 도피에 관한 변론』 14.[3]

우리는 자신의 생의 햇수를 알지 못한다

이것은 사실입니다(코헬 3,11 참조). 하느님께서 하시는 일을 모두 이해할 수 있는 이는 없기 때문입니다. 나아가, 세상은 하느님의 작품입니다. 그래서 이 세상과 관련하여 무엇이 처음부터 끝까지 그것의 공간인지, 다시 말해, 그것에게 할당된 기간이 얼마인지, 일찍이 그것에게 결정된 한계가 어디까지인지 아무도 알아낼 수 없습니다. 하느님께서 세상 전체를 우리 마음속의 무지의 영역으로 세워 두셨다는 사실을 생각할 때 그렇습니다. 그래서 "저의 날 수가 짧음을 알게 하소서"라고 하는 것입니다. 이런 식으로, 우리의 유익을 위하여, 이 세상[현세]이 끝나는 때[시기]는 우리에게 알려져 있지 않은 것입니다.

• 알렉산드리아의 디오니시우스 『단편집』 1,3,11.[4]

[1] NPNF 2,4,260*.
[2] FC 71,212*.
[3] NPNF 2,4,260*.
[4] ANF 6,114*.

## 102,26-28 하느님께서 하늘과 땅을 창조하셨다

### 땅은 사라지고 인간은 죽지 않는다

하늘은 세상에 속하고 인간은 세상 위에 있습니다. 하늘은 세상의 부분이고 인간은 낙원의 거주자입니다. 그리스도의 소유물입니다. 하늘은 썩지 않는 것으로 여겨집니다만 사라집니다. 인간은 썩는 존재로 간주되지만 썩지 않음을 입었습니다. 하늘의 형상은 사라지지만 인간은 불사의 존재로 되살아납니다. 그렇지만 성경의 권위 있는 말씀에 따르면, 주님의 손이 이 둘을 다 만들었습니다. 우리는 하늘에 대해 이런 말씀을 읽습니다. "하늘도 당신 손의 작품입니다." 인간도 이렇게 말합니다. "당신의 두 손이 저를 지어 굳게 세우셨으니 …"(시편 119,73) "하늘은 하느님의 영광을 이야기하네"(시편 19,1). 하늘이 별들의 광채로 환히 빛나듯, 인간은 그들 선행의 빛으로 환히 빛나며, 그들의 행실은 하늘에 계신 하느님 앞에서 빛납니다(마태 5,16 참조). 하늘은 저 높은 하늘의 궁창이고, 인간은 "내가 이 반석 위에 내 교회를 세울 것이다"(마태 16,18)라는 말씀이 가리키는, 앞의 것과 유사한 궁창입니다. 하늘은 자연계의 요소들을 품어 안고 있는 궁창이고, 인간은 덕들을 품어 안고 있는 궁창입니다. 그리고 이 궁창이 앞의 궁창보다 훨씬 훌륭한 궁창이지요. 그들은 단단한 돌에서 기름을 빨아들입니다(신명 32,13 참조). 그 바위는 하늘과 온 세상을 구원하신 그리스도의 몸이기 때문입니다(1코린 10,4 참조).

• 암브로시우스『서간집』49.[5]

### 세상은 하느님 손으로 만든 작품이다

그러나 예언자들과 사도들은 하느님께서 단지 모습을 드러내시고 물질에 다가가심으로써 세상을 만드셨다고 말하지 않았습니다. 그들은 물질에 대한 언급조차 하지 않았으며, 하느님께서 모든 일을 하시기 전에 당신의 첫 작품인 지혜를 먼저 지으셨다(잠언 8,22-23 참조)[고 하였습니다]. 그리고 '말씀'이 나셨으며, "모든 것이 그분을 통하여 생겨났고 그분 없이 생겨난 것은 하나도 없다"(요한 1,3)[고 하였습니다]. 실로, "주님의 말씀으로 하늘이, 그분의 입김으로 그 모든 군대가 만들어졌습니다"(시편 33,6). 그분은 주님의 오른손, 아니, 두 손이시고, 주님께서는 그 손으로 삼라만상을 지으시고 세우셨습니다. [시편 저자는] 이렇게 말합니다. "하늘도 당신 손의 작품입니다." 그래서 "그분께서는 장뼘으로 하늘과 땅을 재셨다"(이사 40,12)고 하는 것입니다. 그러니 아첨으로 하느님의 눈을 가리려 하지 마십시오. 그분께서 당신 자신의 활기나 행동력을 써서가 아니라 단지 모습을 드러내시거나 가까이 다가가기만 하심으로써 그렇게 다양한 실체들을 만들어 내셨다고 주장하지 말라는 말입니다. "하느님께서는 당신 능력으로 땅을 만드시고 당신 지혜로 세상을 세우셨으며 당신 예지로 하늘을 펼쳐 놓으셨"(예레 51,15)습니다. 이것들이 그분께서 힘을 이용해 삼라만상을 만드신 원기입니다. 그분께서 수고하시어 이루신 일은 그 영광이 더욱 큽니다.

• 테르툴리아누스『헤르모게네스 반박』45.[6]

### 무에서 생겨나는 것은 무로 되돌아간다

다윗도 그런 식으로 말합니다. "당신 손의 작품인 하늘은 사라질 것입니다. 그분께서는 그것들을 옷가지처럼 바꾸시니 그것들은 바뀔 것입니다." 바뀐다는 것은 그것들이 변화를 거치는 동안 잃어버리는 원시적인 상태로부터 떨어져 나오는 것입니다. "하늘의 별들은 무화과나

[5] FC 26,258*.

[6] ANF 3,502*.

무가 거센 바람에 흔들려 설익은 열매가 떨어지듯 땅으로 떨어졌습니다"(묵시 6,13). "주님 앞에서 산들이 밀초처럼 녹아내리네"(시편 97,5). "그분께서 세상을 경악케 하시려 일어나실 때"(이사 2,19) 그럴 것이라는 뜻입니다. "[그러나] 나는 못들을 메마르게 하리라"(이사 42,15). 그리고 "그들은 물을 찾지만 아무것도 발견하지 못하리라"(이사 41,17). "바다도 더 이상 없을 것이다"(묵시 21,1). 이 모든 구절들을 영적으로 해석해야만 한다고 생각하는 사람이 만약 있다 하더라도, 그는 이 구절들에 기록된, 일어나야만 하는 그 주제들이 참으로 이루어진다는 사실을 여전히 배제할 수 없을 것입니다. 모든 비유적 표현은 공상에서 나오는 것이 아니라 실제로 있는 것들을 바탕으로 생겨나기 때문입니다. 실제로 그 자신이 비유 안에서 나누어 주는 바로 그것이 아닌 한, 그 어떤 것도 비유를 위해 자기 자신의 무엇을 줄 수 없기 때문입니다. 그러므로 나는 무에서 온 것들은 모두 결국 무로 돌아갈 것이라는 원칙을 굳게 믿습니다.

• 테르툴리아누스 『헤르모게네스 반박』 34.[7]

### 최후의 심판에 관한 예언

그러나 이 견해는[8] 우리 하느님, 우리 주 예수 그리스도께서 복음서에서 확인해 주신 예언자의 말 앞에 버텨 내지 못합니다. 그래서 다윗은 이렇게 말하였지요. "주님, 처음에 당신께서는 땅을 세우셨습니다. 하늘도 당신 손의 작품입니다. 그것들은 사라져 가도 당신께서는 그대로 계십니다. 그것들은 다 옷처럼 닳아 없어집니다. 당신께서는 그것들을 옷가지처럼 바꾸시니 그것들은 지나가 버립니다. 그러나 당신은 언제나 같으신 분, 당신의 햇수는 끝이 없습니다." 주님께서도 이를 확인해 주시며 이렇게 말씀하셨습니다. "하늘과 땅은 사라질지라도 내 말은 결코 사라지지 않을 것이다"(마태 24,35).

• 암브로시우스 『육일 창조』 1,6,24.[9]

### 새 하늘과 새 땅

"사람도 누우면 하늘이 다할 때까지 다시 일어나지 못하리라"(욥 14,12). 이것은 하늘이 새로이 만들어지기 전에 해당하는 말씀으로 보입니다. 성경에 쓰여 있듯이 '새 하늘과 새 땅이 창조될'(이사 65,17 참조) 것이기 때문입니다. 바늘로 기운 것은 낡은 것이고, 낡은 것은 바뀔 것입니다. 시편 저자의 말을 들어 보십시오. "주님, 한처음에 당신께서는 땅을 세우셨습니다. 하늘도 당신 손의 작품입니다. 그것들은 사라져 가도 당신께서는 그대로 계십니다. 그것들은 다 옷처럼 닳아 없어집니다. 당신께서 그것들을 옷가지처럼 바꾸시니 그것들은 지나가 버립니다." 우리는 옷에다 실을 엮어 맬 수 있습니다. 낡은 것은 바늘로 꿰매니까요. 반면에 새것은 폭력을 겪습니다. "세례자 요한 때부터 하늘 나라는 폭행을 당하고 있다. 폭력을 쓰는 자들이 하늘 나라를 빼앗으려고 한다"(마태 11,12). 유대인들의 회당은 그것을 몇 군데 꿰매었습니다. 교회는 많은 곳을 강제로 손보았습니다. 달리 해석하면 [이 구절은] 지금 우리 눈에 보이는 하늘은 꿰매어진 것이라는 뜻일 수도 있습니다. 구름과 안개와 밤의 어둠, 떠오르는 날의 황금빛 붉음 등 여러 가지 색이 더해진 것이라는 뜻이지요. 그때에는 요한이 말했듯이, "다시는 밤이 없고 등불도 햇빛도 필요 없습니다. 주님께서 그들의 빛이 되어 주실

[7] ANF 3,497*.

[8] 하늘과 별들의 실체는 제5의 물질적 본성인 에테르이며 그래서 하늘의 실체는 영구성을 지닌다고 주장하는 철학자들의 견해를 말한다.

[9] FC 42,24-25*.

것이기 때문입니다"(묵시 22,5). 또는 "불행하여라, 사람들의 목숨을 사냥하려고 베개를 꿰매는 이들!"(에제 13,18 칠십인역). 이 예언자는 이승에서는 안식이 없고 갑작스러운 죽음으로 모든 것을 잃는, 우리 인간이 처한 조건의 비참할 정도의 덧없음을 한탄하고 있습니다. "보라, 내가 모든 것을 새롭게 만든다"(묵시 21,5)라고 하신 대로, 낡은 것을 꿰매어 새로 만들거나 오래된 재료에 새 재료를 덧대는(마태 9,16 참조) 대신 모든 것을 새롭게 만드실 분께서 오실 때까지 인간은 참으로 오랫동안 일어나지 못하리라는 것을 성령께서 그에게 계시해 주셨습니다. 그분은 부활이시며, 죽은 이들의 맏이(참조: 콜로 1,18; 묵시 1,5)이십니다. 우리 모두는 그분 안에서 미래의 부활을 특권으로 받았습니다. 그러나 지금까지는 그분 홀로 영원한 부활을 이루셨습니다.

• 암브로시우스 『욥과 다윗의 탄원』 1,7,24-25.[10]

### 하늘과 땅이 다시 새로워질 것이다

그러므로 우리 주 예수 그리스도께서는 하늘로부터 오실 것입니다. 이 세상 종말 때, 최후의 날에 영광을 지니고서 오실 것입니다. 이 세상이 종말을 맞는 때가 올 것입니다. 창조된 이 세상은 다시 새로워질 것입니다. 타락, 도둑질, 간음 등 온갖 종류의 죄들이 땅을 온통 채웠고 피에 대한 값을 피로 치렀습니다. 이 아름다운 거주지가 영원히 죄악으로 가득 차게 되는 것을 막고자, 더 아름다운 세상이 들어설 자리를 마련하려고 이 세상은 사라질 것입니다. 실제로 그러하리라는 증거를 성경에서 보고 싶습니까? 이사야의 말을 들어 보십시오. "하늘은 두루마리처럼 말리며 그 군대는 모두 시들리니 포도 잎이 시들듯, 무화과나무에서 열매가 시들 듯하리라"(이사 34,4). 그리고 복음서는 이렇게 말합니다. "해는 어두워지고 달은 빛을 내지 않으며 별들은 하늘에서 떨어질 것이다"(마태 24,29). 우리만 죽는다는 듯이 슬퍼하지 맙시다. 별들도 죽으니 말입니다. 그러나 어쩌면 그것들은 다시 살아날 것입니다. 주님께서 하늘을 두루마리처럼 마시는 것은 그것을 파괴하시려는 것이 아니라 더욱 아름답게 되살리시려는 것입니다. 다윗 예언자의 말에 귀를 기울이십시오. "예전에 당신께서는 땅을 세우셨습니다. 하늘도 당신 손의 작품입니다. 그것들은 사라져 가도 당신께서는 그대로 계십니다." 그러나 이렇게 말하는 이도 있을 것입니다. "보시오, 그가 '그것들은 사라져 갈 것이다' 하였소. 그러나 그가 어떤 의미로 '그것들은 사라져 갈 것이다'라고 했는지 잘 생각해 보시오. 뒤에 이어지는 내용을 보면 뜻이 명확합니다. '모든 것이 옷처럼 낡아진다. 당신께서는 그것들을 옷처럼 바꾸시며 그것들은 변화한다'"라고요. 이 본문에 따르면, 인간이 사라져 가리라고 하듯이, "의인이 사라져 가도 마음에 두는 자 하나도 없다"(이사 57,1)고 하며, 의인의 부활이 기대되듯이 우리도 하늘의 "부활"을 고대합니다.

• 예루살렘의 키릴루스 『예비신자 교리교육』 15,3.[11]

### 세상의 종말에 관한 분명한 예언

시편은 최후 심판에 관해 많은 이야기를 하지만 대부분 지나가는 말로 짤막하게 언급할 뿐입니다. 하지만 시편에서 이 세상의 종말에 대해 아주 노골적으로 말한 부분은 안 짚고 넘어갈 수 없습니다. "주님, 한처음에 당신께서 땅을 세우셨습니다. 하늘도 당신 손의 작품입니다. 그것들은 사라져 가도 당신께서는 그대로 계십니다. 그것들은 다 옷처럼 닳아 없어집니다. 당신께서 그

[10] FC 65,344-45*.

[11] FC 64,55-56.

것들을 옷가지처럼 바꾸시니, 그것들은 지나가 버립니다. 그러나 당신은 언제나 같으신 분, 당신의 햇수는 끝이 없습니다."

• 아우구스티누스 『신국론』 20,24.[12]

하느님은 영원하시며 변치 않으신다

유일하신 참된 하느님, 거룩하신 삼위일체께서는 영원하시며 또한 본성에 따라 변함이 없으신 유일하신 분임을 굳게 믿고 결코 의심하지 마십시오. 하느님께서는 당신 종 모세에게 하신 이 말씀으로 그 사실을 알려 주십니다. "나는 있는 나다"(탈출 3,14). 그래서 시편도 이렇게 말합니다. "한처음에 당신께서는 땅을 세우셨습니다. 하늘도 당신 손의 작품입니다. 그것들은 사라져 가도 당신께서는 그대로 계십니다."

• 루스페의 풀겐티우스
『신앙에 관해 페트루스에게』 4,50.[13]

더 나은 것으로 변화한다

바로 이런 이유로, 해석자들[14] 가운데 하나는 같은 내용을[15] 아름답고 정확하게 또 다른 제목으로 우리에게 전해 주었다고 생각됩니다. "그것들은 사라져 가도"라는 표현 대신 "백합들은 …"이라고 썼지요. 그는 인간 본성의 무상함을 금세 지고 마는 꽃의 덧없음에 비유하는 것이 어울린다고 생각했습니다. 그러나 이 단어의 시제가 미래이니(언젠가 나중에 이 변화가 우리 눈에 보이게 되리라는 듯이, "그것들은 변화할 것이다"로 되어 있지요), 여기에 우리가 변화, 더 낫고 영적인 변화를 맞게 될 부활 교리가 암시되어 있는지 생각해 봅시다. 그는 이렇게 말합니다. "썩어 없어질 것으로 묻히지만 썩지 않는 것으로 되살아납니다." 그 변화가 보이십니까? "비천한 것으로 묻히지만 영광스러운 것으로 되살아납니다. 물질적인 몸으로 묻히지만 영적인 몸으로 되살아납니다"(1코린 15,42-44). 형체를 가진 모든 피조물이 그때에 우리와 함께 변화할 것입니다. 또한 "하늘들은 옷처럼, 옷가지처럼 닳아 없어질 것입니다." 하느님께서 "그것들을 바꾸시니 그것들은 지나가 버립니다". 이사야에 따르면, 그때에 "달빛은 햇빛처럼 되고 햇빛은 일곱 배나 밝아질"(이사 30,26) 것입니다.

• 대 바실리우스 『시편 강해』 17,2.[16]

아들은 아버지보다 열등한 존재가 아니다

그런데 "통하여"라는 단어가 열등함이라는 뜻을 내포한다고 생각하는 사람이 있다면, [예언자의] 이 말을 잘 들어 보십시오. "한처음에 당신께서는 땅을 세우셨습니다. 하늘도 당신 손의 작품입니다." 아버지를 창조주로 이야기한 이 내용은 아들에게도 해당합니다. [예언자가] 아들도 창조주로 여기지 않았더라면, 아들이 누구에게든 상대적으로 열등한 존재라 생각했다면 이렇게 말하였을 리가 없습니다. 그리고 "통하여"라는 말이 이 대목에서 사용된 것은, 아들이 [아버지에게서] 나지 않으셨다고 생각하는 사람이 있어서는 안 된다는 견해에서 나온 표현입니다.

• 요한 크리소스토무스 『요한 복음 강해』 5.[17]

그리스도의 불변성

그들이[18] 주님의 신적 실체가 그분께서 아버

[12] *CG* 947.

[13] FC 95,92.

[14] 베네딕도 수도회 편집자들은 대 바실리우스가 번역자 아퀼라를 염두에 두고 이 말을 하고 있다고 생각한다.

[15] 살아 있는 존재들은 자라고 나이 들며, 삶의 조건과 기분의 변동 등 끊임없이 변화한다는 개념을 가리킨다.

[16] FC 46,277*.

[17] FC 33,62-63*.

[18] 아우구스티누스는 이 설교에서 그리스도의 육체는 실체가 아니라 겉모습일 뿐이었다고 주장하는 마니교도들을 반박하고 있다.

지와 함께 계실 때와 주님께서 육체를 취하지 않으신 채 지상에 당신 모습을 드러내기 원하셨을 때의 실체와 다르다고 말한다고 가정해 봅시다. 그렇다면 그 한심한 바보들은 신적 실체가 시간과 장소 안에서 변화에 종속된다고 말하는 것과 다름없지 않습니까? 그들은 예언자의 이 말씀을 읽으려 하지 않거나 이 말씀을 이해하지 못하는 것 같습니다. "그것들은 사라져 가도 당신께서는 그대로 계십니다. 그것들은 다 옷처럼 닳아 없어집니다. 당신께서 그것들을 옷가지처럼 바꾸시니 그것들은 지나가 버립니다. 그러나 당신은 언제나 같으신 분, 당신의 햇수는 끝이 없습니다." '지혜'에 관하여 거룩한 지혜서에 쓰여 있는 이 말씀에 대해서도 마찬가지입니다. "지혜는 자신 안에 머무르면서 모든 것을 새롭게 한다"(지혜 7,27).

• 아우구스티누스 『설교집』 12,10.[19]

더 좋은 것으로 변한 인간의 육

그들이[20] "너무나 불순한"이라고 하는 대신 "너무나 나약한"이라고 말한다면, 우리는 전적으로 동의합니다. 그것이 바로 그리스도께서 우리의 힘이신 이유이니까요. 그분은 우리의 나약함 때문에 변하지 않으셨기 때문입니다. 여기서 나는 예언자의 이 말이 얼마나 옳은지 절감합니다. "당신께서 그것들을 바꾸시니 그것들은 바뀔 것입니다. 그러나 당신은 언제나 같으신 분, 당신의 햇수는 끝이 없습니다." 육의 나약함은 그분을 나쁜 쪽으로 변화시키지 못했고 오히려 그분 덕분에 더 나은 것으로 변했습니다.

• 아우구스티누스 『설교집』 12,12.[21]

불변하시는 하느님

그러므로 불변하시는 하느님은 그 모습도 불변하는 것이 틀림없습니다. "예수 그리스도는 어제도 오늘도 또 영원히 같은 분"(히브 13,8)이시기 때문입니다. 그리고 다윗은 그 시편에서 그분에 관해 이렇게 말했습니다. "주님, 한처음에 당신께서는 땅을 세우셨습니다. 하늘도 당신 손의 작품입니다. 그것들은 사라져 가도 당신께서는 그대로 계십니다. 그것들은 다 옷처럼 닳아 없어집니다. 당신께서는 그것들을 옷가지처럼 접으시니 그것들은 변화합니다. 그러나 당신은 언제나 같으신 분, 당신의 햇수는 끝이 없습니다." 그리고 주님께서는 당신에 관해 예언자를 통해 이렇게 말씀하셨습니다. "이제 너희는 보아라! 나, 바로 내가 그다. 나 주님은 변하지 않는다"(신명 32,39; 말라 3,6).

• 아타나시우스 『아리우스파 반박 연설』 1,10,36.[22]

하느님은 불변하신다

우리가 우리 신앙에 따라 신봉하며 이성 또한 입증해 주는 이러한 사실들은 성경의 증언들로도 확증됩니다. 그러니 지적 능력이 떨어져 논증을 이해하기 어려운 사람들은 [성경의] 거룩한 권위에 의거해 이 사실들을 믿는다면 그것을 깨달을 수 있게 될 것입니다. 그것을 이해하는 일에 있어 교회에서 사용하는 거룩한 책들에 대해 많이 배우지 못한 이들은 우리가 우리 머리로 이 사실들을 꾸며 내었으며 성경에는 그런 내용이 없다고 믿어서는 안 될 것입니다. 하느님께서 불변하신다는 사실은 시편들에 이렇게 쓰여 있습니다. "당신께서 그것들을 바꾸시니 그것들은

[19] *WSA* 3,1,302-3.

[20] 마니교도들은 육체는 물질이고 물질은 악이므로 불순하다고 믿었다.

[21] *WSA* 3,1,304.

[22] NPNF 2,4,327*.

변화할 것입니다. 그러나 당신은 언제나 같으신 분." 그리고 지혜서에는 '지혜'에 대해 이렇게 쓰여 있습니다. "지혜는 자신 안에 머무르면서 모든 것을 새롭게 한다"(지혜 7,27). 바오로 사도는 이렇게 말합니다. "지혜이신 하느님께서만 불사불멸하시고 눈에 보이지 않습니다"(1티모 1,17). 야고보 사도는 이렇게 썼습니다. "온갖 좋은 선물과 모든 완전한 은사는 위에서 옵니다. 빛의 아버지에게서 내려오는 것입니다. 그분께는 변화도 없고 변동에 따른 그림자도 없습니다"(야고 1,17). 아들은 만들어지지 않았지만 만물은 그분을 통하여 만들어졌기에, "한처음에 말씀이 계셨다. 말씀은 하느님과 함께 계셨는데 말씀은 하느님이셨다. 그분께서는 한처음에 하느님과 함께 계셨다. 모든 것이 그분을 통하여 생겨났고 그분 없이 생겨난 것은 하나도 없다"(요한 1,1-3)고 쓰여 있습니다.

• 아우구스티누스 『선의 본성』 24.[23]

하느님의 본성

우리 자신의 영혼에 관해서도 그것이 죽지 않는다고 말할 때, 우리는 영혼의 나약함을 진술하는 것이 아니라 영혼이 불사하는 능력을 선포하는 것입니다. 이와 마찬가지로, 우리가 하느님의 불변성, 감정의 동요 없음, 불사를 고백할 때, 우리는 신적 본성에 변화나 고통, 죽음 같은 것이 있다고 결코 말할 수 없습니다. 그들이 하느님께서는 당신께서 원하시는 것이면 무엇이든 하실 수 있다고 주장한다면, 당신은 그들에게 하느님께서는 당신 본성에 어긋나는 것은 결코 하고자 하시지 않는다고 대답해야 합니다. 그분은 본성상 선하시며 따라서 그분은 악한 것은 그 무엇도 원하지 않으십니다. 그분은 본성상 공정하시며 따라서 불공정한 것은 그 무엇도 원하지 않으십니다. 그분은 본성상 참되시며 따라서 그분께서는 거짓을 역겨워하십니다. 그분은 본성상 불변하시기에 당신께 변화를 허용하지 않으십니다. 그분은 당신의 변화를 허용치 않으시기에 언제나 그 상태 그대로이십니다. 이 점을 그분께서는 예언자를 통하여 이렇게 언명하십니다. "나 주님은 변하지 않는다"(말라 3,6). 그리고 복된 다윗은 이렇게 말합니다. "당신은 언제나 같으신 분, 당신의 햇수는 끝이 없습니다." 그분이 언제나 같으신 분이시라면, 그분은 어떠한 변화도 거치지 않으십니다. 그분께서 본성적으로 변화나 변천보다 우월하시다면, 그분은 불사하셨다가 죽는 존재로, 고통을 모르는 존재이셨다가 고통을 느끼는 존재로 변하지 않으셨습니다. 그런 일이 가능했더라면 그분께서 우리의 본성을 취하셨을 리 없기 때문입니다. 그러나 그분께서는 불사의 본성을 지니셨기에, 고통을 느낄 수 있는 육체를, 그리고 육체와 함께 인간의 영혼을 취하셨습니다. 그분께서는 이 둘을 다 죄의 더러움으로부터 지키셨고, 죄를 지은 영혼들을 위하여 당신의 영혼을 그리고 죽은 육체들을 위하여 당신의 육체를 내주셨습니다. 그리고 그분께서 취하신 육체는 하느님 외아들의 육체로 묘사되므로 그분 육체의 수난은 그분 자신의 수난입니다.

• 키루스의 테오도레투스 『서간집』 144.[24]

[23] LCC 6,333-34*.

[24] NPNF 2,3,311*.

## 103,1-22 하느님의 사랑과 연민을 찬미하는 노래

1 [다윗]
내 영혼아, 주님을 찬미하여라.
내 안의 모든 것들아,
그분의 거룩하신 이름을 찬미하여라.
2 내 영혼아, 주님을 찬미하여라.
그분께서 해 주신 일 하나도 잊지 마라.
3 네 모든 잘못을 용서하시고
네 모든 아픔을 낫게 하시는 분.
4 네 목숨을 구렁에서 구해 내시고
자애와 자비로 관을 씌워 주시는 분.
5 그분께서 네 한평생을① 복으로 채워 주시어
네 젊음이 독수리처럼 새로워지는구나.
6 주님께서는 정의를 실천하시고
억눌린 이들 모두에게 공정을 베푸신다.
7 당신의 길을 모세에게,
당신의 업적을 이스라엘 자손들에게
알리셨다.
8 주님께서는 자비하시고 너그러우시며
분노에 더디시고 자애가 넘치신다.
9 끝까지 따지지 않으시고
끝끝내 화를 품지 않으시며
10 우리의 죄대로 우리를 다루지 않으시고
우리의 잘못대로 우리에게 갚지 않으신다.
11 오히려 하늘이 땅 위에 드높은 것처럼
그분의 자애는
당신을 경외하는 이들 위에 굳세다.
12 해 뜨는 데가 해 지는 데서 먼 것처럼
우리의 허물들을 우리에게서 멀리하신다.
13 아버지가 자식들을 가엾이 여기듯
주님께서는 당신을 경외하는 이들을
가엾이 여기시니
14 우리의 됨됨이를 아시고
우리가 티끌임을 기억하시기 때문이다.
15 사람이란 그 세월 풀과 같아
들의 꽃처럼 피어나지만
16 바람이 그를 스치면 이내 사라져
그 있던 자리조차 알아내지 못한다.
17 그러나 주님의 자애는 영원에서 영원까지
당신을 경외하는 이들 위에 머무르고
당신의 의로움은 대대에 이르리라,
18 당신의 계약을 지키는 이들에게
당신의 규정을 기억하여 실천하는
이들에게.
19 주님께서는 하늘에 당신 어좌를
든든히 세우시고
그분의 왕권은 만물을 다스리신다.
20 주님을 찬미하여라, 주님의 천사들아
그분 말씀에 귀 기울이고
그분 말씀을 실천하는 힘센 용사들아.
21 주님을 찬미하여라, 주님의 모든 군대들아
그분 뜻을 실천하는 신하들아.
22 주님을 찬미하여라,
주님의 모든 조물들아,
그분 왕국의 모든 곳에서.
내 영혼아, 주님을 찬미하여라.

① 히브리어 본문의 단어는 뜻이 불명확하다.

둘러보기

죄 많은 자기 영혼을 정화하는 그리스도인만이 성경의 더 깊은 영적 의미를 올바로 이해할 수 있다(오리게네스). 하느님께서 과거의 죄만을 용서하실 수 있다 믿는 것은 신성모독이다. 하느님은 우리의 모든 병을 치료하고 우리의 모든 죄를 용서하실 수 있는 자비로운 의사요 전문가이시다(풀겐티우스). 죄는 하느님께서 창조하신 우리의 본성과 맞지 않는 질병과 같다. 그래서 죄는 용서받아야 하는 것일 뿐 아니라, 비록 이승에서 완전하게 이루어질 수는 없다 하더라도 아예 박멸되어야 한다. 이승에서는 우리가 죄를 완전하게 없앨 수 없으므로 최대한 그것을 줄이기 위해 노력해야 한다. 우리는 하느님에 의해 영적으로 새로워지기 전까지는 이해력이 모자라고 영적 어둠과 임박한 징벌 때문에 겁에 질린다. 하느님께서는 우리가 자격이 있어서가 아니라 자비와 연민의 마음에서 우리에게 생명의 화관을 약속하신다(아우구스티누스). 재에서 다시 살아난다는 전설적인 새 피닉스처럼, 죄인들은 세례성사를 통하여 하느님 안에서 새 생명으로 다시 태어난다. 하느님께서는 영혼을 육체와 갈라놓는 죽음 이전에도 우리의 영혼을 속된 것들로부터 거룩한 것들로 들어 올려 독수리가 젊음을 되찾듯이 영혼을 새롭게 하라고 가르치신다. 우리에게 두 다리가 있다는 것은 우리가 새와 유사성을 지녔음을 시사한다. 따라서 우리는 우리의 눈을 저 위에 있는 것들에, 하늘에 있는 것들을 뜻하는 독수리들보다 더 높은 것들에 두어야 한다(암브로시우스). 세례 안에서 우리는 의로움의 젊은 상태로 회복된다(막시무스).

사람들은 자기 양심과 하느님께서 내리신 성문법을 어겼지만, 하느님께서는 그들에게 마땅한 벌과 치욕을 내리시지 않고 자비와 은총으로 그들을 용서하시고 당신의 자녀라는 위치로 회복시키셨다(요한 크리소스토무스). 인간은 하느님을 하느님께서 허용하신 정도까지만 안다(니사의 그레고리우스). 하느님께서는 우리 죄에 합당하게 우리를 대하시지 않고 우리에게 과분한 당신의 자비에 따라 대하시기에 우리는 믿음으로 의로움을 인정받는다(풀겐티우스). 우리는 우리 자신을 사악한 사람들과 사건들에서 떼어 놓아야 할 뿐 아니라 공권력을 지닌 사람들을 지지하고 다른 사람들이 악행을 하지 못하도록 막아야 한다. 그래야 하느님께서 그들에게 자비를 베푸시고 인류의 악이 끝나게 하신다(아우구스티누스). 시편 저자의 말은 염소들이 양들과 분리될 최후의 날에 이루어질 것이다. 사악한 이들은 그들이 땅에서 저지른 사악함에 대해 벌을 받을 것이고, 의로운 이들은 하느님께서 그들이 할 수 있도록 해 주신 선한 공로들에 대하여 상을 받을 것이다(풀겐티우스). 선하시고 자비로우신 하느님께서는 하늘이 땅에서 멀 듯이 우리의 죄를 우리에게서 멀리 치워 주셨다(파코미우스). 바오로 사도는 박해자로서 땅에 내던져졌다가 설교자로서 일으켜 세워졌을 때, 하느님께서는 우리 죄에 따라 우리를 대하지 않으신다는 시편 저자의 약속에 따라 자신이 하느님의 자비를 입었음을 깨달았다(카이사리우스). 하느님께서는 당신께서 아끼시는 이들을 물리치지 않으시며, 그들이 나약할 때 힘을 키워 주시고 그들에게서 죄를 씻어 주신다(암브로시우스). 구원받은 이들은 하늘에서 서로를 알아보게 될 것이며 자신들이 땅에서 알았던 것들을 기억할 테지만, 사악한 자들은 이 두 가지를 다 하지 못하게 될 것이다(『신학자 요한의 제2정경 묵시록』).

인간의 생명은 공중에 그 지나간 흔적을 남기지 않는 새의 날아감과 같고 바다에 자기가 지나온 흔적을 남기지 않는 배의 항해와 같다(나지안주스의 그레고리우스). 선한 사람들도 이 세상에서 많은 역경과 고뇌와 때 이른 죽음을 겪는다(암브로시우스). 하느님께서는 당신의 계명을 지키기 위해서가 아니라 업신여기고 공격하기 위해 기억하는 이들을 심판하실 것이다(아우구스티누스).

시편 제103편에서 다윗은, 하늘에서 하느님의 뜻을 행한다 함은 의인들이 땅에서 하듯 천사들이 그곳에서 하느님의 뜻을 행한다는 뜻임을 우리가 깨닫도록 도와준다(예루살렘의 키릴루스). 하느님의 뜻을 수행하는 천사들은 행복하다. 삼위일체의 신비를 선포하고 죄 씻음을 실행하는 그들은 인간 구원의 도구이기 때문이다(니사의 그레고리우스).

### 103,1-5 하느님 안에서 새로운 삶

#### 지혜에 관한 영적 이해

같은 식으로, "내장을 덮은 굳기름, 콩팥과 거기에 있는 허리께의 굳기름"(레위 7,4 참조)을 제단에 올리라고 명령되어 있습니다. 그러니 이런 말씀을 듣는 여러분은 여러분 안에서 특히 죄스러우며 여러분의 '속사람'을 감추는 모든 것을 제단의 불에 바쳐야 한다는 것을 아십시오. 그래야 여러분의 '속사람' 전체가 정화되어 여러분도 다윗처럼 "내 영혼아, 주님을 찬미하여라. 내 안의 모든 것들아, 그분의 거룩하신 이름을 찬미하여라" 하고 말할 수 있게 됩니다. 여러분의 속사람을 건드리는 그 죄스러움이 제거되지 않는 한, 여러분의 속사람은 섬세하고 영적인 의미를 붙잡을 수 없고 지혜의 깨달음을 받아들일 수도 없습니다. 따라서 주님을 찬미하지도 못합니다.

• 오리게네스 『레위기 강해』 5,4,3.[1]

#### 모든 죄는 용서받을 수 있다

과거의 악을 참회함으로써 좋은 것들로 돌아섰던 사람이 어떠한 죄에 대해서도 용서는 있을 수 없다고 믿는다면 그를 참으로 불경하고 신성을 모독하는 자라고 생각하지 않을 사람이 누가 있겠습니까?[2] 이런 믿음이 가져오는 것이라곤 전능하신 의사의 손이 인간 구원을 실행하지 못하도록 절망이라는 악덕으로 밀쳐 내는 것밖에 없지 않겠습니까? 그 의사께서는 이렇게 말씀하십니다. "건강한 이들에게는 의사가 필요하지 않으나 병든 이들에게는 필요하다"(루카 5,31). 우리의 의사가 전문가라면, 그는 모든 병을 치료할 수 있습니다. 하느님께서 자비로우신 분이시라면, 그분께서는 모든 죄를 용서하실 수 있습니다. 모든 악을 이기지 못하는 선은 완전한 선이 아니며, 고치지 못하는 질병이 하나라도 있는 약은 완전한 약이 아닙니다. 거룩한 책에 "악은 지혜를 이겨 내지 못한다"(지혜 7,30)고 쓰여 있습니다. 그리고 우리 의사의 전능함은 시편의 다음과 같은 말을 통해 알려져 있습니다. "내 영혼아, 주님을 찬미하여라. 내 안의 모든 것들아, 그분의 거룩하신 이름을 찬미하여라. 그분께서 해 주신 일 하나도 잊지 마라. 네 모든 잘못을 용서하시고 네 모든 아픔을 낫게 하시는 분. 네 목숨을 구렁에서 구해 내시고 자애와 자비로 관을 씌워 주시는 분. 그분께서 네 한평생을 복으로 채워 주시어 네 젊음이 독수리처럼 새로워지는구나." 나는 묻고 싶습니다. 주님께서 우리의 모든 잘못을 용서하시는데, 무엇을 우리가 용서받을 수 없다고 생각합니까? 주님께서 우리의 모든 병을 낫게 하시는데, 우리 안에서 치유받을 수 없는 것이 무엇이라고 생각합니까? 선한 것들로 소망

[1] FC 83,97*.

[2] 위중한 죄는, 특히 세례 이후에 저질렀다면 교회에서 죄 사함을 받을 수 없다는 것이 초기 교회의 보편적 믿음이었다.

이 충족된, 치유받고 의롭게 된 사람에게 아직도 결핍된 것이 무엇이라도 있습니까? 화관이 사랑과 자비와 함께 주어진 사람이 완전한 용서라는 은혜를 받지 않았다고 생각할 수 있습니까? 그러니 의사에게 절망해 자신의 병 안에 남아 있는 사람이 아무도 없도록 합시다. 하느님의 자비를 가볍게 여기고서 죄악 속에서 기회를 놓치는 사람이 아무도 없도록 합시다. 바오로 사도가 힘주어 말하듯이, "그리스도께서는 불경한 자들을 위하여 돌아가셨습니다"(로마 5,6).

• 루스페의 풀겐티우스 『서간집』 7,4.[3]

#### 우리의 본성은 치유가 필요하다

그대가[4] 논증하고 싶은 마음이 없다면, 그대가 달리 해석하려 애쓰는 것을 우리가 얼마나 정확하게 이해하고 있는지 지금쯤은 알아볼 것입니다. 예언자는 "네 모든 잘못을 용서 — 이는 모든 죄를 사함으로써 이루어지는 일이지요 — 하시고"라는 말 다음에 곧바로 "네 모든 아픔을 낫게 하시는 분"이라고 덧붙였습니다. 그는 그러한 악들이 치유되기 전까지, 이승에서 가능한 만큼 점차적으로 줄어들 때까지는 성도들이 내적인 전투를 결코 끝낼 수 없는 악들이 무엇인지 우리가 이해하기 바랍니다. 정결의 덕이 흔들리지 않을 때조차도 육이 영을 거슬러 욕망하게 하는 병이 존재하지 않습니까? 병이 없을 때, 영은 그것을 거슬러 욕망하지 않습니다. 영은 적어도 거기에 동의하지 않음으로써 건강을 얻기를 욕망하기 때문입니다. 영은 싸우지 않음으로써는 그렇게 할 수 없기 때문입니다. 우리는 지금 우리가 우리 안에서 감지하는 우리 자신에 대한 저항에 대해 이야기하고 있습니다. 그것이 우리 본성에 낯선 것이면 우리는 그것을 제거해야만 하고, 그것이 우리 자신에게서 유래하는 것이면 그것은 치유되어야만 합니다. 우리가 그것이 낯선 본성이며 제거되어야만 하는 것이라고 말한다면, 우리는 마니교도들의 견해에 동의하는 것입니다.[5] 그러니 우리는 그것이 우리 자신의 치유되어야만 하는 본성이라고 고백합시다. 그렇게 한다면 우리는 마니교도나 펠라기우스파[6]와는 전혀 다르게 생각하는 것입니다.

• 아우구스티누스 『율리아누스 반박』 6,18,57.[7]

#### 용서와 하느님 약속의 실현

하느님, 이 한처음에 당신께서 하늘과 땅을 만드셨습니다. 당신의 말씀에서, 당신의 아들에게서, 당신의 능력에서, 당신의 지혜에서, 당신의 진리에서 오묘하게 말씀하시고 오묘하게 만드시고 하셨습니다. 하지만 누가 알아듣겠습니까? 누가 이야기할 수 있겠습니까? 저 빛, 저를 들이비추는 저 빛, 생채기를 내지 않은 채 제 마음을 후려치는 저 빛은 대체 무엇입니까? 저는 몸이 떨리면서 화끈거리기도 합니다. 그와 닮지 못했다는 점에서 떨리고 그와 닮았다는 점에서 화끈거립니다. 지혜, 바로 지혜입니다. 그가 저를 들이비추고, 제가 지혜로부터 멀어지자마자 저를 다시 뒤덮는 저의 먹구름을 제게서 거둬 버리는 것도 저 지혜입니다. 저 구름은 저의 죄벌에서 오는 짙은 연기와 덤불로 저를 뒤덮고, 그 바람에 제 기력은 빈궁할 대로 빈궁해져 꺾이고 말며(시편 31,11 참조), 주님, 당신께서 제 모든 죄

[3] FC 95,355-56*.

[4] 펠라기우스파 이단자 율리아누스를 가리킨다.

[5] 마니교도들은 세상에 대한 매우 강한 이원론을 신봉하며, 물질은 절대적으로 악하고 영적인 것은 전부 선하다고 주장했다.

[6] 펠라기우스파는 원죄 교리를 부정했다. 그들은 사람은 예수 그리스도의 구속 행위와는 관계없이 선행만으로 구원받는다고 단언했다.

[7] FC 35,367*.

악을 용서해 주시고 제 모든 질병을 낫게 하시지 않는 한, 저로서는 제 선善을 지탱하지 못하기 때문입니다. 주님, 당신께서 저의 생명을 부패에서 구해 내시고, 자애와 자비로 제게 관을 씌워 주시며, 선으로 저의 소원을 채워 주셔서 독수리처럼 저의 젊음이 새로워집니다(시편 103,3-5 참조). "무릇 저희는 희망으로 구원을 얻었고"(로마 8,24) 인내심을 갖고 당신의 언약을 기다립니다. 그럴 능력이 있는 이는 내심에서 말씀을 건네시는 당신 소리를 듣도록 해 주십시오. 저는 신뢰를 품고 당신의 신탁을 받들어 외치겠습니다. "주님, 당신의 업적은 얼마나 위대합니까? 그 모든 것을 당신 슬기로 이루셨습니다"(시편 104,24). 그 지혜가 곧 한처음입니다. 그 한처음에 당신께서 하늘과 땅을 만드셨습니다.

• 아우구스티누스『고백록』11,9.[8]

### 생명의 화관

마지막으로, 모든 부패에서의 구원 이후에 남은 것이 의로움의 화관 아니고 무엇입니까? 분명 그것은 남아 있습니다. 그러나 그렇다고 해도, 아니 그러하므로, 머리가 그 화관을 받아들이지 못할 만큼 부어오르지 않도록 주의하십시오. 이 시편을 잘 듣고 주의를 기울여, 이 화관은 부어오른 머리에 씌워지기를 거부한다는 사실을 아십시오. [시편 저자는] "네 목숨을 썩음에서 구해 내시고"라고 한 다음 "관을 씌워 주시는 분"이라고 합니다. 이 지점에서 여러분은 "'관을 씌워 주시는 분'이라는 말이 뜻하는 바는 나의 공로가 인정된다, 나의 덕이 이런 결과를 가져왔다, 선물이 주어지는 것이 아니라 빚이 상환되는 것이다"라고 말할 참이었습니다. 그러나 시편의 말씀을 들으십시오. 사실, 여러분은 이 말도 즐겨 하지 않습니까? "사람은 모두 거짓말쟁이"(시편 116,11)라고. 그러니 하느님께서 하시는 말씀에 귀 기울이십시오. "자애와 자비로 관을 씌워 주시는 분." 그러니까 그분께서 여러분에게 관을 씌워 주시는 것은 자비 때문입니다. 그분은 자애로 말미암아 여러분에게 관을 씌워 주십니다. 내 말은, 여러분은 부르심을 받을 자격이 없었는데, 의롭게 되도록, 영광스럽게 되기 위하여 의롭게 되도록 불렸다는 것입니다.

• 아우구스티누스『설교집』131,8.[9]

### 세례로 다시 태어나다

저자가[10] 쓴 그 표현들을 볼 때, 그가 세례에 관해 이야기하고 있다는 것은 명백합니다. 그는 우리를 새롭게 태어나게 하는 세례반이라는 수단을 통하여 우리가 새롭게 되는 만큼, 타락한 이들이 회개하도록 새롭게 하는 것은 불가능하다고 말합니다. 바오로 사도는 세례에 대하여 이렇게 말합니다. "우리는 그분의 죽음과 하나 되는 세례를 통하여 그분과 함께 묻혔습니다. 그리하여 그리스도께서 아버지의 영광을 통하여 죽은 이들 가운데에서 되살아나신 것처럼, 우리도 새로운 삶을 살아가게 되었습니다"(로마 6,4). 또 다른 곳에서는 이렇게 말합니다. "여러분의 영과 마음이 새로워져, 하느님의 모습에 따라 창조된 새 인간을 입어야 한다는 것입니다"(에페 4,23-24). 또 이런 말씀도 있습니다. "네 젊음이 독수리처럼 새로워지는구나." 피닉스가 죽은 뒤 재에서 다시 태어나듯, 죄 안에서 죽은 우리가 세례성사를 통하여 하느님께로 다시 태어나 새롭게 창조되기 때문입니다. 그래서 다른 곳에서와

[8] AC 260-61.

[9] *WSA* 3,4,320-21.

[10] 히브리서의 저자(암브로시우스는 이 저자가 바오로 사도라고 생각했다)를 가리킨다. 몬타누스파와 노바티우스파는 히브리서 6,4-6을 근거로 위중한 죄에 대해서는 (두 번째) 용서란 없다고 주장했다.

마찬가지로 여기서도 그는 세례는 하나라고 가르칩니다. "믿음도 하나이며 세례도 하나"(에페 4,5)라고 말합니다.

• 암브로시우스 『참회론』 2,2,8.[11]

영원한 것을 얻으려고 애써라

그러나 우리는 죽음이란 모든 사람에게 공통되는 것이라고 말합시다. 죽음은 일반적으로 영혼에 해를 끼치지 않는데 우리가 죽음을 왜 두려워해야 합니까? "육체는 죽여도 영혼은 죽일 수 없는 자들을 두려워하지 마라"(마태 10,28)라고 쓰여 있으니 말입니다. 영혼은 죽음을 통해 자유롭게 됩니다. 죽음을 통해 자신의 거주지였던 육체에서 분리되며 불안이라는 덮개를 벗어 버립니다. 그러니 우리도 죽음의 길을 따르는 육체 안에 있는 동안, 말하자면 이 육적인 침상에서 우리 육체를 일으키고 무덤에서 일어납시다. 육체의 속박에서 물러나 땅에 속한 것은 무엇이든 모두 버립시다. 그리면 적수가 와도 그자는 우리 안에서 아무것도 발견하지 못할 것입니다(요한 14,30 참조). 영원한 것을 추구하며 사랑의 날개와 자애의 노를 도움 삼아 신적인 것을 향해 날아갑시다. 여기, 곧 현세의 것들과 세상의 일들에서 일어납시다. 주님께서 "일어나 가자"(요한 14,31)라는 말씀으로 각자는 세상에서 일어나고 땅에 누워 있는 자기 영혼을 일으켜 저 위에 있는 것들로 들어 올려 자신의 독수리를 불러내라고 가르치시기 때문입니다. 그 독수리에 관하여 성경은 이렇게 말하고 있지요. "네 젊음이 독수리처럼 새로워지리라."

• 암브로시우스 『죽음의 유익』 5,16.[12]

우리는 하늘의 시민이다

인간에게 다리가 둘이고 그 이상이 아닌 것은 참으로 적절합니다. 맹수와 짐승들은 다리가 넷이고 새들은 둘입니다. 이를 볼 때, 인간은 자신의 시력으로 높은 곳에 눈을 두는 점에서 날개 달린 존재들과 닮았습니다. 인간은 빼어난 지각을 지닌 그 총명함 덕분에 마치 "날개의 추진력에 도움을 받는 듯이" 날아오릅니다. 그래서 이렇게 쓰여 있습니다. "네 젊음이 독수리처럼 새로워지는구나." 그는 천상적인 것에 가까이 있으며 독수리보다 높이 있기 때문입니다. 그래서 그는 "우리는 하늘의 시민입니다"(필리 3,20) 하고 말할 수 있습니다.

• 암브로시우스 『육일 창조』 6,9,74.[13]

세례로 새로워지다

성덕 높으신[14] 형제 여러분, 제가 아주 최근에 설교한 내용을 기억하겠지요. 인간은 의로움을 통해 더욱 젊은 사람으로 개선되며 비록 나이가 들어 쇠약해졌더라도 순결한 행실로 다시 어린 아이로 태어난다고, 그래서 [세례성사의] 신비가 일어나면 우리는 늙은 사람들이 아기로 바뀌는 것을 보게 된다고. 그것은 과거의 나이기를 그치고 처음의 내 상태를 되찾는 종류의 회복입니다. 이렇게 회복되는 것이기에, 새로 개종한 사람들이 '네오피테'neophyte라 불리는 것입니다. 그러니까 그들은 "여러분은 옛 인간을 그 행실과 함께 벗어 버리고, 하느님의 모상에 따라 창조된 새 인간을 입은 사람입니다"(콜로 3,9-10)라는 사도의 말처럼, 일종의 새로움 안에서 늙음의 얼룩을 벗고 단순함의 은총을 받는 것입니다. 그래서 거룩한 다윗도 "네 젊음이 독수리처럼 새로워지리라"고 말합니다. 세례의 은총에 의해 우리 삶

[11] NPNF 2,10,346*.

[12] FC 65,82.

[13] FC 42,281*.

[14] 설교 때 흔히 사용하는 인사말이었다.

에서 실패의 길을 가고 있는 것들이 다시 살 수 있게 되고, 죄라는 늙음 때문에 부서졌던 것이 젊음을 되찾아 새로워질 수 있는 것입니다. 예언자는 자신이 세례의 은총을 이야기하고 있다는 것을 여러분이 알도록 이 새로워짐을 독수리에 비유합니다. 끊임없이 옷을 바꿈으로써 아주 오래 산다고 알려져 있는 새지요. 독수리는 오래되어 이미 썩기 시작한 깃털을 새로운 깃털로 바꿈으로써 젊어집니다. 낡은 덮개를 내려놓고 새 옷을 입는 것입니다. 여기에서 우리는 낡음을 느끼는 것은 독수리의 몸이 아니라 깃털임을 알 수 있습니다. 독수리가 새 깃털이 돋아나 옷을 갈아입으면, 늙은 어미 새가 다시 어린 독수리가 됩니다. 그가 둥지에서 게으르게 엎드려 있던, 막 부화한 새였던 것처럼 날개를 활짝 펴고 다시 날기를 거듭 연습하며 한때 능숙했던 날개라는 장치에 대한 제어력을 갖출 때 그는 젊은 새에 비유됩니다. 그가 날기에 아주 익숙함에도 불구하고 깃털이 듬성듬성해져 확신을 잃었기 때문입니다. 그래서 거룩한 시편 저자는 세례의 은총을 염두에 두고 이를 예언하였습니다. 실로, 새로 세례 받은 우리의 신참자들은 독수리처럼 자신의 낡은 옷을 벗고 거룩함이라는 새 옷을 입었기 때문입니다! 그들은 과거의 죄들을 가벼운 깃털처럼 떨구어 버리고 불멸이라는 새로운 은총으로 자신을 꾸몄습니다. 이처럼 그들 안에서 늙음이라는 힘없는 죄들은 늙어 버렸지만 생명은 늙지 않습니다. 독수리가 어린 독수리가 됨으로써 아기들이 되었기 때문입니다. 그들은 삶의 방식에서는 세상과 친숙하지만 새로 난 덕분에 의로움 안에서 안전합니다.

• 토리노의 막시무스 『설교집』 55,1.[15]

103,6-14 하느님은 사랑이 넘치신다

하느님은 선하시고 의로우시다

더 나아가, 이것[글로 쓰이지 않은 자연법][16]이 타락한 뒤에 성문법에 의해 회복됨은 은총이 이룬 일이었습니다. 또 그 논리적 귀결은 계명을 받고서 그것을 어긴 이들이 벌을 받아 치욕을 당한 것이었습니다. 그러나 실제로 일어난 일은 그것이 아니었습니다. 그것은 다시 한번 원상태로 용서받은 것이라 할 수 있습니다. 물론 마땅히 그래야 해서가 아니라 자비와 은총으로 그렇게 된 것입니다. 그것이 자비와 은총으로 주어진 것이라는 증거를 확인하고 싶으면 다윗의 말을 들으십시오. "주님께서는 억눌린 이들 모두에게 자비와 공정을 실천하시고 당신의 길을 모세에게, 당신의 업적을 이스라엘 자손들에게 알리셨다." 또 이렇게도 말합니다. "주님께서는 선하시고 바르시니 죄인들에게 길을 가르쳐 주신다"(시편 25,8).

• 요한 크리소스토무스 『요한 복음 강해』 14.[17]

하느님의 이름과 속성들은 그분의 행위에서 비롯한다

하느님은 어떤 표현이 아닙니다. 그분의 본질은 목소리나 발설에 있지 않습니다. 하느님은 그분이라 믿어지는 그것 자체이십니다. 그분의 이름은 그분의 본질에 따라 붙은 것이 아니라 그분을 부르는 이들이 붙인 것입니다(그분의 본성은 말로 표현할 수 없기 때문입니다). 그러나 그 이름들은 그분께서 우리의 삶과 관련하여 하신 일이라고 믿어지는 것들에서 유래합니다. 가까운 예를 들자면, 우리가 그분을 하느님이라 부를 때, 우리는 그분께서 모든 일을 감독하시고 숨겨진 모든

[15] ACW 50,133-34*.

[16] 사람의 양심을 가리킨다.

[17] FC 33,136*.

일을 보신다는 점에서 그렇게 부르는 것입니다. 그러나 그분의 본질이 그분의 일보다 선행한다면, 우리가 그분의 일들을 우리 지각으로 이해하고 우리가 할 수 있는 최대한으로 그것들을 말로 표현한다면, 그것들보다 나중에 유래한 단어들로 그 일들을 부르기를 왜 두려워해야 합니까? 우리가 이해하기 전에는 하느님의 속성들 가운데 무엇 하나라도 풀이하기를 그만둔다면, 그리고 우리가 그분의 일이 우리를 가르치는 것으로만 그것들을 이해한다면, 그리고 그분의 의지는 거룩한 본성의 자발성 안에 존재하는데 그분의 능력이 그것의 실행보다 선행하고 오직 하느님의 의지에만 의지한다면, 일들을 나타내는 말들은 그 일들 자체보다 나중에 생겨났고 일들의 작용을 나타내도록 고안된 말들은 그 일들 자체의 반영이라고 우리는 분명하게 배우지 않았습니까? 그리고 사실이 이러하다면, 우리는 성경에서, 위대한 다윗의 입으로부터 분명하게 배우지 않습니까? 그는 하느님의 일들을 묵상한 데서 나온 어떤 특수하고 적절한 이름들을 사용하여 거룩한 본성에 대해 다음과 같이 이야기합니다. "주님께서는 동정과 자비, 인내, 더할 수 없는 선으로 넘치십니다." 이 말들이 우리에게 알려 주는 것이 무엇입니까? 이 말들이 그분의 작용이나 본성에 대해 알려 줍니까? 이 말들이 그분의 작용에 대해서만 알려 준다고 말할 사람은 아무도 없을 것입니다. 그렇다면 하느님께서 자비와 동정을 보여 주신 뒤 어느 시점에 당신의 일을 드러내심으로써 당신의 이름을 얻으셨습니까? 한 사람의 삶이 시작되기 전이었습니까? 그러면 동정의 대상이 된 것은 누구였습니까? 그러면 그것은 죄가 세상에 들어온 뒤였습니까? 그러나 죄는 인간이 출현한 뒤에 들어왔습니다. 그러므로 자비의 실행과 그 이름 자체는 인간 이후에 왔습니다. 그러면 무엇입니까? 우리의 적수 [에우노미우스]는, 예언자들보다 지혜로운 다윗이 하느님을 알게 된 기회들을 누리고 나서 그분께 이름들을 적용한 것이 잘못이었다고 주장할 것입니까? 아니면 그를 거슬러서, 비극에서 끌어내 온 듯한 그의 장중한 글로 "하느님은 인간이 태어나 [하느님의 이름들을] 상상하기 훨씬 이전부터 홀로 스스로 영광을 누리시는데, 그는 인간의 상상에서 이끌어 낸 이름들로 지극히 복된 하느님의 삶을 찬미한다"고 주장할 것입니까? 시편 저자의 옹호자들은 거룩한 본성은 인간의 상상력이 존재하기 훨씬 이전부터 홀로 그 스스로 영광을 누려 왔다는 사실을 쉽게 인정할 것입니다. 그러나 그들은 그분의 일을 보고 깨우친 인간의 정신은 하느님과 관련해서 그 자신의 능력이 허용하는 만큼만 이야기할 수 있을 뿐이라고 주장할 것이며, 솔로몬의 지혜서가 이야기하듯이 "피조물의 웅대함과 아름다움으로 미루어 보아 그 창조자를 알 수 있다"(지혜 13,5)는 사실을 인정할 것입니다.

• 니사의 그레고리우스 『에우노미우스 반박』.[18]

하느님께서 사람들에게 주시는 선물

그분은 시편이 이렇게 말하는 분입니다. "주님께서는 자비하시고 너그러우시며 분노에 더디시고 자애가 넘치신다. 끝까지 따지지 않으시고 끝끝내 화를 품지 않으시며 우리의 죄대로 우리를 다루지 않으시고 우리의 잘못대로 우리에게 갚지 않으신다. 오히려 하늘이 땅 위에 드높은 것처럼 그분의 자애는 당신을 경외하는 이들 위에 굳세다. 해 뜨는 데가 해 지는 데서 먼 것처럼 우리의 허물들을 우리에게서 멀리하신다. 아

[18] NPNF 2,5,265*.

버지가 자식들을 가엾이 여기듯 주님께서는 당신을 경외하는 이들을 가엾이 여기신다." 주님께서 사악한 이들에게 주시는 이 모든 선하고 위대한 일들을 꼽는 이 노래가 노래하는 것이 과분한 자비 아니고 무엇입니까? 절로 우러나는 신심을 선포하는 것 아니고 무엇입니까? "그분은 우리의 죄대로 우리를 다루지 않으시고 우리의 잘못대로 우리에게 갚지 않으신다"는 구절은 불경한 자들이 거저 의로움을 인정받음을 보여 주는 말입니다. 그리고 "아버지가 자식들을 가엾이 여기듯 주님께서는 당신을 경외하는 이들을 가엾이 여기신다"는 구절에서는 바로 앞에서 언급한, 믿음에 의한 의화를 통하여 거저 자녀의 자격을 얻는다는 진리가 빛납니다. 은총을 통하여 우리의 아버지가 되지 않는 한 아버지가 자식을 가엾이 여기듯 할 수 없으므로 그분께서는 우리를 당신 자녀로 삼아 주셨습니다. "그분께서는 당신을 받아들이는 이들에게 하느님의 자녀가 되는 권한을 주셨습니다"(요한 1,12).

• 루스페의 풀겐티우스 『모니무스에게』 1,21,3.[19]

### 심한 악행을 하지 말며 다른 이들도 하지 못하게 막아라

이제 이 설교를 마무리합시다. 형제자매 여러분, 간곡히 당부드립니다. 주님과 주님의 온유하심을 새기며 온유하게 살아가십시오. 평온하게 살아가십시오. 공권력이 제 할 일을 하도록 온건히 허락하십시오. 그들은 그들이 하는 일들에 대해서 하느님과 그들의 상급자들에게 셈을 치르게 될 것입니다. 그들에게 청원할 일이 있을 때면 명예롭게 온화하게 청원하십시오. 악을 행하며 거칠고 질서 없이 행동하는 이들과는 교류하지 마십시오. 그런 일들이 벌어지는 곳에는 구경꾼으로라도 가려 하지 마십시오. 가능한 한 여러분은 각자 자기 집에서 그리고 자기가 사는 동네에서 인척 관계나 자애로 연결된 사람과 교류하십시오. 그리고 그 사람이 어떤 위협에 의해서건 그런 심한 악행을 하지 못하도록 저지하십시오. 그리하여 하느님께서 결국 자비를 보이시고 인간의 악을 끝내시며 "우리의 죄대로 우리를 다루지 않으시고 우리의 잘못대로 우리에게 갚지 않으시게, 해 뜨는 데가 해 지는 데서 먼 것처럼 우리의 허물들을 우리에게서 멀리하시게" 하십시오. 그리하여 그분께서 "우리의 죄를 용서하시어, 민족들이 '저들의 하느님이 어디 있느냐?' 하고 말하는 일이 없게"(시편 79,9-10 참조) 하십시오.

• 아우구스티누스 『설교집』 302,21.[20]

### 하느님께서는 우리의 잘못대로 우리에게 갚지 않으신다

목자가 양과 염소를 가르게 하는, 공로[21]를 판별하는 지극히 확실한 지식은 더없이 위대해서, 어떠한 양도 왼쪽에 서는 일이 없듯이 어떠한 염소도 오른쪽에 설 수 없을 것입니다. 사람들이 이승에서 가지고 떠나는 공과功過들은 다음 생에서도 변함없이 그대로 남아 있을 것입니다. 이승에서 거룩한 신심이 내려 준 선한 공로도 인간의 사악함이 여기 아래에서 획득한 과실도 다 남아 있을 것입니다. 이런 이유로, 선한 공로에는 더해짐이 있을지언정 악한 과실은 제거되는 일이 결코 없을 것입니다. 악한 과실이 남아 있는 것은 벌을 받게 되기 위함이며, 선한 공로가 남아 있는 것은 영광 안에서 완성되기 위함입니다. 이것이 바로 하느님께서 시편에 이렇게 기록되어 있는 말씀을 이행하시는 시간입니다. "[주님께

---

[19] FC 95,215-16.

[20] *WSA* 3,8,310.

[21] 풀겐티우스는 구원에는 믿음과 행실이 다 필요하다고 믿었다. 하느님은 당신의 자비에 따라 사람들을 거저 의롭게 해 주시지만, 개인들은 세상 삶에서 각자의 선행으로 얻은 공로에 따라 다음 생에서 영광으로 보상을 받을 것이다.

서는] 우리의 죄대로 우리를 다루지 않으시고 우리의 잘못대로 우리에게 갚지 않으신다. 오히려 하늘이 땅 위에 드높은 것처럼 그분의 자애는 당신을 경외하는 이들 위에 굳세다. 해 뜨는 데가 해 지는 데서 먼 것처럼 우리의 허물들을 우리에게서 멀리하신다."

• 루스페의 풀겐티우스
『죄의 용서에 관해 에우티미우스에게』 2,10,4.[22]

### 하느님께서는 자비를 기뻐하신다

"아, 이 가엾은 사람아, 그대는 주님으로부터 완전히 멀어졌군요. 그러나 주님은 선하시며, '자비를 기뻐하시기에 결코 당신의 분노를 증거로 삼지 않으시고 우리의 죄를 저 바다 깊은 곳으로 던지실'(미카 7,18 참조) 수 있는 분이십니다. 그분께서는 죄인의 죽음이 아니라 그의 회개를 바라시며(에제 33,11 참조) 죄에 떨어진 사람이 그 상태에 머물지 않고 일어나기를, 당신에게서 돌아선 사람이 멀리 가지 않고 재빨리 당신에게 돌아오기를 바라시는 분이시기 때문입니다. 그러니 절망하지 마십시오. 아직 구원의 '희망이 있습니다. 나무는 잘린다 해도 다시 움이 튼다'(욥 14,7)고 쓰여 있기 때문입니다. 그러니 그대가 나의 모든 말에 귀 기울인다면, 하느님께 용서를 받게 될 것입니다." 그는[23] 눈물을 흘리며 "사부님, 이제부터 모든 일에 사부님의 말을 명심하겠습니다" 하고 대답하였습니다.

• 파코미우스 『역대기』 5,11.[24]

### 하느님은 우리의 죄대로 우리를 다루지 않으신다

여러분은 보상에 관해서는 아무것도 하지 않았습니다. 여러분이 한 행위는 여러분 홀로 하는 것이 아닙니다. 여러분의 화관은 그분에게서 옵니다. 그러나 행실은 비록 그분의 도움이 없이는 이루어지지 않는 일이지만 여러분의 것이지요. 본디 이름이 '사울'이었던 바오로 사도는 몹시 잔인하고 사나운 박해자였을 때 아무런 선도 쌓지 못하고 악만 엄청 많이 쌓았습니다. 그는 선택받은 이들 가운데 들기보다는 저주받아 마땅했습니다. 그런데 어느 날 갑자기, 그가 악을 행하고 악을 쌓던 중에, 그는 하늘에서 들리는 목소리에 의해 땅에 내동댕이쳐졌습니다. 박해자가 땅바닥에 내던져졌고, 설교자가 세워졌습니다. 그가 자신에 대해 말하는 것을 들어 보십시오. "나는 전에 그분을 모독하고 박해하고 오만에 가득 찬 사람이었습니다. 그러나 나는 자비롭게 다루어졌습니다"(1티모 1,13). 그가 "의로운 심판관께서 나에게 상을 주실 것이다"라고 말했습니까? 그는 "나는 자비롭게 다루어졌습니다"라고 했습니다. 나는 악에 합당한 자인데 선을 받았다는 뜻입니다. "그분께서는 우리의 죄대로 우리를 다루지 않으신다." 나는 자비를 입었다, 나에게 응당 주어져야 했을 것이 주어지지 않았다, 나에게 응당한 것이 주어졌더라면 나는 징벌을 받았을 것이다, 나는 내게 응당한 것을 받지 않았다, 나는 자비롭게 다루어졌다고 그는 말합니다. "그분께서는 우리의 죄대로 우리를 다루지 않으신다"는 말씀대로입니다.

• 아를의 카이사리우스 『설교집』 226,2.[25]

### 우리에게는 하느님의 힘이 필요하다

그러니 약한 사람을 잊지 마십시오. 주님, 당신께서는 저를 나약하게 만드셨음을 기억하십시오. '당신께서 저를 진흙처럼 빚어 만드셨다'(욥

[22] FC 95,163-64.

[23] 파코미우스가 이 말을 하는 상대는 이름이 명시되어 있지 않은데, 그는 파코미우스의 수도 공동체에 입회하고 싶어 하며 순교자가 되고 싶어 하였다.

[24] CS 46,32-33*.

[25] FC 66,158-59.

10,9 참조)는 것을 기억하십시오. 당신께서 이 흙덩이를 강하게 하기 위하여 보살펴 주시지 않는다면, 그리하여 당신의 얼굴로부터 저의 힘이 나오지 않는다면 제가 어떻게 설 수 있겠습니까? 당신께서 얼굴을 감추시면 모든 것이 엉망이 됩니다(시편 104,29 참조). 당신께서 보살피시기 시작할 때, 저는 불행합니다! 당신께서 제 안에서 보실 수 있는 것은 죄의 더러움뿐이기 때문입니다. 버려지는 것도, 조사를 받는 것도 소용이 없습니다. 당신께서 저희를 바라보고 계시는 중에도 저희는 잘못을 저지르고 있기 때문입니다. 그러나 저희는 하느님께서는 당신께서 바라보시는 이를 물리치지 않으신다고 단언할 수 있습니다. 하느님께서는 당신께서 바라보시는 이들을 깨끗하게 만드시기 때문입니다. 죄를 살라 버리는 이 앞에서는 불이 타오릅니다(요엘 2,3 참조).

• 암브로시우스 『욥과 다윗의 탄원』 4,6,22.[26]

#### 영원을 알아보며 기억하다

제가 다시 말하였습니다. 주님, 사람들이 천국에서 서로를, 형제가 자기 형제를, 친구가 자기 친구를, 아버지가 자기 자녀를, 또는 자식이 자기 부모를 알아볼 수 있을까요? 그러자 이렇게 말하는 소리가 들렸습니다. 들어라, 요한아. 의로운 이들은 알아볼 것이다. 그러나 죄인들은 그렇지 못할 것이다. 죄인들은 [지옥에서] 서로를 알아보지 못할 것이다. 저 요한이 또다시 말씀드렸습니다. 주님, 이 세상에 존재하는 것들, 그러니까 들판이나 포도밭 같은 것들을 기억하게 될까요? 그러자 저에게 이렇게 말하는 목소리가 들렸습니다. 의로운 요한아, 들어라. 예언자 다윗이 말한다. "나는 우리가 티끌임을 기억하였다. [한] 인간에게 그의 삶은 풀과 같고 들의 꽃과 같아서 꽃처럼 피어나지만 '바람이 그를 스치면 이내 사라져 그 있던 자리조차 기억하지 못한다'." 그 목소리는 또 이렇게 말했습니다. "그의 얼이 나가면 흙으로 돌아가고 그날로 그의 모든 계획도 사라진다"(시편 146,4).

• 『신학자 요한의 제2정경 묵시록』.[27]

### 103,15-18 하느님의 사랑은 영원하다

#### 인간의 삶은 잠깐이다

형제 여러분, 지상에서의 우리 삶은 우리 존재가 그렇듯 잠깐입니다. 말하자면 우리는 놀이를 하는 것입니다. 우리는 존재하지 않습니다. 우리는 태어나고, 태어나기에 해체됩니다. 우리는 쏜살같이 사라져 버리는 꿈과 같고, 실체 없는 꿈과 같고(욥 20,8 참조), 지나가 버리는 새의 비행과 같고 바다 위에 흔적을 남기지 않는 배와 같습니다(지혜 5,10-11 참조). 우리는 티끌이고, 수증기이며, 아침 이슬이고, 일순간 자라다가 일순간에 시들어 버리는 꽃입니다(호세 13,3 참조). "사람이란 그 세월 풀과 같아 들의 꽃처럼 피어나지만 …." 복된 다윗은 우리의 연약함에 대해 묵상하고 아름답게 표현했습니다. 그는 또 이렇게 말합니다. "저의 날수가 얼마나 적은지 말씀해 주십시오"(시편 101,24 칠십인역). 그는 인간이 사는 날들을 뼘으로 잴 수 있는 것으로 이야기합니다(시편 39,6 참조). 다른 사람들의 잘못 때문에 [괴로움을 당하다가] 자신이 태어난 것을 불평하고 어머니를 원망하기까지 한 예레미야(예레 15,10 참조)에게 당신은 무어라 말하렵니까? 설교자는 "나는 모든 것을 살펴보았다"(코헬 1,14)고 말합니다. 나는 인간의 모든 일들을, 부와 사치와 권력과, 결코 영속적이지 않은 영광과, 터득하기 무

[26] FC 65,406*.

[27] ANF 8,583*. 사도 요한을 저자로 내세운 이 글은 실제로는 2세기 중엽 셋파(Sethian) 영지주의 작품이다.

섭게 우리 손을 벗어나는 지혜를 내 마음속에서 모두 살펴보았다고.

• 나지안주스의 그레고리우스 『형제 카이사리우스 추도사』(연설 7) 19.[28]

#### 덧없고 짧은 삶

부활과 관련해서는 나중에 더 이야기하기로 하고 지금은 우리의 당면한 주제로 돌아갑시다. 우리는 거룩한 사람들마저도 그들의 공로에 관한 고려 없이 이 세상에서 많은 어려움을 겪으며 고생하고 비참한 신세가 된다는 것을 지적했습니다. 그래서 다윗은 자신을 돌아보고는 이렇게 말합니다. "주님, 우리가 티끌임을 기억하소서. 사람이란 그 세월 풀과 같아서 …." 또 다른 곳에서는 "사람이란 한낱 숨결과도 같은 것, 그의 날들은 지나가는 그림자와 같습니다"(시편 144,4)라고 합니다. 말하자면 약탈당한 듯이 맨몸에 연약한 육체와 쉽사리 속아 넘어가는 마음과 안달하고 걱정하는 나약한 정신과 일에는 게으르고 쾌락에 빠지기 쉬운 상태로 이승에 보내진 우리보다 더 비참한 존재란 없으니 말입니다.

• 암브로시우스 『형 사티루스의 죽음』 2,29.[29]

#### 하느님의 규정을 기억하라

이 차이[30]에 적용할 수 있는 말씀이 있습니다. "그분의 규정을 기억하여 실천하는 이들에게 …." 그 규정들을 기억은 하지만 그것들을 업신여기거나 나아가 조롱하고 공격하는 이들이 많기에 하는 말입니다. 그리스도를 어떤 면에서 잠시 잠깐 스쳐 지나갈 뿐 그분을 꼭 붙들지 않는 이들 안에는 그리스도의 말씀이 남아 있지 않습니다. 그러므로 [이 말씀들은] 그런 사람들한테는 이득이 되지 않고 [그들에게 불리한] 증인이 될 것입니다. [그 말씀들은] 그들 안에 남아 있지 않는 방식으로 있으므로, [그런 사람들은] 그 말씀들에 따라 심판받도록 그것에 묶여 있습니다.

• 아우구스티누스 『요한 복음 강해』 81,4,3.[31]

### 103,20-21 주님을 찬미하여라

#### 천사들은 하느님의 뜻을 행한다

"아버지의 뜻이 하늘에서와 같이 땅에서도 이루어지게 하소서." 하느님의 거룩하고 복된 천사들은 다윗이 시편에서 말했듯 하느님의 뜻을 행합니다. "주님을 찬미하여라, 주님의 천사들아. 그분 말씀에 귀 기울이고 그분 말씀을 실천하는 힘센 용사들아." 그러니까 이것이 바로 여러분[32]이 바치는 이 기도의 뜻입니다. "천사들 안에서 당신의 뜻이 이루어지는 것처럼, 땅에서도 인간들에 의해 당신의 뜻이 이루어지게 하소서."

• 예루살렘의 키릴루스 『신비 교리교육』 23,14.[33]

#### 주님을 찬미하여라

[바오로 사도는] 본디의 히브리어 이름보다 더 지성적인 의미가 담긴 이 그리스어 이름을 좌품천사들에게 붙이면서 그들이 커룹에 속한다고 말합니다. 그는 하느님께서 "커룹들 위에 좌정"(이사 37,16)해 계시다는 것을 알고 있었으며 그래서 그는 이 권능의 존재들을 그들 위에 앉아 계시는 분의 '어좌'라고 불렀습니다. 마찬가지로, 이사야의 사랍(이사 6,6-7 참조)들 목록에는 삼위일체의 신비를 분명하게 선포한 천사들도 들어 있습니다. 이들은 삼위의 각 위격이 지닌 아름다움

---

[28] FC 22,19-20*.

[29] NPNF 2,10,178*.

[30] 예수님의 말씀이 기억 속에만 있는 것과 사람이 삶에서 실천까지 하는 것의 차이를 말한다.

[31] FC 90,123*.

[32] 예비신자들을 가리킨다.

[33] NPNF 2,7,155*.

에 경외심을 느끼고는 "거룩하시다!"라며 찬탄했습니다. 위대한 바오로 사도도 예언자 다윗도 그들을 "권능들"이라는 이름으로 불렀는데, 다윗은 이렇게 말합니다. "주님을 찬미하여라, 주님의 천사들아, 그분 뜻을 실천하는 신하들아." 그리고 이사야는 "찬미하여라 [천사들아]"라고 하는 대신 그들이 찬미한 말을 옮겨 적었습니다. "거룩하시다, 거룩하시다, 거룩하시다, 만군의 주 하느님! 온 땅에 그분의 영광이 가득하다"(이사 6,6-7). 그러면서 그는 사람들 가운데 하나가 [그분께] 한 행동을 통해, 이 권능의 존재들은 하느님을 기쁘게 하는 일, 곧 그들을 파견하신 분의 뜻에 따라 "죄를 깨끗이 씻어 주는" 일을 하는 신하들임을 드러내 주었습니다. 이것이 이 영적 존재들, 곧 구원받는 이들의 구원을 위하여 파견된 존재들의 직무이기 때문입니다.

• 니사의 그레고리우스 『에우노미우스 반박』 1,23.[34]

[34] NPNF 2,5,64*.

### 104,1-17 창조주 찬미가

[1] 내 영혼아, 주님을 찬미하여라.
주 저의 하느님, 당신께서는
지극히 위대하십니다.
고귀와 영화를 입으시고
[2] 빛을 겉옷처럼 두르셨습니다.
하늘을 차일처럼 펼치시고
[3] 물 위에 당신의 거처를 세우시는 분.
구름을 당신 수레로 삼으시고
바람 날개 타고 다니시는 분.
[4] 바람을 당신 사자로 삼으시고
타오르는 불을 당신 시종으로 삼으시는 분.
[5] 그분께서 기초 위에 땅을 든든히 세우시어
영영세세 흔들리지 않는다.
[6] 당신께서 대양을 그 위에 옷처럼 덮으시어
산 위까지 물이 차 있었습니다.
[7] 당신의 꾸짖으심에 물이 도망치고
당신의 천둥소리에 놀라 달아났습니다.
[8] 당신께서 마련하신 자리로
산들은 솟아오르고
계곡들은 내려앉았습니다.
[9] 당신께서 경계를 두시니 물이 넘지 않고
땅을 덮치러 돌아오지도 않습니다.
[10] 골짜기마다 샘을 터뜨리시니
산과 산 사이로 흘러내려
[11] 들짐승들이 모두 마시고
들나귀들도 목마름을 풉니다.
[12] 그 곁에 하늘의 새들이 살아
나뭇가지 사이에서 지저귑니다.
[13] 당신의 거처에서 산에 물을 대시니
당신께서 내신 열매로 땅이 배부릅니다.
[14] 가축들을 위하여 풀이 나게 하시고
사람들이 가꾸도록 나물을 돋게 하시어①
땅에서 빵을,
[15] 인간의 마음을 즐겁게 하는 술을
얻게 하시고
기름으로 얼굴을 윤기 나게 하십니다.
또 인간의 마음에 생기를 돋우는
빵을 주십니다.
[16] 주님의 나무들,
몸소 심으신 레바논의 향백나무들이⤴

⌐한껏 물을 마시니
17 거기에 새들이 깃들이고
황새는 전나무에 둥지를 트네.

① 또는 '인간이 부리는 짐승들을 위하여 꼴을 마련해 주시고'.

둘러보기

하느님께서는 인간을 창조하실 때 그에게 기능보다 형체를 먼저 부여하셨다. 기능은 다할 때가 오지만 인간의 아름다움은 우리로 하여금 스스로 찬미와 아름다움을 입으시는 하느님을 찬미하게 만든다(아우구스티누스). 그리스도께서는 포대기로 싸인 겸손한 모습으로 육화하셨다. 그분께서 심판하시러 돌아오실 때는 천사들의 호위를 받으시며 영광에 싸여 오실 것이다(예루살렘의 키릴루스). 세상이 어떤 식으로 이루어져 있든 우리는 그것이 하느님의 의지와 명령에 따라 만들어졌음을 안다(다마스쿠스의 요한). 세상은 그 자체의 본성에 따라서가 아니라 하느님의 명령에 따라 시작되었고 종말을 맞을 것이다. 세상의 구성은 인간이 그것을 이해하느냐의 여부에 달려 있지 않다(페트루스 크리솔로구스). 그리스도께서는 심오한 지식과 지혜의 빛 속에 계시며 그것이 그분의 거룩한 옷이다(오리게네스). 우리 불사의 원천이신 그리스도께서는 천사들보다 위대하시다. 천사들은 그분의 시중을 드는 영들이다(로마의 클레멘스). 모세, 시편들을 지은 다윗, 이사야, 이셋은 모두 창조의 원인을 하느님께로 돌리지만 서로 다른 관점에서 서로 다른 사실들에 기반하여 그렇게 말한다(야코부스, 다마스쿠스의 요한). 성령을 잘 받아들이는 이들만이 성경 가르침의 깊은 의미를 이해할 수 있다.

하느님께서 세상과 그 안의 모든 피조물들을 창조하셨고 그것들이 존속하게 해 주시며 저마다에게 존재의 목적 또는 이유를 주셨다(오리게네스). 다윗은 빵이 사람의 마음에 생기를 돋운다는 말로 주님의 만찬과 그것이 주는 영적 축복을 예언하였다(예루살렘의 키릴루스). 과학적 지식에 속지 않는 지성적인 사람들은 마음의 참된 양식은 하느님의 말씀이라는 사실을 안다(알렉산드리아의 키릴루스).

104,1-4 고귀와 영화를 입으시다

인간 육체의 아름다움과 기능

몸에는 아름다움은 있지만 효용은 없는 것들이 존재합니다. 예를 들어 남자의 가슴에도 젖꼭지가 있고, 얼굴에는 수염이 있습니다. 수염이 무슨 보호 수단으로 달려 있는 것이 아니고 순전히 남자의 아름다움을 위해 달려 있다는 것은 여자들의 맨얼굴이 잘 말해 줍니다. 수염이 만일 보호 수단이라면 여자처럼 더 약한 존재가 그 보호 수단을 가지는 편이 더 안전하고 적절했을 것입니다. 눈에 잘 띄는 (그래서 아무도 애매하게 생각지 않을) 어느 지체도 오로지 그 역할에만 어울리고 아름다움이라고는 조금도 없는 지체는 하나도 없습니다. 그 대신 아름다움은 있으되 효용은 전혀 없는 지체들은 몇 가지가 있습니다. 여기서 하느님에 의한 신체의 조립에서 품위가 필요에 우선했다는 사실을 쉽게 깨달을 수 있습니다. 장차 필요성은 사라지고, 아무 욕정도 일으키지 않은 채로, 아름다움만을 향유할 때가 올 것입니다. 이것이 창조주를 찬미하는 무엇보다 큰 이유인바, 시편은 그분께 "당신은 찬미와 아름다움을 입으셨나이다"(시편 103,1 불가타)라고 말씀드립니다.

• 아우구스티누스『신국론』22,24.[1]

#### 그리스도의 두 번의 오심

우리는 그리스도의 오심은 한 번이 아니라 두 번이며, 두 번째는 첫 번째보다 훨씬 훌륭할 것이라고 선포합니다. 첫 번째 [오심]은 인내를 보여 주신 것이지만 두 번째 [오심]은 하느님 나라의 화관을 쓰고 있습니다. 우리 주 예수 그리스도에 관한 일은 거의 모두가 이중적 의미를 지닙니다. 그분의 탄생은 이중적입니다. 한 번은 시대들 이전에 하느님에게서 나셨고, 한 번은 시대들의 종말에 동정녀에게서 나셨습니다. 그분께서는 두 번 오시는데, 한 번은 양털 뭉치에 내린 이슬처럼 모두의 눈에 보이지 않는 식이고,[2] 두 번째는 미래의 일로 모두에게 드러나는 모습으로 오십니다. 그분께서 처음에 오셨을 때는 포대기에 싸인 채 구유에 누워 계셨습니다. 다음에 그분께서 오실 때는 "빛을 겉옷처럼 두르시고" 오실 것입니다. 첫 번째 오셨을 때 "그분께서는 부끄러움도 아랑곳하지 않으시고 십자가를 견디어 내셨습니다"(히브 12,2). 두 번째 오실 때 그분께서는 천사 무리의 호위를 받으며 영광에 둘러싸여 오십니다. 그러니 우리는 그리스도의 첫 번째 오심만 생각하지 말고 그분의 두 번째 오심도 고대합시다. 그리고 우리는 그분의 첫 번째 오심을 두고 "주님의 이름으로 오시는 분은 복되시어라"(마태 21,9)라고 말하듯이, 그분의 두 번째 오심에 대해서도 같은 말을 할 것입니다. 천사들과 함께 계신 우리 스승님을 만나 그분께 경배하며 "주님의 이름으로 오시는 분은 복되시어라"(마태 23,39)라고 말하게 될 것입니다. 구원자께서 다시 오십니다. 그러나 또다시 심판받기 위해서가 아닙니다. 당신을 심판한 자들을 그분께서 심판하실 것이기 때문입니다. 전에 그자들이 그분을 심판할 때 잠잠히 계셨던 그분께서, 십자가에 달리신 그분께 잔인무도한 짓을 저지른 그 무법자들에게 이제 이렇게 말씀하십니다. "네가 이런 짓들을 해 왔어도 나는 잠잠히 있었다"(시편 50,21). 그분께서는 그때에 오셨을 때는 당신 자신을 그들에게 맞추어 설득하는 방식으로 가르치셨습니다. 그러나 이번에는 그자들이 원하든 원치 않든 그분의 다스림에 굴복하게 될 것입니다.

• 예루살렘의 키릴루스『예비신자 교리교육』15,1.[3]

#### 하느님께서 만물을 창조하셨다

그러나 다른 이들[이름이 명기되지 않은 이교 철학자들]은 하늘이 반구半球 모양이라고 상상했습니다. 영감을 받은 다윗이 [하느님을] "하늘을 차일처럼 펼쳐 놓으신 분"(시편 104,2)이라고 했고, 그것은 천막 같은 모양을 의미하며, 복된 이사야는 "그분께서는 하늘을 궁창처럼 세워 놓으셨습니다"(이사 40,22 칠십인역)라고 했으며, 해와 달과 별들이 지면 그것들은 서쪽에서 북쪽으로 땅을 둥그렇게 돌아 다시 동쪽으로 돌아가기 때문입니다. 그렇지만 무엇이 어떤 식으로 진행되건, 만물은 하느님의 명령에 의해 만들어지고 세워졌으며 그것들의 토대는 하느님의 의지와 요망 안에 있습니다. "그분께서 말씀하시자 저들이 만들어졌다. 그분께서 명령하시자 저들이 창조되었다. 그분께서 저들을 세세에 영원히 세워 놓

[1] *CG* 1074.

[2] 시편 72,6과 판관 6,37을 한데 뭉뚱그려 이야기한 것이다.

[3] LCC 4,147-48*.

으시고 법칙을 주시니 아무도 벗어나지 않는다" (시편 148,5-6).

• 다마스쿠스의 요한 『신앙 해설』 2,6.[4]

### 땅은 하느님의 명에 따라 존속한다

아, 인간[지각 있는 청중]이여, 그대가 보는 하늘은 순전히 공기로 만들어졌으며 많은 물을 이고 있고 그 무엇의 도움도 없이 버티고 있습니다. 단 하나의 명령이 그것을 매달고 있으며 훈계 한 마디의 힘이 그것을 오롯이 지탱하고 있기 때문입니다. 거룩한 계시는 이렇게 말합니다. "하늘을 차일처럼 펼쳐 놓으시고 물 위에 당신 거처를 세우신 분." 산의 엄청난 무게와 짐은 땅에 의지해 있고, 땅은 흙으로 단단하게 뭉쳐져 있습니다. 그리고 땅은 예언자가 "땅을 물 위에 세워 놓으신 분"(시편 136,6)이라고 증언하듯이, 물을 토대로 그 위에 떠 있습니다. 결과적으로, 그것이 서 있다는 사실은 본성에 의해서가 아니라 명령에 의한 것입니다. "그분께서 말씀하시자 그것들이 만들어졌다. 그분께서 명령하시자 그것들이 창조되었다"(시편 148,5). 그러므로 세상이 흐트러지지 않고 한데 붙어 있다는 사실은 인간의 이해력 문제가 아니라 하느님의 작용입니다. 바다는 자기 파도의 물마루와 함께 구르며 구름을 향해 높이 치솟습니다. 그러나 가벼운 모래가 그것을 가둡니다. 그리하여 우리는 그것의 엄청난 힘이 모래에게가 아니라 규정에 굴복하는 것을 봅니다. 하늘과 땅과 바다 안의 모든 존재들은 단 한 마디의 명령에 의해 만들어진 뒤 움직이고 살아갑니다. 예언자는 그것들이 단 한 마디의 명령으로 다시 해체될 것이라고 단언하며 이렇게 말합니다. "주님, 당신께서는 한처음에 땅을 세우셨습니다. 하늘도 당신 손의 작품입니다. 그것들은 사라져 가도 당신께서는 그대로 계십니다. 그것들은 다 옷처럼 닳아 없어집니다. 당신께서 그것들을 옷가지처럼 바꾸시니 그것들은 바뀔 것입니다"(시편 102,26-27). 어떻게요? 그것들의 많은 나이는 시간 속에 다하겠지만 피조물이 그 창조주의 눈앞에서 소멸하지는 않는 식일 것입니다.

• 페트루스 크리솔로구스 『설교집』 101.[5]

### 하느님의 거룩한 옷

그러므로 이는 이분[예수 그리스도]에 관한 옳은 말이라 하겠습니다. "그는 거룩한 것들을 걸칠 완전한 손을 지니고 있다"(레위 21,10 참조). 이분은 참으로 "거룩한 것들을 걸친" 분이기 때문입니다. '나쁜 본보기들'(1코린 10,11 참조)인 것들이 아니라 참으로 '거룩한' 것들 말입니다. 그러나 여러분이 그분의 더 고귀한 옷에 관하여 듣고 싶다면, 예언자의 말을 들어 보십시오. "빛을 겉옷처럼 두르셨고, 심연이 그분의 옷이다"(시편 104,2.6). 이것이 나의 위대한 대사제, 심오한 지식과 참으로 "거룩한" 옷인 지혜의 빛을 옷으로 입으셨다고 언명되는 분의 모습입니다.

• 오리게네스 『레위기 강해』 12,3,3.[6]

### 하느님은 천사들보다 위대하시다

사랑하는 친구들이여, 이것이 우리가 우리의 구원, 곧 우리 제물들의 대사제이시며, 연약한 우리를 보호해 주시고 도와주시는 분이신 예수 그리스도를 발견하는 길입니다. 우리는 그분을 통하여 하늘에 우리의 시선을 고정합시다. 우리는 그분을 통하여 하느님의 흠 없는 초월적인 얼굴을 거울에 비친 듯 봅니다. 그분을 통하여 우

[4] FC 37,212-13*.

[5] FC 17,163-64*.

[6] FC 83,222*.

리의 마음의 눈이 열렸습니다. 그분을 통하여 우리의 어리석고 어두워진 이해력이 빛 속으로 도약합니다. 주 하느님께서는 우리가 그분을 통하여 불후의 지식을 맛보기 바라십니다. "그분은 하느님 존엄의 광채이시며, 천사들보다 뛰어난 이름을 상속받으시어, 그만큼 그들보다 위대하게 되셨"(히브 1,3-4)기 때문입니다. 그래서 "[그분은] 바람을 당신 사자로 삼으시고 타오르는 불을 당신 시종으로 삼으시는 분"이라고 쓰여 있습니다. 그러나 그분의 아들에 대하여서는 주 하느님께서 다음과 같이 말씀하셨습니다. "너는 내 아들. 내가 오늘 너를 낳았노라. 나에게 청하여라. 내가 민족들을 너의 상속 재산으로, 땅끝까지 너의 소유로 주리라"(히브 1,5; 시편 2,7-8). 그리고 하느님께서는 당신 아들에게 또 다음과 같이 말씀하십니다. "내 오른쪽에 앉아라, 내가 너의 원수들을 네 발판으로 삼을 때까지"(히브 1,13). "원수들"이라고 불린 자들은 누구입니까? 그분의 뜻에 저항하는 불의한 자들입니다.

• 로마의 클레멘스 『코린토 신자들에게 보낸 첫째 편지 = 클레멘스의 첫째 편지』 36.[7]

천사들은 하느님에 의해 창조되었다

눈에 보이는 것들을 통하여
그것들의 주님이 누구이신지 알도록(로마 1,20 참조),
모세가 그의 기록에서 빠뜨린 것
글로 쓰이지 않은 것을
다윗이 그의 시편에 표현하였네.
"바람을 당신 사자로 삼으시고
타오르는 불을 당신 시종으로 삼으시는 분."
다윗이 그의 훌륭한 책을 기록한 것은
천사들도 하느님의 창조물임을
세상이 알도록 하려는 뜻이었지,
그들도 조물들처럼
창조주에 의해 존재하게 되었다는 것을.
위대한 모세가 천사들에 관하여
기록하지 않은 것을
다윗이 기술하였지만
그들의 계시는 한 영에서 비롯한 것.
세상은 모세를 통하여 그리고
다윗을 통하여 배웠네,
당신 손짓으로 모든 피조물을 창조하신 분은
그분임을.
다윗은 천사들이 어느 날에
존재하게 되었는지 보여 주었네.
언제 어떻게 그들의 창조가
세상에 환히 드러났는지
어떤 몸짓에 하늘과 땅이 창조되었는지
그 안에서 천상의 만군이 어떻게 일어났는지
주님의 말씀을 통하여
하늘이 만들어졌다는 것을
다윗은 보여 주었네,
그[주님의 말씀]와 함께,
그분의 입에서 나온 성령을 통하여
만군이 만들어졌다는 것을.
모세는 주님께서 하늘과 땅을 창조하셨음을
보여 주었고
다윗은 만군이 어떻게 창조되었는지를
보여 주었네.
이사야도 계시를 담은 그의 예언을 통하여
사랍의 권능에 관한 이야기를
세상에 전해 주었지.

• 사루그의 야코부스 『육일 창조』.[8]

[7] *AF* 69.

[8] MFC 9,194.

### 시중드는 영들

천사들을 만드신 분, 그들을 창조하신 분[은 하느님]이십니다. 그분께서는 그들을 당신의 모습대로 만드셨는데, 육의 본성을 지녔으되 일종의 영으로, 영적인 불꽃으로 만드셨습니다. 거룩한 다윗이 "당신의 천사들을 영으로 삼으시고 당신의 시종들을 타오르는 불로 삼으시는 분"이라고 노래한 대로입니다. 또한 그분께서는 그들이 가볍고 불같으며 뜨겁고 극도로 예민한 존재가 되게 하셨습니다. 하느님에 대한 강렬한 갈망으로 그분을 섬기며 모든 물질적인 것들에 초연한 드높은 존재가 되게 하셨습니다.

• 다마스쿠스의 요한 『신앙 해설』 2,3.[9]

## 104,6 대양을 옷처럼 덮은 땅

### 하느님의 깊은 비밀

히브리어의 관용적 표현에 따르면, 하느님은 시편 제18편에서 "어둠을 가리개 삼아 당신 주위에 둘러치셨다"(시편 18,12)고 묘사됩니다. 하느님에 관한 맞갖은 개념들은 눈에 보이지 않고 알 수 없음을 나타내는 말입니다. 하느님께서는 죽을 운명의 존재들의 비천함을 옷으로 입어 이해력이 타락하였거나 하느님을 이해하는 능력이 모자라 당신에 관한 지식의 광채를 견뎌 내지 못하거나 그 광채를 바라볼 능력이 없는 사람들을 생각하여 당신을 어둠 속에 숨기시기 때문입니다. 하느님에 관한 지식은 사람들에게 극히 드물게 내려지며 그래서 그것을 아는 사람들은 매우 드물다는 것이 드러나도록, 모세는 하느님께서 계시는 어둠 속으로 들어갔다고 쓰여 있습니다(탈출 20,21 참조). 그리고 또 모세에 관하여 "너 모세만 주님에게 가까이 오고 다른 이들은 가까이 와서는 안 된다"(탈출 24,2)고 쓰여 있기도 합니다. 그리고 예언자는 하느님에 관한 교의들은 심오하며 "모든 것을, 그리고 하느님의 깊은 비밀까지도 통찰하"(1코린 2,10)는 성령을 지니지 못한 사람들은 가닿을 수 없다는 것을 보여 주기 위하여 '주님은 심연을 옷처럼 두르셨다'(시편 104,6 참조)고 덧붙였습니다.

구원자 우리 주님, 하느님의 로고스께서는 아버지에 관한 지식의 위대함은 오직 당신만이 올바로 이해하시며 당신께만 알려져 있고, 그다음으로는 로고스이신 하느님께서 정신을 밝혀 주신 이들에게만 알려진다는 것을 나타내기 위하여 이렇게 단언하십니다. "아버지 외에는 아무도 아들을 알지 못한다. 또 아들 외에는, 그리고 그가 아버지를 드러내 보여 주려는 사람 외에는 아무도 아버지를 알지 못한다"(마태 11,27). 사실 "모든 피조물의 맏이"(콜로 1,18)이시며 '창조되지 않으신 분'을 그분을 낳으신 아버지만큼 아는 이는 아무도 없습니다. 그리고 하느님 아버지의 지혜이며 진리이신 살아 계신 말씀, 곧 '로고스'만큼 아버지를 아는 분은 아무도 없습니다. 하느님께서 당신의 "비밀스러운 거처로 삼으신 어둠"과 "하느님의 덮개"라고 표현되는 "심연"을 몰아내어 아버지를 이런 식으로 드러내 주신 분에게 참여하는 사람은 누구든지, 그분을 아시는 분이신 아버지를 알게 됩니다.

• 오리게네스 『켈수스 반박』 6,17.[10]

## 104,14-15 땅에서 나는 것들

### 하느님께서 사람과 동물을 위해 서식처를 마련하시다

그러니 켈수스[11]는 다음과 같이 말하라고 합시다. 땅에서 나는 그 엄청나게 다양한 것들이 '섭리'의 업적이 아니고 원소들의 우연한 조합이 그

---

[9] FC 37,205. [10] ANF 4,581*.

[11] 2세기 플라톤철학자로, 그리스도교에 대한 가장 뛰어난 비판 작품의 하나로 여겨진 『참된 말씀』을 썼다.

처럼 다양한 속성들을 낳았고, 많고도 많은 풀들과 나무들과 약초들이 서로를 닮은 것은 순전히 우연이며, 그것들은 어떤 감탄도 다 담을 수 없는 이해력으로부터 나오는 것이 아니라고. 그러나 이것들을 창조하신 한 분 하느님을 온 마음으로 섬기는 우리 그리스도인들은 이러한 것들에 대하여 그것들을 만드신 분께 감사함을 느낍니다. 그분께서는 우리들만을 위해서가 아니라 우리에게 종속된 짐승들을 위해서도 집을 마련하여 주셨기 때문입니다. "가축들을 위하여 풀이 나게 하시고 사람들이 가꾸도록 나물을 돋게 하시어 땅에서 빵을, 인간의 마음을 즐겁게 하는 술을 얻게 하시고 기름으로 얼굴을 윤기 나게 하십니다. 또 인간의 마음에 생기를 돋우는 빵을 주십니다." 그분께서 더없이 잔인한 짐승들을 위해서도 먹이를 제공하여 주셨다는 것은 놀랄 일이 아닙니다. [이 주제에 관하여] 철학적으로 연구한 어떤 이들에 따르면, 이 짐승들은 이성적인 피조물의 단련을 위하여 창조되었다고 하기 때문입니다. 우리의 지혜로운 스승들 가운데 한 분이 어디선가 이렇게 말씀하기도 하였습니다. "아무도 '이게 무어냐? 어찌 된 일이냐?' 하고 말해서는 안 된다. 모든 것이 필요에 따라 창조되었기 때문이다. 아무도 '이게 무어냐? 어찌 된 일이냐?' 하고 말해서는 안 된다. 모든 것은 제때에 풀리기 때문이다"(집회 39,21.16-17).

• 오리게네스 『켈수스 반박』 4,75.[12]

그리스도의 몸과 피가 예시하는 말씀

이것들에 대해 배워 알게 된 우리는, 빵으로 보이는 것이 실제로 빵 맛이 느껴지지만 빵이 아니라 그리스도의 몸이며 술로 보이는 것이 비록 맛은 분명 술이지만 술이 아니라 그리스도의 피라는 사실을 확신합니다. 오래전에 다윗은 이에 대하여 "빵으로 인간의 마음에 생기를 돋우며 기름으로 얼굴을 윤기 나게 하신다"고 노래하였고, 영적으로 그것을 받아 모시면 "우리 영혼의 얼굴이 빛난다"고도 하였습니다. 그러니 깨끗한 양심으로 그것이 드러나게 한 여러분은 "주님의 영광을 거울로 보듯 어렴풋이 바라보며"(2코린 3,18) 우리 주 그리스도 예수님 안에서 영광에서 영광으로 나아가기 바랍니다. 우리 주 예수 그리스도께 영예와 권능과 영광이 영원무궁히 있나이다.

• 예루살렘의 키릴루스 『신비 교리교육』 22,9.[13]

정신과 영혼을 위한 음식

생명을 주는 지식을 이지적으로 거두어들인, 참되고 바른 생각을 가진 사람들은 결코 거룩한 학문들에 지치지 않습니다. 실로 이렇게 쓰여 있습니다. "사람은 빵만으로 살지 않고 하느님의 입에서 나오는 모든 말씀으로 산다"(마태 4,4; 신명 8,3). 하느님의 말씀은 정신의 양식이며, 시편이 노래하듯이 "인간의 마음에 생기를 돋우는" 영적 "빵"입니다.

• 알렉산드리아의 키릴루스 『그리스도는 한 분이시다』.[14]

[12] ANF 4,531.
[13] NPNF 2,7,152*.
[14] *OUC* 49.

## 104,18-35 피조물들을 위한 하느님의 배려

18 높은 산들은 산양들의 차지
바위들은 오소리들의 은신처.
19 그분께서 시간을 정하도록 달을 만드시고
제가 질 곳을 아는 해를 만드셨네.
20 당신께서 어둠을 드리우시면 밤이 되어
숲의 온갖 짐승들이 우글거립니다.
21 사자들은 사냥 거리 찾아 울부짖으며
하느님께 제 먹이를 청합니다.
22 해가 뜨면 물러나서
제 보금자리로 들어가고
23 사람은 일하러,
저녁까지 노동하러 나옵니다.
24 주님, 당신의 업적들이 얼마나 많습니까!
그 모든 것을 당신 슬기로 이루시어
세상이 당신의 조물들로 가득합니다.
25 저 크고 넓은 바다에는
수없이 많은 동물들이,
크고 작은 생물들이 우글거립니다.
26 그곳에 배들이 돌아다니고
당신께서 만드신 레비아탄이 노닙니다.
27 이 모든 것들이 당신께 바랍니다,
제때에 먹이를 주시기를.
28 당신께서 그들에게 주시면 그들은
모아들이고
당신 손을 벌리시면 그들은
좋은 것으로 배불립니다.
29 당신의 얼굴을 감추시면 그들은
소스라치고
당신께서 그들의 숨을 거두시면 그들은
죽어 먼지로 돌아갑니다.
30 당신의 숨①을 내보내시면 그들은 창조되고
당신께서는 땅의 얼굴을 새롭게 하십니다.
31 주님의 영광은 영원하리라.
주님께서는 당신의 업적으로
기뻐하시리라.
32 땅을 굽어보시니 뒤흔들리고
산들을 건드리시니 연기 내뿜네.
33 나는 주님께 노래하리라, 내가 사는 한.
나의 하느님께 찬미 노래 부르리라,
내가 있는 한.
34 내 노래가 그분 마음에 들었으면!
나는 주님 안에서 기뻐하네.
35 죄인들은 이 땅에서 없어져라.
악인들은 더 이상 남아 있지 마라.
내 영혼아, 주님을 찬미하여라.
할렐루야!

① 또는 '영'.

### 둘러보기

시편 저자가 말하는 "오소리"는 영적 묵상에 집중하며 단순하고 평화적으로 사는 사람들을 상징한다(요한 카시아누스). 하늘의 천체들은 그 찬란한 아름다움으로 자신들의 창조주에 대하여 증언하며 그분의 뜻을 행하기 위해 인내한다(암브로시우스). 자기가 질 때를 아는 해는 기꺼이 수난을 견뎌 내신 그리스도를 나타낸다(카이사리우스). 기도는 어둠을 흩는 해돋이와 같다. 기도는 사탄을 몰아내고 우리 마음을 밝혀 주며 우리의 죄 많은 정욕을 흩어 사라지게 한다(요한 크리소스토무스). 만물을 만드신 분은 아버지와 똑같이 영원하신 분이신 하느님의 아드님이시다(아타나시우스). 만물은 그것을 창조하신 분의 위엄과 슬기의 증거를 보여 주며, 우리가 우리 주위의 가시적 세계에서 저 너머 계신 보이지 않으시는 하느님께로 눈을 들어 올리게 한다(암브로시우스). 하느님의 모습대로 창조되었다는 것, 회개하도록 부르시는 것, 하느님 아들의 육화를 포함하여 사람들에게는 하느님께 감사를 드려야 할 많은 이유가 있다. 시편 저자는 창세기 시작 부분에 하느님의 삼위일체적 본성이 이미 명확하게 입증되어 있다고 증언한다. 그리스도는 하느님의 지혜이시며 하느님께서 창조하시는 도구이셨다(아우구스티누스). 바다의 위험은 그리스도인들이 세상에서 만나는 위험들을 상징한다(아타나시우스). 바다의 드넓음과 아름다움, 그 안에 사는 것들, 그리고 바다가 하느님께서 부과하신 한계선 안에 머무는 사실은 그 창조주의 슬기를 증언한다(예루살렘의 키릴루스). 바다는 죄 많은 무수한 사람들로 가득 찬 세상을 나타내며, 배는 자신의 운명을 향하여 항해하는 교회를, 항구는 낙원을, 용은 사탄을 나타낸다(카이사리우스). 하느님께서는 악마를 창조하셨을 때, 그가 선과 악 두 가지 다의 도구가 되리라는 것을 이미 알고 계셨다(아우구스티누스).

하느님께서는 육체에 필요한 것을 주시듯이, 우리가 주의를 기울인다면 설교를 통해 영혼에 필요한 양식도 주신다(아우구스티누스). 하느님만이 선하시기에, 모든 선한 것은 비록 때가 늦추어질망정 그분에게서 온다(암브로시우스, 아우구스티누스). 다윗은 믿는 이들이 성령에 의해 부활하고 다시 생기를 얻는다는 것을 예언하였다(니사의 그레고리우스). 다윗은 육체의 사멸과 믿는 이들의 영혼은 불사함을 증언한다(다마스쿠스의 요한, 니사의 그레고리우스). 창조 때에 성령께서는 형체 없는 물질에 아름다움을 부여하셨으며, 성령 없이는 아무것도 존속할 수 없고 부활도 있을 수 없다(암브로시우스, 나지안주스의 그레고리우스). 이 세상이 사라지면 새로운 세상이 창조될 것이다. 그 세상에서는 사람들에게 슬픔도 죽음도 없을 것이며 천사들과 비슷한 삶을 살 것이다(메토디우스, 바실리우스). 죽은 이들 가운데에서 우리를 일으키시며 우리가 하늘에서의 새로운 영적 삶에 적응할 수 있게 해 주실 분이 성령이심을 생각할 때, 성령은 아무리 찬양해도 부족하다(바실리우스). 성령은 세 번의 창조 — 세상 창조, 세례를 통한 새로 남, 영원한 삶으로의 재창조 또는 부활 — 에서 도구이셨고 지금도 도구이시다(니케타스). 성령께서는 창조 작업에 함께하셨으며 세상을 채우고 계시고 우리 안에 사신다. 이 모든 것은 성령의 신성에 대한 증거다(풀겐티우스).

동물을 바치는 구약의 제물은 기도와 묵상, 바른 생활이라는 제물로 대체되었다(아타나시우스). 기도는 하느님과의 대화이며, 하느님께서는 이를 원하시지만 그렇다고 해서 하느님께서 당신의 섭리적인 보살핌을 반드시 우리에게 내려야 하는 것은 아니다(요한 크리소스토무스). 하느님의 심판은 자신의 행동이나 말로 그분을 부인하는 죄인들에게 내린다(아우구스티누스).

104,18-26 계절과 시간

신심 깊은 그리스도인은 오소리와 같다

이와 같이 하느님 친히 빛을 내리시면, 그는 풍부한 하느님의 지식에까지 올라가 이제부터는 더 고귀하고 신성한 신비로 양육될 수 있을 것입니다. "높은 산들은 사슴들의 피난처, 바위들은 오소리들의 은신처"(시편 104,18)라는 예언자의 말씀대로입니다. 이 말씀은 우리가 이야기한 의미에 잘 들어맞는데, 죄짓지 않고 단순하게 사는 사람은 누구나 아무에게도 해를 끼치지 않고 부담을 주지 않기 때문입니다. 단순함 속에서 만족하며 사는 그런 사람은 그를 해치려 매복하고 있는 자에게서 자신을 지키기만을 바랍니다. 영적 오소리처럼 되어 복음이 이야기하는 바위의 보호를 받습니다. 주님의 고난을 회상하는 것이 그 바위입니다. 여기에 더해, 앞에서 말한 구절을 끊임없이 묵상함으로써 더 많은 힘을 갖추게 된 그는 그를 공격하는 원수의 덫을 피할 수 있습니다. 잠언에도 이런 영적 오소리들에 관하여, "힘이 세지 않은 종자이지만 바위에 집을 마련하는 오소리"(잠언 30,26)라는 말씀이 있습니다.

• 요한 카시아누스 『담화집』 10,11,2-3.[1]

### 천체들의 존재 이유

해와 달과 별 같은 하늘의 빛물체들은 비록 광채로 빛나지만 역시 피조물이며, 떠오르고 지는 나날의 의무를 행함에 있어 밤낮으로 빛나면서 그들이 옷으로 입은 아름다움을 드러내며 영원하신 창조주의 뜻을 이행하고 있다는 점에 대해 숙고해 보십시오. 해가 구름에 덮이거나 일식이나 월식으로 그 빛줄기가 땅의 시야에서 가려지는 적이 얼마나 많습니까? 성경 말씀대로, 달은 제가 질 때를 압니다. 달은 자기가 언제 환히 빛나야 하고 언제 자기 빛을 약하게 해야 하는지 압니다. 이 세상의 유익을 위해 일하는 별들은 구름에 가리면 사라집니다. 분명 그들이 원해서가 아니라 희망으로 그렇게 하는 것입니다. 그들은 자신들을 [당신께] 속하도록 만드신 분께 그들의 수고에 대한 칭찬을 받기를 희망하기 때문입니다. 이처럼 그들은 그분을 위하여, 다시 말해 그분의 뜻을 따르기 위하여 인내하는 것입니다.

• 암브로시우스 『서간집』 51.[2]

### 그리스도야말로 참된 "의로움의 태양"이시다

"해는 제가 지는 시간을 압니다. 당신께서 어둠을 드리우시면 밤이 됩니다." 아시다시피, 시편 [제10편]의 말씀입니다. 아무리 배우지 못한 사람이라 해도, 해가 지면 곧바로 밤과 어둠이 온다는 것을 누가 모르겠습니까? 그러면 누구나 잘 알고 있는 것이 명백한 이 사실을 예언자가 굳이 말한 이유는 무엇입니까? 이어지는 구절은 이렇습니다. "밤이 되어 숲의 온갖 짐승들이 우글거립니다. 사자들은 사냥 거리 찾아 울부짖으며 하느님께 제 먹이를 청합니다." 이를 모르는 사람이 있습니까? 밤이 되면 온갖 짐승이 나와 돌아다닌다는 것은 실로 누구나 알고 있습니다. 우리는 이 구절을 문자 그대로 받아들여서는 안 되므로, 여러분의 관습대로 이 문장의 영적 의미에 주의를 기울이며 들으십시오.

'해는 제가 질 때를 안다'는 시편 저자의 말은 해에 관하여 말하는 것이라기보다 예언자가 "당신의 이름을 경외하는 이들에게는 의로움의 태양이 치유의 빛을 싣고 떠오르리라"(말라 4,2 참조)라고 말한 분에 관한 말씀으로 이해해야 합니다. 솔로몬의 지혜서에서 우리는 그분에 관해, 악인들이 "해가 우리 위로 떠오르지 않은 것이다"(지혜 5,6)라고 할 것이라는 말씀을 읽습니다. 그러니까 그리스도가 바로 참된 "의로움의 태양"이십니다. 그분께서는 당신이 저무실 때를 아셨고 그래서 우리 구원을 위하여 수난을 받아들이셨습니다. 그분께서 십자가에 못 박히셨을 때 밤과 어둠이 그분 제자들의 영혼을 사로잡았습니다. 형제 여러분, 사실, 그리스도께서 죽은 이들 가

[1] ACW 57,383-84.

[2] FC 26,274-75*.

운데에서 되살아나셨음을 믿지 않은 자들 안에 어둠이 없었다고 어찌 말할 수 있겠습니까? 마지막으로, 여자들이 주님을 뵈었다고 이야기하자 "사도들에게는 그 이야기가 헛소리처럼 여겨졌다. 그래서 사도들은 그 여자의 말을 믿지 않았다"(루카 24,11)고 합니다. 또 두 제자는 같이 이야기를 나누던 주님께 "우리는 그분이야말로 이스라엘을 해방하실 분이라고 기대하였습니다"(루카 24,21)라고 하였습니다. 사도들이 이렇게 말하였을 때 [성경의] 또 다른 말씀, 곧 이 말씀이 이루어졌습니다. "해는 제가 지는 시간을 압니다. 당신께서 어둠을 드리우시면 밤이 됩니다."

• 아를의 카이사리우스 『설교집』 136,2-3.[3]

### 기도는 해의 광선과 같다

그럴 경우엔 화가 끓어오르더라도 쉽게 가라앉힐 수 있습니다. 정욕의 불꽃이 타오르더라도 그 불길을 쉽게 꺼뜨릴 수 있습니다. 질투심이 우리를 집어삼켜도 그것을 쫓아내는 것이 어렵지 않습니다. 해가 떠오를 때 일어나는 일이라고 예언자가 말하는 것들에도 똑같은 일이 일어납니다. 예언자가 뭐라고 했습니까? "당신께서 어둠을 드리우시면 밤이 되어 숲의 온갖 짐승들이 우글거립니다. 사자들은 사냥 거리 찾아 울부짖으며 하느님께 제 먹이를 청합니다. 해가 뜨면 물러나서 제 보금자리로 들어가고." 해가 뜨면 들짐승들은 모두 쫓겨나 제 보금자리로 숨어듭니다. 이처럼, 해의 광선과도 같은 기도가 우리 혀에서 일어나 입 밖으로 나와 우리의 정신이 빛을 받으면, 우리의 이성을 파괴하는 모든 야만적인 정욕은 슬며시 물러나 자기 보금자리로 달아납니다. 다만, 우리의 기도가 꾸준해야 하고, 깨어 있는 영혼과 건전한 정신에서 나오는 기도여야만 그렇게 됩니다(1베드 5,8 참조). 우리가 기도할 때 마침 악마가 가까이 있다면, 악마는 쫓겨 갑니다. 마귀가 마침 거기 있다면 슬며시 달아납니다.

• 요한 크리소스토무스 『동일본질』 7,59.[4]

### 하느님께서는 세상을 지혜로 이루셨다

그런데 그들의 교리는 틀렸습니다.[5] '진리'께서는 당신만이 지니고 계신 지혜의 영원한 샘이 하느님이시라고 증언합니다. '샘'이 영원하다면, '지혜' 또한 영원할 수밖에 없습니다. 다윗이 시편에서 "당신께서는 그 모든 것을 지혜로 이루셨습니다" 하고 말하듯, 만물이 그 지혜 안에서 만들어졌기 때문입니다. 또 솔로몬은 "주님께서는 지혜로 땅을 세우시고 슬기로 하늘을 굳히셨다"(잠언 3,19)고 말합니다. 이 '지혜'가 '말씀'이십니다. 그리고 요한이 말하듯, 그분을 통하여 "모든 것이 생겨났고 그분 없이 생겨난 것은 하나도 없"(요한 1,3)습니다.

• 아타나시우스 『아리우스파 반박 연설』 1,6,19.[6]

### 하느님의 '손'이 이루신 업적

의심할 바 없이, '말씀'을 통하여 생겨난 것들은 "지혜 안에 세워졌고" 지혜 안에 세워진 것들은 모두 그 '손'에 의해 만들어졌으며 아들을 통하여 존재하게 되었습니다. 우리에게는 이에 대한 증거가 있는데, 외부의 자료들에서가 아니라 바로 성경에서 그것을 찾아볼 수 있습니다. 하느님께서 이사야 예언자를 통하여 이렇게 말씀하시기 때문입니다. "내 손이 땅의 기초를 놓았고 내 오른손이 하늘을 펼쳤다"(이사 48,13). 또 "나

[3] FC 47,264-65*.
[4] FC 72,209.
[5] 하느님 아들의 종속론을 주장하던 아리우스파의 교리를 말한다.
[6] NPNF 2,4,317*.

는 내 손 그늘에 너를 숨겨 줄 것이다. 그 손으로 하늘을 심고 땅의 기초를 놓을 것이다"(이사 51,16)라고도 하십니다. 이러한 내용을 가르쳤으며 주님의 손은 다름 아닌 지혜임을 알았던 다윗은 시편에서 이렇게 말합니다. "당신께서는 그 모든 것을 당신 슬기로 이루시어 세상이 당신의 조물로 가득합니다."

• 아타나시우스
『니케아 공의회 교령에서 아리우스 면직』 4,17.[7]

### 피조물이 하느님의 영광을 선포하다

이 세상은 하느님께서 이루신 일들의 본보기입니다. 작품을 보면 그것을 만드신 분이 보이기 때문입니다. 예술 작품은 다양한 면에서 고찰할 수 있습니다. 예를 들어, 실제적인 면모가 있습니다. 이러한 것들은 육체의 움직임이나 목소리 또는 소리와 관계있습니다. 소리의 움직임이 사라지고 나면, 보는 이나 듣는 이에게 남아 있는 것은 아무것도 없습니다. 어떤 기술들은 이론적입니다. 이런 것들은 정신의 활력을 드러내 보여 줍니다. 움직임의 과정이 끝나도 그 결과물이 가시적으로 남아 있는 종류의 기술도 있습니다. 건물이나 직물 같은 것이 그 예입니다. 장인이 침묵하고 있을 때에도 그의 기술은 드러나 보이며, 그것은 그 장인의 작품에 대한 증언인 셈입니다. 이와 마찬가지로, 이 작품[8]은 하느님의 지혜가 드러나게 한 거룩한 위엄의 분명한 표시입니다. 시편 저자는 이것을 바라보면서 동시에 자기 마음의 눈을 보이지 않는 것들에게로 들어 올리며 이렇게 말합니다. "주님, 당신의 업적들이 얼마나 많습니까! 당신께서는 그 모든 것을 당신 슬기로 이루셨습니다."

• 암브로시우스 『육일 창조』 1,5,17.[9]

### 하느님께 감사해야 할 이유

우리 가운데 누구라도 이것과 관련해 고민할까 봐 말씀드리는데, 계명은 단 둘입니다. 하느님과 이웃이지요. 하나는 여러분을 만드신 분, 다른 하나는 여러분과 함께하라고 그분께서 만든 이입니다. 아무도 여러분에게 "해를 사랑하라, 달을 사랑하라, 땅을 또는 만들어진 모든 것을 사랑하라"고 말한 적 없습니다. 이런 것들은 그 안에서 하느님께서 찬미받으시는, 창조주께서 찬양받으시는 것들입니다. "당신의 업적들이 얼마나 위대합니까!" 우리는 이렇게 말합니다. "당신께서는 그 모든 것을 당신 슬기로 이루셨습니다." 그것들은 당신의 것이며, 당신께서 그 모두를 만드셨습니다. 당신께 감사드립니다! 그런데 당신께서는 우리가 그 모든 것을 다스리게 하셨습니다. 감사드립니다! 저희가 당신의 모습을 지니게 하셨기에 그렇습니다. 감사합니다. 저희가 죄를 지었는데, 저희를 찾아 주셨습니다. 감사합니다! 저희가 소홀히 했건만 당신께서는 저희를 소홀히 하지 않으셨습니다. 감사합니다! 저희가 당신을 업신여겼건만 당신께서는 저희를 업신여기지 않으셨습니다. 저희가 당신의 신성을 잊어버리고 당신을 잃어버리려 하자, 당신께서는 인성을 취하시기까지 하셨습니다. 감사합니다! 저희가 감사를 드리지 않아도 될 때와 장소가 어디에 있겠습니까?

• 아우구스티누스 『설교집』 16A,6.[10]

### 하느님께서는 당신 아드님을 통하여 세상을 창조하셨다

하늘과 땅을 만드신 이 '말씀' 자신은 만들어진 존재가 아니었습니다. 그 '말씀'이 만들어진

[7] NPNF 2,4,161*.

[8] 하느님께서 창조하신 세상.

[9] FC 42,16-17*.

[10] *WSA* 3,1,351*.

존재라면, 무엇을 통하여 만들어졌다는 말입니까? "모든 것이 그분을 통하여 생겨났"(요한 1,3)다고 쓰여 있습니다. 그러니까 만들어진 모든 것이 '말씀'을 통하여 만들어졌다면, 그 모든 것을 만드신 '말씀' 자신은 만들어진 존재가 아님이 명백합니다. 또 한 가지 주목할 점이 있는데, 창조 작업을 기술한 저자, 하느님의 종 모세는 "한처음에 하느님께서 하늘과 땅을 창조하셨다"(창세 1,1)고 말합니다. 한처음에 그분께서 하늘과 땅을 창조하셨습니다. 어떤 방법으로 창조하셨습니까? '말씀'을 통해서이지요. 그분께서 '말씀'도 창조하셨습니까? 아닙니다. 이것은 무슨 뜻입니까? "한처음에 말씀이 계셨다"(요한 1,1)고 쓰여 있습니다. 하느님께서 이 일을 맡기신 분은 이미 존재하고 계셨습니다. 그래서 아직 존재하지 않던 것을 이분께서 만드실 수 있었던 것입니다. 우리는 이를 이해할 수 있습니다. 외아들이신 '말씀' 안에서 하늘과 땅이 만들어졌다는 뜻으로 올바로 이해하는 것이지요. 그러니까 그것들은 그것들을 만드신 분 안에서 만들어진 것입니다. 이분이 하느님께서 하늘과 땅을 만드신 한처음이라 이해할 수 있습니다. 결국 이 '말씀'은 성경에 "당신께서는 그 모든 것을 당신 슬기로 이루셨다"고 쓰여 있는 하느님의 지혜이시기도 합니다. 하느님께서 만물을 슬기 안에서 만드셨다면, 그리고 그분의 외아드님은 의심할 바 없이 하느님의 지혜이시라면, 아들을 통하여 만들어졌다고 우리가 배운 모든 것은 또한 아드님 안에서 만들어졌다는 것을 의심하지 맙시다. 그러니까, 틀림없이 아들 자신이 한처음입니다. 유대인들이 그분을 의심하며 "당신이 누구요?" 하고 묻자, 그분께서는 '한처음'이라고 대답하셨습니다(요한 8,25 참조). 그래서 이렇게 쓰여 있는 것입니다. "한처음에 하느님께서 하늘과 땅을 창조하셨다"(창세 1,1).

• 아우구스티누스 『설교집』 223A,1.[11]

### 삼위일체에 관해 언급하는 창세기 1장

이 주장을 반박할 마음은 전혀 없습니다. 창세기의 첫머리에서도 삼위일체가 언급되고 있는 점이 몹시 기쁠 뿐입니다. 제일 첫머리에서 우리는 이런 말씀을 읽습니다. "한처음에 하느님께서 하늘과 땅을 창조하셨다"(창세 1,1). 이 말씀을 우리는 아버지께서 '아들 안에서' 창조를 행하셨다는 뜻으로 이해해야 합니다. "주님, 손수 만드신 것이 얼마나 위대합니까! 그 모든 것을 지혜 안에서 이루셨나이다"라는 시편의 증언은 이러한 해석을 뒷받침해 줍니다. 시편 이 구절 조금 뒤에는 성령에 관한 아주 적절한 언급이 나오지요.

• 아우구스티누스 『신국론』 11,32.[12]

### 하느님께서는 모든 것을 지혜로 이루셨다

형제 여러분, 잘 들으십시오. "모든 것이" 곧 모든 사람과 모든 사물이 "그분을 통하여 생겨났고 그분 없이 생겨난 것은 하나도 없다"(요한 1,3)라고 쓰여 있습니다. 그런데 모든 것이 어떻게 그분을 통하여 생겨났을까요? "그분 안에서 생겨난 것은 생명이었다"(요한 1,4 참조)라고 되어 있습니다. 그 문장을 이런 식으로 표현하면, 모든 것이 생명입니다. 그분 안에서 생겨나지 않은 것이 무엇이 있습니까? 그분은 하느님의 지혜이시고, 시편에 "당신께서는 그 모든 것을 지혜 안에서 이루셨습니다"라고 쓰여 있으니 말입니다. 그러므로 그리스도께서 하느님의 지혜이시고 시편이 "당신께서는 모든 것을 지혜 안에서 이루셨습니다"라고 말하며 모든 것이 그분을 통하여 만

[11] *WSA* 3,6,212-13.

[12] *CG* 467.

들어졌다면, 그것들은 그분 안에서 만들어진 것입니다.

• 아우구스티누스 『요한 복음 강해』 1,16,1.[13]

### 세상은 위험으로 가득하다

그러므로 우리는 제자들과 같은 믿음을 가지고 우리의 스승님과 자주 대화를 나눕시다. 형제 여러분, 우리에게 세상은 바다와 같기 때문입니다. 그 바다에 관하여 이렇게 쓰여 있습니다. "저 크고 넓은 바다에는 배들이 돌아다니고 당신께서 만드신 레비아탄이 노닙니다." 우리는 이 바다 위에서 바람이 부는 데 따라 우리의 자유의지를 통하여 떠다니고 있습니다. 각 사람이 저마다 자기 의지에 따라 방향을 잡습니다. '말씀'의 지도를 받아들여 안식으로 들어가기도 하고 쾌락에 붙들려 난파를 당하거나 폭풍우를 만나 위험에 처하기도 합니다. 드넓은 바다에 폭풍우도 치고 풍랑도 일듯이, 세상에는 많은 환란과 시련이 닥칩니다.

• 아타나시우스 『축일 서간집』 19,7.[14]

### 하느님께서 바다에 경계를 두시다

"저 크고 넓은 바다에는 수없이 많은 생물들이 우글거립니다." 바다에 사는 물고기들의 아름다움을 누가 묘사할 수 있겠습니까? 고래들의 엄청난 크기와, 마른땅에서도 살고 물속에서도 사는 양서류들의 별난 본성에 대해서 누가 묘사할 수 있겠습니까? 바다의 깊이와 넓이, 사나운 파도의 거센 힘에 대해 누가 묘사할 수 있겠습니까? 바다가 그 경계를 넘어오지 않는 것은 "여기까지는 와도 되지만 그 이상은 안 된다. 너의 도도한 파도는 여기에서 멈추어야 한다"(욥 38,11) 하고 말씀하신 분 때문입니다. 바다의 파도가 밀려왔다가 모래에 뚜렷한 자국을 남기고 가는 것은 바다에게 하느님께서 명령을 내리셨음을 드러내 줍니다. 마치 그것을 보는 이들에게 바다가 자신에게 지워진 경계선을 넘지 않았다는 것을 알리는 것 같습니다.

• 예루살렘의 키릴루스 『예비신자 교리교육』 9,11.[15]

### 교회는 배와 같다

이 말씀 다음에 예언자는 이렇게 덧붙입니다. "저 크고 넓은 바다에는 수없이 많은 생물들이 우글거립니다." 바다는 세상으로 이해됩니다. 걸핏하면 폭풍우가 치고 위험한 파도가 일며 쓰고 짠 것으로 가득한 곳이지요. 바다에는 작은 생물들을 집어삼키기를 그치지 않는 커다란 물고기들도 있습니다. 기어 다니는 것들도 무수히 많습니다. 이렇게 불리는 것은 이 생물들이 땅 위를 기어 다니기 때문입니다. 그래서 오직 현세만을 생각하고 그에 대한 사랑에서 세속의 목적을 추구하는 데 전념하는 육적인 사람들과 세상을 사랑하는 자들은 "기어 다니는 것들"이라 불릴 만합니다. 그리고 "저 크고 넓은 바다에는 배들이 돌아다니고"라는 구절은 바람의 힘을 받아 바다를 건너는 나무로 만든 배로 이해할 것이 아니라 보편 교회로 이해해야 합니다. 교회는 거룩하고 의로운 행실을 통하여 낙원이라는 항구에 닿기를 소망하는 동안 많은 환난이라는 파도와 각종 폭풍우라는 바람으로 고생합니다. 더 나아가 이 배[교회]는 거센 바람을 맞으며 이리저리 휘둘림에도 불구하고 성령의 숨결에게 인도를 받으며 거룩한 단련이라는 노의 훌륭한 지도를 받아 영원한 생명으로 건너갑니다. 그를 괴롭히는 역경들을 통하여 그리되는 것입니다. 이 바다

[13] FC 78,55.

[14] NPNF 2,4,547*.

[15] FC 61,191.

에는 성경에 "저 바다에는 당신께서 만드신 바다의 레비아탄이 노닙니다"라고 묘사된 용도 있습니다. 이 용은 악마로 이해됩니다. 그자는 사악한 자들 안에서 그들이 죄짓도록 꼬여 낼 뿐 아니라 그들을 부하로 삼아 거룩하고 의로운 이들을 박해하는 짓을 멈추지 않습니다. 이 용은 하느님께서 본디 선한 천사로 만드셨지만 교만으로 인하여 하느님을 거슬러 자기 자신을 높이 들어 올린 탓에 복된 천사의 상태에서 굴러떨어졌습니다. 자기 자신을 속이는 그자는, 숨어 있으나 정의로운 하느님의 심판에 의해 간교하고 부주의한 사람들을 속이는 것을 허락받았습니다.

• 아를의 카이사리우스 『설교집』 136,6.[16]

하느님께서는 악마의 사악함을 이용하신다

하느님께서는 악마를 만드실 때 그가 장차 악행을 저지르리라는 것을 잘 알고 계셨고, 당신께서 그가 저지른 악에서 선을 만들어 내실 것을 알고 계셨던 것이 틀림없습니다. 그래서 시편은 "손수 지으신 용이 있지만 그것은 당신의 조롱거리입니다"라고 했습니다. 악마를 만드신 솜씨를 보면, 하느님의 선성에 따라 악마는 본디 선한 존재로 창조되었지만 하느님께서는 당신의 예지에 따라, 그가 악한 상태가 되었을 때 그를 어떻게 이용할지 미리 예비해 놓으셨습니다.

• 아우구스티누스 『신국론』 11,17.[17]

악마는 죄를 지은 뒤 단죄되었다

욥기에도 악마에 관한 말이 나오는데, "그것은 하느님께서 손수 만드신 첫 작품. 하느님께서는 그를 천사들의 조롱거리로 만드셨다"(욥 40,19 칠십인역)라는 구절이 있습니다. ("손수 지으신 용이 있지만 그것은 당신의 조롱거리입니다"라는 시편에 상응하는 구절이지요.) 이 구절을 악마는 처음부터 천사들에게 조롱을 받도록 만들어졌다고 이해해서는 안 되고, 죄를 지은 뒤에 그런 벌에 처해졌다고 이해해야 합니다. 그의 시초는 그래도 하느님의 솜씨였습니다. 몹시 하찮은 짐승의 경우에도 하느님께서 창조하지 않으신 자연 본성은 하나도 없습니다. 하느님께는 사물의 모든 척도와 모든 형상과 모든 질서가 있으며, 이 세 가지가 없이는 어떤 사물도 생길 수 없고 존재하리라 생각할 수도 없습니다. 그렇다면 하느님께서 만드신 그 밖의 모든 사물들보다도 자연 본성의 품위가 월등히 뛰어난 천사적 피조물에 대해서는 더 말할 나위도 없습니다.

• 아우구스티누스 『신국론』 11,15.[18]

104,27–30 하느님께서 당신 손을 벌리시면

하느님은 위대한 공급자이시다

우리 모두는 그분께서 우리의 허기진 영혼을 먹여 주시도록 그분께 눈을 모읍시다. 그분께서도 우리 때문에 배고파하셨습니다. 그래서 "그분께서는 부유하시면서도 여러분을 위하여 가난하게 되시어, 여러분이 그 가난으로 부유하게 되도록 하셨습니다"(2코린 8,9). 우리가 방금 "이 모든 것들이 당신께 바랍니다. 제때에 먹이를 주시기를" 하고 노래한 것은 참 얼마나 적절합니까! 만물이 그렇게 한다면 모든 사람이 [그렇게 할 것이고], 모든 사람이 [그렇게 한다면] 우리도 [그렇게 해야 할 것입니다]. 그러니까 제가 이 설교로 여러분에게 무엇이건 선한 것을 주게 된다면, 그것은 제가 주는 것이 아니라 우리 모두가 당신을 바라보기에 우리 모두에게 주시는 그분께서 주시는 것입니다. 지금은 그분께서 주시는 때입니다. 그러나 그분께서 주시게 하려면 우리

[16] FC 47,267.

[17] *CG* 449.

[18] *CG* 447.

는 그분께서 말씀하신 것, 곧 그분을 바라보기를 행해야 합니다. 우리의 마음으로 그분을 응시합시다. 여러분 몸의 눈과 귀가 저를 향해 있듯이 여러분 정신의 눈과 귀는 그분을 향해 있어야 합니다.

• 아우구스티누스 『설교집』 2,6.[19]

### 우리를 선하게 하는 것은 하느님이시다

하느님을 찾고 그리하여 그분을 발견한 사람은 그런 좋은 것들[20] 가운데에 삽니다. 사람의 보물은 그의 마음이 있는 곳에 있기 때문입니다(마태 6,21 참조). 주님께서는 기도하는 이들에게 좋은 선물을 주지 않으실 수 없는 분입니다. 그리고 하느님은 선하시며 당신을 기다리는 이들에게는 더욱 잘해 주시는 분이시니 우리는 온 영혼과 온 마음과 온 힘을 다해 그분께 매달리며 그분 곁에 있읍시다(참조: 신명 6,5; 마태 22,37). 그러면 우리는 그분의 빛 안에 있으면서 그분의 영광을 보고 거룩한 기쁨이라는 선물을 누리게 될 것입니다. 그러므로 우리의 영을 그 선으로 들어올려 그 안에 있고 그 안에서 삽시다. 그것에 매달립시다. 그것은 모든 생각과 모든 숙고 위에 있으며 영원한 평화와 평온을 누리기 때문입니다. 그리고 더 나아가 그 평화는 모든 생각과 이해를 넘어서는 것입니다(필리 4,7 참조). 이것이 모든 것 안으로 들어가는 선입니다. 우리 모두는 그 안에 살며 모두가 거기에 의존해 있습니다(사도 17,28 참조). 또한 그것은 그 자체를 넘어선 것은 아무것도 지니고 있지 않으며 하느님에게서 오는 것입니다. "하느님 한 분 외에는 아무도 선하지 않"(마르 10,18)기 때문입니다. 그러므로 선한 것은 하느님에게서 오는 것이며 하느님에게서 오는 것은 선합니다. 그래서 이렇게 쓰여 있습니다. "당신께서 손을 벌리시면 그들은 좋은 것으로 배불립니다." 모든 좋은 것은 하느님의 선하심을 통하여 합당히 우리에게 주어지며, 그 좋은 것들 안에는 어떤 악한 것도 섞여 있지 않기 때문입니다(야고 1,17 참조). 성경은 "너희는 이 땅의 좋은 소출을 먹게 되리라"(이사 1,19)라는 말로 성실한 이들에게 이런 좋은 것들을 약속하였습니다. 이 좋은 것들을 얻을 수 있도록 불의도 속임수도 없고 쓰라림도 없으며 은총과 거룩함과 순수함과 자비심과 사랑과 의로움이 있는 그 선처럼 됩시다. 이처럼 선은 많은 자식을 품는 어머니처럼 온갖 덕을 품고 있습니다.

• 암브로시우스 『세상 도피』 6,36.[21]

### 하느님은 배려심 많으신 공급자이시다

우리는 그런 냉정하고 잔혹한 일들을 인간사에서 날마다 보지 않습니까? 아픈 사람들이 의사들에게 자기 건강에 해로운 것들을 얼마나 많이 청하며, 의사들은 자비로운 마음에서 그들에게 얼마나 많은 것들을 금지합니까! 의사들이 그것들을 거부함으로써 그들을 살리는 것입니다. 만약 의사들이 해로운 것들을 준다면, 그것이 잔인한 것입니다. 의사들은 그것을 알고 있습니다. 그런데 하느님께서 모르시겠습니까? 여러분처럼 창조된 이가 여러분을 이런 식으로 다루어야 한다는 것을 압니다. 그런데 그 사람과 여러분을 창조하신 분께서 여러분과 그를 어떻게 다루어야 하는지 모르시겠습니까? 사랑하는 여러분, 그러니까 여러분의 모든 걱정, 모든 두려움, 모든 기쁨 안에서, 하느님께서 세속의 좋은 것들 가운데에서 여러분에게 가장 좋다고 아시는 것

[19] *WSA* 3,1,179.

[20] 모든 것을 견뎌 내며 시간이나 시대의 변화에 의해서도 파괴되지 않는 선을 가리킨다(시편 27,13 참조).

[21] FC 65,308-9.

을 주십사고 청하십시오. 그러나 "아버지의 이름을 거룩히 드러내시며 아버지의 나라가 오게 하시며 아버지의 뜻이 하늘에서와 같이 땅에서도 이루어지게 하소서" 같은, 영원한 것들과 그와 비슷한 것들을 청할 때에는 어떠한 주저도 조건도 없이 청하십시오. 그렇게 한다 해서 여러분에게 해 될 일은 전혀 없습니다.

선택하고, 아끼고, 모아들이십시오. 그분께서 당신 손을 벌리시어 모든 영혼을 축복으로 채워 주십니다. "당신께서 주시면 그들은 모아들입니다"라고 쓰여 있습니다. 우리 가운데 누구 하나라도 하늘의 좋은 것들에 대해 의심을 품어서는 안 될 것입니다. 그것들은 비록 미루어지더라도 장차 주어질 것입니다. 보상이 거부된 것이 아니라 소망이 더욱 자라나는 것입니다. 우리는 날마다 소망을 이어 가야 합니다. 우리가 받을 것은 더없이 대단한 것이기 때문입니다. 우리는 날마다 목말라해야 합니다. 우리가 장차 물을 받아 마시게 될 샘은 생명의 샘이기 때문입니다. 사랑하는 여러분, 그런데 우리가 아무리 청해도 염치없는 짓이 아닌 것들이 있습니다. 사도가 그렇게 가르쳤기 때문입니다. 우리는 "우리가 아주 신심 깊고 품위 있게, 평온하고 조용한 생활을 할 수 있도록"(1티모 2,2) 청합시다.

• 아우구스티누스 『설교집』 306C,8.[22]

부활의 신비

그러나 그녀[23]는 이렇게 말했습니다. "나는 우리가 성경이 이 교의[부활]에 관하여 여러 곳에서 기술한 것을 먼저 간략히 둘러보아야 한다고 생각합니다. 그러면 거기에서 우리 담화의 결론에 이를 수 있을 것입니다. 실로 나는 다윗이 우주의 질서를 노래한 거룩한 송시頌詩를 들었습니다. 시편 제103편(칠십인역) 끝부분에서 그는 이렇게 말합니다. "당신께서 그들의 영을 거두시면 그들은 죽어 먼지로 돌아갑니다. 당신의 영을 내보내시면 그들은 창조되고 당신께서는 땅의 얼굴을 새롭게 하십니다." 그는 모든 것 안에서 모든 것을 이루는 것은 영의 힘이며, 어떤 대상 안으로 들어가 그에게 생명을 주는 것도, 거기에서 떠나감으로써 그것에게서 생명을 거두는 것도 영이라고 이야기하고 있습니다. 살아 있는 이들의 죽음은 영이 떠나가기 때문이며, 영이 함께할 때 죽은 이들의 회복이 일어난다고 그는 말합니다. 다윗은 예언의 영에 힘입어 이 은총을 예고하였고, 이 서술에서 새롭게 되는 이들의 죽음이 먼저 언급되고 있다는 점에서 우리는 부활의 신비가 교회에게 선포되고 있다고 말할 수 있습니다.

• 니사의 그레고리우스 『영혼과 부활에 관한 대화』 10.[24]

하느님은 살아 있는 이들의 하느님이시다

"나는 아브라함의 하느님, 이사악의 하느님, 야곱의 하느님이다"(탈출 3,6). 하느님께서는 "죽은 이들의 하느님이 아니"(마태 22,32)십니다. 죽어서 다시는 살지 못할 이들의 하느님이 아니라는 말입니다. 그분은 살아 있는 이들의 하느님이십니다. 그들의 영혼은 그분 손안에서 살며(지혜 3,1 참조) 그들의 육체는 부활로 다시 살게 될 것입니다. 하느님의 조상인 다윗은 하느님께 이렇게 말합니다. "당신께서 그들의 숨을 거두시면 그들은 죽어 먼지로 돌아갑니다." 이것이 어째서 그들의 육체와 관련된 문제인지 잘 보십시오. 다윗은 곧바로 이렇게 덧붙입니다. "당신의 숨을 내보내시면 그들은 창조되고 당신께서는 땅

[22] *WSA* 3,9,41-2*.

[23] 니사의 그레고리우스의 누나인 소(少) 마크리나를 말한다.

[24] *GNSR* 104.

의 얼굴을 새롭게 하십니다."

• 다마스쿠스의 요한 『신앙 해설』 4,27.[25]

### 창조와 부활에서 성령의 역할

그러니까 영이 물 위를 감돌고 있을 때, 창조계에는 은총이 없었습니다. 그러나 이 세상이 성령의 작용으로 창조되고 나서는 세상을 밝히는 은총의 온갖 아름다움을 얻었습니다. 성령 없이는 우주의 은총이 존속할 수 없다는 사실을 예언자는 다음과 같은 말로 단언하였습니다. "당신께서 당신의 영을 거두시면 그들은 살지 못하고 먼지로 돌아갑니다. 당신의 영을 내보내시면 그들은 창조되고 당신께서는 땅의 얼굴을 새롭게 하십니다." 그러니까 예언자는 성령 없이는 어떤 피조물도 살 수 없다는 사실과 더불어 성령께서는 만물의 창조주시라는 사실을 가르친 것입니다.

• 암브로시우스 『성령론』 2,5,33.[26]

### 영적 재생을 이루어 주시는 분

성경은 창조에서나 부활에서나 이 영께서 아들과 함께 일하신다는 사실을 보여 줍니다. "주님의 말씀으로 하늘이, 그분의 입김으로 그 모든 군대가 만들어졌네"(시편 33,6). 또 "하느님의 영이 저를 만드시고 전능하신 분의 입김이 저를 가르치십니다"(욥 33,4)라는 말씀도 있고, "당신의 숨을 내보내시면 그들은 창조되고 당신께서는 땅의 얼굴을 새롭게 하십니다"라는 말씀도 있습니다.

• 나지안주스의 그레고리우스 『성령강림절』(연설 41) 14.[27]

### 새 세상에는 슬픔이 없다

그러나 우리의 적수들이 "주님께서는 '하늘과 땅은 사라질 것'(마태 24,35)이라고 하셨고 예언자는 '하늘은 연기처럼 스러지고 땅은 옷처럼 해질 것'(이사 51,6)이라고 하였는데, 세상이 파괴되지 않을 것이라니, 그럼 어찌 된다는 것이오?" 하고 말한다면, 우리는 이렇게 대답할 것입니다. 성경은 세상이 현재의 상태에서 더 낫고 더 영광스러운 것으로 바뀌는 변화를 '파괴'라는 말로 표현하는 경우가 많으며, 만물이 더 빛나는 광채의 상태로 바뀌는 과정에서 세상의 이전 상태가 소멸한다고 말입니다. 성경에는 어떤 모순도 부조리도 없기 때문입니다. '세상'이 아니라 '이 세상의 형체가 사라진다'(1코린 7,31 참조)고 쓰여 있기 때문입니다. 이처럼, 이전의 형체가 더 낫고 더 아름다운 상태로 바뀌는 것을 성경이 '파괴'로 표현하는 경우는 드문 일이 아닙니다. 어린아이가 어른의 크기와 아름다움으로 변화하는 것을 어린아이의 형체가 소멸하고 완전한 어른으로 바뀌었다고 말하는 것과 같습니다. 우리는 창조계가 새롭게 되기 위하여 마치 불 속에서 소멸하는 것처럼 사라질 것이라고 예상할 수 있습니다. 그것이 파괴될 것이라는 의미가 아니라, 새롭게 되는 우리가 새로워진 세상에서 슬픔 같은 것을 모르고 살게 되리라는 의미입니다. 그것을 알려 주는 것이 이 말씀입니다. "당신께서 당신의 숨을 내보내시면 그들은 창조되고 당신께서는 땅의 얼굴을 새롭게 하실 것입니다."

• 올림푸스의 메토디우스 『부활』 1,9.[28]

### 세 가지 창조

그런데 우리가 지금까지 해 온 논의를 계속하고 더 깊게 탐구하기 위해 이제 특별히 성령의 거룩한 힘에 대해 숙고해 봅시다. 우리는 성경에

[25] FC 37,402*.
[26] NPNF 2,10,118-19*.
[27] NPNF 2,7,384*.
[28] ANF 6,366*.

세 가지 창조가 언급되어 있는 것을 찾아볼 수 있습니다. 처음은, 존재하지 않는 것들을 존재하게 한 것입니다. 두 번째는, 좋지 않았던 것이 더 낫게 되는 것입니다. 세 번째는, 죽은 이들이 부활하는 것입니다. 여러분은 이 일들에서 성령께서 아버지와 아들과 협력하셨다는 것을 발견할 것입니다. 예를 들어, 하늘이 존재하게 된 일을 봅시다. 다윗이 뭐라고 얘기합니까? "주님의 말씀으로 하늘이, 그분의 입김으로 그 모든 군대가 만들어졌네"(시편 33,6)라고 합니다. 그리고 인간은 세례를 통하여 두 번째로 창조됩니다. "누구든지 그리스도 안에 있으면 그는 새로운 피조물"(2코린 5,17)이기 때문입니다. 주님께서 제자들에게 뭐라고 말씀하십니까? "너희는 가서 모든 민족들을 제자로 삼아, 아버지와 아들과 성령의 이름으로 세례를 주어라"(마태 28,19)라고 하십니다. 여기에서도 여러분은 성령께서 아버지와 아들과 함께 계신 것을 봅니다. 그런데 죽은 이들의 부활, 곧 "우리는 먼지이니 먼지로 돌아가리라"(창세 3,19)고 쓰여 있는 대로 [세상을] 떠나 먼지로 돌아가는 죽음을 맞은 이들에 관해서는 여러분은 뭐라고 말하겠습니까? "그분께서 당신의 숨을 내보내시면 그들은 창조되고 그분께서는 땅의 얼굴을 새롭게 하신다"고 쓰여 있습니다. 바오로 사도가 부활이라고 표현한 것을 다윗은 '새롭게 됨'이라는 말로 표현하고 있습니다.

• 대 바실리우스 『서간집』 8.[29]

### 창조하고 새롭게 하는 것은 하느님의 영이시다

'말씀'에 대해서는 그분께서 창조하셨다는 것은 명백하지만 성령과 관련해서는 의혹을 품는 사람이 있을 수 있습니다. 그런 이에게 저는 구약의 의인 욥의 증언으로 대답하겠습니다. 그는 "하느님의 영이 저를 만드셨다"(욥 33,4)고 하였지요. 그래서 다윗도 하느님께 바치는 그의 시편들 가운데 하나에서 이렇게 말합니다. "당신의 숨을 내보내시면 그들은 창조되고 당신께서는 땅의 얼굴을 새롭게 하십니다." 그런데 창조와 회복이 성령께서 하시는 일이라면 필경 창조의 시작도 성령과 관계없이 이루어지지는 않았을 것입니다. 그런데도 진리를 적대하는 이들은 성령이 창조자로 언급되는 구절들에서는 언제나 성령의 이름과 위격이 아들에게 속한다고 말하며 이 진리를 회피합니다. 그들은 아버지께서 성령이시듯이 아들도 성령이라고 합니다. 이것은 잘못된 생각이며 누구도 이 말에 속아서는 안 됩니다. 그러기 위해서는 다윗이 주님의 아들로 이해하는 '말씀'과 그가 성령으로 이해하는 '거룩하신 분'을 확실하게 구별했다는 사실만 기억하면 충분합니다. '하늘을 만드신' 분은 말씀이시고, 하늘을 '아름답게 꾸미시고' 그것들에게 힘을 주시는 분은 성령이십니다. 이 말씀을 읽는 이들은 이를 믿어야만 할 것입니다. 믿지 않고 계속 고집을 피우겠다면 뭣 하러 고생스럽게 [성경을] 읽습니까? 그렇다고 우리의 이러한 신앙 [교리가] 아버지의 영광을 흐리게 한다고 생각하는 사람이 있어서는 안 될 것입니다. 오히려 이 교리는 만물의 창조를 하느님께서 아버지이신 '말씀'께로, 또는 하느님께서 그 원천인 성령께로 돌림으로써 아버지의 영광이 더 빛나게 합니다. '말씀'과 성령께서 창조하실 때, 만물을 창조하시는 것은 아버지시라는 사실은 변함없습니다.

• 레메시아나의 니케타스 『성령의 능력』 8.[30]

### 새 생명을 주시는 분

죽은 이들의 부활은 성령의 작용으로 이루어

[29] FC 13,36-37*.

[30] FC 7,31*.

집니다. "당신의 숨을 내보내시면 그들은 창조되고 당신께서는 땅의 얼굴을 새롭게 하십니다." "창조"가 죄인들이 더 훌륭한 삶의 방식으로 돌아서는 것 — 예를 들어, "누구든지 그리스도 안에 있으면 그는 새로운 피조물입니다"(2코린 5,17)라는 바오로 사도의 말을 비롯하여 성경에 자주 나오는 가르침이지요 — 을 그리고 이 속된 삶이 새롭게 되는 것과 우리의 속되고 애욕에 찬 삶이 하늘의 시민으로 바뀌는 것을 의미한다면, 우리는 우리의 영혼이 성령을 통하여 그처럼 높은 고양의 상태를 얻게 된다는 사실을 알아야 합니다. 이 모든 것을 이해하고 있다면, 성령을 높이 말하는 것을 어찌 두려워할 수 있습니까? 오히려 우리가 두려워해야 하는 것은, 우리가 생각해 내고 우리 혀가 발음할 수 있는 아무리 고귀한 칭호를 그분께 붙인다 해도 그분에 관한 우리의 이해는 여전히 부족하다는 사실입니다.

• 대 바실리우스 『성령론』 19,49.[31]

#### 성령께서도 창조에 참여하셨다

그래서 참된 신앙은 성령께서도 창조된 존재가 아니라 창조주시라고 언명합니다. "주님의 말씀으로 하늘이, 그분의 입김으로 그 모든 군대가 만들어졌네"(시편 33,6)라는 다윗의 말대로 하늘의 힘이 성령 덕분에 강해졌는데, 어찌 그분을 창조주가 아니라고 말할 수 있습니까? 또 이런 본문도 있습니다. "당신의 숨을 내보내시면 그들은 창조되고 당신께서는 땅의 얼굴을 새롭게 하십니다." 실로, 인간을 만드신 분은 만물을 만드신 창조주이십니다. 이에 관하여 복된 욥은 "하느님의 영이 저를 만드셨다"(욥 33,4)고 말합니다. 그렇다면 성령께서 만물을 창조하셨으니, 그분은 무한하신 분으로서 만물을 채우십니다. 그리고 만물을 채우시는 분은 그 본성상 참하느님이십니다. '주님의 영은 온 세상에 충만하다'(지혜 1,7 참조)라고 쓰여 있습니다. 복된 다윗도 하느님께 이렇게 말하며 그분의 성령께서 모든 곳에 계심을 증언합니다. "제가 당신 얼을 피해 어디로 가겠습니까? 당신 면전에서 어디로 달아나겠습니까?"(시편 139,7). 아리우스파[32]들은 성령께서 하느님이심을 어찌 부인하는 걸까요? 우리는 아버지와 아드님의 성전이듯이 성령의 성전이기도 한데 말입니다. 바오로 사도가 이렇게 말하지 않았습니까? "여러분이 하느님의 성전이고 하느님의 영께서 여러분 안에 계시다는 사실을 여러분은 모릅니까? 누구든지 하느님의 성전을 파괴하면 하느님께서도 그자를 파멸시키실 것입니다. 하느님의 성전은 거룩하기 때문입니다"(1코린 3,16-17). 우리는 하느님의 성전이라고 굳게 확신한 이 사도는 같은 편지에서 우리는 성령의 성전이라고도 말합니다. "여러분의 몸이 여러분 안에 계시는 성령의 성전이고, 그 성령을 하느님에게서 받았다는 사실을 여러분은 모릅니까?"(1코린 6,19). 그는 성령께서 하느님이시라는 사실을 보여 주기 위하여 곧바로 이렇게 덧붙입니다. "그러니 여러분의 몸으로 하느님을 영광스럽게 하십시오"(1코린 6,20).

• 루스페의 풀겐티우스 『서간집』 8,8,17.[33]

### 104,34-35 하느님 마음에 드는 묵상

#### 하느님께 기도를 제물로 바쳐라

이렇게 가르침 받아 배운 그들[이스라엘 백성]은 주님 외에 다른 존재에게 경배를 바쳐서는 안 된다는 것을 깨달았습니다. 그들은 그 그림자가 얼

[31] *OHS* 77-78*.

[32] 아들은 아버지 하느님처럼 영원한 존재가 아니며 그에게 종속된 존재라고 믿은 이단이다.

[33] FC 95,376-77.

마나 오래 지속될지 깨닫기 시작했으며, 더 이상 가축들 가운데 수소나 숫양 또는 숫염소를 하느님께 바치는 때(탈출 12,5 참조)가 곧 끝나 감을, 그리고 이 모든 것은 순수하게 영적인 방식과 끊임없는 기도와 경건한 단어들을 주고받는 올바른 대화로 이루어져야 한다는 사실을 잊지 않았습니다. 다윗의 이 노래와 같은 방식이지요. "나의 노래가 그분 마음에 들었으면. 저의 기도 당신 면전의 분향으로 여기시고 저의 손 들어 올리니 저녁 제물로 여겨 주소서"(시편 141,2). 그의 안에 계시는 성령께서도 이렇게 명령하십니다. "하느님에게 찬양 제물을 바치고 주님에게 네 서원을 채워 드려라. 의로운 희생 제물을 봉헌하며 주님을 신뢰하여라"(시편 50,14; 4,6).

• 아타나시우스 『축일 서간집』 19,4.[34]

### 기도는 하느님과의 대화다

기도는 엄청나게 좋은 것입니다. 덕성 높은 사람과의 대화도 사람에게 적지 않은 이득을 주는 경험인데, 하느님과 대화하는 사람은 그 대화에서 얼마나 많은 좋은 것을 얻겠습니까? 한마디로 기도는 하느님과의 대화입니다. 그 증거를 원하신다면 영감 받은 저자의 이 말을 들어 보십시오. "나의 노래가 하느님 마음에 들었으면!" 나의 말이 하느님 마음에 드는 것이면 좋겠다는 뜻입니다. 그분은 우리가 청하기도 전에 도와주실 수 있는 분 아닙니까? 그렇지만 그분께서는 나날이 우리에게 섭리적 보살핌을 내리실 기회가 생기기를 바라십니다. 따라서 우리는 우리의 청이 들어지든 아니든 계속 청하며, 우리가 청하는 것을 받았을 때뿐 아니라 받지 못했을 때도 감사를 드려야 합니다. 하느님께서 바라시는 바이기 때문에 우리가 얻지 못한 것은 결코 그것을 받은 것보다 나쁜 일이 아닙니다. 우리는 어떤 것이 우리의 이익인지 그분만큼 알지 못하기 때문에, [얻음에] 성공을 했든 실패를 했든 감사를 드려야 합니다.

• 요한 크리소스토무스 『창세기 강해』 30,16.[35]

### 우리는 말뿐 아니라 행위로도 하느님을 부인하곤 한다

하느님께서 죄인을 벌하시지 않는 분이시라면, 이 예언은 어떻게 된 것입니까? "의인이 가까스로 구원을 받는다면 불경한 자와 죄인은 어떻게 되겠습니까?"(1베드 4,18; 참조: 잠언 11,31). 또 다른 곳에는 "진실로 악인은 멸망하리라"(시편 37,20 참조)고 쓰여 있고, 또 이런 말씀도 있습니다. "연기가 흩날리듯 그들은 흩날려 가고 초가 불 앞에서 녹아내리듯 악인들이 하느님 앞에서 멸망해 간다"(시편 68,3). 이 구절들이 단죄받는다고 이야기하는 이들은 잘 속아 넘어가는 자들이나 불성실한 자들이라기보다 죄인들입니다. 나는 우리 구원자의 이런 말씀도 읽었습니다. "나에게 '주님, 주님!' 한다고 모두 하늘 나라에 들어가는 것이 아니다. 하늘에 계신 내 아버지의 뜻을 실행하는 이라야 들어간다"(마태 7,21). 그런데 이런 사람들은 그리스도를 믿었고 그분을 주님이라고 부르기까지 했습니다. 그러나 그렇게 했다고 해서 하늘 나라의 문이 그들에게 열리는 것은 아닙니다. 그들이 자기들 입술로 찬양하는 분을 행동으로는 부인하기 때문입니다. 나아가 바오로 사도는 사람들이 말만큼이나 행동으로 하느님을 부인한다고 단언합니다. "그들은 하느님을 안다고 주장하지만 행동으로는 그분을 부정합니다"(티토 1,16). 그리고 주님께서도 복음서에서 이렇게 말씀하십니다. "그날에 많은 사람이 나에게, '주님, 주님! 저희가 주님의 이름으

[34] NPNF 2,4,546*.

[35] FC 82,232*.

로 예언을 하고, 주님의 이름으로 마귀를 쫓아내고, 주님의 이름으로 많은 기적을 일으키지 않았습니까?' 하고 말할 것이다. 그때에 나는 그들에게, '나는 너희를 도무지 알지 못한다. 내게서 물러들 가라, 불법을 일삼는 자들아!' 하고 선언할 것이다"(마태 7,22-23). 그들은 믿음이 확고하여 주님의 이름으로 기적들을 행하였다고들 합니다. 그럼에도 불구하고 그들의 믿음은 그들에게 득이 되지 않을 것입니다. 그들이 의로운 일을 행하지 않았기 때문입니다. 그러니 믿음만으로 충분하다면, 그들이 왜 사탄의 종들과 함께 영원히 지옥불 속에 갇히게 되겠습니까? 그들은 믿음이 없어서가 아니라, "저주받은 자들아, 나에게서 떠나 악마와 그 부하들을 위하여 준비된 영원한 불 속으로 들어가라. 너희는 내가 굶주렸을 때에 먹을 것을 주지 않았다"(마태 25,41-42) 같은 말씀에서 보듯, 선을 행하지 않아서 단죄받는 것입니다. 주님께서는 '너희가 나를 믿지 않아서'라고 하지 않으셨습니다. 그러므로 그들은 불신 때문이 아니라 선행의 결여 때문에 단죄받았다고 결론 내려도 될 것입니다.

• 아우구스티누스 『그리스도인의 삶』 13.[36]

[36] FC 16,37-39*.

105,1-45 하느님을 신뢰하고 경배하라는 권고

1 주님을 찬송하여라,
그 이름을 받들어 불러라.
그 업적을 민족들에게 알려라.
2 그분께 노래하여라,
그분께 찬미 노래 불러라.
그 모든 기적을 이야기하여라.
3 그분의 거룩하신 이름을 자랑하여라.
주님을 찾는 이들의 마음은 기뻐하여라.
4 주님과 그 권능을 구하여라.
언제나 그 얼굴을 찾아라.
5 그분께서 이루신 기적들을,
그 이적들과 그 입으로 내리신 판결들을
기억하여라.
6 그분의 종 아브라함의 후손들아
그분께 뽑힌 야곱의 자손들아!
7 그분은 주 우리 하느님
그분의 판결들이 온 세상에 미친다.
8 당신의 계약을 영원히,
명령하신 말씀을 천대에 이르도록
기억하시니
9 아브라함과 맺으신 계약이며
이사악에게 내리신 맹세이다.
10 이를 야곱에게 법규로,
이스라엘에게 영원한 계약으로 세우셨다.
11 그분께서 이렇게 말씀하셨다.
"내가 너희에게 가나안 땅을
너희 상속의 몫으로 주노라."
12 그들이 수가 몇 안 되는 작은 무리로
그곳에서 나그네 되어
13 이 겨레에게서 저 겨레에게로,
이 나라에서 다른 민족에게로
떠돌아다닐 때
14 아무도 그들을 억누르지 못하게 하시고
그들을 위하여 임금들을 꾸짖으셨다.⤴

15 "나의 기름부음받은이들을
건드리지 말고
나의 예언자들을 괴롭히지 마라."
16 땅에 기근을 불러일으키시고
모든 양식을 끊으셨을 때
17 한 사람을 그들 앞에 보내셨으니
종으로 팔린 요셉이다.
18 사람들이 족쇄를 그의 발에 채우고
쇠사슬을 그의 목에 감았다.
19 마침내 그의 말이 들어맞아
주님 말씀이 그를 증명해 주시니
20 임금이 사람을 보내어 그를 풀어 주고
민족들을 다스리는 이가
그를 놓아 주었다.
21 그를 자기 집의 주인으로,
자기의 모든 재산을 다스리는 이로 세워
22 신하들을 마음대로 가르치고①
원로들을 슬기롭게 만들도록 하였다.
23 그러자 이스라엘이 이집트로 와
야곱이 함족의 땅에서 나그네 되었다.
24 주님께서는 당신 백성을
크게 불어나게 하시어
그들의 적들보다 강하게 만드셨다.
25 저들의 마음을 바꾸시어
당신 백성을 미워하게 하시고
당신 종들에게 간계를 부리게 하셨다.
26 그분께서 당신의 종 모세와
몸소 뽑으신 아론을 보내시니
27 이들이 저들 가운데에서 그분의 표징들을,
함족의 땅에서 이적들을 일으켰다.
28 어둠을 보내시어 캄캄하게 만드셨어도
저들은 그 말씀을 거역하였다.②
29 저들의 물을 피로 바꾸시어
물고기들을 죽게 하셨다.
30 임금들의 방에 이르기까지
저들의 땅이 개구리 떼로 들끓었다.
31 그분께서 말씀하시자 등에 떼가 모여들고
저들의 온 영토에 모기 떼가 모여들었다.
32 비 대신 우박을,
타오르는 불을 저들 땅에 내리시고
33 저들의 포도나무와 무화과나무를 치시며
그 영토 안의 나무들을 부러뜨리셨다.
34 그분께서 말씀하시자 메뚜기 떼가,
누리 떼가 수도 없이 몰려와
35 저들 땅의 풀을 모조리 먹어 버리고
들판의 열매를 먹어 버렸다.
36 저들 땅 안의 모든 맏아들을,
저들 모든 정력의 첫 소생을 치셨다.
37 그들이 은과 금을 가지고 나오게 하셨다.
그분 지파들에는 비틀거리는 사람이
없었다.
38 그들이 떠나갈 때 이집트가 기뻐하였으니
그들에 대한 두려움이
저들을 엄습한 까닭이다.
39 덮개 삼아 구름을,
밤을 밝히도록 불을 펼쳐 놓으셨다.
40 그들이 청하자 메추라기 떼를 불러오시고
하늘의 빵으로 그들을 배불리셨다.
41 바위를 여시자 물이 솟아나와
사막에 강처럼 흘렀다.
42 당신의 거룩하신 말씀을,
당신 종 아브라함을 기억하신 까닭이다.
43 당신 백성을 기쁨 속에,
당신께 뽑힌 이들을 환호 속에
이끌어 내셨다.

44 겨레들의 땅을 그들에게 주시어
민족들이 애써 얻은 바를
그들이 차지하였으니

45 그들이 당신의 법규를 지키고
당신의 법을 따르게 하시기 위함이다.
할렐루야!

① 그리스어, 시리아어, 히에로니무스 본문; 히브리어 본문은 '묶고'다.
② 바로잡은 본문; 그리스어 본문은 '[말씀에] 실망을 가져다주었다', 히브리어 본문은 '거역하지 않았다'다.

### 둘러보기

다윗은 자신의 조상인 성조들을 예언자요 그리스도의 예형들이라 부르는데, 그들이 율법이 주어진 모세 시대 이전에 성령을 받았기 때문이다(에우세비우스). 율법을 어기는 자들만이 죽음의 형벌을 받는다. 그리스도께서는 율법을 완성하시고, 죽음의 폭정에 억압받는 이들을 위해 죽음을 응징하러 오셨다(아르켈라우스). 기름부음을 받고 하느님으로부터 사명을 받았다는 사실 때문에 예언자들과 사도들도 '그리스도'[기름부음받은 이]라는 이름으로 불렸지만 진짜 그리스도는 하느님의 아들이신 그분뿐이다(알렉산드리아의 키릴루스).

사람은 어리석음 때문에 유혹에 굴복함으로써 죄와 사탄의 노예가 된다. 그러나 하느님의 은총으로 그러한 종살이에서 해방된다(암브로시우스). 시나이산 위의 구름은 하느님께서 모세만 아니라 당신을 경외하는 모든 이에게 내리시는 거룩한 보호를 상징한다(베다).

### 105,4-5 주님을 구하여라

#### 성조들에게 내리신 성령

시편 제104편(칠십인역)에서 다윗은 모세 시대 이전에 살았던 자신의 신심 깊은 조상들에 관해 이야기하며 그들을 "기름부음받은이"들이라고 표현합니다. 그들이 모두 성령을 받았기 때문입니다. 또한 이들이 외인들에게 어떤 식으로 반가이 맞아들여졌는지, 또 그들에 대한 음모가 꾸며지고 있을 때 하느님께서 그들의 구원자이심을 그들이 어떻게 깨닫게 되었는지에 대해 이야기하면서는 모세의 기록을 따라서 그들을 "예언자들"이며 "기름부음받은이들"이라고 부릅니다. 모세가 태어나기도 전이고 따라서 그런 사람들은 기름부음을 받아야 한다는 규정을 모세가 세우기도 전의 인물들인데 그렇게 합니다.

• 카이사리아의 에우세비우스 『복음의 논증』 4,15.[1]

### 105,15 하느님의 예언자들을 괴롭히지 마라

#### 율법은 그것을 지키는 이들에게 해를 끼치지 않는다

모세가 나타나 이스라엘 자손들에게 율법을 주어 백성이 율법의 규정들과 그들이 지키고 행해야 할 모든 것에 대해 알게 한 뒤, 율법을 어긴 이들만 죽음을 당할 것이라고 선언하였을 때부터는 더 이상 죽음이 모든 백성 위에 군림하지 못했습니다. 율법이 "나의 계명들을 지키는 이들을 건드리지 마라" 하고 말하였듯이, 그때부터 죽음은 죄인들 위에만 군림하였습니다. 그러니까 모세는 죽음에 관한 이 말씀이 시행되는 데 공헌한 동시에 한편으로는 율법을 어기는 다른 모든 이들을 죽음에 내어 주었습니다. 모세가 온 것은 죽

[1] *POG* 1,195*.

음이 아무 곳에서도 다스리지 못하게 하기 위해서가 아니었습니다. 모세가 등장한 이후에도 다수의 사람들은 확실히 죽음의 힘 아래 잡혀 있었기 때문입니다. 율법은 '죽음의 조력자'라고 불렸는데, 사악한 자의 도구가 된 카인에게 죽임을 당한 아벨처럼 율법을 지키고 순종하며 율법이 요구하는 일들을 준수한 이들 말고 범법자들만 벌을 받았기 때문입니다. 그러나 이런 일들이 있은 뒤에도 죽음은 모세의 중개로 이루어진 계약을 깨고 의인들을 다스리기 원하였습니다. 그런 의도하에 사악한 자는 실로 예언자들을 공격하였습니다. 즈카르야에 이르기까지, 하느님께서 보내신 이들을 살해하고 돌로 쳐 죽였습니다. 그러나 모세 율법의 의로움을 보존하기 원하신 나의 주 예수님께서는 계약과 그것의 집행을 어기는 이 죽음에 대해 노하셨고 그래서 당신을 낮추시어 인간의 모습으로 나타나셨습니다. 당신 자신을 위해 응징하시려 함이 아니라, 모세와 그의 뒷세대에 태어나 줄곧 죽음의 폭력에 억압받아 온 이들의 앙갚음을 해 주시려는 뜻이었습니다.

• 아르켈라우스 『논쟁』 30.[2]

### 예언자들은 '그리스도'(기름부음받은이)라 불린다

그분[예수]께서 '그리스도'라 불리시는 것은 기름부음을 받으셨기 때문이라는 그대[3]의 생각은 맞습니다. 사도가 사자使者의 직무를 위임받아 파견되었기에 '사도'로 불리는 것과 같지요. 이러한 명칭들은 특정 개인들의 본성보다는 그들이 하는 역할을 분명하게 드러냅니다. "나의 기름부음받은이들을 건드리지 말고 나의 예언자들을 괴롭히지 마라"라는 시편 구절에서 보듯, 예언자들도 '그리스도/기름부음받은이'들로 불립니다. 하바쿡 예언자도 이렇게 말합니다. "당신께서는 당신 백성을 구원하시려고, 당신의 기름부음받은이를 구원하시려고 나오셨습니다"(하바 3,13). 그렇지만 말씀해 보십시오. 그리스도이시며 아들이신 분, 인간을 만드신 주님, 육이 되신 하느님의 외아드님은 오직 한 분이심을 그들도 인정하는 것이 사실 아닙니까?

• 알렉산드리아의 키릴루스 『그리스도는 한 분이시다』.[4]

## 105,17-19 요셉은 유혹을 이겨 냈다

### 요셉은 하느님의 말씀으로 사탄의 유혹을 이겨 냈다

사람을 종으로 만드는 것은 본성이 아니라 어리석음입니다. 사람을 자유롭게 만드는 것은 노예 해방 증서가 아니라 배움입니다. 에사우는 자유인으로 태어났지만 종이 되었고, 요셉은 종으로 팔려 갔지만(창세 37,28 참조) 높은 자리에 올라 그를 사 간 자들을 다스리게 되었습니다(창세 41,41 참조). 그러나 그는 열심히 일해야 한다는 의무를 소홀히 하지 않았습니다. 그는 최고 수준의 덕을 유지했고, 흠 없는 이의 요새요 결백한 이만이 누리는 자유를 지켰습니다. 그래서 시편 저자는 그를 이렇게 아름답게 묘사합니다. "요셉은 종으로 팔려 사람들이 족쇄를 그의 발에 채웠다." "요셉은 종으로 팔렸"으나 종이 되지 않았다는 것입니다. 사람들은 그의 영혼이 아니라 발에 족쇄를 채울 수 있을 뿐이었습니다.

그의 영혼을 무엇이 관통하고 있었습니까? "쇠사슬을 그의 목에 감았다." 다른 사람들의 영혼은 죄로 관통당한 상태였지만('쇠'는 죄를 나타냅니다. 안쪽으로 찌르기 때문이지요), 복된 요셉의 영혼은 죄가 자신을 찌르도록 자신을 드러내지 않

[2] ANF 6,203*.

[3] 알렉산드리아의 키릴루스가 이 논문에서 대화의 상대방으로 상정한 이름을 알 수 없는 네스토리우스파 신자를 가리킨다.

[4] *OUC* 65*.

고 죄를 뚫고 지나갔습니다. 그는 주인 여자의 매혹적인 아름다움에 넘어가지 않았고 덕분에 정욕의 불꽃에 시달리지 않았습니다. 그는 하느님의 은총이라는 더 위대한 불꽃으로 타오르고 있었기 때문입니다. 그래서 시편은 참으로 적절하게, "그는 주님의 말씀으로 불타올랐기 때문에" 그 불로 악마의 불화살을 꺼뜨렸다고 이야기합니다.

• 암브로시우스『서간집』53.[5]

### 105,39 보호하기 위한 구름과 밝히기 위한 불

**율법과 하느님의 보호를 상징하는 구름**

"모세가 [산에] 오르자 구름이 산을 덮었다"(탈출 24,15)고 합니다. 모세가 율법을 받은 산이 율법에 담긴 완전함의 수준을 나타내듯, 산을 덮은 구름은 하느님 은총의 보살핌을 암시합니다. 그 보살핌은 사람이 하느님 율법의 놀라움을 탐구하고자 높이 올라갈수록 더 확실하게 누리게 됩니다. 올라갈수록 마음의 눈이 더 훤히 열리기 때문이지요. 그 구름은 모세가 올라간 산만이 아니라 광야를 건너가던 사람들도 덮은 것이 분명합니다. 그들은 높은 곳으로 올라갈 수 없었는데도 하늘에서 내려온 그 구름은 그들에게 그늘을 드리워 주었습니다(탈출 13,21-22 참조). 그래서 "주님을 경외하는 이들에게, 낮은 사람들에게도 높은 사람들에게도 복을 내리시리라"(시편 115,13)고 쓰여 있습니다.

• 존자 베다『성막과 제구』1,1.[6]

[5] FC 26,288-89*.

[6] TTH 18,4.

## 106,1-48 과거의 잘못을 고백하며 구원을 청하는 기도

1 할렐루야!
주님을 찬송하여라, 선하신 분이시다.
주님의 자애는 영원하시다.
2 누가 주님의 위업을 말할 수 있으며
그 모든 찬양을 전할 수 있으리오?
3 행복하여라, 공정을 지키는 이들
언제나 정의를 실천하는 이들!
4 주님, 당신 백성에 대한 호의로
저를 기억하소서.
당신의 구원과 함께 저를 찾아오시어
5 제가 당신께 뽑힌 이들의 행복을 보고
당신 민족의 즐거움으로 기뻐하며
당신 소유와 함께 자랑으로 여기게 하소서.
6 저희 조상들처럼 저희도 죄를 지었습니다.
불의를 저지르고 악을 행하였습니다.
7 저희 조상들은 이집트에서
당신의 기적들을 깨닫지 못하고
당신의 크신 자애를 기억하지 않았으며
바닷가에서,① 갈대 바다에서
당신을 거역하였습니다.
8 그러나 그분께서는 당신 이름 때문에
그들을 구하셨으니
당신 위업을 알리시려는 것이었다.
9 갈대 바다를 꾸짖으시어 물이 마르자
그들이 깊은 바다를 사막인 양
걸어가게 하셨다.
10 미워하는 자의 손에서 그들을 구하시고
원수의 손에서 그들을 구해 내셨다.⤴

↱[11] 물이 그들의 적들을 덮쳐
하나도 살아남지 못하였다.
[12] 이에 그들이 그분의 말씀을 믿어
그분께 찬양 노래를 불렀다.
[13] 그들은 그분의 업적을 빨리도 잊어
그분의 지시를 기다리지 않았으며
[14] 사막에서 탐욕을 부리고
광야에서 하느님을 시험하였다.
[15] 하느님께서는 그들이 원하는 대로
주셨으나
질병도 그들에게 보내셨다.
[16] 그들은 진영에서 모세를,
주님의 거룩한 사람 아론을 시기하였다.
[17] 이에 땅이 갈라져 다탄을 삼키고
아비람의 무리를 덮쳤으며
[18] 불이 그 무리 가운데에서 일어나
불꽃이 악인들을 살라 버렸다.
[19] 그들은 호렙에서 송아지를 만들고
쇠를 부어 만든 상에 경배하였다.
[20] 그들의 영광을
풀 먹는 소의 형상과 바꾸었다.
[21] 그들은 하느님을 잊었다,
자기들을 구하신 분을
이집트에서 위대한 일들을 하신 분을
[22] 함족 땅에서 이루신 기적들을
갈대 바다에서 이루신 두려운 일들을.
[23] 당신께서 뽑으신 모세가 아니라면
그들을 없애 버리겠다고 생각하셨다.
그가 분노를 터뜨리시는 그분 앞을
막아섰으니
그분의 진노를 파멸에서 돌리기
위함이었다.
[24] 그러나 그들은 탐스러운 땅을 업신여기며
그분의 말씀을 믿지 않았고
[25] 자기네 천막 안에서 투덜대며
주님의 소리를 듣지 않았다.
[26] 이에 그분께서 손을 드시어
그들을 사막에서 쓰러뜨리려 하셨다.
[27] 그들의 후손을 민족들 사이에
쓰러뜨리려,②
그들을 여러 나라로 흩어 버리려 하셨다.
[28] 그들은 프오르의 바알에게 굴종하여
죽은 것에게 바친 제물을 먹었다.
[29] 그들의 행위로 그분을 언짢으시게 하여
그들에게 재앙이 들이닥쳤다.
[30] 피느하스가 일어서서 법대로 다스리자
재앙이 멈추었으니
[31] 이것이 그에게 세세에 영원히
의로움으로 셈해졌다.
[32] 그들이 므리바 샘에서 그분을 노엽게 하여
그들 때문에 모세가 화를 입게 되었으니
[33] 그들이 그의 감정을 상하게 하자
그가 제 입술을 함부로 놀렸기 때문이다.
[34] 그들이 주님께서 없애라 하신
백성들을 없애지 않고
[35] 그 민족들과 어울리면서
저들의 행실을 배우고
[36] 저들의 우상들을 섬기니
저들이 그들에게 덫이 되었다.
[37] 자기네 아들과 딸들을
마귀들에게 바치며
[38] 무죄한 피를 흘려
그 땅을 더럽혔다.
가나안의 우상들에게 바친
자기네 아들과 딸들의 피로 더럽혔다.
[39] 그들은 자기네 행실로 더러워지고↪

↱자기네 행위로 불륜을 저질렀다.
40 주님의 분노가 당신 백성을 거슬러
타오르고
당신의 소유를 혐오하게 되셨다.
41 그들을 민족들의 손에 넘기시니
그들을 미워하는 자들이 그들을 다스리고
42 원수들이 그들을 억눌러
그 손 아래 그들이 꺾였다.
43 몇 번이나 그들을 구출해 주셨건만
그들은 저희 뜻만을 좇아 거역하여
자기들의 죄악 탓으로 허물어졌다.
44 그러나 그분께서는
그들의 외침을 들으실 때
그들의 곤경을 보셨다.
45 그들을 위하여 당신 계약을 기억하시고
크신 자애로 후회하시어
46 그들을 사로잡아 간 모든 이들에게서
그들이 동정을 얻게 하셨다.
47 주 저희 하느님, 저희를 구하소서.
민족들에게서 저희를 모아들이소서.
저희가 당신의 거룩하신 이름을 찬송하고
당신을 찬양하여 영광으로 삼으오리다.
48 주 이스라엘의 하느님께서는
찬미받으소서,
영원에서 영원까지.
온 백성은 말하리라, "아멘!"
할렐루야!

① 히브리어 본문; 그리스어 본문에는 '바닷가에서'라는 구절이 없다; 시편 78,17.56도 참조.
② 히브리어 본문; 그리스어 본문은 '사이로 좇아 버리고'; 에제 20,23도 참조.

둘러보기

아무도 자기 죄를 고백하는 것을 두려워해서는 안 된다. 하느님께서는 이미 그것들을 다 알고 계시며, 그분은 선하셔서 기꺼이 용서해 주시기 때문이다(아우구스티누스). 하느님의 뜻을 알고 세상에서 경건하게 살며 천국의 축복을 얻기 위해서는 성경을 읽거나 교회에서 사목자의 봉독과 설명을 듣는 것이 중요하다(카이사리우스). 우리들 가운데에서 수고하다 지금은 세상을 떠난 하느님 종들을 기억하는 것도 중요하지만 그들의 말과 행동, 그들이 바친 기도를 기억하는 것도 중요하다(파코미우스).

하느님의 계명을 업신여기는 이들은 그분의 심판을 받을 것이다(파코미우스).

십자가에 못 박히신 그리스도는 협잡꾼도 율법을 어긴 범법자도 아니었다(요한 크리소스토무스). 하느님께서는 열두 사도와 사도들 가운데서도 가장 위대한 사도인 바오로를 보내셨다. 민족들에게 복음을 전하여 그들이 하느님의 이름을 고백하고 그분의 영광을 찬양하게 하시려는 뜻이었다(아우구스티누스).

106,1-3 하느님의 위업을 말하고 찬양을 전하다

죄를 고백하고 하느님의 자비를 받아라

[예수님께서는] 죄를 사하여 주고 계셨습니다. 그런데 그러시는 중에 그 여자[1]를 향해 당신 얼굴을 드시더니 "너를 단죄한 자가 아무도 없느냐?" 하고 물으셨습니다. 그 여자는 "왜요, 선생

[1] 요한 복음 8,3-11에 나오는 간통하다 잡힌 여자를 가리킨다.

님? 제가 무슨 짓을 했습니까? 저는 아무 잘못도 없지 않습니까?"라고 하지 않았습니다. 그 여자는 "선생님, 아무도 없습니다"(요한 8,11)라고 했습니다. 그 여자는 자기 자신을 나무랐습니다. 그들은 그 여자의 죄를 입증할 수 없어서 물러났습니다. 그러나 그 여자는 자기 죄를 고백했습니다. 그녀의 주님께서 그녀의 잘못을 알고 계시면서도 그 여자의 믿음과 고백을 바라고 계셨기 때문입니다. "너를 단죄한 자가 아무도 없느냐?" "선생님, 아무도 없습니다." 여기서 "아무도 없습니다"는 고백이고, "선생님"은 그 여자가 마땅히 받았어야 할 벌이 용서되었음을 나타냅니다. "아무도 없습니다, 주님. 저는 두 가지를 다 알게 되었습니다. 선생님께서 누구신지 알며, 제가 누구인지 압니다. 저는 당신께 고백하고 있습니다. 저는 '주님께 고백하여라,[2] 선하신 분이시다'라는 말씀을 들었습니다. 저는 저의 고백을 알며, 당신의 자비를 압니다." [이런 뜻입니다.]

• 아우구스티누스『설교집』16A,5.[3]

하느님의 말씀을 알고 기억하며 지키는 것이 중요하다

사랑하는 여러분, 여러분 영혼의 구원을 위해 우리가 이야기한 내용을 늘 마음에 새기고 기억하시기를 당부합니다. 그저 지나가는 말로만 받아들이지 마십시오. 우리의 설교는 여러분의 마음 안에 뿌리가 박혀야 합니다. 그래야 심판 날에 행복하게 영원한 생명의 열매를 맺을 수 있습니다. 우리가 말한 모든 것을 잊지 않고 담을 수 있는 사람은 하느님께 감사해야 하며 자신이 기억하고 있는 것을 늘 다른 사람들에게 가르쳐야 합니다. 모든 것을 다는 기억할 수 없다면 일부만이라도 기억하도록 하십시오. 전부를 다 마음에 담을 수 없다면 각 사람이 서너 가지 생각이라도 기억하도록 하십시오. 그래서 한 사람이 다른 사람에게 자기가 들은 것을 이야기해 준다면, 서로 상대방에게 알려 줌으로써 전부를 기억할 수 있을 뿐 아니라 그리스도의 도움을 받아 그것을 행동으로 실천할 수도 있게 됩니다. 한 사람이 다른 사람에게 "내가 주교님께서 정결에 관해 하시는 말씀을 들었소"라고 하고, 그러면 상대방은 "나는 주교님께서 자선에 관해 하신 말씀을 기억한답니다"라고 하고, 그러면 또 다른 사람이 "나는 주교님께서 우리가 땅을 경작하듯 우리 영혼을 경작해야 한다고 말씀하신 것이 기억나는군요"라고 하고, 또 다른 사람은 "저는 주교님께서 글자를 아는 사람은 성경을 열심히 읽어야 하며, 글을 모르는 사람은 아는 사람을 찾아서 그에게 하느님의 계명을 읽어 달라고 청하라고, 그리하여 자기가 들은 것을 하느님의 도움으로 실천할 수 있도록 하라고 말씀하셨던 생각이 납니다" 하고 말합니다. 그러면 또 어떤 사람은 "나도 들었는데, 주교님께서는 글을 모르는 상인들이 부를 쌓기 위해 글을 아는 사람을 고용하는 것처럼 그리스도인들은 그들에게 성경을 읽어 줄 사람을 찾고 구하고, 필요하면 돈을 지불하기라도 해야 한다고 하셨습니다. 상인이 글 읽을 줄 아는 사람을 고용해서 돈을 벌듯이, 그리스도인들도 이런 식으로 영원한 생명을 얻어야 한다 하셨습니다"라고 말합니다. 이처럼 서로를 깨우쳐 주면, 여러분은 이 세상에서 경건하게 살 수 있고 그다음에는 영원한 생명의 축복도 얻을 수 있습니다. 여러분이 주교에게서 들은 말을 교회를 나가는 순간 몽땅 잊어버린다면, 여러분이 교회에 온 득이 하나도 없는 것입니다. 아무런 소득 없이 빈손으로 집으로 돌아가는 것입니다. 형제 여러분, 이

[2] 그리스어 본문의 단어는 '감사드려라, 찬양하여라'로 옮길 수도 있다.

[3] *WSA* 3,1,350-51*.

런 일이 있어서는 안 되겠습니다. 결코 이렇게 되지 말고 "행복하여라, 공정을 지키는 이들. 언제나 정의를 실천하는 이들!"이라는 말씀이 여러분 안에서 이루어지게 하십시오. 나아가 이 말씀도 [이루어지게 하십시오]. "주님의 자애는 영원에서 영원까지 당신을 경외하는 이들 위에 머무르고 당신의 의로움은 대대로 이르리라, 당신의 계약을 지키는 이들에게, 당신의 규정을 기억하여 실천하는 이들에게"(시편 103,17-18). 선하신 주님께서 여러분에게 이 자비를 내리시기를 빕니다.

• 아를의 카이사리우스 『설교집』 6,8.[4]

### 106,13 그들은 그분의 업적을 잊었다

#### 이승을 떠난 신실한 이들이 한 일들을 기억하라

테오도루스 사부께서 돌아가시고 사흘 뒤, 모든 형제들이 깊이 애도하고 있을 때에 호르시에시우스 사부께서 복된 기억을 남겨 주신 테오도루스 사부의 죽음을 너무 슬퍼하시던 나머지 병이 나셨습니다. 그러자 압바 프겐타이시와 압바 파코미우스를 비롯한 원로 수도승들은 호르시에시우스 사부에게, 형제들에게 가서 위로의 말을 해 달라고 간곡히 청했습니다. 호르시에시우스 사부께서는 수긍하고 일어나 울며 밖으로 나갔습니다. 그는 함께 모여 울면서 그들의 큰 사부 테오도루스를 애도하고 있는 형제들 가운데에 앉았습니다. 그는 눈물 어린 얼굴에 아주 슬픈 표정으로 그들에게 이렇게 말했습니다:

주님의 말씀으로 우리를 격려해 주던 의로우신 사부 테오도루스를 데려가신 것은 하느님이십니다. 이것이 우리에게 크나큰 슬픔인 것은 우리가 이토록 깊이 애도하는 그가 주님께 자신을 우리한테서 어서 데려가 주시기를 청하였고 그리하여 우리가 고아가 되었다는 사실입니다. 네, 우리는 그가 우리를 얼마나 사랑했는지와, 우리를 시샘하는 악마의 손에서 우리를 구하기 위해 늘 하느님께 우리를 위한 중재기도를 바쳐 왔다는 것을 잘 알고 있습니다. 그러니 사랑하는 형제 여러분, 우리는 그의 수고를, 그의 금욕 수행을, 그리고 그가 우리를 위해 낮이나 밤이나 주님 앞에서 흘린 눈물을 늘 기억하여, "그들은 그분의 업적을 빨리도 잊어 그분의 지시를 지키지 않았다"라는 성경 말씀이 우리에게 해당하는 일이 없게 하고 그리하여 심판에 놓이는 일이 없도록 합시다. 나는 우리가 그분께서 우리에게 내리신 지시에 따라 산다면, 그분께서 하느님과 우리의 사부 파코미우스 앞에서 우리의 사절이 되어 주리라고 진심으로 믿습니다. 실상, 우리 주 예수님께서 당신의 거룩한 제자들과 거룩한 사도들에게 "내가 너희를 위하여 자리를 마련하러 간다"(요한 14,3)고 말씀하셨듯이, 그도 우리에게 이렇게 말했습니다. "우리에게는 하느님 앞에서 우리를 변호해 주시는 분이 계십니다. 곧, 예수 그리스도 우리 주님이십니다. 그분은 우리를 사랑하시어 당신을 우리 죄를 위한 속죄 제물로 바치셨습니다"(1요한 2,1-2). 그분께서 우리를 위해 고난받으신 것은 단지 우리만을 위해서가 아니라 온 세상 사람들을 위한 일이었습니다. 실로, 육신으로 우리와 함께했던 모든 날에 우리의 의로운 사부 테오도루스는 우리의 영혼과 온 세상의 구원을 위해 낮이나 밤이나 주님께 기도하였습니다.

• 『파코미우스의 생애』(보하이라어) 208.[5]

### 106,14 하느님을 시험하다

#### 하느님의 명령을 업신여긴 대가

최초의 인간 아담이 하느님을 모욕하고 불복종한 첫 사례를 남긴 것에 대해 무어라 말해야

[4] FC 31,44-45*.

[5] CS 45,260-61.

할까요? 맏이에게는 모든 것이 두 배로 주어지듯, 그에게는 지상의 모든 짐승들을 다스리는 권한이 주어졌습니다. 그러나 하느님의 지시[6]를 하찮게 여기자 그는 자신의 권한을 잃었을 뿐 아니라 자신의 거주지로 받았던 장소에서도 쫓겨났습니다. 간음을 저지른 자가 교회에서 쫓겨나고 명성도 모두 잃는 것과 같습니다. 하느님의 명령을 업신여기는 자는 아담이 겪은 모든 일을 똑같이 당할 것이며 거만하게 사는 그들은 성경이 말하는 다음과 같은 일을 겪을 것입니다. "그가 이 모든 말을 마치자마자, 땅이 입을 벌려 그들을 삼켜 버렸다"(민수 16,32; 참조: 신명 11,6).

• 파코미우스 『서간집』 5,7.[7]

### 106,30 하느님께서 내리신 벌을 피하였다

#### 많은 이가 한 사람의 죽음으로 구원받다

말해 보십시오. 그대들은 아직도 감히 예수님을 협잡꾼이요 범법자라고 부르겠습니까? 그 모든 사실들을 직시한다면 차라리 어디론가 가서 스스로 땅을 파고 들어가야 하지 않겠습니까? 그것들이 진실임이 이다지 명백하니 말입니다. 당신들 말대로 예수님께서 협잡꾼이요 범법자시라면, 그분을 죽게 만든 당신들은 드높은 영예를 누렸어야 하지 않습니까? 피느하스는 한 사람을 죽여서 백성들에 대한 하느님의 분노를 모두 삭였습니다(민수 25,6-13 참조). 시편 저자는 "피느하스가 일어서서 [주님을] 달래자 재앙이 멈추었다"고 하였습니다. 피느하스는 범법자 한 사람을 죽임으로써 엄청난 수의 불경한 백성을 하느님의 분노에서 구하였습니다. 여러분이 십자가에 못 박은 사람이 실로 법을 어긴 자였다면, 여러분에게는 더더욱 이런 일이 일어났어야 마땅했습니다.

• 요한 크리소스토무스 『유대인 반박』 6,3,1.[8]

### 106,47 주님, 저희를 구하소서

#### 민족들을 모아들여라

예수님께서는 민족들에게 직접 가시지는 않았지만 그들에게 제자들을 보내셨습니다. 그로써 "제가 알지 못하던 백성이 저를 섬기고"(시편 18,44)라는 예언자의 말이 이루어졌습니다. 이것이 얼마나 심오하고 명백하며 명시적인 예언인지 한번 따져 봅시다. "제가 알지 못하던 백성이 — 이 말은 '내가 직접 찾아가 만나지 못한 백성'을 뜻합니다 — 저를 섬기고." 어떻게 섬겼습니까? 이런 말이 뒤따릅니다. "제 말을 듣자마자 저에게 복종하였습니다"(시편 18,45). 그들은 봄으로써가 아니라 들음으로써 믿게 되었다는 뜻입니다. 바오로 사도가 파견된 것은 민족들을 불러 모아들이고, 그럼으로써 "민족들에게서 저희를 모아들이소서. 저희가 당신의 이름을 찬송하고 당신을 찬양하여 영광으로 삼으오리다"라는 말씀이 이루어지게 하려는 것이었습니다. 가장 보잘것없는 이[9]였다가 자신의 노력에 의해서가 아니라 자기가 박해하던 분에 의해 가장 위대한 이가 된 사람이 민족들에게로 파견되었습니다. 양을 훔쳐 가던 이가 목자가 되고, 이리가 양이 된 것이었습니다. 사도들 가운데 가장 보잘것없는 자가 민족들에게 파견되어 이방인들 사이에서 많은 수고를 하였고, 그를 통하여 다른 민족들이 믿게 되었습니다.

• 아우구스티누스 『설교집』 77,5.[10]

---

[6] 하느님께서 아담과 하와에게 선악을 구별하게 하는 나무의 열매를 따 먹지 말라고 하신 명령을 말한다.

[7] CS 47,65*.

[8] FC 68,154-55*.

[9] 바오로 사도가 자신을 이르는 말이다(1코린 15,9 참조).

[10] *WSA* 3,3,319-20*.

## 107,1-43 끊임없는 사랑을 보여 주시는 하느님을 찬양하라는 권유

1 주님을 찬송하여라, 선하신 분이시다.
주님의 자애는 영원하시다.
2 이렇게 말하여라, 주님께 구원받은 이들
그분께서 원수의 손에서 구원하신 이들
3 뭇 나라에서,
해 뜨는 곳과 해 지는 곳에서,
북녘과 남녘에서 모아들이신 이들은
말하여라.
4 그들은 사막과 광야에서 헤매며
사람 사는 성읍으로 가는 길을
찾지 못하였다.
5 주리고 목까지 말라
목숨이 다하여 갔다.
6 이 곤경 속에서 그들이 주님께 부르짖자
난관에서 그들을 구해 주셨다.
7 그들을 옳은 길로 걷게 하시어
사람 사는 성읍으로 가게 하셨다.
8 주님께 감사하여라, 그 자애를
사람들을 위한 그 기적들을.
9 그분께서는 목마른 이에게 물을 먹이시고
배고픈 이를 좋은 것으로 채우셨다.
10 비참과 쇠사슬에 묶인 채
어둡고 캄캄한 곳에 앉아 있던 그들.
11 하느님의 말씀을 거역하고
지극히 높으신 분의 뜻을
업신여긴 탓이다.
12 그분께서 고통으로 그들의 마음을
꺾으시니
그들은 도와주는 이 없이 비틀거렸다.
13 이 곤경 속에서 그들이 주님께 소리치자
난관에서 그들을 구하셨다.
14 그들을 어둡고 캄캄한 곳에서
이끌어 내시고
그들의 사슬을 끊어 주셨다.
15 주님께 감사하여라, 그 자애를
사람들을 위한 그 기적들을.
16 그분께서 청동 문을 부수시고
쇠 빗장을 부러뜨리셨다.
17 사악의 길로 어리석게 된 자들①
자기들의 죄로 괴로움을 겪었다.
18 그들의 목은 어떤 음식도 싫어하여
그들은 죽음의 문까지 다다랐다.
19 이 곤경 속에서 그들이 주님께 소리치자
난관에서 그들을 구하셨다.
20 당신 말씀을 보내시어 그들을 낫게 하시고
구렁에서 구해 내셨다.
21 주님께 감사하여라, 그 자애를
사람들을 위한 그 기적들을.
22 감사의 제물을 올리며
환호 속에 그분의 일들을 전하여라.
23 배를 타고 항해하던 이들
큰 물에서 장사하던 이들.
24 그들이 주님의 일을 보았다,
깊은 바다에서 그분의 기적들을.
25 그분께서 명령하시어
사나운 바람을 일으키시자
그것이 파도들을 치솟게 하였다.
26 그들이 하늘로 솟았다가
해심으로 떨어지니
그들 마음이 괴로움으로 녹아내렸다.
27 술 취한 사람처럼 비틀거리고 흔들거리니
그들의 온갖 재주도 엉클어져 버렸다.⤴

28 이 곤경 속에서 그들이 주님께 부르짖자
난관에서 그들을 빼내 주셨다.
29 광풍을 순풍으로 가라앉히시니
파도가 잔잔해졌다.
30 바다가 잠잠해져 그들은 기뻐하고
그분께서는 그들을 원하는 항구로
인도해 주셨다.
31 주님께 감사하여라, 그 자애를
사람들을 위한 그 기적들을.
32 백성의 모임에서 그분을 높이 기리고
원로들의 집회에서 그분을 찬양하여라.
33 그분께서 강들을 사막으로,
샘들이 솟는 곳을 메마른 곳으로 만드시고
34 기름진 땅을 소금 땅으로 만드시니
거기 사는 사람들의 악함 때문이다.
35 그분께서 사막을 호수로,
마른땅을 샘들이 솟는 곳으로 만드시어
36 주린 이들을 그곳에 살게 하시니
그들이 사람 사는 성읍을 일으켰다.
37 밭에 씨 뿌리고 포도원에 나무 심어
소출을 거두어들였다.
38 그들에게 복을 내리시어
그들이 크게 늘어나고
그들의 가축들도 줄지 않게 하셨다.
39 그러나 곤궁과 불행과 근심으로
그들은 수가 줄고 쇠잔해졌다.
40 그분께서 수령들에게 경멸을 퍼부으시고
길 없는 황무지를 헤매게 하셨다.
41 그러나 불쌍한 이는 비참에서
들어 올리시고
그 가족들을 양 떼처럼 많게 하셨다.
42 올곧은 이들이 보고 기뻐하며
모든 불의는 그 입을 다문다.
43 누가 지혜롭게 되기를 원하는가?
이를 마음에 간직하여
주님의 자애를 깨달아라.

① 히브리어 본문; 바로잡은 본문은 '병이 든 자들'이다.

둘러보기

그리스도께서는 광야에서 유혹을 당하신 사십 일 동안 아무것도 드시지 않으셨으며, 온 세상에 그리스도의 은총이 퍼져 나가는 것을 나타내기 위하여 당신 부활 이후 사십(십계명이 세상의 네 구석까지 퍼져 나감을 의미한다: 10 × 4 = 40) 일 동안 아무런 음식도 필요로 하지 않으셨다(아우구스티누스). 오류에 빠져 있던 사람들이 돌아섬, 환난당하는 이들을 위로함, 고난을 겪는 이들의 회복은 하느님께서 하시는 일이다(니사의 그레고리우스). 자비로우신 하느님께서는 사도들의 신앙 속에 머무르며 진심으로 참회하는 이라면 그가 세례 받은 이후에 저지른 죄들을 분명 용서해 주신다(암몬). 그리스도께서는 당신 인성의 나약함으로 인하여 십자가에 못 박히셨지만 당신 신성의 권능으로 그 인성에 다시 활기를 불어넣으셨다(테오도레투스). 철학이 가르치는 덕성스러운 삶을 위해 사악한 삶을 버리는 이들이 있는 것처럼, 그리스도의 사랑과 성령으로 말미암은 새로워짐을 경험하는 이들은 그리스도를 따르는 이로 살기 위하여 죄의 삶을 버린다. 이교 논객 켈수스는 죄가 인류의 보편적인 문제임은 인식했지만, 그 죄 많음 때문에 하느님께서 모든 사람을 영원한 구원으로 부르셨다는 사실을 깨닫지는 못했다(오리게네스). 시편 저자는 그리스도의 육화가 단지 겉보기에 불과한 것이 아니라 실제이며, 그리스도는 육화하신 하느님으로서 구약 시대에도 활동하셨다고 단언한다. 하느님께서는 그리스도의 육화 이전에 산 이들과 그 이후에 산 이들을 구원하시기 위하여, 또한 이방인들의 교회를 풍요로움으로 축복하시기 위하여 당신 아드님을 보내셨다(에우세비우스). 하느님께서는 먼저 이스라엘 백성에게 구원을 내리셨다. 그러나 그들이 당신에게서 떨어져 나가자 다른 민족들에게 구원이 선포되었고, 그들은 그것을 받아들여 풍요롭게 되었으며 하느님께 복을 받았다(오리게네스).

### 107,2-3 하느님께 구원받은 이들

#### 사십 일

예수님께서 돌아가시기 전이라 아직 음식이 필요하던 때인 유혹당하시던 기간에 단식하신 것은 바로 이런 이유에서입니다. 그분께서는 영광스럽게 되셨을 때 음식을 드시고 마시셨지만, 부활 이후의 그분에게는 사실 음식이 필요 없었습니다.[1] 앞의 경우에 그분께서는 우리의 고통을 보여 주고 계셨습니다. 뒤의 경우에 그분께서는 우리 안에서 당신의 위로[2]를 보여 주고 계셨습니다. 이 두 가지 일이 일어난 기간은 똑같이 사십 일이었습니다. 다시 말해, 복음서에 쓰여 있듯이, 그분께서는 육신의 죽음을 당하기 전 광야에서 유혹을 받으시던 사십 일 동안 단식하셨고(마태 4,2 참조), 베드로 사도가 사도행전에 기록했듯이, 육으로 부활하신 뒤 역시 사십 일 동안 제자들과 함께하시면서 나고 들고 하시며 음식을 먹고 마시셨습니다(사도 10,41 참조).

이 '사십'이라는 수는 '율법을 폐지하러 온 것이 아니라 오히려 완성하러 오신'(마태 5,17 참조) 분을 통해 은총으로 불린 이들이 사는 이 시대의 경과를 나타내는 듯합니다. 먼저, 십계명이 있습니다. 이제 십계명은 그리스도의 은총을 통해 온 세상으로 퍼져 나갔습니다(세상은 사각四角 형태인데, 10에 4를 곱하면 사십이 되지요). 그래서 "주님께 구원받은 이들, 그분께서 그들을 모아들이신 지역에서, 동녘과 서녘과 북녘과 바다에서 모아들이신 이들"[3]이라고 쓰여 있습니다. 그분께서 육신의 죽음을 맞기 전 사십 일 동안 단식하신 것을 말하자면 "이 세상의 욕망들로부터 너희 자신을 지켜라" 하고 외치신 것이라 하겠습니다. 부활 이후에 사십 일 동안 육신 안에서 먹고 마시신 것은 "보라, 내가 세상 끝 날까지 너희와 함께 있겠다"(마태 28,20)라고 외치신 것과 같습니다.

• 아우구스티누스 『설교집』 263A,4.[4]

### 107,4-8 하느님께서 난관에서 그들을 구해 주셨다

#### 악인의 회개는 하느님께서 이루시는 일이다

예언 말씀들은 오류에 빠진 이의 회개는 하느님께서 이루시는 일이라고 단언합니다. 시편 저자가 "그들은 사막과 광야에서 헤매며 성읍으로 가는 길을 찾지 못하였다"라고 한 다음 "[그래서] 그분께서는 그들을 옳은 길로 걷게 하시어 사람 사는 성읍으로 가게 하셨다"고 덧붙이며, 또 '주님께서 시온의 운명을 되돌리셨다'(시

[1] 앞 단락에서 아우구스티누스는 육체 없이 내려오신 그리스도와 육체 없이 하늘로 올라가신 그리스도는 같은 한 분이라는 믿음의 중요성을 지적했고, 이번 단락에서는 부활 이전 음식이 필요해서 드신 그리스도와 부활 이후 음식이 필요하지 않으셨지만 음식을 드신 그리스도가 같은 한 분임을 지적하고 있다.

[2] 믿는 이들을 기다리고 있는 영원한 생명이라는 상을 가리킨다.

[3] 이상하게도 히브리어 본문은 이렇다. 현대의 본문비평 학자들은 "바다"를 "남녘"으로 바로잡았지만, 고대의 주석가와 번역자들은 거룩한 본문을 이렇듯 마음대로 고칠 엄두도 내지 못했을 것이다.

[4] *WSA* 3,7,224*.

편 126,1 참조)고도 하기 때문입니다. 마찬가지로, 바오로 사도가 다음과 같이 말하고 있듯이, 고난당하는 이들의 위로도 하느님께서 이루시는 일입니다. "우리 주 예수 그리스도의 아버지 하느님께서는 찬미받으시기를 빕니다. 그분께서는 우리가 환난을 겪을 때마다 위로해 주십니다"(2코린 1,3-4). 시편 저자는 또 하느님의 입이 되어 이렇게 말합니다. "너는 고통 중에 나를 찾았고, 나는 너를 구원하였다"(시편 34,5). 성경에는 비틀거리는 이들이 바로 세워짐이 주님의 권능 덕분이라고 말하는 곳이 무수합니다. "당신께서는 내가 쓰러지지 않도록 제 손을 잡아 주셨습니다. 주님께서 저를 도우셨습니다", "그는 비틀거려도 쓰러지지 않으리니 주님께서 그의 손을 잡아 주시기 때문이다"(시편 37,24), "주님께서는 쓰러진 이들을 도와주신다"(시편 146,8 참조) 같은 구절이 그 예입니다. 우리가 예언에서 배우는 것을 에우노미우스[5]도 똑같이 이해한다면, 고난에 지친 이들이 회복되는 것도 하느님의 자애가 이루는 일이 명백합니다. 성경이 이렇게 말합니다. "당신께서 무거운 짐을 저희 허리에 지우셨습니다. 사람들이 저희 머리 위를 밟고 가게 하시어 저희는 불과 물을 지나야 했습니다. 그러나 당신께서는 저희를 넓은 곳으로 이끌어 내셨습니다"(시편 66,11-12).

• 니사의 그레고리우스 『에우노미우스 반박』 2,15.[6]

#### 주님의 자비를 감사히 여겨라

프부[7]에서 다른 많은 수도승들이 배로 섬으로 건너와서 우리는 수가 삼백 명을 헤아렸습니다. 아티르 달 26일째 되는 날 여덟 시경, 테오도루스 사부는 우리를 모두 불러 모아 당신 주위에 앉게 하고는 알렉산드리아의 테오도루스에게 자신이 우리 모두에게 하는 말을 풀이해 주라고 시켰습니다. "하느님께서는 오래전에 저에게 내가 무슨 말을 해야 할지 드러내 주셨으나 잠시 침묵을 지키라고 명하셨습니다. 그런데 조금 전 내가 서 있을 때, 그것을 여러분에게 말하라는 지시가 내렸습니다. 그 내용은 이러합니다: 그리스도의 이름이 전해지는 거의 모든 곳에서, 거룩한 세례 후에 죄를 지은 많은 이들이 사도들의 신앙을 지켰습니다. 그것은 우리가 믿는 믿음이며, 그 믿음 안에서 우리는 그들의 죄를 슬퍼해 왔습니다. 주님께서는 그들의 회개가 참됨을 인정하시고 그들의 죄를 씻어 주셨습니다.[8] 그러니까 여러분 가운데 자기가 세례 후에 지은 죄들 때문에 오늘날까지 진심으로 눈물 흘리는 모든 이는 자신이 이미 용서받았다는 것을 아십시오. 그러므로 여러분 각자는 주님의 자비에 감사드리며 이렇게 말하십시오. "당신께서는 저의 비탄을 기쁨으로 바꾸시고 저의 자루옷을 푸시어 저를 기쁨으로 띠 두르셨습니다"(시편 30,12).

• 암몬 『암몬 주교의 편지』 28.[9]

### 107,16 하느님께서 빗장을 부러뜨리시다

#### 그리스도께서는 육의 약함 안에서 십자가에 못 박히셨다

'약함'이라는 단어에서, 예수님께서는 한정할 수 없고 불변하시며 한결같으신 전능하신 분으로서 나무에 못 박히신 것이 아니라, 사도의 가르침대로, 하느님의 권능에 의해 생기를 받는 본성

[5] 에우노미우스는 그리스도가 아버지에게 종속된 존재라고 믿는 열렬한 아리우스파의 지도자였다.

[6] NPNF 2,5,134*.

[7] 이집트 테베 지역 나일강가에 있던 마을로, 금욕 수도생활을 실천하는 그리스도인들이 모여든 곳이었다.

[8] 초기 교회에서는 세례 때는 세례 받기 전에 지은 죄만 용서된다고 믿는 것이 보편적이었다. 세례 이후의 죄는 통회와 고백, 성직자에 의한 사면을 포함한 개인적인 참회를 통해서 사함을 받아야 했다.

[9] CS 46,97.

이 죽고 묻힌 것임을, 그분의 죽음과 매장은 종의 본성에만 해당한다는 것을 알아들읍시다. "그분께서 청동 문을 부수시고 쇠 빗장을 부러뜨리셨다." 이로써 그분께서는 죽음의 권능을 무너뜨리셨으며 사흗날에 당신 자신의 성전을 일으키셨습니다. 이런 것들이 그분의 신성에 관한 증거들이며, 이는 "이 성전을 허물어라. 그러면 내가 사흘 안에 다시 세우겠다"(요한 2,19)는 주님의 말씀대로입니다. 이처럼 한 분 그리스도의 고난을 통하여 우리는 [그분의] 인성을 알아보고, [그분의] 기적들을 통해서는 [그분의] 신성을 감지합니다.

• 키루스의 테오도레투스 『서간집』 151.[10]

107,20 그분께서 당신 말씀을 보내시었다

**하느님께서는 구속된 이들을 치유하시고 구해 내신다**

그리스인들 가운데는 단 하나의 파이돈이 있었을 뿐 제2의 파이돈은 없었으며, 방종하고 지극히 사악한 삶을 살다가 철학에 몰두하는 폴레몬도 하나였음을 나는 압니다.[11] 그러나 그리스도에게는 지금 우리가 이야기하는 시기에 열두 제자가 있었을 뿐 아니라, 언제나 많은 이들이 온화한 사람들의 무리를 이루어 자신들의 과거 삶에 대해 다음과 같이 말했습니다. "사실 우리도 한때 어리석고 순종할 줄 몰랐고 그릇된 길에 빠졌으며, 갖가지 욕망과 쾌락의 노예가 되었고, 악과 질투 속에 살았으며, 고약하게 굴고 서로 미워하였습니다. 그러나 우리 구원자이신 하느님의 호의와 인간애가 드러난 그때, 하느님께서 우리를 구원해 주셨습니다. 우리가 한 의로운 일 때문이 아니라 당신 자비에 따라, 성령을 통하여 거듭나고 새로워지도록 물로 씻어 구원하신 것입니다. 이 성령을 하느님께서는 우리 구원자이신 예수 그리스도를 통하여 우리에게 풍성히 부어 주셨습니다"(티토 3,3-6). 그리하여 우리는 지금 같은 사람들이 되었습니다. 예언자가 시편에서 가르쳤듯이, 하느님께서 "당신 말씀을 보내시어 그들을 낫게 하시고 파멸에서 구해 내셨"기 때문입니다.

• 오리게네스 『켈수스 반박』 1,64.[12]

**하느님께서는 모든 사람을 영원한 안식으로 초대하셨다**

우리를 비난하려 애쓰다 스스로 혼란에 빠진 켈수스[13]는 "죄가 없는" 사람, "애초부터 덕으로 [장식되어] 하느님을 우러러볼 수 있는 의로운 개인"을 아는 것처럼 보일 때가 있는가 하면, 또 어떨 때는 온전히 의로운 사람, 죄가 없는 사람은 없다는 우리의 진술을 받아들입니다. "이유야 어떻든, 인류는 본성적으로 죄를 짓는 일에 이끌린다는 것은 실로 명백히 진실인 듯합니다"라는 그의 말은 이 진실을 인정하는 것처럼 보입니다. [그런데] 다음 대목에서는, 마치 모든 사람이 말씀에 의해 초대받지는 않았다는 듯이, 그는 "그렇다면 모든 사람은 아무런 구별 없이 초대받아야만 한다. 실로 모든 이가 죄인이기 때문이다"라고 말합니다. 그런데 바로 앞에서 우리는 예수님의 이 말씀을 지적한 바 있습니다. "고생하며 무거운 짐을 진 너희는 모두 나에게 오너라. 내가 너희에게 안식을 주겠다"(마태 11,28). 이처럼 죄의 본성 때문에 고생하며 무거운 짐을 진 모든 사람은 하느님의 말씀이 이야기하는 안식으로 초대받았습니다. "하느님께서 당신 '말씀'

[10] NPNF 2,3,328*.

[11] 그리스철학에 따라 살며 명성을 누린 4세기의 두 인물이다.

[12] ANF 4,425*.

[13] 기원후 180년경 그리스도교를 전면적으로 공격하는 작품 『참된 말씀』을 쓴 이교인 철학자다. 그의 이 작품은 가장 뛰어난 그리스도교 비판서로 인정받았는데, 230년경 오리게네스는 이 글을 반박하는 『켈수스 반박』을 썼다.

을 보내시어 그들을 낫게 하시고 파멸에서 구해 내셨”기 때문입니다.

• 오리게네스 『켈수스 반박』 3,63.[14]

### 말씀이 육/사람이 되셨다

나지 않으셨으며 불변하시는 전능하신 하느님의 실체가 인간의 형체로 변하고 그리하여 보는 이들의 눈이 어떤 창조된 것의 환상에 의해 속고 그러한 것들이 성경에서 거짓으로 창작되었다고 가정하는 것이 비합리적이라면 — 그러니까 그분을 만물의 첫 번째 원인이라고 부르는 것이 적절치 않다면 — 선재하시는 하느님의 말씀 말고 또 다른 누구를 인간의 형체로 나타나신, 온 땅을 심판하시고 판결을 내리시는 주 하느님이라고 선포할 수 있겠습니까? 그분에 관해서는 시편에도 이렇게 쓰여 있습니다. “그분께서 당신 말씀을 보내시어 그들을 낫게 하시고 파멸에서 구해 내셨다.” 그분에 대하여 모세는 아주 분명하게 이야기하는데, 그분을 아버지 다음가는 두 번째 주님으로 부르며 이렇게 말합니다. “주님께서 주님이 계신 곳에서 소돔과 고모라에 유황과 불을 퍼부으셨다”(창세 19,24). 성경은 그분을 하느님이라고 부르기도 합니다. 그분께서 또다시 사람의 모습으로 야곱에게 나타나 이렇게 말씀하신 때였지요. “네가 하느님과 겨루었으니 네 이름은 야곱이 아니라 이스라엘이라 불릴 것이다”(창세 32,29). 야곱은 그 일이 일어난 장소를 “하느님의 얼굴”이라 부르며 “내가 서로 얼굴을 맞대고 하느님을 뵈었는데도 내 목숨을 건졌구나”(창세 32,31) 하고 말하였습니다.

• 카이사리아의 에우세비우스 『교회사』 1,2.[15]

### 하느님께서 당신 아드님을 보내시어 인류를 치유하셨다

이것[16]은 말씀이신 하느님께서 하늘에서 내려오신 기쁜 소식과 … 그분의 오심이 가져온 결과를 선포합니다. “[주님께서] 당신 말씀을 보내시어 그들을 낫게 하셨다”고 쓰여 있기 때문입니다. 그리고 우리는 모든 인류의 구원자로 파견되신 분이 말씀이신 하느님이시며 그분은 거룩하신 분이라고 성경에서 배웠다고 분명하게 말합니다. 그리고 슬프게도 성경은 그분께서는 당신에 앞서 죽은 이들을 위하여 죽으시고자 내려오셨다고 암시합니다. 그리고 그분에 의해 구원받을 이들의 구속을 이야기함으로써 그분께서 오시는 이유를 알려 줍니다. 그분께서는 당신에 앞서 죽음의 문 앞까지 간 어떤 이의 도움도 없이 구원하셨습니다. 그분께서는 단지 죽음의 문이라 불리는 것들을 부수고 쇠 빗장을 부러뜨리심으로써 그 일을 이루셨습니다. 그리고 이 예언은 그분께서 오셨을 때 그분을 거부한 이들이 처하게 될 황폐의 상태에 대해 예고하기 시작합니다. “그분께서 강들을 사막으로, 샘들이 솟는 곳을 메마른 곳으로 만드시고 기름진 땅을 소금 땅으로 만드시니 거기 사는 사람들의 악함 때문이다”(시편 107,33-34). 유대인들의 자랑이요 영광스럽고 풍요로웠던 도성 예루살렘이 지금은 신실하고 경건한 주민이 하나도 없는 곳이 되었음을 생각하면 이를 이해할 수 있을 것입니다. 예언자가 말하는 그대로, 그리스도께서 오신 뒤 그 도성은 물도 없고 열매도 맺지 못하는 완전히 버려진 곳이 되었기 때문입니다. “그분께서 기름진 땅을 소금 땅으로 만드시니 거기 사는 사람들의 악함 때문이다.”

그 뒤로도, 매우 예언적인 구절들이 이어집니

[14] ANCL 23,143*. [15] FC 19,40-41*.

[16] 카이사리아의 에우세비우스가 이 글 앞 장에서 시편 107,1-8과 관련하여, 시편 저자가 그리스도께서 온 인류를 심판하시기 위하여 오실 것임을 예언했다고 논한 내용을 가리킨다.

다. 오랫동안 버려지고 메말랐던 땅의 변화에 관한 암시적인 예고입니다. 이는 개인의 영혼에 관한 말이거나, 이방인들의 교회가 거룩함으로 돌아서서 거룩한 말씀 안에서 비옥함을 지니게 됨을 가리키는 말로 볼 수 있습니다. 모호하긴 하지만 분명한 예고인데, "마른땅을 샘들이 솟는 곳으로 만드시니"라고 합니다. 그러나 이 말씀을 이해하기 위해서는, 하느님으로부터 지혜를 얻어야만 합니다. 이 시편은 끝마디에서 이렇게 훈계합니다. "누가 지혜롭게 되기를 원하는가? 이를 마음에 간직하여 주님의 자애를 깨달아라."

• 카이사리아의 에우세비우스 『복음의 논증』 6,7.[17]

### 107,33-38 하느님께서 사막을 풍요로운 땅으로 바꿔 놓으시다

#### 열매를 많이 맺는 이방인들

예수님께서 더 이상 유대인들 가운데에서 대담하게 걷지 않으실 때 들어가신, 광야에서 가까운 그 도성의 이름은 에프라임이었습니다. '에프라임'은 '풍요롭다'는 뜻입니다. 에프라임은 므나쎄의 동생이었는데, 형인 므나쎄는 '모두 잊게 하였다'는 의미로 그 이름을 얻었습니다(창세 41,51-52 참조).

'잘 잊어버리는 특성 때문에' 그 백성이 뒤에 남겨진 뒤, 곧 하느님께서 이스라엘의 "강들을 사막으로, 샘들이 솟는 곳을 메마른 곳으로 만드시고 그들의 기름진 땅을 소금 땅으로 만드시니" 이민족들이 풍요로움을 누리게 되었습니다. 그것은 "거기 사는 사람들의 악함 때문"이었습니다. 그러나 하느님께서 이방인들에게는 "사막을 호수로, 마른땅을 샘들이 솟는 곳으로 만"들어 주셨습니다. "[그리고 그분께서] 주린 이들을 그곳에 살게 하시니 그들이 사람 사는 성읍을 일으켰다"고 되어 있습니다. 곧 교회지요. 그곳에서 그는 아름답고 좋은 땅에 떨어져 백 배로 열매를 맺는 씨처럼 밭에 씨를 뿌리고 포도원에 나무를 심었습니다. 주님의 제자들은 가지들이며, 이 가지들 또한 "소출을 거두어들였습니다. 그분께서 그들에게 복을 내리시어 그들이 크게 늘어났습니다".

• 오리게네스 『요한 복음 주해』 28,212-15.[18]

[17] *POG* 2,7-8*.

[18] FC 89,336*.

### 108,1-14 하느님의 사랑을 찬양하며 원수를 이기도록 도움을 청하는 기도

1 [노래. 시편. 다윗]
2 제 마음 든든합니다, 하느님.
제가 노래하며 찬미합니다.
깨어나라, 나의 영혼아.
3 깨어나라, 수금아, 비파야.
나는 새벽을 깨우리라.
4 주님, 제가 백성들 가운데에서
당신을 찬송하고
겨레들 가운데에서 당신을 노래하리니
5 당신의 자애가 하늘보다 크시고
당신의 진실이 구름까지 닿도록
크시기 때문입니다.
6 하느님, 하늘 높이 일어나소서.
당신의 영광 온 땅 위에 떨치소서.
7 당신의 사랑받는 이들이 구원되도록
당신의 오른팔로 도우시고⤴

↱저에게 응답하소서.
8 하느님께서 당신 성소에서① 말씀하셨다.
"나는 기뻐하며 스켐을 나누고
수콧 골짜기를 측량하리라.
9 길앗도 내 것, 므나쎄도 내 것
에프라임은 내 머리의 투구
유다는 내 왕홀
10 모압은 내 대야.
에돔 위에 내 신발을 던지고
필리스티아 위로 승리의 환성을
올리노라."
11 누가 나를 견고한 성읍으로 데려가리오?
누가 나를 에돔까지 이끌어 주리오?
12 하느님, 당신께서 저희를 버리지
않으셨습니까?
하느님, 당신께서는 저희 군대와 함께
출전하지 않으십니다.
13 저희를 적에게서 구원하소서.
사람의 구원은 헛됩니다.
14 하느님과 함께 우리가 큰일을 이루리라.
그분께서 우리 원수들을 짓밟으시리라.

① 또는 '당신의 거룩함으로써'.

둘러보기

하느님의 권능과 활동이 하늘에만 미치고 땅에는 미치지 않는다고 생각하는 것은 완전히 그릇된 생각이다(예루살렘의 키릴루스). 하느님께서 세상 모든 곳에서 찬양받으시고 영광스럽게 되시도록 모든 민족들에게, 나아가 그리스도를 보지 못한 민족들에게까지 교회가 약속되었으며, 참된 보편 교회에는 더욱 확실히 약속되었다. 그리스도의 참된 영광은 참된 보편 교회 안에서만 성령의 힘에 의해 선포된다(아우구스티누스).

108,5 하느님의 사랑은 하늘보다 크다

하느님의 힘이 미치지 않는 곳은 없다

그리스인들[1] 가운데 어떤 이들은 하느님이 세상의 영혼이라고 했고, 또 어떤 이들은 하느님의 권능은 땅에는 미치지 않고 하늘에만 미친다고 하였습니다. 이와 비슷한 망상에 빠져 떠드는 이들은 "당신의 성실은 하늘까지 미치고"라는 구절을 잘못 이해하여 하느님의 섭리는 하늘에만 미친다고 감히 주장하며 지상의 일들을 하느님에게서 분리시키려 했습니다. 이는 "제가 하늘로 올라가도 거기에 당신 계시고 저승에 잠자리를 펴도 거기에 또한 계십니다"(시편 139,8)라는 시편 말씀을 잊고 있는 것입니다. 하늘보다 높은 것이 없고 저승이 땅보다 깊은 곳이라면, 저 너머 영역들을 다스리시는 분[의 힘]은 땅에도 미치기 때문입니다.

• 예루살렘의 키릴루스 『예비신자 교리교육』 8,2.[2]

108,6 하느님의 영광은 온 땅에 미친다

하느님은 하늘보다 높으시다

그런데 그들이[3] 그 생각을 곱씹고 나서 순종하게 되면, 그들은 비방하는 이야기나 인간들이 지어낸 이야기들이 아니라 거룩한 책에서 교

[1] 고대 그리스의 철학자들을 가리킨다.

[2] FC 61,180-81*.

[3] 마우레타니아 지방 카르테나의 주교로, 도나투스파였다가 정통 교회로 다시 돌아온 로가투스의 추종자들을 가리킨다.

회가 모든 민족들에게 약속되었다는 것과 그것이 그들 눈앞에 서 있다는 사실을 발견할 것입니다. 그러면 그들은 그 책들이 약속하는 그리스도께서 비록 우리 눈에 보이지는 않지만 지금 하늘 위에 계시다는 사실을 의심하지 않을 것입니다. 그런데 내가 도대체 왜 이런 종류의 아버지다운 의무로부터 내 동료들을 불러들임으로써 그들의 구원을 시샘해야 하겠습니까? 많은 이가 이 길을 통해서 자신의 예전의 눈멂을 떠나온다는 것을 우리가 보는데 말입니다. 그런데 보지 않고도 그리스도께서 하늘 위로 들어 올려지셨다고 믿는 이들 가운데 더러는 그럼에도 불구하고 그들이 눈으로 보는 온 땅 위에 그분의 영광이 미친다는 사실을 부인하였습니다. 예언자가 한 문장 안에 두 가지 사실을 다 담아 아주 중요하게 강조하였음에도 말입니다. "하느님, 하늘 높이 일어나소서. 당신의 영광 온 땅 위에 떨치소서."

• 아우구스티누스 『서간집』 93.[4]

그리스도의 참된 영광

그러므로 그리스도를 비난하고 모독한 이들에 대하여 여기서(우리는 그리스도께서 세상 안에서 영광스럽게 되게 하는 그분의 영광에 대해 이야기하고 있는 중이므로) 말할 필요는 없습니다. 성령께서 거룩한 보편 교회 안에서만 참된 영광으로 그분을 영광스럽게 하셨기 때문입니다. 다른 곳에서는, 그러니까 이단자들 가운데에서나 이교인들 가운데에서는 그분께서 비록 거듭 되풀이하여 찬미받으시는 것처럼 보이더라도 지상에서 참으로 영광스럽게 되실 수가 없습니다. 그래서 예언자는 보편 교회 안에서 그분의 참영광을 이렇게 노래합니다. "하느님, 하늘 높이 일어나소서. 당신의 영광 온 땅 위에 떨치소서." 그분의 고양 이후에 성령께서 오시어 그분을 영광스럽게 하실 것이기에 이 거룩한 시편이 이렇게 노래하는 것입니다. 이것은 장차 일어나리라고 외아드님께서 몸소 예언하신 일이고, 그것이 이루어진 것을 우리가 보는 일입니다.

• 아우구스티누스 『요한 복음 강해』 100,3,4.[5]

[4] FC 18,57*.
[5] FC 90,232*.

109,1-31 거짓 고발을 당하여 하느님의 도움을 청하는 기도

1 [지휘자에게. 다윗. 시편]
2 제 찬양의 하느님, 잠잠히 계시지 마소서.
그들이 저를 거슬러
사악한 입과 음험한 입을 벌려
거짓된 혀로 제게 말합니다.
3 미움의 말로 저를 에워싸고
까닭 없이 저를 공격하며
4 제 사랑의 대가로 저를 적대합니다.
그러나 저는 오직 기도드릴 뿐.
5 그들은 제게 선을 악으로,
제 사랑을 미움으로 갚습니다.
6 그를 거슬러 악인을 세우소서.
고발자가 그의 오른쪽에 서게 하소서.
7 그가 재판받으면 죄인으로 나오고
그의 기도는 죄가 되며
8 그의 살날들은 줄어들고
그의 직책은 남이 넘겨받게 하소서.
9 그의 자식들은 고아가,⤴

그의 아내는 과부가 되게 하소서.
10 그의 자식들이 정처 없이 떠돌아다니며
빌어먹고
자기네 폐허에서 쫓겨나게① 하소서.
11 빚쟁이가 그의 것을 모조리 잡아채고
남들이 그의 벌이를 빼앗으며
12 그에게 자애를 품는 이 없고
그의 고아들을 불쌍히 여기는 이 없으며
13 그의 후손은 끊어지고
다음 세대에 그들의 이름이
지워지게 하소서.
14 그 조상들의 죄악이 주님께 기억되고
그 어미의 죄가 지워지지 않게 하소서.
15 그것들이 늘 주님 앞에 있어
그들②에 대한 기억마저
땅에서 없어지게 하소서.
16 그가 자애를 베풀 생각은 않고
가련한 이와 불쌍한 이, 마음이 꺾인 이를
죽이려 뒤쫓기 때문입니다.
17 그가 저주를 사랑하였으니
저주가 그에게 내리고
축복을 좋아하지 않았으니
축복이 그에게서 멀어지게 하소서.
18 그가 저주를 겉옷처럼 입었으니
저주가 물처럼 그의 몸속으로,
기름처럼 그의 뼛속으로 스며들고
19 그를 덮고 있는 옷처럼,
그가 늘 매고 있는 허리띠처럼
되게 하소서.
20 이것이 저를 적대하는 자들이
저를 거슬러 악한 것을 말하는 자들이
주님에게서 받는 대가가 되게 하소서.
21 그러나 하느님, 당신은 저의 주님.
당신 이름을 생각하시고
저를 위하여 행하소서.
당신의 자애가 선하시니 저를 구하소서.
22 저는 가련하고 불쌍하며
제 마음은 속에서 구멍이 뚫렸습니다.
23 저는 기우는 그림자처럼 스러져 가고
메뚜기처럼 쫓겨납니다.
24 저의 무릎은 단식으로 후들거리고
저의 살은 기름기 없이 말라 갑니다.
25 진정 저는 그들에게 조롱거리가 되고
저를 보는 자들은 머리를 흔듭니다.
26 저를 도우소서, 주 저의 하느님.
당신 자애에 따라 저를 구원하소서.
27 그래서 그들이 깨닫게 하소서,
그것이 당신의 손임을,
주님, 당신께서 이를 행하셨음을.
28 그들은 저주하지만 당신께서는
복을 내리시고
저의 적들은 창피를 당하지만③
당신 종은 기뻐하게 하소서.
29 저를 적대하는 자들은 수치로 옷 입고
창피를 덧옷처럼 덮게 하소서.
30 나는 주님을 내 입으로 한껏 찬송하고
많은 이들 가운데에서 그분을 찬양하리니
31 불쌍한 이의 오른쪽에 서시어
그를 판관들에게서 구원하시기 때문일세.

① 그리스어 본문; 히브리어 본문은 '양식을 구하러 다니게'다.
② 히브리어 본문; 그리스어 본문은 '그'다.
③ 그리스어 본문; 히브리어 본문은 '거슬러 일어났다가 창피를 당하고'다.

둘러보기

베드로 사도가 사도행전 첫머리에서 하는 말(사도 1,1-8 참조)은 유다가 겟세마니 동산에서 예수님을 팔아넘기는 일이 이미 예언되어 있었음을 확인해 준다. 예배 현장에서 죄가 저질러질 수도 있다(오리게네스). 그리스도를 배반한 유다에 대한 심판은 다양한 방식으로 그분을 배반하는 모든 이에게 적용된다. 죄는 하느님께서 창조하신 상태의 사람들의 본성이 아니라 사람들의 의지에 기인하므로 사람들은 선행을 하고 구원받기 위해서는 하느님의 은총이 필요하다. 허영과 칭찬에 대한 경멸이 오히려 그것들에 대한 사랑과 추구에 이르게 할 수 있다(아우구스티누스).

109,1-9 사악한 입과 음험한 입

그리스도를 팔아넘긴 유다의 배반에 관한 예언

유다에 관하여 우리의 적수들이 부끄러움으로 꼼짝 못하게 할 말을 내놓아야 한다면, 우리는 시편 제108편(칠십인역) 전문이 유다에 관한 예언을 담고 있다고 말하겠습니다. 이런 말로 시작하는 시편이지요. "제 찬양의 하느님, 잠잠히 계시지 마소서. 그들이 저를 거슬러 사악한 입과 음험한 입을 벌려 거짓된 혀로 제게 말합니다." 이 시편에는 유다가 자기 죄 때문에 나머지 사도들에게서 떨어져 나온다는 사실과 더불어 그의 자리를 채울 다른 이가 선택된다는 사실이 예고되어 있습니다. "그의 직책은 남이 넘겨받게 하소서"라는 구절이 그것입니다. 그런데 그분께서 당신 제자들 가운데 유다보다 더 못된 악령에 씌어 예수님께 들은 모든 말씀을 완전히 다 쏟아 버린 어떤 자에게 배반당하셨다고 가정해 봅시다. 이것이 예수님이나 그리스도교에 대한 비난에 어떤 도움이 되겠습니까? 그리고 그것이 그리스도교의 교리가 그릇되다는 것을 입증해 줍니까? 우리는 이 글 앞 장에서, 예수님께서는 달아나시려다가 붙잡히신 것이 아니라 우리 모두를 위하여 자발적으로 당신 자신을 내주셨음을 보여 주면서 이에 따르는 진술에 대답한 바 있습니다. 그러므로 그분께서는 비록 묶이셨을망정 당신 자신의 의지에 따라 기꺼이 묶이셨고, 그럼으로서 신앙을 위해서 우리도 같은 기꺼운 마음으로 이 비슷한 일들을 감내해야 한다는 것을 가르치셨다고 결론지을 수 있습니다.

• 오리게네스 『켈수스 반박』 2,11.[1]

경배드리며 죄를 지을 수도 있다

이것은 분명 다윗도 시편에서 이야기하는 바입니다. "그의 기도가 죄가 되게 하소서." 이는 어떤 이의 제물에 무엇 하나 가치 있는 것이 없고 나아가 비난받을 점이 많을 때 해당하는 말입니다. '하느님께 바치고 나서 사흘이 되도록 남아 있는 제물을 먹으면 죄가 된다'(레위 19,1-8 참조)는 입법자의 말을 우리는 들었습니다. 여기에서 우리는 속죄을 바치는 곳에서조차 죄가 생겨날 때, 죄로 인한 얼마나 엄청난 파멸이 인간에게 임박해 있는가를 깨달아야 합니다.

• 오리게네스 『레위기 강해』 5,9,2.[2]

그리스도를 배반하는 이에게 내리는 선고

페틸리아누스는 이렇게 말하였습니다. "우리는 그 불충한 '트라디토르'traditor[3](배교자)가 비록 살아 있다 하더라도 언제부터 죽었다고 간주해야 하는지 고려하고 선언해야 합니다." 유다는 그리스도를 배반했을 때 사도였습니다. 물론 성

[1] ANCL 23,16*. [2] FC 83,106-7.

[3] 디오클레티아누스 황제의 박해 때(303~311년) 자기 신앙을 버린다고 선언하고 성경 사본이나 몹시 귀하게 여겨지던 그리스도교 문헌을 박해자들에게 넘겨준 이들을 이르는 명칭이다.

경에 쓰여 있듯이, 그 인간은 목을 매달아 죽게 끔 예정되어 있었으나, [예수님을 배반했을 당시] 영적으로 사도의 직무를 잃었으니 이미 죽은 자였습니다. 그자는 "죄 없는 분을 팔아넘겨 죽게 만들었으니 나는 죄를 지었소"(마태 27,4)라고 하고서는 "물러가서 목을 매달아 죽었다"(마태 27,5)고 쓰여 있습니다. 이 배반자는 밧줄로 죽어 없어졌습니다. 그는 그와 같은 이들을 위하여 밧줄을 남겨 놓았습니다. 그런 자들에 관하여 그리스도 주님께서는 아버지께 이렇게 큰 소리로 외치셨습니다. "아버지, 아버지께서 저에게 주신 이들을 제가 지켰습니다. 성경 말씀이 이루어지려고 멸망하도록 정해진 자 말고는 그들 가운데 하나도 잃지 않았습니다"(요한 17,12). 옛날에 다윗이 믿지 않는 자들에게 그리스도를 팔아넘길 자를 두고 이런 선고를 내렸기 때문입니다. "그의 직책은 남이 넘겨받게 하소서. 그의 자식들은 고아가, 그의 아내는 과부가 되게 하소서." 장차 태어날 배반자가 단죄받도록 미래의 모든 일을 몇 백 년 전에 마치 현재의 일인 것처럼 볼 수 있었으니, 예언자들의 영이 얼마나 막강한지 보십시오. 마지막으로, 앞에서 말한 선고가 완결되도록 거룩한 마티아가 타락한 사도의 자리를 받았습니다. 그리스도 주님의 승리에서 배반자가 차지했던 전리품을 마티아가 빼앗았다는 점에서 그는 스스로 승리를 쟁취한 것이며, 그것은 잘못된 일이 아니었습니다. 이것을 놓고 옳으니 그르니 논할 만큼 아둔하고 불충한 사람은 아무도 없어야겠습니다.

• 아우구스티누스 『페틸리아누스 서간 반박』 2,8-17.[4]

### 109,17 저주와 축복

#### 죄는 인간의 의지에서 비롯한다

바로 그 『증언의 책』[5]에서, '모든 이는 자기 자신의 의지의 다스림을 받는다'는 자신의 주장이 정당함을 어떤 식으로든 입증하기 위하여 펠라기우스[6]는 이 시편 구절을 인용했습니다. "그가 저주를 사랑하였으니 저주가 그에게 내리고 축복을 좋아하지 않았으니 축복이 그에게서 멀어지게 하소서." 그러나 이것은 하느님께서 창조하신 대로의 본성에 기인하는 잘못이 아니라 하느님에게서 멀어진 인간의 의지에 기인하는 잘못임을 누가 모르겠습니까? 그가[7] 저주하는 것을 좋아하지 않았더라도 축복을 좋아했더라면, 그리고 이 사례에서 자신의 의지가 거룩한 은총의 도움을 받는다는 것을 부인하였다면, 그 배은망덕과 불경으로 인하여 그는 그 자신의 다스림을 받도록 버려진다는 것이 사실입니다. 하느님의 인도를 받지 못하여 파멸로 이르게 되는 결과는 징벌을 통하여 그가 그 자신에 의해서도 다스림을 받을 수 없음을 발견하게 되는 것입니다.

• 아우구스티누스 『펠라기우스 행적』 3,7.[8]

### 109,22 가련하고 불쌍한 이

#### 이기적인 겸손

저는 아쉽고 궁핍한 사람입니다. 저 자신을 마음에 들어 하지 않고 당신 자비를 찾아 남몰래 신음하고 있다면 차라리 나은 편입니다. 그러다 저의 부족함이 채워지고 온전해져서, 건방진 인간의 눈은 알아보지 못하는, 저 평화에 이르면 좋겠습니다. 입에서 나오는 말이나 사람들에게

---

[4] NPNF 1,4,532-33*.

[5] 지금은 소실된 작품으로, 펠라기우스가 자신의 주장을 펼친 다음 그것을 뒷받침하기 위하여 성경 구절들을 나열하였다고 전해진다.

[6] 펠라기우스는 원죄 개념을 인정하지 않으며 사람들은 예수 그리스도에 대한 믿음과 상관없이 구원받을 수 있다고 가르친 5세기의 이단자다.

[7] 이 시편이 말하는 사악하고 음험한 비난자를 가리킨다.

[8] FC 86,117*.

소문나는 행실은 자칫하면 칭송을 받고자 하는 아주 큰 위험을 안고 있으니, 그런 취향은 개인적으로 빼어난 위치를 점하겠다면서 남의 지지를 구걸하는 지경으로 사람을 위축시킵니다. 제가 저를 맞대어 놓고 꾸짖을 때마저 유혹이 됩니다. 맞대 놓고 꾸짖는 바로 그 행위에서도 제가 허황된 영광을 경멸하리라고 생각을 하면서 보다 더 허황하게 자랑을 하는 수가 있습니다. 그러고 보면 영광에 대한 경멸 그 자체가 이미 허황한 자랑입니다. 무엇을 자랑삼는 한 그것을 경멸하는 것이 아니기 때문입니다.

• 아우구스티누스 『고백록』 10,38.[9]

[9] AC 247-48*.

## 110,1-7 대사제 메시아에 관한 신탁

1 [다윗. 시편]
주님께서 내 주군께 하신 말씀.
"내 오른쪽에 앉아라,
내가 너의 원수들을
네 발판으로 삼을 때까지."
2 주님께서 당신 권능의 왕홀을
시온으로부터 뻗쳐 주시리니
당신께서는 원수들 가운데에서 다스리소서.
3 당신 진군의 날에
당신 백성이 자원하리이다.①
거룩한 치장 속에
새벽의 품에서부터
젊음의 이슬이② 당신의 것.
4 주님께서 맹세하시고 뉘우치지
않으시리이다.
"너는 멜키체덱과 같이
영원한 사제다."
5 주님께서 당신의 오른쪽에 계시어
진노의 날에 임금들을 쳐부수시리이다.
6 그분께서 민족들을 심판하시어
온통 주검들로 채우시고
넓은 들 위에서
머리를③ 쳐부수시리이다.
7 주님께서는 길가 시내에서 물을 마시고
머리를 치켜드시리이다.

① '거룩한 산에서 당신 백성이 자원하리이다'로 되어 있는 본문들도 있다.
② 히브리어 본문; 바로잡은 본문은 '이슬과 같은 젊음이'다.
③ 또는 '우두머리들을'.

둘러보기

다윗이 "주군"이라고 부른 것은 자신의 아들이 아니라 하느님의 아들이다(『바르나바의 편지』). 다윗이 그리스도께서 하느님의 오른쪽에 앉아 계시다고 말한 것은 그분의 부활과 그분께서 종말에 심판하시러 돌아오심을 예언한 것이며, 하느님의 오른쪽 자리는 사탄을 이긴 이가 앉는 영예로운 자리다(노바티아누스). 아무도 그리스도의 십자가를 수치스럽게 생각해서는 안 된다. 십자가는 그리스도께서 사탄과 죽음에게 승리를 거두심과 그분께서 하늘로 올라가심을 상징하는 것이기 때문이다(예루살렘의 키릴루스). 그리스도께서는 언제나 완전한 하느님이요 주님이셨으며 우리 구원에 알맞은 도구이셨다. 그분께서는 그저 그런 신에서 더 위대한 신으로 바뀌신 것도 아니며 인간에 지나지 않는 이도 아니고 하느님의 양자가 되어 메시아 역할을 부여받으신 것도 아니다. 그리스도께서는 육화하시기 이전에도 영원한 임금이요 주님, 아버지의 모상이시고 '말씀'이셨다. 때가 되자 그분은 사람이 되시어 모든 인간을 구원하셨다(아타나시우스). 아버지께서 당신 아들에게 당신 오른쪽에 앉으라고 권하신 것은 아들에 대한 사랑과 존중의 표시다(암브로시우스). 지금 아버지 오른쪽에 앉아 계신 그리스도께서는 의인들에게는 영원한 생명의 상을 주시고 사악한 자들에게는 영원한 징벌을 내리시기 위해 오실 것이다(니케타스). 오순절에 성령께서 제자들 위에 내려오신 것은 그리스도께서 하늘로 올라가셨으며 지금은 아버지 오른쪽에 앉아 계시다는 증거다(막시무스). 그리스도께서 종말을 기다리시며 하늘에서 다스리고 계시는 동안, 하느님께서는 온 세상에 복음이 전해지도록 죽음도 두려워하지 않는 당신의 종들을 파견하신다. 이 시편의 첫머리는 히즈키야 임금에 관한 말이라는 유대인들의 생각과 달리 멜키체덱과 같은 사제이신 그리스도에 관한 말이다(유스티누스).

그리스도는 덕을 실천했거나 덕이 뛰어나서가 아니라 본성에 따라 하느님의 참된 아드님이시다(알렉산더). 그리스도는 인간을 위하여 죽임을 당하셨으며 땅끝에 이르기까지 모든 민족들을 다스리시는, 하느님의 아드님이라 불리는 바로 그분이시다(에우세비우스). 그리스도께서 아버지 안에 계시다는 사실을 인간 부자 관계의 단어들로 묘사하는 것은 그분께서 다른 누구에게서 비롯하신 분이 아님을 보여 주어 우리를 이해시키기 위해 사용한 방법이다(힐라리우스). 시편 저자가 말하는, 그리스도께서 나신 "품"은 마리아의 육체적 태를 뜻하는 것이 아니라 아버지께서 아들을 낳으신 영원한 낳음을 의미한다. 그리스도는 아들이면서 피조물이라고 불릴 수 없다. 이 둘은 정반대되는 존재이기 때문이다(아타나시우스). 그리스도께서 "맏이"라고 불리시는 것은 그분 이전에는 어느 누구도 태어난 적이 없기 때문이며, 그분께서 외아들로 불리시는 것은 그분 이후에 아버지에게서 난 존재가 아무도 없기 때문이다. 그리스도께서 영원 이전에 나셨다는 사실은 그분께서 다른 어느 존재에게도 속하지 않으며 다른 모든 존재의 근원이심을 의미한다(암브로시우스). 그리스도의 사제직은 그분께서 몸소 십자가 위에서 당신 자신을 바치신 일에서 드러났다(『거룩한 사도 베드로와 바오로 행전』). 사도들만 아니라 이미 모세와 다윗도 그리스도를 예언자요 [멜키체덱과 같은] 사제라고 불렀다. 이것과 그분의 승천은 우리 믿음을 더욱 확실히 해 준다(테오도레투스). 그리스도께서는 탄생과 죽음에서 인간 삶의 통상적인 과정을 따르셨다(아우구스티누스).

110,1 내 오른쪽에 앉아라

**하느님의 아들로 불리는 예수**

그것은 사람의 아들이 아니라 하느님의 아드님이시며 상징에 의해 육으로 드러나신 예수임을 다시 한번 잘 보십시오.[1]

그런데 그들은[2] 메시아가 다윗의 자손이라고

[1] 앞에서 청동 뱀을 그리스도의 상징이라고 이야기한 바 있는 『바르나바의 편지』는 여기서는 눈의 아들 여호수아(이 이름의 그리스어 형태가 '예수'다)와 가나안 땅에 정탐꾼으로 파견된 이들 가운데 하나를 예수의 상징이라고 이야기한다.

[2] 『바르나바의 편지』 이 부분은 모세 시대의 이스라엘 백성에 대해 이야기하고 있다.

이야기할 참이기에, 죄인들이 잘못된 생각에 빠질 것을 잘 알고 두려워한 다윗은 이렇게 예언하였습니다. "주님께서 내 주군께 하신 말씀. '내 오른쪽에 앉아라, 내가 너의 원수들을 네 발판으로 삼을 때까지.'" 이사야도 다음과 같이 말합니다. "주님께서 당신께서 오른손을 붙잡아 주신 나의 주군 메시아에게 말씀하시니, 민족들을 그 앞에 굴복시키고 임금들의 힘을 흩어 버리시려는 것이다"(이사 45,1 참조).

• 『바르나바의 편지』 12,10-11.[3]

### 그분은 하느님의 오른쪽에 앉으실 것이다

그분[그리스도]께서는 당신께서 죽은 이들 가운데에서 다시 살아나실 것이라고 예고하십니다. "그리고 그날에 이러한 일이 일어나리라. 이사이의 뿌리가 돋아나 민족들을 다스릴 것이다. 민족들은 내 안에서 희망을 지니게 될 것이며 그의 거처는 영광스럽게 되리라"(이사 11,10 참조). 그분께서 부활하시는 시간도 암시되어 있습니다. "우리는 새벽에 그분을 발견하게 될 것이다"(호세 6,3 참조). 그분께서는 아버지의 오른쪽에 앉게 되실 것입니다. "주님께서 내 주군께 하신 말씀. '내 오른쪽에 앉아라, 내가 너의 원수들을 네 발판으로 삼을 때까지.'" 또한 그분은 모든 것을 소유하신 분으로 표현되어 있습니다. "나에게 청하여라. 내가 민족들을 너의 상속 재산으로, 땅끝까지 너의 소유로 주리라"(시편 2,8). 마지막으로, 그분은 모든 이를 심판하시는 분으로 제시됩니다. "하느님, 당신의 공정을 임금에게, 당신의 정의를 왕자에게 베푸소서"(시편 72,1). 이에 관해서는 더 이상 말씀드리지 않겠습니다. 모든 이단자들은 그리스도에 관하여 선포된 일들을 모르지 않으며 [그 내용에 관해서라면] 진리를 고수하는 이들보다 오히려 더 잘 알고 있기 때문입니다.

• 노바티아누스 『삼위일체론』 9,8-9.[4]

### 하느님께서 그리스도를 하늘로 부르셨다

그러니 그리스도의 십자가를 부끄러워하지 맙시다. 그것을 숨기는 사람이 있다 하더라도 여러분은 여러분의 이마에 그 표시를 당당하게 그어야 합니다. 그러면 악령들은 이 고귀한 상징을 보고 겁에 질려 여러분에게서 멀리 달아날 것입니다. 먹고 마실 때, 앉을 때, 잠자리에 들 때, 다시 일어날 때, 말하는 동안에, 걷는 동안에, 간단히 말해, 어떤 일을 시작할 때나 성호를 그으십시오. 그때에 십자가에 못 박히신 분께서는 지금 저 위 하늘에 계십니다. 그분께서 십자가에 못 박히신 다음 묻히시어 지금까지 무덤에 남아 계신다면 우리가 부끄러워할 이유가 있다 하겠습니다. 그러나 바로 이 골고타에서 십자가에 못 박히신 분께서는 동쪽의 올리브산에서 하늘로 올라가셨습니다. 그분께서는 그곳[골고타]에서 저승으로 내려가시어 다시 이곳으로 우리에게 돌아오셨기 때문입니다. 아버지께서 "내 오른쪽에 앉아라, 내가 너의 원수들을 네 발판으로 삼을 때까지"라고 말씀하시며 부르셨을 때, 그분께서는 또다시 우리를 떠나 하늘로 가셨습니다.

• 예루살렘의 키릴루스 『예비신자 교리교육』 4,14.[5]

### 내가 너의 원수들을 네 발판으로 삼겠다

하느님께서는 "하느님이요 요새가 되며, 나는 그들에게 하느님이 되겠다"고 말씀하실 때 그 이전보다 더 하느님이 되시는 것도 그때부터 하느님이 되기 시작하시는 것도 아닙니다. 언제나 하느님이셨던 그분께서는 당신께서 원하시는 때

[3] *AF* 309.
[4] FC 67,44*.
[5] LCC 4,106-7*.

에, 당신을 필요로 하는 이들에게 하느님이 되어 주시는 것입니다. 마찬가지로, 본성에 따라 주님이시며 영원하신 임금님이신 그리스도께서도 당신께서 파견되실 때보다 더 주님이 되시는 것이 아니고, 그때에 주님이요 임금이 되기 시작하시는 것도 아니며, 늘 당신이던 분께서 그때에 육에 따라 만들어지시는 것입니다. 그분께서는 모든 이를 구원하시고 나서 다시 살아 있는 이들과 죽은 이들의 주님이 되십니다. 그때부터 만물이 그분을 섬깁니다. 이것이 다윗의 이 시편에 담긴 뜻입니다. "주님께서 내 주군께 하신 말씀. '내 오른쪽에 앉아라, 내가 너의 원수들을 네 발판으로 삼을 때까지.'" 구속救贖은 다른 누구도 아닌, 본성에 따른 주님이신 분에 의해 일어나는 것이 마땅합니다. 그래야 주님에 의해 창조되어 놓고서 또 다른 주님을 불러 대며 아리우스파나 그리스인들의 어리석음에 빠져[6] 만물을 창조하시는 하느님을 제쳐 두고 피조물을 섬기는 일이 없습니다(로마 1,25 참조).

• 아타나시우스 『아리우스파 반박 연설』 2,15,14.[7]

### 영원하신 임금님이요 주님

그들이[8] 구원자께서 본디는 주님이요 임금이 아니며 인간이 되시고 십자가를 겪으시고서야 비로소 주님이 되었다고 생각한다면, 그들은 사모사타 사람[9]의 발언을 공개적으로 되살리고 있는 셈임을 알라고 하십시오. 그러나 우리가 앞에서 인용하고 선언한 바 있듯이, 아브라함이 그분을 주님으로 섬겼고, 모세가 "그때 주님께서 당신이 계신 곳 하늘에서 소돔과 고모라에 유황과 불을 퍼부으셨다"(창세 19,24)라고 말하며, 다윗이 시편에서 "주님께서 내 주군에게 하신 말씀. '내 오른쪽에 앉아라'", "오 하느님, 당신의 왕좌는 영원무궁하며 당신 나라의 홀은 공정의 홀입니다"(시편 45,7), "당신의 나라는 영원무궁한 나라"(시편 145,13)라고 말하는 것을 보아서 그분께서 영원하신 주님이며 임금님이시라면, 아버지의 모습이요 '말씀'이신 그분께서는 사람이 되시기 전에도 영원하신 임금님이요 주님이심이 명백합니다. 그리고 '말씀'께서는 영원하신 주님이시며 임금이시므로, 베드로는 아들의 본질이 창조된 것이라고 말한 것이 아니라 그분께서 우리의 주님이심에 관하여 말한 것임 또한 명백합니다. 그분께서 인간이 되시어 십자가로 모든 이를 구원하셨을 때 만물의 주님이요 임금님이 '되셨다'는 뜻이지요.

• 아타나시우스 『아리우스파 반박 연설』 2,15,13.[10]

### 그리스도께서 오른쪽에 앉아 계시는 것은 영광스러운 지위의 표시다

논리적 설명으로 받아들이지 못하겠다면 적어도 심판이라는 명백한 측면을 보고서라도 받아들이십시오! 눈을 들어 심판관을 보십시오. 거기 앉아 계시는 분이 누구이신지, 그분께서 누구와 함께 앉아 계신지, 그리고 그곳이 어디인지 보십시오. 그리스도께서는 아버지 오른쪽에 앉아 계십니다. 여러분의 눈으로 인지하지 못하겠다면 예언자의 말을 들으십시오. "주님께서 내 주군께 하신 말씀. '내 오른쪽에 앉아라.'" 그러니까 아들은 아버지 오른쪽에 앉아 있습니다. 하

---

[6] 그리스도를 둘째가는 존재 또는 종속된 존재로 보는 시각을 가리킨다.

[7] NPNF 2,4,355-56*.

[8] 아들은 아버지에게 종속된 존재로서 아버지와 같이 영원한 존재가 아니라고 가르치는 아리우스파를 가리킨다.

[9] 안티오키아의 주교인 사모사타의 파울루스를 말한다. 육화한 그리스도를 양자론적 개념으로 이해하는 동력적 단원론을 주창하던 그는 기원후 260년대 말 단죄 선고를 받았다.

[10] NPNF 2,4,355*.

느님의 일들을 이 세상의 일들로 미루어 알 수 있다고 생각하는 당신이니 말해 보십시오, 오른쪽에 앉아 있는 분이 더 낮은 분이라 생각하는지. 아버지께서 아들의 왼쪽에 앉아 계시다는 사실로 아버지의 영광이 줄어듭니까? 아버지께서 아들을 영예롭게 대하시는데, 당신은 그것을 모욕으로 만들고 있습니다! 아버지께서 이 초대를 사랑과 존중의 표시로 여기시는데, 당신은 그것을 높은 존재의 명령으로 만들려 합니다! 그리스도께서는 죽은 이들 가운데에서 되살아나시어 하느님 오른쪽에 앉아 계십니다.

• 암브로시우스 『신앙론』 2,12,102.[11]

사람의 아들은 심판 때 다시 오시려고 기다리고 계신다

"그분께서는 하늘로 올라가시어." 그곳은 그분께서 내려오시기 전에 계시던 곳입니다. "하늘에서 내려온 이, 곧 하늘에 있는 사람의 아들 말고는 하늘로 올라간 이가 없다"(요한 3,13). 다윗이 아버지 하느님께서 당신 아드님에게 하신 말씀이라고 전하는 바에 따르면, 그분께서는 아버지 오른쪽에 앉아 계십니다. "내 오른쪽에 앉아라, 내가 너의 원수들을 네 발판으로 삼을 때까지." "그분께서는 살아 있는 이들과 죽은 이들을 심판하시기 위하여 그곳으로부터 오실 것입니다." 우리의 하느님 그리스도께서 산 이들과 죽은 이들을 심판하시기 위하여 천사들과 하늘의 권능들을 거느리고 오시어 각자의 행실에 맞게, 곧 의로운 이들에게는 영원한 생명을 상으로 주시고 사악한 자들에게는 영벌을 내리실 것임을 믿으십시오.

• 레메시아나의 니케타스
『예비신자를 위한 신경 해설』 6.[12]

그리스도께서는 사탄을 이기신 승리자로서 하늘로 올라가셨다

이 모든 일[13]은 그리스도 주님에 의하여 우리 안에서 일어납니다. 그분께서는 하늘로 돌아가시기 전 당신 제자들에게 이런 약속을 하셨습니다. "그러나 내가 올라가 아버지께 청하면, 아버지께서는 다른 보호자를 너희에게 보내시어, 영원히 너희와 함께 있도록 하실 것이다. 그분은 진리의 영이시다"(요한 16,7; 14,16-17). 우리는 '보호자'께서 사도들에게 내려오신 것을 보므로 그리스도께서 아버지께로 올라가셨다고 믿어야 합니다. 다윗이 구원자에 관하여 말하고 있듯이, 참으로 그리스도께서는 하느님 오른쪽에 앉아 계시다고 믿어야 합니다. 주님께서 약속하셨듯이, 성령께서 제자들 안에서 크게 기뻐하고 계시는 것을 우리가 보기 때문입니다. 그래서 이 예언적인 시편은 이렇게 말합니다. "주님께서 내 주군께 하신 말씀. '내 오른쪽에 앉아라.'" 위대한 업적을 이루고 돌아오는 승리자같이 영예로운 자리에 앉기에 합당한 이에게 오른쪽 자리를 내어 주는 우리의 관습에 따른 것입니다. 그래서 자신의 고통으로 악마를 이기고 자신의 부활로 지하 세계의 문을 여신 인간 예수 그리스도는 위대한 업적을 이룬 승리자처럼 하늘로 돌아가서 아버지 하느님께 "내 오른쪽에 앉아라"라는 말씀을 들으십니다. 아버지께서 아들에게 이 자리에 앉기를 권하신 것은 의아하게 여길 일이 전혀 아닙니다. 그분은 본성에 따라 아버지와 같은 실체이시기 때문입니다. 그러나 아들이 오른쪽에 앉아 있다는 말에 어리둥절할 사람이 있을지도

[11] NPNF 2,10,237*. [12] FC 7,47*.

[13] 토리노의 막시무스는 하느님께서 우리 구원에 필요한 것을 제공해 주셨고 지하 세계의 문을 여셨으며, 우리가 죽음으로부터 삶으로 갈 수 있도록 '보호자'(성령)를 통하여 하늘의 문을 여신 사실을 설명하고 있다.

모르겠습니다. 신성의 충만함과 관련해서는 존귀함의 차이가 없지만, 아들이 아버지 오른쪽에 앉는 것은 아들이 아버지보다 더 좋게 여겨져서가 아니라 아들이 아버지보다 열등한 존재로 여겨지는 일이 있어서는 안 되기 때문입니다. 아들이 오른쪽에 계신 것은 복음서에 따르면, 양들은 오른쪽에 염소들은 왼쪽에 서게 될 것(마태 25,33 참조)이기 때문입니다.

• 토리노의 막시무스 『설교집』 40,2.[14]

### 예정된 이들의 수가 다 찰 때까지

만유의 아버지 하느님께서는 그리스도께서 죽은 이들 가운데에서 부활하신 뒤 그를 하늘로 데리고 가시어, 당신께서 그의 원수들 곧 마귀들을 파멸시키실 때까지, 그리고 선하고 덕성스러우리라는 것을 당신께서 알고 계신 이들의 수가 다 찰 때까지 — 아버지께서는 이들 때문에 세상의 종말을 계속 미루어 오셨지요 — 그리스도를 그곳에 두신다는 것을 [알고 싶으면] 예언자 다윗의 말에 귀 기울이십시오. "주님께서 내 주군께 하신 말씀. '내 오른쪽에 앉아라, 내가 너의 원수들을 네 발판으로 삼을 때까지.' 주님께서 당신 권능의 왕홀을 예루살렘으로부터 뻗쳐 주시리니, 당신께서는 원수들 가운데에서 다스리소서. 당신께서 권능을 떨치시는 날에 통치권이 당신께 있으리니 당신 성도들이 밝게 빛나리라. 새벽별이 떠오르기 전 내 태에서 너를 낳았노라"(칠십인역). "주님께서 당신 권능의 왕홀을 예루살렘으로부터 뻗쳐 주시리니"라는 표현은 예루살렘으로부터 나아가 도처에서 설교했던 그분 사도들의 감동적인 가르침을 나타냅니다. 그리스도의 이름을 가르치거나 나아가 고백만 해도 죽임을 당하게 되어 있음에도 불구하고, 우리는 그것을 받아들이고 또한 가르칩니다. 그러나 만약 여러분이 적개심을 가지고 이 말씀들을 읽는다면, 앞에서도 말했듯이, 여러분은 우리를 죽일 수는 있겠지만 그것은 우리에게 해를 끼치지 못하며, 오히려 여러분과 또 부당하게 미워하며 회개하지 않는 모든 자들에게 영원한 불의 징벌을 가져올 뿐입니다.

• 순교자 유스티누스 『첫째 호교론』 45.[15]

### 영원한 사제이신 그리스도

예를 들어, 당신들의 교사들[16]은 "주님께서 내 주군께 하신 말씀. '내 오른쪽에 앉아라, 내가 너의 원수들을 네 발판으로 삼을 때까지'"라는 말씀은 히즈키야 임금을 가리키는 말이라고 추정했습니다. 아시리아 임금이 그에게 사람들을 보내어 위협적인 말을 전하고 이사야가 그에게 겁내지 말라고 경고했을 때 그가 마치 성전의 오른쪽에 앉으라는 지시를 들었다는 듯이 말입니다. 그러나 우리는 이사야가 예고한 일이 실제로 일어났으며, 히즈키야 임금 시대에 아시리아 임금은 예루살렘에 전쟁을 걸어오지 못했고 주님의 천사가 아시리아 진영의 십팔만오천 명을 죽음에 처했다는 것을 알고 있습니다. 그런즉 앞에서 인용한 시편은 히즈키야 임금을 가리키는 것이 아님이 명백합니다. 그 말씀을 좀 더 인용하면 이렇기 때문입니다. "주님께서 내 주군께 하신 말씀. '내 오른쪽에 앉아라, 내가 너의 원수들을 네 발판으로 삼을 때까지.' 주님께서 당신 권능의 왕홀을 예루살렘에 보내시리니, 그분께서 원수들 가운데에서 다스리시리라. 거룩한 이들이 밝게 빛나는 가운데 새벽별이 뜨기 전 내가 너를

---

[14] ACW 50,99-100*.

[15] FC 6,82-83*.

[16] 유대인 트리폰을 상대로 놓고 논증하는 작품인 만큼 유대교의 교사들을 가리킨다.

낳았노라. 주님께서는 맹세하시고 뉘우치지 않으시니, 너는 멜키체덱과 같이 영원한 사제다." 히즈키야가 멜키체덱과 같은 영원한 사제가 아니라는 사실을 누가 시인하지 않겠습니까? 그리고 그가 예루살렘을 구원한 이가 아니었다는 사실을 누가 모릅니까? 또 그가 예루살렘에 권능의 왕홀을 뻗치지 않았으며 자기 원수들 가운데에서 다스리지 않았다는 것을 모르는 사람 있습니까? (그가 울며 끙끙대는 동안에 그의 원수들을 멀리 쫓아 버린 것은 하느님이셨으니 하는 말입니다.) 그러나 우리 예수님께서는 아직 영광 속에 돌아오시지 않았지만, 권능의 왕홀을 예루살렘으로 보내셨습니다. 곧, 마귀들의 다스림을 받곤 하던 모든 민족들을 회개로 부르셨습니다. 다윗이 증언하는 대로 "민족들의 신들은 모두 헛것"(시편 96,5)입니다. 그분 말씀의 권능은 많은 이로 하여금 그들이 복종해 왔던 마귀들을 버리고 그분을 통하여 전능하신 하느님을 믿게 만들었습니다. 민족들의 신들은 모두 헛것이기 때문입니다. 게다가 우리는 앞에서 "거룩한 이들이 밝게 빛나는 가운데 새벽별이 뜨기 전 내가 태에서 너를 낳았다"는 말씀은 그리스도에게 하신 말씀임을 입증한 바 있습니다!

• 순교자 유스티누스 『유대인 트리폰과의 대화』 83.[17]

110,3-4 아들을 영원히 낳으심

그리스도만이 아버지의 유일하게 참된 진짜 아들이다

바오로 사도는 하느님에 관하여 다음과 같이 이야기함으로써 그분[그리스도]이 고유하고 특별하며 본성에 따른 뛰어난 아들임을 언명한 바 있습니다. "[하느님께서는] 당신의 친아드님마저 아끼지 않으시고" 당신의 친아들들도 아닌 "우리를 위하여 내어 주신 분"(로마 8,32). 본성에 따른 아들들이 아닌 이들과 그분을 구별하기 위해 바오로 사도는 그리스도를 하느님의 "친아들"이라고 표현하였습니다. 그리고 복음서에서 우리는 "이는 내가 사랑하는 아들, 내 마음에 드는 아들이다"(마태 3,17)라는 말씀을 읽습니다. 또한 시편에서 구원자께서는 "주님께서 나에게 말씀하셨다. '너는 내 아들'"(시편 2,7)이라고 하십니다. 그는 그분이 참된 진짜 아들이라는 것을 보여 주면서 그분 말고 진짜 아들들은 없다는 것을 나타냅니다. 그리고 "새벽이 되기 전 내가 태에서 너를 낳았다"는 말씀은 무슨 뜻입니까? 훌륭하게 처신하거나 덕을 키우고 잘 실천하여 얻은 지위가 아니라 본성적 지위, 곧 본성에 따라 아버지에게서 난 아들이라는 뜻을 단적으로 나타낸 말 아닙니까? 그러므로 아버지의 외아들은 실로 흠 없는 아들의 지위를 지닙니다. 그러나 입양이 된 이성적 아들들은 본성에 따라 아들이 된 것이 아니라 올바른 삶과 하느님께서 거저 주시는 선물 덕에 그 지위를 받습니다. 그리고 "하느님의 아들들은 사람의 딸들을 보고 그들을 아내로 삼았다"(창세 6,2)는 구절을 비롯하여 성경에 잘 나와 있듯이, 그것[인간 본성]은 변하기 쉽습니다. 하느님께서 이사야 예언자를 통하여 하신 이런 말씀도 있습니다. "내가 아들들을 기르고 키웠더니 그들은 도리어 나를 거역하였다"(이사 1,2).

• 알렉산드리아의 알렉산더 『아리우스 이단에 관한 편지』 1,8.[18]

그리스도는 예언이 말하는 하느님의 아들이다

이어지는 시편 구절은 오직 그분께만 들어맞는 내용입니다. "주님께서 나에게 말씀하셨다. '너는 내 아들. 내가 오늘 너를 낳았노라. 나에게

[17] FC 6,280-81*.

[18] ANF 6,294*.

청하여라. 내가 이방인들을 너의 상속 재산으로, 땅끝까지 너의 소유로 주리라'"(시편 2,7-8). 이 예언은 오직 그분 안에서만 의심의 여지 없이 확실히 이루어졌기 때문입니다. 그분 제자들 목소리가 온 세상으로 퍼져 나갔고 그들의 말이 세상 끝까지 전해졌으니까요. 그리고 일인칭으로 말하는 이 구절은 꼭 짚어서 그리스도가 하느님의 아드님임을 명시합니다. "주님께서 나에게 말씀하셨다. '너는 내 아들. 내가 오늘 너를 낳았노라'"(시편 2,7). 여러분은 이 구절과 역시 일인칭으로 말하는 다음의 잠언 구절을 비교해 보아도 좋을 것입니다. "산들이 자리 잡기 전에, 모든 언덕이 생기기 전에 그분께서 나를 낳으셨다"(잠언 8,25). 시편 제109편(칠십인역)에서도 아버지께서 아들에게 말씀하십니다. "새벽별이 뜨기 전에 내가 태로부터 너를 낳았노라." 그러니 성경이 그리스도라고 불리는 분이 또한 하느님의 아드님이시며, 사람들이 그분을 거슬러 음모를 꾸미고, 그분은 민족들을 상속 재산으로 받으시며 땅끝까지 다스리시리라고 예언하면서 그분의 섭리가 사람들 가운데에서 펼쳐지는 것을 두 가지 증거로 제시하고 있음을 깨달으십시오. 하나는 그분께서 공격받으신다는 사실이고, 다른 하나는 민족들이 그분께 복종하게 된다는 사실입니다.

• 카이사리아의 에우세비우스『복음의 논증』4,16.[19]

### 말로 표현할 수 없는 하느님 아들의 탄생

그러면 "그에게서"를 어떻게 해석하는지 여러분 각자에게 묻겠습니다. 이 표현을 다른 사람에게서, 또는 다른 누구도 아닌 존재에게서 온다는 뜻으로 이해해야 합니까? 아니면, 그분이 지금 가리키는 분이 그분 자신이라고 믿어야 합니까? 그들은 다른 사람에게서 오는 것이 아닙니다. 그들은 "그분에게서" 오기 때문입니다. 하느님은 다른 누구도 아닌 하느님에게서 온다는 의미로 그렇습니다. 그들은 무에서 오는 것이 아닙니다. 그들은 "그분에게서" 오기 때문입니다. 본성은 그 탄생이 기원하는 것에서 드러나기 때문입니다. 그분 자신을 의미하는 것도 아닙니다. "그분에게서"는 아들이 아버지에게서 남을 가리키기 때문입니다. 게다가, 그분께서 "태로부터" 나셨다는 사실을 지적할 때, 나는 그분께서 무에서 태어나셨다고 믿는 것이 가능한지 묻습니다. 탄생의 참된 본성은 육체적 기능에 관한 용어를 사용함으로써 드러나기 때문입니다. 하느님께서 아들의 탄생을 "새벽별이 뜨기 전 내가 태로부터 너를 낳았노라"고 표현하셨다고 해서 하느님께서 육체적인 지체들로 이루어지신 분은 아닙니다. 그분께서는 외아들이 참된 신성을 지니고서 당신에게서 나신, 그 말로 표현할 수 없는 탄생을 확실히 언명하시면서, 우리가 더 잘 이해할 수 있도록 그렇게 표현하신 것입니다. 우리 인간 본성의 능력에 당신의 거룩한 속성들에 관한 믿음의 지식을 전해 주기 위하여, "태로부터"라는 표현으로 외아들은 무에서 생겨난 피조물이 아니라 당신 자신에게서 본성에 따라 태어났음을 우리에게 가르치시려는 것입니다. 마지막으로, "나는 아버지에게서 나서 왔다"라는 그분의 말씀은 그분께서 하느님이시라는 의미로, 곧 그분은 다른 누구도 아닌 아버지에게서 나셨다는 의미로 이해해야 한다는 데에 조금이라도 의심스러운 점이 있습니까? 그분께서 아버지로부터 오셨을 때, 그분은 다른 본성이나 본성 없이 오신 것이 아니며, 그분은 당신께서 오신 분이 바로 당신을 낳으신 분이라고 증언하십니다.

• 푸아티에의 힐라리우스『삼위일체론』6,16.[20]

[19] *POG* 1,204-5*.

[20] FC 25,184-85*.

### 아들은 영원 이전에 나셨다

그러나 제대로 배우지 못한 사람들이 많은데, 그들은 아들에 관한 교의를 거부하면서, "새벽별이 뜨기 전 내가 태로부터 너를 낳았다"라는 구절을 별로 중요하게 생각하지 않습니다. 이 말이 그저 그분과 마리아의 관계를 가리키는 것처럼 그분께서 "새벽별이 뜨기 전에" 마리아에게서 태어나셨다는 뜻이라고 우깁니다. [그들이] "태"라는 단어가 그분과 하느님의 관계를 가리킬 수 없다고 말하니, 여기서 간략히 이를 짚고 넘어가야겠습니다. "태"란 인간에게 있는 것이므로 하느님께 생소한 것이라면, "마음"도 분명 인간적 의미인 것이 분명합니다. "마음"을 지닌 존재에게 "태"도 있으니까요. 그렇다면 이 두 가지가 다 인간과 관계된 것이니 우리는 이 둘을 다 부인하고 이 둘을 설명할 방법을 찾아야 할 것입니다. 말이 마음에서 나오듯 자손은 태에서 나옵니다. 그리고 하느님의 마음에 관해 이야기할 때, 우리는 그 마음을 인간의 마음과 같은 것으로 여기지 않기에, 성경이 "태로부터"라고 이야기할 때 우리는 이 말을 육체적 의미로 이해해서는 안 됩니다. 성경은 인간을 넘어서는 것을 인간의 방식으로 말하고 나타내는 경우가 많기 때문입니다. 그래서 창조에 관해 이야기할 때 성경은 "당신의 손이 저를 만들고 지었습니다", "당신의 손이 이 모든 것을 만들었습니다", "그분께서 명령하시니 그것들이 창조되었습니다" 같은 식으로 말합니다. 그래서 성경의 표현법은 모든 것을 이야기하기에 적합합니다. 아들에게 고유함과 참됨을 돌리는 데에도, 피조물에게 '존재의 시작'을 돌리는 데에도 [무리가 없습니다]. 한 분 하느님께서 만드시고 창조하시며, 그분[아들]은 그분에게서 나신 '말씀', '지혜'이십니다. "태"와 "마음"은 분명 고유하고 참된 속성을 선언합니다. 우리도 태로부터 이것을 갖게 됩니다. 그러나 우리의 행실은 우리가 우리 손으로 짓는 것입니다.

• 아타나시우스 『아리우스파 반박 연설』 4,27.[21]

### 그리스도는 피조물이 아니라 하느님의 아들이다

무엇보다, 만물의 본질에 관해 그 누구보다 잘 아는 성경이 피조물들에 관하여 모세를 통해 이렇게 말합니다. "한처음에 하느님께서 하늘과 땅을 창조하셨다"(창세 1,1). 그러나 아들에 대해서는 다른 누구도 아닌 아버지께서 직접 다음과 같이 말씀하셨다고 전합니다. "새벽별이 뜨기 전 내가 태로부터 너를 낳았노라." 그리고 "너는 내 아들. 내가 오늘 너를 낳았노라"(시편 2,7)고도 하십니다. 그리고 주님께서는 당신에 관하여 잠언에서 이렇게 말씀하십니다. "산들이 자리 잡기 전에, 그분께서 나를 낳으셨다"(잠언 8,25). 그리고 [그분에게서] 비롯한 창조된 것들에 관하여 요한은 "모든 것이 그분을 통해 생겨났다"(요한 1,3)고 하는 반면 주님에 관해서는 '아버지의 품 안에 계신 외아드님, 그분께서 하느님을 알려 주셨다'(요한 1,18 참조)고 합니다. 그러니 그분께서 [하느님의] 아드님이시라면 그분은 피조물이 아닙니다. 그분께서 피조물이라면 [하느님의] 아드님이 아니십니다. 이 둘의 차이는 엄청난데, 아들과 피조물은 같은 것일 수 없기 때문입니다. 그분의 본질이 하느님에게서 비롯한 것인 동시에 하느님 바깥에 속한 것일 수는 없습니다.

• 아타나시우스
『니케아 공의회 교령에서 아리우스 면직』 3,13.[22]

### "맏이"와 "외아들"의 의미

우리는 아들의 '남'에 관하여 아버지께서 다음

[21] NPNF 2,4,444*.

[22] NPNF 2,4,158*.

과 같이 말씀하시는 것을 읽습니다. "새벽별이 뜨기 전 내가 태로부터 너를 낳았노라." 우리는 "맏이"(콜로 1,15)인 아들에 관하여, "외아드님"(요한 1,14)에 관하여 읽습니다. "맏이"인 것은 그분 이전에는 아무도 없었기 때문이고, "외아드님"이신 것은 그분 이후에는 어떤 아들도 없기 때문입니다. 또 우리는 이런 말씀도 읽습니다. "누가 그의 남에 관하여 선포했던가?"(이사 53,8). 잘 들으십시오, 여기서 "남"은 '창조'라는 의미가 아닙니다. 이 진술처럼 위대하고 강력한 증언을 과연 어떤 반론으로 맞설 수 있겠습니까?

• 암브로시우스 『신앙론』 1,14,89.[23]

### 하느님의 영원성

또 그는 "주님께서 나를 지으셨다"고 선언하기 직전에 "영원으로부터의 일들에 대해 이야기하겠다"고 말합니다. 그리고 "그분께서 낳으셨다"고 말하기 전에, "한처음에, 그분께서 땅을 만드시기 전에, 모든 언덕들을 만드시기 전에"라고 하였습니다. 전치사 "전에"는 끝이나 한계가 없는 과거까지 포괄합니다. 그러므로 "새벽별 이전에"가 '천사들 이후에'를 의미하지 않듯, "나는 아브라함이 태어나기 전부터 있었다"(요한 8,58)라는 말이 분명 '아담 이후'를 의미하지는 않습니다. 그러나 그가 "전에"라고 했을 때 그의 의도는 그분께서 다른 누구의 존재 안에 포함된다는 의미가 아니라 만물이 그분의 존재 안에 포함된다는 의미입니다. 이것이 성경이 하느님의 영원성을 표현하는 관행이기 때문입니다. 마지막으로, 여러분은 다음과 같은 또 다른 구절도 읽을 것입니다. "산들이 생기기 전에, 땅이며 누리가 나기 전에 영원에서 영원까지 당신은 계시나이다"(시편 90,2).

그렇다면 아드님은 모든 피조물 이전에 나셨습니다. 그분은 만유 이전에, 그리고 만유의 유익을 위하여 나셨습니다. 아버지에게서 나심은 율법을 초월한 나심이며, 율법 아래에서는 마리아에게서 태어나셨습니다.

• 암브로시우스 『신앙론』 3,9,61-62.[24]

### 모든 이가 생명과 구원을 얻도록

그러므로 아담의 옆구리로부터 하와가 창조되었듯이, 그리스도의 옆구리로부터 교회가 창조되었으며 거기엔 어떤 흠도 얼룩도 없습니다. 그러니까 그분 안에서 하느님께서 아브라함과 이사악과 야곱의 모든 자녀들에게 그들이 그분에 대한 신앙을 고백하고 그분의 이름 안에서 생명과 구원을 얻을 수 있도록 문을 열어 주셨습니다. 그러니 돌아서서 여러분의 조상 아브라함의 기쁨 안으로 들어가십시오. 하느님께서 그에게 약속하신 것을 이루어 주셨기 때문입니다. 그래서 예언자도 이렇게 말합니다. "주님께서 맹세하시고 뉘우치지 않으시리이다. '너는 멜키체덱과 같이 영원한 사제다.'" 그리스도께서는 당신의 몸과 피라는 번제물을 세상 전부를 위한 제물로 바치셨을 때, 십자가 위에서 사제가 되셨습니다.

• 『거룩한 사도 베드로와 바오로 행전』.[25]

### 멜키체덱과 같은 사제

그분은 성령을 부음받으신 분이셔서 그리스도라 불리시며 또한 우리의 대사제, [하느님으로부터] 파견되신 분, 예언자, 임금이라 불리십니다. 오래전 거룩한 모세는 이렇게 외쳤습니다. "주 너희 하느님께서 너희 [동족] 가운데에서 너의 형제 가운데에서 나와 같은 예언자를 일으켜 주실 것이다"(신명 18,15). 그리고 거룩한 다윗은

[23] NPNF 2,10,216*.

[24] NPNF 2,10,251*.

[25] ANF 8,479*.

이렇게 소리쳤습니다. "주님께서 맹세하시고 뉘우치지 않으시리이다. '너는 멜키체덱과 같이 영원한 사제다.'" 거룩한 사도는 이 예언을 확인해 주었습니다(히브 7,21 참조). 또 [이런 말씀도 있습니다.] "그런데 우리에게는 하늘 위로 올라가신 위대한 대사제가 계십니다. 하느님의 아들 예수님이십니다. 그러니 우리가 고백하는 신앙을 굳게 지켜 나아갑시다"(히브 4,14).

• 키루스의 테오도레투스 『서간집』 146.[26]

### 110,7 그분께서는 시내에서 물을 마시시리라

#### 인간들의 시내

사랑하는 여러분, "그는 경기장을 달리는 용사처럼 즐거워하네"(시편 19,5 참조). 이 경기장이 필멸의 존재인 우리가 가는 길, 그분께서 기꺼이 우리와 함께하시기로 한 길이 아니고 무엇이겠습니까? 이 행로는 인간이 가는 길입니다. 그들 모두는 태어나면서 시작하여 죽을 때 끝나는 그 길을 갑니다. 인류라는 이 시내는 시작부터 끝까지 끊임없이 자연의 숨겨진 원천들로부터 흘러나옵니다. 그리스도께서 마시시기로 한 것은 이 세차고 빨리 흐르는 시내였습니다. 여러분은 방금 시편의 이 말씀을 들었습니다. "그분께서는 길가 급류에서 물을 마시고." 이 급류가 우리를 태어나게 하였고 우리를 죽음으로 데려갔습니다. 보이지 않는 샘의 원천에서처럼, 그리스도께서는 바다의 깊이 그 자체를 직접 취하셨습니다. 우리 하나하나를 위하여 그분께서는 태어나시고 죽으셨습니다.

• 아우구스티누스 『설교집』 372,3.[27]

[26] NPNF 2,3,318*.

[27] *WSA* 3,10,317-18*.

## 111,1-10 하느님의 가없는 의로움을 찬양하는 노래

1 할렐루야!
(알렙) 내 마음 다하여 주님을 찬송하리라,
(베트) 올곧은 이들의 모임에서, 집회에서.
2 (기멜) 주님께서 하신 일들 크기도 하시어
(달렛) 그것들을 좋아하는 이들이
모두 깨친다.
3 (헤) 그분의 업적은 엄위와 존귀
(와우) 그분의 의로움은 영원히 존속한다.
4 (자인) 당신의 기적들을 기억하게 하셨으니
(헤트) 주님께서는 너그러우시고 자비하시다.
5 (테트) 당신을 경외하는 이들에게
양식을 주시고
(요드) 당신의 계약을 언제나 기억하신다.
6 (카프) 그 하신 일들의 위력을
당신 백성에게 알리시니
(라멧) 그들에게 민족들의 소유를 주시기
위함이다.
7 (멤) 그 손이 하신 일들은 진실과 공정,
(눈) 그 계명들은 모두 진실하고
8 (사멕) 영원무궁토록 견고하며
(아인) 진실되고 바르게 이루어졌다.
9 (페) 당신 백성에게 구원을 보내시고
(차데) 당신 계약을 영원히 세우셨으니
(코프) 그 이름 거룩하고 경외로우시다.
10 (레시) 지혜의 근원은 주님을 경외함이니
(쉰) 그것들을 행하는 이들은
빼어난 슬기를 얻으리라.
(타우) 그분에 대한 찬양은 영원히 존속한다.

둘러보기

사람들이 하느님을 인정하고 믿는 곳이라면 어디나 하느님을 경외하는 마음과 진지한 삶, 삶을 향상시키는 다양한 덕들과 자질들이 있다(테르툴리아누스). 하느님의 지혜는 우리가 보았거나 상상할 수 있는 그 무엇보다 아름답고 고귀하다(나지안주스의 그레고리우스). 경외하는 마음은 하느님을 존중함을 알아볼 수 있는 가장 뚜렷한 표지다(암브로시우스). 성령께서는 하느님의 지혜로 시작하여 주님을 두려워하는 마음으로 끝나는 당신의 일곱 가지 선물을 가지고 우리 안에서 활동하신다(아우구스티누스).

111,10 주님을 경외함

하느님 경외는 인간 삶의 질에 영향을 미친다

이단자들이 마법사들과 사기꾼들, 점성술사들, 철학자들과 교류하는 일이 얼마나 잦은지도 우리가 행한 논의의 주제 가운데 하나였습니다. 그 이유는 그들이 기이한 질문들에 자신을 바치는 사람들이기 때문입니다. 그들은 모든 일에 "찾아라, 너희가 발견할 것이다"라는 말씀을 적용합니다. 이처럼, 그들의 행위의 특징에서 그들 믿음의 질이 측정됩니다. 그들의 규율에서 우리는 그들의 교의의 지표를 봅니다. 그들은 하느님은 두려워할 대상이 아니라고 말합니다. 그래서 그들 눈에는 만사가 멋대로 해도 되는 것입니다. 그렇지만 그분께서 계시지 않는 곳만 빼고, 하느님에 대한 두려움이 없는 곳에는 진리도 없습니다. 진리가 없는 곳에는, 당연히, 이단자들이 보여 주는 것 같은 행태가 있습니다. 그러나 하느님께서 계시는 곳에는 "하느님을 경외함"이 있고, 그것이 "지혜의 시작"입니다(잠언 9,10 참조). 주님을 경외하는 마음이 있는 곳에는 진지함이 있고, 영예로우면서도 사려 깊은 근면함이 있으며, 정성스러운 조심스러움과 [성직에 대한] 사려 깊은 허용이 있고, 안전하게 지켜지는 친교와, 훌륭한 봉사에 따르는 진전, 깨끗한 양심으로 [권위에] 복종하는 마음, 마음에서 우러나오는 섬김, 점잖은 걸음걸이, 모든 일에서 하나 된 교회와 하느님이 계십니다.

• 테르툴리아누스 『이단자에 대한 항고』 43.[1]

말보다 행위가 중요하다

말로 그려 내는 것보다 우리가 눈길을 둘 수 있는 아름다움이 제 눈에는 더 뛰어나 보입니다. 꿈에서 상상하는 것보다 우리 손이 잡을 수 있는 부가 더 가치 있습니다. 멋진 말로 묘사된 것보다 행위로 확인이 되는 지혜가 진짜입니다. 지혜를 선포하는 이가 아니라 "그것들을 행하는 이들이 빼어난 슬기를 얻으리라"고 그가 이야기하고 있기 때문입니다. 이 지혜를 지녔나 확인할 수 있는 가장 훌륭한 시금석은 시간이며, "백발은 영광의 면류관"(잠언 16,31)입니다.

• 나지안주스의 그레고리우스
『침묵하시는 성부』(연설 16) 3.[2]

하느님을 경외하는 이는 누구나 복을 받으리라

내가 자녀들 가운데서 가르칠 마음을 먹는다고 해서 거만해 보이지는 않으리라고 생각합니다. 겸손의 스승께서 몸소 이렇게 말씀하셨기 때문입니다. "아이들아, 와서 내 말을 들어라. 너희에게 주님 경외함을 가르쳐 주마"(시편 34,12). 이 말씀은 그분의 겸손과 하느님을 품위 있게 받드는 태도를 보여 줍니다. 모든 이에게 공통된 덕이라 여겨지는 "주님에 대한 두려움"(timor Domini)에 관하여 말하면서, 하느님을 받드는 이

[1] ANF 3,264*.

[2] NPNF 2,7,248*.

의 가장 확실한 표지를 보여 주기 때문입니다. 두려움 자체가 지혜의 시작이요 행복의 동력이며, 하느님을 두려워하는 이가 복된 까닭에, 가르쳐야 할 지혜의 교사요 추구해야 할 행복의 길잡이는 하느님이시라는 사실을 분명하게 밝혀 주는 말입니다.

• 암브로시우스『성직자의 의무』1,1.[3]

### 경외함으로 시작하여 덕행으로 완성된다

어느 누구도 하느님 은총의 도움 없이 자기 자신의 품성과 능력으로 이 열 가지 계명(탈출 20,1-17 참조) 전부를 완수할 수는 없습니다. 하느님께서 당신의 성령을 시켜 도와주시지 않는 한 아무도 혼자 힘으로 율법을 완수할 수 없다면, 이제, 성령께서 일곱이라는 숫자 아래에서 우리에게 어떻게 드러나 보이시는지 생각해 보십시오. 거룩한 예언자가 말하듯이, 사람은 "하느님의 영, 지혜와 슬기의 영, 경륜과 용맹의 영, 지식과 경건의 영과 주님을 경외함"(이사 11,2)으로 충만하게 됩니다. 이 일곱 가지 양태는 일곱이라는 숫자로 성령을 드러내 보여 줍니다. 성령은 마치 위에서 내려오듯 우리 위에 내려앉으시며, 지혜로 시작하여 [주님] 경외로 마무리하십니다. 그렇지만 아래에서 위로 올라가는 우리는 경외에서 시작하여 지혜로 완성을 이룹니다. "지혜의 시작"은 한마디로 "하느님을 경외함"입니다.

• 아우구스티누스『설교집』248,5.[4]

---

[3] NPNF 2,10,1*.

[4] *WSA* 3,7,114*.

### 112,1-10 신심 깊은 사람에 대한 찬사

1 할렐루야!
(알렙) 행복하여라, 주님을 경외하고
(베트) 그분의 계명들로 큰 즐거움을 삼는 이!
2 (기멜) 그의 후손은 땅에서 융성하고
(달렛) 올곧은 이들의 세대는 복을 받으리라.
3 (헤) 부와 재물이 그의 집에 있고
(와우) 그의 의로움은 길이 존속하리라.
4 (자인) 올곧은 이들에게는 어둠 속에서
빛이 솟으리라.
(헤트) 그는① 너그럽고 자비로우며 의롭다네.
5 (테트) 잘되리라, 관대하게 꾸어 주고
(요드) 제 일을 올바르게 처리하는 이!
6 (카프) 정녕 그는 언제나 흔들리지 않고
(라멧) 의인은 영원한 기억으로 남으리라.
7 (멤) 그는 나쁜 소식을 두려워하지 않고
(눈) 그 마음은 주님을 굳게 신뢰하네.
8 (사멕) 그의 마음 굳세어 두려워하지 않네,
(아인) 자기 적들을 내려다볼 때까지.
9 (페) 불쌍한 이들에게 후하게 나누어 주니
(차데) 그의 의로움은 길이 존속하고
(코프) 그의 뿔은 영광 속에 치켜들리리라.
10 (레시) 악인은 이를 보며 울화를 터뜨리고
(쉰) 이를 갈며 스러지는구나.
(타우) 악인들의 욕망은 허사가 되는구나.

① 히브리어 본문; 그리스어 본문은 '주님은'이다.

둘러보기

믿음 안에서 죽는 이는 하느님의 계명들을 지켰고 그것을 기뻐하였기에 하늘에서 영원한 거처를 얻는다. 이는 우리에게 즐거움을 불러일으키는 사실이다(아타나시우스). 주님을 경외하는 이는 복되다는 시편 저자의 말은 여자들에게도 해당한다(아우구스티누스). 오랜 옛날부터 이교 철학자들은 하느님의 명령에 복종하면 영원한 보상을 받게 된다는 사실을 알고 있었다(암브로시우스). 의로운 이들의 이 세상의 삶은 저주받은 것처럼 보이지만 그들은 주님을 경외하고 그분의 계명들을 지키는 데 즐거워하기 때문에 영원한 보상을 받을 것이다(아우구스티누스). 그리스도께서 태어나실 때 천사들을 감쌌던 빛은 인간의 창조자요 구원자이신 분의 탄생에 대한 유례없는 영광스러운 찬사였다(베다).

교회가 믿음 안에서 세상을 떠난 이들을 해마다 기념하는 것이 합당함은 시편 저자의 말로 입증되며, 그것은 살아 있는 이들이 본받도록 의롭고 거룩한 삶의 본보기를 제시해 준다. 심판 날에 관한 예언들은 부활과 최후 심판 같은 일들이 실제로 일어날 것이라는 보증의 말로 받아들여야 한다(아우구스티누스). 그리스도의 보호 감독 아래 이성은 관용을 가르친다. 관용은 영혼의 참된 부요 그 산물이다(알렉산드리아의 클레멘스). 세속의 재산을 얼마나 많이 쌓았느냐가 아니라 자신의 물질적 자산을 가난한 이들에게 얼마나 많이 나누어 주었는지가 죽은 뒤 받는 평판을 결정한다(나지안주스의 그레고리우스, 요한 크리소스토무스, 카이사리우스). 부를 갈구하며 좇는 것은 병이다. 그러나 가난한 이들에게 자기 재산을 나누어 주는 것은 선한 일이며 영속하는 보상을 가져다준다.

믿음으로 오라는 하느님의 초대는 모든 이에게로 뻗어 나가야 한다. 그러나 어떤 이들은 그것을 거부하고 그에 응당한 대가를 치를 것이다(아우구스티누스).

112,1-4 주님을 경외하는 이는 복을 받으리라

**주님을 경외하면서 죽은 이들은 복을 받으리라**

축복받은 테오도루스[1]께서 돌아가셨다는 소식을 들었습니다. 당신[2]께서 그를 얼마나 소중히 여기시는지 알기에 저는 그 소식을 듣고 몹시 상심했습니다. 망자가 테오도루스가 아니었더라면, 저는 죽음 이후에 일어나는 일들을 생각하면서 눈물 흘리며 당신께 긴 얘기를 늘어놓았을 것입니다. 그러나 망자가 당신과 제가 아는 테오도루스이니, 제가 이 편지에서 "행복하여라! 악인들의 뜻에 따라 걷지 않는 사람"(시편 1,1)이라는 말 말고 달리 무슨 말을 할 필요가 있겠습니까? 그러나 "행복하여라, 주님을 경외하는 이!"라는 말씀을 생각할 때, 이제 우리는 확신을 가지고 테오도루스를 복된 사람이라고 부를 수 있을 것입니다. 우리는 그가 안전한 항구에 닿듯 그곳에 도착하였으며 걱정 없는 삶을 살고 있다고 확고히 믿기 때문입니다. 우리 각자에게도 똑같은 일이 일어나도록, 우리 각자도 항해 끝에 폭풍우 없는 항구에 자기 배의 닻을 내릴 수 있도록, 그리하여 성조들과 함께 안식을 누리도록 그는 이렇게 말할 듯합니다. "내가 이곳이 기쁘니 나 여기에서 지내리라"(시편 132,14 참조). 그러니 몹시 보고픈 사랑하는 형제여, 테오도루스 때문에 슬퍼하지 마십시오. 그는 "죽은 것이 아니라 자고 있"(마태 9,24)는 것이니까요.

• 아타나시우스 『호르시에시우스에게 보낸 둘째 편지』 58.[3]

[1] 기원후 364년 4월 27일에 사망한 이집트의 수도승.

[2] 상부 이집트 타벤네시에 있던 수도원의 원장 호르시에시우스가 이 편지의 수신인이다.

[3] NPNF 2,4,569*.

### 때로는 포괄적 의미로 사용되는 용어들

"완전한 남자"를 논하는 이 구절이 각자가 놓이게 될 부활의 형태와 관계있는 것이라면, 여기서 "남자"(vir)라는 말이 여자도 의미한다고 보지 못하게 가로막는 것이 도대체 무엇입니까? "남자"라는 말을 "사람"(homo) 대신에 쓰인 말로 받아들이지 말라는 법이 어디 있습니까? "주님을 두려워하는 남자는 복되다"라는 말씀에서도 마찬가지입니다. 여기에는 의당히 주님을 두려워하는 여자들도 포함됩니다.

• 아우구스티누스 『신국론』 22,18.[4]

### 하느님에 대한 지식은 영원한 생명을 가져다준다

그러나 사람들이 이런 발언이[5] 멀지 않은 과거에야 나왔으며 복음에서 선포되기 전에 철학자들이 이 문제를 논의했다고 생각하는 일이 있어서는 안 됩니다. 예컨대 아리스토텔레스나 테오프라스토스, 제논, 히에로니무스 같은 철학자들이 복음 시대보다 이전에 산 것은 분명하지만 예언자들보다는 나중에 태어났기 때문입니다. 사람들이 철학자들의 이름을 듣기 훨씬 전에, 행복의 이 두 요소는 거룩한 다윗의 입으로 분명히 표현되었다는 사실을 깨달아야 하겠습니다. 이렇게 적혀 있습니다. "주님, 행복합니다, 당신께서 교육하시고 당신 법으로 가르치시는 사람!"(시편 94,12). 다른 곳에는 이런 말씀이 있습니다. "행복하여라, 주님을 경외하고 그분의 계명들로 큰 즐거움을 삼는 이!" 우리는 영원한 생명의 상급이라는 결실을 얻게 하는 앎에 관한 우리의 요점을 입증하였습니다. 이는 예언자가 이렇게 덧붙이면서 되새겨 준 바이기도 합니다. 그는 주님을 경외하며 그분의 법 안에서 배우고 하느님의 계명으로 즐거움을 삼는 이의 집에는 "영광과 재물이 있고 그의 의로움은 길이 존속하리라"고 하였습니다. 같은 시편에서 선행도 언급되는데, 영원한 생명의 상급은 의로운 이에게 온다고 덧붙였습니다. 이렇게 말합니다. "행복하여라, 자비를 베풀고 관대하게 꾸어 주고 제 일을 올바르게 처리하는 이! 정녕 그는 언제나 흔들리지 않고 의인은 영원한 기억으로 남으리라"(시편 112,6). 조금 아래에서는 이렇게 말합니다. "[그는] 불쌍한 이들에게 후하게 나누어 주니, 그의 의로움은 길이 존속하리라"(시편 112,9).

• 암브로시우스 『성직자의 의무』 2,2,6.[6]

### 신실한 이의 세속적 재산과 영원한 재산

당신의 네 번째 질문은, 의로운 이들의 자손들은 과거에도 지금도 저주받은 처지에 있고 불의한 이들의 자손은 과거에도 지금도 복을 누리고 있는 것을 우리가 아는데 어째서 다윗은 "그의 후손은 땅에서 융성하고 올곧은 이들의 세대는 복을 받으리라"고 하였냐는 것입니다. 나는 같은 시편을 사람들에게 설명한 바 있는데,[7] 그것으로 이 질문에 답하고자 합니다. "행복하여라! 주님을 경외하고 그분의 계명들로 큰 즐거움을 삼는 이!" 거룩한 욥이 말했듯이 "인생은 땅 위에서 고역"(욥 7,1)이기에, 바르고 자비롭게 판결하는 유일한 분이신 하느님께서는 그가 당신의 계명들을 얼마나 훌륭하게 지키는지 보실 것입니다. 또 이렇게 쓰여 있기도 합니다. "썩어 없어질 육신이 영혼을 무겁게 하고 흙으로 된 이 천막이 시름겨운 정신을 짓누릅니다"(지혜 9,15). 그러나 우리를 심판하시는 분은 주님이시며, 주

---

[4] *CG* 1059.

[5] 예수님께서 요한 17,3과 마태 19,20에서 말씀하신 내용을 가리킨다. 암브로시우스는 이 두 대목을 앞 단락 끝에서 인용한 바 있다.

[6] NPNF 2,10,44*.

[7] 『시편 상해』 112,2-3이 그것이다.

님께서 오시어 어둠 속에 숨겨진 것들을 밝히시고 마음속 생각을 드러내실 때까지 우리는 미리 심판해서는 안 됩니다(1코린 4,4-5 참조). 그렇게 한다면 모든 사람이 하느님께 칭찬을 들을 것입니다. 그런즉 [하느님께서는] 각 사람이 당신의 계명들을 얼마나 훌륭하게 지키는지 보실 것입니다. 그러나 진정 함께 키워 가는 평화를 사랑하는 사람은 저마다 매우 기뻐할 것이며 아무도 지금 절망해서는 안 됩니다. 그런 이는 "그분의 계명들로 큰 즐거움을 삼는 이"이며, '땅에서는 선한 의지를 지닌 사람들에게 평화'(루카 2,14 참조)가 있기 때문입니다.

• 아우구스티누스 『둘키티우스의 여덟 질문』 4.[8]

어둠 속에서 빛이 떠올랐다

"그런데 보니, 주님의 천사가 그들 곁에 서 있었고 하느님의 밝은 빛이 목자들의 둘레를 비추었다"(루카 2,9 참조). 천사들이 목자들에게 나타나고 하느님의 빛나는 광휘가 그들을 둘러쌌다는, 우리가 구약에서는 한 번도 들어 보지 못한 이 말은 무엇을 의미합니까? 천사들이 예언자들과 의로운 사람들에게 셀 수 없이 많이 나타났지만, 천사들이 거룩한 빛의 광휘로 인간들을 둘러쌌다는 기록은 [구약] 어디에서도 읽을 수 없습니다. [어째서 그렇습니까?] 이 특권이 지금의 이 고귀한 시간을 위해 합당히 간직되어 있었기 때문 아니겠습니까? 세상의 참빛이 세상 안에 태어나셨을 때야말로 그분의 탄생을 알리는 사자가 천상 빛의 신선함으로 인간들의 육신의 눈을 적셔 주는 것이 참으로 적절했기 때문입니다. 그분의 탄생에 관하여 예언자는 "올곧은 이들에게는 어둠 속에서 빛이 솟으리라"고 말하였습니다. 그리고 그가 말하는 빛이 무엇이냐고 마치 우리가 묻기라도 하는 듯이 그는 곧바로 "그분은 너그럽고 자비로우시며 의로우신 주님이시라네"라고 합니다. 그러니까 자비로우시며 의로우신, 인간의 창조주요 구원자께서 놀라운 탄생의 영광으로 세상을 비추어 주셨을 때, 그분께서 태어나신 지역을 놀라운 밝은 빛으로 채우신 것은 참으로 적절한 일이었던 것입니다.

• 존자 베다 『복음서 강해』 1,6.[9]

112,6-9 의로운 이는 언제나 흔들리지 않고 후하게 나누어 준다

의인은 길이 기억되리라

우리는 오늘 한 의로운 사람[10]을 기억하는 예식을 거행하고 있습니다. 그래서 저의 사목 활동의 하나로 여러분에게 제가 마땅히 해야 하는 이 설교에서 저는 우리가 충만한 마음과 조화로운 목소리로 주님께 노래해 온 것들에 관하여 이야기하려 합니다. "의인은 영원한 기억으로 남으리라. 그는 나쁜 소식을 두려워하지 않네." 필시 이 시편이 낭독된 것은 이런 종류의 거룩한 예식이 치러지는 선한 목적을 우리에게 상기시키기 위한 것일 터입니다. 그러므로 거룩한 교회가 이 세상을 떠난 의롭고 거룩한 사람들의 마지막 날을 해마다 기념하는 이유는 이 의인들이 누린 영예를 더 크게 하려는 것이 아니라 우리 앞에 본받을 본보기를 제시하려는 것입니다.

• 아우구스티누스 『설교집』 335L,1.[11]

예언은 미래에 대한 약속이다

그래서 "의인은 길이 기억으로 남으리라. 그는 나쁜 소식을 두려워하지 않네"라고 하는 것입

[8] FC 16,450-51*. [9] CS 110,60.

[10] 의롭고 경건한 사람을 가리키는 일반적인 말로 이해하면 될 듯하다.

[11] *WSA* 3,9,260.

니다. 우리가 복음서에서 읽듯이, 산 이와 죽은 이들의 심판자께서 오고 계십니다. 그리고 이는 사실입니다. 사실, 우리가 지금 보고 있는 일들은 그 일들이 일어나리라고 예고되었을 시점에는 아직 일어나지 않았었기 때문입니다. 여러분이 지금 볼 수 있는 사실, 그리스도의 이름이 모든 민족들 가운데에서 선포되고, 사람들이 한 분이신 하느님께로 돌아서고, 우상들이 버림받고, 신전들이 허물어지고, 우상들이 깨어져 나가고 하는 일들이 그때는 아직 일어나지 않았었습니다. 그러나 그 일들이 예언되었고 지금은 그것이 현실로 드러나고 있습니다. 그러니까 성경에는 지금 우리가 볼 수 있는 일들이 기록되어 있듯이 (그것이 기록된 시대에는 그 일들을 볼 수 없었지만, 미래에 일어나리라고 약속되었지요) 우리는 이 성경에서 아직 일어나지 않은 미래의 일들에 대해서도 읽습니다.

그러니까 제 말은, 심판 날이 아직 오지 않았고, 죽은 이들의 부활이 아직 일어나지 않았으며, 처음에는 심판받기 위하여 오셨던 심판하실 분께서 아직 오시지 않았다는 것입니다.

• 아우구스티누스 『설교집』 328,5.[12]

### 참된 부는 영혼 안에 있다

그러나 제 생각에, 더 값나가는 것들을 소유한 이야말로 사람들이 그렇게 보지 않더라도 진정 부유한 이입니다. 보석도 은도 옷도 육체의 아름다움도 그만큼 값나가지 않습니다. 그러나 덕은 가치 있습니다. 그것은 교육자 [그리스도]의 지도 아래 이성이 행위로 변화하는 것이기 때문입니다. 사치를 금하는 것, 스스로 자기 자신을 돌보는 것, 검약을 칭송하는 것, 이것이 이성이며 그것은 자제력의 소산입니다. 성경은 "너희는 은이 아니라 내 교훈을 받고, 순수한 금이 아니라 지식을 받아라. 지혜는 보석들보다 낫고 온갖 귀중품도 그것에 비길 수 없다"(잠언 8,10-11)라고 합니다. 또 이렇게도 말합니다. "내 열매는 금보다 보석과 은보다 낫고, 내 소출은 순수한 은보다 낫다"(잠언 8,19). 우리가 굳이 구별을 해야만 한다면, 더러운 주머니를 차고 있듯 금을 무겁게 지고 있는, 재산이 많은 자를 부자라고 칩시다. 그러나 거룩한 이는 분별 있는 이입니다. 분별은 소비와 나누어 줌 사이에 적절히 중용을 유지하는 자질이기 때문입니다. "후하게 나누어 주는데도 더 많이 받는 이가 있다"(잠언 11,24)라고 쓰여 있습니다. 그런 사람들에 대하여 성경은 "불쌍한 이들에게 후하게 나누어 주니, 그의 의로움은 길이 존속한다"(시편 112,9)고 말합니다. 그러니까 부자는 부를 소유하고 지키는 이가 아니라 나누어 주는 이입니다. 어떤 사람이 행복한 사람인가 드러내 주는 것은 받는 행위가 아니라 주는 행위입니다. 후하게 베풂은 영혼의 산물입니다. 따라서 참된 부는 영혼 안에 있습니다.

• 알렉산드리아의 클레멘스 『교육자』 3,6,35.[13]

### 베풂과 환대의 참된 본보기

하느님의 뜻에 따라 사는 이들에게 그녀[나지안주스의 그레고리우스의 여동생]보다 더 기꺼이 자기 집 문을 열어젖히고 예의 바르고 관대한 태도로 맞아들인 사람이 누가 있습니까? 그녀보다 더 겸손하게 그들을 맞아들이고 하느님께서 참으로 흡족해하실 태도로 그들을 맞으러 나간 이가 누가 있습니까? 불행한 일을 당했을 때 그녀보다 더 차분한 태도를 보여 주었던 이가, 고난에 처한 이들에게 그녀보다 더한 동정심을 보여

[12] *WSA* 3,9,178.

[13] FC 23,228-29*.

주었던 이가 누가 있습니까? 곤궁한 이들에게 그녀보다 활수하게 베푼 이가 누가 있습니까? 저는 조금도 망설이지 않고 욥의 말로 그녀를 칭송하렵니다. "그녀는 언제나 길손에게 문을 열어 놓아 나그네가 밖에서 밤을 새운 일이 없다네"(욥 31,32). "그녀는 눈먼 이에게 눈이 되고 다리저는 이에게 다리가 되어 주었으며 고아들에게 어머니였지"(욥 29,15-16).[14] 과부들에게 그녀가 보인 깊은 동정심에 대해서는, 그 [따스한 마음이 쌓은 덕] 덕분에 그녀가 평생 과부라 불릴 일이 없었다는 말이면 충분할 것 같습니다. 그녀의 집은 형편이 어려운 모든 일가친척들이 드나드는 숙소였고 그녀의 소유물은 곤궁한 모든 이가 자기 소유물처럼 사용해도 되는 것이었습니다. 그녀는 "불쌍한 이들에게 후하게 나누어 주었습니다". 하느님께서 하신 약속은 결코 틀릴 수 없는 진실이므로 그녀는 하늘의 곳간에 많은 보물을 쌓은 것이며, 그녀가 친절을 보인 많은 이들 안에서 그리스도를 맞아들였다 하겠습니다. 무엇보다 기억해야 할 것은, 그녀는 보이는 것보다 더 깊은 내면을 가진 인간이었다는 사실입니다. 그녀는 숨겨진 것들을 보시는 분에 대한 신앙심을 남들 모르게 키워 나갔습니다. 그녀는 이 세상의 우두머리에게서 모든 것을 빼앗아 안전한 창고에 갖다 두었습니다. 그녀는 이 땅에 자기 육신 말고는 아무것도 남기지 않았습니다. 저 위의 희망을 위하여 모든 것을 교환하였습니다. 그녀가 자기 자식들에게 남긴 유일한 재산은 그녀의 덕을 따르고 본받을 수 있는 본보기들입니다.

• 나지안주스의 그레고리우스
『누이 고르고니아 추도사』(연설 8) 12.[15]

### 관대히 베풀면 영예로운 평판을 얻는다

오늘날에도 그들을[16] 본받아 으리으리한 집과 목욕탕과 주랑과 도로들을 짓고 그 공적으로 기억되고 싶어 하는 사람들이 많습니다. 만약 여러분이 그들 각자에게 왜 아무런 용도도 없는 일에 그런 수고를 쏟아부으며 고생을 하느냐고 묻는다면, 여러분이 들을 답은 뻔합니다. 자신들에 대한 기억이 영원히 남아 "이 집이 누구누구의 것이었지", "이것은 누구누구의 소유였지" 하는 말을 듣고 싶어 그런다는 말이지요. 그러나 이런 것은 기념될 만한 일이 아니라 오히려 비난받을 일입니다. "욕심쟁이 구두쇠, 과부와 고아들에게서 빼앗은 약탈자였던 누구누구의 소유였지" 하는 심한 말을 들을 것입니다. 그러니 그러한 행위는 다른 사람들에게 좋은 기억을 남기는 것이 아니라 끊임없는 비난을 듣고 죽은 뒤에도 악명을 얻으며 보는 이들로 하여금 욕을 쏟아 내게 하고 그것을 손에 넣은 사람에게서는 비난을 듣게 합니다. 그런데 여러분이 결코 사라지지 않는 명성을 몹시 누리고 싶다면, 하는 일 한 가지 한 가지마다 다 기억되고 그와 함께 훌륭한 이름을 얻으며 장차 올 세상에서 여러분 자신에게 든든한 확신을 줄 수 있는 길을 제가 보여 드리겠습니다. 그러면 어떻게 하면 여러분이 날마다 기억되면서 동시에 이 세상에서 저 세상으로 건너간 뒤에도 찬사를 받을 수 있을까요? 여러분의 재물을 가난한 사람들의 손에 넘기면, 값비싼 돌들과 으리으리한 집들, 소유지들, 목욕탕들을 내놓으면 그렇게 됩니다. 이것이 결코 사라지지 않는 명성입니다. 이 기억은 여러분이 무수한 보물들을 내주었음을 증명합니다. 이 기억은 여러분에게서 죄를 벗겨 주며, 여러분이 주님의 인정을 받게 된다는 큰 확신을 줍니다. 네, 그렇게 후하

[14] 욥기 본문의 "나"를 "그녀"로 바꾼 인용이다.

[15] FC 22,108-9*.

[16] 바벨 탑을 쌓은 사람들을 말한다.

게 나누어 주는 사람에 대해 모든 사람이 어떻게 이야기할지 생각해 보십시오. "참으로 관대하고 친절한 분이었지, 참으로 온유하고 선한 분이었지" 그렇게 말하겠지요. 잊지 마십시오, 성경도 이렇게 말합니다. "불쌍한 이들에게 후하게 나누어 주니 그의 의로움은 길이 존속하리라." 물질적 재산이란 이렇습니다. 더 많이 나누어 줄수록 더 많이 남습니다. 반면에 거기에 매달리고 안전한 곳에 쌓아 놓고 자물쇠로 잠가 놓으면 그것은 그것에 애착하는 사람들마저 파괴합니다. "그는 불쌍한 이들에게 후하게 나누어 주니." 이 말씀을 기억하십시오. 그러나 이어지는 말씀에도 귀 기울이십시오. "그의 의로움은 길이 존속하리라." 그가 재산을 나누어 주는 데는 하루면 족하지만, 그의 선의는 길이 존속하여 그가 결코 기억에서 지워지지 않게 합니다.

• 요한 크리소스토무스 『창세기 강해』 30,7.[17]

필요한 것만 바라라

사랑하는 형제 여러분, 우리가 우리의 친절하신 구원자를 알아보고 우리의 값어치에 대해 생각한다면, "세상도 또 세상 안에 있는 것들도 사랑하지 마십시오"(1요한 2,15). 사도의 말대로, "먹을 것과 입을 것이 있으면, 우리는 그것으로 만족합시다"(1티모 6,8). 우리는 필요하고 소용되는 것을 구하고 욕심은 부리지 맙시다. 우리에게 부가 없을 경우, 악행과 불의한 이득으로 부를 얻으려 하지 맙시다. 그러나 우리에게 부가 있다면, 선행으로 그것을 하늘로 옮겨 놓읍시다. 그러면 "불쌍한 이들에게 후하게 나누어 주니 그의 의로움은 길이 존속하리라"는 말씀이 우리에게 이루어질 것입니다. 우리 주 예수 그리스도의 도움을 받아서 말입니다. 우리 주 예수 그리스도께서는 영원무궁히 살아 계시며 다스리시나이다. 아멘.

• 아를의 카이사리우스 『설교집』 141,6.[18]

재산으로 선을 행하는 것

그러니까 [여러분을] 선하게 만드는 선이 있고 여러분이 선을 행할 수 있게 하는 선이 있습니다. [여러분을] 선하게 만드는 선은 하느님이십니다. 언제나 선하신 분만이 사람들을 선하게 만드실 수 있기 때문입니다. 그러므로 여러분이 선하게 되고자 한다면 하느님을 부르십시오. 그런데 여러분에게 그것이 있으면 선을 행할 수 있는 선도 있습니다. 금이 그렇고 은이 그렇습니다. 그것은 여러분을 선하게 만들 수 있는 선은 아니지만 그것을 가지고 여러분이 선을 행할 수 있습니다.

여러분에게 금이 있습니다. 은이 있습니다. 그리고 여러분은 금을 갈망합니다. 은을 갈망합니다. 그것을 가지고 있는데도 그것을 갈구합니다. 그것이 가득한데도 여전히 그것을 목말라합니다. 그것은 부유함이 아니라 병입니다. 물기로 푹 젖었는데도 언제나 갈증을 느끼게 하는 병을 앓고 있는 사람들이 있습니다. 그렇게 젖어 있는데도 더 젖고 싶어 합니다! 돈에 대한 갈망이 그런 심한 수종水腫을 앓게 할 때에 여러분이 어떻게 여러분의 부유함을 누릴 수 있겠습니까?

그러니까 여러분에게 금이 있다 칩시다. 그것은 좋은 일입니다. 그 자체로 선해지는 것이 아니라 그것으로 선을 행할 수 있는 것을 가지고 있으니까요. 여러분은 묻습니다. "제가 금을 가지고 어떤 선을 행한다는 말입니까?" 하고요. 여러분은 "그는 후하게 나누어 주었다"라는 시편 말씀을 듣지 못했습니까? "그는 불쌍한 이들에

[17] FC 82,224-25.

[18] FC 47,291*.

게 후하게 나누어 주니 그의 의로움은 길이 존속하리라." 이것은 선입니다. 여러분과 함께 있을 때 선인 것, 의로움이지요. 여러분과 함께 있어서 선인 선이 여러분에게 있다면, 여러분에게 있어서 선이 아닌 선으로 선을 행하십시오. 여러분에게 얼마간 돈이 있다면, 그것을 쓰십시오. 여러분의 돈을 써서 여러분의 의로움이 커지게 하십시오. "그는 후하게 나누어 주니", 그가 돈을 썼다는 말입니다. "후하게 나누어 주니 그의 의로움은 길이 존속하리라." 무엇이 줄어들고 무엇이 커지는지 잘 보십시오. 줄어드는 것은 돈이고 커지는 것은 의로움입니다. 여러분이 작별 인사를 할 대상은 줄어드는 그것입니다. 여러분이 내버려야 할 것은 줄어드는 그것입니다. 커지는 것은 여러분이 길이 소유하게 될 그것입니다.

• 아우구스티누스 『설교집』 61,3.[19]

### 112,10 악인이 보고 울화를 터뜨리리라

#### 악인이 하느님께 가도록 그를 겸손하게 초대하라

사랑하는 여러분, 유대인들이 이 거룩한 증언들을 기쁘게 받아들였든 분개하며 들었든, 우리는 우리가 할 수 있을 때, 유대인들을 위하여 큰 사랑을 가지고 이 말들을 선포합시다. 부러진 가지들 앞에서 교만하게 으스대지 맙시다. 오히려 누구의 은총으로, 얼마나 많은 자비로, 어떤 뿌리 위에 우리가 접붙여졌는지 곰곰이 생각해 봅시다. 으스대는 마음 대신 더없이 겸손한 마음으로, 주제넘은 태도 대신 떨며 즐거워하는 마음으로(시편 2,11 참조), "자, 주님의 빛 속에 걸어가자!"(이사 2,5) 하고 말합시다. 그분의 "이름이 민족들 가운데에서 드높기"(말라 1,11) 때문입니다. 그들이 그분의 말씀을 듣고 복종한다면, 그들은 성경이 이렇게 말하는 이들 가운데에 속하게 될 것입니다. "그분께 가서 빛을 받아라. 너희 얼굴에 부끄러움이 없으리라"(시편 34,6). 그러나 그들이 듣고도 순종하지 않는다면, 보고도 시기한다면(로마 11,11 참조), 그들은 시편이 이렇게 말하는 이들 가운데에 속하게 될 것입니다. "악인은 이를 보며 울화를 터뜨리고 이를 갈며 스러지는구나." 그러나 교회는 그리스도께 이렇게 말합니다. "그러나 나는 하느님 집에 있는 푸른 올리브 나무 같아라. 영영세세 나는 하느님의 자애에 의지하네"(시편 52,10).

• 아우구스티누스 『유대인 반박』 10,15.[20]

[19] *WSA* 3,3,143*.

[20] FC 27,414*.

### 113,1-9 자비하시며 위엄 높으신 하느님 찬양

1 할렐루야!
찬양하여라, 주님의 종들아.
찬양하여라, 주님의 이름을.
2 주님의 이름은 찬미받으소서,
이제부터 영원까지.
3 해 뜨는 데서 해 지는 데까지
주님의 이름은 찬양받으소서.
4 주님께서는 모든 민족들 위에 높으시고
그분의 영광은 하늘 위에 높으시다.
5 누가 우리 하느님이신 주님과 같으랴?
드높은 곳에 좌정하신 분
6 하늘과 땅을
굽어보시는 분
7 억눌린 이를 먼지에서 일으켜 세우시고⤴

불쌍한 이를 거름에서 들어 올리시는 분.
8 그를 귀족들과, 당신 백성의 귀족들과
한자리에 앉히시기 위함이다.
9 아이를 낳지 못하는 여인도 집 안에서 살며
여러 아들 두고 기뻐하는 어머니 되게 하시
는 분이시다. 할렐루야!

둘러보기

인간을 섬기신 그리스도를 본받아 우리가 다른 사람들을 섬길 때 하느님의 이름이 찬양받는다(에우기피우스). 거룩한 교회는 하느님을 찬양하는 온 세상 사람들로 이루어진다(아우구스티누스). 율법은 한 민족, 곧 유대인들에게 주어졌지만, 오순절에 일어난 방언의 은사가 분명하게 증명하듯, 복음은 모든 사람에게 주어졌다(베다).

하느님께서는 비천한 처지의 모든 사람을 기억하시지만 교회의 귀족들이요 본보기들인 순교자들은 각별히 잊지 않으신다. 고통과 역경으로 비천한 상태를 겪어 보지 않은 사람은 그리스도를 얻을 수 없다(암브로시우스). 우리는 하느님의 뜻이 어째서 그러한지 이해하지 못할지라도 하느님께서 당신의 뜻과 정의에 따라 비천한 이들을 일으키신다는 것은 안다(히에로니무스). 아이를 낳는 것은 기쁨이고 그중에서도 동정 마리아의 기쁨은 가장 큰 기쁨이지만, 동정녀들은 이 세상에 죽음의 시작인 새 생명을 가져오지 않음으로써 죽음을 차단한다(니사의 그레고리우스).

113,2-4 주님의 이름은 길이 찬미받으소서

주님의 이름은 찬미받으소서

다뉴브강 상부 지역 마을들이 파괴된 뒤, 세베리누스[1]는 모든 사람에게 그의 지시에 복종하여 라우리아쿰 마을로 이주하라고 줄곧 경고했습니다. 자기들 힘을 믿지 말고 기도와 단식, 자선에 힘쓰며 영적 무기로 무장하라고 권고하였습니다. 어느 날 이 하느님의 사람이 기름을 배급하고자 곤궁한 모든 사람을 대성당에 모이게 하였습니다. 그 지역에서는 상인들이 물품을 수입하기가 몹시 어려웠기 때문에 이 생필품을 구하기가 매우 힘들었습니다. 마치 축복을 얻게 되었다는 듯 엄청나게 많은 수의 가난한 사람들이 모였습니다. 기름은 귀한 식품이었으므로 가난뱅이들이 엄청나게 모여든 것이었습니다. 이 거룩한 사람이 기도를 끝내고 십자가 성호를 긋고서는 모든 사람 앞에서 "주님의 이름은 찬양받으소서!"라며 성경 말씀을 외쳤습니다. 그러고는 섬김을 받으러 온 것이 아니라 섬기러 오신(참조: 마태 20,28; 마르 10,45) 충실한 종이신 그의 주님을 본받아, 기름을 배급할 봉사자들에게 자기 손으로 그것을 나누어 주기 시작하였습니다. 그렇게 구원자의 발자국을 따르던 그는 참으로 기쁘게, 자기의 오른손이 왼손 모르게(마태 6,3 참조) 부었던 그 물질이 늘어난 것을 보았습니다. 가난한 이들의 그릇이 가득 차 가는데도 봉사자들이 들고 있는 기름은 전혀 줄어들지 않았던 것입니다.

• 에우기피우스 『세베리누스의 생애』 28,1-3.[2]

모든 곳에서 찬양받으시는 주님

이제 우리의 관심사가 나옵니다. "거룩한 교회 안에서"라는 구절이지요. 거룩한 교회는 바로 우

[1] 5세기에 지금의 오스트리아에 속하는 노리쿰에 그리스도교를 최초로 전파한 수도승이다.

[2] FC 55,83-84.

리입니다. 그러나 제가 말하는 "우리"는 지금 이 자리에 있는 사람들, 지금 제 말을 듣고 있는 여러분만을 뜻하는 것이 아닙니다. 우리 가운데 많은 이가 하느님의 은총 덕분에 이 교회 안에서, 이 도시 안에서 그리스도를 믿는 신자들이듯, 이 지역 안에도 많은 신자가 있고, 이 속주 안에도 많은 신자가 있으며 바다 건너에도, 이 넓은 세상 전체에도 많은 신자가 있습니다. "해 뜨는 데서 해 지는 데까지 주님의 이름은 찬양받으소서"라고 쓰여 있기 때문입니다. 이것이 우리의 참된 어머니, 신랑의 참된 배우자 보편 교회입니다.

• 아우구스티누스 『설교집』 213,8.[3]

### 기쁜 소식이 모든 민족들에게 주어졌다

그곳[시나이산]에서 모든 법령들을 들은 뒤 온 백성은 한목소리로 "우리는 주님께서 하신 모든 말씀을 듣고 실행하겠나이다"(탈출 24,3) 하고 대답했습니다. 이곳[이층 방]에서 그때에 태어나고 있던 교회의 회중들은 성령의 비추임을 받은 뒤 온갖 나라의 언어들로 하느님의 놀라운 일들에 대해 이야기하였습니다. 의심할 바 없이, 그것은 모종의 깨달음 덕분이었습니다. 율법의 계율은 단 한 민족에게 주어진 반면 복음 말씀은 세상 모든 민족들에게 선포되도록 되어 있었으며, 그리스도 신앙의 선포가 온갖 사람들의 갖가지 언어로 이루어져서 "해 뜨는 데서 해 지는 데까지 주님의 이름은 찬양받으소서. 주님께서는 모든 민족들 위에 높으시다"라는 예언자의 말이 이루어지게 되었습니다.

• 존자 베다 『복음서 강해』 2,17.[4]

## 113,5–6 하늘과 땅을 굽어보시는 하느님

### 하느님께서는 비천한 이들을 굽어보신다

또 다른 시편은 이렇게 말합니다. "누가 우리 하느님이신 주님과 같으랴? 드높은 곳에 좌정하신 분, 하늘과 땅을 굽어보시는 분." 분명 하느님께서는 비천한 이들을 지켜보십니다. 초라한 풀밭 아래 감추어져 있던, 영혼은 하늘에 육신은 땅에 놓여 있던 당신 교회의 거룩한 순교자들의 유해를 드러내신 분이 그분이십니다. "억눌린 이를 먼지에서 일으켜 세우시고 불쌍한 이를 거름에서 들어 올리시는 분." 보시다시피 그것은 "그를 당신 백성의 귀족들과 한자리에 앉히시기 위함"입니다. "당신 백성의 귀족들"을 거룩한 순교자들 말고 누구라고 생각해야 하겠습니까? 이제야 이름이 알려진 프로타시우스와 게르바시우스[5]는 오래전에 그 수에 들었던 분들이었습니다. 순교자들을 낳지 못했던 밀라노 교회, 지금은 많은 자녀의 어머니인 밀라노 교회가 그들 덕분에, 그들이 겪은 고난의 본보기들과 영광 안에서 기뻐하게 되었습니다.

• 암브로시우스 『서간집』 61.[6]

## 113,7–9 하느님께서는 짓밟힌 이를 돌보시고 도와주신다

### 하느님께서는 불쌍한 이와 비천한 이들을 일으켜 세우신다

이렇게 쓰여 있습니다. "잘못을 저질러 매를 맞을 때에는, 견디어 낸다고 한들 그것이 무슨 명예가 되겠습니까? 그러나 선을 행하는데도 겪게 되는 고난을 견디어 내면, 그것은 하느님에게서 받는 은총입니다. 바로 이렇게 하라고 여러분은 부르심을 받았습니다. 그리스도께서도 여러분을 위하여 고난을 겪으시면서, 당신의 발자취를 따르라고 여러분에게 본보기를 남겨 주셨습니다. '그는 죄를 저지르지도 않았고 그의 입

[3] *WSA* 3,6,144-45*.
[4] CS 111,172-73*.
[5] 암브로시우스가 밀라노의 주교로 있던 시대에 밀라노에서 유해가 발견되었다는 두 순교자다.
[6] FC 26,378*.

에는 아무런 거짓도 없었다.' 그분께서는 모욕을 당하시면서도 모욕으로 갚지 않으시고 고통을 당하시면서도 위협하지 않으셨습니다"(1베드 2,20-22). 그러므로 의로운 사람은 고문대 위에 있다 하더라도 언제나 의롭습니다. 그는 하느님을 옹호하며, 자신이 당하는 고통은 자신의 죗값에 미치지 못한다고 말하는 그는 늘 지혜롭습니다. 참되고 완전한 지혜는 고문대의 고통으로도 없앨 수 없으며 그 본성을 잃어버리지 않습니다. 그 지혜는 열정적이며 사랑이 깃든 목적이 있기에 두려움을 몰아내기 때문입니다(1요한 4,18 참조). 지혜로운 사람은 우리가 이 육신 안에서 받는 고통은 미래의 영광스러운 보상에 비하면 아무것도 아니며 이승의 모든 고통을 다 합해도 장차 받을 보상에 미치지 못한다고 말해야 한다는 것을 압니다(로마 8,18 참조). 수확의 때를 아시는 하느님께서는 그에게 언제나 너그러우십니다. 그러므로 그는 착한 농부처럼 다소 엄격한 금욕이라는 쟁기로 이곳에서 자신의 밭을 간다고 할 수 있습니다. 그는 이곳에서 악덕들을 잘라 내는 덕들이라는 낫으로 자신의 땅에서 돌을 골라냅니다. 그는 이곳에서 땅에 닿을 만큼 자신을 낮춤으로써 퇴비를 줍니다. 그는 "하느님께서는 불쌍한 이를 땅에서 일으켜 세우시고 가난한 이를 거름에서 들어 올리신다"는 것을 알기 때문입니다. 실로, 바오로 사도가 똥으로 헤아려지지 않았더라면 그리스도를 얻지 못했을 것입니다. 그런 사람은 이곳에서 자신의 곡식을 지켜 아무 걱정 없이 그것들을 보관합니다. 그래서 하느님께서는 그에게 언제나 너그러우십니다. 그가 언제나 하느님으로부터 오는 좋은 것들을 바라기 때문입니다.

• 암브로시우스 『욥과 다윗의 탄원』 3,2,3.[7]

#### 우리는 하느님의 뜻이 어째서 그러한지 알지 못한다

다니엘 예언자는 네부카드네자르에게 가장 높으신 분께서 인간들의 나라를 지배하시며 그분께서는 원하시는 이에게 그 나라를 주시고 가장 비천하고 낮은 사람을 그 나라 위에 세우실 것이라고 말합니다(다니 4,14 참조). 그분께서 왜 가장 비천하고 낮은 사람을 임금으로 세우시고 당신께서 원하시는 대로 행하시는지 그 이유를 물어보십시오. 다음과 같이 쓰여 있는 분께서 품으신 의로움의 뜻에 의문을 품어 보십시오. "하느님께서는 불쌍한 이를 땅에서 일으켜 세우시고 가난한 이를 거름에서 들어 올리신다. 그를 귀족들과, 당신 백성의 귀족들과 한자리에 앉히시기 위함이다." 당신들[펠라기우스파] 생각대로라면, 그분께서 공정도 정의도 없이 사람들의 찬사와 환호를 받고자 하신다는 말입니까? 그래서 비천한 이를 임금으로 세우시고 그 대신 권세 있는 자들에게 굴욕을 안겨 주신다는 말입니까? 예언자의 말을 들어 보십시오. "세상의 모든 주민이 그분께 아무것도 아닌 것으로 여겨진다"(다니 4,32). 그분께서는 하늘과 땅에서 무엇이든 당신께서 원하시는 대로 행하셨으며, 그분의 뜻에 저항하거나 "당신께서는 왜 이렇게 하셨습니까?" 하고 말할 수 있는 이는 아무도 없습니다. 그분께서 이루신 일은 모두 참이며 그분의 길은 정의이고, 그분께서는 교만한 자들에게 굴욕을 안기실 수 있습니다.

• 히에로니무스 『펠라기우스파 반박 대화』 2,3.[8]

#### 아이를 낳지 못하는 여인에게 축복하시는 하느님

그렇다면 여기에서[9▸] 어떤 교훈을 얻을 수 있습니까? 우리는 육 안에서 이승의 삶으로부터

[7] FC 65,370-71.

[8] FC 53,344-45.

우리 자신을 떼어 놓아야 한다는 것, 그리고 우리는 죽음을 불러오지 않는 삶의 방식을 추구해야 한다는 것입니다. 동정으로 사는 삶이 그런 삶입니다. 이것이 진정 참이라는 것을 보여 줄 몇 가지를 추가해 보지요. 결국은 죽을 육체를 탄생시키는 것은 성적 결합의 소산이라는 것을 누구나 압니다. 반면에, 성령과 결합된 이들에게는 이 두 번째 방식의 결합에 의해 자녀들 대신 생명과 불사가 태어납니다. 그리고 사도의 말은 그들의 경우에 참으로 아름답게 들어맞습니다. 이들 같은 자녀를 둔 기뻐하는 어머니는 '자식을 낳아 길러 구원을 받는 이'(1티모 2,15 참조)가 될 것이기 때문입니다. 시편 저자가 그의 거룩한 노래들에서 감사한 마음으로 외치듯이, "[하느님께서는] 아이를 낳지 못하는 여인도 집 안에서 살며 여러 아들 두고 기뻐하는 어머니 되게 하시는 분"이십니다. 참으로, 기뻐하는 어머니는 성령의 작용으로 죽음을 모르는 자녀들을 잉태하는 동정 어머니입니다. 예언자가 그런 어머니를 아이를 낳지 못하는 여인이라고 표현한 것은 오로지 이 어머니의 정숙함 때문입니다. 그렇다면, 죽음보다 힘이 센 이 생명은 생각하는 이들이라면 더 좋아할 생명입니다. 몸으로 자녀를 이 세상에 낳는 것은 — 사람들의 기분을 상하게 하려는 말이 결코 아닙니다 — 삶의 시작인 만큼 죽음의 시작이기도 합니다. 태어나는 순간부터 죽어 가는 과정이 시작되기 때문이지요. 그러나 동정을 실천함으로써 이 과정에 발을 들이지 않은 이들은 그 자신 안에 죽음의 경계선을 그은 것이며 자신의 행위로 죽음의 진행을 차단한 것입니다. 사실 그들은 그 자신이 생명과 죽음을 가르는 국경선이요 죽음을 좌절시키는 장벽이 되었습니다. 이처럼 죽음이 동정을 넘어갈 수 없고 자신의 힘이 그곳에서 차단당하고 부서짐을 발견한다면, 동정은 죽음보다 힘이 셈이 입증된 것입니다. 그리고 그 육신을 '죽지 않는다'고 이야기하는 것은 옳습니다. 그 육신은 죽어 가는 세상에 자기 몸이 일조를 하게 두지 않으며 죽어 가는 피조물들이 이어지는 고리의 도구가 되는 것을 허락하지 않는다는 점에서 그렇습니다. 그러한 육신 안에서는 첫 인간과 동정인들의 삶 사이에 개입한, 부패와 죽음이라는 오래도록 깨어지지 않았던 진행 과정이 중단됩니다.

• 니사의 그레고리우스 『동정』 13.[10]

[9] 예수님께서 니코데모에게 하신 말씀(요한 3,6 참조)이나 육은 죽음에 취약하고 영은 생명의 잠재력을 가지고 있다는 말씀 같은 것들을 가리킨다.

[10] NPNF 2,5,359.

### 114,1-8 이집트 탈출을 기리는 시편

1 이스라엘이 이집트에서 나올 때
야곱 집안이 이상한 말을 하는 민족을
떠나올 때
2 유다는 그분의 성소가 되고
이스라엘은 그분의 왕국이 되었네.
3 바다가 보고 달아났으며
요르단이 뒤로 돌아섰네.
4 산들은 숫양들처럼,
언덕들은 어린양들처럼 껑충껑충 뛰었네.
5 바다야, 어찌 도망치느냐?
요르단아, 어찌 뒤로 돌아서느냐?
6 산들아, 너희가 숫양들처럼,

↱언덕들아, 너희가 어린양들처럼
깡충깡충 뛰다니?
7 땅아, 주님 앞에서 떨어라,
야곱의 하느님 앞에서.
8 그분께서는 바위를 못으로,
차돌을 물 솟는 샘으로 바꾸시네.

둘러보기

요르단이 뒤로 돌아섰다는 다윗의 말은 결국 세례의 은총은 신약 시대에 세례성사가 제정되었을 때 시작된 것이 아니라, 처음부터 믿었던 모든 이를 그 은혜로 적시며 믿지 않은 이들에게는 심판을 내리는 일로 거슬러 올라감을 알려 준다(막시무스). 성경에는 자연계의 요소들이 하느님의 명령에 복종한 사례가 많이 나온다(암브로시우스). 요르단이 뒤로 돌아섰다는 다윗의 말은 세례의 은혜는 이미 어린 아기들 때부터 시작된다는 의미로 이해할 수도 있다(아우구스티누스).

114,3 요르단이 뒤로 돌아섰다

물의 정화하는 본성

물은 차갑고 사납지만, 그 물이 주님의 축복으로 정화되고 온기를 얻습니다. 그리하여 조금 전에 물질적인 얼룩을 지웠던 물이 이제는 영혼들의 영적인 얼룩들을 씻습니다. 우리는 물리적 실제인 물이 영혼을 정화한다고 이야기하는 것에 놀라서도 안 됩니다. 그것이 양심 안의 비밀스러운 모든 것 속으로 침투해 들어간다는 것은 의심할 바 없는 사실입니다. 물은 이미 섬세하고 순수한 것이지만, 그리스도의 축복으로 더욱 섬세해진 물은 마치 영적인 이슬처럼 생명의 감추어진 조직들을 통과해 영혼의 깊숙한 구석들에 도달합니다. 축복의 흐름은 물의 흐름보다 섬세하기 때문입니다. 그래서 우리는 구원자의 세례 안에서 영적 시내처럼 흘러 내려온 축복이 모든 흘러나오는 물과 모든 시내의 물길을 건드렸다고도 이야기한 것입니다. 그리스도께서 요르단강에 서 계실 때, 물이 불가사의하게 움직였습니다. 그런데 축복이라는 큰 물도 흘러나왔습니다. 앞의 경우엔 강물이 더욱 격렬하게 움직였고, 반면에 뒤의 경우엔 구원자의 더없이 순수한 샘이 그 원천으로부터 물을 뿜어 흘려 보냈습니다. 어떤 놀라운 방식으로 세례의 성화는 요르단강의 원천으로 소급되며, 축복의 흐름이 물의 흐름과 반대 방향으로 흘렀습니다. 제 생각에, 다윗이 "요르단이 돌아섰다"고 한 것은 그런 까닭인 듯합니다. 그리스도의 세례 때에 돌아선 것은 요르단강의 물이 아니라 성사의 은총이었으며, 그것은 그 실체 안에서가 아니라 축복 안에서 자기의 원천으로 돌아갔기 때문입니다. 그리고 성화의 은총이 모든 냇물로 퍼져 나간 만큼, 그 자신의 흐름도 그것이 시작된 지점으로 소환되었다고 볼 수 있을 것입니다.

• 토리노의 막시무스 『설교집』 13B,2.[1]

하느님의 명령을 따르는 자연계의 요소들

하느님의 명령에 뼈들이 다시 관절에 맞춰졌다는(에제 37,7 참조) 것을 있을 수 없는 일로 생각해서도 안 될 것입니다. 자연계의 요소들이 하늘의 명령에 복종한 무수한 사례가 있기 때문입니다. 땅이 푸른 싹을 돋게 하라는 명령을 받자 실제로 그렇게 하였고(창세 1,11 참조), 지팡이로 바위를 치자 목마른 사람들을 위해 바위에서 물이

[1] ACW 50,36-37.

터져 나왔으며(민수 20,11 참조), 열기로 목이 타던 사람들에게 하느님의 자비로 단단한 돌에서 물이 솟아 나왔습니다. 지팡이가 뱀으로 바뀐 사건(탈출 4,3 참조)이 나타내는 것이 무엇이겠습니까? 하느님의 뜻이 있다면, 생명이 없는 것들에서 생명 있는 것들이 생겨날 수 있다는 것 아니겠습니까? 여러분은 하느님의 명령이 있자 뼈들이 다시 맞춰지는 것이 강물이 뒤로 돌아서는 것이나 바다가 달아나는 것보다 더 믿기 어려운 일이라 생각합니까? 예언자는 이렇게 증언하고 있습니다. "바다가 보고 달아났으며 요르단이 뒤로 돌아섰네." 두 백성 가운데 한 백성은 구원을 받고 다른 한 백성은 파멸한 일로 입증된 사실, 곧 한 민족은 궤멸시키고 한 민족은 지키기 위하여 바다의 파도가 멈춘 채 서서 한 백성은 둘러싸고 다른 백성에게는 물을 쏟아부어 죽게 한 일에 대해서도 한 치의 의심도 해서는 안 됩니다(탈출 14,22-31 참조). 그리고 또 복음서에서는 어떤 사실들을 우리가 발견합니까? 호수가 말씀 한마디에 잠잠해지고, 구름이 물러가며, 거센 바람이 잦아드는 것을, 그 평온해진 호숫가에서 말 못하는 자연계의 요소들이 하느님께 복종하는 것을 주님께서 몸소 입증해 주시지 않았습니까?

• 암브로시우스 『형 사티루스의 죽음』 2,74.[2]

세례를 통해 변화하는 유아들

그러나 제가 아버지로 공경하는, 하느님의 또 다른 뛰어난 청지기의 말을 들어 보십시오. 그는 그리스도 예수님 안에서 복음을 통하여 저를 낳으신 분입니다(1코린 4,15 참조). 저는 그리스도의 이 종으로부터 새로 남의 물대야[세례반]를 받았습니다. 제가 말하는 이는 복된 암브로시우스입니다. 행실에서나 말에서나 그분의 품위, 항구함, 가톨릭 신앙을 위한 노력, 위험을 무릅씀을 저는 직접 경험하였습니다. 그리고 저와 함께 로마 세계는 그것들을 선포하는 데 망설이지 않습니다. 루카 복음서를 해설하실 때 그분께서는 "요르단이 뒤로 돌아섰네"는 장차 있을 구원의 세례반의 신비를 나타낸다고 말씀하셨습니다. 본성에 따른 삶을 시작할 때에 세례 받는 아기들은 이 세례반을 통하여 나쁜 상태에서 좋은 상태로 바뀝니다.

• 아우구스티누스 『율리아누스 반박』 1,3,10.[3]

[2] NPNF 2,10,185-86*.
[3] FC 35,10*.

## 115,1-18 하느님의 자애와 진실을 찬양하는 시편

1 주님, 저희에게가 아니라
저희에게가 아니라 오직 당신 이름에
영광을 돌리소서.
당신의 자애와 당신의 진실 때문입니다.
2 "저들의 하느님이 어디 있느냐?"
민족들이 이렇게 말해서야
어찌 되겠습니까?
3 그러나 우리 하느님께서는 하늘에 계시며
뜻하시는 것은 무엇이나 다 이루셨네.
4 저들의 우상들은 은과 금
사람 손의 작품이라네.
5 입이 있어도 말하지 못하고
눈이 있어도 보지 못하며
6 귀가 있어도 듣지 못하고⤴

코가 있어도 맡지 못하네.
7 그들의 손은 만지지 못하고
그들의 발은 걷지 못하며
그들의 목구멍으로는 소리 내지 못하네.
8 그것들을 만드는 자들도 신뢰하는 자들도
모두 그것들과 같네.
9 이스라엘아, 주님을 신뢰하여라!
주님은 도움이며 방패이시다.
10 아론의 집안아, 주님을 신뢰하여라!
주님은 도움이며 방패이시다.
11 주님을 경외하는 이들아,
주님을 신뢰하여라!
주님은 도움이며 방패이시다.
12 주님께서 우리를 기억하시어
복을 내리시리라.
이스라엘 집안에 복을 내리시고
아론 집안에 복을 내리시리라.
13 주님을 경외하는 이들에게,
낮은 사람들에게도 높은 사람들에게도
복을 내리시리라.
14 주님께서 너희를,
너희와 너희 자손들을 번성하게 하시리라.
15 너희는 주님께 복을 받으리라,
하늘과 땅을 만드신 그분께.
16 하늘은 주님의 하늘
땅은 사람들에게 주셨네.
17 주님을 찬양하는 이들은
죽은 이들도 아니요
침묵의 땅으로 내려간 이들도 아니네.
18 우리는 주님을 찬미하네,
이제부터 영원까지.
할렐루야!

둘러보기

하느님이 없으면 우리는 아무것도 아니지만, 그분께서 우리를 굽어보실 때 우리는 용서받으며 오직 하느님만을 찬양한다(아우구스티누스). 하느님의 힘은 당신의 뜻을 완전하게 이루실 수 있기에 하느님은 원하시는 것은 무엇이든 하실 수 있다(풀겐티우스). 하느님께서 만드신 것은 그 자체로 선한 것이지만, 우상을 만드는 짓처럼 나쁘게 사용될 수 있다(테르툴리아누스). 하느님께서는 당신께서 약속하시는 것을 이루실 힘과 그것을 지킬 의지를 갖고 계시다(풀겐티우스). 이교의 우상들은 인간처럼 표현된 그 모습들이 암시하는 그 무엇도 실행할 수 없다. 눈이 있어도 보지 못하며 귀가 있어도 듣지 못한다(아타나시우스).

큰 업적을 세운 사람들만 아니라 일반 사람들도 하느님의 축복을 받았다. 신앙의 영웅들을 마땅히 공경하는 것이 옳다(아우구스티누스).

하늘은 하느님께 속하고 우리의 보물을 보관하기에 안전한 장소이므로 우리는 하늘에 우리의 보물을 쌓아야 한다(아우구스티누스). 그리스도 안에 사는 이들만이 그분의 고난과 죽음을 기릴 수 있다(아타나시우스).

115,1 하느님의 이름에 영광을 돌리소서

하느님 없이 우리는 아무것도 아니다

예수님께서는 베드로에게 당신 양 떼를 맡기실 때 우리를 그에게 맡기셨습니다. 그분께서 베드로에게 우리를 맡기실 때, 당신의 교회에 당신의 지체들을 맡기셨습니다. 그러니 주님, 당신의 교회를 당신 교회에 맡기십시오. 당신의 교회가 그 자신을 당신께 맡기게 하십시오. 그래서 저희는 "주님, 저희에게가 아니라 저희에게가 아니라 오직 당신 이름에 영광을 돌리소서" 하고 말합니다. 당신께서 안 계시다면 저희가 무엇이겠습니까? 당신을 세 번 부인할 때의 베드로일 뿐일 것입니다. 베드로를 그 자신에게, 다시 말해, 베드로를 베드로에게 보여 주시기 위하여 주님께서는 그에게서 잠시 당신의 얼굴을 돌리셨습니다 — 그때 베드로는 그분을 부인하였지요. 그가 주위를 둘러볼 때에 그분께서는 그에게 얼굴을 돌리셨습니다 — 그러자 베드로는 울었습니다. 베드로는 눈물로 자신의 잘못을 씻었습니다. 눈에서 물을 쏟아부어 자신이 양심에 세례를 주었습니다.

• 아우구스티누스 『설교집』 229P,4.[1]

## 115,3-8 참하느님과 우상들이 다른 점

### 하느님께서는 원하시는 것을 무엇이든 하실 능력이 있다

그러니까 하느님의 약속에는 한 점의 거짓도 없습니다. 전능하신 분께서는 어떤 일을 하는 데에 있어 아무런 문제도 없기 때문입니다. 그러므로 의지의 결과에 어떠한 결핍도 없습니다. 의지 자체가 바로 힘이기 때문입니다. 하느님께서는 무엇을 뜻하시든 그것을 행하실 힘이 있습니다. 당신께서 바라시는 것은 무엇이든 이루실 수 있습니다.

그러니 오직 그분만이 "뜻하시는 것은 무엇이나 다 이루셨네"라는 말씀을 들으시는 것입니다. 또 이런 말씀도 들으십니다. "당신께서는 무엇이든지 원하시는 때에 하실 능력이 있으십니다"(지혜 12,18). 그래서 우리는 [하느님께는] 힘에 대한 의지가 있으신 것만큼 의지의 힘도 똑같이 있다고 말한 것입니다. 힘의 주인이신 분의 경우엔 뜻을 품으시면 그것을 하실 수 있습니다. 뜻함이 곧 힘이기 때문입니다.

• 루스페의 풀겐티우스 『모니무스에게』 1,12,4-5.[2]

### 참하느님의 실재

그러나 이것은[3] 영감 받은 성경의 모든 책 역시 더욱 명쾌하고 더욱 권위 있게 가르치는 바입니다. 그래서 우리도 그대들에게 지금처럼 담대하게 쓰노니, 그대들이 성경을 참고한다면 우리가 하는 말이 참됨을 확인할 수 있을 것입니다. 더 높은 권위에 의해 확증된 논증은 더 이상 따질 수 없이 입증된 셈이기 때문입니다. 거룩하신 말씀께서는 처음부터 유대 백성에게 우상 철폐에 관하여 단호하게 가르치셨습니다. "너는 위로 하늘에 있는 것이든, 아래로 땅 위에 있는 것이든, 땅 아래로 물속에 있는 것이든 그 모습을 본뜬 어떤 신상도 만들어서는 안 된다"(탈출 20,4). 그런데 우상을 철폐해야 하는 이유를 또 다른 저자는 이렇게 선언합니다. "저들의 우상들은 은과 금. 사람 손의 작품이라네. 입이 있어도 말하지 못하고 눈이 있어도 보지 못하며 귀가 있어도 듣지 못하고 코가 있어도 맡지 못하네. 그들의 손은 만지지 못하고 그들의 발은 걷지 못하며 …." 또한 그것[성경]은 창조 교리에 관해서도 침묵하지 않았습니다. 피조물의 아름다움을 잘 알기에, 혹시라도 이 아름다움에만 주의를 기울여 하느님의 업적 대신 사물들을 마치 신인 양 섬기는 일이 없도록, 그것[성경]은 사람들에게 미리 이렇게 단호하게 가르칩니다. "너희는 하늘로 눈을 들어, 해나 달이나 별 같은 어떤 천체를 보고 유혹을 받아, 그것들에게 경배하고 그것들

[1] *WSA* 3,6,329*.　　[2] FC 95,204*.

[3] 아타나시우스는 바로 앞에서 '말씀'(아들)은 아버지에게서 오셨으며, 아들을 아는 사람이라면 아버지 또한 안다고 주장했다.

을 섬겨서는 안 된다. 그것들은 주 너희 하느님께서 온 하늘 아래에 있는 다른 모든 민족들에게 주신 몫이다"(신명 4,19). 그분께서 그것들을 주셨습니다. 그러나 그들의 신이 되도록 주신 것이 아니라, 앞서도 말씀드렸듯이, 그것들을 매개체로 하여 민족들이 그것들 모두를 만드신 분은 하느님이심을 알게 하시려는 뜻이었습니다.

• 아타나시우스 『이교인 반박』 45,2-3.[4]

### 115,13 하느님께서는 당신을 경외하는 모든 이에게 복을 내리신다

**"하느님께서는 낮은 사람들에게도 높은 사람들에게도 복을 내리시리라"**

그러니 그분들[5]의 축일을 기념합시다. 실로 지금 우리는 더할 수 없이 정성된 마음으로 진심으로 기뻐하면서 거룩한 집회에 모여 신실한 생각을 품고서 확신에 찬 마음으로 그들의 고결함을 선포합니다. 우리보다 나은 이들의 덕을 함께 기뻐하는 것은 결코 소소한 흉내가 아닙니다. 그들은 위대하고 우리는 시시한 이들입니다. 그러나 "주님께서는 낮은 사람들에게도 높은 사람들에게도 복을 내리시리라"고 하였습니다. 그들은 우리보다 앞서갔고, 마치 거인처럼 우리 위에 우뚝 솟은 존재들입니다. 우리가 행동으로 그들의 발자국을 따를 능력이 없다면 그 애정이라도 따릅시다. 영광에서 그들을 따를 수 없다면, 필히 기쁨과 즐거움에서라도 따릅시다. 공로에서 그들을 따를 수 없다면, 소망에서라도 그들을 본받읍시다. 고난을 겪는 일에서 그들을 따를 수 없다면, 그들이 느꼈을 감정이라도 같이 느낍시다. 그 뛰어난 미덕에서 그들을 따를 수 없다면, 그들과의 긴밀한 관계만이라도 놓치지 맙시다.

• 아우구스티누스 『설교집』 280,6.[6]

### 115,16-18 하늘은 주님의 하늘

**하늘은 주님의 것**

주님께서는 우리의 마음이 정화되어야 한다고 굳게 믿으셨기에 이렇게 명령하십니다. "너희는 보물을 땅에 쌓아 두지 마라. 땅에서는 좀과 녹이 망가뜨리고 도둑들이 뚫고 들어와 훔쳐 간다. 그러므로 하늘에 보물을 쌓아라. 거기에서는 좀도 녹도 망가뜨리지 못하고, 도둑들이 뚫고 들어오지도 못하며 훔쳐 가지도 못한다. 사실 너의 보물이 있는 곳에 너의 마음이 있다"(마태 6,19-21). 어떤 사람이 세속의 이익을 마음에 두고서 어떤 일을 한다면, 그의 마음은 세상에 있는 것입니다. 마음이 세속에서 뒹굴 때 어떻게 그 마음이 깨끗할 수 있습니까? 그러나 마음이 하늘에 있다면 그 마음은 깨끗합니다. 하늘에 있는 것은 무엇이든 깨끗하기 때문입니다. 어떤 것이 그보다 저급한 실체와 섞이면, 비록 그 다른 실체가 본성상 나쁜 것이 아닐지라도 더러워진 것입니다. 세상 자체는 그 성질과 질서에서 순수하지만, 우리의 마음에 세상 것들에 대한 욕망이 스며든다면 그 마음은 더러워집니다. 이 본문에서 "하늘"이라는 말이 천체들로 이루어진 우주를 나타낸다고 생각해서는 안 됩니다. "땅"이라는 단어는 온갖 종류의 물체를 나타내며, 사람이 자신을 위한 보물을 하늘에 쌓을 때는 온 세상을 하찮게 여겨야 하기 때문입니다. 그러니까, 여기서 "하늘"은 다음 말씀이 가리키는 하늘입니다. "하늘은 주님의 하늘." 나아가 우리는 우리의 보물과 마음을 사라지고 말 것이 아니라 영원히 지속될 것에 두어야만 하므로, 여기서 말하는 "하늘"은 영적인 하늘을 뜻합니다. '하늘과 땅

---

[4] NPNF 2,4,28*.

[5] 페르페투아와 펠리키타스 성녀를 말한다.

[6] *WSA* 3,8,75.

은 사라질 것'이기 때문입니다(참조: 마태 24,35; 마르 13,31; 루카 21,33).

• 아우구스티누스『주님의 산상 설교』 2,13,44.[7]

성도들이 주님을 길이 찬미하리라

부활 축일은 식사하며 기분 좋은 말을 주고받는 것이나 멋진 옷을 차려입는 것, 한가함을 즐기는 날이 아닙니다. 하느님을 고백하고 감사와 찬미를 바치는 날입니다. 그런데 이것은 그리스도 안에 사는 성도들에게만 속한 날입니다. "주님, 당신을 찬양하는 이들은 죽은 이들도 아니요 침묵의 땅으로 내려간 이들도 아닙니다. 살아 있는 우리가 주님을 찬미하리라. 이제부터 영원까지"라고 쓰여 있기 때문입니다. 히즈키야 임금도 그렇게 생각했기에, 죽음에서 구원받은 뒤 다음과 같은 말로 하느님을 찬양하였습니다. "저승은 당신을 찬송할 수 없고 죽음은 당신을 찬양할 수 없으며 … 오늘 제가 하듯이 산 사람, 살아 있는 사람만이 당신을 찬송할 수 있습니다"(이사 38,18-19). 하느님을 찬양하고 찬미하는 것은 그리스도 안에 사는 이들만 할 수 있는 일이며, 바로 그 일을 하기 위해 그들은 축일을 치르는 곳으로 올라갑니다. 파스카는 다른 민족들이나 아직도 육으로 유대인인 이들의 것이 아니라 그리스도 안의 진리를 알아본 이들의 것이기 때문입니다. 그래서 이러한 축일을 선포하도록 파견된 이는 이렇게 외칩니다. "우리의 파스카 양이신 그리스도께서 희생되셨습니다"(1코린 5,7).

• 아타나시우스『축일 서간집』 7,3.[8]

[7] FC 11,152-53.
[8] NPNF 2,4,524*.

116,1-19 죽음에서 구원받고서 하느님을 찬양하는 시편

1 내 애원의 소리를 들어 주시니
나 주님을 사랑하네.
2 내게 당신의 귀를 기울이셨으니
내 한평생 그분을 부르리라.
3 죽음의 올가미가 나를 에우고
저승의 공포가 나를 덮쳐
나는 고난과 근심에 사로잡혔네.
4 이에 나 주님의 이름을 받들어 불렀네.
"아, 주님
제 목숨을 살려 주소서."
5 주님은 너그럽고 의로우시며
우리 하느님은 자비를 베푸시는 분
6 주님은 소박한 이들을 지켜 주시는 분
가엾은 나를 구해 주셨네.
7 내 영혼아, 주님께서 너에게 잘해 주셨으니
평온으로 돌아가라.
8 정녕 당신께서는 제 목숨을 죽음에서,
제 눈을 눈물에서,
제 발을 넘어짐에서 구하셨습니다.
9 나는 주님 앞에서 걸어가리라,
산 이들의 땅에서.
10 "내가 모진 괴로움을 당하는구나"
되뇌면서도 나는 믿었네.
11 내가 질겁하여 말하였네.
"사람은 모두 거짓말쟁이"
12 나 무엇으로 주님께 갚으리오?
내게 베푸신 그 모든 은혜를.
13 구원의 잔을 들고서⤴

주님의 이름을 받들어 부르네.
14 주님께 나의 서원들을 채워 드리리라,
그분의 모든 백성 앞에서.
15 당신께 성실한 이들의 죽음이
주님의 눈에는 소중하네.
16 아, 주님
저는 정녕 당신의 종
저는 당신의 종, 당신 여종의 아들.
당신께서 저의 사슬을 풀어 주셨습니다.
17 당신께 감사의 제물을 바치며
주님의 이름을 받들어 부릅니다.
18 주님께 나의 서원들을 채워 드리리라,
그분의 모든 백성 앞에서
19 주님의 집 앞뜰에서
예루살렘아, 네 한가운데에서.
할렐루야!

둘러보기

우리의 사랑을 바쳐야 할 참된 대상은 하느님이어야 하며, 그 사랑이 우리로 하여금 고난과 역경을 견디게 한다. 우리가 어려울 때에 그분께서 우리의 기도를 들어주시리라는 것을 알기 때문이다. 하느님께서는 우리의 기도를 들어주신다. 우리가 좋을 때나 불행을 당했을 때나, 입 밖으로 내어 말한 것이나 우리의 마음속에만 있을 뿐 입 밖으로 내어 말하지 않은 것이나 다 들어주신다(바실리우스). 살면서 크나큰 슬픔과 환난을 당했을 때 하느님께서는 우리가 당신께서 주시는 화관을 얻을 수 있도록 그것들을 극복할 힘을 주신다(암브로시우스). "죽음의 슬픔"과 "저승의 교만"은 출산의 고통, 죽음으로 영혼과 육체가 분리됨, 크나큰 죄로 인한 슬픔과 참회 때에 겪는 고난 등, 여러 가지로 해석되어 왔다.

하느님 안에는 심판과 자비가 얽혀 있으며, 하느님께서 타락한 아담을 에덴 동산에서 찾으신 일이 입증해 주듯, 하느님께서는 사람들이 과거의 그 자신으로부터 얼마나 멀리 떨어져 나갔든 당신의 자비를 베푸신다. 하느님께서 지켜 주시지 않는 한, 어떤 아기도 태어날 때의 크나큰 환경 변화로 인한 충격을 이겨 낼 수 없다. 믿음 안에서 이승의 삶을 끝낸 사람은 누구나 자신의 행실에 근거해서가 아니라 하느님 은총의 선물로 영원한 안식을 얻는다.

하느님께서는 당신 백성이 죽음을 맞으면 불사의 영혼에게는 육체와 죄에서 놓여남으로 축복하시고, 다음 생에서는 영혼이 육체를 지배하고 하늘의 약속을 차지하는 축복을 내리신다(바실리우스). 영혼은 육체와 함께 죽지 않고 죄와 잘못이 없는 상태로 산다(암브로시우스). 천국의 삶은 여러 면에서 지상의 삶과 정반대일 것이다(바실리우스). 영혼은 육체와 본성에서 다르므로 죽지 않는다. 그리고 영혼이 하느님을 두려워한다면 이승과 다음 생에서 좋은 일들을 경험하게 될 것이다. 죄와 슬픔, 죽음은 이승의 삶에 속한 것이어서 하늘에서는 이런 것들을 겪을 일이 없다(암브로시우스).

하느님 말씀에 담긴 진리를 깨닫기 위해서는 기도와 성령의 인도가 필요하다(바실리우스). 육화하신 그리스도의 삶에서 일어난 주요한 사건들을 예언자들과 사도들은 예언하였다. 즈카르야의 사례에서 보듯이, 하느님께서 말씀하신 것을 믿지 못하면 그 결과는 말을 하지 못하게 되는 것이다. 교회의 믿음은 세대에서 세대로 똑같이 남아 있는데, 모든 세대가 같은 신앙을 선포하기 때문이다. 하느님께서 성경 안에서 우리에게 주신 진리들을 선포하지 않는 것은 은혜를 모르는 짓이다. 본성적으로 거짓말쟁이인 인간이 진리를 말할 수 있는 유일한 길은 하느님의 진리를 믿는 것이다(아우구스티누스). 모든 사람이 거짓말을 한다는 사실은 그들에게 하느님의 자비가 필요하다는 것과 진실성은 오직 하느님에게서 기인함을 보여 준다(에피파니우스). "거짓말쟁이"는 '죄인'과 같은 말이므로, 다윗은 이 시편에서 인류 안의 죄의 보편성을 그리고 영원한 생명의 화관은 선물이지 공로가 아님을 증언하고 있다.

우리가 하느님을 더 많이 사랑할수록 믿음의 삶은 덜 고생스러워진다. 하느님께서 우리에게 모든 것을 주시므로, 우리가 그분께 드릴 것이라고는 그분께서 우리에게 주신 것의 작은 일부뿐이다. 우리가 주님께 우리 자신을 드린다면, 그것은 그분께서 만드신 것을 그분께 드리는 것일 따름이다(아우구스티누스). 우리는 행운을 누릴 때는 물론 큰 어려움을 겪을 때에도 하느님을 찬양해야 한다(테오도레투스).

하느님의 선하심은 우리를 모든 역경에서 구원하신 일에서 명백히 드러난다(테르툴리아누스). 선택된 이들의 죽음은 안식, 곧 영광스러운 잠의 시작이다. 하느님께서는 자신들의 피로 박해가 끝나도록 도운 순교자들의 충절과 기꺼운 희생을 흡족해하셨다(키프리아누스). 죽음이 삶보다 낫다. 교회가 순교자들의 죽음으로 인하여 받은 은혜가 이를 분명하게 보여 준다(암브로시우스). 순교자들의 죽음은 그리스도의 죽음에 뿌리를 둔 죽음이며 그들의 신앙의 증거다. 하느님께서는 순교자들의 육신을 버려두지 않으셨다. 그들이 당신의 영광을 드높이도록 그들의 시신을 보존하셨다. 하느님께서는 박해받는 이들이 그것을 견디어 내며 살 수 있도록 힘을 주시며 그들이 다음 생으로 넘어갈 때에 보호해 주신다. 순교자들은 복음을 전파하기 위하여 생명을 바쳤다. 그것은 자신이 구원받은 데 대해 하느님께 보답한 것이라 할 수 있다. 하느님 백성의 피는 그리스도께서 그들을 위하여 흘리신 피로 인하여 고귀해졌다(아우구스티누스). 하느님께 성실한 이들의 피는 그분께 귀한 것이므로 교회의 원수들은 그것을 없앨 수 없다(대 레오). 죄와 악의 모든 양태에 대해 죽을 때에 우리는 죽음과 무수한 악덕들을 죽음에 처하는 것이다(대 레오). 순교자들은 살아 있을 때보다 죽어서 더 강력한 증언을 한다(아우구스티누스).

사람들은 하느님의 종이요 자녀이나 그리스도께서 종이요 아들이신 것과는 의미가 다르다(아타나시우스). 그리스도께서는 온전한 인간 본성을 취하시어 그 본성의 나약함을 체험하심으로써 종이 되셨다(암브로시우스). 세속의 삶과 부에 대한 사랑은 영원한 생명과 영원한 부를 잃어버리게 한다. 하느님만이 우리가 그분을 따르지 못하게 하는 굴레들에서 우리를 자유롭게 하실 수 있다(아우구스티누스). 하느님께서 우리를 죄의 굴레에서 풀어 주시어 우리가 자신의 구원을 확신하게 되면, 그분을 섬기는 것이 우리의 의무다(카이사리우스). 하느님께서 우리를 육의 유혹에서 구원하시지 않았더라면 우리의 영혼은 저승에 머물게 되었을 것이다(요한 카시아누스). 찬미라는 인류의 제물은 우리가 영생으로 들어갈 때에 완결될 것이다(암브로시우스). 하느님께서 우리를 이 세상의 것들에서 자유롭게 해 주실 때 우리는 우리의 영원한 구원에 대해 확신하게 된다(아우구스티누스).

116,1-4 주님께 기도하여라

**주님께서 나의 기도를 들어주시리라**

시편 저자는 "주님께서 내 기도 소리를 들어

주시리니 나 사랑하였네" 하고 말합니다. "나 사랑하였네"라고 말할 수 있는 것은 누구나 할 수 있는 일이 아닙니다. 이미 완전하게 되어 종살이의 두려움을 넘어선 사람, 자녀가 되게 하는 영 안에서 자녀로 형성된 사람이 할 수 있는 말입니다. 그는 "나 사랑하였네"라는 말에 '어떤 이'에 해당하는 말을 보태지 않습니다. 그런데 우리는 머릿속으로 '만유의 하느님'이라는 말을 여기에 넣어 생각하지요. 시편 저자가 이렇게 말하는 것은 '가장 사랑받는'이란 만물이 목적하는 바라고 사람들이 정의하므로, 마땅히 가장 사랑받으시는 것이 하느님이시기 때문입니다. 하느님은 선이시며 첫째이시고 모든 좋은 것들 가운데 가장 완전하신 분이십니다. 그러므로 '나는 소망의 대상들 가운데 가장 높으신 분이신 하느님을 사랑하였고 그분을 위하여 고난을 기쁘게 받아들였다'는 것입니다. 이것들이 무엇인지 시편 저자는 조금 뒤에서 그것들에 대해 상세하게 이야기하며 — 죽음의 고통, 저승의 위험들, 역경들, 고통을 비롯하여 하느님에 대한 사랑 때문에 그에게 바람직하게 느껴지는 모든 것이지요 — 독실한 신앙심 때문에 고난을 받는 이들을 위하여 준비된 희망을 하나하나 보여 줍니다. 저는 제 의지에 반해서나 또는 강요나 강제로 시험을 견뎌 낸 것이 아니라, "저희는 온종일 당신 때문에 살해됩니다"(시편 44,23)라고 말할 수 있기 위하여 사랑과 애정으로 고난을 받아들였다고 그는 말합니다. 이 말들은 사도의 다음 말과 똑같은 무게를 지녔으며 똑같은 마음에서 나온 말이라 보입니다. "무엇이 우리를 그리스도의 사랑에서 갈라놓을 수 있겠습니까? 환난입니까? 역경입니까? 박해입니까? 굶주림입니까? 헐벗음입니까? 위험입니까? 칼입니까?"(로마 8,35). 그러니까 나는 모든 것을 보시고 상을 내리시는 만유의 주님의 손길 아래서 신심 때문에 위험을 견딤을 알기에 이 모든 것을 사랑하였습니다. "주님께서 내 기도 소리를 들어 주실 것"이기 때문입니다. 그러니 우리 각자는 만유의 하느님께서 마치 구경꾼처럼 보시는 앞에서 자기 삶의 태도를 보여 드릴 때마다, 계명으로 내려진 어려운 임무들을 수행할 수 있습니다.

• 대 바실리우스 『시편 강해』 22.[1]

### 나 주님을 부르리라

"내게 당신의 귀를 기울이셨으니." 여기서 '귀를 기울이셨다'는 말을 우리가 낮은 목소리로 말하는 사람 가까이에서 귀를 들이대어 잘 알아들으려고 하는 것처럼 하느님께 귀가 있고 하느님께서 작은 목소리를 들으시려고 귀를 갖다 대셨다는 육체적 의미로 이해해서는 안 됩니다. 시편 저자가 '[주님께서] 귀를 기울이셨다'라고 표현한 것은 그 자신의 나약함을 우리에게 지적해 보여 주려는 것입니다. 아픈 사람이 너무나 기력이 없어 말을 제대로 할 수 없을 때에 친절한 의사가 그에게 가까이 가 귀를 갖다 대어 아픈 사람에게 필요한 것이 무엇인지 알아내는 것처럼, 내가 땅바닥에 누워 있을 때에 인정 많으신 하느님께서는 내게로 내려오셨기 때문입니다. 그래서 "내게 당신의 귀를 기울이셨으니"라고 한 것입니다. 실로, 거룩하신 분의 귀는 대상이 아무 소리를 내지 않아도 알아들으십니다. 마음의 움직임만 보고도 그것이 추구하는 것이 무엇인지 아십니다. 또 모세가 주님을 만나 뵈었을 때 아무 말도 하지 않고 차마 뭐라 말할 수 없는 신음 소리만 내었는데도 주님께서 그에게 "너는 어찌하여 나에게 부르짖느냐?"(탈출 14,15)라고 하셨

[1] FC 46,351-52*.

다는 말씀을 여러분은 듣지 않습니까? 하느님께서는 의로운 사람의 피[가 울부짖는 소리]까지도 들으실 줄 아십니다(창세 4,10 참조). 그 피에는 혀도 없고 어떤 소리도 거기에서 공기 중으로 나오지 않았는데 말입니다. 선행은 하느님 앞에서 아주 큰 소리입니다.

"내 한평생 그분을 부르리라." 우리가 어느 날 기도를 했다면, 또는 어떤 시간 중에 잠시 우리 죄 때문에 슬퍼했다면, 우리는 마치 자신의 사악함을 상쇄하는 어떤 일을 했다는 듯이 마음이 아주 편해집니다. 그렇지만 거룩한 사람은 자기가 평생 동안 잘못한 것들을 드러내어 고백한다고 말합니다. "내 한평생 그분을 부르리라" 하고 말하기 때문이지요. 여러분이 그가 이승 삶에서 운이 좋았고 그가 한 모든 일이 성공을 거두었기 때문에 하느님을 불렀다고 생각하지 않도록, 그는 자신이 처했던 중대하고 어려웠던 갖가지 상황들에 대해 상세히 묘사합니다. 그는 그 모든 순간에 한시도 하느님의 이름을 잊지 않았습니다.

• 대 바실리우스 『시편 강해』 22.[2]

### 죽음의 슬픔이 나를 에우다

[시편 저자가] "죽음의 슬픔이 나를 에우고"라고 말하는 것을 들으십니까? "그러나 나는 죽음의 슬픔 가운데에서도 주님을 사랑하였나이다. 저승의 공포가 나를 덮쳤으나 실로, 두려워하지 않고 사랑하고 희망하느니, 역경도 박해도 위험도 칼도 우리를 그리스도의 사랑에서 갈라놓을 수 없기 때문입니다"(로마 8,35 참조). 그래서 그는 "환난은 인내를 자아내고 인내는 수양을, 수양은 희망을 자아낸다"(로마 5,3)는 것을 알기에 기꺼이 환난과 슬픔을 받아들입니다. 훌륭한 운동선수로서 그는 화관을 받을 수 있는 경기를 추구합니다. 그러나 그는 이것이 자기 자신의 힘이 아니라 하느님의 도움으로 자신에게 주어졌다는 것을 압니다. 그가 경기 참가자들을 도우시는 분을 부르지 않았더라면 승리할 수 없었을 것입니다.

• 암브로시우스 『테오도시우스의 죽음』 23.[3]

### 다양한 방식으로 경험하는 고통과 슬픔

"죽음의 슬픔이 나를 에우고 저승의 공포가 나를 덮쳤다"고 그는 말합니다. 죽음의 슬픔은 출산의 고통이라고들 합니다. 태 안에 든 짐이 커지면 태는 태아를 밀어내고, 그러면 태아 주변 근육들의 수축과 경련으로 생식기 부분이 압축되었다가 늘어났다가 하며 산모에게 엄청나게 날카롭고 아픈 고통을 줍니다. 그는 이 고통들의 이름을 죽음의 때에 영혼과 육체의 경계선에서 짐승을 포위 공격하는 것들로 빗대어 묘사합니다. 그는 자신이 겪은 고통이 그저 적당한 정도가 아니었고, 자신은 죽음의 슬픔에 이르기까지 시험을 받았으며 저승으로 내려갈 뻔했다고 말합니다. 그런데 그는 지금 그가 찬양받는 이 일들만 겪었습니까? 또는 이 일들을 자주 그리고 원치 않았는데 겪었습니까? 강제로 해야 했던 일들은 그 무엇도 칭찬받을 만한 일이 아닙니다. 그러나 이 경기자가 지닌 본성의 고결함을 보십시오. 죽음의 슬픔이 나를 에우고 저승의 위험이 나를 덮쳤을 때 나는 이 시련들에 굴복할 생각이 전혀 없어서 나는 이보다 더한 시련들을 기꺼이 맞이하겠다는 마음이었습니다. 말하자면 나는 나 자신을 위하여 고난과 슬픔을 자초하였습니다. 나는 마지못해 그것들에게 붙들린 것이 아니었습니다.

실로, 앞 구절에서 우리는 "저승의 위험이 나를 덮쳐"라는 말씀을 읽었는데 여기서는 "나는

[2] FC 46,352-53*.

[3] FC 22,317*.

고난과 슬픔에 사로잡혔네"라는 말씀을 봅니다. 이는 유혹자로 인하여 나에게 일어난 일에 내가 굴복하지 않고 있음이 드러났으며, 하느님께 대한 나의 크나큰 사랑을 보여 드리기 위하여 나는 고난에 고난을 슬픔에 슬픔을 더했고, 나 자신의 힘으로 이 고통들에 대항하여 일어나는 대신 주님의 이름을 불렀다는 뜻입니다. 바오로 사도도 이렇게 언명하였습니다. "우리는 우리를 사랑해 주신 분의 도움에 힘입어 이 모든 것을 이겨 내고도 남습니다"(로마 8,37). 힘으로 이끌고 나가는 자들에게 굴복하지 않는 이는 정복자 이상이며, 그는 자신의 인내력을 입증하기 위해 자발적으로 슬픔을 초대합니다. 어떤 죽을죄를 지은(1요한 5,17 참조) 이는 "죽음의 슬픔이 나를 에우고" 라고 말하라고 합시다. "죄를 저지르는 자는 악마에게 속한 사람입니다"(1요한 3,8)라고 그가 말하기 때문입니다. 그는, 내가 죄를 지어 죽음이 임박하였을 때에 저승의 공포 또한 나를 덮쳤다고 말합니다. 그러면 나는 어떻게 나 자신을 치유하였습니까? 참회함으로써 고난과 슬픔을 스스로 찾았습니다. 나의 큰 죄에 합당한 고통스러운 참회 방법을 찾았으며 감히 주님의 이름을 불렀습니다. 그런데 나는 뭐라고 말했습니까? "주님, 제 영혼을 구원해 주소서" 하고 말했습니다. '저는 이렇게 사로잡힌 몸이 되어 있으니 당신께서 저의 몸값을 내주시어 제 영혼을 구해 주십시오'라고 한 것입니다.

• 대 바실리우스 『시편 강해』 22.[4]

116,5-6 하느님은 너그럽고 의로우시며 자비로우시다

하느님 안에서 자비와 정의는 서로 얽혀 있다

"주님은 너그럽고 의로우시며." 성경은 어디에서나 정의를 하느님의 자비와 연결시킴으로써, 하느님의 자비에 공정이 깃들지 않은 적이 없으며 그분의 공정에 자비가 깃들지 않은 때가 없다고 우리에게 가르칩니다. 하느님께서는 연민을 보이실 때도 자격이 있는 이들에게 분별 있게 당신의 자비를 베푸십니다. 그런가 하면 심판하실 때는 우리의 나약함을 충분히 고려하셔서 우리에게 합당한 대로 벌하시기보다 친절을 베푸십니다.

"우리 하느님은 자비를 베푸시는 분." 자비는 그들의 공과를 넘어서는 만큼 영락한 이들에 대해 느끼는 감정이며 그 감정은 동정하는 마음을 지닌 이들 안에서 생깁니다. 우리는 큰 부자였다가 극도로 가난한 처지로 떨어진 사람, 신체가 최상의 강건함을 누리던 상태에서 극도로 쇠약한 상태로 떨어진 사람들, 용모와 육체의 아름다움을 자랑하다가 더없이 부끄러운 정욕 때문에 파멸한 사람을 가엾이 여깁니다. 한때 우리는 영광스러운 지위를 누리며 낙원에 살았지만 거기서 쫓겨남으로써 창피스럽고 비참한 처지가 되었습니다. 과거의 우리가 어떤 처지에 놓였는지 볼 때, "우리 하느님은 자비를 베푸시는 분"이십니다. 이런 이유에서 그분께서는 자비로운 목소리로 아담을 부르셨습니다. "아담아, 너 어디 있느냐?"(창세 3,9). 모든 것을 아시는 그분께서 모르셔서 물으신 것이 아닙니다. 아담이 자기가 어떤 존재였다가 어떤 이가 되었는지 알기 바라신 것입니다. "그리 높은 곳에 있던 네가 어떤 지경으로 몰락했느냐?" 하고 물으시는 대신 "너 어디 있느냐?" 하신 것입니다.

• 대 바실리우스 『시편 강해』 22.[5]

하느님께서는 태어나는 아기를 보호하신다

"주님은 소박한 이들을 지켜 주시는 분, 가엾

[4] FC 46,353-55*.

[5] FC 46,355-56*.

은 나를 구해 주셨네." 본성을 놓고 보면, 주님께서 작은 이들과 아직 아기인 이들을 지켜 주시지 않는 한, 인간 본성은 버텨 낼 수 없을 것입니다. 하느님의 보호로 지켜지지 않는다면, 어미 안의 태아가 돌아누울 틈도 없는 그 좁은 공간에서, 숨도 쉴 수 없고 사람의 삶을 살 수도 없는 그 어둡고 축축한 곳에서 물고기처럼 물 안에 잠겨 어떻게 영양을 공급받으며 움직일 수 있었겠습니까? 그리고 이 익숙하지 않은 곳으로 나온 뒤, 엄마 몸속의 온기를 빼앗기고 대기 때문에 차가워진 상태에서 하느님께서 지켜 주시지 않는다면 어떻게 잠시라도 버텨 내겠습니까? 그래서 "주님은 소박한 이들을 지켜 주시는 분, 가엾은 나를 구해 주셨네"라고 하는 것입니다. 또는 이 말씀을 다음과 같이 이해해도 좋을 것입니다. 내가 돌아서서 작은 아이가 되어 아이처럼 하늘 나라를 받아들이고 순결한 마음으로 아이처럼 겸손한 마음을 갖게 되었을 때(마태 18,3-4 참조) "주님은 소박한 이들을 지켜 주시는 분"이시라고 말입니다. 내가 겸손해졌을 때 그분께서 "나를 구해 주셨기" 때문입니다.

• 대 바실리우스 『시편 강해』 22.[6]

116,7-9 하느님께서는 내 목숨을 죽음에서 구하셨다

영원한 안식

"내 영혼아, 주님께서 너에게 잘해 주셨으니 평온으로 돌아가라." 용감히 싸운 경기 참가자는 바오로 사도가 그랬던 것처럼 자기 자신에게 위안의 말을 합니다. 바오로 사도는 이렇게 말합니다. "나는 훌륭히 싸웠고 달릴 길을 다 달렸으며 믿음을 지켰습니다. 이제는 의로움의 화관이 나를 위하여 마련되어 있습니다"(2티모 4,7-8). 예언자도 자기 자신에게 같은 말을 합니다. 너는 이승의 삶을 충분히 완수하였고, "주님께서 너에게 잘해 주셨으니" 이제 평온으로 돌아가라고 하지요. 이승 삶에서 율법을 지키며 애쓴 이들 앞에는 영원한 안식이 놓여 있기에 그렇습니다. 안식은 행실에 대한 대가로 주어지는 것이 아니라 하느님께 희망을 둔 이들에게 하느님께서 아낌없이 내리시는 은총으로 주어지는 것입니다. [시편 저자/예언자]는 그곳의 좋은 것들을 묘사하기 전에 세상의 고난들에서 탈출하게 된 경위를 자세히 이야기하며, 가차 없는 갖가지 정욕의 종살이에서 그를 구해 주신 영혼들의 '해방자'께 그에 대해 감사를 드립니다.

• 대 바실리우스 『시편 강해』 22.[7]

주님께서 내 발을 넘어짐에서 지켜 주셨다

영혼은 육체에 속한 것이 아니기에 육체와 함께 죽지 않는다는 것이 확실합니다. 그리고 성경이 우리에게 다양한 방식으로 가르치는 것은 육체에 관해서가 아닙니다. 아담은 주 하느님에게서 생명의 숨을 받아 "생명체가 영혼이 되었으며"(창세 2,7), 다윗은 "내 영혼아, 주님께서 너에게 잘해 주셨으니 평온으로 돌아가라"고 말합니다. 하느님의 선하심이 어떠한지 배우십시오. [다윗은] "정녕 당신께서는 제 발을 넘어짐에서 구하셨습니다"라고 합니다. 보다시피 다윗은 그러한 죽음에서 구제되었음을 기뻐합니다. 오류가 그치게 되어 잘못은 사라졌으나 본성은 사라지지 않았기 때문입니다. 그래서 그는 해방되어 자유인이 된 것처럼 "나는 주님을 기쁘게 해 드리리라. 산 이들의 땅에서"라고 합니다. 그것은[8] … 땅입니다. 더 나아가 그는 산 이들의 땅은 영혼들이 안식을 취하는 장소라고 합니다(시편 27,13 참조). 그 땅은 죄가 들어올 수 없는 곳이

[6] FC 46,356*.

[7] FC 46,356-57*.

[8] 산 이들의 땅

며 덕들의 영광이 사는 곳입니다. [그러나 앞의] 땅은 죽은 이들로 가득 차 있습니다. 그곳은 죄인들로 가득 차 있기 때문입니다. 그래서 "죽은 이들의 장사는 죽은 이들이 지내도록 내버려 두어라"(마태 8,22)라고 하신 것입니다. 그런데 그는 앞에서 이렇게 말하기도 했습니다. "그의 영혼은 좋은 것들 안에 머물고 그의 후손은 땅을 차지하리라"(시편 25,13). 곧, 하느님을 두려워하는 이의 영혼은 좋은 것들 안에 머물게 될 것이며, 그래서 그것은 언제나 그것들 안에 있고 그것들과 일치하여 있습니다. 이 구절은 육체 안에 있는 이를 가리키는 말로 이해할 수도 있습니다. 하느님을 두려워하는 이라면 그 또한 좋은 것들 안에 머물며 거룩한 것들 안에 있습니다. 그는 자신의 육체를 소유하고 있고 그것을 종 부리듯 다스리기 때문입니다. 또한 그는 영광과 거룩한 약속들이라는 상속 재산을 소유하고 있기 때문입니다.

• 암브로시우스 『죽음의 유익』 9,38-39.[9]

### 세속의 것들과의 비교를 통해 묘사한 하늘의 평온

"정녕 당신께서는 제 목숨을 죽음에서, 제 눈을 눈물에서, 제 발을 넘어짐에서 구하셨습니다." 그는 이승의 것들과의 비교를 통해 미래를 묘사합니다. 이곳에서는 죽음의 슬픔이 나를 에워쌌지만 그곳에서는 그분께서 나의 영혼을 죽음에서 구하셨다고 그는 말합니다. 이곳에서는 고난 때문에 눈에서 눈물을 쏟지만 그곳에는 하느님 영광의 아름다움을 바라보며 즐거워하는 이들의 눈을 어둡게 할 눈물 같은 것은 없습니다. "주 하느님께서 모든 사람의 얼굴에서 눈물을 닦아 내셨"(이사 25,8)기 때문입니다. 이곳에는 사람을 넘어지게 하는 많은 위험이 있습니다. 그래서 바오로 사도조차도 "서 있다고 생각하는 이는 넘어지지 않도록 조심하십시오"(1코린 10,12) 하고 말하였습니다. 그러나 그곳에는 계단들이 견고하고 걸음걸이가 흔들림이 없으며 삶이 변하지 않습니다. 그곳에는 죄로 미끄러져 들어갈 위험 같은 것이 더 이상 없습니다. 그곳에서는 육의 반항도 죄를 짓도록 하는 여자의 협조도 없기 때문입니다. 그런 까닭에 부활한 다음에는 남자와 여자의 구별도 없습니다. 하나의 확실한 삶이 있을 뿐입니다. 그리고 그 삶은 한 가지 종류입니다. 산 이들의 땅에 사는 이들은 그들의 주님 마음에 드는 이들이기 때문입니다. 이 세상은 그 자체가 필멸이며 필멸하는 자들이 사는 장소입니다. 눈에 보이는 것들의 실체는 합성물이고 모든 합성물은 파괴되기 쉬우며 세상 안에 사는 우리는 세상의 일부이기에 만물의 본성을 지닐 수밖에 없습니다. 그래서 죽음으로 영혼이 육체에서 분리되기 전부터도 우리 인간들은 빈번히 죽습니다.[10]

• 대 바실리우스 『시편 강해』 22.[11]

### 하느님께서는 그의 영혼을 죽음에서 구해 내셨다

지금 평화로이 잠든 테오도시우스 황제는 이 세상의 걱정들에서 구원받은 기쁨을 누리고 계십니다. 하느님께서 그의 영혼을 들어 올리시어 위대하고 영원한 안식으로 가게 하십니다. 그[황제]는 자신이 훌륭한 보살핌을 받아 왔다고 단언합니다. "하느님께서 그의 영혼을 죽음에서 구하셨기" 때문입니다. 그 죽음은 그가 이 세상의 불안정한 상황들 속에서 죄의 파도에 뒤흔들릴 때 자주 버텨 내 왔던 죽음입니다. 그리고 하느

---

[9] FC 65,97-98.

[10] 사람이 삶에서 겪는 많은 슬픔과 고난들을 통해 죽는다는 뜻이다.

[11] FC 46,357*.

님께서는 그의 눈을 눈물에서 구하셨습니다. 슬픔과 설움과 탄식이 사라질 것이기 때문입니다(이사 51,11 참조). 또 다른 곳에는 이런 말씀도 있습니다. "[하느님께서] 그들의 눈에서 모든 눈물을 닦아 주실 것이다. 다시는 죽음이 없고 다시는 슬픔도 울부짖음도 괴로움도 없을 것이다"(묵시 21,4). 이렇듯 더 이상 죽음이 없다면, 안식에 들어간 그는 타락을 겪을 수 없을 것이고 "산 이들의 땅에서 주님을 기쁘게 해 드릴" 것입니다. 이곳에서는 인간이 타락과 범법의 지배를 받는 필멸의 육체 안에 살지만 그곳에서는 그렇지 않을 것이기 때문입니다. 그러므로 영혼이 있는 곳이 산 이들의 땅입니다. 영혼은 하느님의 모습대로 만들어졌기 때문입니다. 그것은 흙으로 빚어진 육이 아닙니다(참조: 창세 1,27; 2,7). 그런즉 육은 흙으로 돌아가지만 영혼은 천국의 안식을 향해 서둘러 갑니다. 그런 영혼이 듣는 말씀이 이것입니다. "내 영혼아, 평온으로 돌아가라."

• 암브로시우스 『죽음의 유익』 30.[12]

116,10-11 믿음을 지키다

나는 믿었다. 그래서 말하였다

그분께서는 더 나아가 이렇게 명령하셨습니다. "너희는 가서 모든 민족들을 제자로 삼아, 아버지와 아들과 성령의 이름으로 세례를 주어라"(마태 28,19). 나는 우리가 믿음으로 이 말씀 하나하나를 이해하고 깊이 깨달아, 모든 이의 기도에 대한 답으로 우리에게 말씀이 주어짐에 따라 입을 열고 말해야 한다고 생각합니다. "너희가 믿지 않으면 이해하지 못하리라"(이사 7,9)라고 쓰여 있으며 또 "나에게 힘을 주시는 분 안에서 나는 모든 것을 할 수 있습니다"(필리 4,13)라고도 쓰여 있습니다. 성경의 명사들과 동사들 그리고 내용들은 하느님과 그분의 그리스도 또는 거룩한 예언자들과 복음사가들, 사도들에 관해서 단순하고 상투적인 이해를 보여 주지 않습니다. 오히려 우리는 성령의 인도와 경건한 지향을 가지고 그 단어들과 내용들을 검토해야 합니다. 한 번에 전부가 아니라 부분들로 나누어 각 부분이 건전한 교리를 설명하는 데 어떤 도움이 될 수 있나 검토해야 합니다. 우리는 그것들을 경건하게 숙고하고 우리의 생각을 경건한 삶의 규칙들과 가르침들에 대한 고찰이 되도록 방향을 잡아야 합니다. 우리가 하나도 빠뜨리지 않고 모든 단어에 주의를 기울이고 우리의 거룩한 소명과 조화되는 의미를 선택하는 것이 더없이 중요합니다. 모두의 기도를 통하여 하느님의 외아드님이신 예수 그리스도께서 우리에게 힘을 주신다면, 그리하여 "나에게 힘을 주시는 분 안에서 나는 모든 것을 할 수 있습니다"(필리 4,13)라는 사도의 말이 우리 안에서 이루어진다면, 우리는 이를 달성할 것입니다.

• 대 바실리우스 『시편 강해』 1,2.[13]

믿음의 공동체

우리는 주 예수 그리스도께서 동정녀에게서 나셨으며 육으로 오셨고 고난받으셨으며 되살아나셨고 하늘로 올라가셨다고 믿습니다. 여러분이 과거의 말씀을 듣듯이, 우리는 이 모든 것이 이루어졌다고 믿습니다. 우리와 함께 이 믿음의 공동체 안에는 그분께서 동정녀에게서 나실 것이며 고난받으실 것이고 되살아나실 것이며 하늘로 올라가시리라고 믿은 선조들이 있습니다. 바오로 사도는 그들을 지적하여 이렇게 말했습니다. "'나는 믿었다. 그러므로 말하였다'고 성경에 기록되어 있습니다. 이와 똑같은 믿음의 영을

[12] FC 22,320-21*.

[13] FC 9,356-57*.

우리도 지니고 있으므로 '우리는 믿습니다. 그러므로 말합니다'"(2코린 4,13). 예언자는 "나는 믿었네. 그래서 나는 말하였네"라고 하였고, 사도는 "우리는 믿습니다. 그러므로 말합니다"(2코린 4,13)라고 합니다. 그런데 여러분, 그의 이 말을 듣고 믿음이 하나라는 것을 아십시오. "이와 똑같은 믿음의 영을 우리도 지니고 있으므로 우리는 믿습니다"(2코린 4,13).

• 아우구스티누스 『요한 복음 강해』 45,9,2.[14]

### 믿음이 없으면 말하지 못한다

바로 그 천사가 마리아에게 와서, 그녀의 몸에서 그리스도께서 태어나실 것이라고 알리고, 마리아는 [즈카르야와] 비슷한 말을 합니다. 즈카르야는 이렇게 말했었지요. "제가 그것을 어떻게 알 수 있겠습니까? 저는 늙은이고 제 아내도 나이가 많습니다"(루카 1,18). 그러자 그는 이런 말을 듣습니다. "보라, 때가 되면 이루어질 내 말을 믿지 않았으니, 이 일이 일어나는 날까지 너는 벙어리가 되어 말을 못하게 될 것이다"(루카 1,20). 그는 불신으로 벙어리가 되는 벌을 받았습니다. 예언자가 요한에 대해 뭐라고 말했습니까? "광야에서 외치는 이의 소리"(이사 40,3)라고 하였습니다. 즈카르야는 벙어리이고, 그는 곧 소리를 낳을 것입니다. 그가 말을 하지 못하게 된 것은 믿지 않았기 때문입니다. 소리가 태어날 때까지, 마땅히 그는 벙어리였습니다. "나는 믿었네. 그래서 말하였네"라는 시편 말씀이 옳다면, 아니, 확실히 옳으므로, 즈카르야는 믿지 않았기 때문에 당연히 말하지 못한 것입니다.

• 아우구스티누스 『설교집』 290,4.[15]

### 같은 믿음

그러니까 고대의 성조들이 믿은 분은 '말씀'이시며 "하느님과 사람 사이의 중개자"(1티모 2,5)이신 그리스도 예수님이셨습니다. 그들도 이 신앙을 그 믿음에 관한 선포와 자신들의 예언으로 우리에게 전해 주었습니다. 그래서 바오로 사도가 "'나는 믿었다. 그러므로 말하였다'고 성경에 기록되어 있습니다. 이와 똑같은 믿음의 영을 우리도 지니고 있으므로 '우리는 믿습니다. 그러므로 말합니다'"(2코린 4,13)라고 하는 것입니다. 그러니까 '똑같은 믿음의 영을 지니고 있다'는 말은 고대인들이 "나는 믿었네. 그러므로 말하였네"라고 한 그 믿음을 "우리도 믿습니다. 그러므로 말합니다"(2코린 4,13)라는 뜻입니다.

• 아우구스티누스 『설교집』 19,3.[16]

### 우리는 우리가 전해 받은 믿음을 선포해야 한다

여러분에게 믿음이 있다면, 그리스도께서 여러분 안에 사시는 것입니다. 여러분은 이 시편을 들었습니다. "나는 믿었다. 그러므로 말하였다." 믿는데 입을 다물고 있는 것은 그에게 불가능한 일이었습니다. 여러분이 쏟아 내지 않는다면, 그것은 여러분을 채우시는 분께 배은망덕한 일입니다. 여러분 안에서 샘이 하나 태어났습니다. 그 샘은 마를 줄 모르는, 계속 물이 솟는 샘입니다. "그 물은 그 사람 안에서 물이 솟는 샘이 되어 영원한 생명을 누리게 할 것이다"(요한 4,14). 여러분은 전도하는 것을 주저할 필요가 없습니다. 여러분은 진리의 샘에 관해 거짓말을 하는 것이 아니기 때문입니다. 여러분 혀에서 활기차게 이야기하는 것은 여러분이 받은 것입니다. 제 말은, 여러분이 만약 자기가 지어낸 것을 말하고 싶어 한다면 여러분은 거짓말쟁이가 될 것이라는 뜻입니다. "나는 무아경 중에 말하였네. 사람

[14] FC 88,194.
[15] *WSA* 3,8,127.
[16] *WSA* 3,1,380.

은 모두 거짓말쟁이"라는 시편 구절이 말하는 것이 이것입니다. "사람은 모두 거짓말쟁이"라는 말은 무슨 뜻입니까? 모든 아담은 거짓말쟁이입니다. 여러분 자신에게서 아담을 벗어 버리고 그리스도를 입으십시오. 그러면 여러분은 거짓말쟁이가 되지 않을 것입니다.

• 아우구스티누스 『설교집』 260E,2.[17]

사람은 모두 거짓말쟁이다

그러니까 성경이 보여 주고자 하는 것은 이것입니다. 곧, 모든 사람은, 인간은 누구 하나 빼놓지 않고 모두 거짓말쟁이라는 것입니다. 우리를 거짓말쟁이로 만드는 것은 우리 자신에게서 유래하는 것입니다. 우리 자신에게서 유래하여 우리가 지니고 있는 모든 것은 거짓말쟁이가 되는 능력입니다. 우리가 참될 수가 없어서가 아니라, 우리 자신 안에 있는 것들로는 참되게 될 수가 없어서 그렇습니다. 그러므로 참되려면, "나는 믿었네. 그래서 말하였네"가 되어야 합니다. 그에게서 "나는 믿었네"를 빼 버리면, "사람은 모두 거짓말쟁이"가 됩니다. 사람이 하느님의 진리에서 떨어져 나가면 그는 거짓말하는 자신 안에 머물게 될 것입니다. 누구든지 "거짓을 말할 때에는 본성에서 그렇게 말하는 것"(요한 8,44)이기 때문입니다. 그러니 "나 무엇으로 주님께 갚으리오? 내게 베푸신 그 모든 은혜를"(시편 116,12)이라고 말하십시오. "내가 질겁하여 말하였네. — 그래서 내가 말한 것은 참인바 — 사람은 모두 거짓말쟁이." 그런데 그분께서 내게 되돌려주신 것은 거짓말한 데 대한 벌이 아니라 악을 선으로 갚아 주신 것입니다. 사악한 자들을 정당화해 주시는 대신 그분께서는 거짓말쟁이를 진리를 말하는 사람으로 만드셨습니다.

• 아우구스티누스 『설교집』 28A,1.[18]

하느님만이 진실하시다

그리고 "나는 무아경 중에 말하였네. '사람은 모두 거짓말쟁이'"라는 구절에 대해서도 해설해야 한다면, 이 의미 또한 다릅니다. 이 말은 지각을 잃어버리고 정신이 나간 사람이 하는 말이 아니라(절대 아니지요!) 바른 방식으로 보고 행동하는 사람들에게 통상적인 이성의 힘을 지니고 생각하는 사람이 매우 놀란 상태에서 하는 말입니다. 이 예언자는 매우 놀랐고, 놀랐기 때문에 지금 이야기하는 것입니다. 예언자들은 무아경을 체험하였습니다. 그러나 그들 이성의 힘의 무아경이 아닙니다. 예를 들어, 베드로 사도는 무아경을 체험했는데, 그가 이성적으로 이해하지 못한 것이 아니라 사람들 사이에서 일상적으로 일어나는 것과 다른 현상을 보았던 것입니다. "그는 큰 아마포 같은 그릇이 내려와 네 모퉁이로 땅 위에 내려앉는 것을 보았다. 그 안에는 네 발 달린 짐승들과 땅의 길짐승들과 하늘의 새들이 모두 들어 있었다"(사도 10,11). 거룩한 베드로가 이해력을 잃었거나 정신이 나간 것이 아님에 주목하십시오. 그는 "베드로야, 일어나 잡아먹어라" 하는 소리를 듣자, 정신 나간 사람처럼 그 말을 거역하는 대신 주님 안에서 이렇게 말하기 때문입니다. "주님, 절대 안 됩니다. 저는 무엇이든 속된 것이나 더러운 것은 한 번도 먹지 않았습니다"(사도 10,14). 거룩한 다윗도 이렇게 말했습니다. "나는 말하였네. '사람은 모두 거짓말쟁이.'" 그가 "나는 말하였네"라고 했을 때 그는 그 자신의 생각으로 말한 것입니다. 사람들에 대하여 그들은 거짓말쟁이라고 말했지요. 그러므로 그 자신은 거짓말을 하지 않았습니다. 인류에 대한 하느님의 사랑과 주님께서 그에게 알려 주

[17] *WSA* 3,7,207.

[18] *WSA* 3,2,115.

신 일들에 대하여 크게 놀랐고 그 놀라움을 표현한 것입니다. 그리고 모든 사람에게 하느님의 자비가 필요하다는 것을 보고 모든 이가 벌을 받아 마땅하다는 것을 깨닫자 그는 오직 주님만이 진실하시다고 고백하며, 예언자들 안에서 말씀하시고 그들에게 하느님에 관한 정확하고 심오한 지식을 드러내 주신 것은 참된 성령이심을 알려 주었습니다.

• 살라미스의 에피파니우스 『약상자』 48,7,1-7.[19]

거짓말한다는 것은 죄짓는다는 말과 같은 뜻이다

그러한 사람은 거짓말하는 것을 죄짓는 것처럼 경계합니다. 사실, '거짓말하다'라는 단어가 '죄짓다'라는 말 대신 사용되는 경우가 꽤 있습니다. 그러니까 이 구절은 "사람은 모두 죄인"이라고 말한 것과 같습니다. "나의 거짓으로 하느님의 진실하심이 더욱 돋보인다면"(로마 3,7)이라는 구절도 비슷한 경우입니다. 이처럼 그가 사람들이 하듯이 거짓말을 한다면 그는 사람들이 하듯이 죄짓는 것이고, 심판을 받게 될 것입니다. 그 심판은 "사람은 모두 거짓말쟁이"라고 하며 또한 "만일 우리가 죄 없다고 말한다면, 우리는 자신을 속이는 것이고 우리 안에 진리가 없는 것입니다"(1요한 1,8)라고 말합니다. 그러나 그의 입에서 거짓된 것은 그 무엇도 나오지 않는다면, 그것은 은총의 결과일 것입니다. 그 은총에 대하여 이렇게 쓰여 있지요. "하느님에게서 태어난 사람은 아무도 죄를 저지르지 않습니다"(1요한 3,9). 우리 안에 이 탄생만 있었다면 아무도 죄짓지 않았을 것입니다. 그것만이 우리 안에 있게 된다면, 아무도 죄짓지 않을 것입니다. 그런데 우리는 지금도 실패하고 있습니다. 우리는 타락하기 쉬운 존재로 태어났기 때문입니다. 하지만 우리가 새로 태어난 곳에서 잘 살아 간다면 "우리의 내적 인간은 나날이 새로워집니다"(2코린 4,16). "이 썩는 몸이 썩지 않는 것을 입으면"(1코린 15,54) 생명이 모든 것을 빨아들일 것이고 "죽음의 독침"은 사라질 것입니다. "죽음의 독침은 죄"(1코린 15,56)입니다.

• 아우구스티누스 『거짓말 반박』 20,40.[20]

116,12-13 하느님께서 주신 것에 감사드려라

우리는 우리의 구원자를 사랑하지 않을 수 없다

단언컨대 저는 구원자를 사랑하지 않을 수 없습니다. 저는 그분께서 베드로에게 뭐라 하셨는지 압니다. "베드로야, 너는 나를 사랑하느냐? 내 양들을 돌보아라"(요한 21,16). 그분께서는 이 말씀을 한 번, 두 번, 세 번 하셨습니다. 사랑하느냐 물으셨고 수고할 것을 명하셨습니다. 사랑이 클수록 수고가 가볍기 때문입니다. "나 무엇으로 주님께 갚으리오? 내게 베푸신 그 모든 은혜를." 만일 내가 그분의 양들을 돌봄으로써 그분께 받은 것을 갚고 있다고 말한다면, 이 경우에도 그것은 "내가 아니라 나와 함께 있는 하느님의 은총이 한 것입니다"(1코린 15,10). 그러니 언제 내가 그분께 갚고 있다고 말할 수 있겠습니까? 언제든 그분께서 먼저 하고 계시니 말입니다. 그럼에도 불구하고, 우리가 한껏 사랑하기에, 그분의 양들을 돌보고 있기에, 우리는 보상을 기대합니다.

어째서 그렇습니까? '내가 한껏 사랑하며 그렇기에 내가 그분의 양들을 돌보는 것'이 '내가 그분의 양들을 돌보고 있기 때문에 나는 보상을 요구한다'는 것과 어떻게 양립하는 말일 수 있습니까? 이런 일은 일어날 수 없습니다. 보상이 사랑받는 이가 아닌 한, 거저 사랑받는 이가 보상

[19] *MOT* 37-39*.

[20] FC 16,177-78*.

을 요구할 수는 없는 법입니다. 다시 말해, 그분께서 우리를 구원해 주신 데 대한 은혜 갚음이 우리가 그분의 양들을 돌보는 것이라면, 그분께서 우리를 목자로 만드신 것에 대해서는 우리는 무엇으로 갚고 있느냐는 말입니다. 나쁜 목자인 사람들은 — 우리가 이렇게 되는 일은 하느님께서 부디 막아 주시기를! — 그 자신의 악함으로 그렇게 된 것입니다. 반면에 착한 목자들은 — 하느님께서 부디 우리가 이렇게 되도록 해 주시기를! — 우리가 오직 그분의 은총으로만 될 수 있는 일입니다.

• 아우구스티누스 『설교집』 340,2.[21]

하느님께서는 당신의 약속 때문에 우리의 채무자이시다

그러니 형제자매 여러분, 주님을 찬양합시다. 약속된 것을 아직 받지는 못했지만, 우리에게는 그분의 확실한 약속이 있기 때문입니다. 우리가 그분의 약속을 받은 것만으로는 부족해서 그분께 빚을 갚으시라고 요구하는 것을 상상할 수 있습니까? 하느님께서는 약속을 하심으로써 우리의 채무자가 되셨습니다. 그분께서 우리의 채무자가 되신 것은 우리의 권리로 인한 것이 아니라 그분의 선하심에서 비롯한 일입니다. 우리가 그분께 무엇을 드렸기에 그분을 우리의 채무자로 두게 되었단 말입니까? 여러분은 "나 무엇으로 주님께 갚으리오?"라는 시편 말씀을 들어 보셨지요? 시편 저자는 제일 먼저 이렇게 말합니다. "나 무엇으로 주님께 갚으리오?" 이것은 빚을 갚으라고 요구하는 이의 말이 아니라 빚진 이의 말입니다. 앞서 그가 받은 것이 있었던 것입니다. "나 무엇으로 주님께 갚으리오?" 무슨 뜻입니까, "내가 무엇으로 갚으리오?"라니. 무엇으로 갚아야 할까? 무엇에 대하여? "내게 베푸신 그 모든 은혜"에 대하여. 그분께서 나에게 무엇을 해 주셨습니까? 무엇보다, 나는 존재하지 않았는데 그분께서 나를 만드셨습니다. 내가 길을 잃었는데 그분께서 나를 찾아 나서셨고, 나를 찾아 나서신 그분께서 나를 발견하셨습니다. 나는 사로잡힌 몸이었는데 그분께서 나를 풀어 주셨습니다. 나를 사들이시어 해방시켜 주셨습니다. 종이었던 나를 형제로 삼아 주셨습니다. "나 무엇으로 주님께 갚으리오?" 여러분은 드릴 수 있는 것이 아무것도 없습니다.

여러분은 어느 한 가지 빠짐없이 모든 것을 그분에게서 찾아 얻는데 여러분이 그분께 드릴 수 있는 것이 무엇이 있습니까? 그런데 들어 보십시오. 시편 저자가 하고 싶어 하는 말이 또 있습니다. 그는 "나 무엇으로 주님께 갚으리오? 내게 베푸신 그 모든 은혜를"이라고 물은 다음, 자신이 드릴 수 있는 것, 갚을 수 있는 것을 찾아 사방을 둘러봅니다. 그리고 그는 그것을 발견한 듯 보입니다. 그가 발견한 것이 무엇입니까? "나는 구원의 잔을 들리라." 여러분은 되갚을 것에 대해 생각하고 있는 중에도 여전히 받을 것을 찾고 있습니다. 잘 들으십시오. 여러분이 여전히 받을 무엇을 찾고 있다면, 여러분은 여전히 채무자일 것입니다. 여러분은 언제나 되갚는 사람이 될 것입니까? 여러분이 언제나 채무자로 있는다면 언제나 빚을 갚을 수 있겠습니까? 여러분은 되갚을 수 있는 그 무엇도 발견하지 못할 것입니다. 그분께서 주신 것 말고는 그 무엇도 가지지 못할 것입니다.

• 아우구스티누스 『설교집』 254,6.[22]

하느님께서 우리를 위해 하신 모든 일

그리스도께서는 여러분이 존재하기 전부터 여

[21] *WSA* 3,9,293.

[22] *WSA* 3,7,155*.

러분을 사랑하셨습니다. 그분께서는 여러분을 창조하셨습니다. 세상의 기초가 놓이기도 전에 여러분을 예정하셨습니다. 여러분이 아버지와 어머니를 통하여 창조되고 나자 그분께서 여러분을 기르셨습니다. 여러분의 부모가 혈연적 특성을 여러분에게 전해 주기는 했지만, 여러분을 만든 것은 여러분의 부모가 아닙니다. 그분께서는 여러분을 사랑하셨고, 창조하셨고, 기르셨으며, 여러분을 위하여 당신 자신을 내주셨고, 여러분을 위하여 모욕을 받으셨고, 여러분을 위하여 상처를 입으셨으며, 당신의 피로 여러분을 구원하셨습니다. 놀랍지 않습니까? "나 무엇으로 주님께 갚으리오? 내게 베푸신 그 모든 은혜를" 이라는 말이 절로 나오지 않습니까? 그분께서 여러분에게 베푸신 그 모든 은혜를 여러분은 무엇으로 갚겠습니까? 그분의 말씀을 들어 보십시오. "아버지나 어머니를 나보다 더 사랑하는 사람은 나에게 합당하지 않다"(마태 10,37). 그분의 이 말씀을 귀담아듣고 그 안에 담긴 위협의 무서움을 알며 거기에 내포된 약속을 사랑하십시오.

주님께서 베푸신 모든 것에 대해 여러분은 무엇을 돌려드렸습니까? 네, 좋습니다. 돌려드린 것이 있다고요? "무엇"을 돌려드렸습니까? 그분께서 여러분을 구원해 주신 것처럼 여러분이 그분을 구원하였습니까? 그분께서 여러분에게 해주셨듯이 그분을 위해 영원한 생명의 문을 열어드렸습니까? 그분께서 여러분을 창조하신 것처럼 그분을 창조하였습니까? 그분께서 여러분을 인격체로 만드셨듯이 여러분이 그분을 주님으로 만들었습니까? 여러분이 그분께 드린 것 중에 여러분에게 되돌아오지 않은 것이 있습니까? 사실을 직시하십시오. 여러분이 그분께 드린 것은 아무것도 없습니다. … "그대가 가진 것 가운데에서 받지 않은 것이 어디 있습니까?"(1코린 4,7). 왜 여러분은 주님께 돌려드릴 수 있는 것을 발견하지 못합니까? 여러분 자신을 그분께 돌려드리십시오. 그분께서 만드신 것을 돌려드리십시오. 여러분의 것이 아니라 여러분 자신을, 여러분이 타락시킨 것이 아니라 그분의 창조물을 그분께 돌려드리십시오.

• 아우구스티누스 『설교집』 65A,12.[23]

삶의 모든 상황에 감사하다

불장막 바깥에 있는 이들, 곧 격언도 있듯이, 경기 참가자가 아니라 구경꾼인 자들은 자기들이 직접 돌을 던질 수 없으니 곡마단장에게 더러운 욕을 해 대는 반면, 거친 파도를 헤쳐 나가며 암초와 만나는 키잡이나 살면서 큰 재난을 겪는 이들에게 찬미 노래만을 부르는 것은 바보스럽고 우스꽝스러운, 아니, 완전히 정신 나간 짓입니다. 덕을 기르는 이들은 자신들이 순풍을 맞을 때만이 아니라 큰 파도와 폭풍우와 싸울 때에도 하느님을 찬양한다는 것을 복된 다윗의 외침에서도 볼 수 있습니다. 평생을 전쟁 속에 보내고 셀 수 없이 많은 불운과 싸운 사람인 그가 이렇게 외쳤습니다. "나 무엇으로 주님께 갚으리오? 내게 베푸신 그 모든 은혜를."

• 키루스의 테오도레투스 『섭리에 관한 연설』 10,7.[24]

116,15 성실한 이들의 죽음은 하느님의 눈에 소중하다

하느님의 선하심을 보여 주는 많은 증거들

"보라, 주님의 눈은 당신을 경외하는 이들에게, 당신 자애를 바라는 이들에게 머무르신다. 그들의 영혼을 죽음에서 구하시고 굶주릴 때 그들을 살리시기 위함이라네"(시편 33,18-19). 여기서 "죽음"은 영원한 죽음까지 포함한 말이며,

[23] *WSA* 3,3,205.

[24] ACW 49,137*.

["굶주릴 때 살리신다" 함은] 영원한 생명이 시작된 이후를 의미합니다. "의인의 불행이 많을지라도 주님께서는 그 모든 것에서 그를 구하시리라"(시편 34,20). "주님께서는 그들의 뼈들을 모두 지켜 주시니 그 가운데 하나도 부러지지 않으리라"(시편 34,21). 주님께서는 당신 종들의 영혼을 구원해 주실 것입니다. 우리는 창조주께서 주신 두터운 책의 몇 구절을 예증으로 들었습니다. 그분께서 지극히 선하신 하느님이시라는 사실을 입증하기 위해 성경 구절을 더 인용할 필요는 없다고 생각합니다. 이 구절들만으로도 그분의 선하심에 관한 가르침들과 그 만물들을 보여 주기에 충분하기 때문입니다.

• 테르툴리아누스 『마르키온 반박』 2,19.[25]

죽음은 불사를 얻는 값이다

오, 시편에 쓰여 있듯이, 그분 군대의 엄숙한 서약과 헌신은 주님께 얼마나 볼 만한 광경이며, 얼마나 숭고하고 고귀하며 하느님 보시기에 얼마나 기꺼운 것이겠습니까? 성령께서는 이 시편에서 우리에게 다음과 같이 말씀하시며 경고하십니다. "당신께 성실한 이들의 죽음이 주님의 눈에는 소중하네." 그 피의 값으로 불사를 사 온 이 죽음, 그 용기의 정점에서 화관을 받은 이 죽음은 고귀합니다.

• 키프리아누스 『서간집』 10,2.[26]

억누를 수 없는 믿음의 열매

고문의 희생자들이지만 그럼에도 불구하고 고문하는 자들보다 더 강한 자들인 그들이 그곳에 서 있었습니다. 얻어맞아 어그러지고 찢긴 그들의 사지가 그것들을 찢고 할퀸 "발톱들"을 이겼습니다. 줄곧 거듭되는 잔인한 채찍질은 순교자들의 억누를 수 없는 신앙을 이길 수 없었습니다. 그들의 내장이 쏟아져 나온 뒤로는 고문을 당하는 것은 하느님 종들의 사지가 아니라 그들의 드러난 상처였습니다. 그것은 마치 박해의 불을 끄기 위해, 지옥의 불타는 석탄과 불꽃을 꺼뜨리기 위해 그들의 피가 영광스러운 시내처럼 흐르는 것 같았습니다. 아, 그것은 주님 보시기에 얼마나 경탄스러운, 얼마나 숭고하고 소중한 광경이었을까요! 당신 군사들의 충실함과 자기 헌신은 주님 눈에 얼마나 기꺼운 광경일까요! 그래서 시편에 다음과 같이 쓰여 있으니, 우리가 마음에 새기도록 성령께서 하시는 말씀입니다. "당신께 성실한 이들의 죽음이 주님의 눈에는 소중하네."

• 키프리아누스 『서간집』 8.[27]

죽음이 생명보다 낫다

순교자들의 죽음으로 종교가 지켜졌고 믿음이 퍼져 나갔으며 교회가 견실해졌습니다. 죽은 이들은 승리자가 되었고 박해자들은 정복되었습니다. 그래서 우리는 그들의 삶을 두고, 우리가 전혀 알지 못하는 이들의 죽음을 기립니다. 또한 그래서 다윗은 자기 영혼이 떠나감을 즐거워하며 예언 중에 이렇게 말합니다. "당신께 성실한 이들의 죽음이 하느님 눈에는 소중하네." 그는 죽음을 삶보다 낫게 여겼습니다. 순교자들의 죽음 자체가 생명의 상입니다. 나아가, 원수들에 대한 미움조차도 죽음으로 사라집니다.

• 암브로시우스 『형 사티루스의 죽음』 2,45.[28]

순교자들의 빛나는 행위

모든 곳에서 교회가 꽃피게 한 거룩한 순교자들의 그러한 빛나는 행위들을 통하여, 우리는 우

[25] ANF 3,312*.
[26] FC 51,25-26.
[27] MFC 17,128.
[28] FC 22,215.

리가 방금 노래한 것, 곧 "당신께 성실한 이들의 죽음이 주님의 눈에는 소중하다"는 말씀이 부인할 수 없는 진실이라는 것을 우리 눈으로 확인하였습니다. 그분의 이름을 위한 그 죽음이 우리 눈에도 소중하고 그분 눈에도 소중하다는 것을 보았기에 그렇습니다. 그러나 이 죽음들의 값은 한 사람의 죽음입니다. 죽어 가는 한 사람에 의해 얼마나 많은 죽음이 사들여졌습니까? 그 한 사람은 밀알 하나였습니다. 그가 죽지 않았더라면 밀알이 숱하게 늘어나는 일은 결코 없었을 것입니다! 여러분은 그분의 수난, 곧 그분께서 우리를 구속하실 날이 다가오고 있을 때 그분께서 하신 말씀을 들었습니다. "밀알 하나가 땅에 떨어져 죽지 않으면 한 알 그대로 남고, 죽으면 많은 열매를 맺는다"(요한 12,24).

십자가 위에서 그분께서는 숭고한 거래를 하셨습니다. 우리의 몸값이 들어 있던 지갑이 그곳에서 풀렸습니다. 처형자의 창이 그분 옆구리를 찔렀을 때, 거기서 온 세상의 값이 뿜어져 나왔습니다. 믿는 이들의 몸값이 지불되었습니다. 순교자들[의 몸값]도. 그러나 순교자들의 믿음은 이미 입증되었습니다. 피가 그 증인입니다. 그들은 자신들을 위해 지불된 값을 되갚았습니다. 그럼으로써 요한의 이 말을 이행했습니다. "그분께서 우리를 위하여 당신 목숨을 내놓으셨듯이 우리도 형제들을 위하여 목숨을 내놓아야 합니다"(1요한 3,16). [성경은] 또 다른 곳에서는 이렇게 말합니다. "네가 대단한 식탁에 앉게 되면 네 앞에 무엇이 있는지 잘 살펴라. 너도 그러한 음식들을 차려 내어야 하기 때문이다"(잠언 23,1-2 칠십인역). 그것은 실로 대단한 식탁이었습니다. 식탁의 주인이 바로 그 잔치였기 때문입니다. 아무도 손님들에게 자기 자신을 먹이지는 않습니다. 그리스도 주님께서는 그렇게 하셨습니다. 당신 자신이 식탁을 차린 주인이시면서 먹을 것이요 마실 것이셨기 때문입니다. 그러니까 순교자들은 똑같은 상을 차려 낼 수 있도록 자신들이 무엇을 먹고 마시는지 잘 살핀 이들입니다.

• 아우구스티누스 『설교집』 329,1.[29]

### 순교자들의 무덤

그러나 주님께서는 당신의 증인[순교자]들에 대하여 놀라운 증언을 하십니다. 그들의 마음이 싸움에 뜻을 두도록 확고하게 굳히신 뒤, 그들이 죽고 나면 그들의 육신도 버려두지 않으십니다. 그분께서 복된 빈켄티우스[30]의 육신에 행하신 특별한 기적이 그런 예입니다. 원수는 그의 육신이 완전히 사라지게 하려고 필요한 수단을 모두 동원했습니다. 그러나 그가 종교적인 장례와 경의를 받을 수 있도록 그의 시신이 어디에 있는지 거룩한 표징이 신속히 알려 주어, 신심의 승리와 불경의 패배를 오래도록 기념할 수 있게 되었습니다. 실로, "주님께 성실한 이들의 죽음이 하느님의 눈에 얼마나 소중한지요". 생명이 빠져나간 뒤에, 진흙인 그 육조차도 잊히지 않았습니다. 눈에 보이지 않는 영혼이 눈에 보이는 그의 집에서 빠져나가는데도 그분 종의 이 거처는 주님의 보살핌으로 지켜지고, 그의 충실한 동료 종들에 의해 주님의 영광을 위하여 기려집니다.

• 아우구스티누스 『설교집』 275,3.[31]

---

[29] *WSA* 3,9,182*.

[30] 빈켄티우스는 히스파니아 속주 사라고사의 부제였는데, 디오클레티아누스 황제의 박해 때인 기원후 303년 히스파니아 총독 다키아누스에 의해 처형되었다. 기록에 따르면, 그는 살갗이 쇠갈고리에 꿰인 채 석쇠 위에서 불에 굽힌 다음 깨진 도기 조각들과 함께 지하 감옥에 던져졌다. 그가 죽자 시신을 돌을 매달아 바다에 던졌는데 시신이 가라앉지 않고 떠서 해안으로 되돌아와 그것을 동료 신자들이 묻었다고 한다. 아우구스티누스의 이 설교는 빈켄티우스의 탄생일을 기리는 축일 설교다.

[31] *WSA* 3,8,27-28.

### 순교자들은 삶에서도 죽음에서도 이긴다

그래서 빈켄티우스는 살아 있는 동안 다키아누스[32]를 이겼습니다. 그는 죽어서도 다키아누스를 이겼습니다. 살아서는 고문을 짓밟았고 죽어서는 바다를 헤엄쳐 왔습니다. 그러나 생명 없는 시신을 파도를 뚫고 인도하며 방향을 잡아 주신 분은 고문자의 쇠발톱에 붙들려 있으면서도 결코 굽히지 않는 불굴의 영을 그에게 허락하신 바로 그분이셨습니다. 고문자의 불꽃은 그의 마음에 겁을 주지 못했습니다. 바닷물은 그의 육신을 가라앉히지 못했습니다. 그런데 이 모든 것은 "주님께 성실한 이들의 죽음이 하느님의 눈에는 소중하다"는 사실을 보여 주기 위해 일어난 일이었습니다. 주님께서 당신의 보호 아래 우리도 이러한 영광에 이르도록 해 주시기를 빕니다. 주님께 영광과 나라가 이제와 영원히 있나이다.

• 아우구스티누스 『설교집』 276,4.[33]

### 그리스도의 피와 순교자의 피

그런데 그 사람[34]에게 진실이 계시되었고, 그는 그 발견물이 무엇인지 지적해 주었습니다. 그 장소[35]를 일러 준 표징들이 그에 앞서 있었고, 그 표징들에서 계시된 바로 그대로 그것이 발견되었습니다. 많은 사람이 그곳에서 유해를 받았습니다. 그것이 하느님의 뜻이었기 때문입니다. 그리고 일부가 멀리 여기[36]까지 왔습니다. 그러니 이 장소와 이 날이 다 여러분의 헌신적인 마음을 요구합니다. 이 장소를 또 이 날을 기리는 것은 스테파노가 고백한 하느님의 영광을 위한 것입니다. 결국 우리가 이 장소에 지은 것은 스테파노에게 봉헌하는 제단이 아니라 스테파노의 유해가 안치된, 하느님께 봉헌하는 제단입니다. 이런 제단을 하느님께서는 좋아하십니다. 왜냐고요? "당신께 성실한 이들의 죽음이 주님의 눈에는 소중"하기 때문입니다. 자신의 구원자를 위하여 피를 흘린 이들은 그분의 피로 속량되었습니다. 그분께서는 그들의 구원을 위한 속전으로 당신의 피를 흘리셨습니다. 순교자들은 그분의 복음이 퍼져 나가게 하는 수단으로 자신들의 피를 흘렸습니다. 그러나 그들은 그분께 무엇을 드리기는 했지만 그들 자신이 본디 가지고 있던 것은 아니었습니다. 따지고 보면, 그렇게 할 수 있는 그들의 능력은 그분의 선물이었습니다. 그들에 의해 이루어질 수 있었던 일이 실제로 행해진 것은 그분의 선물이었습니다. 그분께서는 당신 호의의 표시로, 그들의 순교라는 사건으로 그들을 검증하셨습니다. 그 사건이 일어났고, 그들은 고난을 당했으며, 세상을 짓밟았습니다.

• 아우구스티누스 『설교집』 318,1.[37]

### 그리스도의 피가 우리의 피를 소중하게 만든다

그런데 그분께서는 당신 피를 값으로 내어 주신 당신 백성들의 피도 소중하게 만드셨습니다. 그분께서 당신 백성들의 피를 소중하게 만드시지 않았더라면, "당신께 성실한 이들의 죽음이 주님의 눈에는 소중하네"라는 말씀도 없었을 테기 때문입니다. 또 이와 관련하여 예수님께서는 이렇게 말씀하십니다. "착한 목자는 양들을 위하여 자기 목숨을 내놓는다"(요한 10,11). 그분만 이렇게 하신 것은 아닙니다. 그러나 [이렇게] 한

---

[32] 앞의 주 30 참조. [33] *WSA* 3,8,31*.

[34] 기원후 415년 12월 예루살렘에서 30킬로미터 조금 더 되는 곳에서 교회의 첫 번째 순교자인 스테파노의 뼈를 발견했다는 팔레스티나 출신 사제 루키아누스를 말한다. 아우구스티누스는 424년 히포 레기우스에 있는 자기 교회를 위해 스테파노의 유해 가운데 몇 조각을 입수했고, 대성전에 붙여 부속 건물을 지어서 유해를 모신 기념성당으로 삼았다.

[35] 팔레스티나를 말한다.

[36] 히포 레기우스를 말한다. [37] *WSA* 3,9,147*.

이들이 그리스도의 지체들이라면, 그분만이 이렇게 하셨다고 할 수 있습니다. 그분께서는 그들 없이 [무엇이든] 하실 수 있으셨지만, 그들이 그분 없이 어떻게 [무엇이라도] 할 수 있었겠습니까? 그분께서 이렇게 말씀하셨으니 말입니다. "너희는 나 없이 아무것도 못한다"(요한 15,5). 그런데 여기에서 우리는 다른 사람들 또한 한 것을 보여 줍니다. 여러분이 방금 들은 이 복음을 설파한 사도 요한은 자신의 서간에서 이렇게 말합니다. "그분께서 우리를 위하여 당신 목숨을 내놓으셨듯이 우리도 형제들을 위하여 목숨을 내놓아야 합니다"(1요한 3,16). 그는 우리가 그렇게 '해야만 한다'고 했습니다. 처음으로 길을 보여 주신 분께서 우리를 빚진 이로 만드셨습니다. 그래서 어떤 곳에는 이렇게 쓰여 있습니다. "군주와 식사하는 자리에 앉게 되면 네 앞에 무엇이 있는지 잘 살펴라. 너도 그러한 것들을 준비해야 한다는 것을 알고 손을 내밀어라"(잠언 23,1-2 칠십인역). 여러분은 "군주의 식탁"이 무엇인지 압니다. 그것은 그리스도의 몸과 피입니다. 그러한 식탁에 다가가는 사람은 그러한 것을 준비하도록 하십시오. "그러한 것들을 준비"한다는 것이 무슨 뜻입니까? "그분께서 우리를 위하여 당신 목숨을 내놓으셨듯이 우리도" 사람들을 교화하고 믿음을 지키기 위하여 "형제들을 위하여 목숨을 내놓아야 합니다".

• 아우구스티누스 『요한 복음 강해』 47,2,2.[38]

#### 십자가의 신비 위에 세워진 종교는 박해로 무너지지 않는다

당신의 복된 동료 사도 바오로, "선택된 그릇"이며 민족들의 특별한 교사는 이 도시에 올 때 당신 동료였습니다. 그때는 네로 황제의 뜻에 따라 결백과 영예와 자유가 모두 고난을 겪던 시기였습니다. 온갖 악덕이 넘쳐흐르며 불붙었던 네로는 격노를 넘어 제정신을 잃는 지경에 이르렀고 그리하여 그는 그리스도의 이름에 전면적 박해를 가하는 첫 임금이 되었습니다. 그자는 하느님의 거룩한 이들을 학살하면 하느님의 은총이 잘려 나간다고 생각하는 듯 보였습니다. 네로는 십자가의 신비 위에 세워진 교회는 어떤 잔혹한 수단을 동원해도 절멸시킬 수 없다는 것을 몰랐습니다. 그자는 "당신께 성실한 이들의 죽음이 주님의 눈에는 소중"하다는 것을 몰랐던 것입니다. [그의 박해는] 교회를 작아지게 하는 대신 더욱 크게 키웠습니다. 마치 하느님의 은총이 그분의 거룩한 이들을 학살하면 지워질 수 있기라도 하듯 [학살이 이루어졌지만] 이 거룩한 이들은 이 쇠해 가는 생명을 경멸함으로써 영원한 행복에 관한 지식이라는 가장 큰 이득을 얻었습니다. 이 쇠해 가는 생명이 영원한 행복에 관한 지식을 가져다주었습니다. 그래서 "당신께 성실한 이들의 죽음이 주님의 눈에는 소중하네"라고 하는 것입니다.

• 대 레오 『설교집』 82,6.[39]

#### 순교자의 죽음은 다방면의 승리다

쾌락을 버리고, 더러운 것에서 돌아서고, 사치를 없애고, 불의에서 달아나며, 거짓에 저항하십시오. 여러분이 다방면에서 전투를 벌이고 있는 것을 보게 되면, 순교자들을 본받아 여러분도 다방면에서 승리하고자 애쓰십시오. 우리가 죄에 대해 죽을 때마다 우리 안에서 죄가 죽습니다. "당신의 거룩한 이들의 죽음이 하느님의 눈에는 소중하네"라고 하는 것은, '인간이 세상에 대해 죽는' 것은 지각이 사라져서가 아니라 악덕들이 죽는 것이기 때문입니다.

• 대 레오 『설교집』 84B,2.[40]

---

[38] FC 88,213-14.
[39] FC 93,355*.
[40] FC 93,364*.

### 교회의 씨앗

세상은 순교자들의 피로 가득 채워졌습니다. 씨와 같은 그 피에서 교회라는 곡식이 열렸습니다. 그들은 살아 있을 때보다 죽어서 그리스도의 대의를 더 효과적으로 언명했습니다. 그들은 오늘날도 그것을 언명합니다. 그들은 오늘날에도 그분을 선포합니다. 그들의 혀는 잠잠하지만 그들이 한 행동들이 온 세상에 메아리를 울리고 있습니다. 그들은 체포되어 묶이고 감옥에 갇혔으며 재판을 당하고 고문을 당하고 말뚝에 묶여 불태워지고, 돌에 맞아 죽었고, 마차 바퀴에 깔렸고 맹수들에게 먹혔습니다. 이런 온갖 종류의 죽음을 당하면서 그들은 하잘것없는 이들이라고 조롱을 당했지만, "당신께 성실한 이들의 죽음이 하느님의 눈에는 소중"합니다.

• 아우구스티누스 『설교집』 286,3.[41]

## 116,16–17 주님의 종

### 하느님의 종이며 아들

우리는 이 말씀[42]을 읽을 때, 솔로몬은 본성에 따른 친아들이라고 이해하며, 그가 "종"이라 불렸다고 해서 그를 종으로 생각하지는 않습니다. 마찬가지로, 본성에 따라 참으로 아드님이며 '말씀'이라는 고백을 받는 구원자에 관해서도 성도들은 "당신을 세우신 분께 충실하신 분"(히브 3,2)이라고 하며, 그분께서는 당신에 관하여 "주님께서 나를 지으셨다", "저는 당신의 종, 당신 여종의 아들"이라고 하십니다. 비슷한 말씀은 또 있습니다. 그러니 아무도 이러한 이유로 그분께서 아버지의 참아드님이며 아버지에게서 오신 분이라는 사실을 부인해서는 안 될 것입니다. 솔로몬이나 다윗의 경우와 마찬가지로, 아버지와 아들에 관하여 올바로 이해하라고 하십시오.

• 아타나시우스 『아리우스파 반박 연설』 2,14,4.[43]

### 종이신 그리스도

그렇다면 다음 말씀이 무엇을 뜻하는지 깨달으십시오. "[그분께서는] 종의 모습을 취하시고." 이 문장은 그리스도께서 인간의 모든 면모에서 인간의 특성을 완전하게 취하시고 거기에 당신을 맡기셨다는 뜻입니다. 그래서 시편 제30편은 이렇게 말합니다. "당신께서 제 발을 넓은 곳에 세우셨습니다. … 저는 제 모든 원수들보다 비난을 당하나이다. 당신 얼굴을 당신 종 위에 비추소서"(시편 31,9.16-17). 여기서 "종"은 그분께서 그 안에서 거룩하게 되신 '인간'을 가리킵니다. 그것은 그분께서 그 안에서 기름부음을 받으신 '인간'을 가리킵니다. 그것은 그분께서 그 안에서 율법 아래에 놓이시고 동정녀에게서 잉태되신 '인간'을 가리킵니다. 간단히 말해, 그분께서 그 안에서 모친을 갖게 된 '인간'을 가리킵니다. 그래서 다음과 같이 쓰여 있는 것입니다. "아, 주님, 저는 정녕 당신의 종, 저는 당신의 종, 당신 여종의 아들." 또 이렇게도 쓰여 있습니다. "저는 쇠약해지고 더없이 으스러졌습니다"(시편 38,9).

• 암브로시우스 『신앙론』 5,8,108.[44]

### 영원히 살다

그[시편 저자]는 당황해서는 안 됩니다. 당황하면 잘못된 생각에 빠질 수 있습니다. 그는 두려움에 떠는 중에 용기를 얻었습니다. 그래서 이렇게 말했습니다. "아, 주님, 저는 당신의 종, 당신 여종의 아들. 당신께서 저의 사슬을 풀어 주셨습니다." 저의 가장 큰 사슬은 살아 있음에 대

[41] *WSA* 3,8,102.

[42] 어머니 밧 세바와 나탄 예언자가 솔로몬을 "종"이라고 부르는 성경 구절을 가리킨다(1열왕 1,19.26 참조).

[43] NPNF 2,4,350*.

[44] NPNF 2,10,298*.

한 사랑이었습니다. 그리고 그것이 제가 죽어 가게 된 원인이었습니다. 아시다시피, 살아 있음에 대한 사랑 때문에 많은 이가 영원히 죽었습니다. 그런가 하면, 순교자들은 끝이 있는 그 삶을 아무것도 아닌 것으로 여김으로써 끝이 없는 생명을 얻었습니다. 돈을 사랑하는 사람이 돈에 대한 사랑 때문에 돈을 무시함으로써 더 많은 돈을 얻기 위하여 자주 돈을 무시하는 것과 같습니다.[45] 그러니 우리는 잘 알려진 이 인물[46]이 한 이 말을 금언으로 삼읍시다. "때로는 돈을 하찮게 여기는 것이 엄청난 이윤을 가져다준다." 고리대금업자들이 바로 이렇게 합니다. 그들은 씨앗을 조금 뿌려 엄청난 수확을 하기 위하여 돈을 나누어줌으로써 돈을 긁어모읍니다. 마찬가지로, 순교자들도 생명에 대한 사랑 때문에 생명을 하찮게 여겼습니다. 죽음을 두려워하였다면 그들은 죽었을 것입니다. 살기를 바랐다면 그들은 살기를 거부하였을 것입니다.

• 아우구스티누스 『설교집』 335E,3.[47]

이 세상 걱정으로 묶여 있다

그러나 주님께서 복음을 통하여 "고생하며 무거운 짐을 진 너희는 모두 나에게 오너라. 내가 너희에게 안식을 주겠다. 나는 마음이 온유하고 겸손하니 내 멍에를 메고 나에게 배워라"(마태 11,28-29) 하고 외치신 뒤로, 얼마나 많은 사람이 부자가 주님께 이 말씀을 듣고 한 행동을 복음서에서(마르 10,17-22 참조) 듣고서도 그를 따르지 않지 않았습니까? 그러니 이제 우리는 이렇게 합시다. 주님을 따릅시다. 우리가 주님을 따르는 것을 방해하는 족쇄를 풉시다. "당신께서 저의 사슬을 풀어 주셨습니다"라는 말씀을 들으신 분을 돕지 않는다면, 그런 매듭을 풀기에 적합한 사람이 누구입니까? 그분에 관해 또 다른 시편은 이렇게 말합니다. "주님께서는 붙잡힌 이들을 풀어 주시고 꺾인 이들을 일으켜 세우신다"(시편 146,7-8).

• 아우구스티누스 『요한 복음 강해』 34,8.[48]

하느님께서 우리 죄악의 사슬을 끊어 버리셨다

사랑하는 여러분, 우리 구원자께서는 하늘로 올라가셨습니다. 그러니 우리는 땅에서 마음 어지러워하지 맙시다. 우리의 영이 하늘에 있게 합시다. 그러면 여기에 평화가 있을 것입니다. 동시에 우리는 마음으로 그리스도와 함께 하늘로 올라갑시다. 그분께서 약속하신 날이 오면, 우리는 육신으로도 그분을 따라가게 될 것입니다. 그러나 우리는 교만과 탐욕, 방탕은 그리스도와 함께 하늘로 올라가지 못했다는 것을 알아야 합니다. 우리의 어떤 악덕도 우리의 의사와 함께 하늘로 올라가지 못했습니다. 그러니 우리가 의사를 따라 하늘로 올라가기 원한다면, 우리의 악덕과 죄들을 여기서 내려놓으려 노력합시다. 우리의 모든 죄악이 사슬처럼 우리를 둘러싸고서 우리의 죄들이라는 그물 안에 우리를 묶어 놓으려 안달하고 있기 때문입니다. 그러니 하느님의 도움을 받아, 시편 저자의 말대로 "저들의 사슬을 끊어 버립시다"(시편 2,3). 그러면 우리는 자신 있게 주님께 이렇게 말할 수 있을 것입니다. "당신께서 저의 사슬을 풀어 주셨습니다. 당신께 감사의 제물을 바치며 주님의 이름을 받들어 부릅니다." 주님의 부활은 우리의 희망입니다. 주님의 승천은 우리의 영광입니다.

• 아를의 카이사리우스 『설교집』 210,1.[49]

[45] 아우구스티누스가 조금 뒤에서 설명하듯이, 고리대금업자들은 돈을 빌려줌으로써 돈을 번다.
[46] 누군지 알려져 있지 않다.
[47] *WSA* 3,9,235-36.
[48] FC 88,67.
[49] FC 66,93-94.

### 하느님의 보호로 구원받다

한편, 애덕으로 말미암아 하느님과 비슷한 모습을 얻은 사람은 선 자체를 즐겨서 기쁘게 선을 행하게 됩니다. 또한 그는 인내와 온유함도 사랑하기 때문에 이제 죄인들의 악행에 대해 분노를 느끼지 않습니다. 오히려 그들의 나약함을 슬퍼하고 측은히 여기며 그들을 위하여 용서를 청할 것입니다. 그는 주님의 자비로 구원받을 때까지 그 자신도 그와 비슷한 정욕에 오래 시달렸다는 사실을 기억하기에, 자신이 육의 공격을 자기 노력으로 극복한 것이 아니며 오직 하느님의 보호로 치유되었다는 것을, 그러므로 잘못된 길에 빠진 이들에게는 분노가 아니라 자비를 베풀어야 한다는 것을 깨달을 것입니다. 그래서 그는 더없이 평온한 마음으로 하느님께 이렇게 노래할 것입니다. "당신께서 저의 사슬을 풀어 주셨습니다. 당신께 찬미의 제물을 바칩니다"(시편 116,16-17), "주님께서 내게 도움을 주지 않으셨다면 자칫 내 영혼은 저승에 머물렀으리라"(시편 94,17).

• 요한 카시아누스 『담화집』 11,9,2.[50]

### 하느님께 제물과 찬양을 바치리라

우리는 다윗이 주님께 제물을 바쳤다는 이야기를 자주 읽습니다만, 그는 이 구절에서는 "당신께 찬양의 제물을 바치리라"라고 덧붙입니다. 그는 "나는 제물을 바칩니다"라고 하지 않고 "나는 제물을 바치리라"라고 합니다. 이는 제물은 이 육체의 사슬에서 풀려난 각자가 주님 앞에 서서 자기 자신을 찬미의 제물로 바칠 때 완성된다는 뜻입니다. 사람은 앞으로의 행위가 어떨지 확실치 않기 때문에 죽기 전에는 어떤 찬미도 완전한 것이 아니고, 어느 누구도 이승에서는 최종적인 칭송을 받을 수 없기에 그렇습니다. 그렇기에 죽음은 영혼이 육체에서 완전하게 풀려남입니다. 그래서 사도는 우리에게 "그리스도와 함께 있는 편이 훨씬 낫다"(필리 1,23)고 가르쳤습니다. 이 분리의 효과는 무엇입니까? 육체는 놓여나서 쉬게 되고, 영혼은 자유롭게 된 상태에서 본디의 자기 자리인 평온으로 돌아갑니다. 그 영혼이 신심 깊은 영혼인 경우, 그 영혼은 그리스도와 함께 있게 됩니다.

• 암브로시우스 『죽음의 유익』 3,8.[51]

### 구원에 대한 확신

저의 하느님, 당신께서 제게 베푸신 자비를 잘 알고 기억하고 있기에 당신께 감사를 드립니다. 당신 사랑이 제 뼛속까지 사무쳐 저는 온 마음으로 외칩니다. "주님, 누가 당신과 같습니까?"(시편 35,10). "당신께서 저의 사슬을 풀어 주셨습니다. 당신의 영광을 찬양하며 제물을 바치렵니다." 당신께서 어떻게 그 사슬을 풀어 주셨는지 저는 이야기하겠습니다. 제 이야기를 들으면, 당신을 경배하는 이들 모두 이렇게 외칠 것입니다. "주님은 하늘과 땅에서 찬미받으소서. 그분의 이름은 크고 놀라우시다."

• 아우구스티누스 『고백록』 8,1.[52]

---

[50] ACW 57,415.

[51] FC 65,75*.

[52] AC 157.

## 117,1-2 찬미가

[1] 주님을 찬양하여라, 모든 민족들아.
주님을 찬미하여라, 모든 겨레들아.

[2] 그분의 사랑 우리 위에 굳건하고
주님의 진실하심 영원하여라.
할렐루야!

둘러보기

하느님께서는 마지막 날에 자기는 불공정한 심판을 받았다고 주장하는 사람이 아무도 없도록 온 교회에게 함께 당신을 찬미하라고 권고하신다. 우리는 하느님의 아드님은 아버지와 함께 영원하시며 동일본질이시라고 고백해야 한다. 달리 고백하는 것은 신성모독이다(카시오도루스).

### 117,1–2 영원하신 주님을 찬양하여라

#### 한목소리로 찬양하여라

"주님을 찬미하여라, 모든 겨레들아." 공동 찬미란 모든 신자가 한목소리로 바치는 찬미로서 세상 각지에서 모인 보편 교회가 바치기에 어울리는 찬미입니다. 겨레들 가운데에서 주님의 심판 때에 자신은 거기 포함되지 않았다고 주장하는 사람이 없도록 모든 민족들이 공통으로 권고를 듣습니다.

• 카시오도루스 『시편 해설』 116,1.[1]

#### 주님은 영원하시다

그는 이렇게 덧붙입니다. "주님의 진리 영원하여라." 여기서 "주님의 진리"는 아드님을 의미합니다. 그분께서 당신에 대해 말씀하신 대로입니다. "나는 길이요 진리요 생명이다"(요한 14,6). 완전히 정신 나간 아리우스파[2]들은 아드님께서 존재하시지 않은 때가 있었다고 — 감히 이런 말을 입에 올리는 것은 신성모독이지요 — 합니다. 그것은 아버지께서 '진리 없이, 길 없이, 생명 없이' 계신 때가 있었다는 것과 같은 뜻입니다. 그러나 우리는 아버지께서 그들[아드님과 성령] 없이 계신 적은 없다고 믿으므로, 아드님은 아버지와 함께 영원하시며 모든 것을 통하여 아버지와 동일본질이시라고 고백하는 것이 우리의 구원과 진리 자체에 어울립니다.

• 카시오도루스 『시편 해설』 116,2.[3]

[1] ACW 53,160*.

[2] 아들은 아버지처럼 영원한 존재가 아니며 아버지와 같은 본성도 동일본질도 아니라고 가르친 이단이다.

[3] ACW 53,161.

### 118,1-18 적들에게서 구해 주심에 감사드리는 찬가

1 주님을 찬송하여라, 좋으신 분이시다.
주님의 자애는 영원하시다.
2 이스라엘은 말하여라.
"주님의 자애는 영원하시다."
3 아론의 집안은 말하여라.
"주님의 자애는 영원하시다."
4 주님을 경외하는 이들은 말하여라.
"주님의 자애는 영원하시다."
5 곤경 속에서 내가 주님을 불렀더니
주님께서 응답하시고
나를 넓은 곳으로 이끄셨네.
6 주님께서 나를 위하시니 나는 두렵지 않네.
사람이 나에게 무엇을 할 수 있으랴?
7 주님은 나를 도우시는 분이시니
나를 미워하는 자들을 나는 내려다보리라.
8 주님께 피신함이 더 낫네,
사람을 믿기보다.
9 주님께 피신함이 더 낫네,
제후들을 믿기보다.
10 온갖 민족들이 나를 에워쌌어도
나는 주님의 이름으로 그들을 무찔렀네.
11 나를 에우고 또 에워쌌어도
나는 주님의 이름으로 그들을 무찔렀네.
12 벌 떼처럼 나를 에워쌌어도
그들은 가시덤불의 불처럼 꺼지고①
나는 주님의 이름으로 그들을 무찔렀네.
13 나를 쓰러뜨리려 그렇게 밀쳤어도②
주님께서는 나를 도우셨네.
14 주님은 나의 힘, 나의 굳셈,
나에게 구원이 되어 주셨네.
15 의인들의 천막에서는
기쁨과 구원의 환호 소리 터지네.
"주님의 오른손이 위업을 이루셨다!
16 주님의 오른손이 드높이 들리시고
주님의 오른손이 위업을 이루셨다!"
17 나는 정녕 죽지 않고 살리라.
주님께서 하신 일을 선포하리라.
18 주님께서 나를 그토록 벌하셨어도
죽음에 내버리지는 않으셨네.

① 히브리어 본문; 그리스어 본문은 '활활 타고'다.
② 그리스어, 시리아어, 히에로니무스 본문은 주어가 1인칭 수동태이고 히브리어 본문은 2인칭 단수 능동태다.

둘러보기

하느님께서 우리에게 당신께 죄를 고백하라고 훈계하시고 명령하시는 것은 좋으신 분이시기 때문이다(아우구스티누스).

영원한 생명을 갈망하는 이는 오래 사는 것을 짐스러워한다(니사의 그레고리우스). 두려워하지 말라고 우리에게 훈계하시는 그리스도께서는 동산에서 붙잡히셨을 때 실로 죽음을 두려워하지 않으셨다(아타나시우스). 사탄이 아무리 우리를 공격해도 하느님은 우리를 지켜 주실 수 있는 분이시므로 박해는 두려워할 것이 못 된다(키프리아누스). 유혹이나 사악한 생각에 빠졌을 때 선하신 하느님 면전에서 우는 사람을 하느님께서는 도와주실 것이다(『이집트 사부들의 금언집』). 사목자는 그리스도를 본받아 금욕과 겸손을 실천할 때에만 효과적인 봉사를 할 수 있다(히에로니무스). 하느님께서는 결국 인간의 모든 통치권과 권한을 무효로 만드실 것이다(아우구스티누스). 우리가 억압받을 때면 언제나 하느님께서 우리를 지켜보시며 힘을 주실 것이다(파코미우스). 어떠한 역경도 견디게 하는 힘은 하느님에게서 그리고 그분에 대한 우리의 사랑에서 온다(아우구스티누스).

하느님을 인간처럼 묘사하는 글은 글자 그대로 이해할 것이 아니라 신성 안에 존재하는 일치의 표현으로 보아야 한다(암브로시우스). 의로운 이들만이 부활절을 제대로 경축하고 하느님의 놀라운 행위를 선포할 수 있다(아타나시우스). 영원한 생명과 부활은 두 성경이 다 선포하고 있으며, 비그리스도인들이 주장하듯이 부인할 수 있는 것이 아니다(아우구스티누스). 하느님께서는 당신 백성을 죽음에서 구하기 위하여 그들을 질책하시고 가르치시며, 본보기들은 가장 효과적인 교육 방법이다. 하느님께서는 우리에게 당신의 법령들과 공정을 가르치시기 위해 우리가 역경과 고난을 겪도록 두신다(알렉산드리아의 클레멘스). 어떤 성경 구절들은 유혹에 맞닥뜨렸을 때 힘과 용기를 준다. 하느님께서는 당신 백성이 저승의 영원한 고통을 겪지 않도록 이승에서 그들을 응징하신다(신클레티카).

### 118,1 하느님은 좋으신 분이시다

#### 주님은 좋으신 분이니 주님께 고백하여라

우리는 주님께 고백하라는 훈계를 들으며, 그렇게 하라고 실로 하느님의 성령께서 명령하십니다. 그리고 우리가 주님께 고백해야 하는 이유도 듣습니다. 그분은 "좋으신 분"이기 때문이라는 것이지요. 말씀은 아주 간략하지만 깊이 생각해 볼 거리가 있는 말씀입니다. 그는 말합니다. "주님께 고백하여라." 그리고 마치 우리가 "왜?"라고 물은 듯이 대답이 이어집니다. "[그분은] 좋으신 분이시다." 여러분이 무엇을 청한다면, '좋은' 것보다 더 나은 것을 바랄 수 있겠습니까? '좋은 것'의 힘은 이렇습니다. '좋은 것'은 악한 자들도 갈구하는 것입니다.

• 아우구스티누스 『설교집』 29,1.[1]

### 118,4-5 주님께서 나를 넓은 곳으로 이끄셨네

#### 하느님께서 나를 넓은 곳으로 이끄셨네

그러니 이런 일들을 잘 생각해 본다면, 그리고 이것 때문에 사람들이 높이 여기는 것은 무엇이든 업신여기고 거룩한 삶만을 갈망한다면, "모든 인간은 풀과 같고 그 모든 영광은 풀꽃과 같다"(1베드 1,24)는 것을 아는 그가, 오늘 있다가 내일이면 사라질 풀을 자신이 추구할 가치가 있는 것으로 생각할 리 있겠습니까? 거룩한 일들을 잘 검토해 본 사람은 인간사만 영속성이 없는 것이 아니라 온 세상 그 자체도 영원히 변치 않고 남아 있은 바 없다는 것을 압니다. 그래서 그는 이승의 삶을 이질적이며 덧없는 것으로 여겨 업신여깁니다. 구원자의 말씀에 따르면 "하늘과 땅은 사라질 것"(마태 24,35)이고 만물은 필연적으로 변모할 것이기 때문입니다. 그러므로 바오로 사도가 그 덧없음을 참으로 적절히 표현하였듯이, 그가 현세의 삶으로 인해 "천막 속에서 무겁게 짓눌려"(2코린 5,4 참조) 사는 한, 시편 저자가 그의 거룩한 노래에서 말한 대로 삶이 길어지는 것을 한탄하게 됩니다. 이 구역에서 삶을 보내고 있는 그들은 실로 어둠 속에서 살고 있는 까닭입니다. 이 때문에 예언자는 이곳에서의 체류가 길어지는 것에 대해 신음하며 "아, 나의 체류가 길

[1] *WSA* 3,2,116.

어졌구나"라고 합니다. 그러나 그는 자신이 낙담하는 이유를 어둠에 돌립니다. 우리가 학자들에게 배웠듯이, 히브리어로 '어둠'은 '케다르'라고 하기 때문입니다. 밤의 어둠에 감싸인 사람들은 시력이 희미해져서 망상을 보게 되고, 그래서 이승 삶에서 영예롭게 여겨지는 것이나 또는 정반대의 것으로 여겨지는 것은 모두가 어리석은 자들의 가정대로 이해되는 것임을 모르는 것이 사실 아닙니까? 그것들은 그 자체로는 아무것도 아닙니다.

• 니사의 그레고리우스 『동정』 4.[2]

118,6-7 주님께서 나를 위하신다

나는 두려워하지 않으리

아브라함에게 "내가 너와 함께 있으니 두려워하지 마라"(창세 26,24; 참조: 창세 15,1) 하시고, 모세가 파라오에게 맞서도록 격려하시고(탈출 4,23 참조) 눈의 아들에게 "겁먹지 말고 용기를 내어라"(여호 1,18 칠십인역) 하신 그리스도께서 헤로데와 빌라도 앞에서 겁에 질리셨겠습니까? 다른 사람들이 두려움을 극복하도록 도우신 분께서("주님께서 나를 위하시니 사람이 나에게 무엇을 할 수 있으랴?"라고 성경에 쓰여 있지 않습니까?) 결국 죽을 운명인 통치자들을 두려워하셨겠습니까? 몸소 죽음과 맞서신 분께서 죽음을 두려워하셨겠습니까? 그분께서 죽음이나 저승을 두려워하셨다고 말하는 것은 맞지도 않고 불경한 소리 아닙니까? 저승의 문을 지키는 자들이 그분을 보고 떨었습니다. 그런데 당신들이 주장하듯이 말씀께서 두려워하셨다면, 유대인들의 음모가 꾸며지기 훨씬 전에 말씀하실 때 왜 달아나지 않으셨습니까? 오히려 그분께서는 사람들이 실제로 당신을 붙잡으러 오자 "[그 사람이] 나다"(요한 18,5)라고 하셨습니다. "아무도 나에게서 목숨을 빼앗지 못한다. 나는 목숨을 내놓을 권한도 있고 그것을 다시 얻을 권한도 있다"(요한 10,18)고 말씀하셨듯이, 그분께서는 죽음을 [피하려면] 피하실 수 있었기 때문입니다.

• 아타나시우스 『아리우스파 반박 연설』 3,29,54.[3]

우리 하느님께서 적들보다 더 힘세시다

박해로 인한 위해와 징벌은 두려워할 것이 못됩니다. 공격하는 악마보다 보호하시는 주님이 더 위대하시기 때문입니다. 요한은 그의 서간에서 이런 말로 이 사실을 확인해 줍니다. "여러분 안에 계시는 그분께서 세상에 있는 그자보다 더 위대하시기 때문입니다"(1요한 4,4). 시편 제117편(칠십인역)에도 이렇게 쓰여 있습니다. "나는 두렵지 않네. 사람들이 나에게 무엇을 할 수 있으랴? 주님은 나를 도우시는 분이시니." 또 이렇게도 말합니다. "이들은 병거를, 저들은 기마를 믿지만, 우리는 우리 하느님의 이름을 부르네. 그들은 넘어지고 쓰러지지만 우리는 일어나 굳건히 서 있으리라"(시편 20,8-9).

• 키프리아누스 『포르투나투스에게 (순교 권면)』 5,10.[4]

하느님은 나를 도우시는 분

한 형제가 사부에게 물었다. "자신 안에서 생겨나는 모든 유혹을 어떻게 다루어야 합니까? 또한 원수가 보내는 모든 생각과 분심들을 어떻게 다루어야 합니까?" 사부가 대답하였다. "돕고 힘을 주시고자 하는 하느님의 선의를 보고 울어야만 합니다. '주님께서 나와 함께 계시며 나를 도우시니 나는 내 원수들을 응징하리라'라고 쓰여 있기 때문입니다."

• 『이집트 사부들의 금언집』 36.[5]

[2] FC 58,23-24. [3] NPNF 2,4,423*.
[4] FC 36,329.

118,8-9 주님께 피신하다

거룩함이 세속적인 부보다 더 가치 있다

세상 사람들을 즐겁게 해 주는 일을 피하십시오. 특히 영예로운 지위 때문에 자만심에 부푼 이들에게는 더욱 그리하지 마십시오. 당신은, 가난하였으며 나그네들의 빵으로 사신 십자가에 달리신 주님의 사제입니다. 만일 집정관의 하급 관리나 군인들이 당신의 문 앞에서 보초를 선다면, 총독이 자신의 저택에서보다 당신과 함께 더 좋은 저녁을 먹고 있다면, 그것은 당신이 부끄러워해야 할 일입니다. 만일 당신이 불행하고 억압받는 사람들을 위해서 중재하려는 마음으로 그랬다고 변명한다면, 나는 세속의 행정관은 부유한 자보다 금욕을 실천하는 사목자를 더 존경할 것이라고 대답하겠습니다. 그는 당신의 재산보다 당신의 성덕을 더 높게 칠 것입니다. 또는 만일 그가 오직 술잔을 앞에 두고만 성직자의 말에 귀 기울이는 사람이라면, 나는 그런 이의 도움은 즉시 포기하고, 그 어떤 재판관보다 효과적으로 도울 수 있는 주님께 호소할 것입니다. "주님께 피신함이 더 낫네, 사람을 믿기보다. 주님께 피신함이 더 낫네, 제후들을 믿기보다"(시편 118,8-9). 참으로 그러합니다.

• 히에로니무스 『서간집』 52,11.[6]

모든 권한은 하느님에게서 온다

더 나아가 그분께서는 하늘의 것이든 땅의 것이든, 어떠한 지배자도 어떠한 권한도 스스로 통치권과 권한을 지닌 것이 아니라 만물이 그 존재에서만이 아니라 질서에서도 유래한 그분께 받은 것임을 모든 사람이 알도록, 아버지 나라의 명시적인 현현을 통하여 모든 통치권과 권한을 파괴하실 것입니다. 그것이 드러날 때에는,[7] 어떤 지배자도 어떤 인간도 희망이 없을 것입니다. 이러한 사실이 지금도 예언을 통해 말해지고 있습니다. "주님을 신뢰함이 더 낫네, 사람을 믿기보다. 주님을 신뢰함이 더 낫네, 제후들을 믿기보다." 이처럼 자기 주위 어떤 사람의 권력에도 가치를 두지 않으며, 자신의 권력에 취하여 스스로 파멸로 가는 일 없이 이렇게 묵상할 때, 영혼은 지금도 아버지 나라로 올라갑니다.

• 아우구스티누스 『여든세 가지 다양한 질문』 69,4.[8]

118,11-14 하느님은 우리의 힘이요 구원이시다

억압을 받을 때 하느님께서 곧 도와주시리라고 믿어라

어떤 생각이 당신을 짓누를 때, 낙담하지 말고 이렇게 말하며 용감하게 그것을 견디십시오. "[그들이] 나를 에우고 또 에워쌌어도 나는 주님의 이름으로 그들을 무찔렀네." 하느님의 도움은 즉시 당신 곁에 도달합니다. 그리고 당신은 그들을 쫓아버릴 것이며 용기가 당신을 감싸고, 하느님의 영광이 당신과 함께 걸을 것이며, 당신의 '넋은 흡족하게 될 것'(이사 58,11 참조)입니다. 하느님의 길은 마음의 겸손함과 온유함이기 때문입니다. 실로, "내가 굽어보는 사람은 겸손한 이와 온유한 이"(이사 66,2 참조)라고 쓰여 있습니다. 여러분이 주님의 길에서 앞서 움직인다면, 그분께서 여러분을 지켜보시고 힘을 주실 것이며 지식과 지혜로 여러분을 채워 주실 것입니다. 당신에 대한 기억이 늘 그분 앞에 남아 있을 것입니다. 그분은 당신을 악마에게서 구해 주실 것이며, 여러분이 죽을 때에 당신의 평화를 주실 것입니다.

• 파코미우스 『교리교육』 9.[9]

---

[5] FC 62,24*. 브라가의 마르티누스가 6세기에 라틴어로 번역한 글이다.

[6] LCC 5,326.

[7] 그리스도께서 아버지께서 다스리심을 보여 주실, 하느님 나라가 드러날 때.

[8] FC 70,170.

[9] CS 47,14-15.

### 주님은 나의 힘

남자 여자를 불문하고 그리스도의 순교자들의 힘, 용기는 그리스도입니다. 남자들만이 용감한 자들로 드러나고 고통을 당해 굳세다면 그들의 용기는 그들이 더 강한 성별이기 때문이라 할 것입니다. 그런데 약한 성별에 속한 이들도 용감하게 고통을 견뎌 낼 수 있었던 이유는 하느님께서 온갖 종류의 사람들 안에서 그것이 가능하게 만들어 주실 수 있기 때문입니다. 그러므로 남자든 여자든 환난을 당하면 그들은 모두 "주님은 나의 힘", "저는 당신을 사랑합니다, 주님, 저의 힘이시여"(시편 18,2)라고 말해야 합니다. 사랑은 그 자체가 힘이고 용기입니다. 여러분이 실제로 어떻게 사랑해야 하는지 안다면, 여러분은 여러분이 사랑하는 것을 위해 무엇이든 어떤 것이든 견뎌 낼 수 있다는 말입니다. 음란한 사랑도 연인들로 하여금 그들의 천박하고 죄스러운 행위를 위해 많은 것을 용감하게 감내하도록 만든다면, 다른 사람의 정절에 덫을 놓는 자들도 그로 인해 어떤 위험한 일이 일어날지 걱정하지 않는다면, 하느님을 사랑하는 이들은 그분의 자애 안에서 얼마나 더 용감하겠습니까? 살아서도 죽어서도 그들은 그분에게서 떨어질 수 없는 이들이니 말입니다! 부정한 연인이 자신이 사랑하는 이를 위하여 죽임을 당한다면, 명백히 그는 자신이 사랑하는 것을 잃습니다. 그러나 용감하고 의롭게 하느님을 사랑하는 이는 그가 죽는다고 해서 그가 사랑한 것을 잃지 않습니다. 사실 그는 죽음으로써 자신이 사랑한 것을 발견합니다. 결국, 죄 되는 것을 사랑하는 자는 그것을 고백하는 것을 두려워하는 것이고, 하느님을 사랑하는 이는 그분을 부인하는 것을 두려워하는 것입니다.

• 아우구스티누스 『설교집』 299E,1.[10]

## 118,16-18 주님의 오른손

### 주님께서 위업을 이루셨다

하느님의 손이나 손가락에 관한 말씀을 읽고서, 하느님께서 육체의 모습을 지니신 분이라고 생각하는 사람들이 있습니다. 이런 구절들은 어떤 육체적인 모양을 나타내려고 쓰인 것이 아니라는 사실을 그들은 깨닫지 못하고 있습니다. 신성 안에는 지체나 부분 같은 것이 없으며, 그런 말은 아들도 성령도 아버지와 나뉠 수 없다는 사실을 우리가 믿도록, 신성이 하나임을 나타내는 표현일 뿐입니다. 신성의 충만함은 말하자면 삼위일체의 실체 안에 통째로 머무르고 있기 때문입니다. 그렇다면 우리가 읽었듯이, 바로 이런 이유로 아들이 아버지의 오른손이라 불리는 것입니다. "주님의 오른손이 드높이 들리시고 주님의 오른손이 위업을 이루셨다!"

• 암브로시우스 『성령론』 2,7,69.[11]

### 하느님께서는 의인들의 하느님이심을 부끄러워하지 않으신다

그러니까 죄인들, 보편 교회에서 멀어진 모든 이들, 이단자들과 열교자들은 성인들과 함께 [하느님을] 찬양하는 행위에서 배제되었으므로 축일들을 올바로 기념할 자격조차 없습니다. 그러나 의로운 사람은 비록 세상에 대해 죽은 것으로 보일지언정 담대하게 이렇게 말합니다. "나는 정녕 죽지 않고 살리라. 당신께서 행하신 놀라운 일들을 이야기하리라"(시편 118,17). 실로 하느님께서도 지상에서의 자기 지체들을 참으로 고행에 넘겼으나 그리스도 안에 사는 이들의 하느님이라 불리시는 것을 부끄러워하지 않으십니다. 그분은 죽은 이들의 하느님이 아니라 살아 있는

[10] *WSA* 3,8,263.

[11] NPNF 2,10,123*.

이들의 하느님이시기 때문입니다. 그리고 그분께서는 당신의 살아 있는 '말씀'을 통하여 모든 사람을 북돋우시며 그를 성도들의 음식이요 생명으로 주십니다. 그래서 주님께서는 "나는 생명의 빵이다"(요한 6,48)라고 단언하십니다.

• 아타나시우스『축일 서간집』7,4.[12]

의인들은 영원히 살 것이다

나는 신중한 검토 끝에, 주님께서 자주 사용하신 "하늘 나라"라는 표현이 이 책들[구약성경]에서도 발견되는가 하는 의문이 들었습니다. 실로, 이런 말씀이 있습니다. "지혜를 사랑하여라. 그러면 영원히 다스리게 될 것이다"(지혜 6,21 참조). 구약성경이 영원한 생명에 대해 분명하게 가르친 바가 없다면, 주님께서 믿지 않는 유대인에게 "성경을 읽어 보아라. 너희는 성경에서 영원한 생명을 얻겠다는 생각으로 성경을 연구한다. 바로 그 성경이 나를 위하여 증언한다"(요한 5,39)라고 말씀하셨을 리가 없습니다. 시편 저자도 이와 똑같은 의미의 말을 합니다. "나는 정녕 죽지 않고 살리라. 주님께서 하신 일을 선포하리라." 또 이런 말씀도 있습니다. "죽음의 잠을 자지 않도록 제 눈을 비추소서"(시편 13,4). 그리고 우리는 이런 말씀도 읽습니다. "의인들의 영혼은 하느님의 손안에 있어 어떠한 고통도 겪지 않을 것이다"(지혜 3,1). 바로 이어 이런 말씀이 나옵니다. "그들은 평화를 누리고 있다. 사람들이 보기에 의인들이 벌을 받는 것 같지만 그들은 불사의 희망으로 가득 차 있다. 그들은 단련을 조금 받은 뒤 많은 보상을 받을 것이다"(지혜 3,3-5). 또 다른 곳에는 이런 말씀이 있습니다. "그러나 의인들은 영원히 산다. 주님께서 그들에게 보상하시고 지극히 높으신 분께서 그들을 보살피신다. 그러므로 그들은 주님의 손에서 영광스러운 나라를 받고 아름다운 왕관을 받을 것이다"(지혜 5,15-16). 이것들이 이 책들에 나오는, 영원한 생명에 관한 어느 정도 명료한 발언들입니다. 예언자들은 육체의 부활에 대해서도 이야기합니다. 그래서 바리사이들은 부활을 믿지 않던 사두가이들을 맹렬히 적대했습니다. 이에 대해 우리는 — 주님께서 약속하신 '보호자'[성령]의 강림에 대해 이야기한다는 이유로 — 마니교도[13]들이 인정하지 않는 정경 사도행전을 통해서만이 아니라, 사두가이들이 주님께 형제 일곱이 차례로 죽어 그들 모두와 결혼한 여자가 하늘에서는 누구의 아내가 되냐고 묻는 복음서의 이야기(마태 22,23-28 참조)를 통해서도 알게 되었습니다. 이처럼 성경의 책들에서는 영원한 생명과 죽은 이들의 부활에 관한 수많은 증언을 볼 수 있습니다. 그러나 나는 거기에서 "하늘 나라"라는 표현은 찾지 못했습니다. 이것은 신약성경의 계시의 고유한 표현입니다. 부활 때에 우리의 지상적 육체들은 바오로 사도가 자세히 묘사한 그 변모를 통하여 영적 육체가 되며 그로써 우리는 하늘 나라를 소유하게 되기 때문입니다. 이 표현은 장차 오시어 임금으로서 다스리고 당신을 믿는 백성들을 사제로서 거룩하게 하실 분을 위하여 준비된 것이었습니다. 그분의 오심은 구약의 모든 상징들에 의해, 그 족보들과 예형적 행위와 말씀들, 희생제의들과 예식들, 축제들, 그리고 그 모든 예언적 발언들과 사건들과 표상들을 통하여 예고되어 왔습니다. 그분은 은총과 진리로 충만한 상태로 오셨습니다. 우리가 가르침에 복종하도록 도우시는 당신의 은총 안에서, 그리고 약속의 성취를 확실히 하는 당신의 진리 안에서 오셨습니다. 그분은 율법을 폐지하러 오신 것이 아니라 완성

[12] NPNF 2,4,525*.

[13] 초기 교회 시기에 영지주의적 경향을 띤 분파.

하러 오셨습니다(마태 5,17 참조).

• 아우구스티누스 『마니교도 파우스투스 반박』 19,31.[14]

### 주님께서 벌하셨지만 버림받지는 않았다

이 교육자[그리스도]의 신중함과 지혜 그리고 힘을 잘 보십시오. "그는 자기 눈에 보이는 대로 판결하지 않고 자기 귀에 들리는 대로 심판하지 않으리라. 힘없는 이들을 겸손으로 재판하고 이 땅의 죄인들을 정당하게 심판하리라"(이사 11,3-4). 그리고 그분께서는 다윗의 입을 통해서는 이렇게 말씀하십니다. "주님께서 나를 그토록 벌하셨어도 죽음에 내버리지는 않으셨네." 네, 그렇습니다. 응징받는 그 행위, 어린아이처럼 주님께 교육받는 것, 그것은 죽음으로부터의 구원을 의미합니다. 그분께서는 같은 시편 저자를 통해 또다시 이렇게 말씀하십니다. "너는 그들을 쇠지팡이로 다스리리라"(시편 2,9). 이와 비슷하게, 코린토 신자들 때문에 격분한 바오로 사도도 이렇게 외칩니다. "여러분은 어느 것을 원합니까? 내가 여러분에게 매를 들고 가는 것입니까? 아니면 사랑과 온유한 마음으로 가는 것입니까?"(1코린 4,21). 또 다른 시편 저자를 통해 주님께서는 이런 말씀도 하십니다. "주님께서 권능의 왕홀을 시온으로부터 뻗쳐 주시리니"(시편 110,2).

• 알렉산드리아의 클레멘스 『교육자』 1,7,61.[15]

### 주님께서 너희를 훈육하시리라

바오로 사도는 "주님께서 우리를 심판하셔도, 그것은 우리가 이 세상과 함께 단죄받지 않도록 우리를 교육하시는 것입니다"(1코린 11,32)라고 합니다. 일찍이 예언자는 "주님께서 나를 그토록 벌하셨어도 죽음에 내버리지는 않으셨네"라고 하였지요. 성경은 '그분께서 광야에서 너희에게 훈계하시고 너희를 시험하시며 목마르고 굶주리게 하신 것은 너희에게 당신의 의로움을 가르치시려는 것이었다. 왜냐하면 너희는 내가 오늘 너희에게 내린 그분의 모든 법령과 판결들을 너희 마음으로는 알기 때문이다. 주 너희 하느님께서는 마치 사람이 자기 아들을 가르치듯이 너희를 가르치신다'(신명 8,2-5 참조)라고 합니다. 성경은 또 좋은 본보기를 통하여 가르쳐지는 교훈을 강조합니다. '범죄자가 벌을 받는 것을 보는 것은 악인에게 좋은 교육이다'(잠언 21,11 참조), '주님을 경외하는 마음이 지혜를 낳기 때문이다'(잠언 15,33 참조)라고 합니다.

• 알렉산드리아의 클레멘스 『양탄자』 1,27,172.[16]

### 하느님의 말씀은 힘과 격려의 말씀이다

하느님께서 그대를 찾아 주셨으니 기뻐하십시오. 이 유명한 말씀을 거듭 되뇌십시오. "주님께서 나를 벌하시고 징계하셨어도 죽음에 내버리시지는 않으셨네." … 사탄의 사자가 그대의 육에 가시가 되도록 그대에게 주어집니다(2코린 12,7 참조). 기운을 내십시오. 그대는 바오로 성인이 받은 것과 똑같은 선물을 받았으니 말입니다. 그대가 열기로 또 추위로 괴로움을 겪고 있다면, "저희는 불과 물을 지나야 했습니다. 그러나 당신께서는 저희를 안식의 장소로 이끌어 내셨습니다"(시편 66,12)라는 성경 말씀을 기억하십시오. … 이런 삼중의 고통이 그대를 완전하게 만들어 줄 것입니다. 그는 이런 말도 하였습니다. "당신께서는 제가 곤경 중에 있을 때 저를 풀어 주셨습니다"(시편 4,3). 그러니 우리는 우리의 원수들이 눈앞에 있으니 이런 극기로 우리 영혼을 시험합시다.

---

[14] NPNF 1,4,252*.

[15] FC 23,55-56*.

[16] FC 85,149.

• 신클레티카 『사부들의 금언집』 7,16.[17]

### 고난이 우리를 강하게 한다

악마는 유혹에 빠뜨리기 위해 가난이라는 몰이막대를 사용하지 않을 때는 부를 그 목적에 이용합니다. 멸시나 조롱으로 이길 수 없을 때는 칭찬이나 아첨을 이용합니다. 건강을 주는 것으로 자기편을 만들지 못하면 질병을 이용합니다. 위로로 자기편을 만들 수 없을 때는 그 사람이 수도 서원을 거스르는 행동을 하도록 이끄는 고민거리로 영혼을 파괴하려고 합니다. 그는 자기가 유혹하고 싶은 사람들에게 심각한 질병을 일으켜서 그들을 나약하게 만들고 그럼으로써 그들이 하느님께 느끼는 사랑을 흔듭니다. 그러나 고열과 참을 수 없는 갈증에 시달리며 육체가 부서질지라도, 이 모든 것을 견디는 여러분은 죄인이니 다음 생에서 받을 징벌과 영원한 불, 심판의 고통을 기억하십시오. 그러면 여러분은 현세의 고통에 무너지지 않을 것입니다. 실로 여러분은 기뻐해야 합니다. 하느님께서 여러분을 찾아 주셨으니까요. 이 유명한 말씀을 거듭 되뇌십시오. "주님께서 나를 벌하시고 징계하셨어도 죽음에 내버리시지는 않으셨네." 쇠는 불로 녹이 지워집니다. 여러분이 의로운데 고통을 겪는다면, 여러분은 더 고결한 이가 될 것입니다. 금은 불로 정련됩니다. 사탄의 하수인이 그대의 육에 가시로 주어졌습니다. 힘을 내십시오. 그대는 바오로 사도가 받은 것과 똑같은 선물을 받았으니까요. 그대가 열기와 추위로 고통을 겪고 있다면, 이 성경 말씀을 기억하십시오. "저희는 불과 물을 지나야 했습니다. 그러나 당신께서는 저희를 안식의 장소로 이끌어 내셨습니다"(시편 66,12). 그대가 고통을 견뎌냈다면, 그대는 안식의 장소를 기대해도 좋습니다. 그대가 선한 것을 따르고 있기만 하다면 말입니다. 예언자의 이 말을 크게 외치십시오. "나는 가난하고 곤궁에 빠졌으며 비참합니다." 이 세 가지 고난이 그대를 완전하게 만들어 줄 것입니다.

• 신클레티카 『사부들의 금언집』 7,16.[18]

[17] LCC 12,86*.

[18] LCC 12,85-86*.

### 118,19-29 집 짓는 이들이 내버린 돌

19 내게 열어라, 정의의 문을.
그리로 들어가서 나 주님을 찬송하리라.
20 이것이 주님의 문이니
의인들이 그리로 들어가네.
21 제가 당신을 찬송하니
당신께서 제게 응답하시고
제게 구원이 되어 주셨기 때문입니다.
22 집 짓는 이들이 내버린 돌
그 돌이 모퉁이의 머릿돌이 되었네.
23 이는 주님께서 이루신 일
우리 눈에 놀랍기만 하네.
24 이날은 주님께서 만드신 날
우리 기뻐하며 즐거워하세.
25 아, 주님, 구원을 베푸소서.
아, 주님, 번영을 베푸소서.
26 주님의 이름으로 오는 이는 복되어라.
우리는 주님의 집에서 너희에게 축복하네.
27 주님은 하느님⤴

우리를 비추시네.
제단의 뿔에 닿기까지
축제 제물을 줄로 묶어라.
28 당신은 저의 하느님, 당신을 찬송합니다.
저의 하느님, 당신을 높이 기립니다.
29 주님을 찬송하여라, 좋으신 분이시다.
주님의 자애는 영원하시다.

둘러보기

그리스도는 의로움의 길이시다. 우리는 그분을 통하여 [하느님과] 화해하고 회복된다(로마의 클레멘스). 사람들이 들어갈 수 있는 문은 두 개인데, 하나는 파멸로 가는 죽음의 문이고 다른 하나는 의로움으로 이끄는 시온의 문이다. 죄가 곧 죽음의 문이며 그것은 영원한 파멸로 이끌고, 의로움의 문은 곧 덕이며 그것은 영원한 생명으로 이끈다(오리게네스). 그리스도는, 야곱이 베텔에서 꾼 꿈에서 이미 상징으로 드러났듯이, 하늘로 들어가는 문이시다(아프라하트).

교회는 고대의 예언자들이라는 토대 위에 그리스도를 모퉁이의 머릿돌로 하여 세워졌다(테르툴리아누스). 돌의 표상이라는 주제는 이 성경 구절의 버려진 돌로 시작하여 그리스도의 무덤 입구에 놓인 돌로 이어진다(에프렘). 예언서들에서 "돌"로 불린 그리스도께서는 빌라도 앞에서 사람들에 의해 버려졌으나 그 뒤 이방인들 교회의 토대가 되셨다(아프라하트). 유대인들의 교회와 이방인들의 교회는 모퉁이의 머릿돌이신 그리스도 안에서 하나로 합쳐지는 두 개의 담이다. 그리스도께서 "모퉁이의 머릿돌"로 불리시는 것은 그분께서 당신의 평화 안에서 유대인들과 이방인들이라는 두 담을 하나로 합치시기 때문이다(아우구스티누스). 집 짓는 이들이 내버린 돌이 모퉁이의 머릿돌이 되는 것은 그리스도께서 거부당하셨다가 나중에 영광스럽게 되는 것에 관한 예언이다(테르툴리아누스). 율법을 두 번 주신 분이신 그리스도께서 유대교와 그리스도교라는 두 개의 건물을 하나로 합치신다(에우세비우스). 그리스도는 참된 "태양"이시며 참된 '날'이시므로 기도를 안 해도 되는 시간은 없다(키프리아누스).

그리스도께서 오심으로써 시편 저자가 예언한 '영원한 날'이 시작되었으며, 열두 사도는 날의 열두 시간을 상징한다(페트루스 크리솔로구스). 부활절은 그리스도께서 부활하신 날로서, 예언자들이 선언하였듯이 기쁨과 행복의 날이 되어야 한다(암브로시우스). 모퉁이의 머릿돌이신 그리스도께서는 우리가 시작은 있으되 끝이 없는 영원한 날을 체험할 수 있게 해 주신다(아우구스티누스).

교회는 주님의 이름으로 오는 사람들만을 그 품에 받아들여야 한다(『디다케』). 그리스도는 '그리스도의 적'이나 어떤 사기꾼이 아니라 하느님의 이름으로 오신 분이시다(베다). 시편 저자가 예고했듯이, 그리스도께서는 우리를 구원하기 위하여 인간의 모습으로 나타나셨으며, 미래 세대의 영혼들을 기르시기 위하여 교회의 지도자들과 함께 교회를 세우셨다(파코미우스). 이방인들이 의식하지 못하고서도 참된 하느님을 받들었다면, 틀림없이 육화를 알아보았을 것이다(아타나시우스). 자비가 필요함을 경험해 본 사람만이 우리에 대한 하느님의 자비를 본받아 다른 사람들에게 진정 자비로울 수 있다(아우구스티누스).

### 118,19-20 정의의 문

#### 내게 열어라, 정의의 문을

그러므로 우리는 이것을[1] 즉시 끝내야 하겠습니다. 우리는 주님 앞에 엎드려, 우리에게 자비를 베풀어 주십사고, 우리에게 맺히신 마음을 풀어 주십사고, 우리가 다시 올바르고 순결한 형제 사랑을 되찾을 수 있게 해 주십사고 그분께 눈물로 간구해야 하겠습니다. 다음과 같이 쓰여 있듯이, 이것이야말로 생명으로 이끄는 길을 여는 정의의 문이기 때문입니다. "내게 열어라, 정의의 문을. 그리로 들어가서 나 주님을 찬송하리라. 이것이 주님의 문이니 의인들이 그리로 들어가네"(시편 118,19-20). 비록 열린 문들은 많이 있지만, "정의의 문"은 그리스도의 문입니다. 그 문으로 들어가고, 거룩함과 의로움 안에서 매사를 혼란 없이 행하는 이들은 모두 복됩니다. 충실한 사람이 되고, 심오한 말씀을 설명할 수 있는 사람이 되고, 말씀을 식별하는 지혜를 지니고, 열심히 행동하고, 순수한 사람이 되어야 하겠습니다. 사람은 마음이 겸손해질수록 더 훌륭한 사람이 되기 때문입니다. 그런 사람은 자신의 이득보다는 오히려 공익을 추구하는 이가 되어야 할 것입니다.

• 로마의 클레멘스 『코린토 신자들에게 보낸 첫째 편지 = 클레멘스의 첫째 편지』 48.[2]

#### 죽음의 문 대對 정의의 문

여기서 말하는 것은 저승의 문입니다(마태 16,18 참조). 그런데 시편에서 예언자는 이렇게 감사를 드립니다. "저를 죽음의 성문에서 끌어 올려 주소서. 그러면 저는 딸 시온의 성문에서 당신의 찬양받을 행적을 낱낱이 이야기하오리다"(시편 9,14-15). 여기에서 우리는 죽음의 문에서 들어 올려져 시온의 성문에 오게 된 사람이 아니고는 하느님 찬양을 선포하는 것이 불가능함을 알 수 있습니다. 시온의 성문은 죽음의 성문과 반대되는 것이라 생각할 수 있습니다. 그러니까 죽음 곧 파멸의 문이 있고, 시온 곧 극기의 문이 있습니다. 그러니까 죽음의 성문은 불의의 문이고, 시온의 성문은 의로움의 문입니다. 예언자가 이렇게 설명한 문이지요. "이것이 주님의 문이니 의인들이 그리로 들어가네." 비겁함도 죽음의 성문입니다. 그러나 용기는 시온의 성문이지요. 신중함이 결핍된 것은 죽음의 성문이고, 그 반대인 신중함은 시온의 성문입니다. 그런데 "지식이 아닌데 그렇게 불리는 것들"의 모든 문들과 맞서는 하나의 문이 있습니다. 거짓이라고는 조금도 섞이지 않은 지식의 문이 그것입니다. 그런데 "우리의 전투 상대는 살과 피가 아니라"(에페 6,12)는 말이 있으니 다스리는 모든 권력과 이 어두운 세계의 지배자들과 "하늘에 있는 악령들"(에페 6,12)은 저승의 성문이고 죽음의 성문이라고 말할 수 있습니다. 그렇다면 우리가 거슬러 싸우는 권세와 권력들은 저승의 성문으로, 그러나 "시중드는 영"(히브 1,14)들은 정의의 문으로 부를 수 있을 것입니다. 그런데 "내게 열어라, 정의의 문을. 그리로 들어가서 나 주님께 모두 고백하리라. 이것이 주님의 문이니 의인들이 그리로 들어가네"라는 구절에서처럼, 더 좋은 것들의 경우에 먼저 많은 문들이 이야기되고, 그 문들 이후에 하나가 이야기되듯이, 이와 반대되는 성문들의 경우에도 저승과 죽음, 각 권능들의 문들이 많이 있습니다. 그러나 이 모든 것 위에 사악한 그자가 있습니다.

• 오리게네스 『마태오 복음 주해』 12,13.[3]

---

[1] 코린토 교회에 생겨난 분열을 말한다. 이 분열이 클레멘스가 이 편지를 쓰게 된 계기였다.

[2] *AF* 83. [3] ANF 9,457-58*.

### 죽음의 성문은 죄이고 정의의 문은 덕행이다

저절로 열린다고 하는 그 문들이 어떤 이들에 의해서는 모호하게 언급되는 것이 믿을 수 없는 일은 아닙니다. "내게 열어라, 정의의 문을. 그리로 들어가서 나 주님을 찬송하리라. 이것이 주님의 문이니 의인들이 그리로 들어가네." 또 시편 제9편의 말씀도 있습니다. "저를 죽음의 성문에서 끌어 올려 주소서. 그러면 저는 딸 시온의 성문에서 당신의 찬양받을 행적을 낱낱이 이야기하오리다"(시편 9,14-15). 나아가 성경은 파멸로 이끄는 죄들에는 "죽음의 성문"이라는 이름을, 반면에 선한 행위들에는 "시온의 성문"이라는 이름을 부여합니다. 그렇다면 "정의의 문"은 '덕행의 문'과 같은 뜻이라 하겠습니다. 이 문들은 덕성스러운 삶을 추구하는 이들에게는 언제든 열릴 준비가 되어 있습니다.

• 오리게네스 『켈수스 반박』 6,36.[4]

### 하늘의 문은 그리스도이시다

우리의 성조 야곱도 베텔에서 기도할 때에 하늘의 문이 열리는 것을 보았습니다. 층계가 높이 이어져 있었지요(창세 28,12 참조). 이것은 야곱이 본 우리 구원자의 상징입니다. 곧, 하늘의 문은 그리스도입니다. 그분께서 하신 이 말씀과 통하는 사실이지요. "나는 생명의 문이다. 누구든지 나를 통하여 들어오면 영원히 살 것이다"(요한 10,9). 다윗도 이렇게 말하였습니다. "이것이 주님의 문이니 의인들이 그리로 들어가네." 다시 말하지만, 야곱이 본 층계는 우리 구원자의 상징입니다. 올곧은 이들이 그분을 통하여 낮은 영역에서 높은 영역으로 올라간다는 점에서 그렇습니다. 층계는, 층계처럼 세워진 그것 위에 주님께서 서 계셨던, 우리 구원자의 십자가를 상징하는 것이기도 합니다. "그리스도의 머리는 하느님"(1코린 11,3)이시라는 복된 바오로 사도의 말대로, 그리스도 위에 만물의 주님이 계시기 때문입니다. 야곱은 그곳의 이름을 베텔이라 하였습니다. 그러고는 그곳에 돌을 가져다 기념 기둥으로 세우고 그 꼭대기에 기름을 부었습니다(창세 28,18-19 참조). 우리 성조 야곱이 이렇게 한 것도 돌이 기름부음을 받으리라는 것을 미리 내다본 상징적 행위였습니다. 그리스도를 믿은 사람들은 기름부음을 받은 돌들이기 때문입니다. 요한이 그들에 대해 말하는 대로이지요. "하느님께서는 이 돌들로도 아브라함의 자녀들을 만드실 수 있다"(루카 3,8). 이처럼, 야곱의 기도 안에는 민족들의 부르심이 상징되어 있습니다.

• 아프라하트 『논증』 4,5.[5]

## 118,22-23 모퉁이의 머릿돌

### 그리스도의 교회

이처럼 우리는 이 구절에서, 그리스도께서 십자가를 감당할 수 있는 육으로 된 육신을 지니셨다는 사실도 발견합니다. "그분께서 오시어, 가까이 있던 그들에게도 멀리 있던 그들에게도 평화를 선포하셨"을 때 우리는 "아버지께 나아가는" 길도 얻게 되었습니다. "우리는 이제 더 이상 외국인도 아니고 이방인도 아니며, 성도들과 함께 한 시민이며 하느님의 한 가족"(에페 2,17-18)이기에 그렇습니다. (앞에서도 이야기했다시피, 우리는 그분에게 낯선 이들이 되어 멀리 떨어져 있었는데도 그렇게 되었습니다.) [바오로 사도는] 또한 우리는 "사도들과 예언자들의 기초 위에 세워진 건물"(에페 2,20)이라고 덧붙입니다. 그런데 그 이단자는 주님께서 당신의 교회 안에 사도들만 아니라 예언자들도 세우셨다는 사실을

[4] ANF 4,589*.

[5] CS 101,8-9*.

잊어버리고 이 말씀들을 지워 버렸습니다.[6] 그자는 우리의 건물이 그리스도 안에서 고대의 예언자들이라는 토대 위에 서게 되는 것을 두려워했음이 틀림없습니다. 사도 자신은 어디에서든 예언자들[의 말씀들]을 가지고 우리를 북돋기를 잊은 적이 없으니까요. 그리스도를 "모퉁잇돌"(에페 2,20)이라 부르는 것을 그가 다음 시편의 표상에서가 아니면 어디서 배웠겠습니까? "집 짓는 이들이 내버린 돌, 그 돌이 모퉁이의 머릿돌이 되었네."

• 테르툴리아누스 『마르키온 반박』 5,17.[7]

그리스도 무덤에 있는 돌과 모퉁이의 머릿돌이신 그리스도

"[요셉은] 무덤 입구에 큰 돌을 굴려 막아 놓고 갔다"(마태 27,60). 이렇게 한 돌이 다른 돌 앞에 [놓였습니다]. "집 짓는 이들이 내버린 돌"(시편 118,22; 마태 21,42)을 [이] 돌이 지키게 한 것입니다. [인간의] 손으로 들어 올려진 이 [돌]은 "[인간의] 손으로 떠내지 않은"(다니 2,34.45 참조) 돌을 지켜야 했습니다. "한 천사가 그 위에 앉아 있은"(마태 28,2 참조) 이 [돌]은 "야곱이 머리에 베었던"(창세 28,18) 것[돌]을 [지켜야 했습니다]. 이 [돌]은 그 인장을 통해 믿는 이들을 지키는 것[돌]을 그 봉인으로 [지켜야만 했습니다]. 이처럼 생명의 성문은 죽음의 성문으로부터 나아갑니다. "이것이 우리 주님의 문이니 의인들이 그리로 들어가네." 그것이 닫혔을 때, 그것은 그 안에 든 이들을 구원하였습니다. 침묵하던 자들이 그것의 목소리를 통하여 외쳤습니다. 그것의 부활을 통하여 땅이 뒤흔들렸습니다(마태 27,51.54 참조). 그것은 무덤 밖으로 나옴으로써 이방인들이 교회에 발을 들여놓게 하였습니다(마태 27,54 참조).

• 시리아인 에프렘 『타티아누스의 네 복음서 발췌 합본 주해』 21,21.[8]

모퉁이의 머릿돌이신 그리스도께서 당신을 거부하는 이들을 부수실 것이다

그러나 나는 그리스도께서 예언서들에서 "돌"로 불리신다는, 내가 앞서 한 진술로 돌아가 이야기를 시작해야겠습니다. 옛적에 다윗은 그분에 관하여 "집 짓는 이들이 내버린 돌, 그 돌이 모퉁이의 머릿돌이 되었네"라고 한 바 있습니다. 집 짓는 이들은 그리스도이신 이 돌을 어떻게 내버렸습니까? 빌라도 앞에서 그분을 배척하면서 이렇게 말함으로써가 아니겠습니까? "저희는 이 사람이 저희 임금이 되는 것을 바라지 않습니다"(루카 19,14). 그리고 우리 주님께서 말씀하신 비유에서, 어떤 귀족이 임금의 권한을 받아서 돌아와 그들을 다스리려 했을 때 그들이 사절을 보내어 "저희는 이 사람이 저희 임금이 되는 것을 바라지 않습니다"(요한 19,15 참조) 하고 말했을 때가 아니겠습니까? 이런 일들로 그들은 돌이신 그리스도를 거부하였습니다. 그런데 그 돌이 어떻게 건물의 머릿돌이 되었습니까? 이방인들이라는 터에 놓여 그 위에 그들의 건물이 모두 올라서게 됨으로써가 아니었겠습니까? 그러면 "집 짓는 이들"은 누구입니까? 에제키엘 예언서에 쓰여 있듯이, 그분께서 담을 쌓고 계실 때 그들은 그것을 무너뜨리려고 흔들고 있었습니다(에제 13,10-11 참조). 또 이렇게 쓰여 있기도 합니다. "이 땅을 멸망시키지 못하도록 성벽을 보수하며 그 성벽이 무너진 곳에 서서 나를 막는 이가 그들 가운데 행여 있는지 내가 찾아보았지

[6] 마르키온은 구약성경 전체와, 신약성경에서 그가 생각할 때 유대교의 영향을 받은 것으로 보이는 내용들을 모두 배척했다. 그 결과 신약성경 정경 가운데 그가 받아들인 것은 요약 형태의 루카 복음과 바오로 서간 열 편뿐이었다. 그는 티모테오 1·2서와 티토서는 바오로 사도의 친서가 아니라고 생각하여 성경으로 인정하지 않았다.

[7] ANF 3,467*.

[8] *ECTD* 327,28*.

만, 찾아내지 못하였다"(에제 22,30). 나아가 이사야도 이 돌에 관하여 일찌감치 예언한 바 있습니다. "그러므로 주 하느님께서 이렇게 말씀하신다. '보라, 내가 시온에 돌을 놓는다. 품질이 입증된 돌, 튼튼한 기초로 쓰일 값진 모퉁잇돌이다'"(이사 28,16). 그리고 그는 또다시 거기에서 이렇게 말하였습니다. "그것을 믿는 이는 누구든지 두려워하지 않을 것이다. 그리고 그 돌 위에 떨어지는 자는 부서지고, 그 돌에 맞는 자는 누구나 으스러질 것이다"(마태 21,44). 이스라엘 집안의 사람들은 그분 위에 떨어졌고, 그분 때문에 그들은 영원한 파멸을 맞았습니다. 또 이런 말씀도 있습니다. "돌 하나가 떨어져 나와, 그 상을 부수어 버렸습니다"(다니 2,34).

• 아프라하트 『논증』 1,6.[9]

#### 두 백성이 주님 안에서 하나가 되었다

그러니까 유대인들 가운데에 양들이 있었습니다. 많았지요. 그러나 그들만 양이 아니었습니다. 주님께는 다른 민족들인 양들도 있었습니다. 말하자면, 다른 두 방향에서 온 것 같은 이 두 백성을 두 담이 나타내기도 합니다. 유대인들의 교회는 할례 받은 자들에게서 생겨났고, 이방인들의 교회는 할례 받지 않은 이들에게서 생겨났습니다. 서로 다른 방향에서 오는 그들은 주님 안에서 하나로 결합됩니다. 주님께서 모퉁잇돌로 불리시는 것은 이런 까닭입니다. 그래서 시편 저자는 "집 짓는 이들이 내버린 돌, 그 돌이 모퉁이의 머릿돌이 되었네"라고 합니다. 그리고 바오로 사도는 "그리스도 예수님께서 바로 모퉁잇돌이십니다"(에페 2,20)라고 합니다. 모퉁이가 있는 곳에서 두 담이 연결됩니다. 그렇다면 두 염소는 두 백성이고, 두 양 떼고, 두 담이며, 길가에 앉아 있던 눈먼 사람 둘(마태 20,30 참조)이고 고기가 가득 찬 두 배(루카 5,7 참조)입니다. 성경에는 두 백성을 암시하는 곳이 많습니다. 그러나 야곱의 이야기에서 그 둘은 하나입니다.

• 아우구스티누스 『설교집』 4,18.[10]

#### 그리스도께서 유대인과 이방인을 은총 안에서 하나로 만드신다

"집 짓는 이들이 내버린 돌, 그 돌이 모퉁이의 머릿돌이 되었네"(마태 21,42도 참조). 상징적인 진술입니다. 여기서 "돌"을 제대로 이해한다면, "집 짓는 이들이 내버린 돌"은 무엇입니까? 이 말씀이 상징적인 말씀임을 우리가 인정한다면, 의미도 상징적으로 이해해야겠지요. "모퉁잇돌"은 "모퉁이의 머릿돌", 교회의 머리이신 그리스도입니다. 어째서 교회가 모퉁이입니까? 그분께서 유대인들은 이쪽에서 다른 민족들은 저쪽에서 부르셨기 때문입니다. 다른 방향에서 쌓아 올려지는 두 담이 그분 안에서 연결되는 것처럼 그분께서는 당신 평화의 은총으로 그들을 묶으셨습니다. "그리스도는 우리의 평화이십니다. 그분께서는 두 민족을 하나로 만드셨습니다"(에페 2,14).

• 아우구스티누스 『설교집』 89,4.[11]

#### 집 짓는 이들이 내버린 돌

예수님께서는 그들[제자들]에게 "사람의 아들은 먼저 많은 고난을 겪고 배척을 받아야 한다"(루카 17,25), 그리고 그가 세상에 올 때에 그의 나라가 실제로 드러날 것이라고 하십니다. 이 말씀으로 그분께서는 당신께서 그들에게 하신 대답에 담긴 뜻은 당신 자신의 나라이며, 그 나라

[9] NPNF 2,13,347*.
[10] *WSA* 3,1,195.
[11] *WSA* 3,3,443.

는 지금 당신께서 고난을 겪고 배척당하기를 기다리고 있음을 알려 주십니다. 그런데 배척당하고 그런 다음 인정받고 하늘로 들어 올려져 영광스럽게 되어야 한다는 것을 그분께서는 돌의 표상이 사용되는 구절에 나오는 '버려지다'라는 단어를 빌려 나타내셨습니다. 다윗이 그분의 두 번의 나타남 — 첫 번째는 배척당하고, 두 번째는 영예롭게 되는 — 을 기리는 구절이지요. 그는 이렇게 노래합니다. "집 짓는 이들이 내버린 돌, 그 돌이 모퉁이의 머릿돌이 되었네. 이는 주님께서 이루신 일." 우리가 하느님께서 기름부음 받은 어떤 다른 이의 굴욕 또는 영광을 예고하셨다고, 당신께서 돌과 바위와 산의 표상(참조: 이사 8,14; 1코린 10,4)으로 예고하셨던 이가 아닌 다른 이를 두고 이 예언을 의도하셨을 수 있다고 우리가 믿는다면, 참으로 헛된 망상일 것입니다.

• 테르툴리아누스 『마르키온 반박』 4,35.[12]

### 모세가 지은 건물과 복음이 지은 건물

[그리스도께서는] 당신께서 오실 때까지 예전의 율법이 유지되도록 정해 놓으셨으며, 그분이 모든 민족들에게 전해진 새 계약이라는 두 번째 율법의 창시자로서 두 종교, 곧 유대교와 그리스도교의 율법과 영향력에 책임이 있는 분이라는 것이 드러났습니다. 거룩한 예언이 그와 일치하니 놀랍습니다.

보라, 내가 시온에 돌을 놓는다.
품질이 입증된 돌
값진 모퉁잇돌이다.
그를 믿는 이는 부끄러움을 당하지 않는다(이사 28,16).

모퉁잇돌이 누구겠습니까? 당신의 가르침으로 두 건물을 지탱하시며 그 둘을 하나로 만드시는, 살아 계신 고귀한 돌 아니겠습니까? 그분은 모세[율법]라는 건물을 세우시어 당신께서 오시는 날까지 계속되게 하시고 그다음엔 그 건물을 한쪽으로 하여 복음이라는 우리의 건물을 맞춰 세우셨으니 말입니다. 이런 까닭으로 그분[그리스도]이 "모퉁잇돌"이라 불리시는 것입니다. 시편에는 이렇게 쓰여 있습니다.

집 짓는 이들이 내버린 돌
그 돌이 모퉁이의 머릿돌이 되었네.
이는 주님께서 이루신 일
우리 눈에 놀랍기만 하네.

이 신탁도 유대인들이 이 예언의 주제를 거슬러 음모를 꾸밀 것을, 오래된 담을 지은 자들, 곧 율법 학자들과 바리사이들과 대사제들과 유대 백성의 통치자들 모두가 그분을 어떻게 무시할 것인지를 분명하게 암시합니다. 그리고 성경은, 앞에서 언급한 증거들에 따라 그분을 새 계약의 창시자로 여기며, 비록 그분께서 업신여김을 당하시고 쫓겨나시지만 장차 모퉁이의 머릿돌이 되시리라고 예언하였습니다.

• 카이사리아의 에우세비우스 『복음의 논증』 1,7.[13]

### 그리스도께서는 참된 태양이시며 참된 날이십니다

마찬가지로, 해가 지고 날이 끝나는 시각에도 또다시 기도해야 합니다. 그리스도는 참된 태양이시며 참된 날이시니, 태양과 이 세상의 날이 저무는 시각, 우리가 빛이 또다시 우리 위에 비추기를 기도할 때에, 그리스도께서 영원한 빛의 은총을 주시러 오시도록 간청합니다. 성령께서

[12] ANF 3,409*.

[13] *POG* 1,45-46*.

는 시편에서 그리스도를 "날"이라고 표현하십니다. "집짓는 이들이 내버린 돌, 그 돌이 모퉁이의 머릿돌이 되었네. 이는 주님께서 이루신 일, 우리 눈에 놀랍기만 하네. 이날은 주님께서 만드신 날, 우리 기뻐하며 즐거워하세." 주님께서 "태양"으로 불리신다는 것을 말라키 예언자도 증언합니다. "그러나 나의 이름을 경외하는 너희에게는 의로움의 태양이 날개에 치유를 싣고 떠오르리라"(말라 3,20). 그런데 성경이 그리스도를 참된 태양, 참된 날로 계시하였다면 그리스도교 신자들이 자주 그리고 늘 하느님께 기도해야 하는 의무에서 제외되는 시간은 한시도 있을 수 없습니다. 따라서 우리는 온종일 기도 속에 살아야 합니다. 자연법칙에 따르면 낮과 밤이 교차해 오지만, 기도하는 사람에게는 어두운 밤이라 해서 기도하는 데 방해받을 어떤 것도 있을 수 없습니다. 빛의 자식들에게는(참조: 요한 8,12; 1테살 5,5) 밤도 낮이기 때문입니다. 사실 마음에 빛을 갖고 있는 사람에게 빛이 없는 때가 언제 있겠습니까? 태양이며 날이신 그리스도를 모신 사람에게 태양과 날이 없는 때가 언제 있겠습니까?

• 키프리아누스 『주님의 기도』 35.[14]

### 118,24-25 주님께서 만드신 날

#### 부활절은 기쁘게 축하하는 날이다

부활절과 관련한 법을 지킬 때, 우리는 열넷째 날을 부활의 날로 여기지 않습니다. 그날, 또는 그와 몹시 가까운 날은 수난의 날입니다. 부활 축일은 주님의 날에 기립니다.[15] 게다가 우리는 주님의 날에는 단식할 수 없습니다. 우리가 마니교도[16]를 비판하는 이유가 그들이 이날에 단식한다는 점입니다. 부활의 날에 우리가 단식해야 한다는 법을 제안하는 이는 그리스도의 부활을 믿지 않는다는 사실을 보여 줄 뿐입니다. 율법에, 파스카 날에는 쓴 풀을 먹어야 한다고 되어 있기 때문입니다. 쓴 풀은 슬픔을 뜻하며, 이는 우리 구원의 영도자께서 인류의 엄청난 신성모독으로 살해당하셨기 때문입니다. 예언자는 우리에게 주님의 날에는 기뻐하라고 명합니다. "이날은 주님께서 만드신 날, 우리 기뻐하며 즐거워하세."

• 암브로시우스 『서간집』 36.[17]

#### 주님께서 만드신 날

우리는 방금 하느님께 이렇게 노래했습니다. "이날은 주님께서 만드신 날." 주님께서 우리에게 이렇게 말씀하셨으니, 그에 대해 얘기해 봅시다. 명백히 예언적인 이 성경 말씀은 우리가 다음 사실을 이해하기 바랍니다. 곧, 어떤 날들은 보통 날과는 다르며 육의 눈에 보이지 않는 [의미가 담겨 있]다는 것입니다. 해가 뜨고 지는 그런 날이 아니라 동이 틈은 알되 해가 지는 것은 결코 알 수 없는 그런 날 말입니다. 이 시편이 바로 앞에서 뭐라고 노래했는지 보십시다. "집 짓는 이들이 내버린 돌, 그 돌이 모퉁이의 머릿돌이 되었네. 이는 주님께서 이루신 일, 우리 눈에 놀랍기만 하네." 그런 다음 이 시편은 이렇게 말합니다. "이날은 주님께서 만드신 날." 모퉁잇돌이 우리에게 이날을 주셨음을 압시다.

• 아우구스티누스 『설교집』 258,1.[18]

---

[14] FC 36,158-59*.

[15] 초기 교회에서는 부활절을 언제 기념하는가가 아주 큰 쟁점이었다. 그리스도는 금요일에 십자가 처형을 당했는데, 그날은 유대교 달력으로 니산 달 열넷째 날이었다. 동방 교회에서는 대체로 그리스도의 십자가 처형을 요일과 상관없이 니산 달 열넷째 날에 기념하고 이를 뒤에 부활절을 축하했다. 서방교회에서는 대체로 그리스도의 십자가 처형을 늘 금요일에 기리고 부활은 직후의 일요일에 기념했다.

[16] 초기 교회 시대의 영지주의적 종파.

[17] FC 26,193-94*.

[18] *WSA* 3,7,174.

### 이날은 주님께서 만드신 날

이렇게 쓰여 있습니다. "그리고 그분께서는 열두 제자를 부르셨다"(마르 6,7). 무서운 밤이 오랜 세월 계속된 뒤, 영원한 날이신 우리 그리스도께서 환히 떠오르셨습니다. 세상은 그분께서 떠오르시는 광채를 오래 기다려 왔습니다. 그분께서는 열두 사도로 이날의 열두 시간을 나타내고자 하셨습니다. 복된 시편 저자는 영 안에서 이날을 보고 이렇게 노래했습니다. "이날은 주님께서 만드신 날, 우리 기뻐하며 즐거워하세." 그래서 바오로 사도도 믿는 이들을 "빛의 자녀", "믿음의 자녀"라 부릅니다. "여러분은 모두 빛의 자녀이며 낮의 자녀입니다"(1테살 5,5).

• 페트루스 크리솔로구스 『설교집』 170.[19]

## 118,26-27 하느님께서 우리를 비추시네

### 여행하는 이들을 도와주되 잘 식별하여라

"주님의 이름으로 여러분에게 오는"(마태 21,9) 모든 이를 받아들이시오. 그러고서 여러분도 판단 능력이 있으니 그를 시험하여 그가 옳은지 그른지 알아보시오. 오는 이가 여행자이면 여러분이 할 수 있는 대로 그를 도우시오. 그는 혹 필요가 있더라도 여러분에게서 이틀이나 사흘 이상은 머물지 말아야 합니다. 그가 장인으로서 만일 여러분 중에서 거주하기를 원하면, 일을 하여 먹고살도록 하시오. 만일 그에게 장인 기술이 없으면 여러분의 판단에 따라 보살펴 그리스도인이 여러분 가운데서 게으름을 피우며 사는 일이 없도록 하시오. 그가 이렇게 하지 않으면 그는 그리스도를 팔아먹는 자입니다. 여러분은 이런 자들을 조심하십시오.

• 『디다케: 열두 사도들의 가르침』 12,1-5.[20]

### 그리스도께서는 하느님 아버지의 이름으로 오셨다

"주님의 이름으로 오는 이는 복되어라." "주님의 이름으로"는 "하느님 아버지의 이름으로"라는 뜻입니다. [우리 주님께서] 믿지 않는 유대인들에게 어디에선가 "나는 내 아버지의 이름으로 왔다. 그런데도 너희는 나를 받아들이지 않는다. 다른 이가 자기 이름으로 오면, 너희는 그를 받아들일 것이다"(요한 5,43)라고 하신 경우와 같습니다. 그리스도께서는 하느님 아버지의 이름으로 오셨습니다. 그분께서 행하시고 말씀하신 모든 것은 아버지를 영광스럽게 하고 그분이 찬미받으셔야 한다는 것을 인간들에게 선포하는 일이었기 때문입니다. '그리스도의 적'은 자기 자신의 이름으로 올 것입니다. 그자는 모든 이 중에 가장 사악한 자고 악마와 죽이 맞는 동료이면서도 자기를 하느님의 아들이라 부르는 데 주저함이 없을 것이며, "신이라고 일컬어지는 모든 것과 예배의 대상이 되는 것들에 맞서 자신을 들어 올"(2테살 2,4)릴 것입니다. 군중은 시편 제117편(칠십인역)의 이 찬양 구절을 받아들였고, 이것이 주님에 관한 노래라는 것을 의심하는 이는 아무도 없습니다. 그러니 이 시편이 앞에서 이렇게 노래한 것은 참으로 적절합니다. "집 짓는 이들이 내버린 돌, 그 돌이 모퉁이의 머릿돌이 되었네." 유대인들이 자기들 전통이라는 법령들을 쌓아 올리면서 내버린 그리스도께서 두 백성, 곧 유대인과 이방인들 가운데에서 믿는 이들에게 기념비가 되셨기 때문입니다. 이 시편에서 그리스도께서 "모퉁잇돌"로 불리시는 것에 관해 말하자면, 이것이 바로 [그분을] 따라갔던 이들과 앞서갔던 이들의 목소리가 복음서에서 드높이 찬양한 것입니다.

• 존자 베다 『복음서 강해』 2,3.[21]▸

[19] FC 17,278-79*.

[20] FC 1,181-82; 『교부 문헌 총서』 7,87.

#### 영적 목자가 필요하다

형제 여러분, 이 점들을 알고, 영혼의 목자로 여겨지는 이나 양으로 여겨지는 이나 각자 자신의 본분을 지킵시다. "나는 착한 목자다"(요한 10,14)라고 말씀하신 분 말고는 아무도 목자가 아니니, 우리 모두는 양 떼가 되기 위하여 기도합니다. 그러나 다윗이 "주님은 하느님, 그분께서 우리에게 나타나셨을 때"라는 말로 예고한 대로 그분께서 나타나셨을 때, 말씀이신 하느님께서는 인간의 모습으로 나타나시어 우리를 구원하시고 믿음에 관한 지식을 우리에게 주셨습니다. 그리고 그분께서는 하늘로 올라가시기 전 사도들을 당신의 후계자들로 세우시고는 베드로에게 이렇게 말씀하셨습니다. "내 어린양들을 돌보아라"(요한 21,15), "내 양들을 돌보아라"(요한 21,16). 이것이 세대로부터 세대가 이어지는 동안, "내가 너희와 함께 있겠다"(마태 28,20)고 말씀하시는 주님 안에서 영혼들을 먹이고 기를 사람들이 필요한 이유입니다. 사도들 이후에는 주교들이 아버지 역할을 한다는 것을 우리는 압니다. 그러나 그들 안에 계시는 그리스도께 귀 기울이는 모든 이는 비록 성직자가 아니고 교회 위계에서 지위를 부여받지 않았어도 그들의 자녀입니다.

• 『파코미우스의 생애』 135.[22]

#### 그리스도께서 오셨다

그러나 만일 이방인들이, 모세에게 율법을 주셨고 아브라함에게 약속하셨으며 그분의 말씀을 유대인들이 무시했던 바로 그 하느님을 섬기고 있다면, 그들[유대인들]은 성경이 예고한 주님께서 세상에 드러나셨으며 육신을 지닌 모습으로 나타나셨다는 것을 어째서 알지 못합니까, 아니, 왜 모르기로 선택하는 것입니까? 성경이 이렇게 말하지 않았습니까? "주 하느님께서 우리를 비추시네"(시편 118,27). "그분께서 당신 말씀을 보내시어 그들을 낫게 하셨다"(시편 107,20). "사자나 천사가 아니라 주님께서 친히 그들을 구해 내셨다"(이사 63,9 칠십인역). 그들의 상태는 태양의 빛을 받는 땅을 보면서도 태양이 그것을 비추고 있다는 사실을 부인하는, 제정신을 잃어버린 자와 같다고 할 만합니다.

• 아타나시우스 『말씀의 육화』 40.[23]

### 118,29 하느님은 좋으신 분이시다

#### 하느님을 본받아 사람들에게 자비를 베풀어라

형제 여러분, 자비로운 행위로 하느님께 칭찬을 받읍시다. "주님을 찬송하여라, 좋으신 분이시다. 주님의 자애는 영원하시다." 찬양을 드립시다. 하느님은 자비로우신 분이시며, 찬양하는 이들의 죄를 용서하고 싶어 하시는 분이시기 때문입니다. 그에 더하여, 그분께 희생 예물을 바칩시다. 오, 인간이여, 같은 죽을 운명의 존재들에게 자비를 베푸시오. 그러면 하느님께서 그대에게 자비를 베푸실 것입니다. 그대는 죽을 운명의 존재입니다. 다른 사람 역시 그러한 존재입니다. 둘 다 자비가 필요한 존재이지요. 반면에 하느님께서는 자비가 필요 없으신 분이신데도 자비로우십니다. 그런데 자비를 필요로 하는 사람이 자비를 필요로 하는 다른 사람에게 자비를 행하지 않는다면 결코 자비가 필요 없으신 분께 어떻게 자비를 얻기를 기대합니까? 형제 여러분, 제 말을 잘 생각해 보십시오. 예를 들어, 몰인정한 사람은 누구나 난파를 당한 사람에게 자신이 난파를 당할 때까지 계속 몰인정하게 굽니다. 그런데 난파를 당한 적 있다면, 난파를 당한 사람

◂21 CS 111,28-29*.

22 CS 45,394-95.

23 LCC 3,94*.

을 볼 때마다 자신이 겪었던 일을 떠올리고 자비를 베풀고픈 마음이 생깁니다. 그러니까 불행한 경험은 사람의 마음을 부드럽게 만들어, 인간 본성이라는 공통적 유대가 불러일으킬 수 없었던 자비로운 마음이 들게 한다는 말입니다. 과거에 남을 섬겨 본 사람은 종에게 연민을 품지 않습니까? 날품팔이로 살아 본 사람은 품삯을 받지 못한 품팔이 노동자를 진심으로 안타까워하지 않습니까? 비슷한 상실을 겪어 본 사람은 아이를 잃은 부모를 보면 진심으로 슬퍼합니다. 그러니까 비슷한 고난은 인간의 아무리 완고한 마음도 녹입니다. 그러니 여러분이 자비가 필요한 적 있었거나 그러한 처지에 빠질지 몰라 두려워한다면(여러분이 이 지상에 사는 한, 여러분이 처하지 않았던 일들은 두려워해야만 하고, 여러분이 겪었던 일들을 기억하고 어쩌면 앞으로 처하게 될 일들을 생각해야만 하기 때문입니다) 과거에 자신이 자비를 필요로 했던 기억과 앞으로 필요해질지 모른다는 미래에 대한 두려움을 안고 현재 고난을 겪고 있는 처지에서 지금 곤경에 처해 여러분의 도움이 필요한 사람에게 자비를 베풀지 않는다면, 여러분에게 자비를 베풀게 만드는 비참함 같은 것을 겪으실 일 없는 분께서 여러분에게 자비를 베풀어 주시기를 기대할 수 있습니까? 여러분이 하느님께 받은 풍요로움을 나누어 주지 않으면서 하느님께서 여러분에게 받지 않으신 것을 주시기를 기대합니까?

• 아우구스티누스 『설교집』 259,3.[24]

[24] FC 38,372-73*.

## 119,1-24 하느님의 말씀에 전념하다

(알렙 — 기멜)

1 (알렙) 행복하여라, 그 길이 온전한 이들
주님의 가르침을 따라 걷는 이들!
2 행복하여라, 그분의 법을 따르는 이들
마음을 다하여 그분을 찾는 이들!
3 불의를 저지르지 아니하고
그분의 길을 걷는 이들!
4 당신께서는 규정을 내리시어
열심히 지키게 하셨습니다.
5 아, 당신 법령을 지킬 수 있도록
저의 길이 굳건하였으면!
6 그러면 당신의 모든 계명을 바라보며
제가 부끄럽지 않으리이다.
7 제가 의로운 법규를 배울 때에
당신을 올곧은 마음으로 찬송하오리다.
8 당신 규범을 지키오리다.
저를 아주 버리지 마소서.
9 (베트) 젊은이가 무엇으로 제 길을
깨끗이 보존하겠습니까?
당신의 말씀을 지키는 것입니다.
10 제 마음 다하여 당신을 찾습니다.
당신 계명을 떠나 헤매지 않게 하소서.
11 당신께 죄짓지 않으려고
마음속에 당신 말씀을 간직합니다.
12 주님, 당신께서는 찬미받으소서.
제게 당신 규범을 가르치소서.
13 당신 입에서 나온 모든 법규를⤴

↱제 입술로 이야기합니다.
14 온갖 재산을 얻은 듯
당신 법의 길로 제가 기뻐합니다.
15 당신 규범을 묵상하고
당신 길을 바라보오리다.
16 당신 규범으로 제가 기꺼워하고
당신 말씀을 잊지 않으오리다.
17 (기멜) 당신 종에게 선을 베푸소서.
제가 살아 당신 말씀을 지키오리다.
18 제 눈을 열어 주소서.
당신 가르침의 기적들을
제가 바라보오리다.
19 저는 이 땅에서 이방인일 뿐
제게서 당신 계명을 감추지 마소서.
20 당신의 법규를 늘 열망하여
제 영혼이 갈망으로 지칩니다.
21 당신께서는 교만한 자들을 꾸짖으시니
당신 계명을 떠나 헤매는 자들은 저주받은
자들입니다.
22 모욕과 멸시를 저에게서 치우소서.
저는 당신의 법을 따랐습니다.
23 권세가들이 모여 앉아 저를 거슬러
말하여도
당신 종은 당신의 법령을 묵상합니다.
24 당신 법이 저의 즐거움이며
저의 조언자입니다.

둘러보기

죽은 이들 가운데에서 부활하신 그리스도께서 우리가 하느님을 알고 마음이 깨끗하게 되어 마침내 하느님을 볼 수 있게 해 주신다(아타나시우스). 복됨과 행복은 깨끗한 삶을 알고 그것을 사는 것이다(베다). 하느님께서는 당신 계명을 지킬 것을 요구하시며 강하게 권하신다(아우구스티누스). 우리는 언제나 선과 악의 갈림길에 서 있다. 죄를 지으려 할 때 우리는 곧바로 하느님의 '말씀'에 귀 기울이고 그것을 따름으로써 우리 삶을 바로잡아야 한다(암브로시우스). 곧고 좁은 길에 머무르는 유일한 길은 하느님의 '말씀'에게 복종하는 것이다(알렉산드리아의 클레멘스).

우리에게 새 생명을 주시는 것은 성령께서 하시는 일이라고 하지만, 그것은 아버지와 아들께서 하시는 일이기도 하다(암브로시우스). 하느님의 말씀이 봉독될 때면 언제나 우리는 하느님께서 우리가 그것을 이해할 수 있게 해 주시기를 기도해야 한다. 하느님만이 우리 눈에서 너울을 걷어 우리가 당신 말씀의 영적 의미를 깨닫게 해 주실 수 있다(오리게네스). 우리는 하느님께서 우리에게 이해력을 주셔야만 하느님 말씀의 뜻을 파악할 수 있다. 우리가 올바로 이해하지 못할 때면 빛을 비추어 주시도록 하느님께 기도드려야만 한다(히에로니무스). 하느님의 말씀을 듣는 것만으로는 부족하다. 우리는 그 말씀에 대해 깊이 숙고하고 묵상해야 한다(요한 크리소스토무스). 하느님께서 우리에게 빛을 비추어 주시지 않는 한 우리는 하느님께서 당신의 성서에서 계시하신 내용을 이해할 수 없다(히에로니무스). 우리가 자기 죄로 인해 겁에 질리거나 낙담하게 될 때 우리는 하느님의 말씀께로 돌아서서 도움을 청해야 한다. 땅에서 우리는 남의 집에 살고 있으며 집주인은 하느님이시다. 그 집을 언제 떠나야 하는지는 하느님께 달렸다. 의로움을 인정받으려는 욕망, 바오로의 표현을 따르자면 "그리스도와 함께 있는 것"은 선한 사랑이며, 그 욕망의 대상은 기쁨과 즐거움을 가져다줄 것이다(아우구스티누스).

### 119,1-8 주님의 법에 따라 걸어라

#### 행복하여라, 그 길이 온전한 이들

그분은 형제들 가운데에서 맏이이시고 죽은 이들 가운데에서 되살아나시어 "죽은 이들의 맏물"(1코린 15,20)이 되셨듯이, "만물 가운데에서 으뜸"(콜로 1,18)이시므로 그분은 "길들의 시작"으로 창조되셨습니다. 그 길을 따라 걸으며, "나는 길이고 문이다"라고 말씀하시는 분을 통하여 들어가는 우리는 그래서 이런 말씀도 듣게 됩니다. "행복하여라, 그 길이 온전한 이들"(시편 119,1), "나는 길이다", "행복하여라, 마음이 깨끗한 사람들! 그들은 하느님을 볼 것이다"(마태 5,8).

• 아타나시우스 『아리우스파 반박 연설』 2,21,64.[1]

#### 인간의 가장 큰 행복

예수님께서는 이렇게 말씀하셨습니다. "너희가 이런 것들을 안다면, 그것들을 행할 때 너희는 복을 받을 것이다." 우리 구원자의 이 말씀은 구원에 매우 유용합니다. 우리는 그 말씀을 새겨듣고 곰곰이 생각해야 합니다. 우리가 하늘의 명령을 알면 우리는 복될 것입니다. 그러나 우리가 아는 것들을 열심히 행한다면 더욱 복될 것입니다. 자기가 아는 계명들을 지키는 데 소홀한 사람은 행복해지는 능력이 없습니다. 이 [계명들]에 대해 알아 가는 것을 경멸하는 사람은 복된 이들의 상속 재산에서 한참 멀리 떨어져 있습니다. 시편 저자도 그리 생각합니다. 죽을 운명의 존재들의 마음들을 무게 달아 보고, 또 모든 이가 행복을 사랑하지만 그것이 어디 있는지 묻는 이는 드물다는 사실을 인식한 그는 이승에서 인간의 가장 큰 행복이 무엇인지를 명쾌한 말로 증언하였습니다. "행복하여라, 그 길이 온전한 이들, 주님의 법에 따라 걷는 이들!" 온전하고 복된 이 길을 무지한 자들이나 배우지 못한 자들이나 아무나 차지할 수 있다고 생각하는 일이 없도록 그는 이어 이렇게 말합니다. "행복하여라, 그분의 증언을 찾는 이들, 마음을 다하여 그분을 찾는 이들."

• 존자 베다 『복음서 강해』 2,5.[2]

#### 하느님의 계명들을 성실히 지켜야 한다

하느님의 계명들을 지킬 때에 순종만큼 널리 강제적으로 요구되는 것이 있습니까? 그런데도 우리는 그것이 청원의 대상인 것을 발견합니다. "당신께서는 규정을 내리시어 열심히 지키게 하셨습니다." 말씀은 이렇게 이어집니다. "아, 당신 법령을 지킬 수 있도록 저의 길이 굳건하였으면! 그러면 당신의 모든 계명을 바라보며 제가 부끄럽지 않으리이다." 그[시편 저자]는 하느님께서 명하셨다고 그가 표현한 이 일이 그분에 의해 이루어지기를 간절히 바랍니다.

• 아우구스티누스 『거룩한 동정』 41,42.[3]

### 119,9 하느님의 말씀에 따라 산다

#### 하느님의 말씀을 지킬 때 제 길을 깨끗이 보존할 수 있다

이제 현명의 스승의 말씀을 들어 봅시다. "나는 말하였네. '내 혀로 죄를 짓지 않도록 나는 내 길을 지키리라'"(시편 39,2). 이는 곧, "나는 나에게 말하였네. 나는 내 길을 지키기 위해 생각의 말없는 명령으로 나에게 선언했노라"는 뜻입니다. 우리가 따라야 할 길들이 다르고, 지켜야 할 길들이 다릅니다. 주님의 길을 따라야 하고, 잘못된 길로 향하지 않도록 우리의 길을 지켜야 합니다. 그대가 함부로 말하지 않는다면 그 길을 지킬 수 있습니다. "이스라엘아, 들어라. 너의

---

[1] NPNF 2,4,383*.

[2] CS 111,49.

[3] FC 27,195-96*.

주 하느님을"(신명 6,4 참조)이라고 율법은 말합니다. "말하라" 하지 않고 "들어라"라고 합니다. 하와가 넘어진 것은 자신의 주 하느님에게서 듣지 않은 것을 남편에게 말했기 때문입니다. 하느님께서 그대에게 하신 첫 말씀은 "들어라"였습니다. 그대가 듣고 그대의 길을 지킨다면, 설령 잘못을 저질러 넘어지더라도 금세 바로잡을 것입니다. "젊은이가 무엇으로 제 길을 똑바로 하겠습니까? 주님의 말씀에 주의를 기울임으로써만 그럴 수 있습니다." 그러니 그대의 혀로 죄를 짓지 않으려거든 먼저 침묵하고 들으십시오.

• 암브로시우스 『성직자의 의무』 1,2,7.[4]

이방인의 본보기를 따르지 마라

간단히 요약하자면, 다윗은 시편에서 순종에 대해 이야기합니다. "젊은이가 무엇으로 제 길을 똑바로 하겠습니까?" 곧바로 이어 답이 나옵니다. "마음을 다해 당신의 말씀을 지키는 것입니다." 예레미야는 이렇게 말합니다. "주님께서 이렇게 말씀하신다. '이민족들의 길을 배우지 마라'"(예레 10,2).

• 알렉산드리아의 클레멘스 『양탄자』 3,4,33,4-5.[5]

119,17–21 당신 종에게 선을 베푸소서

성령께서 우리에게 새 생명을 주신다

아버지와 아드님과 마찬가지로 생기를 주시는 성령께서 생명을 주시는 것이 무엇이 놀랍습니까? 새 생명을 주시는 것이 영원히 위엄 높으신 분께서 하시는 일임을 그 누가 부정할 수 있습니까? "당신 종에게 생명을 주소서"라고 쓰여 있으니 말입니다. 그러니까 종, 곧 전에는 생명을 지니지 못했던 사람인 그가 생명을 소유하는 특권을 받음으로써 생기를 얻는 것입니다.

그러면 성령께서 생기를 얻으시는 것인지 아니면 성령 자신이 생명을 주시는지 봅시다. "문자는 사람을 죽이고 성령은 사람을 살립니다"(2코린 3,6)라고 쓰여 있습니다. 그러니까 성령께서 생기를 주시는 것이지요.

그런데 생기를 주시는 아버지와 아들과 성령의 행위가 각기 별도의 행위가 아니라는 것을 이해하려면, 활기를 띠게 하는 그 행위에도 역시 일치가 있다는 말씀을 읽으십시오. 바오로 사도가 하신 말씀입니다. "그리스도를 죽은 이들 가운데에서 일으키신 분께서 여러분 안에 사시는 당신의 영을 통하여 여러분의 죽을 몸도 다시 살리실 것입니다"(로마 8,11).

• 암브로시우스 『성령론』 2,4,29-31.[6]

하느님의 말씀을 읽을 때 기도하여라

우리는 "모세의 율법을 읽을 때마다"(2코린 3,15) '말씀'의 아버지께 다음의 시편 말씀이 우리 안에서도 이루어지게 해 주십사고 청해야 합니다. "제 눈을 열어 주소서. 당신 가르침의 기적들을 제가 바라보오리다." 아버지께서 우리 눈을 열어 주시지 않는 한, 우리가 어떻게 성조들 안에서 계시된, 때로는 우물로(창세 24,11-20 참조) 때로는 혼인으로(창세 29,22-27 참조) 때로는 탄생으로(창세 25,21-26 참조) 나아가 때로는 불임(창세 11,30; 29,31 참조)을 통하여 계시된 이 위대한 신비들을 볼 수 있겠습니까?

• 오리게네스 『창세기 강해』 12,1.[7]

우리 눈에서 너울을 치워 주소서

그러니 필요하다면, 이미 그리스도 주님께 돌

---

[4] NPNF 2,10,2*.
[5] FC 85,276.
[6] NPNF 2,10,118*.
[7] FC 71,176*.

아선 교회가 문자의 너울 아래 완전하게 가려진 '말씀'의 진리를 알기만 한다면, 우리가 당신들[8]의 비난에 떨어지게 하십시오. 바오로 사도의 이런 말이 있기 때문입니다. "그러나 주님께 돌아서기만 하면 그 너울은 치워집니다. 주님은 영이십니다. 그리고 주님의 영이 계신 곳에는 자유가 있습니다"(2코린 3,16-17). 이처럼, "제 눈에서 너울을 없애 주소서. 제가 당신 법의 놀라운 것들을 지키오리다"라고 말한 이에 따르면, 우리가 그분 율법에 관한 놀라운 영적 지식을 바로 볼 수 있기 위해서는 성령이신 주님께서 죄의 얼룩으로 완고해진 우리 마음의 눈을 흐리게 하는 모든 어둠과 모든 구름을 치워 주시기를 간구해야 합니다.

• 오리게네스『레위기 강해』1,1,4.[9]

### 당신 법의 놀라운 일들을 보도록 제 눈을 열어 주소서

그분께서는 이미 율법과 예언서에서 미리 정해지시고 예시되셨습니다. 그래서 예언자들도 "선견자"(1사무 9,9)라 불렸습니다. 다른 사람들은 보지 못한 그분을 그들은 보았기 때문이지요. 아브라함은 그분의 날을 보고 기뻐하였습니다(요한 8,56 참조). 반항적인 백성들에게는 봉인되어 있던 하늘이 에제키엘에게는 열렸습니다. 다윗은 "제 눈을 열어 주소서. 당신 가르침의 기적들을 제가 바라보오리다"라고 합니다. "율법은 영적인 것"(로마 7,14)이며, 우리가 그것을 이해하고 하느님께서 당신 얼굴을 내보이실 때 그분의 영광을 바라볼 수 있기 위해서는 계시가 필요하기 때문입니다.

• 히에로니무스『서간집』53,4.[10]

### 성경의 의미를 밝히다

그러니 나의 동료 종, 나의 친구, 내 형제여, 내 말을 들어 보십시오. 그대가 성경 안에서 어떻게 걸어야 하는지 이야기할 테니 잠시 귀를 기울이십시오. 우리가 거룩한 책에서 읽는 모든 것은 빛나고 반짝이는 겉모습에 속은 더욱 달콤합니다. "알갱이를 먹고자 하는 사람은 먼저 단단한 껍질을 까야 한다"[11] 하였습니다. 다윗은 말합니다. "제 눈을 열어 주소서. 당신 가르침의 기적들을 제가 바라보오리다." 이처럼 위대한 예언자가 자신이 무지의 어둠 속에 있다고 고백한다면, 젖도 못 뗀 아기에 지나지 않는 우리는 얼마나 깊은 오해의 밤 한가운데 있다고 생각해야 겠습니까! 그런데 이 너울은 모세의 얼굴에만 덮여 있는(2코린 3,14-15 참조) 것이 아니라 복음사가들과 사도들도 덮고 있습니다. 구원자께서는 군중에게 오직 비유로만 말씀하시며, 당신의 말씀에는 신비적 의미가 담겨 있음을 분명히 알려 주셨습니다. "들을 귀 있는 사람은 들어라"(루카 8,8). 쓰여 있는 모든 것이, "다윗의 열쇠를 가진 이, 열면 닫을 자 없고 닫으면 열 자 없는"(묵시 3,7) 그분께서 열어 주시지 않으면, 아무도 자물쇠를 열어 그것을 여러분 앞에 내어놓지 못할 것입니다.

• 히에로니무스『서간집』58,9.[12]

### 하느님의 말씀을 귀 기울여 듣고 묵상하라

하느님께서는 우리가 성경에 담겨 있는 말과 문장들을 듣고 그치는 것이 아니라 아주 신중하게 숙고하기를 바라십니다. 그래서 복된 다윗은 자신의 시편 첫머리에 "묵상"이라는 말을 자

[8] 성경을 우의적으로 해석하기보다 문자적 의미를 따르는 사람들을 가리킨다.

[9] FC 83,30.

[10] NPNF 2,6,98*.

[11] 플라우투스『바구미』1,1,55.

[12] NPNF 2,6,122*.

주 붙이며, “제 눈을 열어 주소서. 당신 법의 놀라운 일들을 제가 숙고하오리다”라고 말하기도 하였습니다. 그가 세상을 뜬 뒤에는 그의 아들도 우리가 은을 찾듯 지혜를 구하고, 그것을 금보다 더 귀하게 값 매겨야 한다고 가르쳤습니다.

• 요한 크리소스토무스 『요한 복음 강해』 15.[13]

하느님께서는 당신 말씀의 의미에 관하여 우리에게 틀림없이 밝히신다

사람의 참다운 지혜는 자신이 불완전하다는 것을 아는 것입니다. 감히 말하건대, 육 안에 사는 모든 의로운 이의 완전함은 불완전한 것입니다. 그래서 우리는 잠언에서 ‘참된 정의를 이해하는 것’(잠언 1,3 참조)에 대해 읽습니다. 거짓 정의라는 것이 있지 않다면, 하느님의 정의를 굳이 참된 정의라고 표현할 까닭이 없을 것입니다. 바오로 사도는 같은 단락에서 이어 이렇게 말합니다. “혹시 여러분이 무엇인가 달리 생각한다면, 그것도 하느님께서 여러분에게 계시해 주실 것입니다”(필리 3,15). 이것은 내가 듣기에 이상한 말입니다. 그는 바로 조금 앞에서 “나는 이미 그것을 얻은 것도 아니고 이미 목적지에 다다른 것도 아닙니다”(필리 3,12)라고 말한 사람 아닙니까? 선택된 그릇이며 확신을 가지고 그리스도께서 자기 안에 계시다고 감히 주장하며 “그리스도께서 나를 통하여 말씀하신다는 증거를 여러분이 찾고 있습니까?”(2코린 13,3)라고 하였고 그러면서도 자신은 아직 완전하게 되지 않았다고 솔직하게 고백한 사람이, 자기 자신에게서는 구체적으로 부인했던 그것을 지금은 군중에게 돌리며 자기 자신을 다른 사람들과 한데 놓고 이렇게 말합니다. “성숙한 사람인 우리는 모두 이러한 생각을 지닙시다”(필리 3,15). 그런데 그는 이어지는 구절에서 자신의 이 말이 무슨 뜻인지 설명합니다. “완전하게 되기 바라는 우리는 이런 마음을 지닙시다. 인간의 나약함 때문에 우리는 아직 그것을 손에 넣지 못했습니다. 그것을 차지하지 못했습니다. 아직 완전하게 되지 못했습니다. 그리고 우리가 아직 완전하게 되지 못하여 그래서 어쩌면 참되고 완전한 완전함이 요구하는 것과 달리 생각한다면, 하느님에 관한 지식에 부합하는 것과 달리 생각하고 이해한다면, 우리가 다윗과 함께 기도하며 ‘제 눈을 열어 주소서. 당신 법의 놀라운 일들을 제가 숙고하오리다’ 하고 말할 수 있도록 하느님께서 우리에게 계시해 주실 것”이라고 합니다.

• 히에로니무스 『펠라기우스파 반박 대화』 1,14.[14]

하느님 말씀의 기적들을 숙고하라

저의 죄로 몸을 떨었고 제 비참의 덩어리에 마음이 흔들렸으며 광야로 도망갈까 궁리하기도 했었습니다. 그러나 당신께서는 저를 말리셨고 저를 북돋우시며 이렇게 말씀하셨습니다. “그리스도께서는 모든 사람을 위하여 돌아가셨습니다. 살아 있는 이들이 자신을 위하여 살지 않고, 자기들을 위하여 돌아가신 분을 위하여 살게 하시려는 것입니다”(2코린 5,15). 주님, 보십시오! 저의 모든 걱정을 당신께 내맡기며(1베드 5,7 참조) 이제부터 “저는 당신 법의 놀라운 일들을 바라보오리다”. 저의 미숙함과 저의 나약함을 당신께서는 아십니다. 저를 가르치십시오! 저를 낫게 해 주십시오! “지혜와 지식의 모든 보물이 숨겨져 있는”(콜로 2,3) 당신의 외아드님께서 당신 피로 저를 구속救贖하셨습니다. 거만한 자들이 저를 무고하지 못하게 하십시오. 저는 그분이 치르신 제 몸값을 생각하고 있고 그분을 먹고 마시

[13] FC 33,141*.

[14] FC 53,252*.

며 나눠 주고 있습니다. 저는 가난해 배고프므로, 그분을 먹고 배부른 저 사람들 틈에서 그분으로 배가 부르는 것이 소원입니다. 그리고 "주님을 찾는 이들은 주님을 찬미하고 있습니다"(시편 22,27).

• 아우구스티누스 『고백록』 10,43.[15]

하느님이 우리의 집주인이시다

우리의 소망은 영원한 생명을 얻는 것이지요. 우리는 아무도 죽지 않는 곳에 도달하고 싶어 합니다. 그러나 가능하다면, 죽음을 통해서 그곳에 가닿고 싶지는 않습니다. 우리는 아직 살아 있는 동안에 낚아채이듯 일순간에 그리로 가기를, 그리고 우리가 아직 살아 있는 동안에, 우리가 부활하면 지니게 된다는 영적인 형태로 우리 육신이 변모하는 것을 보고 싶습니다. 그러고 싶지 않은 사람이 누가 있겠습니까? 모든 사람이 원하는 게 그것 아닙니까? 그런데 여러분이 원하는 것은 그것인데 여러분은 이런 말을 듣습니다. "떠나라." 여러분이 부른 시편 노래를 기억하십시오. "저는 이 땅의 숙박인." 여러분이 숙박인이라면 여러분은 다른 사람의 집에 머물고 있는 것입니다. 여러분이 다른 사람의 집에 머물고 있다면, 집주인이 떠나라고 하면 떠나야 합니다. 그리고 집주인은 조만간 여러분에게 떠나라고 하게 되어 있습니다. 그는 여러분에게 오래 살게 해 주겠다고 보장한 적 없습니다. 단적으로 말해, 그는 여러분과 계약서를 쓰지 않았습니다. 여러분이 공짜로 그의 집에 머물고 있는 것을 생각할 때, 그가 여러분에게 떠나라고 하면 여러분은 떠납니다. 이것도 받아들여야 하는 일입니다. 그리고 여기에도 인내가 몹시 필요합니다.

• 아우구스티누스 『설교집』 359A,8.[16]

영혼이 하느님의 법규에 대한 갈망으로 지친다

그러므로 올바른 의지는 곧 올바른 사랑이며, 비뚤어진 의지는 곧 나쁜 사랑입니다. 따라서 사랑하는 바를 갖고자 탐하는 사랑이 욕망입니다. 또 사랑하는 바를 소유하고 향유하는 사랑은 기쁨입니다. 자기에게 상반되는 바를 기피하는 사랑은 두려움이고, 그것이 자기에게 닥칠 때 느끼는 사랑이 슬픔입니다. 그러니까 나쁜 사랑의 경우엔 이 감정들도 나쁘고, 좋은 사랑의 경우엔 그 감정들이 좋습니다.

그러면 지금 우리가 한 말을 성경으로 입증해 봅시다. 바오로 사도는 "나의 바람은 이 세상을 떠나 그리스도와 함께 있는 것입니다"(필리 1,23)라고 하였고, [시편 저자는] "내 영혼이 당신의 결정을 갈망하고자 하였습니다", 좀 더 무난하게 표현하여, "내 영혼이 당신의 판결을 갈망해 왔습니다"라고 합니다. 또 "지혜를 향한 소망은 왕위로 이끌어 준다"라는 말씀도 있습니다.

• 아우구스티누스 『신국론』 14,7.[17]

[15] AC 251-52.

[16] *WSA* 3,10,215.

[17] *CG* 557,58.

## 119,25-48 하느님의 말씀에 전념하다

(달렛 — 와우)

25 (달렛) 제 영혼이 흙바닥에 붙어 있습니다.
당신의 말씀대로 저를 살려 주소서.
26 저의 길을 말씀드리자
당신께서는 제게 응답하셨습니다.
당신의 법령을 저에게 가르치소서.
27 당신 규정의 길을 제게 깨우쳐 주소서.
당신의 기적들을 묵상하오리다.
28 제 영혼이 시름으로 녹아내립니다.
당신의 말씀대로 저를 일으키소서.
29 거짓의 길을 제게서 멀리하시고
당신 가르침으로 저에게 자비를 베푸소서.
30 성실의 길을 제가 택하고
당신 법규를 제 앞에 세웠습니다.
31 주님, 당신의 법에 매달리니
제가 부끄러운 일을 당하지 않게 하소서.
32 당신께서 제 마음을 넓혀 주셨기에
당신 계명의 길을 달립니다.
33 (헤) 주님, 당신 법령의 길을
저에게 가르치소서.
제가 이를 끝까지 따르오리다.
34 저를 깨우치소서. 당신의 가르침을 따르고
마음을 다하여 지키오리다.
35 당신 계명의 길을 걷게 하소서.
제가 이것을 좋아합니다.
36 제 마음을 잇속이 아니라
당신 법으로 기울게 하소서.
37 헛된 것을 보지 않게 제 눈을 돌려 주시고
당신의 길을 따르게 하시어
저를 살려 주소서.
38 당신을 경외하도록
당신 종에게 당신의 말씀을 이루소서.
39 당신의 법규가 좋으니
제가 무서워하는 모욕을 치워 주소서.
40 보소서, 당신의 규정을 애타게 그리니
당신의 의로움으로 저를 살려 주소서.
41 (와우) 주님, 당신의 말씀대로 당신 구원이,
당신 자애가 저에게 다다르게 하소서.
42 그러면 저를 모욕하는 자에게
대답할 말이 있으리니
제가 당신 말씀을 신뢰하기 때문입니다.
43 당신 법규에 희망을 두니
제 입에서 진리의 말씀을
결코 거두지 마소서.
44 저는 항상 당신의 가르침을
길이길이 지키오리다.
45 당신 규정을 찾으니
저는 넓은 곳을 걸으오리다.
46 당신 법을 임금들 앞에서 이야기하며
부끄러워하지 않으오리다.
47 저는 당신 계명으로 기꺼워하고
그것을 사랑합니다.
48 사랑하는 당신 계명을 향해
제 두 손 쳐들고
당신의 법령을 묵상합니다.

### 둘러보기

사람들 가운데 가장 막강한 자들도 하느님 앞에서는 참회하는 탄원자가 되어야 한다(테오도레투스). 성경이 묘사하는 창조와 하느님의 기적들은 자연의 작용으로 볼 것이 아니라, 성경의 증언이므로 믿어야 한다(암브로시우스). 이승에서의 안전과 힘은 하느님의 말씀 안에서만, 그리고 하느님의 말씀에 대한 순종과 믿음으로만 발견할 수 있다(카이사리우스). '유용하다'는 말은 돈이나 사업적 성공이 아니라 그리스도와 자족할 줄 아는 신심을 시사하는 것이어야 한다(암브로시우스). 이 세상에서 구원되고 싶다면 우리는 다윗 임금의 본보기를 따라, 극장이나 경기장 같은 덧없는 가치에 흥미를 갖지 말아야 한다(예루살렘의 키릴루스). 구원받고 싶어 하는 사람들은 이 세상의 헛된 것들로부터 떠나 그리스도께로 돌아서야 한다(암브로시우스).

### 119,25-28 저를 살려 주시고 가르치시며 일으키소서

#### 흙바닥에 죽어 있는 나

몹시도 충실한 그 황제가 대담하게 거룩한 성전 안에 들어와 기도하였습니다. 그런데 그는 서서도 아니고, 나아가 무릎을 꿇고서도 아니고, 바닥에 엎드려 자기 주님께 다윗의 외침을 읊조렸습니다. "제 영혼이 흙바닥에 붙어 있습니다. 당신의 말씀대로 저를 살려 주소서."

• 키루스의 테오도레투스 『교회사』 5,17.[1]

#### 이성이나 자연으로 설명하려 들지 말고 하느님의 말씀을 믿어라

그래서 여러분에게 명합니다. 우리의 그럴듯한 담론을 자연스러운 판단력을 지니고서 바라보고 우리의 진술들을 단순한 마음과 주의 깊은 지성으로 무게 달아 보는 사려를 지니십시오. 설득 기술이라는 헛된 속임수(콜로 2,8 참조)를 쓰면서 철학이나 겉으로 진리와 비슷하게 보이는 것들을 모으는 자들의 전통을 좇지 마십시오. 오히려 진리의 규정을 따라, 하느님 말씀들 안에 영감으로 기록되고 그런 숭고함에 관한 묵상을 통하여 믿는 이들의 가슴에 쏟아부어진 것을 받아들이십시오. "당신의 말씀대로 저를 강하게 해 주소서"라고 쓰여 있기 때문입니다. "주님, 악인들은 제게 꾸며 낸 이야기를 말했으며 당신의 법대로 말하지 않았습니다. 당신의 모든 계명은 참됩니다"(시편 119,85-86). 그러니 창조된 것들에 관한 고찰과 자연의 힘이 지닌 능력은 어느 정도까지인가 하는 물음에서 우리의 기준은 자연계 요소들의 본성이 아니라, 당신 신성의 풍요로움과 충분함 속에서 세상을 창조하신 그리스도여야 합니다. 복음서에 기록된 나병 환자의 치유와 눈먼 이가 시력을 되찾는 기적을 자기 눈으로 본 사람들은 그것을 무슨 의학적 치료 과정으로 여기지 않았습니다. 그들은 주님의 능력에 탄복하며 "하느님을 찬양하였다"고 쓰여 있습니다(참조: 마태 8,2; 9,30; 루카 18,43). 모세는 갈대 바다를 가르려고 팔을 들어 올렸을 때 이집트인들의 계산법이나 별들의 합, 또는 자연계 요소들의 관계를 따른 것이 아니라 거룩한 힘의 명령을 좇은 것이었습니다. 그래서 그는 이렇게 말합니다. "주님, 권능으로 영광을 드러내신 당신의 오른손이, 주님, 당신의 오른손이 원수를 짓부수셨습니다"(탈출 15,6). 그러니 신심 깊은 여러분은 그분께 여러분의 정신을 들어 올리고 여러분의 온 마음을 갖다 바치십시오. 하느님께서는 사람들이 보는 것과 같은 방식으로 보시지 않습니다. 사람들은 육체의 눈으로 보지만 하느님은 마음으로 보십니다. 그래서 사람들은 하느님처럼 보지 않습니다. 하느님께서 보신 것, 하느님께서 칭찬하신 것에 주의를 기울이십시오. 여러분의 눈으로 가치를 재거나 창조계의 문제를 여러분의 정신으로 무게 달지 마십시오. 하느님께서 보시고 [좋다고] 인정하신 것을 논쟁의 주제로 삼

[1] NPNF 2,3,144*.

을 생각일랑 마십시오.

• 암브로시우스 『육일 창조』 2,1,3.[2]

하느님의 말씀으로 강해진 사람

"그래서 너희는 너희 땅에서 평안히 살게 될 것이다"(레위 26,5)라고 되어 있습니다. 사악한 사람은 결코 평안할 때가 없으며 늘 불안하고 흔들립니다. 그는 간교한 사람들에 의해 가르침의 온갖 바람에 이리저리 흔들리며 사람을 속이는 오류에 빠집니다. 그러나 하느님의 율법을 지키는 의로운 사람은 자기 땅에서 평안히 삽니다. 그는 하느님을 경외하는 마음에서 자기 육신을 다스리고 복종시키기 때문입니다. 이렇게 말하는 그는 견고한 이해력을 지녔습니다. "주님, 당신의 말씀대로 저를 강하게 해 주소서." 잘 뿌리박혀 안전하고 강하게 된 그는 믿음에 토대를 두고 땅에서 삽니다. 그의 집은 모래 위가 아니라 단단한 토대 위에 지어졌습니다.

• 아를의 카이사리우스 『설교집』 105,4.[3]

119,36-40 당신의 의로움으로 저를 살려 주소서

유용한 것

이로운 것에 관하여 말씀드리기 위해 이 예언 구절을 이용하겠습니다. "제 마음을 탐욕이 아니라 당신 가르침으로 기울게 하소서." 이로움이라는 말이 돈 욕심을 연상시키지 않도록 하려는 것입니다. 다른 필사본들은 이렇게 전하기도 합니다. "제 마음이 이로움이 아니라 당신 가르침으로 기울게 하소서." 다시 말해, 이런 이로움은 이윤을 남길 기회를 찾고, 인간들의 습성으로 말미암아 돈에 대한 열망으로 변질된 왜곡되고 뒤틀린 이로움을 뜻합니다. 사실 통속적으로는 이처럼 돈벌이가 되는 것만 이롭다고 일컫습니다. 그러나 우리는 그리스도를 얻기 위하여(필리 3,8 참조) 손실을 추구하는 그런 이로움에 관하여 이야기하고 있습니다. 그분을 얻는 것은 "자족할 줄 아는 신심입니다"(1티모 6,6). 신심을 획득하는 것은 실로 대단한 얻음입니다. 신심은 하느님 앞에서 풍족하며, 스러지는 재화가 아니라 영원한 선물입니다. 여기에는 발을 헛딛게 하는 유혹이 없고, 한결같고 영원한 은총이 있습니다.

• 암브로시우스 『성직자의 의무』 2,6,26.[4]

쓸모없는 것에서 제 눈을 돌려 주소서

이어서 "모든 헛된 것"이라는 말이 나옵니다.[5] 악마의 허식은 극장, 경기장의 경마, 들짐승 사냥처럼 온갖 헛된 것들에 대한 열광입니다. 이 성인은 그런 것들에서 자기를 구해 주십사고 하느님께 기도하며 이렇게 말합니다. "헛된 것을 보지 않게 제 눈을 돌려 주소서." 극장에 빠지는 것을 피하십시오. 거기서는 죄받을 행위들과 배우들의 음란하고 꼴사나운 기괴한 짓거리들, 타락한 자들의 춤 같은 것이나 보여 줍니다. 자신의 구질구질한 욕망을 채우기 위해 원형경기장에서 자신을 들짐승들에게 노출시키는 자들의 어리석음도 피하십시오. 그들은 자기 배를 채우기 위해 스스로 자기를 잔인한 짐승들의 입에 먹이로 바치는 짓을 하는 자들입니다. 이 검투사들은 배를 자기 신으로 모시고 경기장에서 죽음과 희롱한다 말할 수 있습니다. 경주라는 미친 짓도 피하십시오. 경주는 영혼과 더불어 말 탄 자들도 슬픔에 떨어지고 마는 구경거리입니다. 이 모든

[2] FC 42,46-48*.

[3] FC 47,121*[오리게네스 『설교집』 165(FC 83,271)에도 비슷한 내용이 있다].

[4] NPNF 2,10,47-48*.

[5] 키릴루스는 바로 앞에서 모든 죄는 사탄이 일으키는 짓이며, 세례 때의 약속과 상반되는 모든 유혹은 단호히 끊어야 한다고 이야기했다.

어리석은 짓들이 악마의 허식입니다.

• 예루살렘의 키릴루스 『신비 교리교육』 1,6.[6]

### 그리스도를 찾고 세속적인 것을 피해 달아나라

사람에게 위험한 그런 눈빛을 경험해 본 적 있는(2사무 11,2-5 참조) 다윗은 그래서 하느님의 이름에 모든 신뢰를 두는 이는 행복하다고(시편 40,5 참조), 참으로 적절한 말을 합니다. 그런 사람은 언제나 그리스도를 얻으려고 애쓰고 내적인 눈으로 늘 그리스도를 바라보기에, 가치 없는 것들과 어리석은 것들에 관심을 두지 않기 때문입니다. 그래서 다윗은 또다시 하느님께 이렇게 호소합니다. "헛된 것을 보지 않게 제 눈을 돌려 주소서." 경기장은 헛됩니다. 거기엔 이로운 것이 하나도 없기 때문입니다. 경마는 헛됩니다. 구원을 놓고 말하자면, 그것은 가짜이기 때문입니다. 극장은 헛됩니다. 모든 경기는 헛됩니다. "모든 것이 허무로다!"(코헬 1,2). 코헬렛이 말했듯이, 이 세상의 모든 것이 그렇습니다. 그러니 구원받기 바라는 이는 세상 위로 올라가라고 하십시오. 하느님과 함께 계시는 말씀을 찾아 나서라 하십시오. 이 세상에서 달아나고 땅을 떠나라 하십시오. 먼저 이곳에서 달아나지 않는 한, 존재하시며 언제나 존재하시는 분을 알아볼 수 없기 때문입니다. 그래서 주님께서도 아버지 하느님께 다가가기 바라시며 사도들에게 이렇게 말씀하셨습니다. "일어나 가자"(요한 14,31).

• 암브로시우스 『세상 도피』 1,4.[7]

[6] FC 64,156-57*.

[7] FC 65,282-83*.

## 119,49-80 하느님의 말씀에 전념하다
(자인 — 요드)

49 (자인) 당신 종에게 하신 말씀을
기억하소서.
당신께서 그것에 희망을 두게 하셨습니다.
50 당신 말씀이 저를 살리신다는 것
이것이 고통 가운데 제 위로입니다.
51 교만한 자들이 저를 마구 조롱하여도
당신의 가르침에서 벗어나지 않았습니다.
52 예로부터 내려오는 당신 계명을 기억하며
주님, 저는 위안을 받습니다.
53 악인들 때문에 제가 노여움에 사로잡히니
그들은 당신의 가르침을
저버린 자들입니다.
54 당신의 법령이 제게 노래가 되었습니다,
나그네살이하는 이 집에서.
55 주님, 밤에 당신 이름을 기억하며
당신의 가르침을 따릅니다.
56 제가 이렇게 된 것은
당신의 규범을 지켰기 때문입니다.
57 (헤트) 주님은 저의 몫이시니
저는 당신 말씀을 지키기로
약속하였습니다.
58 제 마음 다하여 당신 자비를 애원하니
당신 말씀대로 저에게 자비를 베푸소서.
59 제 길을 되돌아보고
제 발길을 당신 법으로 돌립니다.
60 당신 계명을 지키려
저는 지체하지 않고 서두릅니다.
61 죄인들의 올가미가 저를 휘감아도⤴

저는 당신의 가르침을 잊지 않았습니다.
62 당신의 의로운 법규 때문에
한밤중에도 당신을 찬송하러 일어납니다.
63 저는 당신을 경외하는 모든 이들의,
당신의 규정을 지키는 모든 이들의
벗입니다.
64 주님, 당신의 자애가 땅에 가득합니다.
당신의 법령을 저에게 가르치소서.
65 (테트) 주님, 당신의 말씀대로
당신 종에게 잘해 주셨습니다.
66 당신의 계명을 믿으니
올바른 깨달음과 지식을 제게 가르치소서.
67 고통을 겪기 전에는 제가 그르쳤으나
이제는 당신 말씀을 따릅니다.
68 당신은 선하시고 선을 행하시는 분
당신의 법령을 제게 가르치소서.
69 교만한 자들이 제게 거짓을 꾸미나
저는 제 마음 다하여
당신 규정을 따릅니다.
70 저들의 마음은 비곗살처럼 무디나
저는 당신의 가르침으로 기꺼워합니다.
71 제가 고통을 겪은 것은 좋은 일이니
당신의 법령을 배우기 위함이었습니다.
72 저에게는 당신 입에서 나온 가르침이
좋습니다.
수천의 금과 은보다 좋습니다.
73 (요드) 당신의 두 손이 저를 지어
굳게 세우셨으니
저를 깨우치소서. 당신의 계명을
배우오리다.
74 제가 당신 말씀에 희망을 두니
당신을 경외하는 이들이 저를 보고
기뻐합니다.
75 주님, 당신의 법규가 의로움을
제가 압니다.
성실하시기에 저에게
고통을 겪게 하셨습니다.
76 당신 종에게 하신 그 말씀대로
당신의 자애가 저를 위로하게 하소서.
77 당신의 자비가 제게 다다르게 하소서.
그러면 제가 살리니
당신의 가르침이
저의 즐거움이기 때문입니다.
78 까닭 없이 저를 억누르니 교만한 자들은
수치를 당하게 하소서.
그러나 저는 당신의 규정을 묵상합니다.
79 당신을 경외하는 이들과
당신 법을 아는 이들이
제게 돌아오게 하소서.
80 제가 부끄러운 일을 당하지 않도록
당신 법령 안에서 제 마음 흠 없게 하소서.

둘러보기

하느님께서는 우리에게 우리가 이승에 살며 겪는 시련들과 나약함을 견디는 힘과 용기를 주신다(힐라리우스). 교회가 이단과 열교를 조장하는 사람들에 의해 흐트러지도록 두어서는 안 된다. 그들을 분리시키기보다는 참고 견뎌 주어야 하는데, 분리는 최후 심판 때에 일어날 것이기 때문이다(아우구스티누스).

우리가 하느님께 받는 상속 재산은 그분의 계명, 그분의 말씀, 가르침들이다(암브로시우스). 우리의 영혼은 거룩한 사람들의 본보기를 기억함으로써 안식과 평정을 발견할 수 있다(바실리우스). 밤은 기도하기 좋은 시간이다. 우리의 정신이 많은 걱정거리와 낮 동안의 활동에서 오는 압박감에서 벗어나는 시간이기 때문이다(요한 크리소스토무스). 위대한 신앙인들은 낮의 짐들에서 벗어난 밤에 기도하였으며 응답을 얻었다(이사악). 우리는 다양한 필요와 계기에 맞는 다양한 기도를, 곧 때로는 청원을, 때로는 감사를, 때로는 찬미를 올려야 한다(아프라하트). 영혼이 하느님의 말씀을 받아들이면 무한한 즐거움과 기쁨을 느끼게 된다. 우리는 죄에 대해 앎으로써 겸손해져야 하며 그로써 아담과 하와를 우리와 연결시키는 범법과의 유대를 끊는다(암브로시우스).

그리스도께서는 다른 사람들과 똑같은 인간 본성을 취하셨다(아타나시우스). 우리는 서로에게 거룩한 진리의 말을 하지만, 우리가 그 말들을 진정 이해할 수 있게 해 주시는 분은 하느님이시다(아우구스티누스). 우리의 태어남과 생명의 영도자는 하느님이시다(페트루스 크리솔로구스).

### 119,50-53 고통 가운데 제게 위로가 되는 것

#### 당신 말씀이 저를 살리셨습니다

우리가 배우는 이 모든 것을 예언자는 이미 체험하였습니다.[1] 그는 "제가 굴욕 속에 있을 때 이 희망이 저를 위로하였습니다. 당신 말씀이 저를 살리셨습니다"라고 말합니다. 이 희망은 하느님께서 그의 안에 심어 주신 희망입니다. 그 희망이 "그가 굴욕 속에 있을 때", 그러니까 그가 경멸당하고 조롱당하고 불의로 괴롭힘당하고 모욕과 치욕을 당할 때 그를 위로하였습니다. 자신이 현세의 시련을 통하여 단련을 받고 있다는 것을 그가 깨달았기 때문입니다. 주님께서 불어넣어 주신 희망이 그가 나약함 속에서 치르고 있는 이 전쟁 중에 그를 위로해 주었고 하느님의 말씀으로 생명을 그는 얻었습니다. 그는 하느님의 말씀으로 새롭게 된 자신의 영혼은 그 안에 말하자면 영원한 생명의 양식을 품고 있다는 것을 알았습니다. 그는 하느님의 말씀으로 살며 교만한 자들의 헛된 명성 같은 것에 마음이 어지러워지지 않습니다. 자신의 곤경이 그들의 부요함보다 더 귀중한 것임을 알기 때문입니다. 그는 자신의 단식이 하늘의 축복과 복음을 넘치도록 먹는 것임을, 자신의 굴욕은 영광스럽고 영예로운 상을 받게 될 것임을 압니다. 그래서 그는 이렇게 덧붙입니다. "교만한 자들이 저를 마구 조롱하여도 당신의 가르침에서 저는 돌아서지 않습니다."

• 푸아티에의 힐라리우스 『시편 주해』 118.[2]

#### 의기소침해지려는 마음

네. 배가 가라앉지 않게 막고자 몇 마디 말씀 드렸습니다.[3] 그 물고기들[4]을 잡았을 때 훨씬 더 무서운 일이 일어났습니다. 그물이 그만 터져 버렸지요. 그물이 터지고, 이단들이 일어났습니다. 사실, 열교란 천이 찢어지는 것 아니고 무엇이겠습니까? 처음 잡은 물고기들은 지치지 않을 정도로 견뎌 주고 참아 주어야 했습니다. 비록 이렇게 쓰여 있지만 말입니다. "당신 법을 저버린 죄인들 때문에 저는 지쳤습니다."

---

[1] 시련과 모욕을 겪을 때 하늘에서 누릴 미래의 삶에 대한 하느님의 약속으로 위로를 받은 경험.

[2] *MFC* 17,184*.

[3] 아우구스티누스는 교회에 다니기 시작한 많은 사람에 관해 이야기하던 중이었다. 그들 가운데 일부는 믿음이 신실하지 않고 여전히 악행 속에 살면서 번영과 행복을 누리는 듯 보였기 때문에 참된 신자들이 사악한 이들의 삶의 방식을 따르고 신앙을 멀리하고픈 유혹을 느끼고 있었는데, 교회 안에 새로 태어나지 않은 사람이 지나치게 많은 것은 그물에 고기가 너무 많이 잡혀 배가 가라앉을 지경이 된 경우와 비슷하다는 비유다.

[4] 많은 수의 개종자들을 가리킨다.

승객이 많아 무거우면 배가 비명을 지릅니다. 그 배는 “당신 법을 저버린 죄인들 때문에 제가 지쳤습니다”라고 말하는 것 같습니다. 여러분에게 짐이 너무 많이 실렸더라도, 잘 살펴 가라앉지 않도록 하십시오. 지금은 악인들을 잘라 버리거나 분리시킬 것이 아니라 참아 주어야 합니다. “자비와 공정을 저희가 주님께 노래하오리다”(시편 101,1) 하였습니다. 먼저 자비가 베풀어집니다. 그리고 나중에 심판이 이루어집니다. 분리는 심판 때에 일어납니다. 그러니 선한 사람은 제 말대로 하여 더 좋은 사람이 되십시오. 악인도 제 말을 듣고 선하게 되십시오. 지금은 선고의 때가 아니라 회개의 때이니까요.

• 아우구스티누스 『설교집』 250,2.[5]

119,57-62 하느님의 계명을 지키려 서두르다

하느님이 나의 상속 재산이다

하느님을 소유하게 되는 것에 관하여 이사야는 다음과 같이 말합니다. “이것이 주님을 믿는 이들의 상속 재산이다”(이사 54,17). “이것이 상속 재산이다”라고 한 것은 참 적절한 표현입니다. 그것만이 상속 재산이고, 그것 외에는 없기 때문입니다. 사람들에게 상속 재산이란 우연히 얻어걸리는 것이 아니며, 스쳐 지나가는 것들은 상속 재산의 속성을 지니고 있지 않습니다. 상속 재산이라 할 수 있는 유일한 것은, 주님의 거룩한 이가 한 말에서 보듯이, 하느님이 그 몫인 재산입니다. “주님은 저의 몫이시니 당신 법이 영원히 저의 재산입니다”(시편 119,57.111). 의로운 사람의 재산이 무엇인지 아시겠지요. 하느님의 계명, 그분의 말씀, 그분의 가르침들입니다. 이런 것들에서 그는 부유하며, 그는 이런 것들을 먹고 살고, 마치 모든 부를 소유한 듯이 이런 것들로 기뻐합니다.

• 암브로시우스 『서간집』 82.[6]

제 마음 평온합니다

이런 고려 하나하나가 여러분의 정신 속으로 들어가는 입구를 발견하여, 마구 부풀어 오른 분노를 제어하게 하십시오. 그런 준비를 갖추고 더불어 그런 성향을 획득함으로써 우리는 날뛰고 두근거리는 마음을 가라앉혀 평온한 안정 상태를 회복합니다. 실로, “저는 준비되었으며 제 마음 평온합니다”(시편 118,60 불가타)라는 다윗의 말은 바로 이런 뜻입니다. 그러니 여러분은 성덕 높은 분들의 본보기를 떠올림으로써 영혼의 폭력적이고 격앙된 상태를 가라앉혀야만 합니다. 예를 들어, 막강한 다윗이 시므이의 격노를 얼마나 온유하게 견뎌 냈습니까? 그는 자신이 분노에 빠지도록 두지 않고 생각을 하느님께 돌리며, “주님께서 다윗을 저주하라고 하시어 저자가 저주하는 것”(2사무 16,10)이라 여겼습니다.

• 대 바실리우스 『분노하는 이들 반박』(강해 10).[7]

한밤중에 바치는 기도

그러니 우리는 밤이고 낮이고 우리의 기도로 항상 하느님께 다가갈 임무에서 쉬이 한눈파는 상태에 빠지지 않도록 신경 씁시다. 특히 밤에 그리해야 합니다. 밤은 우리를 방해하는 이가 아무도 없고, 마음이 더없이 평온해지는 휴식의 시간입니다. 또한 밤은 모든 소란이 집 밖에 남겨진 때요 아무도 우리를 하느님께 바치는 애원에서 떼어 놓거나 다른 것들로 주의를 돌려놓지 않는 때이며 우리의 정신이 안식하는 상태에서 영혼들의 의사께 모든 것을 구체적으로 이야기할 수 있는 때입니다. 임금이며 영감 받은 저자인 복된 다윗이 임금의 옷을 입고 왕관을 쓴 채 너

[5] *WSA* 3,7,122.

[6] FC 26,459-60*.

[7] FC 9,455*.

무나 많은 걱정거리에 에워싸여 "저는 당신의 의로운 통치 때문에 한밤중에도 당신을 찬양하러 일어납니다" 하고 말한다면, 개인으로서 자유로운 삶을 살면서도 다윗처럼 하지 않는 우리는 뭐라 말해야 하겠습니까? 다시 말해, 낮 동안 엄청나게 많은 일과 어지러운 혼란으로 제대로 기도할 시간을 만들 수 없었던 그는 남들이 푹신한 잠자리에 누워 뒹굴거리며 자는 시간에 기도하였습니다. 막중한 책임을 지고 있던 임금이지만 그 시간을 기도에 바치며 하느님과 내밀한 이야기를 나누고, 몹시 중요한 일들에 대해 간절히 애원하기도 하면서, 그리하여 그가 마음을 두었던 모든 것을 이루었습니다. 이 기도들 덕분에 그는 승리에 승리를 쌓으며 전투에서 성공을 거두었습니다. 그에게는 인간들 사이의 전투에서만이 아니라 마귀 무리와의 싸움에도 유용한 무적의 무기, 저 높은 곳의 동맹군이 있었습니다.

• 요한 크리소스토무스『창세기 강해』30,17.[8]

### 의로운 이들은 밤에 기도한다

밤에 바치는 기도에는 낮에 바치는 기도보다 훨씬 큰 엄청난 힘이 있습니다. 그래서 의로운 이들은 모두, 육체의 무거움과 잠의 달콤함과 싸우며 육체적 본성에 저항하면서 밤에 기도드렸습니다. 예언자도 같은 뜻의 말을 하는데, 열렬한 기도 속에 한숨을 토하며 "저는 탄식으로 기진하고 밤마다 울음으로 잠자리를 적시며 눈물로 제 침상을 물들입니다"(시편 6,6)라고 하였습니다. 또 "당신의 의로운 가르침 때문에 저는 한밤중에도 당신을 찬송하러 일어납니다"라고도 하였습니다. 그들은 하느님께 절실하게 원하는 모든 간청에 대하여 밤샘기도로 자신을 무장하였고 단번에 그 청한 바를 얻었습니다.

• 니네베의 이사악『수덕에 관한 강해』75.[9]

### 여러 가지 기도

탄원 기도는 자기 죄에 대해 자비를 청하는 것이고, 감사 기도는 하늘에 계신 아버지께 감사를 바치는 것, 찬미 기도는 그분께서 행하신 일들을 두고 그분을 찬양하는 것입니다. 근심거리가 생겼을 때, 탄원을 올리십시오. 좋은 것들을 누리고 있을 때는 주시는 그분께 감사를 올려야 하고, 여러분의 마음이 기쁠 때는 찬미를 바치십시오. 여러분의 이 모든 기도를 식별하면서 하느님께 바치십시오. 다윗은 늘 "저는 당신을 찬송하려 일어납니다" 하고 말하였으며, 또 다른 시편에서는 "주님을 찬양하여라, 하늘로부터. 주님을 찬양하여라, 높은 데에서"(시편 148,1)라고 하였고, 또 "나 언제나 주님을 찬미하리라. 내 입에 늘 그분에 대한 찬양이 있으리라"(시편 34,2)라고도 하였습니다. 한 가지 기도만 할 것이 아니라 때에 맞게 기도하십시오.

• 아프라하트『논증』4,17.[10]

## 119,68-71 당신의 법령을 제게 가르치소서

### 무엇보다 하느님을 몹시 바라고 사랑하여라

쾌락과 즐거움을 느끼는 능력을 지닌 영혼이 이 참되며 최고인 선을 맛보고서 그것을 얻는 방법을 알고는 슬픔과 두려움을 떨쳐 버리고 이 둘[11]을 고수하게 되면, 영혼은 놀랄 만큼 뜨겁게 불타오릅니다. 하느님의 말씀을 받아들인 영혼은 한계를 모르며 질릴 줄도 모르고 이렇게 말합니다. "주님, 당신은 감미롭습니다. 당신의 기쁨 안에서 당신의 법령을 제게 가르치소서." 하느님의 말씀을 받아들인 영혼은 어떤 아름다움보

---

[8] FC 82,234*.

[9] *AHSIS* 372.

[10] CS 101,22*.

[11] 참된 선과 최고인 선을 말하며, 이 둘은 다 예수 그리스도를 가리킨다.

다 그분을 더 욕망하며 어떤 즐거움보다 그분을 더 사랑하고 어떤 향기보다 그분과 함께 있는 것을 더 즐거워합니다. [그러한] 영혼은 [그분을] 따르기 위하여 그분을 자주 보고, 자주 바라보고, 자주 그분 가까이 있게 되기를 소망합니다. [그러한 영혼은] "당신의 이름은 부어 놓은 향유랍니다"(아가 1,2) 하고 말합니다. 이것이 우리 처녀들이 당신을 사랑하며 [당신을 차지하려] 서로 경쟁하지만 당신께 가닿을 수 없는 이유입니다. 저희가 당신을 좇을 수 있도록, 그리하여 향유 냄새를 좇음으로써 저희가 당신을 따를 힘을 받을 수 있도록 저희를 끌어 주소서.

• 암브로시우스 『서간집』 79.[12]

굴욕을 당하는 것은 좋은 일이다

율법을 통하여 죄를 알게 되었기 때문에 율법으로 인하여 죄가 넘치게 되었습니다(로마 7,7 참조). 그리고 나의 나약함으로 인하여 내가 피할 수 없는 것을 아는 것은 내게 해롭습니다. 무엇을 피해야 할지 미리 아는 것은 좋은 일입니다. 그러나 내가 어떤 일을 피할 수 없다면, 그에 대해 미리 아는 것은 해롭습니다. 이렇게 해서 율법이 정반대의 것으로 변해 버렸습니다. 그러나 죄가 많이 늘어남으로 인하여 그것은 내게 이로운 것이 되었습니다. 내가 굴욕을 당하였기 때문입니다. 그래서 다윗은 "제가 굴욕을 당한 것은 좋은 일입니다"라고 합니다. 굴욕스러운 처지에 떨어짐으로써 나는 아담과 하와가 후대의 모든 세대를 묶은, 고대로부터 내려오는 범법의 유대를 끊어 버렸습니다. 또한 그래서 주님께서는 인간의 불복종과 거짓의 매듭을 풀기 위하여 순종하는 사람으로서 오신 것입니다. 불복종을 통하여 죄가 들어왔지만, 순종을 통하여 죄가 사해집니다. 그래서 바오로 사도는 이렇게 말합니다. "한 사람의 불순종으로 많은 이가 죄인이 되었듯이, 한 사람의 순종으로 많은 이가 의로운 사람이 될 것입니다"(로마 5,19).

• 암브로시우스 『서간집』 83.[13]

119,73 당신의 계명을 배우오리다

나를 만드신 분은 하느님이시다

그런데 하느님의 손길을 받을 자격이 있었다는 점에서 '처음으로 만들어진 이'[14]에게 우리가 어떤 특권을 부여한다고 해도, 그것은 영예 때문이지 본성 때문이 아닙니다. 그는 다른 사람들과 마찬가지로 흙에서 만들어졌고, 그때에 아담을 빚은 손이 그의 뒤에 오는 이들을 지금도 그리고 앞으로도 모양 짓고 온전한 견고함[똑같은 인간 본성]을 주기 때문입니다. 앞에서 말씀드렸듯이, 하느님께서는 이를 예레미야에게 언명하십니다. "모태에서 너를 빚기 전에 나는 너를 알았다"(예레 1,5). 그리고 만물에 대해서는 "이 모든 것을 내 손이 만들었고"(이사 66,2)라 하셨으며, 이사야를 통하여 또 이렇게 말씀하십니다. "너의 구원자이신 주님, 너를 모태에서부터 빚어 만드신 분께서 이렇게 말씀하신다. '나는 주님, 모든 것을 만든 이다. 나는 혼자서 하늘을 펼치고 나 홀로 땅을 넓혔다'"(이사 44,24). 이를 아는 다윗은 시편에서 "당신의 두 손이 저를 지어 굳게 세우셨으니"라고 합니다. "나를 모태에서부터 당신 종으로 빚어 만드신 주님께서 이렇게 말씀하신다"(이사 49,5)라는 이사야서의 말씀도 같은 것을 나타냅니다. 그러므로 우리가 같은 손에 의해 빚어져 존재하는 한, 그리스도께서는 비록 시간 속에서는 우리보다 먼저이시지만 본성에 있어서는 우

[12] FC 26,441-42*.

[13] FC 26,466-67.

[14] 하느님께서 최초로 창조하신 인간 아담을 가리킨다.

리와 다를 것이 하나도 없습니다.

• 아타나시우스
『니케아 공의회 교령에서 아리우스 면직』 3,9.[15]

### 깨달음은 하느님의 선물이다

내가 말한 것이 진실이고 여러분이 이 진실한 것을 듣기만 한 것이 아니라 이해도 하였다면, 의심할 바 없이 두 가지가 일어난 것입니다. 들음과 깨달음, 이 둘을 구별하십시오. 들음은 나를 통해 일어났습니다. 깨달음은 누구를 통해 일어났습니까? 나는 여러분이 듣도록 귀에 말했습니다. 여러분이 깨닫도록 여러분의 마음에 말한 이는 누구입니까? 말소리가 여러분의 귀를 두드리는 것에 그치지 않고 진리가 여러분의 가슴속으로 내려가도록 누군가가 여러분의 마음에 뭐라고 말한 것이 분명합니다. 누군가가 여러분의 가슴에도 말하였습니다. 그러나 여러분은 그를 보지 못하였지요. 형제 여러분, 여러분이 깨달았다면, 여러분의 가슴 역시 말을 들은 것입니다. 여러분이 깨달았다면, 여러분의 마음에 대고 이것을 말한 이는 누구입니까? 시편 저자가 이렇게 말씀드린 바로 그분이십니다. "저를 깨우치소서. 당신의 계명을 배우오리다."

• 아우구스티누스 『요한 복음 강해』 40,5,3.[16]

### 하느님의 손으로 빚어진 이

부부가 자식을 가지려 아무리 노력하더라도 창조주의 행위와 의지가 함께하지 않는다면 부부의 모든 행위는 결과를 낳지 못합니다. "당신의 두 손이 저를 지어 굳게 세우셨다"고 쓰여 있습니다. 또 다른 곳에는 이렇게 쓰여 있습니다. "당신께서 저를 빚으시고 제 위에 당신 손을 얹으셨습니다"(시편 138,5 칠십인역, 불가타). 그러니 우리의 탄생과 생명은 우리 자신에게서 비롯한 것이 아니라 순전히 우리의 창조주 덕분입니다.

• 페트루스 크리솔로구스 『설교집』 6.[17]

[15] NPNF 2,4,155*.
[16] FC 88,128.
[17] FC 17,55*.

## 119,81-104 하느님의 말씀에 전념하다

(카프 — 멤)

81 (카프) 제 영혼이 당신 구원을 기다리다
지칩니다.
당신 말씀에 희망을 둡니다.
82 제 눈이 당신 말씀을 기다리다 지쳐
제가 아룁니다. 언제 저를
위로하시렵니까?
83 저는 연기 속의 가죽 부대 같으나
당신의 법령을 아니 잊었습니다.
84 당신 종의 살날이 얼마나 되겠습니까?
저를 뒤쫓는 자들에게
언제 심판을 내리시렵니까?
85 교만한 자들이 제게 구렁을 팠습니다,
당신의 가르침대로 따르지 않는 저들이.
86 당신의 모든 계명은 참되건만
그들은 까닭 없이 저를 뒤쫓으니
저를 도우소서.
87 그들이 이 세상에서 저를 없애려고
하였지만
저는 당신의 규정을 저버리지 않았습니다.
88 당신 자애에 따라 저를 살려 주소서.⤴

↪당신 입에서 나온 법을 지키오리다.
89 (라멧) 주님께서는 영원하시고
당신 말씀은 하늘에 든든히 세워졌습니다.
90 당신의 성실은 대대로 이어지고
당신께서 땅을 굳게 세우시니
그 땅이 서 있습니다.
91 이들이 당신 법규에 따라
오늘까지 서 있으니
만물이 당신의 종들이기 때문입니다.
92 당신의 가르침이 제 즐거움이 아니었던들
저는 고통 속에서 사라졌으리이다.
93 영원토록 당신 규정을 잊지 않으리니
당신께서 그것으로 저를 살리셨기
때문입니다.
94 저는 당신의 것, 저를 구하소서.
당신 규정을 찾습니다.
95 악인들이 저를 없애려고 노리지만
저는 당신 법을 명심합니다.
96 완전한 것에서도 다 끝을 보았지만
당신 계명은 한없이 넓습니다.
97 (멤) 제가 당신의 가르침을
얼마나 사랑합니까!
온종일 그것을 묵상합니다.
98 당신의 계명이 저를 원수들보다
슬기롭게 만들었으니
그것이 영원히 저의 것이기 때문입니다.
99 제가 어떤 스승보다도 지혜로우니
당신 법을 묵상하기 때문입니다.
100 제가 노인들보다 현명하니
당신 규정을 따르기 때문입니다.
101 온갖 악한 길에서 제 발길을 돌리니
당신 말씀을 지키려 함입니다.
102 제가 당신 법규에서 어긋나지 않으니
당신께서 저를 가르치신 까닭입니다.
103 당신 말씀이 제 혀에
얼마나 감미롭습니까!
그 말씀 제 입에 꿀보다도 답니다.
104 당신의 규정으로 제가 현명하게 되어
거짓된 모든 길을 제가 미워합니다.

둘러보기

성경은 하느님께서 세상의 질서를 잡으시고 섭리로 보살피신다고 언명한다(아타나시우스). 심판 날은 하느님에 의해 완전하게 세워진다(암브로시우스). 하느님의 율법을 한마디로 요약하면 형제 사랑이다. 그리스도를 사랑하는 사람은 누구나 온 세상 모든 사람에게로 자기 사랑을 넓힌다. 덜 사랑하는 것은 그리스도의 몸, 곧 교회를 가르는 것이다. 우리가 그리스도께 오(고 그래서 그리스도 안에 있게 되)면 우리는 사랑을 계명의 완성으로 보게 된다(아우구스티누스). 하느님 말씀의 달콤함을 맛본 영혼은 하느님 곁에 남아 있는 것, 지속적으로 그분과 함께 있는 것 외에는 아무것도 바라지 않게 된다(암브로시우스). 구약의 율법은 복음이 선포한 십자가의 신비로 부드러워지고 감미로워지기 전에는 가혹하고 괴로운 것이었다(막시무스).

119,81-86 도움을 청하는 기도

**제 영혼은 당신 구원을 갈망합니다**

요셉은 그의 이름을 "예수"라고 지었습니다. '예수'는 히브리어로 '구원하는' 또는 '구원자'를 뜻합니다.[1] 예언자들은 확신을 갖고 그분의 이름을 부르는 것이 분명합니다. 그들은 그분을 보고자 하는 크나큰 욕망에서 이런 노래를 불렀습니다. "내 영혼은 주님 안에서 기뻐 뛰고 그분의 구원에 즐거워하네"(시편 35,9). "제 영혼이 당신 구원을 기다리다 지칩니다." "나는 주님 안에서 즐거워하고 나의 하느님 예수님 안에서 기뻐하리라"(참조: 하바 3,18; 필리 4,4). 그리고 특히 이 [구절], "하느님, 당신의 이름으로 저를 구하소서"(시편 54,3)라는 구절은 마치 [예언자가] '구원자라 불리는 당신께서 [저를] 구원하심으로써 제 안에 있는 당신 이름의 영광이 환히 빛나게 하십시오'라고 말한 것과 같습니다.

• 존자 베다 『복음서 강해』 1,5.[2]

하느님을 사랑하고 서로 사랑하여라

하느님께서는 그대에게 무엇을 명하십니까? "나를 사랑하라"고 하십니다. "너는 금을 사랑하여 금을 찾아다니겠지만, 아마 찾아내지 못할 것이다. 나를 찾는 사람이 누구든지 나는 그와 함께 있다. 너는 명예를 좋아하지만, 아마도 거기에 이르지 못할 것이다. 나를 사랑한 사람치고 나에게 이르지 않은 사람이 있느냐?" 하느님께서 그대에게 말씀하십니다. "너는 후견인이나 능력 있는 친구를 만들고 싶어 더 못한 다른 사람을 통하여 청탁한다." 하느님께서 그대에게 말씀하십니다. "나를 사랑하여라. 나에게 오기 위해서는 다른 사람을 통하여 청탁할 필요 없다. 사랑 자체가 나를 네 곁에 있게 한다."

형제 여러분, 이 사랑보다 더 달콤한 것이 무엇입니까? 조금 전에 시편에서 들은 말씀이 부질없는 것이 아닙니다. "불의한 자들이 저에게 쾌락에 대해 속삭였건만, 주님, 그것은 당신 법 같지 않나이다"(시편 119,85). 하느님의 법이란 무엇입니까? 하느님의 계명입니다. 하느님의 계명은 무엇입니까? 그것은 새로운 계명인데, 사람을 새롭게 하기 때문에 새 계명이라고 합니다. "내가 너희에게 새 계명을 준다. 서로 사랑하여라"(요한 13,34). 하느님의 법이 어떠한지 들어 보십시오. 사도는 말합니다. "서로 남의 짐을 져 주십시오. 그러면 그리스도의 율법을 완수하게 될 것입니다"(갈라 6,2). 우리가 하는 모든 일의 완성은 사랑입니다. 바로 거기에 끝이 있습니다. 우리는 그 끝을 위해서 달리고 있고, 그 끝을 향하여 달리고 있습니다. 그 끝에 다다르면, 우리는 비로소 편히 쉬게 될 것입니다.

• 아우구스티누스 『요한 서간 강해』 10,4.[3]

참된 순교자 대對 거짓 순교자

참된 순교자들은 주님께서 이렇게 말씀하신 이들입니다."행복하여라, 의로움 때문에 박해를 받는 사람들!"(마태 5,10). 따라서 불의를 위해서 고통을 겪는 이들이나 그리스도인들의 일치를 불경하게 갈라놓는 자들이 아니라 의로움을 위해서 박해를 겪는 이들이 참된 순교자들입니다. 하가르는 사라에게 박해를 당했지만, 이 경우는 박해한 이가 거룩한 이였고 박해당한 이는 죄 많은 이였습니다(창세 16,6 참조). 하가르가 겪은 박해와 사악한 사울이 거룩한 다윗에게 가한 박해(1사무 18,8-29 참조)를 비교할 이유가 하나라도 있습니까? 여기엔 명백히 크나큰 차이가 있습니다. 다윗이 고난을 당했기 때문이 아니라 그가 정의를 위해 고난을 겪었기 때문입니다. 주님께서는 강도들 사이에서 십자가에 못 박히셨습니다(참조: 마태 27,38; 마르 15,27; 루카 23,33). 그러

[1] 이시도루스 『어원』 7,2,7.

[2] CS 110,49-50*.

[3] FC 92,267*.

나 그들은 고통을 당하고 있었다는 점에서는 같았지만, 고통을 당하는 이유가 달랐습니다. 그러므로 우리는 이 시편에서 거짓 순교자들과 구별되고 싶어 하는 참된 순교자의 목소리를 알아들어야 합니다. "하느님, 저를 심판하소서. 거룩하지 않은 민족들과 저의 이유가 다름을 밝혀 주소서"(시편 43,1). 그는 자신이 받는 징벌이 다름을 밝혀 달라고 하지 않고 그 이유가 다름을 밝혀 달라고 합니다. 사악한 자들이 받는 징벌은 같을 수 있지만 순교자가 같은 벌을 받는 이유는 다르기 때문입니다. 그래서 그들은 이렇게 부르짖습니다. "그들은 부당하게 저를 뒤쫓으니 저를 도우소서." 시편 저자는 자신이 의로운 도움을 받을 자격이 있다고 생각합니다. 그들이 부당하게 박해하고 있기 때문이지요. 그들이 정당하게 박해하는 것이라면, 그는 도움 받을 자격이 있는 것이 아니라 응징받아 마땅할 것입니다.

• 아우구스티누스 『서간집』 185,9.[4]

### 119,90-96 하느님의 성실은 이어진다

#### 하느님께서 세상의 토대를 놓으셨다

'말씀'의 질서 잡는 힘과 섭리가 만물 위에 그리고 만물에 대해 미치고 있다는 사실이 영감 받은 성경의 모든 책에서 입증되고 있으며, 하느님에 관하여 사람들이 하는 말인 다음 구절은 우리의 논증을 확증해 주기에 충분합니다. "당신께서 땅의 토대를 놓으시니 지금까지 그 땅이 서 있습니다. 당신 법규에 따라 날이 계속됩니다."

• 아타나시우스 『이교인 반박』 46,2.[5]

#### 심판 날이 오는 것은 확실하다

우리가 시대들에 관하여 이렇게 [하느님께서는 과거와 현재와 미래를 아신다고] 믿는다면, 하느님의 아드님께서는 이미 당신께서 그것을 만드셨으므로 그에 대해 아신다는 것을 근거로 심판 날에 대해서는 얼마나 더 확고하게 믿어야 하겠습니까? "당신 법규에 따라 날이 계속되리라"고 쓰여 있기 때문입니다. 그는 단순히 "날이 계속된다"고 하지 않고 "계속되리라"고 하였습니다. 장차 일어날 일들도 그분의 법규에 따라 다스려진다는 의미입니다. 당신께서 무엇을 정해 놓으셨는지 그분께서 모르시겠습니까? "귀를 심으신 분께서 듣지 못하신단 말이냐? 눈을 빚으신 분께서 보지 못하신단 말이냐?"(시편 94,9).

• 암브로시우스 『신앙론』 5,4,198.[6]

#### 하느님의 명령은 한계를 모른다

우리는 그들에게 이렇게 대답합니다: 여러분은 그리스도의 세례를 받았습니다. 오십시오, 와서, 그리스도의 영도 받으십시오. "누구든지 그리스도의 영을 모시고 있지 않으면, 그는 그리스도께 속한 사람이 아닙니다"(로마 8,9). 이렇게 쓰여 있으니, 두려워하십시오. 여러분은 성사의 형태로 그리스도를 입었습니다. 이제 그분의 본보기를 따름으로써 그분을 입으십시오. "그리스도께서는 우리를 위하여 고난을 겪으시면서, 당신의 발자취를 따르라고 우리에게 본보기를 남겨 주셨습니다"(1베드 2,21). "신심이 있는 체하여도 신심의 힘은 부정"(2티모 3,5)하는 사람이 되지 마십시오. 신심이 일치에 대한 사랑보다 더 큰 어떤 힘을 지닐 수 있습니까? 시편은 이렇게 말합니다. "[저는] 완전한 것에서도 다 끝을 보았지만 당신 계명은 한없이 넓습니다." 이것이 다음 말씀이 이야기하는 계명을 말하는 것이 아니고 무엇이겠습니까? "내가 너희에게 새 계명을

[4] FC 30,149-50*.
[5] NPNF 2,4,28*.
[6] NPNF 2,10,309*.

준다. 서로 사랑하여라"(요한 13,34). 시편 저자가 "넓습니다"라고 한 것은 "하느님의 사랑이 우리 마음에 부어졌"(로마 5,5)기 때문 아니겠습니까? 또 그가 "완전한 것에서도 다 끝을 보았다"고 한 것은 "율법의 완성은 사랑이며, 온 율법은 이 사랑으로 요약"되기 때문 아니겠습니까? "네 이웃을 너 자신처럼 사랑해야 한다"(로마 13,9-10 참조)고 쓰여 있기 때문 아니겠습니까? 그런데 사람들이 이웃을 자신처럼 사랑하는 방식은, 여러분에 대해서는 누가 눈으로 보지 않고 입증되지 않은 나쁜 것은 아무도 믿지 않기 바라면서 온 세상에 대해서는 여러분이 본 적도 없고 증거도 없는 내용을 기꺼이 믿는 식입니다.

• 아우구스티누스 『설교집』 269,3.[7]

사랑에는 경계가 없다

그러므로 나의 형제 여러분, 달리고 또 달립시다. 그리고 그리스도를 사랑합시다. 어떤 그리스도 말입니까? 예수 그리스도 말입니다. 그분은 누구십니까? 하느님의 말씀이십니다. 그분은 병자들에게 어떻게 오셨습니까? "말씀이 사람이 되시어 우리 가운데 사셨습니다"(요한 1,14). 그래서 성경에서 예언한 바, 곧 "그리스도는 고난을 겪고 사흘 만에 죽은 이들 가운데에서 다시 살아나야 한다"(루카 24,46)는 말씀이 이루어졌습니다. 그분의 몸은 어디에 누워 있습니까? 그분의 지체는 어디서 일하고 있습니까? 머리[이신 그리스도] 아래 붙어 있으려면, 그대는 어디 있어야 하겠습니까? "예루살렘에서부터 시작하여, 죄의 용서를 위한 회개가 그의 이름으로 모든 민족들에게 선포되어야 한다"(루카 24,47). 여기에서부터 그대의 사랑이 퍼져 나가게 하십시오. 그리스도께서 말씀하셨거니와, 시편, 곧 하느님의 성령께서도 "당신 계명은 한없이 넓습니다"라고 하십니다. 누가 사랑의 경계를 아프리카까지라고 정해 놓았습니까! 그리스도를 사랑하고 싶다면 온 세상에 사랑을 펼치십시오. 그리스도의 지체는 온 세상에 퍼져 있기 때문입니다. 한 부분만을 사랑한다면 그대는 갈라져 있는 것입니다. 그렇게 갈라져 있으면 그대는 몸 안에 있는 것이 아닙니다. 몸 안에 있지 않으면 머리 아래에도 있지 않습니다.

• 아우구스티누스 『요한 서간 강해』 10,8,1.[8]

사랑은 모든 계명의 끝이다

"저는 완전한 것에서도 다 끝을 보았다"는 시편 말씀을 여러분은 들으셨습니다. 시편 저자는 무엇을 본 것입니까? 아주 높고 뾰족한 산꼭대기에 올라가 땅의 끝자락과 우주 천체 궤도를 둘러보고 바라본 다음, "나는 모든 완전한 것의 끝을 보았노라"고 말했다고 생각하십니까? 이것이 찬미할 만한 것이라면, 하느님께 날카로운 육신의 눈을 달라고 청해서, 지상에서 제일 멋진 산을 찾아, 그 꼭대기에서 모든 완성의 끝을 보도록 합시다. 자, 여러분에게 말씀드립니다. 멀리 가려 하지 마십시오. 산을 올라 끝을 보십시오. 그리스도가 산이십니다. 그리스도께 오십시오. 거기서 모든 완전한 것의 끝을 보게 될 것입니다. 그 끝이란 무엇입니까? 바오로에게 물어보십시오. "계명의 목적[끝]은 깨끗한 마음과 바른 양심과 진실한 믿음에서 나오는 사랑입니다"(1티모 1,5). 또 다른 곳에서는 "사랑은 율법의 완성입니다"(로마 13,10)라고 하였습니다.

• 아우구스티누스 『요한 서간 강해』 10,5,1.[9]

[7] *WSA* 3,7,285.
[8] FC 92,273*.
[9] FC 92,267.

119,103 하느님의 말씀은 꿀보다도 달다

하느님 말씀의 달콤함

영혼은 감추어져 있는 신비들, 곧 '말씀'께서 계신 곳, 최고선의 거주지, 그분의 빛과 광채를 얼핏이라도 보려고 애를 씁니다. 아버지의 품, 아버지께서 계신 그 비밀스러운 거주지에서 그분의 말씀을 들으려고 영혼은 서두릅니다. 그리고 그 말씀을 듣고 나면 그것이 그 어떤 것보다도 달다는 것을 발견합니다. 이 달콤함을 맛본 예언자에게서 배우십시오. "당신 말씀이 제 입술에 얼마나 감미롭습니까! 그 말씀 제 입에 꿀보다도 답니다." '말씀'의 감미로움을 한 번이라도 맛본 영혼, 그 광채를 한 번이라도 본 영혼이 다른 무엇을 바랄 수 있겠습니까? 모세가 산 위에서 사십 일을 남아 있다가 율법을 받았을 때, 그에겐 육체를 위한 음식이 필요하지 않았습니다(탈출 34,28 참조). [싸리나무 아래에서] 쉬던 엘리야는 [그것으로 충분하다고 느껴] 하느님께서 자기 목숨을 거두어 주시기를 청했습니다(1열왕 19,4 참조). 베드로도 주님 부활의 영광을 산 위에서 미리 보고는, 아래로 내려오고 싶지 않아 "주님, 저희가 여기에서 지내면 좋겠습니다"(마태 17,4) 하였습니다. 그 거룩한 본질의 영광이 얼마나 위대한지요! 천사들마저 지켜보고 싶어 하는 '말씀'의 은총들이 얼마나 위대한지요!

• 암브로시우스 『서간집』 79.[10]

복음의 감미로운 효과

이 신비스러운 수[11] 안에서, 마라에 도착하여 물이 써서 길어 먹을 수 없었던 이스라엘 자손은 모세가 물에 나무를 던져 넣자마자 물이 단 물이 되어 마침내 물을 마시게 되었습니다(탈출 15,23-25 참조). 나무의 성사가 유독한 물이 지니고 있던 가혹함을 없애 버렸습니다. 이 일은 상징으로 일어났다고 나는 믿습니다. 마라의 물의 쓴맛은, 주님의 십자가로 부드럽게 되기 전에는 가혹했던 구약의 율법이라고 생각하기 때문입니다(1코린 10,6 참조). 그 법은 "눈은 눈으로, 이는 이로" 대응하라고 명했으며(탈출 21,24 참조), 엄격한 것이었던 만큼 자비의 위로 같은 것은 전혀 주지 않았습니다. 그러나 그것이 복음의 고난이라는 나무[12]로 부드럽게 되자, 그 쓴맛이 단번에 순하게 변하여 모든 이가 마실 단 물이 되었습니다. 예언자가 말한 대로입니다. "당신 말씀이 제 혀에 얼마나 감미롭습니까! 그 말씀 제 입에 꿀보다도 답니다." "누가 네 오른뺨을 치거든 다른 뺨마저 돌려 대어라. 또 네 속옷을 가지려는 자에게는 겉옷까지 내주어라"(마태 5,39-40)라고 명령하는 말씀은 감미롭기 때문입니다. 바로 이것이 단맛으로 변한 쓴맛입니다. 율법의 엄격함이 복음의 은총으로 부드럽게 된 것 말입니다. 율법의 문자는 십자가의 신비가 없이는 쓴맛입니다. 이를 두고 바오로 사도는 "문자는 사람을 죽인다"(2코린 3,6)고 합니다. 그러나 수난의 성사가 거기에 결합되면 그것의 모든 쓴맛은 영적으로 묻힙니다. 그에 대해 바오로 사도는 "그러나 성령은 사람을 살립니다"(2코린 3,6)라고 합니다.

• 토리노의 막시무스 『설교집』 67,4.[13]

---

[10] FC 26,442*.

[11] '42'를 말한다(민수 33,1-49 참조). 이집트에서 이스라엘 자손을 데리고 나온 모세는 42일이라는 단계를 거쳐 그들을 약속의 땅으로 인도하였다. 또한 5세기 토리노에서는 부활 주일 전에 6주에 걸쳐 사순절을 지켰다. 이렇게 요르단강에 이르기까지, 곧 세례 준비에 42일이라는 단계를 거쳐야 했다.

[12] 마라에서 물에 던져진 나무가 십자가를 상징한다는 해석은 순교자 유스티누스에게서 처음으로 나타난다(『유대인 트리폰과의 대화』 86 참조).

[13] ACW.

## 119,105-136 하느님의 말씀에 전념하다

(눈 — 페)

105 (눈) 당신 말씀은 제 발에 등불,
저의 길에 빛입니다.
106 제가 맹세하고 실천하니
당신의 의로운 법규를
지키기 위함입니다.
107 저는 몹시도 고통을 겪고 있습니다.
주님, 당신 말씀대로 저를 살려 주소서.
108 주님, 제 입의 찬미 제물이 당신 마음에
들게 하소서.
당신 법규들을 제게 가르치소서.
109 제 목숨이 늘 위험 속에 있으나
당신의 가르침을 잊지 않습니다.
110 악인들이 제게 그물을 쳐 놓았으나
저는 당신 규정을 벗어나
헤매지 않습니다.
111 당신 법이 영원히 저의 재산이니
그것이 제 마음의 기쁨이기 때문입니다.
112 당신의 법령을 실천하려
제 마음을 기울입니다,
영원토록 다할 때까지.
113 (사멕) 저는 변덕쟁이들을 미워하고
당신의 가르침을 사랑합니다.
114 당신은 저의 피신처, 저의 방패
저는 당신 말씀에 희망을 둡니다.
115 내게서 물러가라, 악을 저지르는 자들아.
나는 내 하느님의 계명을 지키리라.
116 당신 말씀대로 저를 붙들어 주소서.
제가 살리이다.
제 희망 때문에 제가 부끄러운 일을
당하지 않게 하소서.
117 저를 붙드소서. 제가 구원되어
당신의 법령을 늘 살피리이다.
118 당신 법령에서 빗나간 자들을
당신께서는 모두 업신여기시니
그들의 행실이 거짓된 속임수이기
때문입니다.
119 당신께서는 세상의 악인들을
모두 찌꺼기로 여기시니
저는 당신의 법을 사랑합니다.
120 당신이 무서워 제 살이 떨리며
제가 당신의 법규를 경외합니다.
121 (아인) 저는 공정과 정의를
실천하였습니다.
저를 억누르는 자들에게 넘기지 마소서.
122 당신 종이 잘되도록 보증하시어
교만한 자들이 저를 억누르지
못하게 하소서.
123 당신의 구원을 기다리다,
당신의 의로운 말씀을 기다리다
제 눈이 지칩니다.
124 당신의 자애에 따라
당신 종에게 행하시고
당신의 법령을 저에게 가르치소서.
125 저는 당신의 종, 저를 깨우치소서.
당신의 법을 깨달으리이다.
126 저들이 당신의 가르침을 깨뜨렸으니
이제 주님께서 행하실 시간입니다.
127 저는 당신 계명을
금보다 순금보다 더 사랑합니다.
128 저는 당신의 모든 규정[①]에 따라⤴

바르게 걸으며
거짓된 길을 모두 미워합니다.
129 (페) 당신 법이 놀랍기에
제 영혼이 그것을 따릅니다.
130 당신의 말씀이 열리면 빛이 비치어
우둔한 이들을 깨우쳐 줍니다.
131 당신의 계명을 열망하기에
저는 입을 벌리고 헐떡입니다.
132 저를 돌아보시어 자비를 베푸소서,
당신 이름을 사랑하는 이들에게 주신
권리에 따라.
133 당신 말씀으로 제 발걸음을
굳건히 하시고
어떠한 불의도 저를 다스리지 못하게
하소서.
134 사람들의 억압에서 저를 구출하소서.
당신의 규정을 지키오리다.
135 당신 얼굴이 당신 종 위에 빛나게 하시고
당신의 법령을 저에게 가르쳐 주소서.
136 사람들이 당신의 가르침을 지키지 않기에
제 눈에서 눈물이 시내 되어 흐릅니다.

① 그리스어, 히에로니무스 본문; 히브리어 본문은 뜻이 명확하지 않다.

둘러보기

하느님의 말씀은 등잔처럼 이 세상에서 우리를 비춘다. 그러나 그것은 빛이기에 우리에게 영적 미래를 보여 준다(오리게네스). 하느님 말씀의 빛은 세상의 어둠에 빛을 가져온 복음이다(암브로시우스). 하느님 말씀의 빛은 우리의 길을 인도하며 우리가 사탄의 올가미에 걸리지 않도록 지켜 준다(프루덴티우스). 사제들이 하느님 말씀의 빛을 됫박 아래 넣어 둔다면, 그들은 참된 가르침을 교회가 보지 못하도록 숨기는 것이며 그러면 어떤 이들은 오류와 죄에 빠질 것이다(카이사리우스). 하느님께서 자비롭게 허락하시지 않는 한, 하느님의 계명들을 행하고자 하는 의지와 그것을 실천하는 능력을 다 가진 이는 아무도 없다. 우리는 하느님을 찬미하거나 순교자를 칭송할 때, 우리에게 적절한 말을 주십사고 하느님께 청해야 한다.

하느님께서는 신앙을 버리는 이나 당신을 거부하는 이는 물리치신다. 모든 사람이 죄인으로 이승의 삶에 들어온다. 먼저 실제로 죄를 지어서가 아니라, 세대에서 세대로 전해지는 원죄로 인하여 그렇다. 누구나 자기 가슴에 쓰여 있는 율법을 어김으로써 죄를 짓는다(아우구스티누스). 하느님에 대한 두려움과 십자가의 권능에 대한 믿음이 징벌의 위협보다 힘이 세다(암브로시우스). 어떠한 적수도 주님에 대한 경외와 그리스도의 가르침에 관한 지식 안에 뿌리내린 영혼을 이길 수 없다(요한 크리소스토무스). 하느님께서는 우리에게 지혜롭게 되고 이해력을 지니라고 명령하시며, 우리가 그것들을 청하며 기도하면 은혜롭게 그것들을 주신다(아우구스티누스). 자연은 이해력을 주며, 하느님의 법에 관한 지식은 성경에서 얻을 수 있다. 그렇지만 하느님의 법을 더 잘 파악하기 위하여 우리는 기도해야 한다(요한 카시아누스). 자유의지는 하느님의 자비와 은총에 순종해야 한다. 죄는 하느님 안에서 힘을 발견하는 사람은 다스리지 못한다(아우구스티누스).

119,105-108 주님, 저를 살려 주소서

"등불"과 "빛"의 차이

그럼에도 불구하고, 우리가 시편 제118편(칠십인역)의 "당신 말씀은 제 발에 등불, 저의 길에 빛입니다"라는 구절을 설명했을 때, "등불"과 "빛"의 차이를 최선을 다해 보여 주었습니다. "등불"은 "발" 곧 육체의 낮은 부분들에 할당되었고, 반면에 "빛"은 "길에" 주어진 것이라고 하였지요. 이 "길"은 또 다른 구절에서는 "영원한 길"로 표현됩니다. 그러한 신비적 이해에 따라 이 세상은 창조계의 낮은 부분들로 이해되므로 따라서 율법의 "등불"은 이 세상에서 전체 창조계의 발로 존재하는 이들을 위해 비추어졌다고 말하는 것입니다. 그러나 모든 이가 자기 공과에 따라 미래 시대로 나아가게 될 그 "길"에는 영원한 "빛"이 있을 것입니다.

• 오리게네스 『레위기 강해』 13,2,3.[1]

당신 말씀은 제 발에 등불입니다

"주님, 제가 요르단 땅과 헤르몬에서 당신을 생각합니다"(시편 42,7). 그러니 걱정거리가 있는 사람은 좋은 조언을 받아들인다면 이집트를 떠나 빛의 길을 따릅니다. "헤르몬"은 "등불의 길"을 의미하기 때문입니다. 그러니 그리스도의 빛을 보고 싶다면 먼저 이집트를 떠나십시오. 가나안 여자는 이교인들의 땅을 떠나서 그리스도를 발견했습니다. 그 여자는 그분께 "다윗의 자손이시여, 저에게 자비를 베풀어 주십시오"(마태 15,22) 하고 말하였지요. 모세는 이집트를 떠나 예언자로 세워지고, 백성의 영혼을 고통의 땅에서 해방시키도록 다시 그들에게 파견되었습니다(탈출 2,11-4,17 참조). 그런데 등불은 그리스도의 몸 안에 있습니다. 그리고 여러분에게 길을 보여 주는 것이 이 등불입니다. 그래서 거룩한 다윗도 "당신 말씀은 제 발에 등불"이라고 말합니다. 그것이 온 백성의 영혼을 비추었고(요한 1,9) 어둠 속에서 길을 보여 주었기 때문입니다. 등불의 길은 복음입니다. 그것은 어둠 곧 이 세상 안에서 빛납니다.

• 암브로시우스 『욥과 다윗의 탄원』 4,4,14.[2]

믿음의 등불

보라, 우리 앞에 돌이 놓여 있으니
차여 넘어지게 하는 돌이라(1베드 2,7-8 참조).
허영이 그 돌을 치니,
믿는 이들에게는 표징
방종한 이들에게는 걸려 넘어지게 하는 돌
한 사람은 넘어뜨리고 한 사람은 인도하네.
눈먼 이는 느릿느릿 불안정한 걸음으로 걷다가
무엇인가에 부딪히지.
믿음의 등불만이 우리 발 앞에 빛나야 하니,
그러면 발걸음이 흔들리지 않으리.
원수가 공격해 와 헤매는 이들을 끌고 가니
그들은 어둠 속에서 헤매는 이
밀곡을 먹어 치우는 마귀가 서둘러 길을 가니
오가는 순례자들을 [낚아채려고],
그리스도의 비옥한 밭을 망쳐 놓는 도둑
그 밭에 가라지를 뿌리네(마태 13,25 참조).
밀곡을 먹어치우는 마귀가 길에 가라지를
흩뿌리니
순례자들이 오고 가는 길에(마태 13,25 참조)
그리스도의 비옥한 밭을 망쳐 놓는 도둑
그 밭에 가라지를 뿌리네(마태 13,25 참조).

• 프루덴티우스 『그리스도의 신성』 33-46.[3]

[1] FC 83,234-35.
[2] FC 65,398-99*.
[3] FC 52,4-5.

### 하느님 말씀의 빛을 숨기지 마라

우리가 주의 깊게 살펴본다면, 우리 주님께서 복된 사도들에게 하신 말씀은 우리에게 하신 말씀이기도 함을 깨닫게 될 것입니다. "너희는 세상의 빛이다. 등불은 켜서 함지 속이 아니라 등경 위에 놓는다. 그렇게 하여 집 안에 있는 모든 사람을 비춘다"(마태 5,14-15). 몸에 달린 육체의 눈이 나머지 지체들에게 길을 보여 주기를 거부할 경우, 온몸이 어둠 속을 걷게 됩니다. 이와 마찬가지로, 머리이신 그리스도의 몸에서 눈의 기능을 한다고 여겨지는 사제들이 교회 안에서 등불[의 옷]을 입었는데 하느님의 집 안에서 빛나기를 내켜하지 않고 전체 교회에 가르침의 빛을 보여 주기를 그만둔다면, 일부 사람들은 오류의 어둠에 에워싸이고 죄의 심연에 떨어질 수 있음을 두려워해야 합니다. 주님께서 당신의 말씀이 등불이라고 하신 사실은 가벼이 들을 발언이 아닙니다. "주님, 당신 말씀은 제 발에 등불입니다"라는 말씀을 우리가 읽기 때문입니다. 현세의 이익은 함지의 본성을 통해 이해됩니다. 실로, 함지 속에 등불을 두는 이가 물질적 이득으로 가르침의 빛을 어둡게 하고, 자기가 바라는 세속적 소유를 더 못 가지게 될까 봐 진리를 선포하기를 두려워하는 사람 아니고 누구겠습니까? 영적 이득보다 물질적 이득을 더 좋아하는 사람은 이처럼 함지 속에 등불을 둡니다.

• 아를의 카이사리우스『설교집』1,16.[4]

### 신심 있게 살려는 의지와 능력

우리를 부르심으로써 우리에게 의지를 주신 분께서 또한 우리를 북돋우심으로써 우리가 능력을 갖추도록 도우시지 않는 한, 의지와 능력, 이 두 가지를 다 갖춘 사람이 과연 있겠습니까? 매번 그분의 자비가 우리보다 앞서 있는 것이 사실입니다. 우리에게 의지가 결핍되어 있을 때 우리를 부르시고, 그런 다음엔 우리가 의지하는 바를 실행할 능력을 얻도록 확실히 해 주십니다. 그러니 우리는 그분께 이렇게 말합시다. "저는 맹세하고 결심하였으니 당신의 의로운 법규를 지키기 위함입니다." 저는 실로 결심하였고, 당신께서 명령하셨기에 순종을 약속하였습니다. 그러나 "내 지체 안에는 다른 법이 있어 내 이성의 법과 대결하고 있음을 나는 봅니다. 그 다른 법이 나를 내 지체 안에 있는 죄의 법에 사로잡히게 합니다"(로마 7,23). "저는 몹시도 고통을 겪고 있습니다. 주님, 당신 말씀대로 저를 살려 주소서." 보십시오, "저에게 원의가 있기는 합니다"(로마 7,18). 그러니 당신의 평화가 선의를 지닌 땅의 사람들에게 올 수 있도록 "주님, 제 입의 찬미 제물이 당신 마음에 들게 하소서".

• 아우구스티누스『설교집』193,2.[5]

### 하느님 마음에 드는 경배를 위한 기도

우리가 축하할 지극히 거룩하고 장엄한 날이 밝았습니다. 이 교회가 최고의 장식물로 치장하게 된 매우 특별하고 영광스러운 날입니다. 지극히 복된 키프리아누스가 수난의 영광으로 우리를 위해 빛으로 그것을 채웠습니다. 이 존경받는 주교요 흠숭하올 순교자를 칭송하기엔 어떠한 말도 모자랍니다. 그러니 그를 위하여 제가 여러분에게 빚진 것을 갚는 것과 같은 저의 오늘 설교에서는 부디 어떤 기술이 효과적으로 발휘되기를 바라시지 마시고 제 뜻에 담긴 기꺼운 사랑을 보아 주십시오. 그 거룩한 찬양자는 자신이 하느님을 찬미하는 능력이 부족하다고 느끼고서 — 사실, 하느님 찬양엔 말만 아니라 어떠한 생

---

[4] FC 31,18-19*.

[5] *WSA* 3,6,51.

각도 부족하지요 — 이렇게 말했습니다. “주님, 제 입의 찬미 제물이 당신 마음에 들게 하소서.” 저도 같은 말을 하고 싶습니다. 또한 이것이 제 신앙심의 표시이면 좋겠습니다. 제가 원하는 만큼 설명할 능력이 없지만, 마음은 더없이 깊다는 사실이 하느님 마음에 드는 제물이 되었으면 좋겠습니다.

• 아우구스티누스 『설교집』 313,1.[6]

119,118-120 하느님의 법규를 경외해야 한다

빗나간 이들은 내쳐진다

욥조차도 자신의 죄에 대하여 침묵하지 않았으며, 겸손은 결코 거짓 쪽에 위치할 수 없다는 우리의 친구[힐라리우스]의 판단은 물론 옳습니다. 그러므로 욥이 무엇을 고백하건, 그는 진실로 하느님을 섬기는 이니 그의 고백은 진실한 것이 틀림없습니다. 힐라리우스는 “당신 법령에서 빗나간 자들을 당신께서는 모두 업신여기시니” 라는 구절을 설명하면서 “만일 하느님께서 죄인들을 업신여기신다면, 심판은 실로 모든 이를 업신여길 것입니다. 죄 없는 이는 아무도 없기 때문입니다. 그러나 그분께서는 당신에게서 멀어진, 배교자라 불리는 이들은 업신여기십니다”[7]라고 합니다. 그가 마치 과거의 사람들에 대해 말하듯이 죄 없는 사람은 아무도 ‘없었다’고 하지 않고, 죄 없는 사람은 아무도 ‘없다’고 한 점에 주목하십시오. 앞에서도 말씀드렸다시피, 저는 이 점에 대해서 아무런 이의가 없습니다. 그러나 어떤 이가, “우리가 아무 죄도 ‘없었다’면”이라고 하지 않고 “만일 우리가 죄 없다고 말한다면”(1요한 1,8)이라고 한 사도 요한의 말을 수긍하지 않는다면, 그런 이가 과연 힐라리우스 주교의 말에 기꺼이 수긍할까요? 저는 그리스도의 은총을 옹호하며 목소리를 높입니다. 우리 본성의 자유의지만으로는 불충분하며, 그 은총 없이는 아무도 의롭게 되지 못합니다. 실로, 이 점을 옹호하며 목소리를 높이시는 분은 그리스도이십니다. “너희는 나 없이 아무것도 하지 못한다”(요한 15,5)는 그분의 말씀을 받아들입시다.

• 아우구스티누스 『본성과 은총』 62,73.[8]

모든 사람이 죄인이다

하느님께서 첫 사람과 맺으신 계약은 “그 열매를 따 먹는 날, 너는 반드시 죽을 것이다”(창세 2,17)라는 것이었습니다. 그래서 집회서라는 책에도 이렇게 기록되어 있습니다. “육신은 모두 의복처럼 낡아지는 법. 영원한 법칙이란 반드시 죽는다는 것이다”(집회 14,17). 후대에 더 명료한 율법이 주어졌을 때에 바오로 사도는 이런 말까지 합니다. “율법이 없는 곳에는 범법도 없습니다”(로마 4,15). 그렇다면 우리가 읽는 시편 구절, “땅의 모든 죄인들을 나는 범법자로 여겼다”(시편 119,119)라는 구절은 어떤 경우에 참이 될 수 있습니까? 죄에 사로잡혀 있는 사람들은 모두가 어떤 율법이든 율법을 어긴 사람이라고 가정할 때에만 이 구절은 참이 됩니다.

그러므로 참신앙이 가르치듯이, 어린이들도 비록 본죄本罪가 아니지만 원죄原罪로 인해 죄인으로 태어납니다. (그래서 우리는 그들에게도 죄를 사하는 은총이 필요하다고 고백합니다.) 그렇다면 그들도 낙원에서 주어진 그 율법을 위반한 범법자인 것입니다. 그래야 “땅의 모든 죄인들을 범법자로 여기셨다”라는 구절과 “율법이 없는 곳에는 범법도 없습니다”라는 구절이 둘 다 진실이 됩니다. 할례는 재생의 표지였으므로, 어

[6] *WSA* 3,9,86.

[7] 힐라리우스 『시편 주해』 118,15,10.

[8] FC 86,79.

린이는 하느님의 첫 계약을 깨뜨린 원죄 때문에 재생으로 해방이 되지 못하는 한, 출생은 당연히 어린이에게 멸망을 가져옵니다. 그러므로 이 거룩한 말씀은 다음과 같은 뜻으로 이해해야 합니다. '새로 태어나지 못한 사람은 그 영혼이 제 겨레로 인하여 멸망할 것이다. 아담 안에서 어린이도 모든 사람들과 더불어 죄를 지음으로써 하느님의 계약을 깨뜨린 까닭이다.'

• 아우구스티누스 『신국론』 16,27.[9]

우리의 마음에 쓰여 있는 하느님의 법을 어기다

우리가 방금 논한 말씀에 이어 바오로 사도는 말합니다. "율법이 들어와 범죄가 많아지게 하였습니다"(로마 5,20). 그런데 이것은 그가 앞에서 "한 사람을 통하여 죽음이 지배하게 되었다"(로마 5,17)라고 한, 아담에게서 유래하는 죄에는 적용되지 않습니다. 분명 우리는 이 말씀을 그 시대에 이성을 사용한 모든 이들에게 알려져 있던 자연법 또는 모세를 통해 주어졌으나 생명을 줄 수도, 사람들을 아담에게서 비롯한 "죄와 죽음의 법에서"(로마 8,2) 해방시킬 수도 없었던 성문법으로 이해해야 합니다. 그 법은 오히려 범법이 늘어나게 하였습니다. 바오로 사도는 "율법이 없는 곳에는 범법도 없습니다"(로마 4,15)라고도 합니다. 인간의 이성 안에는 자유의지를 사용하는 모든 이의 마음에 본성이 써 놓은 법이 있고, 이 법은 사람으로 하여금 자신이 당하기를 원치 않는 악을 다른 사람에게 행하지 말라고 암시하기 때문에 이 법에 따르면, 모세를 통하여 율법을 받지 않았더라도 누구나 범법자입니다. 그래서 시편 저자는 "나는 세상의 모든 죄인들을 거짓말쟁이로 여긴다"(시편 118,119 칠십인역, 불가타 참조)고 말합니다. 지상의 모든 죄인이 모세를 통해 주어진 율법을 어기지는 않았습니다. 그러나 그들이 무엇이든 범법을 저지르지 않았다면 거짓말쟁이로 불리지 않을 것입니다. "율법이 없는 곳에는 범법도 없"(로마 4,15)기 때문입니다.

• 아우구스티누스 『서간집』 157.[10]

경외와 믿음이라는 못

오 십자가의 거룩한 신비여, 거기에 나약함이 매달려 있고, 힘은 풀려났으며, 악덕들이 못에 박히고 승리의 전리품들이 높이 치켜들려 있는 [십자가]. 그래서 어떤 성인은 "당신께 대한 경외심을 제 살에 못처럼 찔러 주소서"(시편 118,120 칠십인역, 불가타)라고 하였습니다. 그는 쇠못으로 찔러 달라고 하지 않고 경외와 믿음으로 찔러 달라고 합니다. 덕의 끈은 징벌의 끈보다 강하기 때문입니다. 마지막으로, 베드로는 대사제의 저택까지 주님을 따라갔을 때 자기 신앙으로 묶여 있었습니다. 아무도 그를 묶지 않았고 징벌이 베드로를 풀어 주지도 않았습니다. 그는 믿음으로 묶여 있었습니다. 그리고 베드로가 유대인들에게 묶여 있었을 때는 기도가 그를 풀어 주었고 징벌은 그를 잡아 두지 못했습니다. 그가 그리스도에게서 돌아서지 않았기 때문입니다.

• 암브로시우스 『성령론』 1,9,108.[11]

당신에 대한 경외를 제 살에 못처럼 박아 주십시오

사랑하는 여러분, 지금 우리의 상황은 인내가 몹시 필요한 상태입니다. 인내는 [그리스도의] 가르침이 우리 안에 깊이 뿌리내릴 때 얻어지는 열매입니다. 땅속 깊이 뿌리를 내려 뿌리들로 휘감겨 있는 참나무는 아무리 강한 바람이 공격해 와도 넘어지지 않습니다. 마찬가지로, 하느님에

[9] *CG* 688,89.
[10] FC 20,331-32*.
[11] NPNF 2,10,107-8*.

대한 경외가 못처럼 박혀 있는 영혼은 그 어떤 자가 대적해 와도 이길 수 없습니다. 못이 박혀 있다는 것은 뿌리내리고 있는 것보다 더 단단하게 고정되어 있는 것이기 때문입니다. 실제로 예언자는 "당신을 경외하는 마음을 제 살에 못처럼 박아 주십시오" 하고 기도하였습니다.

• 요한 크리소스토무스 『요한 복음 강해』 54.[12]

119,125 저는 당신의 종

하느님께서는 지혜와 깨달음을 요구하시며 청하면 은혜로이 주신다

율법과 은총은 반드시 구별해야 합니다. 율법은 어떻게 명령할지 압니다. 은총은 어떻게 도울지 압니다. 자유의지가 없다면 율법은 명령하지 않을 것이고, 의지만으로 충분하다면 은총이 도울 일도 없을 것입니다. 성경은 다음과 같은 말로 우리가 이해력을 가지라고 명령합니다. "지각없는 말이나 노새처럼 되지 마라"(시편 32,9). 그렇지만 우리는 이해력을 지닐 수 있기 위해 이렇게 기도합니다. "저를 깨우치소서. 당신의 법을 깨달으리이다." 우리는 지혜를 지니라는 명령을 듣습니다. "너희 미욱한 자들아, 언제 알아들으려느냐?(시편 94,8). 그러나 우리는 지혜를 가질 수 있도록 이렇게 기도합니다. "여러분 가운데에 누구든지 지혜가 모자라면 하느님께 청하십시오. 하느님은 모든 사람에게 너그럽게 베푸시고 나무라지 않으시는 분이십니다"(야고 1,5). 우리는 "너희는 행동할 준비가 되어 있어라"(루카 12,35 참조)라는 말로, 자제심을 지니라는 명령을 받습니다. 그런데 우리는 자제심을 지니기 위하여 이렇게 기도합니다. "자제심은 하느님께서 주지 않으시면 달리 얻을 수 없음을 나는 깨달았다. 그것이 누구의 선물인지 아는 것부터가 예지의 덕분이다. 그래서 나는 주님께 가 간청하였다"(지혜 8,21). 모든 것을 나열하여 글이 너무 길어지면 안 되니, 마지막으로, 우리는 "악을 피하여라"(시편 37,27)라는 말로, 악을 행하지 말라는 명령을 받습니다. 그런데 우리는 악을 행하지 않기 위하여 이렇게 기도합니다. "우리는 여러분이 어떠한 악도 저지르지 않게 되기를 하느님께 기도합니다"(2코린 13,7). 우리는 "악을 피하고 선을 행하여라"(시편 37,27)라는 말로, 선을 행하라는 명령을 받습니다. 그러나 우리는 선행을 하기 위해 기도합니다. "우리는 여러분을 위하여 끊임없이 기도하며 간청하고 있습니다"(콜로 1,9)라고 하며, 또 청하는 다른 것들 가운데에 이렇게도 말씀드립니다. "여러분이 모든 면에서 그분 마음에 들고 온갖 선행과 좋은 말로 하느님께 합당하게 살아가기를 빕니다"(콜로 1,10). 이런 명령이 주어질 때 의지가 하는 역할을 우리가 인지하듯이, 이런 청원이 바쳐질 때 은총이 하는 역할도 인지해야 할 것입니다.

• 아우구스티누스 『서간집』 177.[13]

하느님의 뜻을 더 잘 이해하다

복된 다윗은 율법서에 적혀 있다고 알고 있는 하느님의 계명을 알아볼 수 있는 지혜를 주십사고 주님께 이렇게 요청합니다. "저는 당신 종, 저를 깨우치소서. 당신의 법을 깨달으리이다." 그는 인간의 본성에 따라 주어진 이해력을 이미 지니고 있었습니다. 그리고 율법서에 기록된 하느님의 계명들에 대한 지식도 있었습니다. 사실 그는 이런 것들을 잘 알고 있었습니다. 그런데도 그는 그것을 더 충분히 파악할 수 있도록 주님께 기도했지요. 그는 본성의 힘만으로는 그것을 제대로 깨달을 수 없다는 사실과 주님께서 날마다

[12] FC 41,64*.

[13] FC 30,97-98.

비춰 주셔서 자신의 지성을 밝혀 주시지 않으면 율법을 영적으로 이해하고 계명을 더 똑똑히 이해할 수 없다는 사실을 잘 알고 있었지요.

• 요한 카시아누스 『담화집』 3,15,1.[14]

119,133 제 발걸음을 굳건히 하소서

주님을 부르는 이는 구원받을 것이다

이 자유의지는 그것이 건전한 정도에 비례하여 자유롭고, 그것이 하느님의 자비와 은총에 순종하는 정도에 비례하여 건전합니다. 그래서 자유의지는 믿음을 지니고서 이렇게 말합니다. "당신 말씀으로 제 길을 인도해 주시고 어떠한 불의도 저를 다스리지 못하게 하소서." 그것은 기도하지, 약속하지 않습니다. 그것은 고백하지, 자기 자신을 선언하지 않습니다. 그것은 충만한 자유를 간청하지, 자기 자신의 힘을 자랑하지 않습니다. 누구나 자기 자신의 힘을 신뢰하지는 않습니다. 그러나 주님의 이름을 부르는 이는 누구나 구원받을 것입니다. "그런데 자기가 믿지 않는 분을 어떻게 받들어 부를 수 있겠습니까?"(로마 10,14). 그러므로 믿는 이들은 자기들이 믿어 온 분을 불러도 된다고, 그리고 율법의 규정들에서 배운 것을 행할 만큼 강해질 수 있다고 옳게 믿습니다. 율법이 명령하는 것을 믿음은 얻기 때문입니다.

• 아우구스티누스 『서간집』 157.[15]

죄가 저를 다스리지 못하게 하소서

그러나 여러분이 "죄가 여러분 위에 군림할 수는 없습니다"(로마 6,14)라는 말씀을 들을 때, 죄가 여러분을 지배하지 않게 하려고 여러분 자신을 신뢰하지는 마십시오. 대신 거룩한 이가 이런 말로 기도드린 분을 신뢰하십시오. "당신 말씀으로 제 길을 인도해 주시고 어떠한 불의도 저를 다스리지 못하게 하소서", "죄가 여러분 위에 군림할 수는 없습니다"라는 말씀을 들을 때 우리가 자기 자신을 드높이고 이것을 우리 힘 덕분으로 돌리는 일이 없도록, 사도는 이것을 보고서 곧바로 "여러분은 율법 아래 있지 않고 은총 아래 있습니다"(로마 6,13)라고 덧붙였습니다. 그러니 여러분 자신을 신뢰하지 마십시오. 그랬다가는 죄가 여러분을 더욱 확실하게 지배할 것입니다. 그리고 "여러분이 성령의 힘으로 육의 행실을 죽이면 살 것입니다"(로마 8,13)라는 말씀을 들을 때, 마치 우리의 영이 스스로 이런 일을 할 수 있기라도 하듯이, 이 선을 우리의 영에게만 돌려서는 안 됩니다. 우리가 그런 육적인 감정을 즐기고 우리의 영이 죽음을 초래하는 자가 되기를 넘어 죽은 것이 되는 일이 없도록, 그는 곧바로 이렇게 덧붙였습니다. "하느님의 영의 인도를 받는 이들은 모두 하느님의 자녀입니다"(로마 8,14). 그러니 우리가 우리의 영으로 육의 행실을 죽음에 처할 때, 우리는 하느님의 영에게서 추진력을 받습니다. 그 힘이 우리가 육적인 욕망을 억제하고 길들이며 이겨 낼 수 있게 하는 절제력을 줍니다.

• 아우구스티누스 『절제』 5,12.[16]

[14] ACW 57,133.
[15] FC 20,323-24*.
[16] FC 16,202-3*.

## 119,137-176 하느님의 말씀에 전념하다

(차데 — 타우)

137 (차데) 주님, 당신께서는 의로우시고
당신의 법규는 바릅니다.
138 당신 법을 정의로,
크나큰 성실로 내려 주셨습니다.
139 제 열정이 저를 불사르니
저의 적들이 당신 말씀을 잊었기
때문입니다.
140 당신 말씀은 지극히 순수하니
당신 종이 이를 사랑합니다.
141 제가 하찮고 멸시당하지만
당신의 규정을 잊지 않습니다.
142 당신의 정의는 영원한 정의
당신의 가르침은 진실입니다.
143 곤경과 역경이 제게 닥쳤어도
당신 계명이 제 기쁨입니다.
144 당신 법은 영원히 의로우니
저를 깨우치소서. 제가 살리이다.
145 (코프) 마음을 다하여 부르짖으니,
주님, 저에게 대답하소서.
당신의 법령을 따르오리다.
146 당신께 부르짖으니 저를 구하소서.
당신의 법을 지키오리다.
147 새벽부터 일어나 도움을 청하며
당신 말씀에 희망을 둡니다.
148 제 눈이 야경꾼보다 먼저 깨어 있음은
당신 말씀을 묵상하기 위함입니다.
149 당신 자애에 따라 제 소리를 들으소서.
주님, 당신 법규에 따라 저를 살리소서.
150 부정을 뒤쫓는 자들이 다가왔습니다,
당신의 가르침에서 멀리 있는 저들이.
151 주님, 당신께서는 가까이 계시며
당신의 계명은 모두 진실입니다.
152 제가 일찍부터 당신의 법을 아니
당신께서 그것을 영원히 세우신
까닭입니다.
153 (레시) 당신의 가르침을 잊지 않았으니
제 가련함을 보시어 저를 구원하소서.
154 제 소송을 이끄시어 저를 구해 내소서.
당신의 말씀대로 저를 살리소서.
155 악인들에게는 구원이 멀리 있으니
당신의 법령을 따르지 않은 탓입니다.
156 주님, 당신 자비가 크시니
당신 법규대로 저를 살리소서.
157 저를 뒤쫓는 자들과 억누르는 자들이
많으나
저는 당신의 법에서 벗어나지
않았습니다.
158 저는 배신자들을 보며 역겨워합니다,
당신의 말씀을 지키지 않는 저들을.
159 보소서, 저는 당신 규정을 사랑합니다.
주님, 당신 자애에 따라 저를 살리소서.
160 당신 말씀은 한마디로 진실이며
당신의 의로운 법규는 영원합니다.
161 (쉰) 권세가들이 저를 까닭 없이 박해하나
제 마음은 당신 말씀을 무서워합니다.
162 크나큰 전리품을 발견한 이처럼
저는 당신의 말씀으로 기뻐합니다.
163 저는 거짓을 미워하고 지겨워하나
당신의 가르침은 사랑합니다.
164 하루에도 일곱 번 당신을 찬양하니⤴

당신의 의로운 법규 때문입니다.
165 당신의 가르침을 사랑하는 이들에게는
큰 평화가 있고
무엇 하나 거칠 것이 없습니다.
166 주님, 저는 당신의 구원을 바라며
당신의 계명을 실천합니다.
167 제 영혼은 당신의 법을 지키며
그것을 더없이 사랑합니다.
168 제가 당신의 규정과 법을 지키니
당신의 모든 길이 제 앞에 있기
때문입니다.
169 (타우) 주님, 제 부르짖음이 당신 앞에
다다르게 하소서.
당신 말씀대로 저를 깨우치소서.
170 제 간청이 당신 앞에 이르게 하소서.
당신 말씀대로 저를 구해 주소서.
171 저에게 당신의 법령을 가르쳐 주셨기에
제 입술이 찬양을 쏟아 냅니다.
172 당신의 계명이 모두 의롭기에
제 혀가 당신의 말씀을 노래합니다.
173 제가 당신의 규정을 선택하였으니
저를 도우러 당신 손을 펴소서.
174 주님, 당신의 구원을 애타게 그리는 이 몸
당신의 가르침이 제 즐거움입니다.
175 제가 살아 당신을 찬양하고
당신의 법규가 저를 돕게 하소서.
176 길 잃은 양처럼 헤매니
당신의 종을 찾으소서.
당신의 계명을 잊지 않았습니다.

둘러보기

성령께서는 믿는 이들의 마음에 불을 붙이신다(오리게네스). 하느님께서는 당신 백성을 지키시며 그들에게 닥치는 온갖 곤경을 잘 견뎌 낼 힘을 주신다(아타나시우스). 분심 없이 하느님께 기도할 수 있도록 모든 악한 정욕과 사악한 생각을 이겨 내려 노력하라(다마스쿠스의 요한). 기도는 자주, 하루 어느 때든 바쳐야 한다(암브로시우스). 하느님을 하루에 일곱 번 찬양한다는 것은 지속적으로 그분을 찬미한다는 뜻이다. 믿는 이들은 일치를 이루고 형제적 사랑을 하는 이들이므로 형제들을 걸려 넘어지게 하지 않는다(아우구스티누스).

119,137-143 하느님의 의로움

영이 믿는 이들의 마음에 불을 붙인다

성령의 말씀들로부터 불이 어떻게 나와 믿는 이들의 가슴에 불을 붙이는지 제가 보여 주길 원하십니까? 다윗이 시편에서 하는 말을 들어 보십시오. "주님의 선언이 그에게 불을 지폈으니." 또 복음서에는 주님께서 클레오파스에게 말씀하신 뒤에 이렇게 쓰여 있습니다. "그분께서 우리에게 성경을 풀이해 주실 때 속에서 우리 마음이 타오르지 않았던가?"(루카 24,32). 어떻게 하면 여러분이 불타게 될까요? 주님의 선언으로도 불이 타오르지 않으며 성령의 말씀으로도 결코 불이 붙지 않는 여러분 안에 "숯불"이 어디서 올까요?

• 오리게네스 『레위기 강해』 9,9,7.[1]

곤경이 닥치더라도

이것이 하느님의 약속입니다. "주님께서 너희를 위하여 싸워 주실 것이다"(탈출 14,14). 밖에서 고난과 시련이 여러분을 덮치더라도 사도의 말

[1] FC 83,198*.

을 명심하며 "환난 중에 인내하고 기도에 전념"(로마 12,12)하는 이들, 율법을 명상하며 자신에게 일어난 일들에 맞서는 이들은 하느님 마음에 드는 이들입니다. 그런 이들은 성경에 쓰여 있는 것처럼 "곤경과 역경이 제게 닥쳤어도 당신 계명이 제 기쁨입니다" 하고 말합니다.

• 아타나시우스 『축일 서간집』 11,6.[2]

119,163-165 하느님의 법을 사랑한다

거짓을 미워하고 하느님의 법을 사랑하라

여러분도 똑같은 것을 획득하고 그것을[3] 향해 나아가려 애쓰십시오. 그것은 여러분을 땅에서 하늘로 들어 올릴 수 있기 때문입니다. 준비가 되어 있지 않거나 [단지] 우연을 통해서는 여러분은 그 안에서 앞으로 나아가지 못할 것입니다. 먼저 여러분의 영혼에서 모든 욕정을 씻고 새로 닦은 거울처럼 모든 악을 깨끗이 닦아 버리십시오. 잘못과 분노에 대한 모든 기억에서 멀리 떨어지십시오. 무엇보다 그런 기억이 우리의 기도가 나날이 하느님께 가닿지 못하게 하기 때문입니다. 또한 한 번이라도 여러분에게 잘못한 일이 있는 모든 이의 잘못을 여러분의 마음에서 멀리 치워 버리십시오. 가난한 이들에 대한 자비와 연민으로 여러분의 기도에 날개를 달고 뜨거운 눈물로 하느님께 다가가십시오. 이렇게 기도하면 여러분은 복된 다윗과 함께 이렇게 말할 수 있게 될 것입니다. 임금으로서 셀 수 없이 많은 걱정거리를 안고 있었던 그는 자기 영혼에서 모든 욕정을 씻어 버리고 이렇게 말하였지요. "저는 거짓을 미워하고 지겨워하나 당신의 가르침은 사랑합니다. 하루에도 일곱 번 당신을 찬양하니 당신의 의로운 법규 때문입니다." 제 영혼은 당신의 가르침을 지키고 저는 그것을 더없이 사랑하였습니다. 주님, 제 기도가 당신께 다가가게 하소서. 제가 당신 말씀을 이해할 수 있게 하소서(시편 119,27 참조).

• 다마스쿠스의 요한

『바를람과 요사팟의 생애』 20,175-76.[4]

기도를 바치기에 좋은 시간

자주 기도하는 것도 하느님께 칭찬받을 일입니다. 예언자는 나라의 일로 몹시 바빴는데도 "하루에도 일곱 번 당신을 찬양하니"라고 하였는데, 그렇다면 "유혹에 빠지지 않도록 깨어 기도하라"(마태 26,41)라는 말씀을 읽는 우리는 어떻게 해야 하겠습니까? 우리의 기도에는 당연히 감사의 말씀이 들어 있어야 합니다. 자고 일어났을 때, 밖으로 나갈 때, 음식을 받으려고 준비할 때, 음식을 받고 나서, 그리고 향을 피울 때,[5] 그리고 마침내 쉬러 가기 전에도 물론입니다.

• 암브로시우스 『동정녀』 3,4,18.[6]

하루에 일곱 번 하느님을 찬양하라

빵 일곱 덩이는 성령의 일곱 가지 작용(이사 11,2-3 참조)을, 군중 사천 명(마태 15,38 참조)은 네 복음서 아래에 세워진 교회를, 조각들이 담긴 일곱 광주리(마태 15,37 참조)는 교회의 완전함을 뜻합니다. 이 수는 완전함을 나타낼 때가 아주 많습니다. 제 말은, 어째서 "저는 하루에도 일곱 번 당신을 찬양하니"라고 했느냐는 것입니다. 이 수만큼 하느님을 찬양하지 않는 사람은 심하

[2] NPNF 2,4,535*.

[3] 적절하며 하느님께 직접적으로 올리는 기도를 말한다.

[4] PG 96,1041.

[5] 향을 피우는 것이 암브로시우스 시대에도 이미 그리스도교의 예배와 연관이 있었는지는 확실치 않다. 어쩌면 여기서 언급하는 향불은 유대교 성전에서 저녁때 피우는 것을 가리키는지도 모른다.

[6] NPNF 2,10,384*.

게 타락합니까? 그렇다면 “저는 하루에도 일곱 번 당신을 찬양하니”는 “나 언제나 주님을 찬미하리라”(시편 34,1)는 뜻 아니겠습니까? 그가 말하는 “일곱 번”은 ‘늘’을 나타냅니다. 그래서 시대가 일곱 날이 반복되는 주간 단위로 펼쳐지는 것입니다. 그러니까 “하루에도 일곱 번 당신을 찬양하니”라는 말은 “내 입에 늘 그분에 대한 찬양이 있으리라”(시편 34,1)라는 뜻 아니겠습니까?

• 아우구스티누스 『설교집』 95,2.[7]

믿는 이들에게는 걸림돌이 없다

그렇다면 밤중에 달빛에 타듯이 교회로 말미암아 타는 사람은 누구입니까? 열교를 만든 사람들입니다. 바오로 사도의 말씀을 들어 봅시다. “누가 약해지면 나도 약해지지 않겠습니까? 누가 다른 사람 때문에 죄를 지으면 나도 분개하지 않겠습니까?”(2코린 11,29). 그렇다면 형제를 사랑하는 사람에게는 왜 걸림돌이 없겠습니까? 형제를 사랑하는 사람은 일치를 위해서 모든 것을 견디어 내기 때문입니다. 형제적 사랑은 사랑의 일치 안에 있기 때문입니다. 실제로 고약하든지, 아니면 그대가 고약하게 여기거나 그러리라 추측하는 사람 하나가 그대 마음을 상하게 한다고 해서, 그대는 많은 선량한 사람들을 버립니까? 이들 열교 안에 무슨 형제적 사랑이 있고, 무슨 형제적 사랑이 보입니까? 그들은 아프리카 교우들을 비난하면서 온 세상을 저버렸습니다. 온 세상에 성인들이 없었다는 말입니까? 그대들[도나투스파]은 어떻게 말을 들어 보지도 않고도 단죄할 수 있습니까? 그대들이 형제들을 사랑한다면, 그대들 안에 어떤 걸림돌도 없을 것입니다. “당신의 가르침을 사랑하는 이들에게는 큰 평화가 있고 무엇 하나 거칠 것이 없습니다”라는 시편 말씀을 들어 보십시오. 하느님의 법을 사랑하는 사람에게는 큰 평화가 있고, 그래서 그들에게는 걸림돌이 없다는 말입니다. 걸림돌에 시달리는 사람은 평화를 잃어버립니다. 걸림돌에 시달리지도 않고 걸림돌을 놓지도 않은 사람은 누구이겠습니까? 하느님의 법을 사랑하는 사람입니다.

• 아우구스티누스 『요한 서간 강해』 1,12,3.[8]

[7] *WSA* 3,4,24.

[8] FC 92,137-38*.

### 120,1-7 거짓 고발자들에게서 구해 주시기를 청하는 기도

1 [순례의 노래]
곤경 속에서 주님께 부르짖자
나에게 응답하셨네.
2 “주님, 거짓된 입술에서
속임수 혀에서
제 목숨을 구하소서.”
3 속임수 혀야
너 무엇을 받으랴?
너 무엇을 더 받으랴?
4 전사의 날카로운 화살들을
싸리나무 숯불과 함께 받으리라.
5 아, 내 신세여! 메섹에서 나그네살이하고
케다르의 천막들 사이에서 지내야 했으니.
6 나는 평화를 미워하는 자들과
너무나 오래 지냈구나.
7 내가 평화를 바라고 이야기하면
저들은 전쟁만을 꾀하였다네.

둘러보기

다윗이 도움을 청하는 기도를 드리자 구해 주신 분은 바로 참하느님이시다(아타나시우스). 믿는 이들에게 죽음은 축복이며 어쩌면 미래의 불행을 당하지 않게 해 주는 보호책이다(히에로니무스).

120,1-2 주님께 부르짖다

구원을 청하는 기도에 대한 응답

그러니까 다윗이 구원을 청하며 탄원한 분도 바로 하느님이셨습니다. "곤경 속에서 주님께 부르짖자 나에게 응답하셨네. 주님, 거짓된 입술에서 속임수 혀에서 제 목숨을 구하소서." 또한 그는 그분께서 그의 모든 원수들과 사울의 손에서 그를 구해 주신 날 그분께 감사를 드리며 시편 제17편(칠십인역)의 노래를 했습니다. "저는 당신을 사랑합니다, 주님, 저의 힘이시여, 주님은 저의 반석, 저의 산성, 구원자"(시편 18,2-3). 그리고 바오로는 많은 박해를 견딘 뒤 누구도 아닌 하느님께 감사를 드리며 이렇게 말했습니다. "주님께서 그들 모두에게서 나를 구해 주셨습니다. 우리가 신뢰하는 그분께서 앞으로도 나를 구해 주실 것입니다"(참조: 2티모 3,11; 2코린 1,10).

• 아타나시우스 『아리우스파 반박 연설』 3,25,13.[1]

120,5-6 아, 내 신세여!

하느님과 함께 있기를 갈망하다

그런데 우리도 언젠가 겪을 일을 견디는 것이 어째서 어려워야 하는지요? 그리고 우리는 왜 죽은 이들 때문에 슬퍼하는 것일까요? 우리는 영원히 살도록 태어나지 않았습니다. 아브라함, 모세, 이사야, 베드로, 야고보, 요한, '선택된 그릇'(사도 9,15 참조)인 바오로, 그리고 하느님의 아드님까지도, 모두 죽었습니다. 한 영혼이 지상의 거주지를 떠날 때 우리는 왜 당황합니까? 아마도 그는 "악이 그의 이성을 변질시키지 못하도록 … 주님께서 그의 영혼이 마음에 들어 그를 백성에게서 서둘러 데려가셨다"(지혜 4,11.14)고 하는 그런 경우일 것입니다. 삶의 긴 여행길에 그가 길이 자취도 없는 미로에 들어서 헤매는 일이 없게 말입니다. 실로 우리는 죽은 이들을 두고 슬퍼해야 합니다만, 게헨나[2]가 받아들인 이, 타르타로스[3]가 집어삼킨 이, 징벌로 영원히 불속에서 타는 이, 그런 이만을 위해 [울어야 합니다]. 그러나 떠날 때 천사들의 호위를 받으며 가서 그리스도와 만나는 우리는 오히려 우리가 죽음의 이 "천막"(2코린 5,4) 안에서 더 오래 지체해야 한다는 사실을 슬퍼해야 할 것입니다. "우리가 이 몸 안에 사는 동안에는 주님에게서 떠나 있습니다"(2코린 5,6).

우리의 유일한 갈망은 시편 저자가 이렇게 표현한 것이어야 합니다. "아, 내 신세여! 나그네살이가 길어져 케다르에 사는 이들 사이에서 지내야 했으니. 내 영혼의 나그네살이가 너무나 길구나." "케다르"는 '어둠'을 뜻하고, 어둠은 현세의 세상을 나타냅니다["그 빛이 어둠 속에서 비치고 있지만 어둠은 빛을 깨닫지 못하였다"(요한 1,5)라고 쓰여 있기 때문이지요]. 그러니 우리는 우리가 사랑하는 블라이실라[4]를 축하해 주어야 할 것입니다. 어둠에서 빛으로 건너갔고(에페 5,8 참조), 신앙의 동틀 녘에 처음으로 날아오를 때 완전한 행실의 화관을 받았으니 말입니다. (설마 그럴 리는 없지만) 그녀의 생각이 세속적 욕망과 한때의 쾌락으로 가득 찬 채 죽었다면 실로 우리는 그를 위해 슬

[1] NPNF 2,4,401*.

[2] 저승 또는 비참한 장소를 이르는 말.

[3] 사악한 자들이 징벌을 받는 저승(지옥)의 한 구역을 이르는 말.

[4] 히에로니무스의 영향을 받아 금욕적 삶을 추구하다가 젊은 나이에 죽은 로마의 과부다.

펴해야겠지만, 그를 위한 눈물은 한 방울도 너무 많다 하겠습니다. 그러나 그녀는 그리스도의 자비로 넉 달 전에 과부의 서원을 하며 세례를 갱신하였고, 그 뒤로 죽기 전까지 세상을 경멸하였고 오직 신앙생활만 생각하였습니다.

• 히에로니무스 『서간집』 39,3.[5]

[5] NPNF 2,6,50-51*.

## 121,1-8 고백과 보증에 관한 대화

[1] [순례의 노래]
산들을 향하여 내 눈을 드네.
내 도움은 어디서 오리오?
[2] 내 도움은 주님에게서 오리니
하늘과 땅을 만드신 분이시다.
[3] 그분께서는 네 발이 비틀거리지 않게
하시고
너를 지키시는 그분께서는
졸지도 않으신다.
[4] 보라, 이스라엘을 지키시는 분께서는
졸지도 않으시고
잠들지도 않으신다.
[5] 주님은 너를 지키시는 분
주님은 너의 그늘
네 오른쪽에 계시다.
[6] 낮에는 해도,
밤에는 달도 너를 해치지 않으리라.
[7] 주님께서 모든 악에서 너를 지키시고
네 생명을 지키신다.
[8] 나거나 들거나 주님께서 너를 지키신다,
이제부터 영원까지.

### 둘러보기

우리는 눈을 지상의 산에다 둘 것이 아니라 하느님과 성경, 고고한 천사들, 그리고 성인들의 삶에 두어야 한다. 우리는 그들에게서 진정한 영적 도움을 받기 때문이다(카시오도루스). 우리의 도움은 산들이 아니라 하늘과 땅을 만드신 하느님에게서 온다. 요한은 그리스도를 증언하였기에, 우리의 도움이 오는 산으로 여겨진다. "하늘과 땅"은 그것들 안에 담겨 있는 모든 것을 가리키는 포괄적인 용어다(아우구스티누스). 우리의 나태한 태도 때문에 하느님께서 우리를 당신의 눈길을 받을 자격이 없다고 여기실 때, 우리는 하느님께 잠에서 깨어나시라고 청한다(바실리우스). 하느님은 주무시지 않으며, 우리의 창조자이시자 지킴이이시다(아우구스티누스). 잠을 자는 것과 자지 않는 것 같은, 서로 상반되는 속성들로 그리스도를 묘사하는 것은 모순이 아니다. 이런 속성들은 그리스도의 두 본성, 곧 신성과 인성에 맞게 이해해야 한다(테오도레투스). 하느님께서는 우리가 시련과 유혹에 들어가고 나올 때 우리를 지켜 주실 것이다(아우구스티누스).

### 121,1-2 산들을 향하여 내 눈을 드네

**산들을 향하여 내 눈을 든다**

시편 저자가 "내 눈을 드네"라고 했을 때, 그는 자신이 묵상의 단계로 나아갔음을 보여 주는 것입니다. '든다'는 것은 무엇을 더 높은 위치로 들어 올림을 뜻합니다. "내 눈"은 바로 마음의 눈을 의미합니다. 이에 대해 성경은 이렇게 이야기하지요. "제 눈을 열어 주소서. 당신 가르침의 기적들을 제가 바라보오리다"(시편 119,18). 또 "주님의 계명은 맑아서 눈에 빛을 주네"(시편 19,9)라고도 합니다. 여러분이 이것을 육체의 눈이라 이해한다면, 나무들이 빽빽하고 못생긴 바위들이 점점이 박힌 산에다 눈길을 두기로 결정함으로써 그들이 얻을 수 있는 유익이 도대체 무엇이겠습니까? 그러나 여러분이 이 구절의 영적 의미를 찾아 깊이 연구한다면 분명 도움이 될 것입니다. 우리는 그가 내적인 눈을 거룩한 사람들에게로, 또는 거룩한 책들로, 또는 위대함과 힘을 지녀 참으로 산이라 할 만하고 우리에게 적절한 도움을 주는 고고한 천사들에게로 들어 올렸다고 믿을 수 있습니다. 그러나 혹시라도 우리가 여기 언급된 산들에게 희망을 둘까 봐, 이어지는 구절은 우리에게 도움이 오는 참된 '원천', 곧 구원의 섭리로 만물에게 지시하시는 분이 누구인지 밝혀 줍니다. 산들에게 우리의 희망을 둔다는 것은 그것들을 통하여 우리에게 도움을 건네시는 분은 주님이심을 우리가 깨닫는다는 말입니다. 필요한 은혜, 구원을 가져오는 보호, 흔들리지 않는 축복은 그분에게서 옵니다. 바오로가 말하는 대로입니다. "심는 이나 물을 주는 이는 아무것도 아닙니다. 오로지 자라게 하시는 하느님만이 중요합니다"(1코린 3,7). 여러분이 이분을 어떤 다른 주님이라고 생각하지 않도록 — 용어가 너무 일반적인 탓이지요 — 시편 저자는 "하늘과 땅을 만드신 분"이라고 이어 말함으로써 이분이 만물을 만드신 '말씀'이시라는 것을 암시합니다.

• 카시오도루스 『시편 해설』 120,1-2.[1]

### 내 도움은 주님에게서 온다

"산들을 향하여 내 눈을 드네. 내 도움은 어디서 오리오?" 여러분은 이렇게 말하고 나서 곧바로 "내 도움은 주님에게서 오리니 하늘과 땅을 만드신 분이시다" 하고 덧붙입니다. 그러니 우리는 도움이 우리에게로 오는 산들을 향하여 눈을 드십시다. 그렇지만 이 산들 자체에 우리의 희망을 두어서는 안 됩니다. 산들은 그것들이 나타내는 것들을 받기 때문입니다. 그러므로 우리는 산들 역시 받[아서 우리에게 주]는 그것이 오는 곳에 우리의 희망을 두어야 합니다. 우리가 성경을 향해 우리 눈을 들 때, 성경은 사람들을 통하여 전달되었으므로(2코린 3,3 참조), 우리는 도움이 우리에게로 오는 산들을 향해 우리 눈을 드는 것입니다. 그리고 성경을 쓴 이들은 사람들이므로, 그들 자체가 빛을 제공한 것이 아니었습니다. 그들이 아니라 그리스도가 '세상에 와서 모든 사람을 비추는 참빛'(요한 1,9 참조)이셨습니다.

• 아우구스티누스 『요한 복음 강해』 1,6,2.[2]

### 빛에 관해 증언하는 이들

사람들이 아무리 의롭더라도, 아무리 품위 있더라도, 그들의 지혜가 아무리 빛난다 해도, 공로가 정점에 이를 만큼 뛰어나다 해도, 그들은 산들일 뿐입니다. 시편 말씀을 잘 보십시오. "산들을 향하여 내 눈을 드네. 그곳에서 내 도움이 오리니." 그 이유는 다음과 같습니다. "하느님께서 보내신 사람이 있었는데 그의 이름은 요한이었다. 이 사람은 빛을 증언하러 왔다"(요한 1,6-7). 그러니까 여러분은 도움이 올 산인 요한을 향하여 눈을 든 것입니다. 그는 빛을 증언하고 있기 때문입니다. 시편을 계속 살펴봅시다. 산에서 끝나는 것이 아닙니다. "내 도움은 주님에게서 오

[1] ACW 53,266-67*.

[2] FC 78,45-46*.

리니 하늘과 땅을 만드신 분이시다." 바로 그리스도이십니다. "모든 것이 그분을 통하여 생겨났"(요한 1,3)습니다. 그분은 세상을 지으신 분이십니다. 그분은 아버지의 '말씀'이시고, 아버지께서는 '말씀'을 통하여 만물을 만드셨습니다.

• 아우구스티누스 『설교집』 379,7.[3]

주님께서 하늘과 땅을 만드셨다

하느님의 아드님, 아버지의 외아들, 언제나 하느님이시며 우리를 위하여 인간이 되신 분, 당신께서 만드신 존재가 되신 분 — 인류를 만드신 분께서 사람이 되셨다는 말입니다 — 이 아버지께 이렇게 말씀하십니다. "아버지, 하늘과 땅의 주님, 당신께 고백합니다"(마태 11,25). 이 아버지는 만물이 그분을 통하여 만들어진 분의 아버지이십니다. 온 창조계가 "하늘과 땅"이라는 이 두 단어로 간단히 표현됩니다. 하느님의 책들 가운데 첫째 책에 "한처음에 하느님께서 하늘과 땅을 창조하셨다"(창세 1,1)라고 쓰여 있는 것은 이런 까닭입니다. "내 도움은 주님에게서 오리니 하늘과 땅을 만드신 분이시다"라는 말씀도 마찬가지입니다. "하늘"이라는 단어는 무엇이든 하늘에 있는 것으로, "땅"이라는 말은 무엇이든 땅에 있는 것으로 이해하십시오. 창조계의 이 두 부분을 이름 지어 부를 때 피조물 어느 하나도 빠뜨리지 않게 됩니다. 모든 피조물은 여기 아니면 저기 있기 때문이지요.

• 아우구스티누스 『설교집』 68,2.[4]

121,4 이스라엘을 지키시는 하느님

하느님은 잠들지 않으신다

우리는 우리가 처하는 모든 상황이 마치 하느님께도 해당하는 것처럼 이야기합니다. 그래서 우리가 반쯤 잠들어 굼뜬 상태가 되면 하느님께서는 우리를 관심 있게 지켜볼 필요가 없다고 판단하시므로, 그럴 때 우리는 하느님께서 잠들어 계신다고 말합니다. 그런데 그분께서 주무시고 계시기 때문에 일어난 일로 보이는 것을 발견하면 우리는 "깨어나소서, 주님, 어찌하여 주무십니까?"(시편 44,24) 하고 말할 것입니다. "보라, 이스라엘을 지키시는 분께서는 졸지도 않으시고 잠들지도 않으신다." 어떤 이들은 제 수치스러운 행실과 하느님 보시기에 부끄러운 행위들 때문에 하느님에게서 눈을 돌립니다. 이들은 회개할 때에 "어찌하여 당신 얼굴을 감추십니까?"(시편 44,25) 하고 말합니다. 이들 외에도, 하느님에 대한 기억을 던져 버린 이들은 오히려 기억상실을 그분께 돌리며 이렇게 말합니다. "어찌하여 저희의 빈궁과 고통을 잊으십니까?"(시편 44,25). 한마디로 사람들은 인간들에 관해 말하는 것과 똑같은 식으로 하느님에 대해 이야기합니다. 하느님께서 인간들과 같은 식으로 행동하시는 것처럼 말하는 것이지요. 그래서 "주님, 제가 당신을 높이 기립니다. 당신께서는 저를 구하시어 원수들이 저를 두고 기뻐하지 못하게 하셨습니다"(시편 30,2)라고 합니다. 그러면 나는 내 삶에서 비천하고 비참한 것은 겪지 않을 것입니다.

• 대 바실리우스 『시편 강해』 14,2.[5]

하느님께서는 당신께서 구하신 이들을 지켜 주신다

이유가 없지 않습니다, 형제 여러분. '사마리아인'은 '지킴이'로 해석되기 때문이지요.[6] 그는

---

[3] *WSA* 3,10,358-59.

[4] *WSA* 3,3,222.

[5] FC 46,214-15*.

[6] 아우구스티누스는 지금, 예수가 사마리아인이고 마귀 들린 자라고 비난당하는 요한 8,48-59를 해설하고 있다. '사마리아인'을 '지킴이'로 보는 아우구스티누스의 해석은 교부들이 이 이름에 부여한 두 가지 의미 중 하나이며, 다른 하나는 '율법 준수자'다.

그분이 우리의 지킴이이신 것을 알고 있었습니다. "이스라엘을 지키시는 분께서는 졸지도 않고 잠들지도 않으신다", "주님께서 성읍을 지켜 주지 않으시면 그 지키는 이의 파수가 헛되리라"(시편 127,1)고 쓰여 있기 때문입니다. 우리의 창조주이신 분이 우리의 지킴이이십니다. 우리를 구하신 분께서 우리를 구원하지 않고 그냥 두시겠습니까?

• 아우구스티누스 『요한 복음 강해』 43,2,2.[7]

#### 그리스도께서는 주무시지만 잠드시지 않는다

거룩한 본성에 관하여 예언자 다윗은 이렇게 말합니다. "보라, 이스라엘을 지키시는 분께서는 졸지도 않으시고 잠들지도 않으신다." 그런데 복음사가가 전하는 이야기는 스승 그리스도께서 배 안에서 주무시는 것을 묘사합니다(참조: 마태 8,24; 마르 4,38; 루카 8,23). 그런데 잠들지 않는 것과 조는 것은 서로 다른 두 개념입니다. 그러므로 그들이 주장하듯이 스승 그리스도께서 하느님이시기만 하다면, 예언자와 복음서들이 모순됩니다. 그런데 [그리스도의 경우에는] 모순이 아닙니다. 예언과 복음서들이 똑같은 하나의 영에서 흘러나오기 때문입니다. 그러므로 스승 그리스도는 다른 모든 육체들과 같은 육신을 지니셨고 수면이 필요하였습니다. 따라서 혼란을 위한 논쟁은 실없는 것임이 입증됩니다.

거룩한 본성에 관하여 이사야 예언자는 "그분께서는 피곤한 줄도 지칠 줄도 모르신다"(이사 40,28)고 하였습니다. 그러나 복음사가는 "길을 걷느라 지치신 예수님께서는 그 우물가에 앉으셨다"(요한 4,6)고 합니다. '지칠 줄 모른다'는 '지친다'와 반대됩니다. 따라서 예언과 복음서들의 이야기가 상반됩니다. 그러나 사실은 상반되지 않습니다. 이 두 말이 다 한 분이신 하느님을 묘사하고 있기 때문입니다. '지칠 줄 모른다'는 만물을 채우는 한계가 없는 본성의 고유한 특징입니다. 그러나 한 장소에서 다른 장소로 옮겨 가는 것은 한계가 정해진 본성의 고유한 특징입니다. 움직이는 것이 부득이 이동을 해야 할 때, 그것은 여행자의 피로를 느끼게 됩니다. 그러므로 걸어서 지친 것은 육체였습니다. [두 본성의] 결합이 본성들을 뒤죽박죽 만드는 것은 아니기 때문입니다.

• 키루스의 테오도레투스 『에라니스테스』 6-7.[8]

### 121,8 하느님께서 시련에서 너를 지키신다

#### 하느님께서는 우리가 나가거나 들거나 지켜 주신다

"네가 나가거나 들거나 주님께서 지켜 주시기를"(시편 120,8 칠십인역, 불가타). 네, 불가마에서 나오고 들어가는 것을 보십시오. "나의 형제 여러분, 갖가지 시련에 빠지게 되면 그것을 다시 없는 기쁨으로 여기십시오"(야고 1,2). 네, 여러분은 들어가는 것에 대해 들었습니다. 이제 나가는 곳을 발견하십시오. 들어가기는 쉽습니다. 나오는 것은 큰일입니다. 그러나 걱정하지 마십시오. "하느님은 성실하십니다." — 여러분은 들어갔기 때문에 자연스럽게 이제 나오는 것에 대해 생각하고 있습니다 — "하느님은 성실하십니다. 그분께서는 여러분에게 능력 이상으로 시련을 겪게 하지 않으십니다. 그리고 시련과 함께 그것을 벗어날 길도 마련해 주십니다"(1코린 10,13). 무엇이 벗어나는 길입니까? 여러분이 '시련을 이겨 낼 수 있게 되는 것'(1코린 10,13 참조)입니다. 여러분이 들어갔습니다, 넘어졌습니다. 여러분이 이겨 냈습니다, 거기서 나왔습니다.

• 아우구스티누스 『설교집』 15,4.[9]

---

[7] FC 88,163-64.
[8] NPNF 2,3,247*.
[9] *WSA* 3,1,325-26.

## 122,1-9 예루살렘을 두고 기뻐하는 찬미가

1 [순례의 노래. 다윗]
"주님의 집으로 가세!"
사람들이 나에게 이를 제 나는 기뻤네.
2 예루살렘아, 네 성문에 이미
우리 발이 서 있구나.
3 예루살렘은 도성으로 세워져
견고하게 짜여졌네.
4 그리로 지파들이 올라가는구나,
주님의 지파들이.
주님의 이름을 찬송함이
이스라엘을 위한 법이라네.
5 그곳에 재판하는 왕좌가,
다윗 집안의 왕좌가 놓여 있네.
6 예루살렘을 위하여 평화를 빌어라.
"너를 사랑하는 이들은 평안하여라.
7 네 성안에 평화가,
네 궁궐 안에 평안이 있으리라."
8 내 형제들과 벗들을 위하여 나는 이르네.
"너에게 평화가 있기를!"
9 주 우리 하느님의 집을 위하여
너의 행복을 나는 기원하네.

### 둘러보기

우리가 아직 지상에 사는 동안에 하늘에 들인 발은 영혼의 발이다(암브로시우스). 교회는 죄에 떨어졌거나 이단에 빠져 헤매던 이들에게 참된 교회로 돌아오라고 촉구하며, 돌아오는 이들을 환영한다(아우구스티누스).

### 122,2 예루살렘 안에 서 있다

#### 예루살렘의 안뜰에 서 있다

이것은 다윗이 영 안에서 씻는 발입니다.[1] 그는 여러분에게 어떻게 해야 발을 깨끗이 유지할 수 있는지를 이런 말로 표현합니다. "예루살렘아, 우리의 발이 네 안뜰에 서 있구나." 네, 여기서 "발"은 육체의 발이 아니라 영혼의 발로 이해해야 합니다. 지상에 사는 사람이 어떻게 육체의 발을 하늘에 둘 수 있겠습니까? 바오로 사도가 여러분에게 말하듯이 예루살렘은 하늘에 있기 때문에, 그는 다음과 같은 말로 어떻게 해야 하늘에 서 있을 수 있는지 보여 주기도 합니다. "그러나 우리의 거처는 하늘에 있습니다"(필리 3,20).[2] 여기서 "거처"란 여러분의 행위의 "거처", 행실의 "거처", 여러분 신앙의 "거처"를 의미합니다.

• 암브로시우스 『동정』 9,59.[3]

### 122,6-7 교회 안의 평화를 비는 기도

#### 평화는 성읍의 힘이다

그러니 그들은, 베드로가 자신의 비겁한 거짓말 때문에 그랬듯이, 그들이 과거에 저지른 비행을 두고 쓰게 슬퍼하라고 하십시오. 그리고 참된 교회, 곧 그들의 보편적 어머니에게 돌아오라고 하십시오. 와서, 성직자든 주교든 되어서, 그들이 과거에 거슬러 애 먹였던 만큼 봉사하라고

---

1 암브로시우스는 발을 씻는 행위에 대한 색다른 견해를 보여 준다. 그는 '세족'을 구원에 필요한 일종의 성사로 여겼다.

2 글자 그대로 옮긴 번역이다.

3 AOV 28-29.

하십시오. 우리는 그들을 시기하지 않습니다. 오히려 그들을 환영하며 부탁하고 격려하고, 큰길에서나 울타리에서나 그들을 발견하면 이리 오라고 강요합니다. 그렇지만 우리는 아직 그들 중 일부에게는, 우리가 구하는 것은 그들이지 그들이 소유한 것이 아니라고 설득하지 않습니다. 베드로 사도가 구원자를 부인하고서 눈물 흘리고 사도로 남아 있을 때, 그는 그리스도께서 약속하신 성령을(참조: 요한 14,26; 16,13) 아직 받지 않은 상태였습니다. 그들이 성령께서 생명을 주시는(2코린 3,6 참조) 유일한 몸의 일치로부터 떨어져 나가 교회 밖에서 교회를 거슬러 교회의 성사들을 계속하면서 우리의 깃발과 무기를 우리를 거슬러 들고서 일종의 내전을 자행하였을 때, 그들은 [베드로보다도] 훨씬 더 성령을 받지 못한 상태였습니다. 그들은 [이리] 오라고 하십시오. "예루살렘의 힘 안에 평화가 펼쳐지게 하십시오." 그 힘은 자애입니다. 이 거룩한 도시는 이러한 말씀을 들었었지요. "네 힘 안에 평화가, 네 탑에 풍요가 있어라." 그들은 반역하여 일어나 어머니를 걱정시키지 말라고 하십시오. 어머니는 그들을 거두어들였고 또 거두어들여야만 하며 그들과 함께, 그들이 속였거나 속이지 않은 많고 많은 이들을 [거두어들여야만 합니다]. 그들은 자만하지 말라고 하십시오. 어머니는 이처럼 그들을 반가이 맞으시기 때문입니다. 그들은 어머니가 평화라는 선한 목적을 위해 하는 일을 자기를 높이려는 사악한 목적에 이용하지 말라고 하십시오.

• 아우구스티누스 『서간집』 185,46.[4]

[4] FC 30,185*.

## 123,1-4 교만한 자들의 멸시를 당하며 하느님의 자비를 청하는 기도

1 [순례의 노래]
하늘에 좌정하신 분이시여
당신께 저의 눈을 듭니다.
2 보소서, 종들의 눈이
제 상전의 손을 향하듯
몸종의 눈이
제 여주인의 손을 향하듯
그렇게 저희의 눈이 주 저희 하느님을
우러릅니다,
저희에게 자비를 베푸실 때까지.
3 자비를 베푸소서, 주님, 저희에게
자비를 베푸소서.
저희가 멸시만 실컷 받았습니다.
4 거만한 자들의 조롱을
교만한 자들의 멸시를
저희 영혼이 실컷 받았습니다.

### 둘러보기

하느님을 신뢰하는 이들이 하느님의 자비를 받으리라 기대하며 눈을 하늘을 향해 들어 올리는 것은 성경의 훈계와 그리스도의 본보기를 따르는 것이다(오리게네스). 우리가 경외심에 차서 공손히 하느님을 바라볼 때 하느님의 주의를 끌게 된다(바실리우스). "까지"는 하느님의 다스림이나 자비가 끝날 때가 있다는 의미가 아니다. 그것은 하느님의 통치와 그분 자비의 충만함이 시작됨을 암시한다(히에로니무스). 부자들이 거만해서 빠지는 오류는 참된 인내는 하느님의 도움이 아니라 자신의 의지력에서 나온다고 믿고 성경 말씀에 귀 기울이지 않는 것이다(아우구스티누스).

### 123,1-2 하느님께 저희 눈을 듭니다

#### 하늘을 향해 눈을 든다

그러므로 "눈을 들 엄두도 내지 못"(루카 18,13)한 복음서의 세리는 올바로 행동한 것입니다. 반면에 예수님과 함께 있는 제자는 그에 걸맞게 이런 명령을 들을 때 눈을 듭니다. "눈을 들어 저 밭들을 보아라. 곡식이 다 익어 수확 때가 되었다"(요한 4,35).

예언자도 이렇게 말합니다. "너희는 눈을 높이 들고 보아라"(이사 40,26). 그런데 이에 더하여, 층계 시편들[1]의 네 번째 노래인 시편 제122편(칠십인역)에서 예언자는 합당하게 하느님을 향해 자기 눈을 들고서 이렇게 말합니다. "하늘에 좌정하신 분이시여, 당신께 저의 눈을 듭니다. 보소서, 종들의 눈이 제 상전의 손을 향하듯, 몸종의 눈이 제 여주인의 손을 향하듯, 그렇게 저희의 눈이 주 저희 하느님을 우러릅니다. 저희에게 자비를 베푸실 때까지."

자기 눈을 듦으로써 예수님을 본받는 것이 마땅한 이를 위하여 그리고 그 세리처럼 성전에서 멀찍이 서 있어야 할 뿐 아니라 감히 눈을 들 엄두도 못 내는 이를 위하여 우리가 더 명쾌하게 보여 주어야 한다면, 우리는 수산나에게 음욕을 품었던 몹쓸 원로들에 관하여 다니엘이 한 말을 인용하겠습니다. 그는 이렇게 말했지요. "그들은 양심을 억누르고 하늘을 보지 않으려고 눈을 돌린 채, 의로운 판결조차 기억하지 않았다"(다니 13,9). 이 구절은 수산나에 관한 다음의 묘사와 함께 생각해 보아야 하는 구절입니다. "수산나는 눈물이 가득한 채 하늘을 우러러보았다. 마음으로 주님을 신뢰하고 있었기 때문이다"(다니 13,35). 양심을 억누른 그자들은 하늘을 보지 않으려고 눈을 돌리지만 주님을 신뢰하는 수산나는 주님을 믿는 그 마음으로 인하여 하늘을 우러러본 점에 주목하십시오.

• 오리게네스 『요한 복음 주해』 28,32-34.[2]

#### 주님의 눈

"주님의 눈은 당신을 경외하는 이들에게 머무르신다"(시편 33,18)고 합니다. 또 다른 곳에서는 "주님의 눈은 의인들을 굽어보신다"(시편 34,16)고 합니다. 그런데 여기서는 "당신을 경외하는 이들에게"라고 합니다. 우리가 주님을 바라보고 우리 눈이 그분에게 가 있을 때, 그래서 우리가 "보소서, 종들의 눈이 제 상전의 손을 향하듯 그렇게 저희 눈이 저희 주 하느님을 우러릅니다" 하고 말한다면, 말하자면 우리는 주님의 눈이 우리를 굽어보시게 하는 것입니다.

• 대 바실리우스 『시편 강해』 15,10.[3]

#### "… 때까지"의 의미

그러면 그가 "하느님께서 모든 원수를 그리스도의 발아래 잡아다 놓으실 때까지는 그리스도께서 다스리셔야 합니다"(1코린 15,25)라고 말한 것은 무슨 뜻입니까? 주님께서 당신의 모든 원수들이 당신 발아래 있기 시작할 때까지만 다스리시고, 일단 그들이 그분 발아래 있게 되면 다스림을 그치시는 것입니까? 물론 그분의 다스림은 그분의 원수들이 그분 발아래 놓이기 시작할 때 비로소 충만하게 시작됩니다. 다윗도 올라가

[1] 시편 제120-134편은 높은 곳에 위치한 예루살렘으로 올라가는 순례길의 노래라고 해서 '올라가는' 시편이라고 한다. 말하자면 성전에 올라가는 순례자의 노래다.

[2] FC 89,298-99*.

[3] FC 46,244.

는 시편의 넷째 노래에서 이렇게 말합니다. “보소서, 종들의 눈이 제 상전의 손을 향하듯 몸종의 눈이 제 여주인의 손을 향하듯 그렇게 저희의 눈이 주 저희 하느님을 우러릅니다, 저희에게 자비를 베푸실 때까지.” 그러면 이 예언자는 자비를 얻을 때까지 주님을 우러르고, 자비를 얻고 나면 눈을 땅에다 둡니까, 그는 또 다른 곳에서 다음과 같이 말하는데요? “당신의 구원을 기다리다, 당신의 의로운 말씀을 기다리다 제 눈이 지칩니다”(시편 119,123). 나는 이런 표현들을 무수히 모아서 구름처럼 많은 증거들로 말 많은 우리의 공격자[4]를 입 다물게 할 수 있습니다. 그렇지만 몇 마디만 덧붙이고, 독자들이 스스로 비슷한 예들을 찾아보게 두려 합니다.

• 히에로니무스

『헬비디우스 반박: 마리아의 영원한 동정』 6.[5]

123,4 교만한 자들의 조롱과 멸시

**참된 인내는 하느님에게서 온다**

우리는 그 이름에 걸맞은 참다운 인내는 어디에서 얻어지는지 찾아내야 합니다. 그것이 인간 의지의 힘에서 비롯한다고 주장하는 이들이 있습니다. 사람들이 하느님의 도움으로 갖게 되는 힘이 아니라 그들 자신의 자유의지에서 나온다는 것이지요.[6] 그러나 그것은 거만함에서 빠지는 오류입니다. 그것은 부자들의 오류입니다. 이에 대해 시편은 이렇게 이야기합니다. “거만한 자들의 조롱을, 교만한 자들의 멸시를 [저희 영혼이 실컷 받았습니다].” 그것은 “영원토록 헛되지 않을”(시편 9,19) 가난한 이들의 인내가 아닙니다. 가난한 이들은 그것을 다음과 같이 쓰여 있는 부유한 분에게서 받기 때문입니다. “당신은 저의 하느님. 당신께는 저의 재산이 필요 없습니다”(시편 15,2 칠십인역, 불가타). 그분에게서 “온갖 좋은 선물과 모든 완전한 은사”(야고 1,17)가 오며, 그분은 가난한 이들과 곤궁한 사람이 부르는 분이고, 그분의 이름을 찬미하며 찾고 청하고 두드리는 사람은 이렇게 말합니다. “저의 하느님, 저를 구원하소서, 악인의 손에서 범법자와 불의한 자의 손아귀에서. 주님, 당신만이 저의 인내이시고 제 어릴 때부터 저의 희망이십니다”(시편 70,4-5 칠십인역, 불가타). 주님 앞에서 곤궁한 이들을 멸시하는 이들과 부자들은 그분에게서 참된 인내를 받아서는 안 됩니다. 자기 자신의 가짜 인내를 자랑스러워하는 그들은 “가련한 이의 뜻을 수치스럽게” 만들고 싶어 하지만 “주님께서 그의 희망”(시편 14,6)이십니다. 그들은 인간이고 너무나 많은 것을 자신의 것이라, 곧 인간의 의지에 달렸다 여기기에 성경 말씀을 자신에게 비추어 볼 생각을 하지 않습니다. 그러나 “사람에게 의지하는 자는 저주를 받으리라”(예레 17,5)고 쓰여 있습니다. 설령 때로는 사람들 마음을 상하지 않게 하기 위해서나 더 나쁜 일을 당하지 않으려고 가혹하고 거친 일들을 참고 견딘다 해도, 또 자기 자신에게 만족하고 자신의 주제넘음을 사랑하여 거만한 의지로 같은 나쁜 일을 당한다 해도, 복된 야고보 사도가 지혜에 관하여 한 말을 그들은 그들의 인내에 관한 말로 들어야만 할 것입니다. “그러한 지혜는 위에서 내려오는 것이 아니라, 세속적이고 현세적이며 악마적인 것입니다”(야고 3,15). 교만한 자들의 가짜 지혜라는 것이 있듯이 교만한 자들의 가짜 인내가 왜 없겠

[4] 마리아의 영원한 동정성을 인정하지 않은 헬비디우스를 가리킨다. 히에로니무스는 그를 반박하기 위해 이 글을 썼다.

[5] NPNF 2,6,337*.

[6] 아우구스티누스는 지금 이름은 특정하지 않은 채 펠라기우스파의 오류를 공박하고 있다. 그는 그들이 공식 단죄된 418년 이전에는 죽 그래 왔다.

습니까? 참지혜의 원천이신 분은 참인내의 원천이시기도 합니다. 영으로 가난한 이는 그분께 이렇게 노래합니다. "내 영혼아, 하느님께 복종하여라, 그분에게서 나의 인내가 오느니!"(시편 61,6 칠십인역, 불가타).

• 아우구스티누스 『인내』 15,12.[7]

[7] FC 16,249-50*.

## 124,1-8 적들에게서 구해 주심을 찬양하는 시편

1 [순례의 노래. 다윗]
이스라엘은 이렇게 말하여라.
주님께서 우리를 위하지 않으셨던들,
2 사람들이 우리를 거슬러 일어났을 때
주님께서 우리를 위하지 않으셨던들,
3 우리를 거슬러 저들의 분노가 타올랐을 때
우리를 산 채로 삼켜 버렸으리라.
4 물살이 우리를 뒤덮고
급류가 우리 목 위로 넘쳐흘렀으리라.
5 거품 뿜는 물살이
우리 목 위로 넘쳐흘렀으리라.
6 우리를 저들 이빨의 먹이로 내주지 않으신
주님께서는 찬미받으소서.
7 우리는 사냥꾼의 그물에서
새처럼 벗어났네.
그물은 찢어지고
우리는 벗어났네.
8 우리의 도우심은 주님 이름에 있으니
하늘과 땅을 만드신 분이시네.

### 둘러보기

믿는 이들은 순교자들처럼 영적으로 승리하는 이들이다. 하느님께서 믿음과 인내의 힘을 주시기 때문이다(아우구스티누스). 부활절은 하느님께서 우리를 죽음의 선고와 그리스도의 적수들에게서 구해 주신 데 대해 감사를 드리는 때다(아타나시우스). 교회가 하느님께서 원수들에게 승리를 거둔 순교자들의 교회에 주신 선물에 대해 감사드릴 때 하느님은 찬미받으신다(아우구스티누스). 영혼은 선행의 날개를 타고 새처럼 높이 솟아오를 수 있다. 날개는 십자가에 달리신 그리스도의 뻗은 팔을 떠올리게 한다(암브로시우스).

하느님께서 하늘과 땅을 창조하셨으므로 우리는 하느님께서 만드신 것을 하찮게 보아서는 — 비록 믿지 않는 이들은 그럴지라도 — 안 된다(아우구스티누스).

### 124,1-3 주님께서는 우리를 위하신다

**영적 승리**

거룩한 순교자들은 자기 자신에게 의지하지 않고 그리스도께서 구해 주시기를 청했습니다. 이것이 그들이 승리한 이유입니다. 자기 자신에게 의지하지 않는 이들의 목소리를 들어 보십시오. 이것은 거룩한 순교자들의 목소리입니다. "이스라엘은 이렇게 말하여라. 주님께서 우리 가운데 계시지 않았더라면, 사람들이 우리를 거슬러 일어났을 때 주님께서 우리 가운데 계시지 않았더라면, 그들은 우리를 산 채로 삼켜 버렸으리라." 순교자들은 "주님께서 우리 가운데 계시지 않았더라면" 곧 그분께서 우리를 도우시지 않으셨더라면, 그분께서 우리에게 인내를 주지 않으셨더라면, 그분께서 우리에게 싸울 힘을 주지 않으셨더라면 "그들은 우리를 산 채로 삼켜 버렸으리라"고 합니다.

• 아우구스티누스 『설교집』 335F,2.[1]

### 124,5-7 적들에게 거둔 승리에 대해 하느님께 감사드린다

#### 부활절은 구원됨을 기리는 축제다

그러면 형제 여러분, 이것들을 위한 우리의 의무는 무엇입니까? 만유의 임금이신 하느님을 찬미하고 그분께 감사드리는 것 아니겠습니까? 먼저 시편의 말씀을 외칩시다. "우리를 저들 이빨의 먹이로 내주지 않으신 주님께서는 찬미받으소서." 그분께서 우리를 위하여 구원에 바치신 방식으로 이 축제 — 거룩한 부활절 — 를 지냅시다. 그리하여 하늘에서 천사들과 함께 이 축제를 지낼 수 있게 될 것입니다. 고대에 유대 백성은 환난을 겪다가 편안한 때를 맞으면 그들의 승리를 찬미하는 노래를 부르며 축제를 지냈습니다. 그래서 에스테르 시대의 사람들도 죽음의 선고에서 벗어나자 그것을 축제로 여기고 주님께 축제를 지냈습니다(에스 3,9; 9,21 참조). 그들의 상황을 바꾸어 주신 데 대해 감사와 찬미로 응답한 것입니다. 그러니 우리도 주님께 서원하며 우리 죄를 고백하고, 말과 도덕적 행위와 삶의 방식으로 주님께 축제를 지냅시다. 우리를 조금 응징하셨지만 완전히 끝내시거나 버리시지 않고 우리에게 철저히 침묵하시지 않으신 주님을 찬미합시다. 우리를 거짓으로 유명한, 그리스도의 적수들인 이집트에서 꺼내 주신 그분께서 우리가 마치 광야와 같은 많은 시련과 환난을 거쳐 당신의 거룩한 교회에 도달하게 하셨다면, 우리는 관습에 따라 여러분에게 편지를 보내고 또 여러분으로부터 받을 수 있습니다. 그래서 저는 특별히 하느님께 저 자신 감사를 드리며 동시에 여러분에게 나와 함께 그리고 저를 위해서 그분께 감사를 드리기를 권고합니다. 이것은 사도들의 관습이건만 그리스도의 이 적수들과 열교자들은 이 관습에 종지부를 찍고 거기서 벗어나고 싶어 하였습니다. 주님께서는 그것을 허락하지 않으시고 오히려 그것을 새롭게 하셨으며, 당신께서 사도들을 통하여 제정하신 그것을 보존하심으로써, 전통과 교부들의 명령에 따라 우리가 함께 축일을 지내고 거룩한 날을 기념하게 하셨습니다.

• 아타나시우스 『축일 서간집』 10,11.[2]

#### 하느님께서 주신 선물에 감사하는 마음

우리는 시편의 노래를 불렀습니다. "우리를 저들 이빨의 사냥감으로 내주지 않으신 주님께서는 찬미받으소서." 하느님께서 주신 선물에 어울리는 감사의 표현입니다. "우리를 저들 이빨의 사냥감으로 내주지 않으신 주님께서는 찬미받으소서." 이것은 분명 감사하는 목소리입니다. 매우 적절한 감사입니다. 그러한 하느님의 선물에 인간의 감사가 언제 과연 맞갖을 수 있을까요? 복된 순교자들이 이 장소에서 거룩한 피를 흘렸을 때,[3] 지금 많은 사람이 그를 칭송하듯이 많은 군중이 이 자리에 모여 그에게 격노했었는지 저는 모릅니다. 거듭 말씀드리지만 — 주님의 집 안에 많은 사람이 참으로 경건하게 이 자리에 모인 것을 보니, 그리고 그 시대와 이 시대

[1] *WSA* 3,9,240. [2] NPNF 2,4,531-32*.

[3] 아우구스티누스는 이 설교를 기원후 258년에 순교한 키프리아누스의 생일에 카르타고에서 행했다.

를 비교하니 참 기쁩니다 — 이것이 제가 '거듭' 이라고 계속 말하며 여러분의 열의를 진심으로 칭찬하는 이유입니다. 복된 순교자가 이 장소에서 그의 피를 흘렸을 때, 지금 그를 칭송하는 이 많은 사람처럼 많은 군중이 그에게 격노했었는지 저는 모릅니다.

그러나 비록 그랬더라도, "우리를 저들 이빨의 먹이로 내주지 않으신 주님께서는 찬미받으소서". 죽임을 당할 때에 그들은 자신들이 승리했다고 생각하였습니다. 그들은 죽어 가는 사람들에게 정복당했습니다. 그리고 그들은 기뻐하였습니다. 그들이 정복당하고 있었다면, 그들은 격노하는 게 당연했습니다. 그래서 격노한 군중은 떠났고, 찬미하는 군중이 그 자리를 차지했습니다. 그들더러, 찬미하는 군중더러 이렇게 말하라고 하십시오. "우리를 저들 이빨의 먹이로 내주지 않으신 주님께서는 찬미받으소서." 여기서 "이빨"은 누구의 이빨을 말합니까? 원수들의 이빨, 불경한 자들의 이빨, 예루살렘을 박해하는 자들의 이빨, 바빌론의 이빨, 원수 도성의 이빨, 완고해져서 미친 듯 악랄하게 구는 군중의 이빨, 주님을 박해하는 군중, 창조주를 버리고 피조물에게로 돌아서서 손이 만든 것들을 섬기며, 이 모든 것을 만드신 분은 무시하는 군중의 이빨이지요.

• 아우구스티누스 『설교집』 313B,1.[4]

"새"로 묘사되는 영혼

다윗의 경우도 그랬습니다. 영혼이 영적 날개로 떠받쳐지는 곳에서 그는 영혼을 "새"로 묘사하도록 선택되었습니다. 그래서 그는 이렇게 말하였습니다. "내 영혼은 사냥꾼의 그물에서 새처럼 벗어났네." 또 이렇게도 말합니다. "주님께 나 피신하는데 너희는 어찌 나에게 말하느냐? '새처럼 산으로 도망쳐라'"(시편 11,1). 이처럼 영혼에게는 날개가 있어서 그것을 이용하여 땅으로부터 자유롭게 자기 자신을 들어 올릴 수 있습니다. 그러나 날개의 이 움직임은 깃털들로 이루어지는 것이 아니라, 다음 말씀이 가리키는 주님의 사람들의 경우에서처럼 꾸준한 선행들로 가능해집니다. "당신 날개 그늘로 제가 피신합니다"(시편 57,1). 첫째로, 십자가에 매달린 주님의 손이 마치 나는 것처럼 펼쳐졌습니다. 둘째로, 하느님의 행위들은 영원한 구원의 생기 가득한 그림자와 같아서 우리의 세상에서 사납게 날뛰는 큰불을 제어할 수 있습니다.

• 암브로시우스 『동정』 18,116.[5]

124,8 하늘과 땅의 주님

우리의 도우심은 주님 이름에 있다

그러니까 이 하늘과 땅이 "세상"으로 불립니다. "세상을 사랑하지 마십시오"라는 말은 세상을 비난하는 말이 아닙니다. 이 세상을 깔보는 사람은 누구나 따지고 보면 세상을 만드신 분을 깔보는 것입니다. 한 구절에서 "세상"이 두 가지 다른 의미로 사용된 말씀을 들어 보십시오. 그리스도 주님에 관한 말입니다. "그분께서 세상에 계셨고 세상이 그분을 통하여 생겨났지만 세상은 그분을 알아보지 못하였다"(요한 1,10). 세상은 그분을 통하여 만들어졌습니다. "우리의 도우심은 주님 이름에 있으니 하늘과 땅을 만드신 분이시네." 세상은 그분을 통하여 만들어졌습니다. "산들을 향하여 내 눈을 드네. 내 도움은 어디서 오리오? 내 도움은 주님에게서 오리니 하늘과 땅을 만드신 분이시다"(시편 121,1-2). 이 세상은 하느님에 의해 만들어졌습니다. 그리고 세상은 그분을 알지 못했습니다. 어떤 세상이 그분

[4] *WSA* 3,9,96*.

[5] AOV 51.

을 알지 못했습니까? 세상을 사랑하는 자, 일을 사랑하는 자, 일하는 사람을 경멸하는 자입니다.

• 아우구스티누스『설교집』313A,2.[6]

[6] *WSA* 3,9,91.

## 125,1-5 이스라엘의 평화

[1] [순례의 노래]
주님을 신뢰하는 이들은 시온산 같아
흔들리지 아니하고 영원히 서 있으리라.
[2] 산들이 예루살렘을 감싸고 있듯
주님께서는 당신 백성을 감싸고 계시다,
이제부터 영원까지.
[3] 의인들이 나누어 받은 땅 위에
사악의 왕홀이 내리누르지 못하리니
의인들이 죄악에다
손을 내밀지 않게 되리라.
[4] 주님, 착한 이들에게,
마음 바른 이들에게 선을 베푸소서.
[5] 그러나 비뚤어진 길로 벗어난 자들은
주님께서 악인들과 함께 물리치시리라.
이스라엘에 평화가 있기를!

### 둘러보기

의로운 사람은 결코 무너지지 않는 산과 같아서, 사탄을 포함하여 어떤 사악한 힘들에게서도 안전하다(요한 크리소스토무스). 하느님께서는 당신을 신뢰하는 당신 백성들을 사탄에게서 그리고 그자가 하느님 백성 안에 조장하려 애쓰는 분열에서 지켜 주신다(아타나시우스).

죄인들이나 의로운 사람들이나 다 세례를 받았지만 최후 심판 때에 갈라지게 될 것이다(『신학자 요한의 제2정경 묵시록』). 하느님의 속성들인 선과 정의는 너무나 밀접하게 얽혀 있어, 그분께서는 심판 없이 자비롭기만 하시거나 자비 없이 심판만 하시는 적이 없다(바실리우스). 사탄과 악은 비유적으로 북쪽에 자리 잡고 있으며 하느님과 그분의 은총은 남쪽에 계시다(아우구스티누스).

### 125,1 교회의 지체들은 주님을 신뢰한다

#### 의인들의 본성

그러나 그런 것[1]은 의로운 사람의 본성이 아닙니다. 그러면 [의로운 사람은] 어떤 태도를 지닌 사람입니까? 같은 예언자가 말하는 것을 들어 보십시오. "주님을 신뢰하는 이들은 시온산 같아 …." "시온산 같다"는 것이 무슨 뜻입니까? "흔들리지 않고 영원히 서 있으리라"고 그는 말합니다. 산을 무너뜨리려고 당신들이 어떤 장비[전쟁 무기]들을 끌고 오건, 어떤 창을 던지든, 당신들은 결코 그 일을 해낼 수 없을 것입니다. 무슨 수로 해낼 수 있겠습니까? 당신들의 모든 무기들은 부서질 테고 당신들은 힘을 다 써 기진맥진할 것입니다. 의로운 사람도 그와 같습니다. 어떤 충격이 가해져 와도 그는 그로 인해 어떠한

[1] 자기 자신과 갈등을 일으키고 양심이 찔리면서 유혹에 복종하고 마는 것.

나쁜 일도 당하지 않으며 오히려 그를 거슬러 조언하는 자들의 힘을 소멸시킵니다. 인간만 아니라 마귀들에 대해서도 그러합니다. 여러분은 악마가 욥을 거슬러 어떤 무기들을 들이댔는지 많이 들으셨습니다. 그러나 악마는 산을 무너뜨리는 데 실패함은 물론이요 기진맥진하여 물러났습니다. 괜히 공격했다가 그의 화살들은 조각조각 나고 중무기는 못 쓰게 되어 버렸지요.

• 요한 크리소스토무스
『(입상에 관해) 안티오키아 신자들에게 행한 강해』 8,4.[2]

주님을 신뢰하는 사람들

이렇게 자기 자신을 점검하고 마음으로 주님을 따르는 이들에게는 불운한 일이라고는 일어나지 않습니다. 실로 그들의 마음은 주님에 대한 신뢰가 힘을 주기 때문입니다. 그래서 이렇게 쓰여 있습니다. "주님을 신뢰하는 이들은 시온산 같다. 예루살렘에 사시는 주님께서는 영원히 그곳에 계시리라"(시편 125,1-2). 언제든 간악한 자들이 주제넘게 무례한 태도를 취하면, 주로 성도들의 대열을 깨뜨리고 형제들 사이에 분열을 일으키면, 그런 때에도 주님께서 그들과 함께 계십니다. 그들 대신 응징하는 자로 나서실 뿐 아니라, 그들이 이미 기진맥진했을 때에도 그들의 구원자로 나서실 것입니다.

• 아타나시우스 『축일 서간집』 11,6.[3]

125,3 의인들은 불의한 자들과 분리될 것이다

죄인들은 의인들의 몫을 함께 받지 못할 것이다

제가 또 말씀드렸습니다. 주님, 세례를 받은 이들은 어떻게 되는 것입니까? 나는 이렇게 나에게 말씀하시는 목소리를 들었습니다: 그때에 세례를 받은 그리스도인들은 심사를 받으리라. 그러면 의인들은 나의 명령에 따라오고, 다윗이 예고한 대로 천사들이 가서 그들을 죄인들 가운데에서 모아들일 것이다. "주님께서는 의인들이 받은 몫에 죄인들의 왕홀이 내리누르는 것을 허락지 않을 것이다"(시편 124,3 칠십인역, 불가타). 그리고 모든 의인들은 내 오른쪽에 앉아(마태 25,33 참조) 해처럼 빛날 것이다. 요한아, 하늘의 별들은 모두 [똑같은 손에 의해] 만들어졌지만 저마다 다른 빛을 낸다(1코린 15,41 참조). 의인들과 죄인들도 그러할 것이다. 의인들은 빛처럼 또 해처럼 빛날 테지만 죄인들은 어둠 속에 서 있을 것이다.

• 『신학자 요한의 제2정경 묵시록』.[4]

125,4-5 하느님께서는 자비로우시고 의로우시다

자비롭고 의로운

하느님은 선하십니다. 그러나 또한 의로우십니다. 공로에 비례해 보상을 하는 것이 의로움의 본성입니다. 그래서 이렇게 쓰여 있지요. "주님, 착한 이들에게, 마음 바른 이들에게 선을 베푸소서. 그러나 비뚤어진 길로 벗어난 자들은 주님께서 악인들과 함께 물리치시리라." 그분은 자비로우시지만 또한 심판관이기도 하십니다. 그래서 시편 저자는 "주님은 자비와 공정을 사랑하신다"(시편 32,5 칠십인역, 불가타)라고 말합니다. 그래서 또 "주님, 자애와 공정을 제가 노래하오리다"(시편 101,1)라고도 합니다. 우리는 그분께서 자비를 베푸시는 이들이 어떤 이들인지 배웠습니다. 주님께서는 말씀하십니다. "행복하여라, 자비로운 사람들! 그들은 자비를 입을 것이다"(마태 5,7). 그러니까 그분께서는 이러한 식별하에

[2] NPNF 1,9,397*. [3] NPNF 2,4,535*.

[4] ANF 8,585*. 요한 사도를 저자로 내세운 이 문서는 2세기 중엽 셋파 영지주의자들에게서 유래한 익명의 작품이다.

자비를 베푸십니다. 공정 없이 자비만 베푸시지도, 자비 없이 심판만 하시지도 않으십니다. "주님은 너그럽고 의로우신 분"(시편 116,5)이기 때문입니다. 그러니 하느님을 반쪽만 알지도, 그분의 자애를 우리가 나태에 빠지는 빌미로 이용하지도 맙시다. 이것에는 그분의 천둥이, 이것에는 그분의 번개가 [따름을 알고] 그분의 선하심에 대해 의심하지 맙시다. 해가 떠오르게 하시는 분(마태 5,45 참조)께서 사람들을 치시어 눈이 멀게 하시기도 합니다(2열왕 6,18 참조). 비를 내려 주시는 분(즈카 10,1 참조)께서 불이 비처럼 쏟아지게 하시기도 합니다(창세 19,24 참조). 하나로는 당신의 선하심을, 다른 하나로는 당신의 엄격함을 드러내 보이시는 것입니다. 우리는 한 가지 때문에는 그분을 사랑하고, 다른 한 가지 때문에는 그분을 두려워합시다. 그래서 이런 말을 듣는 일이 없도록 합시다. "하느님의 그 큰 호의와 관용과 인내를 업신여기는 것입니까? 그분의 호의가 그대를 회개로 이끌려 한다는 것을 모릅니까? 그대는 회개할 줄 모르는 완고한 마음으로, 하느님의 의로운 재판이 이루어지는 진노의 날에 그대에게 쏟아질 진노를 쌓고 있습니다"(로마 2,4-5).

• 대 바실리우스 『대 수덕집(긴 규칙서) 서론』.[5]

#### 비유적 표현인 '북쪽'과 '남쪽'

그러니까 악마와 그의 부하들은 자애의 빛과 온기로부터 돌아서서 교만과 시샘으로 건너감으로써 단단한 얼음처럼 무감각 존재가 되었습니다. 그래서 그들은 비유적으로 북쪽에 있다고 묘사됩니다. 이렇게 악마가 인류를 무겁게 내리누르는 동안, 미래에 주어질 구원자의 은총은 아가에서 이렇게 묘사됩니다. "일어라, 북새바람아! 오너라, 마파람아! 불어라, 내 정원에, 온갖 향료들이 흘러내리게!"(아가 4,16). 일어나라, 너 무모하게 돌진한 자여, 정복당한 이들을 내리누르는 자여, 네가 소유한 이들을 억압하는 자여, 일어나라, 영혼이 내리눌리며 굴복한 자들이여, 무거운 짐을 벗고 고개를 들어 올릴 수 있도록. "오너라, 마파람아!"는 남쪽, 곧 따뜻하고 밝은 영역에서 불어오는 은총의 영을 부르는 소리입니다. 그러면 "온갖 향료들이 흘러내리게" 될 것입니다. 그래서 바오로 사도는 이렇게 말합니다. "우리는 그리스도를 아는 지식의 향내가 곳곳에 퍼지게 하는 그리스도의 향기입니다"(2코린 2,14). 또 다른 시편도 이렇게 말합니다. "주님, 저희의 포로 신세를 되돌리소서, 남쪽의 강물처럼"(시편 125,4 칠십인역, 불가타). 분명 여기서 말하는 "포로 신세"란 북풍 아래 놓인 듯 악마에게 잡혀 있는 처지를 말합니다. 그곳에서 그들은 넘쳐 나는 불의로 한기 속에 있습니다. 말하자면 얼어붙어 있습니다. 그래서 복음은 이렇게 말합니다. "또 불법이 성하여 많은 이의 사랑이 식어 갈 것이다"(마태 24,12). 그러나 실로 남풍[마파람]이 불어오면, 얼음은 녹고 시냇물이 흐릅니다. 그들의 죄가 용서되면 사람들은 자애로 인하여 그리스도께로 모여듭니다. 그래서 또 다른 곳에 이렇게 쓰여 있습니다. "네 죄가 따뜻한 날 서리처럼 녹아내리리라"(집회 3,15).

• 아우구스티누스 『서간집』 140,22.[6]

[5] FC 9,229-30*.

[6] FC 20,103-4*.

126,1-6 시온의 운명을 되돌려 주심을 기뻐하는 노래

1 [순례의 노래]
주님께서 시온의 운명을 되돌리실 제①
우리는 마치 꿈꾸는 이들 같았네.
2 그때 우리 입은 웃음으로,
우리 혀는 환성으로 가득하였네.
그때 민족들이 말하였네.
"주님께서 저들에게 큰일을 하셨구나."
3 주님께서 우리에게 큰일을 하셨기에
우리는 기뻐하였네.
4 주님, 저희의 운명을
네겝 땅 시냇물처럼 되돌리소서.
5 눈물로 씨 뿌리던 이들
환호하며 거두리라.
6 뿌릴 씨 들고
울며 가던 이
곡식 단 들고
환호하며 돌아오리라.

① 또는 '시온으로 백성이 돌아오게 해 주셨을 때'.

둘러보기

사람들은 지상의 다른 사람들과 사귀게 되었을 때 기쁨을 얻곤 하지만 하늘에서 만나 사귀는 즐거움은 훨씬 클 것이다(아우구스티누스).

하늘의 수확을 얻기 위하여 우리는 감각적 즐거움을 제공하는 것들을 삼가고는 하지만, 윤리적인 것과 상관없는 문제들에서 다른 사람들에게 금욕을 강요해서는 안 된다(예루살렘의 키릴루스). 자기 죄들을 슬퍼하는 사람들은 장차 올 삶에서 기뻐하게 될 것이다(바실리우스). 영혼들의 최종적 수확은 천사들이 수확꾼으로 오게 될 세상 종말에 이루어질 것이다(아우구스티누스). 지상에서는 참된 기쁨과 행복이 있을 수 없지만 우리는 하늘에서 그것을 경험하게 될 것이다(카이사리우스). 믿는 모든 이는 하늘의 기쁨에 도달하기 전에 이 삶에서 슬픔을 겪어야만 한다는 것을 안다(베다). 우리 모두는 그리스도를 본보기로 삼아 살아 있을 때 겪는 슬픔과 고난을 견뎌 내며, 죽은 뒤에는 기쁨을 직접 누릴 것이다. 우리가 하느님을 위해 기꺼이 죽으려 하고 영원한 보상의 기쁨을 생각한다면 마지못해 죽으려 하지 않을 것이다.

우리는 가난하고 곤궁한 이들 가운데에 선행의 씨앗들을 뿌릴 때 하느님께서 수확을 책임져 주시리라 믿어야 한다. 우리 수고의 열매는 이승이 아니라 장차 올 삶에서 거두는 것이다(아우구스티누스). 응보의 날에 정의와 자비의 소출을 내어 줄 씨앗들을 우리 마음에 심기 위해서는 하느님의 말씀을 읽고 듣기, 기도와 선행이 필요하다(카이사리우스).

126,2 희망 속에 기뻐하다

하늘에서 사귀는 기쁨

주 우리 하느님께서는 저에게 여러분을 보고 여러분 또한 저를 보는 호의를 베풀어 주셨습니다. 그리고 우리 모두는 함께 그분께 감사를 드릴 수 있습니다. 그리고 이것이 죽을 운명의 육신 안에 사는 우리가 서로를 봄으로써 "우리 입

은 기쁨으로, 우리 혀는 환성으로 가득"한 이유라면, 우리가 서로에게서 아무것도 두려워할 것이 없는 그곳에서 만났을 때의 즐거움은 어떠할지 상상해 보십시오. 바오로 사도는 "희망 속에 기뻐하십시오"(로마 12,12)라고 말합니다. 그러니까 현재의 기쁨은 희망 속에 있을 뿐 아직 그 자체는 아닙니다. 그러나 그는 말합니다. "그러나 보이는 것을 희망하는 것은 희망이 아닙니다. 보이는 것을 누가 희망합니까? 우리는 보이지 않는 것을 희망하기에 인내심을 가지고 기다립니다"(로마 8,24-25). 여행자들이 길을 가다 사람들을 만날 때 기뻐한다면, 본향에서 서로 만났을 때의 기쁨은 어떠하겠습니까?

• 아우구스티누스 『설교집』 306B,1.[1]

126,5 참행복은 하늘에만 있다

감각적 즐거움과 영적 기쁨

음식과 관련하여, 육신이 생명을 유지하고 자신의 역할을 방해받지 않고 행할 수 있도록 양식을 취하십시오. 그러나 진미에 탐닉해서는 안 됩니다. 이것이 음식과 관련한 여러분의 규칙이 되게 하십시오. 많은 사람이 고기에 걸려 넘어지기에 하는 말입니다. 우상에게 바쳐진 고기를 아무 생각 없이 먹는 이들이 있습니다. 그런가 하면 금욕을 실천하면서, [삼가지 않고] 먹는 사람들을 헐뜯는 사람들이 있습니다. 그래서 모두 고기 문제와 관련하여, 먹어야 하는지 먹지 말아야 하는지 올바른 이유를 알지 못함으로써 이 사람 또는 저 사람의 영혼이 다른 방식으로 더러워집니다. 우리는 술과 고기를 삼감으로써 단식하는데, 이것들이 우리가 미워해야만 하는 역겨운 것이어서가 아니라 그렇게 삼가는 행위에 대한 보상을 기대하기 때문입니다. 감각적인 것들을 경멸함으로써 우리는 영적이며 천상적인 잔치를 누리게 되기를 바라는 것입니다. '눈물로 씨 뿌리는 것을 환호하며 거둘' 수 있기를 바라는 것입니다. 그러나 여러분이 단식할 때에, 그러한 음식을 먹는 이들을, 몸이 허약해 그것을 먹는 이들을 멸시하지 마십시오. "위장이나 잦은 병을 생각하여 포도주도 좀 마시는"(1티모 5,23) 이들을 탓하지도, 더군다나 그들을 죄인이라 단정하지도 마십시오. 살코기가 금기나 되는 듯이 질색하지 마십시오. 바오로 사도는 그런 사람들을 알았던 것이 분명한데, "혼인을 금지하고, 또 믿어서 진리를 알게 된 이들이 감사히 받아먹도록 하느님께서 창조하신 어떤 음식들을 끊으라고 요구하는"(1티모 4,3) 사람들이 있다고 말하기 때문이지요. 그러므로 여러분이 이런 것들을 삼가고 있다면, 그것들을 혐오해서 삼가는 것이 아니기 바랍니다. 그랬다가는 보상을 잃어버릴 것입니다. 그것들은 좋은 것들이나, 여러분 앞에 놓인 더 좋은 영적 보상을 추구하기 위해, 그것을 초월하는 자세로 행하기 바랍니다.

• 예루살렘의 키릴루스 『예비신자 교리교육』 4,27.[2]

우리의 기쁨은 미래에 있다

"행복하여라, 우는 사람들! 그들은 웃게 될 것이다"(루카 6,21). 그러므로 이미 종말의 시기에, 이 저물어 가기 시작하는 시기에 자기 죄들 때문에 슬퍼하며 삶의 날들을 보내는 그들은 다가오고 있는 참된 아침에는 기뻐하게 될 것입니다. "눈물로 씨 뿌리던 이들 기쁨으로 거두리라." 이것은 물론 미래에 관한 말씀입니다.

• 대 바실리우스 『시편 강해』 14,4.[3]

[1] *WSA* 3,9,28.

[2] LCC 4,113-14*.

[3] FC 46,220.

### 우리가 그리스도를 위하여 죽어 영원히 살 수 있도록 그리스도께서 우리를 위하여 돌아가셨다

당신[4]의 심정을 적극 공감합니다. 주 우리 하느님께서도 우리에게 공감하시고 우리와 함께 고난받으셨기 때문입니다. 그분께서는 다음과 같이 말씀하셨을 때 당신 안에서 자신을 드러내셨고 당신은 그분 안에서 당신을 드러내었습니다. "내 영혼이 너무 괴로워 죽을 지경이다"(마르 14,34). 그분께서는 우리를 위하여 고난을 당하셨습니다. 우리는 그분을 위하여 고난을 받읍시다. 그분께서는 우리를 위하여 돌아가셨습니다. 그분과 함께 영원히 살 수 있도록 우리는 그분을 위하여 죽읍시다. 그러나 어쩌면 당신은 죽기를 망설이는군요, 오 죽을 운명의 피조물이여. 죽을 운명을 타고났기에 그대는 언젠가는 죽게 되어 있건만. 여러분은 죽음을 무서워하지 않고 싶습니까? 하느님을 위해 죽으십시오. 그러나 어쩌면 여러분이 죽기를 무서워하는 이유는 죽음이란 몹시도 슬픈 일이기 때문일 것입니다. 수확을 생각하십시오. 씨 뿌리는 때는 춥습니다. 그러나 농부들이 추운 겨울에 씨 뿌리느라 비참한 상태가 되는 것이 싫어 씨를 뿌리지 않는다면, 그는 여름에 기쁨을 누리지 못할 것입니다. 여러분 자신을 보십시오. 그리고 여러분이 씨 뿌리는 것을 망설이는 이유가 씨 뿌리는 시기의 추위라는 슬픔과 비참함 때문이 아닌지 생각해 보십시오.

시편을 보십시오. "눈물로 씨 뿌리던 이들 환호하며 거두리라. 뿌릴 씨 들고 울며 가던 그들"(시편 126,5-6). 우리는 방금 이 노래를 불렀습니다. 우리가 노래 부른 일을 행합시다. 겨울에 낟알을 뿌리듯 이 시기에 우리 영혼을 씨 뿌립시다. 이것이 거룩한 순교자들의 길입니다. 땅에서 수고하면서 씨 뿌리며 우는 모든 의인의 길입니다. 이 삶은 어차피 눈물로 가득합니다. 그다음엔 무엇이 따릅니까? "곡식 단 들고 환호하며 돌아오리라"(시편 126,6). 여러분의 씨앗은 여러분의 피 흘림입니다. 여러분의 곡식 단은 여러분의 화관입니다.

• 아우구스티누스 『설교집』 313D,3.[5]

### 현재의 추수와 미래의 추수

누가 수고하였습니까? 아브라함, 이사악, 야곱입니다. 그들의 수고에 대해 읽어 보십시오! 그들의 모든 수고 안에는 그리스도에 관한 예언이 [있었습니다]. 이렇게 [그들은] 씨 뿌리는 이들이었습니다. 모세와 나머지 성조들, 그리고 모든 예언자들, 그들이 그 추위 속에 씨를 뿌릴 때 얼마나 많은 것을 견뎠겠습니까! 그래서 유대아에서는 이제 수확철이 되었습니다. 당연히 그곳의 곡식은 무르익었지요. 수만수천의 사람들이 값나가는 자기 소유물을 들고 와 사도들의 발아래 내려놓습니다. 그들의 어깨는 세상의 짐을 벗었고 그들은 그리스도 주님을 따랐습니다(사도 4,34-35 참조). 실로 무르익은 수확입니다. 그래서 어떻게 되었습니까? 그 추수에서 낟알 얼마간이 내쫓겼습니다. 그리고 그들은 세상을 씨 뿌렸습니다. 그리고 거기에서 세상 종말 때에 거두게 될 또 다른 수확이 비롯합니다. 이 수확에 대해 이렇게 쓰여 있습니다. "눈물로 씨 뿌리던 이들 환호하며 거두리라." 그래서 이 수확 때는 사도들이 아니라 천사들이 파견될 것입니다. 그분께서는 "수확 때의 일꾼들은 천사들이다"(마태 13,39)라고 하십니다.

• 아우구스티누스 『요한 복음 강해』 15,32,3.[6]

---

[4] 키프리아누스를 가리킨다. 이 설교는 키프리아누스의 축일을 기념하는 예식에서 행한 것이다.

[5] *WSA* 3,9,106.

[6] FC 79,98-99.

### 슬픔 뒤에 오는 기쁨

이 세상에서 행복이나 참된 기쁨을 얻을 수 있으리라고 아무도 믿지 마십시오. 행복을 준비할 수는 있습니다. 그러나 여기에서 그것을 얻을 수는 없습니다. 두 시기가 순서대로 이어집니다. “울 때가 있고 웃을 때가 있다”(코헬 3,4). 형제 여러분, 아무도 자기 자신을 속이지 마십시오. 이 세상에서는 웃을 때란 없습니다. 네, 압니다. 누구나 기뻐하고 싶어 하지요. 그러나 사람들은 그것이 추구되어야 할 곳에서 기쁨을 찾지 않습니다. 참된 기쁨은 이 세상에 존재한 적이 없습니다. 지금도 마찬가지고 앞으로도 그럴 것입니다. 그래서 주님께서는 복음서에서 당신 제자들에게 이렇게 경고하셨습니다. “너희는 세상에서 고난을 겪을 것이다”(요한 16,33). 그리고 “세상이 기뻐하는 동안 너희는 잠시 근심할 것이다. 그러나 너희의 근심은 기쁨으로 바뀔 것이다”(요한 16,20)라고도 하셨습니다. 그러니 “눈물로 씨 뿌리던 이들 환호하며 거두리라”라는 말씀에 따라 미래의 삶에서 우리 선행의 열매를 기쁨과 환호로 모아들일 수 있도록 우리는 주님의 도움을 받아 수고와 슬픔으로 이 삶에서 선을 행합시다.

• 아를의 카이사리우스『설교집』215,2.[7]

### 천상의 기쁨을 맛보기 전에 지상의 슬픔을 겪는다

주님의 이 강화는 현세 [삶]의 고난과 눈물을 통해 영원한 기쁨에 도달하려고 애쓰는 모든 신자에게 적절한 말입니다. 자기가 사랑하는 분을 아직 볼 수 없는 까닭에 현재 [시대]에 마땅히 울고 탄식하며 슬퍼하는 이들이지요. 육신 안에 있는 한 그들은 자신이 여행길에 있으며 본향과 왕국을 떠나 있다는 것을 봅니다. 그들은 수고와 경기를 통해 자신의 화관에 도달해야만 함을 추호도 의심하지 않습니다. 현세 삶의 투쟁이 끝나면 그들의 슬픔은 기쁨으로 바뀔 것입니다. 그에 관해 시편은 이렇게 말합니다. “눈물로 씨 뿌리던 이들 환호하며 거두리라.”

• 존자 베다『복음서 강해』2,13.[8]

### 눈물로 씨 뿌리고 환호하며 거두는 이들

그래서 [그리스도께서는] 당신 몸[교회]의 나약한 지체들을 당신 안으로 옮겨 놓으셨습니다. “눈물로 씨 뿌리던 이들 환호하며 거두리라”라는 말씀은 아마도 이 나약한 이들에 관한 말씀일 것입니다. 그리스도의 위대한 사자使者는 “나는 이미 하느님께 올리는 포도주로 바쳐지고 있습니다. 내가 이 세상을 떠날 때가 다가온 것입니다. 나는 훌륭히 싸웠고 달릴 길을 다 달렸으며 믿음을 지켰습니다. 이제는 의로움의 화관이 나를 위하여 마련되어 있습니다. 의로운 심판관이신 주님께서 그날에 그것을 나에게 주실 것입니다”(2티모 4,6-8)라고 말하였을 때 눈물로 씨 뿌리고 있지 않았습니다. 그의 이 말은 ‘내가 씨 뿌리며 나 자신을 바친 그분께서 내게 수확을 누리게 해 주실 것이다’라고 말한 것과 같습니다. 형제 여러분, 저는 이 말을 울고 있는 이의 말이 아니라 행복해서 떠드는 사람의 말로 이해합니다. 여러분은 그가 이 말을 할 때 눈물 흘리고 있었다고 생각하시지 않지요? 그는 하느님께서 사랑하시는, 즐거이 주는 사람과 똑같지 않습니까? 그러니 우리는 [예수님의] 이 말씀을 나약한 이들에 관한 것이라 생각합시다. 고통과 한숨은 사라지게 되어 있으니 눈물로 씨 뿌린 사람들조차 절망할 필요가 없다고 이해합시다. 슬픔은 결국 사라지고 끝없는 기쁨이 옵니다.

그런데 사랑하는 여러분, 이 모든 해석에도

[7] FC 66,114.

[8] CS 111,119.

불구하고, 저는 이 말씀은 결국 모든 이에게 해당하는 말씀이라고 봅니다. "눈물로 씨 뿌리던 이들 환호하며 거두리라. 뿌릴 씨 들고 울며 가던 이 곡식 단 들고 환호하며 돌아오리라"(시편 126,5-6). 주님의 도움으로 제가 이것을 해석할 수 있다면, 어째서 "울며 가던 이"가 모든 이에 해당한다고 생각하는지 들어 보십시오. 우리는 태어나는 순간부터 가는 존재입니다. 사실, 가만히 정지해 있는 이가 하나라도 있습니까? 삶에 들어오는 순간부터 움직이도록 강요받지 않는 이가 한 사람이라도 있습니까? 아기가 태어납니다. 아기는 자람으로써 움직입니다. 죽음이 끝입니다. 우리는 어쨌든 끝에 도달해야 합니다. 그러나 기뻐하며 가야 합니다.

• 아우구스티누스 『설교집』 31,3-4.[9]

126,6 우리 수고의 열매

우리가 수고한 것을 거두게 해 주시는 하느님을 신뢰하라

그러니 형제자매 여러분, 여러분이 이런 말씀을 듣는 것은 지극히 지당합니다. 가난한 이들에게 주의를 기울이십시오. 그들이 누워 있는지, 걸어 다니는지. 그들에게 관심을 기울이고 좋은 일들을 하십시오. 여러분에게 그런 습관이 있다면, 계속 그렇게 하십시오. 좋은 일 하는 사람들의 수가 늘어나게 하십시오. 믿는 이들의 수가 확실히 늘어나고 있으니까요. 여러분이 어떤 일을 할 때, 여러분은 여러분이 행하는 선의 양을 아직 볼 수 없습니다. 농부는 씨를 뿌릴 때 장차 거둘 곡물을 볼 수 없으면서도 땅을 믿습니다. 그런데 여러분은 왜 하느님을 믿지 않습니까? 우리의 수확이 다가오고 있습니다. 다음 말씀처럼, 우리가 지금 하는 일에서 수고하고 있으나 때가 되면 그 이득을 거두게 될 것을 상상하십시오. "뿌릴 씨 들고 울며 가던 이들 곡식 단 들고 환호하며 돌아오리라."

• 아우구스티누스 『설교집』 102,5.[10]

믿는 이 모두를 위한 말씀

주님께 불러올리는 이 시편[제126편]은 거룩한 순교자들에게 어울리는 노래입니다. 그러나 마땅히 그래야 하지만 우리가 그리스도의 지체들이라면, 우리는 이 말씀이 우리 모두에게 해당하는 말씀이라 여길 수 있습니다. "눈물로 씨 뿌리던 이들 환호하며 거두리라. 뿌릴 씨 들고 울며 가던 이들 곡식 단 들고 환호하며 돌아오리라." 그들은 어디로 가고 있으며 어디에서 오는 것입니까? 그들이 눈물로 뿌리는 것은 무엇입니까? 씨는 무엇이고 곡식 단은 무엇입니까? 죽음으로 가고, 죽음에서 오고 있는 것입니다. 태어남으로써 가고, 부활함으로써 오는 것입니다. 뿌린다는 것은 무엇이 됐든 우리가 행하는 선한 일이고, 우리의 곡식 단은 종말에 우리가 거두게 되는 것입니다. 그렇다면, 만약 씨가 선하고 일도 선하다면, 하느님께서는 기쁘게 주는 이를 사랑하시는데(2코린 9,7 참조) 왜 "눈물로"라고 하는 것일까요?

사랑하는 여러분, 가장 먼저 주목해야 할 것은 이 말씀들은 무엇보다 복된 순교자들에게 어울리는 말씀이라는 것입니다. "여러분의 영혼을 위해서라면 나 자신도 남김없이 내놓겠습니다"(2코린 12,15)라는 바오로 사도의 말에서 보듯, 자기 자신을 바친 이들보다 더 많은 것을 바친 이란 없습니다. 그들은 그리스도를 고백함으로써 그리고 그분의 도움으로 "네가 큰상을 받고 앉았느냐? 그렇다면 너 자신도 비슷한 것들을 준비해야 한다는 것을 알아라"(집회 31,12 참조)라는 말씀을 실천함으로써 자기 자신을 바쳤습니다. "너 자신

[9] *WSA* 3,2,132-33.

[10] *WSA* 3,4,75.

도 비슷한 것들을 준비해야 한다는 것을 알아라"가 무슨 뜻이겠습니까, 복된 요한이 이렇게 설명하는 것 아니겠습니까? "그분께서 우리를 위하여 당신 목숨을 내놓으신 그 사실로 우리는 사랑을 알게 되었습니다. 그러므로 우리도 형제들을 위하여 목숨을 내놓아야 합니다"(1요한 3,16).

• 아우구스티누스 『설교집』 31,1-2.[11]

우리가 수고하여 하늘에서 거두는 것

제가 이 말씀을 드리는 것은 우리가 씨를 뿌리는 그 행위의 열매를 우리가 씨를 뿌린 이 시대에 받으리라는 희망을 품지 말라는 뜻에서입니다. 여기서 우리는 선행이라는 씨를 수고하며 뿌립니다. 그러나 다음 말씀처럼 환호하며 그 열매들을 거두는 것은 다음 시대가 와야 가능합니다. "뿌릴 씨 들고 울며 가던 이들 곡식 단 들고 환호하며 돌아오리라"(시편 126,5-6).

• 아우구스티누스 『설교집』 11,3.[12]

끝없는 행복을 누리기 위한 준비

아까도 말했지만, 나는 아버지처럼 염려하는 마음으로 여러분에게 훈계하며 권고합니다. 거룩한 교훈을 지속적으로 읽고자, 아니면 남이 읽어 주는 것을 기꺼이 듣고자 노력하십시오. 그리하여 무엇이 의로우며 거룩한 것인지에 대해 여러분 마음의 보물 창고 안에서 늘 생각함으로써 여러분은 여러분의 영혼을 위해, 여러분에게 영원한 행복을 가져다줄 영원한 영적 양식을 준비하게 됩니다. 그리스도께서 당신의 사도를 통하여 하신, "사람은 자기가 뿌린 것을 거두는 법입니다"(갈라 6,7)라는 말씀은 거짓말이 아닙니다. 읽고 기도하고 선행을 행함으로써, 장차 올 응보의 날에 정의와 자비라는 수확물을 거두게 해 줄 행위들을 우리 마음의 밭에 지속적으로 씨 뿌립시다. 그러면 이 말씀이 우리에게 이루어질 것입니다. "뿌릴 씨 들고 울며 가던 이들 곡식 단 들고 기뻐하며 돌아오리라." 아버지와 성령과 함께 끝없이 살아 계시며 세상을 다스리시는 좋으신 주님께서 여러분을 이 행복으로 인도하시기를!

• 아를의 카이사리우스 『설교집』 8,5.[13]

---

[11] *WSA* 3,2,131. [12] *WSA* 3,1,295.
[13] FC 31,54*.

## 127,1-5 복된 집에 관한 경건한 지혜

1 [순례의 노래. 솔로몬]
주님께서 집을 지어 주지 않으시면
그 짓는 이들의 수고가 헛되리라.
주님께서 성읍을 지켜 주지 않으시면
그 지키는 이의 파수가 헛되리라.
2 일찍 일어남도
늦게 자리에 듦도
고난의 빵을 먹음도 너희에게 헛되리라.
당신께서 사랑하시는 이에게는
잘 때에 그만큼을 주신다.
3 보라, 아들들은 주님의 선물이요
몸의 소생은 그분의 상급이다.
4 젊어서 얻은 아들들은
전사의 손에 들린 화살들 같구나.
5 행복하여라, 제 화살통을
그들로 채운 사람!
성문에서 적들과 말할 때
수치를 당하지 않으리라.

둘러보기

우리의 믿음을 지켜 주시는 분을 특정해 말하자면 성령이시다(요한 크리소스토무스). 우리 스스로는 하느님께서 우리에게 주신 믿음을 유지할 수 없다. 우리의 믿음을 지키고 보호해 주시는 분은 언제나 우리를 지켜보시는 하느님이시다(아우구스티누스). 철학자들의 지혜가 말하는 것과는 반대로, 우연히 일어나는 일은 없다. 모든 일은 하느님의 안배에 따라 일어난다(히에로니무스). 하느님의 도움 없이는 우리는 어떠한 선도 행할 수 없다는 사실을 알게 되면 겸손이 우리 안에 자리 잡고 교만은 뿌리 뽑힌다(에바그리우스).

127,1 하느님께서 성읍을 지켜 주신다

성령과 믿음

"그대가 맡은 그 훌륭한 것을 지키십시오"(2티모 1,14ㄴ). 어떻게 지키라고 합니까? "우리 안에 머무르시는 성령의 도움으로"(2티모 1,14ㄱ). 너무나 위대한 것을 배웠을 때 [혼자서] 그것들을 지키기에 충분한 힘이 인간의 영혼에게는 없기 때문입니다. 어째서 그렇습니까? 많은 강도와 짙은 어둠이 있으며 악마가 아직도 우리를 겨냥하여 가까이에서 음모를 꾸미고 있기 때문입니다. 그리고 우리는 그게 언제인지, 또 어떤 기회를 틈타 그자가 우리를 걸고넘어질지 모릅니다. 그러면 우리가 어떻게 하면 그것들을 충분히 지킬 수 있게 된다고 합니까? "성령의 도움으로", 그러니까 우리가 성령을 모시고 있으면, 우리가 은총을 물리치지 않으면, 그분께서 우리 편이 되어 주실 것입니다. "주님께서 집을 지어 주지 않으시면 그 짓는 이들의 수고가 헛되리라. 주님께서 성읍을 지켜 주지 않으시면 그 지키는 이의 파수가 헛되리라"고 쓰여 있습니다. 이것이 우리의 성벽이고, 이것이 우리의 성이고, 이것이 우리의 피난처입니다. 그러므로 그분께서 우리 안에 머무르시며 우리의 파수꾼이 되어 주시면, 그분을 꼭 붙들고 놓지 않기 위한, 우리의 악행으로 그분을 내쫓지 않고 지키기 위한 계명이 무슨 필요가 있겠습니까?

• 요한 크리소스토무스 『티모테오 2서 강해』 3.[1]

하느님께서 우리의 믿음을 지켜 주신다

그런데 "내가 믿음을 받은 것은 사실이지만 그것을 지키고 유지하는 것은 나다" 하고 말하는 사람도 있을 것입니다. 그러나 이 모든 말씀을 듣고도 "내가 믿음을 받은 것은 사실이지만 그것을 지키고 유지하는 것은 나다" 하고 말하는 사람은 그게 누구든 정신 나간 사람입니다. 바오로 사도는 "내가 믿음을 받은 것은 사실이지만 그것을 지키고 유지하는 것은 나다" 하고 말하지 않았습니다. 그는 "주님께서 성읍을 지켜 주지 않으시면 그 지키는 이의 파수가 헛되리라"는 말씀을 새겨들었습니다. 수고하십시오. 그리고 무슨 수를 써서라도 그것을 지키십시오. 그런데 누가 여러분을 지켜 주는 것은 여러분에게 좋은 일입니다. 여러분은 자신을 지킬 능력이 없기 때문입니다. 여러분을 혼자 놓아두면, 졸거나 잠들게 마련입니다. 그러나 "이스라엘을 지키시는 분께서는 졸지도 않으시고 잠들지도 않으십니다"(시편 121,4).

• 아우구스티누스 『설교집』 297,7.[2]

우연히 일어나는 일은 없다

그는 에피쿠로스[3]라면, 또는 아리스티포스[4]나

[1] NPNF 1,13,484*.

[2] *WSA* 3,8,220*.

[3] 그리스인 에피쿠로스(기원전 341~270년)는 쾌락 추구를 강조하는 철학을 창시한 인물이다.

세칭 "키레네의 꽃들"[5]로 불리는 이들을 비롯하여 육체의 쾌락을 설파한 철학자들이라면 이렇게 말할 것이라고 주장합니다. 그러나 이 문제를 열심히 재고해 본 결과, 나는 모든 일이 우연히 일어나며 인간사는 운명이 마음대로 고삐를 휘두르는 것이라는 무가치한 결론을 뒷받침해 주는 것은 아무것도 발견하지 못했습니다. 오히려 모든 일은 하느님의 판단 아래 일어난다는 것이 진실입니다. 걸음이 빠른 자는, 강한 사람이 자기 육체의 힘을 신뢰하는 것처럼, 뜀박질 경주는 내 것이라고 생각해서는 안 됩니다. 또한 지혜로운 사람이라면 부와 풍요는 분별력과 함께 간다고 생각해서도 안 됩니다. 학식 있는 연설가라면 자신이 많이 배우고 달변이기 때문에 군중의 호감을 살 수 있다 여겨서도 안 됩니다. 그런 것이 아니라, 모든 일은 하느님의 안배하에 일어납니다. 하느님께서 당신 의지로 모든 것을 다스리시고 집을 지어 주시지 않으면, 집 짓는 자들의 수고는 헛됩니다. 그분께서 성읍을 지켜 주시지 않으면, 그것을 지키는 이의 파수는 헛됩니다.

• 히에로니무스 『코헬렛 주해』.[6]

인간의 모든 행동에는 하느님의 도우심이 있다

아티쿠스:[7] 그러므로 우리가 행하는 행동 하나하나에 하느님의 도움이 있다는 것을 인정하지 않는 이들과, "주님께서 집을 지어 주지 않고 성읍을 지켜 주지 않으시면 짓는 이들의 수고와 지키는 이의 파수가 헛되리라"라는 구절에 관하여 왜곡된, 아니 그 정도가 아니라 조롱거리 같은 해석을 내놓음으로써 참된 의미를 뒤틀어 다른 의미로 변질시키는 이들의 생각은 틀렸습니다.

• 히에로니무스 『펠라기우스파 반박 대화』 1,2.[8]

하느님께 의존하고 있음을 깨달으면 절로 겸손해진다

수도복의 두건은 우리 구원자 하느님의 은총을 상징합니다. 두건은 우리 몸의 가장 중요한 부분을 보호하고, 그리스도 안에서 어린아이인 우리를 따뜻하게 해 줍니다. 그래서 그것은 우리를 때려서 상처 입히려고 하는 자들로부터 우리를 보호해 준다고 말할 수 있습니다. 그러므로 머리에 두건을 걸친 사람들은 큰 소리로 이렇게 노래합니다. "주님께서 집을 지어 주지 않으시면 그 짓는 이들의 수고가 헛되리라. 주님께서 성읍을 지켜 주지 않으시면 그 지키는 이의 파수가 헛되리라." 이 같은 말은 우리 마음에 겸손이 배게 하고, 아침에 샛별처럼 떠오르던 루키페르를 땅에 떨어지게 한(이사 14,12 참조) 유서 깊은 악, 교만을 뿌리 뽑습니다.

• 폰투스의 에바그리우스 『프락티코스』(아나톨리우스에게 보낸 편지, 서론).[9]

[4] 아리스티포스(기원전 435~366년)는 소크라테스의 제자로, 쾌락주의를 주창한 키레네학파를 세운 인물이다.

[5] 아리스티포스의 제자들을 이르는 별명이다.

[6] MFC 17,185*.

[7] 이 대화에서 펠라기우스파 크리토불루스라는 자와 논쟁을 주고받는 정통신앙의 논객 이름이다.

[8] FC 53,237*.

[9] CS 4,13*.

## 128,1-6 신심 깊은 이의 행복

1 [순례의 노래]
행복하여라, 주님을 경외하는 이 모두
그분의 길을 걷는 이 모두!
2 네 손으로 벌어들인 것을 네가 먹으리니
너는 행복하여라, 너는 복이 있어라.
3 네 집 안방에는 아내가
풍성한 포도나무 같고
네 밥상 둘레에는 아들들이
올리브 나무 햇순들 같구나.
4 보라, 주님을 경외하는 사람은
이렇듯 복을 받으리라.
5 주님께서는 시온에서 너에게 복을 내리시어
네 평생 모든 날에
예루살렘의 번영을 보며
6 네 아들의 아들들을 보게 하시리라.
이스라엘에 평화가 있기를!

### 둘러보기

사람들은 하느님의 백성으로 알려진 이들의 명부에 이름이 올라서가 아니라 주님을 경외하고 그분의 길을 걷는 덕으로 구원받는다(테오도레투스). 세속의 재산을 잃을까 두려워하는 사람들은 행복한 이가 아니다. 그러나 주님을 경외하는 이들은 참된 기쁨을 누린다(카시오도루스).

### 128,1 하느님을 경외하고 그분의 길을 걸어라

#### 하느님 경외

"행복하여라, 주님을 경외하는 이 모두." 이 영감 받은 말씀은 아브라함의 혈통이나 이스라엘의 자손인 이가 복된 것이 아니라 하느님을 경외하는 마음으로 장식된 이가 행복하다고 선언하였습니다. 복된 베드로도 사도행전에서 이렇게 말합니다. "나는 이제 참으로 깨달았습니다. 하느님께서는 사람을 차별하지 않으시고, 어떤 민족에서건 당신을 경외하며 의로운 일을 하는 사람은 다 받아 주십니다"(사도 10,34-35). 영감 받은 이 말씀은 "자신의 길을 걷는 사람들"(사도 10,35)이라고 덧붙임으로써, 하느님을 경외하는 이는 어떤 이인지도 알려 주기도 합니다. "나에게 '주님, 주님!' 한다고 모두 하늘 나라에 들어가는 것이 아니다. 하늘에 계신 내 아버지의 뜻을 실행하는 이라야 들어간다"(마태 7,21). 그러니까 하느님의 길을 벗어나지 않고 실수 없이 그 길을 가는 것은 주님을 경외하는 이들의 특징입니다.

• 키루스의 테오도레투스 『시편 주해』 128,2.[1]

#### 하느님 경외는 자애에서 태어난다

"행복하여라, 주님을 경외하는 이 모두." 이 말은 세속의 재산을 잃을까 봐 세상의 위험을 두려워하며 걱정하는 사람들은 행복한 이들이 아니라는 것을 알려 줍니다. 이 위험들은 사람들을 헛된 걱정으로 괴로워하고 비참하게 만들어 그들이 성장이 아니라 감소를, 상승이 아니라 곤두박질 추락을 겪게 합니다. 이와 대조적으로, 주님 경외는 사랑의 자식으로서 자애에서 태어나고, 달콤함에서 솟아 나옵니다. 그러한 경외의 은혜를 내팽개치지만 않는다면, 두려워하는 이들을 위로하고 고난받는 이들에게 생기를 주며 기쁨 없는 삶을 결코 경험하지 않게 해 주니 이

[1] FC 102,297*.

얼마나 복된 두려움입니까! 이 경외에 관해 성경은 이렇게 말합니다. "아이들아, 와서 내 말을 들어라. 너희에게 주님 경외함을 가르쳐 주마"(시편 34,12). 아이들이 배우는 이 경외가 얼마나 유익하며, 감미로운 애정으로 이루어지는 이 훈련이 얼마나 멋진지요!

• 카시오도루스 『시편 해설』 127,1.[2]

### 128,4 하느님을 경외하는 사람은 복을 받으리라

#### 포괄적인 표현

"네 밥상 둘레에는 아들들이 올리브 나무 햇순들 같구나." 아내인 지혜는 당연히 아들들과 딸들이 있다고 말해집니다. 남성성은 통례적으로 정신적 힘을 나타냅니다. 다른 경우에 남성성이 언급될 때, 그것은 남성과 여성을 모두 포괄합니다. 시편 저자가 다른 시편에서 "행복하여라, 주님을 경외하는 이!"(시편 112,1)라고 할 때, 주님을 경외하는 남자만 행복하다는 말이 아닙니다. 주님을 경외하는 여자도 행복합니다.

• 카시오도루스 『시편 해설』 127,3.[3]

[2] ACW 53,302*.

[3] ACW 53,304*.

## 129,1-8 이스라엘의 적들이 소멸하기를 바라는 이스라엘의 기도

1 [순례의 노래]
이스라엘은 이렇게 말하여라.
내가 젊어서부터 그들은 나를 많이도
괴롭혔네.
2 내가 젊어서부터 그들은 나를 많이도
괴롭혔네.
그러나 나를 이겨 내지는 못하였네.
3 밭 가는 자들이 내 등을 갈아
고랑을 길게 내었네.
4 주님은 의로우신 분
악인들의 밧줄을 자르셨다.
5 시온을 미워하는 자들은
모두 부끄러워하며 뒤로 물러가리라.
6 그들은 지붕 위의 풀처럼 되리라.
뽑기도 전에 시들어 버리고
7 낫질하는 이의 손도,
거두는 이의 품도 채우지 못하는 풀처럼
되리라.
8 지나가는 이들은 아무도
"주님의 복이 너희에게 있기를!" 하고 말하
지 마라.
"우리는 주님의 이름으로
너희에게 축복한다."

### 둘러보기

역사에서 교회는 여러 번 패배한 것처럼 보였을 수 있지만 결국엔 늘 살아남았다(아우구스티누스). 교회는 지속적으로 원수들의 공격을 받지만 항상 이겨 내고 많은 이가 영원한 생명을 얻게 한다. 공격적인 죄인들이 한동안 번영을 누리는 듯 보여도 적절한 양분의 결핍과 교만 때문에 그들의 믿음은 죽고 만다(카시오도루스). 죄짓기를 억제하지 못하는 사람들은 하느님께서 이 세상의 좋은 것들, 곧 그들을 탐욕스럽게 만드는 금과 같은 것을 창조하셨기 때문이라며 탓을 하느님께 돌리려 한다(아우구스티누스).

129,1-3 그들은 이겨 내지 못했네

승리하는 교회

“내가 젊어서부터 그들은 나를 많이도 괴롭혔네.” 교회가 자신이 관용해 주는 이들에 대해 이야기합니다. 마치 “지금 말입니까?”라는 질문을 받은 듯이 말하고 있습니다. 교회는 옛적에 태어났습니다. 성도들이 그렇게 불린 동안 내내 교회는 지상에 있어 왔습니다. 한때 교회는 아벨 안에만 있었습니다. 그리고 그는 사악하고 타락한 형 카인의 괴롭힘을 받았습니다(창세 4,8 참조). 한때 교회는 에녹 안에만 있었습니다. 그리고 그는 들어 올려져 불의한 자들에게서 분리되었지요(창세 5,24 참조). 한때 교회는 노아 안에만 있었으며, 대홍수로 멸망한 모든 이를 견뎌 내었습니다. 그리고 방주만이 물 위를 떠돌다 해안에 닿았습니다(창세 6-8장 참조). 한때 교회는 아브라함 안에만 있었습니다. 그리고 우리는 그가 사악한 자들로부터 어떤 일들을 겪었는지 압니다. 교회는 그의 조카 안에만, 소돔의 그의 집 안에만 있었습니다. 그리고 그는 하느님께서 그를 구해 주실 때까지 소돔의 추잡한 죄악을 견뎠습니다(창세 13-20장 참조). 또한 교회는 이스라엘 백성들 안에서 존재하기 시작했습니다. 그들은 파라오와 이집트인들을 견뎠습니다. 성인들의 수가 교회 안에도 곧 이스라엘 백성 안에도 존재하기 시작했습니다. 모세를 비롯한 성인들은 사악한 유대인들, 곧 이스라엘 백성들을 견뎠습니다. 이제 우리는 우리 주 예수 그리스도께로 옵니다. 시편 안에서 복음이 선포되었습니다(참조: 시편 40,5; 히브 4,2). … 그래서 이런 이유로, 교회가 지금 놀라지 않도록, 또는 교회의 좋은 구성원이 되고자 하는 교회 안의 누구라도 놀라워하지 않도록, 그는 어머니 교회가 그에게 “내 아들아, 이런 일들을 놀라워하지 마라”라고 하는 것을 들으라고 하십시오. “내가 젊어서부터 그들은 나를 많이도 괴롭혔네.”

• 아우구스티누스 『시편 상해』 129,2.[1]

교회는 공격을 받지만 결코 패배하지 않았다

“내가 젊어서부터 그들은 나를 많이도 괴롭혔네. 그러나 나를 이겨 내지는 못하였네.” 순례의 노래[2] 다섯 번째 시편(시편 제124편)도 이와 비슷한 서두로 시작합니다. 이런 표현법을 ‘머리구절 반복’이라고 합니다. 여러 절을 똑같은 표현으로 시작하는 것이지요. 우리는 지금 이 시기를 노년의 교회라고 해석해야 합니다. 사도가 “자녀 여러분, 지금이 마지막 때입니다”(1요한 2,18)라고 하였듯이, 세상 종말에 일어나는 모든 일은 세상의 노년이라고 말할 수 있기 때문입니다. 그래서 교회는 자신이 젊어서부터 심한 싸움을 치러 왔다고 말합니다. 교회는 끊임없이 공격을 받고 있으므로 그것은 결코 끝나지 않는다는 것을 여러분이 깨닫게 하려는 말입니다. 이처럼 교회는 사악한 자들의 박해 아래 자라고 그 슬픔을 통하여 자랍니다. 교회가 이승에서 거룩한 이들을 잃는 것처럼 보일지라도 장차 올 본향에서는 그들을 얻는 것이라고 보입니다. 교회는 그것이 잃는 것들에 의하여 분명 커지고 있기 때문입니다. “그러나 나를 이겨 내지는 못하였네”라는 말씀이 그것을 분명히 밝혀 줍니다. 이 문장은 앞에서 “나를 많이도 괴롭혔다”고 말한 그자들이 끝내 이겨

---

[1] NPNF 1,8,611*.

[2] 시편 제120-134편은 각기 첫머리에 ‘순례의 노래’[라틴어로는 ‘칸티쿰 그라둠’(Canticum Graduum), 영어로는 Gradual Canticle]라는 표제가 붙어 있다. 카시오도루스는 히에로니무스가 그의 『시편 짧은 주해』에서 제시한 설명을 그대로 받아들인다. “순례의 노래 열다섯 시편은 차츰차츰 높은 곳으로 올라간다. 열다섯 계단은 예루살렘 성전의 여자들의 안뜰에서 남자들의 안뜰로 올라가는 계단이다. 초막절 축제 첫날에 레위인 합창단들이 이 계단에 올라섰다”(ACW 53,501).

내지 못하였다고 합니다. 계속 갈등으로 이어지는 싸움은 끝이 나지 않고, 그 갈등이 되풀이될 수 있는 것이 분명할 때는 승리를 선포해서는 안 되기 때문입니다.

• 카시오도루스 『시편 해설』 128,2.[3]

사람들이 짓는 죄의 원인은 하느님이 아니다

그대는 어떤 사람을 탐욕스럽다고 비난합니다. 그리고 그는 하느님께서 금을 만드셨다는 이유로 하느님을 비난합니다.[4] 탐욕을 부리지 말라고 하면 그대는 하느님께서 금을 만드셔서는 안 되었던 것이라고 대답합니다. 그것은 그대가 악행을 억제할 수 없기 때문에 하느님의 선하신 업적에 죄를 씌우는 것입니다. 세상의 창조자요 건설자가 그대의 마음에 들지 않는 것입니다. 그렇다면 그분께서 해도 만드셔서는 안 되었던 것입니까? 많은 이가 자기들 창문의 빛을 두고 싸우며 서로를 끌고 법정으로 가니 말입니다.[5] 아, 우리가 우리의 악덕들을 억제할 수 있으면 얼마나 좋겠습니까! 모든 것은 선한 것입니다. 선하신 하느님께서 만물을 만드셨기 때문이지요. 그것들의 선성을 식별하는 영, 신심과 지혜의 영을 지닌 사람들이 볼 때에는 그분의 모든 업적들이 그분을 찬미합니다.

• 아우구스티누스 『시편 상해』 129,5.[6]

129,6 지붕 위의 풀처럼 되다

고집스러운 죄인들은 육체적으로 죽기 전에 먼저 영적으로 죽는다

"그들은 뽑기도 전에 시들어 버리는 지붕 위의 풀처럼 되리라." 버려진 건물에는 지붕에 일시적으로 풀이 돋아나는 경우가 많습니다. 그러나 그것들은 뽑기도 전에 시들어 죽는데, 뿌리가 부실해서 힘이 없기 때문입니다. 공격적인 죄인들이 매우 적절히 그런 풀에 비유되고 있습니다. 그들 역시 이 세상의 빛에서 채여 가기도 전에 죽는 경우가 많기 때문입니다. 그들은 교만이라는 높은 곳에서 싹을 틔우는데 그곳에서 그들은 단단히 디디고 서 있을 수가 없습니다. 오히려 그들이 눈물의 골짜기에서 싹을 틔웠다면, 주님의 도움으로 충만한 수확을 얻을 수 있었을 것입니다.

• 카시오도루스 『시편 해설』 128,6.[7]

[3] ACW 53,308*.

[4] 이 설명은 시편 129,3과 관련한 설명이다.

[5] 가려지지 않은 창을 통해 본 행동들 때문에 사람들이 다른 사람들을 고소한다는 뜻.

[6] NPNF 1,8,611-12*.

[7] ACW 53,309*.

## 130,1-8 용서와 구원을 고대하는 기도

[1] [순례의 노래]
주님, 깊은 곳에서 당신께 부르짖습니다.
[2] 주님, 제 소리를 들으소서.
제가 애원하는 소리에
당신의 귀를 기울이소서.
[3] 주님, 당신께서 죄악을 살피신다면
주님, 누가 감당할 수 있겠습니까?
[4] 그러나 당신께는 용서가 있으니
사람들이 당신을 경외하리이다.
[5] 나 주님께 바라네.
내 영혼이 주님께 바라며
그분 말씀에 희망을 두네.
[6] 파수꾼들이 아침을 기다리기보다
파수꾼들이 아침을 기다리기보다⤴

↱내 영혼이 주님을 더 기다리네.
7 이스라엘아, 주님을 고대하여라.
주님께는 자애가 있고
풍요로운 구원이 있으니.
8 바로 그분께서 이스라엘을
그 모든 죄악에서 구원하시리라.

둘러보기

자기 죄를 부끄러워하며 회개하는 죄인들은 적절한 훈계와 단련을 거쳐 교회에 받아들여야 한다(『사도 헌장』). 하느님의 자비가 한계가 없고 정해진 때가 없듯이, 진정으로 회개하는 이에게는 즉각 죄를 사해 주어야 한다(대 레오).

130,3-4 하느님께서 죄악을 살피신다면

자비를 위한 기도

위반자[1]를 보았을 경우, 그를 쫓아내라고 엄히 명령하십시오. 그가 나갈 때에, 봉사자들 역시 그를 엄하게 대하게 하고, 그를 찾아 나가서 그가 교회 밖으로 나가는 것을 확인하게 하십시오. 봉사자들이 들어오면, 그들로 하여금 그를 위해 그분께 간청하라고 하십시오. 복음서에 쓰여 있듯이, 우리 구원자께서 죄지은 이들을 위하여 당신 아버지께 간청하셨기 때문입니다. "아버지, 저들을 용서해 주십시오. 저들은 자기들이 무슨 일을 하는지 모릅니다"(루카 23,34). 그런 다음 위반자를 교회 안에 들어오게 하라고 지시하십시오. 그를 잘 보고, 그대가 그의 죄의 경중에 맞는 단식 날수 — 이 주, 삼 주, 오 주 또는 칠 주 — 를 정해 주었을 때 그가 참회하며, 교회에 받아들일 만하다고 판단되면, 그를 자유롭게 풀어 주고 그의 갱생을 위하여 죄인에게 질책과 가르침과 격려 등 적절한 말을 하십시오. 그가 꾸준히 개인적으로 겸손을 유지하고 하느님께 자비를 청하며 이렇게 기도하도록 하려는 것입니다. "주님, 당신께서 죄악을 살피신다면 주님, 누가 감당할 수 있겠습니까? 당신께는 용서가 있나이다." 이런 말씀에는 창세기에서 카인에게 내렸던 말과 통하는 내용이 담겨 있습니다. "너는 죄를 지었으니 가만히 있어라"(창세 4,7 칠십인역). 이는 계속 죄짓지 말라는 뜻입니다. 죄인이 자기 죄 때문에 부끄러움을 당해야 한다는 것은 모세가 미르얌을 용서해 주십사고 기도했을 때 내린 하느님의 신탁이 충분한 증거입니다. 하느님께서 그에게 이렇게 말씀하셨기 때문이지요. "그녀의 얼굴에 그의 아버지가 침을 뱉었다면, 그 여자가 부끄러워해야 하지 않느냐? 그러니 그 여자를 이레 동안 진영 밖에 격리하였다가, 그 뒤에 돌아오게 하여라"(민수 12,14). 그러므로 위반자들이 회개를 고백할 경우, 우리도 그들에게 똑같이 대해야 합니다. 곧, 죄의 경중에 따라 격리되어 있을 기간을 정해 주고, 그런 다음 아버지가 자녀를 대하듯, 회개한 그들을 다시 받아들여야 합니다.

• 『사도 헌장』 2,3,16.[2]

130,7 자애와 풍요로운 구원

하느님의 자비에는 한계가 없다

그러나 긴급한 경우나 급박한 위험에 처한 이들이 사면이 뒤따르는 참회의 보호를 간청하는 경우 참회의 고행을 배제하거나 사면을 거부해서는 안 됩니다. 우리는 하느님의 자비에 한계선

[1] 죄지은 사람을 말한다. 바로 앞에서 저자는 예레 12,10, 즈카 10,3, 말라 1,6을 인용하였다.

[2] ANF 7,402*.

을 긋거나 횟수에 한계를 두어서는 안 되기 때문입니다. 하느님의 성령께서 예언자를 통하여 말씀하시듯이, 회개가 참될 경우 그분께서는 사면을 미루시는 일이 없습니다. "너희가 슬퍼하면서 회개하면 구원을 받으리라"(이사 30,15 참조). 또 다른 곳에서도 이렇게 말씀하십니다. "너 말해 보아라, 네가 옳다는 것이 밝혀지도록"(이사 43,26). 그분께는 "풍요로운 구원이 있습니다". 따라서 우리는 하느님의 선물들을 나누어 주는 데 인색해서도, 스스로 자신을 고발하는 이들의 눈물과 신음을 무시해서도 안 됩니다. 사도가 말하듯이, 우리는 참회하려는 그 욕망 자체가 하느님의 영감으로 잉태되었다고 생각하기 때문입니다. "그러면 하느님께서 그들을 회개시키시어 … 악마에게 붙잡혀 그의 뜻을 따르던 그들이 정신을 차려 악마의 올가미에서 벗어날 수도 있습니다"(2티모 2,25-26).

• 대 레오 『서간집』 108.[3]

[3] FC 34,192*.

## 131,1-3 겸손하게 하느님을 신뢰하는 고백

1 [순례의 노래. 다윗]
주님, 제 마음은 오만하지 않고
제 눈은 높지 않습니다.
저는 거창한 것을 따라나서지도
주제넘게 놀라운 것을 찾아 나서지도
않습니다.
2 오히려 저는 제 영혼을
가다듬고 가라앉혔습니다.
어미 품에 안긴 젖 뗀 아기 같습니다.
저에게 제 영혼은 젖 뗀 아기 같습니다.
3 이스라엘아, 주님을 고대하여라,
이제부터 영원까지.

### 둘러보기

참된 겸손을 지니고 있다 하더라도 그것이 언제든 새로운 자만심의 원천이 될 수 있는 위험이 늘 있다(히에로니무스). 우리의 마음 안에 겸손의 돌들로 만들어진 성령의 성전을 지어야 그분께서 주신 모든 것에 대하여 시편 저자와 같은 겸손의 노래를 바칠 수 있다(마르티누스). 겸손에 대해서는 플라톤 이전에 시편 저자가 가르친 바 있으며, 그것의 가장 충만한 표현과 본보기를 보여 주신 것은 예수 그리스도이시다(오리게네스). 겸손은 겸손만 아니라 모든 덕을 파괴하는 자만과 정반대되는 덕이다(요한 카시아누스). 위대한 사람들과 우리 선조들의 권위는 저항할 것이 아니라 진정 겸손한 마음으로 따라야 하는 것이다(브라울리오).

### 131,1-2 겸손한 마음

#### 겸손을 자랑하지 마라

나는 당신[1]이 겸손함을 알고 있습니다. 당신은 진심으로 "주님, 제 마음은 오만하지 않고 제 눈은 높지 않습니다"라고 말할 수 있는 사람임

[1] 이 편지의 수신인 에우스토키움은 히에로니무스에게서 영적 가르침을 받은, 부유한 로마인 과부 파울라의 딸이다.

을 나는 압니다. 당신 어머니의 마음 안도 그랬지만 당신의 마음 안에는 악마를 굴러떨어지게 한 교만이 차지할 자리가 없음을 나는 압니다. 당신에게 그에 관해 쓰는 것은 시간 낭비일 것입니다. 학생에게 그가 이미 알고 있는 것을 가르치는 것은 더없이 어리석은 일이기 때문입니다. 그런데 이제 그대는 세상이 자랑하는 것을 업신여기니, 그 사실이 그대에게 새로운 자랑이 되지 않게 하십시오. 금박 옷에 마음을 두는 짓을 그만둠으로써, 소박한 옷을 입기 시작했다는 생각을 남몰래 마음속에 품지 마십시오. 형제자매들이 가득한 방에 들어왔을 때 너무 낮은 자리에 앉거나, 나는 발판에 앉을 자격도 없다고 주장하지 마십시오. 마치 단식으로 지친 것마냥 목소리를 의도적으로 낮추지도 말고, 다른 이의 어깨에 기대어, 기절하려는 사람의 비틀거리는 걸음새를 흉내 내지도 마십시오. 사람들에게 단식한다는 티를 내려고 자기 얼굴을 꼴사납게 하는 여자들이 있는 것이 사실입니다. 그들은 누가 보이기만 해도 신음소리를 내고 눈을 내리깔며 얼굴을 가립니다. 다만, 한 눈만 빼고 말이지요. 그리고 그 눈으로 다 봅니다. 그들의 옷은 칙칙하고 허리띠는 삼베로 만들었으며 발은 더럽습니다. 오직 배 — 눈에 보이지 않는 — 만 음식으로 따뜻합니다. 이런 이들을 두고 나날이 불리는 시편이 있습니다. "주님께서 흩으시리니, 자화자찬하는 이들의 뼈를"(시편 53,6 참조). 어떤 이들은 태어난 대로의 자기 — 여자임 — 를 수치스러워하며 남자처럼 보이려고 옷을 바꾸어 입습니다. 머리칼을 잘라 내시처럼 보여도 부끄러워하지 않습니다. 염소 털로 짠 옷을 입고 두건을 쓰고는 부엉이[2]처럼 보이게 함으로써 다시 어린아이가 된 척하는 이들도 있습니다.

• 히에로니무스 『서간집』 22,27.[3]

겸손한 이는 모든 공로를 하느님께 돌린다

이제 이 성덕을 어떻게 얻을 수 있는지 제가 설명할 테니 잠시 들어 주십시오. 우선, 여러분이 선한 일을 하고자 한다면, 칭찬받으려는 마음이 아니라 선한 일에 대한 열망과 사랑을 가지고 시작하십시오. 그리고 그것이 무엇이든지 간에 이 선한 일을 완수한다면 다음을 조심하십시오. 자신을 칭찬하고 선행을 통해 명성을 얻을 생각에 인간의 칭찬을 받기 위해 자신을 과대평가하지 않도록 마음을 조심스럽게 다스리십시오. 영광은 여러분이 좇으면 도망가고, 여러분이 도망가면 쫓아오는 그림자와 같기 때문입니다. 항상 스스로를 낮추고 이것을 명심하십시오. 어떤 좋은 일이 여러분에게 생기면, "그대가 가진 것 가운데에서 받지 않은 것이 어디 있습니까? 모두 받은 것이라면 왜 받지 않은 것인 양 자랑합니까?"(1코린 4,7)라는 바오로 사도의 말씀을 떠올리며, 거저 받은 여러분에게가 아니라, 그것을 주신 하느님께 공을 돌리십시오. 그리고 바오로 사도의 이 말씀도 새기십시오. "온갖 좋은 선물과 모든 완전한 은사는 위에서 옵니다. 빛의 아버지에게서 내려오는 것입니다"(야고 1,17). 그리고 여러분의 마음속에 성령의 궁전을 세울 때, 이 거룩한 겸손을 가장 소중한 반석으로 사용하십시오. 겸손한 마음으로 기도하고 다윗 예언자의 노래를 부르십시오. 단지 말씀뿐 아니라 삶으로도 찬미의 노래를 부르십시오. "주님, 제 마음은 교만하지 않고 제 눈은 높지 않습니다. 저는 거창한 것을 따라나서지도 주제넘게 놀라운 것을 찾아 나서지도 않습니다"(시편 131,1). 이 노래

[2] 라틴어 본문은 'noctuas et bubones'이다. noctuas는 밤부엉이, bubones는 뿔 달린 부엉이인데, 이들의 울음소리는 나쁜 징조로 여겨졌다.

[3] NPNF 2,6,33-4.

는 여러분이 자신을 낮추고 하느님만을 찬양할 때, 진실로 하느님께 봉헌할 수 있습니다. 그리고 믿음으로 충만해진 신실함으로 날마다 "당신을 찬양함이 마땅합니다"(시편 65,2)라고 고백하게 만들 것입니다.

• 브라가의 마르티누스 『겸손 권면』 8.[4]

겸손에 관한 가르침

계속해서 켈수스는 그리스도교의 겸손에 관한 가르침을 많이 들었으나 그것을 잘못 이해했기 때문에, 우리가 실천하는 그것을 또다시 헐뜯기 시작합니다. 겸손에 관한 그리스도교의 가르침은 플라톤의 저서 『법률』 어딘가에 나오는 그의 말을 부실하게 이해한 채로 빌려 왔다는 것입니다. 플라톤은 그 저서에서 이렇게 주장합니다. "신은, 오래된 기록에 따르면, 모든 사물의 처음과 끝 그리고 과정을 섭리하고 주장하는 가운데 그의 본성대로 바른길을 간다. 정의는 언제나 신의 동반자이며, 신의 정의는 신적인 법을 완전하게 행하지 않는 모든 사람에게 벌을 내린다. 누구든지 행복하기를 바란다면, 겸손하고 조심스럽게 정의를 지키고 따라야 한다."[5] 그러나 켈수스는 플라톤이 태어나기 오래전의 저자들의 글에 이미 이런 기도가 있었다는 사실을 모르고 있습니다. "주님, 제 마음은 오만하지 않고 제 눈은 높지 않습니다. 저는 거창한 것을 따라나서지도 주제넘게 놀라운 것을 찾아 나서지도 않습니다. 오히려 저는 …." 이 구절에서 분명히 드러나는 것은 겸손한 사람은 결코 추하게 그리고 어울리지 않는 방식으로 자신을 낮추지 않는다는 것입니다. 곧, 무릎을 꿇거나 땅바닥에 엎드리는 것도, 불행의 옷을 입고 먼지를 머리에 뒤집어쓰는 것도 아닙니다. 예언자들이 말하는 '겸손한 사람'이란 그가 도달할 수 없는 위대하고 훌륭한 것으로 향합니다. 곧, 그는 진실로 위대하고 훌륭한 것들에 마음을 둡니다. 그는 "하느님의 강한 손 아래에서 자신을 낮추는"(1베드 5,6) 사람입니다. 그러나 그리스도교에서 말하는 겸손에 관한 가르침을 자기들의 어리석음 때문에 이해하지 못하고 그래서 켈수스처럼 오해하는 경우에, 그 잘못은 겸손에 관한 우리의 가르침에 있지 않습니다. 우리는 더 훌륭한 것이 있다고 생각하는 그들의 우둔함을 용서해야 합니다. 그러나 그들은 자신의 좁은 생각 때문에 더 훌륭한 것을 얻지 못할 것입니다. 그리스도교에서 말하는 겸손함과 고상함은 플라톤이 말하는 겸손함과 고상함을 훨씬 능가하는 것입니다. 왜냐하면 그는 항상 자신 위에 있는 위대하고 아름다운 것을 지향하기 때문에 겸손하고 아름답게 장식되어 있으며, 또 한편으로 그는 아무 사람 아래에서 겸손하게 행동하는 것이 아니라, 그러한 가르침을 주신 스승 예수 그리스도를 통하여 "하느님의 강한 손 아래에서" 겸손하게 행동하기 때문입니다. [예수 그리스도는] "하느님의 모습을 지니셨지만 하느님과 같음을 당연한 것으로 여기지 않으시고 오히려 당신 자신을 비우시어 종의 모습을 취하시고 사람들과 같이 되셨습니다. 이렇게 여느 사람처럼 나타나 당신 자신을 낮추시어 죽음에 이르기까지, 십자가 죽음에 이르기까지 순종하셨습니다"(필리 2,6.8). 이렇게 그리스도교의 겸손의 가르침은 평범한 사람의 가르침이 아니라, 다음과 같이 말씀하시는 우리의 위대한 구원자 자신의 가르침입니다. "나는 마음이 온유하고 겸손하니 내 멍에를 메고 나에게 배워라. 그러면 너희가 안식을 얻을 것이다"(마태 11,29).

• 오리게네스 『켈수스 반박』 6,15.[6]▸

[4] FC 62,57*.

[5] 플라톤 『법률』 4.

겸손의 덕

성경 본문과 본보기들이 매우 분명히 보여 주듯이, 교만이라는 치욕은 전투의 순서에서는 가장 나중이지만, 그 기원에서는 가장 먼저이며 모든 죄와 비행의 원천이고, 다른 악덕들과 달리 이것은 그와 반대되는 덕 — 곧, 겸손이지요 — 만 없애는 것이 아니라 실상 모든 덕을 한꺼번에 없애 버리는 파괴자입니다. 그리고 그것은 중간 정도 되는 사람들과 작은 이들만 시험하는 것이 아니라 특히 힘의 정점에 서 있는 이들을 시험합니다. 그래서 예언자는 이 영을 두고 "그의 음식은 정선된 것들이다"(하바 1,16 칠십인역)라고 합니다. 그래서 다윗은 축복받은 이면서도 몹시 세심히 자기 마음의 깊숙한 곳들을 경계했습니다. (그래서 그는 양심의 비밀을 하나도 숨기지 않던 분께 담대하게 선언하였습니다.) "주님, 제 마음은 오만하지 않고 제 눈은 높지 않습니다. 저는 거창한 것을 따라나서지도 주제넘게 놀라운 것을 찾아 나서지도 않았습니다. 오히려 저는 제 영혼을 가라앉혔습니다." 또 "거만한 짓을 행하는 자, 저의 집 안에 살지 못하리이다"(시편 101,7)라고도 합니다. 그럼에도 불구하고 그는 완전한 이라도 이것을 지키기가 얼마나 힘든지 알고 있었으며, 이 원수의 화살에 상처 입지 않고 달아나기 위해서 자신의 노력에만 의지하지 않고 주님의 도움을 간청하며 "거만한 발길이 제게 닿지 않게 하소서"(시편 36,12)라고 기도하였습니다. 그리고 그는 교만한 자들에 관한 말씀에 자기가 해당되지나 않을까 겁내고 두려워하였습니다. [이런 말씀들이지요.] "하느님께서는 교만한 자들을 대적하신다"(야고 4,6), "마음이 교만한 이는 누구든지 하느님께서 보시기에 깨끗하지 않다"(잠언 16,5 칠십인역).

• 요한 카시아누스 『규정집』 12,6,1-2.[7]

우리 선조들처럼 겸손하게 생각하라

또한 저는 이처럼 위대한 인간[8]의 권위를 거슬러 생각할 수 없으며, 우리 선조들의 길에서 벗어나지 않고 오직 그리스도인다운 겸손으로 그의 발자취를 따를 수 있을 뿐입니다. 다윗이 말하는 것처럼 [할 뿐입니다]. "저는 거창한 것을 따라나서지도 주제넘게 놀라운 것을 찾아 나서지도 않습니다." 선조들의 발자국을 떠나 자기 힘을 넘어서는 것들을 보려 애쓰는 이는 들어 올려진 이입니다. 그래서 이런 구절이 이어집니다. "제가 겸손하지 않고 제 영혼을 들어 올린다면 젖 뗀 아이가 자기 어머니를 향하는 것과 같으니 제 영혼에 상을 내리시리라." 그러니 사도의 말대로, 겸손하게 생각하는 것이 우리에게 유익합니다. "오만한 생각을 버리고 비천한 이들과 어울리십시오"(로마 12,16). 그러니 이사악과 함께 젖을 떼고 더 강한 이의 음식을 먹읍시다. 그것이 여종의 아들 이스마엘과 함께 포도주 병 대신 물병을 차고 영원한 상속에서 배제되는 것보다 훨씬 낫습니다(창세 21,9-18 참조).

• 사라고사의 브라울리오 『서간집』 44.[9]

◀[6] ANCL 23,352-53*.

[7] ACW 58,257-58.

[8] 히에로니무스를 말한다. 브라울리오는 이 편지 앞 단락에서, 히에로니무스가 비탈리스라는 이름의 사제에게 보낸 편지(편지 72)에 대해 언급한 바 있다.

[9] FC 63,109*.

## 132,1-18 하느님의 호의를 청하는 기도

1 [순례의 노래]
주님, 다윗을 위하여
그의 모든 노고를 기억하소서.
2 그가 어떻게 주님께 맹세하고
야곱의 장사께 서원하였는지를.
3 "내 집 천막에 들지 않으리라.
내 침상에 오르지 않으리라.
4 내 눈에 잠도,
내 눈가에 졸음도 허락하지 않으리라,
5 내가 주님께 자리를,
야곱의 장사께 거처를 찾아 드릴 때까지."
6 보라, 우리는 에프라타에서 그것을 듣고
야아르의 들에서 그것을 찾았네.
7 우리 그분 거처로 들어가
그분의 발판 앞에 엎드리세.
8 주님, 일어나시어 당신의 안식처로 드소서.
당신께서, 당신 권능의 궤와 함께 드소서.
9 당신의 사제들은 의로움으로 옷 입고
당신께 충실한 이들은 환호하게 하소서.
10 당신의 종 다윗을 보시어
당신의 기름부음받은이의 얼굴을
물리치지 마소서.
11 주님께서 다윗에게 맹세하셨으니
돌이키지 않으실 진실이라네.
"나는 네 몸의 소생을
네 왕좌에 앉히리라.
12 네 아들들이 내 계약을,
그들에게 가르칠 내 법을 지킨다면
그들의 아들들도 길이길이
네 왕좌에 앉으리라."
13 정녕 주님께서는 시온을 선택하시고
당신 처소로 원하셨네.
14 "이는 길이길이 내 안식처
내가 이를 원하였으니
나 여기에서 지내리라.
15 그 양식에 내가 풍성히 복을 내려
그 불쌍한 이들을 빵으로 배불리리라.
16 그 사제들을 내가 구원으로 옷 입히리니
그 충실한 이들이 춤추며 환호하리라.
17 그곳에서 내가 다윗에게 뿔이 돋게 하고
나의 기름부음받은이에게
등불을 갖추어 주리라.
18 그의 원수들은 내가 수치로 옷 입히지만
그의 머리 위에는 왕관이 빛나리라."

둘러보기

다윗이 하느님의 장막을 둘 자리를 찾아 잠도 자지 않고 돌아다녔듯이, 성인들은 우리 구원을 기억하는 밤샘기도의 덕을 우리에게 가르친다(니케타스). 우리는 우리 영혼 안에 하느님께서 머무실 자리를 마련할 때까지는 결코 쉬지 않음으로써 사탄에게 저항해야 한다(사도나). 교회는 믿음, 말씀 선포, 인내, 지식, 순결, 동정성, 고난, 사랑, 특히 예수 그리스도로 장식되어야 한다(오리게네스). 마리아는 장차 후손이 끊이지 않으리라고 하느님께서 약속하신 다윗 임금의 혈통이었다(예루살렘의 키릴루스).

이스라엘을 약속의 땅으로 이끌고 들어간 여호수아와, 그리스도의 선구자인 요한은 "천사"

라고 불리는데, 그들이 하느님 권능의 심부름꾼들이요 사람들이 그리스도를 알아볼 수 있도록 그들의 마음에 빛을 비춘 등불이었기 때문이다(테르툴리아누스). 그리스도께서는 등불로서, 우리가 잃은 이들이 되지 않도록 우리를 찾아 나서셨으며, 지금은 교회가 그리스도께서 이미 발견하신 이들을 찾고 있다. 다윗은 우리의 주님이시며 구원자이신 예수 그리스도의 오심과 더불어 그분 강림의 길을 마련할 요한의 출현을 예고하였다. 시편 저자는 많은 이들이 그리스도를 받아들이지 않을 것이며 그분의 원수가 되리라고 이미 예고하였다. 그리스도께서는 당신의 원수들을 좌절시키실 것이다. 그러나 당신을 믿는 이들은 하나 되게 하시고 거룩하게 하실 것이다(아우구스티누스).

### 132,3-5 주님의 거처

#### 밤샘기도는 하느님을 얼마나 사랑하는지 알려 주는 시험이다

성인들의 마음에 관하여 묵상을 하면 할수록, 높고 어렵고 그리고 인간 본성의 능력을 넘어선 어떤 것이 더 많이 떠오릅니다. 같은 시편 저자[다윗]가 한 말을 떠올리십시오. "내 침상에 오르지 않으리라. 내 눈에 잠도, 내 눈가에 졸음도 허락하지 않으리라, 내가 주님께 자리를, 야곱의 하느님께 천막을 찾아 드릴 때까지." 이러한 하느님 사랑에, 영혼의 이러한 헌신에, 누가 감탄하지 않겠습니까? 임금이며 예언자인 이가 주님 성전을 지을 곳을 찾기 전에는 잠도 자려 하지 않습니다. 이러한 사실은 주님의 거처가 되기를, 그리고 영원히 그분의 장막이요 성전으로 여겨지기를 갈망하는 우리에게 강력한 훈계가 되어야 합니다. 바오로 사도가 우리에게 상기시켜 주듯이, "여러분은 살아 계신 하느님의 성전입니다"(1코린 3,16). 그러니 우리는 성인들의 본보기를 보고 자극받아 우리 힘닿는 데까지 밤샘기도를 사랑합시다. 그리고 다음의 시편 말씀이 우리에게 해당되는 일이 없게 합시다. "그들은 잠에 떨어져 가진 것 모두 빼앗겼습니다"(시편 75,5 칠십인역, 불가타). 오히려 우리 각자는 기쁘게 다음과 같이 말합시다. "곤경의 날에 내가 주님을 찾네. 밤에도 내 손을 벌리니 나는 속지 않네"(시편 77,3 참조). 그 이유는 이렇습니다. "주님을 찬송함이 좋기도 합니다. 지극히 높으신 분이시여, 당신 이름에 찬미 노래 부름이 좋기도 합니다. 아침에는 당신의 자애를, 밤에는 당신의 성실을 알림이 좋기도 합니다"(시편 92,2-3). 이 말씀들과 그 외에도 이와 비슷한 많은 생각들을 성인들은 우리에게 노래로 글로 남겨 주었습니다. 그래서 그들의 상속자들인 우리는 그러한 본보기들에 자극받아 밤이면 우리 구원의 밤샘기도를 바칠 수 있게 되었습니다.

- 레메시아나의 니케타스『하느님 종들의 철야기도』5.[1]

#### 네 영혼이 하느님 안에서 안식을 찾을 때까지 쉬지 마라

우리는 이러한 무적의 무기로 무장을 하고서, 마치 낮인 것처럼 잠들지 않고 잘 준비된 상태로 저 사악한 자에게 맞섭시다. 성령의 말씀이라는 막강한 화살들로 그자를 꿰찌르고 그자의 모든 희망을 잘라 버립시다. 이사이의 아들 다윗과 합세하여, 결코 실패하지 않는 계약을 걸고 그자에게 엄명합시다. "우리에게서 떠나 너의 몹쓸 운명에 떨어져라, 이 미친 개야"(1사무 17,43 참조). 오만한 미친 개는 자기 주인을 보고 짖습니다. 그러나 우리는 "우리 눈에 잠도, 우리 눈가에 졸음도 허락하지 않으리라, 우리가 우리 영혼 안에

[1] FC 7,59.

주님께서 쉬실 자리를, 야곱의 하느님께 천막을 찾아 드릴 때까지" 하고 주님께 맹세하였고 야곱의 하느님께 서원하였습니다. 우리는 주님께서 우리 영혼을 흡족히 여기시어 그것을 당신께서 거처하실 곳으로 선택하시며 "이곳이 나의 영원한 안식처다. 내 마음에 드는 곳이니 나는 여기서 지내겠다"고 하실 때까지 결코 밤샘기도와, 기도, 수고와 노력을 그치지 않을 것입니다.

• 사도나 『완성에 관한 책』 72.[2]

132,9 의로움으로 옷 입다

**자비의 옷**

그러나 우리가 개별 덕들의 형태에 너무 오래 머물지 않도록, 그것들은 교회를 장식하는 것들을 나타낸다고 간략히 말할 수 있습니다. 교회의 믿음은 금에 비유할 수 있고, 말씀 선포는 은에, 인내는 청동에, 나무를 통하여 오는 지식 또는 결코 낡지 않는 순결함의 불멸성은 썩지 않는 나무에, 동정성은 아마포에, 수난의 영광은 주홍빛에, 사랑의 광채는 보라색에, 하늘 나라에 대한 희망은 파란색에 비유할 수 있습니다. 이러한 것들이 지금 세워지는 장막의 재료가 되게 하고 사제들의 옷이 되고 대사제의 장식물이 되게 하십시오. 예언자는 또 다른 구절에서 그들의 옷의 성질과 특성에 대해 이야기합니다. "당신의 사제들은 의로움으로 옷 입게 하소서." 그러므로 그 옷들은 모두 의로움의 옷들입니다. 바오로 사도도 이렇게 말합니다. "마음에서 우러나오는 동정과 호의와 … 를 입으십시오"(콜로 3,12). 그러니까 이 옷들은 자비의 옷들이기도 합니다. 그런데 이 사도는 또 다른 몹시 고귀한 옷에 대해서도 이야기합니다. "주 예수 그리스도를 입으십시오. 그리고 욕망을 채우려고 육신을 돌보는 일을 하지 마십시오"(로마 13,14). 이처럼 교회는 이 옷들로 아름답게 꾸며집니다.

• 오리게네스 『탈출기 강해』 9,3.[3]

132,11 하느님께서 다윗에게 맹세하셨다

**왕가의 혈통인 동정 마리아**

주님께서 동정녀에게서 태어나시도록 되어 있었다는 것을 우리는 분명하게 압니다. 이제 우리는 그 동정녀가 어떤 혈통이었는지 보여 주어야 합니다. "주님께서 다윗에게 맹세하셨으니 돌이키지 않으실 굳은 약속이라네. '나는 네 몸의 소생을 네 왕좌에 앉히리라.'" 또 [이렇게 쓰여 있습니다.] "내가 그의 후손을 길이길이, 그의 왕좌를 하늘의 날수만큼 이어지게 하리라"(시편 89,30). "나의 거룩함을 걸고 이 하나를 맹세하였노라. 나는 결코 다윗을 속이지 않으리라. 그의 후손들은 영원히 존속하고 그의 왕좌는 태양같이 내 앞에 있으리라. 영원히 지속되는 달과 같으리라"(시편 89,36-37). 이것은 솔로몬이 아니라 그리스도에 관한 말씀입니다. 솔로몬의 왕좌는 태양같이 지속되지 못했기 때문입니다. 그러나 그리스도께서는 나무로 된 다윗의 왕좌에 앉지 못하셨다고 주장하는 사람이 있다면, 우리는 이 말씀을 제시합니다. "율법 학자들과 바리사이들은 모세의 자리에 앉아 있었다"(마태 23,2). 이는 나무로 된 의자가 아니라 그[모세]의 가르침의 권위를 나타내는 말입니다.

• 예루살렘의 키릴루스 『예비신자 교리교육』 12,23.[4]

132,17-18 주님의 기름부음받은이에게 갖추어진 등불

**그리스도를 드러내는 등불**

백성을 약속의 땅으로 인도하게 되어 있었던 이는 모세가 아니라 여호수아였습니다. 이제 모

[2] CS 101,231-32*.

[3] FC 71,340.

[4] FC 61,241-42*.

세는 그를 "천사"[사자]라고 부르는데, 그가 장차 이룰 위대한 행위의 중요성 때문이고(여러분이 읽으셨듯이, 그 위대한 행위를 한 것은 눈의 아들 여호수아였습니다) 또한 하느님의 뜻을 알리는 그의 예언자 직무 때문입니다. 아버지의 입이 되어 말씀하시는 성령께서 예언자를 통하여 그리스도의 선구자 요한을 "천사"[사자]라고 부르시는 것과 같습니다. "보라, 내가 너 — 곧, 그리스도 — 에 앞서 나의 천사[사자]를 보내니 그가 네 앞에서 길을 닦으리라"(말라 3,1). 또한 하느님께서 당신 권능의 심부름꾼들로 정하신 이들을 성령께서 "사자들"이라고 부르시는 것은 새로운 용법이 아닙니다. 이 요한은 그리스도의 "사자"로 불릴 뿐 아니라 그리스도에 앞서 빛을 비추는 "등불"로도 불립니다. 그래서 다윗은 "나의 기름부음받은 이에게 등불을 갖추어 주리라"고 예고하며, 그래서 "예언서를 완성하기 위해"(마태 5,17) 오신 그리스도께서는 그[요한]에 관하여 유대인들에게 [이렇게 말씀하셨습니다]. "그는 타오르며 빛을 내는 등불이었다"(요한 5,35). 그는 광야에서 그분의 길을 닦은 이였을 뿐 아니라 그분께서 "하느님의 어린양"(요한 1,29.36)이심을 가리켜 보임으로써 자신의 선포로 사람들의 마음을 밝혔습니다. 그리하여 그들은 그분께서, 장차 고난을 받으시리라고 모세가 거듭 예고한 어린양이심을 깨닫게 되었습니다.

• 테르툴리아누스 『유대인 반박』 9.[5]

### 하느님께서 찾으신다

그 여자[6]는 무엇입니까? 그리스도의 육입니다. 등불은 무엇입니까? "[내가] 나의 기름부음받은이에게 등불을 갖추어 주리라." 그러니 우리를 발견하고자 찾고 계셨던 것입니다. 그리하여 발견된 우리는 말합니다. 교만하지 맙시다. 발견되기 전에 우리는, 그분께서 우리를 찾아 나서지 않으셨다면, 잃은 존재였을 테기 때문입니다. 그러므로 우리가 사랑하는 이들과 우리가 보편 교회의 평화로 데려오고 싶어하는 이들이 우리에게 "왜 우리를 원하는 것입니까? 우리가 죄인들이라면 당신들은 왜 우리를 찾습니까?"[7] 하고 말하지 못하게 합시다. 우리가 그대들을 찾는 이유는 그대들이 잃은 존재가 되지 않도록 하려는 것입니다. 그분께서 우리를 찾아 나서셨기에 우리는 그대들을 찾아 나섭니다. 우리가 그분께 발견되었기에 우리는 그대들을 발견하고자 하는 것입니다.

• 아우구스티누스 『요한 복음 강해』 7,21,3.[8]

### 그리스도와 그분의 선구자인 요한에 관한 예언

하느님의 집에 계신 여러분께 지금 이 시편이 우리에게 무엇을 상기시켜 주는지 이야기하려 합니다. "나의 기름부음받은이에게 등불을 갖추어 주리라. 그의 원수들은 내가 혼란으로 옷 입히지만 그에게서는 나의 성화가 꽃피리라"(시편 131,18 불가타)라고 말씀하시는 분은 누구입니까? 그리고 그분께서 당신의 기름부음받은이에게 갖추어 주실 등불은 무엇이며, 그분께서 그 등불을 통하여 혼란으로 옷 입히실, 그분의 기름부음받은이의 원수들은 누구입니까? 그리고 그분의 기름부음받은이를 위하여 등불을 갖추어 주실 이의 성화, 그분의 기름부음받은이에게서 꽃필 그것은 무엇입니까? 이 모든 말씀에서 명백히 드러나 있는 듯한 유일한 것은 그분께서 여기서 말씀하시는 것, 곧 "나의 기름부음받은이"입니다.

---

[5] ANF 3,163-64*.
[6] 은전을 잃어버린 부인을 가리킨다(루카 15,8-9 참조).
[7] 『요한 복음 강해』 6,22 참조.
[8] FC 78,175*.

다른 그 무엇도 아닌 우리 주님이시며 구원자이신 그리스도이시지요.

• 아우구스티누스 『설교집』 308A,1.[9]

하느님의 원수들이 혼란에 빠지다

그들이 자신들이 아는 것을 모른다고 주장하며 그분을 거슬러 자신들을 닫아걸었기 때문에, 주님께서는 그들에게 열어 주시지 않으셨습니다. 그들이 두드리지 않았기 때문이지요. "문을 두드려라, 너희에게 열릴 것이다"(마태 7,7)라고 쓰여 있지 않습니까? 그러나 그들은 그 문이 열리도록 두드리지 않았을 뿐 아니라 부인함으로써 그 문에다 스스로 아예 장벽까지 쳤습니다. 그래서 주님께서는 그들에게 "나도 무슨 권한으로 이런 일을 하는지 너희에게 말하지 않겠다"(마태 21,27; 마르 11,29; 루카 20,8)라고 하셨습니다. 그들은 요한 때문에 혼란에 빠졌고, 그로써 이 예언이 이루어졌습니다. "나는 나의 기름부음받은이에게 등불을 갖추어 주리라. 그의 원수들은 내가 혼란으로 옷 입히리라."

• 아우구스티누스 『요한 복음 강해』 2,9,2.[10]

일치와 성화

그러니까 세례자 요한이라는 인물 안에서 우리 주 그리스도를 위한 등불이 갖추어졌습니다. 이런저런 질문들로 그분에게 덫을 놓고자 애쓰던 그분의 원수들은 이 등불이 나타나자 혼란에 빠져 물러났습니다. 그리하여 "그의 원수들은 내가 혼란으로 옷 입히리라"[는 예언이] 이루어졌습니다. 형제자매 여러분, 그러니 우리는 선구자 세례자 요한을 통하여 주님을 알아봅시다. 실로, 주님 자신의 증언도 있습니다. "나에게는 요한의 증언보다 더 큰 증언이 있다"(요한 5,36). 우리는 이 증언을 통하여 그리스도를 믿고, 이런 식으로 그분을 머리로 하는 몸이 됩시다. 그리하여 머리와 몸이 하나의 그리스도가 되게 합시다. 그러면 하나가 된 우리 모두 안에서 "그에게서는 나의 성화가 꽃피리라"는 말씀이 이루어질 것입니다.

• 아우구스티누스 『설교집』 308A,8.[11]

[9] *WSA* 3,9,55.
[10] FC 78,68.
[11] *WSA* 3,9,61*.

## 133,1-3 하느님 백성이 하나 됨을 찬양하는 시편

1 [순례의 노래. 다윗]
보라, 얼마나 좋고 얼마나 즐거운가,
형제들이 함께 사는 것이!
2 머리 위의 좋은 기름 같아라.
수염 위로,
아론의 수염 위로 흘러내리는,
그의 옷깃 위에 흘러내리는 기름 같아라.
3 시온의 산들 위에 흘러내리는
헤르몬의 이슬 같아라.
주님께서 그곳에 복을 내리시니
영원한 생명이어라.

둘러보기

하느님께서 당신 백성을 하나로 모으시므로 그들은 믿음의 문제들과 사랑의 행위들에서 서로 기꺼이 도와야 한다(제피리누스). 믿는 이들은 서로에 대한 자애 안에서 살아야 한다고 주창하는 시편 저자는 사도들이 가르친 그리스도인 공동체를 미리 내다보고 있다(호르시에시우스). 우리는 믿음의 일치와 분열을 야기하는 이들을 위하여 기도하여 그들도 하느님의 구원을 받아들이도록 해야 한다(아우구스티누스). 시편 저자가 예고하였듯이, 그리스도께서는 모든 사람을 위하여, 그리고 모든 이를 믿음 안에 하나 되게 하기 위해 오셨다(페트루스 크리솔로구스). 삶에서 가장 위대한 선은 사람들이 삼위일체 하느님 안에서 하나 됨으로써 생겨나는 평화다(발레리아누스). 죄의 더러움을 씻은 이들만이 영적 지식에 도달할 수 있다(요한 카시아누스).

### 133,1 함께 사는 것이 좋고 즐겁다

#### 신자들의 일치

그러니 성실한 믿음 안에서 행동과 진심에서 우러난 의지로 서로 도우십시오. 형제를 돕는 일에서 손 떼는 사람이 아무도 없게 하십시오. 주님께서 "너희가 서로 사랑하면, 모든 사람이 너희가 내 제자라는 것을 알게 될 것이다"라고 하셨기 때문입니다. 또한 그분께서 예언자를 통해서는 이렇게 말씀하셨습니다. "보라, 얼마나 좋고 얼마나 즐거운가, 형제들이 함께 사는 것이!" 저는 이것을 영적 거처에서, 하느님 안에 있는 그 일치 안에서, 그리고 진리에 따라 이 기분 좋은 거처를 특징짓는 믿음의 일치 안에서라는 의미로 해석합니다. 그것은 실로 아론과 영예를 옷으로 입은 사제들 안에서 더욱 아름답게 본보기로 보여진 적 있었지요. 그것은 머리 위의 기름으로서 가장 수준 높은 이해를 길러 내었고 지혜의 끝에까지 이르게 하였습니다. 이 거처에서 주님께서는 축복과 영원한 생명을 약속하셨습니다. 그러므로 예언자의 이 발언의 중요성을 감지한 우리는 결코 우리 자신의 것을 구하지 않으며 사랑을 위하여 지금 이 형제다운 말을 하였습니다.

• 『호르시에시우스의 유언』 50.[2]

#### 서로 사랑하는 공동체

사도는 우리에게 다음과 같이 말하며, 우리의 공동체, 곧 우리가 서로 결합되게 하는 친교는 하느님에게서 온다고 가르쳤습니다. "선행과 나눔을 소홀히 하지 마십시오. 이러한 것들이 하느님 마음에 드는 제물입니다"(히브 13,16). 우리는 사도행전에서도 같은 이야기를 읽습니다. "신자들의 공동체는 한마음 한뜻이 되어, 아무도 자기 소유를 자기 것이라 하지 않고 모든 것을 공동으로 소유하였다. 사도들은 큰 능력으로 주 예수님의 부활을 증언하였고, 모두 큰 은총을 누렸다"(사도 4,32-33). 시편 저자도 이와 통하는 말을 합니다. "보라, 얼마나 좋고 얼마나 즐거운가, 형제들이 함께 사는 것이!" '코이노니아' 안에 함께 사는, 자애 안에서 서로 결합되어 있는 우리는 그러므로 이승의 삶에서 거룩한 교부들과 친교를 누릴 자격이 있듯이 장차 올 삶에서도 그들과 동료가 될 수 있도록 노력합시다. 우리 삶의 십자가는 우리 교의의 토대이기도 하며 "우리는 그리스도와 함께 고난을 받아야 한다"(로마 8,17)는 것을 압니다. 또한 우리는 시련과 어려움을 거치지 않고는 아무도 승리를 얻지 못한다는 것을 깨달아야 합니다(사도 14,22 참조). "시련을 견디어 내는 사람은 행복합니다. 그렇게 시험을 통과하면, 그는 하느님께서 당신을 사랑하는 이들에게 약속하신 생명의 화관을 받을 것입니다"(야고 1,12).

• 『호르시에시우스의 유언』 50.[2]

[1] ANF 8,61*.

[2] CS 47,208-9.

### 교회의 일치를 위한 기도

교회 안에서 여러분의 임무를 성실히 그리고 기쁘게 수행하십시오. [여러분의 임무는] 여러분의 지위에 따라 여러분의 몫으로 주어진 것이며, 여러분은 강직하게 직무를 완수하십시오(2티모 4,5 참조). 하느님 아래에서 우리는 동료 종들이며, 그분께 우리 행위들에 대한 셈을 바쳐야 한다고 우리는 알고 있기 때문입니다. 그런즉 그분의 자비가 우리 안에 충만해야 합니다. "자비를 베풀지 않은 자는 가차 없는 심판을 받"(야고 2,13)기 때문입니다. 그러니 아직도 우리를 슬프게 하는 이들[3]을 위하여, 오랜 습관으로 더욱 격렬하고 심해진 그들의 육적 마음의 병이 낫기를[4] 우리와 함께 기도합시다. "보라, 얼마나 좋고 얼마나 즐거운가, 형제들이 함께 사는 것이!" 이 즐거움이 입천장을 건드려서 마음이 분열의 쓴맛을 모두 뱉어 내고 자애의 달콤함을 사랑한다면, 누가 이 말씀을 이해하지 못하겠습니까? 우리가 그들을 위하여 기도드리는 하느님은 온갖 기회를 이용하여 그들을 지금도 구원으로 끌어당기시기에 충분한 강력하시고 자비로우신 분이십니다.

• 아우구스티누스 『서간집』 142.[5]

### 교회 안의 일치가 중요하다

율법은 한 사람을 위해 주어진 것이 아니라 모두를 위해 주어졌습니다. 이와 마찬가지로 그리스도께서도 한 사람을 위해서나 한 사람에게 오신 것이 아니고 모두를 위해 모두에게 오셨습니다. 그분께서는 모든 것을 하나의 일치 안에 주고자 하셨습니다. 오직 그 일치만이 선하고 즐거운 것입니다. 미래에 대해 알고 있던 예언자는 우리에게 이렇게 보증합니다. "보라, 얼마나 좋고 얼마나 즐거운가, 형제들이 함께 사는 것이!" 특별한 하나가 아니라 일치가 하느님 보시기에 기꺼운 것이기 때문입니다. 성령께서는 그들이 함께 모여 있을 때 당신의 솟아 넘치는 샘과 함께 내려오셨습니다(사도 2,1-4 참조). 이 일이 일어난 것은 사도들이 주님의 명령에 따라 함께 모여 성령의 오심을 기다리라고 배운 뒤였습니다.

• 페트루스 크리솔로구스 『설교집』 132.[6]

### 같은 것을 함께 믿는 행복

예언자는 형제적 사랑을 찬양하며 이렇게 말했습니다. "보라, 얼마나 좋고 얼마나 즐거운가, 형제들이 함께 사는 것이!" 사람들의 삶에 평화 말고 무엇이 선합니까? 평화로울 때, 올바른 것을 추구하는 행위는 진전을 이루고 종교적 활동이 촉진됩니다. 모든 민족들이 평화 안에서 한 분 하느님을 섬기고 모든 백성들의 기도들이 한 분 주님에 대한 찬미로 모이는 것보다 더 즐거운 일이 있습니까?

일치 안에 함께 산다는 것은 하느님을 믿으며 하느님의 외아들 안에 성실하게 남아 있는 것을 말합니다. 죽을 운명의 존재들에게 이것은 유일하게 유익하고 기쁜 일입니다. 우리는 이단자들이 하듯이 아버지와 아들을 또는 아들을 아버지와, 또는 이 두 분에게서 성령을 갈라놓지 않고, 이 세 이름이 위격들을 구분하는 것이며 위격들은 하나의 신성을 함께 누리신다고 믿습니다. 일치에 대한 의견이 같을 때 교회 안에서 자애가 깨지는 일은 없을 것입니다.

• 시미에의 발레리아누스 『강해집』 12,6.[7]

---

[3] 그때까지도 여전히 교회에 문제를 일으키던 도나투스파를 가리킨다.

[4] 이 부분에 또 다른 탈문이 있다. 이어지는 구절이 수정 본문이다.

[5] FC 20,149.

[6] FC 17,218-19*.

[7] FC 17,381*.

133,2 머리 위의 좋은 기름 같다

**순수함을 잃는 것과 타락했다가 정화되는 것**

그러나 우리가 조금 전에 말했듯이, 체험하지 않고서는 이것을 알 수도 가르칠 수도 없습니다. 이것을 파악하지 못한 사람이 과연 어떻게 전할 수 있겠습니까? 그래도 누가 주제넘게 가르치려 든다면 그의 말은 전혀 효과 없는 무익한 소리가 될 것입니다. 듣는 사람들의 귀에 들려도 마음에는 들어가지 못할 것입니다. 실행하지 않고 열매 없는 헛된 영광으로 말하는 사람의 말은 좋은 양심의 보물이 아니라 주제넘은 헛된 자랑의 소산이기 때문이지요. 깨끗하지 못한 영혼은 아무리 열심히 책을 읽더라도 영적 지식을 얻을 수 없습니다. 귀한 향수나 최고급 꿀 같은 값비싼 액체를 더럽거나 오염된 그릇에 담을 사람은 아무도 없지요. 악취로 못쓰게 된 그릇은 아무리 향기가 좋은 향유를 담아도 달콤하고 아름다운 향기를 받아들이기는커녕 오히려 그 향유를 더럽히고 맙니다. 깨끗한 것들이 더러워지는 것은 더러운 것이 깨끗해지는 것보다 훨씬 더 빠릅니다. 우리 가슴의 그릇도 모든 더러운 악행의 냄새를 제거하지 않고서는 축복의 기름을 받을 수 없으며 영적 지식을 깨달을 수 없고 성경 말씀을 깨끗이 간직할 수 없습니다. 그 기름은 "머리 위의 좋은 기름 같아라. 아론의 수염 위로 흘러내리는, 그의 옷깃 위에 흘러내리는 기름 같아라"(시편 133,2) 하는 예언자의 말에 나오는 기름입니다. 그[악행의 냄새를 제거하지 않은] 그릇은 "꿀보다 생청보다 더욱 달다"(시편 19,11)는 영적 지식과 성경 말씀을 보존하지 못합니다. 사실, "의로움과 불법이 어떻게 짝을 이룰 수 있겠습니까? 빛이 어떻게 어둠과 사귈 수 있겠습니까? 그리스도께서 어떻게 벨리아르와 화합하실 수 있겠습니까?"(2코린 6,14-15).

• 요한 카시아누스 『담화집』 14,14,1-3.[8]

[8] ACW 57,519.

## 134,1-3 찬미 전례

[1] [순례의 노래]
이제 주님을 찬미하여라,
주님의 모든 종들아
밤 시간에
주님의 집에 서 있는 이들아.
[2] 성소를 향하여 손을 들고
주님을 찬미하여라.
[3] 하늘과 땅을 만드신 주님께서
시온에서 너에게 복을 내리시리라.

둘러보기

우리는 서서 예배를 드리는데, 이는 우리의 영적 원수들을 경계하는 신중함을 나타내는 자세다(암브로시우스). 그리스도께서는 충실한 그리스도인들이 바친 자선만 받으시며, 그들은 자신의 자애에 대한 모든 공을 그들을 부유하게 만드신 하느님께 돌려야 한다(카시오도루스).

134,1-2 손을 들고 주님을 찬미하여라

우리가 하느님의 집에서 서 있는 이유

사람들은 비방할 때 앉습니다. 그러나 주님을 찬미할 때는 서서 합니다. 이렇게 쓰여 있습니다. "이제 주님을 찬미하여라, 주님의 모든 종들아, 주님의 집에 서 있는 이들아." 앉아 있는 사람은(육체적 습관에 대해 이야기하는 것입니다) 말하자면 무기력합니다. 몸이 아무것도 하지 않고 정신의 긴장이 풀려 있는 상태지요. 그러나 주의 깊은 파수꾼, 열심히 찾는 사람은 깨어서 진지 앞에 서서 지킵니다. 원수의 음모를 미리 처리하고 싶어 하는 당번 사병은 그의 순서가 되기 전에 전투 대열에 서 있습니다.

• 암브로시우스 『서간집』 59.[1]

성스러운 찬미와 헌신적인 행동

"손을 들고"의 의미에 주목하십시오. 이는 '넉넉히 자선을 베푸는 것'을 뜻합니다. 주님께서는 우리에게 말로만이 아니라 행동으로 신심을 보일 것을 요구하시기 때문입니다. 그는 "거룩한 집에서"라고 덧붙였습니다. 자선을 베푸는 손이 그리스도인의 손이어야 함을 나타냅니다. 이단자들이나 이교인들이 이런 일을 할 때, 그들은 거룩한 집에서 손을 들고 그 일을 하지 않습니다. 그리스도께서는 충실한 그리스도인이 당신의 이름에 바치는 자선만을 받으십니다. 그러나 그는 이런 행위를 할 때에 자기 자신에게 공을 돌리는 일이 없도록 반드시 주님을 찬미해야 한다고 합니다. 그런 자비로운 영과 더욱 풍요로운 부를 주시는 분은 주님이시기 때문입니다. 이런 식으로 그는 주님의 사랑은 성스러운 찬미와 헌신적인 행동, 양쪽으로 실천되어야 한다고 가르칩니다. 이렇게 두 가지가 다 수행되었을 때 얼마나 값진 보상이 따르는지 잘 보십시오.

• 카시오도루스 『시편 해설』 133,1-2.[2]

[1] FC 26,336-37*.

[2] ACW 53,339-40.

## 135,1-21 하느님을 찬양하라고 부르는 소리

1 할렐루야!
찬양하여라, 주님의 이름을.
찬양하여라, 주님의 종들아.
2 주님의 집에 서 있는 이들아.
우리 하느님의 집 앞뜰에 서 있는 이들아.
3 주님을 찬양하여라, 주님께서는 좋으시다.
그 이름에 찬미 노래 불러라,
그 이름 감미로우시다.
4 주님께서 야곱을 당신 것으로,
이스라엘을 당신 소유로 선택하셨다.
5 정녕 나는 아네, 주님께서 위대하심을
우리 주님께서 모든 신들보다 뛰어나심을.
6 주님께서는 마음에 드시는 것은 무엇이나
하늘에서도 땅에서도,
바다에서도 해심에서도 이루신다.
7 땅끝에서 구름을 올라오게 하시는 분.
번개로 비를 만드시고
바람을 그 곳집에서 끌어내시는 분.
8 사람에서 짐승에 이르기까지
이집트의 맏배들을 치신 분.⤴

↱ 9 파라오와 그의 모든 종들을 거슬러
이집트야, 네 한가운데로
표징과 기적들을 보내셨다.
10 수많은 민족들을 치시고
힘 있는 임금들을 죽이신 분.
11 아모리 임금 시혼과
바산 임금 옥과
가나안의 모든 왕국들을.
12 이들의 땅을 재산으로 주셨다.
당신 백성 이스라엘에게 재산으로 주셨다.
13 주님, 당신의 이름은 영원하시고
주님, 당신에 대한 기억은
대대에 이릅니다.
14 주님께서는 당신 백성의 권리를
되찾아 주시고
당신 종들을 가엾이 여기시기 때문일세.
15 민족들의 우상들은 은과 금
사람의 손이 만들어 낸 것들.
16 입이 있어도 말을 못하고
눈이 있어도 보지 못하며
17 귀가 있어도 듣지 못하고
그 입에는 숨조차 없으니
18 그것들을 만드는 자들도 신뢰하는 자들도
모두 그것들과 같다네.
19 이스라엘 집안아, 주님을 찬미하여라.
아론 집안아, 주님을 찬미하여라.
20 레위 집안아, 주님을 찬미하여라.
주님을 경외하는 이들아,
주님을 찬미하여라.
21 예루살렘에 거처하시는 분
주님께서는 시온에서 찬미받으소서.
할렐루야!

둘러보기

하느님을 찬미하라는 명령은 신앙 안에 굳건히 서 있으며 주님 집의 열린 안뜰에 들어오는 그분의 종들에게만 해당한다(카시오도루스). 이승의 삶에서 우리는 하느님을 경배하고 찬미하는 일에 지치고 한눈을 팔곤 한다. 그러나 하늘에서는 우리의 찬미가 쉼 없이 이어질 것이다.

죽거나 변화하거나 속는 것 같은, 하느님께서 하실 수 없는 일들이 있다고 주장하는 것은 하느님의 전능하심을 생각할 때 모순처럼 보일 수 있으나, 하느님께서 하실 수 없는 일들이 있는 것은 하느님께서 그 일들을 하고자 하는 뜻을 품지 않으시기 때문이다. 하느님은 당신께서 뜻하시는 것을 행하시므로, 하느님께서 뜻하시는 것을 사람들이 하지 않겠다고 거부하는 것은 불가능하다(아우구스티누스). 하느님께서는 당신께서 뜻하셨기에 세상을 창조하셨을 뿐 아니라 그것이 지속되도록 지탱해 주시는 것 또한 그분의 뜻이다(다마스쿠스의 요한). 창조계의 모든 양상은 하느님께서 그렇게 해 놓으신 것임을 기억하는 것이 중요하다(프루덴티우스).

우상 숭배를 금하는 첫 번째 계명은 모세의 말에 처음으로 나오지만 그 뒤로 모든 예언자들이 거듭 되풀이하여 말하였다(테르툴리아누스). 새들의 노래는 백성들의 하느님 찬양에 뛰어난 본보기이지만, 우리는 올빼미처럼 세상의 어둠만 보고 우리 구원자와 거룩한 일들의 빛을 보지 못해서는 안 된다(막시무스).

135,1-2 주님을 찬양하여라, 주님의 종들아

창조주를 끊임없이 찬미하여라

예언자가 하느님의 연민 덕분에 모든 덕들의 정상에 오름을 이야기한 앞의 시편에 이어 그는 주님의 집에 서 있는 이들에게 그런 은혜를 입은 뒤에는 하늘과 땅의 창조주를 끊임없이 찬양해야 한다고 촉구합니다. 이 두 절에서 이런 가르침이 대조를 통하여 어떻게 정점에 이르는지도 잘 보십시오. 먼저 그는 이렇게 말했습니다. "찬양하여라, 주님의 이름을." 여러분이 이 명령은 모든 사람에게 다 해당한다고 생각하지 않도록 그는 이렇게 덧붙입니다. "찬양하여라, 주님의 종들아." 다시 말해, '그분의 종인 너희, 굳건한 의지로 그분께 헌신하며 미신 같은 것으로 그분에 대한 믿음이 흔들리지 않는 너희'라는 뜻입니다. 세 번째로 그는 이렇게 말합니다. "주님의 집에 서 있는 이들아." 이는 '한결같고 흔들리지 않는 의지로 그분에 대한 거룩한 믿음을 고수하는 너희'라는 뜻입니다. 이는 그들에게 주어진 영예의 표시가 갑자기 어두워지고 거기서 떨어져 나간 이들과 [충실한 이들을] 대조하는 발언입니다. 다음 구절은 이렇습니다. "우리 하느님의 집 앞뜰에 [서 있는 이들아]." 앞뜰은 대저택으로 들어가는 입구로서, 우리가 알고 있듯이, 그 집에 거처하는 이들은 추위를 피하기 위해 앞뜰에 난로를 설치하곤 합니다. 전통적으로 이런 장소들은 '아트리아'atria, 곧 '앞뜰'이라고 불렸습니다. 그곳이 진한 연기 때문에 검정색(atra)이었기 때문입니다. 어떤 비밀스러운 의미가 담겼다고 보이는 표현이 아무것도 없기 때문에, 그는 주님의 집 첫 번째 방에 들어온 것으로 보이는 이들도 주님을 찬양해야 한다고 말합니다.

• 카시오도루스『시편 해설』134,1-2.[1]

우리는 하늘에서 하느님을 찬미하리라

그러나 여러분은 제게 말합니다. "그러면 내가 어떻게 해야 합니까? 나의 지체들이 그곳에서 아무 소용이 없다면 나는 무엇을 해야 합니까?"라고요. 존재하고, 보고, 사랑하고, 찬미하는 것이 여러분에게는 아무것도 아닌 일로 보입니까? 보십시오! 주님의 부활 이후에 기념되는 이 거룩한 날들은 우리의 부활 이후에 올 삶을 나타냅니다. 부활절 이전 사십 일이 비탄 속에 이 죽을 운명으로 사는 고난으로 가득한 삶을 상징하였듯이, 이 기쁜 날들은 우리가 주님과 함께 다스리도록 예정된 미래의 삶을 가리킵니다. 부활 이전의 사십 일이 나타내는 삶은 지금 우리의 짐입니다. 부활 이후 오십 일로 상징되는 삶은 지금은 우리가 소유하지 못하지만 희망의 대상이고 그것이 희망의 대상인 동안 사랑받습니다. 바로 그 사랑으로 우리는 우리에게 이 영원한 삶을 약속하신 하느님을 찬양하며, 우리의 찬양은 할렐루야입니다. "할렐루야"Alleluias는 무슨 뜻입니까? 이 단어는 히브리말로서 '하느님을 찬양하라'라는 뜻입니다. '할렐루'allelu는 '찬미'를 뜻하고 '야'Ia는 '하느님'이라는 뜻입니다. 그러므로 우리의 "할렐루야"로 우리는 "하느님을 찬양하라"고 외치며, 하느님을 찬양하라고 서로 일깨웁니다. 우리는 하느님께 찬미 노래 부르며, 수금의 현들보다 훨씬 조화롭게 조율된 마음으로 우리의 "할렐루야"를 부릅니다. 우리는 찬미 노래를 부르고 나면, 우리의 나약함에 떠밀려 우리 육신을 새롭게 하기 위해 물러납니다. 우리가 이렇게 하는 이유는 우리가 지치기 때문 아니겠습니까? 게다가 육의 나약함은 너무나 크고 이승 삶의 괴로움은 너무나 숨이 막힐 듯해

[1] ACW 53,342-43.

서 아무리 위대한 것일지라도 모든 것이 결국 혐오감으로 귀결됩니다. 이날들이 끝으로 다가가고 있었을 때 우리가 얼마나 다가오는 해를 갈망하였으며, 시간이 흐른 뒤 얼마나 뜨겁게 열망하며 그 날들에 다가갔었는지요! 그러나 "그치지 말고 할렐루야를 노래하여라"라는 명령을 받는다면, 우리는 우리 자신을 너그러이 봐주게 됩니다. 왜 그렇습니까? 우리가 지쳐 있을 때는 그렇게 할 수 없기 때문입니다. 그러한 선을 맞았을 때도 우리는 우리의 싫증에 정복되곤 하기 때문입니다. 그러나 그때[부활한 삶]에는 나약함도 없고 싫증도 없을 것입니다. "주님의 집에, 주님의 집 앞뜰에 서 있는" 너희는 서서 찬양하여라. 그곳에서 하게 될 일을 여러분은 왜 의심합니까? 시편 저자는 말합니다. "행복합니다, 당신의 집에 사는 이들! 그들은 영원히 그리고 늘 당신을 찬양하리니"(시편 84,5).

• 아우구스티누스 『설교집』 243,9.[2]

135,6 하느님께서는 마음에 드시는 것은 무엇이나 이루신다

**하느님께서는 당신이 원하시는 대로 존재하시고 행하신다**

그런데 전능하신 분께서 하실 수 없는 유일한 일은 당신께서 뜻하시지 않는 일이라고 제가 말했는데요, 전능하신 분께서 하실 수 없는 일이 있다는 나의 말이 몹시 분별없는 말이라고 생각하는 사람이 있을지도 몰라, 복된 사도도 그렇게 말했다는 것을 상기시켜 드립니다. "우리는 성실하지 못해도 그분께서는 언제나 성실하시니 그러한 당신 자신을 부정하실 수 없기 때문입니다"(2티모 2,13). 그러나 그것은 당신께서 하실 수 없는 그것을 그분께서 하고자 하시지 않기 때문입니다. 따지고 보면, 정의란 불의한 것을 하고자 하는 의지를 품을 수 없습니다. 또한 지혜는 어리석은 것을, 진리는 거짓스러운 것을 뜻할 수 없습니다.

사도가 말하듯이, 이처럼 우리는 전능하신 하느님께서는 "당신 자신을 부정하실 수 없을" 뿐 아니라 많은 것을 하실 수 없기도 하다고 배웁니다. 지금 제가 드리는 말씀이 그것이고, 제가 감히 부인해서는 안 되는 것을 저는 그분의 진리에 걸고 감히 말씀드립니다. 곧, 전능하신 하느님께서는 돌아가실 수 없고, 변화하실 수 없으며, 속으시거나 오해하실 수 없고, 비참해지실 수 없으며 패배하실 수 없습니다. 전능하신 분께서 이것들이나 이것들과 비슷한 일들을 하실 수 있어야 한다는 생각은 꿈에도 하지 마십시오. 그러니까 이 진리는 그분께서 이런 일들을 하실 수 없기 때문에 전능하신 분이심을 보여 줄 뿐 아니라 그런 것들을 할 수 있는 자는 전능한 이가 아니라고 규정합니다. 아시다시피, 하느님께서는 당신께서 어떤 존재이든 기꺼이 그 존재이십니다. 따라서 그분은 기꺼이 영원하시며 변화 없으시고 진실하시며 복되시고 무적이십니다. 그러니까 만약 그분께서 당신께서 원하시지 않는 것이 되실 수 있다면, 그분은 전능하신 분이 아닙니다. 그러나 그분은 전능하시고, 그것이 그분께서 뜻하시는 것은 무엇이든 하실 수 있는 까닭입니다. 그러므로 그분은 당신께서 뜻하시지 않는 것은 되실 수 없습니다. 그분께서 전능하신 분이라고 불리는 것은 당신께서 원하시는 것은 무엇이든 되실 수 있기 때문입니다. 시편이 그분에 관해 이야기하듯이, "주님께서는 마음에 드시는 것은 무엇이나 하늘에서도 땅에서도 이루십니다".

• 아우구스티누스 『설교집』 214,4.[3]

[2] FC 38,278-79*.

[3] *WSA* 3,6,152-53*.

하느님의 뜻은 저항할 수 없다

그러므로 인간의 의지는 "당신의 마음에 드시는 것은 무엇이나 하늘에서도 땅에서도 이루시는" 분이시며 "장차 일어날 일들까지 이루신"(이사 45,11 칠십인역) 하느님의 의지에 저항할 수 없다는 것이 분명한 사실입니다. 그뿐 아니라, 그분께서 무엇을 하고자 하시면 사람들의 의지가 있어도 당신께서 뜻하시는 것을 하시는 것을 볼 때, 인간의 의지는 그분께서 뜻하시는 일을 하시는 것을 막을 수도 없습니다. 예를 들어, 사울의 경우를 보십시다. 하느님께서 나라를 사울에게 주고자 뜻하셨을 때, 이스라엘 사람들이 그에게 복종하느냐 마느냐를 그들이 결정할 수 있었습니까? 어떤 의미에서는 그렇습니다. 하지만 그들은 하느님께 저항할 수 없었다는 점에서는 그렇지 않습니다. 사실상 하느님께서는 그 일을 백성들 자신의 의지라는 수단을 통하여 이루셨습니다. 의심할 바 없이, 전능하신 힘으로 사람들의 마음을 당신께 흡족한 방향으로 구부리셨던 것입니다. 그래서 이렇게 쓰여 있습니다. "사무엘은 온 백성을 저마다 자기 집으로 돌려보냈다. 사울도 기브아에 있는 자기 집으로 돌아갔는데, 하느님께서 마음을 움직여 주신 용사들도 그와 함께 갔다. 그런데 몇몇 불량한 자들은 '이 친구가 어떻게 우리를 구할 수 있으랴?' 하면서 사울을 업신여기고 그에게 예물을 바치지 않았다"(1사무 10,25-27). 네, 그렇습니다. 하느님께서 마음을 건드리시어 사울과 함께 갈 마음이 생기게 된 이들 중에 그와 함께 가지 않은 이가 있었다거나, 하느님께서 마음을 건드리지 않으신 불량한 이들 가운데에서 그와 함께 간 자가 있었다고는 아무도 말하지 않을 것입니다.

• 아우구스티누스 『훈계와 은총』 14,45.[4]

하느님은 창조주이시며 만물을 존속하게 해 주시는 분이시다

그렇다면 '섭리'는 하느님께서 존재하는 것들을 위해 해 주시는 배려입니다. 또한 섭리는 존재하는 만물이 그 목적지에 이르도록 적절한 인도를 받게 하는 하느님의 의지입니다. 그런데 섭리가 하느님의 의지라면, 바른 이성에 따라, 섭리를 통하여 존재하게 된 모든 것은 필연적으로 가장 훌륭한 양식으로, 하느님께 가장 어울리는 양식으로 생겨났으며, 그보다 더 훌륭한 방식은 있을 수 없다는 결론이 나옵니다. 그런데 존재하는 것들의 창조자는 필경 그것들을 존속하게 해 주는 존재와 같은 분이 틀림없습니다. 창조자가 따로 있고 피조물을 존속하게 해 주는 존재가 따로 있다는 것은 논리적이지도 않고 말이 안 되기 때문입니다. 만약에 그럴 경우, 한 분은 창조의 문제에서 결격이고 다른 한 분은 존속 조건 제공에서 결격이기에 그렇습니다. 그러므로 하느님은 창조주이시며 제공자이십니다. 그리고 창조하고 지탱하고 제공하는 그분의 힘이 그분의 선한 의지입니다. "주님께서는 마음에 드시는 것은 무엇이나 하늘에서도 땅에서도 이루시며" 아무도 그분의 의지에 저항하지 않았습니다. 그분께서는 만물이 만들어지기를 뜻하셨고 그것들은 만들어졌습니다. 그분께서는 세상이 존속하기를 뜻하시고 세상은 존속하고 있습니다. 그분께서 뜻하시는 일은 무엇이든 모두 이루어집니다.

• 다마스쿠스의 요한 『신앙 해설』 2,29.[5]

## 135,7 세상을 창조하신 참하느님

하느님 창조의 면면

저 위 하늘, 땅과 저 깊은 해심,

[4] FC 2,299*.

[5] FC 37,260*.

낮과 밤을 관장하는 천체들,
바람과 폭풍우, 번개, 비와 구름,
길잡이별들, 저녁별, 열기와 눈,
샘들, 서리, 귀한 광맥들과 시내들.

아버지와 아드님, 힘에서 하나이신,
한 빛에서 나오는 하나의 광채
신성의 모든 충만함으로 빛나는도다.
하느님 안에서 나뉘지 않는 한 존재가
일하시니,
존재하는 모든 것이 이 한 힘에 의해
창조되었네.

거친 절벽들과 편평한 평원들과 산의 협곡들
짐바리 짐승들, 가축들, 소들, 매머드,
사나운 짐승들,
꽃들과 관목들, 덩굴나무들, 약초와
삼림의 숲들,
향기를 뿌리는 모든 식물들,
양식이 되어 주는 식물들이 모두.

• 프루덴티우스『승리의 화관』10,325-35.[6]

### 135,15–16 은과 금으로 만들어진 우상

#### 우상들은 실체가 아니다

“나는 주 너희 하느님이다. 너희를 위하여 우상을 만들거나, 신상이나 기념 기둥을 세워서는 안 된다. 또 조각한 돌을 너희 땅에 놓고 그것에 절해서도 안 된다. 나는 주 너희 하느님이다”(레위 25,55-26,1). 실로 이것이 주님께서 모세의 입을 통해 처음 하신 말씀입니다. 이스라엘의 주 하느님께서 지독한 미신에 빠져 있는 세상인 이집트와 인간이 종으로 사는 장소에서 비슷한 방식으로 이끌고 나오신 그 누구에게나 해당하는 말씀이지요. 그런데 뒤이은 모든 예언자들의 입에서도 같은 하느님의 발언들이 나오며, 같은 명령들을 새롭게 함으로써 그분의 같은 율법이 증보되었습니다. 무엇보다 우상을 만들거나 섬기는 것을 경계하는 임무가 특별히 강조되었습니다. 그래서 다윗의 입에서 이런 말이 나온 것입니다. “민족들의 우상들은 은과 금, 사람의 손이 만들어 낸 것들. 입이 있어도 말을 못하고 눈이 있어도 보지 못하며 귀가 있어도 듣지 못하고 그 입에는 숨조차 없으니 그것들을 만드는 자들도 신뢰하는 자들도 모두 그것들과 같다네.”

• 테르툴리아누스『전갈 처방』2.[7]

#### 새들이 부르는 노래를 본받아라

그러니 새들도 기쁨을 주기 위하여 시편집 같은 달콤함을 온몸으로 터트리는 하루의 끝에 시편을 기도하지 않는다면 어떤 인간이 얼굴을 붉히지 않겠으며, 새들이 즐거운 노래로 찬미하는 그분의 영광을 아름다운 운문으로 소리 내어 읊으려 하지 않겠습니까? 그러니 형제 여러분, 저 더없이 작은 새들을 본받아 아침과 저녁에 창조주께 감사를 올리십시오. 그리고 여러분이 더 신심 깊은 사람이라면, 나이팅게일 새를 본받으십시오. 이 새는 낮에만 찬미하는 것으로는 부족한지 밤새 깨어 노래합니다. 그러니 여러분은 낮을 여러분의 찬미와 묶고 밤을 여러분의 일에 보태어, 여러분이 연속 시편들로 시작한 잠자지 않고 일하는 수고를 더십시오. 제가 밤을 새는 새들에 대해 말했지만, 여러분이 밤부엉이를 본받기를 바라지는 않습니다. 밤부엉이는 밤 내내 깨어 있지만 낮에는 눈이 멀고 게으릅니다. 그 큰 눈으로 그것은 어둠을 사랑합니다. 그러나 밝은 태양에는 질색하지요. 놀라운 것이, 그것들은 어둠

[6] FC 43,205.

[7] ANF 3,635-36*.

속에서는 보고 빛이 있으면 보지 못합니다. 이 짐승은 이단자들과 이교인들의 표상입니다. 그들은 악마의 어둠은 품고 구원자의 빛에는 몸서리치며, 논쟁이라는 그 거대한 눈으로 헛된 것들을 바라보지만 영속하는 것은 알아차리지 못합니다. 이들에 대하여 주님께서는 "그들은 눈이 있으나 보지 못하고 깨닫지 못하며 어둠 속을 걷고 있다"(시편 82,5)고 하십니다. 그들은 미신들에 관해서는 명민하지만 하느님의 일들과 관련해서는 우둔하기 때문입니다. 그들은 자기가 난해한 단어들을 가지고 훨훨 난다고 생각하지만, 실은 참빛의 밝음 앞에 놓인 밤올빼미처럼 혼란에 빠져 있습니다.

• 토리노의 막시무스 『설교집』 73,5.[8]

[8] ACW 50,180*.

## 136,1-26 우리의 창조주요 구원자이신 분에 대한 찬양

1 주님을 찬송하여라, 좋으신 분이시다.
주님의 자애는 영원하시다.
2 신들의 신을 찬송하여라.
주님의 자애는 영원하시다.
3 주님들의 주님을 찬송하여라.
주님의 자애는 영원하시다.
4 홀로 큰 기적들을 일으키신 분을.
주님의 자애는 영원하시다.
5 슬기로 하늘을 만드신 분을.
주님의 자애는 영원하시다.
6 땅을 물 위에 펼쳐 놓으신 분을.
주님의 자애는 영원하시다.
7 커다란 빛들을 만드신 분을.
주님의 자애는 영원하시다.
8 낮을 다스리라 해를 만드신 분을.
주님의 자애는 영원하시다.
9 밤을 다스리라 달과 별들을 만드신 분을.
주님의 자애는 영원하시다.
10 이집트의 맏배들을 치신 분을.
주님의 자애는 영원하시다.
11 이스라엘을 그들 가운데에서
이끌어 내신 분을.
주님의 자애는 영원하시다.
12 강한 손과 뻗은 팔로.
주님의 자애는 영원하시다.
13 갈대 바다를 둘로 가르신 분을.
주님의 자애는 영원하시다.
14 이스라엘을 그 가운데로 지나가게 하셨다.
주님의 자애는 영원하시다.
15 파라오와 그의 군대를 갈대 바다에
처넣으셨다.
주님의 자애는 영원하시다.
16 사막에서 당신 백성을 인도하신 분을.
주님의 자애는 영원하시다.
17 큰 임금들을 치신 분을.
주님의 자애는 영원하시다.
18 뛰어난 임금들을 죽이셨다.
주님의 자애는 영원하시다.
19 아모리 임금 시혼을.
주님의 자애는 영원하시다.
20 바산 임금 옥을 죽이셨다.
주님의 자애는 영원하시다.⤴

21 이들의 땅을 상속 재산으로 주셨다.
주님의 자애는 영원하시다.
22 당신 종 이스라엘에게 상속 재산으로
주셨다.
주님의 자애는 영원하시다.
23 우리가 비천할 때 우리를 기억하셨다.
주님의 자애는 영원하시다.
24 원수들에게서 우리를 해방시키셨다.
주님의 자애는 영원하시다.
25 모든 육신에게 빵을 주시는 분을.
주님의 자애는 영원하시다.
26 하늘의 하느님을 찬송하여라.
주님의 자애는 영원하시다.

둘러보기

참하느님을 "신들의 신"이라고 표현하는 것은 이교인들이 신들로 여기는 마귀들보다 그분께서 우월하심을 뜻한다(아우구스티누스). 성경에서 하느님은 인간처럼 묘사되는데, 이는 사람들이 적어도 어느 정도라도 그분을 이해할 수 있게 하려는 것이다(노바티아누스).

136,2 하느님을 찬송하여라, 그분의 자애는 영원하시다

**모든 신들과 마귀들 위에 계시는 참하느님**

이것이 플라톤학파 모두의 견해인지, 아니면 일부 뛰어난 플라톤철학자들의 견해인지 여부는 별로 상관할 바가 아닙니다. 이렇게 죽지 않고 지복을 누리는 피조물을 신이라고 부르는 한, 명칭에 대해 우리와 그들 사이에는 의견 차이가 거의 없다고 할 수 있습니다. 왜냐하면 우리 성서에 "신들의 신, 주님께서 말씀하셨다"(시편 49,1 칠십인역, 불가타)라는 구절이 나오는 까닭입니다. 또 다른 곳에서는 "신들의 신을 찬송하여라"(시편 136,2)라고도 하고 또 "주님은 모든 신들 위에 위대하신 임금님"(시편 95,3)이라고도 합니다. 그리고 "주님은 모든 신들 위에 경외로우신 분이시다"(시편 96,4)라는 구절 바로 뒤에는 왜 그렇게 표현하는지 이유를 설명합니다. "민족들의 신들은 모두 헛것이어도 주님께서는 하늘을 만드셨기"(시편 96,4-5) 때문입니다. 앞에서 시편 저자는 "모든 신들 위에" 경외로우신 분이라고 했지만, 그 "신들"은 "민족들의" 신들이라고 덧붙입니다. 다시 말해서, 이방인들은 그 존재들을 신으로 여기는데 그들은 실제로는 "마귀"라는 뜻입니다. 그래서 하느님은 "경외로우신" 분이고, 그 두려움에 사로잡혀서 마귀들이 주님께 "저희를 멸망시키러 오셨습니까?"(마르 1,24)라고 했던 것입니다. 따라서 "신들의 신"이라는 구절도 마귀들의 신을 말하는 것이라고 볼 수 없습니다. 또 "모든 신들 위에 위대하신 임금님"도 모든 마귀들을 거느리는 임금님을 말하는 것이 결코 아닙니다.

• 아우구스티누스 『신국론』 9,23.[1]

136,12 강한 손과 뻗은 팔

**하느님의 힘센 손과 들어 올린 팔**

거룩한 성경에는 하느님의 모습을 인간의 형태인 것처럼 묘사하는 곳이 많습니다. "주님의 눈은 의인들을 굽어보신다"(시편 34,16)나 "주님께서 그 향내를 맡으시고"(창세 8,21), "하느님께서 당신 손가락으로 쓰신 판"(탈출 31,18)을 모세

[1] *CG* 368-69.

에게 주셨다, 이스라엘 자손이 "하느님의 강한 손과 뻗은 팔"로 이집트 땅에서 구원받았다 같은 표현들이지요. 또 성경은 "주님께서 친히 말씀하셨다"(이사 1,20)고 하고, 하느님께서 땅을 당신의 "발판"(이사 66,1)으로 여기셨다고 하며, "주님, 귀를 기울여 들어 주십시오"(2열왕 19,16)라는 표현도 나옵니다. "율법은 영적인 것"(로마 7,14)이라고 말하는 우리는 거룩하고 존엄하신 분의 형체나 크기를 우리들 육체의 틀이 지닌 형체 안에 가두지 않습니다. 오히려 우리는 그것을 제한할 수 없는 무한한 것으로 여깁니다. "제가 하늘로 올라가도 거기에 당신 계시고 저승에 내려가도 거기에 당신 계십니다. 제가 날개를 달아 바다 너머로 떠나도 거기에서 당신 손이 저를 잡으시고 당신 오른손이 저를 굳게 붙잡으십니다"(시편 139,8-10)라고 쓰여 있기 때문입니다. 우리는 거룩한 섭리의 펼쳐짐을 보며 거룩한 성경의 의미를 압니다. 예언자는 당시에 그 시대의 관습대로 하느님에 대해 비유로 이야기하고 있었습니다. 실제의 하느님 그대로가 아니라 백성들이 그 분을 이해할 수 있는 식으로 이야기한 것이지요. 하느님을 그런 식으로 묘사한 것은 하느님이 아니라 사람들 때문이었습니다. 그래서 하느님은 장막 안에 가두어질 수 없는 분이심에도 사람들이 장막을 세우는 것이 허락되었던 것입니다. 하느님은 성전이라는 좁은 테두리 안에 담길 수 없는 분이신데도 성전이 세워졌습니다. 하느님은 유한하지 않으시건만 사람들의 인지능력은 유한합니다. 하느님은 제한되지 않으시나 사람들 정신의 이해력은 제한되어 있습니다. 그래서 주님께서는 복음서에서 이렇게 말씀하셨습니다. "너희가 이 산도 아니고 예루살렘도 아닌 곳에서 아버지께 예배를 드릴 때가 온다. 하느님은 영이시다. 그러므로 그분께 예배를 드리는 이는 영과 진리 안에서 예배를 드려야 한다"(요한 4,21.24). 그러니까 육체의 지체들이 나타내는 것은 하느님의 권능이지 하느님의 겉모습이나 육체의 생김새가 아닙니다.

• 노바티아누스 『삼위일체론』 6,1-5.[2]

[2] FC 67,34-36*.

## 137,1-9 유배지에서 부른 구슬픈 노래

1 바빌론 강 기슭①  
거기에 앉아  
시온을 생각하며 우네.  
2 거기 버드나무②에  
우리 비파를 걸었네.  
3 우리를 포로로 잡아간 자들이  
노래를 부르라,  
우리의 압제자들이 흥을 돋우라 하는구나.  
"자, 시온의 노래를 한가락  
우리에게 불러 보아라."  
4 우리 어찌 주님의 노래를  
남의 나라 땅에서 부를 수 있으랴?  
5 예루살렘아, 내가 만일 너를 잊는다면  
내 오른손이 말라 버리리라.  
6 내가 만일 너를 생각 않는다면  
내가 만일 예루살렘을⤴

내 가장 큰 기쁨 위에 두지 않는다면
내 혀가 입천장에 붙어 버리리라.
7 주님, 에돔의 자손들을 거슬러
예루살렘의 그날을 생각하소서.
저들은 말하였습니다.
"허물어라, 허물어라,
그 밑바닥까지!"
8 바빌론아, 너 파괴자야![③]
행복하여라, 네가 우리에게 행한 대로
너에게 되갚는 이!
9 행복하여라, 네 어린것들을 붙잡아
바위에다 메어치는 이!

① 히브리어 본문은 '시냇가'다.
② 또는 '포플러'.
③ 또는 '파괴된 자야'.

둘러보기

비유적으로 바빌론은 삶의 혼란을, 비파는 세상의 유혹에 저항하고 이겨 낼 수 있도록 제어되고 단련되어야만 하는 사람들의 몸을 가리킨다(메토디우스). 그리스도인들은 내부적인 의견 차이나 논쟁을 밖으로 드러내지 말고 내부적으로 그들끼리 해결해야 한다(나지안주스의 그레고리우스). 하느님의 의로움의 태양이 영혼을 비추도록 허용함으로써 삶에서 육욕을 제거해야 한다(오리게네스). 자신에게서 죄 되는 모든 생각과 불의한 정욕, 그리고 그리스도와 반대되는 모든 것을 제거한 이는 행복하다. 인간은 그렇게 된 후에야 비로소 구원받는다(암브로시우스).

137,1-2 바빌론강

**악의 강으로 둘러싸이다**

우리의 주제[1]를 이어 나가기 위해, 순결하고 흠없는 영혼들이 하느님께 노래하는 이 시편을 검토해 봅시다. "바빌론강 기슭 우리는 거기에 앉아 시온을 생각하며 우네. 거기 한가운데 버드나무에 비파를 걸었네." [이 시편은] 그들의 육체를 분명하게 "비파"라는 이름으로 부릅니다. 그들은 정결의 가지에 그것을 걸었습니다. 그리고 무절제라는 강물이 그것을 채어 끌고 가는 일이 일어나지 않도록 그것을 나무에 묶었습니다. '혼란', '동요'로 해석되는 '바빌론'은 이 물이 그 주위를 흐르는 이승의 삶을 나타내고, 우리는 이 세상 안에 있는 한, 주위에 그 물이 흐르는 가운데에 앉아 있고 사악함의 강물이 언제나 우리를 두드리고 있기 때문입니다. 그래서 우리는 언제나 두려움을 느끼면서, 우리의 비파가 쾌락의 파도에 채여 가거나 정결의 나무에서 미끄러지는 일이 없게 해 주십사고 신음하며 하느님께 부르짖습니다.

• 올림푸스의 메토디우스 『열 처녀의 잔치』 4,3.[2]

137,4 유배 중에 하느님께 찬양 노래를 부르다

**이성과 분별로 자제하다**

친지들, 형제 여러분 — 여러분의 태도는 형제답지 않지만, 저는 여러분을 여전히 "형제들"이라고 부르겠습니다 — 단언코 말씀드리건대, 우리가 그러한 견해를 받아들이게 하지 마십시오. 우리는, 자신의 기수인 이성을 내던져 버리

[1] 자애의 덕을 말한다. [2] ANF 6,323-24*.

고, 우리를 효과적으로 제어하는 분별이라는 재갈을 뱉어 버리고, [경주장의] 반환점을 멀리 벗어나 달리는 멋대로 구는 사나운 말처럼 되어서는 안 됩니다. 우리의 토론은 우리 국경 안에서 하고 이집트로 가져가거나 아시리아로 끌고 가지 맙시다. "주님의 노래를 남의 나라 땅에서 부르"지 맙시다. 제가 말하는 "남의 나라 땅"은 이교인이건 그리스도인이건, 친구이건 적이건, 우리에게 동조하는 이건 적대적인 이건, [당사자가 아닌] 청중을 뜻합니다. 이들은 우리를 지나치게 유심히 지켜보고 있으며 우리가 보이는 작은 불꽃만 한 의견 차이가 대화재가 되기 바랍니다. 그들은 불을 지피고 부채질을 하고, 그것이 바람길을 타고 하늘까지 이르도록 키워 놓으며, 그들이 무엇을 의도하고 있는지 우리가 알아채지 못하는 사이에 그들은 그것을 사방을 불태우는 바빌론의 불길보다 더 높이 타오르게 만듭니다. 자기들의 가르침 안에 아무런 힘을 지니지 못한 그들은 우리의 나약함 안에서 그것을 찾으려 합니다. 그래서 상처에 자리 잡는 파리들처럼 그들은 우리의 불행 위에 — 우리의 실수라고 해도 맞겠습니다 — 자리를 잡습니다. 우리는 더 이상 우리의 행동에 눈멀지 맙시다. 이러한 문제들에서 보여야 할 적절한 태도를 소홀히 하지 맙시다. 우리의 논쟁을 솔직히 터놓고 해결할 수 없다면, 적어도 상호 간에 다음의 사항에 대해서는 합의합시다. 영적 진실을 그에 맞갖은 신중한 태도로 발언하고, 거룩한 일들을 거룩한 양식으로 논하며 속인들에게 알려서는 안되는 것들을 그들이 들을 수 있도록 떠들어 대지 않는다는 것입니다.

• 나지안주스의 그레고리우스
『에우노미우스파 반박』(연설 27) 5.[3]

### 137,8-9 네 영혼에서 모든 나쁜 생각을 깨끗이 씻어내라

#### 너의 모든 악덕을 없애라

또 이런 식으로 의인들은 그들의 모든 원수들, 곧 그들의 악덕을 파괴에 넘깁니다. 그리하여 어린아이들, 곧 악의 시작과 부추김마저도 남겨 두지 않습니다. 시편 제137편도 이런 의미로 이해해야 합니다. "바빌론의 딸아, 너 파괴자야! 행복하여라, 네가 우리에게 행한 대로 너에게 되갚는 이! 행복하여라, 네 어린것들을 붙잡아 바위에다 메어치는 이!" 바빌론[혼돈]의 "어린것들"이란 영혼 안에서 일어나는 다루기 힘든 죄스러운 생각들입니다. 그것들을 쳐서, 말하자면 그것들의 머리를 단단하고 굳은 이성과 진리의 힘에다 메어쳐서 진압하는 이는 "어린것들을 붙잡아 바위에다 메어치는" 사람입니다. 그리고 그렇게 하는 그는 참으로 복됩니다. 이런 까닭에 하느님께서는 사람들에게 그들의 악덕들을, 그것들이 태어나는 기미만 보여도 철저하게 파괴하여, 그리스도의 가르침과 어긋나는 그 어떤 것과도 함께하는 일이 없게 하라고 명령하신 것일 겁니다. 그는 "내적으로 유대인"인 이들 앞에서 그의 원수인 악의 모든 자녀를 죽여 없앨 수 있었을 것입니다. 그리고 마찬가지로, 율법과 하느님 말씀을 지키지 않는 이들은 죄로 인하여 길을 잃은 그의 원수들에 빗댈 수 있을 것입니다. 그들은 하느님의 진리에 대한 배신자로 입증된 자들과 똑같은 운명을 겪게 된다고 말할 수 있을 것입니다.

• 오리게네스 『켈수스 반박』 7,22.[4]

#### 나쁜 생각들을 떨쳐 버려라

다윗은 그 여자를 불쌍히 여기며 "바빌론의

---

[3] *FGFR* 219-20.

[4] ANF 4,619-20*.

비참한 딸아"(시편 136,8 칠십인역, 불가타)라고 합니다. 예루살렘의 딸이기를 그치고 바빌론의 딸이 되었으니, 실로 비참합니다. 그런데도 그는 이 여자를 위해 치유자를 청하며 이렇게 말합니다. "행복하여라, 네 어린것들을 붙잡아 바위에 다 메어치는 이!" 이는 말하자면, 부도덕하고 더러운 모든 생각을 그리스도께 메어치라는 뜻입니다. 그분께서는 경외를 불러일으키는 당신의 힘과 질책으로 이성을 거스르는 모든 행위들을 박살내시고 그 불을 끄실 것입니다. 그래서 부정한 사랑에 사로잡힌 이가 있다면, 그는 그분의 열정으로 창녀의 사랑을 치워 버리고 자신을 부인하여 그리스도를 얻을 것입니다.

• 암브로시우스 『참회론』 2,11,106.[5]

[5] NPNF 2,10,358*.

## 138,1-8 원수들을 거슬러 하느님의 도움을 청하는 찬미 노래

1 [다윗]
제 마음 다하여 당신을 찬송합니다.
신들 앞에서 당신께 찬미 노래 부릅니다.
2 당신의 거룩한 궁전을 향해 엎드려
당신의 이름을 찬송합니다.
당신의 자애와 당신의 진실 때문이며
당신의 이름과 말씀을 만물 위로
높이셨기 때문입니다.
3 제가 부르짖던 날 제게 응답하시고
저를 당당하게 만드시어 제 영혼에
힘이 솟았습니다.
4 주님, 당신 입에서 나온 말씀을 들을 때
세상 임금들이 모두 당신을 찬송하게
하소서.
5 주님의 영광이 크시니
주님의 길을 노래하게 하소서.
6 주님께서는 높으셔도 비천한 이를
굽어보시고
교만한 자를 멀리서도 알아보신다.
7 제가 비록 곤경 속을 걷는다 해도
당신께서는 제 원수들의 분노를 거슬러
저를 살리십니다.
당신 손을 뻗치시어
당신 오른손으로 저를 구하십니다.
8 주님께서는 나를 위하여 이루시리라!
주님, 당신의 자애는 영원하십니다.
당신 손이 빚으신 것들을 저버리지 마소서.

둘러보기

죄에 대한 성실한 고백이란 어떤 특정한 죄나 한 종류의 죄가 아니라 모든 죄를 고백함을 뜻한다(히에로니무스). 하느님 마음에 드는 예배란 무엇보다 우리가 천사들이 보는 앞에서 하느님을 찬미하고 있다는 점을 의식하는 것이다(베다). 하느님께서는 겸손하고 비천한 이들에게 눈길을 주신다. 교만하고 힘 있는 자들은 멀리서만 아실 뿐이다(아우구스티누스). 우리는 우리의 마음을 오직 하느님께만 들어 올려야 한다. 마음을 다른 어떤 이에게 들어 올리는 것은 교만이다(카이사리우스).

138,1 마음을 다하여 하느님을 찬송한다

마음을 다하여 고백하다

"제 마음을 다하여 주님, 당신께 고백합니다." 상처의 종류에 따라 치료법이 결정됩니다. 육체가 여러 종류의 상처를 입듯이 영혼도 그 나름의 병이 있고 상처가 있으므로 우리는 우리 죄의 성격에 맞는 참회를 해야 합니다. 어떤 사람이 자기의 모든 죄를 고백할 때, 그는 마음을 다하여 주님께 자기 죄를 인정하는 것입니다. 예를 들어, 어떤 사람이 불륜을 저질렀는데 그 죄만 고백하고, 탐욕스럽거나 성을 잘 내고 또는 남을 비방하거나 하느님을 모독하는 등 갖가지 잘못과 악덕이 잔뜩이라면, 그의 고백은 참된 것이 아닙니다. 자기의 모든 죄와 자기 영혼의 모든 격정을 회개하는 사람은 "주님, 제 마음 다하여 고백하며 당신을 찬송합니다"라고 말할 수 있는 사람입니다. "당신께서 저의 입에서 나온 말을 들으셨나이다"(시편 138,3 참조). 이 절은 히브리어 본문에는 나오지 않습니다. 그러나 어쨌든 그 의미는 이렇습니다. '주님, 저는 제 마음을 다하여 고백을 쏟아 내었습니다. 당신께 한 가지 죄만 인정한 것이 아니라 저의 모든 죄와 잘못을 고백하였습니다. 그리고 당신께서는 은혜로이 제 말에 귀 기울여 주셨습니다.'

• 히에로니무스『시편 강해집』49.[1]

천사들 앞에서

선택된 이들 곁에는 간교한 원수들의 덫에서 그들을 지키고 거룩한 욕망이라는 훌륭한 선물로 그들에게 힘을 주기 위해 천사들이 눈에 보이지는 않지만 자주 와 있다는 것은 전혀 비밀이 아닙니다. 이에 대한 사도의 증언이 있습니다. "천사들은 모두 하느님을 시중드는 영으로서, 구원을 상속받게 될 이들에게 봉사하도록 파견되는 이들이 아닙니까?"(히브 1,14). 그럼에도 불구하고 우리는 천사적 영들은 우리가 우리 자신을 특별한 방식으로 하느님을 섬기는 일에 바칠 때, 그러니까 교회에 들어갈 때나 거룩한 독서에 귀를 기울일 때, 또는 시편 노래에 주의를 집중할 때, 기도를 올리거나 엄숙한 미사를 올릴 때 특별히 우리 곁에 와 있다고 믿어야 할 것입니다. 그래서 사도는 여자들에게 교회에서 머리에 너울을 쓰라고 조언했는데 그것은 천사들 때문이었습니다. 그리고 한 예언자는 "천사들 앞에서 당신께 시편을 노래하리이다"(시편 137,1 칠십인역, 불가타)라고 말합니다. 주님의 육신과 피의 신비들이 재현되는 곳에는 저 높은 곳의 거주자들이 와 있다는 사실을 의심하는 것은 우리에게 허락되지 않습니다. 그들은 [그리스도의] 흠숭하올 육신이 모셔졌다가 되살아 떠나신 무덤을 더없이 조심스럽게 지켰습니다. 그러니 형제 여러분, 거룩한 찬미를 바치거나 엄숙한 미사를 드리기 위해 교회에 들어갈 때면 언제나 천사들이 그곳에 있음을 생각하고, 무덤에서 천사들이 그들 앞에 나타났을 때 두려워하며 얼굴을 땅으로 숙였다는, 하느님께 헌신적이었던 여자들을 본받아, 경외심과 맞갖은 경의를 지니고서 우리의 거룩한 의무를 수행하기 위하여 세심하게 노력해야 합니다.

• 존자 베다『복음서 강해』2,10.[2]

138,6 하느님께서는 비천한 이를 굽어보신다

주님께서는 비천한 이를 굽어보신다

아마도 [시편이] "주님께서는 높으셔도 비천한 이를 굽어보시고"라고 말하기 때문에 여러분은 속으로 "그럼 그분은 나는 굽어보시지 않는

---

[1] FC 48,361*.

[2] CS 111,91-92.

다"라고 말합니다. 그분께서 여러분을 굽어보시지 않고 무시한다면, 그보다 더 불행한 일이 무엇이 있겠습니까? 굽어본다는 것은 연민을 느낀다는 뜻이고, 무시한다는 것은 경멸한다는 뜻입니다. 그런데 필시, 주님께서는 낮은 것들을 굽어보시므로 여러분은 여러분이 그분의 눈길을 벗어난다고 상상합니다. 여러분이 겸손하지도 비천하지도 않으니 여러분은 높고 힘 있다고 생각한다면 여러분은 교만합니다. 그것은 하느님의 눈길을 벗어나는 방법이 아닙니다. 뭐라고 말하는지 보십시오. "주님은 높으셔도"라고 합니다. 네, 실로 높으십니다. 여러분은 어떻게 그분께 가닿을 생각이십니까? 사다리를 찾으실 겁니까? 겸손의 나무[3]를 찾으십시오. 그러면 여러분은 이미 그분께 가닿았습니다. "주님께서는 높으셔도 비천한 이를 굽어보신다. 그러나 높고 힘있는 자들은(이처럼 교만한 여러분은 그분의 눈길을 벗어났다고 상상하지 마십시오) 멀리서도 알아보신다"고 쓰여 있습니다. 네, 하느님께서는 멀리서도 알아보십니다. "악인들에게는 구원이 멀리 있습니다"(시편 119,155).

• 아우구스티누스 『설교집』 70A,2.[4]

### 하느님께서는 교만한 자를 멀리서도 알아보신다

우리는 들었습니다. 그리고 그것은 명확합니다. 우리는 밖으로 나갔었고 다시 안으로 보내졌습니다. 그대는 "높고 외로운 산을 내가 발견하였더라면! 하느님께서는 높은 곳에 계시니 높은 곳에서는 그분께서 나의 말에 귀 기울이신다고 나는 믿기 때문이네"라고 말하였습니다. 그대는 그대가 산 위에 있으면 하느님과 더 가까이 있다고, 그래서 마치 가까이서 소리치는 것처럼 그대의 말이 더 잘 들릴 거라고 생각합니까? 그분께서는 높은 곳에 계십니다만 "비천한 이를 굽어보십니다". "주님께서 가까이 계시다." 누구 가까이 계시다는 말입니까? 아마도 높은 이들에게요? "꺾인 마음을 지닌 이들"(시편 51,19 참조)입니다. 그분께서 높은 곳에 사시면서도 비천한 이들 가까이 오시는 것은 불가사의한 일입니다. 그분은 교만한 이들을 멀리서도 알아보십니다. 그들이 스스로를 더 높이 볼수록, 그분께서는 그만큼 그들 가까이 가지 않으십니다.

• 아우구스티누스 『요한 복음 강해』 15,25,1.[5]

### 주님께 네 마음을 들어 올려라

오늘 우리는 장엄한 승천 축일을 기념하고 있습니다. 그러므로 우리가 주님의 승천을 올바르고 거룩하고 성실하고 경건하고 신심 깊게 기념하고자 한다면, 우리는 우리 마음을 들어 올려 그분과 함께 하늘로 올라가야 합니다. 그렇게 올라가는 우리이니, 교만으로 부풀어 오르거나 우리의 공덕이 마치 우리 것이기나 한 듯이 생각하지 맙시다. 실로 우리는 마음을 들어 올려야 하지만, 오직 주님께 들어 올려야 합니다. 들어 올려졌지만 주님께 들어 올려지지 않은 마음을 우리는 교만이라 부릅니다. 주님께 들어 올려진 마음은 피난처라 부릅니다. 형제 여러분, 위대한 기적을 보십시오. 하느님께서는 높은 곳에 계십니다. 여러분이 여러분 자신을 드높입니다. 그러면 그분께서는 여러분에게서 달아나십니다. 여러분이 자기를 낮추면, 그분께서 여러분에게로 내려오십니다. 어째서 그렇습니까? "주님께서는 높으셔도 비천한 이를 굽어보시고 교만한 자를 멀리서도 알아보시기" 때문입니다. 그분께서 비천한 이를 가까이서 굽어보시는 것

[3] 십자가를 말한다.

[4] *WSA* 3,3,244.

[5] FC 79,94*.

은 그를 들어 올리시기 위해서입니다. 높은 것, 곧 교만한 것을 그분께서 알아보시는 것은 그를 끌어내리시기 위해서입니다. 실로 그리스도께서는 우리에게 희망을 주시기 위해 죽은 이들 가운데에서 되살아나셨습니다. 죽는 사람은 다시 일어나기 때문입니다. 그분께서는 우리가 죽음에 절망하지 않고 우리의 삶 전체가 죽음으로 끝난다고 생각하지 않도록 우리에게 확신을 주셨습니다. 우리는 우리의 영혼 때문에 걱정하지만, 그분께서는 죽은 이들 가운데에서 되살아나심으로써 우리에게 육체의 부활에 대한 확신도 주셨습니다.

• 아를의 카이사리우스 『설교집』 210,2.[6]

[6] FC 66,94.

### 139,1-24 마음을 살펴보시는 하느님께 바치는 기도

1 [지휘자에게. 다윗. 시편]
주님, 당신께서는 저를 살펴보시어
아십니다.
2 제가 앉거나 서거나 당신께서는 아시고
제 생각을 멀리서도 알아채십니다.
3 제가 길을 가도 누워 있어도
당신께서는 헤아리시고
당신께는 저의 모든 길이 익숙합니다.
4 정녕 말이 제 혀에 오르기도 전에
주님, 이미 당신께서는 모두 아십니다.
5 뒤에서도 앞에서도 저를 에워싸시고
제 위에 당신 손을 얹으십니다.
6 저에게는 너무나 신비한 당신의 예지
너무 높아 저로서는 어찌할 수 없습니다.
7 당신 얼을 피해 어디로 가겠습니까?
당신 얼굴 피해 어디로 달아나겠습니까?
8 제가 하늘로 올라가도 거기에 당신 계시고
저승에 잠자리를 펴도 거기에 또한
계십니다.
9 제가 새벽놀의 날개를 달아
바다 맨 끝에 자리 잡는다 해도
10 거기에서도 당신 손이 저를 이끄시고
당신 오른손이 저를 붙잡으십니다.
11 "어둠이 나를 뒤덮고
내 주위의 빛이 밤이 되었으면!" 하여도
12 암흑인 듯 광명인 듯
어둠도 당신께는 어둡지 않고
밤도 낮처럼 빛납니다.
13 정녕 당신께서는 제 속을 만드시고
제 어머니 배 속에서 저를 엮으셨습니다.
14 제가 오묘하게 지어졌으니①
당신을 찬송합니다.
당신의 조물들은 경이로울 뿐.
제 영혼이 이를 잘 압니다.
15 제가 남몰래 만들어질 때
제가 땅 깊은 곳에서 짜여질 때
제 뼈대는 당신께 감추어져 있지
않았습니다.
16 제가 아직 태아일 때 당신 두 눈이 보셨고
이미 정해진 날 가운데⤴

↗아직 하나도 시작하지 않았을 때
당신 책에 그 모든 것이 쓰여졌습니다.
17 하느님, 당신의 생각들이
제게 얼마나 어렵습니까?
그것들을 다 합치면
얼마나 웅장합니까?
18 세어 보자니 모래보다 많고
끝까지 닿았다 해도②
저는 여전히 당신과 함께 있습니다.
19 오, 하느님, 당신께서 죄인을 죽이신다면!
피에 주린 사내들아, 내게서 물러가라!
20 이들은 당신을 두고
음흉하게 이야기하며
사악하게③ 당신을 거슬러 일어섭니다.
21 주님, 당신을 미워하는 자들을
제가 미워하지 않을 수 있겠습니까?
당신을 거역하는 자들을
제가 업신여기지 않을 수 있겠습니까?
22 더할 수 없는 미움으로
그들을 미워합니다.
그들은 저에게 원수가 되었습니다.
23 하느님, 저를 살펴보시어
제 마음을 알아주소서.
저를 꿰뚫어 보시어
제 생각을 알아주소서.
24 제게 고통의④ 길이 있는지 보시어
저를 영원의 길⑤로 이끄소서.

① 히브리어 본문; 바로잡은 본문은 '당신은 두렵고 놀라우신 분'이다.
② 또는 '제가 깨어 있어도'.
③ 히브리어 본문의 단어는 뜻이 명확하지 않다.
④ 히브리어 본문; 칠십인역, 불가타는 '사악한' 또는 '불법적인'.
⑤ 또는 '옛길'(예레 6,16 참조).

둘러보기

우리는 놀라운 자연과 우리 신체 구조의 기능을 관찰함으로써 하느님 지혜의 깊이를 조금 더 잘 이해할 수 있다(바실리우스). 사람들이 자기 주변의 세계보다 자기 자신을 알기가 더 어렵긴 하지만, 하느님의 위대함을 이해하는 데에 우리 본성의 구조보다 더 나은 자원은 없다(바실리우스, 아우구스티누스). 하느님의 섭리는 놀라우며, 인간에게 엄청나고 훌륭한 자원을 제공해 주며, 우리의 거룩하신 은인을 찬양하려는 마음을 불러일으킨다. 어떤 언어를 사용하든, 사람들은 하느님의 선포를 받아들이며 그분의 놀라운 지식을 찬양한다(테오도레투스). 인류는 하느님이라는 존재의 본성을 이해할 수 없을 뿐 아니라, 그분께서 어떻게 동시에 모든 곳에 계실 수 있는지도 알지 못한다(요한 크리소스토무스). 하느님은 모든 곳에 계시기에, 사람들이 그분에게서 달아나는 것은 불가능하다(로마의 클레멘스). 우리는 하느님과 우리 죄에 대한 그분의 심판에서 달아날 수 없으므로 그분에게로 달아나 우리 죄들을 고백해야 한다(아우구스티누스). 살아 있는 모든 피조물은 하느님의 권능과 존재에 둘러싸여 있다(풀겐티우스). 하느님은 실로 무한하시며 우리가 이해할 수 없고 모든 곳에 계신다(힐라리우스). 하느님은 어디에나 계시므로 우리는 그분에게서 우리 죄를 숨길 수 없고, 따라서 그분께서 보시는 앞에서 죄짓는 것을 부끄러워해야 한다(페트루스 크리솔로구스). 아버지와 아들께서 어디에나 계심은 두 분의 신성이 동등하다는 사실을 뒷받침해 준다(바실리우스). 하느님께서 어디에나 계시다면, 그분의 지혜와 성령 역시 어디에나 계시다. 모든 사람이 하느님 앞에 있지만, 복된 이들만이 참으로 그분과 함께 있다(아우구스티누스).

하느님께서는 우리의 창조자로서 그리고 우리에게 생명을 주신 뒤로 우리를 보호해 주시는 분으로서 우리가 존속하게 해 주신다(암브로시우스). 우리가 하느님 대신 인간의 권위에 복종한다면, 하느님께서 그 불복종을 알게 되실 것이다(키프리아누스). 하느님께서는 우리와 함께 계시겠다고 약속하신다. 이것은 우리가 잠과 영적 나태에 빠지지 않게 해 주는 의미 있는 격려다(에프렘). 하느님께서 사람들에게 사랑하고 미워하는 능력을 주신 것은 그들이 선을 사랑하고 악을 미워할 수 있게 하신 것이다(바실리우스). 왜 어떤 이는 믿고 어떤 이는 믿지 않는지 하는 것은 답을 제시할 수 없는 문제다. 그러나 성경은 그리스도를 믿는 이들만이 구원받을 것이라고 분명하게 가르친다(아우구스티누스).

### 139,6 모든 것을 아시는 하느님

#### 하느님 지혜의 증거인 육체의 기능들

여러분이 이것들을 하나하나 적절히 모두 살펴보고 거기에 더해 호흡의 과정과 심장이 온기를 유지하는 방식, 소화기관과 혈관까지 조사한다면, 여러분은 이 모든 놀라운 것들 안에서 창조주의 불가해한 지혜를 알아보게 될 것입니다. 그러면 여러분은 예언자와 함께 "[나 자신을 살펴보니] 당신의 예지는 놀랍기만 합니다" 하고 말할 수 있을 것입니다. 그러니 하느님께 주의를 기울일 수 있도록 여러분 자신에게 주의를 기울이십시오. 하느님께 영광과 권능이 영원무궁히 있나이다. 아멘.

• 대 바실리우스 『'그대 자신을 주의하라'에 관한 강해』.[1]

#### 인간 육체의 구조가 하느님의 지혜를 드러내다

솔직히, 자기 자신을 아는 것이 가장 어려운 일 같습니다. 외부 대상을 관찰하는 우리의 눈이 자기 자신에게는 시각이라는 지각 능력을 사용하지 않는 데다가, 다른 사람의 죄를 열심히 관찰하는 우리의 정신은 자기 자신의 결점을 알아보는 데는 느립니다. 그래서 다른 사람들과 관계된 문제들을 열심히 조사한 뒤인 지금도 우리의 말은 자기 자신의 본성을 점검하는 데는 주저하고 느립니다. 그러나 자기 자신을 지성적으로 점검하면서, 우리 자신의 구조보다 하늘과 땅을 보고서 하느님을 더 잘 아는 법을 배우는 것이 불가능하지는 않습니다. 예언자도 "당신의 예지는 저에게는 너무나 신비하다"고 말합니다. 이는, 저 자신을 세심히 관찰해 보고서 저는 당신의 지혜가 놀라움을 알게 되었다는 뜻입니다.

• 대 바실리우스 『육일 창조에 관한 강해』 9,6.[2]

#### 하느님의 예지는 탁월하다

그렇다면 하느님의 예견豫見이 과연 하느님의 기억과 이해와 동일한 것인지를 우리처럼 허약한 지성으로 파악할 수 있다고 여기는 것일까요? 하느님은 하나씩 생각하면서 각각의 사물을 주시하는 분이 아니라, 당신이 아는 모든 것을 단 한 번의 영원하고 불변하고 형언할 수 없는 시선으로 파악하시니 하는 말입니다. 이런 어려움과 난감한 지경에서 우리로서는 살아 계신 하느님께 이렇게 부르짖어야 마땅합니다. "저에

[1] FC 9,445-46*.

[2] FC 46,147*.

게는 당신의 예지가 놀랍기만 합니다. 너무 높아 저로서는 거기에 도달할 수 없습니다." 제가 깨닫는 것은 당신의 예지, 당신이 나를 만드신 지식이 얼마나 놀랍고 불가해하냐는 것입니다. 제가 저 자신을, 당신께서 만드신 저를 이해하지 못하는 터이기 때문입니다. 그래서 "나의 명상 중에 불길이 솟구쳐"(시편 39,4 참조) "언제나 당신 얼굴을 항상 찾나이다"(시편 105,4 참조).

• 아우구스티누스 『삼위일체론』 15,7,13.[3]

하느님 섭리의 놀라움

물은 말들과 당나귀들, 노새들, 땅을 여행하는 이들에게 긴요한 안내자인 바퀴 자국들과 수레와 전차의 자국들을 보존해 주지 못하므로, 우주의 창조주께서는 드넓은 바다에게 땅 위의 행로처럼 별들을 배치해 주셨습니다.

거룩한 섭리의 놀라움을 찬양하라!
오, 형언할 길 없는 사랑이여!
오, 말로 다 할 수 없는 지혜여!

거룩한 섭리의 선함을, 그 힘을, 어려운 일들에서 보이는 그 숭고함을, 곤란한 상황을 그토록 쉽게 다루심을, 그 장려함과 그 풍부함을 어느 누가 족히 감탄할 수 있겠습니까! 실로 당신의 예지는 저에게는 놀랍기만 합니다. "너무 높아 저로서는 어찌할 수 없습니다." 이것은 저의 감탄이기도 합니다. 여러분이 제가 하는 말을 듣는다면, 여러분도 저와 함께 이 말씀들을 낭송하며 여러분의 힘을 다해 이 은인을 찬양하고 그분의 헤아릴 수 없이 많은 축복에 절절한 감사의 말씀을 올리게 될 것입니다.

• 키루스의 테오도레투스 『섭리에 관한 연설』 1,39.[4]

하느님의 예지는 경이롭다

그들이 너무나 큰 소리로 선포하여 온 인류가 그들의 목소리를 듣습니다. "말도 없고 이야기도 없으며 그들 목소리조차 들리지 않지만 그 소리는 온 땅으로 그 말은 누리 끝까지 퍼져 나가네"(시편 19,4-5). 온갖 인종과 각기 다른 언어를 쓰는 모든 이가 낮과 밤의 선포를 듣습니다. 그래서 이 저자는 또 다른 시편에서 창조주를 찬미하며 이렇게 말합니다. "저에게는 너무나 신비한 당신의 예지, 너무 높아 저로서는 어찌할 수 없습니다."

• 키루스의 테오도레투스 『섭리에 관한 연설』 4,4.[5]

하느님께서 어떻게 하여 어디에나 계시는지 우리는 알지 못한다

그러니 우리는 이에 관해 예언자가 하는 말에 귀 기울입시다. "저에게는 너무나 신비한 당신의 예지." 그러나 그가 이어서 뭐라고 하는지 봅시다. "당신은 무시무시하며 놀라우신 분이시니 당신께 감사를 올리나이다." 어째서 "무시무시하다"고 합니까? 우리는 기둥들의 아름다움에, 뛰어난 벽화에, 꽃피는 듯한 젊은 육체에 놀라워합니다. 또 우리는 드넓은 바다를, 그것이 한없이 깊음을 놀라워합니다. 그런데 아래를 내려다보고 그것이 얼마나 깊은지 보면 두려움을 느끼며 놀라워합니다. 예언자가 몸을 구부리고서 하느님 지혜의 그 한없이 넓고 깊음을 보았을 때 느낀 것이 바로 이런 것이었습니다. 그는 몸이 떨릴 만큼 충격을 받았습니다. 몹시 두려움을 느꼈고 그래서 물러서서 큰 소리로 이렇게 말했습니다. "당신을 찬송합니다. 당신은 두려울 만큼

[3] FC 45,468-69*.
[4] ACW 49,22-23.
[5] ACW 49,48.

놀라우시고, 당신의 조물들은 경이로울 뿐"(시편 139,14). 또 이렇게도 말합니다. "저에게는 너무나 신비한 당신의 예지, 너무 높아 저로서는 어찌할 수 없습니다."

여러분은 이 종이 얼마나 분별 있고 그의 마음이 얼마나 고마움을 느끼는지 보십니까? 그의 말은 '저에게는 제가 헤아릴 수 없는 주인이 계시니 당신께 감사드립니다'라는 뜻입니다. 그는 지금 하느님의 본질을 이야기하고 있는 것이 아닙니다. 그는 하느님의 본질은 헤아릴 수 없는 것이라는 이해에 도달해 있고, 모두가 그 사실에 동의하는 것처럼 여깁니다. 그가 여기서 이야기하는 것은 하느님께서 모든 곳에 계시다는 사실입니다. 그는 바로 이것, 그러니까 하느님께서 어떻게 모든 곳에 계시는지를 자신이 이해하지 못한다는 것을 보여 주고 있습니다. 그가 하느님의 편재遍在에 대해 이야기하고 있다는 것을 다음 구절이 말해 줍니다. 들어 보십시오. "제가 하늘로 올라가도 거기에 당신 계시고 저승에 내려가도 거기에 당신 계십니다"(시편 139,8). 하느님께서 어떻게 모든 곳에 계시는지 보십니까? 예언자는 이것이 어찌하여 진실인지는 알지 못했지만, 그는 전율하고, 당황하고, 그것에 대해 생각하는 것만으로도 쩔쩔맵니다.

• 요한 크리소스토무스 『동일본질』 1,24-25.[6]

### 139,7-10 어디에나 계시는 하느님

#### 우리는 하느님에게서 달아날 수 없다

이처럼 그분께서는 모든 것을 보고 들으시니, 우리는 그분을 경외하고 비열한 행위들을 낳는 사악한 욕망들로부터 벗어나야 하겠습니다. 그렇게 함으로써 우리는 다가올 심판에서 그분의 자비로 보호받을 것입니다. 우리 가운데 어느 누구라도 그분의 강한 손을 피해 도망할 수 있는 사람이 있습니까? 그분을 저버린 자를 받아 줄 세계가 어디에 있습니까? 성경에 다음과 같이 쓰여 있으니 말입니다. "당신 얼굴 피해 어디로 달아나겠습니까? 제가 하늘에 올라가도 거기에 당신 계시고 세상 끝으로 가도 당신의 오른손이 거기에 있습니다. 저승에 잠자리를 펴도 당신의 영이 거기에 또한 계십니다"(시편 139,7-8). 그렇다면 누가 어디를 갈 수 있겠으며, 모든 것을 품고 계시는 그분을 피해 어디로 도망갈 수 있겠습니까?

• 로마의 클레멘스 『코린토 신자들에게 보낸 첫째 편지 = 클레멘스의 첫째 편지』 28.[7]

#### 아무도 하느님의 심판을 피할 수 없다

"우리 마음이 가책을 받더라도 그렇습니다." 곧, 우리가 지녀야 할 지향을 가지고 행동하지 않았기 때문에 마음이 우리를 고발한다면, 그것은 "하느님께서는 우리 마음보다 더 크시고 또 모든 것을 아시기 때문입니다"(1요한 3,20). 그대는 그대의 마음을 사람들에게 감춥니다. 할 수 있다면 하느님께도 감추어 보십시오. 그분께 어떻게 감추겠습니까? 그분은 어떤 죄인이 이렇게 아뢴 분이니 말입니다. "당신 얼을 피해 어디로 가겠습니까? 당신 얼굴을 피해 어디로 달아나겠습니까?" 그는 하느님의 심판을 피해 도망갈 곳을 찾았지만 찾지 못했습니다. 도대체 하느님께서 계시지 않은 곳이 어디입니까? "제가 하늘로 올라가도 거기에 당신 계시고 저승에 잠자리를 펴도 거기에 또한 계십니다." 그대, 어디로 가겠습니까? 어디로 도망가겠습니까? 조언을 듣고 싶습니까? 하느님에게서 도망치고자 한다면 그분께 도망치십시오. 그대 자신을 숨기면서가 아

[6] FC 72,60-61*. [7] *AF* 61.

니라 오히려 고백하면서 그분께 피신하십시오. 그분에게는 숨길 수가 없고, 고백할 수 있을 따름이기 때문입니다. "당신은 저의 피난처"(시편 32,7)라고 그분께 아뢰십시오. 그러면 오직 생명으로만 이끌어 주는 사랑이 그대 안에 자라날 것입니다. 양심은 하느님에게서 온 것이니 그대의 양심이 증언하게 하십시오. 그것은 하느님에게서 온 것이니, 사람 앞에서 자랑하려 하지 마십시오. 사람들의 칭찬이 그대를 하늘에 올려 주는 것도 아니고, 사람들의 모욕이 그대를 아래로 내려보내는 것도 아니기 때문입니다. 화관을 씌워 주시는 분께서 그대를 보시게 하십시오. 그대에게 월계관을 씌워 주시는 분께서 심판관으로서 그대의 증인이 되게 하십시오. "하느님께서는 우리 마음보다 더 크시고 또 모든 것을 아시기 때문입니다."

• 아우구스티누스 『요한 서간 강해』 6,3,2.[8]

### 세상을 채우시는 성령

삼위일체 하느님께서는 물질적 부피에서가 아니라 권능에서 한계가 없다는 것을, 그리고 영적이며 육체적인 모든 피조물은 그분의 힘과 현존에 묶여 있다는 것을 굳게 믿고 결코 의심하지 마십시오. 아버지 하느님께서 "내가 하늘과 땅을 가득 채운다"(예레 23,24)고 말씀하시며, 지혜서에 하느님의 지혜, 곧 그분의 아드님에 관해 이렇게 쓰여 있기 때문입니다. "지혜는 땅끝에서 끝까지 힘차게 펴져 가며 만물을 훌륭히 통솔한다"(지혜 8,1). 성령에 관하여 우리는 "주님의 영이 온 세상에 충만하였다"(지혜 1,7)는 말씀을 읽습니다. 그리고 예언자 다윗은 이렇게 말합니다. "당신 얼을 피해 어디로 가겠습니까? 당신 얼굴 피해 어디로 달아나겠습니까? 제가 하늘로 올라가도 거기에 당신 계시고 저승에 잠자리를 펴도 거기에 또한 계십니다."

• 루스페의 풀겐티우스 『신앙에 관해 페트루스에게』 12,55.[9]

### 하느님은 인간의 이해력을 넘어서시는 분이시다

진리 연구에 뜻을 둔 제 정신은 하느님에 관한 이 지극히 경건한 가르침에서 기쁨을 얻었습니다. 그것은 하느님께 맞갖은 다른 어떤 것이 아니라, 그분께서는 이해력을 한참 넘어 계시며 무한한 영이, 비록 자의적인 가정에 의해서긴 하지만, 어느 정도라도 그분을 감싸 안으려고 더 많이 노력할수록, 측량할 수 없는 영원의 무한성은 그것을 추구하는 본성의 무한성 전체를 더 많이 넘어서기 때문입니다. 우리는 이 가르침을 경건한 자세로 이해하지만, 이것은 예언자의 이 말로 분명하게 확언된 바 있습니다. "제가 당신 얼을 피해 어디로 가겠습니까? 당신 얼굴 피해 어디로 달아나겠습니까? 제가 하늘로 올라가도 거기에 당신 계시고 저승에 잠자리를 펴도 거기에 또한 계십니다. 제가 새벽놀의 날개를 달아 바다 맨 끝에 자리 잡는다 해도 거기에서도 당신 손이 저를 이끄시고 당신 오른손이 저를 붙잡으십니다." 하느님께서 계시지 않은 곳은 없습니다. 하느님 안에 있지 않은 장소도 없습니다. 그분은 하늘에 계시고 저승에 계시며 바다 너머에 계십니다. 그분께서는 만물 안에 계십니다. 그분께서는 만물에서 나오시며 만물 바깥에 계십니다. 그분은 이렇게 소유하시고 소유되시지만 어느 것에도 포함되지 않으시며 모든 것 안에 안 계시는 곳이 없습니다.

• 푸아티에의 힐라리우스 『삼위일체론』 1,6.[10]

---

[8] FC 92,201-2.

[9] FC 95,94.

[10] FC 25,7-8.

### 하느님께 우리 죄를 감출 수 없다

"아버지, 제가 하늘과 아버지께 죄를 지었습니다. 저는 아버지의 아들이라고 불릴 자격이 없습니다"(루카 15,21). 아들은 집을 떠나 먼 곳으로 갔습니다. 그러나 그는 그를 나무라는 하늘 아버지의 눈을 벗어나지는 못했습니다. 다윗은 이를 더 명쾌하게 설명합니다. "당신 얼을 피해 어디로 가겠습니까? 당신 얼굴 피해 어디로 달아나겠습니까? 제가 하늘로 올라가도 거기에 당신 계시고 저승에 내려가도 거기에 또한 계십니다. 제가 새벽놀의 날개를 달아 바다 맨 끝에 자리 잡는다 해도 거기에서도 당신 손이 저를 이끄시고 당신 오른손이 저를 붙잡으십니다." 다윗은 세상 어디에서도 모든 잘못은 하느님 눈앞에 드러나 있다는 것을 압니다. 하늘도 땅도 바다도 깊은 동굴도 밤도 그분에게서 죄를 감출 수 없습니다. 시편 저자는 하느님 보시는 데에서 죄를 짓는 것이 얼마나 무법하고 사악한 일인지 인식하고 있습니다. 그래서 그는 이렇게 외칩니다. "당신께, 오로지 당신께 잘못을 저지르고 당신 눈에 악한 짓을 제가 하였습니다"(시편 51,6).

• 페트루스 크리솔로구스 『설교집』 2.[11]

### 삼위일체의 위격들은 동등하다

그들이[12] 실로 아들이 아버지와의 관계에서 마치 아랫자리에 있는 듯이 일종의 종속 상태라고, 그래서 아버지께서는 위에 앉아 계시고 아들은 아래 옆자리로 밀려나 있다고 생각한다면, 그들이 믿는 바를 고백하라고 하십시오. 우리는 더 할 말이 없습니다. 그런 견해를 그대로 글로 써 보면 그것이 말이 안 됨이 대번에 눈에 보일 것입니다. 아버지께서 만물에 고루 미치신다는 것을 인정하려 들지 않는 이들은 그들의 논증에서 논리적 사변을 유지하지 못합니다.

정통 교회의 믿음은 아버지께서 만물을 채우신다는 것입니다. 그러나 아버지와 아들을 위아래로 나누는 그들은 "제가 하늘로 올라가도 거기에 당신 계시고 저승에 내려가도 거기에 또한 계십니다"라는 예언자의 말조차 기억하지 못하고 있습니다. 비물질적인 것들에 장소를 지정하는 그들의 무지에 대한 모든 증거를 지우기 위하여, 성서에 대한 그들의 공격은 어떤 변명을 제시할 수 있습니까? "내 오른쪽에 앉아라"(시편 110,1)나 "하느님의 존엄하신 분의 오른쪽에 앉으셨다"(히브 1,3) 같은 구절들을 놓고 뻔뻔하게 반대론을 펼치니 말입니다. "오른쪽"은 그들이 주장하는 것처럼 낮은 자리를 나타내는 것이 아니라 동등한 관계를 나타냅니다. 이 말은 물질적으로 이해해서는 안 되는 말입니다. 그럴 경우 하느님이 왼쪽에 계시다는 말로 이해하게 됩니다. 그러나 성경은 영예스러운 자리를 나타내는 위엄 있는 표현을 사용함으로써 우리에게 아들의 존귀한 지위를 그려 보여 줍니다. 그러니 이 표현이 지위의 낮음을 나타낸다는 것은 우리를 반대하는 자들의 주장일 뿐입니다. 그들은 "그리스도는 하느님의 힘이시며 하느님의 지혜"(1코린 1,24)이시라는 것과, "그분은 보이지 않는 하느님의 모상"(콜로 1,15)이시며 "그분 영광의 광채"(히브 1,3)시라는 것, 그리고 "하느님 아버지께서 그분을 인정"(요한 6,27)하시어 당신 자신을 그분에게 새겨 놓으셨다는 것을 배워야 할 것입니다.

• 대 바실리우스 『성령론』 6,15.[13]

[11] FC 17,32*.

[12] 아들은 아버지처럼 영원한 존재가 아니고 아버지에게 종속되어 있다고 가르친 아리우스파 이단을 가리킨다.

[13] NPNF 2,8,9*.

#### 성령께서는 어느 곳에나 계신다

“나는 하늘과 땅을 가득 채우고 있다”(예레 23,24)고 말씀하신 하느님께서는 어디에나 계십니다. 그런데 이것이 성부에 관한 말씀이라면, 그분께서 당신의 ‘말씀’ 없이, “세상 끝까지 힘차게 펴져 가며 만물을 훌륭히 통솔하는”(지혜 8,1) 당신의 ‘지혜’ 없이 계신 곳이 어디가 있을 수 있겠습니까? 그런데 [성부께서] 당신의 영 없이 계시는 곳도 어디에도 없습니다. 그러므로 어디든지 하느님이 계시다면 그분의 영도 계십니다. 그러니 성령께서도 당신이 이미 계시던 곳으로 파견을 받으신 셈입니다. 그래서 하느님의 얼굴을 피해 달아날 곳이 없다고 한 저 위인은 “제가 하늘로 올라가도 거기에 당신 계시고 저승에 내려가도 거기에 또한 계십니다”(시편 139,8)라고 합니다. 그 위인은 하느님께서 어디에나 계신 것으로 알아들으라고 먼저 그분의 영에 대해 이야기합니다. 그래서 “당신의 얼을 피해 어디로 가겠습니까? 당신 얼굴 피해 어디로 달아나겠습니까?”(시편 139,9)라고 하였습니다.

• 아우구스티누스 『삼위일체론』 2,5,7.[14]

#### 하느님과 함께 있는 것은 더없이 좋은 일이다

물론 이런 이유로 예수님께서는 “제가 있는 곳에 그들도 있게 되기를 바랍니다”(요한 17,24)라는 말로는 부족하다고 여겨 “저와 함께”라고 하십니다. 그분과 함께 있게 되는 것은 더없이 좋은 일이기 때문입니다. 사실, 불행한 이들도 그분께서 계신 곳에 있을 수 있습니다. 사람이 있는 곳에는 어디나 그분께서 계시기 때문입니다. 그러나 그분과 함께 있는 이들은 복된 이들뿐입니다. 그분의 행위 없이 축복받을 수 있는 이들은 없기 때문입니다. 또 “제가 하늘로 올라가도 거기에 당신 계시고 저승으로 내려가도 거기에 또한 계십니다”라는 말씀도 있지 않습니까? 또한 그리스도께서는 “그 순수함으로 모든 것에 도달하는”(지혜 7,24 참조) 하느님의 ‘지혜’가 아니십니까?

• 아우구스티누스 『요한 복음 강해』 111,2,3.[15]

### 139,11–12 하느님과 함께 있으면 어둠도 어둡지 않다

#### 잠들지 않는 용사

그와 마찬가지로, 그리스도의 종들인 우리 그리스도인들은 자기들 주인의 영예를 드높이기를 열망하는 “착하고 성실한 종”(마태 25,23)처럼 자지 않고 진정 용감하게 서 있어야 합니다. 기도로 빛을 받고 성령께 받은 은총의 기름으로 가득 찬 마음의 등잔(참조: 루카 12,35; 마태 25,4)을 가진 우리는 내적인 고행으로 힘을 키우는 금욕으로 허리에 띠를 맵시다. 이렇게 하면 우리는 잠의 달콤함이 불러일으키는 강력한 자극과 용감하게 전투를 벌이게 될 것입니다. 그렇게 되면 예언자가 말했듯이 “우리에게는 어둠도 빛이 되고 우리들 얼굴이 밤도 밝힐 것”입니다. 어둠은 우리들 마음을 어둡게 하지 못할 것입니다. 그러니 우리, 어두운 밤을 마치 밝은 대낮인 것처럼 깨어 있읍시다.

• 사도나 『완성에 관한 책』 69.[16]

### 139,13–18 하느님의 조물들은 경이롭다

#### 하느님은 우리의 지킴이

그러므로 주님께서는 우리를 지으시고는 우리를 지켜 주셨습니다. 그분께서는 우리에게 태어나라고 명령하시는 때에도 우리를 지켜 주십니다. 그래서 의로운 사람은 “당신께서는 제가 어머니 태에 있을 때부터 저를 지켜 주셨습니다”

[14] FC 45,59*.

[15] FC 90,302-3*.

[16] CS 101,230.

하고 말합니다. 어느 어머니의 태를 말하는 것입니까? "모태에서 너를 빚기 전에 나는 너를 알았다"(예레 1,5). 주님께서는 당신께서 지으시는 이들을 지켜 주시기도 합니다. 그분께서는 그들이 태어날 때에도 지켜 주십니다. "태중에서 나오기 전에 내가 너를 성별하였다"(예레 1,5). 그분은 우리의 지킴이이십니다. 그분께서 당신 손으로 우리를 지켜 주셨기 때문입니다. 그분은 인류의 창조주로서 지킴이라고 불리십니다. 그리고 그분은 우리를 보호하기 위해 당신의 방문으로 우리를 지켜 주셨기에 우리의 지킴이이십니다. 이런 것을 알고서 시편 저자는 또 다른 곳에서 이렇게 말합니다. "지극히 높으신 분의 도움 안에 사는 이, 그가 주님께 말하리라, '당신은 나의 지지자, 나의 피난처'라고"(시편 91,1-2). 첫 번째 지지는 하느님께서 우리 안에서 일하시는 것이고, 두 번째는 우리를 지켜 주시는 것입니다. 게다가 모세의 이 말을 들어 보십시오. "독수리가 날개를 펴서 새끼들을 들어 올려 깃털 위에 얹어 나르듯"(신명 32,11). 주님께서는 자기 새끼들을 돌보는 것이 몸에 배인 독수리처럼 그들을 지켜 주시어 그들이 참된 자손의 자질들과 손상 입지 않은 신체의 선물을 지키게 하시며, 어린 나이 때부터 타락한 혈통의 나약함이 감지되는 이들은 물리치십니다.

• 암브로시우스 『욥과 다윗의 탄원』 4,5,21.[17]

### 우리는 하느님의 심판을 피할 수 없다

불경한 예물로 자기 손을 더럽히지는 않았을지라도 증서[18]로 자기 양심을 더럽힌 이들이 자기는 참회를 하지 않아도 된다고 생각하도록 두지 마십시오. 그 고백은 부인하는 이의 고백이며, 그 증언은 과거의 자신을 버린 그리스도인의 증언입니다. 그는 자신이 다른 사람이 실제로 한 일을 한 것이라고 말합니다. 그러나 "너희는 두 주인을 섬길 수 없다"(마태 6,24)고 쓰여 있는데도 그는 세속의 주인을 섬겼습니다. 그자의 칙령에 복종하고, 하느님보다 인간의 권위에 복종한 것입니다. 그는 자신이 사람들 사이에서 덜 추문을 일으키고 죄의식이 덜한 일을 저지른 것이 아닌지 보았어야만 했습니다. 하지만 그는 심판관이신 하느님을 피해 달아날 수 없을 것입니다. 성령께서 시편에서 이렇게 말씀하시기 때문입니다. "당신의 두 눈이 저의 부족함을 보셨고 당신 책에 그 모든 것이 쓰여졌습니다"(시편 138,16 칠십인역, 불가타). 또 "사람들은 눈에 들어오는 대로 보지만 주님은 마음을 본다"(1사무 16,7)고도 하셨습니다. 하느님의 다음 말씀이 여러분에게 경고와 가르침이 되게 하십시오. "내가 사람의 속과 마음을 꿰뚫어 본다는 것을 모든 교회가 알게 될 것이다"(묵시 2,23). 그분께서는 숨겨진 것과 비밀을 알아보시며 감추어진 것들을 아십니다. 아무도 다음과 같이 말씀하시는 하느님의 눈을 피할 수 없습니다. "내가 가까운 곳의 하느님이기만 하고 먼 곳의 하느님은 아닌 줄 아느냐? 사람이 은밀한 곳에 숨는다고 내가 그를 보지 못할 줄 아느냐?"(예레 23,23-24). 그분은 사람들 각자의 마음과 속을 보십니다. 그리고 우리의 행위에 대해서만 아니라 우리의 말과 생각들에 심판을 내리시려 할 때 아직 닫혀 있는 마음 깊숙한 구석에서 잉태된 생각과 의지들도 들여다보십니다.

• 키프리아누스 『배교자』 27.[19]

---

[17] FC 65,405*.

[18] 데키우스 황제의 박해 시기(250~251년)에 그리스도인들이 로마의 정부 관리들에게서 받은, 그것을 지닌 이가 자신의 그리스도 신앙을 철회했다는 증서 '리벨리'(libelli)를 말한다.

[19] FC 36,80-81.

#### 육체와 영혼이 다 깨어 있어야 한다

깨어 지키십시오. 육체가 잠자고 있을 때는 본성이 우리를 지배하며, 우리의 행동은 우리의 의지가 아니라 본성의 충동에 의해 좌우되기 때문입니다. 나약함으로 인하여 무감각해지고 우울함이 영혼을 지배할 때에는 원수가 그것을 휘두르며 그 자신의 소망을 거스르는 방향으로 이끕니다. 그것은 우리 본성을 지배하는 힘이며 우리 영혼을 지배하는 원수입니다. 우리 주님께서 영혼과 육체가 깨어 지키는 것에 대해 말씀하신 이유는 육체가 무거운 잠에 가라앉고 영혼이 소심함으로 인한 나태함에 빠지는 일이 없게 하시려는 뜻이었습니다. [성경] 말씀대로입니다. "의로움이 여러분을 깨우게 하십시오"(1코린 15,34 참조), "제가 깨어 있을 때 저는 아직 당신과 함께 있습니다"(시편 138,18 칠십인역, 불가타), "낙심하지 마십시오"(에페 3,13). 그래서 우리는 이 직분을 맡고 있으므로 "낙심하지 않습니다"(2코린 4,1).

• 시리아인 에프렘

『타티아누스의 네 복음서 발췌 합본 주해』 18,17.[20]

### 139,21-22 하느님을 미워하는 자들을 미워하지 않을 수 없다

#### 덕을 사랑하고 악을 미워하라

그렇지만 우리가 하고자만 한다면, 정의를 사랑하고 불의를 미워하는 것이 우리에게 어려운 일이 아닙니다. 하느님께서는 이성적 영혼에게 유리하게도 모든 힘을, 곧 사랑하는 힘과 미워하는 힘을 주셨습니다. 이는 이성의 인도를 받아 우리가 덕을 사랑하고 악덕을 미워하게 하시려는 뜻이었습니다. 때로는 미움을 이용하는 것이 칭찬할 만한 일일 수 있습니다. "주님, 당신을 미워하는 자들을 제가 미워하지 않을 수 있겠습니까? 당신의 원수들 때문에 수척하지 않을 수 있겠습니까?" 더할 수 없는 미움으로 그들을 미워합니다."

• 대 바실리우스 『시편 강해』 17,8.[21]

#### 하느님의 원수들

또한 나는 당신께 나를 위해 [바오로 사도가] 로마인들에게 하는 말을 설명해 주시기를 청합니다. 유대인들에 대한 이 사도의 견해를 잘 모르겠어서 드리는 말씀입니다. "그들은 복음의 관점에서 보면 여러분이 잘되라고 하느님의 원수가 되었지만, 선택의 관점에서 보면 조상들 덕분에 여전히 하느님께 사랑을 받는 이들입니다"(로마 11,28). 예전에 이방인들이었던 우리가 이제 믿는 이들이 되었는데, 유대인들이 믿기를 거부했기 때문에 이방인들이 믿을 수 있었다는 듯이, 어떻게 이 사람들이 우리를 위해 원수들이 될 수 있습니까? 하느님께서 "모든 사람이 구원을 받고 진리를 깨닫게 되기를 원하시는"(1티모 2,4), 만물의 유일한 창조주가 아니십니까? 그리고 그분께서 한쪽을 버리고 다른 쪽을 얻지 않고는 양쪽을 다 얻을 수 없었던 분입니까? 둘째로, "조상들 덕분에 여전히 사랑을 받는 이들"이라는 구절입니다. 그들이 믿지 않고 계속 하느님의 원수들로 남아 있다면, 어째서 또는 어떻게 "사랑받는 이들"일 수 있습니까? 그는 이렇게 말하지 않습니까? "주님, 당신을 미워하는 자들을 제가 미워하지 않을 수 있겠습니까? 당신의 원수들 때문에 수척하지 않을 수 있겠습니까? 더할 수 없는 미움으로 그들을 미워합니다." 분명 저는 아버지의 목소리가 같은 시편에서 예언자를 통하여 아드님께 말씀하신다고 생각합니다. 예언자가 믿는 이들의 입장에서 말하는 부분이지요.

[20] *ECTD* 280.

[21] FC 46,289.

"주님, 당신의 친구들은 제게 몹시도 영예로운 이들입니다. 그들의 통치권은 더할 수 없이 강화되었습니다"(시편 138,17 불가타 참조). "조상들 덕분에 하느님께 사랑받는 이"인 것이 어떻게 그들의 구원에 유리할 수 있습니까? 구원은 믿음과 그리스도의 은총을 통해서만 얻는 것인데 말입니다. 그들은 그들의 불신 때문에 그리고 예언자들과 성조들과 조상들의 믿음에서 떨어져 나갔기 때문에 그리고 그리스도의 복음의 원수가 되었기 때문에 필연적으로 저주받은 이들인데 사랑받는 것이 그들에게 무슨 좋은 결과를 가져다줍니까? 그들이 하느님께 지극히 사랑받는 이들이라면 어떻게 그들이 잃은 자들이 됩니까? 그리고 그들이 믿지 않는다면, 잃은 자가 되는 일이 어떻게 안 일어날 수 있습니까? 그들이 자기 공덕은 하나도 없이 조상들 덕분에 사랑받는다면, 어째서 조상들 덕분에 구원받지는 않는 것입니까? "비록 그곳에 노아와 다니엘과 욥이 있더라도 그들은 악한 자녀들을 구할 수 없을 것이다. 그들만 구할 수 있을 따름이다"(에제 14,14)[라고 쓰여 있지 않습니까?]

• 파코미우스 『서간집』 121.[22]

[22] FC 18,324-26*.

## 140,1-14 구원을 청하는 기도

1 [지휘자에게. 시편. 다윗]
2 주님, 악한 사람에게서 저를 구하소서.
포악한 사내에게서 저를 보호하소서.
3 저들은 마음속으로 악을 꾀하고
날마다 싸움을 일으킵니다.
4 뱀처럼 혀를 벼리고
살무사의 독을 입술 밑에 품습니다. 셀라
5 주님, 악인의 손에서 저를 지키소서.
포악한 사내에게서 저를 보호하소서.
저들이 제 발걸음을 잡아 밀어뜨리려
꾀합니다.
6 거만한 자들이 덫을 숨겨 두고
그물처럼 줄을① 펼쳐 놓았으며
저를 잡으려 길 옆에 올가미를 놓았습니다.
셀라
7 제가 주님께 아룁니다.
당신은 저의 하느님.
주님, 제 애원의 소리에 귀를 기울이소서.
8 주 하느님, 제 구원의 힘이시여
당신께서는 전투의 날에 제 머리를
감싸 주셨습니다.
9 주님, 악인의 탐욕을 채워 주지 마시고
그의 음모가 이루어지지 못하게 하소서.
셀라
10 저를 둘러싼 자들이
머리를 쳐들지 못하게 하소서.②
저들 입술의 재앙이
저들을 덮치게 하소서.
11 저들 위에 숯불이 내리고
저들이 급류에 떨어져
일어서지 못하게 하소서.
12 험담꾼은 이 세상에서 오래가지 못하고
포악한 사내는 악이 좇아가
넘어뜨리게 하소서.⤴

13 저는 압니다, 주님께서 가련한 이에게
정의를 베푸시고
불쌍한 이에게 권리를 되찾아 주심을.

14 정녕 의인들은 당신 이름을 찬송하고
올곧은 이들은 당신 앞에서 살리이다.

① 또는 '줄로 그물을'.
② 바로잡은 본문; 히브리어 본문은 '머리를 쳐들었습니다'다.

둘러보기

사람들이 겪는 해악의 대다수는 다른 인간들이 초래한 것이다. 다른 사람들에게서 비롯한 것이 아닌 악은 극소수다(아우구스티누스). 성경은 덕스러운 삶은 사는 이들은 "사람"이라 부르지만 악과 비이성적 정욕에 빠진 자들은 다양한 종의 짐승 이름으로 부른다(요한 크리소스토무스).

거룩한 사람들을 타락시키고 싶어 하는 마귀들은 그들이 죄를 짓게 만드는 덫을 가차 없이 놓는다(아타나시우스). 우리가 길, 곧 그리스도를 따라 걷는다면 우리는 사탄의 덫으로부터 안전하다. 그러나 우리가 길을 벗어나 걸어가고 있다면 사탄이 우리를 빠뜨리려고 쳐 놓은 덫을 만나게 된다. 하느님께서 우리가 사악함에 넘어가도록 내주시지 않기를 기도할 때에 우리는 그분의 자비를 간청한다. 하느님께서는 단지 당신의 선을 드러내시기 위해서가 아니라 사람들이 그들의 죄에 대한 벌로 사악함을 추구하도록 놓아두시기 때문이다(아우구스티누스).

140,2-4 주님, 악한 사람에게서 저를 구하소서

사람들이 당하는 해악의 주요 원인은 사람들이다

사실, 사람에게 오는 악이 사람 말고 어디에서 옵니까? 바깥 것들로 인해 사람들이 겪는 악이 얼마나 되는지 세어 보십시오. 명백히 다른 사람들에 의해 비롯되지 않은 것들은 매우 드뭅니다. 인간으로부터 인간에게 오는 악들은 아주 많습니다. 도둑질이 인간에게서 오고, 아내가 간통한 남자의 고통은 다른 남자에게서 옵니다. 그의 종은 불법적인 일을 하도록 인간에 의해 꾐을 당하며, 그는 인간에 의해 속임을 당하고, 인간에 의해 타도되고, 인간에 의해 포로가 됩니다. "주님, 악한 사람에게서 저를 구하소서."

• 아우구스티누스 『설교집』 297,9.[1]

"사람들"은 덕을 지닌 인간들이다

거룩한 성경이 덕을 실천하는 인간만 "사람"이라 부르고 그렇지 못한 자들은 사람으로 여기지 않는다는 것을 아십니까? 그래서 선한 사람의 족보를 알려 주겠다고 하는 여기에서도 "노아는 사람이었다"(창세 6,9)라고 합니다. 그 혼자만 사람이었습니다. 반면에 다른 인간들은 사람이 아니었습니다. 그들은 사람의 모습은 하고 있었지만 의향의 사악함으로 인하여 그들 종의 고귀함을 상실하였습니다. 사람으로 있는 대신 그들은 비이성적인 들짐승들이 되어 버렸습니다. 거룩한 책은 이성적 피조물이어야 했건만 악으로 넘어가 비이성적인 정욕의 먹이가 된 인간들에게 들짐승들의 이름을 붙입니다. 예를 들 테니, 이 말씀을 들어 보십시오. "그들은 욕정이 가득

[1] *WSA* 3,8,221*.

한 수말이 되어"(예레 5,8). 욕정을 제어하지 못한 이들을 짐승의 이름으로 부르는 것을 보십시오. 반면에 또 다른 곳에서는 "저들은 살무사의 독을 입술 밑에 품습니다"라고 합니다. 그들이 이 짐승의 속임수와 이중성을 닮았음을 강조하는 표현이지요. 그런 자들을 "벙어리 개들"(이사 56,10)이라 부르기도 하고, "제 귀를 틀어막아 귀먹은 독사처럼"(시편 58,5)이라는 말로 덕을 가르치는 말에 귀를 막은 자들을 가리키기도 합니다. 무관심으로 인하여 짐승들이나 지닌 욕정에 넘어간 이들을 부르는 다른 많은 이름들을 여러분은 성경에서 발견할 수 있을 것입니다.

• 요한 크리소스토무스 『창세기 강해』 23,11.[2]

## 140,6 의인을 잡으려 놓은 올가미와 덫

### 마귀들의 사악함을 조심하라

이 마귀들은 그리스도인들, 특히 수도승들이 금욕 수행의 노고를 사랑하고 진보하는 것을 보면, 그들을 공격하고 유혹하려고 달려듭니다. 그리고 그들의 여정 내내 걸림돌을 놓습니다. "걸림돌"은 불순한 생각들입니다. 그러나 우리는 그들의 계략을 두려워해서는 안 됩니다. 기도와 단식, 주님께 대한 신앙은 그들을 즉시 쓰러뜨립니다. 그런데 쓰러진 뒤에도 그들은 잠잠히 있지 않고 책략과 간계로 다시 공격하기 위해 되돌아옵니다. 불순한 쾌락들로 대놓고 마음을 유혹하면서 속이는 데 실패하였으므로, 이번에는 다른 방법들로 공격을 시도합니다. 그래서 환영이 보이게 만든다거나 모습을 바꾸어 우리에게 겁을 주려 합니다(2코린 11,13 참조). 여자나 들짐승, 파충류, 거대한 몸, 수많은 군사로 위장하곤 합니다. 그러나 우리는 이 환영들을 전혀 겁낼 필요가 없습니다. 그것들은 실체가 없고 즉시 사라지는데, 특히 우리가 신앙과 십자성호로 방비할 때면 더욱 그렇습니다. 그러나 악령들은 뻔뻔하고 극히 파렴치합니다. 그래서 이런 식으로 패배하고 나서도 다른 방법으로 공격하러 다시 되돌아옵니다. 그들은 자기들이 미래를 예견할 수 있다며 예언자인 척하고, 지붕에 닿을 정도로 높고 집채만큼 크게 모습을 바꾸기도 하는데, 생각들로 속이는 데 실패한 사람들을 이 환영들로나마 속이려는 것입니다. 이렇게 했는데도 그 영혼이 신앙과 확고한 희망으로 굳건한 것을 보게 되면, 그들은 이제 자기들 우두머리를 데려옵니다.

• 아타나시우스 『안토니우스의 생애』 23,1-6.[3]

### 길 옆의 올가미

그러니 우리는 세상 걱정은 한 톨도 없이 이 큰길을 평온하게 걸어갑시다. 그러나 길 옆에 놓인 덫을 조심하는 건강한 두려움은 지니도록 합시다. 원수는 감히 큰길에다 덫을 놓지는 못합니다. 그리스도께서 그 길이시기 때문입니다. 그러나 바로 그 길 옆에다 덫을 놓는 일은 결코 그치지 않습니다. 그래서 시편에 이렇게 쓰여 있는 것입니다. "그들은 저를 잡으려 길 옆에 올가미[4]를 놓았습니다." 성경 또 다른 곳에서는 이렇게 말합니다. "너는 올가미들 사이를 걷고 있음을 명심하여라"(집회 9,13 참조). 우리가 그 사이를 걷고 있는 올가미들은 큰길에 있지 않고 길 옆에 있습니다. 여러분이 길 위를 걷고 있다면 왜 무서워하고 왜 두려워합니까? 여러분이 길을 버린다면, 그때가 무서워해야 할 때입니다. 원수가 길 옆에 올가미를 치는 것이 허락되기까지 한 이유는 여러분이 마음 편히 아무 생각 없이 살다가 길을 버리고 그자의 덫에 빠지지 않게 하려는 것

[2] FC 82,96*. [3] CS 202,111.113.

[4] 라틴어 본문의 단어는 '스칸달라'(Scandala, '걸려 넘어지게 하는 것들')이다.

입니다.

• 아우구스티누스 『설교집』 142,1.[5]

### 140,9 악인의 탐욕을 채워 주지 마소서

#### 하느님의 자비를 간청하다

"주님, 저를 악인에게 내어 주지 마소서"라는 시편 노래를 듣고서, 이 사람은 하느님께서 그에게 인내를 보이시지 말라고 기도하는 것이라고 말할 만큼 어리석은 사람이 있을까요? 마치 여러분이 "하느님께서는 인내심이 강한 당신의 선을 보여 주시기 위해서가 아니면 악이 이루어지도록 사람을 내주시지 않는다"라고 말하는 듯 말입니다. 우리는 날마다 "저희를 유혹에 빠지지 않게 하소서"(마태 6,13) 하고 기도하지 않습니까? "사람은 저마다 자기 욕망에 사로잡혀 꼬임에 넘어가는 바람에 유혹을 받는 것입니다"(야고 1,14). 그러므로 우리는 인내심이 강한 하느님의 선을 우리에게 보여 주십사고 청하는 대신 하느님의 자비를 청해야 하지 않겠습니까? 어떤 정신 올바른 사람이 이것을 이해하며, 어떤 정신 나간 작자가 이렇게 말합니까? 그러니까 하느님께서는 사람들이 적절치 못한 것을 행하도록 그들을 수치스러운 욕정에 넘기십니다. 그러나 그것은 적절한 넘김인데, 이런 행위는 죄일 뿐만 아니라 과거의 죄에 대한 징벌이기도 하면서 미래의 징벌을 요구하는 것이기도 합니다. 하느님께서 아합을 거짓 예언자들의 거짓말에 넘기신 일이나 르하브암을 그릇된 조언에 넘기신 일이 그런 예입니다(1열왕 12장 참조).

• 아우구스티누스 『율리아누스 반박』 5,4,15.[6]

[5] *WSA* 3,4,413.

[6] FC 35,259.

### 141,1-10 악인에게서 구해 주시기를 청하는 기도

1 [시편. 다윗]
주님, 당신께 부르짖으니
어서 저에게 오소서.
제가 당신께 부르짖을 때
제 소리에 귀를 기울이소서.
2 저의 기도 당신 면전의 분향으로 여기시고
저의 손 들어 올리니
저녁 제물로 여겨 주소서.
3 주님, 제 입에 파수꾼을 세우시고
제 입술의 문을 지켜 주소서.
4 제 마음이 악한 일에 기울어
나쁜 짓 하는 사내들과 함께
불의한 행동을 하지 않게 하소서.
저들의 진미를 즐기지 않으오리다.
5 의인이 자애로 저를 때려도 저를 벌해도
좋습니다.
그것은 머릿기름,
제 머리가 마다하지 않으오리다.
저들의 악행을 거슬러
저는 늘 기도드립니다.
6 저들이 심판자들의 손에 떨어지면
제 말이 얼마나 좋은지 들어 알리이다.
7 누가 밭을 갈아 땅을 파헤쳤을 때처럼
저들의 뼈가 저승 어귀에 흩어지리이다.①
8 정녕 주 하느님, 제 눈이 당신을 향합니다.
제가 당신께 피신합니다.
제 영혼을 쏟아 버리지 마소서.
9 저들이 쳐 놓은 덫에서,⤴

ⓡ나쁜 짓 하는 자들의 올가미에서
저를 지키소서.
10 제가 탈 없이 지나가는 동안
악인들은 자기들이 파 놓은 함정에
빠지게 하소서.

① 5-7절의 히브리어 본문은 모호한 내용이 많다.

둘러보기

성인의 삶은 위대한 한 편의 기도로 간주되는 반면, 일반 신자는 하루에 세 번 — 아침, 저녁, 그리고 시편 저자가 이 시편에서 말하듯 한밤중에 — 기도해야 한다(오리게네스). 제단의 성사는 저녁에 거행하는 것이 적절한데, 저녁은 세상의 종말을 상기시켜 주기 때문이다(키프리아누스). 기도할 때 치켜든 손은 그리스도께서 세상을 위해 그 위에서 당신 자신을 바치신 십자가를 떠올리게 한다(아우구스티누스). "저의 손 들어 올리니 저녁 제물로 여겨 주소서"라는 구절은 그리스도께서 십자가에서 예물로 바쳐지심에 대한 예언이며, 이 사건이 가져온 은혜는 세족례가 행해진 성목요일 영원한 구원을 위한 주님의 만찬 성사 때에 사도들에게 주어졌다(요한 카시아누스).

무엇을 말해야 할지 조심하는 것이 필요한데, 마땅히 죄를 고백할 수 있는 입이 죄에 대한 변명을 하는 데 사용되지 않게 하려는 것이다. 입을 자제하려면, 입 밖으로 내놓았든 아니든 모든 생각이 시작되는 마음을 먼저 다스려야 한다. 우리는 죄를 짓지 않겠다고 단단한 결심을 해야 하는데, 죄는 뱀의 독처럼 치명적인 것이기 때문이다. 우리는 죄를 피할 수 있도록 하느님의 도움을 청하는 기도를 해야 한다(아우구스티누스). 혀가 초래할 수 있는 엄청나고 돌이킬 수 없는 폐해를 생각할 때 말조심은 특히 중요하다(발레리아누스). 우리는 우리의 잘못에 대해 남 탓을 하며 변명해서는 안 된다. 각 사람은 그 자신이 행했거나 하지 않은 일에 따라 심판받을 것이다. 우리가 사악한 사람들의 부추김으로 죄에 넘어간다면, 우리가 저지르는 죄들이 되돌아와 우리를 해칠 것이다(히에로니무스).

참된 친구의 표시는 단호한 꾸짖음이며 거짓 친구의 표시는 아첨이다. 자기비판의 위험은 자신에게 공정하지 못하고 너무 엄격하거나 관대하게 되는 경향이다(아우구스티누스). 의로운 사람이 우리의 죄를 꾸짖을 경우 잠자코 듣는 것이 우리에게 최선이다(카이사리우스). 아첨꾼에게 칭송을 듣는 것보다 의로운 사람에게서 충고를 듣는 것이 더 낫다. 마음과 입의 이중성이야말로 지극히 혐오스러운 큰 죄이기 때문이다(마르티누스). 그리스도교의 가르침이 지닌 단순성을 못마땅해하는 이단자들이 성경을 진지하게 들여다보기 시작하면 그들은 그리스도를 만나고 정통신앙으로 돌아선다(히에로니무스).

### 141,2 기도하며 손을 들어 올린다

**거룩한 사람의 삶은 한 편의 위대한 기도다**

또한 덕행이나 계명의 실천은 기도에 속하므로, 요구되는 행위에는 기도를, 그리고 기도에는 적절한 실천을 결합시키는 사람은 "끊임없이" 기도하는 것입니다. 이처럼, 성인의 온 삶을 하나의 큰 기도라고 이해할 때에만 우리는 "끊임없이 기도하십시오"(1테살 5,17)라는 명령을 실현할 수 있는 말씀으로 받아들일 수 있습니다. 관행적으로 '기도'로 일컬어지는 것도 이 기도의 한 부분입니다. 이 [관행적인] 기도는 날마다 세 번 이상 드려야 합니다. 그토록 큰 위험에 처했을 때에도 매일 세 번씩 기도했던 다니엘의 이야기(다니 6,11 참조)를 보면 이는 자명한 사실입니다. 또한 베드로는 정오쯤에 기도하러 옥상에 올라갔을 때 네 모퉁이로 하늘에서 내려오는 천을 보았습니다(사도 10,9-11 참조). 그는 세 번 가운데 두 번째 기도를 드리고 있던 중이었습니다. 이 기도에 대해 다윗도 이야기한 바 있습니다. "주님, 아침에 제 목소리를 들어 주시겠기에 아침부터 당신께 청을 올리고 애틋이 기다립니다"(시편 5,4). 마지막 기도에 대해서는 "저의 손 들어 올리니 저녁 제물로 여겨 주소서"(시편 141,2)라는 구절이 알려 줍니다. 이 기도를 드리지 않고는 우리의 밤 시간이 완성되지 않는데, 다윗은 "당신의 의로운 법규 때문에 한밤중에도 당신을 찬송하러 일어납니다"(시편 119,62)라고 말합니다. 한편 바오로는, 사도행전에 나오듯이, 필리피에서 실라스와 함께 "자정 무렵에" 기도하면서 하느님께 찬미가를 불렀는데, 수인들도 거기에 귀를 기울였다고 합니다(사도 16,25 참조).

• 오리게네스 『기도론』 12,2.[1]

### 저녁 제물은 세상의 저녁을 암시한다

곧, 아침에는 물만 주어지지만 저녁을 먹으러 올 때는 [물과 포도주가] 섞인 성찬의 잔을 제공한다는 논리에 마음이 이끌린 사람이 있나요?[2] 그런데 우리가 식사를 할 때는 형제들이 모두 참석한 가운데 성사의 진리를 거행하기 위해 모든 사람을 우리 잔치에 부를 수가 없습니다. 그러나 사실, 주님께서는 아침이 아니라 저녁 식사 후에 [물과 포도주가] 섞인 잔을 내어 주셨습니다. 그렇다면 우리는 거듭된 예물로 섞인 성작을 내주기 위해 주님의 희생을 저녁 식사 후에 거행해야만 합니까? 그리스도께서 저녁 즈음에 제물을 바치신 것은 적절했습니다. 그 시간이 세상의 저녁임을 보여 주고자 하셨기 때문입니다. 그래서 탈출기에는 "이스라엘의 온 공동체가 모여 저녁 어스름에 [양이나 염소를] 죽여라"(탈출 12,6)라고 쓰여 있습니다. 또한 시편에도 "저의 손 들어 올리니 저녁 제물로 여겨 주소서"라는 구절이 있습니다. 그러나 주님의 부활을 기리는 예식은 아침에 거행합니다.

• 키프리아누스 『서간집』 63,16.[3]

### 기도를 바칠 때 올리는 손은 십자가를 나타낸다

저녁 제물에 관한 설교가 필요한 것 같습니다. 우리는 노래하면서 기도했고, 기도하면서 노래했습니다. "저의 기도 당신 면전의 분향으로 여기시고 저의 손 들어 올리니 저녁 제물로 여겨 주소서." 우리는 이 기도에서 그 사람을 보고, 들어 올린 손에서 십자가를 알아봅니다. 그러니까 이것은 우리 이마에 찍힌 표시입니다. 우리가 구원받게 해 준 그 표시이죠. 영예롭게 되기 위하여 조롱받았던 표시, 영광스럽게 되기 위하여 업신여겨졌던 표시입니다. 하느님께서 인간으로서 중재하시기 위하여 눈에 보이는 모습으로 나타나십니다. 인간으로서 돌아가시기 위하여 감추어진 채로 남아 계십니다. "그들이 깨달았더라면 영광의 주님을 십자가에 못 박지 않았을 것"(1코린 2,8)입니다. 그러니까 사제가 희생

---

[1] *OSW* 104-5.

[2] 키프리아누스는 당시 일부 성직자가 포도주나 또는 포도주와 물을 섞은 것 대신에 물만 사용해 주님의 만찬 예식을 거행하는 잘못된 관행에 대해 이야기하고 있다.

[3] FC 51,213.

제물이기도 한 이 희생 제사가, 창조주께서 피를 흘리심으로써, 우리를 구원하였습니다.

• 아우구스티누스 『설교집』 342,1.[4]

주님의 만찬과 그리스도의 십자가 죽음에 관한 예언

그런데 구약성경에서도 모세 율법이 끊임없이 행하라 지시한 저녁 제물(민수 28,4 참조)에 관해서는 무슨 말을 해야 할까요? 우리는 성전에서 아침의 번제와 저녁 제물이 날마다 빠짐없이 바쳐졌다는 것을 입증할 수 있습니다. 다윗의 노래에서 보듯이 상징적인 제물이 바쳐지기도 했지만 [어쨌든 그랬습니다]. "저의 기도 당신 면전의 분향으로 여기시고 저의 손 들어 올리니 저녁 제물로 여겨 주소서." 여기서 참된 저녁 제물을 더욱 영적으로 이해할 수 있습니다. 구원자 주님께서 당신의 사도들과 저녁 식사를 하실 때에 교회의 거룩한 신비들을 제정하시면서 그들에게 전하신 것으로 보거나(마태 26,26-29 참조) 또는 그분께서 마지막 날, 곧 "마지막 시대에"(히브 9,26) 온 세상의 구원을 위해 당신 손을 들어 올림으로써 아버지께 바치신 저녁 제물로 이해할 수 있습니다. 교수대에서 팔을 쭉 뻗은 것은 들어 올림이라고 할 수 있습니다. 저승에 가라앉은 우리 모두를 그분께서 당신의 약속대로 하늘을 향해 들어 올리셨기 때문입니다. "나는 땅에서 들어 올려지면 모든 사람을 나에게 이끌어 들일 것이다"(요한 12,32).

• 요한 카시아누스 『규정집』 3,3,8-10.[5]

141,3-4 악을 행하지 않는다

입은 죄의 고백에 사용될 수 있다

그런데 죄의 고백 또한 똑같이 유익하다는 것 역시 참입니다. 그래서 먼저 봉독된 시편에서 이런 말씀을 들은 것입니다. "주님, 제 입에 파수꾼을 세우시고 제 입술의 문을 지켜 주소서. 제 마음이 악한 말에 기울지 않고 변명으로 저의 죄를 변명하지 않게 하소서." 그는 하느님께 자신의 입에 파수꾼을 세워 주십사고 청합니다. 그리고 그 파수꾼이 무엇을 경계하는지 설명합니다. 아시다시피, 어떤 잘못에 대한 비판을 들으면 곧바로 뭐라도 변명을 주워대는 사람이 몹시 많습니다. 그런데 변명을 한다는 것은 죄가 여러분에게 속하는 것으로 보이지 말아야 하는 이유나 구실을 찾는 것입니다. 어떤 이는 "악마가 나를 위해 그렇게 한 거야"라고 하고, 어떤 이는 "내 운이 그렇게 한 거지 내가 아니야"라고 하고 "운명이 나로 하여금 그렇게 하게 만들었어"라고 합니다. 자기 탓을 하는 사람은 아무도 없습니다.

• 아우구스티누스 『설교집』 29,3.[6]

입은 하느님의 선물이다

한 사람의 육에서 하급에 속하는 부분의 욕망들과 관련하여 하느님께서 오직 자제만을 요구하신다고 생각하는 사람이 아닌 한, 시편에는 이런 노래도 있습니다. "주님, 제 입에 파수꾼을 세우시고 제 입술의 문을 지켜 주소서." 그런데 이 거룩하고 유려한 증언에서 우리가 "입"을 올바로 이해한다면, 입에 세워진 파수꾼은 절제이며, 우리는 그것을 하느님의 선물로 이해합니다. 확실히, 적절치 못한 말이 목소리를 통해 입 밖으로 나오지 않도록 육체의 입을 자제하는 것은 대수롭지 않은 일입니다. 그 안에는 마음의 입이 있습니다. 이 말을 하고 우리도 그렇게 말하라고 이른 그 사람은 하느님께서 그를 위하여 거기에 파수꾼과 절제의 문을 세워 주시기를 바랐습니다. 우리가 육체의 입으로는 말하지 않지만 마음

[4] *WSA* 3,10,34. [5] ACW 58,62*.
[6] *WSA* 3,2,117*.

속으로는 외치는 많은 것이 있습니다. 그러나 마음에 고요가 있는 사람의 경우엔 육체의 입에서 그와 비슷한 것은 한마디도 나오지 않습니다. 이처럼, 거기에서 나오지 않는 것은 그 무엇도 소리로 밖으로 나가지 않습니다. 그러나 거기서 나오는 것이 악한 것이라면 — 비록 그것이 혀를 움직이지 않더라도 — 영혼을 더럽힙니다. 그러므로 절제의 문은, 겉으로는 침묵하는 이들의 경우에도, 양심이 말하는 곳에 세워져야 합니다.

그리고 [이 시편 저자는] "주님, 제 입에 파수꾼을 세우시고 제 입술의 문을 지켜 주소서"라고 하였을 때 자신이 이 말로 나타낸 것은 내적인 입이라는 것을 더욱 분명하게 밝히기 위하여 곧바로 이렇게 덧붙였습니다. "제 마음이 악한 말에 기울지 않게 하소서." 마음이 기운다는 것이 동의한다는 뜻 아니고 무엇이겠습니까? 어떤 행위에 대해서든 마음 안에서 돌격해 오는 암시들에 대해 마음이 기욺으로써 동의하지 않은 이는 아직 그것을 입 밖으로 말하지 않았기 때문입니다. 그러나 그가 동의했다면, 그는 입 밖으로 소리 내어 말하지 않았다 할지라도 이미 마음속으로 그것을 말한 것입니다. 자기 손이나 육체의 다른 부분으로 그 행위를 하지는 않았지만, 이미 행한 것과 다름없습니다. 마음속으로 그것을 하고자 결심하였기 때문입니다. 그리고 그 행위가 사람들 눈에는 감추어져 있을지라도 — 몸으로 그 행위를 실행하지는 않았지만 마음으로 그 말을 하였기에 — 그는 하느님의 법에 따라 그에 대한 죄가 있습니다.

• 아우구스티누스 『절제』 1,2-2,3.[7]

죄의 치명적인 본성

물론, 우리가 뱀과 같은 죄와 상당히 친숙해지고 우호적인 관계가 될 경우를 대비해 가장 먼저, 또 가장 중요하게 마음을 확고히 해야 하는 것은 죄를 짓지 않겠다는 결심입니다. 실로 죄는 독을 품은 송곳니로 죄인을 물어 죽이며, 전혀 친구로 삼을 만한 종류의 것이 아닙니다. 그런데 만약 어쩌다가 그것이 여러분이 나약할 때 여러분을 감고 똬리를 튼다거나 여러분이 한눈을 팔 때 슬그머니 다가서거나 길을 잃은 여러분을 움켜잡거나 여러분이 또 길을 잃도록 술수를 쓴다면, 여러분은 그것이 여러분을 지치게 하여, 여러분이 변명거리를 찾는 대신 스스로 자신을 나무라고 고백하지 못하게 만들도록 두어서는 안 됩니다. 이것이 그가 어떤 시편에서 이런 말로 기도한 이유입니다. "주님, 제 입에 파수꾼을 세우시고 제 입술의 문을 지켜 주소서. 제 생각이 못된 말들로 기울고 죄를 변명할 생각만 하지 않게 하소서."

• 아우구스티누스 『설교집』 20,2.[8]

혀가 짓는 죄

그런데 혀가 가하는 타격은 돌이킬 수가 없습니다. 혀는 가볍게 치지만, 그것은 언제나 그것이 초래하는 슬픔을 통해 가슴속 저 깊은 곳을 휘저어 깊은 한숨이 나오게 합니다. 예언자가 다음과 같이 외친 것을 보면, 혀가 초래하는 악이 얼마나 큰 것인지 그도 알았던 것이 틀림없습니다. "주님, 제 입에 파수꾼을 세우시고 제 입술의 문을 지켜 주소서. 제 마음이 악한 말에 기울지 않게 하소서." 그러니 지혜로운 사람이라면, 그 자신의 입에 파수꾼을 세우고 침묵의 끈으로 입을 묶으라고 하십시오.

• 시미에의 발레리아누스 『강해집』 5,2.[9]

[7] FC 16,190-91*.
[8] *WSA* 3,2,15-16.
[9] FC 17,330-31*.

죄짓고 변명하지 마라

"제 마음이 악한 말에 기울지 않고 죄를 변명하지 않게 하소서." 아, 인간은 진정 불행한 종족입니다! 우리는 "본성이 나를 이겼어" 같은 말을 하면서 죄에 대해 변명하려고 듭니다. 죄를 짓고 짓지 않고는 순전히 우리 힘에 달렸는데 말입니다. 우리는 언제나 자기 자신을 합리화하려고 하면서, 나는 죄를 짓고자 하지 않았는데 욕정이 나를 제압했다고 말합니다. 저 여자가 나한테 왔다거나, 여자가 먼저 유혹을 했다, 여자가 먼저 나를 만졌다, 여자가 나한테 이런저런 말을 했다, 나를 불렀다고 합니다. 참회를 하며 "주님, 제가 죄를 지었습니다" 하고 울부짖어야 할 때에 오히려 변명을 늘어놓음으로써 죄에다 죄를 보탭니다. 우리는 모두 똑같은 종류의 육체를 지녔지만 저마다 나름의 어려움을 가지고 있습니다. "하느님께서는 사람을 차별하지 않으십니다"(사도 10,34). 여러분은 우리가 성인들과 똑같은 육체를 지녔다는 것을 아십니까? 바오로 사도는 이렇게 말합니다. "내 지체 안에는 다른 법이 있어 내 이성의 법과 대결하고 있음을 나는 봅니다. 그 다른 법이 나를 내 지체 안에 있는 죄의 법에 사로잡히게 합니다"(로마 7,23). 또 이런 말도 합니다. "나는 내 몸을 단련하여 복종시킵니다. 다른 이들에게 복음을 선포하고 나서, 나 자신이 실격자가 되지 않으려는 것입니다"(1코린 9,27). 나중에는 이렇게 말합니다. "나는 과연 비참한 인간입니다. 누가 이 죽음에 빠진 몸에서 나를 구해 줄 수 있습니까?"(로마 7,24). 우리는 모두 자기만의 싸움을 합니다. 그래서 각자는 그가 싸움을 치른 만큼 비례해서 보상을 받습니다.

• 히에로니무스 『시편 강해집』 51.[10]

악한 말을 외면한다

어떤 사람이 나이가 지긋할 경우 성급하게 그를 나쁘게 생각해서는 안 됩니다. 지금까지의 그의 삶 자체가 그의 변호문입니다. 원로라는 지위 역시 그러합니다. 하지만 우리는 인간이고 때로는 성숙한 나이에도 젊은이들이 저지르는 죄에 빠질 수 있으므로, 만약 제가 잘못을 저지르고 여러분이 저를 바로잡고 싶으시다면, 공개적으로 저의 잘못을 지적해 주십시오. 뒤에서 몰래 험담하지 마십시오. "의인이 저를 때리게 해 주십시오. 그것은 자애이니 의인이 저를 꾸짖게 해 주십시오. 그러나 죄인이 제 머리에 기름을 바르는 일은 없게 해 주십시오"(시편 140,5 칠십인역, 불가타). 사도는 뭐라고 말합니까? "주님께서는 사랑하시는 이를 훈육하시고 아들로 인정하시는 모든 이를 채찍질하신다"(히브 12,6)고 합니다. 주님께서는 이사야의 입을 통해서는 이렇게 말씀하십니다. "아, 내 백성아! 너희를 행복하다 말하는 자들이 너희가 잘못을 저지르게 하고 너희의 길을 파괴하는구나"(이사 3,12 칠십인역). 당신이 나의 잘못을 다른 이들에게 말함으로써 나를 어떻게 돕는다는 것입니까? 당신은 나의 죄나 또는 내가 지었다고 그대가 지어낸 것들을 이야기함으로써 내가 모르는 사이에 다른 이에게 상처를 입힐지도 모릅니다. 그대가 사방에 그 소식을 퍼뜨리려 애쓰는 동안 그대는 각 사람에게 마치 아무에게도 하지 않은 이야기를 털어놓는 척할 것입니다. 그러한 행동은 나를 바로잡으려는 것이 목적이 아니라 그대 자신의 결점을 사방에 펼치는 것입니다. 주님께서는 누가 우리에게 죄를 지었으면 단둘이 만나서나 증인 앞에서 책망하고, 그들이 듣기를 거부하면 교회에 그 문제를

[10] FC 48,367-68*.

제기하고, 그래도 그들이 사악함을 고수한다면 그를 다른 민족 사람이나 세리처럼 여기라고 이르십니다(마태 18,15-17 참조).

• 히에로니무스 『서간집』 125,19.[11]

141,5-7 건설적인 질책의 가치

가장 좋은 비판

이것이 예언자가 자기 머리에 발리는 것을 원치 않는 죄인의 기름입니다. "의인이 자비로 저의 잘못을 지적하고 저를 질책해도 좋습니다. 그러나 죄인이 제 머리에 기름을 바르는 일은 없게 해 주십시오." 이처럼 그는 살살 달래는 아첨이라는 연고로 칭송받기보다 의인의 엄격한 자비로 자신이 바로잡히는 편을 더 좋아합니다. 그래서 예언자는 "너희를 복되다 일컫는 바로 그자들이 너희를 속인다"(이사 3,12 참조)고 하였습니다. 그래서 거짓 아첨에 넘어가 거만해진 사람을 두고 흔히들 "저자는 머리가 부풀어 올랐다"고 합니다. 곧, 그의 머리에 죄인의 기름이 발려 기름져진 것입니다. 그리고 이것은 가혹한 진실로 바로잡힌 결과가 아니라 거짓 칭송으로 달달해진 것입니다.

• 아우구스티누스 『서간집』 33.[12]

의인이 모질게 바로잡아 주기를 바란다

이어 그는[13] "죄인이 제 머리에 기름을 바르는 일이 없게 해 주십시오"라는 다윗의 말씀을 인용합니다. 듣기 좋은 말로 아첨하는 자의 거짓 칭송에 속아 칭찬받은 이의 머리가 교만으로 가득 차게 되는 것에 대해 다윗이 한 말이지요. 이것은 같은 시편의 바로 앞 구절에 의미가 명확히 드러나 있습니다. 그가 이렇게 말하기 때문이지요. "의인이 저를 때려도 좋습니다. 그것은 자애일 것입니다. 그가 저를 꾸짖어도 좋습니다. 그러나 죄인의 기름에 제 머리가 길들지 않게 해 주십시오." 이보다 더 명확한 말이 있습니까? 어떻게 더 명확합니까? 그가 자신은 의인의 가혹한 징계, 곧 자애로 질책받아 바로잡히는 편이 아첨하는 자의 달콤한 말로 기름이 발려 교만으로 부풀어 오르는 것보다 훨씬 좋다고 말하고 있으니 말입니다.

• 아우구스티누스 『페틸리아누스 서간 반박』 3,33-38.[14]

자기 비판의 어려움

이 형제[15]가 그대[16]에게 내가 쓴 어떤 것을 가져다줄 것입니다. 시간 내어 이 편지를 읽는다면 부디 철저히 솔직하고 냉혹하게 비판해 주십시오. 성경은 우리에게 이런 말씀을 들려줍니다. "의인이 연민으로 저의 잘못을 지적하고 저를 질책해도 좋습니다. 그러나 죄인이 제 머리에 기름을 발라 기름지게 되는 일은 없게 해 주십시오." 이는 참된 친구는 비판으로 나를 치유해 주지만 거짓 친구는 나에게 아첨만 할 뿐이라는 뜻이지요. 저는 저 자신의 작품에 대한 공정한 비판자가 될 수 없습니다. 너무 엄격히 굴거나 충분히 엄격하지 못하거나 하지요. 저도 가끔 저 자신의 실수를 보곤 합니다. 하지만 저는 저 자신에게 지나치게 엄격해서, 호되게 자기 비판을 한 다음에 혹시 우쭐하게 될지 모르니, 더 나은 분의 판단을 듣고 싶습니다.

• 아우구스티누스 『서간집』 28,6.[17]

[11] NPNF 2,6,251*. [12] FC 12,128*.

[13] 북아프리카 키르타(Cirta)의 도나투스파 주교 페틸리아누스를 가리킨다.

[14] NPNF 1,4,612*.

[15] 히에로니무스에게 이 편지를 가져가기로 예정되어 있던 프로푸투루스(Profuturus)를 말한다. 그는 나중에 키르타의 주교로 서품되었다.

[16] 히에로니무스가 이 편지의 수신인이다.

[17] MFC 9,262.

### 죄를 지으면 교정받아야 한다

"의인이 자비로 저의 잘못을 지적하고 저를 질책해도 좋습니다. 그러나 죄인이 제 머리에 기름을 발라 기름지게 되는 일은 없게 해 주십시오." 이것은 무슨 뜻입니까? 나의 죄를 본 의로운 사람이 나를 눈감아 주지 않고 바로잡아 주면 좋겠다는 말입니다. 나의 죄를 보고 격노해서, 내가 잘못한 것을 지적하고 그리하여 내가 거기에서 해방되게 해 주면 좋겠다는 말입니다. 그는 가혹하게 말하는 것처럼 보이겠지만 그의 속은 다음 말씀처럼 자애로 온유할 것입니다. "의인이 자애로 저를 바로잡아 줄 것이며 저를 질책할 것입니다." 의로운 사람이 이렇게 질책하고 노하여 소리칠 때 그는 자애를 보여 주는 것입니다. 그 행동은 모두 적대적인 잔인함이 아니라 아버지 같은 연민에서 나오기 때문입니다. 게다가 그는 여러분이 죄 속에서 죽기를 바라지 않기 때문에, 그가 매섭게 굴 때 그는 여러분을 더욱 사랑하는 것입니다. 그는 여러분의 다른 지체들이 죄의 부패 때문에 썩어 문드러지는 것을 두고 보지 않으려 합니다.

• 아를의 카이사리우스 『설교집』 59,6.[18]

### 아첨은 가장 역겨운 죄다

그러므로 인간이 듣기에 과분한 아첨이 널린 모든 일에서 여러분은 널리 알려진 다윗의 교훈을 상기하십시오. "의인이 자애로 저의 잘못을 지적하고 저를 비난해도 좋습니다. 그러나 죄인이 제 머리에 기름을 발라 기름지게 되는 일은 없게 해 주십시오." 그는 이 말씀을 통해 아첨의 독을 피할 수 있었습니다. "죄인의 기름"이란 아첨입니다. 아첨은 화장품처럼 우리의 외모를 부드럽고 번지르르하게 만들어서 반짝이게 합니다. 내적 인간의 "머리"는 마음입니다. 그래서 다윗 예언자는 아첨꾼의 칭송보다 의로운 사람의 조언이나 바른말이 더 낫다고 얘기합니다. 아첨꾼은 겉과 속이 다른 말을 하기에, 하느님 보시기에 가장 나쁘고 혐오스러운 범죄자라고 여겨집니다. 그러므로 다윗이 아첨꾼을 "죄인"이라고 부르는 것은 맞는 말입니다. 그는 또 다른 시편에서 그러한 사람에 대해 이렇게 이야기합니다. "그의 입은 기름보다 부드러우나 마음에는 싸움만이 도사리고 그의 말은 기름보다 매끄러우나 실은 빼어 든 칼이라네"(시편 55,22).[19] 의로운 사람에 대해서는 "혀로 비방하러 쏘다니지 않고 제 친구에게 악을 행하지 않으며 제 이웃에게 모욕을 주지 않는 이라네"(시편 15,3)라고 하였습니다. 나아가 사람들은 칭찬할 만한 것이 없을 때도 은근한 말로 여러분의 잘 속는 마음을 주무를 수 있으니, 복음 속의 우리 주 예수 그리스도의 본보기로 돌아가십시오. 그러면 "임금들의 임금, 주님들의 주님"(묵시 19,16)께서 남기신, 사람들로부터 찬양받았던 그 거룩한 겸손의 좋은 본보기를 우리도 발견하게 될 것입니다. 겸손을 익히십시오. 그래서 아첨이 여러분을 현혹할 때 겸손을 여러분의 마음을 다스리는 지침으로 삼으십시오. 겸손은 사람들이 여러분을 찬양할 때, 그것이 진실로 여러분을 위한 것인지, 얼마나 지속될 수 있을 것인지 알려 줄 것입니다. 겸손은 여러분이 거짓말에 현혹되도록 내버려 두지 않습니다.

• 브라가의 마르티누스 『겸손 권면』 3.[20]

### 그리스도이신 바위에 세게 부딪친

"바위에 내어던져진 그들의 재판관들이 집어삼켜지면 …"(시편 140,6 칠십인역, 불가타). 또 다

[18] FC 31,293-94*.

[19] 요한 카시아누스 『담화집』 16,8,5 참조.

[20] FC 62,52-53*.

른 성경 말씀에서와 같습니다. "행복하여라, 네 어린것들을 붙잡아 바위에다 메어치는 이!"(시편 137,9). "그 바위가 그리스도이셨습니다"(1코린 10,4). "어린것들"은 아직 중대한 결과로 귀결되기 전의 쓸모없는 생각들입니다. 이단자들은 교회의 단순함을 아리스토텔레스나 플라톤과 비교하고서는 업신여기지만, 그들도 성경을 깊이 파고들면 곧바로 그 바위, 곧 그리스도에게 집어삼켜지고 그분께로 돌아섭니다.

• 히에로니무스『시편 강해집』51.[21]

[21] FC 48,370*.

## 142,1-8 용서를 청하는 애처로운 기도

1 [마스킬. 다윗. 그가 굴에 있을 때 드린
기도]
2 큰 소리로 나 주님께 부르짖네.
큰 소리로 나 주님께 간청하네.
3 그분 앞에 내 근심을 쏟아붓고
내 곤경을 그분 앞에 알리네.
4 제 얼이 아뜩해질 때
당신께서는 저의 행로를 아십니다.
제가 다니는 길에
저들이 덫을 숨겨 놓았습니다.
5 오른쪽을 살피소서. 그리고 보소서.①
저를 돌보아 주는 이 아무도 없습니다.
도망갈 곳 더 이상 없는데
제 목숨 걱정해 주는 이 아무도 없습니다.
6 주님, 당신께 부르짖으며
말씀드립니다. "주님은 저의 피신처
산 이들의 땅에서 저의 몫이십니다."
7 제 울부짖음을 귀여겨들으소서.
저는 너무나 허약하게 되었습니다.
뒤쫓는 자들에게서 저를 구하소서.
그들이 저보다 드셉니다.
8 제가 당신 이름을 찬송하도록
감옥에서 저를 빼내 주소서.
당신께서 제게 선을 베푸실 때
의인들이 저를 둘러싸리이다.

① 또는 '제가 오른쪽을 살핍니다. 그리고 봅니다'.

### 둘러보기

사탄은 성공적으로 영적 탁월함을 이룬 이들 앞에 교묘하게 또 다른 유혹들을 던진다(팔라디우스). 그리스도를 없애려고 그분을 찾는 사람들이 있는가 하면, 올바른 이유에서 그분을 소유하고 그분께 매달리기 위해 그분을 찾는 사람들이 있다. 하느님께서는 구약에서 당신 백성들에게 약속의 땅을 주시겠다고 약속하셨듯이, 그리스도인들에게도 같은 약속을 하신다. 이들의 약속의 땅은 하늘에 있다(아우구스티누스).

### 142,4 하느님께서는 우리의 인생 행로를 아신다

#### 숨겨져 있는 올가미

스케티스 사막이라는 곳에 살던 한 노인이 있었습니다. 그에게는 같이 사는 제자가 하나 있었습니다. 이 형제[제자]는 노인에게 복종하는 이에게 어울리는 온갖 종류의 영적 탁월함으로 아름다운 이였습니다. 그는 순종에서 특히 뛰어났는데, 그것은 그의 모든 덕들 가운데 가장 훌륭한 것이었습니다. 노인은 자주 그를 마을로 보내어, 그들이 만든 물건들을 팔아 생활에 필요한 물품들을 사 오게 시켰습니다. 그리고 그 형제는 아무런 불평불만 없이 노인이 시키는 모든 일을 열심히 성심으로 수행하였습니다. 그런데 의로움의 원수, 인류 특히 수도승 집단의 적인 사탄, 모든 덕의 적대자요 인류의 자손들이 올곧은 삶을 사는 것을 미워하는 자가 이 형제가 자신의 간교한 계획을 분별이 늘 함께하는 단순한 순종의 힘으로 하나같이 이겨 내어 실패로 돌아가게 하는 것을 보고는 그의 영적 탁월함의 길에 덫을 두 개 놓기로 계획을 세웠습니다. 영적 탁월함을 키워 가며 의로움의 길을 걷는 이들의 입에서 나온 것 같은, 그런 이에 관한 시편 말씀 같은 일이 벌어진 것입니다. "제가 다니는 길에 저들이 덫을 숨겨 놓았습니다." 이 두 덫은 이런 것이었습니다. 처음 하나는 그 형제가 간음을 할 마음을 불러일으키는 것이었고, 다른 하나는 그를 불순종에 떨어지게 하는 것이었습니다. 간교한 원수는 이 형제가 이 두 덫 중 하나에 빠져서 결국 둘 다에 걸려들기를 바랐을 뿐 아니라, 하나에서 건져졌어도 그것이 계기가 되어 다른 덫에 빠지게 되기를 바랐습니다. 그 제자가 그들의 손으로 만든 물건들과 생활에 필요한 것들 때문에 그의 스승에 의해 빈번히 이집트로 파견되는 것을 보았던 까닭입니다.

• 헬레노폴리스의 팔라디우스
『라우수스에게 바친 수도승 이야기』 2,4.[1]

### 142,5 피신처가 없다

#### 올바른 이유로 그리스도를 찾는 이

그들은 그리스도를 찾고 있었지만 방식이 나빴습니다. 복된 이들은 올바른 방식으로 예수님을 찾는 이들입니다. 그 사람들은 그들도 우리도 그분을 소유하지 못하게 하려고 예수님을 찾았습니다. 그러나 우리는 그들에게서 물러나신 그분을 받아들였습니다. 찾고 있는 이들은 비난을 받기도 하고 칭찬을 받기도 합니다. 칭찬을 받게 하든가 비난을 받게 하는 것은 찾는 이의 의향이기 때문입니다. 시편에 이런 말씀이 있습니다. "제 목숨을 잡아채려 노리는 자들은 모두 다 부끄러워하며 수치를 당하게 하소서"(시편 40,14). 이들은 악한 방식으로 찾는 자들입니다. 그런데 또 다른 곳에는 이런 말씀이 있습니다. "도망갈 곳 더 이상 없는데 제 목숨 걱정해 주는 이 아무도 없습니다." 찾는 이들이 비난을 받습니다. 찾지 않는 이들이 비난을 받습니다. 그러니 우리는 그리스도를 소유할 수 있도록 그분을 찾읍시다. 그분을 죽이기 위해서가 아니라 그분께 매달릴 수 있도록 그분을 찾읍시다. 이 사람들도 그분을 소유하려고 그러나 곧바로 그분을 버리려고 그분을 찾았기 때문입니다. "그들은 예수님을 찾다가 모여 서서 서로 말하였다. '여러분은 어떻게 생각하시오? 그가 축제를 지내러 오지 않겠소?'"(요한 11,56).

• 아우구스티누스 『요한 복음 강해』 50,3.[2]

### 142,6-8 피신처를 청하는 울부짖음

#### 그리스도인에게 약속된 땅은 하늘이다

그렇다면 젊은이가 노인의 변장한 모습 안에서 복 받았다는 것이 무슨 뜻이겠습니까? 구약

[1] *PHF* 1,209*.

[2] FC 88,261-62.

의 상징들과 유대 백성들에게 주어진 약속 아래에서 그리스도의 백성들에게 영적 축복의 빛이 비추어졌다는 뜻 아니겠습니까? 형제 여러분, 잘 들으십시오! 그들은 약속의 땅에 대해 듣습니다. 우리도 듣습니다. 성경은 약속의 땅에 관해 유대인들에게 말하는 것처럼 보이지만, 약속의 땅에 대한 올바른 이해로 축복을 받는 것은 하느님께 "당신은 산 이들의 땅에서 저의 몫이십니다" 하고 말하는 우리입니다. 그러나 우리가 이렇게 말하도록 가르친 것은 우리의 어머니입니다. 곧, 이 물질적인 약속들을 영적으로 이해하도록 거룩한 예언자들을 통하여 우리를 가르치는 것은 교회라는 말입니다.

• 아우구스티누스 『설교집』 4,13.[3]

[3] *WSA* 3,1,193.

### 143,1-12 원수들에게서 구해 주시기를 청하는 기도

1 [시편. 다윗]
주님, 제 기도를 들으소서.
제 애원에 귀를 기울이소서.
당신의 성실함으로, 당신의 의로움으로
제게 응답하소서.
2 당신의 종과 함께 법정으로 들지 마소서.
산 이는 누구도 당신 앞에서
의로울 수 없습니다.
3 원수가 저를 뒤쫓아
제 생명을 땅에다 짓밟고
영원히 죽은 이들처럼
저를 어둠 속에 살게 합니다.
4 제 얼이 속에서 아뜩해지고
제 마음이 안에서 얼어붙습니다.
5 제가 옛날을 회상하며
당신의 모든 업적을 묵상하고
당신 손이 이루신 일을 되새깁니다.
6 저의 두 손 당신을 향하여 펼치고
저의 영혼 메마른 땅처럼 당신께 향합니다.
셀라
7 어서 저에게 응답하소서, 주님.
제 얼이 다하여 갑니다.
당신 얼굴을 제게서 감추지 마소서.
제가 구렁으로 내려가는 이들과
같아지리이다.
8 당신을 신뢰하니
아침에 당신의 자애를 입게 하소서.
당신께 제 영혼을 들어 올리니
걸어야 할 길 제게 알려 주소서.
9 원수들에게서 저를 구하소서, 주님.
당신께 피신합니다.①
10 당신은 저의 하느님
당신의 뜻 따르도록 저를 가르치소서.
당신의 선하신 영이
저를 바른길로 인도하게 하소서.
11 주님, 당신 이름을 보시어 저를 살리소서.
당신의 의로움으로 제 영혼을 곤경에서
이끌어 내소서.
12 당신의 자애로 제 원수들을 멸하시고
제 영혼을 괴롭히는 자들을
모두 없애소서.
저는 당신의 종입니다.

① 그리스어 본문; 히브리어 본문은 '당신께로 숨었습니다'다.

둘러보기

완전함도 두 가지, 의로움도 두 가지, 두려움도 두 가지가 있는데 — 첫째 종류는 하느님께 속하며 변할 수 없는 것이고, 둘째 종류는 하느님에 관한 지식에 따라 피조물에게 속하며 변할 수 있는 것이다. 사람들은 은총에서 떨어져 나갈 수 있지만 다시 그것에 도달할 수도 있다 — 사람들은 덕과 악덕 사이의 항구적인 긴장 안에 산다(히에로니무스). 죄는 그리스도께서 십자가에서 이루신 일을 통하여 하느님의 용서를 받아야만 한다. 사람이 아무리 많은 덕을 지녔다 해도 그 덕은 더욱 커질 수 있다. 그러므로 사람들은 완전함을 다른 곳, 곧 자비로우시며 용서하시는 하느님에게서 찾아야 한다. 누구도 자기 혼자 힘으로 절대적인 완전함에 도달할 수 없다. 그것은 십자가에 못 박히신 그리스도의 활동과 성령의 활동을 통해서만 가능하다(아우구스티누스). 하느님의 심판을 벗어나게 해 달라는 기도는 때로는 저승과 최후의 단죄에 대한 두려움에서 나온다(요한 카시아누스). 하느님께서는 당신의 거룩한 이들에게 그들이 의로움을 인정받고 영광스럽게 되리라고 약속하셨다. 이 두 가지가 당신의 거룩한 이들에게 큰 유익이 될 것이기 때문이다. 그리고 사람들은 자기 힘만으로는 그것을 이룰 수 없기 때문이다(풀겐티우스).

상처를 주는 말로 대꾸하지 말고 참고 들으며 그것을 자신을 단련하는 도구로 삼아라(바실리우스). 어떤 사람들은 하느님을 소망하는 반면에 어떤 이들은 세상을 소망한다. 믿는 이의 영혼은 물을 필요로 하는 바싹 마른 땅과 같아서 하느님을 갈망하기 때문이다(아우구스티누스). 선은 아버지와 아들에게서 온다. 그래서 다윗은 성령께서도 똑같은 속성을 지니셨다고 본다(니케타스). 믿는 이들은 하느님께 성령을 청하여 성령께서 그들의 마음을 비추어 주시고 그들에게 기쁨과 약속들을 주시며 그들을 예수 그리스도께 맡겨 주시도록 해야 한다(베다).

### 143,2 하느님 앞에서는 누구도 의롭지 않다

**하느님의 완전한 의로움과 비교한다면**

이 모든 것을 볼 때,[1] 성경에는 두 가지 완전함과 두 가지 의로움, 그리고 두 가지 두려움이 있는 것이 확실합니다. 첫 번째 종류의 완전함, 그리고 그에 비견할 만한 진리, 그리고 완전한 의로움과 지혜의 시작인 두려움은 하느님의 덕들과 조화됩니다. 그러나 인간에게만이 아니라 모든 살아 있는 피조물에게 어울리는 두 번째 종류의 완전함과 우리의 나약함은 — 시편 말씀에 따르면, "산 이는 누구도 당신 앞에서 의로울 수 없습니다" — 하느님과 비교해서가 아니라 하느님에 관한 지식에 따라 완전하다고 불리는 종류의 의로움입니다. 욥과 즈카르야, 엘리사벳은 이 두 번째 종류의 완전함에 따라 의롭다는 말을 들었습니다. 이런 의로움은 경우에 따라 불의로 바뀔 수도 있는 두 번째 종류의 완전함에 따른 것이고, 결코 바뀔 수 없는 첫 번째 종류의 완전함에 따른 것이 아닙니다. [결코 바뀔 수 없는] 그것에 대하여 이렇게 쓰여 있습니다. "나 주님은 변하지 않는다"(말라 3,6).

• 히에로니무스 『펠라기우스파 반박 대화』 1,15.[2]

[1] 히에로니무스는 바로 앞에서 필리 3,12-16을 근거로 두 가지 의로움, 곧 바오로가 얻고자 애썼으나 달성할 수 없었던 의로움과 그리스도를 통하여 오는 의로움이 있다고 논증하였다. 그는 잠언 1,3(칠십인역)을 근거로 해서는, 참된 의로움이 있다면 거짓 의로움도 있음이 틀림없다고 논한다.

[2] FC 53,253*.

### 사람들은 은총에서 굴러떨어질 수 있다

아티쿠스:[3] 이것[4]을 볼 때, 사람들이 의롭다고 불리며 흠이 없다는 말을 듣다가도 부주의에 빠지면 넘어질 수 있다는 것이 확실합니다. 사람은 덕의 높은 곳에서 악덕으로 미끄러지도록, 또는 악덕에서 덕으로 올라갈 수 있도록 늘 중간 위치를 차지하고 있다[는 것 또한 확실합니다]. 그는 결코 안전하지 않으며, 날씨가 좋은 날에도 파선을 두려워해야 합니다. 이처럼 사람은 죄가 없을 수 없습니다. 솔로몬은 "죄를 짓지 않고 선만을 행하는 의로운 인간이란 이 세상에 없다"(코헬 7,20)고 합니다. 마찬가지로, 열왕기[역대하]에서는 "죄짓지 않는 사람은 없다"(2역대 6,36)고 합니다. 그래서 복된 다윗도 "뜻 아니 한 허물을 누가 알겠습니까? 숨겨진 잘못에서 저를 깨끗이 해 주소서. 염치없는 죄들에서 당신 종을 보호하소서"(시편 19,13-14)라고 합니다. 또 이런 말도 합니다. "당신의 종과 함께 법정으로 들지 마소서. 산 이는 누구도 당신 앞에서 의로울 수 없습니다."

• 히에로니무스『펠라기우스파 반박 대화』1,12.[5]

### 죄인들과 함께 법정으로 들지 마소서

저의 찬양, 저의 생명, 제 마음의 하느님이시여, 어머니의 착한 행실은(그런 행실을 두고는 기꺼이 당신께 감사를 드릴 일이지만) 잠시 미뤄 둔 채로 지금은 제 어머니의 죄를 두고 당신께 애원합니다. 나무에 매달려 계시며(갈라 3,13 참조), "당신 오른쪽에 앉아 계시면서 저희를 위하여 간구해 주시는"(로마 8,34) 당신 아드님을 통하여 제 이야기를 들어 주십시오. 그분은 저희 상처를 [낫게 하는] 참된 의약이기 때문입니다. 어머니는 자비로이 처신하였고 자기에게 잘못한 사람들을 진심으로 용서하였음을 저는 압니다. 그러니 그이가 구원의 물로 세례를 받은 후에 그 많은 햇수 동안 혹시라도 잘못한 일이 있거든 당신께서도 그를 용서해 주십시오. 주님, 그의 빚을 탕감해 주십시오. 비오니 탕감해 주십시오. 제 어머니를 데리고 "법정으로 들지 마소서". 당신의 자비가 심판을 이기게 하십시오(야고 2,13 참조). 당신의 말씀은 진실하시며 당신께서는 자비로운 사람들에게 자비를 약속하셨습니다(마태 5,7 참조). 사람들이 자비롭다면 그것은 당신의 선물이며, 당신께서는 당신께서 동정을 베푸시려는 이에게 동정을 베푸시고 자비를 베푸시려는 이에게 자비를 베푸십니다(로마 9,15 참조).

• 아우구스티누스『고백록』9,13.[6]

### 의로운 인간이란 이 세상에 없다

올바른 삶에 속하는 덕에 대하여 제가 생각하는 바를 간략하고 포괄적으로 요약하자면, 덕은 자애이며, 이 자애를 통해 우리는 우리가 사랑해야 하는 것을 사랑한다는 것입니다. 이것은 어떤 이들에게는 더 크게 있고 어떤 이들에게는 덜 있으며, 또 어떤 이들에게는 결핍되어 있습니다. 그것이 극도로 충만하여 더 이상은 늘어날 수 없는 정도는 인간이 인간의 삶을 사는 한에는 그 누구에게서도 발견되지 않습니다. 그것이 늘어날 수 있는 단계인 동안에, 그것이 있어야 하는 만큼보다 적게 지닌 결함을 악덕이라 할 수 있습니다. 이 악덕 때문에, "죄를 짓지 않고 선만을 행하는 의로운 인간이란 이 세상에 없다"(코헬 7,20)고 하는 것입니다. 이 악덕 때문에, "산 이는 누구도 하느님 앞에서 의로울 수 없다"고 하는 것입니다. 이 악덕 때문에, "만일 우리가

[3] 이 작품에서 크리토불루스라는 이름의 펠라기우스파 이단자와 대화를 나누는 정통 그리스도교 신자 이름이다.

[4] 히에로니무스는 바로 앞에서 욥 16,21 불가타; 31,35; 9,20.30-31과 루카 1,18.20을 인용하였다.

[5] NPNF 2,6,453-54*.

[6] AC 203-4.

죄 없다고 말한다면, 우리는 자신을 속이는 것이고 우리 안에 진리가 없는 것입니다"(1요한 1,8)라는 말이 있는 것입니다. 또한 바로 이 때문에, 우리가 아무리 많은 발전을 이루었다 하더라도 또 비록 세례로 우리의 모든 말과 행위와 생각들이 모두 용서되었지만 우리는 여전히 "저희 잘못을 용서하소서"(마태 6,12; 루카 11,4)라고 말해야 합니다. 그러므로 올바르게 보는 사람은 더 이상 커질 수 없는 그 완전함을 어디에서 언제 어떻게 희망해야 하는지를 봅니다. 그러나 계명들이 없다면, 사람이 자기 자신을 들여다보면서 자기가 무엇을 피해야 하는지, 무엇을 열심히 추구해야 하는지, 무엇을 기뻐해야 하는지, 무엇을 기도해야 하는지 알 수 있게 하는 규범 같은 것이 없을 것이 분명합니다. 그러니 계명들은 몹시 유익합니다. 그로써 자유의지가 하느님의 은총을 더욱 영광스럽게 하는 기회를 얻는다는 이유만으로도 그렇습니다.

• 아우구스티누스 『서간집』 167,15.[7]

그리스도 없이 의화란 있을 수 없다

이 세상에서 너무나도 의로운 삶을 살아 죄라고는 없는 이가 한 사람이라도 있었는지 또는 있을 수 있는지 하는 것이 참되고 신심 깊은 그리스도인들 사이에서 토론의 주제가 될 수 있는지요. 그럼에도 불구하고, 이후의 생에서는 그런 사람이 분명 존재할 수 있다는 것을 의심하는 사람이 혹 있다면, 그는 생각이 모자라는 사람입니다. 그러나 저로서는 그것이 이 삶과 관계되어 있다고 해도 그 점을 논하고 싶지 않습니다. 그 사람은 "산 이는 누구도 당신 앞에서 의로울 수 없습니다"나 또는 그와 비슷한 구절을 이해하지 못하는 것처럼 보이지만, 어쨌든 저로서는 그런 증언들을 더 호의적으로 이해해서, 더 이상 커질 수 없는 완전하고 완벽한 의로움을 이 육체 안에 사는 동안 이룬 사람이 있었는지, 지금 바야흐로 이루어지고 있는지, 미래에 이루어질 것인지를 보여 주는 것이 가능하면 좋겠습니다. 그러나 그렇다고 해도, 자기 삶의 마지막 날까지 "저희에게 잘못한 이를 저희도 용서하였듯이 저희 잘못을 용서하소서"(마태 6,12)라고 말해야 할 필요가 있다는 것을 의심하지 않으면서도 그리스도와 그분의 약속들 안에서 자기들은 참되고 확실하고 굳건한 희망을 지니고 있다고 여전히 고백하는 사람들이 훨씬 많습니다. 어쨌든, 어떤 사람이든, 누구든, 십자가에 못 박히신 구원자의 도움의 은총과 그분 성령의 선물 말고 다른 것을 통하여 절대적인 완전함에 도달할 수 있는 길은, 참되고 거룩한 의로움을 향해 조금만큼의 진전이라도 이룰 수 있는 길은 없습니다. 누구라도 이것을 부인하는 이가 있다면, 그를 참된 그리스도인의 수에 포함시킬 수 있는지 나는 묻지 않을 수 없습니다.

• 아우구스티누스 『본성과 은총』 60,70.[8]

참다운 경외

또 어떤 눈물은 대죄로 인한 가책이 없어도 무서운 심판을 생각하며 지옥을 두려워할 때에 흐르게 되지요. 예언자는 그런 두려움에 떨며 하느님께 이렇게 기도하였습니다. "당신 종과 함께 법정으로 들지 마소서. 산 이는 누구도 당신 앞에서 의로울 수 없습니다"(시편 143,2).

• 요한 카시아누스 『담화집』 9,29,3.[9]

하느님의 심판보다 자비가 힘이 더 세다

그러나 하느님께서는 왜 모든 것이 예정되어

[7] FC 30,44-45.
[8] FC 86,76-77.
[9] ACW 57,348.

있다고 예고하셨으면서도 예정된 모든 것을 약속하지 않으셨냐고 묻는 사람이 있다면, 우리는 어떤 일이 일어날 것이라고 예고되었을 때 그 이루어지는 일이 약속을 받은 이에게 유익할 수 있는 것이 아닌 한 그것은 약속이라고 부를 수 없다고 대답하겠습니다. 약속된 것은 언제나 선물이지만 언제나 심판이지는 않습니다. 약속된 것인 선물은 언제나 행복을 가져다주는 반면 심판의 엄격함은 때로는 슬픔을 가져다주기 때문입니다.

그런 일이 생길까 두려워하는 예언자는 하느님께 호소하듯 이렇게 기도합니다. "당신 종과 함께 법정으로 들지 마소서. 산 이는 누구도 당신 앞에서 의로울 수 없습니다." 하느님께서 당신께서 뜻하신 이들 안에서 자비가 심판을 능가하게 하시지 않는 한, 모든 이가 징벌이라는 똑같은 사슬에 묶일 수밖에 없다는 것을 그는 알았던 것입니다. 인간으로부터가 아니라 하느님으로부터 와서 인간 안에 존재하는 의롭게 되는 것과 영광스럽게 되는 것[의화와 영광]은 둘 다 예고되고 약속된 것이었습니다. 그것들은 거룩한 이들에게 큰 유익이 될 것이었습니다.

• 루스페의 풀겐티우스 『모니무스에게』 1,25,1-2.[10]

143,4 얼이 속에서 아뜩해진다

**내적인 고민을 드러내지 마라**

여러분의 원수[11]가 여러분[12]을 비난하도록 놓아두십시오. 그러나 여러분은 그를 비난하지 마십시오. 그의 말을 철학을 연습하는 훈련장으로 여기십시오. 여러분이 꿰뚫리지 않았다면 여러분은 아직 다치지 않았습니다. 그리고 여러분의 영이 어느 정도 상처를 입는다면 여러분 안에 그 상처를 간직하십시오. 시편 저자가 이렇게 말하기 때문입니다. "제 안의 마음이 괴로워합니다." 이는 그가 자신의 감정을 겉으로 드러내지 않고, 파도가 해변에 부딪쳤다가 가라앉듯이, 억눌렀다는 뜻입니다. 여러분의 마음이 신음하고 사납게 날뛸 때, 부디 마음을 가라앉히십시오. 멋대로 구는 소년이 존경하는 어른을 존중하듯, 여러분의 울화가 이성을 존중하게 만드십시오.

• 대 바실리우스 『분노하는 이들 반박』(강해 10).[13]

143,6 제 영혼이 하느님을 갈망합니다

**영혼은 메마른 땅과 같다**

두 사람을 한데 붙여 봅시다. 한 사람은 구경거리를 보러 가고 싶어 하고 한 사람은 교회에 가고 싶어 합니다. 그들은 몸은 붙어 있지만 갈망에서는 분리되어 있습니다. 처음 사람은 소금물과 같고, 나중 사람은 메마른 땅과 같습니다. 선한 것을 갈망하는 사람들을 나타내는 이 땅이 메말라 있다는 것을 우리는 어떻게 증명할 수 있습니까? 시편 저자는 하느님께 이렇게 말합니다. "저의 영혼, 메마른 땅처럼 당신께 향합니다." 제 영혼이 당신을 목말라합니다. 제 영혼은 목마릅니다, 메말랐습니다. 바다의 물로부터 분리되어 있습니다. 그것은 아직 몸이 분리되지 않은 것에 대해 괴로워하지 말아야 합니다. 그것의 소망이 벌써 분리를 만들어 내었습니다. 어떤 이들은 하느님을 소망하고, 어떤 이들은 세상을 소망합니다.

• 아우구스티누스 『설교집』 229S.[14]

143,10 하느님의 뜻을 따르도록 저를 가르치소서

**성령의 선하심**

아버지께서 선하시고 아드님이 선하시듯 성

---

[10] FC 95,220.

[11] 다른 사람들을 능욕하고 호되게 비난하는, 감사할 줄 모르는 사람을 가리킨다.

[12] 바실리우스의 강론을 듣는 청중을 가리킨다.

[13] FC 9,456*.

[14] *WSA* 3,6,333*.

령께서도 선하시다는 것 역시 입증될 수 있습니다. 외아드님께서는 아버지에 대해 복음서에서 이렇게 말씀하십니다. "선하신 분은 하느님 한 분뿐이시다"(마태 19,17). 그리고 당신에 대해서는 "나는 착한 목자다"(요한 10,11)라고 하십니다. 그래서 다윗은 그의 시편에서 주님께 성령에 대해서 이렇게 말합니다. "당신의 선하신 영이 저를 바른길로 인도하게 하소서." 아들에 대하여 "주님의 말씀은 바르다"(시편 33,4)고 쓰여 있듯이, 성령과 관련해서도 "올바른 영을 제 안에 새롭게 하소서"(시편 51,12)라고 쓰여 있습니다.

• 레메시아나의 니케타스 『성령의 능력』 14.[15]

기도로 성령의 선물을 청하여라

사랑하는 여러분, 우리의 모든 행위에서 이 성령께 은총의 도움을 주시기를 간청합시다. 우리 모두, 저마다 개인적으로 또 다 함께, 주님께 "당신의 선하신 영이 저를 바른길로 인도하게 하소서" 하고 외칩시다. 그러면 사도들에게 내려와 장차 일어날 일들을 알려 주신 분께서 우리 마음에도 장차 올 삶의 즐거움을 드러내 주시는 일이 일어날 것입니다. 부디 그분께서 당신의 성실한 이들에게 약속하시고 주시는 데 익숙하신 우리 주 예수 그리스도와 협력하시어 우리가 이 기쁨들을 추구하고자 불붙게 해 주시기를! [우리 주 예수 그리스도께서는] 아버지와 함께 성령과 하나 되어 영원무궁토록 살아 계시며 다스리시는 하느님이십니다. 아멘.

• 존자 베다 『복음서 강해』 2,11.[16]

[15] FC 7,35*.
[16] CS 111,107.

### 144,1-15 원수들에게 승리를 거두게 해 주시기를 청하는 기도

1 [다윗]
나의 반석이신 주님께서는 찬미받으소서.
내 손에 전투를,
내 손가락에 전쟁을 가르치시는 분.
2 나의 힘,① 내 산성
내 성채, 나를 구하시는 분
내 방패, 내가 피신하는 분
민족들을 내② 밑에 굴복시키시는 분.
3 주님, 사람이 무엇입니까? 당신께서 이토록
알아주시다니!
인간이 무엇입니까? 당신께서 이토록
헤아려 주시다니!
4 사람이란 한낱 숨결과도 같은 것
그의 날들은 지나가는 그림자와 같습니다.
5 주님, 당신 하늘을 기울여 내려오소서.
산들을 건드리소서. 연기 뿜으리이다.
6 번개를 치시어 저들을 흩으소서.
당신 화살들을 보내시어
저들을 혼란에 빠뜨리소서.
7 높은 데에서 당신 손을 내뻗으시어
큰 물에서, 이방인들의 손에서
저를 구하소서, 저를 구출하소서.
8 저들의 입은 거짓을 말합니다.
저들의 오른손은 간계의 오른손입니다.
9 하느님, 제가 당신께 새로운 노래를
부르오리다.
열 줄 수금으로 당신께 찬미 노래
부르오리다.⤴

10 당신은 임금들에게 구원을 베푸시는 분
당신 종 다윗을 구하시는 분이십니다.
악독한 칼에서
11 저를 구하소서.
이방인들의 손에서 저를 구출하소서.
저들의 입은 거짓을 말합니다.
저들의 오른손은 간계의 오른손입니다.
12 우리 아들들은 어릴 때부터
무성히 자라는 초목 같고
우리 딸들은 궁전 양식으로 다듬어진
모퉁이 기둥 같으리라.
13 우리 곳집들은 그득하여
갖가지 곡식을 대어 주리라.
우리 양 떼는 천 배로,
들에서 만 배로 불어나고
14 우리 소들은 살이 찌리라.
더 이상 성벽이 뚫리는 일도 사람들이
끌려가는 일도 없고
광장에서는 울부짖는 일도 없으리라.
15 행복하여라, 이렇게 되는 백성!
행복하여라, 주님을 하느님으로
모시는 백성!

① 참조: 시편 18,2; 2사무 22,2
② '당신'으로 되어 있는 본문도 있다.

둘러보기

믿는 이는 악한 욕망과 탐욕, 교만, 욕정의 유혹과 내적으로 또는 비밀스럽게 전투를 벌인다. 승리자가 얻는 상은 영원한 생명이다. 이승에서 선한 사람들이 항상 고난을 겪지는 않으며 악인들이 항상 번영을 누리는 것도 아니다. 때로는 악인들에게 나쁜 운수가 찾아오기도 하고 선한 사람들에게 행운이 찾아오기도 한다. 이것은 하느님의 방식은 우리에게는 불가사의하다는 또 하나의 증거다(아우구스티누스). 선은 아버지와 아들에게서 유래한다고 한다. 그래서 다윗은 성령에게도 같은 속성이 있다고 이야기한다(니케타스). 믿는 이들은 성령께서 그들의 마음을 비추시고 그들에게 기쁨과 약속들을 주시며 그들을 예수 그리스도에게 맡겨 주시도록 하느님께 성령을 청해야 한다(베다).

수금의 현 10개는 십계명을 나타낸다. 구약의 섭리 안에서 그것들은 두려움의 근원이었지만 새 계약의 섭리 안에서는 사랑의 근원이다.

"간계의 오른손"이라는 표현은 영원하지 못한 세속적 번영을 뜻한다. 선한 사람들은 세속적 번영을 누릴 때 그것을 왼손으로 든다. 새로 태어나지 못한 사람들은 지상의 재물을 쌓는 것을 축복으로 여긴다. 참된 행복은 하느님을 알고 영원한 생명에 대해 확신을 지니는 것이다(아우구스티누스). 결국 복됨은 세상의 풍요나 즐거움, 안전에서 오는 것이 아니라 흔들리지 않는 믿음에서 온다(카시오도루스).

### 144,1 우리가 영적 전투를 치를 수 있도록 하느님께서 가르치신다

#### 죄와 벌이는 내적 전투

그러나 여러분이 내적인 전투에 눈감고 바깥의 전투에서 즐거움을 찾기 때문에, 그것은 여러분이 이렇게 말하는 새로운 노래에 속하기를 원치 않는다는 뜻입니다. "내 손에 전투를, 내 손가락에 전쟁을 가르치시는 분." 사람이 자기 자신과 치르는 전쟁이 있습니다. 악한 욕망과 싸우고, 탐욕을 억제하고, 교만을 쳐 뭉개고, 야망을 가라앉히고, 욕정을 쳐 죽이는 것 등이지요. 여러분은 보이지 않는 곳에서 이런 전투를 합니다. 사람들이 보는 곳에서 그 싸움에 지는 일은 없습니다! 여러분의 손이 전투를, 여러분의 손가락이 전쟁을 배우는 것은 이것을 위해서입니다. 여러분은 원형극장에서 이것을 얻지는 못합니다. 그곳에서 벌어지는 구경거리들에서 사냥꾼은 수금 연주자와 똑같지 않습니다. 사냥꾼이 하는 일이 있고 수금 연주자가 하는 일이 있습니다. 하느님의 경기장에서 벌어지는 쇼에서 이들은 하나이며 같은 자입니다. 이 열 개의 현을 치십시오. 그러면 여러분은 사나운 짐승들을 죽이게 될 것입니다. 각각을 동시에 긁으십시오. 여러분이 첫 번째 현을 치면 그것으로 한 분이신 하느님께서 경배받으시며 미신이라는 짐승이 쓰러져 죽습니다. 여러분이 두 번째 현을 치면, 여러분은 주 여러분의 하느님의 이름을 헛되이 부르지 않는 것이고 여러분의 발 앞에 불경한 이단이라는 오류의 짐승이 쓰러집니다. 여러분이 세 번째 현을 칩니다. 그것은 여러분이 무엇을 하든 장차 올 시대에 평화 안에서 안식하리라는 희망으로 하는 것이며, 다른 짐승들보다 더 사나운 짐승, 곧 이 세상에 대한 사랑이 살해됨을 뜻합니다. 사람들이 자신의 모든 일들을 악착같이 행하는 것은 따지고 보면 다 이 세상에 대한 사랑 때문입니다. 그러나 여러분은 이 세상에 대한 사랑 때문이 아니라 하느님께서 여러분에게 약속하시는 영원한 안식을 위하여 여러분의 모든 선한 일에 악착같이 구십시오. 여러분이 이 여러 가지 일을 어떻게 동시에 하는지 주의를 기울여 보십시오. 여러분이 그 현들을 어루만질 때 여러분은 그 짐승들을 죽입니다. 여러분은 수금 연주자이면서 사냥꾼입니다. 귀빈석의 눈길이 아니라 구원자의 눈길과 호의를 받는 그런 능한 수행이 기쁘지 않습니까?

• 아우구스티누스 『설교집』 9,13.[1]

### 144,4 우리의 날들은 지나가는 그림자와 같다

#### 하느님의 판결은 헤아리기 어렵다

이런 사정들을[2] 누가 다 열거하며 누가 다 헤아릴 수 있겠습니까? 그런 부조리 속에서나마 이런 사정들이 일관성을 띤다면 차라리 좋으련만! 거룩한 시편에 "사람이란 한낱 숨결과도 같은 것, 그의 날들은 지나가는 그림자와 같습니다"(시편 144,4)라고 언명된 대로, 현세에서나마 악인이 아니고는 저 잠시 지나가는 지상적 선을 획득하지 못하고, 선인이 아니고서는 현세적 악을 겪지 못해서 그렇다는 식으로, 일관성이라도 있다면 차라리 좋으련만! 그렇기라도 하다면 이 모든 사정을 하느님의 의로운 심판 또는 자비로운 심판에 결부시킬 수 있을지도 모릅니다. 인간을 행복하게 만드는 영원한 선善을 획득하지 못할 사람들이라면, 자신들의 악의로 인해 현세적 선을 누리는 것처럼 기만당하거나 하느님의 자비로 인해 현세적 선으로 위로를 받거나 둘 중의 하나일 수도 있을 것입니다. 그 대신 영원한 형벌을 받지 않기로 된 사람들은 자신의 어떠한 죄, 사소한 죄로 인해서라도 현세적 악으로 시달리거나, 덕을 습득하기 위해 현세적 악으로 단련되거나 둘 중의 하나일 것입니다. 그런데 지금은 선인들이 불운을 당하고 악인들이 번영을 누리

[1] *WSA* 3,1,270-71*.

[2] 아우구스티누스는 지금 인간 운명의 다양성, 곧 어째서 선한 이들이 고난을 겪고 악인들이 번영을 누리는지에 관하여 논하고 있다.

는(이는 응당 불의하게 보입니다) 경우가 있기는 하지만, 대체로는 악인들은 나쁜 종말을 맞고 선인들은 결국 성공을 맞습니다. 그러니 참말로 하느님의 판단은 더욱더 헤아릴 길 없고 그분의 길들은 더욱더 알아내기 어렵습니다(로마 11,33 참조).

• 아우구스티누스 『신국론』 20,2.[3]

144,5–7 주님, 저를 구하소서

인간의 구원을 위해 하느님께서 내려오시다

저는 이것이 지금 제가 다루는 주제[4]와 연관된다고 생각합니다. 사람들에게 오신 말씀이신 하느님의 지식에 대해 시편 저자는 경탄합니다. 그분께서 당신의 신성으로부터 내려오시고 당신 본성의 존귀함을 극히 작게 줄이시고 인류를 당신을 품을 자격이 있는 자들로 여기신 그 사랑의 크기에 몹시 놀랍니다. 그래서 그는 여기서 이렇게 기도합니다. "주님, 하늘을 기울여 내려오소서." 시편 제17편(칠십인역)에는 이렇게 쓰여 있습니다. "그분께서 하늘을 기울여 내려오시니 먹구름이 그분 발밑을 뒤덮었네. 커룹 위에 올라 날아가시고 바람 날개 타고 떠가셨네"(시편 18,10-11). 여기엔 그분께서 땅에서 하늘로 올라가신 승천에 관한 예언이 담겨 있습니다. 그리고 적절한 기회를 잡아서, 말씀이신 하느님의 내려오심과 올라가심을 위치의 변화가 아니라 비유적 의미로 이해해야만 한다는 것, 그것이 성경이 그러한 관습적인 용어들을 사용하며 나타내려는 뜻을 올바로 이해하는 것이라는 점을 여러분께 보여 드리겠습니다.

• 카이사리아의 에우세비우스 『복음의 논증』 6,9.[5]

그리스도의 본성이 변한 것도 신성이 줄어든 것도 아니다

시편 저자는 이 사실[6]에 관한 증인입니다. "모두 빗나가 다 함께 쓸모없이 되어 버렸다"(로마 3,12; 참조: 시편 14,3). 그리고 그리스도의 예언자들은 도움을 청하는 기도를 올렸습니다. "주님, 당신 하늘을 기울여 내려오소서." 그분께서 지금 만물이 자리 잡고 있는 장소들을 바꾸어 놓게 [내려오시라는 것이] 아니라 우리의 구원을 위하여 인간의 나약함을 지닌 육을 입으시게 [내려오시라는] 뜻입니다. 바오로 사도도 같은 말을 합니다. "그분께서는 부유하시면서도 여러분을 위하여 가난하게 되시어, 여러분이 그 가난으로 부유하게 되도록 하셨습니다"(2코린 8,9). 그리고 그분께서는 땅에 오시어, 당신께서 거룩하게 하신 동정녀의 태에서 사람으로 나셨습니다. 이 과정을 통해 당신 이름, 곧 '하느님께서 우리와 함께'라는 뜻의 '임마누엘'의 뜻풀이를 확인해 주심으로써 그분께서는 신비스러운 방식으로 우리와 같은 존재이되 본디의 당신이기를 그치시지 않는 상태를 시작하셨습니다.

• 대 레오 『증언』 19.[7]

하느님께서는 자비 안에서 우리에게 손을 내뻗으신다

그런데 당신께서 "높은 데에서 당신 손을 내뻗으시어" 마니교의 깊은 흑암에서 제 영혼을 구해 주셨습니다. 당신의 충실한 종인 제 어머니가 저를 위해 당신께 눈물 흘렸던 때문이었습니다. 육신의 장례를 치르면서 곡하는 어미들이 우는 것보다 더 애절하게 말입니다. 그이는 당신께로부터 받은 믿음과 영으로 저의 죽음을 보고 있었으니 주님, 당신께서는 그이의 기도를 들어주시

---

[3] *CG* 897*.

[4] 그리스도의 육화를 말한다.

[5] *POG* 2,9*.

[6] 그리스도의 육화를 말한다.

[7] FC 34,282-83*. 참조: 알렉산드리아의 테오필루스[히에로니무스 『서간집』 98,4(CSEL 55,188)].

고, 그이가 기도를 바치는 장소마다 그이의 눈에서 쏟아져 나와 땅을 적시던 눈물을 당신께서는 멸시하지 않으셨습니다.

• 아우구스티누스 『고백록』 3,11.[8]

## 144,9 주님께 새로운 노래를 부른다

### 십계명을 나타내는 열 줄 수금

"하느님, 제가 당신께 새로운 노래를 부르오리다. 열 줄 수금으로 당신께 찬미 노래 부르오리다"라고 쓰여 있듯이, 우리는 열줄 수금을 율법의 십계명으로 이해합니다. 노래하고 연주하는 것은 보통 사랑하는 연인들이 하는 일입니다. 나이 든 사람은 두려움 속에 있고 젊은이들은 사랑 안에 있습니다. 우리는 두 계약, 곧 옛 계약과 새 계약도 이런 식으로 구별합니다. 바오로 사도는 우의적으로 아브라함의 아들들이 이것을 나타낸다고 합니다. 하나는 여자 종에게서 났고 하나는 자유의 몸인 부인에게서 났는데, 이 여자들은 "두 계약을 가리킵니다"(갈라 4,22-23)라고 합니다. 바오로 사도의 다음 말을 볼 때 분명한 것은, 종살이는 두려움과 함께 가고 자유는 사랑과 함께 간다는 것입니다. "여러분은 사람을 다시 두려움에 빠뜨리는 종살이의 영을 받은 것이 아니라, 여러분을 자녀로 삼도록 해 주시는 영을 받았습니다. 이 성령의 힘으로 우리가 "아빠! 아버지!" 하고 외치는 것입니다"(로마 8,15). 그리고 요한은 "사랑에는 두려움이 없습니다. 완전한 사랑은 두려움을 쫓아냅니다"(1요한 4,18)라고 합니다. 그러므로 새로운 노래를 부르는 것은 사랑입니다.

늙은 사람 안에 체현된 종의 두려움이 실로 열 줄 수금을 지닐 수 있는 것은 사실입니다. 십계명은 육에 따른 유대인들에게도 주어졌기 때문이지요. 그러나 그것은 그 연주에 맞추어 새로운 노래를 부르지는 못합니다. 그것은 율법 아래 있으며 율법을 완수할 수 없습니다. 그것은 악기는 지니고 있지만 그것을 다루어 연주하지는 못합니다. 그것은 수금으로 아름답게 장식된 것이 아니라 수금을 짐처럼 지고 있습니다. 그러나 율법 아래가 아니라 은총 아래 있는 이는 누구나 율법을 완수하는 이들입니다. 그들에게는 그것이 어깨에 멘 무거운 짐이 아니라 어깨에 메어 영광스러운 것이기 때문입니다. 그것은 그들이 두려움을 느끼게 만들려는 고문대가 아니라 그들의 사랑을 위한 틀입니다. 사랑의 영으로 불타오르는 그들은 이미 열 줄 수금으로 새로운 노래를 부르고 있습니다.

• 아우구스티누스 『설교집』 33,1.[9]

## 144,11-15 현세의 행복을 청하는 기도

### 오른손과 왼손의 의무

"이방인들의 손에서 저를 구출하소서. 저들의 입은 거짓을 말합니다. 저들의 오른손은 죄악의 오른손입니다." 그러고는 그는 저들의 거짓이 어떤 것이며 저들의 오른손은 어떤 것인지 설명합니다. 그가 "죄악의 오른손"이라고 표현한 것은 이 세상의 번영을 말합니다. 선한 이들이 번영을 누리는 경우가 결코 없어서가 아니라, 선한 이들은 번영을 누릴 때 그것을 오른손이 아니라 왼손에 지니기 때문입니다. 그들은 오른손에는 영구히 지속되는 더없는 행복을 쥐고, 왼손으로는 현세의 행복을 쥐기 때문입니다. 영원한 것들과 영원한 행복에 대한 욕심이 세속적인 것에 대한 욕심, 곧 현세의 세속적 행복에 대한 욕심과 섞여서는 안 됩니다. 그것이 바로 "네가 자선을 베풀 때에는 오른손이 하는 일을 왼손이

[8] AC 68.

[9] *WSA* 3,2,154*.

모르게 하여라"(마태 6,3)라는 말씀의 뜻입니다. 그런 의미에서 "저들의 오른손은 죄악의 오른손입니다".

• 아우구스티누스 『설교집』 32,22.[10]

하느님과 올바른 관계에 있을 때 참행복을 누린다

여러분이 공공의 안녕에 전심전력하고 있음을 우리는 알기에, 여러분은 거룩한 책들이 국가의 안녕은 인류의 행복이라는 근원에서만 온다는 것을 얼마나 분명하게 보여 주는지 알아야 합니다. 거룩한 저자들 가운데 하나는 성령으로 가득 차서 기도하며 이렇게 말합니다. "낯선 자녀들의 손에서 저를 구하소서. 저들의 입은 허황된 것을 말합니다. 저들의 오른손은 죄악의 오른손입니다. 저들의 아들들은 어릴 때부터 무성히 자라는 초목 같고 저들의 딸들은 궁전 양식으로 다듬어진 모퉁이 기둥 같으리라. 그들의 곳집들은 그득하여 갖가지 곡식을 대어 주리라. 저들의 양 떼는 천 배로, 들에서 만 배로 불어나고 저들의 소들은 살이 찌리라. 더 이상 성벽이 뚫리는 일도 사람들이 끌려가는 일도 없고 광장에서는 울부짖는 일도 없으리라. 행복하여라, 이렇게 되는 백성! 행복하여라, 주님을 하느님으로 모시는 백성!"

그대[11]는 "낯선 자녀들" 말고는 사람들이 세속의 재산을 많이 모았다고 해서 행복하다는 소리를 듣지는 않는다는 것을 아십시오. [낯선 자녀들은] 우리를 하느님의 자녀가 되게 한 새로 남에 속하지 않는 이들이지요. 시편 저자는 자신이 그들에게 이끌려 그릇된 견해와 그들의 불경한 죄들에 빠지는 일이 없도록 그들의 손에서 구출되기를 기도합니다. "이런 것들을 가진 사람들을 행복하다고 말한다"는 [시편 저자의] 말은 '그들은 실로 허황된 것을 말한다'는 뜻입니다. 저자가 앞에서 목록을 꼽은 "이런 것들"에는 이 세상을 사랑하는 자들이 추구하는 유일한 재산인 번영이 속하지요. 이처럼 그들은 옆으로 제쳐 놓아야 할 것들을 더 좋아하여 오른손을 왼손보다 더 우선시하므로 "그들의 오른손은 죄악의 오른손입니다". 삶에서 행복은 그런 것들을 가지는 것이라 여겨져서는 안 됩니다. 그런 것들은 특별히 좋은 것들이 아니라 부수적인 것으로 여겨져야 합니다. 그것들은 따라오는 것이어야지 앞서가는 것이어서는 안 됩니다. 그렇다면 만약 "이런 것들을 가진 사람들을 행복하다고 하는 낯선 자녀들"에게서 구출되기를 바라며 이처럼 기도한 사람에게 우리가 "그렇다면 당신의 생각은 어떻습니까? 당신은 어떤 사람들을 행복하다고 합니까?" 하고 묻는다면, 그는 "힘이 자기 마음속에 있는 사람들이 행복하다"고 하지 않을 것입니다. 그가 그렇게 말하는 사람이었더라면, 그는 행복이 눈에 보이는 물질적 재산에 있는 이들과 앞의 사람들을 구별했을 것입니다. 그러나 그는 아직 모든 허영과 어리석은 거짓들을 넘어서지는 못했습니다. 같은 책이 다른 곳에서는 이렇게 가르치기 때문입니다. "사람에게 의지하는 이는 모두 저주를 받으리라"(예레 17,5). 따라서 그는 그 자신이 인간이므로 희망을 자기 자신에게 두어서는 안 됩니다. 그래서, 모든 헛된 것들과 어리석은 거짓의 경계를 넘어서서 행복을 그것이 참으로 존재하는 곳에 두기 위해 그는 이렇게 말합니다. "행복하여라, 주님을 하느님으로 모시는 백성!"

• 아우구스티누스 『서간집』 155.[12]

[10] *WSA* 3,2,147*.

[11] 도나투스파들에게 제국의 칙령을 집행할 임무를 위임받은 아프리카의 주교 대리 마케도니우스를 가리킨다.

[12] FC 20,310-11*.

### 참행복의 특성

당신은 당신 기도의 성격만 아니라 목적도 안다고 나는 생각합니다. 그리고 당신은 이것을 내게서가 아니라 우리 모두를 가르치신 분에게서 배웠습니다. 행복은 우리가 추구해야만 하는 것이고 우리가 주 하느님께 청해야만 하는 것입니다. 많은 사람이 행복의 본성에 대해 다양한 논증들을 내어놓았습니다. 그러나 우리가 왜 많은 사람이나 많은 논증에 고개를 돌려야 합니까? 하느님의 성경에 짧고 참된 말씀이 있습니다. "행복하여라, 주님을 하느님으로 모시는 백성!" 우리가 이 백성에 속하게 되고, 그분을 바라보며 그분과 함께 영원한 생명을 누리는 상태에 이를 수 있으려면, "그러한 지시의 목적은 깨끗한 마음과 바른 양심과 진실한 믿음에서 나오는 사랑"(1티모 1,5)임을 알아야 합니다. 이 세 가지 중에서 깨끗한 양심을 위해 주어진 것이 희망입니다. "그러므로 믿음과 희망과 사랑"(1코린 13,13)은 기도하는 영혼, 곧 주님의 기도로 주님께 자신이 청하는 것을 실천하는, 믿고 바라며 소망하는 영혼을 하느님께로 인도합니다. 단식과 육적인 욕망의 다른 쾌락들을 금욕하는 것 — 이는 우리 건강에 마땅히 신경 쓰는 것이기도 합니다 — 그리고 특히 자선은 기도에 매우 큰 도움이 됩니다. 그러면 우리는 "곤경의 날에 내가 주님을 찾네. 밤에도 그분께 내 손을 벌리는 나는 속지 않네"(시편 77,3) 하고 말할 수 있게 됩니다. 손으로 만질 수 없는 영적인 하느님을 선행으로 찾지 않으면 무슨 수로 찾을 수 있겠습니까?

• 아우구스티누스 『서간집』 130.[13]

### 참된 행복은 하느님 믿는 데서 온다

"행복하여라, 어떠어떠한 사람"(시편 1,1). 참으로 아름답고 적절한 시작 말입니다. 성령께서는 우리에게 인류의 나약함을 경고하시려는 참이었기에, 경외심을 지닌 마음들을 이 희망으로 이끌리게 하는 그리하여 죽을 운명을 타고난 존재들의 부서지기 쉬운 마음이 움츠러들지 않게 하는 축복 선언으로 말씀을 시작하신 듯 보입니다. 행복이 예고되어 만족한 이라면 누가 어려운 임무를 수행하고자 불붙지 않겠습니까? 그래서 우리 선조들의 권위가 우리에게 말해 주듯이, 자신이 소망하는 모든 것을 얻기에 유리한 그는 복된 사람이라 불립니다. 그러나 시편 제143편(칠십인역)에서 예언자는 이 형용사는 두 가지 의미가 있다는 것을 우리에게 상기시켜 줍니다. "행복하여라, 이렇게 되는 백성! 행복하여라, 주님을 하느님으로 모시는 백성!" 그러니까 세상적 의미에서 복된 이는 자신이 더할 수 없는 안전을 누리며 지속적인 기쁨과 세상적 풍요 속에 산다고 생각하는 사람입니다. 그런데 시편 저자는 두 번째 의미의 "행복하다"에 절묘하게 "사람"(시편 1,1)이라는 말을 덧붙였습니다. '비르'vir(남자, 사람)라는 단어는 '비레스'vires(힘)에서 왔습니다. 참고 견딜 때 그는 어떤 실패도 받아들이지 않습니다. 번영을 누릴 때 그는 어떠한 자만심도 품지 않습니다. 거룩한 것들에 대한 관상과 변치 않는 용기로 힘이 충만한 그의 마음은 한결같이 확고하고 굳건합니다.

• 카시오도루스 『시편 해설』 1,1.[14]

[13] FC 18,394-95*.

[14] ACW 51,47-48.

## 145,1-21 하느님 찬미가

1 [찬양가. 다윗]
(알렙) 저의 임금이신 하느님,
당신을 들어 높입니다.
영영세세 당신 이름을 찬미합니다.
2 (베트) 나날이 당신을 찬미하고
영영세세 당신 이름을 찬양합니다.
3 (기멜) 주님은 위대하시고 드높이
찬양받으실 분
그 위대하심은 헤아릴 길 없어라.
4 (달렛) 한 세대가 다음 세대에
당신 업적을 기리고
당신 위업을 전하리이다.
5 (헤) 사람들은 당신 엄위의 찬란한 영광을
이야기하고
저는 당신의 기적들을 노래하리이다.
6 (와우) 사람들은 당신의 경외로운 일들의
위력을 말하고
저는 당신의 위대하신 일들을 선포하리이다.
7 (자인) 사람들이 당신의 크신 선을
기억하고 알리며
당신의 의로움에 환호하리이다.
8 (헤트) 주님은 너그러우시고 자비하신 분
분노에 더디시고 자애가 크신 분.
9 (테트) 주님은 모두에게 좋으신 분
그 자비 당신의 모든 조물 위에 미치네.
10 (요드) 주님, 당신의 모든 조물이
당신을 찬송하고
당신께 충실한 이들이 당신을 찬미합니다.
11 (카프) 당신 나라의 영광을 말하고
당신의 권능을 이야기합니다,
12 (라멧) 사람들에게 당신의 위업과
당신 나라의 존귀한 영광을 알리기 위하여.
13 (멤) 당신의 나라는 영원무궁한 나라
당신의 통치는 모든 세대에 미칩니다.
{(눈) 주님께서는 그 모든 말씀에 참되시고
당신의 모든 조물에게 성실하시다.}①
14 (사멕) 주님께서는 넘어지는 이 누구나
붙드시고
꺾인 이 누구나 일으켜 세우신다.
15 (아인) 모든 눈이 당신께 바라고
당신께서는 그들에게 먹을 것을
제때에 주십니다.
16 (페) 당신의 손을 벌리시어
모든 생물을 호의로 배불리십니다.
17 (차데) 주님께서는 당신의 모든 길에서
의로우시고
모든 행동에서 성실하시다.
18 (코프) 주님께서는 당신을 부르는 모든 이에게,
당신을 진실하게 부르는 모든 이에게
가까이 계시다.
19 (레시) 당신을 경외하는 이들의 뜻을 채우시고
그들의 애원을 들으시어 구해 주신다.
20 (쉰) 주님께서는 당신을 사랑하는 이들을
모두 보호하시고
죄인들을 모두 멸하신다.
21 (타우) 내 입은 주님에 대한 찬양을
이야기하고
모든 육신은 그 거룩하신 이름을
찬미하리라, 영영세세.

① { } 표시한 두 절은 그리스어, 시리아어 본문에는 다 들어 있으나 히브리어 수사본 가운데는 1개 사본에만 있다.

둘러보기

하느님은 어떤 한계도 없으시며 헤아릴 수 없는 분이시기에 인간이 하느님의 본질과 본성을 알고 이해하는 것은 불가능하다(니사의 그레고리우스). 하느님은 인간의 이해력 너머에 계시는 분이어서 인간의 출생 양식을 통해 신적 탄생을 이해하려는 시도는 이단으로 이끌 뿐이다(암브로시우스). 사람들이 하느님을 먼저 알지 않고는 하느님을 찬미할 수 없거나 거짓 신을 찬미하게 될 위험이 있기에 하느님께서는 사람들이 당신을 찬미할 수 있도록 창조계의 일부인 그들을 자극하신다(아우구스티누스).

어려운 시기에 우리는 하느님께 우리의 걱정거리를 풀어놓아야 한다. 하느님께서는 그에 답해 주실 터인데, 그런 요청을 드리고픈 마음을 불러일으키신 분이 그분이시기 때문이다(대 레오). 하느님께서는 모든 피조물 안에 당신께 대한 자연적인 갈망과 사랑을 심어 놓으셨다(암브로시우스). 세례 때에 자신이 영적으로 변모했다고 주장하는 사람이라면, 그의 인품과 삶은 하느님 자녀의 표시를 지녀야만 한다(니사의 그레고리우스). 교회 구성원이라는 신분은 악한 삶과 양립할 수 없으며, 이름뿐인 신분이라면 구원받기에 부족하다(풀겐티우스). 하느님께 진실한 기도를 바치는 사람은 그분을 믿고 그분을 경외하며 자신의 기도에 부합하는 삶을 사는 사람이다(베다).

그리스도께서 인간의 육신을 취하셨다고 고백할 때, 우리는 그분께서 인간의 영혼도 취하셨다고 함축적으로 인정하는 것이다(테오도레투스).

145,3 하느님의 위대하심은 헤아릴 길 없다

**하느님의 초월성 앞에 겸손해지는 인간**

신적 본질에 대해 누가 풀이나 묘사나 설명을 청해 온다면, 우리는 우리가 이런 종류의 지혜에 대해서는 배우지 못했다는 것을 부인해서는 안 될 것이며, 본성에 따라 무한한 것은 말로 표현되는 개념으로 이해되는 것이 결코 아님을 인정해야 할 것입니다. 하느님의 위대함은 한계가 없다는 사실은 예언으로 선포되었는데, 그 예언은 그분의 광채와 영광, 거룩함을 "헤아릴 길 없어라"라는 말로 인상적으로 선언합니다. 그분의 주변이 한계가 없다면, 그분의 본질은 어떻겠습니까. 그것이 어떠한 것이든, 어떤 식으로든, 한계가 없다는 것으로 파악될 것입니다. 그렇다면 말이나 이름을 통한 해석은 그 의미를 통해 대상에 대한 일종의 이해를 제시합니다. 그런데 반면에, 한계 지어지지 않는 것은 이해될 수 없다면, 누구도 감히 나서서는 안 될 문제에 있어 우리가 대답하지 않다고 해서 아무도 우리를 무지하다 비난할 근거가 없을 것입니다. 사실, 헤아릴 수 없는 분을 내가 어떤 이름으로 묘사할 수 있습니까? 형언할 길 없는 분을 내가 무슨 말로 드러내 밝힐 수 있겠습니까? 이처럼 신성은 말로 표현되기에는 너무나 뛰어나고 고원하므로, 우리는 말과 생각을 초월하는 것에 대해서는 침묵으로 경의를 표하는 것을 배웠습니다. "자신에 관하여 마땅히 생각해야 하는 것 이상으로 분수에 넘치는 생각을 하"(로마 12,3)는 사람은 우리가 불가해한 것들에 대하여 무지하다고 놀리며 우리의 이 신중한 발언을 짓밟고, 형체도 한계도 크기도 양도 없다(아버지와 아들과 성령)는 점에서 같지 않음의 차이를 인지하고는 거짓 사도들이 늘상 그러듯이, "너희가 섬기는 분의 본질을 너희가 알지 못한다면 '너희는 알지도 못하는 분께 예배를 드리는 것'(요한 4,22 참조)"이라며 우리의 무지를 비난한다면, 우리는 예언자의 조언을 따를 것입니다. 우리는 어리석은 자들의 비난을 두려워하지도(이사 51,7 참조) 말로 표현할 수 없는 것들에 관해 시건방지게 떠드는 그들의 욕설에 휘둘리지도 않을 것입니다. 우리는 그 미숙한 설교자 바오로를 지식을 초월하는 신비들에 관한 우리의 교사로 여깁니다. 그는 거룩한 본성이 인간 지각의 범위 안에 있다는 생각과는 거리가 멀어도 한참 먼 사람이어서, 하느님의 판단은 "헤아리기 어렵고" 그분의 길은 "알아내기 어렵다"(로마 11,33)고 합니다. 그는 그분을 사랑하는 이들에게 그들이 이 세상에서 행한 선행들에 대해 약속된 것들은 이해력의 범위를 넘어서는 것이어서 눈으로 볼 수도 없고 귀로 들음으로써 받아들일 수도 없고 마음 안에 담을 수도 없는 것이라고 단언합니다(1코린 2,9 참조).

• 니사의 그레고리우스 『에우노미우스 반박』 3,5.[1]

### 하느님의 무한한 본성은 이해할 수 없다

그분[아버지 하느님]을 "나지 않으신 분"이라고 말하는 대신 "제1원인" 또는 "외아드님의 아버지"라고 부르거나 또는 "원인 없이 존재하시는 분"을 비롯하여, 같은 사상에 이르게 하는 다른 많은 표현을 사용할 수 있습니다. 그럴 경우 에우노미우스[2]는 우리가 신적 본성을 나타내는 어떤 이름도 모른다며 그가 제시하는 바로 그 논증들로 우리의 교의를 확인해 주는 셈입니다. 우리는 그것이 존재하는 사실에 대해 배웠습니다만, 형언할 길 없고 무한한 본성을 포함할 만큼의 웅대함을 지닌 이름은 아예 존재하지 않거나 어쨌든 우리에게 알려지지 않았다고 언명합니다. 그러니 그는 있지도 않은 것을 만들어 내는 말버릇을 버리고 진짜 뜻을 나타내는 이름들을 우리에게 보여 준 다음 그 이름들의 상이함으로 주제를 나누는 식으로 진도를 나가 보라고 하십시오. 그러나 아브라함과 모세가 그 이름에 관한 지식을 얻을 수 없었으며 "아무도 하느님을 본 적이 없다"(요한 1,18)는 것과 "어떠한 인간도 하느님을 본 일이 없고 볼 수도 없다"(1티모 6,16), 그리고 그분 주위의 빛은 다가갈 수 없으며 "그분의 위대하심은 헤아릴 길 없어라"라는 성경의 진술이 사실이라면, 우리도 이같이 믿고 말할 수 있습니다. 이것은 바다 전체를 자기 손에 담을 수 있다고 생각하는 이에게 이름들의 뜻으로 무한한 본성의 표현과 이해를 약속하는 논증과 비슷합니다! 손바닥의 옴폭 파인 곳을 바다의 전체 깊이에 비유한다면, 언어의 모든 힘은 형언할 길 없고 헤아릴 수 없는 본성에 비유할 수 있습니다.

• 니사의 그레고리우스 『에우노미우스 반박』 7,4.[3]

### 신적 탄생과 인간의 출생은 전적으로 다르다

그러니 이단자[아리우스파]인 당신들은 인간의 출산이라는 유비를 근거로 엉터리 교의를 만들어 내어서는 안 됩니다.[4] 또한 그러한 목적을 위하여 우리는 토론에서 꼬투리를 긁어모아서도 안 됩니다. 우리의 제한된 언어로는 "그 위대하심을 헤아릴 길 없는" 무한한 신성의 위대함을 담을 수 없기 때문입니다. 당신들이 인간의 출생에 관하여 기술하고자 한다면, 필히 어떤 시점時點을 지적해야 합니다. 그러나 신적 탄생은 모든 것을 넘어 있습니다. 그것은 멀고 넓으며 모든 생각과 느낌 저만치 위에 있습니다. 이렇게 쓰여 있기 때문입니다. "나를 통하지 않고서는 아무도 아버지께 갈 수 없다"(요한 14,6). 그러므로 당신들이 아버지 — 예를 들어, 그분의 영원성

[1] NPNF 2,5,146-47*.

[2] 아리우스파 종속론을 극단적으로 옹호하던 인물이다.

[3] NPNF 2,5,198*.

[4] 아리우스파 이단은 그리스도의 육화를 인간의 출생에 비유하여 설명하려 했으며, 아들이 아버지에게서 났다면 아버지는 아들보다 먼저 존재하기 시작하셨고 따라서 아들은 영원한 존재일 수 없다고 추론했다.

— 에 관하여 어떻게 생각하든, 당신들은 아드님의 도움 없이는 그분에 관하여 그 무엇도 이해할 수 없으며, 아들을 통하지 않고는 어떠한 이해력도 아버지께로 올라가 닿을 수 없습니다. 아버지께서는 "이는 내가 사랑하는 아들이다"(마태 17,5; 마르 9,7; 루카 9,35)라고 하셨습니다. 잘 보십시오. 여기서 "이다"는 그분이 누구이신지, 어떤 분이신지, 영원히 그러하다는 것을 뜻합니다. 그래서 다윗도 영감을 받아 이렇게 말합니다. "주님, 당신의 '말씀'은 하늘에 영원히 머무릅니다"(시편 119,89). 영속하는 것은 시간 속에서나 영원 안에서나 존재하지 않는 적이 없기 때문입니다.

• 암브로시우스 『신앙론』 1,10,63.[5]

#### 찬양이 청원보다 먼저다

주님, 당신께서는 위대하시고 크게 찬양받으실 분이십니다. "우리 주님께서는 위대하시고 권능이 충만하시며 그 지혜는 헤아릴 길 없으시다"(시편 147,5). 인간, 당신 창조계의 작은 조각 하나가 당신을 찬미하고 싶어 합니다. 자기 죽을 운명을 메고 다니며 자기 죄의 증거와 "하느님께서는 교만한 자들을 대적하신다"(1베드 5,5)는 증거를 짊어지고 다닙니다. 그래도 인간, 당신 창조계의 작은 조각 하나가 당신을 찬미하고 싶어 합니다. 당신을 찬미하며 즐기라고 일깨우시는 이는 당신이시니, 당신을 향해서 저희를 만드셨으므로 당신 안에 쉬기까지는 저희 마음이 안달을 합니다.

주님, 당신을 부름이 먼저인지 당신을 찬미함이 먼저인지, 또 당신을 아는 일이 먼저인지 당신을 부르는 일이 먼저인지, 제가 알고 깨닫게 해 주십시오. 그렇지만 당신을 모르면서 누가 당신을 부르겠습니까? 모르면서 부르는 사람은 이것인 줄 알고 딴것을 부르기 십상입니다. 그러니 당신께서 불리시는 것은 혹시 알려지시기 위함이 아닙니까? 그런데 자기가 믿지 않는 분을 어떻게 받들어 부를 수 있겠습니까? 또 선포하는 사람이 없으면 어떻게 믿을 수 있겠습니까?(로마 10,14 참조). "주님을 찾는 이들은 큰 소리로 주님을 찬양하리라"(시편 22,26) 하였습니다. 그러니까 찾다 보면 주님을 찾아내고, 찾아내면서 당신을 찬미할 것입니다. 주님, 제가 당신을 부르면서 당신을 찾아보겠고, 당신을 믿으면서 당신을 부르겠습니다. 당신께 대해 저희에게 선포한 이들이 있었기 때문입니다. 주님, 제 믿음이 당신을 부릅니다. 그 믿음은 당신께서 제게 주셨고, 당신 아드님의 인성을 통해서, 당신을 선포하는 사람의 직무를 통해서 당신께서 저에게 불어넣으신 것입니다.

• 아우구스티누스 『고백록』 1,1.[6]

### 145,14-16 하느님께서는 모든 생물을 배불리신다

#### 악한 습관의 사슬을 끊어 버리자

자신을 고쳐 바르게 사는 데 어려움을 느끼는 사람은 도움을 베풀어 주시는 인자하신 하느님께 의지하여, 악한 습관의 사슬을 끊게 해 주십사고 그분께 간청해야 합니다. "주님께서는 넘어지는 이 누구나 붙드시고 꺾인 이 누구나 일으켜 세우신다"고 쓰여 있기 때문입니다. 네, 신뢰심을 가지고 하는 사람의 기도는 헛되이 사라지지 않습니다. 우리의 자비로우신 하느님께서는 "당신을 경외하는 이들의 뜻을 채우시는"(시편 145,19) 분이시기 때문입니다. 우리에게 기도할 수 있는 은총을 주신 분께서 우리가 청한 것을 주실 것입니다. 성부와 성령과 함께 세세에 영원히 살아 계시고 다스리시는 우리 주 예수 그리스

[5] NPNF 2,10,211-12*.

[6] AC 21*.

도를 통하여 비나이다. 아멘.

• 대 레오 『설교집』 36,4,2.[7]

### 모든 피조물은 본디 하느님을 향한다

바오로 사도는 이렇게 덧붙였습니다. "과연 만물이 그분에게서 나와, 그분을 통하여 그분을 향하여 나아갑니다"(로마 11,36). "그분에게서 나와"가 무슨 뜻이겠습니까? 만물의 본성이 그분의 뜻에 따라 존재하며, 존재하는 모든 것의 창조자는 그분이라는 뜻입니다. "그분을 통하여"는 무슨 뜻입니까? 창조계와 만물의 존속은 그분의 선물이라는 뜻입니다. "그분을 향하여 나아간다"는 무슨 뜻입니까? 만물이 불가사의한 갈망과 형언할 길 없는 사랑으로 그들 생명의 영도자요 그들에게 각종 능력과 기능을 주신 분을 바라본다는 뜻입니다. 그래서 "모든 눈이 당신께 바라고 당신께서는 당신의 손을 벌리시어 모든 생물을 호의로 배불리십니다"라고 쓰여 있습니다.

• 암브로시우스 『성령론』 2,9,91.[8]

### 하느님의 자녀들은 하느님과 자신의 관계를 드러낸다

그렇다면 예전과 똑같으면서도 자신이 세례로 더 나은 사람으로 변했다고 자부하는 사람은 바오로 사도의 이 말을 귀담아들어야 할 것입니다. "사실 누가 아무것도 아니면서 무엇이나 되는 듯이 생각한다면, 그는 자신을 속이는 것입니다"(갈라 6,3). 변하지 않았다면 그대는 변한 존재가 아니기 때문입니다. 성경은 새로 남에 대하여 이렇게 이야기합니다. "그분께서는 당신을 받아들이는 이들 모두에게 하느님의 자녀가 되는 권한을 주셨다"(요한 1,12). 그런데 어떤 부모에게서 난 이는 분명 그 부모의 본성을 나누어 받습니다. 그렇다면 여러분이 하느님을 받아들였고 그분의 자녀가 되었다면, 여러분의 삶의 방식이 여러분 안에 계시는 하느님을 증거하게 하십시오. 그대의 아버지가 누구이신지 분명히 하십시오! 우리가 하느님을 알아보는 표시들은 그분의 자녀가 그분과의 관계를 드러내 보이게 하는 바로 그것들입니다. "[그분께서는] 당신 손을 벌리시어 모든 생물을 호의로 배불리십니다", "그분께서는 허물을 못 본 체해 주신다"(미카 7,18), "[그분께서] 재앙을 내리신 것을 후회하신다"(요엘 2,14 참조), "주님은 모두에게 좋으신 분, 날마다 우리에게 노하시는 분이 아니시라네"(시편 145,9 참조), "하느님께서는 올곧으시며 그분께는 불의가 없다네"(시편 92,15). 이 외에도 성경에는 비슷한 말씀이 곳곳에서 우리를 가르칩니다. 여러분이 이와 같다면, 여러분은 참으로 하느님의 자녀가 된 것입니다. 그러나 여러분이 악의 표시를 계속 지니고 있다면, 자기가 위에서 태어났다고 혼자 떠들어 봐야 아무 소용 없습니다. 예언은 여러분에게 이렇게 말할 것입니다. "너는 지극히 높으신 분의 아들이 아니라 인간의 아들이다. 너는 허황된 것을 사랑하고 거짓을 추구한다. 너는 사람이 훌륭해지는 유일한 길은 거룩하게 되는 것임을 깨닫지 못하고 있다."

• 니사의 그레고리우스 『대 교리교육』 40.[9]

## 145,18-19 하느님께서는 당신을 진실하게 부르는 모든 이에게 가까이 계신다

### 하느님을 믿는 이들은 그분의 뜻을 행한다

보편 교회 안에 있지만 사악한 삶을 사는 이들이 있다면, 이승의 삶이 끝나기 전에 서둘러 사악한 삶을 버리라고 하십시오. 하느님의 뜻을 행하지 않는다면, 보편 교회에 속해 있다는, 그리스도인이라는 이름만으로 구원에 충분하다는

[7] FC 93,158-59; 『교부 문헌 총서』 4,233-35.

[8] NPNF 2,10,126*.

[9] LCC 3,324-25*.

생각을 버리라고 하십시오. 우리 구원자께서 이렇게 말씀하시기 때문입니다. "나에게 '주님, 주님!' 한다고 모두 하늘 나라에 들어가는 것이 아니다. 하늘에 계신 내 아버지의 뜻을 실행하는 이라야 들어간다"(마태 7,21). 시편에도 이렇게 쓰여 있습니다. "주님께서는 당신을 부르는 모든 이에게, 당신을 진실하게 부르는 모든 이에게 가까이 계시다. 당신을 경외하는 이들의 뜻을 채우시고 그들의 애원을 들으시어 구해 주신다." 그런가 하면 잠언에서는 우리 각자가 주님을 경외하고 악에서 벗어나라는 명령을 듣습니다. 이렇게 쓰여 있습니다. "주님을 경외하며 악을 멀리하여라. 그것이 네 몸에 약이 되고 네 뼈에 활력소가 되리라"(잠언 3,7-8).

• 루스페의 풀겐티우스
『죄의 용서에 관해 에우티미우스에게』 1,26,2.[10]

### 하느님께서는 믿음으로 바치는 기도에 응답하신다

그러나 우리는 이 점에 주의를 기울여야 합니다. 곧, 사람들 앞에서 기도하는 듯 보이는 모든 이가 마음을 꿰뚫어 보시는 분 앞에서 하늘 나라의 문을 두드리고 구하며 청한다고 입증되지는 않는다는 것입니다. 주님을 부르지만 진심으로 부르지는 않는 이들이 있다는 것을 예언자가 몰랐다면 이렇게 말하지 않았을 것입니다. "주님께서는 당신을 진실하게 부르는 모든 이에게 가까이 계시다." 실로, 기도드릴 때 하는 말과 삶이 모순되지 않는 이들이 진심으로 주님을 부르는 이들입니다. 청원을 드리려 할 때 먼저 바삐 그분의 지시를 이행하는 이들이 진심으로 주님을 부르는 이들입니다. 그분께 "저희에게 잘못한 이를 저희도 용서하였듯이 저희 잘못을 용서하소서"(마태 6,12)라고 기도드리려 할 때, "너희가 서서 기도할 때에 누군가에게 반감을 품고 있거든 용서하여라. 그래야 하늘에 계신 너희 아버지께서도 너희의 잘못을 용서해 주신다"(마르 11,25)라는 그분의 명령을 이미 완수한 이들[이 그런 이들입니다]. 그래서 이런 사람들에 관하여 예언자는 참으로 적절하게 이런 말을 덧붙입니다. "주님께서는 당신을 경외하는 이들의 뜻을 채우시고 그들의 애원을 들으시어 구해 주신다." 그러니까 그분을 경외한다고 인정받는 이들이 진심으로 그분을 부릅니다. 그분께서는 그들이 [당신을] 외쳐 부를 때 그들의 기도를 귀여겨들으십니다. 그분께서는 그들이 당신을 갈망할 때 그들의 경건한 소망을 들어주십니다. 그분께서는 그들이 이승을 떠났을 때 그들을 일으켜 세우시어 영원한 구원을 누리게 하십니다.

• 존자 베다 『복음서 강해』 2,14.[11]

145,21 모든 육신은 하느님의 거룩하신 이름을 찬미하리라

### 우리는 육체와 영혼으로 하느님을 찬미한다

우리는 '말씀'이신 하느님께서는 육체만 아니라 영혼도 취하셨다고 고백하였습니다. 그런데 거룩한 복음사가는 이 자리(요한 1,14)에서 왜 영혼에 대한 언급은 없이 육에 대해서만 이야기할까요?[12] 그가 눈에 보이는 본성을 표현하는 단어가 거기에 결합된 본성도 포함한 말로 이해되기를 바랐다는 것이 분명하지 않습니까? '육'이라는 언급에 '영혼'도 당연히 포함된 것으로 이해되기 때문입니다. "모든 육신은 그 거룩하신 이름을 찬미하리라"라는 예언자의 말을 들을 때, 우리는 예언자가 영혼 없이 살로 된 육체에게만 그렇게 권고하는 것이라 이해하지 않고, 부분을 부

[10] FC 95,143.

[11] CS 111,126-27*.

[12] 『성경』은 그리스어 본문의 '사륵스'σαρξ(육, 살)를 '사람'으로 옮겼다.

름으로써 전체에게 찬미하라고 부른 것이라고 믿습니다.

• 키루스의 테오도레투스 『에라니스테스』 9.[13]

[13] NPNF 2,3,246*.

## 146,1-10 주님을 신뢰하라는 훈계

1 할렐루야!
내 영혼아, 주님을 찬양하여라.
2 나는 주님을 찬양하리라, 내가 사는 한.
나의 하느님께 찬미 노래 하리라,
내가 있는 한.
3 너희는 제후들을 믿지 마라,
구원을 주지 못하는 인간을.
4 그 얼이 나가면 흙으로 돌아가고
그날로 그의 모든 계획도 사라진다.
5 행복하여라, 야곱의 하느님을
도움으로 삼는 이
자기의 하느님이신 주님께 희망을 두는 이!
6 그분은 하늘과 땅을,
바다와 그 안의 모든 것을
만드신 분이시다.
영원히 신의를 지키시고
7 억눌린 이들에게 올바른 일을 하시며
굶주린 이들에게 빵을 주시는 분이시다.
주님께서는 붙잡힌 이들을 풀어 주시고
8 주님께서는 눈먼 이들의 눈을 열어 주시며
주님께서는 꺾인 이들을 일으켜 세우신다.
주님께서는 의인들을 사랑하시고
9 주님께서는 이방인들을 보호하시며
고아와 과부를 돌보신다.
그러나 악인들의 길은 꺾어 버리신다.
10 주님께서는 영원히 다스리신다.
시온아, 네 하느님께서 대대로
다스리신다.
할렐루야!

둘러보기

하느님 찬미는 우리가 죽을 때 끝나지 않는다. 내세에서 우리는 하느님을 영원히 바라보며 사랑하면서 찬미하게 될 것이다(아우구스티누스).

하느님께서는 그리스도인들의 원수들과 박해자들에게 정의를 집행하셨고, 그 유명한 밀라노 칙령으로 그리스도인의 운명을 역전시키셨다(에우세비우스). 그리스도인은 자신의 운명과 성공한 이교인의 운명을 비교할 때, 자신의 신앙이 주는 이익이 무엇인지 생각하게 된다. 그 이익은 믿지 않는 이는 영원히 죽지만 그는 영원히 살게 된다는 것이다. 신약성경의 이야기에 나오는, '도움 받은 이'라는 뜻의 이름을 지닌 라자로처럼, 하느님을 경외하는 사람들은 참된 구원자의 도움을 받아 영원한 생명을 얻게 될 것이다(아우구스티누스). '영'이라는 단어는 여러 가지 의미로 사용되고 각각 구별할 필요가 있는데, 사람이 죽을 때 떠나가는 '영'은 사람의 영혼을 뜻한다(예루살렘의 키릴루스). 아무도 자기 존재가 현세의 죽음으로 끝난다고 믿을 만큼 자기 영혼의 안녕에 대해 어리석고 나태해서는 안 된다(아우구스티누스). 삼위일체 하느님께서 삼라만상을 창조하셨다는 것을 결코 의심해서는 안 된다(풀겐티우스).

교회는 배교한 이들을 위해 기도하고 그들에게 연민을 품는 일을 결코 그치지 않는데, 그들이 살아 있는 한 회개의 희망이 있기 때문이다(대 레오). 하느님께서는 재앙을 겪는 이들에게 호의와 도움을 약속하시며, 사람들이 자주 희망을 잃을 때에 그분께서 당신의 약속을 지키신 사례가 많다(나지안주스의 그레고리우스). 모든 영적 축복은 하느님에게서 오며 인간의 노력으로 얻는 결과가 아니다(요한 카시아누스). 하느님께서는 부모나 남편을 잃은 고아와 과부들을 먹여 주시겠다고 약속하셨다(요한 크리소스토무스). 사랑하는 이가 죽었을 때나 고아와 과부들의 비참한 상황은 당연히 슬프지만, 우리는 믿는 이들에게는 영원한 생명이 기다리고 있다는 사실을 아는 이들이므로 하느님의 확실한 섭리를 신뢰해야 한다(테오도레투스).

146,2 나는 주님을 찬양하리라, 내가 사는 한

**우리는 영원한 세상에서도 주님을 찬양하리라**

주님께서 우리가 방금 노래한 이 시편 말씀에 관해 제가 여러분께 들을 만한 이야기를 할 능력을 주시기를 바랍니다. 우리는 이렇게 노래했습니다. "나는 주님을 찬양하리라, 내가 사는 한." 친구 여러분, 이 말씀에 관하여 제가 가장 먼저 하고 싶은 말은, "내가 살아 있는 한 내 하느님께 음악을 연주해 드리리라" 같은 말을 하거나 들을 때, 이승의 삶이 끝날 때 우리의 하느님 찬양이 끝난다고 생각해서는 안 된다고 여러분께 경고하는 것입니다. 천만의 말씀입니다. 우리가 끝이 없이 살게 되는 그때에 우리는 더욱더 찬양하게 될 것입니다. 우리가 통과하는 삶인 이 귀양 중에 그분을 찬미한다면, 결코 떠날 일 없는 집에서 살 때는 그분을 어떻게 찬미하리라고 생각하십니까? 또 다른 시편 노래에는 이렇게 쓰여 있습니다. "행복합니다, 당신의 집에 사는 이들! 그들은 영원히 그리고 늘 당신을 찬양하리니"(시편 84,5). 여러분이 "영원히"라는 말을 들을 때, 거기엔 끝이 없습니다. 어떠한 불확실성도 없이 하느님을 인지하며 조금도 지치지 않고 하느님을 사랑하고 끝없이 하느님을 찬미하는 복된 삶을 사는 것, 그것이 우리의 — 하느님을 보며 사랑하며 찬미하며 — 살아 있는 상태일 것입니다.

• 아우구스티누스 『설교집』 33A,1.[1]

146,3-6 행복하여라, 하느님께 희망을 두는 이!

**사람들에게 희망을 두지 마라**

이들[2]에게, 이미 황제의 영예를 나누고 자기들의 모습을 초상화로 그려 공공에게 내보인 막시미누스[3]의 아들들이 추가되었습니다. 일찍이 자신들이 폭군과 관계되어 있음을 자랑하면서 다른 이들에게 주인 행세를 하려 하던 자들은 같은 고난과 수치를 당했습니다. 바른 조언을 받아들이지도 거룩한 책의 가르침을 깨닫지도 못했기 때문입니다.

너희는 제후들을 믿지 마라,
구원을 주지 못하는 인간을.
그 얼이 나가면 흙으로 돌아가고
그날로 그의 모든 계획도 사라질 것이다.

---

[1] *WSA* 3,2,160*.

[2] 앞 단락에서 언급된 바 있는 막시미누스와 테오테크누스 같은, 그리스도 신앙의 원수들을 가리킨다.

[3] 기원후 310년에 죽은 동로마제국의 황제다.

불경한 자들이 이렇게 제거되자 그들에게 속했던 통치권은 콘스탄티누스와 리키니우스[4] 단 둘을 위해 확실하고 안전하게 보존되었습니다. 그들은 세상에서 하느님에 대한 적대감을 없애는 것을 최우선으로 해야 할 일로 삼았습니다. 그리고 그분께서 자신들에게 내리신 축복을 인정하고는 덕과 하느님에 대한 사랑을, 신에 대한 헌신적인 애정과 감사를 그리스도인들을 위한 칙령으로 보여 주었습니다.[5]

• 카이사리아의 에우세비우스 『교회사』 9,11.[6]

너희는 제후들을 믿지 마라

한 그리스도인이 이것을 봅니다. 가난한 무산계급인 한 사람이 나날이 하는 고된 일을 앞에 두고 끙끙대며 신음합니다. 어쩌면 그는 이렇게 생각합니다. "내가 그리스도인이 되어서 좋은 것이 무엇이 있었나? 믿지 않는 저 사람보다, 그리스도를 믿지 않는 저 남자보다, 내 하느님을 모독하는 저 아무개보다 내가 나아진 것이 무엇이라도 있나?" 이 시편은 그에게 경고합니다. "너희는 제후들을 믿지 마라." 여러분은 들의 꽃을 보면 왜 즐거워합니까? "모든 인간은 풀과 같다"고 예언자는 말합니다. 그는 그저 말하는 것이 아니라 큰 소리로 외칩니다. 주님께서 그에게 외치십니다. "외쳐라!" 하고 그분께서 말씀하십니다. 그리고 그가 대답합니다. "무엇을 외쳐야 합니까? … 모든 인간은 풀이요 그 영화는 들의 꽃과 같다. 풀은 마르고 꽃은 시든다. 그러나 주님의 말씀은 영원히 서 있으리라"(이사 40,6-8). 풀을 보고 왜 좋아합니까? 보십시오, 풀은 말라 죽었습니다. 여러분은 죽어 없어지지 않고 싶습니까? '말씀'에게 매달리십시오.

이 시편에서도 그렇습니다. 아마도 어떤 가난하고 비천한 그리스도인이 부자에 권세 있는 이교인을 바라보고서 들의 꽃을 보았을 것입니다. 그리고 하느님 대신 그를 보호자로 삼고 싶은 마음이 얼마간 들었을 것입니다. 시편은 이 사람에게도 들려주고 싶은 말이 있습니다. "너희는 제후들을 믿지 마라. 구원을 주지 못하는 인간을." 그가 대꾸합니다. "이 사람에 대해 말하는 건 아니겠지요? 그는 아주 잘삽니다. 그가 얼마나 건강한지 보십시오. 오늘 그가 번영을 누리는 것을 저는 봅니다. 항상 비참한 불운 속에 있는 것은 저입니다." 어째서 당신은 이런 것들만이 즐거움과 만족을 주는 유일한 것이라는 생각에 사로잡혀 있습니까? 저것은 행복이 아닙니다. "그 얼이 나가면 [그자는] 흙으로 돌아가고 만다."

• 아우구스티누스 『설교집』 33A,3.[7]

우리를 도우시는 하느님

물론, 하느님을 경외하는 그 가난한 남자[8]가 현세의 비참함에 갇혀 있으면서도 이 삶이 언젠가는 끝나고 영원한 안식이 올 것이라고 생각했다는 것은 의심의 여지가 없습니다. 그들은 둘 다 죽었습니다. 그러나 그 가난한 남자의 생각은 그날로 사라지지 않았습니다. 그 거지는 죽었고 천사들이 그를 아브라함의 곁으로 데려갔습니다. 그날 그의 모든 생각은 치유되었습니다. 그리고 '라자로'라는 이름은 '도움을 받다'라는 뜻이므로 — 여러분이 히브리 이름으로 '라자로'라고 불린다면 '도움 받은 이'라고 불리는 것이지요 — 이 시편 말씀은 우리에게 올바른 조언입니

[4] 기원후 311년부터 324년까지 각기 로마제국의 동방과 서방을 나누어 다스린 공동 황제들이다.

[5] 공동 황제 콘스탄티누스와 리키니우스가 기원후 313년 공포한, 사람들이 믿는 모든 종교의 절대적 자유를 인정한 밀라노칙령을 가리킨다.

[6] *ECH* 336-37.

[7] *WSA* 3,2,162*.

[8] 라자로와 부자의 비유(루카 16,19-31) 참조.

다. “행복하여라, 야곱의 하느님을 도움으로 삼는 이.” 그의 영이 [몸에서] 빠져 나가고 그의 육이 땅으로 돌아갈 때, 그의 영은 소멸하지 않습니다. “그는 자기의 하느님이신 주님께 희망을 두는 이”이기 때문입니다. 이것은 그리스도께서 교사이신 학교에서 배우는 교훈입니다. 이것은 충실히 듣는 이의 마음이 희망하는 것이고, 유일하게 참되신 구원자께서 주시는 보상입니다.

• 아우구스티누스 『설교집』 33A,4.[9]

### “영/얼”이라는 낱말에 대한 이해

성경에서 “영”이라는 단어는 다양하게 사용되며, 특정 성경 본문이 어떤 의미로 이 단어를 사용했는지 알지 못하면 무지로 인해 헷갈리기 쉽습니다. 따라서 우리는 성경이 성령의 본성을 어떻게 말하고 있는지 확실하게 알아야 합니다. 예를 들어, 아론은 ‘그리스도’(기름부음받은이)로 불리고 다윗도, 사울을 비롯하여 다른 여러 사람도 ‘그리스도’라고 불립니다만, 유일하게 참된 그리스도는 단 한 분뿐이십니다. 마찬가지로, 많은 것이 “영”이라는 이름으로 불리지만, 특별히 무엇이 “성령”으로 불리는지 우리는 확실하게 알아야 합니다. 많은 것들이 “영”으로 불리며 우리의 영혼도 영이라고 불립니다. 부는 바람도 “영”이라고 불리며, 대단한 용기도 “영”이라고 불립니다. 불순한 행동도 “영”이라고 불리고 적대적인 악마도 “영”이라고 불립니다. 그러니 그런 말을 들을 때 이름이 같다는 이유로 다른 것으로 오해하면 안 됩니다. 성경은 영혼에 대하여 “그의 영/얼이 나가면 땅으로 돌아간다”고 하는가 하면, “사람 안에 얼을 빚어 넣으신 주님”(즈카 12,1)이라고도 합니다. 시편에서는 천사들과 관련하여 “영[바람]을 당신 사자로 삼으신 분”(시편 104,4)이라고 하며, 바람에 관해서는 “당신께서는 강한 영으로 [샛바람처럼] 타르시스의 배들을 들부수시리라”(시편 48,8)라고 합니다. 또 “숲의 나무들이 영[바람] 앞에 떨듯”(이사 7,2)이라고 하고, “불이며 우박, 눈이며 얼음, 폭풍의 영[거센 바람]아”(시편 148,8 참조)라고 합니다. 우리 주님께서는 당신의 복된 가르침에 대해 “내가 너희에게 한 말은 영이며 생명이다”(요한 6,63)라고 하십니다. 그것들은 영적이라는 뜻입니다. 성령은 혀에서 나오는 말이 아닙니다. 그분은 살아 계시며 몸소 현명한 언어 사용과 말하는 법과 담화의 능력을 주십니다.

• 예루살렘의 키릴루스 『예비신자 교리교육』 16,13.[10]

### 네 영혼의 미래에 관심을 가져라

바오로 사도는 이렇게 말합니다. “하와가 뱀의 간계에 속아 넘어간 것처럼, 여러분도 생각이 미혹되어 그리스도를 향한 성실하고 순수한 마음을 저버리지 않을까 두렵습니다”(2코린 11,3). 이 사람들의 마음은 “내일이면 죽을 몸 먹고 마십시다”(1코린 15,32) 같은 말로 더럽혀졌습니다. 이런 것들을 사랑하고 추구하며 이런 것이 유일한 삶이라고 생각하는 자들, 그 이상의 것은 바라지 않으며 하느님께 기도하지 않거나 오직 이승의 삶만을 위해 그분께 기도하는 자들, 근면함에 관한 이야기는 무조건 지루해하는 자들은 제가 하는 이 모든 말을 들으면 몹시 풀이 죽을 것입니다. 그들은 먹고 마시는 것만을 원합니다. 내일이면 죽을 것이기 때문이지요. 그들이 내일 죽을 것이라는 사실을 진지하게 생각해 보기라도 한다면 얼마나 좋을까요! 사실, 바로 내일 죽을 텐데 자신이 해 온 모든 일이 끝이 나는 것에 대해 생각해 보지 않을 만큼 분별없고 뒤틀리고

[9] *WSA* 3,2,164.

[10] FC 64,83-84*.

자기 영혼에 대해 그렇게 무심한 사람이 있을 수 있습니까? 보다시피 이렇게 쓰여 있습니다. "그날로 그의 모든 계획도 사라진다."

• 아우구스티누스 『설교집』 361,5.[11]

### 삼위일체 하느님께서 하늘과 땅을 창조하셨다

유일하고 참되신 하느님, 거룩하신 삼위일체께서 보이는 것과 보이지 않는 모든 것의 창조주이심을 굳게 믿고 결코 의심하지 마십시오. 이와 관련하여 이렇게 쓰여 있습니다. "행복하여라, 야곱의 하느님을 도움으로 삼는 이. 자기의 하느님이신 주님께 희망을 두는 이! 그분은 하늘과 땅을, 바다와 그 안의 모든 것을 만드신 분이시다." 이와 관련하여 바오로 사도도 이렇게 말합니다. "과연 만물이 그분에게서 나와, 그분을 통하여 그분을 향하여 나아갑니다. 그분께 영원토록 영광이 있기를 빕니다"(로마 11,36).

• 루스페의 풀겐티우스
『죄의 용서에 관해 에우티미우스에게』 4,51.[12]

## 146,7-9 주님께서는 당신을 필요로 하는 이들을 도와 주신다

### 우리는 살아 있는 어떤 사람의 구원을 결코 단념해서는 안 된다

물론 우리는 하느님의 계명과 교회의 계율에만 의존하지 않으며 그런 사람들을 위해 우리와 함께 주님께 간구하도록 여러분의 사랑을 호소합니다. 우리 역시 눈물과 애통한 마음으로 멸망에 떨어진 타락한 영혼들을 불쌍히 여깁시다. 바오로 사도가 보여 준 자비의 모범에 따라, '약한 사람에게는 약해지고'(2코린 11,29 참조) '우는 이들과는 함께 웁시다'(로마 12,15 참조). 우리는 많은 눈물로써 그리고 죄인들 편에서의 합당한 속죄를 통하여 하느님의 자비를 얻게 되기를 기대해 봅시다. 이 육신 안에 사는 동안에는 회개에 대한 희망을 포기할 만한 사람이 아무도 없으며, 우리는 모든 이가 주님의 도우심에 힘입어 교정되기를 고대합니다. "주님께서는 꺾인 이들을 일으켜 세우시고 붙잡힌 이들을 풀어 주시며 눈먼 이들의 눈을 열어 주시는 분"이시니, "아버지와 성령과 함께" 그분께 영예와 영광이 세세에 영원히 있나이다. 아멘.

• 대 레오 『설교집』 34,5,2.[13]

### 기대하지 못했던 회복

그녀[14]가 회복한 것은 다른 어느 누구도 아닌 [하느님] 덕분이었습니다. 사람들은 그녀가 당한 불행보다 예상치 못했던 회복에 더 깊은 인상을 받았지요. 사람들은 그녀가 고통을 통해 영광스럽게 되려고 그 비극이 일어났다고 생각했습니다. 인간이기에 그런 고통을 당하고 그 회복은 인간의 능력을 넘어선 것이었다고. 이것은 고난 중에 진한 신앙을, 재앙을 만났을 때는 인내를 보여 주는 사람들에게 교훈이 될 것입니다. 그러나 무엇보다도 그녀가 받은 것은 하느님의 호의에 대한 체험입니다. 이는 하느님께서 의인들에게 하신, "그는 비틀거려도 쓰러지지 않으리니"(시편 37,24)라는 약속에 "그는 쓰러지더라도, 하느님께서 신속하게 일으켜 세워 주시고 영광스럽게 해 주시리라"라는 새로운 약속이 덧붙여진 것이라 하겠습니다. 그녀가 당한 불행은 이유를 알 수 없는 것이었지만 그녀의 회복은 실로 놀라운 것이어서, 곧바로 손상의 자리에 건강이 들어섰고 병보다 병의 치유가 더욱

[11] *WSA* 3,10,227. [12] FC 95,92.
[13] FC 93,149; 『교부 문헌 총서』 4,207-9.
[14] 나지안주스의 그레고리우스의 누이 고르고니아를 가리킨다.

높이 찬양되었습니다.

• 나지안주스의 그레고리우스
『누이 고르고니아 추도사』 8,15.[15]

### 모든 복의 근원은 하느님이시다

"붙잡힌 이를 풀어 주는" 것은 자유의지가 아니라 주님이십니다. "꺾인 이들을 일으켜 세우는" 것은 우리의 힘이 아니라 주님이십니다. "눈먼 이들의 눈을 열어 주는" 것은 책을 읽는 우리의 노력이 아니라 주님이십니다. 이 본문은 그리스어로는 '키리오스 소포이 티플루스'*κυριος σοφοι τυφλους*인데, 그 뜻은 주님께서 눈먼 이를 지혜롭게 만드신다는 것입니다. "이방인들을 보호하는" 것도 우리의 관심이 아니라 주님이십니다. 주님께서 "넘어지는 모든 이를 일으켜 세우는" 것도 "떠받치는 것"도 우리의 힘이 아니라 주님이십니다.

• 요한 카시아누스 『담화집』 3,15,3.[16]

### 고아와 과부를 돌보다

당신의 복된 남편이 당신과 함께 있던 동안 당신은 영예와 보살핌과 남들의 시기 어린 부러움을 받았습니다. 실로 당신은 남편에게서 기대할 수 있는 모든 것을 누렸지요. 그러나 하느님께서 그를 데려가신 때부터 [하느님께서] 당신 옆 그의 자리에 계십니다. 이것은 나의 말이 아니라 복된 예언자 다윗의 말입니다. 그는 이렇게 말했지요. "주님께서는 고아와 과부를 돌보신다." 또 다른 곳에서 그는 그분을 "고아들의 아버지, 과부들의 보호자"(시편 68,6)라고 부릅니다. 이처럼 많은 구절에서 당신은 그분께서 이러한 사람들을 진심으로 걱정하고 살피신다는 것을 볼 수 있을 것입니다.

• 요한 크리소스토무스 『젊은 과부에게』 1.[17]

### 하느님은 고아와 과부들의 보호자이시다

하느님의 약속들과 그리스도인들의 희망을 생각해 볼 때에, 그러니까 부활, 영원한 생명, 하늘 나라에서의 삶, 그리고 "어떠한 눈도 본 적이 없고 어떠한 귀도 들은 적이 없으며 사람의 마음에도 떠오른 적이 없는 것들을 하느님께서는 당신을 사랑하는 이들을 위하여 마련해 두셨다"(1코린 2,9)는 것을 생각할 때에, 우리의 낙담에 대해 어떤 변명거리가 있을 수 있습니까? 사도가 이렇게 강조하여 말하지 않습니까? "형제 여러분, 잠자는 이들의 문제를 여러분도 알기를 바랍니다. 그리하여 희망을 가지지 못하는 다른 사람들처럼 슬퍼하지 말라는 것입니다"(1테살 4,13). 나는 희망이 없을 때에도 이성의 힘만으로 슬픔을 극복한 많은 사람을 알고 있습니다. 그런데 그런 희망이 받쳐 주는 이들이 희망이라고는 전혀 없는 이들보다 나약한 존재로 드러난다면 그것이야말로 실로 이상한 일일 것입니다. 그래서 그대[18]에게 간청합니다. 긴 여행길의 끝을 보십시오. 그가 여행을 떠나면 우리는 실로 서운해하곤 했지만 그의 귀환을 기다렸습니다. 이 헤어짐에 어느 정도는 슬퍼합시다. 나는 인간 본성에 어긋나는 것을 권고하는 것이 아닙니다. 그러나 시신을 두고 울부짖지는 맙시다. 그의 출발을, 그러니까 그의 떠남을 축하해 줍시다. 이제 그는 불확실한 세상에서 자유로워졌으며 영혼이나 육체, 또는 신체적 조건의 변화를 더 이상 두려워하지 않게 되었기 때문입니다. 이제 싸움은 끝났고 그는 보상을 기다리고 있습니다. 고아와 과부들을 두고 너무 많이 슬퍼하지 마십시오. 우리에게는 더 위대하신 보호자가 계십니다.

[15] NPNF 2,7,242-43*.

[16] ACW 57,134.

[17] NPNF 1,9,121-22*.

[18] 이 편지의 수신인 알렉산드라를 가리킨다.

그분의 법에 따르면 모든 이가 고아들과 과부들을 보살펴야 한다고 되어 있습니다. 그분에 대해 거룩한 다윗은 이렇게 말합니다. “주님께서는 고아와 과부를 돌보신다. 그러나 악인들의 길은 꺾어 버리신다.” 우리는 우리 삶의 키를 그분 손에 쥐여 드리기만 합시다. 그러면 우리는 결코 실패라고는 없는 섭리를 만나게 될 것입니다. 그분의 보호는 어떤 인간의 보호보다 확실합니다. 이렇게 말씀하시는 분이기 때문입니다. “여인이 제 젖먹이를 잊을 수 있느냐? 제 몸에서 난 아기를 가엾이 여기지 않을 수 있느냐? 설령 여인들은 잊는다 하더라도 나는 너를 잊지 않는다”(이사 49,15). 그분은 어머니나 아버지보다 우리 가까이 계십니다. 그분은 우리를 지으신 창조주이시기 때문입니다. 아버지들을 만드는 것은 혼인이 아닙니다. 아버지들은 그분의 뜻에 따라 아버지들이 됩니다.

• 키루스의 테오도레투스 『서간집』 14.[19]

[19] NPNF 2,3,254-55*.

### 147,1-20 창조주이신 하느님 찬양

1 할렐루야!
좋기도 하여라, 우리 하느님께
찬미 노래 부름이.
즐겁기도 하여라, 그분께 어울리는
찬양을 드림이.
2 주님께서는 예루살렘을 세우시고
이스라엘의 흩어진 이들을 모으신다.
3 마음이 부서진 이들을 고치시고
그들의 상처를 싸매 주신다.
4 별들의 수를 정하시고
낱낱이 그 이름을 지어 주신다.
5 우리 주님께서는 위대하시고 권능이
충만하시며
그 지혜는 헤아릴 길 없으시다.
6 주님께서는 가난한 이들을 일으키시고
악인들을 땅바닥까지 낮추신다.
7 주님께 감사 노래 불러라.
우리 하느님께 비파 타며 찬미 노래 불러라.
8 하늘을 구름으로 덮으시고
땅에 비를 마련하시어
산에 풀이 돋게 하시는 분.
9 가축에게도,
우짖는 까마귀 새끼들에게도
먹이를 주시는 분.
10 그분께서는 준마의 힘을 좋아하지
않으시고
장정의 다리를 반기지 않으신다.
11 주님께서는 당신을 경외하는 이들을,
당신 자애에 희망을 두는 이들을
좋아하신다.
12 예루살렘아, 주님을 기려라.
시온아, 네 하느님을 찬양하여라.
13 네 성문들의 빗장을 튼튼하게 하시고
네 안에 있는 아들들에게 복을 내리신다.
14 네 강토에 평화를 가져다주시고
기름진 밀로 너를 배불리신다.
15 당신 명령을 세상에 보내시니
그 말씀 날래게 달려간다.
16 눈을 양털처럼 내리시고
서리를 재처럼 흩으신다.⤴

17 얼음을 빵 부스러기처럼 내던지시니
그 추위 앞에 누가 서 있을 수 있으랴?
18 당신 말씀 보내시어 저들을 녹게 하시고
당신 바람을 불게 하시니 물이 흐른다.
19 당신의 말씀을 야곱에게 알리시고
당신의 규칙과 계명을 이스라엘에게
알리신다.
20 어떤 민족에게도 이같이 아니 하셨으니
그들은 계명을 알지 못한다.
할렐루야!

둘러보기

하느님께서는 마치 의사처럼, 참회하는 이의 부서진 마음을 당신 사랑의 붕대로 감싸 주시어 그를 원래의 상태로 회복시키신다(카시오도루스). 사람들은 무수한 별들과 빗방울들에서 또한 하느님께서 만드신 다른 천체들을 보고서도 하느님의 권능을 깨달을 수 있다(예루살렘의 키릴루스). 성경은 제유법, 곧 부분으로 전체를 나타내는 비유법을 자주 사용한다. 예를 들면, 까마귀 한 마리가 조류의 세계 전체를 나타내는 식이다(나지안주스의 그레고리우스). 하느님께서는 세상을 창조하실 때 엿새 동안만 일하신 것이 아니라, 당신의 창조계를 섭리로 보살피시며 안식일에도 계속 일하신다(베다). 이 세상의 모든 고통과 문제들은 끝날 때가 온다. 그때에는 하늘의 문이 닫힐 것이며, 그 누구도 들어가거나 떠날 수 없게 된다(아우구스티누스). 그리스도교가 전 세계에 굉장한 속도로 퍼져 나간 것은 시편에서 예고된 바 있다(에우세비우스).

### 147,2-3 하느님께서는 마음이 부서진 이들을 고쳐 주신다

#### 하늘의 의사께서 뉘우치는 마음을 치유해 주신다

"마음이 부서진 이들을 고치시고 그들의 상처를 싸매 주신다." 굉장한 치유의 방식이 예고됩니다. 그러니 회복되기 바란다면 우리는 단호하게 죄를 깊이 뉘우쳐야 합니다. 그런데 이 회개의 목적은 새로워지는 것이고 그것은 완전한 회복으로 인도합니다. 모든 축복을 초월하는 그것은 영원한 건강을 주시는 의사를 인정합니다. 이어지는 절은 이렇습니다. "그들의 상처를 싸매 주신다." 이는 치유 기술이 뛰어난 이들, 부러지고 상처 입은 뼈들을 회복시키기 위해 아마亞麻 붕대로 싸매 주고 그럼으로써 사지가 원래의 위치로 돌아가 예전의 단단함을 지니게 하는 이들을 표상으로 빌려 온 비유입니다. 하늘의 의사께서도 참회하는 이들의 심한 고난으로 부서진 마음을 같은 식으로 치료하십니다. 당신의 헌신적인 사랑이라는 붕대로 그들을 묶고 싸매어 튼튼하게 하시며 그들이 회복에 대한 강한 희망을 품게 하십니다. 시편 제50편(칠십인역)은 이렇게 말합니다. "부서지고 꺾인 마음을 하느님, 당신께서는 업신여기지 않으십니다"(시편 51,19). 계속해서 자기 가슴을 치던 세리는 스스로 이런 뉘우치는 마음을 품어 자기의 죄 많은 가슴에 끊임없이 아픔을 가한 것이라고 보입니다.

• 카시오도루스 『시편 해설』 146,3.[1]

### 147,4-5 하느님의 무한하신 권능과 지혜

#### 하느님의 권능은 인간의 인식을 넘어선다

하느님의 속성들에 대하여 말하고자 나서는

[1] ACW 53,439-40*.

사람이 혹 있다면, 그더러 먼저 땅의 경계를 묘사하라고 하십시오. 여러분이 비록 땅 위에 살지만, 여러분은 여러분이 거주하는 장소의 경계를 알지 못합니다. 그런데 그것을 창조하신 분에 대한 맞갖은 개념을 그려 보일 수 있겠습니까? 여러분은 별들을 봅니다. 그러나 그것을 만드신 분을 여러분은 보지 못하지요. 여러분 눈에 보이는 별들의 수부터 세어 보십시오. 그런 다음 보이지 않는 분에 대해 설명하십시오. "그분께서는 별들의 수를 정하시고 낱낱이 그 이름을 지어 주신다"(시편 147,4). 최근에 내린 엄청난 비는 우리의 모든 것을 파괴했습니다. 이 도시에만 내린 빗방울 수를 세어 보십시오. 아니, 이 도시가 아니라 여러분 집에 한 시간 동안 내린 빗방울 수를 세어 보십시오. 할 수 있다면 말입니다. 그러나 여러분은 그렇게 할 수 없으니 여러분의 모자람을 인정하십시오. 그리고 여기에서 하느님의 권능을 깨달으십시오. 그분께서는 온 땅에 내린 "빗방울 수를 모두 세어 두셨"(욥 36,27 칠십인역)기 때문입니다. 지금만이 아니라 모든 시간에 그리 하셨습니다. 태양은 하느님의 작품입니다. 실로 대단한 것이지요. 그러나 하늘 전체와 비교하면 아주 작은 것입니다. 여러분의 눈길을 먼저 태양에 두십시오. 그런 다음 근면하게 그것의 주님에 대해 공부하십시오. "너에게 너무 어려운 것을 찾지 말고 네 힘에 부치는 것을 파고들지 마라. 너는 명령을 받은 일에만 전념하여라"(집회 3,21-22) 하였습니다.

• 예루살렘의 키릴루스 『예비신자 교리교육』 6,4.[2]

147,8 하느님께서는 당신의 조물들을 먹여 살리신다

### 모든 새를 나타내는 까마귀

그들은 우리의 선조들이 육체 없이 보이지 않는 존재들로 이집트로 내려갔고 요셉의 영혼만 이 파라오의 감옥에 갇혔다고 생각하는 것이 틀림없습니다. 이렇게 쓰여 있다는 이유에서지요. "그들은 일흔다섯 영혼들과 함께 이집트로 내려갔다"(사도 7,14), "쇠가 그의 영혼에 들어갔다"(시편 105,18). 영혼은 묶을 수 없는 것인데 말입니다. 이렇게 주장하는 이들은, 그런 표현은 부분으로 전체를 나타내는 제유법임을 모르고 있습니다. 성경은 "[하느님을 향해] 우짖는 까마귀 새끼들"(시편 147,9)로 깃털 달린 모든 생물을 나타냅니다. 모든 별들과 그것들을 관장하시는 그분의 섭리를 "큰곰자리와 오리온자리, 묘성"(욥 9,9)이라는 말로 나타내기도 합니다.

• 나지안주스의 그레고리우스 『서간집』 101.[3]

### 하느님의 섭리는 날마다 끊임없이 펼쳐진다

예언자[의 이 말]을 읽고, 아버지 하느님께서는 처음의 엿새만 일하신 것이 아니라 "지금까지도" 일하고 계신다는 것을 아십시오. "모태에서 너를 빚기 전에 나는 너를 알았다"(예레 1,5). 시편은 "[주님은] 그들의 마음을 다 빚으신 분"(시편 33,15)이라고 하고, 또 다른 곳에서는 "하늘을 구름으로 덮으시고 땅에 비를 마련하시어 산에 풀이 돋게 하시는 분"이라 하며 그 외에도 비슷한 표현이 많습니다. 실로 [시편 저자는] 과거 시제 동사를 사용하지 않고 현재형으로 "그분께서 덮으시고, 마련하시어, 돋게 하신다"고 합니다. 아버지께서 날마다, 안식일에도 다른 날 못지않게 일하신다는 것을 보여 주려는 표현입니다. 그러니 여러분이 아드님께서 모든 일을 똑같이 하신다는 것을 의심하는 일이 없도록 시편 저자의 이 [말]을 기억하십시오. "그분께서 말씀하시자 등에 떼와 파리 떼가 모여들고, 그분께

[2] FC 61,150.

[3] NPNF 2,7,442*.

서 말씀하시자 메뚜기 떼가, 누리 떼가 몰려왔으며, 그분께서 말씀하시자 폭풍이 몰려왔다”(시편 105,31.34).

• 존자 베다『복음서 강해』1,23.[4]

147,12-15 하느님께서 당신 백성에게 안전과 평화를 주신다

우리는 하늘에 계신 하느님과 함께 있을 때 진정 안전하게 된다

우리는 이 세상에서 어떤 고통과 어려움도 견뎌 내곤 하므로 끝이 있는 모든 것은 사실 아무것도 아닙니다. 결코 끝이 없는 좋은 것들이 오고 있습니다. 우리가 그것들에 이르는 것은 고생과 수고를 통해서입니다. 그러나 우리가 거기에 이르면 그 누구도 우리를 그것에서 떼어 놓지 못합니다. 예루살렘의 문은 닫히고, 문에 빗장도 꽂힙니다. 그 도성이 이런 말을 듣게 되려는 것입니다. “예루살렘아, 주님을 기려라. 시온아, 네 하느님을 찬양하여라. 네 성문들의 빗장을 튼튼하게 하셨고 네 안에 있는 아들들에게 복을 내리셨다. 네 강토에 평화를 가져다주신다.” 문이 닫히고 빗장이 걸렸으니 어떤 친구도 나갈 수 없고 어떤 원수도 들어올 수 없습니다. 우리가 여기에서 참된 실재를 손에서 놓지 않는다면, 그곳에서 우리는 진정한 안전, 진짜 안전을 누릴 것입니다.

• 아우구스티누스『설교집』130,5.[5]

하느님께서 땅에 당신 말씀을 보내신다

“당신 명령을 세상에 보내시니 그 말씀 날래게 달려간다.” 보내시는 분은 보내진 분과 분명 구별됩니다. 그렇다면 여러분은 보내시는 분, 곧 전능하신 하느님과 보내진 ‘말씀’을 여기에서 다 모시고 있습니다. 거룩한 신탁들은 그분을 ‘지혜’, ‘말씀’, ‘하느님’, ‘주님’ 등, 여러 이름으로 부릅니다. 여러분도 알다시피, 그분 가르침의 말씀이 그토록 짧은 시간 동안에 온 세상을 가득 채운 것을 보며 여러분은 “그 말씀 날래게 달려간다”는 예언이 이루어진 것에 놀라워하리라고 나는 확신합니다.

• 카이사리아의 에우세비우스『복음의 논증』6,10.[6]

---

[4] CS 110,231.
[5] *WSA* 3,4,314.
[6] *POG* 2,10*.

### 148,1-14 하느님을 찬양하여라

1 할렐루야!
주님을 찬양하여라, 하늘로부터.
주님을 찬양하여라, 높은 데에서.
2 주님을 찬양하여라, 주님의 모든 천사들아.
주님을 찬양하여라, 주님의 모든 군대들아.
3 주님을 찬양하여라, 해와 달아.
주님을 찬양하여라, 반짝이는 모든 별들아.
4 주님을 찬양하여라, 하늘 위의 하늘아
하늘 위에 있는 물들아.
5 주님의 이름을 찬양하여라,
그분께서 명령하시자 저들이 창조되었다.
6 그분께서 저들을 세세에 영원히
세워 놓으시고
법칙을 주시니① 아무도 벗어나지 않는다.
7 주님을 찬미하여라, 땅으로부터.
용들과 깊은 모든 바다들아⤴

8 불이며 우박, 눈이며 안개
그분 말씀을 수행하는 거센 바람아
9 산들과 모든 언덕들
과일나무와 모든 향백나무들아
10 들짐승과 모든 집짐승
길짐승과 날짐승들아
11 세상 임금들과 모든 민족들
고관들과 세상의 모든 판관들아
12 총각들과 처녀들도
노인들과 아이들도 함께
13 주님의 이름을 찬양하여라.
그분 이름 홀로 높으시다.
그분의 엄위, 땅과 하늘에 가득하고
14 그분께서 당신 백성 위하여
뿔을 세우셨으니
당신께 충실한 모든 이에게,
당신께 가까운 백성 이스라엘 자손들에게
찬양 노래이어라.
할렐루야!

① 또는 '경계를 세우시니'.

둘러보기

천사들을 창조하신 일에 대해서는 창세기의 창조 이야기에 명시적으로 언급되지는 않지만 성경 전체에 충분히 증언되어 있다. 시편 저자는 그들이 하느님을 찬양한다는 언급으로 그들의 존재에 대해 증언한다(아우구스티누스). 우리는 하느님의 실체나 본성에 대해서 알 길이 없지만 성경은 하느님을 찬양할 필요성에 대해 우리에게 가르친다(요한 크리소스토무스). 천사와 인간을 포함하여 하느님의 모든 피조물들은 하느님을 찬양하는 찬미 노래를 불러야 한다(프루덴티우스). 성경은 천사들 사이에도 등급이 있음을 우리에게 알려 주지만 더 구체적인 말은 하지 않는다. 성경은 여러 곳에서 천사들의 두 집단, 곧 선한 천사들과 악한 천사들이 있음을 증언하며 그들의 성품 차이도 얼마간 우리에게 알려 준다(아우구스티누스). 하느님과 물리적인 세계 사이에는 성경이 "하늘들의 하늘"과 "하늘 위의 물"이라 묘사하는 부류의 존재들이 있다. 곧, 천사들로 알려진 이들이다.

창조되지 않으신 하느님, 곧 아버지 하느님께서 모든 피조물 가운데 맏이이신 당신 아드님께 세상을 창조하라고 명하셨다(오리게네스). 하느님의 신비들은 인간의 이해력을 넘어서는 까닭에 성령께서는 창조와 아드님의 나심을 우리에게 친숙한 말로 묘사하신다(니사의 그레고리우스). 물질세계를 말씀 한마디로 순식간에 창조하신 하느님께서는 죽은 이를 생명으로 되돌리는 일도 마찬가지로 쉽게 하실 수 있다. 말씀 한마디로 우주를 창조하신 하느님께는 인간의 도움이 필요 없다(암브로시우스). 창세기의 창조 이야기를 근거로 아버지께서 아들보다 위대하시다고 주장하는 사람들은 잘못 알고 있다(히에로니무스). 하느님께서 천사들을 창조하신 것은 확실하다. 그러나 그들이 제일 먼저 창조되지는 않았다. 하느님께서 우주를 만드실 수 있는 분이라면, 그분은 그보다 작은 일들, 곧 나이 든 사람들이 아이를 임신하게 하는 것 같은 일은 손쉽게 하실 수 있다. 하느님께서는 이미 존재하고 있는 것들에서 세상을 만드신 것이 아니라, 당신의 '말씀'을 시켜 무에서 세상을 창조하셨다(아우구스티누스).

148,1-2 하느님을 찬양하여라, 하늘의 군대들아

천사들도 하느님을 찬양한다

그러면 어찌다 천사들이 하느님의 작품 속에 들어가지 않은 것처럼 이 이야기에서 빠져 있는 것일까요?(창세 1장 참조). 천사들이 하느님의 작품이라는 사실은 비록 명시적으로 표현되지는 않았지만 전적으로 간과된 것도 아니었습니다. 성경은 이 점을 여러 곳에서 아주 분명한 어조로 증언하고 있습니다. 불가마에서 세 젊은이가 부른 찬가에서 "주님의 업적들아, 모두, 주님을 찬미하여라!"라는 구절 다음에 열거되는 하느님의 업적 가운데 천사들이 언명되고 있기 때문입니다(다니 3,57 = 아자르야의 노래 1,35). 시편에도 이런 노래가 나옵니다. "주님을 찬양하여라, 하늘로부터. 주님을 찬양하여라, 높은 데에서. 주님을 찬양하여라, 그분의 모든 천사들아. 주님을 찬양하여라, 그분의 모든 군대들아. 주님을 찬양하여라, 해와 달아. 주님을 찬양하여라, 반짝이는 모든 별들아. 주님을 찬양하여라, 하늘 위의 하늘아, 하늘 위에 있는 물들아. 주님의 이름을 찬양하여라, 그분께서 말씀하시자 저들이 생겨났고, 그분께서 명하시자 저들이 창조되었다"(시편 148,1-5).

• 아우구스티누스 『신국론』 11,9.[1]

천사들의 역할은 하느님을 찬양하는 것이다

그러나 하느님이 실제로 어떤 분이신지는 예언자들도 보지 못했을 뿐 아니라 천사나 대천사들도 알지 못했습니다. 여러분이 그들에게 물어본다면, 여러분은 그들에게서 그분의 실체에 관한 말은 듣지 못한 채 노래하는 소리만 들을 것입니다. "지극히 높은 곳에서는 하느님께 영광, 땅에서는 마음이 착한 사람들에게 평화!"(루카 2,14). 여러분이 커룹과 사람들에게서라도 무엇을 좀 배우기 바라더라도 여러분은 그분의 거룩함에 관한 신비스러운 선율과 "하늘과 땅에 그분의 영광이 가득하다"(이사 6,3)는 노래를 듣게 될 것입니다. 여러분이 그보다 더 높은 권능들에게 문의한다면, 새로운 어떤 것이 아니라 그들의 한 가지 일은 하느님을 찬양하는 것임을 발견하게 될 것입니다. 그래서 시편 저자는 이렇게 노래합니다. "주님을 찬양하여라, 주님의 모든 군대들아!"

• 요한 크리소스토무스 『요한 복음 강해』 15.[2]

천사들아, 하느님을 찬양하여라

하늘 높은 곳아, 하느님을 찬양하여라.
모든 천사들아, 하느님을 찬양하여라.
하늘의 막강 군사들아,
즐거이 하느님 찬양 노래를 불러라.
인간의 혀는 단 하나도 침묵하는 일 없이
모두 찬미 노래 불러라.

• 프루덴티우스 『매일 찬가집』 22-24.[3]

천사들 서열에 대해 알지 못한다

천상의 가장 복된 무리는 어떻게 구성되어 있는가? 천사들 사이의 서열에는 어떤 차이들이 있기에 천상계의 모든 거주민이 "천사"라는 총칭으로 명명되는["천사들 가운데 그 누구에게 '내 오른쪽에 앉아라' 하고 말씀하신 적이 있습니까?"(히브 1,13)라는 히브리서의 말씀은 이들 모두가 예외 없이 천사로 불린다는 점을 분명하게 알려 줍니다] 중에도 따로 대천사라 불리는 이들도 있는 것인가? 이 대천사들이 "만군"으로 불리는 이들인가? "주님을 찬양하여라, 주님의 모든 천사들아. 주님을 찬양하여라, 주님의 모든 군대들아"라는 구절은 "주님

[1] *CG* 439.
[2] FC 33,143*.
[3] FC 43,61.

을 찬양하여라, 주님의 모든 천사들아. 주님을 찬양하여라, 주님의 모든 대천사들아"와 같은 뜻인가? 그리고 사도는 천상계의 주민 전체를 "왕권이든 주권이든 권세든 권력이든"(콜로 1,16)이라는 명칭으로 표현하는 것처럼 보이는데, 이 네 명칭은 어떻게 구별되는가? 이러한 질문들에 대해 답할 수 있는 사람이 있다면, 한번 대답해 보라고 하십시오. 나 자신은 이러한 문제들에 관해서 무지하다고 고백합니다. 나는 해와 달과 별들이, 이것들은 지각도 지성도 없는 발광체일 뿐이라고 믿는 사람들이 있지만, 저 천상계에 속하는지조차 확실히 알지 못합니다.

• 아우구스티누스 『믿음 희망 사랑의 길잡이』 15,58.[4]

### 선한 천사와 악한 천사의 차이

그렇더라도 우리는 그들에 대해 이렇게 생각하겠습니다. 천사들의 두 집단이 있어, 하나는 하느님을 향유하고 있고 다른 하나는 교만에 차 있습니다. 하나는 "주님을 찬양하여라, 주님의 모든 천사들아"라는 말을 듣고, 다른 하나는 그 두목이 "나에게 엎드려 경배하면 저 모든 것을 주겠소"(마태 4,9)라고 합니다. 하나는 하느님에 대한 거룩한 사랑으로 불타오르고, 다른 하나는 자신을 드높이려는 더러운 욕망으로 연기를 뿜고 있습니다. "하느님께서는 교만한 자들을 대적하시고 겸손한 이들에게 은총을 베푸신다"(야고 4,6; 1베드 5,5)라고 쓰여 있듯이, 전자는 하늘 중의 하늘에 거처하고 후자는 하늘의 가장 낮은 곳인 공중에 거처하도록 혼돈 속에 내던져졌습니다. 전자는 신심의 빛나는 광채 속에 평온을 누리고, 후자는 어두운 욕망으로 소란스럽습니다. 전자는 하느님의 명령을 받아 자비로운 도움이나 정의로운 징벌을 가져오며, 후자는 오만불손한 태도로 지배하고 해치려는 욕정에 들끓고 있습니다. 전자는 하느님의 선하신 목적을 받들어 인간들을 전심으로 돕고, 후자는 하느님의 권능에 제어당하여 인간들을 해치고자 하는 목적을 이루지 못합니다. 선한 천사들은 악한 천사들을 비웃는데, 그들이 믿는 이들을 박해함으로써 본의 아니게 이로운 결과를 가져오기 때문입니다. 반면에, 악한 천사들은 선한 천사들이 순례자들을 거두어들이는 모습을 보고 시샘합니다.

• 아우구스티누스 『신국론』 11,33.[5]

## 148,4 하늘 위의 하늘

### 천사들은 영적 존재들 중간에 있다

그래서 페르시아인들은 "둥근 하늘 전체"를 주피터라고 부를지도 모릅니다. 그러나 우리는 "하늘"은 주피터도 하느님도 아니라고 생각합니다. 우리는 하느님보다 낮은 등급의 어떤 존재들이 하늘 위로 올라갔으며 모두 보이는 본성임을 알고 있기 때문입니다. "하느님을 찬양하여라, 하늘 위의 하늘아, 하늘 위에 있는 물들아. 주님의 이름을 찬양하여라"라는 구절을 우리는 그런 의미로 이해합니다.

• 오리게네스 『켈수스 반박』 5,44.[6]

## 148,5 하느님께서는 명령만으로 세상을 창조하신다

### 창조되지 않으신 하느님과 모든 피조물의 맏이

지금은 창조주께서 '말씀'의 종이 되어 세상을 창조하지 않으셨다는 것을 입증할 때도, 말씀께서 창조자의 종이 되어 세상을 준비하셨다는 것을 보여 줄 시간도 아닙니다. 예언자 다윗의 말대로, "하느님께서 말씀하시자 저들이 만들어지고 하느님께서 명령하시자 저들이 창조되었습니다". 창조되지 않으신 하느님께서 모든 피조물의

[4] FC 2,418-19*. [5] *CG* 468-69.
[6] ANCL 23,314-15.

맏이에게(콜로 1,15) "명령"하시자 "저들이 창조되었습니다". 이것은 우주와 그 안에 있는 것들만 아니라 남아 있는 모든 것에 해당하는 말입니다. "왕권이든 주권이든 권세든 권력이든 만물이 그분을 통하여 또 그분을 향하여 창조되었습니다. 그분께서는 만물에 앞서 계십니다"(콜로 1,16-17).

• 오리게네스 『요한 복음 주해』 2,104.[7]

하느님께서는 인간이 알아들을 수 있는 말로 신적 신비들을 계시하신다

이렇게 '남'의 다양한 양식을 구별해 보았으니, 이제 성령께서 신적 신비들을 우리에게 전해 주실 때, 이성을 초월하는 것들을 우리가 받아들일 수 있는 방법으로 가르쳐 주시는 성령의 은혜로운 배려에 대해서 생각해 볼 시간입니다. 영감 받은 가르침은 하느님의 형언할 길 없는 권능을 설명하기 위하여 인간의 지성이 인식하는 '남'의 모든 형식을, 그러나 말씀에 부가된 육적인 의미를 포함하지 않는 일 없이, 채택합니다. 그래서 그 가르침은 창조적인 힘에 관해 이야기할 때는 그러한 에너지에 '남'이라는 이름을 붙입니다. 우리 이해력의 수준에 맞는 표현을 사용해야 하기 때문입니다. 그러나 그것은 그로 인하여 우리가 창조적인 '남'에 포함시켜 생각하는, 예를 들어 시간이나 장소, 제공되는 물질, 적절한 도구, 장차 생겨날 것들의 설계도 같은 것들 모두를 전하지는 않습니다. 이런 것들은 놓아두고, 하느님에 대하여 모든 존재하는 것들의 창조를 고원하고 웅장한 언어로 단언합니다. 이런 식이지요. "그분께서 말씀하시자 저들이 만들어지고 그분께서 명령하시자 저들이 창조되었다." 외아드님께서 형언할 길 없는 초월적 방식으로 아버지에게서 나신 일에 관해 우리에게 풀이해 줄 때에도, 인간의 부족한 지성은 말과 생각의 능력을 넘어서는 교의는 받아들일 능력이 없는 까닭에, 역시 우리 인간의 어법과 용어들을 사용하여 그분을, 물질과 자연으로부터 태어나는 이들을 가리킬 때 우리 인간들이 사용하는 명칭인 "아들"이라고 지칭합니다.

• 니사의 그레고리우스 『에우노미우스 반박』 2,9.[8]

세상을 재창조하는 능력

만물이 시작되는 원인은 씨입니다. 이방인들의 사도는 인간의 육신을 씨라고 하였습니다(1코린 15,43 참조). 그래서 씨가 뿌려진 뒤에는 이어서, 부활에 필요한 실체가 생겨납니다. 그러나 실체와 원인이 없다 해도, 하느님께서 원하실 때 그리고 그분께서 원하시는 식으로 사람들을 새롭게 창조하는 것이 하느님께 어려운 일이라고 생각할 사람이 누가 있겠습니까? 아무런 물질도 실체도 없는 상태에서 세상이 생겨나라 누가 명하였습니까? 하늘을 보십시오. 땅을 보십시오. 별들의 광휘는 어디에서 옵니까? 태양이라는 둥근 덩어리와 그 광채는 어디에서 옵니까? 달이라는 둥근 물체는 어디에서 왔습니까? 드높은 산들과 단단한 바위들, 우거진 숲들은 어디에서 왔습니까? 사방을 채우고 있는 공기는, 땅으로 에워싸인 물과 쏟아지는 물은 모두 어디에서 왔습니까? 그런데 하느님께서 이 모든 것을 무에서 만드셨다면("그분께서 말씀하시자 저들이 만들어졌고, 그분께서 명령하시자 저들이 창조되었다"고 하니까요), 있었던 것들이 다시 생명으로 돌아온 것에 우리가 놀랄 이유가 무엇이 있습니까? 우리는 없었던 것이 생겨난 것도 보니 말입니다.

• 암브로시우스 『형 사티루스의 죽음』 2,64.[9]

---

[7] FC 80,121.
[8] NPNF 2,5,114*.
[9] NPNF 2,10,184.

### 하느님께서는 말씀으로 쉽게 순식간에 세상을 창조하셨다

하느님께는 인간의 도움이 필요 없습니다. 하느님께서는 하늘이 생겨나라 명하셨고, 그대로 이루어졌습니다. 하느님께서는 땅을 창조하기로 결정하셨고, 땅이 창조되었습니다(창세 1,6-8 참조). 누가 어깨에 돌을 져 날랐습니까? 누가 비용을 댔습니까? 누가 일을 해서 그분을 도왔습니까? 이런 일들은 순식간에 이루어졌습니다. 얼마나 빨리 이루어졌는지 알고 싶습니까? "그분께서 말씀하시자 저들이 만들어졌다"고 쓰여 있습니다. 물질적 우주도 말씀 한마디에 생겨났는데, 죽은 이가 말씀 한마디에 되살아나지 않을 까닭이 있습니까?

• 암브로시우스 『형 사티루스의 죽음』 2,85.[10]

### 이단자들의 그릇된 추론

"그분께서 말씀하시자 그들이 만들어졌다." 하느님의 경우엔 명령하시면 창조됩니다. 명령이 곧 창조입니다. 창세기에 쓰여 있는 대로, 그분께서 말씀하시자 저들이 만들어졌습니다. 하느님께서 말씀하셨고, 하느님께서 창조하셨습니다. 아버지 하느님께서 명령하셨고, 아드님이신 하느님께서 창조하셨습니다. 명령을 내리시는 분이 더 위대하시고 명령을 받는 이는 그보다 낮다고 말하는 사람이 있을지도 모르겠습니다. 아리우스파[11]나 에우노미우스파,[12] 마케도니우스파[13] 같은 자들이 그렇게 주장합니다. 이단자들이여, 당신들의 논리에 따라 내가 대답하겠소. 당신들은 아버지께서 명령을 하시므로 더 위대하시고, 아들은 아버지에게 명령을 받는 존재이니 아버지보다 열등하다고 합니다. 이것이 인간의 이해에 따른 것이라면 나의 질문에 대답해 보시오. 명령하는 것과 창조하는 것 중에 무엇이 더 위대한 일이오? 나는 "집이 지어져라" 하고 말하고, 다른 이는 집을 짓습니다. 입으로 소리 내어 말하는 것은 하나도 위대할 것 없는 행위고 집을 짓는 것은 어려운 일입니다. 그러므로 명령을 내리는 이보다 창조하는 이가 더 위대합니다. 그런데 그렇게 말하는 것은 심각한 불경입니다. 아들은 아버지보다 위대하지 않기 때문입니다. 아버지에 대해서 아들을 이렇게 생각하는 것이 신성모독이듯 아들에 대해서 아버지를 그렇게 믿는 것도 신성모독입니다. "그분께서 말씀하시자 저들이 만들어지고 그분께서 명령하시자 저들이 창조되었다"고 하기 때문입니다. 한 본성이 명령도 하고 창조도 합니다. 하느님께서 지시를 내리시고, 하느님께서 그 지시를 이행하십니다. 한 화가가 한 화가에게 그림을 그리라 명령하시고, 그 화가가 자신이 그리라고 명령받은 그림을 그립니다.

• 히에로니무스 『시편 강해집』 58.[14]

### 천사들의 창조

그것이 처음 만들어졌기 때문에 [창세기 1장 1절에] "한처음에"라고 말하지 않습니까? 또는 천사들과 모든 지적 권능들이 제일 처음에 만들어졌다면 하늘과 땅이 피조물 가운데 가장 먼저 만들어질 수 없었던 것 아닙니까? 우리는 천사들은 하느님의 피조물이며 그분에 의해 만들어졌다고 믿어야 합니다. 예언자가 시편 제148편에서 천사들을 포함하여 이야기하고 있기 때문입니다. "그분께서 명령하시자 저들이 만들어졌다. 그분께서 지시하시자 저들이 창조되었다." 그런데 천사들이 가장 먼저 만들어졌다면, 우리

[10] FC 22,234.

[11] 아들은 아버지에게 종속된 존재라고 가르친 이단이다.

[12] 아리우스파 중에서도 극단적 주장을 한 이들이었다.

[13] 아리우스파의 종속론을 성령에 대해서도 적용한 이단이다.

[14] FC 48,418-19*.

는 그들이 시간 속에서 만들어졌는지, 시간이라는 것이 생겨나기 전에 만들어졌는지, 시간이 시작되었을 때 만들어졌는지 물어볼 수 있습니다. [그들이] 시간 속에서 [만들어졌다]면, 천사들이 만들어지기 전에 이미 시간이 있은 것이고, 시간 자체도 창조된 것이니 그렇다면 우리는 천사들 이전에 창조된 것이 있었음을 인정해야만 한다는 결론이 나옵니다. 그러나 천사들이 시간이 시작될 때 만들어졌다고 한다면, 그래서 시간이 그들과 함께 시작되었다면, 어떤 이들[15]이 주장하는 것처럼 시간이 하늘과 땅과 함께 시작되었다는 말은 틀렸다고 해야 맞습니다.

• 아우구스티누스 『창세기 문자적 해설 미완성 작품』 3,7.[16]

### 하느님께서는 쉬운 일도 어려운 일도 하실 수 있다

사실, 그 무엇도 어려운 일이 아니신 하느님께 바랄 수 없는 일이 무엇입니까? 그분은 작은 일들도 하시고 위대한 일들도 하십니다. 살아 있는 이들을 창조하시며 죽은 이들을 되살리기도 하십니다. 화가는 코끼리를 그리는 데 사용하는 것과 똑같은 기술로 쥐도 그릴 수 있습니다. 소재는 달라도 똑같은 기술을 사용합니다. 그렇다면 "그분께서 말씀하시자 그들이 만들어지고 그분께서 명령하시자 저들이 창조되었다"고 하는 하느님은 어떠시겠습니까? 말씀 한마디로 [실체를] 만들어 내시는 분께서 만드시기 어려운 것이 무엇이 있겠습니까? 그분께서는 하늘 위에서 손쉽게 천사들을 창조하셨습니다. 하늘의 별들도 역시 손쉽게 [창조하셨고], 땅의 나무들과 짐승들도 똑같이 손쉽게 [창조하셨습니다]. 대단한 것들도 작은 것들을 만들 때처럼 손쉽게 만드셨습니다. 무에서 만물을 만들어 내는 것이 그분께는 몹시도 쉬운 일이었습니다. 그런데 그분께서 늙은 사람들[17]에게 아들을 주신 일이 놀랍습니까?

• 아우구스티누스 『설교집』 2,7.[18]

### 하느님께서는 무에서 만물을 창조하셨다

하느님께서 몸소 낳지 않으시고 당신 '말씀'을 시켜 만드신 모든 것은 그분께서 이미 존재하는 것들을 가지고 만들어 내신 것이 아니라 그 무엇도 존재하지 않는 상태에서, 다시 말해, 무에서 만들어 내신 것입니다. 그래서 바오로 사도는 "존재하지 않는 것을 존재하도록 불러내시는 분"(로마 4,17)이라고 말합니다. 그런데 마카베오기에는 더 분명한 말씀이 있습니다. "얘야, 너에게 당부한다. 하늘과 땅을 바라보고 그 안에 있는 모든 것을 살펴보아라. 그리고 하느님께서, 이미 있는 것에서 그것들을 만들지 않으셨음을 보고 알아라"(2마카 7,28). 시편에도 이런 말씀이 있습니다. "그분께서 말씀하시자 저들이 만들어졌다." 분명 그분께서는 몸소 이들을 낳지 않으시고 명령으로, 당신의 '말씀'을 시켜 만드셨습니다. 그분께서 낳지 않으신 것은 그분께서 무에서 만드셨습니다. 그때에는 그분께서 사용하실 것이 아무것도 없지 않았습니까? 그분에 대하여 바오로 사도는 단적으로 이렇게 말합니다. "과연 만물이 그분에게서 나와, 그분을 통하여 그분을 향하여 나아갑니다"(로마 11,36).

• 아우구스티누스 『선의 본성』 26.[19]

---

15 아우구스티누스는 어떤 주석가가 이렇게 주장했는지 이름을 밝히지 않지만, 이 견해는 오리게네스의 견해와 비슷해 보인다.

16 FC 84,148-49.

17 구약의 아브라함과 사라, 신약의 즈카르야와 엘리사벳 같은 이들을 말한다.

18 *WSA* 3,1,179-80.

19 LCC 6,334-35*.

148,7–12 주님을 찬미하여라, 모든 피조물아

하늘은 하느님을 찬양하지만 생명체가 아니다

하늘 위의 물들도 때로는 우주의 공통된 주인이신 분을 찬미하라는 초대를 받지만, 우리는 그런 이유로 이들이 지적인 본성을 지녔다고 생각하지는 않습니다. 하늘은 "하느님의 영광을 이야기"(시편 19,1 참조)하지만 생명을 부여받지는 않았으며, 창공은 "그분 손의 솜씨를"(시편 19,1) 알리지만 지각력 있는 존재는 아닙니다. 그리고 만약 하늘은 사색 능력을, 창공은 선을 창출해 내는 활동력을 지니고 있다고 말하는 사람이 있다면, 우리는 그 적절한 표현은 받아들이지만 그 내용이 모두 사실이라고 인정하지는 않을 것입니다. 그 말이 사실이라면, 다니엘이 이슬과 서리, 추위와 열기에게도 우주의 창조주께 찬미 노래를 바치라고 명령하고 있으니, 그것들도 눈에 보이지 않는 본성과 지성을 지닌 존재일 것입니다(다니 3,64-70 칠십인역; 참조: 아자르야의 노래 1,42-46). 그러나 이 말씀들에 담긴, 사색하는 정신들이 받아들이는 의미는 창조주에 대한 찬미의 이행입니다. 그 특출함 때문에 가장 영광스러운 자리를 차지하고 있는 것 같은 하늘 위의 물들만 하느님 찬미를 이행하는 것이 아닙니다. 시편 저자는 "주님을 찬미하여라, 땅으로부터. 용들과 깊은 모든 바다들아"라고도 합니다. 우의를 활용하는 이들이 열등한 존재들에게 할당한 저 깊은 곳조차도 시편 저자는 배제하지 않습니다. 그것도 창조계 전체의 합창단의 구성원으로 허락되었기 때문입니다. 그것들도 자신에게 배당된 언어를 통하여 창조주께 대한 찬미 노래를 조화롭게 노래합니다.

• 대 바실리우스 『육일 창조에 관한 강해』 3,9.[20]

모든 것은 신적 섭리에 따라 일어난다

일곱째 계명이 뒤따릅니다. "도둑질해서는 안 된다"(탈출 20,15). 그리고 일곱째 재앙이 일어납니다. 곡식 위에 우박이 내립니다. 여러분이 계명에서 훔친 것을 여러분은 하늘에서 셈을 치를 때 잃게 됩니다. 아무도 공정한 손실 없이 불의한 이득을 얻을 수 없습니다. 예를 들어, 어떤 사람이 옷을 훔쳤다 칩시다. 그러나 하늘의 심판에 의해 그는 신뢰를 잃습니다. 소득이 있는 곳에는 손실이 있습니다. 눈에 보이는 소득이 있는 곳에는 눈에 보이지 않는 손실이 있습니다. 그 자신의 눈멂으로 얻은 것이 있으면 주님의 구름으로 인하여 잃는 것이 있습니다. 사랑하는 여러분, 섭리를 벗어나는 일은 없습니다. 진정 여러분은 사람들이 겪는 일이, 하느님께서 주무시고 계셔서 그들이 고통을 겪는다고 생각하십니까? 우리는 이런 일들이 우리 주위에서 언제나 일어나고 있는 것을 봅니다. 구름이 모이고 비가 양동이로 붓듯 쏟아지고, 우박이 떨어지고, 천둥으로 땅이 흔들리고, 번개가 쳐서 까무러칠 듯 두렵고, 사방에서 이런 것들을 보며 이런 일들은 하느님의 섭리와 아무 관계 없이 일어난다고 여깁니다. 이런 생각을 경계하며 시편은 이렇게 말합니다. "주님을 찬미하여라, 땅으로부터. — 하늘로부터는 이미 그분에 대한 찬미가 울려 퍼졌습니다 — 용들과 깊은 모든 바다들아, 불이며 우박, 눈이며 얼음, 그분 말씀을 수행하는 거센 바람아." 그러니까 자기 자신의 사악한 욕망 때문에 바깥세상에서 훔치는 자들은 하느님의 심판에 의해 내적으로 우박을 맞습니다.

• 아우구스티누스 『설교집』 8,10.[21]

[20] FC 46,52-53*.

[21] *WSA* 3,1,246*.

우리는 만물과 자연에서 일어나는 것에 관해 하느님을 찬양해야 한다

물론 당신께는 악이란 전혀 없습니다. 당신께만 아니고 당신의 창조계 전체에도 악은 없습니다. 그 까닭은 당신께서 창조계에 부여하신 질서를 침범하고 무너뜨릴 만한 것이 바깥에는 아무것도 없기 때문입니다. 그러나 창조계의 어떤 분리된 부분들 안에는 다른 것들과 일치하지 못하기에 우리가 악하다고 생각하는 것들이 있습니다. 하지만 서로 어울리고 따라서 선한 것들이 있습니다. 그것들은 또한 그 자체로도 선합니다. 서로 어울리지 않는 이 모든 것들은 저희가 땅이라고 일컫는 창조계의 낮은 부분과 어울립니다. 구름 끼고 바람 부는 하늘은 그것이 속한 땅과 어울립니다. 그러니 제가 전에 하던 말대로 "저런 것들은 차라리 없었더라면!"이라고 말해서는 절대 안 됩니다. 저것들만 따로 놓고 고찰한다면 저희가 더 나은 것들을 바라게 될지 몰라도, 저런 것들 그대로만 가지고도 저로서는 당신을 찬미해야 마땅합니다. 이렇게 쓰여 있기 때문입니다. "주님을 찬미하여라, 땅으로부터. 용들과 깊은 모든 바다들아, 불이며 우박, 눈이며 안개, 그분 말씀을 수행하는 거센 바람아, 산들과 모든 언덕들, 과일나무와 모든 향백나무들아, 들짐승과 모든 집짐승, 길짐승과 날짐승들아, 세상 임금들과 모든 민족들, 고관들과 세상의 모든 판관들아, 총각들과 처녀들도 노인들과 아이들도 함께 주님의 이름을 찬양하여라." 하늘도 당신을 찬미하는 소리로 울리니, 하느님, 당신은 우리 모두의 하느님이시기 때문입니다. "주님을 찬양하여라, 하늘로부터. 주님을 찬양하여라, 높은 데에서. 주님을 찬양하여라, 주님의 모든 천사들아. 주님을 찬양하여라, 주님의 모든 군대들아. 주님을 찬양하여라, 해와 달아. 주님을 찬양하여라, 반짝이는 모든 별들아. 주님을 찬양하여라, 하늘 위의 하늘아, 하늘 위에 있는 물들아. 이 모든 것은 주님을 찬양하여라." 그러므로 저도 더 이상 더 나은 것을 바라지 않았습니다. 제가 모든 것을 헤아리고 있었고, 위에 있는 것들이 아래 있는 것들보다 더 낫기는 하지만, 위에 있는 것들만 홀로 존재하기보다는 모두 있는 편이 더 낫다는 것을 더 나은 식별의 빛을 통해 깨우치게 되었습니다.

• 아우구스티누스 『고백록』 7,13.[22]

우연히 또는 자연적인 인과관계로만 일어나는 일은 없다

시간의 흐름 속에 통상적으로 대자연의 질서에서 물리적으로 발생하는 현상들, 예컨대 별들이 뜨고 지는 일, 동물이 태어나고 죽는 일, 셀 수 없이 많고 다양한 씨앗과 새싹들, 안개와 구름, 눈과 비, 번개와 천둥, 벼락과 우박, 바람과 불, 추위와 더위 같은 일들은 제쳐 두기로 합시다. 또 같은 대자연의 질서에서 드물게 일어나지만, 일식과 월식, 성좌의 특이한 출현, 괴물, 지진 등도 일단 제쳐 둡시다. 이런 현상들의 제일의 원인이요 궁극적인 원인은 다름 아닌 하느님의 의지이기 때문입니다. 그래서 시편에서도 "불이며 우박, 눈이며 안개, 거센 바람"을 꼽으며 이런 종류의 현상을 열거하면서 여기에 "그분 말씀을 수행하는"이라고 덧붙입니다. 그런 현상들이 마치 우연히 또는 그저 물리적인 원인들로 인하여, 나아가 영적인 원인에서 일어나며 그 원인들은 하느님의 뜻과 상관없는 것이라고 믿는 사람이 없게 하려는 뜻입니다.

• 아우구스티누스 『삼위일체론』 3,10,19.[23]

---

[22] AC 148-49.

[23] FC 45,114.

### 149,1-9 당신 백성에게 주어진 드높은 영예에 대한 찬양

1 할렐루야!
주님께 노래하여라, 새로운 노래를.
충실한 이들의 모임에서 찬양 노래 불러라.
2 이스라엘은 자기를 지으신 분 안에서
기뻐하고
시온의 아들들은 자기네 임금님 안에서
즐거워하리라.
3 춤추며 그분의 이름을 찬양하고
손북과 비파로 찬미 노래 드려라.
4 주님께서 당신 백성을 좋아하시고
가난한 이들을 구원으로 꾸미신다.
5 충실한 이들은 영광 속에 기뻐 뛰며
자기들의 자리에서 환호하여라.
6 그들의 목에는 하느님의 찬송이,
그들의 손에는 쌍날칼이 있으리라.
7 민족들에게 복수를,
겨레들에게 징벌을 내리고
8 저들의 임금들을 사슬로 묶으며
저들의 귀족들을 족쇄로 채워
9 쓰여진 대로 저들에게
심판을 내리기 위함이니
그분께 충실한 모든 이에게 영광이어라.
할렐루야!

둘러보기

하느님께서는 믿는 이들이 자기 입으로만이 아니라 자신의 삶과 행하는 모든 일로 당신을 찬양할 때 교회 안에서 찬미받으신다(아우구스티누스). 하늘에 있는 모든 성인들은 갈라지는 일이나 지치는 일, 수치스러운 일 같은 것 없이 사랑의 일치 안에 존속할 합창단을 이룰 것이다(카시오도루스). 의로운 사람들은 육과의 외적인 싸움에서 멀리 떨어져 마음 깊숙한 곳에서 안식과 고요를 발견하는 자신들의 침상에서 하느님을 찬양한다(대 그레고리우스).

149,1-3 주님께 노래하여라, 새로운 노래를

**하느님께 찬양 노래 불러라**

형제자매 여러분, 나의 자녀 여러분, 오 가톨릭 교회의 묘목들이여, 오 거룩한 천상의 씨여, 그리스도 안에서 그리고 저 위로부터 다시 태어난 이들이여, 제 말에 귀 기울이십시오. 아니, 하느님께서 저를 통해 하시는 말씀에 귀 기울이십시오. “주님께 노래하여라, 새로운 노래를.” 여러분은 말할 것입니다, “저 노래하고 있는데요” 라고요. 그렇습니다. 여러분은 노래하고 있습니다. 여러분이 노래하고 있는 것, 제게도 잘 들립니다. 그러나 여러분의 삶이 여러분의 혀를 거스르는 증거를 내놓게 하지 마십시오. 여러분의 목소리로 노래하고 여러분의 마음으로도 노래하십시오. 여러분의 입으로 노래하고, 여러분의 행위로도 노래하십시오. “주님께 노래하여라, 새로운 노래를.” 여러분은 찬미 노래들을 찾고 있지 않습니까, 그렇지요? “충실한 이들의 모임에서 찬양 노래 불러라.” 찬양 노래가 불릴 대상이 바로 노래하는 이 자신입니다. 여러분은 하느님께 찬미 노래를 부르고 싶습니까? 여러분 자신이 여러분이 노래하는 그 내용대로 되십시오. 여러분이 선한 삶을 산다면 여러분이 그분께 찬양이 됩니다. 그분께 대한 찬양은 유대인들의 회당이나 이교인들의 미친 짓거리들, 또는 이단자들의 오류나 극장의 박수갈채 안에서는 발견되지 않습니다. '그러면 그것은 어디에서 발견되냐'고 여러분은 묻습니다. 여러분 자신을 보십시오. 여러분이 그것입니다. 여러분은 여러분이 노래할 때 무엇을 기뻐해야 하느냐고 묻습니다. "이스라엘은 자기를 지으신 분 안에서 기뻐하여라." 그리고 그가 발견할 수 있는 기뻐할 모든 일은 하느님입니다.

• 아우구스티누스 『설교집』 34,6.[1]

#### 하늘의 합창

"합창으로 그분의 이름을 찬양하고 손북과 비파로 찬미 노래 드려라." 앞 구절에서 그는 우리가 그리스도 주님 안에서 기뻐해야 한다고 말했는데, 지금은 합창으로 주님의 이름을 찬양해야 한다고 말합니다. 이것은 그때에 어떤 갈라짐도, 지침도, 수치스러움도 허락하지 않으며 그것의 공덕의 가치를 바탕으로 모아들여지고 지극한 사랑의 일치 안에서 길이 존속할 합창단입니다. 또 다른 시편은 이 합창단의 성격과 범위를 이런 말로 설명해 줍니다. "해 뜨는 데서 해 지는 데까지 주님의 이름은 찬양받으소서"(시편 113,3). 이 합창단은 세상이 시작된 이래 민족들의 모든 수로부터 모아들여진 것입니다. 그것은 장차 도래할 본향에서만 수가 완전하게 다 찰 것입니다.

• 카시오도루스 『시편 해설』 149,3.[2]

### 149,5 충실한 이들은 영광 속에 기뻐 뛰어라

#### 네 자리에서 기뻐하여라

시편은 의로운 개인들에 관하여 이렇게 이야기합니다. "충실한 이들은 영광 속에 기뻐 뛰며 자기들의 자리에서 환호하여라." 이는 그들이 바깥에서 악으로부터 달아날 때 그들 마음 안의 비밀스러운 구석에서는 안전을 누림을 기뻐하기 때문입니다. 그리하여 육과의 외적인 싸움을 더 이상 치를 필요가 없게 될 때 그들의 마음은 완전한 기쁨을 누리게 될 것입니다. 사람의 자리는 육이 진압되기 전에는 우리의 집의 벽이 흔들리듯이 불안정하기 때문입니다.

• 대 그레고리우스 『욥기의 도덕적 해설』 8,24,41.[3]

---

[1] *WSA* 3,2,168*.
[2] ACW 53,458*.
[3] CCL 143,412.

### 150,1-6 마지막 대찬양

[1] 할렐루야!
하느님을 찬양하여라, 그분의 성소에서.
주님을 찬양하여라, 그분의 웅대한
창공에서.
[2] 주님을 찬양하여라, 그분의 위업으로.
주님을 찬양하여라, 그분의 가없는
위대함으로.
[3] 주님을 찬양하여라, 뿔 나팔 불며.
주님을 찬양하여라, 수금과 비파로.
[4] 주님을 찬양하여라, 손북과 춤으로.
주님을 찬양하여라, 현악기와 피리로.
[5] 주님을 찬양하여라, 낭랑한 자바라로.
주님을 찬양하여라, 우렁찬 자바라로.
[6] 숨 쉬는 것 모두 주님을 찬양하여라.
할렐루야!

둘러보기

하느님을 찬양할 때 사용되는 다양한 악기들은 하느님의 명령에 대한 복종이나 죄스러운 육체적 욕망의 억제, 믿음의 일치, 도덕적 뛰어남, 그리스도와 그분의 구원에 대한 소망 같은, 그리스도인 삶의 다양한 국면을 나타낸다(오리게네스). 믿음 안에서 일치를 이루고 죄의 황폐를 씻어 버린 사람들의 찬양이 하느님께 맞갖은 찬양이다(아르노비우스). 하느님은 헤아릴 수 없는 분이시지만 우리는 할 수 있는 한 그분을 이해할 필요가 있다. 우리는 그분께서 받으셔야 마땅한 만큼 충분히 훌륭하게 찬미를 드릴 수는 없지만 그럼에도 우리 능력이 닿는 만큼 그분을 찬양하고자 애써야 한다(예루살렘의 키릴루스).

150,3–5 악기를 연주하며 주님을 찬양하여라

갖가지 악기의 상징적 의미

"뿔 나팔"은 관조적인 마음 또는 성령의 가르침을 깨달은 마음을 상징합니다. "수금"은 그리스도의 명령에 자극받아 바삐 움직이는 정신을 나타냅니다. "손북"은 정절로 육적 욕망이 죽었음을 나타냅니다. "춤"은 분별 있는 영들이 합치를 이루어 분열 없이 모두가 같은 것을 말하는 것을 나타냅니다. "현악기"들은 도덕적으로 뛰어난 이들이 한목소리를 내는 것을, 피리는 관조적인 동시에 행동하는 정신에 토대를 둔 하느님의 교회를 나타냅니다. "낭랑한 자바라"는 그리스도에 대한 열망에 더해진 활동하는 정신을 나타냅니다. "우렁찬 자바라"는 그리스도의 구원으로 영감을 받아 정화된 정신을 나타냅니다.

• 오리게네스 『시편 발췌 주해』 150,3-5.[1]

악기들로 하느님을 찬양하여라

수금 반주를 곁들여 시편을 낭송하며 그분을 찬양합시다. 우리는 수금으로는 십자가 나무를 껴안고 시편으로는 보편적인 신앙 고백을 이어 갑니다. 그 소리는 거친데, 신앙 고백은 단일하게 이루어지지 않기 때문입니다. 손북과 춤으로 찬양합시다. 우리가 회복된 삶의 방식 위에 굳건히 서서 우리의 육체라는 손북을 최상의 행실이라는 본보기들로 장식하면서 [그렇게 하는 것입니다]. 우리의 수금에 매여 있는 새로운 현들을 연주함으로써 현악기와 피리로 그분을 찬양합시다. 또한 필요를 줄이는 검소함으로, 그리고 죄의 모든 황폐를 우리 자신에게서 씻어 냄으로써 하느님께 낭랑한 소리를 들려드립시다.

• 소 아르노비우스 『시편 주해』 150.[2]

150,6 숨 쉬는 것 모두 하느님을 찬양하여라

능력이 닿는 만큼 하느님을 찬양하여라

그러나 누군가는 이렇게 말하겠지요. 신적 본성이 헤아릴 수 없는 것이라면 당신들은 왜 이런 것들에 대하여 논하느냐고요. 그러면 내가 시내를 다 마셔 버릴 수 없다고 해서 목마른데 입도 적시면 안 된다는 말입니까? 내 눈이 그렇게 생겨먹어서 햇빛을 정면으로 바라볼 수 없다고 해서 나에게 필요한 만큼도 바라보면 안 된다는 말입니까? 거대한 과수원에 들어갔는데, 내가 거기 있는 과일을 모두 먹을 수 없다고 해서 배고픈 채 그대로 떠나야 한다는 말입니까? 나는 우리를 만드신 분을 찬미하고 찬양합니다. 하느님께서 이렇게 명령하시기 때문입니다. "숨 쉬는 것 모두 주님을 찬양하여라." 나는 지금 주님을 묘사하려는 것이 아니라, 그분을 맞갖게 찬양하기엔 내가 부족함을 알고 있지만 그럼에도 찬양하려고 애쓰는 중입니다. 노력하는 것 자체도 훌

[1] PG 12,1684.

[2] CCL 25,1,257-58.

륭한 일이라고 나는 생각합니다. 주 예수님께서 이런 말씀으로 나약한 나를 격려하시기 때문입니다. “아무도 하느님을 본 적이 없다”(요한 1,18).

• 예루살렘의 키릴루스 『예비신자 교리교육』 6,5.[3]

[3] FC 61,150-51.

# 부록

## 시편 51-150편 주해에 인용된 고대 그리스도교 저술가와 문헌

시편 51-150편 주해에 인용된 고대 그리스도교 문헌을 저자와 작품 제목에 따라 열거했다. 또한 디지털 검색을 위해서 그리스도교 그리스어 문헌의 데이터 뱅크인 Thesaurus Linguae Graecae(=TLG)의 디지털 참고번호와, 고대 라틴어 문헌의 데이터 뱅크인 Cetedoc Clavis(= Cl.)의 번호도 함께 실었다.

### ••• 『거룩한 사도 베드로와 바오로 행전』

### ••• 나지안주스의 그레고리우스

『거룩한 세례』(연설 40)[*In sanctum baptisma (orat. 40)*] TLG 2022.048
『누이 고르고니아 추도사』(연설 8)[*In laudem sororis Gorgoniae (orat. 8)*] TLG 2022.021
『도피 변론』(연설 2)[*Apologetica (orat. 2)*] TLG 2022.016
『서간집』(*Epistulae*) TLG 2022.001
『성령』(연설 31)[*De Spiritu Sancto (orat. 31)*] TLG 2022.011
『성령강림절』(연설 41)[*In pentecosten (orat. 41)*] TLG 2022.049
『성자』(연설 30)[*De filio (orat. 30)*] TLG 2022.010
『아타나시우스 찬사』(연설 21)[*In laudem Athanaii (orat. 21)*] TLG 2022.034
『에우노미우스파 반박』(연설 27)
『침묵하시는 성부』(연설 16)[*In patrem tacentem (orat. 16)*] TLG 2022.029
『형제 카이사리우스 추도사』(연설 7)[*Funebris in laudem Caesarii fratris (orat. 7)*] TLG 2022.005

### ••• 니사의 그레고리우스

『대 교리교육』(*Oratio catechetica magna*) TLG 2017.046
『동정』(*De virginitate*) TLG 2017.043
『모세의 생애』(*De vita Mosis*) TLG 2017.042
『에우노미우스 반박』(*Contra Eunomium*) TLG 2017.030

『에우노미우스 신앙 고백 논박』(*Refutatio confessionis Eunomii*) TLG 2017.031
『영혼과 부활에 관한 대화』(*Dialogus de anima et resurrectione*) TLG 2017.056

••• 대 그레고리우스

『서간집』(*Registrum epistularum*) Cetedoc 1714
『욥기의 도덕적 해설』(*Moralia in Job*) Cetedoc 1708

••• 노바티아누스

『삼위일체론』(*De Trinitate*) Cetedoc 0071

••• 레메시아나의 니케타스

『성령의 능력』(*De Spiritus Sancti potentia*)
『시편 송독의 유익 또는 찬가의 유익』[*De psalmodiae bono (de utilitate hymnorum)*]
『예비신자를 위한 신경 해설』(*Explanatio symboli habita ad competentes*)
『하느님 종들의 철야기도』(*De vigiliis servorum Dei*)

••• 『디다케: 열두 사도들의 가르침』(*Didache xii apostolorum*) TLG 1311.001

••• 알렉산드리아의 디오니시우스

『단편집』(*Fragmenta*) TLG 2952.002

••• 대 레오

『서간집』(*Epistulae*) Cetedoc 1657
『설교집』(97편)(*Tractatus septem et nonaginta*) Cetedoc 1657
『증언』(*Testimonia*)

••• 아퀼레이아의 루피누스

『사도신경 해설』(*Expositio symboli*) Cetedoc 0196
『히에로니무스 반박 변론』[*Apologia (contra Hieronymum)*] Cetedoc 0197

••• 브라가의 마르티누스

『겸손 권면』(*Exhortatio humilitatis*)
『허영심을 몰아냄』(*Pro repellenda jactantia*)

••• 토리노의 막시무스

『설교집』(*Collectio sermonum antiqua*) Cetedoc 0219a

••• 올림푸스의 메토디우스

『부활』(*De resurrectione*) TLG 2959.003

『열 처녀의 잔치』(*Symposium vel Convivium decem virginum*) TLG 2959.001

••• 대 바실리우스

『'그대 자신을 주의하라'에 관한 강해』(*Homilia in illud: Attende tibi ipsi*) TLG 2040.006

『대 수덕집』(긴 규칙서)[*Asceticon magnum sive quaestiones (regulae fusius tractatae)*] TLG 2040.048

『대 수덕집(긴 규칙서) 서론』[*Prologus 4 (prooemium in asceticum magnum)*] TLG 2040.047

『분노하는 이들 반박』(강해 10)(*Homilia adversus eos qui irascuntur*) TLG 2040.026

『세상사에 초연함』(*Quod rebus mundanis adhaerendum non sit*) TLG 2040.037

『서간집』(*Epistulae*) TLG 2040.004

『성령론』(*De Spiritu Sancto*) TLG 2040.003

『세례론』(*De baptismo*) TLG 2040.052

『시편 강해』(*Homiliae super Psalmos*) TLG 2040.018

『육일 창조에 관한 강해』(*Homiliae in Hexaemeron*) TLG 2040.001

••• 시미에의 발레리아누스

『강해집』(*Homiliae*)

••• 존자 베다

『복음서 강해』(*Homiliarum evangelii*) Cetedoc 1367

『사도행전 해설』(*Expositio Actuum Apostolorum*) Cetedoc 1357

『성막과 제구』(*De tabernaculo et vasis eius ac vestibus sacerdotum*) Cetedoc 1345

••• 사라고사의 브라울리오

『서간집』(*Epistulae*)

『아이밀리아누스의 생애』(*Vita Aemiliani*)

••• 마리우스 빅토리누스

『아리우스 반박』(*Adversus Arium*) Cetedoc 0095

••• 『사도 헌장』(*Constitutiones apostolorum*) TLG 2894.001

••• 사도나(= 마르티리우스)

『완성에 관한 책』

••• 사막 사부들

『사부들의 금언집』(*Sententiae Patrum*)

••• 사제 살비아누스

『하느님의 다스림』(*De gubernatione Dei*) Cetedoc 0485

••• 이집트의 수도승

『이집트 사부들의 금언집』(*Sententiae Patrum Aegyptiorum*)

••• 신클레티카

『사부들의 금언집』(*Sententiae Patrum*)

••• 『신학자 요한의 제2정경 묵시록』

••• 소 아르노비우스

『시편 주해』(*Commentarii in Psalmos*) Cetedoc 0242

••• 아르켈라우스

『논쟁』

••• 아우구스티누스

『가톨릭 교회의 관습과 마니교도의 관습』
(*De moribus ecclesiae catholicae et de moribus Manichaeorum*) Cetedoc 0261
『거룩한 동정』(*De sancta virginitate*) Cetedoc 0300
『거짓말 반박』(*Contra mendacium*) Cetedoc 0304
『고백록』(*Confessiones*) Cetedoc 0251
『그리스도인의 삶』(*De vita christiana*) Cetedoc 0730
『그리스도인의 투쟁』(*De agone christiano*) Cetedoc 0296
『도나투스파 계도』(편지 185)(*In Epistulae*) Cetedoc 0262
『둘키티우스의 여덟 질문』(*De octo Dulcitii quaestionibus*) Cetedoc 0291
『마니교도 파우스투스 반박』(*Contra Faustum*) Cetedoc 0321
『믿음 희망 사랑의 길잡이』(*Enchiridion de fide, spe et caritate*) Cetedoc 0295
『보이지 않는 사물에 대한 믿음』(*De fide rerum invisibilium*) Cetedoc 0292
『본성과 은총』(*De natura et gratia*) Cetedoc 0344
『삼위일체론』(*De Trinitate*) Cetedoc 0329
『서간집』(*Epistulae*) Cetedoc 0262

| | |
|---|---|
| 『선의 본성』(*De natura boni*) | Cetedoc 0323 |
| 『설교집』(*Sermones*) | Cetedoc 0284 |
| 『성도들의 예정』(*De praedestinatione sanctorum*) | Cetedoc 0354 |
| 『시편 상해』(*Enarrationes in Psalmos*) | Cetedoc 0283 |
| 『신국론』(*De civitate Dei*) | Cetedoc 0313 |
| 『심플리키아누스에게』(*De diversis quaestionibus ad Simplicianum*) | Cetedoc 0290 |
| 『여든세 가지 다양한 질문』(*De diversis quaestionibus octoginta tribus*) | Cetedoc 0289 |
| 『요한 복음 강해』(*In Johannis evangelium tractatus*) | Cetedoc 0278 |
| 『요한 서간 강해』(*In Johannis epistulam ad Parthos tractatus*) | Cetedoc 0279 |
| 『유대인 반박』(*Adversus Judaeos*) | Cetedoc 0315 |
| 『율리아누스 반박』(*Contra Julianum*) | Cetedoc 0351 |
| 『인내』(*De patientia*) | Cetedoc 0308 |
| 『절제』(*De continentia*) | Cetedoc 0298 |
| 『주님의 산상 설교』(*De sermone Domini in monte*) | Cetedoc 0274 |
| 『창세기 문자적 해설 미완성 작품』(*De Genesi ad litteram imperfectus liber*) | Cetedoc 0268 |
| 『페틸리아누스 서간 반박』(*Contra litteras Petiliani*) | Cetedoc 0333 |
| 『펠라기우스 행적』(*De gestis Pelagii*) | Cetedoc 0348 |
| 『항구함의 은사』(*De dono perseverantiae*) | Cetedoc 0355 |
| 『훈계와 은총』(*De correptione et gratia*) | Cetedoc 0353 |

••• 아타나시우스

| | |
|---|---|
| 『니케아 공의회 교령에서 아리우스 면직』(*Deposition Arii in De decretis Nicaenae synodi*) | TLG 2035.003 |
| 『말씀의 육화』(*De incarnatione Verbi*) | TLG 2035.002 |
| 『아리우스파 반박 연설』(3편)(*Orationes tres contra Arianos*) | TLG 2035.042 |
| 『안토니우스의 생애』(*Vita Antonii*) | TLG 2035.047 |
| 『오르시시우스에게 보낸 둘째 편지』(*Secunda Epistola ad Orsisium*) | |
| 『이교인 반박』(*Contra gentes*) | TLG 2035.001 |
| 『자신의 도피에 관한 변론』(*Apologia de fuga sua*) | TLG 2035.012 |
| 『축일 서간집』(*Epistulae festales*) | TLG 2035.014 |
| 『콘스탄티우스 황제에게 보낸 변론』(*Apologia ad Constantium imperatorem*) | TLG 2035.011 |

••• 아프라하트

『논증』(*Demonstrationes*)

••• 알렉산드리아의 알렉산더

『아리우스 이단에 관한 편지』

••• 암몬

『암몬 주교의 편지』

••• 암브로시우스

『낙원』(*De paradiso*) Cetedoc 0124
『동정』(*De virginitate*) Cetedoc 0147
『동정녀』(*De virginibus*) Cetedoc 0145
『서간집』(*Epistulae*) Cetedoc 0160
『성령론』(*De Spiritu Sancto*) Cetedoc 0151
『성직자의 의무』(*De officiis ministrorum*) Cetedoc 0144
『세상 도피』(*De fuga saeculi*) Cetedoc 0133
『신비론』(*De mysteriis*) Cetedoc 0155
『신앙론』(*De fide*) Cetedoc 0150
『야곱과 행복한 삶』(*De Jacob et vita beata*) Cetedoc 0130
『욥과 다윗의 탄원』(*De interpellatione Job et David*) Cetedoc 0134
『육일 창조』(*Hexaemeron*) Cetedoc 0123
『죽음의 유익』(*De bono mortis*) Cetedoc 0129
『참회론』(*De paenitentia*) Cetedoc 0156
『카인과 아벨』(*De Cain et Abel*) Cetedoc 0125
『테오도시우스의 죽음』(*De obitu Theodosii*) Cetedoc 0159
『형 사티루스의 죽음』(*De excessu fratris Satyri*) Cetedoc 0157

••• 사루그의 야코부스

『육일 창조』(*Hexameron*)

••• 폰투스의 에바그리우스

『프락티코스』(*Practicus*) TLG 4110.001

••• 에우기피우스

『세베리누스의 생애』(*Vita sancti Severini*)

••• 카이사리아의 에우세비우스

『교회사』(*Historia ecclesiastica*) TLG 2018.002
『복음의 논증』(*Demonstratio evangelica*) TLG 2018.005

••• 시리아인 에프렘

『타티아누스의 네 복음서 발췌 합본 주해』(*In Tatiani Diatessaron*)

••• 살라미스의 에피파니우스

『약상자』(*Panarion*) TLG 2021.002

••• 오리게네스

『기도론』(*De oratione*) TLG 2042.008
『레위기 강해』(*Homiliae in Leviticum*) TLG 2042.024
『마태오 복음 주해』[*Commentarium in evangelium Matthaei (lib. 12-17)*] TLG 2042.030
『시편 발췌 주해』[*Selecta in Psalmos (dub.)*] TLG 2042.058
『요한 복음 주해』[*Commentarii in evangelium Joannis (lib. 1, 2, 4, 5, 6, 10, 13)*] TLG 2042.005
『요한 복음 주해』[*Commentarii in evangelium Joannis (lib. 19, 20, 28, 32)*] TLG 2042.079
『창세기 강해』(*Homiliae in Genesim*) TLG 2042.022
『켈수스 반박』(*Contra Celsum*) TLG 2042.001
『탈출기 강해』(*Homiliae in Exodum*) TLG 2042.023

••• 다마스쿠스의 요한

『바를람과 요사팟의 생애』[*Vita Barlaam et Josaphat (Sp.)*] TLG 2934.066
『신앙 해설』(*Expositio fidei*) TLG 2934.004

••• 요한 카시아누스

『규정집』(*De institutis coenobiorum et de octo principalium vitiorum remediis*) Cetedoc 0513
『담화집』(*Collationes*) Cetedoc 0512

••• 요한 크리소스토무스

『그리스도의 신성에 관해 유대인과 이교인 반박』
(*Contra Judaeos et gentiles, quod Christus sit deus*) TLG 2062.372
『동일본질』(강해 7)[*De consubstantiali (Contra Anomoeos homilia 7)*] TLG 2062.015
『(입상에 관해) 안티오키아 신자들에게 행한 강해』
(*Ad populam Antiochenum homiliae de statuis*) TLG 2062.024
『예비신자 교리교육』[*Catecheses ad illuminandos (series tertia)*] TLG 2062.382
『요한 복음 강해』[*In Joannem (homiliae 1-88)*] TLG 2062.153
『유대인 반박』[*Adversus Judaeos (orationes 1-8)*] TLG 2062.021
『젊은 과부에게』(*Ad viduam juniorem*) TLG 2062.010
『참회에 관한 설교』[*De paenitentia (homiliae 1-9)*] TLG 2062.027

『창세기 강해』[*In Genesim (homiliae 1-67)*] TLG 2062.112
『코린토 1서 강해』[*In epistulam I ad Corinthios (homiliae 1-44)*] TLG 2062.156
『티모테오 2서 강해』(*In epistulam II ad Timotheum*) TLG 2062.165
『필레몬서 강해』(*In epistulam ad Philemonem*) TLG 2062.167
『하느님의 이해할 수 없는 본성』(강해 1-5)
[*De incomprehensibili Dei natura (Contra Anomoeos homiliae 1-5)*] TLG 2062.012
『히브리서 강해』(*In epistulam ad Hebraeos*) TLG 2062.168

••• 위-디오니시우스

『신명론』(*De divinis nominibus*) TLG 2798.004
『천상 위계』(*De caelesti hierarchia*) TLG 2798.001

••• 위-바르나바

『바르나바의 편지』(*Barnabae epistula*) TLG 1216.001

••• 순교자 유스티누스

『유대인 트리폰과의 대화』(*Dialogus cum Tryphone Iudaeo*) TLG 0645.003
『첫째 호교론』(*Apologia*) TLG 0645.001

••• 니네베의 이사악

『수덕에 관한 강해』(*Homilia*)

••• 제피리누스

『제피리누스의 편지』(*Epistola Zephirini papae*)

••• 카시오도루스

『시편 해설』(*Expositio Psalmorum*) Cetedoc 0900

••• 아를의 카이사리우스

『설교집』(*Sermones*) Cetedoc 1008
『추가 설교들』(See Augustine *Sermones*) Cetedoc 0284

••• 로마의 칼리스투스

『갈리아의 모든 주교에게 보낸 편지』(*Epistola Papae Calixti ad omnes Galliae episcopos*)

••• 로마의 클레멘스

『코린토 신자들에게 보낸 첫째 편지 = 클레멘스의 첫째 편지』(*Epistula I ad Corinthios*) TLG 1271.001

••• 알렉산드리아의 클레멘스

『교육자』(*Paedagogus*) TLG 0555.002

『양탄자』(*Stromata*) TLG 0555.004

••• 알렉산드리아의 키릴루스

『그리스도는 한 분이시다』(*Quod unus sit Christus*) TLG 4090.027

『서간집』(*Epistulae in Concilium universale Ephesenum anno*) TLG 5000.001

••• 예루살렘의 키릴루스

『교리교육 서론』(*Procatechesis*) TLG 2110.001

『신비 교리교육』(*Mystagogiae*) TLG 2110.002

『예비신자 교리교육』(*Catecheses ad illuminados*) TLG 2110.003

••• 키프리아누스

『가톨릭 교회의 일치』(*De ecclesiae catholicae unitate*) Cetedoc 0041

『배교자』(*De lapsis*) Cetedoc 0042

『서간집』(*Epistulae*) Cetedoc 0050

『주님의 기도』(*De dominica oratione*) Cetedoc 0043

『포르투나투스에게 (순교 권면)』[*Ad Fortunatum (De exhortatione martyrii)*] Cetedoc 0045

••• 테르툴리아누스

『마르키온 반박』(*Adversus Marcionem*) Cetedoc 0014

『우상 숭배』(*De idololatria*) Cetedoc 0023

『유대인 반박』(*Adversus Judaeos*) Cetedoc 0033

『이단자에 대한 항고』(*De praescriptione haereticorum*) Cetedoc 0005

『전갈 처방』(*Scorpiace*) Cetedoc 0022

『죽은 이들의 부활』(*De resurrectione mortuorum*) Cetedoc 0019

『프락세아스 반박』(*Adversus Praxean*) Cetedoc 0026

『헤르모게네스 반박』(*Adversus Hermogenem*) Cetedoc 0013

••• 키루스의 테오도레투스

『교회사』(*Historia ecclesiastica*) TLG 4089.003

『서간집』(*Epistulae: Collectio Sirmondiana, 1-95*) TLG 4089.006

『서간집』(*Epistulae: Collectio Sirmondiana, 96-147*) TLG 4089.007
『서간집』(유프라테스와 오스로에네 지역에 사는 이들에게)
(*Ad eos qui in Euphratesia et Osrhoena regione, Syria, Phoeni*) TLG 4089.034
『섭리에 관한 연설』(10편)(*De providentia orationes decem*) TLG 4089.032
『시편 주해』(*Interpretatio in Psalmos*) TLG 4089.024
『에라니스테스』(*Eranistes*) TLG 4089.002

••• 몹수에스티아의 테오도루스
『소예언서 주해』(즈카르야서)

••• 루스페의 풀겐티우스
『모니무스에게』(*Ad Monimum I*) Cetedoc 0814
『빅토르에게 보낸 아리우스파 파스티디오수스의 설교 반박』
(*Liber ad Victorem contra sermonem Fastidiosi Ariani*) Cetedoc 0820
『서간집』(*Epistulae*) Cetedoc 0817
『신앙에 관해 페트루스에게』(*De fide ad Petrum seu de regula fidei*) Cetedoc 0826
『죄의 용서에 관해 에우티미우스에게』(*Ad Euthymium de remissione peccatorum*) Cetedoc 0821

••• 두미움의 파스카시우스
『그리스 교부들의 질문과 답변』(*Interrogationes et responsiones Graecorum patrum*)

••• 놀라의 파울리누스
『서간집』(*Epistulae*) Cetedoc 0202

••• 밀라노의 파울리누스
『암브로시우스의 생애』(*Vita S. Ambrosii*)

••• 파코미우스
『교리교육』(*Catecheses*)
『서간집』(*Epistulae*)
『역대기』(*Paralipomena*)
『파코미우스의 생애』(First Greek)
『파코미우스의 생애』(사히드어)(*Vita Pachomii*)

••• 헬레노폴리스의 팔라디우스
『라우수스에게 바친 수도승 이야기』

••• 페트루스 크리솔로구스

『설교집』(*Collectio sermonum a Felice episcopo parata sermonibus extravagantibus adjectis*) Cetedoc 0227+

••• 포이멘

『사부들의 금언집』(*Sententiae Patrum*)

••• 프루덴티우스

『그리스도의 신성』(*Liber apotheosis*) Cetedoc 1439

『매일 찬가집』(*Liber cathemerinon*) Cetedoc 1438

『승리의 화관』(*Liber peristefanon*) Cetedoc 1443

••• 마부그의 필록세누스

『기도에 관한 발췌』(*Excerpt on Prayer*)

••• 호르시에시우스

『호르시에시우스의 유언』

••• 히에로니무스

『루피누스 반박』(*Apologia adversus libros Rufini*) Cetedoc 0613

『서간집』(*Epistulae*) Cetedoc 0620

『수도승 이야기』

『시편 강해집』(59편)(*Tractatus LIX in Psalmos*) Cetedoc 0592

『요비니아누스 반박』(*Adversus Jovinianum*) Cetedoc 0610

『코헬렛 주해』(*Commentarius in Ecclesiasten*) Cetedoc 0583

『펠라기우스파 반박 대화』(*Dialogi contra Pelagianos*) Cetedoc 0615

『헬비디우스 반박: 마리아의 영원한 동정』(*Adversus Helvidium de Mariae virginitate perpetua*) Cetedoc 0609

••• 히폴리투스

『거룩한 신현에 관한 설교』[*Sermo in sancta theophania (Dub.)*] TLG 2115.026

••• 푸아티에의 힐라리우스

『삼위일체론』(*De Trinitate*) Cetedoc 0433

『시편 주해』(*Tractatus super Psalmos I-XCI*) Cetedoc 0428

**교부 시대 저술가들의 시기/지역별 일람표**

| 세기 \ 지역 | 브리타니아 제도 | 갈리아 |
|---|---|---|
| 1세기 | | |
| 2세기 | | 리옹의 이레네우스, 135년경~202년경, ♣180~199년 |
| 3세기 | | |
| 4세기 | 파스티디우스, 4~5세기경 | 락탄티우스, 250년경~325년, ♣304~324년<br>푸아티에의 힐라리우스, 315년경~367년, ♣350~367년 |
| 5세기 | | 술피키우스 세베루스, 360년경~420년<br>요한 카시아누스, 360년경~432년<br>레렝스의 빈켄티우스, †435년<br>아를의 힐라리우스, 401년경~449년<br>리옹의 에우케리우스, ♣420~449년<br>시미에의 발레리아누스, ♣422년경~449년<br>갈리아의 에우세비우스, 5세기경<br>아퀴타니아의 프로스페루스, 390년경~455년 이후<br>사제 살비아누스, 400년경~480년경<br>리에의 파우스투스, 410~495년경<br>마르세유의 겐나디우스, †496년 이후 |
| 6세기 | | 아를의 카이사리우스, 470년경~543년<br>샬롱쉬르손의 플라비아누스, ♣580~600년 |
| 7세기 | 아담나누스, 624년경~704년 | |
| 8세기 이후 | 존자 베다, 672/73년경~735년 | 라바누스 마우루스, 780년경~856년<br>왈라프리디우스, 808~849년 |

* 고대의 다섯 총대주교좌

탄생은 '★', 사망은 '†', 재위/재임은 '⚜', 주 활동 시기는 '♣'로 표시하였다.

| 에스파냐/포르투갈 | 이탈리아(로마*) | 북아프리카(카르타고) |
|---|---|---|
| | | |
| | 로마의 클레멘스, ⚜92년경~101년<br>헤르마스의 『목자』, 140년경<br>순교자 유스티누스, 100/10년경~165년, ♣148년경~161년<br>발렌티누스, 영지주의자, ♣140년경<br>마르키온, ♣144년, †154/60년경 | |
| | 로마의 칼리스투스, ⚜217~222년<br>로마의 미누키우스 펠릭스, ♣2~3세기<br>히폴리투스, 189년 이전~235년, ♣222~235년<br>로마의 노바티아누스, ♣235~258년<br>페타우의 빅토리누스, 230~304년 | 카르타고의 테르툴리아누스, 155/60년경~225/50년, ♣197년경~222년<br>카르타고의 키프리아누스, ♣248~258년 |
| 르도바의 호시우스, †357년<br>스본의 포타미우스, ♣350년경~360년<br>비라의 그레고리우스, ♣359~385년<br>르셀로나의 파키아누스, 4세기<br>루덴티우스, 349년경~405년 이후 | 피르미쿠스 마테르누스, ♣335년경<br>마리우스 빅토리누스, 280/85년경~363년경, ♣355~363년<br>베르첼리의 에우세비우스, ♣360년경<br>칼리아리의 루키페르, †375년 이전<br>암브로시아스테르, ♣366년경~384년<br>로마의 파우스티누스, ♣380년<br>브레시아의 필라스트리우스, ♣380년<br>브레시아의 가우덴티우스, ♣395년<br>밀라노의 암브로시우스, 330년경~397년, ♣374~397년<br>밀라노의 파울리누스, 늦은 4세기~이른 5세기 | 시카의 아르노비우스, 250년 이전~310년경 |
| | 루피누스, 345년경~411년<br>크로마티우스, ♣400년<br>아포니우스, 4~5세기<br>펠라기우스, 350/54년경~420/25년경<br>토리노의 막시무스, †408/23년<br>놀라의 파울리누스, 355~431년, ♣389~396년<br>페트루스 크리솔로구스, 380년경~450년<br>에클라눔의 율리아누스, 385년경~455년 이후<br>대 레오, ⚜440~461년<br>소 아르노비우스, ♣450년경 | 히포의 아우구스티누스, 354~430년, ♣387~430년<br>파울루스 오로시우스, 380년경~418년 이후<br>포시디우스, 370년경~437년 이후<br>쿠오드불트데우스, ♣430년<br>스케티스의 이사야스, †491년 |
| 미움의 파스카시우스, 515년경~580년경<br>자의 아프링기우스, 6세기 중엽<br>비야의 레안데르, 545년경~600년경<br>라가의 마르티누스, ♣568~579년 | 엔노디우스, 473년경~521년, ⚜513~521년<br>라틴인 에피파니우스, 늦은 5세기~이른 6세기<br>에우기피우스, 460년경~533년경<br>누르시아의 베네딕도, 480년경~547년<br>카시오도루스, 485년경~580년경<br>로마의 심마쿠스, ⚜498~514년<br>대 그레고리우스, 540년경~604년, ⚜590~604년<br>아그리젠툼의 그레고리우스, †592년 | 루쿨렌티우스, 5~6세기<br>루스페의 풀겐티우스, 467년경~532년<br>베레쿤두스, †552년<br>프리마시우스, ♣550~560년<br>헤르미아네의 파쿤두스, ♣546~568년 |
| 비야의 이시도루스, 560년경~636년<br>라고사의 브라울리오, 585년경~651년, ⚜631~651년<br>라가의 프룩투오수스, †665년경 | 파테리우스, 6~7세기 | |

| 세기 \ 지역 | 이집트(알렉산드리아*) | 소아시아/그리스(콘스탄티노플*) | 시리아(안티오키아*) |
|---|---|---|---|
| 1세기 | 알렉산드리아의 필론,<br>BC 20년경~AD 50년경 | | |
| 2세기 | 바실리데스, 2세기<br>『바르나바의 편지』, 130년경<br>테오도투스, 2세기 | 스미르나의 폴리카르푸스,<br>69년경~155년<br>아테나고라스,<br>♣176~180년, †180년경<br>사르데스의 멜리톤, †190년 이전<br>몬타누스파 신탁, 늦은 2세기 | 『디다케: 열두 사도들의 가르침』,<br>이른 2세기<br>안티오키아의 이그나티우스,<br>35년경~107/12년경 또는<br>105년 이전~135년경<br>안티오키아의 테오필루스, 늦은 2세기 |
| 3세기 | 알렉산드리아의 클레멘스,<br>150년경~215년, ♣190~215년<br>사벨리우스, 2~3세기<br>『디오그네투스에게 보낸 편지』, 3세기경<br>오리게네스,<br>185년경~254년경, ♣200~254년경<br>알렉산드리아의 디오니시우스,<br>⚜247/48년경~264/65년 | 기적가 그레고리우스,<br>213년경~270/75년,<br>♣248년경~264년<br>올림푸스의 메토디우스, †311년경 | 『사도들의 가르침』, 이른 3세기 |
| 4세기 | 대 안토니우스, 251년경~355년<br>알렉산드리아의 페트루스, †311년경<br>아리우스, ♣320년경<br>알렉산드리아의 알렉산더, ♣312~328년<br>파코미우스, 292년경~347년<br>타벤네시의 테오도루스, †368년<br>알렉산드리아의 아타나시우스,<br>295년경~373년, ♣325~373년<br>호르시에시우스, 305년경~390년<br>이집트의 마카리우스, 300년경~390년경<br>장님 디디무스, 313년경~398년<br>티코니우스, 330년경~390년<br>암모나스, 4세기 | 헤라클레아의 테오도루스,<br>♣330년경~355년<br>안키라의 마르켈루스, †375년경<br>살라미스의 에피파니우스, 315년경~403년<br>대 바실리우스, ★330년경, ♣357~379년<br>소 마크리나, 327년경~379/80년<br>라오디케아의 아폴리나리스, 310~392년경<br>나지안주스의 그레고리우스,<br>★329/30년, ♣372~389년<br>니사의 그레고리우스, 335년경~394년<br>이코니움의 암필로키우스,<br>340/46년경~403년 이전<br>폰투스의 에바그리우스, 345년경~399년,<br>♣382~399년<br>키지쿠스의 에우노미우스, ♣360~394년<br>콘스탄티노플의 프로클루스,<br>390년 이전~446년<br>위-마카리우스, ♣390년경<br>레메시아나의 니케타스, 350년경~414년경 | 안티오키아의 에우스타티우스, ♣325<br>에메사의 에우세비우스,<br>300년경~359년경, ⚜339년경~35<br>시리아인 에프렘,<br>306년경~373년, ♣363~373년<br>아리우스파 율리아누스, 4세기경<br>에메사의 네메시우스, ♣늦은 4세기<br>타르수스의 디오도루스, †394년 이전<br>요한 크리소스토무스, 344/54~407년,<br>♣386~407년<br>『사도 헌장』, 375년경~400년<br>『디다스칼리아』, 4세기<br>가발라의 세베리아누스, ♣400년경<br>몹수에스티아의 테오도루스,<br>350년경~428년<br>베로이아의 아카키우스, 322년경~435 |
| 5세기 | 알렉산드리아의 테오필루스,<br>345년경~412년<br>헬레노폴리스의 팔라디우스,<br>364/65~431년 이전<br>알렉산드리아의 키릴루스,<br>375~444년, ♣412~444년<br>암모니우스, †460년경<br>포이멘, 5세기<br>콥트인 베사, 5세기<br>셰누테, 350년경~466년 | 네스토리우스,<br>381년경~451년경, ⚜428~431년<br>셀레우키아의 바실리우스, ♣444~468년<br>포티케의 디아도쿠스, 400~474년<br>콘스탄티노플의 겐나디우스,<br>♣458~471년, †471년 | 성경강해가 아스테리우스,<br>늦은 4세기~이른 5세기<br>『단계에 관한 책』, 400년경<br>안키라의 닐루스, †430년경<br>안티오키아의 요한, †441/42년<br>키루스의 테오도레투스,<br>393년경~460년경, ♣423~460년<br>안티오키아의 위-빅토르, 5세기<br>아파메아의 요한, 5세기 |
| 6세기 | 올림피오도루스, 이른 6세기 | 카이사리아의 안드레아스, 이른 6세기<br>오이쿠메니우스, 6세기 | 마부그의 필록세누스, 440년경~523년<br>안티오키아의 세베루스, 465년경~538년<br>은수자 마르쿠스, 6세기경 |
| 7세기 | | 고백자 막시무스, 580년경~662년 | 사도나(=마르티리우스), ♣635~640년 |
| 8세기 이후 | | 크레타의 안드레아스, 660년경~740년<br>테오파네스, 775~845년<br>카시아, 805~848/67년경<br>카이사리아의 아레타스, 860년경~932년 이후<br>포티우스, 820년경~891년<br>신 신학자 시메온, 949년경~1022년<br>오리드의 테오필락투스, 1050/60년경~1125/26년 | 다마스쿠스의 요한,<br>650년경~750년 |

| 메소포타미아/페르시아 | 팔레스티나(예루살렘*) | 장소 미상 |
| --- | --- | --- |
| | 플라비우스 요세푸스, 37년경~101년경 | |
| | | 『클레멘스의 둘째 편지』, 150년경 |
| 마니/마니캐우스, 216년경~276년 | | 『위-클레멘스서』, 3~4세기 |
| 아프라하트, 270년경~345년, ♣337~345년<br>니시비스의 야코부스, ♣308~325년, †338년 | 카이사리아의 에우세비우스, 260/63년경~340년, ♣315년경~340년<br>카이사리아의 아카키우스, ⚜340~366년경<br>예루살렘의 키릴루스, 315년경~386년, ♣348년경 | 콤모디아누스, 3세기경 또는 5세기<br>아리우스파 막시미누스, ★360/65년<br>부제 에우탈리우스, 4세기경 |
| 콜브의 에즈니크, ♣430~450년 | 히에로니무스, 347년경~419/20년<br>사제 필리푸스, †455/56년<br>예루살렘의 헤시키우스, ♣412~450년<br>에우티미우스, 377~473년<br>페트라의 게론티우스, 395~480년경 | |
| 사루그의 야코부스, 450년경~520년경<br>바바이, 이른 6세기<br>대 바바이, 550~628년<br>나트파르의 아브라함, ♣6~7세기 | 가자의 프로코피우스, 465년경~530년<br>가자의 도로테우스, 525년경~560/80년경, ♣540년<br>스키토폴리스의 키릴루스, 525년경~557년 이후, ♣550년경 | 위-디오니시우스, 482~532년경, ♣500년경 |
| 니네베의 이사악, †700년경 | | 위-콘스탄티우스, 7세기경<br>안드레아스, 7세기경 |
| 노老 요한, 8세기<br>메르브의 이쇼다드, †852년 이후 | 가인 코스마스, 675년경~750년 이후 | |

# 인용 저술가의 약전略傳과 익명 작품 개요

탄생은 '★', 사망은 '†', 재위/재임은 '⚜', 주 활동 시기는 '♣'로 표시하였다.

브레시아의 가우덴티우스(♣395년) 필라스트리우스의 후계자로 브레시아의 주교. 성찬에 관한 설교 21편을 저술하였고, 수많은 논고를 썼다.

『거룩한 사도들의 헌장』(☞『사도 헌장』)

게론티우스(395년경~480년경) 팔레스티나 출신의 수도승. 훗날 팔레스티나 공주수도원의 대수도원장이 되었으며, 칼케돈 공의회의 결정에 반대했다.

콘스탄티노플의 겐나디우스(♣458~471년, †471년) 콘스탄티노플의 총대주교. 수많은 주해서를 썼으며, 알렉산드리아의 키릴루스가 주장하는 그리스도론을 반대했다.

기적가 그레고리우스(213년경~270/75년, ♣248년경~264년) 네오카이사리아의 주교이자 오리게네스의 제자. 유명한 『생애』 다섯 편은 그를 '기적가'로 부르게 한 사건들을 전한다. 그의 가르침이 압축된 주저 『오리게네스 찬양 연설』은 오리게네스를 찬양하는 내용으로, 특히 수사학이 빛난다.

나지안주스의 그레고리우스(★329/30년, ♣372~389년) 카파도키아 세 교부 가운데 한 사람. 나지안주스의 주교이자 콘스탄티노플의 주교. 니사의 그레고리우스와 대 바실리우스의 친구. 신학적 연설과 편지로 삼위일체 정통 교의뿐 아니라 그리스도의 인성을 변론한 것으로 유명하다.

니사의 그레고리우스(335년경~394년) 카파도키아 세 교부 가운데 한 사람. 니사의 주교이며 대 바실리우스의 동생. 뛰어난 독창성을 지닌 철학적 신학자. 『대 교리교육』의 저자. 성부 · 성자 · 성령의 일치에서 동일본질을 내세운 것으로 유명하다.

대 그레고리우스(540년경~604년, ⚜590~604년) 590년에 교황이 되었으며, 라틴 4대 교부들 중 마지막 인물. 다작을 남긴 저술가이며 라틴 교회에서 전례 개혁을 시작했다. 그레고리우스 성사 예식서와 그레고리우스 성가도 그가 이룬 전통과 관련이 있다.

엘비라의 그레고리우스(♣359~385년) 엘비라의 주교. 오리게네스를 따라 우의적 해석 방식으로 주석한 논고 몇 편을 썼으며, 아리우스파에 대해 니케아 신앙을 변론했다.

에메사의 네메시우스(♣늦은 4세기) 시리아 지방 에메사의 주교. 주저인 『인간 본성』은 신학 · 철학적 여러

문헌에 의존하였으며, 처음으로 그리스도교적 인간학을 서술했다.

네스토리우스(381년경~451년경, ✠428~431년) 콘스탄티노플의 총대주교. 신성과 인성이 그리스도의 육화로 참으로 일치되었다기보다 결합되었다고 내세운 이단의 창시자. 테오토코스(하느님의 어머니)에 관한 가르침에 반대하여 네스토리우스파 교회를 콘스탄티노플에서 분리시켰다.

로마의 노바티아누스(♣235~258년) 교황에 선출되지 못한 뒤 분열된 교회의 주교가 된 로마의 신학자. 교회를 분열시킨 것을 제외하고는 정통신학을 전개했다. 삼위일체에 관한 논고는 전형적인 서방교회의 교의를 따른다.

레메시아나의 니케타스(350년경~414년경) 세르비아 지방 레메시아나의 주교. 저서들은 성부와 성자의 동일본질과 성령의 신성을 확언한다.

안키라의 닐루스(†430년경) 수덕에 관해 다작을 남긴 저술가이자 요한 크리소스토무스의 제자. 때로 시나이의 닐루스로 잘못 알려진 그는 안키라에서 태어나 콘스탄티노플에서 교육받았다.

『단계에 관한 책』(400년경) 저자는 익명의 시리아 저술가. 강해와 대화 30편으로 이루어졌으며, 영성적 삶으로 나아가기 위한 더 깊은 단계를 다루었다.

가자의 도로테우스(525년경~560/80년경, ♣540년) 세리도스 수도원 수도승. 훗날 이 수도원의 지도자가 되었으며, 이곳에서 『여러 가르침』을 저술했다. 팔레스티나 수도 제도에 관한 작품도 썼다.

『디다케 - 열두 사도들의 가르침』(이른 2세기) 유대교 윤리와 그리스도교의 전례를 다룬 저자 미상의 이 문헌은 '생명의 길'에 관해 전반적으로 서술했다. 교부 시대에 상당한 영향을 미쳤고, 특히 예비신자 교육에 사용되었다.

장님 디디무스(313년경~398년) 알렉산드리아의 성경 주석가. 오리게네스의 영향을 많이 받았으며, 히에로니무스가 극찬한 인물이기도 하다.

포티케의 디아도쿠스(400~474년) 에피루스 베투스의 반단성설파 주교. 『우리 주 예수 그리스도의 승천에 관한 설교』는 칼케돈 공의회의 그리스도론을 통해 동방과 서방에 영향을 미쳤다. 그는 『에피루스 지방 포티케의 주교 디아도쿠스의 (신비적) 환시』의 주체이기도 하다.

『디오그네투스에게 보낸 편지』(3세기경) 이교인의 신앙과 관습을 논박하며 그리스도인의 삶과 신앙을 서술한 저자 미상의 작품. 교부학자들도 디오그네투스가 누구인지 정확히 밝혀내지 못했다.

알렉산드리아의 디오니시우스(✠247/48년경~264/65년) 알렉산드리아의 주교이자 오리게네스의 제자. 당대의 신학 논쟁에 적극적으로 관여하여, 사벨리우스주의를 반대했다. 삼신론을 주장한다는 비판에 대해 자신을 변호하였으며, 에피쿠로스주의를 그리스도교 측면에서 처음으로 논박했다. 주된 사상은 주로 초기 그리스도교 저술가들이 발췌한 글에 남아 있다.

타르수스의 디오도루스(†394년 이전) 타르수스의 주교이자 안티오키아학파의 신학자. 성경 주석서와 교의서, 호교서 등의 다양한 유형의 작품을 저술하였지만, 네스토리우스주의의 효시라는 명목으로 단죄되어 그의 작품 대부분은 단편으로만 전해 온다. 요한 크리소스토무스와 몹수에스티아의 테오도루스의 스승이다.

라바누스 마우루스(780년경~856년) 프랑크족 수도승이자 신학자, 교사. 요크의 알쿠인의 제자. 그 뒤 822년부터 842년까지 풀다 수도원의 대수도원장이었으며 848년부터 856년 죽을 때까지 마인츠의 대주교였다. 시와 강해, 교육에 관한 논고, 문법, 교의에 관한 작품과『사물들의 본성』또는『우주』라는 제목이 붙은 백과사전을 저술했으며, 열왕기와 에스테르기를 포함한 성경 주해서를 썼다. 그는 기술적으로 중세의 저술가이지만 그의 작품들은 더 이른 시기의 사상을 반영한다.

락탄티우스(250년경~325년, ♣304~324년) 히에로니무스에 따르면 그는 사람을 감동시키는 힘이 있는 저술가였다. 신학적 사상보다 탁월한 수사학적 재능으로 더 유명하다. 그리스도교로 개종한 뒤 니코메디아에서 수사학 교사를 그만둔 그리스도교 호교가다. 콘스탄티누스 황제 아들의 가정교사였으며『거룩한 가르침』을 저술했다.

세비야의 레안데르(545년경~600년경) 라틴 교회의 저술가. 두 편의 작품만 남아 있다. 당시 에스파냐에서 역사적으로 중요한 영향력을 지닌 서고트족에게 그리스도교를 전파하는 데 큰 역할을 했다.

대 레오(⚜440~461년) 로마의 주교.『플라비아누스에게 보낸 교의서간』은 칼케돈 공의회(451년)에서 네스토리우스와 키릴루스 견해 사이의 중도 노선이 채택되는 데 기여했다.

가인(歌人) 로마누스(♣536~556년) 로마누스는 베이루트에서 멀지 않은 에메사에서 유대인으로 태어났으며, 세례를 받은 뒤 부활 교회의 부제가 되었다. 그 뒤 그는 콘스탄티노플로 이주했는데, 그가 활동한 시기에 하기아 소피아의 파괴와 재건을 보았을 것이다. 대화 유형의 시를 이용한 80편의 운율적 찬가(콘타키아, 단수 콘타키온)가 그의 이름으로 전해진다. 성경과 연관된 이 설교들은 전례 때 설교되었다기보다 노래로 불렸으며, 신학적 통찰이 담긴 구절이 많다. 대중적 단성설을 내세운 그의 그리스도론은 유스티니아누스 황제 당시 단성설파에 대한 반론이 만만치 않았음을 알려 준다.

루쿨렌티우스(5~6세기) 바오로 사도가 쓴 신약성경 일부 구절을 짧게 주해한 무명의 저술가. 그의 주석은 대개 문자적이며 히에로니무스와 아우구스티누스 등 이전 시대 저자들의 방법론을 따른다.

칼리아리의 루키페르(†375년 이전) 아타나시우스의 신학적 견해와 니케아 신경을 강력히 지지한 칼리아리의 주교. 정통신앙을 표방하는 주교를 인정하지 않은 콘스탄티우스 황제에 맞서다가 처음에는 팔레스티나로, 나중에는 테바이스(이집트)로 추방되었다.

아퀼레이아의 루피누스(345년경~411년) 정통신앙의 그리스도교 사상가이자 역사가. 오리게네스 작품을 번역하고 보존하였으며, 히에로니무스와 에피파니우스가 오리게네스를 비난하자 오리게네스를 위해 변론했다. 로마와 이집트, 예루살렘(올리브산)에서 수덕 생활을 했다.

마니교도 241년경 페르시아에서 마니가 주도하여 창시한 종교의 추종자들. 그러나 이들의 가르침에는 그리스도교 여러 교파의 요소도 명백히 담겨 있다. 빛과 어둠의 왕국이 공존하며, 물질의 어둠에 사로잡혀 있는 이들 가운데에서 빛을 지닌 극소수의 영적 인간만이 구원받은 이들이라 가르치며, 자유의지와 하느님의 보편적 다스림을 부인했다(☞ 영지주의자).

안키라의 마르켈루스(†375년경) 아리우스주의를 논박하는 작품을 썼지만 후대에, 특히 카이사리아의 에우세비우스는 그를 사벨리우스주의자로 고발했다. 서방교회는 그의 정통신앙을 인정했으나, 동방교회는 그를 파문했다. 아타나시우스의 작품 중 일부를 마르켈루스의 저서로 보는 학자들도 있다.

은수자 마르쿠스(6세기경) 타르수스 근방의 수도승. 그리스도론에 관한 작품도 썼다.

마르키온(♣144년, †154/60년경) 이단자. 예수 그리스도의 아버지를 구약성경의 창조주 하느님과 다른 분이라고 주장하며, 구약성경 전체와 신약성경의 많은 부분을 받아들이지 않았다(☞ 영지주의자).

브라가의 마르티누스(♣568~579년) 이베리아반도 브라가의 반反아리우스파 수석 대주교. 고등교육을 받았으며, 572년에 열린 브라가 지방 교회회의의 의장직을 맡았다.

마리우스 빅토리누스(280/85년경~363년경, ♣355~363년) 아프리카 출신의 문법학자. 로마에서 수사학을 가르치고 플라톤학파의 작품들을 번역했다. 늘그막에 개종한 뒤(355년경), 아리우스파를 논박하는 저서와 바오로 서간들의 주해서를 저술했다.

이집트의 마카리우스(300년경~390년경) 사막 교부 가운데 한 사람. 아타나시우스의 견해를 지지하다가 고발되었으며, 아타나시우스의 아리우스파 후계자인 루키우스는 374년경 그를 나일강의 어느 섬으로 추방했다. 와디 나트룸에서 수도 신학에 관해 계속 가르쳤다.

소(少) 마크리나(327년경~379/80년) 대 바실리우스와 니사의 그레고리우스의 누이. 친할머니 마크리나와 구분하기 위해 '소少 마크리나'라 한다. 그녀는 동생들 가운데, 특히 자신을 스승으로 부르며, 『영혼과 부활에 관한 대화』에서는 자신의 가르침을 설명한 니사의 그레고리우스에게 큰 영향을 미쳤다.

고백자 막시무스(580년경~662년) 그리스/팔레스티나 출신의 신학자이자 수덕 생활에 관한 저술가. 614년 예루살렘에 아랍인이 침입하자 콘스탄티노플로, 그 후 아프리카로 피신했다. 구금되어 혀와 오른손이 잘리는 혹독한 고초를 겪은 뒤 흑해 근처에서 사망했다. 그는 그리스도의 인성을 사상의 중심에 두고, 하느님을 그 무엇보다 사랑하며 모든 사물에 초연할 것을 가르쳤다.

토리노의 막시무스(†408/23년) 토리노의 주교. 호노리우스와 테오도시우스 2세가 통치하던 시기에 사망했다. 그가 남긴 그리스도교 축일과 성인, 순교자들에 관한 설교는 100편이 넘는다.

아리우스파 막시미누스(360년경~365년) 일리리쿰의 아리우스파 공동체의 주교로 추정되는 인물. 로마 출신으로 히포에서 아우구스티누스와 공개적으로 토론했으며(427년 또는 428년), 아리우스의 교의를 적극적으로 변론했다. 뿐만 아니라 정통신앙을 반박하는 논쟁서들, 예를 들면 『이단자 반박』, 『유대인 반박』, 『이교인 반박』을 저술했으며 논쟁적 내용을 그리 담고 있지 않은 『설교』 15편도 저술했다. 이 설교들은 전에는 토리노의 막시무스의 저서로 여겨졌다. 또한 그는 『복음서 봉독에 관한 강해』 24편의 저자로도 알려져 있다.

『메나이온 축일』 예수와 마리아의 생애를 찬미하는 축일 동안 부르는 찬가를 비롯하여 여러 예배 의식을 담고 있는 전통적인 전례서.

올림푸스의 메토디우스(†311년경) 올림푸스의 주교. 플라톤의 『향연』을 일부 본떠 자신의 『열 처녀의 잔치』에서 동정성을 찬양했다.

사르데스의 멜리톤(†190년 이전) 사르데스의 주교. 폴리크라테스에 따르면, 그는 유대인이었다. 그의 많은 저서 가운데 『파스카』(160~177년경)는 전례 기록으로 알려져 있다. 부활절 날짜와 관련된 논쟁에 직접 관여한 멜리톤은 유대주의에서 물려받은 관습에 따라 니산달 14일에 부활절을 지내기를 고수했다.

헤르마스의 『목자』(140년경) 환시 5편과 계명 12편, 비유 10편으로 세분된 묵시 문헌. 노예였다가 해방된 헤르마스의 작품으로, 두 번째 천사가 목자의 모습으로 나타났다고 하여 이런 제목이 붙었다. 이 작품은 매우 높은 도덕적 가치를 요구하는 것으로 평가되었으며, 초기 교회에서 예비신자들을 위한 교재로 사용되었다.

몬타누스파 신탁 몬타누스주의는 프리기아 지방 출신의 몬타누스가 2세기 중엽 이후에 일으킨 묵시·수덕과 관련한 운동이었다. 몬타누스는 황홀경을 통한 신탁으로 자신들의 계시를 선포했다. 몬타누스파 신탁은 작품으로는 남아 있지 않고, 이 운동을 논박한 저술가들의 작품, 특히 에피파니우스의 『약상자』에 단편으로 실려 있다. 몬타누스주의는 아시아 지역에서 열린 여러 교회회의 이전에 공식적으로 이단으로 단죄받았다.

로마의 미누키우스 펠릭스(♣2~3세기) 로마에서 변호사로 활동한 그리스도교 호교가. 『옥타비아누스』는 테르툴리아누스의 『호교론』과 여러 면에서 일치한다. 아프리카 출생으로 추정된다.

『바르나바의 편지』(130년경) 분명한 반유대인 어조로 구약성경을 우의적·예형론적으로 해석한 작품. 카이사리아의 에우세비우스가 친저성을 문제 삼을 때까지 신약성경의 다른 서간과 함께 '가톨릭 서간'으로 분류되었다.

바바이(이른 6세기) 『키리아쿠스에게 보낸 편지』의 저자. 니시비스의 바바이(†484년)나 대 바바이(†628년)와 혼동하면 안 된다.

대 바바이(550~628년) 베트 자브다이 지역에 수도원과 학교를 설립한 시리아 출신의 수도승. 훗날 네스토리우스 교회가 위기에 빠졌을 때 이즐라산 대수도원의 제3대 수도원장을 역임했다.

바실리데스(2세기) 알렉산드리아에서 활동한 이단자. 영혼이 육체에서 육체로 옮겨지며, 순교 때 몸을 지키고자 거짓말을 한다 해도 죄를 짓는 게 아니라고 했다.

대 바실리우스(★330년경, ♣357~379년) 카파도키아 세 교부 가운데 한 사람으로 카이사리아의 주교. 니케아 공의회에서 제기한 삼위일체 학설을 옹호했다. 행정 능력이 뛰어났으며 수도 규칙의 토대를 마련했다.

셀레우키아의 바실리우스(♣444~468년) 이사우리아 지방 셀레우키아의 주교이자 교회 저술가. 448년에 에우티케스의 단성설을 단죄한 콘스탄티노플 교회회의에 참석했다.

시미에의 발레리아누스(♣422년경~449년) 시미에의 주교. 교회 규율을 강화하려는 목적으로 리에 교회회의(439년)와 베종 교회회의(422년)에 참석했다. 교황 레오 1세와 관할권 문제로 다투는 아를의 힐라리우스를 지지했다.

발렌티누스(♣140년경) 알렉산드리아 출신의 이단자. 물질세계는 미지의 하느님의 지혜 또는 소피아가 지은 죄로 말미암아 창조되었다고 가르쳤다(☞ 영지주의자).

누르시아의 베네딕도(480년경~547년) 서방 수도 제도사에서 가장 중요한 인물. 그가 세운 많은 수도원 가운데 몬테카시노 수도원이 가장 유명하다. 그의 『수도 규칙』은 서방 수도회에 지대한 영향을 미쳤고, 이상적인 수도원의 신학적 토대를 마련하였으며, 공주 수도생활의 꼴을 갖추고 조직화하는 데 도움을 주었다.

존자 베다(672/73년경~735년) 노르툼브리아에서 태어나, 일곱 살 때 재로Jarrow에 있는 성 베드로와 바오로 베네딕도회 수도원 수도승들의 보살핌을 받았다. 또한 수도 전통을 배경으로 폭넓은 고전 교육을 받았다. 당시 현자들 가운데 한 명으로, 『앵글로족의 교회사』를 저술했다.

베레쿤두스(†552년) 아프리카 출신 그리스도교 저술가. 6세기 그리스도론 논쟁, 특히 삼두서 논쟁에 적극 관여했으며, 교회 전례 성가에 관한 주해서 9편을 우의적 해석 접근법으로 저술했다.

콥트인 베사(5세기) 콥트인 수도승. 스승 셰누테의 후임으로 수도원장이 되었다. 수많은 편지를 남겼고, 수도 교리교육과 셰누테의 전기를 저술했다.

사라고사의 브라울리오(585년경~651년, ✤631~651년) 사라고사의 주교. 서고트족 문예를 부흥시킨 저명한 저술가. 그의 『아이밀리아누스의 생애』는 문학의 백미로 꼽힌다.

페타우의 빅토리누스(230~304년) 라틴 성경 주석가. 다양한 유형의 작품을 저술했지만, 『요한 묵시록 주해』만 온존溫存되고 『마태오 복음 주해』는 일부 단편만 전해 온다. 천년왕국설을 확고히 내세우지만, 파피아스나 이레네우스의 천년왕국설보다는 덜 유물론적이다. 우의적 해석법으로 볼 때, 오리게네스의 영적 제자라 하겠다. 디오클레티아누스 황제의 박해 첫해(304년)에 사망한 듯하다.

레랭스의 빈켄티우스(†435년) 수도승. 이단적 방법론에 맞선 그의 저서는 정통신앙의 교의적 신학 방법론에 상당한 영향을 미쳤다.

『사도 헌장』(375년경~400년) 『거룩한 사도들의 헌장』으로도 알려져 있으며, 네아폴리스의 아리우스파 주교 율리아누스의 작품으로 추정. 총 8권의 이 작품은 주로 『디다케 - 열두 사도들의 가르침』과 『사도 전승』처럼 전대 작품들에 일부 내용을 덧붙여 수록한 모음집이다. 『사도 법규』로도 불리는 제8권은 여러 원전에서 모은 법규 85개로 이루어져 있다.

사도나(♣635~640년) 마르티리우스라는 그리스어 이름으로 알려진 시리아 저술가. 한동안 베트 가르마이의 주교였다. 니시비스에서 공부하였고 그리스도론적 사상 때문에 추방되었다. 주저로는 시리아 수도 문헌의 걸작 가운데 하나로 평가되는 『완성에 관한 책』이 있다. 이 작품은 철저히 성경에 깊은 뿌리를 두고 쓰였다.

『사도들의 가르침』*Didascalia Apostolotum*(열두 사도의 가르침과 우리 구원자의 거룩한 규율)(3세기 초) 이교에서 개종한 시리아 북쪽 지역 그리스도인 공동체를 위해 저술된 교회의 법규집.

사벨리우스(2~3세기) 성부와 성자가 한 위격이라는 이단적 주장을 펼친 저술가. 그가 주장한 이단은 성부가 성자의 모습으로 십자가에서 수난했다고 내세워 '성부수난설'로도 불린다.

사제 살비아누스(400년경~480년경) 당시의 역사를 쓴 중요한 저술가. 로마제국이 야만인들에게 멸망한 것은 제국의 그리스도인들이 저지른, 비난할 만한 행위 때문이라고 여겼다. 『하느님의 다스림』에서 하느님의 섭리에 관한 주제를 발전시켰다.

안티오키아의 세베루스(465년경~538년) 522년에 안티오키아의 주교로 서품된 단성설파 신학자. 피시디아에서 태어나 알렉산드리아와 베이루트에서 공부했고, 콘스탄티노플에서 가르치다가 이집트로 추방되었다. 그리스도의 인성이 신성에 덧붙여졌다고 믿었으며, 그리스도가 신성과 인성을 함께 지녔다면 반드시 두 사람일 수밖에 없다고 주장했다.

가발라의 세베리아누스(♣400년경) 요한 크리소스토무스와 같은 시대 인물인 세베리아누스는 콘스탄티노플, 특히 황실에서 활동한 뛰어난 설교가였다. 요한 크리소스토무스를 고발하는 데 가담했다. 창세기에 관한 강해를 썼으며, 설교는 주로 반이단적 관심사를 드러낸다.

셰누테(350년경~466년) 이집트 아트리비스의 수도원장. 그가 세운 대규모의 수도원은 규칙이 엄하기로 유명하다. 431년 에페소 공의회에서 알렉산드리아의 키릴루스를 수행하였으며, 그곳에서 네스토리우스를 면직시키는 데 중요한 역할을 했다. 그리스어를 알았지만 콥트어로 저술 활동을 하였으며 강해와 교리교육 및 수도생활에 관한 작품, 편지, 신학 논고 두 편 등을 남겼다.

술피키우스 세베루스(360년경~420년경) 보르도의 귀족 가문 출신의 교회 저술가. 투르의 성 마르티누스의 친구이자 열렬한 제자로, 은둔 생활에 전념했다. 겐나디우스는 그가 사제직을 받았다고 잘라 말하지만, 사제 생활에 관해 알려진 바는 전혀 없다.

신 신학자 시메온(949년경~1022년) 자신이 세운 엄격한 규칙과 달리 자비심이 많은 영적 지도자로 알려졌다. 그는 향심 기도로 말미암아 신성한 빛을 느끼고 받아들이게 된다고 여겼다.

아다만티우스(이른 4세기) 『하느님에 대한 올바른 믿음에 관한 대화』에서 알렉산드리아의 오리게네스가 놀라운 저술 능력과 정신력을 보여 주었다고 해서 얻은 별명으로, '강철 같은 인물'을 뜻한다. 그러나 메토디우스와 관련되었다고 보이게 하는 삼위일체 용어와 4세기 콘스탄티누스 시대에 관한 언급은 오리게네스의 저서가 아니라는 의심이 들게 한다(☞ 오리게네스).

아담나누스(624년경~704년) 아일랜드 요나의 수도원장으로 성 콜룸바누스의 전기를 썼다. 켈트족 교회가 로마 전례와 로마 규범에 동화되는 데 영향을 끼친 인물이다. 그가 쓴 『성지』는 존자 베다에게 영향을 주기도 했다.

카이사리아의 아레타스(850년경~932년 이후) 비잔틴의 학자이며 포티우스의 제자. 콘스탄티노플의 부제였으며, 901년부터 카이사리아의 대주교로 재임했다.

소 아르노비우스(♣450년경) 5세기에 일어난 그리스도론 논쟁에 관여했다. 단성설파 수도승과의 논전을 다룬 『세라피온과의 논쟁』을 저술하여 로마 신학과 알렉산드리아 신학과의 일치를 논증하려고 했다. 그가 『시편 주해』를 비롯하여 더 많은 작품을 저술했다고 추정하는 학자들도 있다.

시카의 아르노비우스(250년 이전~310년경) 북아프리카에 있는 시카 베네리아에서 활동한 수사학 교사이자 그리스도교 반대자. 생애 말기에 개종한 뒤 자신이 이전에 반대한 신앙을 변론하였다. 남아 있는 유일한 작품 『이교인 반박』은 그가 진심으로 개종했음을 입증하기를 바라는 그곳 주교의 요청으로 쓰였다고 히에로니무스는 전한다. 아마도 디오클레티아누스 황제의 박해 시기에 저술된 작품인 듯하다.

**아리우스**(♣320년경) 이단자. 성자는 피조물이 아니며 본성상 성부와 같다는 니케아 공의회(325년) 신경을 받아들이지 않아, 이 공의회에서 단죄되었다.

나트파르의 **아브라함**(♣6~7세기) 수도 운동 부흥 시기인 6~7세기에 활동한 동방교회 수도승. 그의 저서 가운데 『기도와 침묵』은 기도하는 사람의 행위를 통해 구체적으로 나타나는 기도의 중요성을 다룬다. 그의 저서는 아파메아의 요한이나 마부그의 필록세누스의 영향을 받았다고 평가된다.

성경강해가 **아스테리우스**(늦은 4세기~이른 5세기) 시편 제1-15편과 제18편에 관한 강해 31편의 저자라는 점 외에는 알려진 바가 없다. 이 강해들은 요약되어 요한 크리소스토무스의 이름으로 남아 있다. 아마세아의 아스테리우스로 여겨지거나, 안티오키아 또는 그 근방에서 산 소피스트 아스테리우스와 동일시되기도 한다.

히포의 **아우구스티누스**(354~430년, ♣387~430년) 히포의 주교이자 철학 · 성경 주석 · 신학 · 교회론적 주제로 많은 작품을 남긴 저술가. 펠라기우스파를 논박하는 작품들에서 예정과 원죄에 관한 서방 교의를 체계적으로 다루었다.

베로이아의 **아카키우스**(322년경~435년경) 금욕 생활로 유명한 시리아의 수도승. 378년 베로이아의 주교가 되었으며, 콘스탄티노플 공의회(381년)에 참석했다. 네스토리우스 논쟁에서 알렉산드리아의 키릴루스와 안티오키아의 요한을 중개하는 주요한 역할을 했지만 이 논쟁에는 관여하지 않았다.

카이사리아의 **아카키우스**(⚜340~366년경) 팔레스티나 지방의 수도인 카이사리아의 친아리우스파 주교. 카이사리아의 에우세비우스의 제자로 전기 작가이자 역사가, 위대한 학자였으며 코헬렛에 관한 작품을 저술했다.

알렉산드리아의 **아타나시우스**(295년경~373년, ♣325~373년) 알렉산드리아의 주교. 328년부터 알렉산드리아의 주교로 재임하였지만 여러 차례 추방되었다. 아리우스파를 논박하는 전형적인 논쟁서를 저술하였지만 동방 주교들은 대부분 그와 다른 견해를 취했다.

**아테나고라스**(♣176~180년, †180년경) 아테네 출신의 초기 그리스도교 철학자이자 호교가. 아테나고라스가 저술한 것이 확실한 『그리스도인을 위한 청원』은 마르쿠스 아우렐리우스 황제와 그의 아들인 콤모두스 황제에게 헌정되었으며, 그리스도인들이 신은 믿지 않고 근친상간하며 인육 식사를 한다는 대중적 비난에 대해 변론했다.

**아포니우스**(4~5세기) 성경 주석사에 길이 남을 『아가 해설』(405년경~415년)의 저자. 신학적으로 그리스도론 분야에서 특별히 중요한 이 『아가 해설』은 오리게네스와 위-히폴리투스의 주해서에서 영향을 받았다.

라오디케아의 **아폴리나리스**(310~392년경) 라오디케아의 주교. 그리스도가 인간의 정신을 지니지 않았다고 주장하여, 나지안주스의 그레고리우스와 니사의 그레고리우스, 테오도루스의 반박을 받았다.

아프라하트(270년경~345년, ♣337~345년) '페르시아의 현인' 아프라하트는 시리아어로 작품을 남긴 최초의 인물로, 아프라테스라는 그리스어 이름으로도 알려져 있다.

베자의 아프링기우스(6세기 중엽) 이베리아반도 베자의 주교이자 성경 주석가. 티코니우스의 영향을 많이 받았다. 그의 묵시록 라틴어 주해 가운데 두 부분이 남아 있다.

안드레아스(7세기경) 수도승. 고대 저술가들의 주해서를 집대성하여 『성경 주해 선집』을 편찬했다.

카이사리아의 안드레아스(이른 6세기) 카파도키아 수도 카이사리아의 주교. 묵시록을 그리스어로 가장 일찍 주해한 인물 가운데 한 명이며 묵시록 저자의 영감을 변론했다.

크레타의 안드레아스(660년경~740년) 찬가, 특히 콘타키아를 대체한 유형으로 그가 창작하였다고 하는 전칙곡典則曲으로 잘 알려진 크레타의 주교. 아직도 동방교회에서 사용되는 그의 많은 전칙곡과 설교가 남아 있다. 초기 성화상 논쟁에서 그는 성화 공경을 옹호한 인물로 알려져 있다.

대 안토니우스(251년경~355년) 이집트 사막에서 은수 생활을 한 독수도승. 수도 제도의 창시자로 유명하다. 아타나시우스가 그를 수도생활의 이상적 인물로 평가하여, 훗날 그리스도교 성인전의 귀감이 되었다.

알렉산드리아의 알렉산더(♣312~328년) 알렉산드리아의 주교이자 아타나시우스의 선임자. 아리우스 논쟁 초기에 아타나시우스에게 신학적으로 상당한 영향력을 미쳤다. 자신이 바우칼리스 교회의 사제로 임명한 아리우스를 319년 파문했다. 성자는 시대가 생기기 전에 태어났으며, 성부와 성자가 거룩한 실체로 일치한다(동일본질)는 그의 학설은 마침내 니케아 공의회에서 승인되었다.

암모나스(4세기) 대 안토니우스의 제자이며 이집트의 피스피르에 있는 독수도승 거주지에 살았으며, 355년 안토니우스가 죽은 뒤 이곳 거주지의 지도자가 되었다. 그는 아타나시우스에 의해 알려지지 않은 소도시의 주교로 서임되었으며 396년 이전에 죽었다. 편지 14통과 『사부들의 금언집』의 금언 11편이 그의 것으로 여겨지지만 확실하지는 않다.

암모니우스(460년경) 아리스토텔레스 작품의 주석가이자 알렉산드리아에서 교사로 활동. 알렉산드리아에서 태어나 그곳 학교의 책임자가 되었다. 플라톤 작품의 주석가로 당시 상당한 명성을 누렸지만, 오늘날 비평가들은 그의 글이 현학적이고 진부하다고 비판한다.

암브로시아스테르(♣366년경~384년) 에라스무스는, 한때 암브로시우스가 저술하였다고 여긴 작품을 암브로시아스테르가 썼다고 보았다.

밀라노의 암브로시우스(339년경~397년, ♣374~397년) 밀라노의 주교이자 아우구스티누스의 스승. 성령의 신성과 마리아의 영원한 동정성을 변론했다.

이코니움의 암필로키우스(340/46년경~403년 이전) 373년 이코니움의 주교가 되기 전에 콘스탄티노플에서 연설가로 활동. 나지안주스의 그레고리우스와 사촌간으로, 마케도니우스파와 메살리아파에 관련된 논쟁에 적극적으로 관여했다.

니시비스의 야코부스(♣308~325년, †338년) 니시비스의 주교. 325년 니케아 공의회에 참석하였으며, 아리우스를 논박하는 데 지대한 공헌을 했다.

사루그의 야코부스(450년경~520년경) 시리아 교회의 저술가. 에데사에서 공부했고, 만년에 사루그의 주교로 서품되었다. 일련의 운문 강해로 구성된 주저 때문에 '성령의 피리'라는 덧이름이 붙여졌다. 그의 신학적 견해는 불확실하지만, 중용적 단성설에 가까운 입장을 표명한 듯하다.

폰투스의 에바그리우스(345년경~399년, ♣382~399년) 늦은 4세기, 이집트와 팔레스티나 수도 영성에 철저히 동화하고 이를 독창적으로 전한 수덕 생활의 스승. 작품 속에 등장하는 오리게네스와의 관련 요소들은 제5차 세계 공의회(553년 제2차 콘스탄티노플 공의회)에서 공식적으로 단죄받았지만, 그의 문학작품은 교회 전통에 꾸준한 영향을 미쳤다.

에우기피우스(460년경~533년경) 세베리누스의 제자이며 카스트룸 루쿨라눔 수도 공동체의 제3대 수도원장. 이 수도 공동체는 야만족이 침입했을 때 노리쿰에서 피신한 이들로 이루어졌다.

에우노미우스(♣360~394년) 키지쿠스의 주교. 성부와 성자 가운데 한 분은 태어나지 않으셨고 한 분은 태어나셨기 때문에 서로 다른 본성을 지닌다고 주장했다. 바실리우스와 니사의 그레고리우스는 이 학설을 논박했다.

갈리아의 에우세비우스(5세기경) 7세기에 개정된 76편의 설교 모음집 저자. 전례력을 배경으로 윤리적 가르침에 초점을 맞춘 모음집에는 교부 시대 다른 저자들의 자료도 수록되어 있다.

베르첼리의 에우세비우스(♣360년경) 베르첼리의 주교. 니케아 공의회에서 삼위일체 교의가 서방이 주장하는 절충안으로 파기될 위험에 처하자, 이 교의를 지지했다.

에메사의 에우세비우스(300년경~359년경) 에메사의 주교. 성경 주석가이자 교의 저술가. 스승인 카이사리아의 에우세비우스를 좇아 절충주의적 아리우스파의 경향을 나타냈다.

카이사리아의 에우세비우스(260/63년경~340년, ♣315년경~340년) 카이사리아의 주교. 콘스탄티누스 황제의 추종자이자 최초의 교회사가. 복음의 진리가 이교 작품에서 예시되었다고 주장했다. 그러나 아리우스의 견해에 동조한다는 의혹을 받고 자신의 학설을 변론해야 했다.

안티오키아의 에우스타티우스(♣325년) 베로이아의 첫 주교였으며 안티오키아 주교 시절에는 니케아 공의회의 반아리우스파 지도자 중 한 명으로 활동했다. 훗날에 니케아 신학을 지지하여 트리키아로 추방되었다.

리옹의 에우케리우스(♣420~449년, ⚜435년경~449년) 리옹의 주교. 귀족 가문 출신. 가족을 데리고 레렝스 수도원에 들어갔다. 어려운 성경 구절을 문자적 · 도덕적 · 영적 삼중 의미로 해석했다.

에우티미우스(377~473년) 멜리테네 출신으로 당시 상당한 영향력을 행사한 수도승. 멜리테네의 주교 오트레이우스에게 사사. 오트레이우스는 에우티미우스에게 사제품을 주고, 자기 교구의 모든 수도원을 관리하게 했다. 칼케돈 공의회(451년)가 에우티케스의 유설을 단죄했을 때, 동방 은수자 대부분이 그 교령을 받아들인 것은 에우티미우스의 권위 있는 영향력 때문이었다. 에우독시아 황후는 그의 노력으로 칼케돈의 정통신앙으로 돌아섰다.

콜브의 에즈니크(♣430~450년) 그리스어 성경을 아르메니아어로 번역한 메스로프의 제자. 번역에 사용된 아르메니아어는 고전 아르메니아어의 전형이 되었다. 에즈니크는 주교로 아쉬티샤트 교회회의(449년)에 참석했다.

시리아인 에프렘(306년경~373년, ♣363~373년) 주해서를 쓰고 찬가를 지은 시리아 저술가. 그가 지은 찬가들은 때로 단테 이전에 나온 그리스도교 시 가운데 가장 뛰어난 작품의 전형으로 여겨진다.

라틴인 에피파니우스(늦은 5세기~이른 6세기) 초기 교부 시대 주해가들을 중심으로『복음서 주해』를 저술했다. 베네벤토 또는 세비야의 주교로 재임한 것 같다.

살라미스의 에피파니우스(315년경~403년) 키프로스섬 살라미스의 주교. 이단 80개를 논박하는 작품(『약상자』)을 저술하여 오리게네스를 이단자로 단죄하는 실마리를 제공했다.

엔노디우스(473년경~521년, ✤513~521년) 파비아의 주교. 편지와 시, 전기 등 여러 장르에서 다작을 남긴 저술가. 로마와 콘스탄티노플의 아카키우스 사이에 일어난 분열을 수습하고자 애썼으며, 세속 권력의 도전에 직면한 교황의 자치권을 지지했다.

영지주의자 바실리데스, 마르키온, 발렌티누스, 마니 등의 추종자들을 일컬음. 물질은 악이나 무지한 창조주가 영을 위해 만든 감옥이며, 구원은 자유의지가 아니라 은총에 의존한다고 주장했다.

알렉산드리아의 오리게네스(185년경~254년경, ♣200년경~254년경) 탁월한 성경 주석가이자 조직신학자. 영혼의 선재를 주장하고 육체의 부활을 부인하여 단죄되었다. 폭넓은 성경 주석은 본문의 영적 의미에 초점을 맞추었다.

오이쿠메니우스(6세기) 수사학자이자 철학자. 현존 최고最古의 그리스어 묵시록 주해서를 저술했다. 요한 크리소스토무스가 주해한 바오로 서간을 재강해한 작품은 아직도 남아 있다.

올림피오도루스(이른 6세기) 알렉산드리아에서 활동한 성경 주석가이자 부제. 그의 주해서들은 대부분『성경 주해 선집』을 통해 전해지고 있다.

왈라프리두스 스트라보(808~849년) 프랑크족 수도승이자 저술가, 라바누스 마우루스의 제자. 왈라프리두스는 838년 라이케나우 수도원의 대수도원장이 되었지만, 그가 충성한 경건왕 루이의 아들 가운데 하나가 라이케나우를 침략한 840년 추방되었다가 842년 복권되고 849년 사망했다. 시집과 성경 주해서, 성인들의 생애와 전례를 역사적으로 설명한 작품들을 남겼다. 중세의 저술가에 속하지만 작품들은 중세 초기의 사상을 반영한다.

요세푸스, 플라비우스(37년경~101년경) 저명한 사제 가문 출신의 유대인 역사가. 에세네와 사두가이에 정통했지만 바리사이가 되었다. 66년에 일어난 대규모의 유대인 봉기(제1차 유대 독립 전쟁)에 참여하였으며, 예루살렘의 산헤드린(최고 의회)에서 갈릴래아 총사령관으로 선출되었다. 베스파시아누스가 승진하고 그의 아들 티투스가 황제가 되리라 예언함으로써, 베스파시아누스의 환심을 사는 약삭빠른 행동을 취했다. 베스파시아누스가 황제가 된 69년 이후에 석방되었다.

노(老) 요한(8세기경) 시리아의 저술가. 동방교회의 수도 집단에 속하였으며, 카르두(이라크 북부) 지역에 살았다. 주저로는 강해 22편과 단편으로 이루어진 편지 모음집 51편이 있다. 모음집에서 그는 신비적인 삶이란 부활의 삶을 예기하는 체험이며 세례성사와 성체성사의 열매로 서술한다.

다마스쿠스의 요한(650년경~750년) 아랍 출신의 수도승이자 신학자. 그의 작품들은 동방과 서방 교회에 지대한 영향을 미쳤다. 가장 유명한 작품은 『신앙 해설』이다.

수도승 요한 『메나이온 축일』에 나오는 전통적인 이름으로 다마스쿠스의 요한을 가리키는 것으로 생각된다(☞ 다마스쿠스의 요한).

아파메아의 요한(5세기) 의전가儀典家 요한으로도 알려진 시리아의 저술가로 영성 생활의 여러 관점에 대한 글을 썼다. 대화 형식의 저서 외에도 편지와 세례에 관한 논고, 기도와 침묵에 관한 단편 작품들이 전해 온다.

안티오키아의 요한(†441/42년) 429년부터 안티오키아의 주교로 재임. 안티오키아 인근 수도원에서 네스토리우스와 몹수에스티아의 테오도루스와 함께 교육받았다. 네스토리우스의 지지자로 알렉산드리아의 키릴루스를 단죄했지만 훗날 타협하여 연합 정식에 합의했다.

카르파투스의 요한(7~8세기경) 크레타와 로두스 사이에 자리한 카르파투스섬 출신의 주교인 요한은 680/81년에 열린 교회회의에 참석했다. 그는 '100개의 단상'(Centuria: 동방 영성에서 100개의 짧은 단락 또는 토막글로 이루어진 문학 유형) 두 편을 저술했는데, 『필로칼리아』에 수록된 『인도의 수도승들에게 보낸 권고』와 『신학적 · 영지적 단상』이 그것이다.

요한 카시아누스(360년경~432년) 『규정집』과 『담화집』을 통해 영성 생활의 본질을 다룬 이집트 수도 교부들의 가르침을 전했다. 두 작품은 서방 수도 제도를 발전시키는 데 큰 영향을 미쳤다.

요한 크리소스토무스(344/54~407년, ♣386~407년) 콘스탄티노플의 주교. 정통신앙을 지킨 인물로 유명하며, 언변이 뛰어났고, 그리스도인의 방종을 날카롭게 비판했다.

위-디오니시우스(482~532년경, ♣500년경) 사도행전 17장 34절에 언급되는 아레오파고스 의회 의원인 디오니시우스의 이름으로 불리는 저자. 『아레오파기타 전집』(『디오니시우스 전집』)으로 알려진 작품들을 썼다. 이 저서들은, 참으로 어느 것도 하느님의 속성을 나타낼 수 없다는 점에서 신비주의적 부정신학 학파의 토대가 되었다.

위-마카리우스(♣390년경) 안티오키아에서 활동한(메소포타미아 출신의?) 상상력이 풍부한 익명의 저술가이자 수덕가. 부정확하게 편집된 그의 작품들은 이집트의 마카리우스의 저서로 여겨졌다. 그는 인간의 본성과 기도, 내적 생활에 관해 예리한 통찰력으로 삼위일체 신학을 명확히 표현했다. 그의 작품은 대략 100편의 설교와 강해에 이른다.

『위-클레멘스서』(3~4세기) 로마의 클레멘스 생애와 관련된 일련의 외경서. 마법사 시몬과 맞서는 이야기를 비롯, 로마의 클레멘스 생애에서 끌어낸 이야기들을 상상력을 동원하여 대중적 성인전 형식으로 쓴 이 작품은 그리스도교의 가르침을 설명한다. 영지주의와 유대계 그리스도인의 여러 저서를 본떠 지었을 가능성이 있다. 정확한 저술 연도 미상.

순교자 유스티누스(100/10년경~165년, ♣148년경~161년) '틀림없고 가치 있는 철학'인 그리스도교로 개종한 팔레스티나 출신의 철학자. 로마에서 활동하였으며, 그리스철학과 그리스도교 신학을 결합시키며 이교인과 유대인들의 견해를 논박하는 여러 호교서를 저술했으며 순교했다.

아리우스파 율리아누스(♣4세기 중엽) 안티오키아에서 『욥기 주해』를 저술했으며, 아에티우스와 에우노미우스의 추종자였다. 『85항의 사도 규범』과 『사도 헌장』의 일부, 위-이그나티우스의 작품들이 한때 그의 글로 여겨졌다.

에클라눔의 율리아누스(385년경~455년 이후) 416/17년에 에클라눔의 주교가 되었으나, 펠라기우스주의를 단죄하는 데 서명하지 않았다 하여 419년 면직 · 추방되었다. 추방된 율리아누스를 몹수에스티아의 테오도루스가 받아들였다. 율리아누스는 테오도루스의 안티오키아 성경 주석 방법을 따랐다. 성직에 복귀할 수는 없었지만 죽을 때까지 시칠리아에서 가르쳤다. 작품으로는 욥기와 소예언서의 일부를 다룬 주해, 몹수에스티아의 테오도루스의 시편 주해 번역, 편지 여러 통이 있다. 펠라기우스의 견해에 공감한 율리아누스는 자신의 지적 통찰력과 수사학적 교육을 아우구스티누스가 주장하는 자유의지와 욕망, 악의 자리 같은 문제를 논박하는 데 사용했다.

안티오키아의 이그나티우스(35년경~107/12년경 또는 105년 이전~135년경) 안티오키아의 주교. 안티오키아에서 처형지 로마로 압송되어 가던 길에 여러 지역교회에 보내는 편지를 썼다. 편지를 통해 이단을 경고하고, 정통 그리스도론과 성찬의 중요성, 교회 일치를 보존해야 하는 주교의 독특한 역할을 강조한다.

리옹의 이레네우스(135년경~202년경, ♣180~199년) 리옹의 주교. 영지주의 사상을 논박하는, 저명하고 영향력 있는 작품을 저술했다.

니네베의 이사악(†700년경) 시리아인 이사악이라고도 불리는 수도승 저술가. 은수 생활을 하기 전 한동안 니네베 주교로 봉직했다. 수도생활을 주제로 한 그의 글은 수많은 강해 형태로 남아 있다.

스케티스의 이사야스(†491년) 여러 수덕서의 저자. 이 저서들은 그가 죽은 뒤 『수덕집』에 수록되었다. 이 저서는 동방 그리스도교 금욕주의와 영성 발전에 많은 영향을 미쳤다.

메르브의 이쇼다드(†852년 이후) 헤다타의 네스토리우스파 주교. 시리아 교부들을 자주 인용하며 구약성경의 일부 작품과 신약성경의 많은 작품, 특히 야고보 서간과 베드로의 첫째 서간, 요한의 첫째 서간을 주해하였다.

세비야의 이시도루스(560년경~636년) 누이 플로렌티나, 형 레안데르와 풀겐티우스 등 수도승과 성직자를 여럿 배출한 집안의 막내로, 백과사전적 작품인 『어원』을 비롯하여 종교 문제뿐 아니라 세속 문제까지도 두루 다룬 박학한 저술가였다.

카시아(805년경, 848/67년경) 콘스탄티노플에 수녀원을 세운 수녀이자 시인, 찬가 작가.

카시오도루스(485년경~580년경) 서방 수도 제도의 창시자. 카시오도루스는 칼라브리아 지방에 있는 자신의 영지에 비바리움 수도원을 설립했다. 수도원의 수도승들은 종교적이고 세속적인 고전 그리스 · 라틴 문헌을 필사하였으며, 이들 문헌을 중세에 전해 주기 위해 보존했다. 작품으로는 뛰어난 가치가 있는 역사서와 그리 유용하지 않은 주해서들이 있다.

아를의 카이사리우스(470년경~543년) 사목직을 수행하는 데 따르기 마련인 어려움에 잘 대처한 아를의 유명한 주교. 남아 있는 그의 작품들 가운데 가장 중요한 작품은 다양한 청중에게 그리스도교

교의를 설교한 설교 모음집 238편이다.

로마의 **칼리스투스**(✠217~222년) 사벨리우스를 이단자로 단죄한 교황으로, 순교했음이 분명하다.

마이우마의 **코스마스**(675년경~751년경) 다마스쿠스의 요한의 양자이며 이른 8세기에 코스마스 수도승에게서 교육을 받았다. 예루살렘 근처에 있는 성 사바스 수도원에 들어갔으며, 735년 가자 근처 마이우마의 주교가 되었다. 가인歌人으로서의 그의 재능은 그리스도교 축일을 축하하며 작곡한 전칙곡典則曲으로 잘 알려져 있다. 가인 코스마스라고도 불린다.

**콤모디아누스**(3세기경 또는 5세기) 출생지 미상(시리아인?)의 라틴 시인. 남아 있는 두 작품은 천년왕국설과 성부수난설 경향을 보이며, 묵시록과 그리스도교 호교론에 초점을 맞추고 있다.

**쿠오드불트데우스**(♣430년) 카르타고의 주교이자 아우구스티누스의 친구. 구약성경의 예언이 신약성경에서 어떻게 성취되었는지 상세히 제시하려고 했다.

아퀼레이아의 **크로마티우스**(♣400년) 아퀼레이아의 주교. 루피누스와 히에로니무스의 친구로, 여러 논문과 설교를 남겼다.

로마의 **클레멘스**(✠92년경~101년) 제3대 교황. 클레멘스가 쓴 『코린토 신자들에게 보낸 첫째 편지 = 클레멘스의 첫째 편지』는 사도 시대 이후의 가장 중요한 문헌 가운데 하나로 손꼽힌다.

알렉산드리아의 **클레멘스**(150년경~215년, ♣190~215년) 이교에서 개종하였으며 수준 높은 교육을 받은 그리스도인. 알렉산드리아의 교리교육 학교 책임자였으며, 그리스도교 학문을 꽃피운 선구자다. 『권고』, 『교육자』, 『양탄자』는 당시의 사상과 교육에 맞서 그리스도교 교의를 제시한다.

**『클레멘스의 둘째 편지』**(150년경) 현존하는 그리스도교 설교 가운데 가장 오래된 작품으로, 저자는 코린토 출신으로 추정된다. 저자가 로마나 알렉산드리아 출신이라고 주장하는 학자들도 있다.

스키토폴리스의 **키릴루스**(525년경~557년 이후, ♣550년경) 팔레스티나의 수도승. 팔레스티나의 저명 수도승들의 생애를 그가 저술한 덕분에 5~6세기 수도생활의 진상이 정확히 알려졌으며, 6세기 중엽 오리게네스파가 처한 위기와 탄압에 대해서도 알 수 있게 되었다.

알렉산드리아의 **키릴루스**(375~444년, ♣412~444년) 알렉산드리아의 총대주교. 그리스도 두 본성의 일치를 강력히 주장하였으며, 431년에 열린 에페소 공의회에서 네스토리우스를 단죄하는 데 주도적 역할을 했다.

예루살렘의 **키릴루스**(315년경~386년, ♣348년경) 350년 이후 예루살렘의 주교로 재임했다. 『예비신자 교리교육』을 썼다.

카르타고의 **키프리아누스**(♣248~258년) 카르타고의 주교이자 순교자. 열교자들과 이단자들이 베푼 세례는 유효하지 않다고 주장했다.

**테르툴리아누스**(155/60년경~225/50년, ♣197년경~222년) 카르타고 출신의 뛰어난 호교가이자 논객. 서방에서 그리스도론과 삼위일체에 관한 정통신앙의 토대를 마련했다. 그러나 모교회가 도덕적으로 느슨해졌다고 여겨 모교회를 떠나 몬타누스파에 들어갔다.

키루스의 **테오도레투스**(393년경~460년, ♣423~460년) 키루스의 주교. 그리스도론 논쟁에서 키릴루스의 적

수였다. 그리스도의 위격에 관한 그의 학설은 칼케돈 공의회(451년)에서 정당성이 입증되었다. 안티오키아 주석에 바탕을 두고 성경을 쉽게 해설하였으며, 구약성경 대부분을 주해했다.

몹수에스티아의 테오도루스(350년경~428년) 몹수에스티아의 주교이자 문자적 의미를 강조한 안티오키아 성경 주석학파의 창시자. 후대에 네스토리우스의 효시로 여겨져 단죄되었다.

타벤네시의 테오도루스(†368년) 호르시에시우스가 파코미우스 수도원의 수도원장으로 활동할 당시 부원장으로 활동했다(350년경~368년). 그가 쓴 여러 통의 편지가 전해진다. 서방 그리스도교의 화해에 힘썼으나 세르디카 교회회의(343년)에서 파문되었다. 성경의 문자적 해석에 초점을 맞춘 저서들을 남겼다.

헤라클레아의 테오도루스(♣330년경~355년) 트라키아의 반反니케아파 주교. 동 · 서방 그리스도교의 화해에 힘썼으나 세르디카 교회회의(343년)에서 파문되었다. 성경의 문자적 해석에 초점을 맞춘 저서들을 남겼다.

테오도투스(발렌티누스파)(2세기) 알렉산드리아학파와 관련된 몬타누스파 인물인 듯하다. 그의 작품에서 발췌한 글들은 알렉산드리아의 클레멘스의 저서를 통해 널리 알려졌다.

테오파네스(775~845년) 찬가 작가이자 니케아의 주교(842~845년). 제7차 세계 공의회(787년 제2차 니케아 공의회)의 입장을 지지하다가 둘째 성화상 파괴 논쟁 시기에 박해를 받았다. 마르 사바 수도원의 전통에 따라 많은 찬가를 썼다.

오리드의 테오필락투스(1050/60년경~1125/26년) 오리드(아크리다, 현 불가리아)의 대주교. 저술 활동 초기에 구약성경의 여러 책과 묵시록을 제외한 신약성경의 모든 작품을 주해했다.

안티오키아의 테오필루스(늦은 2세기경) 안티오키아의 주교. 남아 있는 작품으로는 『아우톨리쿠스에게』가 유일하다. 이 작품에 그리스도교 최초의 창세기 주해가 등장하며, 삼위일체라는 용어도 처음 사용했다. 그의 호교 문학적 유산은 이레네우스와 테르툴리아누스에게 영향을 끼친 듯하다.

알렉산드리아의 테오필루스(†412년) 알렉산드리아의 총대주교(385~412년)였으며 그의 후계자 키릴루스의 삼촌. 그는 이교 신앙을 적극 배척했으며, 391년 세라페이온과 그곳의 도서관을 파괴하는 한편 많은 교회를 세웠다. 그는 신학적 적대자들, 특히 요한 크리소스토무스에 대한 정치적 음모로도 유명하다. 그는 요한 크리소스토무스를 총대주교로 서품했지만 궁극적으로 요한을 총대주교좌에서 물러나게 했으며, 안티오키아 그리스도인들에게 상당한 혐오의 대상이 되었지만 콥트인과 시리아인에게서는 존경받았다. 많은 설교가 남아 있지만 몇 편만 그가 쓴 것으로 여겨진다. 최후의 만찬에 관해 풀이한 『신비로운 만찬에 관한 강해』가 유명하다.

티코니우스(330년경~390년) 아우구스티누스에 영향을 미친 도나투스파 교회의 평신도 신학자이며 성경 주석가. 그의 저서 『규칙서』는 성경 해석에 관한 서방교회 최초의 입문서이다. 380년 카르타고에서 열린 도나투스파 교회회의에서 파문되었다.

두미움의 파스카시우스(515년경~580년경) 두미움의 수도승일 때 그리스어로 쓰인 『사막 교부들의 금언집』을 라틴어로 번역했다.

파스티디우스(4~5세기경) 『그리스도인의 삶』을 쓴 브리타니아 출신의 저술가. 펠라기우스의 작품으로 전해진 저서 몇 편을 남겼다.

리에의 파우스투스(410년경~495년경) 브리타니아 출신으로 레렝스 수도원의 유명한 수도승이자 수도원장. 457년부터 죽을 때까지 리에의 주교로 재임했다. 『성령론』에서는 마케도니우스파에 반대하여 성령의 신성을 변론하였으며, 『은총론』에서는 구원과 관련하여 자유의지와 예정에 관해 제기된 여러 단언적 관점을 중용적 입장에서 다루었다. 여러 통의 편지와 필명의 설교들이 남아 있다.

로마의 파우스티누스(♣380년) 로마의 사제이자 루키페르의 지지자. 삼위일체에 관한 논문이 있다.

파울루스 오로시우스(★380년경) 펠라기우스를 노골적으로 비판했다. 『이교인 반박 역사』는 그리스도교의 역사를 다룬 첫 작품으로 추정된다.

놀라의 파울리누스(355~431년, ♣389~396년) 로마 원로원 의원이며 저명한 라틴 시인. 밀라노의 암브로시우스와 자주 만나면서 개종하여 389년에 마침내 세례를 받았다. 부와 영향력 있는 지위를 포기하고 펜을 들어 그리스도를 섬기는 시를 썼다. 아우구스티누스와 히에로니무스, 루피누스를 비롯한 많은 사람과 편지를 주고받았다.

밀라노의 파울리누스(늦은 4세기~이른 5세기) 밀라노의 암브로시우스의 개인 비서이자 전기 작가. 펠라기우스 논쟁에 관여했다.

파코미우스(292년경~347년) 공주 수도 제도의 창시자. 탁월한 재능을 타고난 지도자이자 수도 규칙서의 저자. 그가 죽은 뒤 알렉산드리아의 아타나시우스는 그의 견해를 지지했다.

헤르미아네의 파쿤두스(♣546~568년) 아프리카의 주교. 제5차 세계 공의회에서 유스티니아누스 황제가 몹수에스티아의 테오도루스와 키루스의 테오도레투스, 에데사의 이바스를 사후에 단죄하는 것에 반대했다. 선대 신학자들의 잘못을 비난하거나 책임을 물어서는 안 된다는 취지로 『삼두서 변론』을 썼다. 그는 칼케돈 공의회 전통에 머물렀지만 그의 그리스도론은 유스티니아누스의 결정에 따라, 삼위 가운데 한 위격만 고난받으셨다는 성부수난설 정식으로 보완되었다.

바르셀로나의 파키아누스(4세기) 바르셀로나의 주교. 이교인 대중 축제뿐 아니라 노바티아누스의 분열을 논박했다.

파테리우스(6~7세기) 대 그레고리우스의 제자. 그레고리우스의 작품들을 중세 저술가들에게 전했다.

파트리키우스(†492년) 아일랜드 사도로 알려진 성인. 브리타니아에서 태어났으며, 16세에 해적에 의해 납치되어 아일랜드로 끌려갔으며 그곳에서 목자로 활동하였다. 후에 브리타니아로 돌아와 갈리아에서 교육을 받았다. 전통에 따르면 그는 432년 주교로 서임되었으며 북아일랜드로 돌아와 그곳에서 복음을 설교했다. 그의 주교좌는 아일랜드를 경유하는 대륙 선교의 전초지인 아마Armagh였다. 남아 있는 그의 두 작품은 『코로티쿠스의 군인들에게 보낸 편지』와 생애 말기에 쓰인 『고백』이다. 축일은 3월 17일.

헬레노폴리스의 팔라디우스(364/65~431년 이전, ♣399~420년) 비티니아 헬레노폴리스의 주교(400~417년).

그 뒤 갈라티아 지방 아스푸나의 주교가 되었다. 폰투스의 에바그리우스의 제자이자 오리게네스 찬양자이고 요한 크리소스토무스의 열렬한 지지자였다. 요한이 403년 주교직을 박탈당했을 때 그와 고통을 함께했다. 초기 수도 제도사를 다룬 주요 문헌『라우수스에게 바친 수도승 이야기』는 사막 생활의 영적 가치를 강조한다.『성 요한 크리소스토무스의 생애에 관한 대화』도 자신이 수년 동안 수도승으로 체험한 사막 생활의 영적 가치를 다룬 교화서다.

알렉산드리아의 페트루스(†311년경) 알렉산드리아의 주교. 알렉산드리아에서 오리게네스의 극단적인 교의에 처음으로 반응을 보였다. 페트루스는 그리스도인들이 알렉산드리아에서 박해받을 때 함께 체포되어 로마 관리들에게 참수되었다. 카이사리아의 에우세비우스는 그를 '전형적인 주교, 고결한 삶을 영위하고 성경을 열성적으로 연구한 뛰어난 주교'로 묘사했다.

페트루스 크리솔로구스(380년경~450년) 라벤나의 대주교.『설교집』에서 교황의 수위권, 은총과 그리스도인의 삶을 논했다.

펠라기우스(350/54년경~420/25년경) 아우구스티누스와 같은 시대의 인물. 그의 추종자들은, 그리스도 이전에도 전혀 죄를 짓지 않고 산 사람들이 있었으며 구원은 자유의지에 달려 있다고 주장하여 418년과 431년에 단죄되었다.

포시디우스(370년경~437년) 390/391년부터 히포에 있는 아우구스티누스의 수도 공동체의 일원이었으며, 397년 누미디아에 있는 칼라마의 주교로 서임되었다. 그는 반달족이 428년 칼라마를 침입하자 히포로 피신하였다. 430년 아우구스티누스가 죽은 뒤 칼라마로 돌아왔으나 437년 아리우스를 추종한 반달족 왕 겐세리쿠스에 의해 추방되었다. 이후 그에 관해 알려진 것은 전혀 없다. 432년과 437년 사이에『아우구스티누스의 생애』를 썼으며 여기에 아우구스티누스의 저서, 설교, 편지 목록을 곁들였다.

포이멘(5세기)『사막 사부들의 금언집』에 나오는 담화의 7분의 1은, 그리스어로 '목자'를 뜻하는 포이멘에 관한 글이다. '포이멘'이라는 용어는 초기 이집트 사막의 수덕자를 가리키는 일반 명칭이었으며, 모든 금언이 한 사람에게서 유래하였는지는 밝혀지지 않았다.

리스본의 포타미우스(♣350년경~360년) 리스본의 주교. 357년에 아리우스파의 견해에 동조하였지만 후에 가톨릭 신앙으로 되돌아왔다(359년경?). 두 시기에 쓰인 그의 작품들은 당시 광범위하게 일어난 삼위일체 논쟁과 관련이 있다.

포티우스(810/20년경~891년경) 철학 · 수학 · 신학 교수로도 활동한 비잔틴교회의 성직자. 858년 이그나티우스의 뒤를 이어 콘스탄티노플의 총대주교가 되었고, 863년 이그나티우스의 복직으로 자리에서 물러났다. 그 후 다시 이그나티우스의 후계자가 되어 878년부터 886년까지 총대주교로 활동하다가 레오 6세에 의해 면직되었다. 가장 중요한 작품『성령의 신비』에서 그는 아버지와 아들에게서 성령이 발한다는 서방의 '필리오퀘' 해석에 명백한 반대 입장을 취했다.『암필로키아』와『저서 평론』의 저자로도 유명하다.

스미르나의 폴리카르푸스(69년경~155년) 마르키온파와 발렌티누스파 같은 이단자들에 대해 격렬히 투쟁한 스미르나의 주교. 2세기 중엽 아시아 지방에서 그리스도교를 주도적으로 이끈 인물이다.

루스페의 풀겐티우스(467년경~532년) 루스페의 주교. 아우구스티누스의 영향을 받아 정통신앙과 관련하여 많은 설교와 논고를 남겼다.

아퀴타니아의 프로스페루스(390년경~455년 이후) 평신도 수도승으로, 은총과 예정에 관한 아우구스티누스의 신학을 지지했다. 육화의 신학에 관한 교훈시를 여러 편 써서 이단자 마르키온과 이교의 부활을 반박했다.

가자의 프로코피우스(465년경~530년) 알렉산드리아에서 수학한 성경 주석가. 많은 신학 작품과 성경 주해서(특히 히브리어 성경)를 저술하였다. 알렉산드리아학파에 친숙한 우의적 해석이 두드러진다.

콘스탄티노플의 프로클루스(390년경~446년) 콘스탄티노플의 총대주교(434~446년). 그는 네스토리우스 논쟁을 다룬 『아르메니아 신자들에게 보낸 서책』에서 몹수에스티아의 테오도루스가 그리스도의 두 본성을 극단적으로 분리하였다고 생각하여 그의 그리스도론을 논박했다. 프로클루스는 "수난받은 삼위의 한 위격"이라는 정식에서 그리스도의 일치를 강조했다. 이 정식은 6세기에 스키티아 수도승들에 의해 퍼져 성부수난설 논쟁으로 이어졌다. 프로클루스는 타고난 설교가와 교회 정치가로 유명하며, 안티오키아와 로마, 알렉산드리아와 충돌을 피하면서 콘스탄티노플의 영향 범위를 넓혔다.

프루덴티우스(349년경~405년 이후) 라틴 시인이며 찬가 작가. 생애 말기에 그리스도교 저술에 헌신했다. 마르키온의 이단적 내용, 이교인의 신앙과 관습이 되살아나는 것을 논박하는, 육화 신학에 관한 교훈적인 시 여러 편을 썼다.

브라가의 프룩투오수스(†665년경) 군인 귀족 가문 출신인 고트족 장군의 아들. 어린 나이에 수도승이 된 후 수도원장을 거쳐, 650년 이전에 두미움의 주교, 656년에는 브라가의 수석대주교가 되었다. 루시타니아, 아스투리카, 갈리키아, 가데스섬 등에 수도 공동체를 세우는 데 공헌했다.

프리마시우스(♣550~560년) 북아프리카 하드루메툼의 주교로, 삼장 단죄에 찬성한 소수의 아프리카인들 가운데 한 명. 아우구스티누스와 티코니우스의 우의적 해석 방법을 기초로 저술한 『묵시록 주해』에서 그는 개인의 임무가 교회의 역사와 관련된다고 논변했다.

샬롱쉬르손의 플라비아누스(♣580~600년) 프랑스 부르고뉴 지방에 자리한 샬롱쉬르손의 주교. 그의 찬가 『주님의 만찬에서의 명령 시구』*Versus ad Mandatum in coena Domini*는 프랑스의 여러 수도원에서 성목요일 세족례 다음에 암송되었다.

피르미쿠스 마테르누스(♣335년경) 반이교인 호교가. 그리스도교로 개종하기 전 점성술에 관한 책을 저술했다(334~337년). 그러나 개종 뒤에는 『이교의 오류』에서 이교인의 신앙과 관습을 비판했다.

브레시아의 필라스트리우스(♣380년) 브레시아의 주교. 모든 이단을 논박하는 글을 편찬했다.

마부그의 필록세누스(440년경~523년) 마부그(히에라폴리스)의 주교이자 초기 시리아 정통 교회를 주도적으로 이끈 사상가. 시리아어로 쓰인 다양한 유형의 작품으로는 『그리스도인의 삶에 관한 대화 13편』과 육화에 관한 저서 몇 편, 다수의 성경 주해서가 있다.

알렉산드리아의 필론(기원전 20년경~기원후 50년경) 교부들의 구약성경 해석에 상당한 영향을 미친 유대 출신의 성경 주석가. 알렉산드리아의 부유한 가정에서 태어난 그는 예수와 같은 시기에 살았으며, 수덕 생활과 관상 생활을 했다. 따라서 랍비로 대우받기도 한 그의 성경 해석은 원문 어구에 충실한 영적 의미에 바탕을 두었다. 헬레니즘에 영향을 받았지만 필론의 신학은 철저히 유대적이다.

사제 필리푸스(†455/56년) 겐나디우스는 필리푸스를 히에로니무스의 제자로 여긴다. 그의 저서 『욥기 주해』는 불가타를 사용하는데, 이는 이 번역본을 전파하는 데 중요한 역할을 한다.

헤라클레온(♣145년경~180년) 발렌티누스의 제자이며 영지주의자 교사. 아마도 요한 복음 최초의 주해서였을 그의 『요한 복음 주해』는 매우 인기 있었다. 이에 발렌티누스파 영지주의에서 개종한 암브로시우스는 신자들이 요한 복음을 더 정통신앙에 따른 방식으로 이해할 수 있도록 오리게네스에게 이 복음서를 주석할 것을 요청하였다.

예루살렘의 헤시키우스(♣412~450년) 사제이며 성경 주석가로 성경 전체를 주해했다.

호르시에시우스(305년경~390년) 남부 이집트에서 공주 수도 제도의 지도자로 활동한 파코미우스의 둘째 후계자. 파코미우스의 첫째 후계자는 페트로니우스이다.

히에로니무스(347년경~419/20년) 탁월한 성경 주석가이며 고전 라틴어 문체의 옹호자. 라틴어 성경인 불가타의 번역자로 가장 잘 알려져 있다. 마리아의 영원한 동정성을 변론하고 오리게네스와 펠라기우스를 논박하였으며, 극단적인 수덕을 실천하도록 북돋았다.

히폴리투스(189년 이전~235년, ♣222~235년) 최근 발표된 연구에 따르면, 히폴리투스는 주로 팔레스티나를 배경으로 활동하였으며 오리게네스에게 우호적이었다고 한다. 『모든 이단 반박』으로 잘 알려져 있는 그는 본디 예형론적 주석을 활용한 성경 주석가(특히 구약성경)이다.

아를의 힐라리우스(401년경~449년) 아를의 대주교이며 절충주의 펠라기우스파의 지도자로, 자신의 관할권에 있는 주교를 면직시키고 새 주교를 임명하여 교황 레오 1세의 분노를 샀다. 레오는 갈리아 교회에 대한 교황권을 내세우기 위해 아를을 대주교좌에서 주교좌로 격하시켰다.

푸아티에의 힐라리우스(315년경~367년, ♣350~367년) 푸아티에의 주교. 아리우스파에 맞서 성부와 성자가 같은 본성을 지닌 사실을 변론하였기 때문에, '서방의 아타나시우스'라고 한다.

# 원본 참고문헌

이 참고문헌은 독자들에게 원본의 출처를 제공한다. 그리스도교 그리스어 문헌의 데이터 뱅크인 Thesaurus Linguae Graecae(= TLG)와, 고대 라틴어 문헌의 데이터 뱅크인 Cetedoc Clavis(= Cl.)의 번호를 실었다. 이 참고문헌에 실린 편집본은 TLG와 Cetedoc 데이터 뱅크에 실린 편집본과 일부 다를 수 있다.


Alexander of Alexandria. *See* Theodoret of Cyr. "Historia ecclesiastica." In *Theodoret: Kirchengeschichte*. 2nd ed. Edited by L. Parmentier and F. Scheidweiler. GCS 44, pp. 1-349. Berlin: Akademie-Verlag, 1954. TLG 4089.003.

Ambrose. "De bono morris." In *Sancti Ambrosii opera*. Edited by Karl Schenkl. CSEL 32, pt. 1, pp. 701-53. Vienna, Austria: F. Tempsky; Leipzig, Germany: G. Freytag, 1897. Cl. 0129.

—. "De Cain et Abel." In *Sancti Ambrosii opera*. Edited by Karl Schenkl. CSEL 32, pt. 1, pp. 339-409. Vienna, Austria: F. Tempsky; Leipzig, Germany: G. Freytag, 1897. Cl. 0123.

—. "De excessu fratris Satyri." In *Sancti Ambrosii opera*. Edited by Otto Faller. CSEL 73, pp. 207-325. Vienna, Austria: Hoelder-Pichler-Tempsky, 1895. Cl. 0157.

—. "De fide libri v." In *Sancti Ambrosii opera*. Edited by Otto Faller. CSEL 78. Vienna, Austria: Hoelder-Pichler-Tempsky, 1962. Cl. 0150.

—. "De fuga saeculi." In *Sancti Ambrosii opera*. Edited by Karl Schenkl. CSEL 32, pt. 2, pp. 163-207. Vienna, Austria: F. Tempsky; Leipzig: G. Freytag, 1897. Cl. 0133.

—. "De Iacob et vita beata." In *Sancti Ambrosii opera*. Edited by Karl Schenkl. CSEL 32, pt. 2, pp. 3-10. Vienna, Austria: F. Tempsky; Leipzig: G. Freytag, 1897. Cl. 0130.

—. "De Interpellatione Iob et David." In *Sancti Ambrosii opera*. Edited by Karl Schenkl. CSEL 32, pt. 2, pp. 211-96. Vienna, Austria: F. Tempsky; Leipzig: G. Freytag, 1897. Cl. 0134.

—. "De mysteriis." In *Sancti Ambrosii opera*. Edited by Otto Faller. CSEL 73, pp. 87-116. Vienna, Austria: Hoelder-Pichler-Tempsky, 1955. Cl. 0155.

—. "De obitu Theodosii." In *Sancti Ambrosii opera*. Edited by Otto Faller. CSEL 73, pp. 371-401. Vienna, Austria: Hoelder-Pichler-Tempsky, 1955. Cl. 0159.

—. *De officiis ministrorum*. Edited by Maurice Testard. CCL 15. Turnhout, Belgium: Brepols, 2000.

Cl. 0144.

—. *De Paenitentia*. Edited by Roger Gryson. SC 179. Paris: Éditions du Cerf, 1971. Cl. 0156.

—. "De Paradiso." In *Sancti Ambrosii opera*. Edited by Karl Schenkl. CSEL 32, pt. l, pp. 263-336. Vienna, Austria: F. Tempsky; Leipzig, Germany: G. Freytag, 1897. Cl. 0123.

—. "De spiritu sancto." In *Sancti Ambrosii opera*. Edited by Otto Faller. CSEL 79, pp. 5-222. Vienna, Austria: Hoelder-Pichler-Tempsky, 1964. Cl. 0151.

—. "De virginibus." In *Opere II/2: Verginità e vedovanza*. Edited by F. Gori. Opera omnia di Sant' Ambrogio 14.1, pp. 100-240. Milan: Biblioteca Ambrosiana; Rome: Città nuova, 1989. Cl. 0145.

—. "De virginitate." In *Opere II/2: Verginità e vedovanza*. Edited by F. Gori. Opera omnia di Sant' Ambrogio 14.2, pp. 16-106. Milan: Biblioteca Ambrosiana; Rome: Città nuova, 1989. Cl. 0147.

—. "Epistulae extra collectionem traditae." In *Sancti Ambrosii opera*. Edited by Otto Faller and Michaela Zelzer. CSEL 82, 4 vols. Vienna, Austria: F. Tempsky; Leipzig, Germany: G. Freytag, 1968~1990. Cl. 0160.

—. "Exameron." In *Sancti Ambrosii opera*. Edited by Karl Schenkl. CSEL 32, pt. 1, pp. 1-261. Vienna, Austria: F. Tempsky; Leipzig, Germany: G. Freytag, 1897. Cl. 0123.

Ammon. "Letter of Bishop Ammon." In *Sancti Pachomii vitae Graecae*. Subsidia hagiographica 19, pp. 97-121. Edited by F. Halkin. Brussels, 1932.

"Apocalypsis Iohannis." In *Apocalypses Apocryphae*, pp. 70-94. Edited by Konstantin von Tischendorf. Hildesheim: Georg Olms, 1966.

"Apophthegmata patrum (collectio alphabetica)." In *S.P.N. Procli Archiepiscopi Constantinopolitani opera omnia*. Edited by J.-P. Migne. PG 65, cols. 72-440. Paris: Migne, 1864. TLG 2742.001.

Aphrahat. "Demonstrationes." In *Aphraatis sapientis Persae Demonstrationes*. Edited by J. Parisot. *Patrologia Syriaca* vol. 1, pt. 1, pp. 5-1050. Paris: Instituti Francici, 1894.

—. "Demonstrationes (IV)." In *Opera omnia*. Edited by R. Graffin. Patrologia Syriaca 1, cols. 137-82. Paris: Firmin-Didor, 1910.

Archelaus. "Acta disputationis cum Manete (versio Latine)." In *S.P.N. Gregorii, cognomento Thaumaturgi, opera quae reperiri potuerunt omnia*. Edited by J.-P. Migne. PG 10, cols. 1429-1528. Paris: Migne, 1857.

Arnobius Iunior. *Commentarii in Psalmos*. Edited by K.-D Daur. CCL 25.1. Turnhout, Belgium: Brepols, 1990.

Athanasius. "Apologia ad Constantium imperatorem." In *Athanase d'Alexandrie, Apologie à l'empereur Constance: Apologie pour sa fuite*. Edited by J.-M. Szymusiak. SC 56, pp. 88-132. Paris: Éditions du Cerf, 1958. TLG 2035.011.

—. "Apologia de fuga sua." In Athanase d'Alexandrie. *Apologie à l'empereur Constance: Apologie pour sa fuite*. SC 56, pp. 133-67. Paris: Éditions du Cerf, 1958. TLG 2035.012.

—. "Contra gentes." In *Contra gentes, and De incarnatione*, pp. 2-132. Edited by Robert W. Thompson. Oxford: Clarendon Press, 1971. TLG 2035.001.

—. "De decretis Nicaenae synodi." In *Athanasius Werke*. Vol. 2.1, pp. 1-45. Edited by Hans-Georg Opitz. Berlin: de Gruyter, 1940. TLG 2035.003.

—. "De incarnatione verbi." In *Sur l'incarnation du verbe*. Edited by C. Kannengiesser. SC 199, pp. 258-468. Paris: Éditions du Cerf, 1973. TLG 2035.002.

—. "Orationes tres contra Arianos." In *Opera omnia*. Edited by J.-P. Migne. PG 26, cols. 813-920. Paris: Migne, 1887. TLG 2035.042.

—. "Oratio quarta contra Arianos [Sp.]." In *Die pseudoathanasianische "IVte Rede gegen die Arianer" als "κατὰ Ἀρειανῶν λόγος" ein Apollinarisgut*, pp. 43-87. Edited by A. Stegmann. Rottenburg: Bader, 1917. TLG 2035.117.

—. "Vita sancti Antonii." In *Opera omnia*. Edited by J.-P. Migne. PG 26, cols. 835-976. Paris: Migne, 1887. TLG 2035.047.

Augustine. "Adversus Judaeos." In *Opera omnia*. Edited by J.-P. Migne. PL 42, cols. 51-64. Paris: Migne, 1861. Cl. 0315.

—. *Confessionum libri tredecim*. Edited by L. Verheijen. CCL 27. Turnhout, Belgium: Brepols, 1981. Cl. 0251.

—. "Contra Faustum." In *Sancti Aurelii Augustini opera*. Edited by Joseph Zycha. CSEL 25, pp. 249-797. Vienna, Austria: F. Tempsky; Leipzig, Germany: G. Freytag, 1891. Cl. 0321.

—. "Contra litteras Petiliani." In *Sancti Aurelii Augustini opera*. Edited by M. Petschenig. CSEL 52, pp. 3-227. Vienna, Austria: F. Tempsky, 1909. Cl. 0333.

—. "Contra Julianum." In *Opera omnia*. Edited by J.-P. Migne. PL 44, cols. 641-874. Paris: Migne, 1861. Cl. 0351.

—. "Contra mendacium." In *Sancti Aurelii Augustini opera*. Edited by Joseph Zycha. CSEL 41, pp. 469-528. Vienna, Austria: F. Tempsky, 1900. Cl. 0304.

—. "De agone christiano." In *Sancti Aurelii Augustini opera*. Edited by Joseph Zycha. CSEL 41, pp. 101-38. Vienna, Austria: F. Tempsky, 1900. Cl. 0296.

—. *De civitate Dei*. In *Aurelii Augustini opera*. Edited by Bernhard Dombart and Alphons Kalb. CCL 47 and 48. Turnhout, Belgium: Brepols, 1955. Cl. 0313.

—. "De continentia." In *Sancti Aurelii Augustini opera*. Edited by Joseph Zycha. CSEL 41, pp. 141-83. Vienna, Austria: F. Tempsky, 1900. Cl. 0298.

—. "De correptione et gratia." In *Opera omnia*. Edited by J.-P. Migne. PL 44, cols. 915-46. Paris: Migne, 1845. Cl. 0353.

—. "De diversis quaestionibus ad Simplicianum." In *Aurelii Augustini opera*. Edited by Almut Mutzenbecher. CCL 44. Turnhout, Belgium: Brepols, 1970. Cl. 0290.

—. "De diuersis quaestionibus octoginta tribus." In *Opera*. Edited by A. Mutzenbecher. CCL, vol. 44A, pp. 11-249. Turnhout, Belgium: Brepols, 1975. Cl. 0289.

—. "De dono perseverantiae." In *Opera omnia*. Edited by J.-P. Migne. PL 45, cols. 993-1034. Paris: Migne, 1845. Cl. 0355.

—. "De fide rerum invisibilium." In *Aurelii Augustini opera*. Edited by M.P.J. van den Hout. CCL 46, pp. 1-19. Turnhout, Belgium: Brepols, 1969. Cl. 0292.

—. "De Genesi ad litteram imperfectus liber." In *Sancti Aurelii Augustini opera*. Edited by Joseph Zycha. CSEL 28.1, pp. 459-503. Vienna, Austria: F. Tempsky, 1894. Cl. 0268.

—. "De gestis Pelagii." In *Sancti Aurelii Augustini opera*. Edited by Karl Franze Urba and Joseph Zycha. CSEL 42, pp. 51-122. Vienna, Austria: F. Tempsky; Leipzig, Germany: G. Freytag, 1902. Cl. 0348.

—. "De moribus ecclesiae catholicae et de moribus Manichaeorum." In *Opera omnia*. Edited by J.-P. Migne. PL 32, cols. 1309-78. Paris: Migne, 1861. Cl. 0261.

—. "De natura boni." In *Sancti Aurelii Augustini opera*. Edited by Joseph Zycha. CSEL 25, pp. 855-89. Vienna, Austria: F. Tempsky; Leipzig, Germany: G. Freytag, 1891. Cl. 0323.

—. "De natura et gratia." In *Sancti Aurelii Augustini opera*. Edited by Karl Franze Urba and Joseph Zycha. CSEL 60, pp. 233-99. Vienna, Austria: F. Tempsky; Leipzig, Germany: G. Freytag, 1913. Cl. 0344.

—. "De octo Dulcitii quaestionibus." In *Aurelii Augustini opera*. Edited by Almut Mutzenbecher. CCL 44A, 253-97. Turnhout, Belgium: Brepols, 1975. Cl. 0291.

—. "De patientia." In *Sancti Aurelii Augustini opera*. Edited by Joseph Zycha. CSEL 41, pp. 663-91. Vienna, Austria: F. Tempsky, 1900. Cl. 0308.

—. "De praedestinatione sanctorum." In *Opera omnia*. Edited by J.-P. Migne. PL 44, cols. 959-92. Paris: Migne, 1861. Cl. 0354.

—. "De sancta virginitate." In *Sancti Aurelii Augustini opera*. Edited by Joseph Zycha. CSEL 41, pp. 235-301. Vienna, Austria: F. Tempsky, 1900. Cl. 0300.

—. "De sermone Domini in monte." In *Aurelii Augustini opera*. Edited by Almut Mutzenbecher. CCL 35. Turnhout, Belgium: Brepols, 1967. Cl. 0274.

—. "De trinitate." In *Opera*. Edited by W.J. Mountain. CCL 50-50A. Turnhout, Belgium: Brepols, 1968. Cl. 0329.

—. "De vita Christiana [Sp.]." In *Opera omnia*. Edited by J.-P. Migne. PL 40, cols. 1031-46. Paris: Migne, 1841.

—. "Enarrationes in Psalmos." In *Aurelii Augustini opera*. Edited by Eligius Dekkers and John Fraipont. CCL 38, 39 and 40. Turnhout, Belgium: Brepols, 1956. Cl. 0283.

—. "Enchiridion de fide, spe et caritate." In *Aurelii Augustini opera*. Edited by E. Evans. CCL 46, pp. 49-114. Turnhout, Belgium: Brepols, 1969. Cl. 0295.

—. "In Iohannis epistulam ad Parthos tractatus." In *Opera omnia*. Edited by J.-P. Migne. PL 35, cols. 1977-2062. Paris: Migne, 1845. Cl. 0279.

—. "Epistulae." In *Sancti Aurelii Augustini opera*. Edited by A. Goldbacher. CSEL 34 pts. l, 2; 44; 57; and 58. Vienna, Austria: F. Tempsky, 1895~1898. Cl. 0262.

—. "Epistulae." In *Sancti Aurelii Augustini opera*. Edited by G. Hartel. CSEL 29. Edited by A. Goldbacher. CSEL 34. l, 2. Vienna, Austria: F. Tempsky, 1894, 1895~1898. Cl. 0202.

—. "Epistulae ad Augustinum Hipponensem et alios." In *Sancti Aurelii Augustini opera*. Edited by A. Goldbacher. CSEL 34. 1, 2; 44; and 57. Edited by J. Divjak. CSEL 88. Vienna, Austria: F. Tempsky, 1895~1898; 1981. Cl. 0262.

—. "In Johannis evangelium tractatus." In *Aurelii Augustini opera*. Edited by R. Willems. CCL 36. Turnhout, Belgium: Brepols, 1954. Cl. 0278.

—. "Sermones." In *Augustini opera omnia*. PL 38 and 39. Edited by J.-P. Migne. Paris: Migne, 1844~1865 and other editions. Cl. 0284.

—. "Sermones novissimi." In *Augustin d'Hippone, Vingt-six sermons au peuple d'Afrique*. Collection des études augustiniennes, Série Antiquité 147. Edited by F. Dolbeau. Paris: Institut des études augustiniennes, 1996. Cl. 0288.

—. "Sermones dubii." In *Augustini opera omnia*. Edited by J.-P. Migne. PL 39, cols. 1639-718. Paris: Migne, 1865.

—. *Sermones Caesarii Arelatensis*. 2 vols. Edited by Germain Morin. CCL 103-104. Turnhout, Belgium: Brepols, 1953. Cl. 1008.

*Barnabae epistula*. In *Épître de Barnabé*. Edited by Pierre Prigent and Robert A. Kraft. SC 172, pp. 72-218. Paris: Éditions du Cerf, 1971. TLG 1216.001.

Basil the Great. "Asceticon magnum sive Quaestiones (regulae fusius tractatae)." In *Opera omnia*. Edited by J.-P. Migne. PG 31, cols. 901-1052. Paris: Migne, 1885. TLG 2040.048.

—. "De baptismo libri duo." In *Opera omnia*. Edited by J.-P. Migne. PG 31, cols. 1513-628. Paris: Migne, 1885. TLG 2040.052.

—. *De spiritu sancto*. In *Basile de Césarée: Sur le Saint-Esprit*. 2nd ed. Edited by Benoit Pruche. SC 17, pp. 250-530. Paris: Éditions du Cerf, 1968. TLG 2040.003.

—. "Epistulae." In *Saint Basil: Lettres*, 3 vols. Edited by Yves Courtonne. Paris: Les Belles Lettres, 1957~1966. TLG 2040.004.

—. "Homilia adversus eos qui irascuntur." In *Opera omnia*. Edited by J.-P. Migne PG 31, cols. 353-72. Paris: Migne, 1885. TLG 2040.026.

—. "Homiliae in hexaemeron." In *Basile de Césarée. Homélies sur l'hexaéméron*. 2nd ed. Edited by S. Giet. SC 26, pp. 86-522. Paris: Éditions du Cerf, 1968. TLG 2040.001.

—. "Homilia in illud: Attende tibi ipsi." In *L'homélie de Basile de Césarée sur le mot 'observe-toi toi-même'*, pp. 23-37. Edited by S.Y. Rudberg. Stockholm: Almqvist & Wiksell, 1962. TLG 2040.006.

—. "Homiliae super Psalmos." In *Opera omnia*. Edited by J.-P. Migne. PG 29, cols. 209-494. Paris: Migne, 1857. TLG 2040.018.

—. "Prologus 4 (prooemium in asceticum magnum)." In *Opera omnia*. Edited by J.-P. Migne. PG 31, cols. 889-901. Paris: Migne, 1885. TLG 2040.048.

—. "Quod rebus mundannis adhaerendum non sit." In *Opera omnia*. Edited by J.-P. Migne. PG 31, cols. 540-64. Paris: Migne, 1885. TLG 2040.037.

Bede. "Expositio actuum apostolorum." In *Bedae opera*. Edited by M.L.W. Laistner. CCL 121, pp. 3-99. Turnhout, Belgium: Brepols, 1983. Cl. 1357.

—. “Homiliarum evangelii libri ii.” In *Bedae opera*. Edited by David Hurst. CCL 122, pp. 1-378. Turnhout, Belgium: Brepols, 1956. Cl. 1367.

—. “De tabernaculo et vasis eius ac vestibus sacerdotum libri iii.” In *Bedae opera*. Edited by David Hurst. CCL 119A, pp. 5-139. Turnhout, Belgium: Brepols, 1969. Cl. 1345.

Braulio of Saragossa. “Epistolae.” In *Opera omnia*. Edited by J.-P. Migne. PL 80, cols. 655-700. Paris: Migne, 1850.

—. “Vita S. Aemiliani Confessoris.” In *Opera omnia*. Edited by J.-P. Migne. PL 80, cols. 699-714. Paris: Migne, 1850.

Caesarius of Arles. “Sermones.” In *Augustini opera omnia*. Edited by J.-P. Migne. PL 38 and 39. Paris: Migne, 1844~1865 and other editions. Cl. 0284.

—. *Sermones Caesarii Arelatensis*. 2 vols. Edited by Germain Morin. CCL 103-104. Turnhout, Belgium: Brepols, 1953. Cl. 1008.

Callistus of Rome. “Epistola Papae Calixti ad omnes Galliae episcopos.” In *Decretalium Collectio*. Edited by J.-P. Migne. PL 130, cols. 131-38. Paris: Migne, 1853.

Cassian, John. *Collationes xxiv*. Edited by Michael Petschenig. CSEL 13. Vienna, Austria: F. Tempsky; Leipzig, Germany: G. Freytag, 1886. Cl. 0512.

—. “De institutis coenobiorum et de octo principalium vitiorum remediis.” In *Johannis Cassiani*. Edited by Michael Petschenig. CSEL 17, pp. 1-231. Vienna, Austria: F. Tempsky; Leipzig, Germany: G. Freytag, 1888. Cl. 0513.

Cassiodorus. *Expositio psalmorum*. Edited by Mark Adriaen. CCL 97 and 98. Turnhout, Belgium: Brepols, 1958. Cl. 0900.

Clement of Alexandria. “Paedagogus.” In *Le pédagogue [par] Clement d’Alexandrie*. 3 vols. Translated by Mauguerite Harl, Chantel Matray and Claude Mondésert. Introduction and notes by Henri-Irénée Marrou. SC 70, 108 and 158. Paris: Éditions du Cerf, 1960~1970. TLG 0555.002.

—. “Stromata.” In *Clemens Alexandrinus*. Vol. 2, 3rd ed., and vol. 3, 2nd ed. Edited by Otto Stählin, Ludwig Früchtel and Ursula Treu. GCS 15, pp. 3-518 and GCS 17, pp. 1-102. Berlin: Akademie-Verlag, 1960~1970. TLG 0555.004.

Clement of Rome. “Epistula i ad Corinthios.” In *Clément de Rome: Épitre aux Corinthiens*. Edited by Annie Jaubert. SC 167. Paris: Éditions du Cerf, 1971. TLG 1271.001.

*Constitutiones apostolorum*. In *Les constitutions apostoliques*. 3 vols. Edited by Marcel Metzger. SC 320, 329 and 336. Paris: Éditions du Cerf, 1985~1987. TLG 2894.001.

Cyprian. “Ad Fortunatum.” In *Sancti Cypriani episcopi opera*. Edited by R. Weber. CCL 3A, pp. 183-216. Turnhout, Belgium: Brepols, 1972. Cl. 0045.

—. “De dominica oratione.” In *Sancti Cypriani episcopi opera*. CCL 3A, pp. 87-113. Edited by Claudio Moreschini. Turnhout, Belgium: Brepols, 1976. Cl. 0043.

—. “De ecclesiae catholicae unitate.” In *Sancti Cypriani episcopi opera*. CCL 3, pp. 249-68. Edited by M. Bévenot. Turnhout, Belgium: Brepols, 1972. Cl. 0041 .

—. “De lapsis.” In *Sancti Cypriani episcopi opera*. Edited by R. Weber. CCL 3, pp. 221-42. Turnhout,

Belgium: Brepols, 1972. Cl. 0042.

—. *Epistulae*. Edited by Gerardus Frederik Diercks. CCL 3B and 3C. Turnhout, Belgium: Brepols, 1994~1996. Cl. 0050.

Cyril of Alexandria. "Concilium universale Ephesenum anno 431." In *Acta conciliorum oecumenicorum*. Vols 1.1.1-1.1.7. Edited by E. Schwartz. Berlin: De Gruyter, 1927~1929 (repr. 1960~1965). TLG 5000.001.

—. "Quod unus sit Christus." In *Cyrille d'Alexandrie: Deux dialogues christologiques*. SC 97. Paris: Éditions du Cerf, 1964. TLG 4090.027.

Cyril of Jeruslaem. "Catecheses ad illuminandos 1-18." In *Cyrilli Hierosolymorum archiepiscopi opera quae supersunt omnia*. Vol. 1, pp. 28-320; vol. 2, pp. 2-342. Edited by Wilhelm Karl Reischl and Joseph Rupp. Munich: Lentner, 1860 (repr. Hildesheim: Olms, 1967). TLG 2110.003.

—. "Mystagogiae 1-5 (Sp.)." In *Cyrille de Jérusalem: Catéchesès, mystagogigues*. 2nd ed. SC 126, pp. 82-174. Edited by Auguste Piédagnel. Paris: Éditions du Cerf, 1988. TLG 2110.002 .

—. "Procatechesis." In *Cyrilli Hierosolymorum archiepiscopi opera quae supersunt omnia*. Vol. 1. Edited by W.C. Reischl and J. Rupp. Munich: Lentner, 1860. Reprint. Hildesheim: Olms, 1967. TLG 2110.001.

*Didache xii apostolorum*. In *La Didachè. Instructions des Apôtres*, pp. 226-42. Edited by Jean Paul Audet. Paris: Lecoffre, 1958. TLG 1311.001.

Dionysius of Alexandria. "Fragments." In *The Letters and Other Remains of Dionysius of Alexandria*. Edited by Charles L. Feltoe. Cambridge Patristic Texts. Cambridge: Cambridge University Press, 1904.

Ephrem the Syrian. "In Tatiani Diatessaron." In *Saint Ephrem, Commentaire de l'evangile concordant: texte syriaque (Manuscrit Chester Beatty 709)*. Edited by Louis Leloir. Dublin: Hodges Figgis, 1963.

Epiphanius of Salamis. "Panarion († Adversus haereses)." *Epiphanius, Bände 1-3: Ancoratus und Panarion*. 3 vols. Edited by K. Holl. GCS 25, 31 and 37. Leipzig: Hinrichs, 1915, 1922, 1933. TLG 2021.002.

Eugippius. *Vita Sancti Severini*. Edited by Pius Knoell. CSEL 9.2. Vienna, Austria: F. Tempsky, 1886.

Eusebius of Caesarea. "Demonstratio evangelica." In *Eusebius Werke, Band 6: Die Demonstratio evangelica*. Edited by Ivar A. Heikel. GCS 23. Leipzig: Hinrichs, 1913. TLG 2018.005.

—. "Historia ecclesiastica." In *Eusèbe de Césarée. Histoire ecclésiastique*. 3 vols. Edited by Gustave Bardy. SC 31, 41 and 55, pp. (1:)3-215, (2:)4-231, (3:)3-120. Paris: Éditions du Cerf, 1952, 1955, 1958. TLG 2018.002.

Evagrius of Pontus. "Practicus (capita centum)." In É*vagre le Pontique. Traité pratique ou le moine*, vol. 2 SC 171. Edited by A. Guillaumont and C. Guillaumont. Paris: Éditions du Cerf, 1971. TLG 4110.001.

Fulgentius of Ruspe. "Ad Euthymium de remissione peccatorum libri II." In *Opera*. Edited by John Fraipont. CCL 91A, pp. 649-707. Turnhout, Belgium: Brepols, 1968. Cl. 0821.

—. "Ad Monimum libri III." In *Opera*. Edited by John Fraipont. CCL 91, pp. 1-64. Turnhour. Belgium: Brepols, 1968. Cl. 0814.

—. *Epistulae XVIII*. In *Opera*. Edited by John Fraipont. CCL 91, pp. 189-280, 311-12, 359-44; and CCL 91A, pp. 447-57, 551-629. Turnhout, Belgium: Brepols, 1968. Cl. 0817.

—. "Liber ad Scarilam de incarnatione filii dei et vilium animalium auctore." In *Opera*. Edited by John Fraipont. CCL 91, pp. 312-56. Turnhout, Belgium: Brepols, 1968. Cl. 0822.

—. "Liber ad Victorem contra sermonem Fastidiosi Ariani." In *Opera*. Edited by John Fraipont. CCL 91, pp. 283-308. Turnhout, Belgium: Brepols, 1968. Cl. 0820.

Gregory of Nazianzus. "Adversus Eunomianos (orat. 27)." In *Gregor von Nazianz. Die fünf theologischen Reden*, pp. 38-60. Edited by J. Barbel. Düsseldorf: Patmos-Verlag, 1963. TLG 2022.007.

—. "Apologetica (orat. 2)." In *Opera omnia*. Edited by J.-P. Migne. PG 35, cols. 408-513. Paris: Migne, 1857. TLG 2022.016.

—. "De filio (orat. 30)." In *Gregor von Nazianz. Die fünf theologischen Reden*, pp. 170-216. Edited by Joseph Barbel. Düsseldorf, Germany: Patmos-Verlag, 1963. TLG 2022.010.

—. "De spiritu sancto (orat. 31)." In *Gregor von Nazianz. Die fünf theologischen Reden*, pp. 218-76. Edited by Joseph Barbel. Düseldorf, Germany: Patmos-Verlag, 1963. TLG 2022.011.

—. "Funebris in laudem Caesarii fratris oratio (orat. 7)." In *Grégoire de Nazianze. Discours funèbres en l'honneur de son frère Césaire et de Basile de Césarée*, pp. 2-56. Edited by F. Boulenger. Paris: Picard, 1908. TLG 2022.005.

—. "Epistulae theologicae." In *Grégoire de Nazianze: Lettres théologiques*. Edited by P. Gallay. SC 208, pp. 36-94. Paris: Éditions du Cerf, 1974. TLG 2022.002.

—. "In laudem Athanasii (orat. 21)." In *Opera omnia*. Edited by J.-P. Migne. PG 35, cols. 1081-128. Paris: Migne, 1857. TLG 2022.034.

—. "In laudem sororis Gorgoniae (orat.8)." In *Opera omnia*. Edited by J.-P. Migne. PG 35, cols. 789-817. Paris: Migne, 1857. TLG 2022.021.

—. "In patrem tacentem (orat. 16)." In *Opera omnia*. Edited by J.-P. Migne. PG 35, cols. 933-64. Paris: Migne, 1857. TLG 2022.029.

—. "In sanctum baptisma (orat. 40)." In *Opera omnia*. Edited by J.-P. Migne. PG 36, cols. 360-425. Paris: Migne, 1858. TLG 2022.048.

—. "In pentecosten (orat. 41)." In *Opera omnia*. Edited by J.-P. Migne. PG 36, cols. 428-52. Paris: Migne, 1858. TLG 2022.049.

Gregory of Nyssa. "Oratio catechetica magna." In *The Catechetical Oration of Gregory of Nyssa*, pp. 1-164. Edited by J. Srawley. Cambridge: Cambridge University Press, 1903. Reprinted 1956. TLG 2017.046.

—. "Contra Eunomium." In *Gregorii Nysseni opera*. 2 vols. Vol. 1.1, pp. 3-409; vol. 2.2, pp. 3-311. Edited by Werner William Jaeger. Leiden: Brill, 1960. TLG 2017.030.

—. "De virginitate." In *Grégoire de Nysse. Traité de la virginité*. Edited by Michel Aubineau. SC 119, pp. 246-560. Paris: Éditions du Cerf, 1966. TLG 2017.043.

—. "De vita Mosis." In *Grégoire de Nysse. La vie de Moïse*. Edited by J. Danielou. 3rd ed. SC 1, pp. 44-326. Paris: Éditions du Cerf, 1968. TLG 2017.042.

—. "Dialogus de anima et resurrectione." In *S.P.N. Gregorii Episcopi Nysseni opera*. Edited by J.-P. Migne. PG 46, cols. 12-160. Paris: Migne, 1863. TLG 2017.056.

—. "Refutatio confessionis Eunomiuii." In *Gregorii Nysseni opera*, vol. 2.2, pp. 312-410. Edited by W. Jaeger. Leiden: Brill, 1960. TLG 2017.031.

Gregory the Great. *Registrum epistularum*. 2 vols. Edited by Dag Norberg. CCL 140 and 140A. Turnhout, Belgium: Brepols, 1982. Cl. 1714.

—. *Moralia in Iob*. Edited by Mark Adriaen. CCL 143, 143A and 143B. Turnhout, Belgium: Brepols, 1979-81. Cl. 1708.

Hilary of Poitiers. *De trinitate*. Edited by Pieter F. Smulders. CCL 62 and 62A. Turnhout, Belgium: Brepols, 1979~1980. Cl. 0433.

—. *Tractatus super psalmos I-IXI*. Edited by Jean Doignon. CCL 61-61A. Turnhout, Belgium: Brepols, 1997~2002. Cl. 0428.

Hippolytus. "De theophania." In *Hippolyt's kleinere exegetische und homiletische Schriften*, pp. 257-63. Edited by H. Achelis. GCS 1.2. Leipzig: Teubner, 1897. TLG 2115.026.

Horsiesi. "Liber Orsiesii." In *Pachomiana Latina. Règle et épîtres de s. Pachôme, épîtres de s. Théodore et "Liber" de s. Orsiesius. Texte latin de s. Jerome*. Edited by Amand Boon. Bibliotheque de la Revue d'histoire ecclesiastique 7. Louvain, Belgium: Bureaux de la Revue, 1932.

Isaac of Nineveh. *De perfectione religiosa*. Edited by Paul Bedjan. Paris: Otto Harrassowitz, 1909.

Jacob of Sarug. *Homiliae Selectae Mar Jacobi Sarugensis*. Edited by Paul Bedjan. Paris: Otto Harrassowitz, 1905~1910.

Jerome. "Adversus Helvidium de Mariae virginitate perpetua." In *Opera omnia*. Edited by J.-P. Migne. PL 23, cols. 193-216. Paris: Migne, 1865. Cl. 0609.

—. "Adversus Jovinianum." In *Opera omnia*. Edited by J.-P. Migne. PL 23, cols. 211-338. Paris: Migne, 1865. Cl. 0610.

—. "Apologia adversus libros Rufini." In *S. Hieronymi presbyteri opera*. Edited by P. Lardet. CCL 79, pp. 1-72. Turnhout, Belgium: Brepols, 1982. Cl. 0613.

—. "Commentarius in Ecclesiasten." In *Hebraicae quaestiones in libro Geneseos*. Edited by Mark Adriaen. CCL 72, pp. 249-361. Turnhout, Belgium: Brepols, 1959. Cl. 0583.

—. *Dialogus adversus Pelagianos*. Edited by Claudio Moreschini. CCL 80. Turnhout, Belgium: Brepols, 1990. Cl. 0615.

—. *Epistulae*. Edited by I. Hilberg. CSEL 54, 55 and 56. Vienna, Austria: F. Tempsky; Leipzig, Germany: G.F. Freytag, 1910~1918. Cl. 0620.

—. "Liber tertius adversus libros Rufini." In *S. Hieronymi presbyteri opera*. Edited by P. Larder. CCL 79, pp. 73-116. Turnhout, Belgium: Brepols, 1982. Cl. 0614.

—. "Tractatus lix in psalmos." In *S. Hieronymi presbyteri opera*. Edited by Germain Morin. CCL 78. pp. 3-352. Turnhout, Belgium: Brepols, 1958. Cl. 0592.

John Chrysostom. "Ad populam Antiochenum homiliae (de statuis)." In *Opera omnia*. Edited by J.-P. Migne. PG 49, cols. 15-222. Paris: Migne, 1862. TLG 2062.024.

—. "Adversus Judaeos (orationes 1-8)." In *Opera omnia*. Edited by J.-P. Migne. PG 48, cols. 843-942. Paris: Migne, 1862. TLG 2062.021.

—. "Ad viduam juniorem." In *Jean Chrysostome. A une jeune veuve. Sur le mariage unique*. Edited by G.H. Ettlinger and B. Griller. SC 138, pp. 112-59. Paris: Éditions du Cerf, 1968. TLG 2062.010.

—. "De consubstantiali (Contra Anomoeos, homilia 7)." In *Opera omnia*. Edited by J.-P. Migne. PG 48, cols. 755-68. Paris: Migne, 1862. TLG 2062.015.

—. "Catecheses ad illuminandos 1-8 (series tertia)." In *Jean Chrysostome. Huit catecheses baptismales*. 2nd ed. Edited by A. Wenger. SC 50, pp. 108-260. Paris: Éditions du Cerf, 1970. TLG 2062.382.

—. "Contra Judaeos et Gentiles, Quod Christus sit Deus." In *Opera omnia*. Edited by J.-P. Mignc. PG 48, cols. 811-38. Paris: Migne, 1862. TLG 2062.372.

—. "De incomprehensibili dei natura (& Contra Anomoeos, homiliae 1-5)." In *Jean Chrysostome. Sur l'incompréhensibilité de Dieu*. Edited by A.-M. Malingrey. SC 28. Paris: Éditions du Cerf, 1970. TLG 2062.012.

—. "De paenitentia (homiliae 1-9)." In *Opera omnia*. Edited by J.-P. Migne. PG 49, cols. 277-348. Paris: Migne, 1862. TLG 2062.027.

—. "In epistulam ad Galatas commentarius." In *Opera omnia*. Edited by J.-P. Migne. PG 61, cols. 611-82. Paris: Migne, 1862. TLG 2062.158.

—. "In epistulam ad Hebraeos (homilae 1-34)." In *Opera omnia*. Edited by J.-P. Migne. PG 63, cols. 9-236. Paris: Migne, 1862. TLG 2062.168.

—. "In epistulam ad Philemon (homiliae 1-3)." In *Opera omnia*. Edited by J.-P. Migne. PG 62, cols. 701-20. Paris: Migne, 1862. TLG 2062.167.

—. "In epistulam i ad Corinthios (homiliae 1-44)." In *Opera omnia*. Edited by J.-P. Migne. PG 61, cols. 9-382. Paris: Migne, 1862. TLG 2062.156.

—. "In epistulam ii ad Timotheum (homiliae 1-10)." In *Opera omnia*. Edited by J.-P. Migne. PG 62, cols. 599-662. Paris: Migne, 1862. TLG 2062.165.

—. "In Genesim (homiliae 1-67)." In *Opera omnia*. Edited by J.-P. Migne. PG 53, cols. 21-385 and PG 54, cols. 385-580. Paris: Migne, 1859~1862. TLG 2062.112.

—. "In Joannem (homiliae 1-88)." In *Opera omnia*. Edited by J.-P. Migne. PG 59, cols. 23-482. Paris: Migne, 1862. TLG 2062.153.

John of Damascus. "Expositio fidei." In *Die Schriften des Johannes von Damaskos*, vol. 2, pp. 3-239. Edited by Bonifatius Kotter. Patristische Texte und Studien 12. Berlin: De Gruyter, 1973. TLG 2934.004.

—. *Vita Barlaam et Joasaph* [Sp.]. Edited by G.R. Woodward and H. Mattingly. Cambridge, Mass.: Harvard University Press, 1914. Reprinted 1983. TLG 2934.066.

Justin Martyr. "Apologia." In *Die ältesten Apologeten*, pp. 26-77. Edited by E.J. Goodspeed. Göttingen, Germany: Vandenhoeck & Ruprecht, 1915. TLG 0645.001.

—. "Dialogus cum Tryphone." In *Die ältesten Apologeten*, pp. 90-265. Edited by E.J. Goodspeed. Göttingen, Germany: Vandenhoeck & Ruprecht, 1915. TLG 0645.003.

Leo the Great. "Epistulae." In *Opera omnia Leonis Magni*. Edited by J.-P. Migne. PL 54, cols. 581-1218. Paris: Migne, 1846.

—. "Testimonia (Ep. 165)." In *Opera omnia Leonis Magni*. Edited by J.-P. Migne. PL 54, cols. 1173-90. Paris: Migne, 1846.

—. *Tractatus septem et nonaginta*. Edited by Antonio Chavasse. CCL 138 and 138A. Turnhout, Belgium: Brepols, 1973. Cl. 1657.

Marius Victorinus. "Adversus Arium." In *Marii Victorini opera*. Edited by Paul Henry and Pierre Hadot. CSEL 83.1, pp. 54-277. Vienna, Austria: Hoelder-Pichler-Tempsky, 1971. Cl. 0095.

Martin of Braga. "Exhortatio humilitatis." In *Opera omnia*, pp. 74-79. Edited by Claude W. Barlow. New Haven: Yale University Press, 1950.

—. "Pro repellenda iactania." In *Opera omnia*, pp. 65-69. Edited by Claude W. Barlow. New Haven: Yale University Press, 1950.

—. "Sententiae patrum Aegyptiorum." In *Opera omnia*, pp. 11-51. Edited by Claude W. Barlow. New Haven: Yale University Press, 1950.

Martyrius. See Sahdona.

Maximus of Turin. *Collectio sermonum antiqua*. Edited by A. Mutzenbecher. CCL 23. Turnhout, Belgium: Brepols, 1962. Cl. 0219a.

Methodius. "De Resurrectione." In *Methodius*. Edited by G. Nathanael Bonwetsch. GCS 27, pp. 226-420 passim. Leipzig: Hinrichs, 1917. TLG 2959.003.

—. "Symposium sive Convivium decem virginum." In *Opera omnia*. Edited by J.-P. Migne. PG 18, cols. 27-220. Paris: Migne, 1857. TLG 2959.001.

Nicetas of Remesiana. "De psalmodiae bono." In *Niceta of Remesiana: His Life and Works*, pp. 67-82. Edited by A.E. Burn. Cambridge: Cambridge University Press, 1905.

—. "De Spiritus sancti potentia." In *Niceta of Remesiana: His Life and Works*, pp. 18-38. Edited by A.E. Burn. Cambridge: Cambridge University Press, 1905.

—. "De Vigiliis servorum Dei." In *Niceta of Remesiana: His Life and Works*, pp. 55-67. Edited by A.E. Burn. Cambridge: Cambridge University Press, 1905.

—. "Libellus quintus de symbolo." In *Niceta of Remesiana: His Life and Works*, pp. 38-54. Edited by A.E. Burn. Cambridge: Cambridge University Press, 1905.

Novatian. "De Trinitate." In *Opera*. Edited by Gerardus Frederik Diercks. CCL 4, pp. 11-78. Turnhout, Belgium: Brepols, 1972. Cl. 0071.

Origen. "Commentarii in evangelium Joannis" (lib. 1, 2, 4, 5, 6, 10, 13). In *Commentaire sur saint Jean*. 3 vols. Edited by Cécil Blanc. SC 120, 157 and 222. Paris: Éditions du Cerf, 1966~1975. TLG 2042.005.

—. "Commentarii in evangelium Joannis" (lib. 19, 20, 28, 32). In *Origenes Werke*, vol. 4. Edited by E. Preuschen. GCS 10, pp. 298-480. Leipzig: Hinrichs, 1903. TLG 2042.079.

—. "Commentariorum series in evangelium Matthaei" (Mt. 22,34-27,63). In *Origenes Werke*, vol. 11. Edited by E. Klostermann. GCS 38.2. Leipzig: Teubner, 1933.

—. "Commentarium in evangelium Matthaei" (lib. 10-11). In *Commentaire sur l'Evangile selon Matthieu*, vol. 1. Edited by R. Girod. SC 162. Paris: Éditions du Cerf, 1970. TLG 2042.029.

—. "Commentarinum in evangelium Matthaei" (lib. 12-17). In *Origenes Werke*, vol. 10.1-2. Edited by E. Klostermann. GCS 40.1-2. Leipzig: Teubner, 1935, 1937. TLG 2042.030.

—. "Contra Celsum." In *Origène Contre Celse*. Edited by Marcel Borret. SC 132, 136, 147 and 150. Paris: Éditions du Cerf, 1967~1969. TLG 2042.001.

—. "De oratione." In *Origenes Werke*, vol. 2. Edited by P. Koetschau. GCS 3, pp. 297-403. Leipzig: Hinrichs, 1899. TLG 2042.008.

—. "In Exodum homiliae." In *Origenes secundum translationem quam fecit Rufinus*. Edited by W.A. Baehrens. GCS (CB) 29, pp. 145-279. Leipzig: Teubner, 1920. Cl. 0198 5 (A).

—. "In Genesim homiliae." In *Origenes secundum translationem quam fecit Rufinus*. Edited by W.A. Baehrens. GCS (CB) 29, pp. 1-144. Leipzig: Teubner, 1920. Cl. 0198 6.

—. "In Leuiticum homiliae." In *Origenes secundum translationem quam fecit Rufinus*. Edited by W.A. Baehrens. GCS (CB) 29, pp. 280-507. Leipzig: Teubner, 1920. Cl. 0198 3.

Pachomius. *Die Briefe Pachoms: Griechischer Text der Handschrift W. 145 of the Chester Beatty Library*. Edited by Hans Quecke. Textus patristici et liturgici 11, pp. 99-110. Regensburg: Pustet [in Komm.], 1975.

—. "Instructions." In *Oeuvres de S. Pachörne et de ses disciples*. Edited by L.T. Lefort. CSCO 159, pp. 1-26. Louvain, Belgium: Durbecq, 1956.

—. *Paralipomena*. In *Sancti Pachomii vitae Graecae*. Edited by F. Halkin. Subsidia hagiographica 19, pp. 122-165. Brussels, Belgium: Société des Bollandistes, 1932.

—. *Sancti Pachomii vitae Graecae*. Edited by F. Halkin. Subsidia hagiographica 19. Brussels, Belgium: Société des Bollandistes, 1932.

Palladius. "Historia Lausiaca (recensio G)." In *Palladio. "La storia Lausiaca."* Edited by G.J.M. Bartelink. Verona: Fondazione Lorenzo Valla, 1974. TLG 2111.001.

Paschasius of Dumium. "Verba Seniorum auctore Graeco incerto." In *Opera omnia*. Edited by J.-P. Migne. PL 73, cols. 1025-62. Paris: Migne, 1879.

Paulinus of Milan. "Vita Sancti Ambrosii." In *Opera omnia*. Edited by J.-P. Migne. PL 14, cols. 27-46. Paris: Migne, 1845.

Paulinus of Nola. "Epistulae." In *Sancti Paulinus Nolianii opera*. Edited by G. Hartel. CSEL 29. Edited by A. Goldbacher. CSEL 34. 1, 2. Vienna, Austria: F. Tempsky, 1894, 1895~1898. Cl. 0202.

—. "Epistulae ad Augustinum Hipponensem et alios." In *Sancti Aureli Augustini opera*. Edited by A. Goldbacher. CSEL 34. 1, 2; 44; 57. Edited by J. Divjak. CSEL 88. Vienna, Austria: F. Tempsky, 1895~1898; 1981. Cl. 0262.

Peter Chrysologus. "Collectio Sermonum." In *Opera*. Edited by A. Olivar. CSEL 24, 24A and 24B. Turnhout, Belgium: Brepols, 1975. Cl. 0227 +.

Philoxenus of Mabbug. "Sulla Preghiera. Filosseno O Giovanni?" In *Le Muséon* 94, pp. 76-77. Edited by Paolo Bettiolo. Louvain, Belgium: Peeters, 1981.

Prudentius. "Liber Cathemerinon." In *Opera*. Edited by M.P. Cunningham. CSEL 126, 3-72. Turnhout Belgium: Brepols, 1966. Cl. 1438.

—. "Liber Peristefanon." In *Opera*. Edited by M.P. Cunningham. CSEL 126, pp. 251-389. Turnhout, Belgium: Brepols, 1966. Cl. 1443.

Pseudo-Dionysius. "De coelesti hierarchia." In *Corpus Dionysiacum ii: Pseudo-Dionysius Areopagita. De coelesti hierarchia, de ecclesiastica hierarchia, de mystica theologia, epistulae*. PTS 36, pp. 7-59. Edited by G. Heil and A.M. Ritter. Berlin: Walter de Gruyter, 1991. TLG 2798.001.

—. "De divinis nominibus." In *Corpus Dionysiacum i: Pseudo-Dionysius Areopagita. De divinis nominibus*. Edited by B.R. Suchla. PTS 33, pp.107-231. Berlin: Walter de Gruyter, 1990. TLG 2798.004.

Rufinus of Aquileia. "Expositio symboli." In *Opera*. Edited by Manlio Simonetti. CCL 20, pp. 125-82. Turnhout, Belgium: Brepols, 1961. Cl. 0196.

—. "Apologia (contra Hieronymum)." In *Opera*. Edited by Manlio Simonetti. CCL 20, pp. 37-123. Turnhout, Belgium: Brepols, 1961. Cl. 0197.

Sahdona. "Liber de perfectione." In Martyrius [Sahdona]. *Oeuvres spirituelles*, vol. 3. Edited by A. de Halleux. CSCO 252 (Scriptores Syri 110), pp. 1-27. Louvain, Belgium: Secrétariat du Corpus Scriptorum Christianorum Orientalmm, 1965.

Salvian the Presbyter. "De gubernatione Dei." In *Ouvres*, vol. 2. Edited by G. Lagarrigue. SC 220, pp. 95-527. Paris: Éditions du Cerf, 1975. Cl. 0485.

Syncletica. "Apophthegmata patrum (colletcio systemattca) (cap. 1-9)." In *Les apophtegmes des pères. Collection systématique, chapitres i-ix*. Edited by J.-C. Guy. SC 387, pp. 92-448. Paris: Éditions du Cerf, 1993. TLG 2742.005.

Tertullian. "Adversus Hermogenem." In *Opera*. Edited by E. Kroymann. CCL 1, pp. 397-435. Turnhout, Belgium: Brepols, 1954. Cl. 0013.

—. "Adversus Judaeos." In *Opera*. Edited by E. Kroymann. CCL 2, pp. 1339-96. Turnhout, Belgium: Brepols, 1954. Cl. 0033.

—. "Adversus Marcionem." In *Opera*. Edited by E. Kroymann. CCL 1, pp. 437-726. Turnhout, Belgium: Brepols, 1954. Cl. 0014.

—. "Adversus Praxean." In *Opera*. Edited by E. Kroymann and E. Evans. CCL 2, pp. 1159-205. Turnhout, Belgium: Brepols, 1954. Cl. 0026.

—. "De idololatria." In *Opera*, vol. 2. Edited by August Reifferscheid and George Wissowa. CCL 2, pp. 1101-24. Turnhout, Belgium: Brepols, 1954. Cl. 0023.

—. "De resurrectione mortuorum." In *Opera*. Edited by J.G. Ph. Borleffs. CCL 2, pp. 919-1012. Turnhout, Belgium: Brepols, 1954. Cl. 0019.

Theodore of Mopsuestia. "In Zachariam." In *Opera omnia*. Edited by J.-P. Migne. PG 66, cols. 493-596. Paris: Migne, 1869.

Theodoret of Cyr. "Ad eos qui in Euphratesia et Osrhoena regione, Syria, Phoenicia et Cilicia vitam monasticam degunt (ex epistula 151)." In *Opera omnia*. Edited by J.-P. Migne. PG 83, cols. 1416-33. Paris: Migne, 1864. TLG 4089.034.

—. "De providentia orationes decem." In *Opera omnia*. Edited by J.-P. Migne. PG 83, cols. 556-773. Paris: Migne, 1864. TLG 4089.032.

—. "Epistulae: Collectio Sirmondiana (1-95)." In *Théodoret de Cyr: Correspondance II*. Edited by Y. Azema. SC 98, pp. 20-248. Paris: Éditions du Cerf, 1964. TLG 4089.006.

—. "Epistulae: Collectio Sirmondiana (96-147)." In *Théodoret de Cyr: Correspondance III*. Edited by Y. Azema. SC 111, pp. 10-232. Paris: Éditions du Cerf, 1964. TLG 4089.007.

—. *Eranistes*, pp. 61-266. Edited by Gérard H. Ettlinger. Oxford: Clarendon Press, 1975. TLG 4089.002.

—. "Historia ecclesiastica." In *Theodoret. Kirchengeschichte*, 2nd ed. Edited by L. Parmentier and F. Scheidweiler. GCS 44, pp. 1-349. Berlin: Akademie-Verlag, 1954. TLG 4089.003.

—. "Interpretatio in Psalmos." In *Opera omnia*. Edited by J.-P. Migne. PG 80, cols. 857-1997. Paris: Migne, 1864. TLG 4089.024.

Valerian of Cimiez. "Homiliae xx." In *Sancti Petri Chrysologi opera omnia, Valeriani et Nicetae*. Edited by J.-P. Migne. PL 52, cols. 691-756. Paris: Migne, 1845.

*Vitae Patrum*. Edited by J.-P. Migne. PL 73, cols. 855-1022. Paris: Migne, 1849.

Zephyrinus. "Epistola Zephirini papae." In *Opera omnia*. Edited by J.-P. Migne. PL 130, cols. 127-30. Paris: Migne, 1853.

## 영역본 참고문헌

"Acts of the Holy apostles Peter and Paul." See "Apocrypha of the New Testament." In *The Twelve Patriarchs, Excerpts and Epistles, The Clementia, Apocryphal Gospels and Acts, Syriac Documents, Remains of the First Ages*, pp. 361-598. Translated by B.P. Pratten. ANF 8. Edited by Alexander Roberts and James Donaldson. 10 vols. 1885~1887. Reprint, Peabody, Mass.: Hendrickson, 1994.

Alexander of Alexandria. "Epistles on the Arian Heresy." In *Gregory Thaumaturgus, Dionysius the Great, Julius Africanus, Anatolius and Minor Writers, Methodius, Arnobius*. Edited by James Donaldson. ANF 6. Edited by Alexander Roberts and James Donaldson. 10 vols. 1885~1887. Reprint, Peabody, Mass.: Hendrickson, 1994.

Ambrose. *Funeral Orations by Saint Gregory Nazianzen and Saint Ambrose*. Translated by Leo P. McCauley et al. FC 22. Washington, D.C.: The Catholic University of America Press, 1953.

—. *Hexaemeron, Paradise, and Cain and Abel*. Translated by John J. Savage. FC 42. Washington. D.C.: The Catholic University of America Press, 1961.

—. *Letters*. Translated by Mary Melchior Beyenka. FC 26. Washington, D.C.: The Catholic University of America Press, 1954.

—. *Select Works and Letters*. Translated by H. De Romestin. NPNF 10. Series 2. Edited by Philip Schaff and Henry Wace. 14 vols. 1886~1900. Reprint, Peabody, Mass.: Hendrickson, 1994.

—. *Seven Exegetical Works*. Translated by Michael P. McHugh. FC 65. Washington, D.C.: The Catholic University of America Press, 1972.

—. *On Virginity*. Translated by Daniel Callam. Toronto: Peregrina Publishing Co., 1996.

Ammon. "Letter of Bishop Ammon." In *Pachomian koinonia*, 2:71-109. Translated by Armand Veilleux CS 46. Kalamazoo, Mich.: Cistercian Publications, 1981.

"Apocryphal Revelation of John the Theologian." See "Apocrypha of the New Testament." In *The Twelve Patriarchs, Excerpts and Epistles, The Clementia, Apocryphal Gospels and Acts, Syriac Documents, Remains of the First Ages*, pp. 361-598. Translated by B.P. Pratten. ANF 8. Edited by Alexander Roberts, James Donaldson. 10 vols. 1885~1887. Reprint, Peabody, Mass.: Hendrickson, 1994.

Aphrahat. "Demonstration IV, On Prayer." In *The Syriac Fathers on Prayer and the Spiritual Life*, pp. 5-25. Translated by Sebastian Brock. CS 101. Kalamazoo, Mich.: Cistercian Publications, 1987.

—. "Select Demonstrations." In *Gregory the Great, Ephraim Syrus, Aphrahat*, pp. 345-412. Translated by James Barmby. NPNF 13. Series 2. Edited by Philip Schaff and Henry Wace. 14 vols. 1886~1900. Reprint, Peabody, Mass.: Hendrickson, 1994.

Archelaus. "The Acts of the Disputation with the Heresiarch Manes." In *Gregory Thaumaturgus, Dionysius the Great, Julius Africanus, Anatolius and Minor Writers, Methodius, Arnobius*, pp. 179-235. Translated by S.D.F. Salmond. ANF 6. Edited by Alexander Roberts and James Donaldson. 10 vols. 1885~1887. Reprint, Peabody, Mass.: Hendrickson, 1994.

Ascetic Monks of Egypt. "Sayings of the Egyptian Fathers." In *Iberian Fathers*, 1:17-34. Translated by Claude W. Barlow. FC 62. Washington, D.C.: The Catholic University of America Press, 1969.

Athanasius. *The Resurrection Letters*. Paraphrased and introduced by Jack N. Sparks. Nashville: Thomas Nelson, 1979.

—. *Life of St. Antony*. Translated by Tim Vivian and Apostolos N. Athanassakis with Rowan A. Greer. CS 202. Kalamazoo, Mich.: Cistercian Publications, 2003.

—. "On the Incarnation." In *Christology of the Later Fathers*, pp. 55-110. Translated by Archibald Robertson. Edited by Edward Rochie Hardy. LCC 3. Philadelphia: Westminster Press, 1954.

—. *Selected Works and Letters*. Translated by Archibald Robertson. NPNF 4. Series 2. Edited by Philip Schaff and Henry Wace. 14 vols. 1886~1900. Reprint, Peabody, Mass.: Hendrickson, 1994.

Augustine. *Against Julian*. Translated by Matthew A. Schumacher. FC 35. Washington, D.C.: The Catholic University of America Press, 1957.

—. *Augustine: Earlier Writings*. Translated by John H.S. Burleigh. LCC 6. London: SCM Press, 1953.

—. *Christian Instruction; Admonition and Grace; The Christian Combat; Faith, Hope and Charity*. Translated by John J. Gavigan et al. FC 2. Washington, D.C.: The Catholic University of America Press, 1947.

—. *The City of God*. Translated by Henry S. Bettenson with an introduction by David Knowles. 1972. Reprint, with an introduction by John O'Meara. Harmondsworth, Middlesex: Penguin Books, 1984.

—. *Commentary on the Lord's Sermon on the Mount with Seventeen Related Sermons*. Translated by Denis J. Kavanagh. FC 11. Washington, D.C.: The Catholic University of America Press, 1951.

—. *Confessions*. Translated by R.S. Pine-Coffin. Harmondsworth, Middlesex, England: Penguin, 1961. Reprint, New York: Penguin, 1986.

—. *Eighty-three Different Questions*. Translated by David L. Mosher. FC 70. Washington, D.C.: The Catholic University of America Press, 1982.

—. "Enchiridion." In *Confessions and Enchiridion*, pp. 335-412. Translated by Albert C. Outler. LCC 7. London: SCM Press, 1955.

—. *Expositions on the Book of Psalms*. Edited from the Oxford translation by A. Cleveland Coxe. NPNF 8. Series 1. Edited by Philip Schaff. 14 vols. 1886~1889. Reprint, Peabody, Mass.: Hendrickson, 1994.

—. *Four Anti-Pelagian Writings: On Nature and Grace, On the Proceedings of Pelagius, On the Predestination of the Saints, On the Gift of Perseverance*, pp. 218-70. Translated by John A. Mourant and William J. Collinge. FC 86. Washington, D.C.: The Catholic University of America Press, 1992.

—. "Homilies on 1 John." In *Tractates on the Gospel of John 112-24; Tractates on the First Epistle of John*, pp. 119-277. Translated by John W. Rettig. FC 92. Washington, D.C.: The Catholic University of America Press, 1995.

—. *Letters*. Translated by Wilfred Parsons. FC 12, 18, 20, 30 and 32. Washington, D.C.: The Catholic University of America Press, 1951~1956.

—. "Letters." See *Augustine/Jerome Correspondence. In Biblical Interpretation*, pp. 257-95. Translated by Paige Lindsey and F. Lewis Shaw. MFC 9. Edited by Joseph W. Trigg. Wilmington, Del.: Michael Glazier, 1988.

—. "On Faith in Things Unseen." In *The Immortality of the Soul, The Magnitude of the Soul, On Music, The Advantage of Believing, On Faith in Things Unseen*, pp. 451-69. Translated by Roy Joseph Deferrari and Mary Francis McDonald. FC 4. Washington, D.C.: The Catholic University of America Press, 1947.

—. "On the Literal Interpretation of Genesis." In *On Genesis*, pp. 145-88. Translated by Roland J. Teske. FC 84. Washington, D.C.: The Catholic University of America Press, 1991.

—. *Sermons*. Translated by Edmund Hill. WSA 1-11. Part 3. Edited by John E. Rotelle. New York: New City Press, 1990~1997.

—. *Sermons on the Liturgical Seasons*. Translated by Mary Sarah Muldowney. FC 38. Washington, D.C.: The Catholic University of America Press, 1959.

—. *Tractates on the Gospel of John*, 1-124. Translated by John W. Rettig. FC 78, 79, 88, 90 and 92. Washington, D.C.: The Catholic University of America Press, 1988~1995.

—. *Treatises on Marriage and Other Subjects*. Translated by Charles T. Huegelmeyer. FC 27. Washington, D.C.: The Catholic University of America Press, 1955.

—. *Treatises on Various Subjects*. Translated by Mary Sarah Muldowney et al. FC 16. Washington. D.C.: The Catholic University of America Press, 1952.

—. *The Trinity*. Translated by Edmund Hill. WSA 1 5. New York: New City Press, 1991.

—. *The Trinity*. Translated by Stephen McKenna. FC 45. Washington, D.C.: The Catholic University of America, 1963.

—. *The Writings Against the Manichaeans and Against the Donatists*. Translated by J.R. King. NPNF 4. Series 1. Edited by Philip Schaff. 14 vols. 1886~1889. Reprint, Peabody, Mass.: Hendrickson, 1994.

Basil the Great. *Ascetical Works*. Translated by M. Monica Wagner. FC 9. New York: Fathers of the Church, 1950.

—. *Exegetic Homilies*. Translated by Agnes Clare Way. FC 46. Washington, D.C.: The Catholic University of America Press, 1963.

—. *Letters 1-368*. Translated by Agnes Clare Way, with notes by Roy J. Deferrari. FC 13 and 28. Washington, D.C.: The Catholic University of America Press, 1951~1955.

—. *On the Holy Spirit*. Translated by David Anderson, Crestwood, N.Y.: St. Vladimir's Seminary Press, 1980.

—. "On the Holy Spirit." In *Letters and Select Works*, pp. 1-50. Translated by Blomfield Jackson. NPNF 8. Series 2. Edited by Philip Schaff. 14 vols. 1886~1889. Reprint, Peabody, Mass.: Hendrickson, 1994.

Bede. *Commentary on the Acts of the Apostles*. Translated by Lawrence T. Martin. CS 117. Kalamazoo, Mich.: Cistercian Publications, 1989.

—. *Homilies on the Gospels*. Translated by Lawrence T. Martin and David Hurst. 2 vols. CS 110 and 111. Kalamazoo, Mich.: Cistercian Publications, 1991.

—. *On the Tabernacle*. Translated by Arthur G. Holder. TTH 18. Liverpool: Liverpool University Press, 1994.

Braulio of Saragossa. "Writings of Braulio of Saragossa." In *Iberian Fathers*, 2:15-142. Translated by Claude W. Barlow. FC 63. Washington, D.C.: The Catholic University of America Press, 1969.

Caesarius of Arles. *Sermons*. 3 vols. Translated by Mary Magdeleine Mueller. FC 31, 47 and 66. Washington, D.C.: The Catholic University of America Press, 1956~1964.

Callistus of Rome. "The Epistles of Callistus." In *The Twelve Patriarchs, Excerpts and Epistles, The Clementia, Apocryphal Gospels and Acts, Syriac Documents, Remains of the First Ages*, pp. 613-18. Translated by B.P. Pratten. ANF 8. Edited by Alexander Roberts and James Donaldson. 10 vols. 1885~1887. Reprint, Peabody, Mass.: Hendrickson, 1994.

Cassian, John. *The Conferences*. Translated and annotated by Boniface Ramsey. ACW 57. New Yock: Paulist Press, 1997.

—. *The Institutes*. Translated by Boniface Ramsey. ACW 58. New York: Newman Press, 2000.

Cassiodorus. Explanation of the Psalms. 3 vols. Translated by P.G. Walsh. ACW 51, 52 and 53. New York: Paulist Press, 1990~1991.

Clement of Alexandria. *Christ the Educator*. Translated by Simon P. Wood. FC 23. Washington, D.C: The Catholic University of America Press, 1954.

—. *Stromateis: Books 1-3*. Translated by John Ferguson. FC 85. Washington, D.C.: The Catholic University of America Press, 1991.

—. "Stromateis." In *Fathers of the Second Century: Hermas, Tatian, Athenagoras, Theophilus, and Clement of Alexandria*, pp. 299-567. Translated by F. Crombie et al. ANF 2. Edited by Alexander Roberts and James Donaldson. 10 vols. 1885~1887. Reprint, Peabody, Mass.: Hendrickson, 1994.

Clement of Rome. "Clement's First Letter." In *Early Christian Fathers*, pp. 43-73. Translated by Cyril C. Richardson. LCC 1. Philadelphia: Westminster Press, 1953.

—. "1 Clement." See "The Letter to the Corinthians." In *The Apostolic Fathers*, pp. 1-64. Translated by Francis X. Grimm. FC 1. Washington, D.C.: The Catholic University of America Press, 1947.

—. "The Epistle of S. Clement to the Corinthians." In *The Apostolic Fathers*, pp. 13-41. Translated by J.B. Lightfoot. London: Macmillan and Company, 1891. Reprint, Grand Rapids, Mich.: Baker Book House, 1956.

"Constitutions of the Holy Apostles." In *Lactantius, Venantius, Asterius, Victorinus, Dionysius, Apostolic Teaching and Constitutions, 2 Clement, Early Liturgies*, pp. 385-508. Edited by James Donaldson. ANF 7. Edited by Alexander Roberts and James Donaldson. 10 vols. 1885~1887. Reprint, Peabody, Mass.: Hendrickson, 1994.

Cyprian. *Letters 1-81*. Translated by Rose Bernard Donna. FC 51. Washington, D.C.: The Catholic University of America Press, 1964.

—. "Letter 8." In *Divine Providence and Human Suffering*, pp. 126-30. Translated by James Walsh and P.G. Walsh. MFC 17. Wilmington, Del.: Michael Glazier, 1985.

—. *Treatises*. Translated by Roy J. Deferrari. FC 36. Washington, D.C.: The Catholic University of America Press, 1958.

Cyril of Alexandria. *Letters: 1-50*. Translated by John I. McEnerney. FC 76. Washington, D.C.: The Catholic University of America Press, 1987.

—. *On the Unity of Christ*. Translated by John A. McGuckin. Crestwood, N.Y.: St. Vladimir's Seminary Press, 1995.

Cyril of Jerusalem. "Catechetical Lectures." In *Cyril of Jerusalem and Nemesius of Emesa*, pp. 64-

192. Translated by William Telfer. LCC 4. Philadelphia: Westminster Press, 1955.

—. "Cyril of Jerusalem." In *Cyril of Jerusalem and Nemesius of Emesa*, pp. 64-199. Edited by William Telfer. Philadelphia: Westminster Press, 1955.

—. *S. Cyril of Jerusalem, S. Gregory Nazianzen*. Translated by Edward Hamilton Gifford et al. NPNF 7. Series 2. Edited by Philip Schaff and Henry Wace. 14 vols. 1886~1900. Reprint, Peabody, Mass.: Hendrickson, 1994.

—. *The Works of Saint Cyril of Jerusalem*. Vols. 1-2. Translated by Leo P. McCauley. FC 61 and 64. Washington, D.C.: The Catholic University of America Press, 1969~1970.

Desert Fathers. "Sayings of the Fathers." In *Western Asceticism*, pp. 33-189. Translated by Owen Chadwick. LCC 12. Philadelphia: Westminster Press, 1958.

*Didache*. See "The Letter of St. Clement of Rome to the Corinthians." In *The Apostolic Fathers*, pp. 9-58. Translated by Francis X. Glimm. FC 1. New York: Christian Heritage, 1947.

Dionysius of Alexandria. "Fragments." In *Gregory Thaumaturgus, Dionysius the Great, Julius Africanus, Anatolius and Minor Writers, Methodius, Arnobius*, pp. 81-120. Translated by S.D.F. Salmond. ANF 6. Edited by Alexander Roberts and James Donaldson. 10 vols. 1885~1887. Reprint, Peabody, Mass.: Hendrickson, 1994.

Ephrem the Syrian. *Commentary on Tatian's Distessaron*. Translated and edited by C. McCarthy. Journal of Semitic Studies Supplement 2. Oxford: Oxford University Press, 1993.

Epiphanius of Salamis. *Panarion*. In *MOT*, pp. 26-51. Translated by Ronald E. Heine. Macon, Ga.: Mercer University Press, 1989.

*Epistle of Barnabas*. In *The Apostolic Fathers*. 2nd ed. pp. 133-56. Translated by J.B. Lightfoot and J.R. Harmer. Edited by M.W. Holmes. Grand Rapids, Mich.: Baker, 1989.

Eugippius. *The Life of Saint Severin*. Translated by Ludwig Bieler, with the collaboration of Ludmilla Krestan. FC 55. Washington D.C.: The Catholic University of America Press, 1965.

Eusebius of Caesarea. *Ecclesiastical History: Books 1-10*. 2 vols. Translated by Roy J. Deferrari. FC 19 and 29. Washington D.C.: The Catholic University of America Press, 1953~1955.

—. *Eusebius, the Church History: A New Translation with Commentary*. Translated by Paul L. Maier. Grand Rapids, Mich.: Kregel Publications, 1999.

—. *Proof of the Gospel*. 2 vols. Translated by W.J. Ferrar. London: SPCK, 1920. Reprint, Grand Rapids, Mich.: Baker, 1981.

Evagrius of Pontus. *Praktikos and the Chapters on Prayer*. Translated by John Eudes Bamberger. CS 4. Kalamazoo, Mich.: Cistercian Publications, 1981.

Fulgentius of Ruspe. *Selected Works*. Translated by Robert B. Eno. FC 95. Washington D.C.: The Catholic University of America Press, 1997.

Gregory of Nazianzus. *Cyril of Jerusalem, Gregory of Nazianzen*. Translated by Charles Gordon Browne and James Edward Swallow. NPNF 7. Series 2. Edited by Philip Schaff and Henry Wace. 14 vols. 1886~1900. Reprint, Peabody, Mass.: Hendrickson, 1994.

—. *Faith Gives Fullness to Reasoning: The Five Theological Orations of Gregory Nazianzen*. Translated by F.W. Norris. Leiden and New York: E.J. Brill, 1990.

—. *Funeral Orations*. Translated by Leo P. McCauley et al. FC 22. Washington D.C.: The Catholic University of America Press, 1953.

Gregory of Nyssa. "Address on Religious Instruction." In *Christology of the Later Fathers*, pp. 268-325. Translated by Archibald Robertson. Edited by Edward Rochie Hardy. LCC 3. Philadelphia: Westminster Press, 1954.

—. *Ascetical Works*. Translated by Virginia Woods Callahan. FC 58. Washington D.C.: The Catholic University of America Press, 1967.

—. *On the Soul and the Resurrection*. Translated by Catharine P. Roth. Crestwood, N.Y.: St. Vladimir's Seminary Press, 1993.

—. "Life of Moses." In *Biblical Interpretation*, pp. 152-60. Translated by Abraham Malherbe and Everett Ferguson. MFC 9. Edited by Joseph W. Trigg. Wilmington, Del.: Michael Glazier, 1988.

—. *Select Writings and Letters of Gregory, Bishop of Nyssa*, pp. 33-248. Translated by William Moore and Henry Austin Wilson. NPNF 5. Series 2. Edited by Philip Schaff and Henry Wace. 14 vols. 1886~1900. Reprint, Peabody, Mass.: Hendrickson, 1994.

Gregory the Great. "Letters." In *Leo the Great, Gregory the Great*, pp. 73-243. Translated by Charles Lett Feltoe. NPNF 12. Series 2. Edited by Philip Schaff and Henry Wace. 14 vols. 1886~1900. Reprint, Peabody, Mass.: Hendrickson, 1994.

—. "Letters." In *Part 11: Gregory the Great, Ephraim Syrus, Aphrahat*, pp. 1-111. Translated by James Barmby. NPNF 13. Series 2. Edited by Philip Schaff and Henry Wace. 14 vols. 1886~1900. Reprint, Peabody, Mass.: Hendrickson, 1994.

Hilary of Poitiers. "Homilies on the Psalms." In *Hilary of Poitiers, John of Damascus*, pp. 236-48. Translated by E.W. Watson et al. NPNF 9. Series 2. Edited by Philip Schaff and Henry Wace. 14 vols. 1886~1900. Reprint, Peabody, Mass.: Hendrickson, 1994.

—. "Homilies on the Psalms." In *Divine Providence and Human Suffering*, pp. 57-59, 167-69, 183-84. Translated by James Walsh and P.G. Walsh. MFC 17. Wilmington, Del.: Michael Glazier, 1985.

—. *The Trinity*. Translated by Stephen McKenna. FC 25. Washington, D.C.: The Catholic University of America Press, 1954.

Hippolytus. "On the Theophany." In *Hippolytus, Cyprian, Caius, Novatian, Appendix*, pp. 234-37. Arranged by A. Cleveland Coxe. ANF 5. Edited by Alexander Roberts and James Donaldson. 10 vols. 1885~1887. Reprint, Peabody, Mass.: Hendrickson, 1994.

Horsiesi. "The Testament of Horsiesi." In *Pachomian koinonia*, 3:171-224. Translated by Armand Veilleux. CS 47. Kalamazoo, Mich.: Cistercian Publications, 1982.

Isaac of Nineveh. *The Ascetical Homilies of Saint Isaac the Syrian*. Edited by the Holy Transfiguration Monastery. Boston, Mass.: Holy Transfiguration Monastery, 1984.

Jacob of Sarug. "On the Establishment of Creation." In *Biblical Interpretation*, pp. 186-202. MFC 9. Edited by Joseph W. Trigg. Wilmington, Del.: Michael Glazier, 1988.

Jerome. "Against Rufinus." In *Dogmatic and Polemical Works*, pp. 59-220. Translated by John N. Hritzu. FC 53. Washington, D.C.: The Catholic University of America Press, 1965.

—. "Against Rufinus." In *Theodoret, Jerome, Gennadius, Rufinus: Historical Writings*, etc., pp. 482-541. Translated by William Henry Fremantle. NPNF 3. Series 2. Edited by Philip Schaff and Henry Wace. 14 vols. 1886~1900. Reprint, Peabody, Mass.: Hendrickson, 1994.

—. "Commentary on Ecclesiastes." In *Divine Providence and Human Suffering*, pp. 185-86. Translated by James Walsh and P.G. Walsh. MFC 17. Wilmington, Del.: Michael Glazier, 1985.

—. "The Dialogue Against the Pelagians." In *Dogmatic and Polemical Works*, pp. 221-378. Translated by John N. Hritzu. FC 53. Washington, D.C.: The Catholic University of America Press, 1965.

—. *Homilies on the Psalms*. Translated by Marie Liguori Ewald. FC 48. Washington D.C.: The Catholic University of America Press, 1964.

—. "The Histories of the Monks." In *PHF* 1, 317-82. Edited by E.A. Wallis Budge. London: Chatto & Windus, 1907. Reprint, Seattle, Wash.: St. Nectarios Press, 1984.

—. "Letters." In *Early Latin Theology*, pp. 290-389. Translated by S.L. Greenslade. LCC 5. Philadelphia: Westminster Press, 1956.

—. *Letters and Select Works*. Translated by W.H. Fremantle. NPNF 6. Series 2. Edited by Philip Schaff and Henry Wace. 14 vols. 1886~1900. Reprint, Peabody, Mass.: Hendrickson, 1994.

John Chrysostom. "Against the Anomoeans." See *On the Incomprehensible Nature of God*. Translated by Paul W. Harkins. FC 72. Washington, D.C.: The Catholic University of America Press, 1984.

—. *Baptismal Instructions*. Translated by Paul W. Harkins. ACW 31. New York: Newman Press, 1963.

—. "Demonstrations Against the Pagans." In *Apologists*, 187-262. Translated by Paul W. Harkins. FC 73. Washington, D.C.: The Catholic University of America Press, 1985.

—. *Discourses Against Judaizing Christians*. Translated by Paul W. Harkins. FC 68. Washington, D.C.: The Catholic University of America Press, 1979.

—. *Homilies on 1 and 2 Corinthians*. Translated by Talbot W. Chambers. NPNF 12. Series 1. Edited by Philip Schaff. 14 vols. 1886~1889. Reprint, Peabody, Mass.: Hendrickson, 1994.

—. *Homilies on Galatians, Ephesians, Philippians, Colossians, Thessalonians, Timothy, Titus, and Philemon*. Translated by Gross Alexander et al. NPNF 13. Series 1. Edited by Philip Schaff. 14 vols. 1886~1889. Reprint, Peabody, Mass.: Hendrickson, 1994.

—. *Homilies on Genesis 18-45*. Translated by Robert C. Hill. FC 82. Washington, D.C.: The Catholic University of America Press, 1990.

—. *On Repentance and Almsgiving*. Translated by Gus George Christo. FC 96. Washington, D.C.: The Catholic University of America Press, 1998.

—. *Homilies on the Gospel of John 1-88*. Translated by Thomas Aquinas Goggin. FC 33 and 41. Washington, D.C.: The Catholic University of America Press, 1957~1959.

—. "On the Epistle to the Hebrews." In *Homilies on the Gospel of Saint John and the Epistle to the Hebrews*, pp. 363-522. The Oxford translation. NPNF 14. Series 1. Edited by Philip Schaff. 14

vols. 1886~1889. Reprint, Peabody, Mass.: Hendrickson, 1994.

—. *On the Priesthood, Ascetic Treatises, Select Homilies and Letters, Homilies on the Statues*. Translated by W.R.W. Stephens et al. NPNF 9. Series 1. Edited by Philip Schaff. 14 vols. 1886~1889. Reprint, Peabody, Mass.: Hendrickson, 1994.

John of Damascus. "An Exact Exposition of the Orthodox Faith." In *Writings*, pp. 165-406. Translated by Frederic H. Chase. FC 37. Washington, D.C.: The Catholic University of America Press, 1958.

Justin Martyr. *Writings of Saint Justin Martyr*. Translated by Thomas B. Falls. FC 6. New York: Christian Heritage, 1948.

Leo the Great. *Letters*. Translated by Edmund Hunt. FC 34. Washington, D.C.: The Catholic University of America Press, 1957.

—. *Sermons*. Translated by Jane Freeland et al. FC 93. Washington, D.C.: The Catholic University of America Press, 1996.

Marius Victorinus. "Against Arius." In *Theological Treatises on the Trinity*, pp. 89-303. Translated by Mary T. Clark. FC 69. Washington, D.C.: The Catholic University of America Press, 1981.

Martin of Braga. "Writings of Martin of Braga." In *Iberian Fathers*, 1:17-109. Translated by Claude W. Barlow. FC 62. Washington, D.C.: The Catholic University of America Press, 1969.

Maximus of Turin. *Sermons*. Translated by Boniface Ramsey. ACW 50. New York: Newman Press, 1989.

Methodius. "Extracts from the Work on Things Created." In *Gregory Thaumaturgus, Dionysius the Great, Julius Africanus, Anatolius and Minor Writers, Methodius, Arnobius*, pp. 379-81. Translated by William R. Clark. ANF 6. Edited by Alexander Roberts and James Donaldson. 10 vols. 1885~1887. Reprint, Peabody, Mass.: Hendrickson, 1994.

Nicetas of Remesiana. "Writings." In *Niceta of Remesiana, Sulpicius Severus, Vincent of Lerins, Prosper of Aquitaine*, pp. 9-76. Translated by Gerald G. Walsh. New York: Fathers of the Church, 1949.

Novatian. "On the Trinity." In *Novatian: The Trinity, The Spectacles, Jewish Foods, In Praise of Purity, Letters*, pp. 23-111. Translated by Russel J. DeSimone. FC 67. Washington, D.C.: The Catholic University of America Press, 1974.

Origen. "Against Celsus." In *Tertullian, Part Fourth; Miucius Felix; Commodian; Origen, Parts First and Second*, pp. 395-669. Translated by Frederick Crombie. ANF 4. Edited by Alexander Roberts and James Donaldson. 10 vols. 1885~1887. Reprint, Peabody, Mass.: Hendrickson, 1994.

—. "Against Celsus." Vol. 2 in *The Writings of Origen*. Translated by Frederick Crombie. ANCL 23. Edinburgh, Scotland: T & T Clark, 1894.

—. "Commentary on Matthew." In *The Gospel of Peter, The Diatessaron of Tatian, The Apocalypse of Peter, The Vision of Paul, The Apocalypses of the Virgin and Sedrach, The Testament of Abraham, The Acts of Xanthippe and Polyxena, The Narrative of Zosimus, The Apology of Aristides, The Epistles of Clement (Complete Text), Origen's Commentary on John, Books 1-10, and Commentary on Matthew, Books 1, 2, and 10-14*, pp. 409-512. Translated by John Patrick. ANF 9. Edited by Alexander Roberts and James Donaldson. 10 vols. 1885~1887. Reprint, Peabody, Mass.: Hendrickson, 1994.

—. *Commentary on the Gospel of John*. Translated by Ronald E. Heine. FC 80 and 89. Washington, D.C.: The Catholic University of America Press, 1989~1993.

—. *Homilies on Genesis and Exodus*. Translated by Ronald E. Heine. FC 71. Washington, D.C.: The Catholic University of America Press, 1982.

—. *Homilies on Leviticus: 1-16*. Translated by Gary Wayne Barkley. FC 83. Washington, D.C.: The Catholic University of America Press, 1990.

—. "On Prayer." In *Origen: An Exhortation to Martyrdom, Prayer and Selected Writings*, pp. 81-170. Translated by Rowan A. Greer with preface by Hans Urs von Balthasar. The Classics of Western Spirituality. New York: Paulist Press, 1979.

Pachomius. *Pachomian koinonia*. 3 vols. Translated by Armand Veilleux. CS 45, 46 and 47. Kalamazoo, Mich.: Cistercian Publications, 1980~1982.

Palladius of Helenopolis. "Lausiac History." In *PHF* 1:89-281. Edited by E.A. Wallis Budge. London: Chatto & Windus, 1907. Reprint, Seattle, Wash.: St. Nectarios Press, 1984.

Paschasius of Dumium. "Questions and Answers of the Greek Fathers." In *Iberian Fathers*, 1:117-71. Translated by Claude W. Barlow. FC 62. Washington, D.C.: The Catholic University of America Press, 1969.

Paulinus of Milan. "The Life of St. Ambrose." In *Early Christian Biographies*, pp. 33-66. Translated by John A. Lacy. FC 15. Washington, D.C.: The Catholic University of America Press, 1952.

Paulinus of Nola. "Letter to Augustine." In *Letters*, pp. 317-33. Translated by Wilfrid Parsons. FC 18. Washington, D.C.: The Catholic University of America Press, 1953.

Peter Chrysologus. "Sermons." In *Saint Peter Chrysologus Selected Sermons and Saint Valerian Homilies*, pp. 25-282. Translated by George E. Ganss. FC 17. New York: Fathers of the Church, 1953.

Philoxenus of Mabbug. "Excerpt on Prayer." In *The Syriac Fathers on Prayer and the Spiritual Life*, pp. 128-31. Translated by Sebastian Brock. CS 101. Kalamazoo, Mich.: Cistercian Publications, 1987.

Poemen. "Sayings of the Fathers." In *PHF 2*. Edited by E.A. Wallis Budge. London: Chatto & Windus, 1907. Reprint, Seattle, Wash.: St. Nectarios Press, 1984.

Prudentius. *The Poems of Prudentius*. Translated by M. Clement Eagan. FC 43. Washington, D.C.: The Catholic University of America Press, 1962.

—. "The Divinity of Christ." In *The Poems of Prudentius*, 2:3-40. Translated by M. Clement Eagan. FC 52. Washington, D.C.: The Catholic University of America Press, 1965.

Pseudo-Dionysius. *Pseudo-Dionysius: The Complete Works*. Translated by Colm Luibheid. The Classics of Western Spirituality. New York: Paulist Press, 1987.

Rufinus of Aquileia. In *Theodoret, Jerome, Gennadius, Rufinus: Historical Writings, etc*. Translated by William Henry Fremantle. NPNF 3. Series 2. Edited by Philip Schaff and Henry Wace. 14 vols. 1886~1900. Reprint, Peabody, Mass.: Hendrickson, 1994.

Sahdona. "Book of Perfection." In *The Syriac Fathers on Prayer and the Spiritual Life*, pp. 202-37. Translated by Sebastian Brock. CS 101. Kalamazoo, Mich.: Cistercian Publications, 1987.

Salvian the Presbyter. "The Governance of God." In *The Writings of Salvian, the Presbyter*, pp. 21-232. Translated by Jeremiah F. O'Sullivan. FC 3. Washington, D.C.: The Catholic University of America Press, 1962.

"Sayings of the Fathers." In *PHF*, vol. 2. Edited by E.A. Wallis Budge. London: Chatto & Windus, 1907. Reprint. Seattle, Wash.: St. Nectarios Press, 1984.

Syncletica. "Sayings of the Fathers." In *Western Asceticism*, pp. 33-189. Translated by Owen Chadwick. LCC 12. Philadelphia: Westminster Press, 1958.

Tertullian. *Latin Christianity: Its Founder, Tertullian*. Arranged by A. Cleveland Coxe. ANF 3. Edited by Alexander Roberts and James Donaldson. 10 vols. 1885~1887. Reprint, Peabody, Mass.: Hendrickson, 1994.

—. "On Idolatry." In *Early Latin Theology*, pp. 83-110. Translated by S.L. Greenslade. LCC 5. Philadelphia: Westminster Press, 1956.

Theodore of Mopsuestia. "Commentary on Zechariah." In *Biblical Interpretation*, pp. 165-71. MFC 9. Edited by Joseph W. Trigg. Wilmington, Del.: Michael Glazier, 1988.

Theodoret of Cyr. *Commentary on the Psalms 1-150*. Translated by Robert C. Hill. FC 101 and 102. Washington, D.C.: The Catholic University of America Press, 2000~2001.

—. "Letters." In *Theodoret, Jerome, Gennadius, Rufinus: Historical Writings, Etc.*, pp. 250-348. Translated by Blomfield Jackson. NPNF 3. Series 2. Edited by Philip Schaff and Henry Wace. 14 vols. 1886~1900. Reprint, Peabody, Mass.: Hendrickson, 1994.

—. *Theodoret of Cyrus: On Divine Providence*. Translated by Thomas Halton. ACW 49. New York: Newman Press, 1988.

Valerian of Cimiez. "Homilies." In *Saint Peter Chrysologus Selected Sermons and Saint Valerian Homilies*, pp. 299-435. Translated by George E. Ganss. FC 17. New York: Fathers of the Church, 1953.

Zephyrinus. "Epistles of Zephyrinus." In *The Twelve Patriarchs, Excerpts and Epistles, The Clementia, Apocryphal Gospels and Acts, Syriac Documents, Remains of the First Ages*, pp. 609-12. Translated by S.D.E. Salmond. ANF 8. Edited by Alexander Roberts and James Donaldson. 10 vols. 1885~1887. Reprint, Peabody, Mass.: Hendrickson, 1994.

**저자 · 작품**

주제

성경

**퀜틴 F. 베셀슈미트**Quentin F. Wesselschmidt

아이오와 대학교에서 철학박사 학위를 받았으며, 세인트루이스 콘코르디아(Concordia) 신학대학의 역사신학 교수다.

**이혜정**

서강대학교 사학과를 졸업하고(1980), 서강대학교 대학원 철학과(1983)와 미국 마케트 대학교(Marquette University)에서 석사학위(1987)를 취득했다. 세종커뮤니케이션스 소속 프리랜스 번역가로 EBS와 MBC 및 여러 케이블 프로그램을 번역했고(1992~1994), 평화방송 전속 영어 번역을 담당했다(1994~2002). 『아기곰이 깨달은 작은 이야기』, 『아기돼지가 깨달은 작은 이야기』, 『사랑 게임』, 『미러클』, 『그대 안의 힘』, 『천재의 방식 스프레차투라』, 『관용』, 『아프리카를 날다』, 『마태오 복음서 14-28장』(교부들의 성경 주해: 신약 II), 『사도행전』(교부들의 성경 주해: 신약 VII), 『요한 묵시록』(교부들의 성경 주해: 신약 XIV), 『창세기 12-50장』(교부들의 성경 주해: 구약 II), 『에제키엘서, 다니엘서』(교부들의 성경 주해: 구약 XIII) 등을 번역했다.

천주교 분당 성 바오로 성당 이광희 신부와 신자들이
한국교부학연구회에 이 책의 출간 재정을 지원하였음을 밝힙니다.

【교부들의 성경 주해 간행위원】

강창헌 · 노성기 · 이상규 · 이성효 · 정학근 · 최원오 · 하성수(위원장)

여기 어디에도 비할 데 없는 총서가 있습니다. 이 총서는 독실한 21세기 독자들이 알렉산드리아의 클레멘스와 장님 디디무스가 공부한 교실, 오리게네스가 공부하고 강연한 강당, 크리소스토무스와 아우구스티누스가 설교한 주교좌, 히에로니무스가 세운 베들레헴 수도원의 필사실에 다가갈 수 있도록 성경을 교회의 책으로 새롭게 만들었습니다.

조지 로리스, 로마 아우구스티누스 교부학 연구소와 그레고리오 대학교

『교부들의 성경 주해』 출간을 진심으로 기뻐합니다. 이 책은 고대 그리스도인들, 특히 하느님과 그분 말씀에 대해 자신들의 신심을 삶으로써 입증한 교회 성인들이 어떻게 성경을 해석하였는지 이해하는 데 많은 도움을 줍니다. 신앙의 선배로서 우리보다 앞서 가신 이들의 증거에 마음을 두도록 합시다.

테오도시우스 주교, 미국 동방 정교회 수석대주교

그리스도교계를 뛰어넘어 대중적이고도 학문적인 차원에서 초대 그리스도교에 대한 관심이 폭넓게 일어났습니다. … 모든 그리스도교 전통에 속해 있는 그리스도인들, 특히 성경을 공부하는 이들과 성직자들은 이 프로젝트로부터 도움을 받을 수 있습니다. 이 총서는 그리스도교 전통이 교부들의 성경 해석에 어떻게 뿌리내렸는지 가르쳐 줄 뿐 아니라 새로운 발전 방향까지 조망하게 할 것입니다.

알베르토 페레이로, 시애틀 퍼시픽 대학교 역사학 교수

『교부들의 성경 주해』는 교부 연구자에게 필요한 내용으로 가득 차 있습니다. … 성경 본문에 대한 새로운 이론들과 오늘날 해석학자들의 해석에 익숙한 우리에게 그런 정보는 헤아릴 수 없이 가치롭습니다. 우리는 초세기 교회에서 활동했던 고대 저술가들의 '새로운' 통찰을 기쁘게 받아들입니다.

H. 웨인 하우스, 트리니티 대학교 로스쿨 신학/법학 교수

시대와 관련된 속물 근성, 즉 컴퓨터 없이 작업한 선조들에게서는 배울 게 하나도 없다는 가설은 이 훌륭한 총서에서는 의미가 없습니다. 지식에는 식상해하면서도 지혜에는 굶주리는, 많은 우리 같은 이가 기꺼이 선조들과 식탁에 앉아 그들이 성경과 나눈 거룩한 대화에 귀 기울이고자 합니다. 제가 그렇습니다.

유진 H. 피터슨, 리젠트 대학 영성신학 명예교수